义安历史文化丛书

名胜风貌 卷

中国古郡
铜陵义安
TONGLING YIAN

中国文史出版社

《义安历史文化丛书》编委会

铜陵義安
TONGLING YI'AN

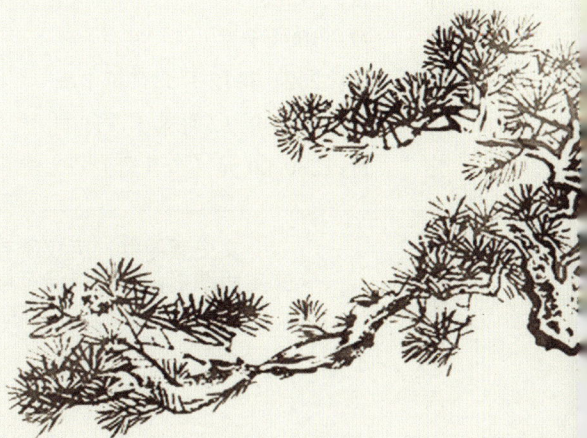

图书在版编目（ＣＩＰ）数据

名胜风貌 / 政协铜陵市义安区委员会编 . -- 北京 ：
中国文史出版社，2024. 11. --（义安历史文化丛书）.
ISBN 978-7-5205-4941-7

Ⅰ. K928.705.44

中国国家版本馆 CIP 数据核字第 2024WU9792 号

责任编辑：程 凤

出版发行：中国文史出版社

社　　　址：北京市海淀区西八里庄路 69 号　　邮编：100142

电　　　话：010-81136606　81136602　81136603（发行部）

传　　　真：010-81136655

印　　　装：张家港市汇丰印刷有限公司

经　　　销：全国新华书店

开　　　本：787×1092　1/16

印　　　张：87.25

字　　　数：1093 千字

版　　　次：2024 年 12 月北京第 1 版

印　　　次：2024 年 12 月第 1 次印刷

定　　　价：280.00 元（全 5 册）

总　序

　　习近平总书记指出，文化是一个国家、一个民族的灵魂，文化兴国运兴，文化强民族强，没有高度的文化自信，没有文化的繁荣兴盛，就没有中华民族的伟大复兴。作为中华优秀传统文化的重要组成部分，地域文化既是一方水土的历史根脉和人文记忆，又是一个区域的精神动力和文化资源。因而，传承和弘扬义安地域文化，对于厚植文化自信、增强发展动力、促进现代化美好义安建设具有特殊意义。

　　铜邑胜境，千年义安。义安区居皖江之南，承历史之脉，夏、商、周时属扬州，晋义熙九年（413）侨置定陵，唐文德元年（888）置县义安，南唐保大九年（951）易义安为铜陵，2015年撤县设区更名义安区。回眸既往，人文荟萃、物产丰饶的义安，彰显着义安人勤劳智慧的创造、生生不息的活力；名人辈出、红色峥嵘的义安，蕴含着烛照世代的家国情怀、自强不息的进取精神；文明接续、山水形胜的义安，涵养着义安人创造美好的底气、迈向未来的大气——这就是义安精之所在、气之所缊、神之所附。

　　历史不仅关乎过去，更关乎未来。在建设中国特色社会主义新时代新征程的今天，我们更需要加强地方文化建设，只有弘扬人文精华、弘扬优良传统、弘扬时代精神，我们的各项事业才会兴旺发达。《义安历史文化丛书》就是铜陵市义安区深入贯彻落实习近平文化思想的最新出版成果，是讲述义安历史、展现义安风貌、描绘义安万象的地域文化工程。丛书分"历史风韵""人文风物""名人风流""名胜风貌""红色风华"五卷，以史为据，依史寻源，集中系统地介绍

了义安区历史沿革、名人志士、河流山川、民风民俗和红色史迹，起到了承接历史脉络、反映时代风貌、突显区域特征的效果，为我们再现了义安区的斑斓史册。

《历史风韵》卷，以建置沿革、舆地迁移和人口迁徙，溯源历史流脉；选取重要的文物古址和影响较大的历史事件，回眸历史云烟；以青铜、吴楚、徽州、皖江为特征，展现文化风貌；从农林渔牧、工矿商贸、交通邮政、文化艺术、教育体育、医疗卫生，反映社会变迁；以古镇今昔、乡邑变迁、地名故事，记一镇一乡之概貌、一村一地之源流。

《人文风物》卷，录传统制作技艺，留存非物质文化遗产；展地产特色风物，品尝舌尖上美食"乡愁"；述春节、元宵、中秋等岁时节令习俗，婚嫁、生育、居住等社会生活礼俗，商铺、船民行业习俗，及竹马灯、十字歌等民间歌舞游艺，绘就民风民俗画卷；并以美丽传说讲述义安前世今生故事，从而较为全景式、立体式地呈现出义安的人文风情。

《名人风流》卷，在历史人物中着重择选出李白、王安石、苏轼、黄庭坚、王守仁、汤显祖等客籍名流，和盛度、陈翥、胡舜元等义安翘楚，以较为翔实的手笔介绍其思想、人品、作为和与义安之缘；以名人故事和人物小传，简写人物政声业绩、传奇事迹，为历史名人树碑立传，礼敬先辈贤达，赓续一地文脉。

《名胜风貌》卷，以永泉小镇、犁桥水镇、天井湖、凤凰山、梧桐花谷、百合庄园、江南铜谷风景道等景区，览名山秀水之胜；以诗人李白钟爱地的五松山、唐代真人修道处的叶山、荆公讲学留迹处的大明寺等名胜古迹，抒寻古探幽之情；以钟鸣镇龙潭肖村、东联镇赵祠戏楼村、天门镇江村，觅传统村落古韵；以西联镇犁桥村、胥坝乡群心村、天门镇金塔村，展和美乡村风光；同时邂逅古树名木，歌

咏古代诗文，将义安区境内的山川河流、人文古建的美景美色，以及与之相关的传奇典故收录记载，铺卷义安之地的诗意山河。

《红色风华》卷，第一辑"红色春秋"以历史为经，记录了大革命时期五四运动对义安的影响、土地革命时期铜陵县第一个中共特别党支部的星火、抗日战争时期新四军战斗的硝烟、解放战争时期渡江战役的波澜等；第二辑"红色故事"，描绘了烽火岁月的一场场战斗，在血与火中奏响一曲曲可歌可泣的战歌；第三辑"红色先锋"以人物为纬，书写了铜陵县境内第一个共产党支部创立人凌霄、皖南抗日游击根据地的创建人李步新、皖南革命斗争的领导人杨明等革命志士，豪气纵横的农民赤卫队长何骏启、江南铜陵第一位游击大队长章啸衡、渡江战役女英雄马毛姐等英雄人物，以及赤诚爱国的民主人士陈可亭、陈春圃，再现义安革命者一场场对敌斗争场面，展现一个个可歌可泣的英雄事迹，留下红色足迹，传递精神力量。

铭记历史，鉴往知来。这套丛书力求最大程度展现出义安区的文化风貌和魅力，是展示义安的文化窗口。相信这套丛书能够更好地以文化人，以文育人，传承文化基因，坚定文化自信，给奔跑的义安以智慧和力量，奋力谱写中国式现代化义安新篇章。

铜陵市义安区政协党组书记、主席
二级巡视员　　徐常宁

目录

第三辑　古树名木

第四辑 传统村落

第五辑 和美乡村

附录

第一辑

名山秀水

叶山之下，永泉小镇，以粉墙黛瓦、传统美食，彰显明清时期江南建筑风貌，捧上"舌尖上的江南"；

西联之地，犁桥水镇，以小桥流水，烟火人间，华灯闪烁，铺卷着水乡十里的"清明上河图"；

天井湖畔，半城湖光，集皖江民俗文化美食于一体，点亮天井小镇"人在湖边游,灯火两相映"的万家灯火；

凤凰景区，凤丹花开，凤凰来仪；

江南铜谷，以路引景，串景成线；

梧桐花谷，以花为媒，四季绽放；

百合庄园，七彩百合，花开引客；

……

义安，好山，好水，好风光。

永泉小镇：山麓园林 梦回江南

这里，山水之间，枫林唱晚，江南园林，照壁回环；这里有荆公书堂"一堂七进士"的文风，有江南人家七星寨的传说；这里流传着唐朝道教天师叶法善问道山水、法脉传承的逸闻传说；这里曾是大海深处，留下了冰川纪的奇观；这里曾是渡江战役的前哨，留下了碉楼望江的遗址；这里有抱石的檀树，散发出宣纸的芬芳——江南忆，最忆是永泉。

"山不在高，有仙则名；水不在深，有龙则灵。"永泉没有高山，但十二景均有高度，值得攀登；永泉也没有湖泊，但小池塘的睡莲怒放待赏。

晴光潋滟，永泉的小桥流水下一片荷叶田田。漫步在永泉，植

永泉小镇俯瞰

被丰茂，水面充足，百亩荷花、莲叶，点缀在私家园林其间，与千亩山林万亩竹海遥相呼应，不论烟雨不论晴，均是人间好风景。

在永泉旅游度假区的忆江南十二景，成片的野生彼岸花生于山野树荫下、遒劲峰峦石缝中，甚是奇观。在山野树荫中赏花，既避了烈日，又赏了奇观。"永泉·忆江南"有独特壮观的喀斯特地貌，原始森林和沿山谷水溪生长的四季花卉完美融合，既有江南水乡的柔情，又有山谷丛林的野趣。忆江南十二景分布于参天古树掩映的山林里，一座座明清仿古建筑抱崖耸立，错落有致，条条栈道纵横相连，座座拱桥、长廊、水榭、亭台在山涧有序铺陈。最有趣的是十二景的名称，檀爱抱石、枫林唱晚、乱石听涛、七星采樵、天书问道、竹海无忧、涵波望江等等，每一个景点都会延伸出一个故事，孩子听得有趣，大人也不觉乏味……

永泉十二景中，再现了荆公书堂原貌的景观。荆公书堂原址在青山环绕竹林茂密的义安区顺安镇大明村（古陶村）。宋代名相王安石年少未成名时，曾与邑人胡舜元（字叔才）等在此读书。后王安石拜相，封荆国公，书堂遂改名为"荆公书堂"。"荆公书堂"藏之深山，树人无数。从这里走出了胡舜元等七位进士，史称"一门七进士"。

出荆公书堂，沿台阶北上，不远处就可以看到林木掩映中，有一座飞檐翘角的亭子。亭额之上，黑底的楠木牌匾上，挥洒着三个金色行书："爱晚亭。"它之所以取名如此，是因为两面山坡上，挺立着几万株枫树，寓《山行》"停车坐爱枫林晚，霜叶红于二月花"之意。

这里的枫树与别处不同。它们是天然生成的，有错落有致的丰美，无整齐划一的单调。树龄有几百年的，有几十年的，也有年幼的娃娃树。树径有70厘米的，也有两拃就可以合围的。姿态也不一样，有挺立的，有斜倚的，有横行然后直立的，不一而足。其次，这里的枫树种类极为丰富，有五角枫、鸡爪枫、三角枫、元宝枫等。这里的枫

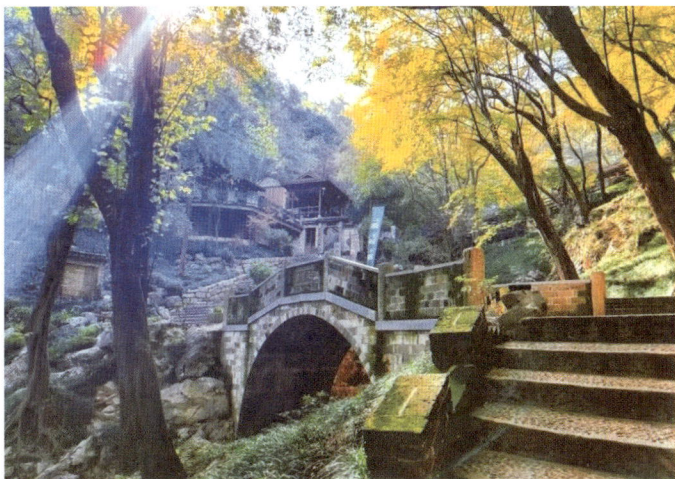
永泉小镇十二景风光

树，比别的地方红得早、红得久，这得益于这里独特的气温和水土，再加上天然生成和种类繁多两大因素，这里的枫树还比别处红得更斑斓、更有层次。每到深秋，漫山红遍，层林尽染。几万株红枫如火一般翻飞，又像千万只火红的蝴蝶，齐齐停立在枝头，映红了半边天。山风吹来，满耳潇潇，令人顿时心静。这时，坐在爱晚亭里欣赏红叶，吟诵杜诗，遇见安静的自己，是人生难得的小憩。

穿过参天古树掩映的原始山林，一片"冰川石林"惊现在眼前。这是典型的喀斯特地貌，山石嶙峋，像刀削斧劈，又像最有耐心和技艺的工匠，用刻刀钢钎慢慢雕凿而成。有的状如山峰，有的像橘瓣散列，有的像竹笋冒尖，有的像蘑菇凸起，有的像波峰速冻，亭亭玉立，或巍峨峥嵘，都让人赞叹不已。形如幽谷的，有的像登天之梯，有的像入海通道，有的大开而小合，有的逼仄难行，看似山穷水尽，忽又柳暗花明。远远望去，整个石川就像浮出海面的冰川，将它命名为"冰川奇观"，不仅仅是因为形似，更因为它的形成时期要远溯到亿万年前的冰川纪。

据地质学家考察，在距今 2.9 亿年前的晚古生代二叠纪，这里曾经是茫茫大海的某一处海底，海藻摇曳，鱼虾嬉戏，而在时间的流逝中地壳在悄然运动。亿万年太久，没有任何一种生物可以目睹沧海桑田的全程，任何一种生物在这座石川前，都是微不足道的瞬间。如果鱼虾和贝类也有心理活动，岩石中它们化石的表情，是惊骇、无奈还是历经劫难后的释然？这里已成为来永泉观景的必打卡点之一。游客在这里摩挲岩石，体悟在浩瀚的时间里，短短的人生应该怎样度过。调皮的孩子们，则喜欢在溶洞里捉迷藏。情侣们则会十指相扣，震撼于岩石中的生物化石，面对庄重的时间载体，许下永不分开的诺言。

不远处的叶法善悟道洞，也是冰川期地壳运动的遗留，它像一只智慧而慈悲的眼睛，默默注视着云生云散，静静打量人来人往。

叶山的山顶，是一处碉楼。登临顶层，只见林木郁郁葱葱，四面风来，满耳涛声。碉楼里陈设着诸如药箱、驳壳枪、手榴弹、电话机、炮弹、发报机、钢盔等军用器材，以及马灯、陶瓷缸、蓑衣、水壶等日用品。

碉楼因何而建众说纷纭，难下定论。据说，太平军安庆失守前夕，英王陈玉成手下瞿荣光感觉"天国"大势已去，便带领手下残部在此落草为寇，碉楼便是他们居住议事、瞭望防卫的高点。后来随着政局的稳定，瞿荣光部队去向不明，碉楼遭到废弃，只余遗址，任凭风吹雨打，无人问津，渐渐破败。晚清到民国，此地战争一直不断。抗日游击队经常于此地出没，他们伐薪烧炭，送到不远处的兵工厂做燃料。皖南事变后，部分新四军从云岭突围，突进繁昌，潜入叶山，北出荻港，渡江抵达无为，奔赴新的战场。林木茂密的叶山和隐蔽的碉楼，曾经掩护过爱国志士，为中国的革命默默提供过庇护。70 多年前，这里是渡江战役的主战场之一。驻守于此的国民党汤恩伯部，在原来的土楼上修建瞭望塔。但碉楼尚未修到二层，渡江战役已经打响，半拉拉的烂尾工程被再次遗弃在寂静的叶山上，直到硝烟散去。和平来临，它才被重建，最初作为叶山林场护林之用。

如今，碉楼成为铜陵的重要旅游景点，以供游客缅怀历史，传承革命精神。取名"奈何"是因为在这座碉楼里，发生过太多令人唏嘘嗟叹的故事。每一段故事里，都有存亡兴废的热血和烽火。

从忆江南十二景下来，至永泉小镇"九宝温泉"，可以和亲朋好友来一场森林高负氧离子温泉 SPA。历时 9 年的勘探，永泉打了4 口井，其中有一口井，深 2000 米，日出水量 1400 吨，中心温度52℃，含多种对人体有利的矿物质元素，特别是锶、氟等含量已达到国家认证医疗保健的数值要求，环境清幽雅致，是森林中的中式园林温泉。

自古以来，温泉素有养生之效，许多文人墨客都以此为题材创作了许多经典的诗词。汉代张衡的《温泉赋》，其中的"览中域之珍圣兮，无斯水之神录"两句，给了温泉极高的赞誉，称温泉为"域之珍圣""水之神录"。唐代白居易不仅在《长恨歌》中有"春寒赐浴华清池，温泉水滑洗凝脂"的诗句，也在《骊宫高》中咏叹"迟迟兮春日，玉甃暖兮温泉溢"。张九龄在《奉和圣制温泉歌》中写道："临渭川，近天邑，浴日温泉复在兹，群仙洞府那相及。"在诗人眼里，"群仙洞府"也不能和温泉相比。宋代王安石《温泉》诗曰："谁燃丹黄焰，爨此玉泉水，来客争解带，万劫付一洗。"是沐浴温泉的轻快和舒畅。古人钟情温泉，不仅是因为温泉能够健美，更因为温泉能够疗疾。清代乾隆皇帝在《咏温泉诗》写道："炎液喧波能愈疾，曾闻泉脉出流黄。化工神运不思议，功德应教证水王。"真应该把温泉封为水中之王。皇帝一语重千金，分量自然不可小觑。

永泉小镇的温泉出水口，水流之处呈褐色，那是硫氧化后的沉淀物，水中的锶、氟、偏硅酸等矿物质对心脑血管疾病、糖尿病、痛风、神经痛、关节炎均有一定效果，而含锶等矿物质沐浴后体表皮肤

永泉小镇江南味道

会有一种舒服的润滑感，是华东片区优质的温泉。那它为什么叫九宝温泉呢？铜陵有八宝：金、银、铜、铁、锡、生姜、老蒜、麻，第九宝就是永泉的温泉了。

　　暮色低垂，九宝温泉散发出袅袅水汽，将自己浸润在池中，暖暖的温泉包裹全身，泉水微微荡漾，肌肤变得滑腻的同时，也涤荡了身体的疲惫，看着周边绿意盎然的景色，扫却了心上的阴霾。倚在池边远眺、谈笑，再来一壶茶慢煮一段旧时光，让人忘却了尘世的喧嚣，只缘身在这宁静的美景中。

　　怪石嶙峋间，绿植叠翠、红叶黄花，清澈泉水潺潺而来。永泉不只有温泉和美景，更有传统的江南风味美食，让舌尖上萦绕着江南的味道。

　　这条有着江南建筑风格的小街，有长廊、拱门、亭台，有台阶，池塘，树木，错落有致。墙上砌有百年历史的古砖，嵌刻精美的木雕、砖雕和石雕，雕镂着花草、瑞兽、神仙故事等，栩栩如生，颇具情趣，一些有关家训、俭训、孝道等的名句和箴言镶嵌其中，让游客在品尝美食的同时，濡染传统文化的神韵。

　　各种特色小吃店，就错落有致地分布在街道两侧，用一袋铜板"穿越"回遥远农耕年代里的"江南味道"。永泉小镇创意性提出铜钱消费模式，游客可以在小镇入口处的兑换处将现代货币兑换成铜钱，然

永泉小镇夜景

后在各个店铺和温泉设施中使用。那一枚铜板能买到什么？来钱庄将人民币换成铜板，提溜着钱袋悠闲步行于园林之中，嗅着美食的香气辗转于各个商铺之间。发糕、馓子、烧饼、炒米糖、年糕、杀猪汤等多种特色小吃，每一样小吃都取自皖南优质原材料，每一道工艺都可亲自参与和体验，每一种都是经典的江南味道，每一口都是魂牵梦萦的儿时回忆。各种美食明码标价，游客中意哪种小吃，就直接将铜钱塞进钱箱子，亲切的厨娘就会用碗装好递过来，古朴的泥制碗盛满原汁原味小吃端着就有一种满足感。尝着"农家的味道"，从身心到舌尖都回到旧时的江南。

当白昼转换为夜幕，世界都变得安静，永泉的夜生活才刚刚开始。大家聚集在"江南夜话"，一边聊天一边吃美食，围着熊熊的篝火，一起玩游戏，热闹欢喜。喜欢喝酒的朋友，可以坐在古井酒馆，喝一杯正宗的陈年酒酿，听一曲动听民谣。喜欢散步的朋友，可以在园林里散散步。夜色下的江南园林别有一番意境，伴着蛙鸣鸟叫声行走，只叹一声岁月静好。

彩虹、白云、荷花、假山、小桥……永泉旅游度假区的荷塘，都是一汪碧波，游弋着野生的小鱼儿，坐在池塘边，微风轻抚，十分惬意。在70亩水域中，有一处趣味横生的童乐世界，名为"江南童话"儿童乐园，不仅是一个浪漫后花园，更是属于亲子的梦幻游乐场。它隐匿于永泉旅游度假区内，园内建筑结合大自然与江南园林的元素，是一处建造在园林里的儿童乐园。有大型室外沙滩滑梯、趣味蹦床、穿越彩虹、别有洞天水乐园等多个游玩项目，绝对是小朋友们的狂欢天地。

水上游船，父母和孩子齐心协力前行，一边欣赏周围山水美景，一边喂食河中四处环游的鱼儿，这一刻，嬉戏在山水之间，和孩子一同释放天性。在DIY手工坊里，和小朋友一起亲手制作服饰帽子，让萌娃在玩的过程中得到锻炼，还能培养动手能力和创造思维。夏日里，江南童话水世界里，儿童嬉水区、成人游泳区域均已开放，炎炎夏季到水里扑腾一下，既清凉又好玩，青山绿水之间，避暑玩水在永泉。

真正的亲子民宿是"躺"着也可以遛娃，暮色已深，睡进永泉特色民宿，易安居、独乐居、杨家大院、松云山居……风格装饰虽不同，但同样温馨舒适。民宿前是小溪、背后是山林，怀中抱着还未入眠的孩子远观星空，解答他关于遥远宇宙的所有困惑，耳边是山林里的虫鸣鸟叫，让人瞬间梦回童年。

景区中的一山一水，一草一木，一亭一榭，有曲有直，有藏有露，彼此呼应，成为一首动人的风景诗篇。

永泉小镇自2004年在叶山脚下投资兴建，累计已投资约15亿元。整座小镇占地9000亩，利用废弃矿坑和近6000亩原始森林，现已成为拥有餐饮、客房、会议、高尔夫球场、温泉、垂钓园、网球场和大型私家园林的国家AAAA级景区、安徽省特色小镇。

闲暇的午后时光，坐在茶馆里品茶赏景，听着蝉鸣闻着茶香。园区里各种老式游戏，还原了儿时的乐趣；当暮色降临，江南味道的广场上点起了篝火，夜游江南的"江南夜话"活动开始了。在这里，可以吃龙虾、喝啤酒、唱 KTV、参加抽奖、篝火晚会，吃吃逛逛畅玩一夜，营业至夜间 11 时，小酌一杯。来永泉体验生活该有的样子，人间烟火气，在清晨的早点铺里，也在深夜的小酒馆里……

犁桥水镇：乡村里的"清明上河图"

犁桥水镇

这是一个水乡集镇的"蝶变记"，也是一幅水乡古镇的水墨画。

犁桥是典型的江南圩区水乡，村民们一直利用丰富的水面资源，养殖鱼虾，种植莲藕、红菱等水生植物，信守着"靠水吃水"的生存方式。时至新世纪，一个水镇在这里泼墨铺染开来。

犁桥水镇占地 310 亩，总建筑面积达 43700 平方米，由 110 栋明清徽派老建筑和 8 条古建街道移建而成。古建街道按徽州明代园林形式总体布局，完整地保留展示了徽州原木文化的风貌和格局。沿街徽派古民居、翘角飞檐、粉墙黛瓦，马头墙错落有致、外简内秀，宅院布局小巧雅致、绿树成荫，颇具园林之趣。街道以铺筑石板古巷过

水镇老建筑

道相连，曲径通幽。依傍99亩明塘修建的朱文公祠，清丽淡雅、古朴庄重；聚英台古戏台气势恢宏、余音犹在；状元楼雕梁画壁，精致繁复；孤耸入天的古塔登临出世界，磴道盘虚空；老街斑驳的青石板步道草色入帘，青泥上墙，在时光的催化中，记录下了岁月的雕痕。园区以木为本，深宅大院，重脊高檐，穿竹石栏，临河水阁，呈现一派古朴、明洁的幽静，是典型的明清徽州文化景观古建筑。建筑凝固了历史，历史在建筑中流传。这里的每个木雕、石刻都承载着人文历史、水乡风景、诗词书法，加上小桥流水的灵动，和清风茶香的惬意，仿佛置身于古朴风雅的徽州小城，如同一座"活着的博物馆"，充满浓郁历史底色。水镇既有明清古韵，又有唐宋风华，还有科举文化、知青文化等，同时引入铜匠工艺、蜡染艺术、扎染手工、汉服等非遗商户，集中展示民俗文化、地域文化、田园文化、农耕文化及独特的犁桥水文化，让游客能感受不同时代的生活气息与历史风云。

古色古香的祠堂、店坊、戏台与街巷，入眼的是砖雕、木雕、石雕，走心的是徽风、徽韵、徽情。徜徉在这黑与白——徽州最本质的两种颜色中，仿佛置身于一个旧气十足的徽州村落。一梁一柱凝练雄浑，一门一户委婉细腻，一脉一泓清澈灵秀，一牌一匾厚重生动。这一切又都融于静与寂之中，显得古意森森，让时间和人生的脚步舒缓、轻慢而惬意。水镇街巷的建筑极多，且年代不同，形制不同，有民居，有楼阁，有亭台长廊，其中移建的明、清等时期建筑有上百幢，这些建筑包括朱文公祠、更楼、状元楼、古戏台、文昌阁、龙王庙、五凤楼、万丰塔、文庙、武庙、衙门等，这让水镇街巷形成浓郁的沧桑感与历史底色，石桥流水把街巷分割开来，又把街区连成了不散的体系，游客在水镇漫步，时而上桥，时而戏水，时而落座美人靠，还可以在河边看风景，看落日，听老歌。

水是犁桥的灵魂。景区对犁桥村本土文化进行挖掘和再造，依托村里原有的明塘等水系，通过人工开挖与巧妙规划，形成了有方塘、小河、水巷的水景观系统。流淌的河水将不同街区、不同景观巧妙融合，并结合"声、光、电"技术和景观植入等手段，提升景区品位，打造会讲故事的景区夜景，形成了小桥流水、风细柳斜、烟雨朦胧的美丽意境。当一轮蛾眉新月悬在仁丰塔上，犁桥水镇的灯光从店铺中、街檐下、马头墙角渐次点亮，与天上的那轮弯月和群星遥相辉映，让人神思邈远。一盏盏大红灯笼，将勾魂摄魄的光铺在水面上，以灯光秀出江南水乡迷人的夜景。

景区水系与不同街区、不同景观巧妙融合，水上建有多座石拱桥，并结合"声、光、电"技术和景观植入等手段，提升景区品位，打造会讲故事的景区夜景，形成了小桥流水、风细柳斜、烟雨朦胧的美丽意境。如果下雨，眼前就像江南水镇，不下雨，还有神仙级的雾森系统制造烟雾效果。

水镇足够大，规划建设了多条风格、大小不同的街巷，街巷用石板铺成，曲折蜿蜒，从眼前的商铺间却能穿到另一条街，颇为神奇。街区的业态也是极多，商业上汇聚了全国各地的小吃，铜陵及周边的风味特产尤其多，在历史感上又囊括了科举文化、民国文化、知青文化，以及改革开放前的供销社等商业文化和现在已经消失的很多休闲娱乐场景。走在街巷，仿佛在不同时代穿越，感受到不同时代的生活气息与历史云烟。

水镇之中，喜宴中心、圆楼、漫园和烧烤店等餐饮主体可同时容纳约 2300 人用餐，依托古色古香的水镇景观，推出"水上迎亲""八抬大轿"等沉浸式新中式婚庆服务。

犁桥水镇

距离水镇不远，还有一座私家园林——漫园，青砖、黛瓦、马头墙、雕梁花窗、飞檐出甍……犹如仙境，令人流连忘返。漫园占地面积 37 亩（含水面 29 亩），修复典型明清古民居 4 幢，另修复古亭、石桥等不同类型明清建筑若干。全园山水萦绕，厅榭精美，分东园、中园、南园三部分，各园建筑间铺筑石板过道相连，按徽州明代园林

形式总体布局。东园布局紧凑，东、北两侧临池，水面迂回，依山傍水建以亭阁廊桥，其中主体建筑是园主人宴请宾客场所，厅堂宽敞典雅，厅内陈设考究。中园总体布局以两处水池为中心，亭台楼榭皆环水而建，东侧小山与北部水池连成一体，山上建有古亭，水岸藤萝纷披，山间溪水清澈，水声悦耳悠扬。南园布局开阔，其中主庭院占地千余平方米，院内拥有众多名贵树木。漫园虽是园林中青衣小帽者，却不乏江南园林韵味，小巧、自由、景致、淡雅、写意，可赏，可游，可居。春花、秋月、夏蝉、冬雪，品茗、饮燕、听戏、读典，四时八节，都盛满浪漫的诗意。

顺着青石板路前行，穿古巷、登石桥、眺美景……为给游客带来更好的旅游体验，犁桥水镇还精心准备了舞龙表演、县衙审案、打更巡街、传统猴戏等节目，并引入打铁花、水上竹筏舞、高杆船技、独竹漂等多个精彩非遗文化演出……丰富多彩的演艺节目，将水镇的传统文化、民俗风情和人文景观融为一体。

如果游玩累了，入住这里的民宿也是不错的选择。景区配有300余间（套）豪华别墅型民宿客房，不同类型、不同规模、不同景致，分布在粉墙黛瓦、翘角飞檐、马头墙鳞次栉比的古朴建筑中，功能配置齐全，装修别具一格。置身其中，便可梦回往昔，顿感江南清韵、岁月悠然。酒过微醺，夜宿水乡，感受乡村的静谧，体验民宿的温馨。亲子房设有儿童互动游戏区域、玩偶、滑梯、帐篷等儿童主题创意空间，提升亲子互动，同时达到寓教于乐的目的。

犁桥水镇内，设有艺术家驻留工作室，邀请外地艺术家来演出和举办活动，长期惠及本地艺术人才，构建互动的文教业态。自开园以来相继举办乡建艺术展、音乐市集、围炉诗话、艺术乡建论坛等主题活动，以及"寻味"西联烹饪比赛、"大地欢歌·美好安徽"全国春季"村晚"安徽犁桥村示范展示等活动。同时，水镇别具匠心打造博物馆群落、非遗传统文化老街及精品民宿群落，在充分保护徽派古建的同时展示、传承并加以活化利用，展示古老的铜匠工艺、古县衙、当铺、蜡染、糖画、汉服等非物质文化遗产，丰富游客对传统技艺和民俗文化的体验。

经历过多少风风雨雨，终华丽转身，让曾经的乡村成了"诗和远方"！2023年4月28日，犁桥水镇一开园，就一炮而红，火爆微信朋友圈，又迅速蔓延到各大网络平台，一批又一批的游客身着华丽汉服，手持团扇或腰插竖笛来此打卡，犁桥"火"了。开园第一年，即接待游客近348万人次，其中市外游客约220万人次，实现住宿、餐饮、门票、购物等营业收入10194万元。

作为第一批国家文化和旅游消费试点城市，铜陵推出"夜赏铜都 一路向光"文旅消费系列活动，着力丰富夜间业态，犁桥水镇正在夜游经济发展中"东风夜放花千树"，并逐步发展成为集休闲体验、古镇观光、文化创意、研学教育、影视基地五大板块于一体，由水镇、漫园、老街、民宿四大功能园区构成的文旅综合体。

人气高了，犁桥水镇给犁桥村带来了财气和新的发展机遇。景区入口，挑担的村民们一字儿排开，售卖自家种植的蔬菜、玉米等农产品，热热闹闹、生机勃勃。一年的时间，景区带动村民就业1500余人，人均每月增收超4000元；带动周边农家乐46家，每家月营业收入均达20万以上；带动当地乡村民宿、餐饮、商超100多家，成为带动农村就业、农民增收和推动乡村振兴的强力引擎。

如今，犁桥水镇已成为吸引外地游客来铜旅游的一个流量入口，而铜陵一盘"铜冠天下 休闲铜都"旅游高质量发展的大"棋"正在"落子"，给水镇带来了源源不断的生机和活力，正如景区的那亩"方塘"——半亩方塘一鉴开，天光云影共徘徊。问渠那得清如许？为有源头活水来。每逢夜幕降临，犁桥水镇的神秘面纱瞬间揭开，散发出迷人的魅力，水雾萦绕，华灯闪烁，流光溢彩，非遗传承人耍着传统把戏，戏曲声锵锵响起，小桥流水桨声灯影，烟火缭绕人声鼎沸，好一幅乡村里的"清明上河图"。

天井湖：民俗乐园映湖光

秀美的天井湖，位于铜陵市长江西路以北、义安区五松镇南侧，湖面阔 80 余公顷，有山峦环之，湖光山色，相映成趣。湖中有一座终年高出水面两米左右的地下涌泉，相传此井水由天而来，供过往神仙小憩品茶之用，故名"天井"。后人于井上筑阁以护之，名为"通天阁"。湖因井、景区以湖而得名。

千百年前，这里还是一片自然天成的原始野湖，水域宽阔，水色清纯，四周青山重叠，绿树环绕，翠竹摇曳，如墙芦苇密密匝匝，满湖荷花清香飘飞。据《五松黄氏宗谱》载，天井湖俗名黄塘，在铜陵

天井湖

县城（今义安区五松镇）东门外。这里原是隐士张昌四的产业，水涨通江，水涸产草，湖心有井，冬夏不竭。天井映月，湖映半城。清代文人张梗曾在《泛月天井湖》诗中描绘了月夜之下天井湖的幽雅静谧：

> 湖水澄将夕，舟如泛武陵。
>
> 波停峰影直，云净月光增。
>
> 树色绿霜古，诗怀逐酒升。
>
> 疏星天处朗，点点浑渔灯。

多少年来，这不可多得的天然湖泊却犹如埋在泥土里的明珠，未被世人赏识。尤其解放前战火频繁，树毁鸟飞，水浊山荒，天井湖成了一片无人问津冷落萧条的荒凉野湖。随着铜陵城市建设的步伐加快，天井湖畔的自然景观与人文景观才渐渐被开发出来，一座规模宏大如诗如画的"江南名园"终于走进了现代铜陵人的生活。天井湖公园自1972年开园以来，先后建成儿童乐园、旱冰场、游船码头、天井茶室、溢沁园及长廊水榭、九曲桥、通天阁、山谷碑林、牡丹园等30多处游憩场所和风景点，加上灯饰工程和观湖、临湖两广场的装扮，可谓名山与胜水竞秀，新景与古迹争辉。天井湖已成景区，可细分为"五松胜游、夜吟闻杵、木鱼红鳞、三千画卷"等八大风景区。其中，"五松胜游"自公园大门至南湖九曲桥，陆地面积最大，五松山雄峙其间，为公园主景区。

今天的天井湖风景区，自然天成犹如拙朴清秀的郊外原始野景，精雕细琢又有着古朴典雅的江南园林风格。山水之间，亭阁水榭、长堤湖岛，都有着不同于其他城市公园的个性特色，已然成为铜陵独一无二的城市风光名片。著名书法家、安徽省政协原主席张恺帆曾盛赞天井湖：

天井小镇夜景

绕堤杨柳万千株，山外有山湖外湖。

到眼风光皆画卷，铜陵未必逊姑苏。

　　逶迤长堤与连绵山丘将天井湖自然分割为东、南、北三个湖面。三湖湖水通连，80余公顷的辽阔水面，在城市风光中实属罕见。远眺水面，湖水清澈，波平浪静，光滑如绸，好似镶嵌在绿色大地的三面巨大的镜子，令人心旷神怡，胸襟开阔。移步走近湖畔，蓝天、白云、垂柳、飞鸟，碧水倒影清晰可见，时有鱼跃水面卷起微波细浪，那静谧缠绵的情趣，犹如脉脉含情少女款款细语，令人心旌摇荡，柔情似水。

　　天井湖风景区内令人陶醉迷恋的奇观，除了秀水便是环湖而立的七座各具特色的青山。也许因天井湖水的养育滋润，天井湖畔的山丘虽不巍峨挺拔，却秀气玲珑，幽深迷人。诗仙李白留迹的青山上，花木流光溢彩。走进清幽山林，凉风爽身，漫步通幽曲径，可寻五松书堂、苏黄吟诗亭遗址旧迹。位于三湖交汇处的木鱼山，翠竹稠密处居高临下可远眺园内湖光山色……天井湖公园另一特色，乃园内人工构筑的亭、阁、廊、榭、堤、桥、碑皆依山附水。巧夺天工的人造景观，与湖光山色自然景观浑然一体，犹如江南少女发鬓纤手玉颈上的点缀饰物，使天井湖更加秀美迷人。

民俗文化村

倘若乘上游艇，登上湖心中洲岛，步入耸立湖面的通天阁，便能看到天下罕见的"天井"奇观。湖心井即天井，在通天阁最底层。井生于湖心，清澈甘甜，终年高出湖面两米。关于这个奇观几个有趣的传说。一说：一位仙界窃贼到铜官山盗窃镇山之宝，船行至天井湖，被守山老神发现，遂学鸡鸣，一时四野雄鸡纷纷引吭啼叫，贼神情急逃避，一篙撑穿湖底，成为天井。二说：东海龙王小女偷偷出游，在天井湖边遇见一位憨厚的打鱼郎，顿起爱心，遂变成美丽的海螺，被打鱼郎网住后。打鱼郎不忍卖掉海螺，换钱买米奉养瞎眼老母，放养缸中。自此家中出现奇事，缸里不缺米，灶间有柴烧，小伙子早出晚归，总是锅里有热饭，碗里有热菜。一日，打鱼郎临近中午突然归来，见一位年轻貌美女子操持家务，谜底由此揭开。正当一对有情人欢欢喜喜、恩恩爱爱之时，龙王派遣恶龙寻找小女，得见真情，遂用暴力胁迫其返回龙宫。龙女不从，拼力争斗，恶龙想吸干湖水，旱死禾苗，擒住龙女。龙女遂化身一巨大海螺，从这天井之中倒吸海水，无奈力竭身亡，化作今松柏长青的螺蛳山。这些美丽的民间传说，给古铜都的天井湖水带来神秘朦胧的色彩。

泛舟湖心、游赏天井，这是"舟行碧波上，人在画中游"之行。而行走岸上，就会跟一座民俗民情的文化乐园邂逅，那就是天井小镇。

天井小镇位于义安区五松镇，从一条马路延伸开来，和天井湖的静谧湖水隔岸相望。落日与一条静静徜徉在湖面的画舫擦肩而过，放下旅途疲惫，拾起闲适心情，游荡在静谧的天井湖心与美食美景相伴，和三两好友相聚，或和家人相拥，都能尽享平静美好的心境。夜色朦胧，华灯初上，漫步天井湖畔，精致灵秀的天井小镇变得如梦如幻，升腾的烟火气和霓虹灯占满整个夜空，醉人的风景和有趣的"灵魂"让她释放出浪漫与趣味，白天的游玩告一段落，夜晚的精彩即刻开始……

从画舫上岸，只需步行几百米，就可抵达天下生肖乐园。这里立着一个个生肖的铜雕，不仅能让人体验一段古老的生肖传说的历史，而且能让人在生肖文化中寄寓吉祥的愿望。

生肖乐园对面就是藏在天井小镇里的民俗文化园地——安徽民俗村。作为天井小镇的核心板块，八根大柱撑起一方"安徽民俗村"巨印，犹如开门见山，画龙点睛，依墙的巨型水车，在水瀑冲击下转动，水花四溅。跨过大门，你不免会被东侧的巨型屏幕所吸引，它以投影的方式，以"走进民俗的殿堂"为题，展示安徽各地的民俗风情。

"民俗，乃民间风俗也。自盘古开天，三皇于今，其源远流长，精深博宏……"大门的西侧，用大理石镌刻的《安徽民俗村记》，记述了安徽民俗村的缘起和创意、设计和建设过程。穿过圆形大门，一条布满铜雕的古街映入眼帘，仿佛走进安徽民俗风情的大观园。在这里，传统风味小吃、特色民俗表演、绝技展示及民间手工艺品展销荟萃其间。古老的纺车、剪纸、丝网花卉制作、木雕、贴画……江南百工坊内，民间艺人的绝技绝活会让人不自觉地停下脚步；民俗大舞台展示了来自各地具有民间风味的戏剧、曲艺等民俗表演。而村内的影院，是国内第一家专门展示民俗风情和非物质文化遗产的 4D 影院。

天井小镇，乐趣何其多！这里的铜官府，是一个集青铜宴舞文化为一体的综合性铜文化和传统文化博物馆。在这里，可以感受 3000 年的青铜文化，欣赏铜工艺品、青花瓷和汉代宫廷宴舞，一段舞蹈，一曲编钟，让人瞬间梦回汉唐。

夜深了，随着心灵的指引，来到位于水中央的火车吧，欣赏一截从历史深巷驶来的火车头，打开车门，里面是不一样的天地，一杯鸡尾酒，一碟小食，窗外全是风景，窗内都是故事。

天井小镇文化旅游区（原名中国江南文化园）始建于2006年6月，是一个集旅游观光、度假休闲、学术交流、文化考察、餐饮贸易、演艺娱乐等为一体的高品位、高档次的综合性文化旅游园区。项目总建筑面积31.7万平方米，总投资21.7亿元。旅游区主要依托"一江"（长江）"两湖"（天井湖和北湖）带"沙洲"的湿地优势和古铜都铜陵丰富的铜文化优势，打造以青铜文化、皖江民俗文化和饮食休闲文化为主题的综合性文化旅游园区。天井小镇自2008年正式运营以来，陆续入驻各类文化企业上百家，以其明晰的功能定位、鲜明的文化特色、完善的文化服务，很好地承接了"两山一湖"的旅游资源，年接待游客80余万人次，成为铜陵地域文化、安徽民俗文化展示中心。

民俗风情，荟萃一园。天井小镇文化旅游区，成功举办了两届安徽民俗文化节。首届安徽民俗文化节由安徽省文化厅和铜陵市人民政府主办，第二届中国安徽民俗文化节由中国文联、安徽省人民政府主办，文化部支持，分别以"守望民俗、相约铜都""拥抱民俗、快乐民众"为主题，举办了民俗表演、"百戏百工百乐百品"展演展示、安徽民俗风情摄影展、民俗风情电影展、地方曲艺戏曲汇演、民俗进社区及民俗文化专家论坛等数十项文化活动，搭建了安徽乃至中国传统民俗文化和传统技艺项目的展示、交流、合作的平台，吸引了国内外大批民俗文化学者、爱好者的现场互动，集聚了数万名市民的广泛参与。

徜徉于天井小镇，茶戏楼、古戏台、婚礼堂、水上舞台、户外大屏等宣传文化设施遍布室内外，天天有演出、周周有活动，每逢节假日更是好戏连台。据不完全统计，自天井小镇正式开园以来，先后举办了江南茶艺展示、江南梨园演艺、中国首届江南民艺论坛等上百场群众性文化娱乐活动。"万民腊八尝福粥""鼓舞龙腾喜迎春踩街""万民同乐庆新春文艺汇演"等活动连轴演,猜灯谜、舞龙耍狮、戏曲表演异彩纷呈,吹糖人、捏泥人等民间艺人在安徽民俗村内即兴表演,其乐融融,让游客尽可享受"吃、住、行、游、购、娱"的乐趣。

看青铜编钟宴舞,观4D民俗电影,逛安徽民俗村,乘水上游船,畅游天井湖——在这个繁华与自然相融合,历史与现代相辉映的小镇里,沏杯茶,看场戏,慢慢听她娓娓述说一段关于江南文化的故事……

凤凰山:凤丹花开迎客来

凤凰山

　　四月的铜陵,凤丹正值花期。连绵起伏的群山中,千万朵牡丹绽放枝头如彩云飘拂,这时的凤凰山山花烂漫、鸟鸣啾啾,是一座名副其实的花山。

　　一场花事一城春,凤凰山以凤丹而闻名。中央电视台电视风光片《中国牡丹》,曾以"春来香满凤凰山"为题,详细地介绍过凤凰山牡丹的历史渊源和特色魅力。解说词中说"生长在安徽省铜陵市凤凰山的牡丹，叫作'凤丹'，就是驰名中外的药用牡丹""雄峙在长江边、飘溢着牡丹花香的高山就是铜陵凤凰山。"

红粉丹色醉江南，凤凰美景入怀来。早在明朝景泰年间，诗人周铎就写过"庐外山高插半天，石边孤井聚甘泉，凤凰一饮千年后，尚有遗迹万古传"等十六首《凤凰八景》组诗赞美过凤凰山。

凤凰山空气清新，山势宽广，峻岭横空高耸云霄，满山竹木幽深，清泉终年流淌。在这自然天成、山清水秀的大山里，流传着许多美丽的民间传说。明代《铜陵县志》里便记着这样一条："凤凰山有泉一泓，相传有凤凰翔饮于上。"

相传女娲曾遣凤凰仙子下凡，为铜官山的金牛哥与长江边的银花妹牵引爱情红线。凤凰仙子领旨后满腔热情从瑶台来到南天门外，摇身变作一只金色的凤凰展翅飞下，背负青天朝下看去，只见群山中有一山金光闪耀，于是凤凰飞落此山，凤凰山由此得名。

又传，凤凰仙子为金牛哥与银花妹做红娘时，爱上了人间，再也没有飞回瑶台。从此，凤凰栖息于此地，渐渐变成一座雄伟美丽的大山，凤羽张开，化作漫山遍野的琼花瑶草、茂林修竹。远远望去，连绵山势由北向南，逐渐昂起，头倚横岭，尾伏铁石宕，东西各成一个小山包，整个山形酷似凤凰展翅腾飞。

凤凰山盛产丹皮，是药用牡丹的根皮，村民广为种植，历史长达千年以上。关于凤凰山白牡丹的起源也有众多说法。武则天称帝后，酷爱花苑，正值初春，天气寒冷，为了观花，下旨催花。众花怒放，唯牡丹不开。武则天大为恼怒，下旨将牡丹驱出宫苑，到洛阳受罚，一株名叫丹心的牡丹花逃到凤凰山，住进农家。

还有民间广为流传的郝郎吹箫引凤的民间故事。凤凰为百鸟之王，厌倦天庭生活，在一个春天的早晨看到大青山翠柏苍松，百鸟争鸣，

凤凰山凤丹

瀑布飞流直下。她听到箫声，按捺不住性子，飞了下来，落在一块大石头上，这就是有名的凤凰落脚石，石头上爪印清晰可见。看着满山泡桐和怒放的喇叭花，听着美妙的箫声，凤凰心里美不胜收，与郝郎成了好朋友。好景不长，当地流行瘟疫，郝郎也被传染，病情危重。凤凰救郝郎心切，苦无办法，只得上天求助于太白金星。太白金星指点迷津："远在天边近在眼前，降妖治病的神药就在大青山，大青山悬崖峭壁的林下和怪石嶙峋石头的缝隙，长有两棵白色牡丹，用它的根皮煮水喝下去，入心、肝、肾，清血、活血、散瘀，众人的病就会痊愈，把它结的籽撒在村庄周围的那块大地上，一地鬼怪就会安宁。"

历尽千辛万苦，凤凰最终在大青山的主峰绝壁石隙之处找到了两棵白色牡丹。凤凰姑娘把白色的牡丹根皮挖出，只见牡丹根皮圆直粗壮、皮色褐红，油润光泽、气味香浓，表面细薄、附着闪闪烁烁的银星。凤凰用一棵牡丹的根皮煮水让郝郎和乡邻喝下，他们顿时就恢复了健康，郝郎又如以往一样的壮实。村庄恢复了往日的平安和宁静。中秋，凤凰又把白牡丹籽撒向泥土里，第二年村庄的山上、山下、小溪边，长满了白牡丹，漫山遍野弥漫着花香。这里的人们世世代代晒丹皮，既强身健体，又发家致富。

后人为感谢凤凰的救命之恩和给大家带来的幸福生活，就把所住的村庄命名为"凤凰村"，大青山更名为"凤凰山"，把她立足过的青灰石叫作"凤凰落脚石"，那种白色的牡丹就叫"凤凰山的牡丹"，又简称叫"凤丹"或"仙牡丹"。

有种说法，凤丹牡丹是牡丹的老祖宗，清代乾隆《铜陵县志》中有记载：长山石窦中有牡丹一株，高丈余，花开二三枝素艳绝丽，相传乃晋人葛洪所植。被称为"仙牡丹"，就是凤丹。科学地来说，凤丹牡丹是原种牡丹，很多牡丹均来自它们的繁衍。2014年初，中央电视台四集《牡丹》专题片中，基因专家发现，九大野生牡丹中，主要由紫斑牡丹、凤丹牡丹和矮牡丹参与了进化，它们有着一个共同的特点：白色。也就是说，单一的、白色的、野生牡丹品种繁衍、演变而成为今天人们眼中姹紫嫣红的万花之王。

站在这漫山遍野的花丛中细品，牡丹的花枝细而长，翠绿清爽。

凤凰山相思树

叶子犹如一个个小巴掌，欢快地拍着手欢迎远方来客。一阵微风吹过，飘来阵阵花香，引来了无数小蜜蜂、小蝴蝶在花丛中翩翩起舞。一路看来，"花王""岛锦""海黄""白雪塔"等品种让人啧啧称赞。难怪白居易说："白花冷澹无人爱，亦占芳名道牡丹。"

如今，凤凰山有万亩凤丹，观赏牡丹面积已近千亩。站在凤凰山脚下，漫山遍野的凤丹，气势磅礴。春满大地时，牡丹绽放出她那甜美的笑靥，花朵娇艳饱满，花瓣重重叠叠，花色更是数不胜数，大红让人热血沸腾，米黄让人心胸明亮，豆绿让人浮想联翩，青蓝让人心旷神怡……九大色系，美丽无比。

铜陵的春天是属于牡丹的。

相思河畔，一串串晶莹剔透的风铃清脆悦耳，溪水在流淌，花儿在怒放，小鸟在歌唱……那是风托起相思，随着风铃声飘向远方。

相思河两畔，有一棵奇特的枫杨树，成活于明末清初，树径3米多，高约25米，有300多年的历史，位列安徽四大观赏奇树之一。那为啥奇特？两棵树干在小河上空倾斜融为一体，而后两树又分离各自生长。它们隔着河相拥相绕着，河水从两树间流过，如同恋人一般。远远望去，异株同干连理枝，如同恋人交颈拥抱，情意缠绵；近看树影倒映，似鸳鸯戏水，鸾凤穿花，给人以爱情坚贞的遐想，这是铜陵人家喻户晓的"相思树"。

相传八百多年以前，凤凰山脚下有一个地主，地主家有个女儿，知书达理，聪明贤惠，乳名叫丹儿，长得是羞花闭月，如同山上开放的牡丹花。地主家有一个长工，名叫桦生，他忠厚勤劳，心地善良，开朗乐观，劳动之余能唱出很美妙的山歌，歌声能引来百鸟在山间翱翔。

日久天长，丹儿与桦生相爱了。村头有一条小河，河水从凤凰山上的滴水崖流下，清澈见底，如同丹儿与桦生纯真的爱情，他们俩常常在这小河边偷偷地幽会，对着这里的青山、流水及河边的绿草野花互吐真情，互表爱恋与相思，共同发下了刻骨铭心的海誓山盟。有一天，地主知道了这件事，极为恼怒，自己的女儿怎能嫁给一个身无分文的小长工？他不顾女儿的真情表白和苦苦哀求，执意要拆散这一对青年男女。软的哄，硬的吓，丹儿只是一句话：我爱桦生，宁死不移。地主想了一条毒计，在一个月黑风高之夜，派人害死了桦生。地主以为这样就能彻底断了女儿的念头。丹儿知道桦生死了，悲愤万分，痛斥了父亲一通之后，回到闺房写下遗书：生不能成连理，死也要与他厮守。写完便悬梁自尽，一缕香魂追那桦生而去。丹儿的丫鬟深深为这惊天动地的一幕震惊与感动，她不愿面对这残忍的现实，也随丹儿自杀了。

地主见女儿死了，又悲又恨。他恨意难消，决意不让他们的心愿实现，便将两人分别埋于小河的这边和那边，有河隔着，两人在地下也无法相见。他想用这个办法来惩处这一对恋人。出于悲心，他把丫鬟埋在了小姐身边，毕竟是自己的女儿，希望在地下能有人相扶，不会孤单。

然而令地主没想到的是，丹儿和桦生坟上各长出了一棵树，隔着河，互相向河当中倾斜，慢慢地靠拢在一起，慢慢地在河的上方长到了一起。丫鬟坟上也长出了一棵树，与他们若即若离。人们以为是这段惊天地泣鬼神的爱情，造就了大自然奇观，觉得这两棵树恰似一对恋人相依，故名之"相思树"。

关于相思树的传说有很多，可是不论是哪种传说，相思树都是爱情和姻缘的象征，反映出古时劳动人民对追求自由婚姻的向往。如今，每年有许多年轻人来到相思树下，以树为背景摄影留念，海誓山盟，白头偕老。

沿着潺潺流水前行，一泓清泉从 30 米高崖顶飞泻而下，匋然有声，这儿便是"滴水崖"。随着季节的更替，滴水崖的飞瀑也变换着各种形状。春天，喷珠泻玉，熠熠生辉；盛夏，瀑布飞垂，气势磅礴；金秋，涓涓细流，朝夕潺潺；隆冬，冰凌悬垂，晶莹剔透。远远望去，滴水崖仿佛是一幅变幻万千、四季景异的巨大天然壁画悬挂在天地之间。

凤凰山滴水崖

信步向前，悬崖峭壁，高达数丈，潺潺瀑流，如泻银河。一阵山风吹来，细雨纷霏，缥缈在山涧，滋润着崖下盛开

金牛洞古采矿冶址

的牡丹。那细雨宛若一条随风摆动的轻纱，似天女舞袖；又如一条若隐若现的飞龙在戏水，漫天飞舞，朦胧弥漫，让人感到大自然的神奇。飞瀑流入池塘，碧绿透蓝，清澈见底，如天山天池一般的美丽。

与滴水崖相对，一块高约1.5米的圆锥石柱兀立在山道旁，石柱顶端上的禽爪凹印，形似凤凰脚印。这就是凤凰山传说中的凤凰落脚之地，故名"凤凰落脚石"。

在凤凰山，出名的不仅仅是牡丹，还有关于凤凰的传说，除了山形胜凤凰，凤仪湖更具有神秘色彩。波光粼粼的凤仪湖水宛如明镜

尾沙坝铜草花开

一般，清晰地映出蓝天、白云、花朵、碧树。传说，当月亮刚刚升起时，成群的凤凰就站在凤凰石上翩翩起舞，名曰"凤凰晓月"。舞罢，飞临此湖，见湖水清澈，便飞入湖中沐浴，因而得名"凤仪湖"。又见岛上梧桐繁茂，凤凰择梧桐而栖，故岛名曰栖凤岛。岛有二桥与岸相连，一凤一凰，凤为雄，凰为雌，东侧直桥位于阳面，故为凤桥，西侧曲桥位于阴面故为凰桥。

　　景色优美的凤凰山，传说也很多，金牛洞也是其中之一。相传，这里原为一座袖珍小山，山腰有一古洞。天上神牛私下凡间，看见凤凰山茂林修竹，溪流潺潺，鸟语花香，被这儿美丽的山光水色和肥美的大地迷住而乐不思返。玉皇大帝屡屡差人唤之，神牛也不予理睬。后来，金牛干脆钻入此洞中，经过千百万年漫长时间的演化，金牛化为金银铜矿石，金牛洞便由此得名。20世纪80年代，金牛洞古采铜遗址发掘出来。遗址场面宏大，遗存丰富，从清理出的古代采矿井巷结构和采掘生产工具、陶制生活器皿来看，其年代始于春秋，下限不会晚于西汉。可见，早在春秋时期，铜陵的先民便在此发现了铜矿并进行开采。先民们披星戴月，筚路蓝缕，开采出大量的青铜，让炉火熊熊燃起。

如今，几千年前热火朝天的采矿情景早已远去，融自然景观与人文景观为一体的金牛洞古采矿遗址，已成为古铜都一个重要的文物旅游景点。以铜为主的人文历史景观及经过多方修复保护的金牛洞遗址，向世人展示了中国古代铜矿采冶技术和丰富的文化内涵。这是我国有一定代表性的一处重要古铜矿遗址，成为我国继湖北铜绿山古铜矿遗址后第二个正式对外开放、供游人参观的古铜矿遗址。

"铜草花铜草花，巧模样巧模样，像把小牙刷，指引人找到了地下宝藏哪，中国人民致富之花，幸福之花艺术之花……"每每听到这首《铜草花》，青铜的歌谣便溢满心间。

铜草花是铜陵最具有铜文化韵味的花，学名叫海州香薷，花开似牙刷，俗称牙刷草，与铜相伴而生，是古时候人们寻矿的天然"路标"。每年深秋，当万物萧瑟，铜草花便挺立在悬崖峭壁、荒野涯间，灿若紫霞、动若野火，绽放着铜的芬芳。由于铜草花象征着吉祥、坚韧，以"铜草花"为名的铜陵本土题材电影也走上了荧屏。

在铜草花烂漫的季节，许多爱花的人来到铜草盛开最多、最集中、最美的地方——凤凰山景区高达70米的相思谷尾砂坝。沿着182级台阶拾级而上，登顶后，跃入眼帘的便是80多亩连片的紫色铜草花花海。清风拂过，花浪如潮，香气扑鼻，大量的蜜蜂、蝴蝶上下飞舞……谁能想到，昔日荒芜的凤凰山铜矿"尾砂坝"，摇身一变成了铜草花的海洋，美丽又壮观。游客们在这"网红打卡地"中流连忘返，被陶醉，被痴迷。

江南铜谷风景道：探千年秘境　赏盛世画卷

江南铜谷风景道

　　四季，与"江南铜谷"相遇，沿途别有一番韵味：春天，青山绿水、繁花似锦；夏天，树影斑驳、云雾缭绕；秋天，银杏叶黄、层林尽染；冬天，炊烟袅袅、意趣盎然。一辆车、一家人、三五好友，一路走走停停，拍照欢笑，仿佛时光都成了美酒，惹人醉，香满路。

　　江南铜谷风景道规划东起义安区钟鸣镇九榔村，西至天门镇天目湖，它以路为引，串联凤凰山、永泉、梧桐花谷等5大精品旅游景区，以及7个乡村旅游重点村、58个单体景观。依托道路沿线特色自然景观资源，通过拓展调整、新建绿植等方法，结合环境综合整治，形成具有观赏性、通达性的生态彩色林带。

　　寻个假期，在江南铜谷，目前已建成九榔村至凤凰山村17公里（一期）穿越花海、邂逅时光、探寻秘境，于千年银杏、千年紫藤、金山

天目湖立交桥

等知名景点停下脚步，感受历史与文化的厚重。而白墙黛瓦的特色民居上，炊烟袅袅勾起心底的乡愁。

春日里，玉带般的"江南铜谷"风景道绵延伸展，波光粼粼的天目湖（缸窑湖）旁，高大绵延的立交桥下，是一片片似彩云、如锦缎般的紫色画卷，那是盛开的紫云英。近观紫云英，每一株紫云英都长着细长的茎、尖尖的小叶，托着紫红色花冠，千朵万朵花瓣拥簇在一起，成了朵朵紫云，汇集成了紫红的花海，带给春天一片浪漫的情怀。用手拂过这一朵朵紫色的精灵，淡淡幽幽的清香沁人心脾。紫云英的花语是幸福。来春游踏青的人们徜徉其间，或轻嗅清新的芬芳，或在田间放飞纸鸢，或用相机、画笔定格美丽瞬间，或带上吉他与朋友在花海里高歌一曲。

若是冬日里来这，那也有它独特的美。大面积湖水随长江水退去，留下干涸的湖底，湖底自然形成的纹理和几何图形让湿地充满了神秘和诗意。当冬阳斜照在湖面上时，水波荡漾，波光闪闪，成群的候鸟在湖面翩翩飞舞，千鸣百啭，漫天起舞，蔚为壮观。

江南铜谷风景道上的一颗明珠便是金凤缪村。这里原汁原貌保

千年紫藤

留了传统古村落的风貌，山高石多怪石成林，千奇百怪，妙趣横生。古人为了生存，用石头垒起梯田。这里的梯田面积只有几平方米，一块块镶嵌在高山上，使得这里的农耕文化非常独特。山中常年有一股清泉，清澈甘甜，故此被誉为风水宝地。沿着小溪拾阶而上，有株缠绕在黄连木、石楠两株古树上的千年紫藤，右侧还有女贞两株。相传这株古藤，乃何仙姑下凡。仙姑当年在人间查访时走累了，在土地庙前小坐憩息，她离开时忘记带走两根绿丝绸腰带，嗣后化为两株紫藤，连为一体，长势旺盛，历久不衰。今天的紫藤一杈将黄连木紧紧搂抱，向四周巧妙地交织在一起，藤枝交错，宛若巨龙腾空而起，直奔云霄。正如宗璞的《紫藤萝瀑布》写道："从未见过开得这样盛的藤萝，只见一片辉煌的淡紫色，像一条瀑布，从空中垂下，不见其发端，也不见其终极。"

不仅有千年紫藤，还有200多年的野青檀和冬青王等古树名木，这条秀带是铜陵的"桃花源"。位于"千年紫藤"西上方50余米处，有一奇特巨岩，此石与周边环山石质分明异同，似从天外飞来，形如云斗，岩上生有四株不同古木，分别是黄连木、铁力木、石楠和女贞。岩石周围有清溪环绕，流水潺潺，盛夏时节浓荫婆娑，清凉无比，实谓人间福地，与"千年紫藤"相对而望，构成了一卷绝伦的山乡秀美图。传说，该石属于四仙祥云所化。因当年龙太子、紫云公主，誓死不归东海，永驻此间后，随他们前来的四位侍从，见主子不愿回东海去，自己也不敢回去了，也就双双化作这四棵树，脚下祥云化作巨石。从此他们就永远与主子相对而望，永世陪着主子。后人称此为"憩息石"。

沿江南铜谷漫步，走入金凤村，一棵千年古银杏树也正用一片片重重叠叠的扇叶，将过往的岁月揽住。千年银杏枝繁叶茂，树干通直，树干周围四株小银杏环伴而生。相传，这是古代一位慈母和她四个孩子母子情深，相互依偎、幻化而成的动人情景。

钟鸣镇金山村龙潭肖

秘境之中，还藏着一棵千年古柏，相传这棵树富有灵性，当地百姓将其奉为神树。作为铜陵的古柏之王，它高约20米，树径约1米，郁郁葱葱地伫立了千年，见证着这里的时代变迁。古柏周围的小石林景观、竹林户外拓展基地、民族风情演出项目、玻璃观景体验平台及滑漂项目等也即将陆续向游客展现⋯⋯

在同样藏匿于深山之中的钟鸣镇金山村龙潭肖，依山傍水间，白墙黛瓦参差错落，村口前一座青石拱桥下流水潺潺。村落呈徽派风格，古朴典雅，溪水贯通，村巷九曲十弯，纵横交错，随处可见青石板路光滑如玉。一草一木，一砖一瓦，皆见风情。龙潭卧于村中，有两亩见方。村后有一眼龙泉，泉水清澈，终年不息。龙潭河从村庄内穿流而过，村庄可见喀斯特地貌，山石错落有致，山水与绿树交融。村庄古屋灰墙黛瓦，翘角飞檐，小径通幽，更有古桥、古寨门、古道、古巷、古树、古亭散落其中，古桥下溪流潺潺，有一棵巨大的皂角树探溪而去，一村水韵，满眼古意。

位于风景道一端的金牛洞古采矿遗址，是春秋——西汉时期铜陵的先民们在此露天采矿的历史见证。其场面宏大，遗存丰富，不仅在被发掘时震惊了中国考古界，也使这座湮灭了两千余年的古采矿遗址得以重见天日。

江南铜谷风景道沿线，现已呈现出铜草花公园、白姜文化园等特色文旅产品，带动沿线"山里任家""印象河边""明水堂""铁山头"等一批民宿创新发展，成为展现中国铜脉的工业印记和风土人情的生态走廊。

江南铜谷风景道绵延数十公里，它移步换景，串珠成链，成为风景的廊道。它的故事说不完，它的美景赏不尽，它把田园风光、水乡韵味、山水柔情织成幽雅青翠的锦纶——那云绕青山，飞鸟穿林，良田万顷，阡陌交通，鸡犬相闻，处处好风景。

梧桐花谷：梧桐引凤来 花谷织锦绣

花谷花香蜂蝶伴，望君聚首花丛中。

梧桐花谷位于义安区钟鸣镇水村，在铜陵、芜湖两市交界处。那花，那景，让人迷恋和沉醉。当花季来临时，梧桐花谷如同被大自然打翻的调色板，像极了一条条五彩缤纷的色带，置身其中，扑鼻而来的花香，满眼浓妆艳色，徜徉在花海中，神清气爽。

梧桐花谷全景

每年三月至五月是属于郁金香的最美花季。梧桐花谷内，数千万株郁金香轮番开放，红的、黑的、紫的，深浅不一；杯形、碗形、球形，形态各异。走近细品，精致艳丽、光彩夺目；远远望去，如画卷，似织锦，一步一景，美不胜收。每年慕名前来赏花的游客络绎不绝，纷纷来此体验"荷兰"的异国风情。

到了桃花悄然绽放的季节，朵朵桃花，树树红霞，宛若桃源仙境，红白相间竞相开放，赏心悦目。与桃园毗邻的是面积达200多亩的李园，每到花期，远水同春色，繁花胜雪天，微风吹过，树冠飘摇，清

梧桐花谷的花海

香宜人。

　　油菜花开季，种植在梧桐湖沿线和景区主要道路两侧的彩色油菜花，成为游客们的打卡热门地，除了传统的金黄色，还有白、橙、粉、翡翠色油菜花点缀其间，带来缤纷的视觉体验。

　　牡丹园内，牡丹花香浓烈，彰显出妖娆妩媚；芍药清丽淡雅，绽放于绰约风姿。百余种牡丹竞相开放，花瓣重重叠叠，包裹着金黄色的花蕊，散发出馥郁的芳香，引得蜂飞蝶舞。

　　谷中花卉品种繁多，琳琅满目，且分散在不同时期开放，四季繁花似锦、锦绣铺地。除了花圃，花谷内还建有青梅园、梧桐湖、玫瑰岛以及大、小金山等景点，构成了一个色彩斑斓的花之谷。

　　如今的梧桐花谷，针对不同的季节和不同的游客喜好，栽培不同品种的花卉，基本实现了四季有花，月月花不断，特别是春、秋两季，二月到五月，九月到十一月，在这7个月的时间里，梅花、郁金香、牡丹、五彩油菜、樱花、金鱼草、鲁冰花、香水百合、观赏菊花、粉黛乱子草……30多个花卉品种在梧桐花谷的花园里分时开放。

　　到了炎热的夏季，"玩水"成为主角。乘坐橡皮艇，历经转弯、漂移、俯冲，一路风驰电掣漂流而下，好"嗨"！梧桐花谷高空漂流总长 888 米，总落差 60 余米，穿行在花海之间、溪流之上，激情四溢，生态漂流上游青檀林浓荫蔽日，形成天然绿色屏障，下游植物遍布瓜果飘香，一派绿树繁花，野趣十足，不愧是"不怕晒的漂流"。

体验了高空玻璃漂流，景区内卡丁车、观光车、自行车、彩虹滑道等 15 个项目，让游客来了不想走，走了还想来。景区内外配套了饮料、农副特产、餐饮、住宿等，用花海经济带动经济发展。

在梧桐花谷里游玩，满眼不仅有各种盛开的鲜花，金丝皇菊茶、牡丹花茶、金银花茶、青梅酵素、艾叶足浴包、艾灸贴等衍生产品品类繁多。景区内的牡丹经过特别处理后运往外地进行销售，用牡丹做成的鲜切花和牡丹花茶很受欢迎，牡丹鲜切花，在牡丹花花苞的时期，剪成 50 厘米长的花枝，用快递运送到上海、云南等地的花卉交易市场，实现了花卉产业的升级，大大增加了花卉的经济附加值。

测量土壤 pH 值、育苗……在花谷研学基地，参加夏令营的孩子们开心地玩泥巴，在快乐中学习，在锻炼中成长。中小学生研学旅行是梧桐花谷景区一大特色，主要围绕农事体验、手工制作、拓展训练、红色文化等 30 多种成熟的研学课程，锻炼孩子们的动手、动脑、总结和协调能力。目前，中小学生研学旅游已累计接待学生 5 万余人。

花谷里一排排木屋度假别墅，和谐自然，立于田野。名为"生态养老苑"的度假屋，主要消费人群是长三角的"老年团"。旅居式养老是上海及周边老年人的首选，梧桐花谷积极开拓市场，对接上海的旅行社和老年社区，景区除自建一批木屋度假别墅之外，还对接所处的义安区钟鸣水村村委会，组织村民外出考察，对符合条件的民房进行了升级改造。

游玩梧桐花谷后，也可去水村逛逛，美丽整洁的村容村貌和村民温暖淳朴的笑颜让人流连忘返。几年来，水村发生了令人惊喜的改变，越来越多的年轻人回乡创业。他们有做花茶种植与深加工，有的开农家乐、种植蔬菜，有的建水果采摘园、游玩项目等。梧桐花谷"以农带旅，以旅兴农"的发展模式带动了乡亲增收致富，让乡村振兴百花齐放。

作为集"生态农业、养生养老、研学拓展、四季花卉、旅游休闲、红色文化"为一体的梧桐花谷综合旅游景区，未来将把农业产业与旅游产业相结合，走休闲农业与乡村旅游的新型产业化路子，为游客提供一个休闲度假、养生养老福地，为当地农民提供就业、创业平台，为乡村振兴画卷再添色彩。

梦思康百合庄园：药园变景区　庄园变公园

月牙塘边，小桥流水，桃红柳绿，美不胜收。微风吹过，醉人的花香夹着泥土的芬芳迎面扑来，田园仙境美妙而浪漫——这便是位于义安区天门镇的梦思康百合庄园。

在加快农文旅产业发展的大背景下，梦思康百合庄园应运而生。赏花时节，色彩缤纷的药用百合花竞相绽放，点缀在青山绿水之间，吸引了省内外众多游客前来观赏、游玩。步入庄园，红顶的荷兰风车，象征着绿水、青山、金山、银山；漂亮的红房子，在一处较高的田埂上一字排开；四周环水的岛屿间，悬空着一尊硕大的茶壶，一股清澈的水从壶口喷泻而出，停泊在水中的小舟，既为游客增添了赏花休闲的乐趣，又为庄园增添了最佳"打卡"点。

梦思康的百合花海是彩笔点染的，在阳光下荡起色彩的涟漪。两百亩的花地里盛开着七彩百合花，掩映着小毛驴、长颈鹿和十二生肖的塑像，花开烂漫，又有着天真的野趣。走进花垄间，一棵棵百合亭亭而立，与风撞个满怀。它叶片青碧苍翠，花形如长号，花

梦思康百合庄园

柱伸长唇外，宛如蝴蝶的触须，迎风摇曳。它品种繁多，花色五彩缤纷，白得素雅，红得娇艳，黄得灿烂，紫得高贵，就像一张迎风招摇的笑脸。

"含露或低垂，从风时偃抑"，这种花株枝修长而身姿曼妙，花冠如莲绽放，散发出呼吸般的芳香，能不恍若抑制不住内心的快乐的乡野少女吗？据说，此花由百片鳞片环抱合成，故名百合，有些幸福、美好的吉祥寓意。

百合花，是一种从古到今都受各国人民喜爱的世界名花。百合花的花语是：高贵、纯洁、祝福、心想事成。百合花的寓意是：家庭幸福、美好祝福、百年好合。百合花的茎秆笔直，叶子翠绿，花瓣像喇叭似的，花瓣微微向下卷曲，一大片一大片的百合花万头攒动，摇曳生姿。蓝天白云下，漫步花垄间，一株株百合花茎秆亭亭玉立、叶片青翠，花朵白得素雅，红得娇艳，黄得可爱，紫得高贵，橙得纯真，好似一张张喜逐颜开的笑脸。文人墨客爱咏百合：宋代陆游《北窗》云："尔丛香百合，一架粉长春。堪笑龟堂老，欢然不记贫。"宋代韩维有《百合花》："真葩固自异，美艳照华馆。叶间鹅翅黄，蕊极银丝满。并萼虽可佳，幽根独无伴。才思羡游蜂，低飞时款款"——百合，含露或低垂，从风时偃仰，是丛兰中芳馥的花。

梦思康百合花开

看着百合花海中一波又一波拍照留念的游客，园主和农户们喜笑颜开。梦思康，其寓意是：中国梦，我们的梦，就是在幸福生活中思念健康长寿小康之梦。实施乡村振兴战略，是为了提升农民的获得感与幸福感，更是为顺应人们对美好幸福生活的期待与向往。百合庄园由当地人返乡创业所建，致力于发展中药材产业的。经过五年的艰苦奋斗，庄园"百，千，万"工程（百亩生姜，千亩百合，万亩葛根）已启航，围绕"药园变景区、庄园变公园"的发展思路，通过中药材的不同花期，着力打造"四季花海"，逐渐形成火热的"赏花经济"。梦思康庄园的土地上种植了百合、赤芍、绿梅、白及、芍药、葛根、连翘等十几种中药材，保证一年四季都花开，充分利用丰富的"药景"带动旅游发展，促进增收。

百合花开，梦想绽放。如今，梦思康百合庄园已具备能游、能看、能乐、能购的特点，有的吃、有的住、有的玩，以及中小学生研学等特色功能，成为铜陵乡村旅游的又一处网红打卡点，让城乡居民在休闲赏花游玩和品尝药膳美食中，感受我国博大精深的中医药文化之魅力。

第二辑

寻古探幽

当"铜陵八景"在时光中呈现出诗意山河

当顺安古桥以前世今生诉说着岁月的沧桑

这里——

从诗仙命名的五松山，到铜陵长江"脐带"的顺安河

从铜陵江南最高山峰的天门山，到白浪沙滩彩鸢舞的太阳岛

从曾经"县河"舞彩带的玉带河，到红色青山自巍峨的笠帽山

从唐代真人修道处的叶山，到当代游客探秘地的双龙洞

一个个名胜，在等你打卡。

这里——

葛仙洞，留下了晋代葛仙炼丹的遗迹

护国寺，相传着圣封护国、蜘蛛救主的故事

云崖寺，竹篁木森闻禅声

大明寺，荆公赐匾声名显

清凉寺，梵音钟声鸣青山

周氏古民居，藏着古人的智慧

一个个古迹，在等你探幽。

还有鹭鸟飞翔的天目湖、芦花飘舞的铁锚洲、渔光水韵的东湖、绿色走廊的天门十里长冲、青山延绵的九榔太阳冲、千里云海的金榔小金山……

一地人文风韵，千载历史风云。义安寻古探秘，从这里开始——

铜陵古八景：义安之地 诗意山河

铜陵古称定陵，明朝时期，杨泰担任本县教谕期间，遍访当地名胜，又寻古老遗迹，并有感而发题咏《铜陵八景》（详见本书附录），使得古"铜陵八景"在民间流传开来，并引得无数文人墨客来此吟诗作对，让铜陵山水进入诗意的时代。

现在，让我们跟着诗中的墨痕，体会古"铜陵八景"中的诗意山河。

第一景：天王富览

义安区五松镇的西端，有座笠帽山，紧靠大江，与天王山挽臂相连，构成了一幅美丽的自然画卷，自古就是"铜陵古八景"之一"天王富览"。

拾阶而上，天王山景色秀丽，树木林立，鸟儿啁啾。一路走，一路听风品雨、鸟鸣合奏，置身其中，绿野仙踪……由于笠帽山与天王山地处大江之滨，接铜官宝地，山势险要，历来都是兵家必争之地，与长山、石龙矶、鹊头山连成一道"十里长山"的绿色屏障，拦住了风沙，让江水环绕而过。

登上著名的富览亭，放眼眺望，长江滚滚，烟波浩渺，白帆点点，水天一色，美不胜收。古往今来众多文人墨客到这里来登亭远眺，一览长江，并留下了许多脍炙人口的诗篇。

富览亭由宋时县尹张孝章所建，飞檐翘角、碧瓦朱甍、雕梁画栋，高约5米，坐北朝南，三面砌墙，东北开一门，西南为四根合抱粗的廊柱。亭门精雕细镂，上悬黑底金字横匾：富览亭。亭内长约8.9米，宽约4.5米。亭堂横开3间，窗明几净。

亭前叠石成岩，石廊拥抱。亭的四周，古木参天，瑶花吐艳，琪草含芳，别有一番情趣。亭内四壁悬有耆宿、名流登临览胜而题赠的诗词、楹联。宋代的大诗人王十朋来到此游玩，触景生情，写下了《富览亭》："一望之中万象新，铜官宝幛妥生春；风光拼取收囊底，宦况于今也不贫。"

清朝初期，亭阁已经颓旧。清乾隆十六年（1751），铜陵县令褚邦礼率众捐资，重新修葺。抗战期间，此亭毁于日本侵略军的炮火，今遗址尚在。

第二景：五松胜游

五松山，依江而立，绝顶处原有古松，一本五枝，苍鳞老干，黛色参天。这座山，在铜陵人心目中是与铜官山"双峰并峙"的"诗山"和"文峰"。

"五松山"的命名正是出自李白。诗仙多次来此游玩，为此山流连忘返，感怀高吟，先后写下了"我爱铜官乐，千年未拟还。要须回舞袖，拂尽五松山"等赞美铜陵的不朽诗篇十余首，其中，以"五松"为题的至少就有七首。

五松山因李白的声名而享有了美好的名声，之后历代文人墨客来铜陵，常至五松山游览，观览山水，追慕诗仙，从而使五松山成为铜陵胜景名山。李白这一偶然之举，却开创了铜陵的人文时代，铜陵地区宗祠、族谱，皆以冠"五松"为荣。

"五松胜游"在天井湖公园大门至南湖九曲桥一段，五松山雄峙其间，为公园主景区。每当晨光熹微，或则春雨霏霏，湖光潋滟，山色空蒙，莺歌燕舞，兰蕙飘香，其诗情画意，令人心醉。如今，"五松山"已成为铜陵文化与地域的醒目标志，成为城市文化发展的亮丽名片。

第三景：石耳云根

石耳山在哪？

明嘉靖《铜陵县志》载："石耳山在五松南，两峰耸形如笔架。云覆即雨，旱祷辄应。上有石高丈余，平坦可容十数人，即仙姑台，有巨人迹。鸟兽粪其上，即有大雨洗涤。又号真人峰。"

那石耳山是如今铜陵的笔架山吗？非也。

清乾隆《铜陵县志》有这样的记载："石耳山，在县南十余里，两峰并峙，祷雨辄应。并接壤有一石，高丈许，广可容数的，有巨人迹，亦名仙姑台。山下即杜里。"县志中记载的"山下即杜里"，据说是唐代诗人杜牧、杜荀鹤的后裔。在一部自元朝到民国流传有序的家谱——《五松杜氏宗谱》中，从明代和清代的谱序文字里，都提到杜家村就在"铜陵石耳山"附近。而杜家村现处铜陵市郊区白鹤。后经相关文史专家推测，铜官山在县南十里，从铜官山到白鹤大概有五六里路，正合古人十余里的记载，石耳山在如今的白鹤附近。

来到白鹤杜家村，这里横卧着一排青山，满眼绿意，山花摇曳，山雀争鸣。远远望去，当地人熟知的石耳山，真如同笔架一般。

每逢大雨来临时，石耳山山腰以上部分全部云遮雾绕，雨停之后云雾即便退去。山上，景色宜人，附近的百姓经常登山游玩，看到山上的巨石，斜挂在山顶上，犹如人的耳朵，于是便有了石耳山的名字。

县志中的"巨人迹"，犹如人们刻在巨石上的棋盘线条。所以人们便叫这巨石棋盘石，这座山峰也便有了"棋盘石"或是"棋盘山"的名字。

山脚下，有一个小村庄，原名就叫杜里，现在叫杜村。在铜陵市郊区桂家湖附近，自古就住着三个大姓人家：一是杜姓，二是黄姓，三是徐姓，杜姓是三姓中最大的一个姓，后来由枞阳县的桂家坝迁来了桂姓大户，那三大姓人家便从大湖边搬到山脚下来了。唐朝大诗人李白在《答杜秀才五松山见赠》中所提的杜秀才就是石耳山山脚下杜里（村）人。

第四景：曹韩沙讖

老洲，古为曹韩、白沙两洲，初现于宋朝，成洲于明代，明朝中后期始有住户。因长江挟带的泥沙沉积，两洲江水退落，洲头上便出现漫无边际的沙滩，江水缓缓地向两边分流而去，后人因其成洲历史悠久，改称老洲。

洲上有古代"铜陵八景"之一"曹韩沙讖"，即有百年难得一遇的胜景——洲头圆环状的沙滩因当年《黄山》旅游杂志的一篇报道广为人知，而名"太阳岛"，是长江上一颗耀眼的明珠，有着"天然公园"的美誉。

岛上，四季景各异，春有草原牧歌，绿洲春满，垂柳依依，意杨多情，莺雀啼鸣，和风荡漾，纸鸢飞舞；夏有翠鸟晓晨，绿荫凉风，蛙鼓和鸣，天上凉意尽泻，炎暑消无，江滩沙浴；秋有风堤唱晚，天高云淡，金风送爽。江水退位，沙滩开阔，尤有鸟声和鸣，"落霞与孤鹜齐飞，秋水共长天一色"；冬有雪花漫舞，银装素裹。

由于有着"曹韩沙嘴圆，铜陵出状元"的传言，从古至今，人们常常"到此一游"，沾沾"必有登第者"的喜气。登上"太阳岛"，小型草原、沙滩、森林、碧水一一映入眼帘。九丫神树、草原牧歌、翠鸟晓晨、江滩沙浴、风堤唱晚、绿洲春满等景点，让人心旷神怡。晨风里，江水波光粼粼，如同繁星闪烁，江面上舟帆穿梭，风吹帆起驶向远方，流沙随着缓缓流淌的江水，变幻着各种图纹。江水、沙滩、蓝天浑然一体，呈现出自然界的神秘之美。

第五景：铁船遗迹

在故宫博物院有幅纸本长卷——《铜陵观铁船歌》，是王守仁所作。此卷以每行三字居多，行间疏朗，通篇字体修长，行笔迅疾，有米芾书"沉着飞翥"的神韵。

据《铜陵县志·古迹篇》记载：传晋阳太守张宽，一夕乘铁船至铜陵县南五里（即铜官山脚下），为人所见，乃以船溺而露其首尾，由此留下铁船遗迹。明正德十五年春，在那草长莺飞的时节，王守仁从南京回南昌，一路溯江而上，船至铜陵，他决定泊舟鹊岸，上岸去看看这块具有表里河山之势的地方，取天井之水洗把脸，再去沐浴一回五松松风。

"一夕乘铁船顺江而下，至铜官，为凡人所见，船遂溺，而首尾漏焉。"早饭后，王守仁去观瞻铁船遗迹，当来到五松山前，湖田之下，就见有土丘仿佛船只模样，相距100余步，均裸露出积铁。看到此情此景，王守仁一腔愁绪逐浪高，更兼燕语侵愁，花飞撩恨，凭吊铁船之感慨又添几分。思之良久，他命仆役磨墨展纸，写下《过铜陵观铁船》（详见本书附录）。于是，一件艺术价值与史学价值兼备的国宝，在铜陵诞生了。

据说，曾有修铜官山庙者凿铁为钉，入炉，果然熔化，大家都传言是铁船。民国年间，铜陵县长张武曾对此巨石考证，实为两块铁矿巨石。

第六景：禅寺晓钟

每当拂晓，晨曦初露，寺内和尚撞钟，钟声清晰洪亮，响彻长空，缭绕盘旋于县境数十里。禅寺晓钟，蔚然一景。

义安区有大明寺、常乐寺、护国寺、清凉寺、澄照寺等14座。僧人作业功课，除佛卷青灯、读经诵文外，则每日的"晨钟暮鼓"也为必操作功课之一。而撞钟则要撞一百零八下，寓示众生能脱离一百零八种烦恼。故僧众不吝慈悲，每天早晚，都准时地叩钟，唱诵着钟声偈，祈祷世界和平，佛法昌盛，人民安居乐业，无忧无恼，幸福而又太平。当全县寺宇的钟声响起时，回荡悠扬，不绝于耳。

第七景：县河晚泊

县河即玉带河，今义安区五松镇城南，通引大江，直抵东湖，并兼蓄天井湖泻出之水。每临日暮，渔舟商帆，停泊于此。秀樯林立，集泊如市，落照帆影，渔火星稀——明代杨泰之诗写的就是这一景致。

关于《县河晚泊》，明朝经魁，历官广西参正的董应扬，于万历四十七年（1619）任铜陵教谕期间也曾题有一诗：

> 薄暝城边鼓角残，停桡舟子泊江湾。
> 杨枝夹岸笼烟住，水势随潮带月还。
> 醉卷白波情自适，枕酣青雀梦常闲。
> 却愁明夜去何处，回首铜山隔远关。

"玉带横流日正西，扁舟鳞砌竞归栖"，这就是县河晚泊的风光。

第八景：铜阜栖灵

"阜"有山丘，陆地之意，铜阜，指铜陵县境。"灵"则指坐落在铜官山南的灵祐王庙。

铜官山西北处古昔，山麓有一座灵祐王庙，又称铜官庙、保胜侯庙，山下有一条惠溪河，老庙与溪水，天成仙境，相映生辉。

据史料记载，灵祐王庙始建于南朝萧齐年间（479—502），相传晋朝浔阳（今江西九江）太守张宽死后成神，人们建庙予以奉祀。据《铜陵县志·古迹篇》记载：旧时铜陵人视张宽为神，于铜官山处为其立有神庙。唐朝贞元年间（785—805），因张宽之神"阴有助战功"，江东观察使裴肃奏封其为保胜侯；天成四年（929）加爵；宋朝绍兴九年（1139）赐"昭惠庙"额；咸淳八年（1272）封其为灵祐王，所以到后来人们便称铜官庙为"灵祐王庙"。

自唐代以来，历朝历代都在铜官山下采矿冶铜。由于古代矿工的劳动条件险恶，人民生活艰难，矿工们以及矿工的亲属们，为了祈求铜官之神的保佑，每逢农历的六月初十都要到铜官庙里来烧香拜祭。铜官庙每年农历九月初九，都要举行盛大的"龙烛会"。龙烛会一般要举行三天，吸引来本地及周边各县无数的游人香客到这里来叩头、烧香、祭拜。

灵祐王庙是铜陵地区修建较早的、规模也是较大的一座庙宇，香火历来鼎盛，不但本地的信奉者众多，就连江北、无为、枞阳等地的进香朝拜者也络绎不绝。可见灵祐王庙在当时的香火是何等的兴旺鼎盛，直到 20 世纪的 1956 年前，灵祐王庙里的香火依然十分旺盛。

据明万历《铜陵县志》记载，铜陵城关，俯瞰大江，仰倚崇山，帆樯往来，一日千里，势若出水芙蓉，形胜最佳者也。可见，古"铜陵八景"既有旖旎的自然风光，也有文化底蕴深厚的人文景致，还有很多历史典故，可以说是诗意铜都的浓缩。

五松山：诗仙李白的一生钟爱

五松山，作为一座如今在地理概念上"消失"的山，却是开古铜都一代文化血脉之先河，成为独属于铜陵人民的一份醇厚的历史文化遗产。

天宝十三载（754），时年 54 岁的诗人李白经秋浦（今安徽贵池）来到铜官（时属南陵县），由县丞常建陪同出游。这一日，江面有大风掀起，浪涛汹涌，陪同的常赞府惊恐失色，但诗人却精神振奋，兴致很高，说起数百年前的偶像谢安石隐居东山之事。此时，诗人看到风中展臂的大树，在山上飞舞，深受触动，于是披荆斩棘，来到树下。

大树一本五枝，高耸入云。李白便让常赞府请来本地有资历老人，询问有关古迹遗风传说。时间久远，老人不知详情，也不知山名。于是，诗人遂为此山取名"五松山"，并在《与南陵常赞府游五松山》一诗中记述此事。

据《舆地纪胜》《铜陵县志》记载："五松山，位于铜陵县城东南四华里。山旧有松，一本五枝，苍鳞老干，黛色参天"。这首诗可视为五松山的"定名之篇"。有据可查的资料显示，诗仙李白一生为两座山命过名。一是因见"九峰如莲华"，改"九子山"为"九华山"；另一则，便是在此以诗命名的五松山。

除了为山命名之外，李白对五松山的钟爱可谓独一无二。李白为铜陵奉献了十三首诗歌中，仅以五松山为题的就有七首。这在李白的创作生平中可是极致之举。李白"一生好入名山游"，每到一处都要留下诗文，但论山咏之数量，恐怕没有另一座能与五松山相匹。

诗人爱五松山的美景如画，更爱山下的淳朴人家。在《宿五松山荀媪家》一诗中，李白向世人讲述了他在五松山下遇到的一位可敬老人，自己过着"田家秋作苦，邻女夜舂寒"的艰苦日子，却用辛苦劳作的成果"雕胡饭"殷勤接待素不相识的客人。荀媪一家的这种勤劳、质朴、诚恳而又热情的"漂母"性格，是铜陵人善良质朴、广纳百川的生动体现，令诗人感动不已。

正是在五松山上，诗人直抒胸臆，用最清浅的语言表达出最直接的喜爱：

我爱铜官乐，千年未拟还。

李白一生"浮洞庭，历襄汉，上庐山，东至金陵、扬州，复折回湖北，以安陆为中心，又先后北游洛阳、龙门、嵩山、太原，东游齐鲁，登泰山，南游安徽、江苏、浙江等地，游踪所及，几半中国。"（游国恩在《中国文学史》中概述李白经历）其所著诗文，传之后世一千余首，而像这样直抒胸臆，大声喊出"我爱"二字的，恐怕只有铜陵一处。

纵观李白的一生，云卷云舒、潮起潮落。"承恩初入银台门，著书独在金銮殿"的春风得意，"俱怀逸兴壮思飞，欲上青天揽明月"的纵酒狂歌，"相看两不厌，只有敬亭山"的高傲孤独，他心动过，热烈过，澎湃过，黯淡过。只有在铜陵，他是如此平静，平静得如同一汪湖水，"龙堂若可憩，吾欲归精修。"他甚至想在这儿择一处精修终老，归隐江湖了。在这儿，得意失落、滚热幻灭似乎都被暂时抛在脑后，他只想安静地在五松山下走走，在月夜炉火前看看。至此，我们可以看出，五松山以及铜陵在李白心中的定位：

身心俱安处，精神栖息地。

自诗仙之后，更有无数名士大贤来到铜陵，登五松山，谒太白祠，考察铜陵风土，品尝五松美酒，仅两宋时期，就有苏轼、黄庭坚、王安石、郭祥正、李纲、王十朋、戴昺等多人。南宋诗人陆游进川公务，途经繁昌，远望铜官山，在《入蜀记》中写道："隔港即铜陵界，远山崭然，临大江者即铜官山，太白所谓'我爱铜官乐，千年未拟还是也'。"随即喟然长叹："恨不一到，恨不一到！"

清顺治年间，在铜陵担任儒学训导的李士蛟在《重修铜陵县志跋》中指出："夫铜向隶南陵，继改义安，而五松之号不因时代为迁，是锡铜以百世不易之名者，青莲也。"地名的变更是国家行为，五松之号却百世不易。铜陵百姓修订族谱，都刻意冠以"五松"二字。时至今日，铜陵的商号、宾馆、道路以及论坛、讲演等活动，以"五松山"为名的举不胜举。由此可见，五松山早已作为一个文化符号，深深融入铜陵人民心中。

沧海桑田，五松山的原始山体形态已不复存在，大多数铜陵市民对五松山的具体方位、范围也无法清晰判定。但不可否认的是，时至今日，五松山已成为铜陵人民共同的文化记忆和铜陵地域文化的亮丽名片。

2003 年，《铜陵日报》社组织过一次"寻找五松山"讨论，广大市民、专家学者参与热情高涨，发表了诸多观点，一时众说纷纭。最后虽然没有形成统一定论，但大多数人倾向于认为：五松山的具体方位，在今天井湖以南，向东南逐渐升高，至淮河路与义安大道的交会处，再从此向南向东平缓下行，东至今翠湖一路，往南直指铜官山麓。山的最高峰，即为今五松山剧院——市广播电视台一带。

另有一种观点认为，清代文学家王士祯《晓望铜官山》所描绘："晓日铜官上，泄云连五松。"铜官山上飘散的云雾一直弥漫到更北一点的五松山上，将两座山连在了一起。站在铜官山上往北望去，那个位置正是今天的螺蛳山。在现今可考的各版本《铜陵县志》上，均未发现螺蛳山的存在，而其周围的山峰却多有记载，可见"螺蛳山"作为山名出现得较迟，并非古山名。由此可认为：五松山并非一个独立的山头，而是一带山脉，包括今螺蛳山在内，都属于曾经的五松山山体范围。这种观点也比较符合李白诗作中"五松何清幽""响入百泉去"的描述和历代地方志书中的相关记载。

笠帽山：红色青山自巍峨

笠帽山

笠帽山位于义安区五松镇西部，头枕长江，因山形酷似一顶巨大的笠帽而得此名。

历史上，笠帽山还有过几个其他的名字。

一作铜鼓山。因其"顶如铜鼓，亦似箬笠，俗名箬帽顶。"清代方城曾在《过铜陵》中写道："铜鼓山头夕照低，铜官城外草萋萋。东风慰藉羁人意，几日归帆尽向西。"

又作十里长山头。因山体沿着长江，由一排绵延十数里的小山组成，形如一条长龙。此山是这条长龙的龙头，得此趣名。

笠帽山还曾叫作纱帽山，山脚流淌着玉带河，当地人称之为"拦腰锁玉带"。传说，某朝某代的皇帝一道圣旨，下令要将铜陵修成大城，围城四十里，派了一名姓梅的县令来执行。这位梅老爷是下江人，善看风水。到达铜陵后，一看此地风水，大惊失色：这纱帽、玉带都是官服装扮，若按皇上的圣旨去做，大城修好后，此地必将要出三斗三升芝麻官。一粒芝麻一个官，那天下的大官小官岂不都给铜陵人占尽了？这还得了！于是，这位梅县令下令把围城四十里降为四里，把纱帽山改作笠帽山。从此，官帽变笠帽，玉带河的名字倒是保留了下来。

笠帽山与邻近的天王山一脉相承，挽臂相连，构成一幅壮丽画卷，是历史上铜陵八景之一"天王富览"的重要组成部分。著名的富览亭就建在笠帽山的山腰间。站在富览亭间，放眼眺望，烟波浩渺，美不胜收，以致吸引来许多的文人墨客前来游览，留下许多脍炙人口的诗篇。

曾任海龙八旗总管的铜陵人查富玑，在返回故土后，亦曾登富览亭纵览，题赠楹联云：

我从辽海归来，看大江依旧，榭阁重断，把酒快临风，直上层峦极顶；

地本松城名胜，有铜鼓高峰，铁船遗迹，凭廊供远眺，竟忘寺静嚣尘。

数百年来，沧海桑田，时代变迁，山上富览亭饱经风雨，几经兴废。乾隆十六年（1751），由铜陵县令褚邦礼率众捐资，重新修葺。抗战期间，毁于侵华日军炮火，今遗址尚在。

笠帽山，处大江之滨，接铜官宝地，山势险要，历来是兵家必争之地。十里长山的绿色屏障，扼守江水，抵挡风沙，紧紧地守护着身后的八宝之地。唐《元和郡县图志》载："鹊头镇，在县西一百一十里。即春秋时楚伐吴，败于鹊岸是也。"六朝置鹊头戍，有重兵驻守。宋明帝泰始二年（466），在笠帽山鹊岸一线，爆发过一场大规模的水上战争。《宋书》记载："连骑百万，河舟代马……箭鼓动坤维，金甲震云汉，犄角相望，水陆俱发。"据不完全统计，鹊江上曾发生过大大小小的战争达25场之多。近代以来，笠帽山下的战火更是风起云涌。1851 年，太平军挥师南下，在笠帽山下与曾国藩的湘军水师遭遇，背水一战。抗日战争时期，日军在笠帽山毁林伐木，建炮楼，筑碉堡。无数抗日英烈在黑松林深处，与日寇殊死搏杀，用生命和鲜血，谱写悲歌壮曲。国民党军队紧步日本侵略者的铁蹄，背靠笠帽山，筑起自认为固若金汤的千里江防。

1958 年，为了纪念在解放战争中牺牲的烈士们，原铜陵县人民政府（今义安区政府）在笠帽山上修建了一座雄伟的烈士纪念塔。该塔为钢筋水泥质地，占地 900 平方米，建筑面积 400 平方米，塔高 30 米。塔的中层有一休息平台，设有扶手栏杆，登上平台可览长江风光和县城全貌。塔系三层正方形的实心塔，安徽省政协原主席张恺帆为烈士塔书写了"光明日月""气壮山河""永垂不朽""万古长青"十六个大字，镌刻在塔的东、南、西、北四面。塔身四周花草繁茂，松柏挺立。2015 年，铜陵市人民政府以烈士塔为中心，在笠帽山上修建起占地 9297.47 平方米的烈士纪念园，包含纪念广场、烈士纪念馆、烈士英名墙、烈士墓区等纪念设施。烈士纪念馆内，按序厅、"星火燎原"、"抗日烽火"、"地覆天翻"、"卫国建业"、尾厅六个展厅布展，采用展板、雕塑、场景、光电数字化与实物相结合的手段，全面充分反映铜陵先烈事迹和革命事件，开展爱国主义和革命传统教育，激发人们的爱国热情和奉献精神。

笠帽山，也因长眠于此的无数英烈而被注入红色基因，时刻向人们昭示着铜陵革命历史的厚重与悲壮。

顺安河：铜陵连接长江的"脐带"

顺安河

　　一条长河流古今，顺安河历经岁月有着老河道和新河道的沧桑世变，其发源于铜陵、青阳两地交界的天门山北麓，流经天门镇、顺安镇、西联镇，老河道从龚家渡经芜湖市繁昌区境内的荻港河与黄浒河合流入长江，新河道于西联镇北埂王入长江。

　　古顺安河因镇得名，成弧线穿镇而过，由南向北蜿蜒入江。每年春上发水之时，滩涂河水汪洋一片，烟波浩渺，帆影点点，水天一色，河床舟樯云集，这是顺安"水码头"的繁华季节，也是顺安人民遭受水灾严重威胁的光景。据史料记载，自宋代绍兴三年至民国三十七年的815年间，顺安河流域，累计发生大小灾害92次。每当洪水泛滥时，顺安河两岸圩破屋倒，饿殍遍野，钉螺孳生，庄稼颗粒无收，老百姓贫病交加，惨不忍睹。相传，镇西的西溪街，四周年年被洪水包围，只有一桥相连，被人们称为"船形地"。一户刘家，因听说其家业败落说是"船形地"无"锚"所致，故而在家对面的羊湖埂上，栽下红柳一棵，以示船锚。

新顺安河为长江一级支流，主要有朱村东河、新桥河、红星河三大支流，钟仓河、红旗河、胜利河（老顺安河）三条内河，河道全长 38.7 公里，流域面积 460 平方公里，是义安区乃至铜陵江南境内唯一一条直通长江且具通航条件的内河，因而享有连接长江的"脐带"之美誉，2024 年成功入选国家级"幸福河湖"建设项目，为全省三条入选河流之一。

这是一条红色之河。抗日战争时期，著名的"范家湾战斗"就发生在顺安河边。1943 年 7 月 16 日，新四军七师铜陵大队大队长巫希权率两个排，在埂塘伏击日军小分队，毙伤日军 2 名，缴获长枪 1 支。战斗结束后，部队在梁家垄宿营，汉奸王诚斋得知后，连夜报告驻顺安日军。7 月 17 日拂晓，日伪军 100 多人分三路包抄梁家垄，向铜陵大队发起突然袭击。我军哨兵发现敌情，立即鸣枪示警。巫希权、叶为祐率领部队奋起还击。由于日军来势凶猛，为保存实力，减少伤亡，巫希权指挥铜陵大队向顺安河边的范家湾突围。到达范家湾后，日伪军蜂拥而至，铜陵大队与日伪军展开激战，打退敌人数次进攻。在敌我力量悬殊和弹药耗损过大等不利情况下，巫希权和叶为祐率领部分干部战士阻击敌人，掩护张伟烈等大部队率先突围。他们担负阻击任务，坚守阵地，浴血奋战，死死咬住敌人，保证了部队主力安全突围过河。完成阻击任务后，眼看敌人一步步逼近，只听得巫希权高喊："同志们！游过河去，死也不当俘虏！"巫希权、叶为祐等 28 位干部战士毅然涉水过河。由于正值山洪暴发，河宽水深，波涛汹涌，日军紧追不舍，不断开枪射击。加之有的战士已经负伤，有的不会游泳，情况十分危急。指战员们抱定宁死不当俘虏的决心，相互搀扶着，奋力向对岸游去。一个大浪打来，精疲力竭的 28 名战士被河水吞没……第二天，老乡们将烈士遗体抬出水面时，28位烈士，一个个面色坦然，紧握着枪的双手仍紧紧地挽在一起……岁月流逝，范家湾28位英烈的英雄事迹和伟大精神仍在顺安河畔流传……

这是一条安澜之河。新中国成立后，在党和政府的领导下，铜陵人民逐年对顺安河进行治理。特别是1970年开始实施的顺安河下段河道改道工程，正是中共铜陵县委、县人民政府下定决心，带领全县人民打响的治河之战，这也是历史上对顺安河最大规模的综合治理。整个工程分三期实施，第一期工程自1971年春，主要任务是开挖新河道、东湖撇洪沟，新桥河下游改道，利用开河的土方筑两岸堤防。将原18个圩口圈联成东联、西联、顺安三大联圩，重点闸站桥工程同步施工。第二期工程自1973年冬至1978年底，主要是对成圈江河堤除险加固，兴建排灌站、桥涵配套和输变电工程，建成三大联圩的三大排灌区。第三期工程起于1978年春，止于1983年末，主要是西湖围垦、灭螺，建筑工程扫尾。顺安河综合治理工程历时13个冬春，开挖改道新河14.7公里，加固堤防59公里，建成三个大联圩，同时进行了闸站涵桥建设、输变电建设、疏浚撇洪等多项配套工程。累计完成土方1650万立方米，石方28万立方米，混凝土、钢筋混凝土1.6万立方米。总投资2000余万元，其中国家投资1016万余元，受益面积18.9万亩。由于该工程投资合理，受益大，工程质量优良，被评为安徽省沿江中、小流域综合治理优秀工程。顺安河通过综合治理，提高了防洪能力，扩大了排涝面积，发挥了干旱蓄水作用，保障了水路与铁路的正常运输，加速了农村电网建设，开发了养殖水面，绿化了田园村庄，赢得了经济、社会和环境效益"三丰收"。

20世纪八九十年代，顺安河淤塞程度日渐加重，航运和防洪能力有所减弱，经过多方争取资金，顺安河又拉开了航道疏浚港口建设工程的序幕。该工程分别于1998年11月和1999年12月启动两期工程，航道按五级线形六级断面标准实施。2001 年工程竣工后，顺安河始由原季节性通航变为常年通航——旧顺安变成了故道，新顺安河就此焕发了新颜。

这更是一条美丽之河。近年来，义安区以河长制为抓手，切实加强顺安河管理保护。实施顺安河航道整治工程，按三级航道标准，结合河道行洪和水生态治理的要求，对顺安河入江口以上长 8.9 公里的河道，进行清淤疏浚、护坡护岸等水上水下作业，充分发挥顺安河的防洪、航运和水生态效益。加快推进水系连通，通过水库扩容、河道清障、清淤疏浚、防污控污等措施，恢复河湖排涝、蓄水、灌溉、生态等基本功能。投资 3000 余万元，启动实施盛冲水库和新桥河清淤疏浚，改变河道淤塞严重现状，提高了防洪能力，取得了良好经济效益。全力打造"水景观"，建设滨河景区左岸（东城大道至铜芜路桥）生态驳岸 0.65 公里，改善滨河绿化带，打造市民沿河活动新目的地。通过实施顺安河生态环境整治工程和滨湖置地广场西侧水系景观工程，对周边水系河道进行清淤、护岸、绿化。努力彰显"水文化"。以不影响河道行洪、保障防洪安全为前提，结合河道自然特征，合理布置滨水步道、亲水平台等亲水设施，营造亲水性的滨河景观带和沿河生态绿色走廊。在东西联圩水系综合整治等工程中，深入融合具有铜陵区域以及江南圩区特色的水文化内涵与元素，保护区域的水文化遗产。

今天的顺安河，早已水患无忧，传说的"船形地"，不再无"锚"乱漂。顺安古镇繁荣的农贸市场里，每当晨曦初露，那带露的菜蔬，扑腾的鸡鸭，活蹦的鱼虾……满街色彩缤纷，欢波滚动，使倒空的筐，装满的篮，又添上一层喜悦。而顺安河一级支流，新桥河湖城大桥和富乐德大桥段之间的鱼鳞坝，成了铜陵市新晋的网红打卡点。据史料记载，我国最早的鱼鳞坝始建于宋代，古人认为水乃生命之源，一股好水源能够养育一个家族，聚水乃聚财，兴旺发达。鱼鳞坝不仅拦截泥沙、蓄水灌溉，而且具有观赏游玩等功能。新桥河经过大规模的治理后，河水和环境得到明显改善，鱼鳞坝则成了市民消暑玩水的好去处。经过改造的顺安河，静水深流，更添清澈妩媚，在九十里的航程之上，载歌载笑，浩浩流淌，像一首动人的抒情歌曲，笑吟吟地流进新时代，流进了义安人民的心里。

天门山：铜陵江南境内最高山峰

天门山，又称天屏山，位于铜陵市义安区东南部，与青阳县交界，距市区 20 多公里。其主峰海拔 576.6 米，是铜陵江南境内的最高山峰。

走近天门，远远地就能望见一个巨大宽阔的翠绿峡谷，绵延数里朝远处伸展。峡谷尽头，一峰独秀，陡峭的天门山巍然屹立，那连绵起伏的山脉朝西延伸 4 公里自然断裂，在遥向对峙的五峰山之间空旷地段形成一个高大的峡口。两座青山之间又崛起一座翠绿山脉，天衣无缝地将天门山与五峰山自然连接起来。这道坐南面北的山脉在峡口处拱起一座高于两山峡口的弧形山峰，巍峨挺拔，高大耸天，远远望去，好像两扇欲开未开的"天门"，天门山由此得名。

关于天门山的由来，还有一个民间传说：相传天宫里有两个天门神，负责看管通往天宫的大门。孙悟空大闹天宫，偷吃蟠桃，玉帝十分生气，一时又捉拿不到孙猴子，就怪罪于两个天门神失职。两个天门神争辩道：那小毛猴来无影去无踪，还会七十二变化，这怎么能怪罪于我们呢？玉帝懒得听他们争辩，叫来雷公电母，"咔嚓"一声将两个天门神打下了天宫。这两个天门神一个被打到了湖南省的张家界，一个被打到了铜陵，幻化成了两座天门山。湖南的那座天门山被雷电劈出了一个大洞，众人皆知。铜陵的这座天门山，犹如一把利剑

铜陵天门山

直指天空，那是这个天门神对玉帝不满，时时握在手中的一把复仇之剑。

自古名山僧占多，五代天福二年（937），天门山上兴建起一座梵天寺，此寺于北宋嘉祐八年（1063）赐额，红墙青瓦，飞檐翘角，晨钟暮鼓，香雾萦绕，香客游人络绎不绝。据铜陵县志记载：梵天寺左有梵天泉，"由石峡涌出，势如匹练，溉田可百余顷……合开门泉达顺安，由荻港入江。"元代进士房芝兰两次游历天门山留下的诗作，可以让人一窥当年的壮丽景象：

题梵天寺泉

云根流出泻寒声，冷沁禅关竹树清。

气泄化胎飞宝锡，岩开冰谷愧尘缨。

鹤林月浪秋常浸，龙海波涛夜忽惊。

分我一瓢的苏旱岁，化为霖雨泽苍生。

天门山上峰峦秀耸、苍翠欲滴的奇绝形胜，吸引着历代游人纷至沓来，写下不少佳句华章，其中多是观梵天寺流泉感怀之作，可见寺和泉都是天门山美妙风景的重要组成部分。如今，古梵天寺虽然已经毁于兵燹，秉天地之灵气的泉水，却仍然源源不断地从峰巅云层流出，沿着陡峭险峻山坡悬崖，一路劈岩凿石穿林，飞泻而下，终年流淌不息，襟带数里，最终汇入长江。

信步天门山上，处处是毗连成片的树林竹林，葱绿挺拔，稠密繁茂。山体中蕴含着丰富的铜、铁、硫、石灰石等矿产资源；人参、贝母、石斛、石耳、七叶一枝花等各种中药材应有尽有；山鸡、野猪、野兔、獐子、麂子等各种珍稀动物数不胜数……据长者们说，在这天门山脉的莽莽林深处，过去还有梅花鹿、披毛虎、金钱豹、豺狼出没。

徒步登顶天门最高峰，无限风光尽收眼底：滚滚长江犹如一条波光粼粼的银色飘带，不远处的城市景象一览无余，沪渝高速公路、京台高速公路、铜九铁路等交通动脉都在山下交汇……那时那刻，登山者心中会不会生起一股"山登绝顶我为峰"的豪情，也更为家乡义安的美丽丰饶感到一种豪迈和幸福？

玉带河：铜陵曾经的"县河"

玉带河，一条如今已在义安人的生活中逐渐淡去身影的河流，却曾经是古时铜陵的"县河"。

公元 1080 年初夏，黄庭坚从扬州乘船沿长江逆流而上，前往江西太和县上任。行至铜陵江面时，突然狂风大作，暴雨倾盆，江面上波涛汹涌，黄庭坚便令船工赶紧靠岸，锚泊避险。船工将船驶进铜陵玉带河入江口，泊在余家桥桥洞内避风。黄庭坚下船上岸，一面广泛接触勤劳淳朴好客的铜陵人民，一面饱览铜陵的山水，铜官山的神奇、五松山的清幽、天井湖的碧波、玉带河的旖旎……

这一年，是北宋元丰三年，从黄庭坚的行动轨迹可以看出，玉带河是连接在古铜陵县城和长江之间的一条风光优美的水道，而它的名字更是直接地显示出它形如玉带般的清澈秀丽。

明万历六年，邑令刘绮从形家言，于马寨矶凿河，引江水环十里许，经旧河旋绕学前，名曰玉带河，惜凿浚未深，河高江下，江溢则水达河以绕学，河泄则牵诸水以泻江。崇祯年间，铜陵教谕蔡文陛率士子于向所凿马寨矶筑立坝埂，使诸溪间水常注不溢，后为奸民盗决其防。

雍正年间，解元黄淮作记："邑有县河口水道，西接大江，至城南而止。东南有旧河，汇铜官山惠泉、石门关诸水达江家涧。"这里所说的"县河"，即玉带河。这段记述更加详细地为我们廓清了玉带河的地理方位：包括今天的天井湖南湖景区在内的义安区五松镇（老铜陵县城关）南门至长江一带的水系。

乾隆三年，邑中诸绅士捐金数百，另筑大堤，挑培墩土，疏浚河道十余里。旧志云："马寨矶不筑，江洋无朝宗之势，老龙墩不增，溪流无回绕之情，持论最允。"清乾隆《铜陵县志》载："县河在县城南百余步，天井湖、刘家港、周家桥诸水会玉带河，由此入江。乾隆七年，邑令王锡蓁率邑众重浚。"

可以说，千百年来，一条玉带河的修筑史，也是一部铜陵人民改造自然、兴修水利的治城史。1993年，一块块钢筋混凝土板装饰了它的面容，成了它的蒙面纱巾。在道路重铺整修后，一栋栋居民楼鳞次栉比，商业气息笼罩在玉带河的上空。拓宽后的路叫城东路，而坐落在玉带河上的商品房便冠名为"玉带河某某栋"。进入21世纪，铜陵县城（今义安区五松镇）的改造日新月异，伴随着美丽的观湖广场、临湖广场建设完成，一幢幢高楼拔地而起，玉带河也已退出历史舞台，渐渐尘封在人们的记忆里。

今天，当漫步在南湖一带，遥望西江落日，我们不禁再一次想起铜陵人民的老朋友——黄庭坚。那一年，是元丰八年，距离他第一次来到铜陵已过去五年。他应召回京再次途经铜陵。这一回，江上并无风高浪急之险，黄庭坚却依然命船工将船转入玉带河，泊于南湖之岸。巧的是，在这里，黄山谷遇见了自黄州前往常州、同样在此歇息的苏东坡。二人会游县治东城外的陈公园，拜访园主陈陟。可以想象到的是，当年三人泛舟湖上、酒酣耳赤之时，应该会看到一幅"夕阳红蓼映湖水，点点白帆入河来"的动人画卷。

叶山：唐代真人修道处

叶 山

　　长江之南、铜陵之东，一座山峰秀峙东南。此山就是叶山，地处义安区钟鸣镇境内，形如卓笔，耸拔云霄。

　　相传叶山因叶真人而得名。乾隆二十二年《铜陵县志》载："叶山，在县东五十里。唐叶真人法善修炼处，故名……旧志误载入灵窦泉、为王安石读书处，今删正。"叶法善为唐代道教名家，唐显庆年间，信奉道教的唐高宗闻听他的名声之后，诏他入京，留在宫中奉为法师。唐开元八年（720），叶法善老死在长安景龙观，享年104岁，唐玄宗为此专门作了《叶道元尊师碑记》悼念他。他曾游历名山大川，而铜陵叶山因其传说而更加灵秀。

　　岁月无声，传说有韵。关于叶山，此地有一个数代相传的故事：传说叶山是一座神山，一位道士曾在那里修行，与世隔绝，苦心修道。老天见道人心诚，便让山顶长出一棵茶树。道士前去摘茶，一天摘到晚也摘不完。他喝着那神茶，年复一年，渐渐老了，头毛胡子全白了。突然有一天，晴空万里，东方飘来一片七彩云朵。一阵清风吹过，道士飘然而去，成仙了。道人走后，叶山上还留下他用的石桌、石凳、碗等，成为仙风道迹地。于是许多寺庙就依山而建，香火鼎盛，而当年道士修道之处即为"叶公园"。传说多附会神迹，不足为史据，但诠释着一地乡民对于土地的热爱。

叶山是铜陵名山，海拔487.3米，土地总面积2.7万亩。远眺叶山，像一道墨绿色的城墙，顶端像"金字塔"坐落在城墙之上。此地山峦连绵，茂林修竹，云环雾绕，幽谷流泉，鸟语花香，为江南山水形胜地。

万木青山秀，一园诗境开。叶山曾建林场，始建于1919年，时属泾县马头林场，1952年重建后属铜陵县林业局。林场草木繁盛主要有杉、松、竹，有人工林、天然常绿林、落叶混交林和毛竹林；林中有画眉、喜鹊、山鸡、鹰、松鼠、野兔、獾、野猪、狼、穿山甲等。1986年，叶山林场与安徽农学院联合开发了笋材两用林1500亩，系安徽省最大的笋材两用林基地。《铜陵市城市总体规划（2003—2020）》中，将叶山纳入铜都森林公园，将建成集旅游、娱乐、避暑、生产、科研、生态于一体的山水胜地叶山森林公园。其地为叶山峡谷，独特的喀斯特地貌，原始森林、山谷水溪和四季花卉相融，既有江南山水的景色，又有山谷丛林的野趣。那里绿树掩映，碧水环绕，百亩荷花，石板院落，白墙青瓦，天井木雕，分布于参天古树掩映的原始山林里。

叶山之上，最为人所称道的一定是那万亩竹海。置身其中，是一望无际的青竹倚山抱石，千姿百态，形声雄浑，情趣别致，一阵风吹过，竹林摇曳着身姿，形成一波波的波浪，像极了绿色的海洋。清代拔贡钱景在《春日叶山即事》中写道："竹树悦交荫，惠风吹我襟。橡笔插天表，四顾何所侵。独立云峰上，万象收寸心。"竹林之间更是千年古松，参天古株，高耸挺拔，稀少神奇，森林植被覆盖率高达95%，是一处难得自然原生态，平均负离子含量高出城市超过15倍，是大自然塑造出的一处独一无二的竹林间天然氧吧。

叶山山顶还建有一座新一代多普勒天气雷达站。多普勒天气雷达，是一种主动遥感的探测工具，在测量云、降雨和各种强对流天气发生发展内在因素方面有重要的应用，其工作原理即以多普勒效应为基础，可以测定散射体相对于雷达的速度，在一定条件下反演出大气风场、气流垂直速度的分布以及湍流情况等，这对警戒强对流天气等具有重要意义，在气象观测和预报过程中发挥着巨大作用，有着"超级千里眼"之称。

嵯峨叶山，秀峰峙江南，钟灵名人至，翠峰列画廊。今天的叶山之上，仍有章亭湖、观音洞、蝙蝠洞、观簧亭、美人冲、走马岗和山顶的奇石岭等原生态的自然景点，与附近的铜陵市气象雷达站、永泉小镇、四季兰山风景区等名胜景观，向我们张开大自然的怀抱。

双龙洞：当代游客探秘地

双龙洞位于义安区天门镇双龙村境内，与宣城"龙卷洞"、石台"蓬莱洞"一起，并称为皖南三大溶洞，是一处别有洞天的"秘境仙洞"。

由铜陵市区驱车半小时，进入天门镇双龙村，远远地可以看到一条东西走向的石山，横亘在平地之上，双龙洞就隐伏在这石山下。洞口高大宽敞，呈扁形，形似龙口。一条小溪从洞中流出，水质柔滑，清凉可口，手触如绢。即使是盛夏时节，双龙洞口也依然阵阵阴凉。从烈日下走进洞，精神也为之一爽。沿溪水进洞，道路萦回曲折，忽高忽低。洞内有多个大厅，方圆百十米，顶平如磨，水蚀的彩色花纹如人工装饰，富丽堂皇。上有水蚀的彩色花纹，巧如神雕，千姿百态的钟乳石，有的是雕栏玉柱，有的是盘龙交错，有的是彩云翻卷，有的是巨钟挂壁，还有的造型极其别致，形成了如天马行空、孙悟空大闹龙宫、四海龙王聚会、观音送子、白蛇出洞、十八罗汉

铜陵双龙洞

传经等多种奇观，惟妙惟肖，引人入胜。更多的是尚未取名的钟乳石，横看成岭侧成峰，远近高低各不同。流连其间，凭着自己的阅历和想象，为其取名，增添了游人欣赏的乐趣。洞内更有千姿百态的钟乳石，沿着洞体前进，一不小心就会误入"歧途"，这里是洞套洞，洞连洞，在拐角、钟乳石后面的幽暗处，隐蔽着许多水洞、连环洞、两层洞和天井。

双龙洞现已探明的洞长 700 余米，已浇筑水泥路面 200 余米。有人探测过一条水洞，那里水深齐颈，走了 90 多米，还未见底。在深洞隐视的地方摸索前进，突出的感觉就是深邃莫测，原始、质朴，有一种野性的美。

关于双龙洞的来历，相传有一年，天下大旱，烈日炎炎，稻苗枯焦。一天，一个老翁拄着一根拐杖，来到龙口村村口，向村口的一个老太婆要水喝。那老太婆瞪了老翁一眼，说："热水要人烧，冷水要人挑，哪有现成的茶水给你喝！"老翁闻言转身就走，来到村头一个终年淌着泉水的天然洞口前，拿起拐杖捅了一下，就捅出了一个洞，泉水马上就流走了。老翁继续朝东走，来到牌楼村，他又看到一个老太婆，于是又向她要水喝。老婆婆说："天久旱无雨，我们村吃水最困难。您老口渴，我家灶头上还有一点米汤，您去喝了吧。"老翁二话不说，喝了米汤就走，他来到村后的山边，拿起杖用劲一捅，山边立时就出现了一个洞，泉水汩汩地往外涌流。从此，无论天有多旱，这里的泉水却从不断流。后来，人们得知，老翁就是八仙中的铁拐李，他用的是龙头拐杖，所以他捅的两个洞口就极似龙口——双龙洞的名称就此沿用下来了。

近几十年，一直养在深闺无人识的双龙洞，才被人发现。如今，双龙洞已被初步揭开了神秘的面纱，向人们展露其迷人风采。双龙洞内神秘莫测，这里曲径通幽、变幻莫测，是探秘者的天堂，蕴藏着我们对大自然奥秘的无穷无尽的遐想。

十里长冲：铜陵"小九寨"

十里长冲水库

十里长冲位于义安区天门镇五峰村境内、铜陵江南第一高峰天门山北麓，为天门山与五峰山之间形成的生态山谷。东起天目山、西至长冲水库，连绵5公里。山谷四周群山环抱，山涧泉水叮咚，清溪穿过砂石地质带，形成多处天然泉眼，缓缓流入山脚长冲水库。沿溪风景如画，漫山翠竹，绿树成荫，古树参天，伴有空谷鸟鸣，山色葱郁苍茫，幽静神秘。十里长冲周边3万多亩山场，封山育林达30多年，被列为安徽省省级生态保护林，山涧泉水叮咚，林间鸟语花香，吸引了众多游客踏青探幽。

十里长冲被冠为铜陵的"小九寨"，犹如养在深闺无人识的美丽少女，安静矜持。有人说，中国的"大美"九寨沟在四川，安徽的"中美"九寨沟在黄山黟县美溪，铜陵的"小美"九寨沟就在十里长冲。

置身其中，仿佛世外桃源。春暖花开，游客们漫步于山间步道，踏青探幽，看漫山杜鹃竞相绽放、红遍山野；夏日钻进山林溪涧，听流水潺潺，时急时缓，山谷中群山环绕，绿树成荫，如临仙境；秋季半山枫树挂满红叶，染红半坡，风光绮丽。泉水长年不断，沿着十里长冲缓缓汇入山脚下的水库之中，碧水青山，造就了一个天然氧吧。

十里长冲内，除生长野生灵芝等珍贵药草外，还有着不少于近百年的桦树等古木。每年早春，长冲里满山杜鹃竞相绽放，红遍山野。有一棵当地人称为"龙树"的水桦树，"龙树"高约20米，树龄有百余年，"龙树"主干上有一树洞恰似龙口，主干上的树枝犹如龙角，远远看去"龙树"像一条蛰伏在山中正欲腾飞的蛟龙。长冲地下有煤、锰、铜、锌、铁、白云石、石灰石等资源，山上有人参、贝母、石斛、石耳、七叶一枝花、明党参等各类中草药。长冲内建有山庄、农家乐，供游客休憩、品尝土菜风味。山谷口有铜陵珍稀动物养殖场，占地140亩，养殖老虎、马鹿、梅花鹿、小熊猫、东北虎、黑熊、狼、豪猪、金丝猴、猕猴、短尾猴、波尔山羊、鸵鸟、孔雀、黛面鹤、丹顶鹤、白琵鹭、白鹳、鸳鸯、兰马鸡、黑白天鹅、大雁等数十种珍稀动物。山脚下的长冲水库，始建于 1960 年，属顺安河水系，集水面积 4 平方公里，总库容 112 万立方米，最大泄洪量 132 立方米 / 秒，有效灌溉面积 5300 亩，受益范围有天门镇五个村。

十里长冲一年四季景致不同，最令人心醉神怡的还是在那炎炎夏日——迎着呼啸的山野清风，呼吸着清凉新鲜的空气，走进荡漾着松波竹浪的长冲峡谷，沿途怪石林立，道路蜿蜒，山边植被茂盛，风景秀丽，一阶一潭，一坎一瀑，石与水交相辉映，树与溪相映成趣，那酣畅淋漓的痛快感觉，仿佛一下子纵身跳进了浩瀚无边的绿色海洋。那时，你便真的感受到"小九寨"之美名不虚传。

九榔太阳冲：皖南"张家界"

太阳冲，位于义安区钟鸣镇九榔村内、马仁山西麓，北靠芜湖市繁昌，东接芜湖市南陵。因山冲坐北朝南，太阳的光芒可以从出山一直照射到落山，山民们就把这里取名为太阳冲，素有"皖南张家界，江滨小黄山"之称。

由铜南公路行至九榔村，向北上金赤路沿九榔河行两公里便可进入太阳冲景区。景区全长 2.5 千米，奇峰异石，山水连湖，林木郁葱，古人曾题"八景诗"以示赞誉。太阳冲有滴珠崖、韬玉峰、龙首峰、双桂峰、五老峰、洗砚池、燕石、观音岩、神笔峰、神兵阵等景观。进入太阳冲口，即百亩太阳冲水库，水光静影沉璧，青山翠竹倒映，山风徐徐，野雀争鸣。沿竹林幽径行 600 米，便到滴珠崖。此崖高约 20 米，周围怪石嶙峋，浓荫婆娑。韬玉峰在太阳冲东面，其峰雄丽壮秀，内含乳白色岩石，隐如玉韬藏于璞中，形色诱人。龙首峰与韬玉峰相对，山峦石势，昂藏如龙首。双桂峰与五老峰相近，两峰并列，若两人比肩而立。洗砚池，宽丈余，有泉出石窦。传说唐人王冲霄于此处筑室读书——王冲霄亦作王翀霄乃东晋大臣、文学家王羲之后裔，曾常将笔砚洗于池中，乃至今水如墨黑，实谓奇观。燕石、观音岩、神笔峰、神兵阵等，景色都甚为壮观。

太阳冲前是一座百多户人家的山村，这里的山民多数姓佘，据说北宋末年，山西雁门地区望族佘氏第二十八代世祖佘起，由雁门迁入此地，祖上有过杨家将中的佘老太君。太阳冲青山环抱，一片葱郁，家家户户住在山水之间，掩映在绿树丛中。深深浅浅的沟壑间纵横流淌着清泉，泉水从太阳冲深处流来，时急时缓，时吟时唱，为太阳冲谱写出千变万化的色彩。举目望去，近山翠绿，远山灰蓝，晨曦中，那耸立在太阳冲内座座造型别致的山峰轮廓，犹如徐悲鸿笔下一个个婀娜多姿的素描裸女的线条，凝练柔美而富有魅力。从太阳冲流出来的山泉水，清澈，甘甜。水能养育生灵，水能滋润生命，一方水土，养活千方人。在这块暖山温水之中，有多少个关于太阳冲奇石奇峰的美丽传说，有过多少个关于水的如烟往事。老一辈山民，热爱太阳冲的一草一木，钟情这滋润生命的山泉水，合理利用，悉心呵护，使太阳冲的四季景色，各显露出鲜姿灵态。山民们世世代代爱护太阳冲的山泉水，用自己的双手和肩膀在冲口筑起一座大坝，泉水汇聚在大坝下，形成了一个小型水库。站在大坝上，欣赏太阳冲风景，令人心旷神怡。蔚蓝色的天空飘动着淡淡的白云，一番跋涉之后，来到太阳冲的水库大坝，身边的绿色也逐渐由浅流向深，空气也愈加清爽。

太阳冲内，泉水一跃而下，白浪细流，湍急飞泻，最后在大坝里归于平静。穿过一片茂盛的竹园，朝远处眺望，还能看到两块奇石，左边是牛郎石，右边是织女石，织女石的前后还有两块小石，象征着牛郎织女的一对儿女，山冈上有一个大缺口，传说是王母娘娘用宝剑劈的，从此使牛郎和织女天各一方。太阳冲还有许多奇峰奇石：笔架峰、擎天柱峰、金鸡报晓石、猫捉老鼠石……

太阳冲的风景充满灵性，山的高处袒露着原始的风貌，奇峰、奇石、奇树把冲内点缀得秀丽多姿。太阳冲，既有北方的粗犷，又不失南方的娇媚，风情万种，令人陶醉。

天目湖：皖江鹭岛

天目湖全景

天目湖，位于义安区天门镇，依青山傍江河，区位优越，位于合铜黄高速公路、沿江高速公路和铜九铁路交会点上，是中转旅游的黄金枢纽。天目湖上有两座小岛，相传为九华老爷地藏王不慎将一担土洒落在此，形成了大、小两座山，因形如一双眼睛仰望天空而得名"天目"。

天目湖还有一个人们更为熟知的旧名：缸窑湖。铜陵县（今义安区）传统缸窑有大通和钟鸣两处，陶器制造工艺由湖北罗田人传授下来，已近 300 年历史。缸窑制作是我国漫长手工制作陶器的一个缩影。史料记载，大通缸窑系原铜陵县工艺美术陶瓷厂的前身，始于宋代。清朝雍正年间的 1729 年，大通缸窑 4 座大龙窑同时点火生产，每到夜晚，缸窑的烟火映红了天空，甚为壮观。到 20 世纪 60 年代鼎盛时期，靠湖而建的县陶瓷厂职工多达 2000 余人，红火的制陶手工业一直延续多年。缸窑湖即以水命名，名称由此而来。1986 年出版的《铜陵县地名录》内部资料对"缸窑"记载为：董店乡缸窑有耕地 90 亩，17 户，县陶瓷厂驻地。随着人们生活水平的不断提高，粗陶日用品逐渐淡出了普罗大众的视野，但缸窑湖的名称仍旧带着暖暖的记忆和温度，传承沿袭下来。与缸窑湖相连接的是水桥湖和白浪湖。水桥湖位于现在铜陵市郊区上水桥立交枢纽的下方，在白浪湖、缸窑湖的北面，面积 7000 余亩，其中一部分为生态湿地，面积约 2000 亩，与缸窑湖有堤埂相隔。一到春季，此片区域紫云英盛开，水草丰美，植被繁茂，美不胜收，引得游人纷至沓来。大通镇划入市郊区后，水桥湖又成了铜陵市郊区和义安区的界湖，是两区之间的跨界水域。

天目山下天目湖，天目湖中天目山。天目湖碧波万顷，浩如烟海，蓝天如洗，风景如画。从 20 世纪 80 年代起，周边的居民开始了对天目湖的开发利用，几千亩的天目湖成了鱼跃人欢的养殖场。天目山上被承包种植上漫山遍野的杉树。经年累月的生态涵养，天目山青了，天目湖秀了，更迎来了数千只鹭鸟来这里安营扎寨，繁衍后代，与天目湖结下了不解的缘分。每年的阳春四月，梨花盛开，菜花飘香，成群结队的鹭鸟，不远千里飞向天目湖，栖息在天目山这片茂盛的杉木林中，小小的天目山就成了鹭鸟的世界。在鹭鸟类几十个品种中，属白鹭最为俊俏秀美。唐代诗人杜牧曾有诗篇赞美："雪衣雪发青玉嘴，群捕鱼儿溪影中。惊飞远映碧山去，一树梨花落晚风。"

鹭鸟的体态给人的印象是既纤瘦又苗条。每年飞来天目湖的鹭鸟大致有三种，全身羽毛洁白的为白鹭，羽毛带灰色的为灰鹭，棕白相映的为花鹭。鹭鸟是群居性鸟类，很少单独活动，其行动极为机警，它的视觉和听觉都十分灵敏，遇人即飞。翱翔时，鹭鸟的双腿向后伸展拖在翅膀下，姿态非常优雅潇洒。鹭鸟实行的是"一夫一妻"制，夫妻共同劳作，和睦相处，相亲相爱，共育后代，等到它们的子女们长大了，便举家搬迁，待到第二年的春天再飞回来，重复着上年的生活。

从每年的四月到九月这半年间，不论是清晨时分，还是傍晚时节，天目湖成双入对的鹭鸟，满天飞翔觅食，鸣叫嬉闹着，水天一色，上万只鹭鸟把整个天目湖装扮得壮观迷人。周边的居民们爱鹭鸟如爱自己的孩子，从不伤害它们。正是由于村民们的呵护，天目湖的鹭鸟逐年增多，成为铜陵的一大自然景观。

每年的五六月间，正是鹭鸟的繁育期，也是摄影爱好者抓拍鹭鸟的最佳期。每当这个季节，铜陵及周边各地的摄影爱好者们，总是扛起"长枪短炮"，乘坐一叶小舟，游过天目湖，前往天目山观奇景，摄美景。到达天目山，看到漫山遍野都是鹭鸟，天上飞的，树上落的，湖上游的，自由自在。不速之客的到来，却惊动了岛上的鹭鸟，受惊腾飞的鹭鸟，一边鸣叫着，一边向空中飞去，把整个天目湖的上空遮挡得黑压压一片。天目湖上空鹭鸟奇观，使多少年来人们只能从古诗中领略到"一行白鹭上青天"的悠远意境，在铜陵变成了现实。

老洲太阳岛：白浪沙滩　彩鸢曼舞

老洲太阳岛

　　义安区老洲乡，江中有一沙洲。每当朝霞升起，太阳越过铜官山，万道霞光穿过粼粼波涛，洒在洲头。而沙滩上的细沙在阳光照耀下泛着金色光泽，相映成辉，故名为"太阳岛"。它位于老洲乡的洲头，与铜陵市区、义安区主城区仅一江之隔，洲头沙滩呈圆形状散射，如太阳在水中浮动的波光之时，洲上草原、沙滩、森林、碧水、蓝天融为一，是"江水宛转绕芳甸"的所在。

　　船近老洲，流动的江水卷起千重雪浪，拍击着绿色堤岸。涛声时强时弱，仿佛在诉说江心洲古老遥远的过去。很久以前，这一带还是汪洋水面，是自大江源头奔泻千里的急流，冲击的泥沙淤积成一块块肥黑的沙洲。流动的活水，清冷的江风，还有阳光、雨雪……日复一日年复一年，渐渐地，洲土上长出了一块块一片片绿色的水草、江柳、芦荻、蓬蒿。于是，这块江心沙洲，覆盖着纤尘不染杂色无存的天然的绿，吸引了四面八方的渔帆和飞鸟。随着长江急流挟带的泥沙堆积江心，曹韩洲与白沙洲合拢成一块大面积的老洲。湍急的江水从远古流到明末，这块被重重叠叠绿色包围的老洲江心太阳岛上，才渐渐出现了绿色的田地、村庄和护堤……

太阳岛位于义安区老洲乡光辉村境内，三面环水，西与枞阳县、无为县遥遥相对，东与铜陵市隔江相望，北与胥坝乡一衣带水。太阳岛集小型草原、耕地、树林、沙滩等自然景观于一体。极目东眺，铜官山与林立的高楼大厦尽收眼底；放眼南望，铜陵长江大桥的伟岸雄姿让人心胸豁然开朗。太阳岛上，绿茵茵的草地上盛开着大片的红花草，犹如红色花海，随风起舞，摇曳生姿，香气扑鼻，赏心悦目。自东向西的意杨林、柳树林形成天然的绿色屏障，恰到好处地把"太阳岛"隔成两个景区：草原与沙滩。草原的柔情，空旷，醉人的绿意让人流连忘返；沙滩的坦荡如银，在此可以独享天然日光浴、沙浴，郁郁葱葱的意杨林、柳树林枝繁叶盛，遮天蔽日，绿意融融；碧水映着蓝天，天水一色，勾起人美好未来的遐想。

岛上四季佳景各异，春有草原牧歌，绿洲春满，垂柳依依，意杨多情，莺雀啼鸣，和风荡漾，纸鸢飞舞。夏有翠鸟晓晨，绿荫凉风，蛙鼓和鸣，江滩沙浴。秋有风堤唱晚，天高云淡，金风送爽，江水退位，沙滩开阔。冬有雪花曼舞，银装素裹。

行走在潮湿的嫩草地上，默默仰望着青草翠柳染绿的遥远天空，那无边无际无穷无尽的绿，使人心境渐趋舒缓静谧，不知不觉荡涤了久居喧嚣都市而积淀的疲惫与尘埃。那安详悠闲的牛犊，跳跃鸣唱的鸟雀，远处大江急流中行驶的船只与贴江面低飞的江鸥，更会使人童心萌动、欢呼雀跃，沉浸在这没有噪声、没有空气污染、空旷寂静的绿色氛围，达到了远离尘世烦恼的忘我境界。

信步进入沙洲，绿茵茵的草地上盛开各种野花，迎风摇曳，争奇斗艳，香气扑鼻，赏心悦目。这里，有人在趁着东风放飞风筝，有人忙碌地搭架添火做烧烤，有人躺进吊床，在一片林荫里，悠闲地摇啊摇，远眺江水、蓝天。还有三五成群的牛儿悠然漫步，令人悠然神往、浮想联翩。穿过绿意融融的杨树林和草地，便是岸堤与江水之间的一片偌大的沙滩。晨风里江水波光粼粼，如同繁星闪烁，江面上舟帆穿梭，风吹帆起驶向远方，流沙随着缓缓流淌的江水，变幻着各种图纹。脚踩松软细腻的细沙，戏水逐浪，听渡船汽笛声声，看船只往来穿行，赏长江烟波浩渺碧空尽。

绿草茵茵，牧童横骑牛背，相互对歌，你来我往，此起彼伏。发源于老洲乡的"铜陵牛歌"，常常回荡在太阳岛的上空。因为岛上草滩大、多水潭，是水牛散放的天然牧场，放牛对歌和斗牛便成了乡间儿童最常见的游戏。经过数百年的口耳相传，无数劳动人民的智慧，创制了"铜陵牛歌"这样一件民间音乐艺术珍品。

近年来，义安区老洲乡围绕"文化老洲·生态绿岛"发展主题，充分发挥江水人文优势，连续举办"风筝节"等大型文体活动，吸引了众多市民前来旅游休闲，观光打卡。每年四月，正是春日暖阳，晨露微风之时，太阳岛沙滩便成了风筝的海洋。长长的江堤上，人潮涌如海。蓝蓝的天空中，风筝飞满天。千姿百态、造型各异、色彩斑斓的各式巨型风筝，在空中摇曳、盘旋、俯冲，让人目不暇接。来自全国各地的风筝爱好者们，操纵着风筝线，在沙滩上尽情跑着、跳着、笑着，时而放线，时而收线，大小不一、形态各异的风筝，如彩蝶翩翩起舞，争奇斗艳。放眼望去，具有中国特色的龙串风筝、极具安徽本土特色的包公风筝、甄嬛传系风筝、埃及艳后风筝、徽文化系列风筝、大型软体风筝……平日里难得一见的各类风筝，摇曳而上，时而转换方向，时而变换动作，时而摆出造型，有的搞怪，有的呆萌，造型各异，恣意翱翔于天际。这一刻，心情是多么兴奋、激动，仿佛自己随风筝飞上了蓝天，去领略天的高远，去体验风的迅疾，去欣赏云的飘逸。

微风不燥，阳光正好。暖阳下五彩缤纷的风筝迎风高飞，江水、沙滩、蓝天浑然一体，春日里的老洲沙滩，江面波光粼粼，万物斑斓多彩，共同组成了一幅"白浪逐沙滩，彩鸢漫天舞"的美好画卷。

金榔小金山：日照金山 千里云海

金榔小金山

义安区钟鸣镇金榔山区有座形似"金"字的山峰，叫金山。每当初冬清晨，金山上云雾缭绕，宛如一条巨龙奔腾而下，气势磅礴；夏秋晚晴时，金山万道霞光映射，落日斜晖将山崖染得金碧辉煌，仿佛人间仙境——金山因此得名。

小金山海拔 336.2 米，由火成岩形成。攀登而上，绝壁高险峻峭，山势雄伟奇特，悬崖足有百丈，有华山之险、泰山之稳、峨眉山之秀。金山顶裸岩奇绝，苍紫醒目，蔚为壮观，堪称"乡野绝景"。清代乾隆年间《铜陵县志》中记载："金山平岗突起高峰，石势巉峭，形如蓬莱。"

美景往往与传说共生：话说东海有条鼍龙（鳄鱼精），经常奉海龙王之命行雨。有一天，海龙王接玉帝旨意，要解救某地干旱，便令鼍龙前去，在半个时辰里下一寸雨。这鼍龙性急，听错旨意，竟在半个时辰里下了一尺雨，淹死人畜无数，房屋田地皆遭殃。此事传到天庭。玉帝要捉拿鼍龙上天问罪。鼍龙自知不妙，急忙跑到水村湖来。天兵天将也跟到这里，定要抓其上天。鼍龙无奈现出原形，头在水村湖，尾在长江里，威胁天兵天将，如执意捉拿，就搅动江湖之水，涂炭方圆几十里生灵。天兵天将不敢下手，只好回报玉帝。玉帝左右为难，最后，太白金星谏言把鼍龙镇在这里，永世不得出来。玉帝就派大力神移来几座大山把鼍龙镇压。谁知直到把水村湖填平，还是压不住。玉帝便令大力神又移来一块大金砖压在鼍龙头上，还派只金鸡下凡看守。鼍龙若动，金鸡便啄。鼍龙服了，一动也不敢动。后来，大金砖就成了大金山，山下住满人家。玉帝又怕金鸡乱跑，放下一顶鸡罩罩住，这就是小金山。

清代铜陵庠生陈国柱有诗云："极目碧云边，登临思缈然。晚烟寒锁树，秋水远连天。古寨遗闻久，村春永夜传。忠魂何处吊，望里草芊芊。"可见其登山眺望，观景思古，凭吊忠魂，心思浩渺。金山现有大量古代冶炼遗迹，炼渣俯拾皆是。

金山峰崖，雨后飞瀑成涧，云生雾带，流岚缠绕山腰，山峦突现，如倩女出浴、朦朦胧胧、美妙绝伦。金山山腰与山下绿树郁葱，相映成趣，景色迷人。金山是座人文之山，传奇众多，有金山来历、金山湖、玉帝存金库、金山流稻米、罗丞相驻扎金山寨、明王菩萨、明王庙、明王会等众多民间传说。

沿着小金山的步道拾级而上，远处的山峦被薄雾笼罩，若隐若现。山间层林尽染，如同调色盘，交织成一幅令人陶醉的油画，壁立千仞的岩壁和陡峭的山峰静静地矗立在那里，守护着这座山和这方百姓，见证着岁月的变迁。沿线仿古石桥、观光休息平台、瞭望亭、聚宝盆、石壁赋等"金山十八景"美得如诗如画。登上山顶，云海层层叠叠，当太阳缓缓升起，云海变得更加绚丽多彩，阳光穿过云层，洒在云海上，形成一道道金色的光束。

山峦之间，云雾缭绕，宛若一幅山水画卷。一日之内，可赏万千变化：清晨站在高处可赏云海日出、日照金山；傍晚晚霞寂照，默默映耀金山风光；夜晚可望星空灿烂，如入佳境。

如今，金山景区项目已建设完成。该项目利用钟鸣镇得天独厚的自然及人文资源，以民俗文化、古村文化、山水文化、宗教文化、农耕文化为核心，以生态旅游、文化休闲、山地度假、健康运动、宗教祈福、诗意乐居为核心功能，充分利用本土、原生态、低碳环保材质，保持原生态的田园风光、乡村风情和古朴沧桑的历史感，达到"风貌完整、舒适宜居、富有活力、人文和谐"的目标，打造为一座大型文旅综合体旅游景区。

铁锚洲：芦花美地 江心新洲

胥坝铁锚洲

在义安区胥坝乡境内，有一片占地 3 万余亩的沙洲，这便是 20 世纪 60 年代形成的江心新洲——铁锚洲。由于长江水流的冲击，长江铜陵段沿江洲区不断发生"河东变河西"的历史变迁。民国年间，长江主航道以南的河床逐年增高。至 20 世纪 60 年代初，紧靠胥坝乡西北部的沙滩于枯水季节露出水面，形状如柳叶，狭窄而细长，附近的渔民和货运船只常在此洲避风休整，后因有一艘船遭遇风灾，在此沉落一只铁锚。随着年代的变迁，村民都习惯向船友们推荐沉落铁锚的地方作为上下水运的天然良港，"铁锚洲"也由此而得名。

铁锚洲是一片生态绿洲，洲上基本为意杨林、芦苇滩、水草坪所覆盖，绿杨万亩，芦苇茫茫。沙洲形成初期，附近居民为寻生活出路，同时也出于治理风沙、防洪护堤的考虑，决定开发利用铁锚洲。1965 年，人们开始栽树挽泥、绿化荒滩。当时当地村庄集体经济十分困难，于是通过群众摊派出树苗的办法，共筹集柳树苗 1100 棵，人挑肩扛到沙滩栽植。恰逢当年长江水小，栽下的柳树全部成活，面积约 200 亩。由于柳树不畏旱涝，飞絮扬花传播种子，不久沙滩即长满小树苗，继而形成一片片柳树林。成片的柳树有效地缓解了江水流速，加快了泥沙沉积，使沙滩不断增高。至 1968 年，海拔已从 7 米左右（黄海高程），增高到 11 米左右，面积扩大到 11000 亩。柳树虽能绿化荒滩，但经济效益低下，只能用于烧柴或制作简易家具。1968 年，芦苇销售市场广阔，经济效益好，当地政府发动群众收购芦根上滩栽植，次年就植苇 1000 多亩，随后就地挖笋连根移栽，逐年扩大种植面积，由此带动了整个铁锚洲芦苇产业的发展。1970 年，当地建立了一支 20 多人的专业队伍，常年经营管理林芦场。20 世纪 80 年代初，芦苇面积已达 5000 亩，至 90 年代发展到 7000 亩。由于沙洲土地肥沃，生产的芦苇纤维含量高，弹性大，深得造纸行业青睐，芦苇销售供不应求。芦苇不仅给人们带来可观的经济收入，而且生态价值也很高，大面积的芦苇可以调节气候，涵养水源，所形成的良好的湿地生态环境，也为鸟类提供栖息、觅食、繁殖的家园。为了发展林业，1987 年当地居民从安庆新洲乡引进意杨树栽植，营造了 2000 亩意杨林，后发展到两万多亩。

铁锚洲位于铜陵淡水豚国家级自然保护区核心区，风光秀美，景色迷人，境内有天池、草原、滩涂、湿地四大景点，江水、沙滩、蓝天融为一体，是一方原生态的旅游胜地。其中天池清澈透蓝，草原一望无际，沙滩浩瀚广阔，湿地临风浩荡。铁锚洲上有芦苇万亩，无边的芦花随风摇曳，如白浪涛涌。有诗云："铁锚洲上芦花美，芦花飞雪鸿雁飞。苇岸风轻拂秋水，连天迷渚情相随。"洲上还有白鹭、大雁、野鸭等水生鸟类。每年春夏之交，洲上盛产粽叶，为铜陵及周边地区重要的粽叶输出基地。铁锚洲所属的群心村为"渡江解放第一城"的登陆点。村庄内，现建有渡江文化广场和"渡江第一船"雕塑。此村先后荣获"全国美丽宜居村庄示范""中国人居环境范例奖""安徽省特色景观旅游名村示范"等荣誉，不仅是人们休闲旅游的目的地，还是人们重温革命精神的首选地。

铁锚洲上野生的茼蒿、芦笋、马兰、芹菜，被誉为"四宝"，是天然的"绿色食品"，产量丰盛，畅销芜湖、南京等地。阳春三月，正是各种野菜的生长旺季，农家妇女纷纷上滩采摘野菜，老人孩子帮忙修剪，第二天由男人赶早市销售，野菜销售为农户带来丰厚的经济收入。近年来随着长江大保护措施进一步落实，铁锚洲又有了新变化。风光无限的绿洲秀水迎来众多游客和摄影爱好者，影视制作人也赶来拍摄外景。人们一边观赏美景，一边采摘野菜，对大自然的美妙神奇赞叹不已。2012 年 8 月，中央电视台《远方的家》摄制组，来义安区胥坝乡上拍摄"网箱水产养殖"专题片在国际频道播出，使铁锚洲声名远扬。

东湖：山观水韵　渔光互补

东湖美，美在东湖的鱼和水，那正如诗曰："鱼吹细浪摇歌扇，燕踏花飞落舞筵。"

登临义安区顺安镇金港村旁的一座山冈，极目远眺，就能望见广阔无限的东湖，扑入眼帘的是浪花起伏的优美渔湖。山下湖滨水口，那儿波光粼粼，舟楫翩翩，网飞鱼跃，白鹭穿莲。沿湖数百亩面积的水域里，围建成一座新"渔城"。只见一道道水泥墙把鱼塘割成一块块"棋格"，格间小堤上，一排排新生的水杉，披着鹅绿，垂掩在两边塘内，簇拥着游弋的肥美鱼群。山旁，新建的现代化蟹苗池和人工繁殖的试验房，临湖而立，透射出阵阵科技之光——那就是东湖水产养殖场。

东湖和毗连的西湖，统称为"东西湖"，老铜陵人俗称"里湖"。沿湖四岸，方圆数十万亩，系铜陵第一大湖泊。湖心有九冲十八岔，抗战时间是新四军游击队神出鬼没之地。东湖较之西湖，面积大、景色美，《铜陵县志》载："东湖胜于西（湖），夏秋间荷风烟柳，仿佛武陵佳画。"可见当年碧波万顷的东湖，是何等的蔚然壮观。

东西湖沿岸，历来为铜陵的鱼米之乡。沿湖农民，世代以耕为本，兼作渔人。每家每户都有养鱼捕鱼的传统，也都藏有舟、盆、网、罾、钩等各种捕捞工具。忙时湖畔耕作，耕闲摇舟下湖捕鱼捉蟹，采莲挖藕，富有江南水乡特色。然而解放前水利设施落后，美丽的东西湖是造成水旱灾害的灾源，几乎每年汛期，这里大雨三天涝灾，大晒三天旱灾，以至人们哀叹："湖田好做，五月难过。"加之当时的鱼价特廉，沿湖人民和广大圩区一样，年复一年地过着贫困的生活。20世纪70

年代开始的顺安河工程，基本根治了两湖水害，但同时也带来了另一个极端：湖水没了，水产养殖业衰落了。现在的东湖已围湖造田，大片鱼跃鸟飞的水面，变成了稻花飘香的农田。当然，当地居民不愿放弃如此水草肥沃，富产大鱼的大湖，在湖岸科学种田，湖内科技养鱼，将东湖养殖场办成了铜陵首家集养殖与科研为一体的新型渔业基地。东湖的渔业不仅丰富了铜陵的鲜鱼市场，也为促进铜陵乃至邻近地区的渔业发展，螃蟹除供应本地外，还远销南京，上海、深圳等地。

如今走进东湖，游人们还能看到：在波光粼粼的鱼塘水面上，数百个多晶硅光伏面板在阳光的照射下闪闪发光，放眼望去，颇为壮观。这种看似科幻的场景，是通过"一种资源、两种产业"的集约发展模式，在水面上方架设光伏板阵列，利用太阳能发电，下方水域发展特色养殖，使水域空间得到全方位立体利用，实现板上发电、板下养鱼，渔光互补、一地两用，渔电双双丰收。在新时代的今天，东湖人奏响了一支水乡"渔光曲"。

葛仙洞：万古造化，千年寻幽

山不在高，有仙则名。

在义安区顺安镇，有一座并不起眼的山丘，名曰杏山。1700多年前的东晋时期，道学家葛洪漫游天下传道，路经铜陵，时逢当地荒山野岭蔓延天花等疾病，遂隐居此山修道养性。他栖居洞内炼丹多年，闲时漫步出洞上山种杏，更不辞劳苦走村串户，为贫寒山民治疗流行疾病。山民爱戴尊重葛洪，又因他世称"小仙翁"，杏山葛仙洞便由此得名。

古时的杏山葛仙洞，"环泉皆山，窦有泉"。洞内仙风飘逸，洞外杏树满坡。每年阳春三月，潇洒春风随意吹拂满山娇嫩杏花，犹如红雨纷纷扬扬飞落山下溪水石堰，清凉的泉水浮载着落英淙淙流淌，石堰飞红丝丝缕缕浓郁花香袭人。于是，杏山脚下又有了迷人的花堰耆、花堰泉。宋代诗人郭祥正有诗云："传闻花落流堰水，每到三月溪泉香。"清乾隆《铜陵县志》载："花堰泉，在杏山葛仙炼丹处。葛仙翁留此种杏，下有溪，落英飞堰，昔花堰耆以此得名。"因葛仙在此驻留，与山、洞、溪结下奇缘，吸引了历代众多文人慕名而来，虔诚寻觅丹炉丹井踪迹，观赏落英飞堰泉飘花香。

在清代诗人潘美恭笔下，古时候的杏山松涛阵阵，泉水淙淙，落日西斜时，鸟飞栖落杏林。

就在这如诗如画的杏山葛仙洞，葛仙翁炼丹种杏数年，后飘然离去不知踪影。清朝顺治七年（1650），铜陵知县刘日义捐出薪俸，在杏山脚下增建祠宇亭榭，添置祭祀器皿，并亲撰《杏山碑记》。伫立园中。青山依旧，却难寻花堰泉纷飞落英，唯有葛仙洞依然敞开，静卧杏山腹内等待世人来寻踪探幽。

1992 年，葛仙洞被列为铜陵县重点文物保护单位。是年 6 月，铜陵市政协提出开发葛仙洞、发展旅游业建议，杏山附近居民也向社会各界发出呼吁。8 月，在铜陵县政府（今义安区）主持下，文化、城建等相关部门及顺安镇参与制定了公园建设蓝图。1993 年 3 月，公园初步建成开放。昔日岑寂荒凉的杏山，呈现楼台对峙、亭阁相望景象。桥堰路径纵横贯通，花草树木争奇斗艳，成为城乡居民休闲踏青、寻秘访古之佳境。随着铜陵城乡面貌日新月异，为顺应地区发展，提升景区档次，2022 年，义安区重新谋划，并由义安区文化和旅游局、顺安镇等部门具体实施葛仙洞公园整治改造项目。拓展优化园区入口，升级改造园区景观，提升洞内安全等级。让自然充满活力，让古迹更有新意，力求在铜陵主城区与东部城区之间，打造一座集自然与人文景观于一体的短程旅游胜地。修缮一新后的葛仙洞公园，已于

2023 年正式对外开放。

今日之葛仙洞风光，主要分洞外、洞内两部分。洞外园林占地约 4.25 公顷，以花堰泉为中心，设有望仙湖畔药田、杏山碑记、望仙阁、丹井、拥湖亭等景观可供游览。园林内铺设环形上山台阶和游览步道，栽种大量景观花木与中药材，突出中医药主题的"杏林文化"。园区主体景观——葛仙洞，是一个由石灰石岩层经长年流水侵蚀而成的天然溶洞。主洞口海拔 35 米。主洞面积大约 3000 平方米。冬暖夏凉，干湿适度。步入洞内，凉风爽身，水声悦耳，钟乳怪石兀立洞壁。洞深不见底，洞洞幽深，洞洞相连，即使千百人涌入，也不显拥挤。走过神工斧削的大象峰、擎天一柱、石鼎丹台、仙翁石榻、玉兔偷丹、群仙聚会、龙戏瑶池、千秋海眼、万年灵芝、烧石炼丹等自然奇观，顺着陡峭石级深入洞内，还可看到八卦台、炼丹炉、葛仙石像、吐水龙头等人文景观。整座洞内暗河环流，薄雾似纱，泉水叮咚，喷珠溅玉。

清代张湘在《杏山眺览》中写道："总是岩谷有奇缘，特遣仙踪为之整。我乘幽兴恣寻讨，健步直跻不须缏。忽而如狮石作朋，忽而如虬竹为屏。俯瞰东西之两湖，藻荇荡波数千顷。极目江光匹练遥，上下驶帆挂日影。遍历洞壑多窅虚，掷击其音抑而骋。却疑仙家并渡山，剜肠剔骨去其鳔。"细细咀嚼这诗中况味，一幅色泽斑驳的葛仙炼丹图仿佛浮现在眼前。不远处水声回响洞壁不绝于耳，似远似近，忽强忽弱，如巨钟长鸣，似马蹄笃笃。顺着悦耳动听神秘声响细细寻觅，又会发现洞东还有一处溶洞群，俯视幽深洞内，流水清澈，微波荡漾，潺潺缓流，这就是地方志上记载的"响洞"。响洞之内，奇石嶙峋，洞内常年流水不绝，发声之处是洞中之石，以手叩之，响声顿起，有时如钟鼓之音，有时如铁马金戈，且声音袅袅不绝。响洞幽深不可测，少有人能下到洞底。相传古时有人朝响洞中投下一捧粗糠，随水漂流，几日后，竟然在获港附近一处被发现，可见此处水流直通长江，令人称奇。

护国寺：圣封护国　蜘蛛救主

在义安经济开发区南海路南侧，有一座寺庙叫护国寺。

护国寺的位置处于四通八达的交通要道。寺院周围的景色十分优美，绿树成荫，一派乡村田园风光。相传，该寺庙与明太祖朱元璋有过一段密切的缘分，而且这座寺庙现存的寺基，正是明朝洪武年间的建筑遗址。

元末时期，各路诸侯纷争天下，各霸一方的局面已经形成。在江南地区有两个割据势力非常强大，一路是拥兵自重的陈友谅，另一路是明朝开国皇帝朱元璋，他们相互之间并吞侵扰，经常发生战事。有一天，朱元璋战败，落荒而逃，陈友谅跟踪追赶。当朱元璋逃到此处时，已经是精疲力竭，而且四周都有追捕把他团团包围了。朱元璋见四面没有藏身之处，独见一座破庙立在那儿，无奈之时躲了进去。当四方追兵赶来，不见朱元璋的踪影，看见破庙后，便要进庙搜查，但是庙内蜘蛛网密布，让追兵有点寸步难行，于是追兵们退了出来。朱元璋这才化险为夷，死里逃生。

据民间传说，朱元璋藏进庙后，庙内立刻到处结满了蜘蛛网……老百姓说这是一种天意，是上天有意安排蜘蛛搭救朱元璋的。民间说法虽然不可信，但是护国寺的确于明朝所建并因此故事得名的。后来朱元璋夺得天下，做了明朝的开国皇帝。有一天，他突然想起了在铜陵发生的那件事情，心中顿时升起一种感激之情。为了报答神灵救护的恩情，朱元璋立即下令动用国库的资金，扩建那座救了他性命的小破庙，并赐名护国寺。当时护国寺的建设规模非常壮观，三进正殿，

护国寺

佛像满堂，大小房屋多达 60 多间。护国寺鼎盛时期，寺内僧人有 10 多人，四季香火不断，而且周围环境十分优美。

护国寺历经了几百年的风风雨雨，几度兴衰。如今的护国寺是二进正殿中供奉弥勒佛和维弥佛，后进正殿中供奉释迦牟尼、阿弥陀佛、药师佛、送子观音、东海龙王、十八罗汉等佛像。在二进正殿之间的东侧有一小庙，庙内供奉了朱元璋的像，并竖立了一块石碑，碑上记述了护国寺的来历、传说和概况。庙门两侧有一副对联："圣封护国，蜘蛛救主。"每逢帝日、观音会和一些佛事圣会，前来进香的人甚多，香火十分旺盛。

可以说，正是由于护国寺发生了一个与皇帝朱元璋有关的故事，它才在民间的传说中带有种种神秘的色彩，也正是这些让人心驰神往的传说，才让护国寺声名远扬的。

云崖寺：竹篁木森闻禅声

大殿里青烟袅袅，佛案上磬声悦耳。清寂的山林沐浴在淡淡的阳光里，涓涓的涧流腾起白蒙蒙的山岚——这就是深藏在铜陵高山密林中的云崖寺。

云崖寺坐落在铜陵市义安区凤凰山地区的猪家山之东，原为唐代

云崖寺

开采银矿地点——古名"银坑冲"。明朝正德年间（1506—1521），为一钱姓人捐资营造，定名为"石山寺"，后更名为"云崖寺"，俗称"观音洞"。

依山临崖而建的云崖寺，呈直角形布局，朴素、淡雅。四面群山簇拥，形如莲台佛座，将寺宇拱卫其间。环寺古木森森，翠竹篁篁，林壑优美，古朴幽静，富有深山老林雅趣。

前厅正南侧有一天然石洞，名曰"观音洞"。洞门前左边立有碑记两块，第一块碑额为"莲台山观音洞"，是清朝光绪元年（1875）所立。第二块碑额为"莲台山观音洞云崖寺"，是民国三十五年（1946）所立。这两块碑刻，记述了云崖寺的一些历史概况。碑文中有一段关于太平天国兵临此庙的记述："咸丰年间，粤匪扰境，烧毁一光。嗟瓦砾以成堆，叹山林之失色。"史载从1853年到1863年的十年间，

太平军在铜陵境内与清军的战争达七次之多。这碑文中记述的是太平军的一次军事进攻，还是战略转移？是翼王的部队，还是英王的军旅？如今已无从细查，无处探寻。

寺庙的后厅是大雄宝殿。清朝咸丰年间毁于兵火，寺中部分器物当时藏埋于观音洞内。光绪元年，由开悟僧海云及徒募资重建，后又毁塌。

大殿里，在泥塑的佛像旁边，有尊妆金肉身和尚坐像。此人骨骼粗大，面容冷峻，凤凰山村民皆呼其"李统领"。传说他是个武将，半生戎马，杀人无数。光绪二十五年（1899），清兵统领李定民（湖南长沙人）弃戈饭佛，来此重修寺庙，从此潜修于此，凡尘悉隔，俗虑全消；日饮清流，夜览明月，飘忽欲仙。

1939年10月，新四军军长叶挺和政委项英曾到云崖寺内察看。"皖南事变"后，这里曾是新四军的秘密联络点。后寺庙全毁，仅存铁钟一尊，高95厘米，重250公斤。铁钟面铸有"正德十年十月吉日造。石山寺募缘僧……"等字迹。这尊铁钟，是当今铜陵地区存世的明代铁钟。

有一年，附近大王村里有六位村民突有想法，开发云崖寺旅游资源，便将设想报告呈送上去。乡政府虽然没有钱投资，却从其他方面给予了有力的支持。六位领头的农民各自从家里拿出一万元集资开发，对于面朝黄土背朝天的农民来说，这六万元是滴滴汗水积蓄的，是省吃俭用攒起来的。村民被感动了，纷纷出义务工，叩石垦壤，劈山炸石，整修了打虎英雄墓地、新四军烈士墓地、云崖寺石阶以及寺里那个不见底的观音洞。

修整后，人们纷至沓来，山村野庙顿时热闹起来，村民的劲头一发不可收。他们合计着开发云崖寺后的"神仙洞"。所谓"神仙洞"是个天然大溶洞。一般的溶洞多生成于地下，此洞却很特别，生在山顶上，硕大的洞口像个虎口，终日吞云吐雾。而为云崖寺增色的观音洞，由于至今没有开发，无人知道它究竟有多深。人们对洞被堵的原因有几种传说。第一种：早先洞很深，有僧居其间，某年洞内出现大蛇，和尚急用土堵洞，致使原洞闭塞。第二种：当年新四军曾住在洞内，后被国民党军队发现将洞堵死。

云崖寺原来李定民的肉身像在特殊年代被推下山崖，摔成两段，事后被村民偷偷埋葬在寺旁的山坡地里，这一埋便是三十年。果喜和尚主持寺庙以后，募建了一座石塔，预备存放李定民的骸骨。待掘开坟墓后，那金身竟没有腐烂，完好如初。果喜一见慌了神，连忙抱回庙里。他四处求助资金，要为李定民重妆金身。

后来，有位香港商人闻听有此等奇事，亲自来到庙里看了实情，捐了一笔钱，这才使李定民焕然一新地回到了神坛上。那石塔便成了座空塔，果喜请人在塔上刻了篇塔序，以志此事。"佛塔建于一九九六年八月三十日，本为李统领所建。但开墓后除局部损坏，其他一切完好，故以此塔纪念。李统领真身复妆金就位，于本年九月十九日开光。云崖寺主持，释果喜。"此事一经传出，游人骤增，前来朝圣者络绎不绝，暮鼓晨钟，香火袅绕，终年不息。云崖寺以优美的自然风景和佛教文化，成为古铜都的一处旅游胜地。

大明寺：荆公赐匾声名赫

南朝四百八十寺，多少楼台烟雨中。

在义安区顺安镇晃灵山麓的山峦环抱、浓荫密蔽之中，掩藏着一座寺庙——大明寺。自兴建至今，已有千年历史，因相传得到过宋朝宰相王安石的亲笔赐匾而声名远扬。

这座寺庙，建于北宋嘉祐八年（1063），是江南名刹之一，与钟鸣狮子山清凉寺同为东南佛教名地。历史上的大明寺，殿宇壮观，

大明寺

荆公书堂

寺宇为四正结构，分东西正殿和一栋偏房，建筑面积 400 平方米，藏身于一片竹林之中。鼎盛时，寺内供佛像百余尊，有僧侣数十人，终年香烟缭绕，日夜钟声不绝。

大明寺屡遭到毁坏，仅存 4 间偏屋和清代、民国重修碑记。后来的大明寺得到逐步修葺，重修了部分庙屋，有殿堂、偏房和厨房。从整个庙宇建筑的风格和规模上看，大明寺为深山藏古寺，隐没在山野之间，周围茂林修竹，云环雾绕，幽谷流泉，鸟语花香，倒也有一份天然的情趣。

寺旁"荆公书堂遗址"处，横放着一块从中间断裂的汉白玉匾额，上题"钟灵毓秀"四个楷书大字，结体端庄严整，据说是王安石手迹石刻，为荆公书堂门楣高悬之物。

漫步竹林、寺院，阳光温暖，空气清幽，四周除了如缕的梵音，便是翠竹摇曳风中的沙沙声。话说，荆公书堂建成后，胡家后代人才辈出，成了铜陵名门望族。从荆公书堂走出去的胡舜元，胡舜元的女婿、门生、侄孙和孙子等 7 人都先后考中进士，史称"一堂七进士"。荆公书堂开创了铜陵义安重学、好学的人文风尚，影响了一代又一代铜陵人。以前铜陵有个习俗，每当新生入学或者家有考生，就会来荆公书堂转一转、拜一拜，启蒙开笔，崇尚先贤。荆公书堂闻名铜邑，见证了王安石与铜陵胡氏交往深笃。之后从宋代至明代，上至宰辅，下到小吏，留下不少有关荆公书堂的吟咏之诗。

大明寺的后山茂林修竹、云环雾绕，幽谷流泉、鸟语花香、景色宜人。一处连片陡峭的石壁终年呈湿润状，洞石上有两个形如蟹眼的石孔，两股清泉终年从中涌出。这泉水名叫灵窦泉，又称蟹眼泉、灵宝泉、海眼泉、万世海眼泉。清代乾隆时期的《铜陵县志》记载，在叶山山腰有灵窦泉，泉出两眼，形似蟹眼，故名蟹眼泉。民间传说，灵窦泉有六个泉眼，终年泉水不干，曾有龙含石而出。每当夏汛和秋雨之际，泉水喷涌而出；旱季，泉水则缓缓流淌。四季变化无穷的形态让游客称奇，为义安奇异景观。

不论是年少讲学期间，还是后来及第拜相和实行变法期间，王安石多次旧地重游。每当清晨和傍晚，王安石在书堂旁的泉边驻足流连，面对悬挂在半山腰间的奇丽山泉触景生情，写下《题灵窦泉》："山腰石有千年润，海眼泉无一日干。天下苍生望霖雨，谁知龙向此中蟠。"他借景抒情，表达了感怀苍生的心灵夙愿，体现了他"务为有补于世"的人文精神和心怀壮志的宏大政治抱负。后人也曾把这首诗镌刻在大明寺宇壁上。随着历史变迁，荆公书堂于元代废弃，虽经几次重建，后沦为败瓦颓垣。如今，胡舜元专为王安石而建的书堂已不复存在，但他所题的匾额以及那首《题灵窦泉》的诗歌仍在，泉水仍在流淌。

清凉寺：铜陵有史可查的首座佛教寺庙

上清凉寺坐落于义安区与繁昌交界处的钟鸣镇的狮子山巅，系著名的南泉普愿禅师首建，是铜陵有史料可查的首座佛教寺庙。

南泉普愿禅师（748—834），是禅门正派马祖道一的弟子中，最具有个人性格魅力的一位，因其禅法"言辞锋利，无不披靡"所著称，普愿一生的经历可分为三个阶段：师事江西马祖道一求法时期；

上清凉寺

池阳开辟南泉禅院时期；下山至宣城一带开坛演法时期。据《铜陵县志》载："上清凉寺：在狮首之下平脊处，唐泰和年间（827—835）南泉普愿禅师创，后圮。"由此可见，南泉普愿禅师在狮子山上创建清凉寺，应是其在池阳一带开辟南泉禅院时期。

上清凉寺后倒塌，清康熙十年（1672）复建，咸丰年间（1851—1861）又毁于战火，直至光绪初年（1875），才由该庙住持法伦祖师按照原来的庙貌复建，计厅堂房舍 75 间，外加走廊折合 24.5 间，合为 99.5 间。全系砖木结构，前后三进，南北坐向，占地 3300 平方米，庙内雕梁画栋，金碧辉煌。

上清凉寺最兴盛时期是光绪年间（1875—1908），有僧 50 多人，田地 200 余亩，每逢"地王会""观音会"等庙会期间，前来敬香的善男信女络绎不绝，庙宇之内青烟缭绕，钟磬齐鸣。抗日战争期间，新四军曾在该寺办过抗大分校，皖南公署也曾在此临时办公、住宿。"文革"期间，寺院基本被毁，仅存角屋几间，老僧一人。后有释今品法师发愿，募化修复"南泉清凉古寺"，保存至今。

钟鸣狮子山是一处佛教之地，另外还有中清凉寺和下清凉寺。如今中清凉寺仅存遗址，下清凉寺修建了佛堂、大殿、寓楼，四周青山绿水，风景优美。铜陵宋代著名学者陈翥的墓园就在下清凉寺旁，古风遗韵，一种文化的芳香让人流连忘返。在下清凉寺的清凉石旁有一棵桂花王，浓荫如盖，花香沁人心脾。

狮子山上有八大胜景，分别是天台秀峰、喷珠泉美、玉鼎含烟、百丈丹崖、马岭松韵、天女前拜、罗公书堂和狮子昂霄。与八大胜景齐名的还有八大奇石，分别是磨盘石、关门石、犀牛石、和居石、鸟鱼石、猪槽石、船形石和狮头石。八景和八石的灵魂，要数狮子石和狮子昂霄胜景了。其实狮子山另一个名字就叫清凉山，据史志记载："狮子山……宛似狮形……绝顶为狮首，突兀嶙峋，眉目毕具，类神工鬼斧所雕刻者。"也有人说："狮子山有清凉寺，乃人间清凉之地也！"

狮子山是一座火成岩的大石山，漫山绿树葱茏，山崖黛紫色，朝晖夕阴，经常看见岚雾缭绕的峰峦气象。在这座山上，曾经生活过两位宋朝名人，一位是宋绍定二年（1229）进士罗京，官至户部侍郎，在狮子山的"九曲泉"旁边建有罗公书堂。另一位就是陈翥了，他著的《桐谱》一书是世界上最早的林学典籍，宋朝的包拯、王安石、苏轼、黄庭坚都写诗称颂陈翥。苏轼《陈公学堂诗》中有一句："潜心藐视三公贵，寄迹高随四皓风。"包拯《题陈公学堂》也有一句："无拘无束清闲客，赢得芳声处处同。"陈翥不仅是一位林学家，而且是一位文学家。他一生著书立说，多次谢绝出山做官，许多名人志士称颂他为"道德真君"和"乡村真儒"。

有人说，狮子山是一方风水宝地，无论上清凉寺还是下清凉寺，每一块老砖和每一块古石雕，都像珍宝一样牵动人心，是佛教文化的古迹瑰宝。尤其是在山巅之上，极目眺望远山浩如烟海，夕阳染红西天，眼前完全是一派气壮山河的辉煌景象，置身高山之顶，绝壁凌云，山光如烟，幽静而神秘，难怪明代繁昌中丞吴琛为狮子山写的一首诗中有两句："雾罩晚岩疑气吐，草铺春麓若毛生。从龙有意能兴雨，与世无情岂啖牲。"其实狮子山是深山绝景中的佛教之地，有着自然风情的水土灵气和文化力量。

周氏古民居：徽派风格的清代建筑

人间最美四月天，漫步在义安区顺安镇凤凰山村，群山环绕，鸟语花香。青山绿水，山林环绕间，有一座铜陵地区保存最为完整的古民居——周氏古民居，距今已有800余年的历史。

远远地瞧见：依山傍水的周氏古民居，依偎在山花烂漫的青石山下，门前有一条弯弯曲曲的小河流过，河水清澈透明，终年流淌不息。沿着蜿蜒的乡间小路缓缓而行，一步步靠近这座附着沧桑之色的

凤凰山村周氏古民居

古民居，仿佛浸润在时光的长河里。八百多年前，古人周氏及其家人便悠然生活在这"山环水抱，茂林丰草"的景致中。

周氏古民居占地面积约 150 平方米，是一座典型的"四厢正房"式的民用建筑，至今依旧保存完整。宅院布局巧妙，脉络分明，东西厢房的双层结构，两边各建三大间，上下两层共为 12 间。整座古宅素面朝天，清秀淡雅，唯有黑砖、大青石、灰瓦，余下的就是木材的本色，不上彩、不着色，朴实无华。古宅内的门窗全部采用镂空或雕花的技法制作而成，祥鸟瑞兽、蝙蝠金鸡、福寿喜财穿插于奇花异草之间，品种繁多，绚丽多彩，栩栩如生，惟妙惟肖，粗犷流畅之处，又有玲珑剔透之处，均有吉祥如意、福寿安康、家和万事兴的美喻。

步入其中，漫步时光长廊的感觉油然而生。斑驳的墙面上，留下一年又一年的印记，飞檐翘壁，钩心斗角，雕花门窗，石墩黑顶，双侧封火墙到顶，前后大木门双开，每一处都显示着当年建造者的良苦用心，融合了徽派建筑的精雕细琢。虽然这些木雕经历了数百年的风雨，浅淡的木质本色已变成古旧的棕黑色，但也正是这样一种复杂、沉重的色调，给古民居增添了几分历史的沧桑感和浓浓的文化内蕴。

大青石是周氏古民居的主要建筑材料之一。门前十三级大青石台阶宽达 2 米，平台和大门的门套也是用大青石砌建而成，墙基和室内的内墙基础及东西厢房的圆形木柱底座，也全部采用大青石雕琢而成。房屋建造者善用大青石，可能是因为大青石的牢固，可经千年而不蛀不烂，也可能是为了增添建筑的雄伟气派。

周氏古民居还有一巧妙之处，那就是大门朝向是南偏东 15 度。朝南是因为采光的目的，偏东 15 度呢？其实是因为西晒，这种偏 15 度的朝向，可以避免夏季 14 到 16 点太阳光直射进房子，具有避暑之用。

古民居的室内正中间有一面积约为 8 平方米的天井，上面屋顶露天，下方建有一座面积相等的大青石水池。雨水落在天井池内，可供家人洗涮之用。不需用水时，可以打开池底下的塞子，水便可流到室外。

天井很有意境。想想，坐在这古香古色的古民居里，小雨如酥时，雨水从天井"入"屋，涓涓细流似无数透明的珠帘，敲击在瓦片上，叮叮当当；大雨如注时，雨水湍湍直奔而下，似小小的瀑布，高亢激昂；乌云破晓，雨过天晴，天井的潮气开始弥漫，瓦片变得晶莹，一缕缕阳光从开放的天井斜射而来，散落在屋内的各个角落，清爽宜人。

何为天井？在中国传统建筑中，由屋顶四周或屋顶与围墙的坡面合围成的漏斗式敞顶空间称为天井。天井可以追溯到明清时期，在解决采光、排水、蓄水的同时，让室外风进入室内并从天井排出，形成自然的"空调系统"，起到通风、调温的重要作用。

天井还寄托着屋主的美好期盼。阳光自天井泻入前堂，寓意财源广进，称为"洒金"；雨水经天井落入院中，寓意财从天降，称为

"流银"。而从屋檐流下的雨水，古人认为是"天落水"。在传统风水学中，"水"又代表"财"，天井四面屋顶均向内倾斜，使四面雨水流入堂前，有"四水归堂"之意，象征着四方之财如同天上之水，源源不断地流入家中。

古屋蓄水池边的"土空调"更是称奇，可以说那是百年前周氏古民居的中央空调。它由一块正方形的石头板覆盖，在石板的中间留有石孔，下方是深而干燥的小洞穴。石孔上安装了大小适宜的铜钱石盖，可作土空调的开关，在春秋之季可以当作一块普通的地砖，而在冬夏打开石盖便能享受冬暖夏凉的温度。这样的土空调不仅可以在夏季调节高温，让温度保持在 25℃左右的舒适体感温度，也能在冬季驱赶寒气，将温度控制在 10℃左右。利用地下气流冬暖夏凉的特性，设计了一个不需要电力的纯天然空调，不得不佩服古人对于庭院设计的精湛工艺和奇思智慧。

当地的村民口耳相传，这种装置在以前只有地主和富贾家才会安装，一般的百姓家里是没有的。凤凰山有句古谚：凤凰行洲（周），凤凰山一带姓周的人家颇多。关于凤凰山周氏有这样一段故事：南宋末年，政治腐败，风气奢靡，小朝廷风雨飘摇。京都临安（今浙江杭州）门户苏州、常州一带，频传元军大举南犯、兵荒马乱的消息，百姓惊恐。宜兴柯山周氏四兄弟周孔嘉、周孔庄、周孔吉、周孔敬决定迁居避难，虔诚地到祠堂祭拜祖宗，各自立誓，祈求护佑。祭毕，长兄周孔嘉刚出祠堂大门，见一白鹇腾飞，说："逢鹇始居。"二弟周孔庄说："感念先祖居岐山（今陕西岐山），有凤鸣于岐，名曰凤凰堆，遇凤则居。"三弟周孔吉说："我舍不得家里的平田水塘，见到有平田可种即居。"小弟周孔敬仰望天空，见电闪雷鸣如龙王呼风唤雨，说："见龙必居。"于是，他们安顿好家小，日夜兼程，寻访理想之地。

一日，他们听说桐城地广人稀，民风淳朴，便从采石矶乘船溯江而上，抵达长江北岸桐城县境东乡，走到碧波荡漾的杨都湖畔，遥望后山层峦叠嶂，气象万千，近旁有一高山如鹄，并询问乡民。答曰："鹄石山。"弟弟们恭喜道："大哥找到福地了，可以接嫂夫人和侄儿来安家了。"

兄长周孔嘉有着孝敬尊长、爱护弟妹、敦睦邻里、扶危济困的传统美德，在匆匆办结自家迁居事宜之后，带领弟弟们从江北来到江南铜陵县太平钱家湾，寻访到父亲故交后人，相见甚欢。叙谈中，得知离县城六十里，有山名凤凰。四兄弟喜出望外，不顾旅途劳顿，婉谢主人挽留，第二天就赶到凤凰山，但见青山如黛，花木扶疏，人烟稀少，正是勤劳致富的好地方。于是兄长发话，敦促二弟周孔庄留下来处理安家事务，自己则继续晓行夜宿，忍饥耐饿，先为小弟周孔敬在太平（今黄山市黄山区）龙门觅得安家之地，后又为三弟周孔吉在青阳平寻访到迁居之所。不幸的是，周孔嘉积劳成疾，在平田去世，就近葬于桐岭山。二弟周孔庄闻讯，悲痛欲绝，牢记兄长一辈子帮扶之恩，立足凤凰山，栉风沐雨，创家立业，这就是凤凰周开枝散叶的根源。

辗转盘桓于这座几百年老宅，看着被岁月锈迹的老墙，繁茂却又说不出名字的植被，屋中摆放的农具，像是时光留影，记录着当年繁华喧闹。风雨光阴，在悠远岁月中，古民居承载着太多人的欢笑与泪水，历经时光打磨，它依旧静静地沉默着，模样一如当年，温馨如旧。

古屋不远处，有一座古柏。树保持着直插云霄的俊朗，向苍天直抒胸臆。树身圆圆的，高约 20 米，树径约 1 米。据专家测算，这棵柏树有千年的历史，传说在太平天国时期，太平军里有人想砍掉它，之后这个人就患了一种怪病四处求医无果，最后在村民的提醒下，请了人在这棵古柏前焚香祭拜，病才不治而愈的。后人觉得这棵树有灵性，再也没有人提出要砍掉这棵树，现在它也成了铜陵的古柏之王。

不远处还有一座古井，井口高出地面，由一块完整的大石头雕凿而成，上部是圆的，下部刻意留下棱角，有着天圆地方的寓意。井口接近地面的地方有苔藓的绿色在攀爬，井的左边赫然置有一块洗衣石。古时，女子款款来到古井旁，汲水浣衣，乒乒乓乓的棒槌声萦绕在凤凰山间。劳作之余，女子对井整妆，照一照云鬓上早上才插的一朵牡丹花可还端正，让一种乡间之美在岁月流转中绽放。

闲暇时日来凤凰村，走一走这幽静的乡野古民居，听古宅、古树、古井述说它们的老故事，拾一片旧时光。

顺安古桥：沧桑古镇的前世今生

你站在桥上看风景

看风景的人在楼上看你

……

顺安古桥，石砌百年，青苍不息，安然静卧在顺安河之上。漫步在古石铺就的桥面上，一不小心就恍然走进了历史的深处。

这是顺安河上的一座三孔两踩用青石叠砌的石拱桥，始建于明嘉靖年间，已有 500 多年的历史。该桥全长 20 米，桥面宽 3.5 米，桥高 7 米，桥两边有石栏板，高 67 厘米、长 155 厘米、厚 16 厘米，上面刻有龙凤呈祥、双狮抱球、丹凤朝阳等象征吉祥的浮雕。各边 11 根柱，中心柱 1.8 米，六面刻有莲花宝座、如来佛像及花鸟图案等，原桥东西两头有石阶，建筑十分精湛而坚固，不仅彰显了先人的聪明智慧，也成为顺安古镇历史变迁的见证。

顺安古桥也称临津桥，现为铜陵县重点保护文物。桥身尚存一些书法字迹，一块块沧桑的条石古朴苍浑，还有美丽的拱形洞，内涵丰富的浮雕，气息古朴的雕龙、雕兽，在张牙舞爪之间神采飞扬，还有麒麟戏珠，松鼠翼鸟，雕刻的技艺鲜活而生动。更有一模糊雕像，据其侧的文物碑记，雕像大约是佛祖。桥两侧原有台阶，如今已没入泥土了。可以想象，古人拾阶而上，登高拍栏之时眺望画舫斜柳和宝马雕车。有一首写顺安的诗中有一句："石桥两拱栏杆立，楼阁三层凤角翘。"可见古桥的风姿倩影，已经深入诗人的灵魂中去了。

以镇得名的顺安河，是明代高仰知县所开，成弧线穿镇而过，是铜陵境内自南向北纵贯最大的一条河流。正是由于顺安河便利的水路运输，使顺安镇自唐代以来，就成为方圆数十里的物资贸易集散中心，后又成为朝廷向县城传送公文的重要"驿站"。

古顺安河穿街而过，河面上各种货船穿梭游弋。河岸两旁，店铺林立，绿树成荫。这条河虽为千年古镇顺安带来了繁华，但因河面狭窄，河床低浅，泄洪量小，给顺安乃至全流域的人民带来了深重灾难。每逢梅雨汛期，山洪暴发，它都像一匹脱了缰的野马般横冲直撞，淹没农田，淹死家禽家畜，冲倒农房，冲毁了道路和老百姓的一切生产生活设施。每当洪水泛滥时，顺安河两岸圩破屋倒，钉螺孳生，庄稼颗粒无收。此地设置定陵县后，县衙里的文豪们便将这条河起名为顺安河，希望它能够从此往后彻底地改恶从善，太太平平，顺顺安安——顺安镇的名字便随着这条顺安河的名字的改变而改名。

据传，抗战时期，侵华日军的飞机企图炸毁顺安桥，在投弹时定错了坐标，一组三发炸弹，投在了顺安桥以南约 40 米处爆炸，顺安桥安然无恙。后在特殊时期，桥上的如来佛像等被毁坏。

1990 年顺安桥被铜陵县人民政府列为县级重点文物保护单位，2019 年被安徽省人民政府列为省级文物保护单位。2016 年 8 月 16 日，是个值得纪念的日子，顺安古桥周边搭上了脚手架，施工人员正在按照先桥面、后桥拱、再桥身的维修保护顺序，对走过风雨沧桑的顺安古桥进行全面修缮保护，将其与附近临津融为一体，打造成公园一道亮丽的风景线。如今的顺安古桥周边杨柳依依、碧水悠悠，仿佛在岁月中从前世走向了今生。

几百年的历史，匆匆而过，顺安河两岸的风物不知变幻了多少，古桥的过往虽已无法追忆，但水泥路、柏油路、青石路、行走的时光在这里叠加，书写着历史。如今，千年古镇顺安旧貌换新颜，已成为义安区政府的所在地。一座充满活力的宜居宜业新城，呈现出一片欣欣向荣、蒸蒸日上的喜人景象。青石铺成的老街，平整素雅，古色别致。一座座新楼拔地而起，一条条新街四通八达，张开着铜陵经济发展"东大门"的怀抱。

傍晚，顺安的风光是美丽的。当晚霞烧红西边天的时候，河上，半河瑟瑟半河红；街上，一街彩辉映千门。路边垂柳下，古桥石栏边，人们散步、谈笑、三五成群，笑语盈盈……顺安又一个灿烂的黎明，在今明时光交接的彩霞里萌生出新的光彩。

顺安古桥

第三辑

古树名木

一棵古树，几多春秋。从历史中走来的树木，承载着自然生态环境的年代记忆，它们或傍倚山岭，或隐于幽处，或扎根城市乡村，或伫立寺庙民居，看人间百态，历岁月沧桑。

古树名木是对古树和名木的统称，按照相关规定，古树以树龄100年、300年、500年以上而分为三级古树，名木是指树种稀有、名贵或具有重要历史价值、纪念意义、研究价值的树木。在义安，树龄达100年以上的古树已有110余株，无论是历经风雨的千年紫藤、独木成林的杉木王，还是千年银杏、桂花王、牡东黄连夏树、御赐牡丹，每一株都阅尽世事，默默守护着一方水土，造福着一方百姓，也留下了一段段传奇。

这是有生命的文物，是用一抹绿留住历史的"活化石"。

相思树：情意绵绵 思念久远

义安区凤凰山景区内的相思河上，一棵古树枝叶繁茂，如一乘绿色的华盖凌空罩在小河上。这是一株已有 150 余年树龄的枫杨树，树根分别生长在河的东西两岸，树干却在河面上空连成一体，为异株同干连理枝，如同一对恋人交颈拥抱，情意缠绵——这便是有名的相思树。

相思树，胡桃科，枫杨属，树高 17 米，冠幅平均 18 米，胸（地）围 3.7 米，树冠如伞，高耸参天，为三级古树。

关于相思树，总有无数令人浮想联翩的爱情传说，是世世代代凤凰山人憧憬理想爱情与美满婚姻的心声倾吐。《铜陵县志》载有一首七律：

相思树

> 两岸生根夹一溪，树身长合一株奇。
>
> 缘为割断同心结，由此生成连理枝。
>
> 暴力难分双蝶爱，流泉哀咏断肠诗。
>
> 殉情悲剧人悲痛，神化相思树也宜。

春暖花开，古老的相思树焕发新绿，绿叶随风摇曳发出窸窸声响，像难分难舍的恋人款款细语，似诉似泣；炎炎夏日，相思树枝繁叶茂，浓绿树荫如巨伞覆盖河面，又如热恋中青年男女依偎河畔，互诉衷情；深秋叶落，连体枝干清晰可见，犹如历经磨难的中年夫妻情笃意深，相敬如宾；寒冬朔风，洁白雪花飘落树梢，又如心境淡泊的老年夫妇相依为命，安度晚年。

这相互依偎的相思树，见证了多少悲欢离合，诉说了多少浪漫的故事，那绵延不绝的相思啊，寄托在片片枝叶上，随着风儿飘向远方……

紫藤王：千年紫气 穿越风雨

义安区钟鸣镇金凤村，有株传说有千年的古树紫藤，两枝古紫藤分枝缠在黄连木和石楠树上，绕抱交织，藤树繁错，枝叶浓密，似乌龙盘旋上升，戏于翠绿花丛之中，又似两条巨蟒围抱着古树，实属古树奇景。

紫藤王，树围1米，长约数十米，藤冠覆盖面积约80平方米，属落叶藤本植物。紫藤右侧还有两株女贞，高约10米，胸围0.75~1.26米，在山岩上组成半圆式天篷，为三级古树。

关于千年紫藤的传说有二：

千年紫藤王

其一，何仙姑下凡在人间察访时走累了，便在当地土地庙前小坐休息。离开时，忘记带走两根绿丝绸腰带。后来，绿丝腰带化为两株紫藤，连为一体，长势旺盛，枝繁叶茂，历久不衰。

其二，东海一龙子携其爱侣——紫云龙女，双双云游天下，来到此处，见山上有茂林竹海，牡丹盛开，馨香四溢。龙子龙女顿时被此景所倾，便降下云斗，尽情游耍，他们时而漫步于山涧竹海，时而穿行于百花丛中，连游三口，兴致不衰。

一日，他们遇一村妇从山脚往山上挑水浇园，甚是辛苦。二龙顿起怜悯之心，便告知村妇："东山和西山各有一股泉眼，明早辰时即去，只需搬去眼口异石，就有用之不竭，流之不尽的甘泉，可供灌溉。"次日，村妇按其吩咐，寻至东山口，见一白面书生在林间漫步，村妇刚要向前问候，转眼书生不见，只见一岩间有一耀眼玉石嵌在岩缝。村妇上前用手轻轻一抚，玉石不见，一股清泉却顺岩潺潺流出，顿时形成涧流飞奔而下。村妇好生欢喜，遂又来至西山，只见一貌美姑娘在一花丛中梳理发髻。村妇刚要上前姑娘回眸一笑，瞬间也不见了，但见一岩间有一闪光的凤钗。村妇前去一拨，凤钗不见，听到哗哗泉涌声从山体内滚滚而来，瞬间形成一涧流顺山而下。

村民们好不高兴，家家庆祝。怎知二泉却是二龙通过身法将东海水调运至此，为民浇灌牡丹花园。为使山泉永不干涸，二龙商定，决定永驻此地，看守泉眼不再回东海去了。不知何日村口添了一户年轻夫妇，二人相亲相爱，享尽人间天伦。不知多少年双双化作此藤，相互缠绕，厮守终生，永不分离。

花季，两株紫藤如双龙腾飞，一串串紫藤花如瀑布般怒放，从绿叶间垂挂下来，仿佛一帘幽梦，弥漫着温馨浪漫的气息……自古以来，多少文人墨客沉醉于紫藤之美，挥笔泼墨写出脍炙人口的诗篇，就连李白也称赞："密叶隐歌鸟，香风留美人。"

此诗不仅写出了紫藤花的特性，还写出了小鸟在密叶间嬉戏鸣叫的欢快情景，以及紫藤花的香气怡人。读来眼前仿佛有紫藤在摇曳，又仿佛紫藤花的芬芳袭来……

铜陵千年紫藤王，在牡丹山麓，生态环境绝佳，有古树群、小桥、流水、水潭、老屋，风景如画。可惜的是，千年紫藤王遭雷电劈打，躯干受损。经保护和拯救，这株千年紫藤仍顽强地郁郁葱葱、花开不败。千年紫藤王周围多为风景区，南抵凤凰山景区，东达水龙山景区，北接金山景区，处在铜陵东部旅游区域的中心位置。千年紫藤王临近的金凤胡村有千年银杏王，两树相衬相依，互为增辉。

漫步于紫藤树下，闻着醉人花香，感受阵阵清风拂过的沁人芬芳——这是流传千年的香味，也是人文风光中别具一格的一景。

杉木王：独木已成林

义安区叶山林场东侧山脚下，有株千年的大杉木，因为生长环境优越，土地肥沃、通气透水，扎根很深，加上周围的山岗坡势徐缓，林木葱茏，给它筑起天然屏障，既可挡住大风，又不遮蔽阳光，故老树不老，顶部枝权焕发青春，如双臂张开，欢迎八方游客。

杉木王，杉科，真实树龄为500年，树高达26米，树围约4米，冠幅12米；离主干2~3米处，生长着30~60厘米的枝干，为一级古树。

杉木王

相传很久以前，叶山深处住着一位常年打猎的老者。在一个瑞雪纷飞的冬日傍晚，老者背着猎物、扛着猎枪，深一脚浅一脚地往回赶路。无意中发现前面山脚有块簸箕大的空地上热气腾腾，一点雪花也没有。他想这一定是块风水宝地，就地插了一根杉木枝做记号，准备回迁祖坟。谁知等他再次回到那里，怎么也找不到做记号的那块宝地了，只有一棵挺拔雄伟、枝繁叶茂的杉木树屹立在那，迎风斗寒……

数十年后，住在长江岸边老者的远侄，想造条船捕鱼谋生。所有的材料都备齐了，唯缺一棵大木料做桅杆。他记起叔叔临终时说的话，叶山有棵大杉木。当夜深人静时，他与家人带着锯子偷偷上山锯杉木，当锯了几锯杉木就流血了，再锯一下鲜红的血溅了他们一身。他们害怕极了，丢下锯子落荒而逃。原来这棵杉木是条爱家爱民的"回头龙"的化身。回头龙名叫玉龙，当时东海龙王招玉龙到东海做高官，可玉龙不羡高官厚禄，不恋荣华富贵，回到叶山化作杉木立于山麓守家护山。后人称此杉木为"杉木王"。

关于杉木王，还有一段神奇的传说：明太祖朱元璋建都南京，为造金銮殿派使臣寻正梁，找到这棵大杉木。议定砍伐时，当夜树神托梦于使臣，说用杉木王作为宫殿栋梁可以，但必须整株到京，不容斧伤锯戳一枝半叶，否则万难依允。次日，使臣仍命工匠砍伐，忽然使臣哑口定神、昏厥倒地。工匠们大惊失色，纷纷丢斧弃锯，不敢再伐。如今这棵杉木王依然雄伟矗立，苍秀挺拔。

不论是玉龙还是树神，都是正直的化身。自古以来，杉木也因"直而挺拔"受到文人墨客的歌颂。宋代苏辙在《南康直节堂记》中这样写道："夫物之生，未有不直者也。不幸而风雨挠之，岩石轧之，然后委曲随物，不能自保，虽竹箭之良，松梗之坚，皆不免于此。惟杉能遂其性，不扶而直；其生能傲冰雪，而死能利栋宇者与竹梗同，而以直过之。求之于人，盖所谓不待文王而兴者耶？"苏辙用竹箭、松柏与杉树相提对举，说明杉树的可贵之处正在于能够不受环境支配，始终保持正直的节操，而终成栋梁之材。

杉木生长快，只要栽植在土层深厚湿润，排水良好的砂质土壤上，头三年垦复培土，除去杂灌杂草，15 年即可作建筑用材。树冠小，遮地面积就小，每亩可栽植 150 株左右，15 年后一亩可产材 10 立方米。杉木比一般用材林产量都高，加之它材质耐腐，轻而抗压、圆满通直，加工性能好，为南方主要的建筑、家具用材树种。

　　杉木繁殖方法很多，可以用种子育苗，枝叶扦插，萌芽更新，以及天然更新等。很多针叶树种，不具备杉木这些特性和繁殖能力。杉木王的存在，说明铜陵有着悠久的杉木栽培历史。每一种树木都有自己的王者，叶山的杉木王是实至名归的"王"。它不仅是第一批安徽省名木和一级古树名木，更上榜全国10株最美古杉木和100棵中国最美古树。

桂花王：香自月中来

桂花王

　　义安区钟鸣镇水龙村甘棠曹背后西明寺山门前，有一株桂花树，树龄300余年，挺拔伟岸，枝叶茂密。忽闻暗香来，已是桂花开。漫步在桂花王下，清香幽幽淡淡，既能远飘，又能近绕，让人心旷神怡。

　　桂花王，木犀科，木犀属，树高8米，冠幅平均15米，胸（地）围2.06米，为二级古树。

自古以来，人们把桂花视为"天降灵实"，看作崇高、美好、喜庆、吉祥的象征，称赞优秀的儿孙为桂子兰孙。以桂花和月亮为题材的许多美丽动人的神话故事，世世代代相传。人们称月宫为桂宫，以"桂魄"比喻月亮。而科举时代则把进士及第称为"蟾宫折桂"，可见桂花的吉祥之意。

桂花王的近旁，有一缕清泉，涓涓汇流成一汪清澈的池水。月色下，这株桂花树如同披了一层轻纱，令人心生怜爱。清风拂过，暗香浮动，飘落的桂花宛如夜空中的繁星那样静美……

听着动人的故事，闻着清新的桂花香，在这淡淡的月色下，仿佛看到了嫦娥在月上翩翩起舞，似乎能见得古代文人墨客或饮酒作诗，或挥毫泼墨，尽显诗意与雅致。

唐朝诗人白居易曾赞叹："遥知天上桂花孤，试问嫦娥更要无。月宫幸有闲田地，何不中央种两株。"桂花的花语是"吸入你的气息"，表达了人们对美好生活的向往与追求。

唐朝诗人李商隐《昨夜》诗中写道："不辞鶗鴂妒年芳，但惜流尘暗烛房。昨夜西池凉露满，桂花吹断月中香。"一个"断"字，把桂花的香气写得若即若离、若断若续，一缕情思，也随着桂花的香气缠绵不尽。

没有人会不爱桂花，不爱那沁人心脾的暗香……

黄连夏树：美丽黄鹂头

在义安区钟鸣镇牡东村夏村，有一株高大的黄连木，树龄520年，因为夏村大部分居民都姓夏，村民把自己的姓氏与树名联系起来，称之为黄连夏树。及至春秋两季，树叶由绿转红，如一朵红云飘在村庄之上，甚为美观。

黄连夏树，漆树科，黄连木属，树高15米，冠幅平均15米，胸（地）围为5.42米，为一级古树。

这株黄连木树干全部中空，大半边已经枯死缺损，仅剩小半留有皮层的树体，但枝叶依然不屈生长。那它为何只剩下一半树干？据当地人相传，有一次，几名强盗匪寇来到牡东村搜刮粮食，因当地村民拒不交粮，他们便将居民赶至这棵黄连木下打骂凌辱，并将一位村民绑到树上，扬言再不说出粮食的藏处，就要放火将人连同树木一起烧死。然而，不屈的村民依然守口如瓶，气急败坏的强盗便将点燃了的火把扔向了树木。等火熄灭以后，村民早已被烧焦，树木也被烧得只剩一半，但之后的每年，树木依然长枝落叶，坚强地活了下来。

夏村村民们一直保护着这株有灵性的古树，来不会去折它的树枝，亲切地称它为黄连夏树。林业部门对其采取了抢救保护措施，不仅对其中一枝的偏冠大枝进行了支撑，还对腐朽树体进行了清腐消毒和防水防腐，并安排当地管护人员对树木进行日常管护。30多年前，镇上一家饭店老板出资在这棵树周围砌了一座护树池，10多年前又把池子加砌了一层。周边地区的人们专程跑来瞻仰这棵黄连木，在树下祈祷许愿，使得旁边的一座土地庙的香火越来越旺。

御赐牡丹：花事越千年

春日，义安区天门镇五峰村一户名为"御牡苑"的农户内，一株千年古牡丹迎来盛花期，上百朵牡丹花缀满枝头，鲜艳欲滴，个个花瓣硕大，重重叠叠的甚是惹人喜爱。这是公元 1038 年，盛度告老还乡时，将御赐牡丹从京城带回故里，亲手种植于此处，迄今已有千年。

御赐牡丹，毛茛科，芍药属，真实树龄为 1000 年，树高 1.3 米，冠幅平均 5 米，胸（地）围 0.02 米，最多时一株仍能绽开 200 多朵花，为一级古树，2017 年被列入安徽省名木。

盛度，铜陵石洞耆（今义安区天门镇）人，北宋宰相，在他告老还乡时，宋真宗赐给他当年西域贡奉的牡丹一株。盛氏宗谱中记载："上嘉其德服远人，克尽臣节，绘赐容图，赐宴宠赠，仍赐牡丹一本，归以奉亲，用全臣子忠孝之道。"回家后，盛度亲手将这株牡丹种植在盛氏宗祠前厅的花坛中，经过精心培育，这株牡丹枝干高大，根深叶茂，每年农历三月，花开数百朵，花大色艳，富丽堂皇。而每年谷雨前，"御赐牡丹"盛开之时，族人便开始祭祀，观赏盛花，以示敬意。盛氏祠堂祭牡丹，据说从北宋至清朝，已历经千年的风风雨雨，花开一直没有中断过。

走近这株古牡丹，花香扑鼻，它与传统牡丹株型不同，历经千年风雨，雄健挺拔，蔚然成树。从老根中发出的几根枝干粗细不一，朝着不同的方向努力生长。这是盛度留给盛氏家族的宝贝，也是铜陵人民的一宝。在 20 世纪的 60 年代后期，五峰盛氏祖宅惨遭毁坏，"御赐牡丹"也遭到厄运。为了抢救这株"御赐牡丹"，盛氏族人偷偷翻

御赐牡丹

过院墙，从一堆石块杂草中找到断枝无叶的御赐牡丹老主根，移栽到自家院内，经过细心栽植，这株千年牡丹才得以保存至今，并茁壮成长。

如今，为了使"御赐牡丹"得到更好的保护，盛氏族人筑起花池，搭建了一座钢构大棚。每到牡丹盛放时期，四面八方的游客专程前来观赏，其中不乏洛阳、菏泽等牡丹盛产地的游客来目睹"御赐牡丹"的风采。

千年银杏：穿越时空的植物"化石"

义安区钟鸣镇金榔闸口村胡村村口有一株古银杏，树干雄伟，浓荫如盖，树围要4~6人合抱。它树皮纹理粗糙，布满了一道道又深又粗的裂痕，仿佛记录着岁月的痕迹。在这株老银杏树的根蔸萌生四株小银杏，每株树围约有1米多，如同孩童们偎依在爷爷身边，旁枝横逸，姿态万方。这一老四少连根连体，共成一家，为少见的古银杏树奇观。

千年银杏，银杏科，树龄近千年，树高27米，胸围约5米，冠幅平均21米，胸（地）围4.93米，为一级古树，是铜陵最古老的"孑遗树种"。

作为植物界的"老寿星"，银杏树在距今28亿到35亿年前，就已经在地球上生长了。然而，在200多万年前，第四纪冰川运动后，世界其他地区的银杏灭绝了，只在中国有一小部分银杏生存下来，繁

千年银杏

衍至今。史料记载，药圣李时珍早年就考证过："宋初始入贡，改呼银杏。因其果形似小杏，而核色白，今名白果。"银杏树的果实俗称白果，其生长较慢，寿命极长，自然条件下从栽种到结银杏果要二十多年，四十年后才能大量结果，因此又有人把它称作"公孙树"，有"公种而孙得食"的含义，具有极高的观赏、经济、药用等价值。

千百年来，金榔的这棵银杏树吸日月之精华，绽放的灿烂辉煌。曾经的当地善男信女将它视为神灵、顶礼膜拜，树上挂满了信奉者敬献的幔帐。20世纪五六十年代时，由于人们对古树没什么保护意识，四处放养耕牛，导致银杏王的树干被饥饿的耕牛啃去一圈树皮，好在生长并未受到多大影响，依旧撑起那生命的浓绿，巍然屹立，雄姿焕发。

千年银杏，千年守望。这千年的银杏树，在春天里，悄悄吐出嫩绿的新芽，娃娃们在树下捉迷藏，你追我赶，欢乐的笑声透过银杏树直冲云霄；在夏天里，树叶遮天蔽日，翠绿发亮，在风中轻轻摇曳，发出沙沙的声响，村民们搬来躺椅，在树下乘凉、吃西瓜、侃大山，别提多惬意；在秋天里，银杏叶随风飘舞，像一个个金灿灿的蝴蝶，人们踩在厚厚的、软绵绵的银杏叶上，或抬头仰望，或捡起最漂亮的银杏叶收藏起来，想着能留住整个秋天；在冬天里，光秃秃的树干依然挺立，迎接寒冬，待到大雪纷飞时银装素裹。这千年的四季里，银杏树就这样默默地看着树下捉迷藏、打雪仗、堆雪人、谈天说地的人们，守护着一方土地。

桂花"四姐妹"：芬芳三百年

在义安区钟鸣镇，山环水绕阡陌交错的金榔三条冲，位于九榔村田园里，有四棵树龄近 300 年的桂花树，如同四姐妹般历经无数风雨沧桑，仍手挽手屹立一排。

九榔村是铜陵典型山区，村域面积 22 平方公里，其中，山地面积就达到 14000 多亩。经历近千年的村居史，九榔村内至今保存百年以上的古树仍有 30 余棵。这些古树，不仅记录着九榔的历史发展变迁，还为从九榔走出的山民，更好地回望故土留住了浓浓的乡愁。而桂花"四姐妹"，正是这些古树中最具代表性的四棵。

桂花"四姐妹"，为金桂，木犀属，占地面积约有半亩之多，高大有八九米，粗大约有二人围，为三级古树。这四棵桂花古树，树干显露着苍劲的骨骼，树冠展示着郁郁葱葱，为田园里增添了无限绿色生机，呈现出一种令人叹为观止的壮美。

桂花四姐妹生长的地方，与良田美池桑竹相守百年，青山绿水间，相随相守，和谐共处。据传 300 多年前是一户唐姓人家的屋基墩，这四棵树也许就是唐氏后裔所植的。直到如今，每年八月，桂花盛开时节，那金黄色的桂花，香溢十里之外，沁人心脾。据村民介绍，这四棵桂花树每年可收获百十来斤桂花，村民们制成干桂花，煮粥酿酒，享用着来自 300 年前的芳香馈赠。

第四辑

传统村落

传统村落是中华农耕文明的"根系"，承载着丰厚的历史文化底蕴和独特的乡土风情，寄托着人们浓浓的乡愁。

义安区现有顺安镇、钟鸣镇 2 个省级千年古镇，钟鸣镇金山村龙潭肖、东联镇水浒村赵氏戏楼村、天门镇江村古村落 3 个"中国传统村落"。

当龙潭肖村徽派村落绽新颜；

当天门江村水源木本溯源流；

当水浒古村风雨千年戏满楼；

当凤凰山村相思河畔铜歌传；

……

义安，让传统村落"传"下来——

龙潭肖村：半世龙潭肖　水潭映新颜

龙潭肖村

在义安区钟鸣镇，隐藏着一座宛如"世外桃源"般的古村——龙潭肖村。

整座村了二面环山，龙潭河从村庄内穿流而过，含青山、南山、龙潭、潜山4个村民组，村庄依地形散落在龙潭河两侧。据《铜陵县志》和《龙潭肖氏宗谱》记载，明成化元年（1465），江西吉水一位名叫肖鼎戴的年轻人带着新婚妻子逃荒至此，在此安家落户、繁衍后代，逐渐形成一个有200多户近千人口的"世外桃源"。村庄因村内池塘中一条懒龙"断尾变善、普降甘霖"的传说，而得名龙潭肖村。整个村落呈徽派风格，古朴典雅，溪水贯通，村巷九曲十弯，纵横交错，随处可见青石板路光滑如玉。一草一木，一砖一瓦，皆见风情。龙潭卧于村中，有两亩见方。村后有一眼龙泉，泉水清澈，终年不息。龙潭河从村庄内穿流而过，村庄所依地形为喀斯特地貌，山石错落有致，山水与绿树交融。村庄古屋灰墙黛瓦，翘角飞檐，小径通幽，更有古桥、古寨门、古道、古巷、古树、古亭散落其中，一村水韵，满眼古意。村口古桥桥下溪流潺潺，有一棵巨大的皂角树探溪而去。此村静美幽居，风景秀丽，民风淳朴，曾盛产丹皮、蚕桑、青檀皮等物产。

龙潭肖村坐落在山脚下，依山而建，完美地保

村庄内风貌

持了原始的风貌。整个村庄散发着徽派建筑独有的古色古香的魅力，仿佛是穿越时光的窗口，引人进入一片宁静而悠远的古老世界。作为一个拥有着500多年历史的古村落，如今这里留下了乾隆年间的住宅2栋，清末时期住宅2栋以及民国时期的住宅5间。大部分民居为皖南徽派建筑风格，黛瓦白墙的简约风格，高起半山的马头墙造型，木

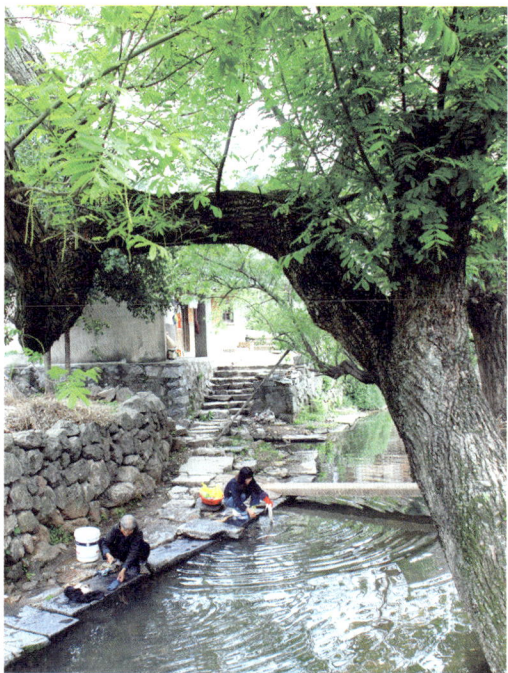

雕、石雕、砖雕点缀其间，展现了淳朴的民风和丰富的传统文化。因古民居、道路、古树和整体风貌等都保存较为完整，2014年，龙潭肖村被列入第三批中国传统村落名录。2016年6月，住房城乡建设部、文化部、国家文物局等七部门公布列入中央财政支持范围的中国传统村落名单，龙潭肖村名列其中。

众多古民居中，最为有名的，便是"肖氏古民居"，始建于乾隆年间，距今已经有250多年的历史了。整体建筑为两进两层，分为前进、天井、后进和东西厢房五个部分，具有浓郁的皖南民居建筑风格。因房屋的风貌保存完整，被列为铜陵市市级文物保护单位。在距离"肖氏古民居"不远处，还有一栋民国时期的徽派建筑。1938年12月，新四军第三支队副司令员谭震林率军进驻铜陵时，其中的第五团团部就曾进驻该处。

徽州古民居在建筑选址上，讲究枕山、环水、面屏、朝阳，形成枕山环水、依山傍水、背山面水的风格，房屋群落与周围环境巧妙结合。而青山、南山、龙潭、潜山四个村落构成了四个自然群落，就像一朵四瓣花环绕中心的龙潭。龙潭肖古村因其独特的自然风光和古朴的民居建筑而闻名，走上石桥想进入村子，必须通过悬有"龙潭肖"字样的寨门。据村民介绍，寨门原有一对对开木门，晚上关闭后，村庄便与外界隔绝，形成一个封闭的世界，这主要是为了防止山贼盗寇的侵扰。后因时代变迁，20世纪80年代年久失修逐渐损毁，仅留存下马石、石础。现在的寨门是2016年在原址上恢复重建。雨季中的龙潭肖显得格外宁静，青山叠翠，雨雾蒸腾，所有的喧嚣都被挡在了山外，仿佛置身于世外之地。

穿过寨门，村中清灰山石掩映于葱翠之间，灰墙黑瓦小径通幽，古道古巷古树古亭散落其中，宛如时光隧道，将人带回了五百年前。一汪清澈的水潭位于村口，虽然仅有两亩见方，但常年不涸，这就是村民口中的龙潭。传说，龙潭之水自天而来，经年不涸，即使是大旱之年也是如此。在村后靠山的地方，还有一眼泉水，称为龙泉，与村口的龙潭遥相呼应，泉水清澈，终年不息，多少年来一直是村民们生活的主要水源。

整个村庄古朴而简净，村内巷道纵横交错，随处可见的青石板路，或自然堆积或人工砌成，尽显静逸脱俗之美。红红的灯笼、仿古的路灯、青石铺就的小路以及斑驳的墙体，无一不让人感受到时光的流转和岁月的沉淀。这里静谧而自然，没有喧闹的市井声和车水马龙的嘈杂声，仿佛是一个远离尘世喧嚣的"世外桃源"。

龙潭肖村文风昌盛，技艺发达，除了古建筑，还有众多非物质文化遗产资源，根据《钟鸣镇龙潭肖村传统村落保护发展规划》，龙潭肖村不仅内含龙潭、龙泉、河流、老沟渠等历史水系资源，还包括老街、古巷、登山路等古街巷，那些都承载着古人的智慧与文明。

古色古香的龙潭肖，正在吸引着外界的目光。随着 2016 年综艺节目《漂亮的房子》热播，位于龙潭肖的铜陵山居逐渐为人熟知，也带动了村子的旅游业发展。位于村子的半山腰上，一个废弃的老屋，经由建筑师庄子玉、演员吴彦祖等人重新设计建造的"铜陵山居"，成为这个古老村庄一道全新的风景线。顺着青石板小径拾级而上，竹木大门与青砖黛瓦在山林中若隐若现，不同颜色的墙面和斑驳的石头相得益彰。"铜陵山居"建筑远离城市纷扰，安静地隐于深林之中。新生的屋脊创造了虚实对比空间，屋檐下的走廊将两处空间主体相连，传统的折面屋面和旁边流线型融合成一体，开窗方式为横向长窗，将山林之景如同画卷一般展现在眼前。

弹指百年，沧桑巨变。生活在这里的肖姓后人们，积极地投身到新时代的家园建设中，沐浴历史的余晖，继承先辈们的开拓精神，继续在这条龙潭河穿流而过的土地上书写新的故事。

江村：千年古村落 徽韵传久远

江村古民居坐落在义安区天门镇板桥村的龙山脚下，是一个有着228户人家、600多人口的自然村落，分为江村、龙山、长垅、建新4个村民组，2019年6月列入第五批中国传统村落名录。

江村古民居，距今约700年，坐南朝北，靠山面水，分布在山前的小山丘上，按北斗星分布，有"七墩二井，九步十三档"。七墩是田畈堆起来的七个土墩（现已无存）；二井指"东井、西井"，东江村打的井称为"东井"，西江村打的井称为"西井"，后东井被填平，东西两村都在西井吃水。西井深约4米，井底有一出水洞，从不干枯，大旱之年五里外的人都来西井挑水，因2009年6月公路拓宽而封闭。九步十三档，是仿江氏先祖所在地江西婺源县江湾镇游坑村"九步金阶十三步台阶"所建。村后有三山衬托，中间为鲤鱼山（又称竹山），右边为象鼻山（又称龙山），左边为狮子山（现已因采石挖山而消失），三山前面有圆形小山丘，山丘上为村庄，俗有"中间鲤鱼跳龙门，左狮右象护山村"之说。三山相连，紧紧依靠五峰山，山脉由东向西止于白浪湖，全长4公里。江村前有溪水潺流，溪水源自五峰山下，绕龙山向东又折向北，再弯弯曲曲向西流经村口，一直流入大通入长江。

江村住户绝大多数姓江。据铜陵《兰陵萧江氏宗谱》叙述：西汉相国萧何后裔、唐僖宗时宰相萧遘次子萧祯，因战功封为上柱国，其父遭陷害被赐死后，就避祸乱隐居歙州簧墩山中，并易姓为"江"，因源自萧氏，称为"萧江"。之后，其子孙屡迁多地，南宋末由婺源江湾迁居池州青阳县黄荆塔，后又避迁铜陵县凤凰山（今义安区顺安镇凤凰山一带），再迁居铜陵县石洞耆五峰山麓"江家榻"。传至明朝洪武年间，其后裔江永祯卜居江村，后称东江村；胞弟江永祥卜居河对面，后称西江村。从此，700 年来，江氏在江村，开枝散叶，世代绵延。

洪武年间，江氏先人江永祯建成"江村第一屋"，只有三间，占地面积不足 90 平方米，坐南朝北，前后各开一门，四周青砖实砌，屋内四排立柱，穿枋木质结构，瓦椽与桁条钻孔后，再用桐油浸泡的毛竹楔插入固定。此屋距今已有 620 余年，虽经多次重修，至今仍然保持原貌。江氏先祖建村的理念与徽州一脉相承，今村中的房子有一半左右是明清时期的建筑，是铜陵地区现存的一处规模较大的古代民居建筑群。

江村整个村庄布局错落有致，以"分片划块"的方式建成。整个村庄分为"一纵三横八大块"，块与块之间有较宽的青石板路面，片与片之间有小巷道相连。民居面积有大有小，造型也随着地形、道路、池塘等因素有所不同而建，建筑风格基本一样：清一色的飞檐翘角、粉墙黛瓦，房屋全系外砖墙、内木隔的双层结构，四周的防火墙到顶，墙基、门柱、门槛、屋内的地面天井等，全部采用的是大青石精心雕琢而成，结构宏伟壮丽、造型美观大方，而且不变形，不腐烂，经久耐用。抗日战争前，江村还有明清时期的宏大古民居 150 多套，到 20 世纪 70 年代仍有 50 多套，但现在仅剩下 12 套了。走在磨得发

天门江村

光的青石板路上，宛如在一幅唯美的水墨画中游走，清新典雅的灰白色调泼洒出古村落悠久的岁月。

江烺故居是江村保存较为完好的一栋古民宅，建于明末清初，距今约400年历史，是典型的"四正、两厢"的两层建筑结构。走进屋内，映入眼帘的是屋顶上方的天井，阳光透过天井洒向屋内，为这座百年老屋增添了生气。地面上有一个用来盛接雨水的天井池，采用大青石砌成，正所谓"四水归明堂，肥水不外流"。屋内的分隔全部采用木料制成，屋梁、木柱、墙板、门、窗等物采用百年以上的杉木制成。屋内分上下两层，上下层各有东西南北四个正房、两个厢房，屋内的门、窗、柱、梁等处雕刻着各种精美的人物图案和花纹图案。

江村古民居外墙建筑采用的是青砖黛瓦，多数老宅砌成的砖均为青砖，每块青砖上都有制砖者的手印，有浅有深，有大有小，砌上墙后就形成了一道别样的手印墙。据村人口耳相传，青砖上的手印有两种可能：一种是窑工在制作青砖坯时无意之中留下的；另一种可能是窑主要求窑工在制作青砖坯时，为了证明自家的窑厂制作的青砖质量好，特意留下手印为证，以防其他窑厂以次充好——具体原因已无从考证。但"手印墙"却穿越千年，呈现出传统村落千姿百态的特色和活力，既有见证历史文化的价值和学者研究的价值，也有观赏的价值，是先人在时光里印迹。

江村有着悠久的历史和灿烂的文化，其中汀村古民居的建筑艺术十分高超，皖南的石雕、砖雕、木雕技艺，在古民居体现得淋漓尽致。门、窗、柱、梁、栏杆、扶手、底座、门立柱、门楣、窗沿、屋顶的角和拐等处，雕刻着各种精美的花纹图案，有传奇故事人物，有飞鸟走兽，有鱼虫花草等，活灵活现，栩栩如生，生动有趣。一些石雕、砖雕、木雕图案，采用多层镂空雕刻技法，有的竟高达7层，图案呈多层空间立体感，堪称雕刻技艺中难度最高的精品。

在盎然古韵中，江村又充满了新时代的色彩。2018年，江村被列为安徽省级中心村建设单位。在中心村建设过程中，村庄采用"规划＋整治"相结合的手法，重点实施了垃圾处理、饮水安全巩固提升、卫生改厕、房前屋后环境整治、道路畅通，沟塘清淤、公共服务设施建设、村庄绿化、村庄亮化等建设内容，村庄基础设施和环境面貌得到显著改善，展现出特有的田园风

江村古韵

光和历史文化。村内道路在绿植的遮掩下高低起伏、蜿蜒向前。清幽中，一棵棵高大的树木葱葱郁郁，枝叶犹如层层叠叠的绿浪有力地向上卷去。一家家农舍错落有致，赋闲的老人们三三两两坐在墙脚处沐浴着阳光，如同这古村落在时光中怀想着什么。

在邻近水库的村庄出入口处有一道"龙门"。建筑并不宏大，也没有精美的雕花，但独特的"外圆内方"的古钱币造型令人难忘。更值得品赏的是，在门的一侧，一面利用"古钱币"中间的方孔作"口"字偏旁，组成"唯吾知足"一词。而另一面，同理构成"唯善和呈"四个字。前者反映了江村人秉持的"知足者常乐"的朴素理念和精神追求；后者则告诫人们，"善"为"和"之源，"和"为"善"之态，要与人为善，以和为贵。江村的民风民情和人文精神的内涵还体现在

更多方面，村内随处可见的文化墙则是又一载体，道德、法治、和谐等中华优秀传统文化元素跃然其上，体现着社会主义核心价值观的鲜明导向。

古村落是一个时代的光华和缩影，记录着地域的人文细节与历史变迁。江村，宛如一幅唯美的水墨画，清新典雅的灰白色调留下悠久岁月的印迹，而日新月异的新农村建设正在让这个古村落徽韵相传。

赵祠戏楼村：脉延百代兴 风雨戏满楼

赵祠戏楼

赵祠戏楼村位于义安区东联镇水浒村，与西联乡东城村、东联乡莲湖、莲西、合兴四村交界，属典型的圩区地貌。

赵祠戏楼村地处顺安河古道东岸，玉楼山西侧，南朝矶头、叶山诸峰、北望浩荡的长江。村庄在民国时期非常繁华，是当时重要的水运码头，主要运输山里木炭、圩区稻米、日用杂货等。因此水浒老街商业气象繁荣，加之水浒庙的影响，香客、游人和商人络绎不绝。全村共有 400 余户，1600 余人，赵姓按户计算占 70% 以上。该自然村形成于元代之前，以前以当地居民的主姓为称"姚赵村"。时至1952 年 8 月，全县划设 4 镇 80 乡，姚赵村与周围诸个小村合并为乡，此乡因与水浒庙相邻，便命名为水浒乡，"水浒"二字始入行政区域名称之列。1956 年，因拆小乡并大乡，整个流潭圩诸乡合并为"流潭乡"，水浒乡降格为"水浒村"，一直沿用至今。

在玉楼山麓，有一座古戏楼静悄悄地伫立在土岗上，就像一位历尽沧桑的老者，虽古韵犹存，却无法掩饰岁月风雨的痕迹。其所在的义安区东联镇水浒村赵祠戏楼自然村，是"第三批中国传统村落"。

这是一座起源于宋朝的戏楼，原本是赵氏宗祠的一部分，飞檐翘角，雕梁画栋，古朴雄壮。在古代社会里，宗祠往往代表着这一家族的经济实力、审美趣味乃至独特的人文内核，宗祠的建成彰显一个家族的兴旺。据传，在公元 1000 年前，宋太祖赵匡胤长子德昭的次子惟安，字自然，因宫廷之事，虑有贻患，就携其家属逃离卞梁京都（河南省开封市），越过淮河、长江来到繁昌、铜陵等地。当行走到今东联境内时，赵惟安看见此地有一座并不高的玉楼山，却是风景秀丽，山水相依，就定居在玉楼山的东南处，从此开荒创业，百事不桃，泯然于民间。赵惟安后裔于南宋孝宗淳熙年间，即公元 1180 年前后，在水浒村义兴小圩内兴建了这座建筑面积为 980 平方米的赵氏宗祠，历经宋、元、明、清朝代，至今已有 840 年。赵氏宗祠建成后，曾迭遭水灾和兵乱，屡损屡建。此宗祠在清代道光十四年续修，道光二十九年又遭水灾又续建，清同治十三年再次遭受大水，祖牌楼被洪水冲倒漂流，后又重建。修建宗祠是为团结本族，联络族人感情的需要。赵氏族人亦是如此，在很远的老山区和荻港等地购买优质木料

和石料，采取人工抬运和水上船运的办法，齐心合力，终于在 1921
年将宗祠全部修缮建成，至今已百年。这既是对先祖精神的传承，
也是对根的守望。

村中的赵氏宗祠主体建筑为一幢三进两层一合院，一中厅组成，
即前是戏楼，四合院、中大厅，后为祖牌位楼，中有大井，均为柏梓
杨巨木筑成。宗祠前戏楼门上悬挂"赵氏宗祠"鎏金牌匾，门楼两侧
立有巨型石鼓，刻有龙凤图案。中厅悬挂"熙朝梁栋"巨匾，中间摆
有长方形供桌，是族人祭祀议事活动场所，中有天井，两侧有三级台
阶，进入东西厢房，房内有木制楼梯，沿梯可上祖牌位楼，供有宋太
祖赵匡胤和其长子武功郡王德昭。楼上下门窗刻有二十四孝图样，全
祠刻有花鸟人物、走兽虫鱼等各式图案。1983 年冬，中厅后楼遭到
拆毁，很多雕刻精品毁于一旦，只有前戏楼得以幸存。2017 年文物
部门对戏楼再次修葺，恢复原貌对外开放，现为省级文物保护单位。
当前对外开放的戏楼墙体为青砖砌成，白灰抹面，小瓦盖顶，中间开
门，透出浓浓的古韵。它默默地矗立着，向世人传递着一缕久远的古
韵。戏楼为砖木结构，内有两层，通过简易木制楼梯可上下楼。戏楼
内部为木质结构，顶部有三个藻井，一大两小，藻井局部存有彩绘。
戏楼内部全部采用树木雕刻成的木条经拼榫而成，戏楼斗拱、藻井等
随处可见栩栩如生的木雕，有人物、龙、凤、狮等图案，形态各异，
其精美程度令人赞叹。那斑驳的雕花门窗，那剥落的古墙，那长满青
苔的瓦阁，一雕一琢间融艺术和教化为一体，向人们诉说着这里曾有
过的辉煌和历史的沧桑。

赵祠戏楼是研究我国传统礼俗、宗亲文化、戏剧史乘、建筑艺
术不可多得的珍贵实物，2012 年被评为省级文物保护单位。2014 年，
其所在的水浒村申报第三批中国传统村落名录成功，2016 年获国家
财政专项补助资金项目的支持，在修缮完成赵氏宗祠内的赵祠戏楼主

体工程后，按照美丽乡村建设标准和发展乡村旅游的相关要求，又将赵氏宗祠前后和附近水面、民宅打造一新，修通了道路，兴建了水中曲桥、亭阁等，让古老的戏楼不仅见证了铜陵农耕文化千百年来的变迁与发展，而且传承起传统中国绵延不息的家族文化。

传统村落是传承中华优秀传统文化的有形载体。赵祠戏楼村以宗祠、老宅、族谱，成为乡土义安的缩影，以珍贵的历史文化遗产，传承中华民族精神，增强中华民族的凝聚力。

第五辑

和美乡村

在乡村振兴的东风吹拂下，一个个山清水秀、天蓝地绿、村美人和、宜居宜业的和美乡村正在义安大地绽放：

当西联镇犁桥村、胥坝乡群心村、东联镇合兴村、天门镇金塔村、钟鸣镇水村村、顺安镇凤凰山村等先后获评"全国美丽宜居村庄示范""中国美丽休闲乡村""中国美丽田园"等"国字号"荣誉；

当钟鸣镇金凤村、顺安镇新湖村正在成为安徽和美乡村精品示范村，顺安镇凤凰山村着力打造中国凤丹文化研学基地，天门镇金塔村向全国中药康养示范村出发——

已连续七次跻身"全省美丽乡村建设先进县（区）"的义安区，让乡村生态美起来、环境靓起来、村庄富起来。

凤凰山村：青铜故里 凤舞大山

凤丹之乡

凤凰山村位于义安区顺安镇东南部，南与南陵县、东与本区钟鸣镇接壤，村域面积为 25.8 平方公里，其中山场 3 万亩、耕地 0.3 万亩。全村有 20 个自然村，59 个村民组，2000 余户，6000 余人。凤凰山村先后荣获"全国文明村镇""中国美丽田园""全国一村一品示范村""中国乡村旅游模范村""安徽省传统村落"等荣誉称号。

北宋神宗元丰八年（1085），凤凰周氏始迁于凤凰山旧屋岭居住，后迁徙至新屋岭，其后肖氏、陶氏、陈氏及其他姓氏逐渐迁徙至此，组成村落。1949 年前称凤凰山地区与现钟鸣镇金椰片统称凤丹乡；1949 年开始分为凤凰、牡丹两个大队；1979 年 5 月，牡丹大队划为陶凤、牡丹两个大队；1994 年，划为凤凰、牡丹、陶凤三个行政村；2006 年三村合并为凤凰山村，一直延续至今。

　　凤凰山村是铜陵市首个国家地理标志保护产品——凤丹的核心产地，也是全国闻名的中国南方牡丹商品生产基地和"中国药用牡丹之乡"。铜陵凤丹牡丹种植历史，在凤凰山地区已有 1600 多年，有着"药用观赏两相宜"的特性。近年来，美丽乡村建设给凤凰山村人注入新的思想活力，他们从凤丹的"观赏、药用、油用"价值入手，大力推广科学种植，目前已栽植包括凤丹在内的各类牡丹多达 200 余个品种、10 万余株，逐步走上了市场化规模种植道路。

　　凤凰山村因凤凰山、相思树、滴水崖、金牛洞古采矿遗址等著名景点坐落该村而声名远扬。此地山峦由横山、面山、灵风山、潭山、金山等构成，境内山清水秀，风景如画，是国家 4A 级旅游景区所在地。明代诗人周铎曾写下"庐外山高插半天，石边孤井聚甘泉，凤凰一饮千年后，尚有遗迹万古传"等十六首"凤凰八景"组诗赞美凤凰山。芳菲四月的凤凰山，凤丹花开，游客漫步在山间小路，感受着清新的空气和自然的美妙。大山里的湖泊、瀑布、溪流等水系景观在初夏时节尤为迷人，水清鱼跃，呈现出诗情画意的景象。其中，两棵树在小河上空，就像恋人一样紧紧拥抱在一起——那是相思树。在距离相思树不远处，有一座由熔岩断层形成的滴水崖，一股清泉从西边缓缓流淌到崖顶右侧，绕过一棵古松，从 30 多米高的地方直直地倾泻下来，水花飞溅，宛如一条轻盈的纱布随着风摆动。而位于凤凰山麓的金牛洞古采矿遗址，掩映在绿荫丛中。那古采铜遗址清理出的古代采矿井巷结构和采掘工具、陶制生活用具，有着始于春秋青铜云烟。

　　凤凰山村不仅风景秀丽、名胜古迹甚多，红色文化也蕴藏丰厚，有着光荣的革命斗争历史。抗日战争时期，铜陵人民在中国共产党的领导下，在此地开展了许多如火如荼的抗日活动。中共铜陵县委第一次党代会就是在凤凰山村的新屋岭周家小学召开，如今中共铜陵县委第一次党代会纪念馆已成为铜陵革命传统教育基地之一。而新四军老一团团部旧址也曾坐落在该村竹马自然村周氏住宅。1939 年 4 月的一天，新四军老一团在团长傅秋涛、副团长江渭清带领下驻扎铜陵新桥，当时团部就设在周家老屋。当年只有 32 岁的新四军第一支队副司令员兼一团团长傅秋涛同志，就是在这栋青砖灰瓦的农舍里指挥了十余次战斗，打死打伤日军 500 多人，缴获了大批战利品，给入侵日军以沉重的打击，并给铜陵人民留下了最宝贵的红色精神财富。

美丽乡村建设给凤凰山村带来了新的面貌。随着村庄环境的不断改善，凤凰山村成了最佳休闲旅游景区，村民走上了特色农业与乡村旅游结合之路。全村现有农家乐 50 余家、民宿 2 家、各类旅游小商店 30 余家，全年游客接待人数 80 余万人。同时，在凤丹牡丹种植基地的建设中，"企业 + 合作社 + 农户"的发展模式运作良好。全村风丹牡丹种植面积已近 5000 亩，凤丹皮、牡丹籽油、牡丹花蕊茶等产品已在市场初具影响，农户收益前景良好，村民获得感、幸福感显著提升。

和美宜居，凤丹之乡。凤凰山村正以"悠然青铜源，相思凤凰山"为主题定位，立足乡村旅游资源，以环境整治为抓手，保持原生态的自然风光，打造凤丹牡丹田园景观，加强村庄人居环境保护，建设自然生态优美的村庄美；以生活宜居为目标，保护宜居农房传统特色，保持村庄院落尺度宜人，坚持公共服务优质优化，建设具有凤凰特色的生活美；同时坚持红色文化传承，不断融入青铜文化、牡丹文化元素，推进和美宜居村庄建设。目前，凤凰山村和美乡村精品示范村建设已渐入佳境，从凤凰山村章湖自然村到凤凰山景区，建设了 2.5 公里的沿河步道，在其中行走能看见蜿蜒流淌着的河水、大片大片的凤丹花田和美丽的自然景观。等到疲累时，便去位于大道中间的江南铜谷凤栖公路驿站歇歇脚，品尝特色的牡丹云裳拿铁，享受凤凰山村独有的文化气质。

收获硕果累累的凤凰山村，已成为铜陵地区生活美、生态美、村庄美、人文美"四美"的凤丹之乡。如今这座凤凰起舞的村庄，正围绕'一花一山一遗址'（凤丹花、凤凰山、金牛洞古采矿遗址），努力打造中国文化遗产传承示范村、长三角后花园网红打卡地、全省和美乡村精品示范村三张"金名片"。

犁桥村：梦里水乡 古韵犁桥

犁桥村

犁桥村位于义安区西联镇，地处西联镇中部，全村人口不到两千人，是由原明塘、斗门两个村合并村。地处原铜陵县和平乡政府所在地，全村总面积为5平方公里，辖十九个村民组。"两水八分田"的犁桥村是一座拥有750年历史的古村落，属于典型的江南圩区水乡，当地村民"靠水吃水"，发展虾、鳝、甲鱼等水产养殖，莲藕、红菱、茭白等特色种植。整个村庄三面环水，静谧安详，民风淳朴。

犁桥古名"犁耙桥"，因村口一座古桥而得名。清朝在这里设立犁耙桥镇，派驻了盐酒税监，犁桥成了"跨大河居两镇间往来要冲"的交通要道。

明塘春景、梦荷夏忆、乡野秋实、古桥冬韵……顺着一条宽阔的乡间水泥路，掠过两排高大笔直的水杉树，犁桥村宛然浮现。一派"土地平旷，屋舍俨然""有良田、美池、桑竹之属"的景象，俨然陶渊明笔下的桃花源。一望无际的稻田旁接二连三地矗立着人像雕塑，不时有人拿起相机去拍照，过路的乡亲们总是热情地停留下来唠嗑："春天来拍，大片的油菜花；夏天来拍，连片的荷叶；秋天来拍，那能拍到艺术的稻田；冬天，就去我们家房前屋后拍，也是五颜六色。"

村里的一侧，雕梁画栋的门楼古色古香，隔出了两个截然不同的世界。门外是颇有艺术感的现代乡村，门内则是被誉为"梦里江南"的水乡——犁桥水镇。村口，只见俏皮的小熊卡通雕像赫然在目，慵懒地坐在石桥上，憨厚地与每位游客打着招呼。种瓜得瓜，种豆得豆，犁桥村的田地种出了艺术。沿着干净平整的村道挪步向前，雕塑、墙绘、公共艺术作品鱼贯而出，通过巧思融入乡村。湖畔，一间明黄色的小屋让人停下脚步。原本一幢砖瓦老屋，如今化身成滨水咖啡屋。沐浴着阳光，品尝着咖啡，关于犁桥的前世今生，娓娓道来。

然而，一代又一代，越来越多的年轻人移居城市，越来越多的老房子逐渐荒废。近年来，这座村庄通过建设美丽乡村，村庄环境已不可同日而语，道路硬化、路灯亮化、村庄绿化，饮用水接进了城市管网，变压器的容量也增加了，大功率电器也不怕带不动了。硬件设施基本建好了，年轻人也愿意留在家乡，或者从外地回到家乡。但是，农村缺少情调，生活品质不够。怎么把乡村内在的美和文化挖掘出来，找到村庄的特色，并且呈现给村民、游客和社会？由此，一条全新路径——"艺术振兴乡村"应运而生。犁桥村探索采取"艺术+"的方式，深入挖掘乡村艺术文化资源并促其创造性转化与创新性发展，实现了乡土文化的自我创造、自我服务与自我发展，走出了一条富具特色的"艺术赋能乡村振兴"之路。

于是，2018年，一群艺术家的到来，点燃了一座乡村的艺术激情。墙绘《艺术振兴乡村》，是犁桥用艺术点亮乡村的开端。慢慢地，小村庄的风景越来越美，原来简陋的白墙被重新设计，绘上了荷塘月色、乡村美景、春播秋收；造型各异的雕塑、迷你文化设施等，穿插在乡野和房前屋后，浪漫且不突兀；依托宽广水域、闲置民房、公共服务设施设计改造的造型别致的美术馆、图书馆、咖啡馆等，点缀在水面和稻田之中，自成风景且耐人寻味。数月后，村子画风大变，村庄美了，浪漫了。

2018年至2024年，犁桥村成功举办五届"田原艺术季"活动，邀请国内知名的艺术家、建筑师通过驻村创作的方式，创作墙绘作品，设计、展出雕塑作品，改造特色民宿、网红建筑、咖啡馆等公共艺术空间，并举办了稻田宴、乡建艺术展、音乐节、乡野定向赛、写生实践采风等多项主题活动，赋予了犁桥村迷人的艺术气息。驻村艺术家们依托丰富的农产品、风味小吃、小手工等，设计包装了具有统一艺术标识的农产品、纪念品、艺术品等，这些艺术化设计、改造与包装，提升了犁桥村的视觉品位，增加了乡间情趣，形成犁桥独一无二的艺术风景和体验。犁桥村举办"田原艺术季"的实践，突破乡村旅游"吃饭、采摘、垂钓"的老三样模式，吸引了大批市民及外地游客慕名"打卡"，有效带动了旅游、民宿、文化休闲等新业态的发展，"田原艺术季"活动期间，网络全媒体受众达4000余万人次，旅游人次和收入大幅增长。犁桥村也因此收获了"安徽省优秀旅游乡村""安徽省乡村旅游百强村""安徽省百家乡村旅游示范村"等荣誉称号。

这是一场秋季稻田宴：饭桌设在稻田里的空地上，游客和村民围坐着，身旁是金灿灿的谷堆。稻子现场收割，脱粒成米，通过蒸饭器蒸熟，立马上桌。蔬菜是村民自家种的，黄鳝、河虾等河鲜应有尽有。坐在空旷的稻田里，吃着自家产的食材，那叫一个舒坦。伴随稻田宴的是一场场精彩的文化演出：朴素的音乐人，在犁桥村的稻田里、院落旁、谷场边，带来浪漫文艺"不插电"的周末；寒冬里，诗人学者"围炉诗话"，同台"炫诗"。稻田与大地就是舞台，舞蹈家跳舞、诗人朗诵、音乐家演奏、民间艺人唱大鼓书都在田里，蓝天白云和金黄稻浪创造了最打动人心的演出。

而在艺术家紧锣密鼓地创作下，40多个艺术景点渐次呈现。民宿"网红泡泡屋"是其中的得意之作。这座透明的房子共有两间，一间卧室，一间卫浴。置身其中，白天宛如置身田野，夜晚璀璨星河如画卷般舒展；晴天感受阳光的抚慰，雨天倾听雨点的音符；春天隔着透明气泡，身边稻田仿佛触手可及；夏天伴着蛙声，看月朗星稀，枕着星河入梦。在艺术的打造下，犁桥成了一个天然的艺术馆，在这里，满天星辰、整片天空都是你的。

踏上犁桥村村口的石桥钟，抬眼可见一座造型别致、写有"中国·铜陵犁桥国际艺术村"的房子。与艺术有约，是犁桥村最大的特色。穿行在犁桥村里，随处可见艺术家们设计制作的雕塑、小品、彩绘文化墙等。这些艺术作品穿插在乡野和民房之间，浪漫而不突兀；依托当家塘、闲置民房、公共服务设施等设计改造的星空泡泡屋、湖心迷你美术馆、荷塘图书馆、湖畔咖啡馆等，既别具风味又自成风景。

漫步在浪漫的犁桥，瓶瓶罐罐化身为花瓶，闲置的箩筐做成灯罩，废旧桌椅做成的雕塑，一墙一文化，一景一特色，一物一乡愁，艺术气息弥漫在犁桥村的每个角落。村中心有一片水域宽阔的内湖，湖心漂浮着一条折纸造型的"白船"，号称世界上最小的美术馆，展厅仅设5平方米，放一件大咖的画作或是装置作品，定时更换。

艺术为犁桥集聚了人气，更带旺了财气。犁桥第一批改造的民宿有三家。房子是向老乡租的，主要是 20 世纪五六十年代的红砖房和 20 世纪八九十年代的水泥屋。装修和设计费用由政府财政承担，后期再安排专人管理。设计师在保留老房子原有结构的基础上，从内部空间分隔、家具配置、屋内软装着手，设计出文艺的调性。有了民宿加持，村子摇身一变，成为一个现代艺术生活的综合体。

今天的犁桥村，已先后荣获"全国首批美丽宜居村庄示范""全国美丽乡村创建试点村""第四届全国文明村镇""中国人居环境范例奖""全国乡村旅游重点村"等一批国字号荣誉。

群心村：江上明珠 幸福群心

胥坝群心村

一个位于江心洲上的小村，面积不过 7.5 平方公里，常住人口不足 2000 人——这就是这一个名为"群心村"的村庄。70 多年前，它是"百万雄师过大江"渡江战役在铜陵江段的登陆点；70 多年后，它是全国美丽宜居示范村。

群心村位于义安区胥坝乡政府北两公里处，是安徽八百里皖江上最大的一个江心洲。近年来，群心村在和美乡村建设中，秉承"人无我有，人有我优，人优我新"的发展理念，坚持以人为本，主动作为，大力发展集体经济，改善人居环境，加强基础建设，提升村民福祉，为建设"江上明珠，幸福群心"打下了坚实基础。

建设宜居乡村，加强基础设施建设是关键。群心村集中人力、财力，先后投资 200 多万元，全面实施了环村路、组组通工程，现已实现户户通水泥路整村全覆盖，总里程达到 16.75 公里。该村在全乡率先启动亮化工程，在村庄主干道、活动广场及入户道路累计安装路灯 205 盏，重点做好以清垃圾、清污泥、清杂物和拆除违章建筑及危房等为内容的"三清四拆"工作，累计拆除违章建筑和废弃房屋近 2 万平方米，同步按照"大树当家，四季常绿，乔灌结合，四季有花"的要求配套进行村庄绿化。特别是中心村新建的民居为两层楼房，既保留了徽派建筑之精髓，又融入了现代元素，楼前有院，庭院内外花香整洁，一幢幢漂亮别致的楼房与蓝天白云相映衬，成为铜陵江心洲上独特的徽派民居群。村庄紧紧抓住美丽乡村建设，积极发展生态特色经济和生态旅游业，充分发挥夹江滩涂优势，新建外滩水产精养基地，发展特种水产精养殖户，带动村民就业致富。从改善农村人居环境到发展特色产业，再到安居乐业，群心村幸福的村民们正朝着小康大道上阔步迈进群心村还建成铜陵市首个村级乡贤文化馆，创建家风家训示范街，创办村级"喜庆堂"，建成村文化活动中心。其中，乡贤文化馆占地面积为 260 多平方米，建筑面积为 120 平方米。设有"红色记忆""乡贤人物""廉政建设""家规家训""群心好人"五个展厅。"红色记忆"展厅有"渡江战役、铜陵人民策应大军渡江、渡江女英雄马毛姐与铜陵渡江第一船、群心村人参加渡江战役"四个板块。尤其是渡江女英雄马毛姐与渡江第一船铜雕塑一起，忠魂永在，浩气长存，成为群心村永远的红色记忆，也为群心村打造红色旅游奠定了良好基础。

烽火硝烟不在，渡江精神永存。为追寻红色记忆，用伟大"渡江精神"建设和美幸福的群心村，群心村在渡江广场上建造"渡江第一船"铜雕塑。该铜雕塑高11.75米，由底座、芦叶、船和帆四部分组成，其中船帆全长为4.9米，底座顶至船头长度为4.20米，底座至船帆顶端高度为9.35米，三个数字分别代表1949年4月20日晚9时35分解放军渡江时间的寓意。底座为2.4米，意为此壮举是由24军创下的。

如今，行走在群心村，跃入眼帘的是一栋栋新楼房整齐排列，房前屋后绿草如茵，荷塘花香，各种植物相映成趣，人美水美村庄美。美在眼帘，美在流连，美在召唤，美在身边，美在心中。群心村现已成为拥有"全国美丽宜居村庄示范村""中国人居环境范例奖""全国乡村治理示范村""长三角最具魅力旅游度假乡村目的地"——一个自然融合，注重品位，既生态宜居，又和美幸福，更具有群心特色的"江上明珠"正在浴水生光。

合兴村：湿地风光 水韵合兴

合兴湖泊

　　合兴村位于义安区东联镇西南方，全村共有 17 个村民组，9 个自然村，600 余户，2000 余人。合兴村是典型的圩区村庄，浩原沃野，广袤无垠，春季绿草如茵。这里有天然的开阔水面、湿地池塘多处，湿地中生态环境优良，许多野生动物飞栖生息，风光秀美，让人流连忘返。2014 年，合兴村被确定为安徽省级美丽乡村重点示范村，2016 年又入选全国第四批美丽宜居村庄示范名单。

　　合兴村是一片水乡，有天然的水面、开阔的湿地池塘多处，良好的生态环境也吸引了许多野生动物栖息，如野鸭、水鸟、松鼠等。在美丽乡村建设中，该村将"湿地风光，水韵合兴"为主题，以留住乡愁为基调，以美丽宜居为目标，紧紧围绕"生态宜居村庄美、兴业富民生活美、文明和谐乡风美"的要求，着力打造田野风光式生态旅游，建设独具魅力的生态休闲场所——那湿地、池塘边的观光栏道，就是供游人欣赏自然风光、垂钓散步的"港湾"。合兴村以中心村建设为主轴，以农户自建为主调，以荷花莲藕和门前水塘为衬托，整个村庄高矮不一，错落有致，村居与自然环境相互协调，空间尺度相适当宜等，体现出宜居村庄的圩区特色。

荷花遍地开，清香扑鼻来，合兴村的荷花争香斗艳。站立村南干公路举目向北眺望，足有好几百亩的荷塘，铺开一片生机盎然的绿色海洋。走近细观，塘沟内数不尽的荷叶、荷花亭亭玉立，挨挨挤挤，荷香沁人心脾，那些红彤彤的荷花竞相斗艳，直指蓝天，大有登九天揽月之势。似可爱小精灵淡黄的莲蓬，惬意舒躺于荷花花片怀抱内，被四周黄绒绒细长莲须簇拥着，在微风中悠然摆动。成片的荷塘内率先开放的野荷花与迟开的零星白色荷花相得益彰，与坐落在荷塘边上的美丽乡村交相辉映。当田田荷花香气远、漠漠水田飞白鹭、簇簇菜花色斑斓合时，合兴村这个清澈的水渠环绕村庄，彰显鱼米之乡的特色之美。

在美好乡村建设中，合兴村因地制宜实施了多项民生工程，分别是危房改造、主干道路亮化、新建主干道路、电网改造、污水处理、通信电路整治、沟塘清淤、村庄绿化、停车场、标志性景观、外立面改造、湿地公园、稻田公园等，突出以水主题，结合水利建设项目，建坝护砌，开撇洪沟，实施沟、塘、渠清淤，达到"无淤泥、无白色污染、无垃圾等杂物，水体清澈"的建设目标。在污水处理方面，建有 1 套微动力污水处理系统，日处理污水可达 80 余吨，生活污水处理率达到 100%。在村内建起排污管道、硬化沟渠、微动力污水集中处理设施，确保正常运转并达到 1 级 B 排放标准。经过全面整治和精心建设，村庄房屋，错落有致；村容村貌，焕然一新；自然景观，舒适优美，水乡风韵与田园特色相映成趣。该村正在着力打造田野风光式生态旅游，建设独具魅力的生态湿地村庄。

在东联镇，很多村都有舞龙灯的习俗。每逢新春佳节，各村组织本村的青壮年通过舞龙灯的形式来庆贺新年，祈愿来年五谷丰登、风调雨顺。新屋基查自然村也不例外，其中最为有名的当属查家板龙圆灯。板龙灯不像我们平常所见的滚龙灯，板龙灯的头是以钢筋、铁丝网为主骨架，加上彩布，添置灯泡为龙眼。龙头做好了，"龙身"由一条条长约1.7米的厚木板连接而成，俗称"轿桌"，当地人把"耍板龙"称为"拖桌"。每条板块上饰有百花灯、彩旗和木雕。每逢春节，农户家家张灯结彩，大红灯笼高高挂起。板龙灯每板差不多有一人高，龙身内可点燃蜡烛，金碧辉煌的龙头，灵活自如的龙身，精致得令人称奇。表演时，一人背一条板块，前面摇头，后面摆尾，姗姗而行，过村串户，过河搭桥，群情欢腾。各家各户，烧香跪拜，祈福讨彩，争先恐后。一声号令之下，刚才还围成一个圆圈静卧着的板龙灯，瞬间变成一条长长的火龙，伴随着激越的锣鼓、震耳的鞭炮声耍起来。

行走在合兴村，浓浓的乡愁，美在眼帘，甜在心头，仿佛置身于水乡梦境里。一个自然融合，注重品位，文明和谐，既美观，又宜居，更具有水韵生态，湿地风光特色的"东联明珠"。

水村村：红色故里 花谷水村

　　水村村位于义安区钟鸣镇东南部，东南面与南陵接壤，西与本镇水龙、金山村相邻，北与九榔村相连，铜南公路、铜南宣高速、京福高铁贯穿而过，交通方便，自然环境优美。区域总面积 15.4 平方公里，村辖 18 个自然村，35 个村民组，近千户，3000 余人。先后入选 2019 年安徽省第二批美丽乡村重点示范村、2022 年中国美丽休闲乡村名单。

　　在抗日战争时期，水村村是新四军活动的重要根据地，也是重要的游击区。1938 年 12 月，新四军第三支队在副司令员谭震林率领下，由南陵蒲桥、青弋江一线移防铜繁地区。当时，三支队司令部设在南陵沙滩脚，政治部设在水村村的燕子牧自然村。1939 年 4 月 23 日，为便于领导和指挥三支队在铜繁地区的活动，三支队司令部、政治部和五团团部迁驻中分村，直到 1940 年 4 月转移到铜陵桥头杨（义安区钟鸣镇徐冲境内）。当年水村村周边地区，新四军三支队与日作战百余次，取得一系列保卫战和游击战的重大胜利。

　　革命烈士的精神，也激励着后人奋勇前行。近年来，水村村立足特色、用好资源、盘活资产，大力培育壮大茭白产业，为群众增收致富提供有力支撑，同时积极引导乡土人才参与到村级发展中来，最大限度发挥能人传、帮、带作用。此外，水村村还建成冷链仓储设施，强化茭白储存、包装、冷链运输等保障，有效拓宽群众增收渠道，助力乡村振兴。

　　水村村境内有金山、姑嫂石、古采铜冶址等，山色苍翠，民风淳朴。水村村下辖的燕子牧自然村，还是商周时代的古采铜冶址，整个村庄建

生态宜居水村村

在大片冶铜矿渣的遗址之上。因其地处古代南陵大工山与铜陵凤凰山一线重要的采铜冶铜的重点部位，有着悠久的采铜历史，是铜韵相传之地。

水村村不仅具有得天独厚的自然风光，还有丰富的历史人文资源。北宋的著名学者陈翥曾经生活在这里，广植桐树，研究学术，留下了千古佳话和文化资源，至今水村境内的新屋村和旧屋村，就居住着陈翥的后代。据史料记载，陈翥（982—1061），字凤翔，号桐竹君，江东路池州铜陵县（今义安区）贵上耆土桥（今钟鸣镇）人。他五岁读书，十四岁入县学，曾有悬梁苦读跻身科举的愿望，后"志愿相畔，甘为布衣，乐道安贫"，一面闭门苦读，一面坚持耕作，在家中数亩山地植桐树（泡桐）数百株专事研究，于北宋皇祐年间（1049—1053）撰成《桐谱》书稿，为世界上最早记述桐树栽培的科学技术著作。

水村村现将"栽下梧桐树，引来金凤凰"作为村庄发展口号，积极招引企业发展乡村旅游。目前，水村村的旅游看点已有不少：精品牡丹园观赏园、千亩凤丹园、青梅园、农业观光体验基地、梧桐湖、玫瑰岛以及大、小金山等景点以及森林隧道漂流、植物迷宫、浑水摸鱼等项目组成，集自然生态景观、农业生产、休闲旅游于一体，正在打造集观赏、体验、健身、养生等为一体的田园综合体和乡村旅游目的地。随着景区的建设日见成效，水村村抓住了生态价值转化的契机，通过"公司＋农户＋基地"的模式，引导当地及周边村民进行农副产品深加工、农家乐经营等多元生产，金山永红果园飘来阵阵的蜜桃清香，山脚下民宿、超市、饭店等衍生业态层出。春赏花、夏避暑、秋休闲、冬康养，今日的水村村早已突破"一花一季"的旅游"瓶颈"，形成了"四季游""全域游"的大格局，曾经面朝黄土背朝天的村民吃上了"旅游饭"，生活更有奔头了。

水村村聚焦"产业兴旺、生态宜居、乡风文明、治理有效、生活富裕"总要求，注重统筹联动，激活农村发展新活力，推动农业发展新动能增强，村庄环境新形象提升，农村治理新模式完善，农民致富新路径拓宽，初步实现了农业强、农村美、农民富。

金塔村：温馨福地 孝亲金塔

金塔村是义安区天门镇东部的一个丘陵山村，边界与顺安镇山岭分水相连，村区域面积8.3平方公里，有耕地面积3100亩、水域面积150亩。金塔村在美丽乡村建设中，巧借独特自然和人文背景，大力发展特色旅游休闲产业。先后被授予"中国美丽休闲乡村""安徽省美丽乡村重点示范村"称号。

金塔村四周群山环绕，数百户人家如星子一般散落在这山中。金塔村就是由其中的金山和塔山而得名。金山产金，有丰足富饶之兆；塔山有塔，寓登高望远之意。村境内的千年古寺东台寺（也叫塔山寺）属于九华山分寺，为早年陆路去九华山的必经之处，香火旺盛。

村内随处可见鲜花盛开，路边的是波斯菊，或大或小的黄色花朵簇拥在一起。农户家的花坛里是太阳花，这种花在太阳出山时收起，在太阳落山时绽放，它可以慰藉一天的劳累，它可以焕发起奋进的豪情。池塘里的是荷花，虽花期未至，出淤泥而不染的风采早就已经无遮无挡了。健康公园里的是芍药，虽已经过了花期，其茎叶依旧在地蓬勃生长着，这让人很容易就联想起它盛开时的国色天香。老年配餐中心的院子里是紫薇花，花色怡人，花香扑鼻，老人们就在浓郁的花香中娱乐、就餐、休憩……春意盎然的金塔村，出门俱是看花人。

漫步在金塔村内，勤劳的农户正在忙着给百合等中药材除草、施肥。园区集中药材育苗、种植、收购、加工、仓储和销售为一体，采取"农业＋旅游"的产业模式，把传统农业种植转化为生态旅游观光新型农业种植，提高了土地的经济价值，解决了农村富余劳动力的就业。金塔村积极发挥乡贤作用，鼓励外出创业成功人士回村投资，先后主动邀约了 12 个本地乡贤，成立了 8 家农业经营主体，流转耕地 3300 亩、林地 2000 亩、水面 200 亩，创办特色农业产业。以"赏花经济"带活乡村旅游，带富一方村民。走在美丽和幸福道路上的金塔村，积极开发塔山休闲景区、四季花海景区、东河景观带，全力打造"皖南药镇、康养天门"。现在园区平均每天用工都在 50 人，高

天门镇金塔村

峰期单日用工量超过 100 人。开园以来，共带动就业 1000 余名农民，20 万余人次；带动 2 个村的村集体年收入突破百万元；庄园还为周边村民提供种苗和技术指导，推动周边农户分散种植 5000~10000 亩中药材，并包回收产品，帮助村民销售。这片可以赏药景、品药膳、住民宿、览山水的百合庄园，不仅探索乡村振兴的新路，还在乡野大地上绘就了五彩斑斓的画卷。

近年来，金塔村以弘扬孝道文化为抓手，努力打造"温馨福地、孝亲金塔"这一品牌，大力开展敬老爱老助老活动。2020 年，筹措资金将原金塔小学闲置的校舍，改造成金塔村老年人日间照料（配餐）服务中心，功能室有厨房、餐厅、棋牌室、医务室、休息室、健康讲堂、书画室、图书阅览室等，各功能室配套设施齐全。并组建了一支老年人日间照料志愿者服务队，常年为本村空巢、独居、困难老人提供日间照料服务。金塔村还制作了 500 多米长的孝道文化墙，将中华孝道文化、本村的孝星、社会主义核心价值观等内容融入其中。这里尊老、敬老、爱老、助老的传统美德蔚然成风，先后涌现出市级表彰的"铜都首届十大孝亲敬老之星"马志芬、省级表彰的"好婆婆"吴叶芳、国家级表彰的"全国孝亲敬老之星"梅香胜、"全国孝亲敬老楷模"提名奖获得者张万保等一大批尊老敬老典范。

放眼金塔村，一条条笔直宽阔的水泥路向远方延伸，道路两旁的田地里生机勃勃。两三层的民居里，种满了鲜花。村口有一口水塘，村里的水鸭子在里面自由地嬉戏。这处可以用于洗衣、灌溉的水塘，在过去三四十年里浑浊不堪，被村民们称为"臭水塘"。随着新农村建设、农村环境整治、农村"三大革命"、美丽乡村建设等项目的实施，金塔村的村容村貌得到极大改善，天蓝了、水清了，村民脸上的笑容更多了……村里以"乡村振兴"为重点，围绕"宜居、宜业、宜游；村美、民富、人和"的新目标，利用自身独特的地理优势，打造"四季花海"景区，探索发展以娱乐、休闲、观光、采摘、体验于一体的乡村旅游新业态，鼓励群众大力发展特色产业和配套服务，游客既可在园内体验采摘、垂钓、农耕的乐趣，也可以品尝原生态的地道农家菜，形成了"人在景中、村在画中"的景象。

金凤村：吴越遗风 古居金凤

云雾缭绕的青山，满眼婆娑的绿意，清新的空气，清澈的山泉，金凤村就坐落在这美丽的大山中。金凤村位于义安区钟鸣镇东南面，位于铜陵、南陵、繁昌三地交界处，全村共有 10 个自然村，23 个村民组，人口 2700 多人，800 余户，曾入选 2024 年度和美乡村精品示范村建设名单。

金凤村钱庄自然村，玩龙灯已有百年历史，素有"龙灯之乡"的美称。每年正月初二至初四，该村都会开展迎新年舞龙灯活动。据载钱庄龙灯兴时共有 140 余板灯串，全长达 300 米，200 余人上阵兴耍，属铜陵地区最长的板灯。传统民俗文化活动既丰富了当地百姓的精神文化生活，又很好地传承和弘扬了传统文化。相传，该村是吴越钱氏家族的后人。吴越钱氏立国称王后，不仅在于个人功业光照千秋，而且影响后代子孙的家教家风，完善了宗族文化，确保百世兴旺。而作为钱氏家族的后人，钱庄自然村的村民们秉承祖先的价值文化核心观念，谨遵钱氏家族家训，保持吴越遗风的优良传统，在和美乡村建设中新作新为。

金凤村山清水秀，古木参天，景色宜人。这里有盘龙欲飞的"千年紫藤"，有晨钟暮鼓的石壁寺遗址，有古韵悠长的缪村古村落，有墨香浓郁的徽式农舍，有嬉戏的鸟语，有潺潺的泉音，更有老当益壮的"千年银杏王"，旅游资源十分丰富，是铜陵地区唯一的有待开发的"桃源净土"。其中"千年银杏王"是铜陵最年长的古树珍宝了。

而在缪村还生长着树龄有 200 多年的野青檀和冬青王等古树名木。

金凤村不仅自然风光秀丽，还有深厚的红色文化底蕴。在抗日战争时期，这里曾出现过抗日组织——"猎户队"，远近闻名，流传着许多战斗故事，也是爱国主义教育的良好场所。红色故事不断激励着金凤村奋发自强，该村通过盘活闲置资源，提升土地使用率，与永泉农庄共建蔬菜基地，不断增加村集体经济收入；持续推进民生工程建设，建好基础设施，推进"四好农村路"建设和"村村通"拓宽改造工程，铺就群众"幸福路"。

金凤村还大力发展丹皮药材、观赏牡丹等种植产业，实施退耕还林，加强生态建设，发展观光旅游。该村以九凤路旅游廊道建设为契机，以丁山俞中心村和牡丹冲中心村建设为抓手，在沿途打造 10 余个节点，串联沿线旅游景区、特色田园风光及乡村景点。在丁山俞中心村，泉水沟过街穿巷，石潭里的水清澈见底，水草招摇；错落分布的老房子青砖黛瓦，淡黄的梨花、粉红的桃花点缀其间，一个古色古香，传承着古味古韵的村庄呈现在人们的眼前。

如今的金凤村，群山叠翠，清溪潺流。层层梯田上，大片大片的凤丹、油菜花、芍药竞相开放，如同五彩锦绣，尽现无边春色。

钟鸣镇金凤村

新湖村：炉铺遗风 乐业新湖

新湖村位于义安区顺安镇中部，东与星月村接壤，南与新桥矿、西与高岭村相邻，北与明湖村隔界，耕地面积 2000 余亩，山场 2300 余亩，水面 50 余亩，主要农产品有水稻、油菜等，蕴藏有丰富的铁矿石资源，曾入选 2024 年度和美乡村精品示范村建设名单。

走进新湖村，伫立村口的一块景观石上书写村名三个大字，此块景观石用了一块 12 吨的天然花岗岩，寓意为一年十二个月风调雨顺，百姓和乐安康。该村之所以有"炉铺遗风"之称，是因为该村区域内金、银、铜、硫等矿产资源丰富，自古民间铜矿采冶发达。唐文德元年（888）析南陵五乡置义安县（公元 951 年改义安县为铜陵县）时，为便于管理，官府将民间冶铜业集中于此，"炉铺"地名由此而来并一直沿用至今。民国年间至改革开放以来，此地有几十家铁匠铺，周围县、乡的村民们纷纷来这里订购、锻造生产农具，到处是一片繁华的商业景象。解放后，利用该村丰富矿产资源建设起来的筲箕涝铁矿、虎山矿等矿山企业为曾经的铜陵县经济发展作出了重大贡献——

顺安镇新湖村

新湖村境内曾是周边矿山资源转运和加工的中转站，至今仍然保留着有纪念价值的"洗矿机压滤机台旧址"等参观景点。

而今，新湖村依托现代农业基础，在乡村主干道两边发展观光农业，保留部分传统农业，积极发展水利养殖，突出原始乡村风貌。同时，新湖村着力从改善农村卫生条件、提升村容村貌、深化美丽乡村内涵等方面下功夫，采取整合资源，因地制宜的方式，逐步推进村文化小广场建设，完善农村公共文化服务，不断丰富群众精神文化生活。漫步新湖村内，可见远处新桥河埂上的芒草丛生，一座凉亭被高地上数十株高大的枫杨树环绕。此亭名为"风絮亭"，取自于宋代词人贺铸《青玉案》中"一川烟草，满城飞絮，梅子黄时雨"。暮春至初夏时节，杨絮漫天，如雪花般随风飞舞，亭子高地上皆是飞絮。新桥河两岸，每到秋冬时节，芒草随风摇曳，芒絮如雪。一家花园式的农家庭院里，有精美的木制亭榭典雅而生趣，庭院里的鲜花盛开，让人仿佛置身一个弥漫现代风情，而又具有古典风貌的世外桃源。文化广场建设规模宏大，而且极有特色，一座典雅的乡村大舞台的背景照壁上，正面是寓意吉祥的"梅花图"，背面是超凡脱俗、至圣高洁的"莲藕图"。

新湖村内的 18 个自然村错落有致，各有特色。金塘自然村紧紧围绕"古道衕口、秀美金塘"建设主题，充分挖掘衕口古道的文化遗韵，依托晃灵山优美的生态环境，通过美丽乡村建设和农村人居环境整治行动，已成为环境优美、安居乐业的秀美之地。河沿自然村打造集"三塘映趣"生态水塘、一步一景"五小游园"、浪漫休闲"花间彩虹步道"于一体的"水清、河畅、堤净、岸绿、景美"的和谐宜居的幸福河湖生态样板，人居环境明显提升，群众幸福感持续增强。一栋栋民宅坐落在青山绿水间，平坦通畅的道路两边树木林立，满目翠绿，眼见之处家家有美景，处处皆画卷……新湖村以"炉铺遗风 乐业新湖"为建设发展主题定位，在和美乡村建设中，成为一个环境优美、安居乐业之地。

附录一：历代文人诗客咏义安

据不完全统计，自唐至明清，先后有200余位诗人游历义安，咏歌义安，留诗400余篇。现摘录部分如下：

唐 代

与南陵常赞府游五松山

李 白

安石泛溟渤，独啸长风还。

逸韵动海上，高情出人间。

灵异可并迹，淡然与世闲。

我来五松下，置酒穷跻攀。

征古绝遗老，因名五松山。

五松何清幽，胜景美沃洲。

萧飒鸣洞壑，终年风雨秋。

响入百泉去，听如三峡流。

剪竹扫天花，且从傲吏游。

龙堂若可憩，吾欲归精修。

于五松山赠南陵常赞府

李 白

为草当作兰，为木当作松。

兰幽香风远，松寒不改容。

松兰相因依，萧艾徒丰茸。

鸡与鸡并食，鸾与鸾同枝。

拣珠去沙砾，但有珠相随。

远客投名贤，真堪写怀抱。

若惜方寸心，待谁可倾倒？

虞卿弃赵相，便与魏齐行。

海上五百人，同日死田横。

当时不好贤，岂传千古名！

愿君同心人，于我少留情。

寂寂还寂寂，出门迷所适。

长铗归来乎，秋风思归客。

书怀赠南陵常赞府

李 白

岁星入汉年，方朔见明主。

调笑当时人，中天谢云雨。

一去麒麟阁，遂将朝市乖。

故交不过门，秋草日上阶。

当时何特达，独与我心谐。

置酒凌歊台，欢娱未曾歇。

歌动白纻山，舞回天门月。

问我心中事，为君前致辞。

君看我才能，何似鲁仲尼？

大圣犹不遇，小儒安足悲。

云南五月中，频丧渡泸师。

毒草杀汉马，张兵夺秦旗。

至今西二河，流血拥僵尸。

将无七擒略，鲁女惜园葵。

咸阳天下枢，累岁人不足。

虽有数斗玉，不如一盘粟。

赖得契宰衡，持钧慰风俗。

自顾无所用，辞家方未归。

霜惊壮士发，泪满逐臣衣。

以此不安席，蹉跎身世违。

终当灭卫谤，不受鲁人讥。

答杜秀才五松见赠

李 白

昔献《长杨赋》，天开云雨欢。

当时待诏承明里，皆道扬雄才可观。

敕赐飞龙二天马，黄金络头白玉鞍。

浮云蔽日去不返，总为秋风摧紫兰。

角巾东出商山道，采秀行歌咏芝草。

路逢园绮笑向人，两君解来一何好。

闻道金陵龙虎盘，还同谢朓望长安。

千峰夹水向秋浦，五松名山当夏寒。

铜井炎炉歊九天，赫如铸鼎荆山前。

陶公矍铄呵赤电，回禄睢盱扬紫烟。

此中岂是久留处，便欲烧丹从列仙。

爱听松风且高卧，飕飕吹尽炎氛过。

登崖独立望九州，《阳春》欲奏谁相和？

闻君往年游锦城，章仇尚书倒屣迎。

飞笺络绎奏明主，天书降问回恩荣。

肮脏不能就珪组，至今空扬高蹈名。

夫子工文绝世奇，五松新作天下推。

吾非谢尚邀彦伯，异代风流各一时。

一时相逢乐在今，袖拂白云开素琴，

弹为《三峡流泉》音。从兹一别武陵去，

去后桃花春水深。

五松山送殷淑

李 白

秀色发江左，风流奈若何？

仲文了不还，独立扬清波。

载酒五松山，颓然《白云歌》。

中天度落月，万里遥相过。

抚酒惜此月，流光畏蹉跎。

明日别离去，连峰郁嵯峨。

纪南陵题五松山

圣达有去就，潜光愚其德。

鱼与龙同池，龙去鱼不测。

当时板筑辈，岂知傅说情。

一朝和殷人，光气为列星。

伊尹生空桑，捐庖佐皇极。

桐宫放太甲，摄政无愧色。

三年帝道明，委质终辅翼。

旷哉至人心，万古可为则。

时命或大谬，仲尼将奈何？

鸾凤忽覆巢，麒麟不来过。

龟山蔽鲁国，有斧且无柯。

归来归去来，宵济越洪波。

铜官山醉后绝句

李　白

我爱铜官乐，千年未拟还。

要须回舞袖，拂尽五松山。

江上答崔宣城

李　白

太华三芙蓉，明星玉女峰。

寻仙下西岳，陶令忽相逢。

问我将何事，湍波历几重？

貂裘非季子，鹤氅似王恭。

谬忝燕台召，而陪郭隗踪。

水流知入海，云去或从龙。

树绕芦洲月，山鸣鹊镇钟。

还期如可访，台岭荫长松。

赠刘都使

李　白

东平刘公干，南国秀馀芳。

一鸣即朱绂，五十佩银章。

饮冰事戎幕，衣锦华水乡。

铜官几万人，诤讼清玉堂。

吐言贵珠玉，落笔回风霜。
而我谢明主，衔哀投夜郎。
归家酒债多，门客粲成行。
高谈满四座，一日倾千觞。
所求竟无绪，裘马欲摧藏。
主人若不顾，明发钓沧浪。

宿五松山下荀媪家

李 白

我宿五松下，寂寥无所欢。
田家秋作苦，邻女夜春寒。
跪进雕胡饭，月光明素盘。
令人惭漂母，三谢不能餐。

南陵五松山别荀七

李 白

六即颍水荀，何惭许郡宾。
相逢太史奏，应是聚贤人。
玉隐且在石，兰枯还见春。
俄成万里别，立德贵清真。

秋浦歌（其十四）

李 白

炉火照天地，红星乱紫烟。
赧郎明月夜，歌曲动寒川。

南陵别儿童入京

李 白

白酒新熟山中归，黄鸡啄黍秋正肥。

呼童烹鸡酌白酒，儿女嬉笑牵人衣。

高歌取醉欲自慰，起舞落日争光辉。

游说万乘苦不早，著鞭跨马涉远道。

会稽愚妇轻买臣，余亦辞家西入秦。

仰天大笑出门去，我辈岂是蓬蒿人。

铜官山保胜侯庙

裴 休

浔阳贤太守，遗庙古溪边。

树影入流水，石门当洞天。

幡花迎宝座，香案俨炉烟。

若到千年后，重修事宛然。

夜泊宣城界

孟浩然

西塞沿江岛，南陵问驿楼。

湖平津济阔，风止客帆收。

去去怀前浦，茫茫泛夕流。

石逢罗刹碍，山泊敬亭幽。

火炽梅根冶，烟迷杨叶洲。

离家复水宿，相伴赖沙鸥。

宋代

题陈公学堂

盛 度

曾记当年笔砚交，于今何事不同袍？

德星高耀陈公里，圣诏难宣翔凤豪。

版筑无心思傅说，竹林有意愧山涛。

知君非是寻常客，看破功名一羽毛。

陈公学堂诗

杜 衍

巢由当年秉节高，首阳叔伯亦同操。

谁知十载无媲美，却有三征不就豪。

猿鹤忘机为伴侣，竹松对影绝尘嚣。

山中更羡多情月，一片清辉是故交。

桐竹君咏并序

陈 尧

吾年至不惑，命乖强仕，埙篪不合，遂成支离。始有数亩之地于西山之南，乃植桐与竹。伯仲皆窃笑之，以为不能为农圃之事，而不知吾无锥刀之心，不迫于世利。但将以有焉而至其中，休焉而坐其下，可以外尘纷，邀清风，命诗、书之交，为文、酒之乐，亦人间之逸老，壶中之天地也，乃自号桐竹君。又为之咏云：

高桐临紫霞，修篁拂碧云。

吾常居其间，自号桐竹君。

不解仿俗利，所希脱世纷。

会交伹文学，启谈皆《典》《坟》。

吁嗟机巧徒，反道是胡云。

西山桐十咏并序（缺一咏）

陈 鬲

吾始植桐于西山之阳，议者诮其治生之拙。及数年，桐茂森然，可爱而玩，复私美之，始知桐之易成耳。因作《西山桐十咏》，识所好也。

桐 栽

吾有西山桐，植之未盈握。

所得从野人，移来自乔岳。

节凝叶尚秘，根疏土自剥。

匪为待篱鸡，庸将栖鸳鹭。

异日成茂林，论材谁见擢？

巨则为栋梁，微亦任楹桷。

仍堪雅琴器，奏之反淳朴。

大匠如顾怜，委身愿雕斫。

桐 根

吾有西山桐，密邻桃与李。

得地自行根，受芘愈高藟。

上濯青云膏，下滋醴泉髓。

盘结伴循环，歧分类枝体。

乘虚肌体大，坟涨土脉起。

扶疏向山壤，蔓衍出林址。

愿偕久深固，无为半生死。
倘仪大厦材，合抱由兹始。

桐　花

吾有西山桐，桐盛茂其花。
香心自蝶恋，缥缈带无涯。
白者含秀色，粲如凝瑶华。
紫者吐芳英，烂若舒朝霞。
素奈未足拟，红杏宁相加。
世但贵丹药，夭艳资骄奢。
歌管绕庭槛，玩赏成矜夸。
倘或求美时，为尔长吁嗟。

桐　叶

吾有西山桐，下临百丈溪。
布叶虽迟迟，庇根亦萋萋。
密类张翠幄，青堪蒻封圭。
滑泽经日久，濡毳随干蹄。
近风带影动，坠雨向身低。
宁隐凡鸟巢，自蔽仪凤栖。
松柏徒尔顽，蒲柳空思齐。
但有知心时，应候常弗迷。

桐　乳

吾有西山桐，厥实状如乳。
含房隐绿叶，致巢来翠羽。
外滑自为穗，中虚不可数。
轻渐曝秋阳，重即濡绵雨。
霜后感气裂，随风到烟坞。

虽非松柏子，受命亦于土。

谁能好琴瑟，种之向春圃。

始知非凡材，诸核岂相伍？

桐 孙

高桐已繁盛，萧萧西山陇。

毳叶竟开展，孙枝自森耸。

擅美推东南，滚荣藉萋菶。

不能容燕雀，只许栖鸾凤。

宁入吴人爨，斟随伯禹贡。

雨露时相加，霜雪胡为冻。

况有奇特材，足任雅琴用。

中含太古音，可奏清风颂。

桐 风

分材植梧桐，桐茂成翠林。

日日来轻风，时时自登临。

拂干动微毳，吹叶破圆阴。

虚凉可解温，轻鼓如调琴。

莫传独鹄号，愿送栖凤吟。

岂羞楚襄王，兰台堪披襟。

亦陋陶隐居，高阁听松音。

无为摇落意，慰我休闲心。

桐 阴

枝软自相交，叶荣更分茂。

所得成清阴，仍宜当白昼。

荫疑翠帘殿，翳若繁云霞。

日午密影叠，风摇碎花漏。

冷不蔽空井，高堪在庭甃。

吾本闲野人，受乐忘芤疚。

亭亭类张盖，翼翼如层构。

日夕独徘徊，犹思一重复。

桐 径

时人羡桃李，下自成蹊径。

而我爱梧桐，亦以成乎性。

中平端隧道，还往非辽夐。

直入无欹斜，横延亦径挺。

月夕叶影碎，春暮花光映。

清朝蒙露湿，落日随烟暝。

不使草蔓滋，任从根裂迸。

堪谐蒋诩徒，惟任蓬蒿盛。

题陈公学堂警戒

萧定基

一

五松卓越一贞儒，班马才能誉不虚。

隐隐文光腾万丈，渊渊学问富三余。

胸罗星斗天文象，心契山川地理图。

七聘三征皆不就，优游林下乐何如。

二

养贞晦迹马仁乡，抱德藏修物类忘。

君命宠临光梓里，圣恩旌表耀书堂。

水流山峙胸中物，鱼跃鸢飞性分良。

礼配乡贤遵道德，后裔继世沐余光。

题陈公学堂

包 拯

奉敕江东历五松，义安高节仰陈公。

赤心特为开贤路，丹诏难回不仕风。

乐守齑盐忘鬓白，笑谈金帛近尘红。

无拘无束清闲客，赢得芳声处处同。

陈公学堂诗

包 拯

不听天子宣，幽栖碧涧前。

钟鸣花寺近，肱枕石狮眠。

禅有远公偈，辞能靖节篇。

一竿堪系鼎，千古见心传。

铜官山

梅尧臣

碧矿不出土，青山凿不休。

青山凿不休，坐令鬼神愁。

五松山

郑 獬

天上仙人谪世间，醉中偏爱五松山。

锦袍已跨鲸鱼去，惟有山僧自往还。

顺安临津驿

王安石

临津艳艳花千树，夹径斜斜柳数行。

却忆金明池上路，红裙争看绿衣郎。

胡氏逢原堂

王安石

我爱铜官好，君实家其间。

山水相萦萃，花卉矜春妍。

有鸣林间禽，有跃池中鲜。

叶山何嵯峨，秀峙东南偏。

峰峦日在望，远色涵云边。

宾客此鳞集，觞饮当留连。

君家世儒雅，子弟清风传。

前日辟书堂，名之曰逢原。

有志在古道，驰情慕高贤。

深哉堂名意，推此宜勉旃。

木茂贵培本，流长思养源。

左右无不宜，愿献小诗篇。

灵窦泉

王安石

山腰石有千年润，海眼泉无一日干。

天下苍生望霖雨，谁知龙向此中蟠。

挽舜元胡著作郎

王安石

德行文章里闬宗，姓名朝野尽知公。

侍亲存没皆全孝，报政初终必竭忠。

性直不从花县乐，分安求逸郁堂空。

从今永别人间去，笑入蓬瀛阆苑中。

陈公学堂诗

王安石

隐翁何事逝仙游？遐想遗芳泪暗流。

洒落襟怀超俗侣，能全道德卧林丘。

倾心夹辅收三益，握手交欢共四休。

泣拜尊灵今日别，不堪回首思悠悠。

邀婿汪澥游叶山

胡舜元

拂拂和风吹我衣，野棠开彻鹧鸪啼。

一年好景君须记，莫惜携壶上翠微。

谒金门·贺婿汪澥中乡试

胡舜元

香馥郁，月殿高攀金粟。争夸万里云霄足，真个人如玉。

上苑春风锦簇，喜听琼林报速。少年得意君恩沐，早应金瓯卜。

贺婿汪瀣升枢密使

胡舜元

乾坤踪迹路人碑，白首心犹释褐时。

四十冰霜枢府度，百年风月草庭思。

龙飞紫极方资辅，鹄立丹墀已耆夷。

事业振夔今胜会，舜廷应见凤来仪。

赠族人一源归歙州

胡舜元

一派仙源直到今，百年耕读两行分。

只缘马上风声异，不是城南杜正伦。

归隐诗

胡舜元

利欲牵人四十春，不堪奔走逐红尘。

如今始觉天将晓，深闭蓬门不问津。

又

懒将狗尾续金门，且整锄犁向野莘。

尧桀是非浑不解，一蓑烟雨一蓑云。

咏沸水寺

胡 乘

沸沸流泉出洞天，清清长涌管峰前。

桑田沧海频变更，惟有涛声亿万年。

题陈公园

苏 轼

一

南北山光照绿波，濯缨洗耳不须多。
天空月满宜登眺，看取青铜两处磨。

二

春池水暖鱼自乐，翠岭竹静鸟知还。
莫言垒石小风景，卷帘看尽铜官山。

三

落帆重到古铜官，长是江风阻往还。
要使谪仙回舞袖，千年翠拂五松山。

题铜陵陈公园双池诗

苏 轼

冈陵来势远，幽处更依山。
一片湖景内，千家市井间。

题陈公学堂诗

苏轼 黄庭坚

东坡咏

虚斋识得名利空，甘守林泉到老同。
宏博古今通圣域，闲依花草咏芳丛。
潜心藐视三公贵，寄迹高随四皓风。
每忆屡征端不就，令人千载话无穷。

又咏

狮山青映碧云天，侧有天民嗽醴泉。

丹凤七襄频赐诏，黄冠千古独招仙。

闲来清啸无愁月，醉里沉酣不计年。

我为羊裘忘世态，羊裘偏应客星元。

山谷咏（黄庭坚唱和）

千里相知隐逸园，羡君名重翰林仙。

自惭谬点朱衣列，独惜真儒绿野贤。

默契诗书新日月，趣遗桃李旧山川。

须知樽酒无情曲，恨极难逢十年前。

阻风铜陵

黄庭坚

顿舟古铜都，昼夜风雨黑。

洪波崩奔去，天地无限隔。

船人紧维筏，何暇思挂席。

凭江裂嵌空，中有时水滴。

洞视不敢前，潭潭蛟龙宅。

网师登长鳣，贾我腥釜鬲。

斑斑被文章，突兀喙三尺。

言语竟不通，噞喁亦何益。

魁梧类长者，卒以筌饵得。

浮沉江湖中，波中永相失。

有生甚苦相，细大更啖食。

安得无垢称，对榻忘语默。

阻水泊舟竹山下

黄庭坚

竹山虫鸟朋友语，讨论阴晴怕风雨。

丁宁相教防祸机，草动尘惊忽飞去。

提壶归去意甚真，柳暗花浓亦半春。

北风几日铜官县，欲过五松无主人。

铜官县望五松山集句

黄庭坚

北风无时休，崩浪骶天响。

蛟鼍好为祟，此物俱神王。

我来五松下，白发三千丈。

松门点青苔，惜哉不得往。

今日天气嘉，清绝心有向。

子云性嗜酒，况乃气清爽。

此人已成灰，杯贤盈梦想。

衣食当须几，吾得终疏放。

弱女虽非男，出处同世网。

搔背牧鸡豚，相见得无恙。

铜官僧舍得尚书郎赵宗闵墨竹一支，笔势妙天下，为作小诗二首

黄庭坚

其一

省郎潦倒今何处？败壁风生霜竹枝。

满世□□专翰墨，谁为真赏拂蛛丝？

其二

独来野寺无人识，故作寒崖雪压枝。

想得平生藏妙手，只今犹在鬓如丝。

大通禅师真赞

黄庭坚

前波法涌，后波大通。大通法涌，彻底澄空。

圆照愿海，千讴一实。圆通法流，滔天沃日。

三世一念，十方见前。铜岩铁壁，不可攀援。

见即弹指，蹉过万千。大则偏圆异位，通则

真假同源，观者著眼，是传非传。

过铜陵南望

晁补之

过铜陵南望，一山高出云上，奇秀可骇，余未尝至江南，遂曰，此九华也。问之，言是。

云端忽露碧屛颜，如髻如簪缥缈间。

惊骇舟中齐举首，不言知是九华山。

题陈公学堂

盛昌孙

光霁襟怀孰敢因，浮云名利不关心。

满腔朗月惟存意，一榻清风总是春。

至乐期求黄卷富，素飧那厌紫芝贫。

儿孙昌祉皆叨庇，史册精灵万古闻。

江行池阳至铜陵

李 纲

春江望不极，惨淡起层阴。

烟雨濛濛湿，云涛渺渺深。

怀家千里意，报国一生心。

叹息知音少，空为梁父吟。

铜陵阻风

李 纲

春色到江渚，梅花正断魂。

风波留远棹，烟雨湿寒村。

雁过传遗响，潮来没旧痕。

凄凉一樽酒，愁绝与谁论。

游五松山观李太白祠堂

李 纲

大江东南流，鼓舵江水上。

薄游五松山，获见谪仙像。

呜呼天宝间，治乱如反掌。

兵戈暗中原，豪杰多长往。

谪仙当此时，逸气溢天壤。

脱身来江东，缥缈青霞赏。

作诗几千篇，醉笔笼万象。

迄今有遗祠，识者共瞻仰。

舟过大通镇

杨万里

淮上云垂岸，江中浪拍天。

顺风那敢望，下水更劳牵。

芦荻偏留缆，渔罾最碍船。

何曾怨川后，鱼蟹不论钱。

丁家洲避风行小港出荻港大江

杨万里

一

蓼岸藤湾隔尽人，大江小汊绕成轮。

围蔬编荻不争地，种柳坚堤非买春。

匏瓠放教俱上屋，渔樵相倚自成邻。

夜来更下西风雪，荞麦梢头万玉尘。

二

荻篱萧洒织来新，茅屋横斜画不真。

干地种禾那用水，湿芦经火自成薪。

岛居莫笑三百里，菜把活他千万人。

白浪打天风动地，何曾惊著一微尘。

三

芦挥尘尾话清秋，柳弄腰支舞绿洲。

引得长风颠入骨，戏抛白浪过于楼。

十程拟作一程快，一日翻成十日留。

未到大江愁未到，大江到了更添愁。

夜宿羊山矶

陆 游

夜宿羊山矶，将晓，大雨北风甚劲，俄顷行三百余里。

五更颠风吹急雨，倒海翻江洗残暑。

白浪如山泼入船，家人惊怖篙师舞。

此行十里苦滞留，我亦芦丛厌鸣橹。

书生快意轻性命，十丈蒲帆百夫举。

星驰电骛三百里，坡垅联翩杂平楚。

船头风浪声愈厉，助以长笛挝鼍鼓。

岂惟滂湃震山岳，直恐濆洞连后土。

起看草木尽南靡，水鸟号鸣集洲渚。

稽首龙公谢风伯，区区末祷烦神许。

应知老去负壮心，戏遣穷途出豪语。

陈公学堂诗

俞时昌

蒿宝莞墙志不移，安贫乐道鲜人知。

清风明月常为伴，绿水青山独得奇。

榻静堪招徐子驾，笔闲频和杜陵诗。

云深不识先生处，怎处元龙赞化机。

铜陵阻风

王十朋

一

两年官绝塞，万里下瞿塘。

秋浦浪方急，铜陵风又狂。

五松人忆白，双竹句思黄。

今夜舟中月，中秋何处光。

二

江入铜陵县，舟藏芦苇间。

邮亭危压浦，佛屋漏依山。

月出乌将绕，风高雁欲还。

江山不贫处，一览见尘寰。

富览亭

王十朋

一望之中万象新，铜官宝嶂悉生春。

风光拚取收囊底，宦况于今也不贫。

题富览亭

张孝章

碧瓦朱甍接翠崖，周围无地着纤埃。

山从云脚断边出，水向天根尽处来。

去蜀征帆轻渺渺，隔淮春树绿洄洄。

偷闲一到尘襟涤，坐见星河落酒杯。

富览亭

郭肇镆

山光墨汁景常新，韵绕炉香笔绘春。

点缀千岩持赠我，携来满袖不忧贫。

又

八咏同标琢句新，奚囊至处尽含春。

等闲咳唾随风落，领取珠玑足赡贫。

题太白五松书堂

林 桷

翰林最爱五松山，尝说千年未拟还。

而我抗尘良自愧，来游只得片时闲。

又

千载名山乐有余，功名尝愧十年书。

英风凛凛无今古，醉草明光一梦如。

又

荡漾清溪两桨飞，趋行不及到斜晖。

无人跪进雕胡饭，只学卢仝啜茗归。

又

为儒为吏两无功，采石铜官邂逅同。

四见清明今一换，归欤我欲片帆东。

题太白五松书院

阜 民

江氛朝暮半晴阴，绀宇飞甍接翠岭。

手摘匏瓠曾未遍，身从鸥鹭得相寻。

千年舞袖云崖冷，几度桃花春水深。

犹有门前旧题句，松风万壑老龙吟。

宿护国寺

张 勋

乱草织斜阳，天风结晓霜。

摇鞭追马足，投宿向僧房。

望眼挥清泪，愁云罩故疆。

客帆更无数，不见祖生航。

赠胡乘公归隐菊庄诗

钱希和

不是潜公懒折腰，耻为斗米著青袍，

闭户菊庄闲肆酒，复睹渊明乐圣朝。

赠胡公文赏讳省一种德诗

李　贤

沸泉西侧君家住，种德堂成映碧波。

常把仁心周匮乏，曾将仙剂起沉疴。

天源活泼昭胸阔，云岭崔巍入望多。

积庆自知天有祐，恩封传报老翁窝。

种德堂

李　贤

种梅有佳实，种竹栖凤雏。

谁知种德人，气味应更殊。

每将太行山，化作平坦途。

芝兰芳满庭，世泽应宏敷。

泊舟老鹳嘴

杨　奂

滚滚风生浪，娟娟月印沙。

船头平压水，棹尾捷成花。

老去常为客，愁来转忆家。

双栖疏影里，羡煞柳旁鸦。

归途过铜官山

戴昺

山径崎岖落叶黄，青松疏处漏斜阳。

寒乌无数声相应，一阵微风野菊香。

五松山太白祠堂

戴昺

舣舟来访宝云寺，快上山头寻五松。

捉月仙人呼不醒，一间老屋战西风。

赠汪孝子

孟益

刻木为亲古亦稀，汪生天性自无违。

十年奉养如生日，回视丁兰更有辉。

又

循善无疑报自天，一身耆艾子孙蕃。

好将姓字闻朝著，旌市居为孝弟村。

题陈公学堂

陈允

斩棘披茅构数楹，一帘风月一丝琴。

宁从野外藏奎耀，不向天边动客心。

闭户有心观史籍，推窗无梦到簪缨。

三征七聘浑闲事，竹外烟花自有情。

忆五松山

郭祥正

江南富山水，忽忆五松山。

梁僧种松夺造物，至今千丈凌云间。

上有寒蟾吐魄凝冰霜，下有铜陵碧涧倾潺潺。

雷公睥睨不可以挥斧，

老鹤飞来势欲止而复还，猿猱侧望何由攀。

琉璃殿阁若化出，四天之众说法鸣金钹。

我往脱屣往栖息，六月清风无汗颜，

浓阴可爱坐盘口，绿酒酌尽横琴弹。

命宫叩徵天地变，听之以往生羽翰。

纷埃不到佛净国，岂识人间行路难。

尘劳忽起旧缘想，倒骑匹马来长安。

修鳞掉尾业已困，涸辙孰于西江澜。

发疏齿缺形将残，畏途足蹑心胆寒。

屈原怀沙贾谊贬，身后忠名何足观。

不如宴坐碧山里，笑傲每携云月欢。

明朝却欲渡江去，五松岩户无人关。

方壶员峤太殊绝，幸有此山容我闲。

五松寺

李弥远

秋风吹客衣，去路倚天壁。

跻攀一何窅，正坐爱山癖。

人言五松下，曾是瞿昙宅。

至今梧竹荫，列屋栖禅寂。

尘缨得暂解，欲驾聊可息。

怡颜岩间树，洗耳泉上石。

孤云共往还，窈窕去无迹。

道人粲可流，独步少林席。

客来了不言，碧眼照庭柏。

希声出钟梵，妙意生墙壁。

寒灰暗青灯，偶坐遂终夕。

归来人境空，缺月挂山额。

元 代

铜陵五松山中

宋 无

樵声闻远林，流水隔云深。

茅屋在何处，桃花无路寻。

身黄松上鼠，头白竹间禽。

应有仙人住，避秦来至今。

铜官山

贡 奎

遥遥铜官山，逆水去千里。

山瘦木落衣，水涸石见底。

棹此一叶舟，观山复观水。

得山可栖身，得水可洗耳。

中有千年松，根深茯苓美。

独鹤巢空枝，岁晚知所止。

愧我驱尘迹，去去独未已。

长歌呼谪仙，回首白云起。

江上

汪广洋

大通港口柳如烟，簇簇人家赛辋川。

侯吏颇谙巡逻事，插旗挝鼓送行船。

题梵天寺泉

房芝兰

云根流出泻寒声，冷沁禅关竹树清。

气泄化胎飞宝锡，岩开冰谷愧尘缨。

鹤林月浪秋常浸，龙海波涛夜忽惊。

分我一瓢苏旱岁，化为霖雨泽苍生。

重游梵天寺

房芝兰

门前流水碧粼粼，禅定僧闲化复淳。

搅梦半因诗作祟，破寒全藉酒生春。

休教一切有为法，误着三生自在身。

拂袖重来经六载，梵云飞雨洗儒巾。

重游兴化寺

房芝兰

古寺藏山麓，重游兴觉赊。

晴峦万叠转，寒涧一泓斜。

望日频悬阙，看云暂拟家。

登临将近夕，归路趁残鸦。

题顺安楼

房芝兰

窗含野色入平吞，极目渔樵江上村。

流出异香花堰水，放开老翠叶山云。

竹边僧寺鸥沙绕，柳外人家驿路分。

挂月参天蟠地脉，门前双树几斜曛。

大通江口舍舟而涂抵繁昌纪实

魏 观

扁舟畏风涛，上马遵大路。

马喜大路平，骞然欲驰惊。

手疲两足痛，纵逸恐颠仆。

呼奴执其辔，控驭使徐步。

前村望烟火，稍远得农扈。

蔬笋兼可求，午膳爱不误。

少顷闻病翁，叫出蓬首妇。
妇出拜旦言，穷苦日难度。
夫远充民兵，儿小当递铺。
翁病经半年，寒馁缺调护。
军需未离门，活计不成作。
荒山要收丝，荒亩要输赋。
诛求里长急，责罚官府怒。
近来点弓兵，拘贫放权富。
迫并多逃亡，苍黄互号诉。
左右三五家，春深失耕务。
纷纭下牌贴，勾捉犹未杜。
所言尽真悉，俾我心骇怖。
兹行事咨询，拯恤惧迟暮。
州县嗟匪才，琐屑诚可恶。
丧乱民疗深，君王重忧顾。
所以谕旨勤，赤心相托付。
民为邦之本，绥抚在完固。
胡为重刻剥，上德阻宣布。
明当抗封章，为尔除巨蠹。

明 朝

过铜陵
陶 安

一

县治无城堵，坡陀枕水滨。
铜坑容凿矿，炭户晓担薪。
兵后姜牙少，岩深箭竹新。
沙溪浮石子，嘎嘎履声频。

二

石塔深巢鸟，砖街曲类蛇。
平山立烽堠，小港隐渔槎。
田废多生荻，池湮不沤麻。
独存胡鬼殿，未有县官衙。

三

季世轻边备，奸臣岂将才。
妖金声动地，炎火冷如灰。
营垒已陈迹，山川犹壮哉。
水流呜咽处，过客每兴哀。

羊山矶
陶 安

东岸矶头拥赤霞，西边沙渚老兼葭。
江流盘束如衣带，水急船迟日又斜。

十里长山

吴与弼

群岗联络接铜陵，何代流传十里名？

隔岸翠屏相应好，片帆归咏正秋清。

又

归心日日数邮程，楚水吴山次第吟。

安乐有窝时在眼，只怜无计答升平。

清凉八景

吴 琛

天台秀峰

奇峰耸翠碧云端，信是神灵拔地攒。

万缕烟霞笼石磴，四时花木荫林峦。

鸟还青嶂歌声杂，人立红亭眼界宽。

共说禅宗栖得稳，个中盘曲往来看。

喷珠泉美

方池圆石出天然，镈隙能通地底泉。

源脉涌来如醴冽，支流喷出若珠圆。

甘凉可却炎天暑，润泽堪浇旱岁田。

自是禅心相对处，了然不受一尘牵。

狮子昂霄

山形肖兽得名称，耸立云霄态度横。

雾罩晚岩疑气吐，草铺春麓若毛生。

从龙有意能兴雨，与世无情岂啖牲。

独爱禅房风景好，年年侧耳听钟声。

玉鼎含烟

顽石分明造化成，如炉如鼎竖山嵚。
翠岚缥缈临铉起，白霭氤氲傍足沉。
恍惚檀香焚宿火，依稀云气散秋岑。
老禅玩此清无限，忘却尘中世故心。

百丈丹崖

绝顶巍峨百丈高，红尘飞不到林皋。
天光远映岩头树，地气微生涧底飙。
狍子野猿时上下，迎人山鸟自呼翱。
何当梵刹鸣钟杵，响应崖声似击蓉。

马岭松筠

长峦高处倚徂松，偃蹇犹如立地龙。
满树风声和晓日，万枝云气覆晴风。
效灵常是兴甘露，休憩何须问旧封。
寄语樵柯休剪伐，年年留取伴禅宗。

罗公书院

哲人有志助功名，故向幽林结短楹。
屋里唔咿声未绝，案头博览业尤精。
一朝伟烈称当世，百载颓基仰旧声。
珍重乡邦午少士，好将踪迹效前英。

天女前拜

孤峰挺秀倚长空，似对祇园展拜容。
突兀岂能循礼度，欠伸却讶尽严恭。
羊肠曲绕烟霞烂，螺髻光凝雨露浓。
共说此中多胜景，何时登眺望云松。

铜陵四咏

王 贯

松山文焰

谪仙曾此究遗经，遂使松山擅美名。

乔木尝青含秀气，飞流不断带书声。

奎光炳焕霞初照，文运昭回日正明。

安得从容登绝岭，五松深处望神京。

杏阜丹光

仙翁修炼已飞升，夜夜丹光射紫清。

石鼎千年存古迹，杏花几树发春荣。

云浮恍若炉烟动，月皎犹疑灶火明。

安得相从求至诀，功成九转得长生。

叶山文笔

一峰迥出直如椽，远镇铜陵几百年。

华表秋高金气肃，昆仑春暖玉毫圆。

云霞照处奎光盛，菊露滋时秀色鲜。

兆应斯文诚不偶，科名人杰喜蝉联。

大江澄练

风恬浪静镜光浮，似练平铺昼夜流。

合派百川声浩浩，朝宗沧海势悠悠。

晓涵红日黄金满，夜浸银河碎玉稠。

自是烟波深莫测，万年天堑壮皇州。

铜陵江上对月

罗 伦

脉脉铜陵水，迢迢玉镜飞。

相随千里外，还到故园扉。

夜静虚清鉴，风微荡绿辉。

此心如仿佛，圆缺不相违。

泊舟大通

王阳明

扁舟经月住林隈，谢得黄莺日日来。

兼有清泉堪洗耳，更多修竹好衔杯。

诸生涉水携诗卷，童子和云扫石苔。

独奈华峰隔烟雾，时劳策杖上崔嵬。

过铜陵观铁船

王阳明

青山滚滚如奔涛，铁船何处来停桡？

人间刳木宁有此，疑是仙人之所操。

仙人一去几千载，山头日日长风号。

船头出土尚仿佛，后岗有石云船梢。

我行过此徒忖度，昔人用心已无忉。

从来风波平地恶，纵有铁船还未牢。

秦鞭驱之不能动，舁力何以施其篙。

我欲乘之访蓬岛，雷师鼓柁虹为缫。

弱流万里不胜芥，复恐驾此成徒劳。

世路难行每如此，独立斜阳首重搔。

何石山招游燕子洞

王阳明

石山招我到山中，洞外烟浮湿翠浓。

我向岸崖寻古句，六朝遗事寄松风。

黄明府邀登新城

佘敬中

斯民再睹颍川黄，小试经纶奠一方。

铁舸千年成砥柱，铜官百里壮金汤。

虚凭楼阁遥瞻斗，险据江关静望洋。

盛世干城劳侧席，即看飞诏首循良。

熊明府新启东门城楼

佘敬中

楼厂清秋万障开，门闉沉复倚东隈。

凭虚回落云间雁，兴剧还倾月下杯。

鳌首峰高标地胜，龙津派泻自天来。

黄花丹叶浑如锦，绝胜河阳表异才。

江上望五松

佘敬中

江上望五松，松明郁偃盖。

铁干蟠苍虬，日月常暗暧。

灵根何处来，疑是天帝赍。

中有神物护，斧斤能远害？

夜静山月悬，笙竽发天籁。

回焱倏飕飕，飞涛惊野外。

插壆巢鹳鹤，点缀开图绘。

轮囷庇下土，云锁甘澍霈。

讵袭嬴氏封，功施尤为大。

谪仙舞袖回，长啸凭酒醑。

坡老落征帆，拂翠临清籁。

胜游迹虽陈，瑶篇传炙脍。

余昔策款叚，班荆髦耋会。

绿雪洒川原，青霭滴襟带。

坚贞缔金石，朴速薄萧艾。

别尔十余稔，今得旋尘斾。

不改岁寒姿，怜余情蔼蔼。

藐兹多病身，声华颇自刿。

愿言餐参苓，长生胥此赖。

宿崇福寺次翁明府韵

佘敬中

几载乡关梦寐情，清风今送五松声。

万竿修竹尘踪远，半壁斜阳刹影倾。

檐落诸天青霭合，庭空双树紫烟生。

疏庸尽是头陀味，到处丛林好结盟。

观铁船次王新建韵

佘敬中

长江喷雪驶泱涛，烟水不断江上桡。

五松山麓邻江渚，铁船来自何人操。
传是江州仙骨守，拂衣羽化民啼号。
飘然远驾周八极，白云遥挂五松梢。
铜官永作栖灵皁，铜陵从此免烦忉。
铁船砥柱千年镇，苔藓不上弥坚牢。
蓬莱几度清浅水，神功岂藉凡人篙。
嗟余夙慕龙伯国，坐此欲垂百尺缳。
世途汩泊皆尘海，且憩松根听伯劳。
凭谁拯济苍生遍，风前短发空频搔。

病中过铜陵遇雨

王世贞

江馆能收望，渔矶亦罢罾。
谁怜伏枕客，风雨过铜陵。

清凉寺

李廷瓒

偶到清凉寺，山幽景自奇。
峰高天易合，树密月升迟。
老柏栖鸟惯，寒僧接客稀。
半空悬石塔，坐对语忘机。

游禅定寺

李廷瓒

为过乘骢到此间，云迷古寺境常关。

竹荫绕屋栖鸣凤，松荫遮林隐瑞鸾。

行跳忽惊喧鸟乱，坐来不觉老僧闲。

静思尘世空名累，天地何曾隘小官。

登宝山庵

袁 沛

胜地乾坤合，宝山有洞天。

若凭千树杪，谷注一人泉。

绝壁风尘外，长江烟树边。

寻幽到真境，神爽讶登仙。

舟中望石龙矶

翁金堂

北海神仙何有叟，手持玉策驱虬走。

乘飙驾电指南来，越国经都日八九。

江上适遇天王氏，邀之共饮五松酒。

神人不顾走自如，疾呼勿应但挥手。

天王大怒叫帝阍，帝命铜官往驯操。

神人闻之弃虬去，飞入白云拂双袖。

铜官大夫召地丁，锁虬金绳如玉纽。

长虬欲去去不得，昂藏宛辨惟骧首。

月明照见甲参差，风动时闻叫声吼。

鳞间的嚦满金沙，万斛鲛珠常喷口。

玉爪爬开乱石堆，苍烟披拂长堤柳。

磊块还堪镇地关，魁奇端足雄江右。

我来击节过其前，凝眺徘徊成坐久。

醉后轻狂发浩歌，为尔留题传不朽。

墨花零落映空潭，安得笔峰巨如帚。

天仙子·登天王山

翁金堂

水色环山明四傍，时度香风松顶上，画檐高压鸟飞低。轩牖敞，凝眸望，几点青青天际嶂。

韶华晚来添色相，刚见苍天将月放，一轮入座一垂江。澄波漾，轻风荡，琉璃光与珠帘飏。

答佘聿云

汤显祖

山公台榭即逢君，爱汝能飞字聿云。

秋浦兼葭人自远，春江桃李思难分。

芳尊几借清韶色，妙墨传看锦绣文。

为道碧鸡光景在，汉宫谁许洞箫闻。

过铜陵

汤显祖

夕向燕支夹，遥分白马耆。

沧浪荷叶点，春色凤心知。

邑小无城郭，人欢有岁时。

谁怜江上影，悬弄五松枝。

登天王山

何自谦

天王俯视一山廛，曲径斜通云外巅。

玉殿高骞尘不到，金樽饮尽酒还连。

纳凉正得南薰好，赓韵深惭白雪传。

适意何须论富贵，翠涛深处是秋天。

游杏山

陈嘉猷

枫满霜林菊满秋，杏山遗句景前修。

宦成不作豪华想，简易如如任去留。

登天王山

佘翘

上游锁钥控南州，暇日邀宾选胜游。

境转天王堪眺望，尊开地主有风流。

松林涛涌江声合，萝磴寒飞暑气收。

一自岘山留碣石，使君遗爱足千秋。

铜 陵

曹学佺

杏叶山崩堰，梅根渚少烟。

为鱼从古叹，置冶迄今传。

大小牛栏固，东西鹊岸连。

五松山下媪，能醉李青莲。

初至禅定寺

李士元

栖栖六月度江乡，客况何当驿路长。

雪霰摩天江汉壮，云霞引袖黍禾香。

简书捧月尘心赤，桑梓迷烟望眼黄。

双剑应知千载意，漫将衰鬓数冯唐。

澄照寺

李士元

丛门初驻节，草莽即生神。

石瘦春秋老，僧贫意气真。

联风双鸟翼，闳水乱蛙唇。

征衫收暮雨，一坐野园春。

寓禅定寺

李士元

抱命向铜陵，山门一驻旌。

黄鹂回午梦，翠竹引秋声。

尘迹烟光老，心田宇宙轻。

薰风一樽满，相对佛头青。

观竞渡

李士元

龙舟神捷饰雄文，扬子江边午日温。

鼍鼓弥天降怪物，兰桡击水出忠魂。

追风鳞甲黄头合，照银锋铓白浪分。
世俗不知孤愤意，绿阴深处列壶飧。

凤凰晓行

李士元

幨帷厌池草径鲜，壮志消磨露草边。
丹叶拥水水疑热，絮云裹山山怕寒。
剥稻村春叶犹落，炊羹野灶霜未干。
篱间瘠犬吠过客，似与主人护晓眠。

夜 行

李士元

夜半江村鬈发天，百年常结一樽缘。
盘餐罗列雁声到，烟水空同月影圆。
挽绥岂忘廷雉谊，驱车不计掌珠年。
间阎正属诛求急，鸡犬声中梦未便。

谒府回舟中立冬

李士元

清溪杯酒肃霜天，一夜西风鼓角坚。
商箅盈虚帆影里，客床湿燠雁声边。
池村烟净黄花灿，华岭云轻白鸟翩。
一绶那须千缕簇，灯前赖有斫轮编。

铜陵十景

董应扬

天王富览

九子三江景色嘉，回环此地望靡涯。

山圆树影藏王殿，石现金身转法华。

极目远洲帆隐见，放歌空谷响交加。

寒毯寂寞无情思，每到徘徊趣味赊。

五松胜游

涛飞五松韵清悠，曾此青莲恣咏游。

胜地有灵垂不朽，遗祠何事邈难留。

只今莽苍悲烟雾，忆昔光芒射斗牛。

剩有长松非故物，骚人旋马吊风流。

石耳云根

西顾峦层两欲飞，真人指点示先机。

修然突兀石为质，倏尔掀翻云作衣。

耕叟遥瞻披笠住，行人瞥风趣装归。

应知巨迹留闻性，听取甘霖霈九围。

曹韩沙谶

沙拥江心有待圆，而今文运恰逢年。

运从甲子初开历，文自东来得异传。

兔颖光浮当日彩，沙头谶合宿生缘。

诸君授得天人策，好向清时效斡旋。

铜阜栖灵

为爱仙游不受官，无如铜阜境幽间。

霎时豹隐藏云雾，奕代龙章贲宇寰。

万壑涛声如振啸，千岩雾色似开颜。

人情瞻跂无穷意，香火荧荧映远山。

铁船遗迹

幻作神通锦作衣，驾来铁艇显灵威。

不知谷口真人隐，尽道浔阳太守归。

问水寻山宁俗调，开头捩舵总仙机。

流传今古存遗迹，物在人亡事已非。

禅寺晓钟

五更鸡唱曙光明，忽送招提钟数声。

惊起居人蕉鹿梦，唤将旦气玉冰清。

远音谛听觇迟早，余音徐传卜雨晴。

法物祇林何代事，烟云翘首不胜情。

县河晚泊

薄暝城边鼓角残，停桡舟子泊江湾。

杨枝夹岸笼烟住，水势随潮带月还。

醉卷白波情自适，枕酣青雀梦常闲。

却愁明夜系何处，回首铜山隔远关。

槐阴小署

谁植双槐环堵前，扶疏如盖绿森然。

衔杯时对朦胧月，兀坐浑疑黯淡天。

兔眼成林才数日，鳣堂借覆几经年。

取希王氏三公后，喜傍浓阴手一编。

望圆高阁

巍峨高阁接城埤，四顾山光入望奇。

独步敲诗消白昼，群居探藻映青藜。

几看春绽梅花蕊，时见风翻杨柳枝。

无奈王程催去棹，凭临数载有余思。

题翼龙山栖云庵

佘继益

栖云物态弄晴晖，似雪芦花对岸飞。

树影不缘帆影乱，涛声时和磬声微。

传经鸟语晨喧枕，作画渔舟晚泊矶。

千里江山观不尽，游人常傍月明归。

泊紫沙洲

方　文

其一

朔风阻前路，晚泊向孤汀。

月吐江村白，烟消渔火青。

床头霜气冷，舵尾浪声停。

借问舟中客，何人寐不醒。

其二

江畔孤洲曰紫沙，昔时烟霭百余家。

一从豺虎来池口，遂使鸡豚尽水涯。

落日穷檐沽薄酒，寒宵危埂系枯查。

醉余一觉才安枕，又听军声四面哗。

铜陵遇姚若侯

方　文

新亭期早发，恨尔别情牵。

挂席因风便，停桡在我前。

穷乡沽酒薄，密坐论文偏。

月色中天好，秋宵不忍眠。

九日铜陵阻雨

方 文

客里几回逢九日，舟中四次遇重阳。

年年风雨愁相似，历历湖山梦不忘。

前去吴江天惨栗，昨归京口路凄凉。

今朝又泊铜官县，三处烟波一断肠。

白屋

方 文

白屋三楹覆白茅，青溪一带似青郊。

门前种圃多蔬甲，墙外编篱长竹梢。

守拙自无尘事扰，遗荣犹有俗人嘲。

邻翁善数通河洛，筮得山风第六爻。

铜陵道中乘风急渡

龚鼎孳

断岸绿江曲，鸣沙激浪崩。

斗蛟疑石峡，使马下铜陵。

路入乡心疾，山连午翠蒸。

楼船王浚日，风利想奔腾。

东西湖

张懋鼎

平湖一望漾晴空，绕岸荷香送远风。

渔艇闲乘归兴晚，纤纤月影挂秋桐。

灵窦泉

张懋功

苍生望重谢安石，横肆新书舌本干。

早识青苗徒溃决，天飞不若困泥蟠。

早过铜陵

顾元镜

风涛不可渡，舍楫事车征。

路入荆榛僻，山从雾霭明。

弹城新入望，钦监旧知名。

去去频回首，逢人欲省耕。

铜官山保胜侯庙

郑允升

庙食铜官古，濯灵铁水边。

勋犹垂往牒，封敕下诸天。

尚映九华碧，仍浮千树烟。

维新今有待，檀樾共油然。

登天王山

陈嘉泽

萧萧静掩昧还幽，闲偶同侪揽胜游。

万叠波涛撑玉柱，千家城郭巩金瓯。

推敲好句杯中落，继续晴岚望里收。

山峻水长风自在；登临对此更悠悠。

富览亭

余懋

迢迢绝巘构亭新，南北江山万斛春。

奚囊谁载裁云句，日赋千言也不贫。

凤凰八景

周铎

横山高截

其一

横山崎岖一径通，几多花木绚晴空。

春来有客闲登眺，满目清香逐好风。

其二

自古横山景致幽，相期造化永无休。

界通两县东西异，水傍平川南北流。

春到奇花开树杪，晓来好鸟闹林头。

游人适兴闲登罢，回首吟哦兴趣优。

面山异境

其一

白面山高今古同，峰峦层列耸云中。

腰间有石刊灵圣，多少祈求感报功。

其二

面山异境玉嶙峋，远耸危峰几万春。

奇树逢时方发达，浓烟向晓又添新。

名刊石壁存遗迹，灵应乡村表致仁。

我亦闲游来此处，不胜兴感倍精神。

石山凤凰

其一

庐外山高插半天，石边孤井聚甘泉。

凤凰一饮千年后，尚有遗迹万古传。

其二

巍峰一派自乐来，宛转峰腰接上台。

孤井凝泉依石出，灵禽鸣饮露踪回。

远离凡俗尘无杂，幽静深林花自开。

看此名山能有几，室庐相近甚佳哉。

塔山胜境

其一

四顾山光眼界宽，花红树绿景无端。

泉流崖洞千年石，留与人间后世看。

其二

胜境临轩路不遥，先人曾此兴偏饶。

鸟音入谷声呼应，山耸迎晖影动摇。

排列悬崖危欲坠，奔驰飞瀑落还跳。

登高几度诗人思，坐对晴云景寂寥。

潭山灵湫

其一

万丈深潭彻底清，神龙蟠处寂无惊。

一朝鼓舞升天去，遍洒甘霖济众生。

其二

灵湫池隐万山中，竹树森森少路通。

一镜渊泉清彻底，四周石壁耀晴空。

神龙潜伏波涛静，雷鼓喧轰云雾从。
遇旱黎民祈有感，沛然霖雨下苍穹。

居山建寺

其一

殿庙巍峨纪胜流，山清水秀绕林丘。
闲从老衲谈清话，何异蓬莱洞里幽。

其二

青居古刹小栏东，殿庙巍峨耀碧空。
胜境峥嵘疑佛域，法门清静赛崆峒。
流泉旋绕鱼游戏，荷芰芬芳花映红。
有事不妨来过访，盘桓日夕兴无穷。

金山金牛

其一

神气凝成几万秋，忽然崩裂出金牛。
世人漫说奔淮北，尚有金牛名未休。

其二

天地精英产瑞兮，包含无限草萋萋。
忽然崩裂金牛见，曾被人追江汉西。
远望巍巍遗迹在，遥看叠叠淡烟迷。
我今采景编诗卷，留得芳句万载题。

洞山马踪

其一

烟树溟蒙碧洞迷，泉流长自洗尘泥。
当年不是仙人入，安得遗踪在马蹄。

其二

名山东畔几千年，幽静深沉一洞天。

林树远迷人迹少，月明斜照石门前。
尘埃自昔源流涌，仙迹由来马足传。
闻此也曾流胜境，无迹回首望云巅。

登天王山
吴文梓

青山郭外见村塵，羽士堂开万木巅。
七碗能令尘吻爽，一尊偏爱绿阴连。
清虚不减玄都兴，雅致当随彩笔传。
高柳新蝉鸣又歇，徘徊直待夕阳天。

登杏山
佘应豹

曲磴层梯上杏山，峰峦面面隔尘寰。
千章嘉树笼仙迹，一酌丹泉驻俗颜。
内外两编传宝筏，祖孙旷代印金环。
生来忘却人间世，水自潺湲云自开。

翼龙山
张焯

凌虚登绝顶，选胜翼龙山。
宛见龙舒翼，青冥拟可攀。

燕子洞
何一葵

怪石多幽异，羊肠曲径重。

伏坛鹅听法，舞坚燕翔风。

壁挂生成画，崖悬空洞钟。

不知谁氏手，劈凿石蒙茸。

凤池亭

何一葵

凤岭仪明翩，龙池泳夕阳。

石亭聊一憩，樾荫饮清凉。

县河晚泊

何一葵

玉带横流日正西，扁舟鳞砌竞归栖。

斜曛乱点千樯合，落照遥分万桨齐。

欸乃声随更韵彻，参差帆挂夕阳低。

问君何事收航晚，为向江头钓世鲵。

燕子洞

何邦宪

千年燕洞碧岩中，攀历烟萝冶兴浓。

剧爱名贤诗格好，谪仙重观拂松风。

灵窦泉

张继汴

杯邀白杜情胡剧，谈到青苗泪欲干。

何时低徊福建子，令人千载惜龙蟠。

清凉寺

苏万民

水渺慈航阔，山空觉路长。

能除烦恼障，委果受清凉。

贝叶翻前案，昙花出丈方。

我来一登憩，自信俗尘忘。

宿真如寺

卢 焕

寒雨笼阴结螟颜，暂投车马宿僧关。

蠹鱼岁久残经乱，灯火堂开绣佛闲。

绕舍秋声风满树，隔窗檐滴水流湾。

素衾一榻初酣静，清梦丝丝越万山。

铜官山保胜侯庙次裴休韵

王 昂

贤侯流庆远，王祀此江边。

迹隐苔封石，名留月在天。

灵应钟泰岳，图不必凌烟。

箫鼓迎神处，莙蒿欲怆然。

铜官山保胜侯庙次唐裴相国韵

孙 镃

云林峨古庙，掩映石门边。

仙境更何地，尘寰别有天。

鹤来松点雪，龙起洞嘘烟。

山水钟灵秀，神明岂偶然。

书窗自咏

佘毅中

小窗虚白映涟漪，默默沉沉坐影随。

读易不知春去早，衔杯应许月来迟。

南阳庐结怀纡策，江浒堂成赋律诗。

昨夜斗寒文思发，飘飘无际任难羁。

友人久客家塾书此戏之

佘毅中

几时春梦度春江，无限离愁郁未降。

记得后园携手处，看花愁遇蝶双双。

赞碧峰兄像

佘合中

郁维碧峰，秀甲五松，葛怀冲抱，猗计芳踪。

冈饰铅华，雅登朴茂，不阶尺寸，豪埒鼎钟。

谊洽朋侪，独亲硕彦，惠周姻族，尤恤困穷。

托烟霞以寄逸，宝稼穑而明农。

汰缛浮以惜福，戒嬉慵而课功。

阳秋望重，月旦誉隆。

享鹤算而荣膺冠服，所鹿鸣而宾饮泮宫。

亲睹郎君之通籍，羹调鼐鼎以为供。

藉慰九重，御墨褒封，嗟！丹青仅传其相貌，惟予墨庶写其丹衷。

此雁门之巨胄，诚可法而可宗。

铜陵八景

杨 泰

天王富览

剧爱天王景色嘉，凭高拭眼见天涯。

水声东注从三峡，山势南来自九华。

远浦茫茫舟上下，隔淮漠漠树交加。

五云翘首京畿近，虎踞龙蟠入望赊。

五松胜游

铜官山水最清幽，太白当年乐胜游。

诗美常君同啸咏，饭惭荀媪独淹留。

书堂高爽凌霄汉，文彩光芒射斗牛。

舞袖一回千岁后，五松拂尽水东流。

石耳云根

石耳双峰峻欲飞，兴云翕歘妙天机。

空中未睹成苍狗，顶上先看冒白衣。

有意从龙为雨去，无心伴鹤放晴归。

作霖更喜苏枯槁，多少瞳氓望解围。

曹韩沙谶

沙涌曹韩咀若圆，状元有兆出来年。

管教策向墀前对，拱听胪从天上传。

梦感主司曾有应，歌谣城市岂无缘。

铜官文运时当转，寄语江神为斡旋。

铜阜栖灵

九华挺秀萃铜官，永奠神祠岂等闲。

报祀礼文同岳渎，栖灵形胜异尘寰。

四方效慕祈神祝，历代加封揭庙颜。

为国福民端不爽，英名千古重如山。

铁船遗迹

作郡浔阳竟拂衣，铁船稳驾仗灵威。

开头不向淮西去，掩舵偏从江左归。

可是垂休依庙食，故将遗迹露神机。

摩挲千古终难泯，过客无劳问是非。

禅寺晓钟

鸡鸣古刹欲平明，响振蒲牢百八声。

惊走上方僧出定，敲醒下界客趋程。

风飘逸韵催残月，霜肃洪音报晓晴。

只叹纷纷尘代里，何人起听不关情。

县河晚泊

烟暝江天夕照残，舟帆上下泊河湾。

微茫渔火依星灿，迤逦征帆带月还。

两岸潮平波浪息，一川风静水云闲。

更无犬吠惊乡梦，稳卧船窗夜不关。

铜官次韵

杨 泰

一

官山此日喜重临，叩从轺车兴转深。

流水小桥通竹径，白云青屿间松林。

山花似向人饶笑，野鸟如留客醉吟。

坐久忽惊风雨过，飘飘凉思满衣襟。

二

好山看尽更凭栏，欲挽诗情上笔端。

凉雨有如留使节，夕阳无奈促归鞍。

人生行乐百年少，尘世相逢一笑难。

何日重来舒逸兴，留题遍刻竹千竿。

东台古塔

葛　洪

野寺萧条倚碧峰，峰头古塔势犹崇。

危檐突兀青霄外，绝顶峥嵘杳霭中。

夜静半空风铎响，春深绕砌落花红。

当年金碧成苔藓，谁为重施粉饰功。

下学勉诸生

伍文定

铜陵元亦有人才，二十年余逊夺魁。

莫谓山川埋秀丽，只缘子弟少栽培。

家邦敬恕天应得，昕夕诗书运自回。

更益讲堂身教到，攀龙附凤逼三台。

清 代

点绛唇舟泊大通

张国维

烟树苍茫，淡风微雨江流逼。一苇轻鹢。远山层层峄。

几处人家，隐隐迷踪迹。歌声逸，明月如碧。心共漾回急。

铜阜栖灵

张国维

为仰高山望翠峨，欣攀仙子几经过。

云封洞口禅关静，月到潭心慧照多。

锦散烟云霏宝树，泉分岩窦派银河。

凝眸若见蓬莱峡，两腋清风泛铁舸。

惠泉

张国维

溪上寻幽绪，轻风引日长。

草深山路窄，花落水痕香。

响屦惊禽韵，行春见蝶翔。

浮生一如寄，何处不他乡。

鳌首山晚步

张国维

鳌首冷秋空，苍茫晚色同。

钟声来隔浦，渔伴集深丛。

野树天边绿，奇云水底红。

徘徊待明月，袖有稻香风。

洲上芦花歌

祝 祺

洲上芦花飞白雪，洲上人家千里绝。

一丈芦洲一尺金，输入官司无敢缺。

去年淫雨春水高，芦洲几处成波涛。

芦洲已改税不改，男女卖尽空悲号。

至今此地无人住，江边虎猛不复渡。

吏胥照火夜捕逃，惊起乌啼白杨树。

铜陵八景

彭文炜

天王富览

登高作赋我何能，遗址犹怀富览亭。

宛转湾头双鹭白，迢遥江上数峰青。

何须饮满诗方就，会见人豪地已灵。

不信天王空峙立，长松隐隐望飞耕。

五松胜游

何处骑鲸访谪仙，山花零乱石坛前。

芳名著胜松犹五，往事惊心岁已千。

谡谡涛声迟梦蝶，鳞鳞虬影湛秋蟾。

若教一染秦封号，谁决江流代洗羶。

石耳云根

听法曾闻石点头，原来有耳更何求。

涓涓泻鹭疑甘露，渺渺凌霄接碧丘。

雾鬓风鬟何处驾，云情雨意此间留。

仙踪莫讶成虚诞，流水桃花古渡幽。

曹韩沙谶

闻说淘金务净沙，方圆妙会各成家。

工夫不数恒河细，拣择惟虞一粒差。

火侯告成丹鼎就，巽风团聚孕灵嘉。

应知谶纬无虚兆，伫看长安一日花。

铜阜栖灵

千秋望气结铜官，福地灵区庙食欢。

几阵松风飘宝盖，中天桂月浸雕栏。

采金供赋场虽圮，浚泽遗民辙未干。

灵佑肤功难具述，寒山片石倩谁刊。

铁船遗迹

金陵亦有覆舟山，不道铜陵有铁船。

若借阿瞒排赤壁，宁忧黄盖烬青烟。

五丁鬼斧开天堑，十丈莲航系玉田。

仿佛仙槎真有据，烂柯鞭石尚疑玄。

禅寺晓钟

烟霭迷离屋数层，翠云堆里卧高僧。

愁看宦海风波险，爱对禅关花木澄。

潮助钟声谐佛唱，窗侵曙色灭璃灯。

须知八百犹多事，撞破初机即惠能。

县河晚泊

玉带河边珠媚渊，盈盈一水宛相牵。

霞围夕照明如锦，帆落归舟迅若弦。

有客嘲风怀谢朓，何人捉月继青莲。

低徊晚景难为绘，一点渔灯万灶烟。

晓望铜官山

王士祯

空江寒月落，坐失九华峰。

回头望秋浦，何处九芙蓉。

晓口铜官上，泄云连五松。

碧鸡好毛羽，安得一相从。

舟泊铜陵老鹳嘴与邱曙戒侍讲登岸小饮

宋荦

曲港危樯密，空江落日圆。

故人初邂逅，野岸共留连。

笋摘新菌嫩，鱼烹小鲫鲜。

浊醪容易醉，好傍白鸥眠。

咏文昌阁董师手植绿萼梅

吴自任

一干亭亭万绿丛，清香旋彻紫微宫。

情分柳媚先含翠，韵惹兰幽却厌红。

赢得狄门花样别，爱看召舍苔枝浓。

春风有约春魁发，东阁曾朝鼎鼐公。

春日游五峰山

何元鼎

红花芳草似裀联，闲步春深别一天。

石磴峻嶒行处远，洞隈窅曲望中悬。

晴峰矗起云生麓，岚气平分树带烟。

仙掌连骈疑驭鹤，梵钟未歇又闻猿。

僧非佛印栖幽处，境异铜官泡惠泉。

瀹茗不嫌留谢屐，奚童犹挂杖头钱。

泊大通港

纪伯明

夜泊大通港，迢迢数驿程。

江流山欲动，潮涨月初生。

乱碛飞鸿影，虚檐警柝声。

此时双阙下，儿女话灯明。

丁洲怀古

王 绪

特统精兵御上游，笳吹先遁若惊鸥。

扬州空把残旗耀，赢得舟中骂不休。

泊白沙洲

袁 垲

风尘嗟遍历，飘泊白沙洲。

何以人僵卧，江天雪满邱。

重九登铜官山

陈德谟

枫叶飘三径，登高玩物华。

茱萸一尊酒，吹帽兴偏赊。

玉带河

蒋应仔

河名玉带绕城来，潮自圆沙喷雪开。

嵲嵥云峰堪作砺，应知地脉本天裁。

次韵

蒋应仔

忆昔亭亭秀，披襟欲借欢。

我来一伫看，剩有清风寒。

供奉誉犹在，且留荀媪盘。

欷歔惟吊古，酌酒聊以餐。

宝山乔松

蒋应仔

深峡纤纤帝座通，拿云卷雾倚长空。

最宜三五清闲士，携得明珠入掌中。

踏莎行·秋霁登天王山

蒋应仔

翠柏枝头，黄花叶底，雨余黛色净于洗。江云缥缈挂晴帆，微凉漱波入罗绮。 人静堂虚，琴闲鹤趾，御风直上空山里。断霞孤鹜夕阳边，雁声脉脉愁万缕。

登宝山庵
蒋应仔

偶来到深谷，绕砌复登台。

竹坞乱啼鸟，松林破积苔。

颜题随意笔，磅礴任骚才。

精舍层层寂，烟萝手自栽。

城山莲花峰
蒋应仔

山静水深云自飞，蒙茸软香石发稀。

密林幽鸟深深语，引向空烟破夕晖。

天王富览
蒋应仔

亭传富览胜堪夸，灏气苍茫接海霞。

晴日华峰浮菡萏，寒空秋色冷兼葭。

怒涛浪激千江雨，出谷娇啼满县花。

好景撩人看不尽，间寻野老问桑麻。

五松胜游
蒋应仔

亭亭翠结五云连，软簇香茵覆草芊。

遮莫携柑供白眼，不禁把酒唤青莲。

低徊躅迹留余憩，凭吊披襟挹胜传。

流揽片时毛睫适，情深石上话新笺。

禅寺晓钟

蒋应仔

福地珠林接胜游，五更清韵度清流。

枕边斜月家乡梦，江上残星旅客愁。

几树鸦啼衔欲尽，半窗鸡语和无休。

遥知咫尺瞻天处，相应玱玱宕玉钩。

和翁钱唐舟中望石龙矶歌

侯思芹

黑衣山童龙护叟，两人驱龙龙蜕走。

扬子江心铸乍成，吐雾生风十八九。

携来坐卧沧浪台，倒吸长川水为酒。

浪花浮动碧琉璃，醉泼烟云伸双手。

鼾睡年来洞始开，剪棘披榛不可揉。

蜿蜒鳞甲懒收藏，时为仙人拂衣袖。

直须天矫出天关，暂此爵纡盘地纽。

吾闻濡尾哲所讥，曾见扬眉露其首。

鞭霆叱电当有时，肯与江潮相斗吼。

潮来洗刷身黄金，明月御来珠满口。

堆坳乱石排山势，馋涎喷作黪黪柳。

待擎天柱叩天门，翻身奋出江之右。

洞庭日浴彭蠡云，甘霖下慰苍生久。

君不见泥蟠曾羞龙作蛇，此事还能传不朽。

只今过客争留题，笔端横扫千人帚。

春日张明府游天王山时杨德山同寅郎予四先生仝集即席漫赋

侯思芹

使君此日问山灵，乘月移樽富览亭。

水落天根三峡近，树连云脚五松青。

石林句就僧俱寂，草阁谈开我共听。

满座春风欢聚壁，应知太史夜占星。

上巳同诸子饮富览亭

陈　琦

犹带南楼醉，登高聚众贤。

花宫亭午日，樵径暮春天。

麦浪沧江外，人家绿柳边。

幽情恣觞咏，差似永和年。

集贞观关圣庙落成恭颂

陈　琦

真人翊运壮风云，千载丹青勒大勋。

敢谓神威轻一战，须知天意欲三分。

死生患难终难及，兄弟君臣古未闻。

惭愧东吴思割据，荆州仍属汉将军。

早过大通驿

查慎行

夙雾才醒后，朝阳未吐间。

翠烟遥辨市，红树忽移湾。

风软一江水，云轻九子山。
画家浓淡意，斟酌在荆关。

天王山

吴 襄

矫首凌江表，龙冈此地同。
松深寒气重，苔碧翠烟笼。
上界传清籁，诸天散晓钟。
梵云飞不远，只在此山中。

曹韩沙讖

王思奎

漫道曹韩两度圆，须知努力自逢年。
鱼龙只待波涛跃，鹡鸰常催姓氏传。
宗浪可乘曾有约，卢标拟夺岂无缘。
从今草就《长杨赋》，不向沙神嘱斡旋。

天王山登眺

佘心裁

两岸乾坤收一顾，四围花鸟落千岗。
好山好水图难尽，富览应教引兴长。

雨后同友人长龙山闲眺

佘汝霖

一览天无际，云山叠作城。
红潮吞落照，绿野献新晴。

渡远风帆渺，烟疏水市明。

鹃声催客去，缓步絮游情。

玉带河

赵三德

一泓清水百重湾，带似形兮玉似颜。

江上沙晴圆有日，好留勋誉媲河山。

泊铜陵河

方正瑗

漠漠烟江飞白鹇，回身北望岭云闲。

风帆不道东来急，落日鸣金泊鼓山。

泛月天井湖

张 楗

湖水澄将夕，舟如泛武陵。

波停峰影直，云净月光增。

树色绿霜古，诗怀逐酒升。

疏星天外朗，点点混渔灯。

东湖闲眺

陈 橄

薰风湖畔好，来憩恒无时。

兰芷不可搴，搴之遗为谁？

波光荡晴绿，云与相参差。

欸乃起中流，尘劳亦何为？

濯我头上缨，照我鬓边丝。

未能舟楫具，自协沧浪期。

回首城阴路，无乃归迟迟。

西城烟柳

陈 登

仿佛西湖列锦城，六桥霏翠引风轻。

烟迷柳眼含朝湿，雨润莺梭伺晚晴。

似雾深笼看有态，如云淡点听无声。

参差树影摇金缕，斜望依依送客行。

登杏山

佘应龙

幅巾掩却鬓星星，携子邀朋出野坰。

曲曲山村行未尽，亭亭松梵听还冥。

杖龙几步还投葛，柱鹤千年只记丁。

啄腐吞腥成底事，餐霞服气制颓龄。

五松涛声

章廷舒

人倚北窗卧，梢头泻急湍。

秋生云岫冷，声到月楼寒。

顿觉琴心远，翻令鹤梦阑。

长庚遗响在，断续两漫漫。

旋里别五松山

官守仁

龙堂松石记诗篇，琴鹤无由效昔贤。

万里欲归心似结，一官空寄累犹牵。

惭闻舆颂飞凫好，病怯云山舞袖翩。

自笑知几今已晚，却将时事向谁传。

寄怀五松旧契

张开士

五松留得酒痕香，崒嵂铜官树影苍。

自笑樽空无李白，谁从碑断识文昌。

雪深快读书千卷，月夜愁添鬓满霜。

珍重故人势见访，南台佳什愧王祥。

五松别诸子

胡士贵

忝窃皋比两载余，讲帷虽设课功虚。

长叨一日名原负，道在千秋学可储。

未忍轻弹临别泪，还期频寄故人书。

潇潇风雨如相忆，昊间惺惺凛厥居。

初夏过竹林庵访友

陈善

野寺隐乔木，娟娟花蕊红。

出尘阅轨躅，毕景羡冲融。

惟有会心侣，宁辞酒盏空。

自今幽兴热，把钓待秋风。

钟 铭（有序）

单履中

铜邑文庙，曩无钟鼓。制缺不备，非所以示处也。张六龙之孙茂才承道置以供祭。于嘉其好礼，乃铭其钟。　大哉尼父，时中至人。德配天地，道冠古今。金声玉振，独集大成。有庙斯翼，有钟斯成。悬彼东序，大叩大鸣。敬置铭言，求尊铜簧。

发铜陵

刘大櫆

大江风急峭帆喧，帆影江声万马奔。

朝发铜陵未朝饭，两山如画过天门。

山居早春

刘大櫆

出门无所适，闭户每经时。

松叶忽成韵，岭云无定姿。

午鸡啼上屋，春草绿过池。

生计从寥落，幽人吉在兹。

与诸君泛舟荷花盛开

刘大櫆

把我兰陵醅，注君白玉杯。

荷花三十里，相对一时开。

短棹随流转，清歌逐吹回。
不知天色暮，明月上船来。

舟泊铜陵

刘大櫆

云卷山初霁，维舟县郭旁。
江风吹鬓短，渔火射波长。
鸿雁两行去，蒹葭八月苍。
坐来不觉久，茵席有微霜。

咏狮子山

徐名臣

猫儿旧案几春秋，静听谈经欲点头。
日月宛疑吞吐内，风雷常向吻唇周。
闲瞻两邑千村寂，坐控三江一吸收。
最喜南泉遗法窟，无生重契有南州。

舟泊铜陵

方光远

月色冷烟汀，孤舟客醉醒。
宵砧杂急柝，渔火乱寒星。
两岸人声断，空江水气腥。
故乡明发到，无事叹飘零。

登杏山

张 沐

四围撺翠聚成窝，丈石奇呼尽磊砢。

月笔写匀疏竹树，云峰钻破密丝萝。

佛仙齐证回头偈，樵牧时赓绝顶歌。

田有桑麻浑是俗，依稀在涧硕人薖。

富览亭

褚邦礼

云横翠叠望中新，收尽岚光拾尽春。

最爱饶州贤刺史，不同俗吏叹官贫。

又

参差城郭烟中景，浓淡江山画里春。

漫道银州称锦里，宦游得此可忘贫。

杏山眺览

张 湘

山以杏名今鲜杏，山鲜杏兮名仍杏。

只因仙人偶驻踪，便跨群峦作袖领。

忆昔寂寂一荒岑，何忽丹炉与丹井。

总是岩谷有奇缘，特遣仙踪为之整。

我乘幽兴姿寻讨，健步直跻不须绠。

忽而如狮石作朋，忽而如虬竹为屏。

俯瞰东西之两湖，藻荇荡波数千顷。

极目江光匹练遥，上下驶帆挂日影。

遍历洞壑多窅虚，掷击其音仰而聘。
却疑仙冢并波山，剜肠剔骨去其鳏。
毋乃山灵亦学仙，玲珑嵌空甘厥瘠。
仙翁留此几何年，一旦乘云去蓬境。
吾辈耽栖阅数春，问玄何自徒耿耿。
仰慕仙风莫可酬，愿借上苑种栽岭。

太白书堂

史应贵

气禀长庚骨是仙，陇西流寓鹊江边。
飞觞醉玩铜峰月，起草怀倾玉带泉。
袖拂五松人去也，诗留千载韵悠然。
行来欲问青莲字，旧迹依稀忆昔年。

游铜陵诸山留别盛君轶群

吴孙织

骊歌应唱醉言归，爱客还称露未晞。
我老自甘为马走，人生那不似鸿飞。
苍苔怪石怜芒屦，山翠云光在布衣。
赢得林峦初识面，几时重与挹清辉。

雪舫新构铜官别业

周 炳

闻说园林事事幽，好携毡席过江头。
一帘蕉叶窗前影，双桨桃花浪里舟。
对酒不须呼太白，眠云何用访丹丘。

只孤刬曲重来客，惆怅春风杜若洲。

铜陵夜泊

徐 立

明月挂城头，铜陵夜泊舟。

乱山环郭峙，破寺枕江流。

买酒浇新恨，挑灯忆旧游。

榜人不解事，亦忆故乡不？

过富览亭遗址

佘安延

环山风物好，富览称嘉名。

对景怀前迹，茫茫百感生。

清明日游天王山

张皓美

佳辰动游思，携友历崇岗。

漠漠春芜远，萧萧古庙荒。

柳风吹面暖，山翠袭衣凉。

日暮耽吟赏，前村放野棠。

登杏山有怀

潘美恭

闲来堰上看春华，南尽峰头北水涯。

丹井云封仙世界，杏林苔湿旧烟霞。

曾思勾漏蜂成饭，还忆河阳手种花。
谡谡松涛留客久，归时鸟倦日将斜。

登五峰山

丁大城

诸峰簇簇起蓬瀛，鸟道陵虚蹑太清。
五老恍招偕醉月，仙人掌上白云生。

游五峰山

吴世升

高峰林立暮苍苍，独上丹梯览大荒。
屐阻悬岩余鸟迹，练回远岫现江光。
龙湫云护占灵雨，鹿院林深隐夕阳。
若使谪仙曾憩此，也应卜筑有书堂。

瑞龙洞

吴世升

古洞拥回岗，江流绕岸长。
荒台余落日，谁与赋沧浪。

五峰看桃花

程哲

万山窈然深，花开人不见。
涧水冽且清，流出桃花片。
偶来溪上游，拾得惊殊艳。
从此依径寻，春风醉人面。

千树开芳菲，妖姿令目炫。
落红铺翠茵，纤叶映丹堰。
最爱避秦人，结庐桃源畔。

游宝山

张钦美

生态吾铜好，幽寻最上巅。
泉清云液注，松偃蛰龙眠。
绝壁开双洞，孤帆漾远天。
试穷千里目，依约御风仙。

游宝山

张奇美

佳日惬游兴，相携山翠巅。
听泉疑雨至，选石伴云眠。
帆影来无际，林光别有天。
欲祛尘十斛，何处觅飞仙。

游宝山次韵

王世渥

何年兴宝藏，我昔陟其巅。
洞古依岩劈，人幽枕石眠。
丹葩森梵宇，碧树秀云天。
只此堪栖隐，登临意欲仙。

宝山兰若

汤韶美

宝山风景好，兰若碧云窝。

习静看书者，知谁擅胜多。

龙岗晚霁

章廷钥

昔我采芙蓉，望远愁隐跃。

今日雨师来，青鬟洗绰约。

春日叶山即事

钱　景

大地具众妙，青峰观古今。

山麓凿混沌，石壁云痕深。

外观骇逼仄，渐入万木森。

忽然豁双眸，四围揭幽阴。

不知在邃谷，虚中耐窥寻。

天光常新鲜，昏默咨并沉。

我来恣搜索，洒然抚素琴。

面山饱新翠，夜雨涧生浔。

陟高尤急步，花气生空林。

鸣禽互唱和，石际铿清音。

穿云攀层巘，坦然忘巉嵚。

竹树悦交荫，惠风吹我襟。

椽笔插天表，四顾何所侵。

独立云峰上，万象收寸心。

登叶山绝顶

章　烁

缥缈青霄不易扪，凌空幻态自朝昏。

天边列岫千重出，树杪长江一线奔。

幽境久知苍鹿隐，仙踪还忆赤松存。

寻常邱壑无相似，鸡犬声中必有村。

游天门山去一尖峰里许不得登

谢嗣芳

天门山高瞰陵谷，烟云出没山之麓。

十载梦游今始登，扪葛扪萝鸟道曲。

蒙翳历尽始豁然，怪石灵湫看不足。

欻忽举头得大观，日月倒悬难摸捉。

众山俯视若儿孙，绕膝牵衣争拜伏。

长江一线落天隅，市廛城郭不盈掬。

纵横一气浩茫茫，劈破鸿濛山鬼哭。

三尖峰上一尖峰，咫尺烟云忽灭没。

登山不登山绝顶，常使胸中多局促。

呜呼退之陟太华，险不得下长恸哭。

我今数武不得登，惆怅山灵妒游目。

石耳山别墅

杜巍然

石耳幽栖处，微吟日掩扉。

清风兰蕙带，疏雨芰荷衣。

俯仰才原拙，浮沉命实违。

生平飞动意，黯黯对斜晖。

羊山矶

杜义然

返照澄江步晚霞，隔洲渔艇乱兼葭。

临流盼望行吟罢，归度林皋月上斜。

月夜过羊山矶

程时铭

旧日登临地，深宵一棹过。

蛩声依枕乱，渔火傍矶多。

岸白霜凝草，江明月在波。

客怀真寂寞，无寐更如何。

游石龙矶洞

章之球

石龙西傍大江湾，岫里参差曙色环。

春翠绕藤悬洞户，晓烟倚砌拥云关。

天山路转开三径，地王风流劈半山。

一自磻溪垂钓后，华胥曾见几人攀。

燕子洞

何恩圣

古巘敞幽洞，严冬玄鸟栖。

春来如语我，洞口白云迷。

过五松山谒太白祠

王先成

神仙中人绝世姿，下谪层界恣游嬉。

阅遍夜郎诸险巘，爱向五松来赋诗。

诗篇浩浩雄千古，遗像还留照江浒。

须眉宛尔见当年，拜荐渚萍歌且舞。

罗公书院

徐嗣芳

书院荒址存，罗公已成古。

但励豪杰心，不必筑山坞。

游清凉寺

朱良珍

蜡屐相携到上方，纤尘不惹自清凉。

宫开日月瞻天近，梯引云霞觉路长。

浮翠峰高烟欲暝，喷珠泉涌石生香。

南公已去谁招隐，谡谡松风响夕阳。

清凉寺

徐光成

罗公筑室处，古刹尚依然。

峻岭含佳气，平林带瑞烟。

苔深翠欲滴，岩断径还连。

果是清凉境，徘徊不忍旋。

梵天寺泉

丁 玄

万顷奔涛出洞来，常流不住几时回。

偏宜酷暑闲临眺，洗我胸怀只一杯。

读书梵天寺闻泉

盛士隆

招提罢读听泉声，仿佛清琴拂涧鸣。

悟彻源头真意味，满怀芳趣一时生。

梵天寺泉

吴天序

石峡涌云泉，飞流古碣边。

欲清巢父耳，来听伯牙弦。

过禅定寺

钟一元

九十春光荏苒过，百年身世逐风波。

鸟啼花落禅林寂，坐对青山意若何。

重游兴化寺

叶有声

策杖寻幽境，禅房景自赊。

涧声泉咽急，窗影竹摇斜。

钟磬堪疗俗，桑麻不问家。

好龙今已矣，且是逐归鸦。

和裴相国题保胜侯庙韵应单明府命

章云逵

岳岳向王殿，英风斗帐边。

浔阳一麾守，铁舫镇吴天。

衮冕崇徽兴，萧脂赐御烟。

欲将班氏笔，勒石纪燕然。

次王新建铁船韵

黄　淮

溢江浪涌矗银涛，不挂征帆不著桡。

神力飞行原绝迹，长年三老孰能操。

天为炉兮地为冶，日月俗兮风雨号。

三岛十洲瞬息遍，灵光爵爵满林梢。

当年晋舰惊秦众，举似此船心尚忉。

蒙叟虚舟凌北溟，百千亿万归笼牢。

大川利涉维新建，霖雨舟楫现神篙。

荡尽鲸鲵江表肃，浮云富贵卷长缲。

归求讲学芙蓉顶，慧眼婆心不惮劳。

聊假铁船频点铁，吟风弄月首常搔。

游城山莲花峰弥陀庵

崔必选

寻幽到精舍，令我欲忘家。

径曲偏宜竹，林深不见花。

谈禅空五蕴，说偈演三车。

归路无余物，衣衫带晚霞。

水月庵

郜大鼎

禅堂深处礼菩提，拂面长川水绕堤。

石佛峰峦还障北，犁桥村市却依西。

树摇影落溪流乱，室静僧闲笑语低。

修竹数竿能蔽日，嘤嘤啼鸟向枝栖。

觉华庵

盛瑄

峭壁临幽壑，松荫覆小庵。

泉通茶灶下，云伴卧床边。

草碧烟如积，苔青花欲然。

夜深闻梵呗，顽石尽知禅。

万峰精舍

王应录

一杖闲过绿野，万峰环耸青螺。

结个茅庵止息，任他世事蹉跎。

古临津驿对雪偕友共酌

王　絃

堕指寒风复透身，窗前积素映书车。
野田飘去琼为树，庭院飞来玉作花。
逐马银杯连驿路，骑驴锦句觅诗家。
梁园醉后君能赋，可效当年手八叉。

重建顺安楼

汪文礼

极目遥迢野色吞，东村胜致入西村。
高低陇树宜疏月，断续山岚杂暮云。
万派泉流溪口合，千郊烟火望中分。
旧楼何在新楼作，古柏依然寄夕曛。

牡丹宅怀古

盛日旭

忆昔承恩出尚方，名花曾袭御炉香。
于今芳迹留青史，记得庭前手泽长。

牡丹宅怀古

盛应谦

西域分来上苑花，御袍苞折午前夸。
不须火速传春敕，岁岁天香发旧家。

牡丹宅怀古

盛嘉佑

筹边持节善怀柔，西夏还辕锡予优。

一种名花分御苑，九重春色满瀛洲。

子孙看到传恩宠，富贵何人淡取求。

此日光风当谷雨，雕栏璀璨异香浮。

鹊头山怀古

王　瑜

一

十里逶迤赤岸头，鹊峰屹起大江流。

六朝古戍夷苍苇，百丈浮梁没白鸥。

历历汀洲烟树淡，峨峨城郭啸歌稠。

征君归咏片帆后，风月清闲尚自留。

二

春秋鹊岸舳舻丛，吴楚纷争用武中。

赫奕霸图遗竹简，凄凉古庙振松风。

峰危西北双矶壮，天堑东南一带雄。

揽胜时攫无限感，登高作赋兴须同。

游鹊岸

潘浩然

清江何盘纡，游子思容与。

阅世渺尘沙，兵戈笑吴楚。

留别邑绅

陈九龄

我归三径谢无能，君正昂藏足薛滕。

莫是城隈书屋好，坐搜兴废有吾征。

尊经阁绿萼梅

汪士淳

望圆阁下数枝开，尽道江都昔日栽。

冷骨仙姿生翠色，还疑柳汁染衣回。

尊经阁绿萼梅

崔尚举

谁赠江南第一枝，香魂消雪好题诗。

争看眉黛含春色，羞抹胭脂粉倦施。

东皋古梅

章廷锷

远屋卷枝古，冲寒早着花。

只因神淡远，不在影横斜。

明月空山夜，春风处士家。

调羹心可托，作意占年华。

刘潭八景诗

蒋承纲

三江春涨

三江春涨绿溶溶，万顷波光浸远空。

帆幅细沾青柳雨，钓丝轻动白苹风。

石歌岸侧犹蹲虎，鱼跃桃翻拟化龙。
水向天门流不息，滔滔人海尽朝宗。

刘潭秋月

潺湲铜水一潭悠，千顷清波挹素流。
翠浪玉虹浮胜景，水输碧树挂高秋。
围围静影沉珠璧，浩浩文光射斗牛。
有客济川心甚赤，丝纶时展任遨游。

翠岳晴云

山岛崔巍列户庭，春光淡荡暖云生。
乍惊树杪和云湿，轻拂花枝过雨晴。
每日氤氲浮翠岫，有时缥缈护金茎。
从龙处处施甘泽，遍野讴歌乐治平。

玉楼霁雪

日华初上玉楼中，银顶凝辉屹半空。
佳气迢迎狮子石，清光遥映凤凰峰。
琼流寒逐春风散，云峤晴涵夜月重。
从倚书窗频极目，欣成歌曲咏年丰。

碧塘鱼跃

一鉴其如景物何，寒泉漱玉渐盈科。
葩开水面芳心净，实结池中素藕多。
鳞跃翻穿青盖浪，鲤游撞破碧莲波。
濠梁宁足悠然乐，犹识相忘在海河。

竹径凤栖

芳径猗猗翠色环，锵金戛玉碧琅玕。
化龙老干偏多态，栖凤高枝总奈寒。
夜甫洗痕青郁郁，午风摇影绿团团。

不妨清兴来窗外，足趁齿人尽日看。

绿野朝耕

布谷声中烟雨催，甫田农业正忙时。

白云满垄春耕早，明月穿茅夜卧迟。

伊尹乐兹忘鼎俎，许行何暇织冠衣。

丰登秋敛浑无事，系坏讴歌独掩扉。

芸窗夜读

唔咿遥听读书声，芸馆儒绅萃众英。

灯熖夜燃藜火耀，文光遥映斗牛明。

满门桃李春风醉，连室芝兰化雨馨。

行看科第联芳日，彩翮横舒万里云。

游大通慈尊阁

陈三舞

精舍层层历，幽闲别洞天。

禅林依翠竹，福地拥金莲。

蓝水招堤外，长龙古刹边。

依栏频笑傲，潇洒出尘缘。

己酉春省墓铜陵凤凰山，晓雨登舟，晚次荻埠

周　煌

轻帆细雨晓风催，水叠螺纹天倒开。

雁切乡思归塞去，人随春色渡江来。

枫湖柳叶眉双展，荻埠桃花浪一堆。

正好维舟临断岸，夕阳如烧逼山隈。

老桥

周　煌

乱云堆石路西东，一涧斜穿跨断虹。

莫道苔深人罕到，屐痕来去看山翁。

晓发荷叶洲抵青阳校官任

周　赟

借得渔舟小，孤帆破晓凉。

莲花九峰月，荷叶一舟霜。

性拙交友寡，官贫道路长。

多情鹊江水，送我到青阳。

荷叶洲秋夜（时夫子羁洪都）

徐　柔

兀坐枯吟对短釭，满怀情绪未能降。

藁砧千里烟波隔，郎住楚江妾吴江。

祝育翁七十寿

赵汝干

名贤奇迹住凹园，鹤算欣逢大有年。

酒酿黄花香馥郁，庭扬绿袖锦联翩。

箕裘燕翼堪垂后，诗礼蝉联足继前。

紫绶荣封仁有待，聊将俚句佐华筵。

贺云程五月入泮即处恩科

赵汝干

紫芹香艳一芳洲，锦夺龙门此胜游。

驹气初喷千里志，凤毛新浴泮池头。

一经宿学家声旧，三案先登品第优。

勉矣承欢知远器，杏园春晏桂花秋。

竹院闲吟

章济川

细雨经春暖，村鸡晌午鸣。

几番花信过，一院竹痕清。

爱咏难谐俗，居贫苦得名。

消磨灰万虑，未减只风情。

鹊江晚眺

章济川

秋雨开新霁，江头镇日明。

滩声随岸拍，雁阵锁烟深。

野旷茫无际，风凄感不惊。

秋虫鸣已尽，谁与话秋心。

题别学生姚能太

章济川

瓦釜雷鸣世俗移，独龙露角倍凄奇。

师生话别无他嘱，切约朋侪不可离。

新秋书怀
章济川

黄薛成林郁苦心，难将一粟问升沉。
草庐结在鹳洲里，两袖清风贵比金。

大明寺避暑
蒋德源

竹海茫茫漾碧涛，清风阵阵暑天消。
巉岩恰似擎天柱，灵窦涌泉滋物饶。

中秋会友
蒋德源

月似圆盘悬太苍，神州万物若银镶。
桂花绽放香风送，幸会方家诵雅章。

初夏过竹林庵访友
陈 善

野寺隐乔木，娟娟花蕊红。
出尘阅轨躅，毕景羡冲融。
惟有会心侣，宁辞酒盏空。
自今幽兴热，把钓待秋风。

宝山登眺
朱一澍

宝气散林樾，云沙半吐吞。
浅红初逗影，嫩绿远生痕。

泉响知途近，山深觉路昏。

名蓝堪信宿，妙谛与谁论。

滴水岩

周大璋

迢遥径转树苍茫，雪洒晴空六月凉。

浑是明珠非蚌出，巨灵翻信有奇方。

甘霖万点白云隈，清冷玲珑泻碧苔。

每过松楸频徙倚，濂溪分得古泉来。

太白祠怀古

汤韵美

千古人豪作酒仙，徜徉逆旅鹏高骞。

生平肝膈少人识，灏然意气薄九天。

水镜澄观汾阳略，灵武兴复方怡然。

笔摇五岳信无敌，酩酊不上天子船。

清平赋罢宁见嫉，夜郎明月谁相怜。

人生失意何足叹，捉月沧江兴翩翩。

敬亭云去鸟飞尽，松风醉我呼青莲。

题五松书屋

喻成龙

数峰当户牖，高卧在其间。

酒热人偏韵，林幽鸟亦闲。

夕阳残北郭，疏雨过南山。

晏起行吟好，柴扉夜不关。

敕赐牡丹——题牡丹

汪文瑞

其一

宋时分种属君家，独美江南第一花。

金鼎夜寒团绛雪，锦机春暖簇红霞。

近风似笑天香发，障日如酣国色佳。

忆昔度公膺宠赐，根培轮苑播声华。

其二

名花佳品状元红，先世移来出禁中。

芳蔼后昆多甲第，荣分西域表遗忠。

千年已见蟠根固，奕叶今有国色浓。

传至子孙孙又子，牡丹香里坐春风。

春日游五松山登太白楼

夏思沺

晚色启东关，五松山在目。

山势异雄俊，气象寓清淑。

入山画阴沉，半空风谡谡。

登楼喜闲敞，瞻像心仿佛。

太白何时来，豪爽破幽独。

骑鲸已仙逝，千载缅芳躅。

当兹春晴和，造化发涵蓄。

旷观足生趣，回护怀抱促。

西北望江城，花柳万家簇。

夜来酥雨过，湿气蒸午旭。

正南峙铜官，千丈破空矗。

卷帘坐相对，活翠向人扑。

地偏少名胜，得此亦专局。

山僧老参禅，袈裟带古朴。

汲泉为烹茶，对饮一瓯绿。

灵崖寺感赋（外二首）

张大观

小憩禅关冬复春，狼氛转炽黯伤神。

故乡俱在针毡上，忍说桃源好避秦。

泉水坑

张大观

依然满目怵风烟，聚处何能尚晏然。

输与梁间双燕子，觅栖旧垒是年年。

古砚

张大观

千秋长此受研磨，不为行文便为歌。

石若能言应一笑，书生狂态我看多。

说明：

1. 义安本籍及客籍名人咏义安的诗词，按年代排序；

2. 参考文献包括：余嫦英《铜陵历代诗词集注》，周宗雄《历代先贤咏铜陵》，杨杰《铜官文化精粹》及铜陵诗词学会《古人咏铜陵》等。

附录二：义安古树名木目录

古树编号	树种	树龄	保护等级	位置	备注
34070600016	枫杨	150	一级	凤凰山景区	俗称相思树
34070600017	枫杨	150	一级	凤凰山景区	树高:12米,冠幅平均:3米
34070600018	杉木	500	一级	叶山林场	俗称杉木王
34070600142	牡丹	1000	一级	天门镇五峰村	俗称御赐牡丹
34070610035	银杏	1000	一级	钟鸣镇金凤村	俗称千年银杏
34070610036	黄连木	510	一级	钟鸣镇牡东村	俗称牡东黄连夏树
34070620007	枫杨	300	二级	钟鸣镇水龙村	树高:17米,冠幅平均:22米
34070620009	青檀	300	二级	钟鸣镇水龙村	树高:6米,冠幅平均:9米
34070620011	黄连木	350	二级	钟鸣镇水龙村	树高:18米,冠幅平均:9米
34070620015	圆柏	310	二级	钟鸣镇水龙村	树高:13米,冠幅平均:5米
34070620019	桂花	300	二级	钟鸣镇水龙村	树高:8米,冠幅平均:15米
34070620044	桂花	400	二级	钟鸣镇金凤村	树高:15米,冠幅平均:12米
34070620084	冬青	310	二级	天门镇金塔村	树高:15米,冠幅平均:7米
34070620094	冬青	300	二级	天门镇西垅村	树高:9米,冠幅平均:8米
34070620107	桂花	300	二级	钟鸣镇金凤村	俗称桂花王
34070630002	圆柏	200	三级	钟鸣镇金山村	
34070630003	银杏	100	三级	钟鸣镇金山村	
34070630004	青檀	100	三级	钟鸣镇金山村	
34070630005	枫杨	100	三级	钟鸣镇金山村	
34070630006	女贞	100	三级	钟鸣镇金山村	
34070630008	糙叶树	120	三级	钟鸣镇水龙村	
34070630010	薄叶润楠	100	三级	钟鸣镇水龙村	
34070630012	板栗	200	三级	钟鸣镇水龙村	

古树编号	树种	树龄	保护等级	位置	备注
34070630021	苦槠	100	三级	钟鸣镇九榔村	
34070630022	桂花	200	三级	钟鸣镇九榔村	桂花"四姐妹"之一
34070630023	桂花	200	三级	钟鸣镇九榔村	桂花"四姐妹"之一
34070630024	桂花	200	三级	钟鸣镇九榔村	桂花"四姐妹"之一
34070630025	朴树	100	三级	钟鸣镇九榔村	
34070630026	板栗	100	三级	钟鸣镇九榔村	
34070630027	榉树	100	三级	钟鸣镇九榔村	
34070630028	女贞	100	三级	钟鸣镇水村村	
34070630029	朴树	150	三级	钟鸣镇水龙村	
34070630030	皂荚	150	三级	钟鸣镇水村村	
34070630031	圆柏	100	三级	钟鸣镇水村村	
34070630032	朴树	200	三级	钟鸣镇水村村	
34070630033	三角枫	100	三级	钟鸣镇水村村	
34070630034	板栗	150	三级	钟鸣镇水村村	
34070630035	枳椇	100	三级	钟鸣镇水村村	
34070630036	朴树	100	三级	钟鸣镇水村村	
34070630037	圆柏	200	三级	钟鸣镇水村村	
34070630038	冬青	115	三级	钟鸣镇牡东村	
34070630039	刺柏	105	三级	钟鸣镇牡东村	
34070630042	黄连木	200	三级	钟鸣镇狮峰村	
34070630043	桂花	210	三级	钟鸣镇狮峰村	
34070630045	麻栎	100	三级	钟鸣镇金凤村	
34070630046	青檀	200	三级	钟鸣镇金凤村	
34070630047	冬青	150	三级	钟鸣镇金凤村	
34070630048	黄连木	200	三级	钟鸣镇金凤村	
34070630049	流苏	200	三级	钟鸣镇金凤村	
34070630050	豹皮樟	200	三级	钟鸣镇金凤村	
34070630051	小叶栎	120	三级	钟鸣镇金凤村	
34070630052	银杏	100	三级	钟鸣镇金凤村	
34070630053	三角枫	100	三级	钟鸣镇金凤村	
34070630054	冬青	100	三级	钟鸣镇金凤村	
34070630055	圆柏	200	三级	钟鸣镇金凤村	
34070630058	紫藤	100	三级	钟鸣镇金凤村	
34070630059	苦槠	150	三级	钟鸣镇新联村	

古树编号	树种	树龄	保护等级	位置	备注
34070630060	小叶栎	200	三级	钟鸣镇清泉村	
34070630062	女贞	200	三级	叶山林场	
34070630063	圆柏	200	三级	顺安镇星月村	
34070630064	圆柏	200	三级	顺安镇星月村	
34070630065	枫杨	150	三级	顺安镇星月村	
34070630066	圆柏	200	三级	顺安镇星月村	
34070630067	青檀	150	三级	顺安镇星月村	
34070630068	珊瑚朴	100	三级	顺安镇星月村	
34070630069	朴树	100	三级	顺安镇凤凰山村	
34070630072	圆柏	260	三级	凤凰山景区	
34070630073	圆柏	200	三级	凤凰山景区	
34070630074	三角枫	100	三级	顺安镇凤凰山村	
34070630075	枫杨	100	三级	顺安镇凤凰山村	
34070630076	重阳木	125	三级	顺安镇先进村	
34070630077	冬青	180	三级	顺安镇盛瑶村	
34070630078	苦槠	100	三级	顺安镇盛瑶村	
34070630079	枫杨	100	三级	顺安镇盛瑶村	
34070630080	板栗	150	三级	顺安镇盛瑶村	
34070630081	皂荚	120	三级	顺安镇明湖村	
34070630082	紫藤	100	三级	顺安镇东垅村	
34070630083	枫香	170	三级	天门镇金塔村	
34070630085	圆柏	150	三级	天门镇高联村	
34070630086	小叶栎	200	三级	天门镇考涧村	
34070630087	冬青	110	三级	天门镇考涧村	
34070630088	小叶栎	100	三级	天门镇朱村村	
34070630089	黄连木	150	三级	天门镇龙山村	
34070630090	冬青	100	三级	天门镇高联村	
34070630091	枫香	100	三级	天门镇龙山村	
34070630092	木瓜	120	三级	天门镇高联村	
34070630093	槐树	100	三级	天门镇高联村	
34070630095	黄连木	100	三级	天门镇西垅村	
34070630096	黄连木	100	三级	天门镇西垅村	
34070630097	朴树	100	三级	天门镇西垅村	
34070630098	糙叶树	240	三级	天门镇西垅村	
34070630099	乌桕	100	三级	天门镇西垅村	
34070630101	圆柏	250	三级	天门镇天门村	

古树编号	树种	树龄	保护等级	位置	备注
34070630102	黄连木	180	三级	天门镇蟠龙村	
34070630104	朴树	110	三级	钟鸣镇狮峰村	
34070630105	桂花	100	三级	钟鸣镇狮峰村	
34070630106	朴树	100	三级	钟鸣镇水村村	
34070630108	桂花	200	三级	钟鸣镇九榔村	桂花"四姐妹"之一
34070630109	朴树	100	三级	钟鸣镇泉栏村	
34070630110	朴树	100	三级	钟鸣镇泉栏村	
34070630111	柿	170	三级	顺安镇盛瑶村	
34070630112	朴树	170	三级	顺安镇星月村	
34070630114	枫香	100	三级	天门镇龙云村	
34070630115	小叶栎	100	三级	天门镇考涧村	
34070630116	苦槠	150	三级	西联镇山东村	
34070630117	棠梨	100	三级	西联镇西湖村	
34070630119	黄连木	170	三级	东联镇玉楼村	
34070630120	黄檀	160	三级	五松镇荷花塘社区居委会	
34070630121	黄檀	145	三级	五松镇荷花塘社区居委会	
34070630122	黄檀	110	三级	五松镇荷花塘社区居委会	

后　记

　　盛世修史，知前鉴而晓来路；盛世荟文，古之风惠今之韵。2023年12月，中共义安区委、区人民政府决定编纂《义安历史文化丛书》（以下简称"丛书"），旨在赓续历史文脉，提炼文化精神，彰显区域魅力。义安区政协荣膺此任，区政协党组高度重视，遴选编委会成员，研究丛书内容、结构、体例，提出撰稿要求。参编人员辛勤工作，钩沉史料，斟酌推敲，精心打磨，倾力编撰出这套内容翔实、鲜活生动的高质量文化丛书。

　　丛书共5卷，坚持资政育人的政治性、以史为据的史实性、朴实生动的艺术性、服务文旅的社会性的原则，力争内容完备、资料准确、文史共存、史趣相生，力求学术性、知识性和可读性相统一。丛书采取文化散文体例，撷取精粹，探幽穷赜，全方位、多角度描绘铜陵历史与人文、人物与名胜、民俗与风貌，深入挖掘丰富内涵和时代价值。铜陵市义安区政协文化文史和学习委员会组织编撰并统稿，义安区政协主席徐常宁、副主席陈晓华最终审稿。第一卷《历史风韵》由朱斌峰负责编撰；第二卷《人文风物》由方盼亮负责编撰，耿宏志等撰稿；第三卷《名人风流》由陈七一负责编撰，武庆生、朱斌峰、董改正等撰稿；第四卷《名胜风貌》由汪琦负责编撰，李莉、周明文、程拥军撰稿；《红色风华》由詹敬鹏负责编撰，江积富、詹倩撰稿。

　　丛书在编撰过程中，得到万以学、陈昌生、吴礼明、

263

耿宏志、江积富、蒋乃冰等领导、专家审正并提供相关资料，同时得到了区委史志办、区民政局、区文化和旅游局、区退役军人事务局、区文物所和安徽联泰传媒公司及出版社等部门、单位的鼎力支持，在此表示衷心的感谢和诚挚的敬意！

文章千古事，得失寸心知。尽管编委会做出了很大努力，但由于时间和水平所限，丛书难免有遗漏或错讹，敬请广大读者鉴谅。

《义安历史文化丛书》编委会
二〇二四年十二月

义安历史文化丛书

红色风华 卷

铜陵义安
TONGLING YI'AN

中国文史出版社

铜陵義安
TONGLING YI'AN

图书在版编目（ＣＩＰ）数据

红色风华 / 政协铜陵市义安区委员会编 . -- 北京 :
中国文史出版社，2024. 11. -- （义安历史文化丛书）.
ISBN 978-7-5205-4941-7

Ⅰ . K295.44

中国国家版本馆 CIP 数据核字第 2024CJ4477 号

责任编辑：程　凤

出版发行：中国文史出版社
社　　址：北京市海淀区西八里庄路 69 号　　邮编：100142
电　　话：010-81136606　81136602　81136603（发行部）
传　　真：010-81136655
印　　装：张家港市汇丰印刷有限公司
经　　销：全国新华书店
开　　本：787×1092　1/16
印　　张：87.25
字　　数：1093 千字
版　　次：2024 年 12 月北京第 1 版
印　　次：2024 年 12 月第 1 次印刷
定　　价：280.00 元（全 5 册）

总　序

习近平总书记指出，文化是一个国家、一个民族的灵魂，文化兴国运兴，文化强民族强，没有高度的文化自信，没有文化的繁荣兴盛，就没有中华民族的伟大复兴。作为中华优秀传统文化的重要组成部分，地域文化既是一方水土的历史根脉和人文记忆，又是一个区域的精神动力和文化资源。因而，传承和弘扬义安地域文化，对于厚植文化自信、增强发展动力、促进现代化美好义安建设具有特殊意义。

铜邑胜境，千年义安。义安区居皖江之南，承历史之脉，夏、商、周时属扬州，晋义熙九年（413）侨置定陵，唐文德元年（888）置县义安，南唐保大九年（951）易义安为铜陵，2015年撤县设区更名义安区。回眸既往，人文荟萃、物产丰饶的义安，彰显着义安人勤劳智慧的创造、生生不息的活力；名人辈出、红色峥嵘的义安，蕴含着烛照世代的家国情怀、自强不息的进取精神；文明接续、山水形胜的义安，涵养着义安人创造美好的底气、迈向未来的大气——这就是义安精之所在、气之所蕴、神之所附。

历史不仅关乎过去，更关乎未来。在建设中国特色社会主义新时代新征程的今天，我们更需要加强地方文化建设，只有弘扬人文精华、弘扬优良传统、弘扬时代精神，我们的各项事业才会兴旺发达。《义安历史文化丛书》就是铜陵市义安区深入贯彻落实习近平文化思想的最新出版成果，是讲述义安历史、展现义安风貌、描绘义安万象的地域文化工程。丛书分"历史风韵""人文风物""名人风流""名胜风貌""红色风华"五卷，以史为据，依史寻源，集中系统地介绍

了义安区历史沿革、名人志士、河流山川、民风民俗和红色史迹，起到了承接历史脉络、反映时代风貌、突显区域特征的效果，为我们再现了义安区的斑斓史册。

《历史风韵》卷，以建置沿革、舆地迁移和人口迁徙，溯源历史流脉；选取重要的文物古址和影响较大的历史事件，回眸历史云烟；以青铜、吴楚、徽州、皖江为特征，展现文化风貌；从农林渔牧、工矿商贸、交通邮政、文化艺术、教育体育、医疗卫生，反映社会变迁；以古镇今昔、乡邑变迁、地名故事，记一镇一乡之概貌、一村一地之源流。

《人文风物》卷，录传统制作技艺，留存非物质文化遗产；展地产特色风物，品尝古尖上美食"乡愁"；述春节、元宵、中秋等岁时节令习俗，婚嫁、生育、居住等社会生活礼俗，商铺、船民行业习俗，及竹马灯、十字歌等民间歌舞游艺，绘就民风民俗画卷；并以美丽传说讲述义安前世今生故事，从而较为全景式、立体式地呈现出义安的人文风情。

《名人风流》卷，在历史人物中着重择选出李白、王安石、苏轼、黄庭坚、王守仁、汤显祖等客籍名流，和盛度、陈翥、胡舜元等义安翘楚，以较为翔实的手笔介绍其思想、人品、作为和与义安之缘；以名人故事和人物小传，简写人物政声业绩、传奇事迹，为历史名人树碑立传，礼敬先辈贤达，赓续一地文脉。

《名胜风貌》卷，以永泉小镇、犁桥水镇、天井湖、凤凰山、梧桐花谷、百合庄园、江南铜谷风景道等景区，览名山秀水之胜；以诗人李白钟爱地的五松山、唐代真人修道处的叶山、荆公讲学留迹处的大明寺等名胜古迹，抒寻古探幽之情；以钟鸣镇龙潭肖村、东联镇赵祠戏楼村、天门镇江村，觅传统村落古韵；以西联镇犁桥村、胥坝乡群心村、天门镇金塔村，展和美乡村风光；同时邂逅古树名木，歌

咏古代诗文，将义安区境内的山川河流、人文古建的美景美色，以及与之相关的传奇典故收录记载，铺卷义安之地的诗意山河。

《红色风华》卷，第一辑"红色春秋"以历史为经，记录了大革命时期五四运动对义安的影响、土地革命时期铜陵县第一个中共特别党支部的星火、抗日战争时期新四军战斗的硝烟、解放战争时期渡江战役的波澜等；第二辑"红色故事"，描绘了烽火岁月的一场场战斗，在血与火中奏响一曲曲可歌可泣的战歌；第三辑"红色先锋"以人物为纬，书写了铜陵县境内第一个共产党支部创立人凌霄、皖南抗日游击根据地的创建人李步新、皖南革命斗争的领导人杨明等革命志士，豪气纵横的农民赤卫队长何骏启、江南铜陵第一位游击大队长章啸衡、渡江战役女英雄马毛姐等英雄人物，以及赤诚爱国的民主人士陈可亭、陈春圃，再现义安革命者一场场对敌斗争场面，展现一个个可歌可泣的英雄事迹，留下红色足迹，传递精神力量。

铭记历史，鉴往知来。这套丛书力求最大程度展现出义安区的文化风貌和魅力，是展示义安的文化窗口。相信这套丛书能够更好地以文化人，以文育人，传承文化基因，坚定文化自信，给奔跑的义安以智慧和力量，奋力谱写中国式现代化义安新篇章。

铜陵市义安区政协党组书记、主席
二级巡视员　　　徐常学

目录

第二辑 红色故事

第三辑 红色先锋

革命志士

英雄人物

附录

第一辑

红色春秋

大革命时期

五四运动对铜陵的影响

[历史背景]

五四运动是1919年5月4日在北京爆发的中国人民反对帝国主义、封建主义的爱国运动，是一次彻底的反帝反封建的革命运动。在这场伟大运动中，中国工人阶级登上了历史舞台。从此，工人阶级开始领导中国革命，一批具有初步共产主义思想的知识分子认识到了工人阶级的伟大力量，开始了马克思主义与工人运动相结合的进程，促进了中国共产党的诞生。伟大的五四运动，是中国新民主主义革命的开端。在这场运动的影响下，铜陵县人民和全国人民一样，前赴后继，勇往直前，百折不挠地进行民主革命，掀起了反帝反封建的波澜。

北京爆发的五四运动

1919年5月4日，在北京爆发了以学生为主体的反帝、反封建的爱国主义运动。消息传来，安徽省有50多个县热烈响应。一批在外求学的铜陵县学子，在革命大潮中迅速成长起来。身在铜陵大地的学生、工人、商人深受鼓舞，举行集会，示威游行，开展各种宣传活动，声援五四运动。

在外学子的成长

五四运动后，在外地的一批铜陵籍青年学生，积极投入大革命洪流中，先后成为中共党员，有的还成为当地革命运动的骨干力量。

王同荣，铜陵县和平乡（今义安区西联镇）北埂王村人，1918年秋考入安庆法政专门学校后，积极阅读、保管、传递《新青年》《湘江评论》等革命书刊，不断接受新思想、新文化的熏陶，学习和传播马列主义，1925年底在莫斯科东方大学由青年团员转为中共党员。

王同根，王同荣的胞弟，1923年春以优异成绩考入北平平民大学，同年秋被吸收为中共党员。1927年，王同根奉命回国后参加大革命，先后担任共青团武昌市委书记、中共湖北省委宣传部长兼秘书长及代理团中央秘书长。党的"八七"会议后，派任中共河南省委委员、共青团河南省委书记、中共豫中及豫南特委书记，领导游击战争，组织暴动。1928年8月在郑州被捕，1929年秋经组织营救出狱，编入中共中央直属支部，派任中共江西省委宣传部长兼秘书长。

朱世珩，铜陵县栖凤乡朱家嘴（今铜官区西湖镇）人，1923年考入北京平民大学，1924年秋加入社会主义青年团，1925年底在莫斯科东方大学转为中共党员。1924年10月，直系将领冯玉祥推翻了曹锟、吴佩孚控制的北京政府，并电请孙中山北上"共商国是"。在中国共产党领导和号召下，全国各地纷纷成立"国民议会促成会"，在北京平民大学读书的朱世珩、王同根以安徽学生代表的身份，参加了北平的"国民会议促成会"，欢迎孙中山北上，并建立"国民会议"，结束了军阀割据的斗争。

阮淑兰，铜陵县城关（今义安区五松镇）人，1921年秋与妹妹阮淑惠（后与朱世珩结婚）双双考入省城安庆女子第一师范专科学校，1923 年春与王同荣成为伉俪，1924 年加入共青团，1925 年底在莫斯科东方大学转为中共党员。

佘文烈，铜陵县大通（今铜陵市郊区大通镇）人，1923 年在芜湖工读学校时，积极参加芜湖"马克思主义研究会"，组织学生运动，开展反帝反封建反军阀的斗争。1926 年初转为中共党员，1925 年 5 月 1 日代表芜湖工会组织参加全国第二次劳动大会，聆听了刘少奇等领导人的讲话。后根据中共党组织指示，以个人名义参加国民党并在其中工作，于国民党芜湖市党部任农工部部长，团结"左派"力量对国民党右派进行揭露和斗争。1926 年秋，国民革命军在广州誓师北伐，他在北伐军第六军从事政治工作。1927 年 3 月，北伐军路过大通，他配合第六军政治工作人员，建立了国民党大通（"左派"）党部。

这些铜陵籍早期先进分子和中共党员，不仅为中国革命做出了贡献，也为铜陵党史增添了光彩。

在铜人士的活动

五四运动的消息传到安徽后，社会各阶层人士开展各种活动以声援，由示威游行发展到抵制日货。然而，这一正义之举受到日本帝国主义的威胁，日本军舰游弋长江，停泊在芜湖江面，更加激起了社会各界的极大愤慨。安庆、大通、芜湖等地学生示威游行，安徽总商会决定罢市三天，并组织了安徽各界抵制日货委员会，铜陵城关、大通都开展了罢市和抵制日货的斗争，显示了铜陵人民极大的爱国热忱。

此后，铜陵大地，革命风云涌起：

1922 年 3 月，铜陵县城关（今义安区五松镇）及大通镇（今铜陵市郊区大通镇）两地的屠宰户，为反对增加屠宰税而全体罢市。此举不仅得到铜陵各界的拥护，而且还引发了安徽全省反对增加屠宰税的斗争，又一次体现了铜陵人民不屈不挠的斗争精神。

1924 年初，一部分旅外青年学生，趁暑假回到铜陵，组织当地一批青年学生，高唱"打倒列强，除军阀"的战歌，进行反帝、反封建、反军阀统治的斗争，并组织起来，要求清算县政府账目，搞得反动知事周积荣狼狈不堪。

五四运动后，各种社会思潮纷纷传入铜陵。铜陵县金榔乡田屋汪村（今义安区钟鸣镇）陈春圃受此影响，在家乡创办"育才小学"，开展新文化运动宣传活动，同时兴办实业，以表拳拳救国之心。今义安区西联镇钱湾村人章啸衡在芜湖赭山省立五中读书时，参与了反对皖南镇守使马联甲的斗争，有幸聆听了共产党人恽代英宣传马克思主义、宣传革命真理的讲演，初步确立了革命的世界观。1927 年 3 月，由程潜、林伯渠率领的北伐军第六军途经大通等地时，受到热烈而隆重的欢迎。陈春圃、章啸衡等人发起组织北伐队伍，在民众一呼百应下，很快拉起了一支队伍，投入反军阀的行列。后该部编入由柏文蔚为军长的三十三军，由桐城集中经六安奔赴北伐战场。陈春圃任第三师第六旅旅长，章啸衡任独立营长。蒋介石背叛革命后，该部毅然东征讨蒋，失利后被迫解甲归田。

......

伟大的五四运动，不仅影响着在外求学的铜陵青年，使其积极投入大革命洪流中英勇拼搏，而且为铜陵地区播下了革命"火种"。

铜陵人民声援"五卅"运动

[历史背景]

1925年2月起，上海22家日商纱厂近4万名工人为反对日本资本家打人、无理开除工人和要求增加工资而先后举行罢工。中共中央专门组织了领导这次罢工的委员会。5月15日，上海内外棉七厂的日本资本家枪杀工人代表、共产党员顾正红，打伤工人10多人。日本帝国主义的暴行，激起了上海工人、学生和广大民众的极大愤怒。5月30日，上海工人和学生在租界的繁华马路上，进行宣传讲演和示威游行，租界的英国巡捕在南京路上先后逮捕100多人，并突然向密集的游行群众开枪射击，当场打死13人，伤数十人，制造了震惊全国的"五卅"惨案。

上海工人和学生在租界示威游行

"五卅"惨案发生的当晚，党中央再次召开紧急会议，决定将反帝斗争扩大到各个阶层中去，组成反对帝国主义的联合阵线。31日，上海总工会成立，李立三任委员长，刘少奇任总务主任。总工会宣布实行全市总罢工，仅上海一地，参加罢工的工人就有20余万人，罢课的学生有5万人，大部分商人罢市，甚至租界内的中国巡捕、外国人雇用的仆役，也罢岗、罢工。

"五卅"惨案的消息传到铜陵后,反响巨大。工人罢工、学生罢课、商人罢市,进行了反帝示威大游行。6月26日,大通(今铜陵市郊区大通镇)举行群众大会,各界到会者有2000余人,共同声讨帝国主义,全力支援上海工人,并着手募捐,接济上海的失业工人。27日,大通各界罢工一日,举行示威大游行,参加游行队伍的有各校的全体学生,还有箩杠、机织、木业等各行各业的工人群众。游行的队伍群情激奋,斗志高昂。"打倒帝国主义""废除不平等条约"的怒吼声响彻通和(大通和悦洲)两岸。

为了声援和接济上海罢工工人,安徽省会所在地安庆的中共团特支组织团员露天演讲,促进成立后援组织。6月17日,"五卅惨案安徽后援会"在安庆成立,后援会决定"应急速筹募巨款,汇沪接济,俾得坚持到底"。后援会成立不久,派两人到铜陵县(今义安区)宣传"五卅"事件,同时募捐以接济上海工人。来人受到铜陵县各界人士的热情相待,民众慷慨解囊,自动捐款500余元汇沪,接济上海失业工人。

支援"五卅"的大规模群众运动,激起了帝国主义和中国军阀政府的恐慌,他们相互勾结,以武力相威胁,企图镇压人民的正义斗争。从1925年6月3日到8日,英、美、意、法等国海军陆战队登陆,以武力对中国人民进行恐吓和屠杀。英舰、日舰和美舰于6月9日驶抵芜湖江面,炫耀武力,更加激起了芜湖、铜陵等沿江各地民众的义愤。在铜陵县,反对帝国主义与反动势力的武力威胁,抵制日货、英货的斗争迅猛掀起。8月中旬,大通"沪案后援会"成立,并成立了"仇货"检查所,着手查抄日、英仇货。一共查得糖100多包、零碎货物50余件,并对经销仇货的奸商进行处罚,罚款1000余元。1925年9月20日,中共团安庆地方委员会书记李竹声给中央的信中说："八月十四日，特派卓俊、定武、效侃、竹声联合民校同学奉'五卅后援会'令，前往大通提倡组织'仇货检查所'，临时查勘仇货，共工作二十日，结果尚佳。"结果尚佳，是对铜陵人民反对帝国主义，开展抵制日货、英货斗争成果的肯定。

　　"五卅"运动，是在中国共产党英明领导下的群众性反帝爱国主义运动，它标志着大革命高潮的到来。铜陵人民为了声援和接济上海罢工工人作出了积极贡献。

土地革命时期

铜陵县第一个党支部的成立

[历史背景]

铜陵县境中共党组织始建于20世纪30年代初，主要是由外地党员帮助和发展起来的，在外地入党的部分铜陵籍党员回到家乡后，也成为一股建党力量。1930年11月，原中国红军独立二师副师长凌霄来到铜陵，点燃了铜陵长江以南地区的革命星火。

位于西联镇钱湾村的中共铜陵特支展览馆

凌霄，原籍池州贵池县里山乡凌家村人，1925年在芜湖读书时加入中国共产党。后来，凌霄受党指派进入广州黄埔军官学校步兵科学习，毕业后参加北伐战争，作战勇敢，屡建战功，历任连长、营长、团副等职。1928年，他回到贵池，创建了中共贵池特支。1930年2月，受中共安庆中心县委派遣，参与组织领导了潜山请水寨暴动，担任红军第一军中央独立二师副师长兼参谋长及一团团长等重要职务。暴动失利之后，他与刘中一、王子成等 60 多名党员，分散到皖南各地，继续从事革命活动。同年 11 月，凌霄经贵池来到铜陵，秘密从事建党活动，落脚在太平钱家湾（今义安区西联镇钱湾）章啸衡家中。章啸衡为人豪爽，仗义疏财，广结广交，家境较为宽裕。早年，章啸衡在芜湖赭山读书时，就结交过一些热血青年，受到进步思想的影响，倾向革命。1927 年章啸衡参加了北伐和东征讨蒋，被捕后经营救回到家乡。凌霄的到来，使章啸衡看到了新的希望，激发出革命热情。他置生命安危于不顾，秘密将凌霄安置在家中，想方设法为凌霄建党活动提供方便，成为凌霄来铜陵之后发展的第一位共产党员。

凌霄在章啸衡的积极配合下，在汀洲、犁桥（今义安区西联镇）一带宣传革命思想，陆续发展了沈默、郑启书、郜德元等人入党，并联系到 1927 年在武汉加入中共党组织，参加北伐战争后与党失去联系的谷捷应，恢复了谷捷应的组织生活。随着铜陵地区的党员队伍的发展壮大，建立党的基层组织时机已成熟。

1931 年初的一个寒冷的夜晚，劳累了一天的农民大多已进入了梦乡，水乡村庄显得格外宁静。然而，在铜陵县太平钱湾村村头章啸衡家中的一间密室里，却洋溢着融融的春意。成立中共铜陵特支的重要会议，正在秘密举行。密室中间的八仙桌上，点着一盏小油灯，围桌而坐的人们神情庄重，态度严肃，聚精会神地聆听着会议主持人凌霄的讲演。在听完他讲话之后，中共党员们进行了一番热烈的议论，与会党员一致推选凌霄担任中共铜陵特支书记。这样，中共铜陵特支就正式成立了——这是中国共产党在铜陵江南境内建立的第一个党支部。

中共铜陵特支的诞生，犹如一座光芒四射的灯塔，给在黑暗中摸索的铜陵人民指明了前进的航向。此后，大通、铁板洲、山坳汪村、钟鸣和金榔等地的党组织相继成立，革命火种燃遍铜陵大地。

两次农民暴动

湖城涧农民暴动遗址

[历史背景]

"哪里有剥削，哪里就有斗争；哪里有压迫，哪里就有反抗。"在土地革命战争时期，铜陵江南境内曾先后发生两次较大规模的农民暴动。这两次农民暴动，是广大农民在何骏启、曾一坚、花良虎等人领导下组织起来，与地主和恶势力进行的勇敢抗争。这两次农民暴动虽然失败了，但在铜陵这块沃土上撒下了革命的种子。

湖城涧农民暴动

在国民党政府的黑暗统治下，铜陵湖城涧（今属义安区顺安镇）的农民群众深受地主豪绅和反动势力的剥削和压迫，生活极其贫困，一些农民被地主逼得走投无路，便自发组织起来，与黑暗的官僚政府及地主阶级进行武力抗争。

1930 年下半年，凌霄来铜陵开展建党活动，首先发展了进步青年章啸衡加入中国共产党。章啸衡入党后，启发、引导何骏启，使何骏启领导的湖城农民武装逐步走向武力反抗国民党反动派黑暗统治的道路。

在党的指引下，以何骏启为队长的湖城农民赤卫队逐渐成长壮大。他们常常夜出日宿，斗争锋芒直指顺安、湖城的国民党自卫团及反动团练。他们行动敏捷，作战英勇，夺取反动团练的枪支，使反动当局终日心惊胆战。国民党铜陵县长栗伯隆和自卫团长朱清亚，企图镇压这支农民武装，消除"隐患"。1931年初，他们经常前往顺安、湖城一带"清剿"。有一次，何骏启等人在湖城何家开会，前来搜索的国民党自卫团闻讯，气势汹汹地向开会地点扑来，谁知赤卫队员们早就得到消息，从后山向叶山章家涝转移，分散隐藏在深山密林中。敌人追到那里知道上了当，便掉头往回跑。这时，何骏启等人利用有利地形，突然从各个方向向敌人开枪射击。听到枪声，国民党自卫团一时摸不着头脑，乱成一团，漫无目标地胡乱开枪。直到天亮，国民党自卫团连一个人影也没抓着，反而被赤卫队员打死了两个士兵，便气急败坏地放火烧了何骏启等人家的房子，狼狈不堪地收兵回城了。

房子烧了以后，何骏启等人没了存身之处，这支农民武装只好分散到汀洲、叶洲、荻港等地活动。他们利用各种时机，继续与国民党自卫团进行斗争。队伍分散不久，何骏启带着警卫员从荻港返回铜陵，准备重新集中分散的队员，待机再战，不料在途中与一支国民党自卫团相撞。一场激战之后，何骏启终因寡不敌众，不幸被捕，面对屠刀大义凛然，惨遭杀害。

湖城涧农民暴动的规模虽然不大，但它打击了地方反动势力的嚣张气焰，表现了铜陵广大农民群众英勇不屈、敢于向反动势力抗争的革命精神。

水村农民暴动

铜陵县金榔乡水村（今钟鸣镇水村村），重峦叠嶂，山道湾湾，地处铜（陵）、南（陵）、繁（昌）三县交界的偏僻山区，距三县县城均在 50 里开外，隶属铜陵县金凤乡（今属义区钟鸣镇）管辖。这里山多地少，土质贫瘠，交通很不发达，加上国民党反动派的黑暗统治，农民长年累月过着"镰刀挂上墙，家中断了粮"的苦难生活。

1934 年，中共党组织派曾一坚从上海来到水村附近牧家亭，在开明士绅陈春圃家落脚，开展建党活动。在陈春圃的大力支持下，曾一坚以水村为依托，深入农民群众之中，假借乌鸦洞（现名乌霞洞）广大和尚亲戚之名，给人"排八字"，以接近和联络各方人士，进而宣传马列主义，宣传苏联"十月革命"……曾一坚经过一段时间的艰苦工作，很快得到群众的拥护，吸收了陈述典、花良虎、朱道福等一批优秀分子加入了中国共产党。他深入钟鸣、狮子山、九榔、水龙等地，以"亲串亲""友联友"的方式开展党的活动，至年底发展中共党员 50 余人，分别建立了中共水村小组、九榔小组、水龙小组和钟鸣狮子山党支部，还以党员为骨干，以水村为基础，成立了一个 100 多人的农民赤卫队，花良虎为队长，陈述典为指导员。

1934 年是大旱之年，铜陵山区大部分地方颗粒无收，寒冬腊月农民借贷无门，饥寒交迫，苦不堪言。地主老财要租逼债，反动官衙苛捐杂税，逼得穷人无法生存。这时正是中国工农红军北上抗日先遣队挺进皖浙，北上抗日之时。曾一坚根据这一特定的历史条件，多次在此地的阴山脚炭棚内召开秘密会议，商讨问题，研究对策。大家提出，与其在家饿死，不如和地主老财拼个你死我活。曾一坚经过慎重考虑，认为群众已基本发动起来，应抓住这一有利时机，尽快组织一次暴动，迎接红军抗日先遣队的到来。要暴动，光有人没有武器是不行的，还要有明确的目标、响亮的口号才有号召力。会议提出：以"铲富济贫"为目标，"打倒土豪劣绅""打倒资本家""打倒贪官污吏"等为革命口号，并决定由花良虎、陈述典负责收缴农户家中的猎枪、大刀、长矛等武器和自制土炸弹等，计划到顺安夺取国民党自卫团的枪支……

1935年春节之后不久，暴动的各项准备工作基本就绪。于是，赤卫队长花良虎和共产党员姚昌祯各带20余名赤卫队员，兵分两路，以暴力行动夺取枪支，展开铲富济贫的斗争。花良虎带领一路从水村直插南陵县樱桃山，封锁了地主邢修正家所在的村庄进出路口，悄悄地围住邢家大屋。由于邢家房墙既高又厚，又有洋枪固守，赤卫队没有攻坚技术和武器，虽用了一些土炸弹，但未能得手。姚昌祯率领一路由钟鸣狮子山直奔九榔村河滩里，将地主汪大才住宅团团包围，攻击时受到汪家的快枪阻击，联保处的自卫队闻报赶来……这场暴动由于寡不敌众，农民赤卫队部分同志被捕入狱，少数潜往外地，曾一坚也被迫返回上海。这次暴动虽然失败，但却播下了革命的火种。

铜陵农民的两次暴动，沉重打击了以豪绅地主为代表的封建势力，在铜陵地区建立了农民革命武装，为以后的革命斗争打下了坚实的群众基础。

中共铜繁无县委建立及其活动

[历史背景]

1934年11月，在铜陵县紫沙洲三官庙发生了铜陵革命史上具有重大影响的事件，这就是中国共产党在铜陵县第一次建立了县委组织。因县委所在地紫沙洲位于铜陵、繁昌、无为三县交界处，因而被称为中共铜繁无县委。

中共铜繁无县委驻地遗址

1933 年，原中共桐城县委宣传部长苏拓夫辗转来到铜陵，结识了铜陵早期党员沈默，并与中共皖南特委取得了联系。此时当地绅士王兰田在铜陵胥坝三官庙（今义安区胥坝乡）创办一所私塾。苏拓夫以在私塾教书为名，在三官庙、汀洲一带开展革命活动。他经常对学生说"富人是靠什么发财的、穷人为什么会穷的"道理，并宣讲江西人民闹革命求翻身的故事。这年 3 月，苏拓夫在进步学生中组织成立了共产主义青年团钱家湾支部，苏拓夫任书记。团支部成立后，在青年学生中积极开展活动，教学生们唱革命歌曲，为党组织传递信件，站岗放哨。不久，苏拓夫又在胥坝、柳洲、程柏村、谢家垄、朱村、龙泉、犁桥、宋家宕等地发展了一批共产党员，建立了党支部。

1933 年 9 月，在三官庙私塾受到进步思想教育的王安澜、王采封、朱道义 3 人由沈默介绍，加入中国共产党，成立了中共柳洲党小组。这个党小组成立后，以老观嘴为中心开展建党工作，发展了一批党员。

1933 年秋冬，沈默打扮成僧人，在金家湾河西一带以行医为名，发展党员。在沈默的宣传启发下，孔亚东、何秀清等 8 人成立了互济会，其宗旨是进行抗灾互济，有粮出粮，有钱出钱。次年初，在互济会的基础上，又由部分青年组成贫农团，任务是教育青年农民，动员他们与土豪作斗争。之后，经沈默介绍，孔亚东加入中国共产党，不久中共龙泉支部成立，孔亚东任书记，何秀清为宣传委员。

1934 年 11 月，方志敏率领红军北上抗日先遣队挺进皖南。皖南特委派人来到铜陵，在紫沙洲三官庙程正儒家召开会议，正式宣布成立中共铜繁无县委，苏拓夫任书记，沈默任组织部长，查全敏任宣传部长，程正儒、陈是田、姚志健为县委委员。会议除着重讨论健全和发展党组织外，还讨论了如何在国民党各乡政府武装人员中发展党员，伺机夺取地方武装，以迎接红军北上抗日先遣队。

中共铜繁无县委成立后，铜陵县党组织得到迅速发展。此前犁桥就已经有党组织在活动，成立了党支部，陈是田任书记，葛尚书为组织委员，胡炳华为宣传委员。苏拓夫到达铜陵后，犁桥党组织得到进一步壮大。1934年冬，陈是田、李玉衔、胡炳华、查明福、胡东明在当地开设一家米行"复和米行"，成为中共党组织的地下交通站。苏拓夫在米行里以做杂工为掩护，秘密开展革命活动。随着党员人数的增多，1935年1月，犁桥成立了中共区委，李玉衔任书记，全区党员人数达100多人。同年3月，中共铜繁无县委在犁桥陈是田家召开会议，参加会议的有苏拓夫、沈默、陈是田、查全敏、姚志健，会议确定组织的任务是：一、迅速发展党员，建立与壮大党的组织；二、打开敌后交通局面，建立交通线，扩大活动范围，争取与皖南山区党组织及红军取得联系。

中共铜繁无县委成立后，除建立犁桥区委外，还有胥坝区委、城北区委、宋家岩区委、朱村区委，共5个区委，全县共有500多名党员。随着斗争形势的发展，中共铜繁无县委进一步认识到建立革命武装的重要性。1935年春，县委在新桥乡周三乐家召开会议，决定由姚志健负责民运工作，伺机在国民党自卫队中策动士兵起义，以期建立工农武装，开展革命斗争。

中共铜繁无县委在苏拓夫的领导下，积极开展党建工作，发展党员，为铜陵的革命斗争积聚了骨干力量。

抗日战争时期

七七事变在铜陵县的反响

[**历史背景**]

1937 年 7 月 7 日夜，驻丰台日军在卢沟桥畔中国守军防区内进行军事演习。演习结束后，日军借口失踪一名士兵，无理要求进入中国军队防守的宛平城搜索，遭到中国守军的拒绝。日军遂向宛平城和卢沟桥发动攻击，挑起了蓄谋已久的卢沟桥事变。中国守军第二十九军官兵在日军蛮横无理的挑衅和攻击下，忍无可忍，奋起抗击，打响了全民族抗战的第一枪。这就是卢沟桥事变，也称七七事变。七七事变不仅标志着日本军国主义全面侵华战争的爆发，也标志着中国人民抗日战争的开始。在中国共产党抗日民族统一战线的引领下，铜陵人民的抗日救亡运动也轰轰烈烈地开展起来。

卢沟桥事变发生后，在上海、南京、芜湖、安庆等地读书的铜陵大通籍学生，先后有 100 多人回乡度假。他们在蔡向荣、项木道等同学的倡议下，邀集回乡学生 90 多人，成立了大通旅外学生暑假工作队，开展揭露日军侵华罪行，唤起民众抗日觉悟的抗日宣传工作。

八一三淞沪抗战打响后，大通旅外学生暑假工作队的抗日激情愈发高涨。在他们的宣传与推动下，工、商、学、绅各界于 8 月 15 日隆重集会，宣布成立大通各界抗日后方援助会，原旅外学生暑假工作队则易名为大通各界抗日后援会宣传工作团。工作团下设编辑组、墙报漫画组、歌咏话剧组和慰劳救护组。团部设在大通总工会内，活动经费由后援会供给。工作团的成员每天编写壁报、漫画，并分组到街头进行宣传演出。他们运用演讲、歌咏等形式，向群众揭露和控诉日本侵略者亡我中华、杀我同胞的种种罪行，报道前线将士浴血奋战、抗击日寇的动人事迹和战果，鼓舞广大民众。随即，大通各界人士千余人，利用星期日举行了声势浩大的抗日救亡游行，号召全镇各商店和市民不卖、不买日货；轮驳和搬运工人不运、不搬日货，杜绝日货来源。大通籍学生的爱国热情感动了大通各界人士，连警察也前来帮助维持秩序，影响波及附近县、乡。铜陵县城和胥坝、老观嘴、犁桥、顺安（今属义安区）一带有识之士，纷纷成立抗日后援会，有钱出钱，有力出力，筹集粮款，慰劳前方抗日战士。当年 8 月下旬，大通还发起了募捐活动，仅一周内就募得银圆 5000 多块，并以大通抗日后援会名义汇往上海抗日慰劳总会，鼓励抗日将士英勇抗敌。

为了进一步做好抗日后援工作，大通后援会还组织 40 余名女青年，举办战地救护班，派人专程到南京中央医院聘请女护士陈奇前来担任教学工作，帮助学员学习包扎、消毒、注射等战地救护知识与操作技术。后淞沪 50 兵站迁移大通，战地救护班的学员即分组轮流到医院为伤病员服务。

不久，章啸衡、谢节之等爱国名士来到铜陵，先后在洲区和圩区，积极宣传中国共产党关于"国共合作、共同抗日"的主张和八路军、新四军开赴抗日前线英勇抗敌的事迹，更加振奋了民心，鼓舞了斗志。一批有识之士积极同国民党县政府交涉，要求动员群众，开展抗日救亡运动。

1937 年的七七事变，是世界反法西斯战争在东方的爆发点。中国的全民族抗战，开辟了世界第一个大规模反法西斯战场。抗日战争烽火的洗礼，促进了中华民族的觉醒，为中国共产党带领中国人民实现彻底的民族独立和人民解放奠定了重要基础。

铜陵县抗日救亡运动的兴起

[历史背景]

卢沟桥事变爆发后的第二天，中共中央发出抗日通电，号召全国人民团结起来，国共两党亲密合作，筑成民族统一战线的坚固长城，把日本侵略者驱逐出中国。中国共产党反对日本帝国主义侵略的坚定立场和鲜明态度，鼓舞起全国人民抗战的热情，铜陵县抗日救亡运动也随之兴起。

在全国抗日救亡运动不断高涨和共产党倡议国共合作的推动下，1937年8月22日，国民政府军事委员会发布红军改编命令。根据国共两党协议，在西北的中国工农红军主力改编为国民革命军第八路军

回乡知识青年上街作抗日救国演讲

（简称八路军）。南方八省的红军和游击队改编为国民革命军陆军新编第四军（简称新四军）。此后，国民党中央通讯社发表《中共中央为公布国共合作宣言》，宣告国共两党重新合作和中国抗日民族统一战线的形成。在此背景下，全国各地民众总动员委员会应运而生。

1938年5月，国民党第三战区皖南民众总动员委员会在屯溪成立，要求皖南各县成立总动员委员会。6月下旬，铜陵县民众总动员委员会在谢家垄成立，动委会成员几乎容纳了当时铜陵城乡各界社会名流。铜陵县民众总动员委员会成立后，主要做了以下几件工作：一是领导抗日民众运动，集中和整顿民众力量，发挥民众总动员的效能。二是大力吸收各方面人士参加抗日救亡工作，组织建立各种抗日团体。之后，无（为）铜（陵）繁（昌）边区民众动员委员会在胥坝三官庙成立，王仲钧任主任，陈可亭任副主任。动委会直接领导青年抗日工作团等下属机构，从事抗日动员工作。三是深入开展多样化的抗日宣传活动，发动群众，组织群众，使之"有钱出钱，有力出力"，协助政府和军队进行抗战。四是慰劳军队，曾一次就拿出200银圆慰劳品以各界名义慰劳驻铜抗日部队。五是救济难民。大通等地遭日军轰炸后，有大批难民涌往董店等山区。同时，江苏等地也有不少难民进入铜陵。为帮助安置难民，动委会议决在铜陵县辖区对香烟征收难民税，以接济难民，稳定社会秩序。

由于一部分共产党员在各级动委会、各抗日工作团中担任领导职务、负责实际工作，因而绝大多数动委会和抗日工作团的工作，都是在中国共产党倡导的抗日民族统一战线政策领导下进行的。铜陵县民众总动员委员会，成为中国共产党路线、方针、政策的实施者和联系群众的纽带。

铜陵县沦陷及日军暴行

[历史背景]

从 1938 年 2 月 19 日起，日军用将近 9 个月的时间从水上、陆地和空中对铜陵进行轰炸和袭击，占领大通（今铜陵市郊区大通镇）、铜陵县城（今义安区五松镇）、顺安（今义安区顺安镇）、毛桥（今义安区东联镇）及三江口区域（顺安河、钟仓河、荻港河的长江口）等地。从那时一直到日本无条件投降，日本侵略者统治铜陵县达七年半之久。

图为日军飞机轰炸后遗留下来的未爆炸的炸弹

图为今日大通，图中偏左上方为大通钟楼

1937 年 12 月，日军相继攻占芜湖、南京，急于打通长江水运通道、进攻武汉等华中腹地。1938 年 9 月 6 日，日军第一一六师团一三八联队 3000 余人在铜陵县桂家湖、羊山矶、红庙等处登陆，攻陷沿江重镇大通。11 月下旬，日军向铜陵县发动全面进攻，侵占铜陵县城和顺安镇（今义安区五松镇、顺安镇）。铜陵江南地区除凤凰山、金榔等少数山区因地势险要、易守难攻，日军屡犯未果外，大部分地区沦陷。

日军侵占铜陵期间，烧杀淫掠，给人民带来深重的灾难。日军狂轰滥炸，据1938年6月9日《新华日报》报道："连日来有敌机三架、十二架，敌舰十余艘、二十余艘，在我沿江一带滥肆轰炸，敌机投弹先后不少于千余枚，敌舰发炮亦在三千发以上……将大通和悦洲，横港羊山矶、旧县等所有民房全部破坏"。日军发动了一次大规模的扫荡，实行"三光"政策，滥杀无辜，烧毁房屋。

1939年2月3日，日军侵占毛桥（今义安区东联镇毛桥），即制造了惨无人道的毛桥暴行。当时毛桥9个自然村150多户人家的房屋、家具、农具全被烧光，粮食、衣物和钱财全都被抢光，羊、牛、鸡等畜禽全部被日军抢走吃光。日军在毛桥设有专门杀人场，使用各种手段杀人，并以此取乐。如烟管山杀人场，日军一次就杀死了几十名无辜群众。他们把抓来的群众绑在四根木桩上，脸朝地，背朝天，然后骑在身上用刺刀在背上乱戳，将人折磨至死。日军毛桥烟管山杀人场遗址，现位于义安区东联乡毛桥村徐房自然村。毛桥与顺安、钟鸣、繁昌的黄浒各相距15华里，处在三者中心地段，距坝埂头长江边直线距离只有6~7华里，交通方便，日寇占领毛桥前，这里有150多户，600多居民，房屋450多间，农田1000多亩，往来客商较多，呈现一派安居乐业的景象。1939年2月，日寇为了防卫长江运输线的安全，形成顺安、毛桥与黄浒（日据点）防线，妄图阻止和消灭山区的新四军和抗日群众组织，调集600多日伪军，在芋头山和赵村两个高地建了炮台和碉堡。日寇占领毛桥之后，随即对毛桥周围的村庄实行了惨无人道的"三光"政策。日寇占领毛桥的两年多间，就有200多名抗日群众和无辜居民惨遭杀害。

抗战时期，铜陵县直接人口伤亡数2259人，日本华中矿业股份有限公司在铜陵设立铜官山矿业所，欺骗、胁迫大批工人前来开采矿石运回日本，攫取铁矿石 345 吨、铜矿石 1.5 万~2 万吨，财产损失更是难以计数。

抗日战争时期铜陵县党组织恢复、建立与发展

[历史背景]

抗日战争是中国人民反抗日本帝国主义侵略、取得完全胜利的民族解放战争。这场战争是以国共两党合作为基础，有社会各界、各族人民、各民主党派、抗日团体、社会各阶层爱国人士和海外侨胞广泛参加的全民族抗战。1945 年 8 月 15 日，日本宣布无条件投降。9 月 2 日，日本在投降书上签字，从此 9 月 3 日被定为抗日战争胜利纪念日。

七七事变之后，日本侵略者气焰十分嚣张，由上海而进逼芜湖和南京，紧接着溯江而上，侵占长江以南的铜陵、繁昌一带。

1938 年 7 月，新四军军部进驻泾县云岭后，十分重视铜繁一带的抗日工作。这不仅对保卫皖南具有重要的意义，而且有利于加强军部同江北第四支队的联系。8 月，新四军政治部派张伟烈到铜陵开展工作。张伟烈过江后，广泛发动群众，开展抗日斗争。10 月，中共皖南特委任命张伟烈为巡视员再次来到江南，着手恢复和建立铜陵党的组织。12 月初，抗日时期铜陵地区第一个党的机构——中共铜陵中心区委建立，张伟烈任书记，顾达人为委员。从此，铜陵抗日战争在党的领导下迅速开展。

1938 年 12 月中旬，新四军第三支队从南陵的蒲桥、黄墓渡一带，进驻铜繁前线，司令部设在南陵县沙滩脚，政治部驻在燕子牧（义安区钟鸣镇水村境内）。三支队党委和副司令员兼政委谭震林，十分关注地方民运工作和地方党的建设。12 月底，皖南特委委托第三支队党委，帮助建立了中共铜南繁中心县委，张伟烈任书记。此后，铜陵、南陵、繁昌的党组织迅速发展壮大，并普遍建立起基层党组织。

中共铜陵敌后县委驻地——朱家嘴村，现属市铜官区

中共铜陵敌前县委驻地——顺安镇铁湖嘴

1939 年 4 月下旬，随着斗争形势的发展，为便于领导，皖南特委决定，撤销铜南繁中心县委，分别成立铜陵、繁昌两个县委，均隶属皖南特委领导，张伟烈任铜陵县委书记。7 月，中共铜陵县委第一次代表大会，在凤凰山（今属义安区顺安镇）周氏小学召开，选举产生了新的县委和出席皖南特委党代会的代表。这时，铜陵县的党员已由抗日初期的几名发展到近千名。

1940 年 6 月，为了加强党对敌后斗争的领导，皖南特委决定成立中共铜陵敌后县委，张伟烈任书记（原铜陵县委仍保留，由张东任书记），领导国民党统治区的凤凰山、金凤、九榔、钟鸣、朱村、陶凤、陶城等地的抗日工作。

1940 年 12 月，皖南新四军准备北移。为了使皖南及铜陵党组织在军部撤离后免遭破坏，根据中共中央东南局和皖南特委指示，决定成立中共铜（陵）繁（昌）芜（湖）中心县委，由皖南特委委员张伟烈任书记，领导铜陵敌后县委和芜湖县委，新成立的繁昌县委也隶属铜繁芜中心县委领导。同时决定撤销铜陵县委，原县委负责人随军撤离，成立铜陵敌前（敌顽中间区）工委，归铜陵敌后县委领导。东南局和皖南特委要求铜陵县各级党组织，在新四军撤离皖南后，要认真做好充分的思想准备和组织准备，适应形势，坚持斗争。

1941 年 1 月，国民党顽固派蓄意制造了震惊中外的皖南事变，新四军军部及其所属部队 9000 余人惨遭围攻。国民党铜陵县党部、县政府大肆搜捕共产党员与新四军干部、战士。铜陵县党的组织又遭到严重破坏，人民备受蹂躏，笼罩着一片白色恐怖之下。皖南事变后，新四军七师先后派彭嘉株、杨明、巫希权、何志远、肖须知等党政军干部，率部分别到铜陵，配合地方党组织和武装，继续开展斗争。3月，铜陵敌前行动委员会成立，5 月又撤销，成立铜（陵）青（阳）南（陵）党政军委员会，统一领导敌前地区党政军工作。5 月，经华中局批准，撤销驻休宁的秘密皖南特委，在无为县白茆洲重新组建中共皖南特委。皖南特委随即决定，撤销铜繁芜中心县委，将铜陵敌前工委升格为铜陵敌前县委，与铜陵敌后县委同属于皖南特委领导。

1943 年 3 月，皖南及铜陵党组织根据党中央关于精兵简政和实行一元化领导的方针，对组织机构作了较大的调整。皖南特委改为皖南地委，铜陵敌前、敌后县委合并成立中共铜（陵）青（阳）南（陵）县委，书记为张伟烈。11 月，张伟烈调皖南地委任组织部长，杨明接任铜青南县委书记。从 1943 年 12 月起，皖南地委根据党中央关于整风学习的指示，

中共皖南地委书记黄耀南

中共铜青南县委驻地——雷家湖，现属义安区顺安镇星月村

分期举办了连、区级以上干部整风学习班，通过整风学习，加强了党的思想建设、组织建设和作风建设，大大增强了党组织和部队的战斗力。1944年春夏以后，皖南支队主力大部开进皖南，使皖南及铜陵抗日根据地建设得到迅速发展。12月，皖南地委及皖南支队、皖南军分区领导机关，从无为白茆洲南迁到铜陵舒家店，进一步加强对铜陵和皖南工作的领导。

1945年8月15日，日本侵略者宣告投降。9月，皖南境内的日本侵略军全被缴械。9月28日，根据新四军七师和皖江区党委指示，皖南地区党、政、军领导机关及干部、战士，除留少数人继续坚持斗争外，其余全部撤离皖南，铜陵县地区党政军干部和抗日武装编入皖南支队，随军北撤，迎接新的战斗任务。

在抗日战争中，铜陵的党组织一直领导人民坚持斗争。党的力量由小到大，人民武装力量也由弱到强，铜陵由敌占区发展成为抗日民主根据地。经过七年多的浴血奋战，广大军民虽然付出了重大牺牲，但迎来了抗日战争的伟大胜利。

铜陵沙洲游击大队

铜陵沙洲游击大队成立地遗址

[历史背景]

当抗日救亡的浪潮席卷全国时，铜陵人民也投入抗日烽火中。在这种形势下，共产党员章啸衡在胥坝、汀洲一带（今义安区胥坝乡、西联镇）组建起游击队伍，开展武装抗日，因游击队队部在沙洲大棚，故这支武装被称为沙洲游击大队。这是铜陵江南地区第一支群众性的地方抗日武装。

1937年冬，土地革命战争时期被国民党当局通缉在外的共产党员章啸衡，回到了家乡。他基于民族义愤，广泛联络爱国志士，积极宣传中国共产党关于"国共合作、共同抗日"的主张和八路军、新四军开赴抗日前线英勇抗敌的事迹。1938年7月，新四军军部进驻泾县云岭后，为迅速开辟皖南的抗日局面，军部派遣大批民运干部深入各县，发动群众抗日。章啸衡得到这一消息后，与谢节之等人商议，派谢节之、陈是田去云岭，请求新四军军部加强对当时铜陵抗战工作的领导。章啸衡还到新四军军部，请求军部帮助培训一些抗日军政干部。军部对此十分重视。8月，新四军政治部派遣张伟烈来铜陵开展建立党组织工作，支持章啸衡筹建抗日武装。

1938年11月26日，铜陵县沦陷，广大人民饱受日军铁蹄践踏。此时，章啸衡和谢节之等人在胥坝、汀洲一带组建起游击队伍，开展武装抗日。因游击队队部设在沙洲大棚，故这支武装被称为沙洲游击大队。沙洲游击大队自成立之日起，即得到新四军的大力支持与帮助。队伍开始时只有14人，后来很快扩大到两三百人，编成3个中队，若干个分队。沙洲游击大队组建以后，在党组织和新四军的领导下，以高涨的抗日救国热情，克服种种困难，积极开展武装斗争，特别是对参加维持会的汉奸，坚决地予以镇压，显示了民众抗日武装的威力。

随着抗日斗争的深入开展，沙洲游击大队与新四军的联系更加密切。为加强对这支游击队伍的组织领导，1938年12月，新四军第四支队第二游击纵队正式授沙洲游击大队为该纵队第四大队番号，并由纵队司令龚同武、副司令曹云露颁发委任状，任命章啸衡为大队长，同时派来一名姓岳的机枪手。1939年1月，军部民运科长曾如清受命来沙洲游击大队指导工作，就沙洲游击大队的训练、给养、活动范围等方面提出了建议。曾如清还陪同章啸衡去新四军第三支队驻地拜会了副司令员谭震林。1939年2月3日，新四军军长叶挺、副军长项英、政治部主任袁国平、副主任邓子恢四位军首长联名致函章啸衡、谢节之，高度赞扬沙洲游击大队所取得的成绩，并决定将其番号改为新四军第三支队铜繁芜游击独立第一大队，任命章啸衡为大队长，陈振先为副大队长，谢节之为教导员，归新四军三支队指挥，在铜繁芜地区活动。1939年六七月间，新四军军部派遣一支以曾如清为队长、方休为副队长的民运工作队开赴沙洲。民运工作队协同沙洲游击大队制定了一个军政训练计划，由曾如清、方休和陈振先等人轮流讲课，主要是严明部队的组织纪律，提高指战员的政治觉悟、民族意识和军事水平。为筹集所需的经费，沙洲游击大队采取向地主、士绅和过往商贾征收抗日捐税的办法，解决了游击大队的给养问题。章啸衡还利用他的影响和关系，从苏南扬中、南京八卦洲等敌后地区购买、收集到不少国民党溃退时丢弃的枪支弹药，补充了游击队的武器装备，增强了游击队的实力。沙洲游击大队还配合新四军主力部队，袭击日伪据点，迫使伪军逃迁他处。

沙洲游击大队的发展壮大，使国民党顽固派感到惶恐不安。国民党第三战区以新四军在国统区非法组织武装为罪名，对新四军横加指责。对此，新四军三支队副司令员谭震林据理力争，随后任命方休接替曾如清的工作，又派傅绍甫担任沙洲游击大队教导员兼副大队长，增派了几个连排干部，加强了对沙洲游击大队的领导。1940 年 7 月，为服从抗日斗争的需要，沙洲游击大队大部分人员编入新四军第三支队，章啸衡受命重组新的游击队，番号改为新四军第三支队长江游击纵队，章啸衡任纵队长，夏光普任副纵队长。同年底，长江游击

战斗中的铜陵游击大队

纵队也被编入新四军第三支队。

沙洲游击大队从创建到结束，先后发展上千人，在几次改编中，先后挑选数百名精干人员，补充到新四军第三支队，壮大了正规部队的力量。

在艰难困苦的抗战岁月里，铜陵沙洲游击大队在中国共产党和新四军的领导下，为动员抗日力量，扩大抗日游击武装，打击日寇和汉奸敌特，屡建功勋，成为铜陵抗战史上的一股热流。

中共铜陵县首次党代会

[历史背景]

1939年4月下旬，中共皖南特委决定撤销铜南繁中心县委，分别成立铜陵县委和繁昌县委，铜陵县委书记由张伟烈担任。县委驻地由花塘岭搬到三条冲方家祠堂附近，不久又搬到凤凰山新屋岭（今义安区凤凰山一带），并着手筹备铜陵县首次党员代表大会。

铜陵县首次党代会遗址仅存的门楼

1939 年 7 月，中共铜陵县委在凤凰山（今属义安区顺安镇）新屋岭周氏小学召开了铜陵县首次党员代表大会。出席会议的代表约50 人，代表全县 3 个区委、13 个中心支部、275 个支部、895 名党员。会议选举产生了中共铜陵县委员会，选举张伟烈、余起、张世杰、张东、田文、刘功成为县委委员，并选举张伟烈、周坚铠、王文礼、胡家康等 6 人为出席皖南特委党代会代表。县委作了如下分工：张伟烈任县委书记，余起任组织部长，张世杰任宣传部长，张东任青年部长，田文任妇女部长，刘功成任军事部长。

1939 年 9 月，张伟烈调任中共繁昌县委书记，张世杰提任铜陵县委书记，张东任县委宣传部长，周坚铠提任青年部长，田文调离铜陵，余起 1940 年 1 月也调回皖南山区，由叶荣祖（陈林）任组织部长。1940 年 2 月，张世杰调离铜陵，张东提任县委书记，朱农任宣传部长。3 月，郭显由繁昌调铜陵任妇女部长。6 月，叶荣祖调苏北，谭雨文任组织部长。

中共铜陵县首次党代会召开后，铜陵县委领导铜陵人民积极开展对敌斗争：

加强党的组织建设。1939 年 11 月，铜陵县委将一区领导的三民、和平、流潭、永丰等乡（今义安区东联镇、西联镇一带）划为一个区，称北二区，叶荣祖担任区委书记。1940 年 2 月，叶荣祖调任县委组织部长，陈益卿接任区委书记。铜陵县委领导的一区区委改为东一区委，以示区别。1940 年春，朱村、陶凤、陶城、顺安（今义安区顺安镇、天门镇一带）划为一个区，称中二区。中二区委书记由胡绍汉担任。同年 6 月，汪明接任区委书记。1939 年 6 月，新四军第一支队一团帮助铜陵县委举办了抗日救亡训练班，之后，铜陵县委在凤凰山荷花村举办了三期党训班，训练支部书记、支委、农会主任等党员干部。

深入宣传全民抗战。1939 年 7 月 7 日，新四军一团在凤凰山周村召开各界代表纪念七七抗战两周年并追悼阵亡将士大会。第一支队副司令员兼一团团长傅秋涛，在大会上作了题为"坚持抗战，坚持团结"的讲话。正在铜陵视察的中共东南局书记项英也参加会议并讲了话。铜陵县委借此机会，向铜陵民众深入宣传"全民抗战才是中国唯一出路"的道理，动员广大人民群众积极抗战。

广泛开展统战工作。为争取国民党一些有识之士一道抗日，铜陵县委广泛开展统一战线工作。如争取国民党铜陵县长吴曙光、潘宗鹏等，还争取开明人士陈可亭、王士蓉、陈春圃等。当时除极少数死心塌地和逃在外地的顽固分子外，凡留在铜陵的像樊义太、阮庭芳、王治安等开明士绅，在铜陵县委对其做过统战思想工作后，都愿为抗日效力。

加强地方武装建设。1939年8月，铜陵县委组建了铜陵独立连，在山区发展和扩大了猎户队，洲圩区组织起递步哨。这些地方武装配合新四军作战，打击日伪军，发挥了积极作用。

组建基层抗日政权。铜陵沦陷后，为发动民众抗日，中共铜陵县委建立后，逐步在犁桥、和平等乡建立起抗日民主乡政府，在敌占区积极利用"两面"政权，在敌前又积极组织农抗会，起着"半政权"的作用。这些民主政权从"打资敌"，后来发展到收税，成为新四军经济供给的重要来源之一。

组织抗日群众团体。早在1938年底，洲圩区相继建立农民抗敌协会，接着在后山区的闸口汪、顺安、朱村也陆续建立起农民抗敌协会。这时，大多数非敌占区的村庄都先后成立了农抗会，各地青抗会、妇抗会、工抗会、商抗会也纷纷建立。1939年9月1日，铜陵县委在凤凰山新屋岭成立了铜陵县青年抗敌协会。

帮助农民发展生产。铜陵江南山区一带盛产中药材丹皮，一直行销上海、天津等地。但是这被当地豪绅地主把持了，他们盘剥农民，牟取高利。针对这种情况，铜陵县委提出"担根担股"（即以丹皮产量的担数作为入股的基数）的办法，办起了自营合作社，让农民自己经营，为广大丹农谋利。铜陵县委在敌后还组织了物品合作社，组织农民发展生产，搞活流通。1940年五六月，正是农村青黄不接之际，县委书记张东亲自组织和领导了一场"借粮"斗争，及时解决了农民生产生活中的困难。

中共铜陵县首次党员代表大会的召开，在地方现代革命史上写下了光荣一页。

铜陵县青年抗敌协会的成立与活动

[历史背景]

1938年11月，毛泽东同志在党的六届六中全会上的政治报告中指出："最普遍地发动民众运动，全体敌后人民，除敌人的据点以外，都可组织起来。"铜陵县党组织根据这一指示精神，在新四军民运工作队的帮助下，广泛发动群众组织了各种群众团体。同时，为统一领导全县青年工作，中共铜陵县委决定成立铜陵县青年抗敌协会。这是皖南地区唯一的一个县级群众性青年组织。

1939年9月1日，在铜陵县（今义安区）新屋岭周氏小学召开全县青年活动分子会议，县委青年部长张东作了"全县青年抗日工作的情况和今后工作任务"的报告，选举产生了铜陵县青年抗敌协会的领导机构：主任周坚铠，副主任汪陶庵，组织股长胡绍祖，宣传股长牧承前，服务股长陈爱曦，委员有陈爱曦、黄朗、刘希英、胡绍祖、牧承前、胡家康等 6 人。县青抗会还成立了中共党团组织，党团书记周坚铠，副书记陈爱曦，同时还成立了县青抗会敌后工作委员会，县青抗会办事机构先后驻新屋岭、树棵汪村、钱村、大屋基方村、燕子牧（今义安区顺安镇、钟鸣镇一带）等地。

铜陵县青抗会成立后，大力加强组织建设，到 1940 年 1 月，全县已有 12 个乡建立了青抗会，从敌前到敌后，参加青年有 1000 多人。为配合新四军民运工作队做好工作，县青抗会还设立了青年工作队，队长刘希英，副队长周水平，队员有周坚铭、陶芳春、汪世宗、王荣昌、周固贞、周诚宏、周振华等人。基层青抗会分别设有宣传队、慰劳队和劝募队等。县青抗会在中共铜陵县委的领导下，积极发动广大青年，开展各项抗日活动。

开展抗日宣传，鼓舞民众斗志。县青抗会组织青年宣传队，演唱和教唱大量的抗日歌曲，如《大刀进行曲》《义勇军进行曲》《太行山上》《新四军军歌》《青年进行曲》等，还演出话剧、哑剧，张贴抗日标语和印发抗日传单。队员们有时白天劳动，晚上还不辞辛苦，走村串户进行抗日宣传。同时，青抗会还举办各种庆祝纪念活动鼓舞群众斗志，如新四军一支队老一团在董家店（今义安区天门镇）等地战斗中，缴获鬼子一匹战马和其他战利品，青抗会及时举办了战利品展览会，组织群众参观。还有一次，新四军老一团侦察排俘虏了一名日军，青抗会马上召开了军民联欢庆贺大会。青抗会的抗日宣传，不仅增加了铜陵人民抗战必胜的信心，而且也增进了军民的鱼水之情。

办图书阅览室，传播革命思想。县青抗会开办了一个简陋的图书阅览室，从云岭新四军军部的生活书店和上海、芜湖等地，购进了一批马列著作与进步读物，如《共产党宣言》、毛泽东的《论持久战》《新民主主义论》、刘少奇的《论共产党员的修养》、艾思奇的《大众哲学》、苏联的《联共（布）党史》和《新阶段》，还有苏联作家高尔基的《母亲》、屠格涅夫的《铁流》、奥斯特洛夫斯基的《钢铁是怎样炼成的》、美国记者斯诺的《西行漫记》等文艺书籍，以及新四军政治部主办的《抗敌报》。图书室的开办，丰富了铜陵青年的文化生活，传播了革命真理，提高了青年们的政治觉悟。

建立抗敌武装，配合部队作战。县青抗会为保卫皖南、配合新四军打击日寇，在敌后圩区组建了青年营，营长为陈孝铠。青年营开始只有10余人，不久得到扩大，配备了8支步枪、1支短枪，还收集了二三十支土枪、土铳和一些大刀长矛以及自制的檀树炮。县青抗会还在敌前山区，组织以青壮年为主的猎户队。这支猎户队由一乡发展到数乡，遍及钟鸣、凤凰山、狮子山、羊山、五峰等地，到1940年底全县有1000余人参加了猎户队。他们积极配合部队作战，屡建功劳。不仅如此，县青抗会还组织儿童团和递步哨，为部队站岗放哨，传递情报。这在皖南是个创举，受到新四军军部的表扬。县青抗会还配合妇抗会，动员和组织妇女为部队做鞋袜，慰劳部队，开展拥军活动。

团结带领群众，坚持革命斗争。县青抗会为维护群众利益，团结带领当地群众，同少数消极抗日、积极反共的国民党顽固派作坚决的斗争。一次，群众揭发国民党钟鸣乡联保主任陈保廉和丹凤乡的周固干侵吞抗日经费的罪行，县青抗会立即带领群众到乡公所清查账目，迫使他们交出侵吞的款项。钟鸣等乡有地主不执行减租政策多收田租，县青抗会发觉后，根据政策责令其如数退还给佃户，保护了农民的利益。最使群众扬眉吐气的是1940年五六月间，县青抗会为解决军需民用的粮食，同国民党铜陵县政府展开了借粮斗争。在县青抗会的宣传发动下，近千名群众携带稻箩、扁担，组成长长的队伍浩浩荡荡地走向闻家山（今义安区钟鸣镇水龙村境内）国民党县政府驻地，高呼口号，反对粮食外运。国民党铜陵县长王瑞麟、县党部书记长曾达文和县粮管会主任陈尚坛等，慑于声势浩大的示威群众，不得不出面进行谈判，虽然理屈词穷，但对借粮接济群众一事仍不予理睬。第二天下午，县青抗会组织各村各保广大群众，带着扁担、稻箩和米袋，秩序井然来到闸口汪村祠堂积谷仓前要求"借"粮。在场的国民党县粮管会主任陈尚坛不得不交出钥匙，打开粮仓。群众喜气洋洋地分粮、挑粮，从下午2时一直分到晚上8时，"借"掉了国民党县政府1000多石粮食，借粮斗争取得了胜利。与此同时，县青抗会还领导当地群众，把泉水坑地主胡卓哉的粮食"借"了，把凤凰山大地主的粮食"借"了，把三条冲闸口汪村汪大先生的粮食也"借"了。群众分到粮食，情绪高涨，更义无反顾地投身到抗日斗争的洪流中。

铜陵县青抗会的建立和发展，始终得到新四军领导的关怀和铜陵县各级党组织的重视。1939年秋，中共东南局青年部长陈丕显到铜陵县检查工作，对青年工作作出了指示，阐述了青年运动的方向，以及如何与工农相结合、如何发挥青年特点开展工作等。1940年9月1日，是当时的国际青年节，新四军军部举行盛大的庆祝会，特邀铜陵县青抗会派代表团参加。经中共铜陵县委研究决定，由县青抗会主任周坚铠率10余名青抗会成员组成代表团，前往新四军军部驻地云岭参加庆祝大会，受到军政治部主任袁国平和皖南特委青年部长黄诚的热情接待，并参加了一系列纪念活动，周坚铠还应邀在国际青年节纪念大会上作了发言。纪念活动结束后，袁国平、黄诚等新四军领导亲自为铜陵县青抗会代表团送行。返回途中，县青抗会代表团还应邀前往南陵土塘新四军一支队老一团驻地，受到傅秋涛、江渭清等老一团首长的热情接待。

1940年底，新四军军部决定执行中央北移指示，中共铜陵县委撤销，县委的干部随新四军北撤，留下的同志和未暴露的党员转入地下斗争，铜陵县青年抗敌协会因此而解散。铜陵县青抗会存在的时间虽然不长，但领导发动的青年抗日运动，与全县其他群众抗日组织一起，积极配合新四军开展抗日斗争，为抗日斗争作出了积极贡献。

新四军战斗在铜陵

[历史背景]

1938年11月26日，铜陵沦陷。12月，新四军奉命进驻铜（陵）繁（昌）地区对日作战。新四军主力部队驻铜之后，一面积极宣传抗日，发动群众，建立地方党组织和抗日武装，一面英勇作战，狠狠打击日伪军，鼓舞民众，有力推动了铜陵大地抗日根据地的建立和发展。

新四军三支队第五团团部驻地旧址——龙潭肖，现为钟鸣镇龙潭肖村

　　1938 年 12 月，新四军第三支队在副司令员谭震林的率领下，奉命开赴铜（陵）繁（昌）抗日前线。新四军三支队所属老五团随之进驻铜陵。团部先后驻龙潭肖村和金山冲，该团所属的一、二、三营分别驻防凤凰山、金山冲、水龙山和三条冲（今义安区顺安镇、钟鸣镇一带）。

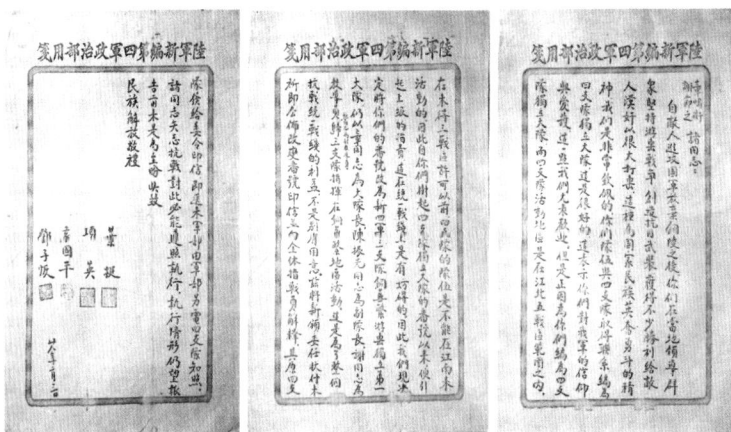

图为叶挺、项英、袁国平、邓子恢给章啸衡、谢节之的信

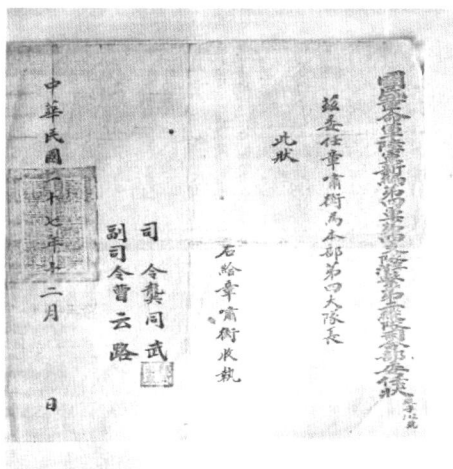

新四军四支队游击第二纵队司令部委任状

新四军三支队老五团进驻铜陵后，主动出击，打击日寇：1939年1月8日，在铜（陵）青（阳）边境，打死敌军10余名，首战告捷；1月25日，在铜官山附近伏击日军一个小分队，毙伤敌10余名，缴获战马3匹及部分军用品；2月12日，又在董店挂岭（今义安区天门镇）打了一个伏击战，毙敌8名，伤敌5名，俘敌1名。同年4月5日，老五团三营经过周密侦察和准备，决定在顺安、朱村之间设伏狠狠打击日军。上午11时许，日军巡逻队进入七连伏击区，七连机枪猛烈射击，日军仓皇逃窜。顺安日军听到枪响，赶忙派兵增援，又遭九连顽强阻击。日军摸不清虚实，漫无目标地用机枪和小炮乱打一气之后，狼狈退回顺安。这场战斗持续50分钟，打死日军3名，打伤4名，俘虏1名，新四军则无一伤亡。铜陵老百姓看到新四军打了胜仗，非常高兴，纷纷送茶水和饭菜慰劳新四军。初战连连得胜，极大地鼓舞了新四军三支队将士和铜陵抗日民众的士气。

1939年4月中旬，新四军三支队老五团奉命调离铜陵。4月24日，新四军第一支队老一团在支队副司令员兼一团团长傅秋涛、副团长江渭清的率领下接防而来，团部先驻闸口汪村，后移驻金山冲。新四军

新四军第一支队副司
令员兼一团团长傅秋涛

一团副团长（政委）江渭清

第一支队老一团所属一、二、三营和教导队分别驻在威虎宕、铁石宕、水龙山和新屋岭一带。老一团指战员在宣传发动群众的同时，抓住一切战机狠狠打击日军。从新四军第一支队老一团进驻铜陵的首次战斗"塔里王战斗"开始至5月25日的一个月中，新四军第一支队老一团与日军共进行了11次战斗，打死打伤日军500多名，缴获一大批战利品。在给日军重大杀伤的同时，新四军第一支队老一团有136名干部战士为抗日事业英勇牺牲或光荣负伤。

1939年底，新四军第一支队老一团奉命调往新四军军部所在地泾县驻防。1940年1月，新四军第二支队老三团在团长黄火星、副团长兼政委周桂生的率领下，从泾县汀潭、杨村一带开赴铜繁抗日前线。团部先驻今芜湖市繁昌区龙家桥，一月后进驻铜陵县龙潭肖村、叶村，后又进驻金山冲、新屋岭。新四军第二支队老三团所属一营驻中冲、西冲、章家冲、里外郎坑，二营驻叶村一带，三营驻丁山俞、王家村、舒家店、叶山冲。老三团驻防铜陵不久，就遇上日军对皖南进行大扫荡。1940年4月22日，日军集中京沪线兵力3万余人，扫荡皖南各地，而进犯铜陵之敌有2000余人。在敌寇压境面前，新四

第四军第二支队
三团团长黄火星

皖南支队支队长梁金华

皖南支队兵工厂所在地——铜陵县钟
鸣镇泉栏村

军老三团的指战员们英勇地投入反扫荡战斗中。4 月 25 日，老三团
三营在营长池义标、政委彭嘉珠的指挥下，一部趁天黑向钟鸣街猛袭，
击溃敌 200 余人，毙伤敌 40 余人，俘伪军 20 余人，缴获军用品一部分，
并救出妇女 200 人、耕牛 14 头。三营另一小部沿黄龙山至朱家山的
半山上，以班为单位多处设伏，袭击由凤凰山经新桥头向顺安溃退之
敌。在此伏击中，共打死打伤日伪军 40 余人，其中击毙日军一名大

《新华日报》刊登皖南支队
摧毁日伪军 10 余处据点的电讯

1944 年 10 月 4 日，《解
放日报》第一版消息"皖南铜陵
地区击溃二千敌伪'扫荡'"

队长。老三团二营在营长张振友、政委阙中一的指挥下，击溃进犯三条冲的桥头杨之敌百余人，打死打伤敌人20余人，并缴获大洋马一匹。团侦察排则在地方游击队的配合下，向由大通镇经天门山进犯毛竹园之日伪军发起袭击，毙伤敌10余人。这次反扫荡战斗历时一周，二支队老三团英勇作战，击溃敌人多次进攻，打死打伤日军伪军200余人，俘伪军60余人，缴获战马3匹及武器弹药一大批，取得了反扫荡战斗的胜利。

1944年7月，新四军七师皖南支队临江团进驻铜陵后，抓住有利时机，积极主动地出击敌人，巩固和扩大了抗日根据地。1945年2月，驻铜陵、繁昌日伪军及盘踞在南陵何家湾的伪皖南独立方面军（原川军一四四师）1个团，伙同国民党顽军，进犯水龙山、笔架山的皖南支队。皖南支队部署临江团和铜陵大队、繁昌大队各一部，集中在丁山俞、龙潭肖、钱家村一带迎击敌人。在同敌人交战中，皖南支队各部队的指战员不怕牺牲，英勇善战，挫败了日、伪、顽企图的罪恶阴谋。此后，皖南支队临江团又不断地打击敌人，接连打了几个胜仗，为抗战胜利立下了战功。

在中国共产党的领导下，新四军各部在进铜陵期间，与铜陵人民一道，同日、伪军进行了数百次战斗，给敌人以重创。新四军指战员英勇顽强、不怕牺牲的革命精神和崇高的爱国情怀，永远值得后人铭记与敬仰。

铜陵县人民接送皖南事变突围人员

[历史背景]

　　1941 年初，国民党顽固派制造了震惊中外的皖南事变。新四军军部及所属部队 9000 余人，在向北转移途中遭到国民党 8 万余人围攻，除 2000 余人突围，一部被打散外，大部分壮烈牺牲或被捕。皖南事变后，铜陵县中共党组织和地方武装，在接应、护送新四军突围人员安全渡江中，发挥了重要作用。

护送突围新四军

　　铜陵南与南陵、青阳接壤，北与无为、枞阳一江之隔，是皖南山区到江北的一条捷径。抗日战争开始后，铜陵中共党组织就建立了三条交通线：一是由南陵进铜陵，翻越凤凰山，经铁湖嘴、仇家店到鯿鱼肚过江到无为的五洲，或者从仇家店转向千棵柳，经观音阁渡江到无为的老鼠集。二是由南陵进铜陵的三条冲、叶山、新塘湖，经湾里陈村，从北埂或金牛渡渡江到无为的兴隆洲。三是经铜繁之间的狮子山、叶山、索山、十里场过江到无为的石板洲。

皖南事变发生后，中央决定由曾希圣负责收容工作。曾希圣又指定中共铜繁芜中心县委书记张伟烈具体负责与江南党组织的联系。由此，张伟烈在曾希圣的直接领导下，组织铜陵、繁昌、芜湖各县党组织，接应、护送皖南事变中突围人员的渡江。中共铜陵敌后县委根据铜繁芜中心县委的指示，召开紧急会议，研究和制定应急措施：1.县委把护送突围人员作为首要任务，充分发动群众，帮助突围同志换上便装，发给路费，安全通过国民党封锁线和日伪占领区；2.进一步健全和加强敌后各情报站与交通站工作；3.对日军控制的100多里铜陵沿江防线，选择薄弱环节，准备好船只，及时护送突围人员渡江；4.敌前工委要隐蔽、掩护突围人员转移。在中共铜陵敌后县委的部署下，铜陵各地党组织和铜陵独立连全力以赴，参加接应、护送新四军突围人员工作。

1月20日，铜陵敌后县委接应、护送第一批新四军突围人员，即新四军第二纵队政治部主任钟德胜、新三团团长熊梦辉、新三团政治处主任阙中一、新二支队供给处主任潘友宏等10余人过江。钟德胜等人冲出敌人包围圈后，经焦石埠过青弋江，走南陵的烟墩铺、丫山到铜陵的仙人冲。铜陵敌前工委立即派人接应，经铁湖嘴、老观嘴到沙洲。铜繁芜中心县委书记张伟烈周密安排，找了船只，采取迂回过江的办法，终于护送他们到达无为南乡重新编队。

1月23日，铜陵敌后县委接到护送李步新等4人过江的任务。中共皖南特委书记李步新突围后带领杨明、马惠芳和王保实3人辗转到叶山。章啸衡和儿子章尚忠热情接待了他们，并将他们及时护送到姚志健的住处新塘湖。姚志健找到党员曹尚福，安全绕过敌人封锁线，从新塘湖把李步新等人护送到流潭圩隐蔽在阮太祐家，辗转五天之后，由胡月亭从坝埂头附近护送李步新等人过江到达无为江心洲。

1月25日，铜陵敌后县委接到护送巫希权率领的300余人过江的任务。1月17日，新四军二支队新三团第二营营长巫希权、第一营教导员张玉辉率左路突围部队和军直短枪队，汇集在金榔水龙山树林里，整编为3个步兵连，1个短枪队。全营成立营总支，张玉辉为总支书记，各连成立支部，巫希权为营长，张玉辉为政委，鄂庆陵为副营长。整编后，他们来到铜繁交界的狮子山清凉寺庙里隐蔽，之后迅速派出7名侦察员找到了铜陵独立连叶为祜连长。叶为祜连长将他们300余人分两批从胥坝文兴洲过江，安全护送到无为姚沟。

4月初，新四军老一团、新一团被打散后，部分干部战士计100余人，在新四军第三纵队五团一营三连指导员练诚良的带领下，突围到黄山太平，后经青阳到铜陵。铜陵敌后县委经过精心安排，决定从羊山矶护送他们过江到枞阳县的北埂。挺进团团长林维先接待了他们，将他们辗转送到江北新四军七师。这是铜陵党组织安全护送的最后一批新四军突围人员。

在接应、护送新四军突围人员过程中，中共铜陵县各级党组织全力以赴，不惜牺牲，确保突围人员的安全，涌现出许多感人的故事：中共皖南特委书记李步新及马惠芳、杨明、王保实4人突围后，找到水龙山缪凤鸣家。缪老大冒着生命危险，把他们藏在自己家的阁楼上，给他们送吃送喝，寻找当地党组织。章啸衡、姚志健、曹尚福等中共党员把他们一站一站地送到敌后，又找到朱农、陈尚和、叶为祜等人，再由张伟烈把他们接到江北。而他们离开缪村后，缪家就因被怀疑藏有新四军而被国民党派人包围了，把缪老大抓去严刑拷问。缪老大吃尽苦头，坚贞不屈，没有向敌人吐漏半点风声．而自己险遭杀害；张家桥是南来北往的交通要道，也是护送突围同志到江北的必经之地。日军派重兵严密封锁此地，堵截突围人员。一位地方共产党员乘敌人空隙发出信号，护送突围人员通过。不料被敌人巡逻发现，敌人立即向他们开枪。护送同志不顾个人安危，迅速而灵活地带领突围同志转移，越过封锁线，胜利完成了护送任务；文沙乡有一位党员在接应突围同志时，不巧碰上敌人前来扫荡。重兵包围了村庄，逐户搜查，情况十分危急，怎么办？地方党组织想到隔壁农家为掩护革命同志，曾筑了一道夹墙，于是趁敌人不注意时，迅速把突围同志转移到夹墙中隐蔽起来，然后掩护其安全转移出去。还有一位新四军突围人员被张家冲的日军捉去，中共铜陵敌后县委获悉后，立即研究制定出营救方法，派地下党员姚成玉找到张家冲自治会长郜先贵。郜先贵曾暗地支持革命，并为新四军做过一些工作。郜先贵接受了委托，疏通了关系，让该同志脱离虎口后安全转移……中共铜陵各级党组织，先后共接应和护送七批新四军突围人员 450 多人，这些突围人员后来成为新四军七师的骨干力量。

皖南事变后，中共铜陵党组织和铜陵人民经受了严峻的考验，为护送皖南事变中的突围人员北撤过江，作出了重要贡献。

皖南第一个县级抗日民主政府

皖南第一个县级抗日民主政府旧址展览馆

[**历史背景**]

1941 年 5 月间，从皖南突围出来的李步新，受命领导中共皖南特委，并在无为县江边隆兴洲老鼠集，召开了一次皖南地区的党员大会。铜陵有 20 余名党员参加了会议。会上，皖南特委指示，要打回皖南去，建立自己的政权；要以武装为先导，坚决打击汉奸特务。部队为政权开路，政权支援部队，相辅相成。之后，皖南第一个县级抗日民主政府在铜陵建立，团结一切可以团结的力量，共同抗日。

按照中共皖南特委的指示，铜陵敌后首先成立了犁桥区区政府，这是皖南成立的第一个区级民主政权，区长陈已新（陈益卿），下辖安平、文沙、柴塘、汀洲、民和、犁桥、栖凤、石佛、流潭、永丰等乡政权。之后又成立了朱村区区政府，区长刘功成，下辖仪凤、天宝、朱村、陶城、新兴、羊山、顺安等乡政府。

铜陵县抗日民主政府形势图

1941年7月，皖南特委为加强铜陵、繁昌两县的政权建设，经华中局批准，在无为白茆洲成立了铜（陵）繁（昌）行政办事处，主任张开南（张伟烈）、秘书陈中明，下设民政科，科长张世杰；财粮科，科长吴文瑞；公安科，科长姚志健；文教科，科长刘国棣。

1942年6月，由于铜繁行政办事处机关设在江北，敌人封锁了长江，为便于及时指导铜陵、繁昌各区政府的工作，办事处增设了铜陵、繁昌两个行政督导处。铜陵由陈益卿任督导员，陈益卿牺牲后，鲁生继任。

1943年5月，铜繁行政办事处改称临江办事处，主任张君武。临江行政办事处，除领导铜陵、繁昌等行政督导处外，还领导无为县沿江一带几个区级政权。

1944年7月，铜、繁两县政权建设迅速发展。为便于领导，皖中行署决定成立铜（陵）青（阳）南（陵）、南（陵）繁（昌）芜（湖）两个县行政办事处，同时撤销了铜陵、繁昌行政督导处，临江办事处不再领导江南地区政权。铜青南行政办事处主任张世杰，副主任刘功成，所辖的区域除日伪据点外，均建有抗日民主政权，它们是凤心、沙洲、五峰、顺安、童埠、何湾、凤凰共7个区政府。

1945年1月，撤销铜青南行政办事处，成立铜陵县抗日民主政府，张世杰任县长。县政府内设民政科、司法科、财粮科、教育科、公安科、货管科和税务局，下辖凤心、沙洲、五峰、顺安、童埠、何湾、

图中自左至右为面值分别为五角、二元、一元、二元的大江币

抗日民主政府使用的货币——大江币

凤凰7个区政府和30多个乡政府，根据地人口约17万。

铜陵县抗日民主政府，是中国共产党在皖南地区建立起来的第一个县级抗日民主政府。根据党中央提出的"三三制"民主建政方针（即在政府工作人员中，共产党员、非党左派进步分子、中间派各占三分之一的政权制度），铜陵县抗日民主政府在政权建设过程中，认真贯彻中国共产党的统一战线政策，团结爱国民主人士，参加政府工作。县、区、乡政府中均有党外人士担任领导职务，县政府还召集开明士绅会议，宣传共产党的抗日民主政策。同时利用各种关系，打入敌人内部，进行分化瓦解，孤立打击最顽固的分子。除我方控制的中心区外，均允许有两面政权的存在，不少保甲长就是一身二任，既是伪保甲长，又是我方的保甲长。这些保甲长的人选，经我方同意或由我方派党员去担任。由于统战工作做得出色，除少数顽固分子外，多数知名人士、开明士绅都被抗日民主政府争取过来，积极投身抗日运动。

铜陵县抗日民主政府，一方面团结和发动人民群众进行抗日斗争，巩固和壮大武装力量；另一方面行使民主政权的权力，围绕抗日开展有效的工作，在支援部队、保障供给、安定生活、领导生产等方面，发挥了积极的作用。

铜陵县抗日民主政府原遗址房屋

壮大抗日武装力量。铜陵县抗日民主政府的建立，大大地促进了铜青南抗日根据地的巩固与发展。除正规的地方军队外，县、区、乡均建有自卫队，县称大队，区称中队，乡称小队，县、区、乡长兼任县、区、乡自卫队队长，设专职副队长，人数有多有少。自卫队除担任警卫、锄奸、配合主力作战外，兼管民兵工作。各个乡、保都按

民主政府掀起大生产运动的热潮

一定的交通路线，设置递步哨。这些遍布全地区每个角落的递步哨网络，不分昼夜，有情报随交随送。重要路口还设立民兵或儿童团岗哨，监视敌情并检查往来行人。

发动群众支援抗战。1945年3月，铜陵县抗日民主政府协助铜青南县委筹备成立了铜青南各界抗敌协会联合会，指导各区、乡农抗会、青抗会、妇抗会、儿童团等群众抗日组织工作；动员青年参军参战，妇女做军鞋，儿童站岗放哨等，用各种方式支援前线，为抗战胜利作出积极贡献。

组织群众发展生产。铜陵县抗日民主政府根据"发展经济，保障供给"的经济工作总方针，组建农业互助组和变工队，出现了垦荒、围田、造林、烧炭、种菜、养鱼和喂养家禽的大生产热潮。为进一步激发广大群众的抗战热情，县政府领导群众进行减租减息斗争，开征公粮田赋、征收各种货物税，增加财政收入。

发展文化教育事业。铜陵县抗日民主政府在皖南地委所在地的舒家店（今义安区钟鸣镇泉栏村境内），创办了舒家店小学，专署还在狮子山（今义安区顺安镇境内）办起了皖南第二联立中学，皖南支队在萝卜冲（今义安区顺安镇星湖村境内）创办了卫生学校，为抗日救国培养和输送了大批人才。

配合部队锄奸反特。铜陵县抗日民主政府，在区乡设立民事调解委员会，每保设一名调解员，负责调解民事纠纷。公安工作主要是配合部队锄奸反特，整肃社会秩序，维持社会治安，对混入根据地进行破坏的汉奸、特务和一些地方上地痞流氓、恶霸分子，以及有重大

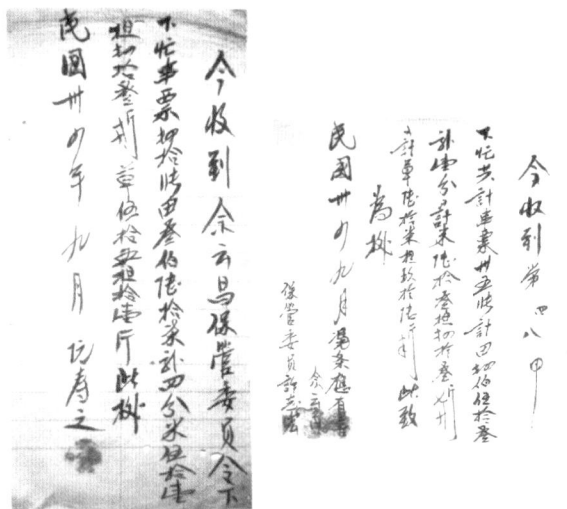

铜陵抗日民主政府下属区、乡保管委员开出的粮草收据

民愤的坏分子，及时逮捕，查清罪行，予以惩处。如召开公审公判大会，对汉奸花光斗等人进行宣判，既震慑了敌人，又教育了群众。

1945年8月，日本帝国主义宣布投降，江南的铜陵党政军干部和抗日武装随军北撤，皖南第一个县级抗日民主政府完成了它光荣的历史使命。

铜陵县军民迎来抗日战争的胜利

[历史背景]

在抗日烽火中，铜陵地区的党组织一直领导人民坚持斗争，党的力量由小到大，人民武装由弱到强，由敌占区发展成为抗日民主根据地。经过 7 年多的艰苦奋战，铜陵军民付出了重大牺牲，终于迎来了抗日战争的伟大胜利。

在抗日战争的胜利曙光即将来临前，铜陵抗日根据地的发展壮大，引起了日伪顽的极度恐惧。1945 年 2 月，驻皖南的日伪顽军互相勾结，密谋策划，日军由铜陵县方向出动，伪皖南独立方面军自南陵县倾巢而出，国民党"挺一纵队"、"挺二纵队"、一九二师一部、五十二师一部及铜陵、南陵、繁昌、青阳四个县的地方武装共计 1 万余人，向铜、繁地区进行所谓"八十里大清剿"，企图全歼皖南地委机关和皖南支队临江团于铜陵县三条冲一带。

皖南支队命令正在江北无为县新四军七师师部汇报工作的临江团团长钟国琴，火速带领支援部队赶回江北铜陵。在皖南地委和皖南支队的统一领导下，临江团迅速调整了作战部署：一、二、三营分别负责闸口汪、燕子牧、龙潭肖一带防御；团部设在三条冲中心地带钱村、刘村。新四军铜陵大队在青阳、丫山方向牵制敌人；皖南支队繁昌大队和警卫大队在黄浒、赤沙滩方向阻击伪皖南独立方面军。铜陵县、南陵县的民兵在敌侧后袭扰牵制敌人。与此同时，中共铜陵县地方党组织和区、乡政权，在群众中广泛进行政治动员，组织民兵参军参战。他们传递情报、监视敌人行动、安置伤病员、组织担架队支援前线。仅三条冲一带的钱村、刘村、丁山俞等青壮年民兵就组织200多副担架，有力地配合和支援了主力部队的作战。

水龙山、笔架山是三条冲的屏障，也是顽军进攻的重点，由临江团七连担任防御任务。南陵县土顽首先向水龙山发起进攻被击退后，顽一百九十二师以一个营的兵力向笔架山进攻，向水龙山山顶打炮。临江团七连指战员勇猛顽强，多次打退敌人的进攻，掩护后方机关及时转移。为了避免和敌人拼消耗，临江团指挥部命令七连撤出阵地，退至二线龙潭肖一带，会同三营八、九连进行纵深防御。顽军占领水龙山、笔架山后，继续向龙潭肖一线发起进攻。与此同时，驻铜陵县、繁昌县的日伪军，为配合顽军的进攻，纷纷窜出据点进行袭扰，与铜陵大队、繁昌大队展开战斗。在敌人四面包围的险劣形势下，临江团果断决定，将主力部队打出外线，避开敌人锋芒，命令战斗力较强的一营，通过南陵何家湾插到丫山去袭击敌人的背后。当顽军发觉其侧后出现临江团主力部队时，害怕被包抄围歼，在龙潭肖一带大肆抢劫后，往南陵方向逃窜。这路敌人一退却，其余几路进扰之敌也闻风而逃。趁顽军溃乱之机，临江团拖住敌人后卫的1个连，一阵猛打，一举将其击溃，消灭该连40多人。在东面，繁昌大队和警卫大队迎敌作战，打死打伤伪皖南独立方面军40余人，缴获机枪2挺、步枪10余支。繁昌大队配合临江团反击，转移到繁昌孙村，拦击伪军溃退部队，缴机枪1挺、步枪数十支。经过一周多时间的反"清剿"战斗，新四军临江团粉碎了敌人的进攻，胜利

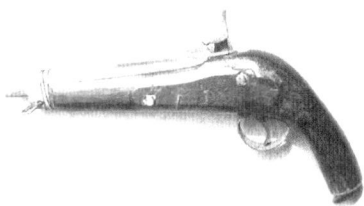

抗战时期，游击队员文英使用过的小马枪

保卫了皖南抗日根据地。3月18日，皖南军分区和皖南支队召开祝捷大会，隆重表彰了在反"清剿"战斗中立功的部队和干部战士，并号召根据地军民团结抗敌，扩大战果，巩固根据地，坚持皖南抗战。

1945年5月8日，德国政府宣布无条件投降，欧洲法西斯阵营彻底覆灭。中国共产党领导的八路军、新四军完成了对日军的夏季攻势作战，对口军占领的点线的包围越来越紧，打通了许多解放区之间的联系，逐步实现由游击战向运动战的转变，为转入全面反攻创造了重要条件。为迎接抗日战争大反攻的到来，1945年7月，新四军七师皖南支队主力部队作了扩编，原临江团改为皖南支队一团，铜陵大队和繁昌大队合编为皖南支队二团。中共铜青南县委又重新组建了游击武装，仍称铜陵大队，大队长为查富德，教导员为钱秋育。

8月15日，日本宣布无条件投降。但蒋介石命令日伪军不准向八路军、新四军投降。对此，铜陵江南地区的新四军部队坚决执行延安总部的命令，向日伪军据点包围，迫敌投降。中共铜青南县委根据皖南地委的指示，组织游击队、民兵，积极配合正规军向各地日伪据点围攻。此月间，铜陵大队先夺取流潭圩、鲢鱼山伪军据点，俘虏了全部伪军。接着率领民兵围攻顺安、犁桥、胥坝的日伪军据点，劝降日伪军。

1945年9月2日，日本政府正式签署无条件投降书。在华日军128万人向中国投降，皖南境内的日本侵略军全部被缴械。中国的抗日战争取得了胜利，铜陵大地一片欢腾。

解放战争时期

肖村会议

[历史背景]

抗日战争胜利之后，皖南新四军部队于1945年9月底奉命北撤。中共铜青南县委、铜青南总队以及全县区乡以上干部均随军北撤。根据上级指示，中共皖南地委决定抽调时任新四军皖南支队三团政委杨明、三团组织股长周坚铠、宣传部长马文杰、三营营长查富德、教导员钱秋育，率领一团一营1个连、三团三营1个连和警卫连大部共297人返回皖南。中共皖南地委还抽调原中共铜青南县委组织部长朱农、宣传部长陈爱曦、联络大站副站长陈尚和等地方干部返回皖南。

肖村会议遗址

南渡铜繁万仞山，轻骑直下赤沙滩。

但凭真理撑天地，誓扫妖氛靖宇寰。

云岭横空吞落日，茂林遗恨化狂澜。

漫言雪地行军苦，雪地红旗更好看。

这是新中国成立后担任过安徽省人民政府副主席、安徽省副省长的张恺帆，于1945年初新四军七师所属部队，南渡首战胜利后写下的《南渡首战告捷》。他在抗战时期时曾任新四军第五支队秘书长、皖南地委副书记兼组织部长。此年10月6日，率部返回的杨明绕过铜陵顺安到达城山冲，组建中共沿江中心县委，杨明任书记，王文石任副书记，朱农为组织部长，陈爱曦为宣传部长，部队番号改称"皖南人民自卫军总队"，杨明兼任政委，查富德任副总队长，钱秋育任政治处主任。

1945年10月10日，中共沿江中心县委在杨明的主持下，于顺安庵门口肖村（今义安区顺安镇境内）召开了一次具有重要意义的扩大会议。会议内容有三项：一是正式宣布中共沿江中心县委成立；二是研究形势，分析斗争形势；三是讨论确定坚持沿江斗争的方针、任务和行动部署。会议经过认真讨论，确定今后皖南沿江地区斗争的方针是：坚持隐蔽斗争，加强积蓄力量，积极开展群众性的游击战争，迅速与胡明领导的皖南山区游击武装取得联系，背靠山区，面向平原发展。会议还作出如下决定：

一、集中领导，分散坚持。将沿江地区划分为两个县级单位，其中铜（陵）青（阳）南（陵）县委，由朱农、陈尚和、周坚铠、尹彬组成，朱农兼任书记；南（陵）繁（昌）芜（湖）县委，由王文石、马文杰、王安葆、艾必发组成，王文石兼任书记。同时，部署在泾（县）青（阳）南（陵）地区建立隐蔽的游击基地，并与胡明部取得联系，成为开展敌后游击战争的跳板。会议还决定由陈爱曦率领警卫武装，进军青阳、泾县交界的宾山、厚岸等地，开辟主力部队进山的通道。二、化整为零，发动群众。部队化整为零后确定了联络地点，规定领导干部都使用化名，以保守秘密，迷惑敌人。三、武装配合，健全组织。迅速恢复抗日战争时期建立的区乡政权组织，征粮收税，筹集粮款物资，建立隐蔽储备据点，以备局势变化。

肖村会议之后，中共沿江中心县委会同中共铜青南县委，全力贯彻会议决定的对敌斗争方针和任务，从思想上、组织上、军事上、物资上，加紧进行对敌斗争的准备工作。

统一思想认识。1945 年 10 月 15 日，在顺安城山冲召开了有 60 余名干部参加的中共铜青南县委扩大会议。中心县委书记杨明和中共铜青南县委书记朱农分别在会上作了重要讲话。这次扩大会议，消除了干部中由于北撤仓促对部分党员和基层干部未作妥善安排而造成的思想误解，稳定了情绪，提高了认识。许多干部当场表示愿意随部队打游击，有的愿意到外地参加革命活动，也有的表示愿意留在家乡坚持隐蔽斗争，绝不向国民党反动派低头屈服。同时，还对北撤时留在朱村乡马家湖养伤的干部战士进行解释和教育，使伤愈者愉快归队，重伤行动不便者，送回家乡或就地分散隐蔽养伤，解除了坚持游击战争的后顾之忧。

调整基层组织。为适应斗争形势，以利隐蔽斗争，区乡党组织和政权组织均采取单线领导，不设机构，各区只委派特派员、区长各 1 人，对凤心、沙洲、顺安、五峰等区委派了区长或特派员。

整编武装部队。为便于部队在统一指挥下机动灵活，独立自主地坚持分散斗争，尽量缩小目标，分头发动群众，把南返的连队整编为区队，以武工队形式活动。整编部队以南返的新四军主力连为骨干，加上北撤时留下的王文石、张良仕、尹彬等各部武装，统一在人民自卫军总队部领导下，合编为一、三、五、七、九、十一6个区队。整编后，在干部战士中开展整风学习运动，进行形势教育，提高了沿江部队的政治素质和军事素质，取得了石佛山战斗等军事斗争的胜利，并在后来孤悬敌后的严酷斗争中，经受住了严峻的考验。

筹集经费、物资。中共沿江中心县委以极大的努力，进行了迎接艰苦斗争的经费、物资准备。筹集经费的主要方法是变卖公粮，物资准备主要是抓紧时机赶制棉袄、服装，置办鞋袜，添置被絮等，还从川军搞到1.3万发子弹，3支驳壳枪，补充和改善了部队装备，从物资上保障了部队的战斗力。

中共沿江中心县委根据"保存力量、坚持斗争"的方针，适应沿江斗争形势的变化，于同年12月下旬率领沿江部队，分期撤出铜陵县，转移至泾县、太平山区，继续领导着沿江铜青南繁芜等地区的革命斗争，直至1947年3月撤销。

肖村会议是解放战争初期，中共沿江中心县委正式成立后召开的一次具有战略意义的重要会议。会议统一了皖南沿江地区党政军干部的思想认识，统一了沿江地区党的领导，统一了沿江部队的军事指挥，为坚持皖南沿江地区的斗争、团结皖南沿江地区的人民群众，同国民党反动派作坚决斗争，有着重要意义。

铜陵县人民策应大军渡江

[历史背景]

1949 年 1 月 10 日，淮海战役胜利结束，全国解放战争形势发生了根本变化，国民党反动派在军事上、政治上、经济上都已面临崩溃。解放战争进入最后阶段，中国人民解放军百万雄师待命集结于长江以北西至湖口东至江阴长达 1000 多华里的战线上，饮马长江，盘弓待发。

百万雄师过大江

铜陵地区党组织积极做好迎接大军渡江的准备工作

铜陵江南地区中共党组织根据上级指示，从 1948 年春起积极开展各项准备工作，策应大军渡江。1948 年 4 月，由马长炎、高立中率领的华东野战军南下先遣队到达江北无为、庐江、桐城一带，中共铜青南工委得知消息后，多次派人过江与先遣队联系，加强南北信息沟通。同时开展对敌宣传和瓦解工作，印制散发了大量宣传品，宣传大军即将渡江的形势，宣传我党对国民党军政人员的政策，动摇瓦解敌人，鼓舞江南民众。

1949 年 1 月 1 日，新华社发表毛泽东主席亲自撰写的新年献词——《将革命进行到底》，明确提出"打过长江去，解放全中国"。然而，盘踞江南的国民党反动派，妄图依据长江天险，负隅顽抗，垂死挣扎。国民党皖南行署召开各县行政会议，作应变准备，集中地方武装，加强江防。与此同时，皖南国民党军队调动频繁，刘汝明部由合肥南撤到芜湖、铜陵、贵池一线驻守江防。国民党五十五军七十四师驻铜陵至上江口，师部驻大通镇，二二〇团驻铜陵、二二一团驻和悦洲，二二二团驻贵池梅埂。

1949 年 1 月 8 日，中共皖南地委向皖南沿江地区各级党政部门和武装部队、地下交通员，发出的《目前形势及任务的指示》："紧急动员一切力量，准备迎接大军渡江。" 2 月 7 日，中共皖南地委针对大军渡江的迅猛发展形势又发出补充指示，提出目前的中心任务是"着重加强沿江工作，以更多的力量从事迎接大军渡江的准备工作"，决定撤销沿江第四工委，成立中共铜陵县委，由沿江工委常委、组织部长陈爱曦兼任县委书记，陈策为委员，徐世达为候补委员。2 月 20日，中共沿江工委发出《为紧急完成迎接大军渡江任务的决定》。

铜陵、青阳交界的茗山冲是革命老区，曾是中共铜（陵）青（阳）南（陵）工委所在地，新成立的中共铜陵县委仍驻扎在此。陈爱曦到达茗山冲后，把铜陵县游击队改成铜陵一连，加强了情报工作，从荻港到大通这一带，建立了荻港、十里场、坝埂头、北埂王、老观嘴、铜陵、扫把沟、横港大通、羊山矶等十多个情报站，并指派徐世达负责铜陵县城以下的 5 个情报站的工作，并以坝埂头、北埂王这一段为主。中共铜陵县委在抓好武装、交通、情报工作的同时，放手发动群众，组织群众，认真做好支前工作。

掩护和配合第 27 军 "先遣渡江侦察大队" 渡江侦察敌情

1949 年 4 月 6 日晚,中国人民解放军中集团军第二十七军组成 "先遣渡江侦察大队" 300 名精锐武装,分成两路先遣渡江,侦察敌情。一路由大队长兼党委书记亚冰率领,从铜繁之间的十里场、黄公庙登陆成功。经过短促的交锋,甩掉敌人,直插铜繁交界的狮子山。另一路由副大队长兼副书记慕思荣率领,从铜陵的北埂王至金牛渡间登陆,由于船到江心,被敌发现,遂变偷渡为强渡,该路五班之船遭敌炮击沉,9 名同志光荣牺牲,其他同志分成两批涉水登陆,然后翻山越岭,穿过敌人封锁线,到达铜陵山区的顺安迪龙冲胡村。

中共铜陵县委得知先遣渡江大队过江后,立即派人四处联络。在策应先遣渡江侦察大队的行动中,中共地下交通员缪运松在寻找掩护慕思荣队登陆后失散的 17 人时受伤被抓住,在押解到南陵县沙滩角时,被敌人残酷地杀害了。但失散的 17 人中,除两名在罗家拐村被国民党铜陵县警保大队抓捕杀害外,其余 15 人在地下党组织和老百姓的掩护下,安然脱险,由中共铜陵县委派人护送归队。此后,在铜陵、繁昌等党组织和人民群众的密切配合下,先遣渡江大队完成了整个侦察任务。

皮定均在渡江战役前夕观察敌情

在渡江战役中配合大军作战

1949年4月20日，南京国民党政府拒绝在《国内和平协定》上签字，和平谈判破裂，用战斗方式渡江已成定局。按照既定的部署，人民解放军渡江大军，在总前委的统一指挥下，以排山倒海之势向长江南岸发起强大攻击，打响了渡江战役。4月20日8时许，二十四军接受渡江命令后，于17时开始准备炮火，摧毁敌沿江工事，压制敌纵深内要点，掩护船只由内河翻坝入江。21时15分，二十四军七十师第一梯队4个营，以船为单位（每船一个班至一个排）在登陆地、仙姑庙地段横渡长江，向铜陵新江口、沙凸拐、洼沟方向前进。二十四军七十一师第一梯队4个营，分别在小李凸、仙姑庙大套周家口间起渡，向铜陵姚墩、王家拐急进。21时35分前后，两个师的先头部队在火炮和机枪掩护下，在文兴洲、套口、新江口等地强行登陆，按预定作战任务攻击前进，在鳊鱼肚胜利会师。至21日1时，七十师在七十一师配合下全歼文兴洲守敌，解放大军成功渡江。

就在这天夜晚，中共铜陵县委获悉解放大军发起渡江战役的喜讯后，立即在甘家冲召开紧急会议，作出扫清障碍、迎接解放，阻击逃敌和筹备粮草、建立政权等工作部署。为了阻止国民党铜陵县政府南逃，21日晨，中共铜陵县委书记陈爱曦带领铜陵大队一连指战员在挂岭设伏，经过近两小时激战，俘获国民党大批军政人员、枪支弹药、文书档案。当晚，七十师政治部主任陈云飞率七十师先头部队在朱村与陈爱曦等人胜利会师，至此铜陵全境解放。

在人民解放军渡江期间，铜陵人民给予了积极支援，供给过境的人民解放军粮食25万斤、马料2.53万斤、柴草8.6万斤，支援前线木柴200万斤；修补公路150多公里，恢复和架设本县和邻县接壤的电话线路170多里，抢修架桥5座。此外，沿途不少人家煮了五香茶叶蛋，蒸熟的米糕、米粑等，摆在门前或送到路边、村口，热情慰劳人民子弟兵。

中共铜陵县党组织为策应大军胜利渡江，作出了不可磨灭的贡献。

江南解放第一城

[历史背景]

1949 年 4 月 20 日晚，人民解放军百万雄师，以木帆船为主要航渡工具，在炮兵、工兵的支持配合下，在西起湖口、东至江阴的千里战线上强渡长江，迅速突破国民党军队的防线，占领贵池、铜陵、芜湖和常州、无锡、镇江等地，彻底摧毁了国民党军队的长江防线。铜陵是渡江战役的主战场之一，也是渡江战役发起后，江南沿岸最早解放的城市，被誉为"江南解放第一城"。

1949 年 4 月 20 日，人民解放军渡江各集团，在总前委的统一指挥下，以排山倒海之势，向长江南岸发起强大攻击，打响了震惊中外的渡江战役。

20 日，二十四军接受渡江命令，迅速向师、团传达任务，迅速进入渡江战斗状态。17 时，二十四军七十师首先打响了第一炮，一下就击中对岸文兴洲上的敌人防御工事，接着各炮轮射，摧毁敌沿江工事，压制敌纵深内重要据点。18 时，各炮群以连为单位轮番射击，继续摧毁敌军目标，掩护船只入江和各师第一梯队团按战斗编组上船，还击伤由铜陵方向驶来的敌军"英豪"号军舰一艘，该船拖着浓烟狼狈逃窜。20 时，突击部队开始上船。20 时 40 分，第一梯队各团上船完毕，作最后一次检查，并进行起渡前的现场政治动员工作。21

时 15 分，二十四军军长王必成发出开船命令，并令炮兵加强火力准备。顿时，长江上千帆竞发，百舸争流。七十师第一梯队二○九团、二一○团 4 个营，以船为单位（每船一个班至一个排）在无为刘家渡地段横渡长江，向南岸铜陵文兴洲的新江口、沙凸拐、洼沟方向奋进。七十一师第一梯队二一一团、二一三团 4 个营，分别在无为太阳洲东南侧及南部起渡，向南岸铜陵的姚墩、王家拐两点急进。当第一梯队距南岸 300 米左右，敌前沿火力点及迫击炮向渡江船队射击，我炮兵立即予以压制，掩护船只前进。当最前面的船只接近南岸 80 到 100 米处时，各船上的轻重机枪、六○迫击炮向敌前沿还击，并发出炮火延伸信号。21 时 35 分至 45 分间，两个师的先头部队或下船涉水，或乘船靠岸，在猛烈的火炮和机枪的掩护下，突破长江天堑，相继在文兴洲的新江口、东风泡和紫沙洲的套口等地强行登陆。国民党反动派所吹嘘的"固若金汤、万无一失"的长江防线，解放大军只用了大约 20 分钟就将其攻破。七十师二一○团九连三班的船只率先在文兴洲登陆成功，获得二十四军"渡江第一船"光荣称号。稍后登陆的二○九团五连八班，获得"渡江突击模范班"光荣称号。

七十一师二一一团二营、三营于姚墩以东和套口两侧登陆后，互相配合分别攻占套口、姚墩，控制沿江大堤，占领了前沿阵地，歼敌一四九师四四六团二营一个连及八十八军直属山炮营。二一三团一营、二营于王家拐西北登陆后，迅速攻占王家拐、鳊鱼肚继向大拐攻击，歼敌一个排，占领了东风泡、上摆江口地段前沿阵地，共歼敌160 余人。该师第一梯队在文兴洲登陆后，师指挥部率第二梯队直接在紫沙洲登陆。二一三团亦经过文兴洲、紫沙洲至胥坝，迅速利用师第二梯队船只，强渡紫沙洲南端夹江，在沿船沟歼敌 250 余人，接着又于犁桥以北黄金同高地段俘敌 160 余人。21 日晨全师渡过夹江，并于 17 时进至顺安、万村一线，与左邻二十七军胜利会师。

七十师二〇九团二营攻占新江口至北绿段江堤后，以一部向两翼扩大登陆场，主力迂回王家拐、摆江口，歼敌八十八军一四九师四四七团两个连，在鳊鱼肚与七十一师二一三团一营胜利会师。二一〇团三营攻占北绿、洼沟段江堤后，以一部分兵力向新江口攻击前进，与二〇九团打通联系，主力围攻洼沟，歼敌四四七团二营1个连，随后向李仓房、章圩头追歼逃敌。接着各团第二梯队相继登陆。二〇九团一营、三营分东西两路迂回攻击观音阁敌四四七团团部，敌闻风溃逃，被我追歼于红庙以北地区，俘敌团长等官兵200余人。二一〇团一营、二营登陆后，分两路直插纵深，迂回攻击叶家村、关帝庙，歼敌一个营，俘敌一四九师副师长宋式上等官兵百余人。23时，七十师首长率二〇八团渡江，在观音阁开设前方指挥所。21日1时，七十师在七十一师配合下全歼文兴洲守敌，继以二〇九团于老观嘴渡江，二一〇团于余家圩搜集船只和准备简易器材，抢渡夹江。21日4时，七十师各团以小木船和三角架等就便器材渡过夹江，守敌南逃，全师展开追击。5时30分，二〇九团、二一〇团分别攻占太平街、汀洲，然后以二一〇团为主、二〇九团相助，分两路会攻铜陵县城（今义安区五松镇），国民党铜陵守敌见状纷纷向东南逃窜。上午8时，人民解放军顺利占领铜陵县城——这是渡江战役发起后人民解放军解放江南的第一座城市。

江南解放第一城——铜陵县城

"英勇的人民解放军二十一日已有大约三十万人渡过长江。渡江战斗于二十日午夜开始，地点在芜湖、安庆之间。国民党反动派经营了三个半月的长江防线，遇到人民解放军好似摧枯拉朽，军无斗志，纷纷溃退。长江风平浪静，我军万船齐放，直取对岸，不到二十四小时，三十万人民解放军即已突破敌阵，占领南岸广大地区，现正向繁昌、铜陵、青阳、荻港、鲁港诸城进击中。人民解放军正以自己的英雄式的战斗，坚决地执行毛主席朱总司令的命令。"这是毛泽东主席1949年4月22日为新华社写的消息。伟大的渡江战役，已载入了人民解放战争的光辉史册，而铜陵也获得了"江南解放第一城"的殊荣。

第二辑

红色故事

新四军领导人赴铜陵指导抗战

[历史背景]

抗日战争初期，新四军军部进驻皖南泾县云岭之后，铜陵战略地位更加重要，成了保卫军部和阻止日军南犯的重要屏障。新四军军部领导人在铜陵过往活动较多，从1938年8月到1941年皖南事变前后，先后有项英、叶挺、张云逸、袁国平、邓子恢、谭震林等新四军领导同志前来指导抗战工作。

张云逸

新四军参谋长兼第三支队司令张云逸，是最早到铜陵指导抗战的新四军领导人。1938年11月，张云逸率军部特务营和军部服务团的几位同志，经江南义安沿船沟渡江抵达江北新四军第四支队处理军务。当时，铜陵游击大队正在筹建中，张云逸参谋长得悉后十分关心，特地写信给章啸衡，嘱咐他一定要把这支游击队组织好。之后，军部和三支队又先后派曾如清、肖须知、陈振先等到沙洲游击大队帮助开展工作，并创建了郎坑（位于今义安区天门镇）游击大队等新的抗日武装。1939年2月，新四军主要领导叶挺、项英、袁国平、邓子恢，联名致函沙洲游击队大队长章啸衡和教导员谢节之，高度赞扬了沙洲抗日武装，并就今后革命斗争的任务和策略作了具体指示。为便于领导，军部决定将沙洲游击大队由原属于新四军四支队领导改划归三支队领导，并改番号为新四军第三支队铜芜繁游击独立第一大队。由此，铜陵地区的抗日游击武装迅速发展，人数由开始的十几人，很快发展到六七百人，枪支由最初的几支发展到四五百支。

新四军第三支队副司令员谭震林

新四军三支队副司令员兼政委谭震林，是第二位到铜陵指导抗战工作的新四军领导人。1938年12月，新四军三支队从南陵的青弋江、西河一线调防到铜（陵）繁（昌），司令部驻铜南边境的沙滩脚，政治部就设在燕子牧（今义安区钟鸣镇境内）。当时，铜繁一带党的组织建立时间不久，群众抗日斗争的高潮还未真正兴起。谭震林同志到铜陵后，十分重视抓好民运工作，先后派出20多名民运工作干部深入各区、乡发动群众，宣传抗日，帮助建立和发展党的组织和抗日武装。为了工作方便，新四军三支队党委受皖南特委委托，帮助成立了铜（陵）、南（陵）、繁（昌）中心县委。为充实中心县委领导力量，谭震林还派田文、金志才两位同志分别担任中心县委妇女部长和青年部长。谭震林尽管军务繁忙，但仍经常关心中心县委的工作。在他的关心下，新四军三支队政治部在铜陵举办了两期抗日救亡训练班，为铜、南、繁等县培养了一大批抗日骨干和党的干部。这一时期，铜陵地区的抗日斗争形势发展很快，党员由最初的几个人很快发展到895人，建立了13个中心支部、275个支部，农抗会、青抗会、妇抗会和猎户队等群众抗日组织也如雨后春笋般地蓬勃兴起并发展壮大，抗日斗争的烈火在铜陵

1939 年，新四军政治部副主任邓子恢到铜陵三条冲、大屋基方村等地调查研究、指导工作

1939 年 4 月 5 日，新四军军长叶挺来到铜陵大屋基方村新四军三支队驻地视察防务

大地熊熊燃起。

1939 年 3 月，新四军政治部副主任邓子恢，为开辟铜繁一带的工作，率领军部服务团部分同志，到今义安区钟鸣镇的三条冲、大屋基方村等地调查研究，指导抗战工作。为了做好统战工作，4 月 1 日，邓子恢请谭震林以新四军三支队司令部、政治部名义，邀请国民党铜陵、南陵、繁昌三县县长、区长、联保主任及县、区动委会主任、青工队长、自卫队长等 130 余人，在大屋基方村召开了座谈会。会上，谭震林首先致辞，然后由邓子恢作报告。邓子恢在报告中，详细阐述了我党我军的抗日主张，具体分析了当时国内抗日斗争形势，号召各界民众团结一致，共同抗敌。邓子恢在铜繁一带陆续工作了一个多月，掌握了大量对敌斗争和群众工作的情况，据此向军部作了《铜南繁三个月来的工作总结》的报告，具体分析和总结了铜南繁等县对敌斗争的形势、经验和存在问题，对整个皖南的对敌斗争和群众工作起了重要指导作用。

第四个到铜陵指导抗战工作的是新四军军长叶挺。1939 年 4 月 5 日，

1939 年 7 月，新四军副军长项英陪同菲律宾华侨抗日慰问团来铜陵凤凰山慰问抗日军民

1940 年春和秋，中共中央东南局副书记兼组织部长曾山两次来铜陵检查、了解党和群众工作情况

新四军军长叶挺兴致勃勃地陪同美国女记者史沫特莱一行，到今义安区钟鸣镇的方村新四军三支队驻地视察，随同前来的还有军政治部服务团团长朱克靖及其他几名记者。叶挺军长亲切地询问了当时铜陵抗日工作的情况，鼓励民运队员要深入群众，动员广大民众支援抗战。4月 27 日，叶挺军长在邓子恢、赖传珠、罗炳辉等新四军其他领导的陪同下，渡江到江北新四军四支队处理军务时再次路经铜陵。

此外，1939 年 7 月初，新四军副军长兼中共中央东南局书记项英，陪同由 20 多名菲律宾华侨组成的抗日救国慰问团，来到今义安区顺安镇的凤凰山，慰问驻在铜繁一带的新四军一支队、三支队干部战士。7 月 7 日晚，项英参加了纪念七七事变和抗日战争爆发两周年暨悼念抗日阵亡将士大会，并在大会上发表了即兴演讲。第二天，项英又陪同华侨慰问团到战地医院慰问了伤病员，到老一团驻地看望了新四军指战员。慰问之隙，项英同志专程到中共铜陵县委机关，看望了县委工作同志，听取了县委负责同志的工作汇报，并对县委的抗战工作作了具体指示。

1940 年 10 月，新四军政治部主任袁国平也来到铜陵，指挥二支队三团及铜南繁地方抗日武装反击敌人的"大扫荡"。袁国平不但擅长做全军的政治工作，而且也善于做军事工作。面对数倍于我、凶狠残暴的侵略者，他动员大家采取运动战、游击战的战略战术，避实就虚，灵活机动地打击敌人、消灭敌人。

正是在新四军领导人的关怀和指导下，铜陵大地的抗日烽火越烧越旺，抗战热情蓬勃高涨，革命形势发展迅速，为中国人民取得抗日战争的伟大胜利作出了巨大贡献。

抗日烽火中的铜陵战斗

[内容提示]

1938 年 11 月 26 日，日军侵占顺安（今义安区顺安镇）后，即派重兵驻守，并在背后的长龙山上构筑了炮位，与董店天门山（今义安区天门镇内）的据点遥相策应。同时，在菜子滩、回龙山、岳家山等处构筑碉堡，架设铁丝网，妄图切断铜陵敌后和江北的交通线。为粉碎敌人的阴谋，自 1938 年 12 月起，新四军主力及游击队在这一带主动出击，多次伏击日军，点燃了抗日烽火。

塔里王战斗

1939 年 4 月 28 日，发生在今义安区天门镇考涧村塔里王自然村的塔里王战斗，是新四军第一支队一团进驻铜陵的首次战斗。

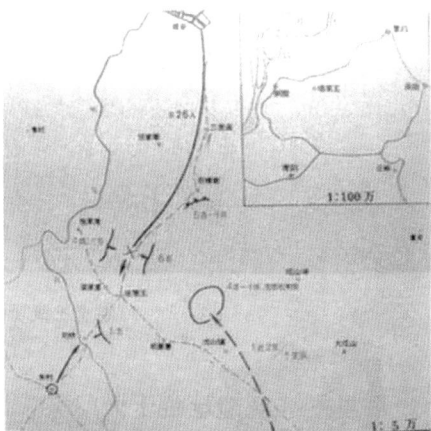

塔里王战斗要图

日军侵占铜陵后，其一一六师团石谷联队一个大队分驻顺安、朱村，中间相距 12 里，有交通大路相连。每日上午 7 时，日军交通巡逻队 20 余人往来其间维护交通。

1939 年 4 月 27 日晚，新四军第一支队老一团二营根据侦察掌握的敌情，由罗家店出发，进入塔里王附近设伏，并令所属四、六两连为突击队，五连派 1 个排兵力向顺安方向警戒，派两个排向朱村方向警戒，四连一个排和营部机枪排埋伏在塔里王东边的小高地。

4 月 28 日上午 7 时许，一队日军得意扬扬地由顺安沿大道向朱村开来。当进入埋伏圈内，新四军战士一阵手榴弹把日军炸得晕头转向，然后乘势发起冲锋，与日军展开了肉搏战。这场战斗共打死日军 16 人，打伤 14 人，缴获步马枪 8 支、刺刀 8 把、子弹 400 余发，以及钢盔、日钞、日旗、手表等大批战利品。

这是新四军第一支队老一团进驻铜陵后首战告捷，扩大了新四军在人民群众中的影响和威信。

龙口岭伏击战

日军占领石洞耆（今义安区天门镇）后，就分兵驻防何朝门、东江村、董店街、龙口岭和天门山，在龙口岭建有两座碉堡，碉堡四周布满铁丝网。岭脚为其营地，四周战壕纵横，障碍重重。

龙口岭（今属义安区天门镇双龙村）向东通往挂岭、郎坑抗日根据地，腹背有董店、天门等游击区域。日军扼守这个交通要道，企图控制新四军活动区域，切断根据地和游击区的联系。1939 年春，当地抗日武装"老虎队"在西江村杀死了3名日本士兵，日军指挥部立即派出十几个日军士兵驻扎到东江村，把东江村的公堂屋作为弹药库日夜严守，并在离龙口岭3华里的董店石山脚村设有敌营，呈掎角之势，可相互救援。日军早上上岭，晚上回营，自恃工事坚固，有险可守，十分狂妄，40多名日军经常侵扰村庄，烧毁民房，掠夺财产，强奸妇女。

日军的暴行，激起我广大军民的无比愤慨。为消灭龙口岭这股敌人，新四军某团曾两次攻打敌营，但因敌情不明，均未奏效。这次，某营指导员孙飘萍奉命执行侦察任务。孙指导员只有30来岁，文质彬彬，看上去像个书生，但外柔内刚，足智多谋。他既能说一口流利的普通话，也会讲一些当地的方言，有丰富的侦察经验，曾化装为多种人物深入敌人腹地进行侦察。这次，他化装成青年农民，顺利进入敌占区。他联系上了新四军的地下工作者，又找到一个挑货郎担的情报人员，通过详细了解和侦察，获悉龙口岭伪村长何某富有爱国心。于是，他以何某"表弟"的身份，突然闯进了何家，让何某大惊失色。孙指导员说明来意，何某才转惊为喜，放下心来，把日军活动规律和所掌握的情况作了详细报告，后经进一步补充侦察，证明何某提供的情报准确无误。孙指导员迅速将全部材料和绘制的草图，由递步哨送达团部。很快，团部就制定出龙口岭伏击战的战斗方案。

1940年3月的一个晚上，月黑风高。新四军某团的150多名勇士，兵分三路，向龙口岭急行。到达目的地后，一路埋伏在龙口岭碉堡前沿阵地的草丛中，一路准备迎击石山脚村的援军，第三路埋伏在龙口岭的另一侧，对敌形成左右策应、前后夹击之势，布下了天罗地网。

当天蒙蒙亮时，龙口岭村中的40多名日军，身背武器弹药，像往常一样上岭执勤。当他们全部进入伏击圈时，只听一声令下，新四军战士将几十枚手榴弹同时扔了出去，"轰隆隆"，一阵阵爆炸声在敌群中炸开了花。紧接着，新四军战士又采用"集中火力"的战法，狂风暴雨般的子弹横扫过去，打得敌人晕头转向，骨飞肉溅。日军直至全军覆没，都没来得及还一枪一弹。驻扎在石山脚村的敌军不明就里，也不敢冒险增援，只好龟缩在碉堡里，眼睁睁地望着龙口岭的同伙被歼灭。

龙口岭伏击仗，由于情报准确，准备充分，打得干净利索，前后不到两个小时，歼敌 40 多个，缴获轻、重机枪各 1 挺，步枪数十支，子弹好几筐。

悲壮的新桥头伏击战

1940 年 4 月 9 日，新四军第二支队老五团得到情报，有一队日军在凤凰山扫荡失利后，即将败退回张家冲据点。团部命令三营八连四班班长袁跃平，率领全班 13 名战士，在敌必经之地的顺安新桥头设伏，任务是断敌退路。

新四军战士在新桥头伏击日军

上午 11 时左右，大队日军果然大摇大摆由凤凰山开了过来。走在前面的是 50 个扛着歪把子机枪的士兵，后面是 12 个骑马的日军军官。就在日军军官刚一踏上新桥头之际，奉命在新桥头打伏击的四班长袁跃平一声喊"打"，全班战士一齐开火，当即就有七八个日军军官应声落马。就在班长袁跃平准备用机枪进行第二次扫射时，不料枪机卡住，枪栓拉不动。于是，袁跃平站了起来用脚踩枪栓。这时，骑马的日军军官和跟在马队后面的约 50 名日军，已经隐蔽到路坎下的田埂后面，不断地开枪还击。袁跃平见卧射已无法奏效，便端起机枪站着扫射，不幸中弹而光荣牺牲。这场战斗中，新四军一个班的战士同 50 倍于己的日军进行浴血奋战，打死日军军官 8 人，其中一人是日军少将旅团长。

悲壮伏击战，血染新桥头。4 月 12 日，新四军老五团三营八连指战员在新桥头为班长袁跃平和一名弹药手举行了隆重的追悼大会。星月村有一位 70 多岁的老太太，把自己的一口寿材捐献出来，安葬了两位烈士，让他俩长眠在那里。

袁跃平烈士是江苏省句容县人，1938 年入伍，1939 年入党，任新四军某部三营八连四班班长，另一位革命烈士是弹药手，姓名不详，安徽省宣城县人，1939 年入伍，牺牲时年仅 21 岁。

顺安伏击战

日军侵占顺安后，经常派出 30 人左右的小分队，从顺安出发，到朱村、陶山、铁湖一带，对我军民进行骚扰。日军虽然也在朱村筑了碉堡，但他们不敢在那里驻扎，怕受到游击队的袭击。因此，日军就每天早上从顺安出发，下午 4 点左右返回，沿途老百姓深受其害。为了打掉这个日军流动哨，1939 年 5 月的一天，新四军一团二营奉命伏击。部队埋伏在顺安白虎涝和朱村塔里王村交界处的青纱帐里，严阵以待。日军像往常一样大摇大摆地返回顺安，刚行进到白虎涝的大塘埂中间，被预先埋伏的部队迎头痛击。日军猝不及防，被打得晕头转向，抱头鼠窜。这场战斗，击毙击伤日军 20 多人，缴获不少武器弹药，沿途百姓拍手称快。

白虎涝伏击战以后，日军的嚣张气焰虽然有所收敛，但始终没有停止对顺安至朱村一线的巡逻。1942 年 4 月中旬的一天，上级派新四军特务连连长胡金标，组织了灯山阻击战。灯山坐落在顺安与沈桥之间，也是顺安去朱村的必经之地。胡连长接受任务后，进行了战斗部署，利用有利地形，将部队埋伏在灯山路旁和对面的康家山，中间隔着余家大塘，形成夹击的态势。黄昏时分，有一二十人的敌人巡逻队从朱村回来，进入沈桥地界，有所警惕地拉开了距离。特务连战士们耐心地等待着，只等命令发布，就狠狠地打击敌人。不巧，一位战士未能沉住气，"砰"的一声，枪走了火。狡猾的日寇一听枪响，迅速滚向田沟，借着地形掩护，向贺家墩方向跑去。就在这紧要关头，胡连长把驳壳枪一举，跃出坟地，大声呼喊着："同志们，追呀……不让鬼子跑掉！"狂奔的日寇越发惊慌失措，由羊湖向顺安逃窜而去。胡连长甩手一枪，打伤一个肥胖的日军伍长。战斗结束后，新四军优待俘虏，用梯子抬着那个伍长，迅速转移到巷冲小岭头，给他包扎了伤口，并从他身上搜出一张"全家福"照片，一绺头发和一个小牌子，牌子上面写着"池田正一"的字样。据说，后来这个叫池田的日军伍长，经过教育，参加了"反战同盟"，在前线喊话，劝说日兵起义，并散发了不少"劝降书"。

经过多次打击，日军被迫撤销从顺安至朱村的流动哨，再也不敢在这条大路上大摇大摆地来回巡逻了。但他们对朱村这个据点并没有真正放弃，不过是改变路线罢了。1942年初秋的一天，有确切情报说有11名日本兵从长龙山偷偷地下来，渡过焦埠河，向城山铺方向而来。新四军特务连获悉后，立即派出一个排，迅捷地埋伏在葛家亭的树林里，密切注视着来犯的敌人，同时吸取上次过早惊动敌人的教训，不到有效射击圈之内不准开枪。果然不出所料，日兵想迂回绕道到朱村，但又怕遭到我军出其不意的袭击，不敢进入城山冲里面，只转悠了一阵，还从原路回长龙山去。在路过伏击圈时，特务连战士对准敌人一阵猛烈袭击，当场击毙几个日寇，缴获很多枪支弹药，又一次取得伏击战的胜利。

顺安伏击战，是新四军在顺安、朱村一带多次伏击日军的战斗，不仅狠狠打击了日军的嚣张气焰，而且确保了铜陵敌后和江北的交通线。

以少胜多的萝卜冲战斗

[内容提示]

1940 年 4 月，日军向皖南发动万人大"扫荡"。新四军二支队三团三营九班长途奔袭，在萝卜冲（今属顺安镇星月村）与日军激战了五个多小时，击毙日军 30 多人，取得了重大胜利——这一场发生在铜陵的以少胜多的著名战斗。

萝卜冲战斗遗址

1940 年 4 月 6 日下午，新四军二支队三团三营教导员彭嘉株向一连九班班长陈万福下达命令："明天，大约有 400 名鬼子将向我们闯来。今天夜里，你班必须以最快的速度赶到萝卜冲，迅速占领何家涝附近的山包，任务是等敌人进入萝卜冲后，死死咬住并狠狠打击敌军的'尾巴'。"

当晚，陈万福班长带领 11 名战士，奔袭在钟鸣鲶鱼山通往萝卜冲的山路上。他们越过稻田，钻进山上灌木林。山上的花椒、蔷薇、荆棘交织在一起，密不透风，使人寸步难行。情急之中，陈万福顾不得荆棘扎手，冲在最前面，折断树枝，拂开荆棘，硬是在刺丛中踩出一条路来，带着一班人艰苦攀行……一个小时以后，九班终于登上了山岭，陈万福双手已被荆棘戳得鲜血直流。下到北坡，战士们呈一字线散开，每人间距 10 米左右，严阵以待。

7 日上午 10 时许，日军果然沿着大路开来，密集的队形前后拉了足有 3 里路长。在距九班阵地左前方约 1000 米处的一块开阔麦田和油菜地边，日军停了下来，列成了四个方队。

"砰！"突然，一声清脆的枪响从上山岭方向传来，这是新四军潜伏哨报告敌军已过完的信号。

听到枪响，一名骑在马上的日军指挥官"呜里哇啦"地大叫着举起了指挥刀。敌军便由原路返回，一队抢占萝卜冲南面的山头，一队 50 多人抢占九班所在的北面山头，剩下的一队留在原地。

近了，近了……当日军爬到阵地前面的小山包时，陈万福一声"打"！全班 11 支枪一齐开火，把敌人压在小山背后，动弹不得。

不一会儿，狡猾的敌人仗着人多势众、武器优良，在摸不清九班确切位置的情况下，便用机枪对九班阵地山头疯狂扫射。"嗖、嗖"，子弹从战士们头顶飞过，击断了树枝，打得石头"当当"作响，火星直冒。

上午 11 时左右，日军已把进攻的主要目标对准了九班阵地。他们一边用十几挺轻、重机枪封锁了新四军主力部队运动的山口子，切断了九班与主力的联系，使主力无法增援九班；一边组成强大的火力网，掩护 200 多个敌军从左右两侧向九班阵地猛冲。

左前方的敌人离九班只有五六十米了。就在这时，战士唐生志和王禄华相互对视一下，猛然站起，居高临下甩出两颗手榴弹，当即炸死炸伤数名日兵。其余的敌人掉头便逃。

疯狂的敌人稍作休整，又调来数门山炮，配合轻、重机枪一齐向九班射击。枪炮声响成一片，震耳欲聋。庄稼地里的日兵，也加入了攻山的队伍。九班的战士们个个怒目圆睁，仇恨满腔。伏在陈万福身边的一名战士气愤地说："班长，出击吧，拼它个鱼死网破！"

这时，陈万福想到的却是怎样"咬住敌人的尾巴"，坚守阵地。而要完成如此艰巨的任务，只有更加机智灵活地打击敌人。想到这里，他斩钉截铁地对那名战士说："不能硬拼！要利用有利地形打击敌人！"看着庄稼地里蠢蠢欲动的敌军，陈万福立即命令战士们掉转枪口，对准庄稼地的敌军放排枪。这一招很奏效。敌人被这突如其来的打击扰乱了阵脚，赶紧散开，卧倒隐蔽。

下午1时许，久攻不下，一贯耀武扬威的日军恼羞成怒，调集了全部的轻、重机枪，向九班阵地开始了更加疯狂的扫射，八门大炮一齐向九班阵地狂轰滥炸。

忽然，陈万福发现，有两个日军头目，一个穿黄军装，一个穿白衬衣，站在对面的山顶上指手画脚，在指挥炮击。陈万福赶紧举枪瞄准，一枪一个，刹那间两个日军小头目一齐见了阎王。

"班长打中了！"战士简德发高兴地跳起来。这一跳非同小可——目标暴露了，引来了一阵密集的枪弹、炮弹。

局势突变，怎么办？陈万福一边沉着地指挥战士们继续隐蔽，一边注意观察敌军放炮的规律。他发现，敌人的炮是由下往上逐级推移发射，犹如拉网捕鱼。不能等待挨打，于是陈万福一声令下，全班战士向下50米，就势滑到下面的弹坑。炮弹在他们身后爆炸了。紧接着，战士们又后退50米，进入上面的弹坑，就这样，他们上下来回穿梭，机智地躲过敌人的炮击。

此时，在萝卜冲附近的另一个山头上，新四军三营营长正焦急地来回踱着步。他们看到，敌人的炮弹不断地落在九班阵地，激起遮天烟雾。按照常理推测，在硝烟笼罩下的九班，伤亡一定很大，或者全部牺牲了。其实不然，九班在忽进忽退的运动中，不仅避开了日军的炮火，而且还瞅准机会，予以反击。

就在九班来回奔跑之时，陈万福发现，庄稼地里的敌军前后乱动，进退不明。在30多匹战马来回奔跑中，有一匹枣红色马很是醒目，马背上的日兵像是一个大头目。擒贼先擒王，陈万福不愧为神枪手，他装上5颗铜头子弹，果断地举起枪，一枪击中那个大头目，接着又连放3枪，那匹枣红马也呜呼倒地。说时迟，那时快，全班战士趁势朝着那30多匹战马放排枪。日军阵地人喊马叫，步兵、骑兵乱成一团。恰在这时，新四军三营主力已运动到山口，以迅雷不及掩耳之势追击溃军，日军只得狼狈地朝江边方向逃走了。

这一天，九班与敌人激战了5个多小时，打退了敌人无数次进攻，击毙的日军就有30多人。九班战士无一伤亡，出色地完成了任务。战斗结束后，营长带来3箱铜头79发子弹补充九班弹药，诙谐地说："九班长，这一仗打得好啊，就是子弹打多了。"陈万福幽默地回答："报告首长，下次注意节约！"

萝卜冲战斗，是新四军二支队在铜陵战场上抗击日军、以少胜多的一次著名战斗范例。

猎户队英勇反"扫荡"

[内容提示]

铜陵山区人民历来有狩猎的传统。1939年9月，中共铜陵县委发动群众，把分散的猎户组织起来，加以武装，狠狠打击日本侵略者。到1940年初，铜陵猎户队发展到1000多人，他们站岗放哨，搞侦察，作向导，积极配合部队作战，成为一股锐不可当的抗日力量。

1938年10月，日寇侵占了铜陵大部分地区，仅有金凤乡（今属钟鸣镇）和丹凤乡（今属顺安镇）未落敌手。1938年7月，新四军进驻泾县云岭，12月，新四军三支队在谭震林副司令员领导下，率第五团进驻抗日前沿的金凤乡燕子牧村，开展抗日斗争。

1938年12月后，日军趁新四军三支队主力奔赴繁昌的间隙，聚集近千人"扫荡"金凤乡，在闸口村的福禄山，遭到钱家冲猎户队40多人的阻击。首犯之敌摸不清情况，不敢冒进，向钟鸣方向逃去。双方战斗约20分钟，使周围的6个大自然村老百姓赢得了疏散转移时间。这次战斗，猎户队牺牲7人。

1939年1月，日军第二次"扫荡"金凤乡。敌人在钟鸣集结的前天，敌占区递步哨就送来情报，老百姓便将能藏的东西都藏进了山洞，敌人来时连只鸡都未见着。走时，敌人烧毁了墙上写有"打倒日本帝国主义"之类抗日标语的祠堂和6个村庄的瓦房，共200多间。猎户队以班组为单位，潜伏在一些要道的山头，敌人来了，打一枪换个地方，干扰敌人的行动。下午3时，敌人500多人，经钱家冲、中间冲和缪家冲，边烧房子边向凤凰山方向退去。

猎户使用过的武器

1940年农历十月，日寇又出动4000多人，仍在钟鸣集结，晚上9时出发，到达金凤乡时，已是夜里11时多。敌人在这里分成三股，分别向钱家冲、中间冲和缪家冲（俗称"三条冲"）进发。递步哨情报送迟了一步，日寇来时，许多村庄老百姓还在梦乡。

走中间冲路线的日兵到达龙潭肖村大祠堂门前时，被猎户队长肖举麟和队员刘荣庆、余万全发现。肖举麟举起步枪向敌人连射三枪，阻滞了敌人前进的步伐，也惊醒了群众。猎户队迅速行动起来，就地利用山高林密、地形熟悉等有利条件，阻击和袭扰敌人。

猎户队一分队200多人守住一道山冲，多次打退敌人的进攻，打死日军联队长1名，缴获指挥刀1把。

钱村猎户队在钱任强队长的带领下，英勇杀敌，击毙击伤敌人多名。队员钱秋桂英勇牺牲。

猎户队边打边撤，向后山撤退。这时，日军军官将马系在祠堂大门的栅栏上，步行指挥日军，翻山追击猎户队。猎户队班长肖举群在村子另一头站岗，听到枪声后，提着土枪猫着腰走近祠堂边。此时，日兵已全部上了山，肖举群见马还系在那里，身手敏捷地来到马前，解开缰绳，牵走高头大红马，藏在祠堂后的树林中。天亮了，日军在荆棘丛中用大砍刀和刺刀砍出一条路，向凤凰山方向退去。第二天，肖举群将大红马送到新四军三支队司令部，不仅受到表扬，还得到4块银圆奖励。

于是，当时当地流传着这样的话："猎户队长肖举麟，半夜巡逻遇敌人，连射三枪惊敌胆，救了村民百多人。猎户班长肖举群，鬼子身边隐藏身，牵走高头大红马，送给人民子弟兵。"

新四军卫生队殉身缪冲

[内容提示]

1939 年农历四月的一天深夜，新四军三支队五团卫生队 8 名白衣战士，在缪家冲（今义安区钟鸣镇境内）与"扫荡"的日寇遭遇，进行了殊死搏斗。最后 8 名战士为保护非常稀缺和珍贵的四箱药品，全部壮烈牺牲，血染竹林……

金凤乡（今属义安区钟鸣镇）缪家冲村山高林密，山清水秀，环境幽静，是新四军三支队五团卫生队驻地。因连日有情报传来日寇要"扫荡"，卫生队里轻伤员纷纷归队，重上前线杀敌，少数重伤员已转移到可靠的老百姓家，以防不测。卫生队除部分同志在繁昌前线外，当时留在卫生队的还有 8 人，其中女护士和炊事员各 1 人，每人有 4 颗手榴弹，还有一匹驮西药的白马。卫生队何队长号召队员："同志们！队里的四箱西药，是海外华侨捐赠的，前线的伤员非常需要，非常珍贵，我们宁可牺牲自己的生命，也不能让药品丢失，更不能让它落到鬼子手里。"

1939 年农历四月的一天深夜，进村"扫荡"的日兵离卫生队仅400 多米时，递步哨的人员跑到卫生队驻地大叫："何队长，何队长，不好了，鬼子到了下屋戴村了，你们赶快走啊！"说完又急忙去疏散群众。何队长带领白衣战士沉着应对，将比生命还珍贵的西药装箱搬上马背。每人将 4 颗手榴弹挂在腰间，牵着白马，向不足两华里的杨坑头村奔去。"扫荡"的敌人并不知道前面的新四军医务人员，但由于驮西药的小白马的拖累，双方距离越来越近，400米，300米……当卫生队到达杨坑头村时，双方相聚已不足百米，情况万分危急。

距这个村40米处的左边是一片斜坡毛竹林，坡脚是行人小路，路右边是一块两亩多的桑园，套种了玉米。这时，何队长命令大家撤向毛竹林隐蔽。8名白衣战士将手榴弹拧开，右手小拇指扣上拉簧，密切注视着敌人由东向西走过。为了不使敌人发现，大家尽量克制着心中的仇恨，不出一声。

日军的步兵过去了，卫生队的同志们松了一口气。这时，鬼子骑兵又过来了，一匹洋马突然打了两个喷嚏，接着嘶鸣起来。卫生队的白马也跟着叫了起来。日军慌作一团，以为有马叫，前面定有新四军大部队在伏击，于是用轻、重机枪向卫生队马叫处疯狂开火，卫生队8名白衣战士毫不畏惧，将一颗颗手榴弹扔向敌群。双方战斗持续了20多分钟才平静下来，日军怕有增援，天快亮时，拖着被炸死炸伤的同伙，急急忙忙地向凤凰山退去。

天亮了，老百姓从隐蔽处出来，经过桑园看到有手榴弹爆炸的弹坑和血迹斑斑的麻袋，嫩绿的桑叶和玉米苗上到处都溅有鲜血。竹园内，卫生队8名战士全倒在血泊里，那匹白马也一同遭难了，而4箱西药却完好无损。下午，新四军留守处派来3名军代表和干部群众30多人，将烈士遗体入殓，在竹林内举行了简朴的追悼大会，会后8具棺木被整齐地安葬在桑园内。

新四军三支队五团卫生队8名白衣战士，为保护4箱珍贵的西药英勇牺牲了，他们的英雄形象永远活在铜陵人民心中。

鲁凤楼巧夺敌钢炮

[内容提示]

1940 年 3 月，日军侵占索山（今义安区钟鸣镇境内）后，建碉堡，筑工事，挖战壕，架铁丝网，践踏土地，奴役百姓，无恶不作。世代居住在索山方圆几十里的百姓，目睹日寇的罪恶行径，怒火在胸中燃烧。有个名叫鲁凤楼的小伙子，秘密地参加了新四军，走上了抗日道路，并智闯日军碉堡，巧夺敌人一门小钢炮，一时传为美谈。

鲁凤楼曾在新四军驻地舒家店（今义安区钟鸣镇泉栏村）做炊事员，勤勤恳恳为抗战服务。后来，他因腿疾回家休养，可不久就被伪保长强行拉去当民夫。当时，鲁凤楼正是个血气方刚的青年，虽然给日军当民夫，但他还是千方百计地寻找机会惩治日军。

1940 年 11 月 20 日早晨，伪保长吴锦堂集中民夫 40 余人到索山给日军当苦役，鲁凤楼也在其中。上午 9 点多钟，伪保长提了两只老母鸡和一篮鸡蛋巴结日军。这时，正巧有人叫住他，说有急事。伪保长马上把"贡品"交给身边一个民夫说："我有事，你去一下，替我送给太君。"说完转身就走了。这时，鲁凤楼觉得惩治侵略者的机会到了，于是对手提"贡品"的民夫说："你把东西给我，我替你送去。"民夫求之不得地把"贡品"交给了鲁凤楼。鲁凤楼接过东西后，向日军碉堡走去。当鲁凤楼进入日军碉堡时，里面只有两个日军：一个是伤兵，一个是炊事员，其余日军押着民夫到鲇鱼山砍树去了。鲁凤楼不慌不忙地自我介绍道："我是八保保长，前来慰劳太君。"

两个日军一见送来老母鸡和鸡蛋，竖起大拇指："你的，大大的好。"说着就伸手接过鸡蛋和老母鸡，走进了伙房，忙着杀鸡打蛋，生火烧煮，失去了戒备。鲁凤楼在碉堡内细心观察，他本想趁机摸几支枪带走，可是一支枪也没见到。他又转到碉堡外面，发现碉堡旁有一门小钢炮，上面覆盖着白铁皮。他环视四周无人，便轻轻地掀掉白铁皮，伸手去托小钢炮，但小钢炮纹丝不动。他低头一看，原来炮身被螺丝固定在炮座上。鲁凤楼立即卸下螺丝钉，背上小钢炮，连翻两道铁丝网，越过防护沟和竹木障碍墙，飞也似地钻进丛林，向舒家店新四军驻地奔去。

当地老百姓看见鲁凤楼一个人背着一门日军小钢炮下山来，又惊又喜，十分敬佩。正在执行侦察任务的新四军某部侦察班班长胡兴臣获知此情，立即带领4名战士，化装成过路老百姓迎接上去，终于在独山附近，接应到身背42公斤重的日军小钢炮的鲁凤楼。胡兴臣将早已准备好的两只布袋套住炮身后，与鲁凤楼抬着炮向连队前进。正在这时，突然传来了日军的枪声，鲁凤楼高兴地喊道："敌人在为我们夺炮胜利而鸣枪送行呢！哈哈……"

中午时分，鲁凤楼巧夺敌人小钢炮，安全送到新四军驻地，受到了新四军指战员的高度赞扬。

"锄奸团"在行动

[内容提示]

1941年初，震惊中外的皖南事变发生后，地处皖南沿江的铜陵陷入一片白色恐怖之中。日寇、伪军、特务、恶霸等各种势力日益猖狂，疯狂迫害中共地下党员、抗日群众和革命军人家属，大肆搜捕"皖南事变"中突围途经铜陵的新四军战士。钻进革命队伍内部的极少数投机分子，开始动摇离队，甚至叛变投敌。一时间，血雨腥风笼罩着铜陵地区。在严峻的形势下，为开辟新局面，鼓舞抗日军民的斗志，中共铜陵敌后县委制定了反"扫荡"、反"清剿"和惩办汉奸、叛徒的行动计划。于是，一场惊心动魄的锄奸斗争在犁桥展开了，朱荣生就是在这场锄奸斗争中涌现出的战斗英雄。

犁桥（今属义安区西联镇）位于圩区中心地带，一条内河流经过，水陆交通十分方便。这里是当时铜陵的战略要地，也是敌后广大农村集市贸易中心。铜陵沦陷后，日军重兵在此驻守，国民党反动派的一些头面人物、土豪劣绅、地头蛇也在这里集结，在日军的卵翼之下，破坏抗日，镇压人民，过着醉生梦死的生活。

1941年秋天，朱荣生被组织上派到犁桥地区工作。这位身强体壮的庄稼汉子，为寻求光明，投身革命，成为一名敌后游击队战士。在生与死的斗争中，在血与火的考验中，他坚定了革命信念，练就了一身过硬的本领——这次他在犁桥的任务就是秘密消灭汉奸。

一天夜晚，月黑风高。犁桥的百姓早已紧闭舍门，熄灯睡下。

狭窄而黑暗的街上，只有那些房檐上挂着"酒""赌"幡旗的铺子里亮着灯，传出一阵阵喧闹声。朱荣生迈着稳健的脚步，走上犁桥街，用手按了按插在腰后的驳壳枪。他抬头看看北斗星，估计一下时辰。他要在今夜干掉犁桥伪乡长、汉奸叶茂华。根据地下党同志提供的情况，叶茂华嗜赌成性，几乎每晚都泡在赌场里。为处决叶茂华，朱荣生已经做好了行动安排。

赌场里烟雾缭绕，一片嘈杂和混乱。一圈人围在中堂麻将桌周围，等待着最后赢家的和牌。坐在当中的叶茂华敞着怀，腰里别着盒子炮，干瘪的胸脯上汗水淋漓。每张牌摸到手，他都要死死连搓几次。他的手感一向很好，但今晚一连几次摸错了牌，他觉得十分晦气。他押上万元赌金时，尖长的额头浸出汗渍。这圈牌他若赢不了，他当伪乡长搜刮的民脂民膏就等于拱手送人了。

正在这时，有人大叫一声："谁是叶茂华？"赌场里顿时鸦雀无声。在犁桥地区，谁敢直呼"叶茂华"？除去日本人，"叶乡长"或"叶书记"才是乡里人对他的称谓。自担任汪伪国民党区分部书记兼犁桥伪乡长以来，叶茂华仗着日本人的支持，横行乡里，反共气焰十分嚣张，在犁桥地区谁都畏惧他三分。众人循声望去，只见门前站立着一位七尺大汉，身穿灰布长衫，脚着圆口布鞋，一副乡绅打扮，此刻他正用威严的目光扫视着赌场里的众人。"我就是。"叶茂华从赌桌边站起来，语气里昔日威风大减。来人的语调、体魄和威严的架势，让他感到心虚。

朱荣生走到近前，上下打量一番，然后冲叶茂华一摆头，说："跟我走。"

"跟你走——你是谁？"叶茂华恐慌起来。

朱荣生慢慢回过头，用一种意味深长的口吻说道："皇军有请——你不去？"

一听"皇军",叶茂华马上毕恭毕敬:"去去,当然去,当然去!"他连声附和,赶紧扣好黑绸马褂,将油光的头发往后捋捋,挪步离开赌桌。"叶乡长,这圈牌撤了吧?"赌家在问。"不撤。"叶茂华一挥手,"老子回头还要接着赌。"

"下辈子你再赌吧!"朱荣生心里说。

朱荣生领着叶茂华出了赌场,往街南方向走去。为了不引起这个汉奸的警觉,朱荣生开始说着早已编好的一通话:皇军最近可能有大动作,新四军活动频繁,正步步逼近,形势严峻……叶茂华边听边点头,大声插话道:"哎,不用怕,不用怕!有皇军在,共产党翻不了天。在犁桥,他们出现一个,就杀一个,谁也休想逃出我的手掌心。"

不知不觉,他们走到了一片黑黢黢的芦苇丛边。前方,披着月色的河水波光潋滟,周围万籁俱寂。叶茂华突然停下脚步,巡视了一遍四周:"我们怎么走到这……皇军不是在东区的碉堡里吗?这……"他把贼亮的目光停在身后朱荣生的脸上:"你……是干什么的?是……"他突然意识到此人身份可疑,便迅速地用手摸上腰间。说时迟,那时快,一支黑亮亮的枪口对准了他的眉心。他的双腿顿时开始哆嗦,豆大的汗珠从额上冒出来。"你是……"他的嘴唇在发颤了。

朱荣生正色道:"我是新四军七师长江锄奸团的。"

一听"长江锄奸团",叶茂华一下子便吓瘫在地:"长官!饶命,饶命!"

朱荣生这时打开了保险栓,说:"你投靠日军,反共反人民,罪大恶极!我现在宣布你的死刑!"

一声枪响,结束了这个汉奸伪乡长的狗命。

在以后的日子里,经上级安排,朱荣生与其他同志一道,接连除掉了横行于犁桥地区的汉奸郜德恩、孙金富、胡朝珍等人,每次都以"新四军七师长江锄奸团"的名义,公布他们的罪行,大大震慑了敌人。但是，敌人是不甘心失败的，锄奸斗争仍然是一项长期艰巨的任务。时隔不久，小胡朝珍又冒了出来，充当日军的走狗。这家伙原先参加过新四军游击队，后来叛变投敌，甘心为日军效劳，到处捕捉新四军。一天，朱农、孙太英等铜陵县敌后领导人，正在杨坦孙村党支部书记孙林家开会，20多个日军突然包围了孙林家。朱农等来不及转移，只得藏在一堵芦苇夹壁里。日军就在他们身边搜索，还几次用刺刀刺进他们藏身的芦苇夹壁内。在这千钧一发之际，幸亏孙林母亲急中生智，朝鬼子喊道："那边在叫了"，意思是外边的鬼子军官在召唤他们。鬼子闻声向外跑去，这才解了围——这就是小胡朝珍一手策划的搜捕事件。中共铜陵县委在掌握了小胡朝珍一系列罪行后，决定派朱荣生完成惩办小胡朝珍这项艰巨任务。朱荣生很快得知：小胡朝珍经常在日军碉堡隔壁一姘妇家过夜，于是，决定在日军的眼皮底下处决他。

初冬之夜，寒意袭骨。朱荣生穿着单薄的衣衫，手里紧握那支黑亮的驳壳枪，跟另一位负责带路的地下党同志，埋伏在日军碉堡外的沟埂上。碉堡上，站岗的日军荷枪实弹，随着探照灯的光柱一遍又一遍地巡视着田野的动静，机枪眼里探出一支支罪恶的枪口。从这条水沟涉水过去，要穿过挂着许多易响的小铁罐的铁丝网，然后匍匐爬过危险区，才能最后到达那间紧挨着碉堡的小土屋——小胡朝珍姘妇家。那位地下党同志给朱荣生交代了情况后，不由得将他的手紧紧握住："小朱，多保重啊！祝你完成任务！"

当探照灯扫射过去后，朱荣生纵身跳入水沟，迅速爬上沟坝，匍匐着靠近铁丝网。探照灯扫过来，他伏在草丛中，屏住呼吸。灯光扫过后，他从腰里抽出钳子，将铁丝网一根根剪断，然后钻过去，朝碉堡方向匍匐前进，他的动作十分敏捷。当探照灯再次照回来时，朱荣生已到那间小土屋后门。此刻，他的位置，几乎就在碉堡上日军的眼皮底下了。他在门上贴耳静听里面的动静，见里面的人都已睡着，朱荣生使用钳子撬开了门，握紧驳壳枪，摸黑到了里屋。

"谁？——有响声！"小胡朝珍在床上叫道。"哪有响声？你做梦吧？"姘妇说。"不对，一定有什么。"小胡朝珍光着身子下床来点灯。当昏暗的灯光照亮屋子时，一支冰冷的枪口已顶在他的脑瓜上。"不许作声！"朱荣生正色道："作声就马上打死你！"姘妇吓得蜷缩在床上，瞪大眼珠，大气不敢喘一下。但小胡朝珍却梗直了脖子，对朱荣生说："快把枪放下，隔壁就是皇军，你敢开枪，皇军马上就到，要你的命。"朱荣生愤怒地抵紧枪口，把他顶到墙角说："我就是要在日军的眼皮下处决你这个狗汉奸！你叛变投敌，公开帮助日军捕杀我党地下工作者，作恶多端，恶贯满盈。现在，我以新四军七师长江锄奸团的名义，宣布你的死刑。"话音落下，朱荣生扣动扳机，小胡朝珍顿时脑浆四溅，当场一命呜呼。当碉堡上日军的机枪、步枪虚张声势地响起时，身手敏捷的朱荣生已经逃离虎口。

1942 年夏，朱荣生，这位革命的红色"杀手"，已升任铜陵县敌后游击队队长，新的革命任务在等待着他。

胥坝地下水上秘密交通站

[内容提示]

在抗日战争时期，胥坝地区（今义安区胥坝乡）在中共铜陵县委领导下，帮助紫胥乡和文沙乡建立起两个地下党组织，并在群心上摆江口建立了一个地下水上秘密交通站，为新四军开辟了铜陵至江北无为的水上交通运输线。

胥坝文沙乡中共党组织领导的区域由重新村、新洲村、文兴村、群心村组成。群心村当时成立了第一个民兵大队，由革命青年曾万传任大队长，胡千爱任副大队长，一批男女青年积极报名参加，在一起学文化、唱抗战歌曲、演抗日戏。本村男青年参加民兵训练，女青年参加女抗会，为新四军做军鞋。民兵大队除组织民兵学习、训练外，还发动民众向抗日前线捐款捐粮，在各项革命活动中涌现出不少积极分子。他们先后有20多人加入了中国共产党，其中有8对夫妇一同加入了地下党组织。

根据中共铜陵县委的要求，文沙乡地下党组织建立的地下水上交通站，由七八个地下党员组成，还成立了党小组，党小组长是船老板吴怀玉。这个党小组的党员都有明确分工：地下党员陆志康和古翠莲夫妇，主要担任地下水上交通站的交通员，为了方便开展秘密护送工作，他俩就把家搬到距渡口100多米的地方，以开小客栈为掩护。每当上级派人领来重要人物交给夫妇俩后，他俩就及时安排吃住并负责安全，等到天黑以后便暗地联络水上党小组长吴怀玉，再由吴怀玉、张毛兴、李永洲、吴怀喜等人，划着小木船将重要人物送往江北指定地点。每次护送时，就算护送一个人都要派好几条船同时出江，目的是掩人耳目，确保护送人员的安全。

有一次，上级派人领来了4个人，其中有一位高高的身材，头戴白色礼帽，眼戴黑色墨镜，身穿蓝色长衫，看上去好像是个掌柜的生意人。另有三位是下人打扮，虽然穿戴不同，可也显得非常强干。陆志康夫妇不敢大意，精心安排吃住，晚上就由陆志康亲自联系吴怀玉，将他们送到江北无为县刘家渡码头。

皖南事变后，为掩护突围出来的新四军指战员，胥坝水上交通站的地下交通员们想尽一切办法，冒着随时暴露的危险，一改以往晚上护送的做法，只要突围出来的新四军指战员一到胥坝文兴洲，立即让他们换上老百姓的衣服，带点干粮，不分昼夜地护送到对岸的无为县。1 月25 日，群心村地下水上交通站接到护送巫希权率领的300 余人过江的任务，他们连夜划着渔船分批将突围出来的新四军指战员安全护送到无为姚沟——这是胥坝地下水上交通站护送新四军突围人员最多的一批。这个水上交通站，究竟护送多少突围出来的新四军指战员，谁也记不清楚。据《铜陵县志》记载，从铜陵过江到无为县突围出来的新四军指战员有600 余人，不知多少人是从胥坝地下水上交通站护送过江的。

1945 年 8 月，抗日战争刚刚胜利，蒋介石就发动了内战，胥坝地区的地下党组织内部出了叛徒，使文沙乡中共地下党组织彻底被破坏，胥坝地下水上秘密交通站也随之消失。

洞房除奸

[内容提示]

皖南事变后，日、伪、顽暗中勾结，妄图消灭皖南的共产党和新四军，斗争环境异常险恶。在敌强我弱的不利形势下，为团结多数、有效打击敌人，新四军铜陵大队派一名姓余的共产党员游说柴塘（今铜陵市铜官区西湖镇境内）伪维持会会长朱世科、朱怀旦父子，要求他们洗心革面，为掩护新四军伤病员做些工作，为人民做些好事。可是，朱氏父子铁心跟定日寇，为邀功请赏居然残酷杀害了余同志。铜陵大队义愤填膺，决定派侦察班班长徐文海，伺机除掉朱氏父子。可朱氏父子在日军的严密保护之下，龟缩在敌人碉堡掩护下的"魔窟"中，徐文海一直无法下手。天不藏奸！朱氏父子太过张狂，徐文海终于找到了惩治朱氏父子的机会……

铜陵民兵除奸

那是 1942 年 2 月的一天，朱家大院热闹非常。朱世科正为他在日军兴亚大队任副官的小儿子朱怀旦举办婚礼。大院门的两侧是朱世科亲笔写的对子：中日邦交东亚共荣；喜结连理乡邻同庆。门外张灯结彩，笙箫笛管呜呜啦啦奏着喜庆的曲儿。朱家的仆人噼噼啪啪放起了长长的一挂鞭炮。

客厅里，肥胖的朱世科满脸堆笑，殷勤劝酒。今日朱家可谓是"高朋"满座：有日军队长、兴亚自卫队的队长、豪绅和地痞。

"感谢诸位的抬举，感谢诸位的赏光，来，让我们干掉这一杯。"朱世科一仰脖子把酒干了。众人也随着开怀畅饮。

这时，一个瘦猴似的管家走了进来，在朱世科耳边嘀咕了几句。朱世科打了一个饱嗝，拱手笑道："大家务请喝好吃好，一醉方休，兄弟我失陪片刻。"说罢就急匆匆地随瘦猴管家向门外走去。

大院门外站着一个穿长衫戴礼帽的人，他 30 岁左右年纪，个子不高但十分精干，棱角分明的脸上锐目逼人。朱世科见此人面生，但气度不凡，急忙躬腰快走几步，满脸堆笑道："鄙人正是朱世科，请问先生来寒舍有何贵干？"

来人细细看了朱世科一番，轻声道："我是'里山'来的。"

"里山"是这里国民党特务与伪军接头用的暗语。朱世科听了，连声道："原来是贵客临门，鄙人正为犬子操办婚事，快，屋里请！"

长衫人随朱世科步入大院，见客厅里乌烟瘴气，便对朱世科说："我有要紧公务在身，这里人多眼杂，不便详谈，找个僻静的屋子，好吗？"

朱世科把手向里屋一伸，说："那就请里屋坐吧。"他哈腰把长衫人带进了儿子的新房。

朱世科亲自替来人沏了杯好茶，这才接过信函仔细看。

"喔哟哟，我早看出是贵客，原来是三战区特训处大队长。"朱世科起身再次恭敬行礼，又道："鄙人另一犬子正在大队长手下谋事呢。"他说的是大儿子，在国民党特务机关里，还是个小头目。

长衫人摆手示意朱世科坐下，说："都是自家人嘛，不必客气了。令公子我见过，有印象，青年才俊，前途不可限量呀！"

朱世科连声笑道："大队长过奖，过奖，以后务请大队长多多提携。他的前程就靠大队长您关心了。"他起身再为来客杯里续水，说去喊他的小儿子朱怀旦拜见贵客，然后就兴匆匆出了新房。

长衫人锐利的目光扫视了一遍周围的环境，又起身把窗户插销拨开，推窗向外观察后轻轻地把窗掩上了。

朱世科很快就把小儿子领来了。他谄笑着向长衫人作了介绍，说要另安排酒宴替大队长接风，让朱怀旦陪贵客聊聊，自己则躬腰退了出去。

长衫人细细打量了一下朱怀旦，只见他西装笔挺，油亮的小分头，瘦高的个子，满脸装出的谦恭中却有按捺不住的骄矜之气。

"今日有公干来贵地，躬逢朱副官洞房花烛之喜，幸甚，幸甚！"

长衫人拱手道。

朱怀旦连忙接过话茬："大队长太客气了，以后有什么需要帮忙的，打个招呼，小弟一定效犬马之劳。"

长衫人皱着眉头说："听说这一带新四军活动很厉害，神出鬼没的。唉，在其位就得谋其政，这很让我这个做大队长的头痛，以后少不了要打搅令尊和贤弟的。"

朱怀旦狂妄地说："没问题，家父与我一定鼎力相助。不是我朱某说狂话，这一带可是我朱家的天下。大队长想必也知道了，我们朱家可是铁了心与新四军作对的。前些日子，共党不知高低，派人来游说家父不要替日本人做事，家父与我索性将计就计，你猜怎么着？"

长衫人故意装作很感兴趣的样子，问："怎么了？"

朱怀旦恶狠狠地做了个砍头的姿势，哈哈大笑，说："就这么把那个姓余的共产党骨干给解决了。"

"你们父子真是智勇可嘉啊！"长衫人漫不经心地把一只手伸进了口袋里，似乎是要掏手帕拭汗。

"放心好了，新四军在这里活动，就是太岁头上动土了。他们来了，就难逃出我们的手掌心。"朱怀旦正要仰头大笑时，突然发现长衫人眼里射出一股杀气，"你是……"

"砰！"长衫人隔着衣衫开了枪。

朱怀旦脑袋开了花，这个狂妄的铁杆汉奸一头栽在了新婚的床上。

朱世科听到新房枪响，以为是走了火，急忙跑进来看，长衫人一枪也把他撂倒了。

客厅里顿时乱成了一团。有鸣枪的，也有往外跑的，有的人索性就钻到桌底下面去藏身了。

长衫人在一片混乱中纵身跳起，开窗跳了出去，暮色很快就淹没了他的身影。

日军小队长腿快，几步逃出回了队部。

日军兵很快就用枪封锁住了朱家大院，"嗒嗒嗒"，一阵弹雨胡乱扫射，朱家大院门墙被打成一片片蜂窝孔，屋内则是一片鬼哭狼嚎。

这位长衫人，正是新四军铜陵大队的"孤胆英雄"——侦察班长徐文海。这次洞房除奸，震慑了敌伪，民众无不拍手称快。

虎口拔牙

[内容提示]

皖南事变后，在铜陵地区流传着一个长江锄奸团铲除汉奸曹德为的故事。

这天，驻梁家垄村（今义安区天门镇朱村境内）的新四军第五十六团二营四连接到重要任务，铲除汉奸、伪保长曹德为。

接到任务后，连部决定派排长张大猛、战士赵孝来和李正堂，前往顺安镇新桥铁湖村执行任务。在此之前，敌人得到奸细报告，通缉多日、悬赏300两黄金通缉的中共地下江南江北联络站的党支部书记史宏球正在铁湖村活动。敌连长率队抓了铁湖的乡亲们，押在坝场上。大家屏住气一声不吭，没有一人检举。敌人让告密的伪保长曹德为辨认，找出了史宏球。敌人对史宏球百般折磨，但都没有让史宏球屈服，最后将史宏球杀害了。

根据内线提供线索，张大猛和两名战士找到曹德为家。曹德为接过张大猛递过的公文一看，公文上说他剿匪有功，请他去师部领赏。

曹德为提出各种疑问，都被张大猛应付过去，毫无破绽，便放心地随同上路。

刚走出几百米，狡黠的曹德为发现走的方向不对，就想开溜。他推脱说"我给师座的礼品忘在家中"，边说边要跑。这时，李正堂已抢前一步，一把揪住曹德为的衣领，用手枪顶住他，命令他不许喊叫。曹德为吓得体似筛糠，只好硬着头皮跟着走。待走到山高林密的山脚拐弯处，曹德为趁李正堂不注意，猛地飞起一脚踢飞了他手中的手枪，撒腿就往树丛中钻。赵孝来眼疾脚快，跨步上前伸腿一绊，将曹德为绊倒。不待他挣扎起来，匕首已扎进他的后背。曹德为"哎哟"了一声，痛得在地上打滚。李正堂用枪托照他的头狠狠砸下，汉奸曹德为就这样被处决掉了。

惩治汉奸曹德为，震慑了敌人。当地民众奔走相告，感谢新四军为民除害。

潜伏虎穴

[内容提示]

皖南事变后，铜陵处于白色恐怖之中，中共地下组织派遣了一批地下党员打入日伪内部，开展地下斗争。这些地下党员把生死置之度外，在虎穴狼窝中与敌人巧妙周旋。他们在分化瓦解日伪组织、营救被捕人员、为部队提供情报方面，出色地完成了任务。这里记述的是中共地下党员周之德，潜伏在顺安伪警察署从事地下斗争的故事。

1941年5月，中共铜陵敌前县委选派周之德打进顺安（今义安区顺安镇）自治会，代号"308"，并争取到自治会长李棠的推荐，由周之德担任警察署长。周之德到任后,将谢友山、朱光正、张少平、熊孟传、杨老四等安插进警察署。从此,他们开始了艰险而光荣的地下斗争。

1942年春,日军派侦缉队长徐德发来顺安搜集情报。周之德与其周旋,并决定除掉这个汉奸。一天,徐德发从外地回到县城,周之德等人预先隐蔽在其必经之地,将其处决在长龙山上。徐德发被处决后10多天,日军派汉奸胡小乐来顺安打探情况。胡小乐一到顺安,就认出中共地下党税收员郜鹏,将郜鹏囚禁,准备向日军邀功请赏。周之德获知情况后救出郜鹏,又设计处决了汉奸胡小乐。

1942年5月的一天,两位新四军便衣侦察员化装成来顺安油坊出售油菜籽的农民,意外被两个伪军士兵认出,并被扭送到日军队部。周之德得到消息后,设计让两个伪军士兵来油坊领取侦察员留下的200银圆,并请他们打个收条以便交账。两个伪军上当后,周之德立即将情况悄悄通报日军,说那两个农民是良民,因卖菜籽有钞票,被两个士兵敲竹杠。日军查明情况后,放了两个"农民",把两个伪军抓起来,打得死去活来。

1942年7月的一天晚上,驻顺安日军头目伊藤突然组织20多个全副武装的日军,叫周之德找两只船随同去铁湖嘴。周之德知道,那里有新四军在活动,如果碰上这股敌人就有危险。危急关头,他立即用暗语写了一张条子把消息传递出去。可是天亮到焦家埠后,他发现同志们还没有转移,前方稻田里有一个战士正探头观望。他急中生智,对日军说:"野鸭刚从稻田里飞走了!"日军信以为真,随即朝天放了几枪,就决定返回。在返回路上,伊藤忽然改变主意,坚持从岸上走,不再乘船。周之德想,这样走很可能与部队相遇。他灵机一动,指着河里的鸭群对伊藤说:"太君,前面鸭子的,要不要?"伊藤听了,喜上眉梢地咧着嘴说:"大大的好,我们把鸭子统统地赶回去。"

周之德便带着他们上船赶鸭子，新四军部队这才化险为夷。

1943 年 5 月，根据组织安排，周之德等中共地下党员从顺安伪警察署全部撤出，开始了新的战斗生活。

喋血范家湾

[内容提示]

抗日战争期间，铜陵境内曾发生过大大小小的战斗，其中最惨烈、影响最广的，就是 1943 年 7 月的范家湾战斗（今义安区顺安镇境内）。在这次战斗中，我抗日健儿亚希权等 28 位同志献出了宝贵生命。牺牲时，他们的手还紧紧握着枪，胳膊还紧紧挽在一起……其英勇壮举，惊天地，泣鬼神。他们用鲜血和生命，谱写了铜陵人民抗日斗争史上极其悲壮的一页。

顺安河畔范家湾战斗遗址

1943 年，就皖江抗日根据地来说，仍然是艰苦的一年。日伪军为了确保其沿江重要城镇和交通运输线的安全，频繁地进行清乡、扫荡。地处皖江南岸的铜陵因此成为新四军抗击日寇的前沿阵地。与此同时，国民党当局仍然采取避战观战的态度和限共、反共政策，企图削弱以至消灭共产党领导的革命力量，以便在抗战胜利后，继续维持其独裁统治。

在这种大气候下，铜陵县的国民党特务崔光汉等人公开叛变投敌，残害抗日军民。崔光汉原为铜陵县国民党区党部书记，曾窃取皖江参议会参议员一职，为日伪刺探军事情报，开展特务活动。1943年春，崔光汉竟然到敌占区与日伪特务机关秘密接头，返回后又勾结童兆鹏、王诚斋、陈孝顺等人，暗中组织特务武装，勾结日伪进行破坏抗日根据地的活动。1943年5月，他公开投日。他公开投敌后所做的第一件事，就是出卖中共临江办事处副主任兼铜陵督导处主任陈益卿，致使陈益卿被日军逮捕，惨遭杀害。接着，他又组织特务委员会，以所属特务大队强迫全区共产党员对敌自首，并向日伪信誓旦旦地保证：在两个月之内，肃清铜陵敌后新四军。在这危急关头，中共铜（陵）青（阳）南（陵）县委召开紧急会议研究对策。新四军七师铜陵大队大队长巫希权提出：铜陵大队化整为零，分为四支小部队分散活动。

1943年7月14日，天气阴沉闷热。率部在顺安、朱村一带活动的铜陵大队大队长巫希权，突然接到地下交通的情报：汉奸王本理等人带二三十日伪人员，要从张家冲日军据点到顺安去建立维持会。巫希权当机立断，带领三个排约80人，火速赶到离焦家埠10多里的鸡冠笼一带山冈隐蔽埋伏，欲歼灭这批日伪。可两天两夜过去了，却没有看见汉奸队伍的踪影……

16日上午，铜陵大队意外地发现，有4名荷枪实弹的日本兵，从顺安街大摇大摆地朝张家冲日军据点走去。巫希权有意放过他们，同时派出暗哨到胡家祠堂附近侦察。下午3时左右，天气更加闷热，眼看就要下暴雨了，那4名日军士兵急匆匆从张家冲返回顺安镇。当他们进入长龙山游击队伏击圈时，遭到迎头痛击。日兵一死一伤，余者抱头鼠窜。铜陵大队一中队指导员刘英，在战斗中不幸负伤。战斗结束后，巫希权率部到了梁家垄，刘英被送到山坳里养伤。当地群众热情地慰劳了子弟兵。巫希权部准备当晚转移到天宝乡，这时突然下起了飘泼大雨。夜里，在江北开会的中共铜青南县委书记张伟烈，冒雨赶到梁家垄。率领小股部队在铜官山一带活动的铜陵大队副大队长叶为祜，恰巧也在雨夜带领部队赶到梁家垄大队部。他们长期分散活动，平时难得见面，有太多的经验教训需要总结，太多的工作需要研究部署，太多的友谊需要畅叙。当晚，他们在梁家垄召集地方与部队干部会议，传达上级指示，研究交谈到深更半夜。这时，雨越下越大，天黑，路滑，夜深，他们就在梁家垄穆林庵宿营，准备第二天清晨再转移……就在这漆黑的暴雨夜，危险正向他们逼近。汉奸王诚斋得知了这一情报，连夜跑到顺安街，向特务崔光汉与驻顺安的日伪军报告。

17日凌晨，寂静的山村正在沉睡，急骤的暴雨声中，突然响起了哨兵发现敌情的示警鸣枪声。汉奸王诚斋带领100多名日伪军与崔光汉的特务武装，分三路从顺安出发，在拂晓前突然包围了梁家垄。霎时，激烈的枪声撕破了山村的沉静。情况十分危急。巫希权临危不惧，果断决定：教导员罗爱民带领大部分战士，掩护张伟烈等县委领导突围。他与叶为祜各带领少数武装战士，分头阻击三面围攻的敌人。可是，范家湾南面与北面两个方向都是日军据点，东面是国民党五十二师驻地，只有西北面是个缺口。而在这个能突围的方向横着一条顺安河，平时河水不深，战士们能涉水过河上岸。可这两天上游连降暴雨，河水猛涨，水面宽阔，水流湍急，涉水过河十分艰难。

就在这敌众我寡、三面受敌、背水作战的极端不利的危急情况下，巫希权一面沉着指挥战士奋力还击顶住敌人疯狂袭击，一面派人护送张伟烈等突围。直到张伟烈等人坐木盆艰难划过顺安河后，他才与叶为祜一起，带领阻击部队边打边撤。可三路包围的敌人已追到了顺安河边，不停地开枪射击。巫希权两眼冒火，大声命令叶为祜带领战士赶快游过河去，自己带领几名战士断后掩护。恶浪汹涌的顺安河河畔，响起了更加急骤的枪声。敌人步步逼近，火力也越来越猛烈。巫希权与叶为祜率领战士边打边退，一直退到河边。这时，巫希权一声高喊"同志们，游过河去！死也不当俘虏！"说着纵身跳进波涛汹涌的激流，战士们也纷纷跳入水中。他们手挽着手，臂套着臂，在恶浪滔天

2004年，铜陵县人民政府重新修建范家湾烈士墓。现位于铜官区西湖镇长龙村

的激流中奋力游向对岸。河岸上的敌人疯狂地向河面扫射。顺安河水被染红了，巫希权、叶为祜等28位勇士被无情的河水吞没了。

天亮后，敌人刚走，范家湾与焦家埠的乡亲们冒着危险，强忍悲痛，将烈士遗体抬出水面。出水时，战士们一个个面容坦然严峻，手还紧紧握着枪，胳膊还紧紧挽在一起。

这是一场悲壮、惨烈的战斗，巫希权等28位同志，为抗击日本

侵略者及其帮凶，为掩护战友突围，献出了宝贵的生命。他们这种义无反顾为国捐躯的英雄故事，永远凝固在范家湾这块血染的土地上。

激战石佛山

[内容提示]

石佛山坐落在今义安区西联镇内，是顺安通向犁桥的一条捷径。70 多年前，这里发生了一场激战。石佛山战斗，是新四军从皖南北撤后返回铜陵的第一次战斗，也是规模最大的一次重要战斗。在这次战斗中，南返部队会合留在江南地区坚持斗争的武装人员，与国民党反动武装进行了顽强的斗争，取得了突出的战果。

1945 年 10 月，江南沿江地区处于暴风雨前夜，国民党军队、抗日时期的日伪汉奸走狗、已经举手投降的日军残部互相勾结，不断攻击皖南人民自卫军，捕杀中共地方干部，气焰十分嚣张。在这紧张的局势下，中共沿江中心县委于 1945 年 10 月 10 日在顺安肖村召开会议，确定了坚持沿江地区斗争的方针和任务。

1945 年 10 月中旬的一天，皖南人民自卫军副总队长查富德，率领两个主力连 130 多人，携 3 挺机枪，在石佛山埋伏，迎击从犁桥出动向顺安推进之敌。这路敌人主要有铜陵土顽 1 个中队、伪军 1 个中队及少数日本鬼子，共 300 多人。犁桥敌军得知消息，遂分三路夹击我石佛山设伏部队。当敌人开始行动时，我军获得情报：这一路敌人中，土顽一个中队 100 多人，20 多个日军，从横塘张村迂回石佛山西面嘴头姚村一线；伪军一个中队在犁桥未动，等待时机侧击石佛山北面；还有 100 多日军在石佛山东南面的长龙山进行阻击，企图切断我军退进山区的道路。随后，我军获得新的情报：土顽崔光汉这一路敌人已经到了山边王家一带。查富德立即改变战术，让吴志英带一个班的兵力继续埋伏，监视犁桥敌人的行动，坚决阻击犁桥出扰之敌。战斗于上午 8 点左右打响，土顽疯狂地向我军发动数次猛攻，都被我军击退。在这场战斗中，毙敌 27 人，缴枪 10 多支。犁桥的出扰之敌也被我军击退。查富德料想在几路敌军围攻下，我军将有被包围的危险，于是决定主动撤出战斗，立即转移。同时，他派一支精干武装潜伏到敌后，袭击犁桥据点，迫使其他两路敌人慌忙退去，犁桥的伪军和顽军也撤回县城。

石佛山战斗的胜利，狠狠地打击了国民党反动派的嚣张气焰，迫使敌军撤出犁桥据点，大大地鼓舞了我军战士的斗志。

智取朱村碉堡

[内容提示]

1948 年 1 月 28 日的深夜，白雪皑皑。国民党铜陵县朱村乡乡公所的 3 座碉堡，立在白茫茫的雪地里。突然，从碉堡哨楼上射出一束耀眼的手电光柱。随着光柱的明灭，只见从碉堡四周闪出一队游击队战士的身影。他们行动快如闪电，一眨眼就攀上长梯，冲进碉堡，不到 20 分钟便结束了战斗，生擒了叛徒和敌军头目，缴获了碉堡里的所有枪支弹药。

最先提出攻打朱村（今义安区天门镇朱村）乡公所碉堡的，是朱村地方游击队负责人许万荣。

1945 年 9 月，新四军北撤后，许万荣一直留在朱村本地坚持游击战争。那时他是国民党还乡团四处捉拿的"匪首"，他神出鬼没地打埋伏、困山头，在人民群众的掩护下，坚持不懈地同敌人斗争。由于国民党朱村乡公所的碉堡里，隐藏着两个阴险的叛徒，使许万荣的活动处于异常艰难的境地，有好几次由于叛徒的告密，险遭不测。这两个家伙一个叫徐红（外号徐秃子），此人早年原是新四军铜陵大队二中队的机枪手，抗战时叛变投靠日寇，日寇投降后又投靠国民党，并把我军一挺"捷克式"轻机枪带进了国民党乡公所，是个罪大恶极的双料叛徒。另一个叫江士林，他是本地人，专门帮助敌人搜捕新四军和地下工作人员，是条阴险的地头蛇。尤其是徐秃子带去的那挺机枪，射程远，命中率高，被架在敌人的大碉堡上，对游击队的活动构成了严重的威胁。为此，攻打朱村碉堡、夺回机枪、惩办叛徒的战斗计划，始终在许万荣的心头酝酿着。但苦于敌人防范严密，碉堡里又没有可靠的内线，因而迟迟没有动手。

　　机会终于来了。1947 年 8 月间，国民党朱村乡公所，要抓一个名叫魏取宏的进乡公所去当兵。魏取宏原是地方民兵，敌人要他自首，他就到处躲避。现在敌人又要抓他进碉堡去当匪军，还扬言假如他不去，就证明他是共产党。许万荣知道后，便派人去找处于彷徨无奈的魏取宏。

　　8 月下旬的一天晚上，魏取宏在汤家湖杨家桥一户人家见到了许万荣。许万荣正在那里开会，研究攻打朱村碉堡的事儿。许万荣一见魏取宏，便起身笑着对他说："老魏，我们正在为你开欢送会，就差你一个啦！"魏取宏不知所措，瞪大眼睛说："许队长，不开玩笑啦，敌人要抓我去当伪兵，我正在四处躲避，还开什么欢送会？"许万荣继续笑着说："敌人要抓你进碉堡，我们也正要派你进碉堡，两相情愿，这怎么不应该欢送呀！"接着，许万荣便把将计就计，派他进碉堡当兵，里应外合攻打碉堡的计划说了出来。魏取宏一听，便欣然接受了。但他知道，那可是提着脑袋闯虎口的大事啊。他回身望了望这位敌人四处悬赏捉拿的"颠簸山司令"、平素总爱讲笑话的许万荣，郑重地问道："这是党的决定吗？"许万荣一听，哈哈大笑。他走近魏取宏亲切地说道："当然，战斗计划还要报经中共铜青南工委批准，我相信工委会支持我们的。过两天我们就要进山向工委请示汇报，你也去，好吗？"魏取宏一见许万荣这样信任自己，激动得热泪盈眶。他紧紧地握住了许万荣的一双大手，一个劲地点头，半天说不出话来。自从新四军北撤后，魏取宏像一个失去父母的孤儿，在一片白色恐怖中躲躲闪闪地漂泊了一年多。此刻，他终于重新回到了党的温暖怀抱，就要在党的领导下开始新的战斗，这叫他怎能不激动呢！

9月卜旬，中共铜青南工委委员徐世达来到水龙山工作，许万荣得知后，便立即带领魏取宏，找徐世达汇报攻打朱村碉堡的战斗计划。

那正是桂花飘香的季节，魏取宏怀着喜悦心情，跟着许万荣沿着蜿蜒起伏的山道到了水龙山。经一名地下工作者的指引，他们找到了徐世达。徐世达听完许万荣关于攻打朱村碉堡的汇报后，高兴地说："好哇，你们同工委想到一起来了。我代表工委支持和批准你们的战斗计划。"徐世达接着阐述了打这个碉堡的意义：朱村处于铜陵县的中心地带，这个乡公所是国民党全县26个基层伪政权中最反动，也是力量最强的一个。打掉它，不仅可以夺回枪支、惩罚叛徒，重要的是狠狠打击敌人反攻倒算的嚣张气焰。徐世达还指出，现在是敌强我弱的阶段，这个乡公所的火力很强，因此只能智取，不能强攻。当许万荣将准备派入敌营的魏取宏介绍给徐世达时，徐世达微笑着问他："那可是进狼窝啊，老魏，你不怕吗？"魏取宏坚定地说："不怕！"徐世达风趣地对老魏说："是嘛，干革命就是要不怕牺牲，你大胆地干，有党和人民支持你。乡公所里的郑重苗、张忠良是抓壮丁进去的。据了解，他两一直是身在曹营心在汉。你进去之后，可以先设法跟这两个人取得联系。"一听郑重苗、张忠良在里面,魏取宏不胜惊喜,因为这两个人他早就熟识,过去还在一起当过民兵。但徐世达告诫魏取宏说:"你过去认识他们,现在你知道他们的心吗?要经过一段时间,仔细观察他们的表现。如果真的没变,才能跟他们接头,千万不能麻痹呀!"临走时,徐世达同志又交代许万荣和魏取宏:"魏取宏进去后的一切活动,受许万荣直接领导,何时行动,由许万荣请示工委再定。"

回到朱村后,魏取宏不久就勇敢地跨进了乡公所,"要求"当兵。由于他表现积极,很快消除了匪军头目对他的怀疑。说来也巧,魏取宏进乡公所后,恰好被分在那个大碉堡里当兵。他要寻找的郑重苗和张忠良也正好都在这个班。这碉堡里连他共 6 个人,班长是一个国民党四川兵,名叫刘孟洲,兼做那挺"捷克式"轻机枪射手,叛徒徐秃子也在这个班,这两个家伙是死心塌地的顽固派。还有一个年仅 20 岁的小兵张小海,专门保管子弹,很活泼也很单纯。每天的岗哨由刘孟洲指派,徐秃子在一旁暗暗监视。6 个人吃住都在碉堡里,谁也无法跟谁单独接近。

魏取宏进碉堡两个多月,一直没跟郑重苗、张忠良接头,只在一边暗暗地观察他们的动静,发现他俩成天垂头丧气,虽然穿了"黄皮",抱了杆枪,不像死心塌地的样子。尤其是郑重苗,经常在值岗期间或徐秃子不在身旁的时候,朝魏取宏丢眼色,亲切地打招呼。但由于魏取宏表现很"积极",经常和刘孟洲、徐秃子相互递烟,套近乎,也使得郑重苗不敢跟其接近。张忠良更是士气低落,成天一言不发地抱着枪杆抽闷烟。魏取宏见状,早已明白了几分。

时间一天天地过去了,魏取宏心急如焚,决定掌握时机,弄清郑重苗的底细。一天晚上,徐秃子和刘孟洲都到外边赌钱去了,张小海在值班放哨,魏取宏和郑重苗头对头地睡在统铺上。夜已经很深了，他俩隔着被窝辗转反侧，但谁也不开腔。月光透过碉堡的小方窗朝里面投进一线光明，郑重苗憋不住了，终于鼓足勇气翻身坐起，望着熟睡的张忠良，悄悄地把嘴凑到了魏取宏的耳边忧心地说道："老魏，难道我们就真的这样当匪军了吗？""谁愿意当匪军呢，可有什么办法呢？"魏取宏漫不经心地应道。郑重苗一见魏取宏大胆地问："你进来时，可知道许万荣和刘四姐的下落？老许可晓得我们在这儿受折磨？""知道！"魏取宏激动地一骨碌爬起，抱住郑重苗的胳膊，压低了嗓音说："我正是老许派进来找你们的哩……""真的？！"郑重苗简直不敢相信。魏取宏便把徐世达和许万荣派他来的任务一五一十地告诉了他。这时睡在近旁的张忠良轻轻翻了一个身，郑重苗赶忙用手捂住了魏取宏的嘴。魏取宏用疑问的目光望着郑重苗，又用手朝张忠良指了指。郑重苗警觉地摇摇头，意思是还不明了张忠良的底细。直到拂晓前，刘孟洲醉醺醺地来查岗时，他俩才停止了这次紧张的谈话。

第二天，魏取宏找了个机会，同郑重苗外出去买米，先到村里找到地下工作者徐珍宝。徐珍宝领着他俩绕道去汤家湖，见到了许万荣。许万荣赞扬了郑重苗，并告诫他们，以后不要直接来找他，这样很危险，也容易暴露，今后由徐珍宝负责联络传送情报。许万荣还交代魏取宏、郑重苗，要继续做好张忠良和张小海的转化工作，尽快地把乡公所里的兵力、进出的线路搞清楚送出来，以便工委决定行动计划。

从许万荣那里回来不久，魏取宏和张忠良进行沟通。张小海虽然也对他们怀有好感，但因其年轻单纯、易于激动，魏取宏他们商量，还不能把这件大事直接告诉他，只从感情上联络和争取他。

魏、郑、张3个人明确了战斗任务。为了麻痹敌人，他们对徐秃子和四川佬刘孟洲更殷勤了。他们说一，老魏他们不说二。对那挺

"捷克式"，他们也装得非常看重。就这样，他们一天天地赢得了敌人的信任，郑重苗很快被分配看管机枪，魏取宏负责上机枪的子弹匣，张忠良外出也不被盘问了。3个人心心相印，逐渐形成了一个坚强的战斗集体。这个集体，犹如安在碉堡里的一枚定时炸弹，只等时机一到就能把敌人的巢穴炸翻！

秋去冬来，北风卷着枯枝残叶在天空怒号，转眼间，魏取宏进碉堡已经82天了。对于这3个身入虎穴的游击队员来说，时间显得多么难熬啊。魏取宏根据上级的指示，先后摸清了伪乡公所的人员和火力：共有伪军政人员80余人，24条步枪、3挺机枪、几千发子弹、100多颗手榴弹。他把这些情报，连同详细标出进出碉堡路线的地形图，送交给了许万荣。他们日思夜盼工委下令行动，早一天立功归队。自从魏取宏打进碉堡之后，许万荣领导的地方游击队也日益发展壮大。敌人感到惊慌，加紧了对3个碉堡的防范，对伪军政人员也控制得更严了，常常把"可疑"分子放在魏取宏的大碉堡里关禁闭。这样，老魏他们的外出也受到了牵制，徐秃子也鬼鬼祟祟地对他们3个人进行窥测。他们感到，长此下去，危险性越来越大。

正当魏取宏、郑重苗、张忠良渴望行动、焦灼不安的时候，他们朝思暮想的这一天终于到来了。

1948年1月28日深夜月亮出山时分，中共铜青南工委派徐世达、赵彤、段南山等，带了一支20多人全副武装的精兵，于头天晚上赶到距朱村七里的马家冲宿营，第二天天黑后赶至离碉堡只有几百米的后山埋伏。汤家湖那边，许万荣早已集合了几十名精干的武装民兵，备好了长梯、剪刀、煤油、草把，悄悄地朝朱村乡公所行进……

这天晚上，雪后初晴，冰封的大地，死一般的沉寂，远近的山峦、村舍似乎都在凝神屏息地期待着这个时刻的到来。只有三座碉堡的窗口，闪动着如豆的光点。大碉堡的岗楼上，魏取宏等三人热血沸腾，做好了行动准备。刘孟洲派哨，正好派了魏取宏他们三人轮番夜哨，魏取宏一见正中下怀。谁知徐秃子插了进来，把张小海补上安在他们中间的下半夜一班哨。魏取宏一听，暗暗吃惊，心想，坏了，张小海还没有完全沟通，万一行动时他在哨上怎么办？

等到刘孟洲和徐秃子入睡之后，魏取宏赶忙把张小海叫到一边，关切地对他说："小海，你今天的身体不好，下半夜的哨，我来代你值，你睡觉去吧。"张小海瞌睡大，一见魏取宏替他代哨，巴不得地答应了。为防止出意外，魏取宏又故意叫张小海把衣服全脱掉，好美美地睡一觉。张小海高兴地脱光上衣，赤膊钻进了被窝，头枕在子弹箱上，不一会儿就打起呼噜来。喝得烂醉的刘孟洲、徐秃子像两头死猪一样倒在另一边墙角上。一见此状，魏取宏三人屏住呼吸，行动起来：郑重苗端起那挺"捷克式"机枪；魏取宏背着长电筒握着顶膛火的长枪，在哨位上随时准备发出信号；张忠良轻轻将碉堡里的枪支弹药捡放一处，然后掉转枪口，朝着对面的碉堡瞄准……这是万事俱备、只等东风的关键时刻。三颗红心在剧烈地跳动着：亲人们，你们一定到了吧！

游击队智取朱村炮楼

碉堡内外，众人翘首仰望，久盼的新月终于艰难地爬上了山冈。这是打响这场战斗的约定时刻。月亮向着后山上的徐世达，向着村内的许万荣，向着哨位上的魏取宏，同时洒下了无声的、战斗的信息。

岗楼上的魏取宏睁大双眼，透过依稀的月色，兴奋地看到一队全副武装的身影，正越过后山的山脊，朝着碉堡匍匐而来。楼下的街巷里，游击队员和民兵们"沙沙"的脚步声也越来越近……一见此景，魏取宏迅速朝天空按亮了手中的手电筒，顿时一道雪亮的光柱从岗楼顶部冲天而起。

已经逼近碉堡的军民们，一见光柱，同时行动。许万荣奋力将一架长梯靠上了碉堡，紧接着指挥队员们分别登上电话杆和乡公所的屋顶，剪断了所有的电话线，又将一堆堆干草放在碉堡的底层四周。赵彪看见长梯已靠上，对着战士们一晃驳壳枪："上！"早已准备好了的一队登堡战士在段南山的带领下，攀身上梯，冲进了碉堡。段南山和江永才跨进碉堡，首先指挥郑重苗携带"捷克式"机枪撤下岗楼，接着在魏取宏的指引下，疾步走向刘孟洲和徐秃子。徐秃子一骨碌爬起，正当这个叛徒伸手摸枪时，段南山飞身跃起，一脚踩住了他的手，举枪对准他的胸膛厉声喝道："动一动，就打死你！"与此同时，刘孟洲的脑门也被一支乌黑的枪口紧紧抵住了。这两个家伙顿时吓得魂不附体，举手跪在地上。张忠良上前，用毛巾紧紧堵住了两人的嘴巴。这时，张小海才从睡梦中惊醒，他揉了揉惺忪的睡眼，一看全明白了，爬起来奔向魏取宏责怪地说："你怎么能瞒住我？我可早就向着你们啦！"魏取宏说："小海，快下去，现在你可以回家去了。"张小海把头一偏："我不回家。我要当新四军，跟你们一起走！"说完就埋头敏捷地把一箱箱子弹和一颗颗手榴弹运下碉堡。

段南山押着俘虏走至长梯时，忽然听到楼下乡公所的厕所里有人惊呼起来："不好了，新四军！新四军来啦……"原来，叛徒江士林半夜起来上厕所，窥见了大碉堡上的动静，顿时大惊，一边呼叫，一边提着裤子朝着另一个碉堡没命地奔去。江士林喊声未落，两个碉堡里的枪声已经响了，对着大碉堡疯狂地扫射。段南山举枪还击。魏取宏见状，急忙上前说："老段，你快把俘虏押下去，我们来掩护你们！"说着和张忠良端起枪，向敌人还击。段南山等人押着刘、徐二犯刚下碉堡，后山上"捷克式"机枪已在我军连长赵彪手中威武地"发言"了。密集的枪弹会合着游击队员们的手榴弹，呼啸着飞向敌营。不到几分钟，敌人的两个火力点全被打哑了。这时，魏取宏、张忠良每人各背3支枪，带着枪弹，正沿长梯飞身跃下碉堡。

等我部队和游击队全体战士撤退一空时，国民党乡公所里才枪声大作。匪军们心惊胆战地跟在我军的后方，打了一阵子冷枪，那只不过是为我军凯旋而"欢送"罢了……

天刚蒙蒙亮，我军押着俘虏，带着战利品，扛着久别重逢的"捷克式"机枪，胜利地返回了铜青南工委驻地——铜、青交界的茗山冲。

《江防图》

[内容提示]

1949年2月，中国人民解放军组成东、中、西3个突击集团军陈兵江北，开始了渡江战役。其中以第三野战军第七兵团指挥第二十一、二十二、二十四军，第九兵团指挥第二十五、二十七、三十、三十三军，共30万人组成中路突击集团军，准备从裕溪口至枞阳镇实施渡江。于是，地处中路集团军进攻目标的江北铜陵，便成为我军发起渡江战役的突破口。于是，关于《江防图》的故事就在铜陵大地流传开来。

1949年4月13日，时任安徽国民党军统站站长的少将唐玉昆，从芜湖秘密调动一个炮团，进驻铜陵坝埂头江边一带，抢修炮台阵地。而十里场、坝埂头、北埂王一段敌军江防，也正是中共铜陵县委划定侦察的重点。这一带党的地下交通站负责人王近英、阮志昂等信心满满地接受了县委的决议指示，从2月下旬开始，便调集地下交通员，动员发动当地群众，深入敌军江防前沿展开各种形式的侦察活动。当阮志昂了解到敌军新调来一个炮团，要在离他家阮村不远处的坝埂头江堤高地上构筑炮兵阵地时，便星夜赶往百里之外的茗山冲——中共铜陵县委所在地，向中共铜陵县委书记陈爱曦汇报了这个极具威胁的敌情。陈爱曦等县委领导，深知这一军情特别重要（注：1949年4月8日，我江北人民解放军三十军在攻占和县江边西梁山时，遇到敌人一个加强炮兵营和东梁山炮兵以及江上敌军舰的炮击，致使我三十军1500余名战士血洒长江）。前车之鉴，教训沉痛。于是，中共铜陵县委要求阮志昂星夜返回阮村，同时在4月15日上午，派铜陵一连的指导员孙运松和侦察班长王学升、交通员李爱堂，组成一支武装侦察小组，到阮村坝埂头沿江一带侦察敌情。孙科等三人经过10多个小时的长途跋涉，赶到了阮村阮志昂家，先一天回家的阮志昂详细介绍了铜陵、繁昌相连边境的敌军江防兵力、敌炮团指挥部以及炮兵阵地的大体情况。

侦察小组依靠阮村、陈村及坝埂头一带地下党和人民群众开始侦察，通过阮志昂家人宴请敌军炮团人员套取情报，派地下党员阮老七等人到敌炮兵阵地做工，让中共地下女交通员姚学胜等人在敌炮兵阵地周围挖野菜察看地形，终于在一天多时间内，将敌军炮兵阵地的准确方位，50多门山炮以及型号、弹药库、兵力等搞得一清二楚。16日晚，孙运松三人侦察小组顺利离开阮村阮志昂家，次日上午9时返回中共铜陵县委所在地甘家冲。

这次一天多时间的阮村坝埂头侦察行动，可以说步步惊心，险象环生。由于有阮志昂等地下党员的勇敢机智，有人民群众的拼命掩护，还有进步的乡村民主人士的全力帮助，才使得孙运松等人斩获到敌炮团等重大情报。在这次行动中，也有中共地下工作者为此付出了生命的代价。4月15日，坝埂头地下交通站负责人王近英，因在传递坝埂头敌炮团情报时，不幸被国民党军统捕获，敌人将王近英押送芜湖，进行了严酷拷打，先后上了13次电刑。而王近英坚贞不屈，决不吐密。最后，敌人把王近英拖到离坝埂头不远的繁昌老虎（埠）头活埋了。

4月16日，中共铜陵县委书记陈爱曦，在听取从阮村回来的侦察员的汇报后，将之前地下交通员张秀之绘制的江防图，与孙运松他们侦察到的敌军炮团情况综合到一起，又绘制了一份精确的铜陵江防图。这张江防图精准地描绘了上自铜陵大通，下至繁昌荻港100多华里长江南岸国民党军队的军事布防，图上的铅头小楷和各个符号标明了国民党守卫这一段江防部队的八十八军一四九师和五十五军七十四师的部队番号，指挥中心和其所属各团营连的兵力部署，防守工事、火力、炮型以及交通、通信和渡口水深、流速等重要标志。

铜陵江防图是由铜陵地下党通过交通员赵傍根，于4月17日晚上只身泅水渡江送到江北的。铜陵的敌军江防图是及时、全面、准确的地图，把敌军从铜陵大通至繁昌荻港100多华里的长江南岸军事布防情况都反映出来了，为解放大军在渡江战役中，炮火精准摧毁敌人重要的防御工事起到了重要作用，为人民解放军率先突破长江天险占领江南，攻取铜陵县城立下了大功。因而，这张江防图后被评为国家一级革命文物

挂岭阻击战

[内容提示]

挂岭阻击战，是迎接铜陵解放的最后一仗。当时，国民党铜陵县政府军政人员为保存实力，逃避打击，准备逃向挂岭，躲进深山老林，与邻县匪徒会合，长期从事破坏活动。为粉碎敌人的阴谋，铜陵大队 40 多名游击健儿，以少胜多，打了一场漂亮的阻击战。

挂岭，位于铜陵县（今义安区）与池州青阳交界处。

1949 年 4 月中旬，渡江战役爆发。为迎接大军渡江，铜陵大队集中在青阳甘家冲整装待发。这天，中共沿江支队副政委兼铜陵县委书记陈爱曦在甘家冲祠堂召开排以上干部会议，传达中共皖南沿江工委指示："根据情报，国民党铜陵县政府军政人员准备向挂岭方向逃窜，企图逃进深山老林，与邻县匪徒会合，和我们长期捣乱。如果让其阴谋得逞，将对铜陵的清乡剿匪、建立新政权带来后患。因此，上级命令我们在挂岭阻击逃敌，断其退路，扫清障碍，迎接解放。这次阻击战，是迎接铜陵解放的最后一仗，一定要打好。我们必须干净、彻底地消灭敌人！"接着，陈爱曦指着地图分析情况："敌人武器、装备、人数、供给，都大大超过了我们，要想打败敌人，只能智取，不宜硬拼。敌人虽然数倍于我军，但是，当前形势对我们十分有利：其一，我军重兵压境，敌人弃城逃跑，无心恋战；其二，我方士气旺盛，作战勇敢；其三，我方熟悉地形，有广大群众支持，敌人是惊弓之鸟、乌合之众。"通过酝酿讨论，会上拟定了作战方案，决定这次战斗由第一连连长赵彪负责统一指挥。

连长赵彪仔细检查了部队，和指战员一起，再次认真分析敌我双方态势。连指导员查彬带一个班执行任务去了，剩下 60 多人，除了政工人员和家属小孩外，实际能参战的也不过 40 多人。武器装备也只是经过三年游击战，从敌人手里夺过来的老套筒、汉阳造、马拐子以及自制的一些土枪土炮，子弹多的二三十发，少的十余发。而敌人则有国民党铜陵县自卫团，下属 3 个大队（营），装备有各式轻重武器。尽管敌我双方实力悬殊，可是战士们一听说要打仗，个个摩拳擦掌，跃跃欲试。有的说："困了三年山头，出头日子到了！"有的说："这次要好好打他一场，以后打仗机会不多了。"还有的说："多抓几个俘虏，多缴获一些武器，作为回家的见面礼！"大家你一言我一语，激情振奋，斗志昂扬。

战前，我地下交通员送来情报，说国民党铜陵县政府的自卫团队，近千人已向挂岭而来，按里程推算，早上可过挂岭。连长赵彪当即制定了作战方案：由一排排长胡凯带一个班正面迎击，赵彪亲自指挥两个班在中间阻击，副指导员孙运松领一个班断敌后路。战斗布置后，孙运松带一个班战士以及阮学富等七八个人，连夜赶到指定的阵地毛竹园，这个村子正好面对挂岭。我军一到阵地，立即派出岗哨，监视岭上的动静。

清晨，远山近岭刚从浓重的晨雾中显现出来的时候，挂岭头上已隐隐约约开始有人影在晃动。果然，敌人已爬上了岭头。连长赵彪命令岗哨注意监视，战士们进入隐蔽阵地做好战斗准备。随着时间的推移，岭头上的敌人越来越多，还"啪啪"地响起一阵阵排枪声，这是逃跑敌人在鸣枪探路。他们见山下毫无动静，开始大胆地下山了，驴嘶马叫地向山下涌去。我军放过先头部队，眼见敌人大队人马已进入我伏击圈，连长赵彪一声令下："轰"的一声巨响，我军的土炮在敌人中间炸开了，紧接着我军前后夹攻，中间开花，打得敌人晕头转向。敌人一时慌了手脚，摸不清我军有多少人马，就四处奔跑。一骑马的军官模样的人，在马背上大声命令士兵"顶住"。连长赵彪手起枪响，那个骑马的军官应声滚下马，夹在人缝里抱头逃走了。敌兵一见指挥官落马，更似无头苍蝇，到处乱窜。"投降吧，你们被包围了"，"缴枪不杀，优待俘虏"，我军喊声四起，跟枪声一样震撼着溃不成军的敌营。敌兵有的把枪丢到涧沟里向柴草丛里钻去，有的跪在地上举枪求饶，还有一股敌军边打边跑，向青阳方向逃去。

这次战斗从打响到结束，不过一个多小时，敌人就溃败了。在审讯俘虏时才知道，原来敌人早就知道这一带是游击队活动的地方，他们中有些人还和游击队交过手，领教过游击队的威力。他们一踏上挂岭的时候，就情绪紧张，草木皆兵。他们这次逃跑，之所以取道挂岭，一是因为无路可逃，只得铤而走险；二是那些国民党老爷们自恃有一个县的自卫团，可没想到那些乌合之众不堪一击。十里长冲，敌人丢的枪支弹药、文件档案、软囊细物、鸡鸭鱼肉，遍地都是。打扫战场时，为了轻装上阵，减少负担，我军将所俘虏的敌军政人员、民夫以及家属随即放了，一律遣送回家。我军每个战士都捡了三四支枪和几十发子弹，各人肩上都背得沉沉的。一些鸡鸭鱼肉、软囊细物，分给了当地老百姓——这是铜陵迎接解放的最后一战。

第三辑

红色先锋

革命志士

凌霄：铜陵县第一个党支部的创立人

[人物简介]

凌霄，1905 年 9 月 18 日出生于安徽省贵池县 (今池州市贵池区) 里山乡凌家村。原名志昂，曾化名严宽、胡新华。 1924 年加入中国共产党，1925 年进入黄埔军校学习，1926 年参加北伐，1928 年回故乡创建中共贵池特支，1930 年参与领导潜山请水寨起义，时任中国红军独立第二师副师长兼参谋长及第一团团长。1930 年 11 月至铜陵钱家湾秘密从事建党活动，于 1931 年初在铜陵太平乡 (今义安区西联镇) 汀洲建立了铜陵江南境内的第一个党支部——中共铜陵特支，1934 年秋，凌霄在皖南工作期间不幸被捕，于 1935 年 1 月 19 日凌晨被国民党反动派杀害，年仅 29 岁。

早期革命活动

闲来无事静观涛，

白浪奔腾碧浪高。

笑问中流谁砥柱？

幸凭江岸有吾曹。

这是凌霄于 1925 年在黄埔军校学习时写下的诗《珠江观涛》。

凌霄 13 岁考入了安徽省立第七师范附小，1920 年毕业后进入芜湖私立职业学校学习。此时的芜湖，新文化运动蓬勃兴起，各种进步社团纷纷成立。因深受新文化运动的影响，他热情地投入了当时在芜湖兴起的学生运动，很快成为运动的积极分子。他接触到在芜湖活动的共产党人，受到共产主义信仰的深刻影响，于1924年光荣地加入中国共产党。

1925年，凌霄受党委派奔赴广州参加黄埔军校第四期步兵科学习，1926年军校毕业后担任广州工商缉私队队长，继而到广州海员工会工作，其间在汕头、厦门、广州和香港等地从事工人运动。

1926年7月，凌霄参加北伐战争，先后任连长、营长和副团长等职，在战斗中十分勇敢，屡建战功，多次受到嘉奖。1927年，蒋介石悍然发动反革命政变，白色恐怖遍及全国，党的活动被迫转入地下。这一年秋天，他根据党的指示回到广州，后打入国民党海关税警队从事秘密活动，因身份暴露，于1928年2月2日，离开广州回到故乡安徽贵池。

回到贵池后的凌霄，最早在县立初级中学开展革命活动，先后联络了几位在大革命失败后失去联系的党员。他在县立中学进步师生中发展了一批党员，于1928年10月建立中共贵池特支，并任特支书记兼组织委员。1929年，由于县立初级中学的校长胡珩迫害进步学生，凌霄组织进步师生开展了驱逐胡珩的学生运动，取得了全面胜利。在此期间，他组织领导了县城市民抢米斗争，两次组织馒头山煤矿工人罢工运动。他还打入国民党县自卫团，利用敌人内部矛盾，策动20多名士兵起义，建立了贵池第一支革命武装。

1930年2月，凌霄受中共安庆中心县委派遣，化名严宽，前往潜山参与组织和领导潜山请水寨起义，建立了中国红军独立第二师（亦称红军第一军中央独立二师），凌霄任副师长兼参谋长和第一团团长。同年7月，国民党调集部队大举"围剿"独立二师，经过多日激战，终因寡不敌众，独立二师失利。师长王效亭率主力突围前往湖北。凌霄则率领60余名战士分赴皖南各县，开辟革命新区。他于当年9月回到贵池，准备举行暴动，由于叛徒泄密而导致起义失败。

只身来铜陵

1930年11月中旬，凌霄只身来到铜陵，开展广泛的革命活动。

在凌霄至铜陵之前，来自贵池的中共地下党员洪久儒和洪人英（原贵池县委书记）已经在铜陵进行秘密活动。由于贵池暴动计划泄露，他们遭到贵池国民党反动政府的通缉。洪久儒到铜陵后化名洪旭东，利用同学关系在国民党铜陵县自卫团谋得录事一职，以此为掩护隐蔽下来。随后，洪人英也来到铜陵，经洪久儒介绍暂住汀洲自卫队副队长谷捷应家中。谷捷应于1927年加入中国共产党，大革命失败后与党失去联系，此时正返回家乡独自隐蔽下来。凌霄来到铜陵后，找到洪人英、洪久儒和谷捷应，并通过谷捷应认识了章啸衡和沈默等革命骨干分子，着意对他们进行了共产主义思想的教育。1930年底，由凌霄介绍，章啸衡、沈默等人先后秘密地加入了中国共产党，成为铜陵境内的早期党员。在此期间，凌霄还恢复了谷捷应的党籍。随后，凌霄牵头成立了中共汀洲党小组，由凌霄任组长。1931年初，铜陵境内的党员不断增加，于是在凌霄的组织领导下，成立了铜陵江南境内的第一个党支部——中共铜陵特别支部，凌霄担任特支书记。

铜陵特支建立后，凌霄等人深入群众，到贫苦农民家中宣传党的主张、方针和政策，传播中央苏区反"围剿"斗争胜利的喜讯，还介绍苏区人民的生活情况。他向群众揭露蒋介石背叛革命和屠杀人民的罪行，揭露国民党反动政府的腐败，揭露旧社会的黑暗，以及土豪劣绅对农民的残酷剥削和压迫，从而唤醒了一批处在社会底层的劳苦大众。于是，铜陵境内的汀洲、湖城等地很快建立起农会、妇女解放会、互济会等群众组织，领导农民与封建地主势力进行斗争。他指导了湖城涧农民暴动，还组织了汀洲一带农民借粮斗争和铲富济贫斗争。

献身皖南

1931 年 5 月，凌霄因工作需要离开铜陵，前往皖南山区从事党的活动。同年 11 月间，凌霄和鲁国储、朱晓村等在秋浦县（今池州市东至县）雁落坡成立中共徽州工作委员会，凌霄分管军事工作。

1932 年 6 月，中共徽州工委召开第二次会议，决定以黄山为中心扩大游击战争，扰乱敌人后方，配合中央苏区第四次反"围剿"。会后，凌霄化装成货郎，奔走于宣城、贵池、祁门、秋浦等地。经过他和其他同志的共同努力，皖南许多地区成立了农民团、互济会和少先队。仅秋浦一县，参加农民团即达 2800 多人，使皖南出现了新的革命热潮。1933 年 5 月，凌霄化名胡新华，以私塾先生身份做掩护，在泾县翟村一带从事革命活动。

1934 年秋，由于叛徒出卖，凌霄被捕，国民党第八区行政公署督察专员向乃祺出面诱降凌霄。面对向乃祺，凌霄拍案而起，痛斥国民党反动当局祸国殃民的罪行，表示献身真理的决心。国民党见劝降失败便轮番施用酷刑，凌霄被折磨得死去活来，但始终表现出一个共产党员的铮铮铁骨。凌霄被关押期间，党组织曾派陈晓中前往探望。当陈晓中看到凌霄遍体鳞伤时，禁不住流下了眼泪。凌霄却安慰他说："请转告大家，就说我很好，不要为我难过，革命总是要流血的。但是，血是不会白流的。"后来，凌霄还在狱中写信给战友："大将军不在枪下死，就在刀下亡"，表现出一个革命者大无畏的献身精神。

1935 年 1 月 19 日凌晨，向乃祺最后提审凌霄时说，只要凌霄今后不在他的管辖区内活动，就可以免除凌霄的死刑。可是，凌霄斩钉截铁地回答："革命不是我的私产，我无权拍卖，要杀就杀，杀了我一个凌霄，千百个凌霄会踏着我的血迹起来斗争。"说罢高呼共产党万岁，昂首走向刑场，在贵池国民党第八区行政公署大院内慷慨就义。

凌霄牺牲了，但这位忠贞不渝的共产党人，永远活在人民的心中。池州地区党政军民于1949年8月专门为凌霄烈士隆重立碑纪念，碑文写道："凌霄同志，你生为人民而生，死为人民而死。在你用鲜血灌溉了的土地上，已生起了独立民主的鲜花，你所辛勤从事的人民民族解放战争，已经光辉胜利了，你所痛恨的反动派已倒下去了。"

苏拓夫：铜陵县第一任县委书记

[人物简介]

苏拓夫，1905年出生于安徽省桐城县白石乡（现属枞阳县）石溪街的贫农家庭，原名疏贯忠，字電卿，号野村、四方等，曾化名王观清。1926年冬天，奔赴武昌农民运动讲习所寻求革命真理，同年光荣加入中国共产党。大革命失败后，潜伏回家乡，秘密从事地下革命活动，曾发动农民"闹米荒"斗争。1934年11月，苏拓夫等人在铜陵胥坝乡紫沙洲（今义安区胥坝乡境内）成立中共铜（陵）繁（昌）无（为）县委，苏拓夫任县委书记，后在青阳县里分沈村等地广泛开展抗日救亡活动。1942年7月11日下午1时左右，被国民党南陵县中统特务和土顽杀害，时年37岁。

投身大革命

苏拓夫未成年时，父母和兄弟姐妹就在贫病交加中相继去世，仅有他和两个妹妹侥幸活了下来。正在上私塾的他被迫辍学了，为此在他幼小的心灵中，萌生了对黑暗腐败社会的愤愤不平。

随着年龄的增长，他刻苦自学文化知识，尤其是后来受到五四运动的影响，他的阶级觉悟和爱国热情空前高涨。当听到北伐大革命胜利的消息后，他夜不能寐，急切盼望投身革命。1926 年的冬天，苏拓夫告别了家乡，带着无限的向往奔赴武昌农民运动讲习所，去寻求革命真理。在武昌农讲所，他接受了马列主义教育，当年就光荣地加入了中国共产党，成为中国无产阶级的一名先锋战士。

1927 年 8 月，大革命失败以后，苏拓夫潜伏回到家乡，秘密从事地下革命活动。他先后担任中共桐城区委委员、桐城县委委员、县委宣传部长等职，在桐城一带开展建党工作和群众运动时，曾发动农民"闹米荒"斗争。频繁开展革命活动的苏拓夫，引起了国民党反动派的注意，因而遭到通缉而先后两次被捕。1933 年初，当第二次在安庆被捕后，他机智地成功越狱，然后辗转奔赴铜陵。

创建铜陵江南境内第一个县委

苏拓夫来到铜陵县的一个江心洲——胥坝，找到了在此地三官庙为僧的地下党员沈默。他化名王观清，以沈默的朋友身份隐伏在三官庙内。其时，铜陵党组织遭到破坏，苏拓夫一面同中共皖南特委取得联系，一面与章啸衡等铜陵早期党员秘密来往，准备在当地恢复和发展党的组织。

在国民党的白色恐怖下，苏拓夫不顾个人安危，深入铜陵的胥坝、钱家湾、犁桥、汀洲等地开展党的工作，在进步青年学生和贫雇农中，物色条件成熟的同志，吸收他们加入中国共产党。经过努力，他发展了一批党员，逐步建立了胥坝、犁桥、宋家宕等党小组和党支部。苏拓夫与章啸衡等人商定，在犁桥街上开设"复和米行"，他以米行柜台伙计的身份作掩护，在此秘密领导党的工作。

1934 年 11 月，根据中共皖南特委的指示，苏拓夫召集部分党组织负责人，在铜陵紫沙洲程正儒家开会，成立了中共铜（陵）繁（昌）无（为）县委，这是铜陵历史上的第一个中共县委组织，由苏拓夫任县委书记，沈默等人为县委委员。

中共铜繁无县委成立后，主要任务是进一步发展党员和壮大组织，待条件成熟时，举行抗租抗息斗争和武装暴动，建立红色苏区，以此策应红军北上抗日先遣队的到来。在苏拓夫的精心组织下，铜陵党的组织迅速得到发展，从1934年冬到次年春，先后建立了胥坝、城北、宋家宕、朱村、犁桥等5个区委和十几个党支部，党员发展到400多人，党的队伍逐渐壮大。

1934年底，方志敏领导的红军北上抗日先遣队在太平县谭家桥战斗失利，皖南各地白色恐怖加剧。次年6月，铜陵县国民党肃反专员大肆搜捕共产党员。在这危急关头，苏拓夫紧急奔赴泾（县）青（阳）等山区寻找上级组织以求对策，但是没有联系上。与此同时，铜陵江南境内的一大批党员和党的骨干遭到逮捕，只有少数党员逃往外地，中共铜繁无县委及其所属各级组织遭到严重破坏。苏拓夫从山区返回的途中得知这一消息后，他痛心疾首，只能独自转移到青阳县火焰山下的里分沈村，秘密潜伏在他的舅父家中。

积极开展抗日救亡

在池州青阳县里分沈村，苏拓夫经常到村里的一所小学校借阅报纸和书籍。时间长了，逐渐熟悉了该校教师和一些大龄同学。他谈吐不凡，又写得一手好字，因此被校长聘为四年级语文课的教师。苏拓夫在教学过程中，对一些正直的教师和大龄学生进行革命道理的启发和教育。其中，有不少人后来走上了革命的道路，加入了中国共产党，成为青阳县地下党的骨干。

1938年7月，新四军进驻皖南。苏拓夫得悉后，主动前往泾县云岭白果树村，与中共皖南特委接上关系。得到上级党组织的指示后，他回到青阳县，有组织、有计划地开展抗日救亡工作。在他的组织和影响下，进步教师沈兰春发起杨田乡儿童抗日救亡工作团，其后青阳县抗敌后援会委托工作团又成立了。1939年1月，苏拓夫推荐李景白、徐育英等4位青年赴新四军教导队学习，他们学习归来后都光荣地加入了中国共产党。不久，苏拓夫就在工作团内建立了党支部。此后，青阳的民众抗敌运动在党组织的领导下蓬勃开展起来，农抗会、青抗会、妇抗会等群众抗日组织纷纷建立。

1939年1月，苏拓夫被调到中共皖南特委学习，后被派任中共繁昌县委组织部长，1940年5月又调任泾(县)旌(德)太(平)县委书记。他根据特委指示，会同洪林等，积极组织开展了动员青年参军参战、组建地方抗日武装和组织农民实行减租减息等革命活动，这一地区党的工作和民众抗日活动很快发动起来。

1941年1月4日，驻皖南的新四军军部奉命北移，苏拓夫根据组织上的安排随军撤离。不料皖南事变随即爆生了，苏拓夫在突围中组织担架抢救伤员时，右胳膊被炮弹炸伤，血流不止。组织上让他化装成国民党伤兵，被抬送到青阳县里分沈村洪涛家中养伤。在洪涛父女及姨母的悉心照料下，苏拓夫伤势渐愈，但受伤的胳膊留下了残疾。在青阳县地下党组织的掩护下，苏拓夫于1941年清明节前化装成卖鱼人，从贵池县茅坦过江，几经周折，终于在庐江县矶山找到了新四军巢湖独立营营长赖正刚，继而转赴无为县找到了中共皖南特委书记李步新。

热血洒皖南

皖南事变后，国民党顽固派继续对皖南中共党组织和新四军进行严密"搜剿"与破坏。占据沿江一带的日军，也加紧对敌后抗日游击根据地的扫荡。此时，苏拓夫受命担任中共繁昌敌后县委书记。经过一段时间的艰苦工作，繁昌敌后地区党的组织逐步恢复发展，并建立了部分区、乡抗日民主政权，开辟了敌后抗日游击根据地。

1942年1月初，繁昌敌后县委准备在鸭棚嘴举行会议，由于叛徒告密，引来了该县国民党还乡团反动武装。在此紧急关头，苏拓夫迅速赶往村外，准备向同志们报警。不料，刚出村子就与敌人遭遇上，被叛徒指认而被捕。苏拓夫见自己已暴露，毫无惧色，横眉怒视敌人。凶残的敌人为泄恶恨，当场朝他屁股和大腿连戳了三刀，鲜血顿时染红了苏拓夫的下半身。敌人还抓来了10余名地方干部及群众，威逼苏拓夫指认谁是共产党和新四军。苏拓夫鄙视地一笑，厉声回答："他们都是老百姓，真正的共产党、新四军就是我！"气得土顽头子暴跳如雷，抽刀将苏拓夫的左耳削去。苏拓夫血流满面，疼痛不已，但他以坚毅的革命意志怒视敌人，毫不屈服。敌人又将他押至泾县、南陵等监狱关押，对他施以踩竹杠、坐老虎凳、夹手指等酷刑。面对敌人的折磨，苏拓夫宁死不屈，大义凛然。

1942年7月11日下午1时左右，国民党南陵县中统特务和土顽，将伤痕累累的苏拓夫抬到该县八都何村东边的一块草坪上准备行刑。这里曾是苏拓夫工作过的地方。面对熟悉的父老乡亲和山乡草木，苏拓夫泰然自若。敌人强行将他按倒在地，他坚决不跪，昂首怒视着敌人那罪恶的枪口，并竭力高唱着《国际歌》。

苏拓夫英勇牺牲了。他是一位忠诚的无产阶级革命战士，为了党和人民的事业，流尽了最后一滴鲜血。

李步新：皖南抗日游击根据地的创建人

[人物简介]

李步新，曾用名李忠良、李忠华，1907 年 8 月出生于江西省上饶县碧霞村的贫农家庭。1929 年 10 月加入中国共产党。在长期的革命战争中，他率领部队转战南北，多次负伤，不屈不挠，与敌人进行英勇顽强的斗争。他是皖南抗日游击根据地的创建人之一，是皖江抗日民主根据地和新四军七师的组建和领导人之一，为中国人民的解放事业作出了重要贡献。皖南解放后，历任芜湖市军管会副主任、主

李步新

任，中共芜湖市委书记、市长，中共皖南区党委副书记等职。新中国成立后，先后担任华东军政委员会民政部副部长、部长，中组部政法干部管理处处长、部务委员、副部长、顾问等职。曾任第一届全国人民代表大会代表，全国政协第三、第四届委员会委员和第五、第六届委员会常务委员。1992 年 1 月在北京逝世，享年 85 岁。

开展皖南游击战

李步新只读了四年书，便辍学带着弟弟下地种田，后来给人当雇工。20 岁时他参加了上饶石嘴头农民协会并担任理事，次年参与领导了上饶地区的农民暴动，随后任中共铅山县区委书记、上饶县

委副书记兼军事部长。

1934年冬天，方志敏率红十军团组成北上抗日先遣队，向皖南挺进。李步新奉调红十军团随干部团北上。抗日先遣队从葛源出发，突破敌人两道封锁线到达黄山，在太平县谭家桥（今黄山区谭家桥镇）战斗失利后，兵分三路进军柯村苏区（位于太平、黟县、石台等县交界处），作短期休整。在途经太平县新丰时，方志敏决定将李步新留下做地方工作，开展游击战争。

1935年1月，中共泾（县）旌（德）宁（国）宣（城）中心县委在泾县成立，洪维恭任书记，李步新任副书记兼组织部长和中心县委游击队政委。中心县委制定了"积极向外出击，扩大宣传"的斗争方针，泾旌宁宣边区的革命烽火由此越烧越旺。一天凌晨，李步新等率游击队向宣城、宁国、旌德等地出击，连战连捷。在大王山休整时，不幸遭敌袭击，李步新左腿负伤，为避免敌人搜捕，在太平、泾县一带老乡家里辗转养伤。同年10月，李步新伤愈归队。但此时泾太边区一部分党组织遭到破坏，洪维恭等领导相继牺牲，中共泾旌宁宣中心县委面临十分严峻的形势。摸清情况后，李步新着手整顿游击队和地方党的组织，重新调整了中心县委，并任书记。接着，带领部队主动出击，狠狠打击敌人的嚣张气焰，根据地扩大到泾县、宣城、宁国的几十个乡镇，游击队发展到了200多人。

1936年1月，国民党纠集3000多人，对泾旌宁宣根据地发动"围剿"。地方党组织再次遭到破坏，中心县委同上级党组织失去了联系。为保存革命力量，李步新率领游击队180多人，甩脱敌人，经旌德、太平、石台、黟县到达休宁西乡彰公山，与赣东北省委取得了联系。同年4月，中共赣东北省委更名为中共皖浙赣省委，下辖5个特委，其中皖赣特委由王丰庆任书记、李步新任副书记兼红军独立营政委。中共皖赣特委开辟的游击根据地，以祁门为中心，逐步向休宁、婺源、浮梁等周边县发展，并成立 4 个中心县委，李步新兼任祁婺休中心县委书记。此后的一年中，中共皖赣特委领导的红军独立营一面积极宣传抗日，一面狠狠打击敌人，仅仅五个月的时间，就从 100 来人发展到 1100 人，战斗力大大提高，有力地推动了皖浙赣边区革命根据地的发展。

创建抗日根据地

抗日战争全面爆发后，国共两党再度合作。1937 年 12 月初，中共皖赣特委更名为中共皖浙赣特委，王丰庆、李步新分别任正、副书记。同时，遵照陈毅指示，皖浙赣特委将各地游击队 300 余人，改编为江西抗日义勇军第一支队。1938 年 1 月，李步新接任书记，随后率领江西抗日义勇军第一支队在瑶里召开抗日誓师大会，并于会后先行开往歙县岩寺。4 月，江西抗日义勇军第一支队编为新四军第一支队第二团第三营。同月，中共皖南特委在潜口成立，李步新任书记。此后，李步新开始将工作重心转入恢复皖南党的组织。

1941 年 1 月初，震惊中外的皖南事变爆发。李步新率部队拼死冲杀，经过章家河渡口时组织冲锋强渡，终于突出重围。但他在突围时不幸负伤，便到铜陵敌后养伤，春节后又被张伟烈接到无为县白茆洲。李步新枪伤未愈，就着手恢复地方党组织的工作。1941 年 4 月，李步新经请示中共中央华中局，撤销中共皖南秘密特委，重新组建了中共皖南特委。次月，新四军第七师在无为县东乡正式成立。李步新和皖南事变中突围出来的 700 余名将士成为七师的骨干力量，成为皖江地区一支抗日劲旅。

1942 年 4 月，根据中共中央华中局的指示，皖江地区成立统一的党组织——中共皖鄂边区委员会，不久改称中共皖鄂赣边区委会（即皖中区党委），何伟任书记，李步新任副书记兼组织部长。为发展和壮大这一地区的党组织，李步新和根据地其他领导人一起，组建了参议会和行政公署，并成立了专门的财政经济工作领导机构——皖中财经委员会，发展工农业生产、加强财政经济建设，把皖江地区建设成为群众基础牢固、较为富庶的根据地，使皖江抗日根据地获得"富七师"之称。

新中国成立后，李步新先后任华东军政委员会民政部副部长、部长，华东局组织部副部长，中组部政法干部管理处处长、部务委员、副部长，为新中国的政权建设、党的组织和干部队伍建设倾注了全部心血。

1992年1月30日，李步新在北京逝世，享年85岁。病重期间，他曾嘱咐家属，后事从简，不搞遗体告别，不开追悼会，不留骨灰，捐献角膜，将遗休献给医学科研事业。

杨明：皖南革命斗争的领导人

[人物简介]

杨明，1919年12月24日出生于广东省大埔县百侯镇侯南村的一个贫农家庭，曾用名杨求志、杨学明、张开南、徐向南。1937年10月加入中国共产党。皖南事变前，先后担任民运工作队队长、分工委书记、民运股长等职。1941年3月初担任中共铜陵敌前行动委员会副书记，1943年3月任中共铜青南县委副书记兼铜陵大队政委，1943年10月至1945年9月任中共铜青南县委书记兼铜青南总队政

杨明

委，1945年9月担任皖南支队三团政委，1945年10月就任中共沿江
中心县委书记兼皖南人民自卫军政委，1946年元月任中共皖南地委
委员兼沿江中心县委书记、沿江总队政委。新中国成立后，先后担任
中共池州地委书记、芜湖市委书记、安徽省委组织部副部长、中国共
产党第八次全国代表大会代表、安徽省委常委、组织部部长、省人大
常委会副主任等职。2003年8月26日病逝于合肥。

走向皖南

1931年日本帝国主义发动九一八事变，中华民族到了生死存亡
的关头，杨明和大批热血青年一起纷纷踏上抗日救国的道路。1936
年七八月间，不满17岁的杨明参加失学青年自学会。1937年3月，
他又加入中华民族解放先锋队，同年10月加入中国共产党并担任支
部宣传干事。1938年2月，杨明正式加入新四军二支队，成为一名
宣传队员。1938年4月，新四军二支队与一、三支队会师于安徽岩寺，
从此杨明与皖南大地结下了不解之缘。

从1938年春至1941年皖南事变发生期间，杨明动员基层群众、
进步人士和中间分子参加抗日，组织成立农抗会、工抗会、青抗会、
妇抗会等各种抗日群众组织，不足10个月，先后发展党员200多名，
仅在一个孤峰乡就动员80多人加入新四军。

皖南事变之后

1941年1月皖南事变爆发，杨明护送皖南特委书记李步新突围，
一路奔波抵达江北的无为县。1941年3月初，根据中央军委决不放
弃皖南革命根据地的指示精神，杨明只带5人渡过长江——这是皖南
事变后第一批从江北派回皖南的人员，时隔血雨腥风的皖南事变仅有
50多天。1941年10月至1945年9月，在杨明和其他同志领导下，
皖南革命武装迅速壮大，积极开展群众性的游击战争，成为一股有力

的抗日力量。

再返皖南

抗日战争胜利后，面对国民党的不断逼进，中共华中分局命令已过江北的皖南支队，迅速派兵回师皖南，坚持皖南斗争。面对十分艰苦的皖南斗争形势，杨明主动请缨，率领两个主力连和警卫连干部300余人，再返皖南。

1945年10月10日，杨明在铜陵主持召开了中共沿江中心县委第一次扩大会议，将所属部队改称为皖南人民自卫军总队，成立人民自卫军总队部，杨明担任中共沿江中心县委书记兼皖南人民自卫军政委。中共沿江中心县委制定的斗争方针是坚持隐蔽斗争，加紧积蓄力量，积极开展群众性的游击战争。

1946年元旦，杨明所率皖南人民自卫军与胡明所率新四军皖南游击队在太平县樵山会合，皖南游击区从此联成一个整体。同年2月，根据中共中央华中分局指示，泾、旌、太和沿江中心县委组成中共皖南地委，胡明任书记，杨明任中共皖南地委委员兼沿江中心县委书记、沿江总队政委。中共皖南地委研究决定：胡明率领的部队在黄山以东发展，杨明率领的部队在黄山以西发展。此后，杨明率部转战黄山以西，开辟泾（县）太（平）石（埭）和沿江根据地。

1947年12月，皖南地委根据华东局关于皖南游击队主力向南发展的指示精神，决定除留精干力量在内线坚持外，调集主力向外线三个方向进军：倪南山率主力一部，由皖浙赣边前进；杨明率黄西总队主力，向皖赣边前进；唐辉率所属主力，向皖浙边前进。1948年11月，中共皖南地委决定成立皖浙赣大工委，熊兆仁任书记，成立人民解放军皖浙赣支队，倪南山任支队长，杨明任政治委员和浙赣线前委书记。在此后两三个月中，皖浙赣支队在安徽省婺源、江西德兴、玉山和浙江省开化等8个县频繁活动，打击国民党反动武装，摧毁国民党区、乡政权 40 多个……

1949 年 4 月 21 日，人民解放军渡江成功后，皖浙支队回师皖南。在皖浙支队的政治攻势和军事压力下，国民党屯溪守备司令方师岳率两个团 2000 余人于 4 月 30 日投诚，屯溪和平解放。驻绩溪的敌保安第五旅，经策反也宣布起义，改编为中国人民解放军皖南独立旅。5 月 1 日，皖南游击队与第二野战军第三兵团部队在屯溪等地胜利会师。至 5 月初，皖南全境解放时，皖南游击队已发展到上万人。

刘奎：九死一生的皖南游击队将领

[人物简介]

刘奎，江西吉安人，1910 年 11 月出生，1931 年加入中国共产党。曾任副营长、游击大队长等，参加过湘赣苏区反"围剿"和三年游击战争。抗日战争时期，历任新四军第一支队第二团第一营连长、皖南游击队队长、皖南沿江纵队队长、苏浙皖赣边区副司令、皖南军区副参谋长。新中国成立后，先后担任安徽省军区副参谋长、南京军区后勤部皖南基地主任、安徽省军区副司令员兼省国防工办主任、党委书记

刘奎

等职，为安徽省国防工业的创建和发展作出了重大贡献。1979 年 8 月，在合肥逝世，享年 69 岁。

孤儿离家走上革命道路

他是一位了不起的战斗英雄，身经百战，九次负伤，都以惊人的毅力顽强地活下来，成了皖南人民心中"打不死的刘奎"。

刘奎出身于一个贫苦的农民家庭，4 岁时父母双亡成了孤儿，靠着给地主家放牛才没饿死。1926 年秋，年仅 16 岁的刘奎就参加了当地的农民暴动。1928 年，18 岁的刘奎走上革命道路，成为湘南游击队的一员。

虽然参军之时年纪不大，但因为敢打敢冲，刘奎很快脱颖而出。1930 年春，红五军先后攻下平江、大冶、鄂城、黄石港等地，并作出了攻打长沙的决定，却没想到驻守长沙的敌军早已布置了厚厚的铁丝网和重型机枪。两次冲锋相继失败后，红五军四纵队成立敢死队，刘奎主动请战，和敢死队战友们一起发起了第三次进攻。刘奎第一个手提机枪飞跃而起，和战友们踏着木板越过铁丝网，从南门口冲进了长沙城。正是在这场战斗中，刘奎第一次身负重伤，一个多月后才从死亡线里走出来。

1930 年 10 月，红五军与红一军联合第九次攻打吉安。面对敌人坚固的工事的阻碍，刘奎果断采用火牛阵，让惊恐的牛群冲破铁丝网后，率领独立大队攻进了吉安城。战斗中，炸弹的弹片削掉了刘奎的下嘴唇，这是他第二次受伤。

1934 年，已是古烈游击队队长的刘奎，率军先后参加第四次、第五次反"围剿"，在此期间再次身受重伤。第五次反"围剿"失败后，红军开始长征。刘奎因受伤被留下，同项英、陈毅等苏区中央领导同志一起坚守中央苏区，1935 年为掩护中央主力红军北上，与敌人奋战了几个月，最终突出重围。刘奎第四次身负重伤，被敌人冷枪击中脖子，鲜血将整个身体都染红。自此，刘奎和战友们坚持了三年的游击战争，直到 1937 年抗日战争全面爆发。

英雄坚守皖南组建游击队

抗日战争全面爆发后，南方八省红军游击队改编为新四军。刘奎作为湘赣游击队队长参加了新四军的组建工作，改编后任新四军第一支队二团三营副连长。

1938年5月，刘奎作为红军基层干部进入新四军教导营学习，同年7月去湖南衡阳国民党中央军官学校学习工兵，毕业后回到皖南在新四军教导总队第一大队三中队任排长，1939年任教导二大队副队长，同年12月任教导总队工兵队队长。

1940年10月，刘奎从教导总队调到军部任参谋。不久，日军就调集5000余人对皖南进行第二次"扫荡"。按照叶挺军长的指示，刘奎和工兵们利用所学的工兵军事知识，为保卫云岭军部在日军进攻路上布下了地雷阵，炸得日军人仰马翻，给日军以沉重的打击。随后，刘奎又率工兵连战士参加了枫坑截击战和泾县城的保卫战，直至把日军赶出泾县。

1941年1月，皖南事变爆发。刘奎随新四军与国民党顽军8万余人激战七天七夜也未能突出重围，便领着几个被冲散的战士在濂坑一带活动。刘奎精明强干，有着丰富的游击经验，很快与中共泾县县委书记洪林接上了关系。4月，党组织决定皖南新四军全部突围到江北，挑选刘奎和另外两名受伤的同志留下，坚持皖南游击战争，扩大革命力量。刘奎毅然表示，"有我刘奎在，皖南的斗争烽火就不会熄灭"。5月，在泾（县）、旌（德）、太（平）交界的朱家坑正式成立中共泾（县）、旌（德）、太（平）中心县委游击队，又称"黄山游击队"，刘奎任队长。这支只有8人、2支半枪的革命武装不断壮大，活跃在皖南山区，与日军展开了艰苦卓绝的残酷斗争。

九死一生的皖南游击队将领

1941年7月，刘奎率领游击队攻打旌德庙首，首战全胜，极大地鼓舞了士气，打击了国民党的嚣张气焰。11 月，刘奎带领游击队开辟了太平县谭家桥木广坑游击区。

1942 年 3 月，国民党向皖南游击根据地开展大规模"清剿"，这也是刘奎在皖南坚持游击战争中最残酷的一次大"清剿"。刘奎等人在木广坑坚持了 48 天，部队损失了三分之二。刘奎在一次突围中，刚在大路边一个姓江的人开的茶棚里吃茶，突然遭到两个便衣敌人的围攻。刘奎飞快地一脚踢倒一个，刚一转身，另一个敌人的手枪对准刘奎胸口就是一枪，只听见"啪"地一响，碰巧这一枪哑火了，刘奎冲出了虎口。从此，皖南人民互相传说"打不死刘奎"。而刘奎却经常说："我们每个活下来的共产党人，都是人民群众和革命烈士用鲜血和生命换下来的，我们是人民的儿子，要永远为人民而生，为人民而死，把自己的一切献给党和人民。"在这次突围中刘奎第五次负伤。

1942 年 9 月 15 日，皖南游击队队长刘奎护送皖南山地中共中心县委书记去江北无为汇报工作，在返回途中，路过铜陵张家桥时与日军遭遇，为掩护战友脱险，刘奎第六次身负重伤。铜陵地下交通员孙林得知刘奎身负重伤情报后，率领民兵把刘奎抢救出敌人重围，先转移到东湖隐蔽养伤，后伤势严重，又将他转移到杨坦孙村交通站地窖里养伤。刘奎在地窖里养伤期间，杨坦孙村地下交通站的女主人俞嫦娥（人称"福奶奶"），每天为他擦洗伤口，敷药疗伤，端茶送饭。经过 20 多天的治疗和调养，刘奎很快伤愈归队。解放后，刘奎同志多次讲到，他永远感谢"福奶奶"的救命之恩。

1943 年 11 月 3 日，大雪纷飞，刘奎带领两个班的战士转移到黄山新屋坑宿营。由于队伍里有人叛变，3 名游击队员当场牺牲，刘奎也被打伤，这是他第七次身负重伤。随即游击队被迅速赶来的国民党武装包围。在这关键时刻，刘奎掩护其他战友撤离，自己一人留下阻击。当国民党军队逼近时，刘奎翻身滚下悬崖，幸好被一棵大树挂住。

醒来后，刘奎拖着中弹的伤腿，藏到兴岭的一个猴洞里，与山猴同住了二十几天。伤愈下山后，刘奎率领战士们火烧了敌人一个弹药库。当地的老百姓都在传说"刘奎是打不死的""刘奎的游击队又回来了"。

1944 年，刘奎指挥第二次攻打黄山谭家桥，这是皖南山地中心县委第一次集中皖南军区新四军全部军事武装，进行的一次大规模战斗。其间，刘奎第八次负伤。1947 年，刘奎任黄西工委武装总队队长，开辟和巩固了黄西游击地区。当年 7 月，在攻打龙门乡公所时，第九次负伤，可谓是九死一生。

在刘奎的带领下，皖南游击队从当时的 8 个人发展到 800 多人，成立了沿江纵队，刘奎任纵队队长。1948 年，沿江纵队发展到 2000 余人。他们运用灵活多变的游击战术，狠狠打击了国民党地方顽固派，粉碎了敌人一次又一次的封锁和"围剿"，直到坚持和配合解放大军南下横渡长江、皖南解放。

张伟烈：抗战时期的铜陵县委书记

[人物简介]

张伟烈，又名张永猛，抗战时期曾用名张开南，1911年6月9日出生于广东省饶平县上饶镇坝上村的贫农家庭。1928年2月加入共青团，1937年1月于广州加入了中国共产党，后任江西抗日义勇军第二支队宣传队长，新四军战地服务团组织股长。从1938年10月起，他先后任中共铜陵中心区委书记、中共铜南繁中心县委书记、中共铜陵县委书记、中共繁昌县委书记、中共铜陵敌后

张伟烈

县委书记、中共铜繁芜中心县委书记、中共铜青南县委书记、中共皖南地委组织部长、山东野战军第四纵队政治部组织部副部长、胶东军区政治部组织部长、西海军分区副政委、中共西海地委委员、华东警备第五旅副政委、中共烟台市委委员、广西宜山地委书记兼军分区政委、中共钦州地委书记兼军分区政委、海南区党委第三书记、海南区委第一书记和广东省委委员。1956年4月调外交部，先后任驻苏联大使馆政务参赞兼党委副书记，驻伊拉克、摩洛哥、蒙古人民共和国、泰国等国大使。1985年3月离休后，担任中蒙、中泰友好协会会长。2006年4月25日，因病在北京逝世，享年95岁。

一片丹心立志革命

1917年，张伟烈开始在家乡念私塾，因为外婆家在大埔县百侯区，于1926年上半年转入百侯中学附属小学接受新的教育。

1927年，蒋介石发动四一二反革命政变。周恩来等率领南昌起义军进入潮汕。朱德率起义军在大埔三河坝抗击敌人后撤离时路经百侯，张伟烈等一批学生为起义军当向导，一直把部队送到枫朗。这是张伟烈第一次接触革命者，并从此拉开了他走向革命道路的序幕。后来百侯中学停办，张伟烈转入了百侯振德小学，并于1928年2月在学校加入共青团，并且参加了4月的百侯暴动。从这时起，年仅17岁的张伟烈树立了一片丹心报效祖国的远大志向。

1930年2月，张伟烈到湖山中学念初中一年级，因订购进步杂志《奔流》，加上平时的进步言论而被逮捕，后父亲将其取保释放，为此而当掉了家中仅有的一亩多田地、一头耕牛和住宅。同年底，张伟烈离家到汕头，进回澜中学读初中二年级，在校期间参加了进步文艺团体。九一八事变后，他在学校参加宣传队，进行抵制日货活动，并组织抗日义勇团。

1933年，百侯中学恢复，邀请陶行知创办的晓庄师范学校的一批学生来百侯中学任教，推行生活教育。1934年2月春节过后，张伟烈重新进入百侯中学艺友师范班学习，一面上课，一面在中心小学教书，在中共秘密党员指导下，和同班同学组织社会主义学习小组开始认真学习革命理论。1935年秋，张伟烈和中心小学低年级教师共同发起组织时代剧社，进行抗日宣传。他还发起组织百侯区教育促进会，得到一批中学教师的支持。

1937年1月，张伟烈赴广州，后加入了中国共产党。入党后，于当年6月到保安县(今深圳市)布吉乡草莆村，在中共党员梁金星(后来曾任延安保小校长)主持下，和张力克(后曾任国家建委监察组长)

等中共党员在草莆村创办了一所民族中学，作为中共地下联络点，与在香港的中共南方工作委员会联系。九一八事变6周年纪念时，为了扩大抗日救国运动的影响，张伟烈和民族学校师生进行抗日宣传，从保安到南头返回，推动了广九路保安段抗日救亡运动。

披肝沥胆著写春秋

1937年10月，抗日战争初期，张伟烈受中共南方工作委员会派遣前往赣南游击区。次年2月，张伟烈率20多名红军小战士随军出发经赣州乘船到达南昌新四军军部，被编入新四军战地服务团。同年4月4日，张伟烈随军部到达皖南岩寺，被编入新四军第三支队。

1938年7月，新四军军部进驻云岭后，十分重视开展铜繁一带的抗日工作。这不仅对保卫皖南具有重要的意义，而且也有利于加强新四军军部同江北新四军第四支队的联系。此时，铜陵的抗日救亡运动风起云涌，章啸衡请求新四军军部加强对铜陵抗战工作的领导。军部对此很重视，决定派遣张伟烈到铜陵开展工作。

1938年11月底，日军侵占铜陵。在张伟烈的帮助下，章啸衡等人在胥坝、汀洲一带组建了沙洲游击大队——这是铜陵江南地区第一支民众抗日武装。在此期间，张伟烈在铜陵敌后发展党员，恢复发展党组织。

皖南事变爆发后，来江北检查工作的中央军委二局局长曾希圣，派张伟烈到江边设立联络站，负责与江南联系，积极做好皖南事变突围人员渡江工作。这一期间，先后有450余名新四军指战员经铜繁芜地区，安全突围到江北无为地区，为新四军的发展壮大保留了珍贵的火种。

抗战胜利后，张伟烈随新四军北上。进入山东后，他曾参加攻打并占领敌人两大据点——韩庄和枣庄，还参加了泗县战役。1949年秋，他参加了解放长山列岛的战役。战役结束后，随华东军区副司令张云逸从山东出发，到达广西宜山参加剿匪。当地土匪大体肃清后，他于1951年调任中共钦州地委书记兼军分区政委，主持土改运动。1952年6月，他调到海南工作。经过两三年的努力，海南的土改结束，而且种植了上百万亩橡胶树。1954年，张伟烈任中共广东省委委员、海南区委第一书记。

从事外交不辱使命

1956年4月，张伟烈奉命调到外交部，8月赴莫斯科任驻苏联大使馆政务参赞兼中共党委副书记。1960年6月任驻伊拉克大使，1971年任驻摩洛哥大使，1974年冬任驻蒙古人民共和国大使，1978年7月驻泰国大使，1981年调回北京。

张伟烈在担任驻外使节期间，有过两次历险经历，一次发生在伊拉克，另一次发生在摩洛哥。

1963年2月的一个星期天早上，在驻伊拉克大使官邸的张伟烈夫妇正要参加伊拉克空军司令亲属举办的一次聚会，突然听到远处传来"嗡嗡"的飞机声，由小到大，越来越响。只见几架飞机从头顶掠过。房间里急促的电话铃在此刻骤然响起，一位伊拉克朋友说，空军司令被打死，聚会活动取消。伊拉克是个多政变的国家，显然是发生了政变。这时候枪声不断，炮声隆隆，形势十分危急。张伟烈夫妇可以待在官邸暂避风险，但是他们十分挂念使馆的同志们，于是不顾个人性命安危，决定在巴格达实行戒严前离开官邸赶到使馆。他们在车上挂着国旗，一路上遇到一批批荷枪实弹的政变士兵，但仍镇定自若临危而行。司机开足马力，冲过了政变部队的封锁线，安然无恙地赶到使馆。不一会儿，巴格达全市就开始全面戒严了。

1971年7月10日上午，张伟烈和翻译聂兵杰参加了摩洛哥国王哈桑二世的生日庆典。招待会进入高潮时，四周突然响起了枪声，政变发生了。当时，摩洛哥的游览大臣、最高法院院长等政府要员被当场打死，议长、青年体育大臣和国王的弟弟阿卜杜拉亲王等人负伤。几分钟前还与张伟烈聊天的首相办公厅主任赖加里也倒在血泊之中。沙特大使受伤，比利时大使死于非命……张伟烈和聂兵杰随着人群往西走了一个多小时以后，政变士兵端着枪，逼着参加招待会的人和一些外宾返回夏宫。张伟烈和翻译聂兵杰在约2000人中间挤来挤去，泥沙、海水、血污蹭了满身，气氛十分紧张。下午5点多钟，由于政变部队士兵的失误，政变头子迈德布赫撞上枪口应声倒下，政变者因群龙无首而一片混乱。形势急转直下，哈桑国王抓住时机向士兵们宣传伊斯兰教义，念《古兰经》，主张和平解决。政变士兵被说服了，夏宫渐渐平静下来。这次政变死伤230多人，张伟烈和聂兵杰却是幸存者。

从百侯星火到皖南烽烟，从抗日到外交，张伟烈走过了不平凡的革命一生。

巫希权：铜陵大队大队长

[人物简介]

巫希权，1911年2月13日出生于福建省宁化县城关镇，又名希贤。1930年7月参加中国工农红军宁化独立营，先后任红军班长、排长和红九团连长，并于1933年加入中国共产党。抗日战争全面爆发后，巫希权任新四军第二支队三团三连连长，1939年升任三团特务营营长，后任新三团二营营长，于1941年

巫希权

5月任铜陵大队大队长。1943年7月17日，在范家湾战斗中壮烈牺牲，时年32岁。

从小学徒到红军战士

巫希权12岁时就在一家杂货店当学徒，每天除了做好店里繁重的杂务事外，还要替老板家劈柴、烧饭、带孩子……稍有不慎，便遭呵斥打骂，甚至会被老板用烟杆砸得头上鲜血直流。

1930年6月，中国共产党领导宁化县农民武装暴动，建立了苏维埃革命政权，惩办了地主恶霸，人民群众扬眉吐气。这年7月，刚满20岁的巫希权光荣地参加了中国工农红军宁化独立营，从此走上了革命的道路。在红军这座革命大熔炉里，他进步很快，先后任红军班长、排长和红九团连长。1933年，他又光荣地加入了中国共产党，成长为一名坚定的无产阶级革命战士。1934年10月，红军主力撤离苏区北上，巫希权所在部队奉命留下，继续坚持艰苦的游击战争。

抗日战争全面爆发后，根据国共两党达成的协议，南方八省红军游击队统一改编为新四军。改编后，巫希权任新四军第二支队三团三连连长。1939年，他在新四军军部教导队学习后，升任三团特务营营长，后任新三团二营营长。

漂亮的"银圆战"

1941年1月，国民党顽固派制造了震惊中外的皖南事变。在新四军突围反击战中，巫希权率领新三团二营抢占了制高点，英勇阻击敌人。战士们子弹打光了，就用刺刀捅，放滚石砸，打退了敌人一次次的疯狂进攻，最后连山上的石头也所剩无几。此时，有一股敌人从山背后冲了上来，巫希权急中生智，从布袋里掏出上级发给的银圆，摆在手中晃了晃，说："同志们，有办法了！"战士恍然大悟，纷纷解囊掏出银圆，像扔手榴弹似的一齐向敌人撒去。贪婪的敌人一见白花花的银圆撒来，顿时乱抢银圆，哪还顾得冲锋。巫希权大喊一声："同志们，冲啊！"率领战士们猛扑敌阵，直打得敌人丢枪弃弹，狼狈地滚下山去。

经过几昼夜的鏖战，为了保存革命力量，新四军军部决定收拢现有部队分散突围。新三团组织了三个先头突围部队，其中巫希权率领近300人的左路部队突出重围后，于1941年1月17日晨悄悄到达铜（陵）繁（昌）交界处的狮子山上。这座山不仅是个隐蔽的好地方，而且离长江很近，便于迅速北渡无为。部队秘密驻下后，巫希权等一面令部队短暂休整，一面派人下山与地方党组织取得联系。

不料，部队的行踪被国民党繁昌县县长徐羊我发现了，他误以为这是支溃散之旅，妄图收降以邀功请赏，便派人前来劝降。巫希权看完徐羊我写的劝降信后，决定以"谈判"拖延时间，向他们提出了每人发银圆25块和不准上报"国军"的两个条件。敌人当场接受了第一条，决定缓议第二条后，便眉开眼笑地回去禀报。

1月18日上午，巫希权派出去侦察的同志回来报告说渡船已准备好，而且约定今晚渡江。指战员们听了都异常兴奋。这天中午，来劝降的国军士兵和一名秘书背着一袋银圆又上山来了。巫希权命令战士"收"下银圆，赶走了敌人，然后率部下山过江。这是农历腊月二十八的夜晚，朔风怒号，大雪纷飞，巫希权率领战士们紧急奔往长江边，乘渡船扬帆摇桨，闯过日军封锁线，迅速抵达无为县白茆洲抗日根据地。这支巫希权率领的突围部队，是皖南突围部队中人数最多的一批，他因此受到了上级的高度赞扬。

抗战在铜陵

皖南事变后，为了接应和收容在事变中失散的新四军人员，继续坚持抗日斗争，巫希权于1941年5月奉命率新四军第七师五十五团一营部分武装返回铜陵，与杨明、何志远等同志组成了中共铜青南党政军委员会和铜陵大队，由何志远任党政军委员会书记兼大队政委，杨明任副书记，巫希权任大队长。从此，巫希权又重返皖南，战斗在铜陵这块抗日游击根据地上。

1941 年 5 月的一天，驻守在长龙山的日军一个小队，到顺安河东的村子里去抢掠。巫希权当即指挥部队在敌人必经之地埂塘设伏，当敌人进入伏击圈后，隐蔽在村旁树林里的战士突然冲杀出来，歼灭众多日寇。这是皖南事变后铜陵新四军游击队打击日军的第一个胜仗。

1942 年 2 月，为了适应对敌斗争的需要，长江游击大队特务连并入铜陵大队，仍由巫希权任大队长，杨明任政委，叶为祐任副大队长。铜陵大队下辖三个中队，共 600 余人。这时，日、伪、顽暗中勾结，妄图共同消灭皖南的新四军，斗争环境异常险恶。巫希权等率领铜陵大队，采取灵活的游击战术，巧妙地穿插于敌人梅花桩式的据点中，有时一夜转移好几个地方宿营，迷惑敌人。有一次，千余名日军晓前突然扫荡铜陵大队，在情况万分紧急之时，巫希权沉着机智地带领部队躲过了敌人的扫荡。铜陵大队许多激动人心的战斗故事，仍在铜陵广为传扬。

献身范家湾

1943 年 7 月 16 日，巫希权率部设伏一小队运送物资的日本兵后，当晚率部回到梁家垄休息。正好，中共铜青南县委书记张伟烈刚从皖南地委开会回来，路经此地与巫希权相遇，大家十分高兴，于是连夜召开了干部会议。会后已是深夜，天又下着大雨，部队未再转移。

由于汉奸告密，第二天拂晓就有近 200 日伪军分几路合击梁家垄。在突如其来的紧急情况下，巫希权果断决定：由教导员罗爱民带领部分战士掩护张伟烈等领导突围，他和副大队长叶为祐各带一支部队，分头阻击敌人。当时，南北两个方向均是日军，东面是国民党五十二师驻地，只有西北面是个缺口，但横着一条顺安河。

往日河水不深，战士们可以涉水过河。可是这次由于上游连降暴雨，河水陡涨，水面宽阔而水流湍急，涉水过河十分困难。张伟烈等同志坐着木盆艰难地划过河后，敌人已追到范家湾的河边。为了尽量减少牺牲，巫希权一面命令叶为祐等赶快游过河去，一面自己带领几名战士断后掩护。终因敌众我寡，敌人一步步逼近。就在这时，只听巫希权高声喊道："同志们，游过河去，死也不当俘虏！"接着，他第一个跳入汹涌的河中，战士们也纷纷跳入河中。岸上的敌人冲到河边，疯狂地向河中扫射。因河流太猛，加之连日作战，体力不支，最后巫希权等28位勇士全部壮烈牺牲……

叶为祐：船工出身的游击队队长

[人物简介]

叶为祐，1914年出生于铜陵县安平乡（今属义安区胥坝乡）叶家洲，1934年在家乡加入中国共产党，1939年6月组建叶家洲游击队。1939年8月，叶为祐率领的叶家洲游击队与陈孝铠组织的青年营、刘英组织的两湖游击队，统一改编为铜陵独立连，叶为祐任连长。1940年5月，铜陵独立连改为中共铜陵敌后县委游击队，叶为祐任铜陵敌后县委军事部长。1941年8月，该连划归新四军第七师长江游击大队，改编为长江游击大队特务连。1942年2月，长江游击队特务连又编入铜陵大队，叶为祐任副大队长。1943年7月17日，他在范家湾战斗中壮烈牺牲。

从船工到游击队队长

叶为祐是铜陵敌后抗日游击队的创建人之一。

叶为祐16岁时，父亲因劳累过度去世，他上船当了一名船工，挑起了全家生活的重担。在黑暗的旧社会，船工们过着牛马不如的生活，辛苦一年还是吃不饱穿不暖。后来，他认识了一些共产党的地下工作者，受到革命的启蒙教育，懂得了共产党领导下的军队才是穷人的大救星。于是，他于1934年在家乡加入了中国共产党。

1938年10月，国民党在汀洲拉夫抓丁。叶为祐组织当地百姓开展机智勇敢的斗争，粉碎了敌人的阴谋。叶为祐还组织群众站岗放哨，保卫家乡，先后成立了农抗会、妇抗会、青抗会。1939年6月，叶为祐根据中共铜陵县委的指示，组建了叶家洲游击队，并任游击队队长。

1939年8月，叶为祐组织的叶家洲游击队与陈孝铠组织的青年营、刘英组织的两湖游击队，统一改编为铜陵独立连，叶为祐任连长。1940年5月，叶为祐率铜陵独立连到铜陵宝山陶参加新四军第二支队老三团的训练。训练结束后，铜陵独立连划归中共铜陵敌后县委领导，改为敌后县委游击队，叶为祐任铜陵敌后县委军事部长兼独立连连长。皖南事变后，铜陵独立连主要活动于铜陵和江北无为的沿江地区，故又称铜(陵)无(为)独立连。1941年8月，该连划归新四军第七师长江游击大队，改编为长江游击大队特务连。1942年2月，叶为祐率领的长江游击队特务连编入铜陵大队，叶为祐任副大队长。

英勇善战立战功

叶为祐的游击队初创时，只有几把大刀、几枚手榴弹和一把没有枪托的三八式步枪，后来从日伪汉奸处缴获武器才武装起来。他缴获的一把枪是汉奸章老六的。那天章老六从汀洲日军据点修枪回来，叶为祜正在地里锄玉米，发现后便迅速缴了他的枪。当晚日军知悉后派部搜查，一无所获，恼羞成怒的鬼子就抓村里的老百姓泄愤。叶为祜通过打入日军内部的章家元，营救出被抓的老百姓。为此当地年轻人钦佩叶为祜，纷纷参加游击队。

有一天，叶为祜了解到解散了的犁桥自卫队的20多支枪，藏在民和乡北埂陈村王心达家屋后的柴草堆里。他立即与中共铜陵敌后区委书记朱农等人，连夜率领20多名游击队员悄悄来到王心达家屋后，不费一枪一弹夺取了这批枪支，使游击队的装备大为改善，战斗力大大加强。

1941年7月的一天，日伪兴亚大队第四中队一分队队长下乡敲诈百姓，叶为祜将他抓获并缴了械。几天后，叶为祜在钟仓乡再兴圩执行任务时，与两个下乡骚扰百姓的伪军相遇。叶为祜主动出击，当场打死一人，缴枪一支，另一人逃命而去。8月的一天，叶为祜率部在钟仓乡山东圩姚村姚惠民家，活捉了国民党顽固派一四四师的3个特务，缴获八英6轮、驳壳枪各1支。同月的另一天，叶为祜率特务连在前胡村宿营，被汉奸发现并向犁桥的伪军告密。叶为祜通过内线得知敌人要偷袭他们，于是将计就计给敌人一个反伏击，当场毙敌6人，缴获步枪5支、手枪1支。有一次，游击队遭到国民党军队两个连兵力的袭击。叶为祜在指挥部队多次打退敌人进攻后，右手肘不幸中弹，他强忍着剧痛，继续指挥战士们安全突围。还有一次，叶为祜带领几名游击队员，活捉了一个下乡偷鸡摸狗的日兵，押解到江北七师五十七团团部。

叶为祜单独指挥及和铜陵大队其他领导一起指挥大小战斗几十次，多次粉碎日、伪、顽对铜陵大队的"围剿"，缴获枪支80多支，同时他们还为江北部队筹措了大批粮款。1941年1月，皖南事变发生后，由新四军第二支队新三团三营营长巫希权率领的一支300余人的突围部队来到铜陵，叶为祜在一个雪夜将他们护送到江北无为县白茆洲的抗日根据地，这是中共铜陵党组织和游击队接应掩护新四军突围人数最多的一批，叶为祜为此作出了重要贡献。

足智多谋斗敌伪

叶为祜足智多谋，不仅表现在指挥作战上，也表现在争取敌伪上。

因叶为祜在当地颇有威信，从敌占区过来的人都愿意接近他，同他谈心。叶为祜就利用机会向他们宣传党的政策，讲述抗日救国的道理。在叶为祜的教育下，汀洲据点的查贵和、查贵生、查金涛、陈遵贵、小俞等伪军，陆续投奔参加了游击队。

查全祝原为叶家洲游击队队员，后叛变投敌。叶为祜为了争取他，亲笔写信给他，向他讲明共产党的政策，劝他改恶从善。后来，查全祝改过自新，不仅向游击队提供了一些重要情报，还做了不少有益的工作。游击队员胡绍廉被捕入狱，叶为祜就是通过查全祝将他保释出来的。皖南事变后，日军抽调一个营的伪军在安平乡建立据点。这个营的伪军驻扎安平乡后，到处欺压百姓，群众恨之入骨。为了除掉这股伪军，叶为祜召集安平乡伪保长开会，向他们阐明共产党的抗日主张，并要他们向铜陵县城日军司令部散布安平乡伪军的"通匪"材料。日军司令部头目得到这些材料后大为震怒，出动部队将安平乡伪军据点包围，强行缴了这个营伪军的枪，并将他们押送到安庆做苦力去了，安平乡的这颗"钉子"就这样轻松地拔掉了。

壮烈捐躯一英豪

1943年7月16日晚上，叶为祜率部队来到梁家宿营，正巧与铜陵大队大队长巫希权和中共铜（陵）青（阳）南（陵）县委书记张伟烈等几位领导不期而遇。由于汉奸告密，第二天拂晓前，近200名日伪军包围了梁家垄。情况万分紧急，大队长巫希权和副大队长叶为祜立即决定，分头率部掩护县委领导和大部队突围。战斗打得非常激烈，但由于敌众我寡，游击队只得边打边撤，被迫退至范家湾的顺安河边。

叶为祜与巫希权带领战士们顽强阻击，当张伟烈等同志和游击队主力大部突围过河后，巫希权和叶为祜他们的子弹也打完了。敌人越逼越近，英勇的新四军战士们宁死也不当俘虏，在巫希权、叶为祜的率领下一齐跳入水流湍急的顺安河中。叶为祜本是船工出身，深谙水性。当时，尽管河水水深流急，他还是完全可以游过河安全脱险的。但为了帮助不会水的战士一同渡河突围，他不肯单独脱险，而是全力挽住战士的胳膊，一同拼力向对岸划去。一个大浪打来，叶为祜、巫希权等 28 名干部战士被河水吞没，全部壮烈牺牲。

叶为祜牺牲时，年仅 29 岁。

张东：皖南事变中殉难的铜陵县委书记

[人物简介]

张东，1917 年 9 月出生于江西省进贤县文港乡张罗村，原名张芝美。抗战爆发后参加新四军，1938 年 11 月加入中国共产党，1939 年 1 月任铜陵新桥乡（今义安区顺安镇）凤凰山地区中共铜陵二区区委书记。1939 年 7 月，在中共铜陵县首届党员代表大会上，当选为县委委员兼任县委青年部部长，9 月改任县委宣传部长，1940 年 3 月担任中共铜陵县委书记。1941 年 1 月，在震惊中外的皖南事变中不幸被捕，惨遭杀害，牺牲时年仅 23 岁。

热血男儿赴国难

张东 15 岁小学毕业后，考进南昌乡村师范学校。入学后，他勤奋刻苦，不仅学习成绩名列前茅，体育成绩亦十分优秀，曾荣获学校跳高、高栏、跳远三项冠军。

张东在校求学之际，正值中华民族危亡时刻，他爱国之心勃发，对国家大事十分关切，以强烈的民族责任感，热切关注中国的前途和命运。1937 年，日本帝国主义大举入侵中国，张东毅然放弃即将拿到的毕业文凭，与数位同学一道投笔从戎，来到南昌新四军办事处，积极要求参加抗日。新四军办事处安排他们在江西铅山县接受了一个月的军事训练，然后派张东远离家乡奔赴皖南，投身于轰轰烈烈的抗日救亡运动。

抗日志士战铜陵

张东到皖南后，起初在新四军文工团工作，1938 年初调到新四军三支队民运工作队。1938 年 12 月，新四军三支队移驻铜繁地区，张东随三支队五团来到铜陵凤凰山地区，和其他抗日志士一道广泛发动群众组织领导农抗会、青抗会、妇抗会、商抗会、儿童团和猎户队等民众抗日团体。

1939 年 1 月，铜陵凤凰山地区成立了中共铜陵二区区委，张东任区委书记。他积极恢复和发展党的组织，团结各阶层，壮大抗日力量，努力打开铜陵山区的抗日新局面。1939 年 7 月，在中共铜陵县首次党员代表大会上，张东当选为县委委员兼任县委青年部长，9 月改任县委宣传部部长。在这期间，张东着手成立铜陵县青抗会，以利于统一领导全县的青年工作。在张东主持下，铜陵县青抗会正式成立，从敌前到敌后，参加青抗会的青年就有 1000 余人，基层组织普遍建立起来——这是当时皖南各县唯一的县级青抗会。

张东善于针对青年特点，有的放矢地开展青年工作。铜陵县青抗会主任周坚铠，出生于地主家庭，张东对他进行耐心细致的帮教，让他克服因家庭出身不好而产生的内心矛盾，激发他一心一意跟党走的决心和信心。1939年4月，经张东介绍，周坚铠光荣地加入了中国共产党，在斗争实践中迅速成长起来。铜陵县青抗会成立时，周坚铠被推选为主任，后又接任张东担任县委青年部长。张东知人善任，他领导的县青抗会，聚集了一大批像周坚铠这样的青年抗日骨干，成为当时铜陵地区一支异常活跃的抗日力量。

张东还十分注意发挥青抗会抗日救亡宣传的作用。青抗会演唱和教唱大量抗日歌曲，张贴抗日标语，组织阅读《抗敌报》（新四军军部机关报），还举办夜校普及文化，提高了群众抗战必胜的信心。在经济方面，青抗会建立了凤凰山丹皮合作社，以丹皮产量的担数作为药农入股的基数，再将丹皮销售至上海，然后按比例将钱分给群众，从而杜绝了豪绅地主把持丹皮药材生意时的牟利盘剥，由此青抗会受到群众的拥护。

1940年3月，张东调任中共铜陵县委书记。1940年春夏之交，国民党设在金榔三条冲的县粮管处，准备把辖区粮食全部运走，妄图掐断抗日军民的粮食供应。以张东为书记的中共铜陵县委指示县青抗会牵头，会同农抗会、猎户队一起行动，广泛号召群众坚决反对运走粮食，挫败了国民党反动县政府的险恶企图。

张东在担任中共铜陵县委书记期间，非常重视地方武装力量的组织和发展工作。铜陵山区猎户队在他的支持领导下日益壮大，基本形成一区一大队、一乡一中队、一保一分队的格局。整个铜陵山区有猎户队员数千人，在对敌斗争中发挥了很大作用。

英年早逝铸英魂

1940年底，国民党反动派发动了第二次反共高潮。根据新四军军部的指示，铜陵地区的干部组成一个干部队，随新四军三支队到泾县茂林集中，准备北上，张东也在随军转移之列。1941 年初，皖南事变爆发，张东在突围战斗中，表现得勇敢顽强。突出重围后，张东经过南陵县何湾区水龙山，遭到国民党反动派逮捕，不久惨遭杀害，时年仅 23 岁。

朱农：坚持敌后武装斗争的铜陵县委书记

[人物简介]

朱农，曾用名孙兵、朱道义，1917 年 10 月出生于铜陵县栖凤乡朱家嘴村（今属铜陵市铜官区西湖镇）。1939 年 4 月加入中国共产党。抗日战争和解放战争时期，长期在皖南地区坚持工作和战斗，为铜陵解放作出了重要贡献。历任中共铜陵敌后县委书记、中共铜青南县委组织部长、铜青南抗日联合会会长、中共沿江中心县委组织部长、中共铜青贵县委书记兼县大队

朱农

政委、县长等职。解放后，先后担任景德镇市委书记、市长、监察部监察司司长、内务部城市福利司司长、芜湖地委书记、安徽省高级人民法院院长、安徽省委统战部部长、安徽省政协党组副书记、政协副主席等。2012 年 11 月在合肥逝世，享年 96 岁。

组建抗日游击队

朱农少年时代曾在铜陵县城（今义安区五松镇）读书，后担任栖凤乡小学教员、朱家嘴小学校长。抗日战争全面爆发后，朱农前往沙洲投奔沙洲游击大队，并在章啸衡建议下参加了新四军三支队抗日救亡训练班学习。经过短期的训练班学习后，他回到铜陵凤凰山，担任中共栖凤乡中心支部书记。此时，铜陵的抗日形势又有了新发展，党的基层组织和党员人数也大为增加，游击队不断发展壮大，群众的抗日活动开展得有声有色。

1939年8月，朱农接任中共铜陵敌后中心区委书记。他决定组建游击队，没有枪支，就弄来几把大刀、几颗手榴弹，又动员几个青年，把游击队组建起来了。不久，队伍就发展壮大到80多人。队伍扩大了，对枪支的需要更为迫切。朱农得知当地有个大士绅有批枪支埋在离日军据点较近的民和乡北埂王心达家屋后的柴草堆下面，便带人迅速直奔王心达家附近，派一部分人在村口监视坝埂头的日军，另一部分人悄悄来到王家屋后，快速搬开柴草堆，挖出埋藏的全部枪支，随即安全撤离。

1940年6月，为了加强敌后工作，中共铜陵敌后区委撤销，成立了中共铜陵县敌后县委，朱农为副书记。1940年12月，新四军根据中央指示决定北撤。中共皖南特委任命朱农为中共铜陵敌后县委书记。朱农率领游击队约200人，继续坚持铜陵敌占区武装斗争。

开展铜陵敌后抗战

1941年1月，皖南事变发生后，铜陵抗日武装面临更为严峻的形势。

1月20日，中共上级党组织交给铜陵敌后县委一项重要任务：帮助突围出来的新四军指战员，前往江北新组建新四军第七师。铜陵敌后县委立即行动起来，朱农等人精心组织，充分依靠群众，想方设法通过交通站，避开敌人的搜捕，帮助突围的新四军战士换便装，绕过日军岗哨，安全过江。中共皖南特委书记李步新在突围中负了伤，到铜陵敌后养伤，后被安全护送到江北。朱农和铜陵敌后游击队先后护送过江的突围新四军指战员约500人。

在抗日战争最艰苦的岁月里，朱农动员广大青年积极参军，每年都有二三百人参加游击队和民兵配合部队活动，党的组织也有了进一步发展，党员人数扩大到1300多人。他带领部队在铜陵敌后地区排除万难，坚持斗争，采取灵活多样的战术，狠狠打击敌人，巩固和扩大了游击区。

虎穴锄奸。铜陵敌后大特务查啸泉指使栖凤乡维持会的汉奸，追捕抗日人员、农抗会会员，强迫他们去自首登记。查啸泉不除，一方得不到安宁。于是，朱农以"新四军七师长江锄奸团"名义贴出布告，就地枪决了查啸泉，群众称快，说江北的新四军又回来了。栖凤乡新庙日军据点里维持会的汉奸王其干、叛徒张贤驹经常带领日军捕捉抗日人员，强迫农抗会成员登记自首，作恶多端，还扬言要为汉奸查啸泉报仇，活捉朱农。为了全家的安全，他们迁居到日军据点附近的新庙王村，自称"租界""保险公司"。为了及时惩处这些汉奸、叛徒，朱农派游击队员王学身带驳壳枪和食品，夜间潜入王其干家隔壁的公堂屋隐蔽，伺机行动。次日天黑后，张贤驹去王其干家，正当王其干开了半边门将张贤驹送出时，王学趁机将其击毙，迅速离开。张贤驹被击毙后，王其干十分惊恐，认为新庙王村也不是"保险公司"，便托地方士绅阮廷芳、樊义太来找朱农。朱农提出几个条件，王其干一一答应，于是栖凤乡抗日活动更活跃了。犁桥地处铜陵圩区腹部，是通向皖南特委的交通要道。朱农还派侦察员，先后趁该地维持会长郜某在烟馆吞云吐雾、汉奸胡朝珍与姘妇鬼混时，将其一一枪毙。

巧取日伪。川军蒋西柏率领约 300 人投降了日寇，驻扎在安平乡，要钱要粮，为虎作伥。朱农、叶为祜召集维持会长、伪保长商量，利用合法斗争，收集蒋西柏勒索钱财的证据以及其他物证，通过维持会长、伪保长、日军翻译，向日军头目状告蒋西柏，巧施离间计。日军看了物证十分震怒，过了几天，日军中队长以检阅为名，缴了蒋部的枪械，并把蒋等流放到外地服劳役去了。朱农他们还在一些伪军据点、日军洋行、维持会、日军情报队安插秘密党员，甚至把耳目安到了敌人的身边。同时，也加强了敌伪工作，把大多数伪政权转变为"两面政权"，有的伪警察所长、伪乡长就是秘密党员。坝埂头的日军"洋行"经理程惠文（台湾人），就曾帮游击队买药品等物资，帮助朱农弄来"芜湖县民证"，便于朱农通过敌占区。

智斗日寇。朱农他们积极争取维持会的录事华名楷，通过考验把他发展为特别党员，在敌人内部了解日伪行迹。后又通过士绅的举荐，华名楷当了维持会长，这对铜陵游击队开展活动更为有利了。后来，华名楷派人送来情报，说犁桥的伪军分队长要率队来后胡村，企图消灭游击队。朱农便组织游击队中途设伏，击毙伪军 6 人，缴枪 6 支。同时还端掉了汀家洲伪警察所，缴枪 10 余支，又配合新四军五十七团，打掉新庙一个伪军分队，缴枪 20 多支。

这些艰苦的斗争，积小胜为大胜，逐步改变了铜陵敌后抗日斗争的局面。铜陵敌后建立沙洲、凤心两个区和 11 个乡抗日民主政权，开展减租减息，扩大税收，不仅解决了铜陵敌后部队的供给，还支援了新四军七师。1943 年 3 月，中共铜陵敌后县委与敌前县委合并，成立了中共铜青南县委，张伟烈任书记，朱农为组织部长、铜青南抗日联合会会长，继续开展武装斗争，进一步巩固和发展了抗日根据地。

四次遇险出"虎口"

朱农坚持敌后游击战十余年，出生入死，奋勇杀敌。在此期间，他多次遇险，几遭不测。但在人民群众的帮助下，他以自己的智慧逃出了"虎口"。

1941年冬季的一天，北风凛冽，寒气逼人。朱农正在石佛乡杨坦孙村（今属义安区西联镇）检查布置工作。日军不知从哪里得到这个消息，一队人马从犁桥直扑而来。等朱农他们看见日军太阳旗时，日军已逼近村口。要转移，显然来不及；要打，人单势孤。在此危急关头，朱农当机立断，迅速带领区干部孙林、孙太英来到一间小草屋，隐蔽在屋中的芦苇夹墙里。不一会，只听见"砰！砰！"两声枪响，日军进村了。村中鸡飞狗跳，顿时乱作一团。日军在村中折腾一通，不见朱农人影，料他不会走远，就挨家挨户进行搜查。几个日军士兵来到朱农他们藏身的这间草屋，"砰"的一下用枪托把大门撞开，随后翻箱倒柜，手舞三八大盖，用刺刀乱捅一气。一会儿在这里戳戳，一会儿在那里挑挑。朱农他们待在里面，屏声静气，随时准备与日军拼个你死我活。时间在一分一秒地过去，日军搜罗了半天，没发现任何破绽，再加屋中的两个马桶臭气熏天，实在难闻，便捏着鼻子走了。

朱农第二次遇险，是在1942年初夏。那天，他和爱人孙太英及警卫员朱荣生，准备经石佛山到杨坦孙村去参加区委的会议。刚动身时，递步哨赶来向朱农报告：犁桥日军押了许多民工去石佛山砍树，沿途往来不断。警卫员朱荣生一听，关切地建议："首长，路途往来不便，是否不要去了？"朱农笑了笑："这可不行。这次会议，是研究敌后的对敌斗争策略，非常重要。有再大的风险，我们都要去。"他们合计了一下，决定从犁桥日军据点边横插过去。犁桥是个有数十户人家的小镇，街头有个土地庙，距日军驻地不过200米远。朱荣生把枪放在篮子里，单身一人先安全地从土地庙边通过了。朱农和孙太英随后紧跟上去。当他们走上圩埂时，一幕不愿看到的画面出现在眼前：和他们仅有一水之隔的南圩堤上，几个日军正押着一批老百姓在行走。此时转移和隐蔽都已经来不及了，朱农和孙太英沉住气，显出一副若无其事的神态，不紧不慢地迈着步子。南岸的日军看见他们，狐疑地举起枪打量着他俩。被押的群众中不少人认识朱农，看日军这架势赶忙出来打圆场："朱大哥，你们这是走亲戚啊？""是啊，是啊，你们这是要忙啥去？"……日军见他们都熟识，便放下了警戒之心，吆喝道："少在那儿闲扯，快赶路！"就这样，日军骂骂咧咧走开了，朱农又一次化险为夷。

1942年12月，朱农和中共铜陵县敌前县委书记王卓，从江北无为参加皖江党委整风学习班后赶回铜陵。当船只快到胥坝观音阁渡口时，朱农发现滩头站着几个荷枪实弹的日本兵，便赶紧将整风学习的材料投进江中，以免党的机密落入敌人的手中。船一靠岸，日兵就端起枪，气势汹汹地跑上船来，喝令船上的人一一交出"良民证"。王卓因没有携带"良民证"，被日军五花大绑扣押下来。朱农见战友遭捕，心中如刀割一般疼痛，但他不露声色，拿出早已准备好的"芜湖县良民证"晃了晃："太君，我是从芜湖来的，到坝埂头（今属义安区东联镇）'大东洋行'做买卖的。"日军接过良民证瞟了一眼，朝朱农点点头："你的，大东洋行的买卖，顶好！顶好！我们一道开路开路的。"这时，朱农才知道日军是从坝埂头日军据点来的，心想，那里有汉奸肯定会认出自己，怎么办？朱农正在寻思脱身之计，一声叫卖声打断了他的沉思。"卖香烟洋火桂花糖。"只见一个小商贩手摇拨浪鼓、肩挑货郎担由远而近。日军一见，张牙舞爪跑上前去抢糖果、花生米吃。朱农看在眼里，灵机一动。他熟知日军贪吃的特性，于是趁日军吃兴正浓开口道："太君，我先开路开路的了。"日军你抢我夺，狼吞虎咽地吃着，听朱农开腔，不耐烦地把手扬了扬。朱农便不慌不忙地从日军眼皮底下走开了。

朱农的第四次脱险是在1943年春。朱农以敏锐的目光发现，原先打入日军坝埂头据点担任伪乡长的陈孝顺，暗中与混入革命队伍的崔光汉、王诚斋等敌特打得火热。他们行动诡异，有投靠日寇的嫌疑。这一切，朱农看在眼里，记在心里，时刻警惕着。一天，朱农外出，陈孝顺鬼鬼祟祟地来到朱农家中，假惺惺地问孙太英："朱书记这几天都在忙什么啊？都不见他人，他什么时候回来啊？"孙太英对他早有提防，胡乱编个理由把他打发走了。等朱农一回家，孙太英把这事告诉了朱农。朱农寻思：这陈孝顺早就形迹可疑了，平时也不怎么来我家串门，突然问东问西，打听起我的行踪，其中肯定有鬼，必须赶紧转移。第二天，他和孙太英便悄然无声地离开了家。不几天，陈孝顺、崔光汉、王诚斋3人果然叛变投敌，带着日伪军包围了朱农的家，妄图拿朱农的人头献给日军做见面礼。可机智的朱农早已转移到安全地带，正奔走在铜陵敌后抗日斗争的路上。

开辟皖南根据地

1945年抗战胜利后，根据党中央的指示，新四军七师北撤苏北，留下约400名干部、战士坚持皖南沿江的游击战争。朱农担任中共沿江中心县委组织部长、铜青南县委书记兼县大队政委。

1946年2月，为统一领导皖南的革命斗争，成立了中共皖南地委，由敌后抗日战争转向蒋管区的游击战争。在蒋管区，国民党派出四十四军的两个师加强对沿江地区的"清剿"。杨明、陈爱曦率部队转移到太平、石台开辟新区，陈尚和、周坚铠、尹彬率28人坚持铜（陵）青（阳）边界游击战争，朱农率40多人转移到泾（县）青（阳）南（陵）三县交界的宾山、云岭、苏家冲、大格里等地，开辟游击新区。

在敌人封锁和"清剿"时，朱农带领游击队在宾山一带灵活多变地与敌人周旋。敌军按脚印判断朱农游击队的行军方向，朱农就让游击队员们在雨雪天倒穿草鞋，雨夜里左手拄拐棍，给敌人留下相反的行军方向。白天，他们用枯死的树枝烧锅。夜间，行军时故意拉开距离，使敌人难以掌握游击队的活动规律，同时抓住战机歼灭敌人。在泾县的厚岸乡，朱农率领游击队夜里埋伏，早上突然发起冲锋，占领碉堡，一枪未放，就缴获 32 支长短枪、1 挺机枪，俘敌 40 多人——这是朱农带领的游击队转入泾青南后打的第一个大胜仗。

朱农在青阳宾山一带坚持开展游击战的同时，十分关注铜陵地区的对敌斗争形势。当时，由陈尚和等领导的游击队以铜陵、青阳交界天门的茗山冲、涧北冲为中心，坚持游击战争。1945 年 12 月，川军四十四军一五０师、一六二师"清剿"时，陈尚和的铜青南大队转移到铜陵涧北冲隐蔽坚持斗争，粮食、食盐均吃光，靠吃竹笋充饥。为了尽快改变铜陵对敌斗争形势，1946 年 4 月，陈尚和等人从铜陵来到宾山，朱农和他们一起研究了铜、青、南对敌斗争工作，商定以天门山的茗山冲、涧北冲为基地向两翼发展：一翼由陈尚和、徐世达、赵彪向铜、南交界的丫山、何湾、张公山、戴公山、金椰乡一带发展；另一翼由尹彬、周坚铠、查彬向涧北冲、大栏冲、铜官山、柴塘、栖凤乡、东西湖活动，以威逼铜陵、南陵敌人。之后，朱农还给了陈尚和长短枪 10 多支。陈尚和回到茗山后迅速行动起来，由此泾、青、南边界的宾山（中共铜陵县委所在地），铜、青边界的天门山（即茗山涧北游击区），青、贵边界九华山以北的游击区，形成了"三山"鼎足、互相呼应之势，泾、青、南、铜、贵地区的游击队也积极展开活动，逐步打开了局面。

1947 年 7 月，根据党中央指示，中共皖南地委决定从过去隐蔽斗争的方针转变为大胆放手的群众性斗争，创建根据地，建立人民政权。中共铜青南、泾青南两个工委撤销，组建中共铜青贵县委，朱农担任书记兼县大队政委、县长。1947 年 9 月，中共皖南地委根据形势的发展，将铜青贵县委改为泾青南县委，朱农为泾青南县委书记兼县长、县大队政委。

1948年10月，作为中共皖赣工委委员，朱农率领部队开辟了祁门南乡、休宁西乡地区。1948年12月底，中共皖南地委决定，黄西、皖赣、皖浙3个工委，合并组建皖浙赣工委，下设5个工委，朱农担任中共（上）饶开（化）德（兴）玉（山）工委书记，兼饶开德玉行政办事处主任、饶开德玉大队政委，活动于江西上饶、德兴、玉山、横峰、乐平和浙江开化，建立游击根据地和区乡人民政府——这里曾经是方志敏烈士革命活动的地区。

朱农，在抗日战争和解放战争时期，长期坚持在皖南地区开展游击战，用坚定的革命信仰、坚韧的斗争精神，为铜陵人民留下了宝贵的精神财富。

张世杰：皖南第一个抗日民主政府县长

[人物简介]

张世杰，1916年12月出生于铜陵县太平街（今属义安区西联镇），1938年7月参加革命，同年12月加入中国共产党。抗日战争时期，历任中共铜陵区委书记，铜陵、繁昌、无为、南陵等县委书记，中共皖南特委秘书长、特委军事部副部长，首任铜陵县抗日民主政府县长并兼任新四军铜（陵）青（阳）南（陵）总队总队长。解放战争中担任中国人民解放军团、师领导职务，参加过鲁南、淮海、渡江等著名战役。新中国成立后转至外交战线工作，先后在6个中国驻外使馆工作，担任过一等秘书、使馆大使。1988年9月15日因病在北京逝世，享年72岁。

投身抗日救亡

抗日战争全面爆发后，张世杰目睹大批难民的悲惨遭遇，义无反顾地投身于抗日救亡的洪流。他追随共产党员章啸衡开展抗日活动，积极组织农民抗敌协会、工人抗敌协会和民众抗日武装。

1938年7月，新四军军部进驻泾县云岭。章啸衡介绍张世杰等人去新四军军部教导队学习。在教导队期间，张世杰提高了政治思想水平，学习结束后被军部派往新四军三支队政治部民运科工作。1938年10月，军部命令三支队向铜繁发展，张世杰奉命带一个排到繁昌孙村一带开展工作。

1939年2月，中共党组织决定派张世杰回铜陵工作，担任中共铜南繁中心县委领导的铜陵一区区委书记。张世杰对当地情况很熟悉，一区党组织发展很快，仅三个月时间，就村村有党员了。1939年4月，中共铜南繁中心县委撤销，成立中共铜陵县委。7月，中共铜陵县委召开首次党员代表大会，张世杰被选为县委委员兼任宣传部长，不久继任为铜陵县委书记。这期间，他一面广泛发动党员和青年积极分子参加新四军和游击队，壮大革命武装，一面积极巩固和发展铜陵农抗会、青抗会、妇抗会，在洲圩地区成立"递步哨"，在山区成立"猎户队"，积极配合新四军作战。张世杰还组织群众，开展反对建立维持会的运动，推动铜陵地区的抗日斗争进入了一个新高潮。

两次虎口脱险

1940年春，张世杰奉命担任中共皖南特委巡视员，8月份又调任皖南行动委员会秘书长，不久担任皖南特委秘书长兼军事部副部长。这时震惊中外的皖南事变发生了，张世杰在战斗中弹尽粮绝后不幸被捕，被押送到江西上饶集中营。张世杰受尽折磨，连头发都脱落了，但还参与组织狱中绝食等斗争，表现了一个共产党员的大无畏革命精神。后来，他趁天黑之机，冒雨与另一位同志机智地逃出敌人铁壁重围的集中营，辗转江西、福建、浙江、江苏和安徽，历经千难万险，终于来到无为县找到了党的组织，重新回到了新四军七师根据地。

1943年3月，中共皖江区党委为了加强皖江根据地南线防御，加强对铜陵沿江日伪军行动的监视，建立了中共无(为)南(陵)县委，张世杰调任县委书记。他一到任，立即组建无南游击大队并兼任政委。一次，日寇进行大扫荡，张世杰组织掩护、转移伤病员，却不幸被捕。在押解过程中，他鼓动并带领10余位战友挖墙逃脱敌人的监禁，返回部队。其后，他领导无南游击大队，机智勇敢地打击敌人。

抗日战场显身手

1941年10月至1942年4月，张世杰担任中共铜陵敌后县委书记。当时，长江南岸一片白色恐怖。一天夜里，两个中共地下交通员不慎被敌特逮捕，押往汀洲敌人据点。张世杰获悉后，带领一名战士乔装改扮，来到汀洲伪乡长朱某家中找到汉奸查全祝，当场夺了查全祝的手枪，要查全祝放人。查全祝像泄了气的皮球，瘫在椅子上半天说不出话来。在一旁的伪乡长见势头不对赶紧劝解，查全祝只好乖乖地答应三天之内将人送回。

无南游击大队初创时，武器装备较差。张世杰发现日军的一艘测量船上有一个小队的日军，还有一个做饭的中国青年。张世杰与这位青年取得联系，摸清了船上的情况后，等到日兵中午进舱吃饭时，就率游击队战士飞身上船，扛起甲板上的枪就跑。日兵发现后，他们早已跳上小船离开了。这次共夺得1挺机枪、6支步枪，受到了新四军七师首长的表扬。

1943年4月，张世杰调任中共繁昌县委书记。1945年1月，在中共铜青南行政办事处的基础上，皖南第一个县级抗日民主政权——铜陵县抗日民主政府成立了，张世杰出任县长。这一期间，他对少数死心塌地的铁杆汉奸，就设法铲除。其中有个叫查全宽的，是当地绰号"四大金刚"的四大汉奸之一，曾在章啸衡抗日游击队里工作过，后来叛变革命，干尽了坏事。张世杰利用查全宽前不久到芜湖去的事实，以章啸衡的名义写了一封给查全宽的信，信中说希望查全宽能够弃暗投明，为抗日游击队提供情报，回去后要注意隐蔽，并把信设法送到日军手里。日军见到信就把查全宽用刺刀捅死，将尸体抛到长江里。这件事对一些汉奸打击很大，他们再也不敢死心塌地为日军当汉奸了。

1944 年春的一天晚上，张世杰率领游击队与 100 多名日军，在龙桥镇隔河战斗。突然，两架国民党飞机向一艘正在江中行驶的日舰扫射，其中一架飞机在俯冲扫射时碰上了日舰的桅杆坠入江中，飞行员被日军俘获。张世杰立即指挥游击队追击日军，迫使日军无法乘船逃跑。然后，他派当地一个灰色组织去做日军的工作，要日军释放飞行人员。日兵迫于无奈，只好将受伤飞行员留了下来。张世杰还组织游击队将飞机打捞上来，收获 12 挺机关炮、弹药和机体残骸部件，为师部兵工厂提供了优质军工材料，再次受到新四军七师首长的表扬。

1945 年 8 月，抗战胜利后，张世杰参加过鲁南战役、苏北战役和渡江战役，曾受到第三野战军陈毅司令员的高度嘉奖。在渡江作战中，张世杰身为团政委，率领全团登船向南岸奋进，不到一个小时，登上铜陵县紫沙洲套口，接着攻占胥坝，随后沿老观嘴、新圩郜、七里埂、叶家桥、犁桥、山东圩、流潭圩一线前进，迅速占领顺安。铜陵解放后，张世杰则随军继续挺进皖南，为皖南和全国的解放事业作出了不可磨灭的贡献。

张良仕：当过裁缝的区委书记

[人物简介]

张良仕，1899 年出生于铜陵县犁桥街（今属义安区西联镇）的农民家庭，1934 年秋加入中国共产党，1935 年 3 月担任中共犁桥区委书记。1943 年 3 月任中共何湾区区委书记。1946 年 2 月，奉命寻找陈尚和时不幸被捕，3 月中旬英勇就义，遗体安葬在郎坑山（今义安区天门镇境内）的苍松翠柏之中。

小裁缝闹革命

张良仕 12 岁时，就跟随父亲在外学做裁缝，出师后在犁桥一带凭针线活维持生计。

当时，犁桥有个叫郜金彪的恶霸地主，家有土地数千亩、瓦房百间，还有三房妻妾。郜金彪生活奢靡却尖酸刻薄。张良仕为他家做了几年衣服，当登门索要工钱时，反受到郜金彪的谩骂与侮辱。忍无可忍的张良仕，当众斥责郜金彪横行霸道和不知羞耻，郜金彪气急败坏地让人轰走张良仕，暗地指使国民党区公所派人到张良仕家逼交所谓的"手工业管理费"。张良仕气得两眼发黑，他拿起柴斧要与郜金彪拼命，在亲朋好友的劝阻下，才饮恨作罢。

1927 年春，北伐军第六军沿江东征，大革命的热潮席卷铜陵。张良仕受革命浪潮的影响，于 1931 年初参加了何骏启等人领导的湖城涧农民暴动。1933 年秋，他在中共党组织领导下，召集 30 余名手工业工人，在石佛山观音庙成立了手工业者互济会。1934 年秋，张良仕经苏拓夫介绍，光荣地加入了中国共产党。

1934年11月，中共铜繁无县委领导发动农民举行了大规模暴动，参加暴动的赤卫队员有2000多人，分别占领了金山、老虎山、英山脚、红树岭、狮子山、湖城等地山头。张良仕也率领犁桥赤卫队参加了斗争，袭击了国民党犁桥区公所。

1935年1月，中共犁桥区委成立。3月，张良仕接替李介农担任犁桥区委书记。这时，国民党反动当局到处捕杀赤卫队员和革命群众，铜陵城乡一片白色恐怖。为了保存革命力量，中共铜陵党组织决定暂时分散隐蔽，张良仕接到上级通知后，携妻带子连夜转移至南陵县丫山地区。从此，他经常穿着长衫，夹着剪尺和针线包，走村串户，深入贫苦农民家中开展革命活动。

英烈勇抗战

抗日战争爆发后，南陵县何湾、丫山两地成立了农抗会。张良仕被选为丫山地区农抗会主任。他废寝忘食地开展活动，在丫山地区建立了农抗会、青抗会、妇抗会、工抗会和商抗会，还在有些村庄成立了抗日保家猎户队，在积极分子中发展了一批地下党员，建立了中共丫山支部，并担任支部书记。

1939年春，新四军二支队三团进驻何湾地区，张良仕被新四军政治部和地方党组织任命为驻何湾、丫山地区联络员。1940年4月下旬，日军5000余人进犯抗日根据地。张良仕集中当地民兵和猎户队数百人，积极配合新四军主力部队作战。经过14个小时的血战，日军弃尸逃窜，何湾保卫战取得了胜利。

1941年1月，皖南事变后，为接应和掩护新四军突围将士北渡，张良仕奉中共皖南特委指派，在铜陵狮子山建立了交通联络站，接应和护送了一批又一批突围出来的新四军安全北渡。1943年3月，中共何湾区委成立，张良仕被上级组织任命为区委书记。

1945 年 9 月，抗日战争胜利后，中共皖南党政军奉命北撤，张良仕继续留在铜、青、南、繁地区坚持革命斗争。此时的皖南地区形势严峻，在国民党一九二师和伪皖南独立方面军的支持下，皖南地区的国民党反动政权迅速建立，逃亡地主和国民党特务气焰嚣张，大肆进行反攻倒算和"清剿"，捕杀中共地方干部及家属。张良仕毫不畏惧，领导农民开展反霸斗争和减租减息运动，同时开展统战工作，争取何湾区国民党要员孙喜竟的警卫员黄某弃暗投明，帮助游击队搞到了枪支和布匹。他还积极发展民兵组织，扩大武装力量，建立秘密基层政权，率领干部和群众进行反"清剿"斗争。在恶劣环境下，游击队衣食住行都很艰难，张良仕想方设法筹备粮款、制作军鞋。游击队武器和弹药缺乏，他便发动民兵制作竹签，用于作战……

1946 年 2 月，张良仕主动要求到铜陵寻找陈尚和，联系工作。2 月 17 日，他和吴传长、小陈一行三人至铜陵盛家冲，不料遭遇敌军，不幸被捕，被关押在郎坑敌人据点。在囚禁期间，吴传长在受审时厉声斥骂敌人，被敌人用刺刀活活刺死。当敌人审逼小陈时，张良仕大声说他是自己抓来带路的老乡，自己才是共产党员。由于张良仕的机智掩护，小陈不久即获释放，而张良仕却受尽了国民党反动派的严刑拷打。敌人为了从他口中得到新四军主力转移方向和留守皖南的共产党员名单，对他百般施刑，却一无所获。1946 年 3 月中旬，敌人对张良仕下了毒手。张良仕走向刑场时，从容不迫，视死如归，一边走一边高呼："砍头不要紧，只要主义真""革命一定胜利""国民党反动派一定灭亡"……围观的群众无不为他大义凛然的英雄气概所感动。

张良仕英勇就义后，群众将他的遗体安葬在郎坑山苍松翠柏之中。新中国成立后，1951 年 6 月 25 日，中共皖南地委在《皖南日报》上发表了题为《宁死不屈，伟大气节》的纪念文章，高度赞扬了张良仕烈士一生的革命业绩。

陈益卿：铜陵敌后区级人民政府区长

[人物简介]

陈益卿，1910 年 11 月 12 日出生于铜陵县民和乡（今义安区东联镇）墩上陈村，又名陈已新。1938 年 10 月加入中国共产党。抗日战争时期，历任中共铜陵北二区委书记、铜陵县抗敌自卫委员会主任、中共铜陵县一区区长、临江行政办事处副主任兼铜陵行政督导处督导员。1943 年 6 月中旬，因叛徒出卖，不幸被日军逮捕，次年 8 月惨遭杀害，年仅 33 岁。

投身抗日烽火

陈益卿家境富裕，读过私塾和芜湖中学，后毕业于池州乡村师范学校，回乡后在复兴小学任教。他酷爱读书，会作诗，善书法，乐善好施，广交广结，当地人很尊敬他，称他陈先生。

1937 年 7 月 7 日，卢沟桥事变爆发，陈益卿在民族危亡之时，积极组织农民抗敌协会，发动群众起来抗战。1938 年 10 月，陈益卿加入了中国共产党，与陈尚和等人组成了中共墩上陈村党支部，陈益卿任支部书记。

开展统一战线

陈益卿是个知识分子，在社会上有很强的号召力。不少穷苦青年都认为，连陈先生都参加新四军，我们这些穷人更要积极参加抗日武装。

陈益卿是中国共产党统战政策的模范执行者，他不仅到各乡发动群众参加抗日活动，而且还动员士绅积极支持抗日。他积极交往铜陵县国民党的某些上层人物，如王近西、王鉴如、崔先源等人，做团结争取工作，号召他们支持农抗会、支援新四军。日军在坝埂头据点设立了日军洋行"大东商会"，会长程惠文是台湾人。陈益卿争取程惠文，做了送情报、买布匹、买药物、保释抗日人员、按章交纳土特产出口税等不少有益抗日的事。

陈益卿在主持铜陵县抗日民主政权工作时，善于团结中共党外的进步人士，如陈永康虽然出身富裕家庭，但陈益卿任命他为流潭乡乡长，并帮助他走上了革命的道路。陈益卿的长兄陈瑞卿，对革命认识较差，公开散布对共产党不利的言语。陈益卿的本家弟兄陈鲁卿，是国民党铜陵县党部执委和区党部书记……这些人的思想起初比较反动，对陈益卿投身革命百般阻挠，后在陈益卿的影响下，立场都有不同程度的转变。

严惩日伪汉奸

1940 年 2 月，陈益卿接任中共铜陵北二区区委书记。其时，日军网罗一批汉奸建立维持会，企图以此来控制广大农村。陈益卿得知坝埂头维持会会长鲁某某反对新四军，迫害抗日群众，于是把这个为非作歹的汉奸处决了。陈益卿的堂弟陈聘卿曾写密信通敌，危害党组织和游击队，陈益卿大义灭亲震慑了敌人。为了有效地控制坝埂头维持会，他先派地下党员陈孝顺（后叛变）去当会长，后来又把自己的弟弟、地下党员陈怡卿派进坝埂头伪警察所当了巡官。陈怡卿打进敌巢后，及时提供情报，设法营救被捕同志，大大方便了中共党组织和部队的秘密活动，为铜陵敌后抗日立下了功劳。

动员群众抗日

1940年9月，根据中共铜陵敌后县委的指示，铜陵县抗敌自卫委员会成立，由陈益卿担任主任。在陈益卿的领导下，县抗敌自卫委员会动员群众参加新四军，协助征收出口税，分化瓦解日伪组织，领导各乡抗敌自卫委员会开展工作。

皖南事变后，根据中共上级党组织的指示，铜陵县抗敌自卫委员会撤销，而在铜陵敌后设立了区级人民政府。1941年5月，铜陵县一区政府成立，陈益卿出任区长。他领导区政府在各地建立税收机构，支援新四军皖南支队，保证了抗日民主政权的供给，同时领导群众开展了减租减息斗争。

陈益卿还积极扩大民兵组织，组织递步哨站岗放哨、侦察敌情、传递情报。到1942年，铜陵敌后地区都建立了民兵组织，村村都有递步哨，严密地监视着敌人的一举一动。

为国英勇捐躯

1943年5月，由于叛徒陈孝顺出卖，陈益卿被捕后关押在坝埂头日军据点内。面对特务汉奸的劝降，陈益卿理直气壮地斥责他们卖国求荣的可耻行为。汉奸无奈之际，将他转送铜陵城内的日军司令部。

日军头目见到陈益卿，假惺惺地叫人松绑，还说只要陈益卿同他们合作，就有票子、房子，还可做官。陈益卿投以轻蔑的一笑，指责日军侵占中国欺压中国人民，实行"三光"法西斯政策，还一脚把日军为他置办的一桌酒菜踢翻。日军头目恼羞成怒，动用各种酷刑折磨陈益卿，陈益卿却没有吐露党的半点机密，没有出卖一个同志。日军万般无奈，遂于1943年8月21日在铜陵西门外，把陈益卿装进麻袋，极其残忍地用刺刀乱捅一气，然后抛入江心。

陈益卿壮烈牺牲了，1943年9月，中共铜（陵）青（阳）南（陵）

县委在西湖乡举行了追悼大会，沉痛哀悼陈益卿。朱农、陈爱曦、陈尚和等中共铜陵县委负责人及各界代表 100 多人参加了追悼会。朱农代表县委致悼词，对陈益卿为铜陵抗日民主政权作出的贡献、为国捐躯的英勇事迹给予了高度的评价。

章家元：打入日伪内部的新四军副营长

[人物简介]

章家元，1911 年 2 月 13 日出生于铜陵县章家洲（今义安区胥坝乡），原名启斌，化名嵩山。1938 年投身革命，1942 年加入中国共产党，历任新四军排长、副连长、副营长等职。曾因革命工作需要，打入日伪内部，建立新四军沿江地下交通站，为开辟和保卫皖江抗日根据地作出了贡献。1948 年 10 月 21 日，遭国民党反动派杀害，时年 37 岁。

革命之路

章家元从小跟父亲在船上摆渡，在风口浪尖上滚打了 18 个春秋，不仅练就出一副好体魄和一身好水性，同时养成了坚韧不屈的性格。1937 年卢沟桥事变爆发，章家元于 1938 年春毅然抛桨离乡横渡长江，去江北无为县牛埠地区加入了新四军江北游击总队桐东大队，同年担任桐东大队特务中队手枪二小队队长。1939 年，该中队扩编为大队，章家元任二中队队副，领导中队活动在以大通为中心的沿江一带，声东击西地袭击日伪军据点，惩治日寇和汉奸。1940 年 7 月，他随部队编入新四军第三支队挺进团，任二营四连副连长。

皖南事变后，为了巩固沿江抗日根据地，新四军七师党委派章家元返回家乡，在沿江洲圩区秘密开展对伪军的策反工作，维护南北地下交通线的安全。这一时期，章家元掩护新四军失散人员安全地突围至江北，又将七师从江北派往皖南的同志一批一批地迎接过来。1941 年秋，章家元策反和感化了 30 多名伪军，携带 20 多支枪反戈投诚，被新四军七师五十五团编入该团一营，章家元被任命为副营长。1942 年 1 月，根据新四军七师曾希圣等同志的指派，章家元从江北无为南乡二十四圩驻地回到铜陵，建立沿江地下交通站，并由师部党委批准打入日伪内部开展工作。于是，一把尖刀就插入了敌人心脏——

打入日伪

1942 年 1 月，新四军《大江报》，以醒目的位置报道了章家元"叛变投敌"的消息，刊登师部"捉拿'叛徒'章家元"的"通缉令"这是为迷惑敌人制造的假象。不久，章家元、洪亮和施忠富等，带着新七师秘密给予的资金，经过一番周折，终于在铜陵县老洲、安平等地建立了直属七师敌工部领导的地下交通站……

章家元无所畏惧地深入敌巢，而洪亮则以做买卖为掩护，位居第二线，秘密负责党内组织和联络情报工作。为在敌占区取得合法的立脚点，章家元利用在敌伪工作的侄儿章尚玉，争取到日军警备队翻译谢瑞生和伪"自卫团"副团长张济云等人的信任，并在他们的协助下，很快就完成了上级交给的"组织一支'伪军'"的任务。这支队伍定名为"兴亚大队"，章家元出任大队长。新四军七师五十五团为了充实该队的骨干力量和支持章家元开展工作，又先后派来了高连青、黄麻子等同志加入"兴亚大队"。这支部队又名"老洲自卫大队"，名为伪军，实为新四军前沿岗哨。

一段时间后，这支队伍在老洲、安平等铜陵沿江一线基本站稳了脚跟。然而，日军与汉奸两股敌人尤其是铜陵县汉奸头子吴智和，一直虎视眈眈，总想吃掉他们。初夏，日伪经过一番策划，成立了伪"铜陵县保安大队"，吴智和任大队长，并提出要将"老洲自卫大队"

改编为"保安大队第三中队",归吴智和指挥。经新四军敌工部同意,章家元将计就计同意改编,但针锋相对地提出了三个条件:一是改编后的三中队,大本营必须仍在老洲不动;二是只负责洲区一带的防范和治安,不听调动;三是经济独立,税收不上交。日军为了达到"以华治华"的目的,便叫吴智和接受了改编的三个条件。

章家元的"叛变"让有些人信以为真,一些革命队伍中的投机分子也找章家元,把他当作投靠敌人的"介绍人"。1942 年春末夏初,新四军五十五团一营有个姓张的叛徒带着一个女人来到章家元住处,说是前来投靠皇军,要求给他们搭一个桥。章家元与之周旋,并向组织请示后,立即召开宣判大会,说抓到了新四军就地处决,并四处张贴布告宣传。这样既惩办了叛徒,又迷惑了敌人,以假乱真,做得天衣无缝。是年 5 月,章家元实现了多年的夙愿,由洪亮介绍,光荣地加入了中国共产党。

惊险时刻

1942 年 10 月,日军在安庆下游一带,进行了前所未有的大"扫荡",向新四军七师根据地猖狂进攻。

一天,日军头目喊来翻译官谢瑞生,指着刚刚搜缴来的一叠资料说要尽快翻译过来。谢瑞生随手翻了翻资料,脸色大变,但迅速又恢复镇定。谢瑞生拿着资料急步走向自己的房间,插好门窗,拉上窗帘,点亮台灯,将资料扔在桌上。然后,来回地踱步,烟一支接一支地抽,很快,这封闭的小屋被烟雾笼罩起来。

原来这些资料是日军大"扫荡"时,从一处山洞里获得的七师敌工部的秘密档案,有我党机密文件,还有沿江一带部队编制、装备、布防情况登记册和我军派驻各地的联络站,以及地方工作的情况表格等。如果让日军知晓,后果将不堪设想。幸运的是这份关系到章家元、洪亮及其战友们生死存亡的资料,此刻落在了谢瑞生的手里。谢瑞生原为新四军军医，皖南事变前夕被捕，因为会日语，被迫留在日军报导班里当翻译。但谢瑞生一直在关注着我方人员，常常利用自己的有利身份暗中相助。

在这危急关头，章家元出现了，他当机立断，让谢瑞生将有关交通站及其他重要资料抽出，丢到火炉里，然后又让谢瑞生将一些无关紧要的资料译出，以应付日军，从而化险为夷，使沿江地区革命组织和工作人员免遭重大损失。

章家元、洪亮他们已经接到新四军七师的通知，要他们在危险时刻可放弃交通站，率部队返回七师。而谢瑞生已经解除了他们的危险，使得他们又安全地战斗在敌人的心脏。这次日寇在这次"大扫荡"中，掳走 24 名新四军战士和 11 名农民，章家元假借严家桥当地居民的名义和利用县维持会以及有关人员亲戚的关系将被捕同志全部保释。

智斗日伪

因为洪亮经常往返于大江南北联络情况，尽管只是"采购货物"，但还是引起了敌人的怀疑。敌人时常在洲区一带布置密探，对其跟踪盯梢。一次，有人报告洪亮是新四军，城里的日军指使特工队长到老洲去密查。因为这个特工队长早已被章尚玉争取，所以他只派便衣到老洲去转了一趟，回来告诉日军"查无实据"，便算交了差。尽管这样，还是没有完全消除敌人的怀疑。

1943 年秋天，落叶飘零，满目萧条。因为一个特务的告密，铜陵伪保安大队头子吴智和派了一个中队长，带领一个班的伪军突然袭击，将洪亮从老洲抓到铜陵县城（今义安区五松镇），随后又赶到洪亮家，挖地三尺找枪找证据。但什么也未捞到，只将一本旧版《红楼梦》如获至宝地带走了。县伪保安大队里，吴智和手拿着从洪亮处搜来的《红楼梦》，一双奸诈的眼睛仔细地盯着他所怀疑的地方，有印折的页数，还有用钢笔划出的语句……但左看右瞧，就是没有发现他想要的东西，于是气恼地将书扔向一旁。当晚，吴智和煞有介事地审讯起来，洪亮机智应答，半点口风也没露出。敌人一无所获，就在这时，只见章家元满脸愠色地闯进保安大队，质问吴智和："你们知道姓洪的是新四军，为什么不通知我们？我们三中队驻扎在老洲，你们凭什么背着我，到我们驻地去抓人？既然你们这样不信任我，那好，我不干了。"吴智和的脸由白变红，由红变青。事实上，他只是对洪亮有所怀疑，觉得他不同于一般商人，但又没掌握什么确切资料证明他是新四军。这只是一个诱捕而已，什么也没有获得。因而，面对章家元的质问，吴智和十分窘迫，连声道歉，不得不将洪亮释放出来。

洪亮回来后，战友们围着他问长问短，义愤填膺地要求把那个告密的特务干掉。洪亮陷入了沉思，他心里特别痛恨那个告密者，使自己险些落在敌人手中，恨不得马上就干掉他。但权衡利弊，从大局出发，他觉得这样做容易打草惊蛇，决定暂不动他。为了避开敌人的视线，他们将联络点转移到了安平的洼沟，设在章家元的家里。

章家元还利用自己在敌营中的特殊身份，还机智勇敢地先后营救了中共铜陵敌前县委书记王卓、铜陵敌前货检局长王勇以及胡因、李宁、程式、古朴等同志；为经过沿江前往芜湖、南京、上海等地的同志提供方便，设法为他们搞到"良民证"和"通行证"，使他们畅通无阻。

尖刀出鞘

章家元和洪亮领导的这支队伍，在敌人的眼皮下不断发展壮大，由老洲的 1 个小队发展到 4 个小队（另 3 个小队分别驻扎在胥坝、土桥和小天门山）。这支部队由于严守纪律，不侵犯群众的利益，因而得到了当地老百姓的拥护，加之伪乡公所又为他们所掌握，老洲便成了他们的天地。

老洲处于大江中心，与铜陵县城遥遥相望。那滔滔不绝的江水，见证着章家元、洪亮及其战友们的业绩。有多少个日子，章家元率领战友们在江边紧张地忙碌，安排船只组织接送、护送南来北往的同志；又有多少个同志在这条交通线上，来来去去畅通无阻，避免了无谓的牺牲。1942年春的一天，数名国民党军官经过这条交通线到江南去，他们将短枪藏在船舱的底层，被设在成德洲的岗哨发现。章家元的队伍立即上前以"伪军"的面貌出现，将他们一网打尽，缴获所有的枪支。

1945年8月15日深夜，月光照在老洲江边一群人身上。章家元、洪亮及其战友们怀着难以抑制的激动心情，默默地同父老乡亲们依依惜别，因为日本宣布无条件投降，他们接到七师师部的命令，结束了地下秘密交通站的工作，要带兵返回江北新四军部队。就这样，章家元完成了长达44个月深入虎穴的特殊工作。

凛然就义

1948年春末夏初，章家元在铜陵、庐江、无为三县交界处的三官山地区与我军独立团团长兼县委书记马力取得联系，马力要章家元到南京通过关系购买枪支弹药以及电台设备等军用物资。章家元接受任务后于5月26日行至无为县白梅陈村时，被国民党驻土桥沿江联防大队发现，不幸被捕。

章家元在敌人严刑拷打和威逼利诱面前，坚贞不屈，没有透露半点实情。敌大队长凌培林咆哮着说，再不说送你上西天。章家元鄙视地回答，"共产党人是杀不尽的，杀我一个会有千百万同志继续前进，敌人一定要灭亡，革命一定要胜利！"凌培林恼羞成怒，拔出腰刀，当场割去章家元的右耳，章家元顿时鲜血淋漓，昏迷过去。

1948年10月，中国人民解放军即将逼近沿江。垂死挣扎的敌人于21日上午将章家元押至无为县城北门外刑场。章家元大义凛然，视死如归，一路高呼口号走向刑场，声震皖江。

陈尚和：优秀"敌工"的铜陵县委副书记

[人物简介]

陈尚和，1912 年 9 月出生于铜陵县民和乡（今义安区东联乡）湾里陈村的农民家庭，学名尚渭，号唤群，化名丁长春。1934 年参加革命活动，同年加入中国共产党。历任党支部组织委员、支部书记、县委宣传部部长、县委敌工站副站长、工委书记、县委副书记等职。陈尚和在革命战争年代，为铜陵党的建设和武装斗争，以及敌后抗日根据地的建设，尤其是在"敌工工作"方面作出了突出贡献。1947 年 11 月 17 日，在南陵县小张家山战斗中壮烈牺牲。

机智勇敢巧斗敌人

陈尚和早期结识进步知识分子章啸衡等人，受到新思想的启迪，积极参加到中共铜陵党组织的地下活动中。他不仅宣传和发动群众起来革命，还鼓励家人为党工作。他的家就是我党的秘密交通站，每当党组织在他家秘密集会时，母亲和妻子就在外边站岗放哨。1934 年下半年，经陈是田、沈默介绍，陈尚和光荣地加入中国共产党。

1939 年 8 月到 1940 年初，陈尚和任中共铜陵县一区区委委员、宣传科科长，长期活动于民和乡一带。在此期间，他组织了农抗会、妇抗会、青抗会等民众抗日团体，并选拔优秀分子入党，不断壮大革命力量。他还在各村建立党的基层组织。当时，民和乡维持会有一个汉奸会长鲁某，被陈尚和抓获枪毙了。然后，陈尚和设法让我方人员去担任了会长，使民和乡维持会控制在党的手中。

在此期间，陈尚和还多次率领游击队破坏敌人的桥梁、公路、电线以及通讯设施。有一次，他们将敌人坝埂头至石板路的电话线割断 20 多华里，致使敌人在这一地区的通讯长期不得恢复。一天黄昏，陈尚和率 30 多名青抗会队员，分两组来到荻港桃冲铁路的中段，趁黑夜撬毁敌人 10 多华里的铁路，致使敌人铁路运输全面瘫痪。1941年下半年，他率领 70 多名青抗会和农抗会会员，切断铜陵县城至坝埂头、荻港一线的敌人电话线，砍断沿线 90 余根电线杆。

1941 年 1 月，皖南事变后，陈尚和任中共敌后县委宣传部部长。他不顾环境险恶和个人安危，投入安排突围出来的新四军官兵的收容和护送工作中去。他先后接送了李步新、陈云飞、杨明等新四军指战员安全渡江，到达江北皖中抗日根据地。还将一时不能转移的伤病员，设法安排到"堡垒户"家里养伤，多次躲过敌人的明搜暗查，保护了革命的有生力量。在此期间，他还打出"新四军第七师长江锄奸团"的番号，先后铲除了汉奸查啸泉、叶茂华、张贤驹等人。

英勇顽强虎口脱险

1942 年夏秋之际，陈尚和等人在河旁崔村开会，研究斗争策略。由于汉奸告密，日伪军 300 余人化装成便衣，包围了三面环水的河旁崔村。在此紧急关头，陈尚和吩咐大家下水分散隐蔽于芦苇丛中，躲过了日军搜捕。

敌人未见新四军人影，便把全村男女老少赶到空场审问。陈尚和为了让群众幸免于难，勇敢地暴露了自己。他被敌人五花大绑地押到汀洲据点关进土牢。敌人对他实施了坐老虎凳、踩杠子等酷刑，甚至用刀劈去他的半个耳朵。陈尚和被折磨得血肉模糊，仍然坚贞不屈，始终未向敌人透漏半点消息。陈尚和仔细观察，发现土牢四壁是土填实的，于是他把送饭的筷子留下，夜间用筷子一点点掏松泥土扒开一个小洞，趁天黑人静悄悄爬出土牢，躲过敌哨兵，成功地逃脱了。

"敌工工作"的高手

1943 年 3 月，陈尚和调任中共铜青南县委敌工站副站长，负责全县的敌情工作，常常出没于敌伪据点，侦察敌情，搜集情报，随时掌握敌人动态，争取斗争的主动权。铜陵敌工站在陈尚和领导下，多次圆满地完成任务，受到上级的表彰。

坝埂头是进入铜陵的水上门户，日军不仅重兵把持，而且设立了经济特务机构——大东洋行。洋行的经理程惠文是台湾籍人，有一次，程惠文押船从芜湖装货到顺安，途经铁湖嘴时被游击队伏击生擒。后来程惠文在党的教育下转变态度，释放后暗中为我党效力。陈尚和抓住这个机会，把共产党员吴大坤安插到洋行任司磅员，使敌人的洋行变成了共产党地下的情报点。他曾选派党员马玉栋充任伪维持会会长，打入铜陵日军司令部情报组织，名为日军侦察，实为我军地下情报工作者。陈尚和还通过社会关系，争取和利用了铜陵日军司令部的翻译官等一些伪职人员，让他们为我军收集提供敌方情报，营救我方被捕同志，采购军需物资等，出色地配合了县委和游击队的军事政治斗争。

1945 年 8 月，抗战胜利后，陈尚和担任新成立的中共铜青南县委委员。这时的铜陵再次笼罩在国民党的白色恐怖之中，他率领一部分游击队在以铜陵、青阳交界的茗山冲为中心地区坚持游击斗争。他对于地方保甲长和士绅，尽力予以争取，而对少数罪大恶极的特务、反动乡长则坚决予以镇压。杨维谱为南陵伪丁殿乡公所的干事，此人虽职位不高，但在地方上却有一定的影响。为了争取他，陈尚和多次登门做工作，终于使杨维谱有所感动，此后不仅经常为我方搞情报、购物资，还帮助争取其他伪职人员，为游击队能在这一地区站稳脚跟提供了方便。

壮烈牺牲义魄常在

1947 年 9 月，陈尚和调任中共泾青南县委副书记。11 月 16 日，他在南陵绿岭小张家山宿营。国民党南陵县常备队和绿岭丁四乡联队得到密报后，立即纠集了 200 余人，悄悄潜入小张家山，占领了小张家山三面山头制高点。翌日拂晓，他们向游击队发起猛烈攻击。陈尚和在战斗中身中数弹，不幸壮烈牺牲，时年 36 岁。

新中国成立后，铜陵县政府决定将陈尚和烈士的遗骨，由南陵县小张家山移葬到烈士的家乡——铜陵。移葬那天，南陵县丁殿乡干部群众为烈士开了一个隆重的追悼会，各界人士纷纷敬献花圈和挽联，其中有一副挽联这样写道："不挠不屈壮烈牺牲，万世英雄不朽；克苦克劳激昂奋斗，千秋义魄常在。"

陈爱曦：新中国成立前夕的铜陵县委书记

[人物简介]

陈爱曦，1914 年出生于铜陵县西湖镇（今铜陵市铜官区）陈村，1938 年 10 月参加抗日游击大队，1938 年 12 月加入中国共产党。历任长江游击大队文书、铜陵县青年抗敌协会服务股长、中共铜繁边区工委书记、中共铜陵敌后县委组织部部长兼铜繁边区工委书记、中共南繁芜县委副书记等。1940 年 10 月 10 日先后任中共沿江中心县委宣传部部长、中共泾太石工委书记、中共黄西工委副书记兼黄西游击大队政委、中共

陈爱曦

沿江工委常委兼组织部部长和沿江支队副政委。1949 年 2 月，任中共铜陵县委书记。新中国成立以后，历任池州地委宣传部部长、六安地委书记兼军分区政委、芜湖地委书记兼军分区第一政委、安徽省民政厅厅长、农业厅厅长、安徽省纪委书记等。

从普通农民到革命战士

陈爱曦姐妹 10 人，他是父母的第十个孩子，6 个姐姐在饥寒交迫中先后夭折。作为唯一的儿子，他被父亲送进私塾读书，成为陈家三代之中第一个读书人。少年时代的陈爱曦，每天放学回家帮父母干农活，他感慨父母的艰辛劳作，也愤恨黑暗社会的不公平。1931 年，铜陵县遭遇水灾，陈爱曦的家境更加艰难，只好辍学回家务农。

1938 年 11 月，日寇侵占铜陵。面对日寇烧杀抢掠的暴行，铜陵人民揭竿而起，在中国共产党的领导下，迅速组建起铜陵抗日游击大队。陈爱曦怀着对侵略者的无比痛恨和拯救国家于危亡的爱国热情，告别年迈的父母，投身到抗日救亡的洪流中，参加了抗日游击大队。从军入伍后，他被派到新四军第三支队抗日救亡训练班学习，1938年 12 月加入中国共产党，从此走上了革命道路。在第三支队抗日救亡训练班学习结束后，他又赴新四军军部教导总队继续学习，被编在第一队，由此渐渐完成了从普通农民到自觉的革命战士的转变。

戎马生涯屡建奇功

1939 年 4 月，陈爱曦结束了在军部教导总队的学习，由组织派回铜陵，任长江游击大队文书，不久调任铜陵县青年抗敌协会服务股长，在新四军第三支队的领导下，深入发动群众，积极组织猎户队、游击队等地方抗日武装。

1941 年 1 月，皖南事变爆发。在突围中，陈爱曦受伤后幸遇军部统战部部长夏征农等同志。他们克服艰难险阻突出重围，经铜陵来到江北无为县石板洲，与张伟烈等同志会合。1941 年 4 月初，陈爱曦遵照党的指示重返江南，赴繁昌县开辟抗日根据地。

1943 年 7 月，陈爱曦利用国民党军队派系内讧的时机，组织了何家湾战斗，只用 20 分钟就歼敌 2 个排，溃敌 1 个排，缴获机枪 3 挺、步枪 100 余支。1945 年 3 月，陈爱曦带领两个主力连和泾南地方抗日游击队寻机歼敌，开辟泾南抗日根据地。塔里河一仗，消灭敌军 80 多人，缴获步枪数十支。

1947 年 5 月，陈爱曦指挥沿江游击队进入皖南，指挥了蒋家坑伏击战。他根据侦察情报，指派丁铁牛选调少数由神枪手和投弹手组成的突击班，以猛烈的火力佯攻敌龙门乡公所，诱敌增援，自己则率 3 个班在蒋家坑设伏。第四天拂晓，40 余名敌人果然赶赴龙门增援。敌人走进伏击圈后，陈爱曦一声令下，埋伏的游击队员像猛虎下山一样冲向敌人。丁铁牛也迅速率突击班包抄过来，20 分钟就结束了战斗，歼敌 1 个排，毙敌 12 人，俘虏 10 人，缴获机枪 1 挺，步枪 10 多支。这是沿江游击队进入山区后战果最大的一仗，极大地鼓舞了皖南游击队的士气，泾县、太平、石台三县人民的抗日热情空前高涨，纷纷参加游击队的行列。游击队由不到 70 人迅速扩大到 400 余人，组成了 3 个主力连和 2 支武工队。

1947 年 7 月 7 日至 17 日，中共皖南地委在太平县龙门竹园坦陈家祠堂召开地委扩大会议。会议期间，国民党太平县警保中队企图偷袭与会人员，中共皖南地委决定予以坚决打击。陈爱曦部的三个主力连，对敌人发起了猛烈的进攻。战斗打了三天三夜，歼敌大部，俘敌 70 余人，缴获机枪 1 挺、短枪 3 支、步枪 50 余支。这一仗不仅保卫了地委扩大会议的安全，而且扫清了龙门一带的敌人碉堡。龙门战斗胜利后，太平县人民的斗争情绪更为高涨，抗丁、抗税、抗租、抗债、抗粮和分粮斗争开展得如火如荼，革命形势蓬勃发展。一个月内，在抗粮斗争中就有 100 多人参军，民兵发展到 2000 多人。各地民主政权纷纷建立，太平县龙门、新丰、秧溪辅村等地先后成立了乡行政委员会。太平县除仙源以外的所有乡镇都控制在我党手里，国民党太平县军政人员只能龟缩在县城里。

1947 年 9 月，陈爱曦奉中共皖南地委指示，率部进入黄山西部地区开展游击战争。11 月，国民党调集六十二师、新十三旅以及各县地方反动武装，对中共皖南各游击根据地实行残酷的"清剿"。黄山西部地区五溪山一带，42 户群众房屋全被烧光。陈爱曦率部与敌周旋。为保存革命力量，减少损失，他组织力量把新四军迁来的被服厂、修械组和伤病员迅速转移到太平县焦村、秧溪山区隐蔽，同时率部跳出包围，插到外线，转战于太平、石棣一带，寻机歼敌，终于粉碎了敌人的"清剿"。

1949 年 4 月中旬，为迎接解放大军胜利渡江，陈爱曦率部在青阳甘家冲集结待命。4 月 21 日清晨，他在甘家冲祠堂召开排以上干部会议，传达中共沿江工委指示：国民党铜陵县政府军政人员准备从小路向挂岭方向逃窜，上级命令在挂岭阻击逃敌。随后集结在甘家冲的游击队员 40 多人，围歼了 1 个自卫队 3 个大队共几百人的逃敌，赢得了铜陵江南地区解放的最后一战。

英雄人物

何骏启：英雄豪气的农民赤卫队长

[人物简介]

何骏启，今义安区顺安镇湖城村人。土地革命时，由于不堪忍受地主残酷的经济剥削和政治压迫，他在中国共产党的武装斗争思想的影响下，逐步走上武装暴动的道路，曾组织和领导了湖城涧一带穷苦农民开展劫富济贫的斗争，后担任当地农民赤卫队长。1931年被国民党反动当局杀害，时年29岁。

官逼民反，走上武装抗争之路

1902年，何骏启出生在铜陵顺安湖城一个中等生活水平的农民家庭，家中有草房数间，田地8亩多，另租种地主朱老三家田地30亩，其父开一个小杂货店，生活比较宽裕。何骏启自幼读书，成年之后是当地稍有名气的文人。

1920年间，何骏启的父亲一病不起，何家耗尽家资也未能治愈，几年后病故。由于给父亲治病连同办理丧事所费颇多，何骏启卖掉了自家田产抵债，从此家道中落，每况愈下。地主朱老三眼见何家日渐穷困潦倒，唯恐何家日后交不起地租，强行收回了租给何家耕种的田地，这就断绝了何骏启养家糊口的生路。此时，官府苛捐杂税多如牛毛，重重的压迫更使得何骏启难以忍受。从此，何骏启走上了与反动政府以及为富不仁的地主豪绅武力抗争的道路。

要与黑暗势力抗争，赤手空拳、单枪匹马是根本不行的，必须拿起武器，组织贫苦农民，齐心协力地开展斗争。1927年，占据安徽、江苏、浙江、福建等省的直系军阀孙传芳所部，被北伐军打得丢盔弃甲，溃不成军。一次，有三个散兵游勇携带枪支夜宿湖城，何骏启设法买下了他们的枪支弹药。

有了枪弹之后，当地一些富有反抗精神的农民，很快聚集到何骏启的周围，自发结成了一支农民武装。他们采用哄抢大户人家和绑票等种种方式，筹集资金，购买枪支，扩充实力，同恶势力抗争，声势日渐壮大。

拨正航向，斗争锋芒直指反动武装

1930年冬，共产党员凌霄来铜陵汀洲一带开展建党活动，首先发展了当地进步人士章啸衡加入中国共产党。何骏启与章啸衡是亲戚，二人来往密切。章啸衡加入党组织之后，从思想上给何骏启很大启发与影响，使何骏启领导的农民武装逐步向正确的方向发展，即由单纯的打家劫舍式的劫富济贫，走向武力反抗国民党反动统治的道路。何骏启将原来农民武装改变为湖城涧农民赤卫队，何骏启担任了赤卫队队长。

在党的领导下，湖城农民赤卫队的斗争锋芒直指顺安、湖城等地的国民党保卫团以及其他反动团练。他们惩凶罚恶，缴夺枪支，灵活巧妙地打击敌人，弄得国民党铜陵县反动当局惶惶不安，惊呼："日前陶村耆鸟（湖）城涧一带，发现有匪徒80余人，快枪盒枪甚多……"县长栗伯隆和县保卫团团长朱清亚只得赤膊上阵，带队前往"清剿""兜剿"。

1931年1月30日，朱清亚率领大队人马开赴顺安镇。次日，即兵分三路，一路经新塘湖等地搜查，一路经湖城涧等处搜查，一路经墙里吴等处搜查。何骏启等人在得悉这一情报之后，便分散隐蔽到深山密林之中，使敌人扑了个空，只得疲惫不堪地回顺安过夜。入夜，朱清亚又接到发现"匪情"的报告，只好又率队出动。何骏启等人将敌人引向叶山章家牢形一带，不断地向保卫团开枪射击。听到枪声，敌人顿时乱成一团，黑灯瞎火，漫无目标地胡乱开枪，什么也没有打着。这样一直折腾到天亮，一个个拖得精疲力竭，连一个人影也没有抓到，反而丢下两具尸体。气急败坏的保卫团放火烧了何骏启等几户人家的草房，收兵回城。

惨遭杀害，英雄豪气丧敌胆

房屋被烧以后，何骏启等人在当地没有存身之处，只好将母亲、妹妹送往和悦洲暂住，农民武装也分散到汀洲、荻港等地，利用各种时机开展武装斗争。

1931年间，何骏启由荻港回到铜陵，准备召集旧部相机起事。不料在铜陵北埂王村与国民党新任县长张武带领的兵丁相遇，发生枪战，由于寡不敌众而遭逮捕。章啸衡在得悉何骏启不幸被捕的消息后，托人疏通并设法营救，但未能如愿。

不几天，国民党铜陵县政府决定杀害何骏启。行刑那天，兵丁们用通顶轿子抬着何骏启，在铜陵城关（今义安区五松镇）游街示众，意在杀一儆百，但结果适得其反。何骏启在轿上昂首挺胸，揭露官僚政客的黑暗统治，怒斥反动派的无耻，围观者多有不平之色。刽子手们见示众达不到目的，又怕发生意外，在抬到西蛤蟆墩（现五松镇粮站附近）时赶紧行刑。一颗罪恶的子弹射进何骏启的头颅，何骏启为反抗黑暗势力献出了年轻的生命。

花良虎：宁死不屈的农抗会主任

[人物简介]

花良虎（1891—1941），出生于今安徽省无为市。土地革命战争时期，曾组织和领导当地农民开展铲富济贫斗争，抗日战争全面爆发后曾担任乡、保农会主任等职。1941年3月10日被国民党反动派杀害，时年50岁。

参加革命

1891年，花良虎出生于江北无为县一个贫苦农民家庭，自幼背井离乡，逃荒要饭，后来在铜陵县九榔附近的水村（今义安区钟鸣镇境内）定居。艰苦的环境，贫困的生活，使他养成了倔强性格。1934年秋，中共党组织派曾一坚由江西苏区经上海来到铜陵水村，他以当地开明绅士陈春圃家为落脚点，在水村、牧家亭、九榔一带秘密开展建党活动。花良虎是曾一坚最先发展的党员之一。

1934年，铜陵发生大旱，山区有不少地方颗粒无收，农民生活极端困苦。寒冬来临，穷困潦倒的贫民百姓苦不堪言，纷纷寻求生活出路。曾一坚抓住这一有利时机，布置党员发动群众，同地主豪绅进行斗争。斗争的重点是夺取敌人的枪支，武装农民群众中积极分子。同时，他自己动手，制作一些土炸弹和大刀。

花良虎受曾一坚指派，暗中进行秘密准备。他多次在新屋花村一带找穷苦农民谈心，向他们宣传"打倒贪官污吏""打倒土豪劣绅"等革命道理，启发他们的阶级觉悟。很快，他在水村一带组织了 20 余人，到南陵县樱桃山和铜陵县九榔河滩几个土豪劣绅家进行夺枪斗争。

离家出走

花良虎领导农民同土豪劣绅抗争的壮举，引起国民党反动派的恐慌。1935 年 2 月，国民党当局与地方土豪劣绅相互勾结，在罗家店召开秘密会议，商量如何对付"闹事"的乱民，决定先抓几个为首的骨干分子。开明绅士陈述典得知消息后，及时通知了花良虎。第二天，保甲长带领四五十名清乡队士兵包围了花家，结果扑了个空。

花良虎离家出走后，决定寻找党组织，以便更好地同国民党反动派作斗争。他冒着风险，沿途乞讨，从皖南山区到上海，但在白色恐怖下，始终未找到党组织。此时的花良虎处于有家难回、有国难报的困境中，只好四方流浪。为了生计，他在无为县林家井帮人做生意，在南陵县城北的小集镇帮人做过豆腐。国民党反动派一直视他为眼中钉、肉中刺，始终不忘打探他的下落。花良虎终究没有逃脱反动派的魔掌，1935 年底，他被铜陵县国民党当局捕获，在狱中倍受折磨，两年后才经陈春圃等联名保释出狱。

农抗会主任

1938 年春，新四军开赴皖南前线抗日。这一年夏天，花良虎在前往宣城贩盐途中获悉新四军是共产党领导的队伍，激动不已。他主动找到部队，要求参军抗击日寇侵略。新四军的接待人员在了解了他的身世与经历后，要他回到家乡，发动群众，为打击日本侵略者多做工作。花良虎回到家中，积极开展抗日宣传活动。

1938 年底，新四军三支队进驻铜（陵）南（陵）繁（昌）之后，广大农民群众的抗日热情更为高涨。在中共铜陵地方党组织和新四军民运工作队组织和发动下，铜陵燕子牧、三条冲一带农抗会、青抗会、妇抗会纷纷建立，花良虎先后担任第四十六保农抗会主任和金凤乡农抗会副主任。

回到党组织的怀抱之后，花良虎浑身上下有使不完的劲，他夜以继日地为党工作。新四军三支队司令部驻在繁昌县沙滩脚，离水村有十几里路，他经常摸黑去参加会议、送信、送宣传品。1940 年夏，他参加了由县青抗会组织的"借"粮斗争，勇敢地同国民党铜陵县政府进行面对面的斗争，这使他感到扬眉吐气。

1941 年 1 月，震惊中外的皖南事变发生，国民党顽固派掀起了新的反共高潮。当时，国民党铜陵县县长王瑞麟与书记长曾达文躲在金榔山区的大屋基方村，策划如何进一步迫害共产党人和抗日群众。

一天，南陵的一个名叫牧宏发的漆匠经过方村，国民党从他身上搜出一包调漆用的白细粉，如获至宝，诬指他蓄意到井里放毒而将其关押，并进行严刑逼供。牧宏发在酷刑之下，胡乱招供，说自己是共产党员，行动受共产党员花良虎指使。这就更使国民党反动派把花良虎视为眼中钉、肉中刺。

英勇就义

1941 年 1 月 30 日，国民党铜陵县政府自卫队长胡德胜带领 4 名士兵，将花良虎抓至大屋基方村，将他吊了整整一天一夜，然后投进大牢，软硬兼施，严刑逼供。面对上吊、踩杠等各种酷刑，花良虎毫不屈服，拒绝招供。国民党铜陵县县长王瑞麟见一无所获只好从后台走到前台，亲自主持审讯。王瑞麟问："你那地方还有多少共产党？"花良虎回答："只有我一个。"王瑞麟见硬的不行就来软的，假惺惺地说："你好好讲，我可以放你回家。"花良虎怒斥道："我不管回家不回家，就是杀了我，共产党员还是共产党员。"王瑞麟碰了一鼻子灰，审讯只好草草收场。

在逮捕花良虎之后，王瑞麟已经电呈国民党皖南行署，要求将其处决。1941 年 3 月 5 日，皖南行署下令准予就地秘密处决。3 月 10 日，胡德胜带领刽子手秘密地将花良虎押往方村边的老虎头。花良虎知道自己此去凶多吉少，就将家庭后事向同牢房的张广成作了交代。在刑场上，他正气凛然，当刽子手要他跪下时，他斩钉截铁地说："我是中国共产党员，又是三代以上的人了，怎么能跪呢！"并指着自己的胸部说："往这里打！"——就这样，一颗罪恶的子弹穿过了花良虎的胸膛。

花良虎英勇就义、宁死不屈的革命精神永远为人们所传颂。

章啸衡：铜陵地区第一位游击大队长

[人物简介]

章啸衡，1896 年 11 月出生在铜陵县太平乡（今义安区西联镇）钱家湾的农民家庭，幼名家霖，化名童天一，早年投身革命，参加过北伐战争和东征讨蒋运动。1930 年底加入中国共产党，为铜陵早期党员之一。抗日战争全面爆发后，他与党组织失去联系，后在新四军政治部的帮助下，发起创建了义安地区第一支抗日武装——沙洲游击大队，并担任大队长，后任长江游击纵队队长、长江游击大队司令员等职。新中国成立后，先后担任芜湖市政协副秘书长、副主席。1965 年 10 月因病去世。

章啸衡

仗义疏财的革命者

章啸衡四五岁时，父亲将他过继给膝下无子的伯父章莫邦。章莫邦家有田地200余亩，又在省府安庆任官，很有财势。章啸衡过继给伯父后，伯父像对亲生儿子一样宠爱他，章啸衡过上富裕的生活。

章啸衡1919年入安徽省立五中（今芜湖一中）读书时，深受五四运动的影响。他为人耿直豪爽，重义轻财。伯父中年病故后，他接过全部家产，更有条件广交地方人士。他经常为人排忧解难，对一些少衣缺粮和婚嫁丧葬的贫穷人家出钱出物，而且每逢青黄不接之际，总开仓放粮救济穷人。因此，章啸衡在四方乡里享有很高的声望。

1926年7月，北伐战争爆发后，章啸衡与当地的富绅陈春圃、胡晓楼等人，迅速召集四邻八乡的有志男儿，沿江打捞和收集溃散军阀遗弃的枪支弹药，自筹粮饷拉起了一帮人马，投入讨伐反动军阀的革命洪流之中。1927年3月，章啸衡等人被国民革命军第三十三军军长柏文蔚收编，陈春圃受任第三师第六旅旅长，胡晓楼任团长，章啸衡任独立营营长。他们受命各自率领部队，在桐城集合后向六安进军，投入东征讨蒋运动。

1927年4月，蒋介石突然叛变革命，章啸衡不幸被捕，后经内线营救出狱。

屡遭国民党通缉的共产党人

1930年11月，曾担任过中国红军独立第二师副师长兼参谋长的凌霄，来到铜陵。章啸衡与他结识后，便将凌霄安排在自己家中居住，积极配合凌霄开展铜陵的党建工作。他自愿担任地下交通员，还不惜变卖家产为党的活动提供经费。1930年底，经凌霄介绍，章啸衡光荣地加入中国共产党。1931年夏，铜陵发生了历史上罕见的特大水灾，许多百姓流离失所，无米无炊，无家可归。为救济饥饿的百姓，章啸衡等地下党员，组织当地百姓发起了向地主借粮的斗争。事后，他遭到国民党县政府的通缉，经亲友解救逃至上海，在中共中央局接受了短期训练。训练结束后，他被党组织派到上海闸北灾民收容所当管理员，次年返回铜陵。1933 年春，苏拓夫来到铜陵，与章啸衡结识后在一起开展党的活动。不久，章啸衡又被视为共产党嫌疑再遭通缉，党组织及时采取保护措施，让他化名汪寿南到安徽省赈灾委员会当了一名查放委员。1935 年 6 月，国民党第八区行政公署对共产党员进行大肆搜捕，章啸衡被迫离开安庆，再次去了上海。

屡遭国民党通缉的章啸衡，至少有过三次"虎口脱险"。

第一次是在乡村脱险。1931 年夏天，铜陵遭遇特大洪灾，尤其是江洲圩区灾情更为严重，房屋倒塌，庄稼颗粒无收，灾民无数，流离失所。当时在家乡钱家湾从事地下活动的章啸衡心急如焚，他一面拿自家粮食赈灾，一面挺身而出，与他的胞弟、地下党员章家藩一起组织灾民发起了向地主借粮的斗争。见死不救的地主不肯借粮给灾民。章啸衡振臂一呼，带领灾民冲进地主大院，砸开地主家粮仓分了粮食。那些地主对章啸衡恨之入骨，悄悄到国民党铜陵县政府告状。当国民党兵荷枪实弹直奔钱家湾时，平时疏财仗义的章啸衡，早已经得到内线的通风报信，提前离开了钱家湾，只身去了上海。

第二次是在县城脱险。1933 年春天，章啸衡奉上级党组织指示，以个人名义在铜陵县城关（今义安区五松镇）开了一个小店，作为共产党的秘密交通联络点。章啸衡是小店老板，原中共桐城县委宣传部部长苏拓夫化名老王，在小店当伙计作掩护。小店刚刚开张，就引起国民党铜陵县政府的警惕。敌人派人监视、跟踪、盯梢。中共铜陵党组织得知信息后，当机立断，决定马上关闭小店，撤销联络点，并让章啸衡暂时回家躲避。章啸衡刚回到钱家湾，就有内线送来消息，国民党兵要连夜赶到钱家湾抓捕他。当天章啸衡上了木船，连夜到了安庆，又一次从敌人眼皮底下溜走了。章啸衡成功脱险后，在安徽旅沪公学校长李振亚的介绍下，在国民党管辖的安庆当上了安徽省赈灾委员会查放委员。

第三次是在安庆脱险。1935 年 6 月间，因叛徒胡宪友出卖告密，中共铜繁无县委组织遭受严重破坏，章啸衡共产党员身份完全暴露。胡宪友带领国民党兵到钱家湾抓章啸衡，几次都扑了个空。章啸衡到全椒县参加安徽省赈灾委员会的放赈会议。会议结束后，与他同行的两位同志在途中返回了钱家湾，章啸衡却坐船溯江而上直达安庆。在安庆华清池客栈住下后，第二天清晨，两位中途回钱家湾的同志突然赶来告诉他胡宪友叛变，应火速撤离脱身。章啸衡一听，知道情况危急，迅速赶到轮船码头连夜离开了安庆。随后，国民党果然派手枪队到客栈搜查人，结果又是扑空。章啸衡离开安庆后到了上海。

这些曲折的经历和此后的戎马一生，让章啸衡成了铜陵中共党史中富有传奇色彩的人物。

沙洲游击大队的创建者

章啸衡到上海后，在贫困交加中度过了两年的流浪生活。

七七卢沟桥事变后，章啸衡得悉国共合作联合抗日，于是返回家乡铜陵。1938 年春，日军由南京溯江而上，侵占铜陵。当时还没有与党组织联系上的章啸衡，面对山河破碎的家园，毅然挺身而出，积极动员民众团结抗日。由于章啸衡刚从外地回来，常有亲朋好友和一些爱国青年来他家打听消息，他乘机宣传全国的抗日形势，激发大家的抗日情绪。他还奔赴各乡联络一些党员骨干和革命志士，鼓励他们投身抗日洪流。

当时，章啸衡曾与国民党县政府多次交涉，呼吁政府成立抗日动员委员会。1938 年 6 月，铜陵县民众抗日总动员会在谢家垄成立。当时由国民党县长卢铠兼任动委会主任委员，因其主持工作不力，动委会实际上未发挥应有的作用。后来，吴曙光接任国民党县长兼动委会主任委员。他新官上任，为稳定民心，对原动委会进行了改组，改组后的动委会选举产生了9名常委。以地方绅士身份出面的章啸衡，也当选为领导成员之一，并担任县动委会组织部部长。

1938年7月，章啸衡得知新四军军部开进云岭的消息后，积极与新四军军部联系，请求党组织派人来铜陵领导抗日斗争，还推荐张世杰等人到新四军军部参加学习。同年8月，新四军政治部派张伟烈来铜陵开展对敌斗争工作。1938年11月底，在新四军军部的帮助下，章啸衡联络了一些抗日积极分子，在铜陵沙洲秘密聚会，酝酿组建抗日武装。会后，章啸衡让大家分头聚集人员，收集枪支，并和王仲钧私人拿出6块大洋买了一支冲锋枪。当地的一些开明绅士也把自己护家的支枪和弹药捐献出来。于是，铜陵江南地区第一支抗日武装在沙洲揭竿而起，并迅速发展到三四百人、200条枪的规模，并于12月正式编为新四军第四支队第二游击纵队第四大队，章啸衡任大队长。

1939年1月的一天，章啸衡带领游击队员在太平街、朱家嘴一带袭击了一支日军小分队，打响了铜陵江南地区沦陷后人民抗击日本侵略者的第一枪。章啸衡对敌斗争十分机智。有一年除夕夜，章啸衡回家过年，日军当晚就悄悄地来到他家抓人。当时的章啸衡正在家中吃饭，突然听到狗的狂吠，拔腿就走。他刚出后门，日军就进了他家，穿堂追出后，开枪射伤了章啸衡的小腿。他带着枪伤乘着夜色游过齐腰深的河水，躲过了日军的追捕。

1939年2月，新四军领导人叶挺、项英、袁国平和邓子恢联名致函章啸衡、谢节之，决定将沙洲游击大队番号改为新四军第三支队铜芜繁游击独立第一大队，仍以章啸衡为大队长。在新四军第三支队的领导下，这支游击队的军事、政治素质不断提高，队伍也不断壮大，并为新四军主力部队输送了大批兵源。

文武双全的统战者

皖南事变发生时，章啸衡化名童天一，在铜陵钟鸣的叶山一带活动。皖南事变后，铜陵既是新四军向北突围的重要通道，又是敌、伪、顽全面封锁的危险地带。章啸衡不畏艰险，先后接应、护送、转移了众多突围的新四军指战员，其中有新四军军部特务团张闯初带领的一个连，还有皖南特委书记李步新及杨明、马惠芳、王保实等领导同志。

章啸衡还善于做党的统战工作。他利用自己的特殊身份广泛结交敌方人士，为党的地下工作服务。驻扎在铜繁边境繁昌县反共团团长黄德芝，曾一度参加过沙洲游击大队，后来嫌部队纪律严格和生活艰苦而离队。章啸衡对他晓以大义，让黄德芝受益很大。皖南事变后，章啸衡就通过黄德芝，护送过新四军战士通过敌人封锁线。1941年3月，熊振作等五六个同志在沙洲被敌逮捕并押到繁昌，章啸衡又通过黄德芝的关系，将熊振作等人保释出来。荻港的汉奸鲍正刚与章啸衡也有交往。1942年春，中共皖南特委宣传部长张伟烈被伪军逮捕，关押在繁昌县荻港。章啸衡得悉后派人前往荻港找到鲍正刚，只说张伟烈是他的老朋友，托鲍正刚保释。过了三天，张伟烈被保释出狱。1942年春，郭文模等人前往荻港侦察敌情，不幸被捕，被关在鲍正刚管辖的伪军监狱，章啸衡捎信给鲍正刚。不久，郭文模等人也获释出狱。

章啸衡在敌人下层士兵中也享有很高的威望。他化名童天一，被人尊称为"童老先生"。1945年日军投降时，驻铜陵流潭的一支伪军龟缩在碉堡内负隅顽抗，当我军劝其投降时，伪军们回答说，只要童老先生说句话，保住他们的性命，他们就缴械投降。这时章啸衡远在江北，要他来是不可能的。于是，我军找人模仿章啸衡的手迹写了一封信，然后盖上用肥皂刻的"童天一"字样的章送进碉堡后，不到 5 分钟，伪军便弃垒缴械。

抗战胜利后，党组织考虑到章啸衡在铜陵的名声比较大，为确保他的安全，组织上决定让他转移到苏南一带开展革命活动。在苏南白区，章啸衡不顾年过半百，深入虎穴，充分利用他在沿江一带的统战关系，八方联络同仁，展开白区的革命活动，为党为人民作出了应有的贡献。

1947 年 7 月，章啸衡奉命转移至芜湖、巢湖游击区，继续做党的地下工作。后经组织介绍，辗转于蚌埠、合肥。1949 年 4 月，章啸衡来到芜湖，开始了他人生旅途上崭新的一页，为新中国的建设事业继续贡献着他的光和热。

沈默：从痴和尚到有诗人情怀的革命者

[人物简介]

沈默，1901 年出生于山东省郓城县，又名沈醒吾，法名了痴，也有人称他沈和尚、痴和尚。童年流落到铜陵胥坝乡三官庙（今义安区胥坝乡境内）出家为僧，1931 年初入党，为铜陵早期党员之一。后任中共铜（陵）繁（昌）无（为）县委组织部长。抗日战争和解放战争时期，曾任新四军第五支队军医、淮南津浦路东各县联防办事处总务科长、山东省荣军疗养院所长。1950 年春病逝，享年 49 岁。山东省民政厅批准他为革命烈士。

寻求盛开的自由花

沈默 10 岁时随父亲逃荒到安庆，因为生计，父亲无可奈何地卖掉了沈默和他姐姐及妹妹。后来，沈默流落到铜陵县胥坝乡三官庙出家为僧，又受到老和尚的蛮横欺诈。沈默是一位疾恶如仇的人，在人生磨难和残酷现实面前，苦苦思索着人生的出路。

沈默虽未上过学，但天资聪颖又勤奋好学。他通过自学和拜师学习，掌握了中医医术，时常为穷苦人治病，广交朋友。早期，他受到章啸衡等进步人士的影响，阅读过一些进步书刊，开阔了眼界，逐渐领悟到一些革命的道理。1930 年 11 月，曾担任过中国红军独立第二师副师长凌霄，受命来铜陵开展建党活动。沈默在凌霄的培养教育下，于 1931 年光荣地加入了中国共产党，成为铜陵早期党员之一。

由一个佛门弟子，到一名无产阶级先锋队战士，这是沈默人生道路上的根本转折。他在自己的一首诗《人生的出路》中写道："我本是一个血性男儿／为什么把光明与黑暗两条路都分不开……我们赶快向一条光明大路上走吧／这条光明大路中有盛开的自由花……"这就是沈默加入中国共产党的动机，也是他毕生的信念与抱负。

磨出长锋剑的革命情怀

入党后的沈默，仍然留在三官庙从事党的秘密活动。

1933 年春，原桐城县委宣传部长苏拓夫由皖南山区辗转来铜陵，在沈默的掩护下开展党的活动。沈默积极配合苏拓夫开展工作，他冒着生命危险四处奔走，足迹踏遍周围的山庄水乡，联络党员、发展和组织革命群众开展斗争。他发展了孔亚东等一批党员，主持建立了龙泉党支部等党的基层组织。

1934 年 11 月，根据皖南特委的指示，铜陵江南地区第一个县委组织——中共铜（陵）繁（昌）无（为）县委，在胥坝三官庙附近的程正儒家成立，沈默担任县委第一任组织部长。县委建立之后，党组织又有了新的发展，于 1934 年冬和 1935 年春，又先后建立了朱村、犁桥两个区委，党员人数发展到 400 多人。

1934 年底，方志敏领导的红军抗日先遣队在太平县谭家桥战斗失利后，皖南的革命形势急转直下。1935 年春，皖南各县国民党当局加紧了对共产党人的迫害。这时的沈默力主组织武装斗争，但因中共铜繁无县委意见不一，未采纳沈默的建议。后来，沈默忆及这段坎坷历史，深有感触。他在《内战恨劣绅》诗中慷慨表达："闲来磨我长锋剑，杀尽人间大多绅"，字里行间表达了一个无产阶级革命者坚强不屈的意志和气魄。

中共铜繁无县委遭到破坏后，沈默机警地进出虎口，先在无为县白茆洲胡家大屋一带隐蔽下来，以行医为生。直到 1938 年，与党组织音讯隔绝三年多的沈默，像幼年失掉亲人一样苦闷、彷徨、孤独，渴望有一天能找到党，回到母亲的怀抱。这段时间，他经常伫立在月白风清的夜色中，仰望着天空的一轮明月，想着黑云终究遮挡不住月亮的光明。于是，他吟诵了一首《内战暴动失败后飘流吟月亮》："月亮呀 / 你高悬在天空 / 你的伟大的光明照遍了大地 / 偶尔被那万恶的黑云遮住了你的光 / 但那万恶的黑云终须逃避 / 你那伟大的光明终须实现呀 / 待你的光明实现 / 我也准备些瓜果庆祝你的光吧。"

1938 年 10 月，沈默携爱人张烈英一道投奔新四军第五支队，从事军队医务工作。他任劳任怨，勤勤恳恳，受到广大指战员的好评。1941 年以后，他担任淮南津浦路东各县联防办事处总务科长，尽管已经不是专门的医务工作者，但工作之余仍然热心地为部队干部战士和附近群众看病。他为人热忱，又懂中医医术，找他看病的人很多，就连新四军五支队的罗炳辉、徐海东等领导人，都常请他把脉问诊。由于战争年代的艰苦磨难，40 来岁的沈默已经积劳成疾，高血压和心脏病时有发作。可是，他仍顽强坚持工作，有时还参加战斗。他把对日本侵略者的满腔仇恨，化作了杀敌报国之情。他在《抗日战争的感怀》中写道："昔年埋没一儒流，抗日而今才自由。自愧无才酬祖国，愿将血换敌人头。"——他的报国热情和无畏精神跃然纸上。

男儿乡关情

抗日战争胜利后，沈默随军北移山东，直到解放战争胜利，一直驰骋战斗在齐鲁大地上。

在山东战场，沈默遇见了许多从铜陵北撤时的同乡与战友，尤其是遇到曾在中共铜繁无县委共同战斗过的姚志健、李玉衔时感慨万分。他在《答王仲钧》诗中表白了自己心迹："握别经年似指弹，故人康健我平安。人逢险处飘零易，事到临头划策难。抗日壮怀犹未冷，朔风扑面不觉寒。家书欲寄无由达，话到乡关泪不干。"沈默对敌人刻骨的仇恨，对战友真挚的深情，表现出一个坚强的无产阶级战士的高尚情怀。

1949 年 6 月，沈默病情恶化，组织上安排他住进了山东省荣军疗养院，次年春因病情恶化医治无效而溘然长逝。他的两个女儿后来都加入了中国人民解放军的行列。

孙太英：铜陵县第一个妇女党支部书记

[人物简介]

孙太英，又名泰英，乳名春香，1922年1月出生于铜陵县石佛乡（今义安区西联镇）杨坦孙村一个贫苦农民家庭。1940年加入中国共产党。抗日战争时期，在铜陵敌后工作，积极发展群众抗日组织，成为铜陵县中共第一个妇女党支部书记。解放战争时期，参与坚持皖、浙、赣地区的游击战争，积极发展党员，动员青年参军。解放后，先后担任中共景德镇市委委员兼妇委书记、中央监察部监察专员、芜湖市委秘书长、安徽省教育厅副厅长、安徽省视察室视察。2005年1月，在合肥逝世，享年83岁。

孙太英

受家庭影响，毅然走上革命之路

孙太英在家排行老三，上有两个哥哥，下有四个弟弟。两个哥哥早年投身革命，大哥孙林是村农抗会负责人，二哥孙太然是中共地下交通站负责人，母亲俞嫦娥虽不是共产党员，却将整个家庭无私地献给了革命事业。

1938年11月，日军侵占铜陵后，孙太英二哥孙太然失学回到家乡，经常跟一些同学在家里聚会，探讨抗日救国道理，计议组织抗日团体和游击队。孙太英渐渐被他们的革命热情深深感染，暗自憧憬投身抗日救国运动，可一想到自己是个女儿家却又自惭了。此时，她二哥的同学吴运焕似乎看出了她的心事，有一次亲切地问孙太英："小妹，你说我们刚才说的那些打日本鬼子的道理对吗？"孙太英点点头说："你说的道理都对，是应该打日本鬼子，可我是个女的，一个姑娘家能做什么呢？"吴运焕启发她说："你不要看不起自己，女人的力量大得很呢！参军可以做医务工作、文艺工作，也可以照样拿枪打鬼子。我们新四军里就有许多女战士，留在地方也有很多工作可做，如送情报、散传单、做军鞋等等。总之，男人能做的事，女人都能做。还有男人不能做的事，女人也能去做。"他的一番话打动了孙太英的心，于是，她在母亲和二哥的支持下，第一个从全乡穷苦姐妹中间站了出来，带头剪去辫子、放开缠足，毅然走向了革命。她积极带头参加抗日协会，先后担任石佛乡农抗会宣传委员、石佛乡妇抗会主任。

受家庭的影响，17 岁的孙太英从此走上了革命道路。

发展女党员，组建全县第一个妇女党支部

1940 年，只有 18 岁的孙太英，经中共铜陵敌后区委委员陈尚和介绍，光荣地加入了中国共产党。陈尚和经常教育她说："太英，你现在参加了革命，入了党，还应该把周围的妇女积极分子发展入党，建立妇女党支部。无产阶级不但要解放自己，还要解放全人类。这些女同胞大多苦大仇深，相信她们会为抗日出力。"

要建立妇女党支部，首先要发展女党员。孙太英开始了发展妇女党员的工作。入党是有条件的，哪些女同胞够条件先发展呢？她第一个想到的是王妹妮。王妹妮出身贫苦，父母把她嫁给一个地主家做媳妇。她性格刚毅，死活不从，被地主家打得死去活来，也不肯屈服。无奈之下，这家地主就把她转卖给了村里的另一户人家。王妹妮身世凄苦，渴盼解放，为人又忠厚可靠，因而孙太英第一个发展了王妹妮。第二个发展对象叫作小介子。小介子也出身寒苦，是个童养媳，能吃

苦耐劳，她家住在村东头的土墩子上，后门对着北边的交通要道。发展小介子可以做监视道路的防奸工作。跟小介子家遥遥相对的村西头，住着崔爱莲。崔爱莲比孙太英大十几岁，沉着老练。她家屋后就是大路，在后门口可以把大路上的行人看得清清楚楚，是个碰头聚会的好地方。还有个住在圩埂陈村的陈铁，机智灵敏，善于言表，可以应付复杂局面。此外，孙太英还相继发展了柏枝、美珍和她二嫂王金兰共7名女党员。

根据区委指示，由孙太英等8人组建了铜陵县中共第一个妇女党支部，孙太英任党支部书记。1940年3月下旬的一天傍晚，孙太英召集7名女党员开了第一次支部会，地点在村西头的崔爱莲家。孙太英在会上重申了入党的条件，还强调了以下几点：一要积极宣传党的主张；二要积极抗日，热爱祖国；三要劳动人民不剥削他人；四要每月10日交党费，每次一枚铜钞；五要保守党的秘密，杀头都不能讲出去。从此，这支红色"娘子军"活跃在铜陵敌后游击区。

巾帼女英雄，积极投入抗日斗争

根据各人条件，孙太英给女党员们进行了战斗分工：陈铁是做小买卖的，常到犁桥敌人据点里去卖花，她的任务是侦察敌情、散发传单；崔爱莲会绣花，大家叫她"大老崔"，那时孙太英也爱绣花，常和她在一起，一边绣花，一边沟通消息，观察动静。崔爱莲和小介子的居住地势有利，孙太英就安排她俩负责察看来往有嫌疑的行人，其余的女党员也都布置了任务。

当年6月间的一天，一个身穿长大褂、头戴礼帽的男人走到村东头，鬼鬼祟祟地向村口张望。小介子从家里一眼看到了，连忙拿起扫帚走出门，装作扫地挡在那个可疑人的前面。那人见是妇女，便向小介子问道："从这里到江北的路好走吗？"没等回话，他又接着打探："这里有新四军吗？有日本鬼子吗？"小介子顿生疑团，这人怎么问新四军又问鬼子？难道是汉奸特务不成？机警的小介子用话语稳住了那人，赶紧拿起畚箕走到锄奸委员家。锄奸委员抓住那家伙一盘问，果然是国民党派来的探子。

皖南事变后，中共铜陵敌后县委要求党员做好护送突围新四军战士工作。崔爱莲和她的母亲等人，几乎每天都要到房后的山头上远近来回地察看，密切注视动静，遇上突围战士就及时把他们接回家保护起来。突围战士离开时，妇女党支部就为他们换上便衣和鞋子，化装成老百姓再护送过江。

杨坦孙村地处圩区，后靠河岸，面临东湖，是敌后抗日游击队活动的中心区域，也是新四军来往大江南北的一条重要交通线。中共皖南地、县的负责人张伟烈、朱农、陈益卿、陈尚和、王循理等经常来村里开展对敌工作，新四军七师指战员如李步新、刘奎等也路经这里。为保护这些人的安全，这支"娘子军"家里，都做了防患于未然的安全设施，有的挖地洞，有的筑夹层墙，有的架双层顶，其成员家的安防设施，约占全村总数的一半。每当党组织在村里开会，或来了新四军战士，女党员们就拿起针线走出村，到村外路边、田头"望风"，一遇敌情立即以信号报告，及时引领这些同志下地洞、进夹墙、上屋顶。她们跟敌人打着"上天""入地""障眼法"的迂回战，有效地保护了来往此地的革命力量。

传送情报是妇女支部另一项重要任务。女人送情报，过哨卡，容易蒙蔽敌伪军眼睛，要比男人方便。女党员接受任务后，有时化装成回娘家的，有时装作走亲戚的，把情报和文件藏在贴身的地方带出去。在这方面，女党员们可动脑筋了，充分利用女性特点，把情报藏在头发里、鞋洞里、内衣里，重要情报甚至藏在最隐秘的月经带里。她们就这样一次又一次地通过敌人的封锁线，把组织交给的情报安全地送来传去。

1940 年，孙太英参加了中共铜陵敌后东二区区委，任区委委员兼妇女科长。1941 年秋，孙太英兼任中共铜陵敌后东一区委委员，妇女党支部书记改由王妹妮担任。之后，这个妇女党支部不断壮大，继续开展各项抗日活动。1945 年，新四军北撤，国民党占领铜陵，清查共产党，这个妇女党支部里没有一个党员自首，也没有一个党员暴露党的秘密，每个人都坚守着红色的信仰。

时光荏苒，岁月如流。铜陵县中共第一个妇女党支部书记孙太英，在那个艰苦岁月里，带领女党员们与敌人斗智斗勇，书写了"腥风血雨巾帼显威风，革命征途男女同战斗"的壮丽篇章。

孙太然：宁死不屈的交通站站长

[人物简介]

孙太然，1919 年 6 月出生于铜陵县钟仓乡（今义安区西联镇）杨坦孙村的佃农家中，乳名春来。1939 年 5 月，加入了中国共产党，同年上半年，中共铜陵县委在他家设立了一个情报交通站，由他担任交通站长。1940 年初，被中共党组织选调到新四军三支队干训班学习，学习结束后分配到军医处，后转到青年营工作。皖南事变后，孙太然任铜陵县犁桥乡乡长。1942 年秋，在日寇"扫荡"时不幸被捕，英勇就义，年仅 24 岁。

孙太然

红色交通站

孙太然在铜陵县临时中学学习期间，正值抗日救亡运动轰轰烈烈兴起之时，他深受进步思想熏陶，为中国的前途担忧。县临时中学校长是国民党反动分子，在向学生灌输"攘外必先安内"的谬论时，百般拉拢孙太然等参加国民党，遭到孙太然等进步学生的拒绝。为了寻求光明，孙太然放弃学业，回到家乡参加了中国共产党领导下的抗日救国运动，并于1939年5月加入了中国共产党。

孙太然入党后，与胡觉非等人在叶村组织召开了一次群众大会，向民众宣传共产党的抗日主张，动员群众积极抗日。1939年上半年，中共铜陵县委在孙太然家中设立了一个情报交通站，并指定由孙太然负责。在严峻复杂的斗争环境中，他出色地完成了传递机密情报、护送同志奔赴战斗岗位的工作。在他的影响下，他的哥哥、妹妹和母亲都投身了革命。他的家成为地下党安全稳定的活动堡垒，之后其兄接任交通站长，将这个交通站一直坚持到1942年。

1940年初，孙太然选调到新四军三支队干训班学习。学习结束后，他因英语基础较好，分配他到军医处工作，后转到青年营。皖南事变后，中共铜陵一区区政府成立，孙太然任一区委员兼犁桥乡乡长，并参加了铜陵敌后区委游击队。当时，国民党犁桥乡乡长王太保是孙太然在县临时中学的同学，企图拉拢孙太然为国民党效力，被孙太然驳斥得哑口无言。在孙太然领导下，铜陵犁桥乡的抗日斗争轰轰烈烈地开展起来。他们经常袭击日寇汉奸，弄得敌人坐卧不安。敌人四处张贴布告，悬赏8000金票缉捕他。

热血革命者

1942年秋，日寇对铜陵敌后抗日游击根据地进行大"扫荡"。为了尽快布置反"扫荡"，孙太然从家中赶往民和乡乡政府，途经石佛庙门口时被隐藏在庙内的日军便衣特务发现，将他抓住押送到日军据点的地洞里。

敌人抓到孙太然后欣喜若狂，企图从孙太然口中得到铜陵地下党的情况，却遭到孙太然的严词痛斥。于是他们对孙太然施加皮鞭抽打、老虎凳踩压等种种酷刑，甚至把他的双手用铁丝反绑，把饭团扔在地上硬让他趴在地上啃饭团。孙太然以惊人的毅力顶住了酷刑，始终没有暴露党的秘密和出卖同志。

中共铜陵敌后县委想方设法营救孙太然，派孙太然的母亲在送饭时将一柄小铁钻头放在饭盒底层，并附短信送到孙太然手中。傍晚，孙太然按照母亲的叮嘱用钻头凿通牢壁，可在躲过岗哨逃脱时被敌人发现，便跳进一口荷花塘中，又被汉奸发现。他与围捕的敌人展开搏斗，一口咬掉了敌人的手指，但终因寡不敌众，再次落入魔掌。敌人恼羞成怒，将孙太然带到犁桥监狱，用铁丝穿透了他的肩胛骨，用木棍打得他筋碎骨裂，孙太然视死如归，表现出一名共产党员的英雄气概。孙太然母亲在给他送最后一次饭时，他坦然地对母亲说："请妈妈放心，儿子决不做亏心事，我会坚持革命，斗争到底！"

这天，孙太然高声呼喊："四万万同胞起来了，一定会打败侵略者！中国共产党万岁！中国人民万岁！"然后在日本侵略者的枪口之下英勇就义了，年仅24岁。孙太然牺牲后，中共皖江区委主办的《大江报》刊载了他的光辉事迹，号召全体共产党员和抗日军民"学习孙太然同志英勇献身的彻底革命精神，继承烈士遗志，把日本侵略者赶出中国去"。

孙运松：机智勇敢的地下交通员

[人物简介]

孙运松，曾用名孙科，今义安区西联镇棋杆村人。1921年2月出生，1940年8月加入中国共产党。曾担任中共棋杆村党支部书记、中共铜陵敌后县委机关交通员，荻港、朱渡税务所税务员，童埠、丁桥、柴塘税务所副所长兼会计，新四军沿江支队铜陵一连警卫员、支部书记、副指导员。解放后，先后担任铜陵县法院院长、安庆市通讯仪表厂党支部书记、中共铜陵县委常委、县革命委员会副主任兼县公安局党委书记、铜陵县政协主席等职。1999年3月因病逝世，享年78岁。

18岁担任中共区委地下交通员

少时的孙运松曾入私塾读书，后在家务农。1938年9月，日军侵占铜陵，先后在顺安、董店、张家冲等地建立40余处据点，企图以此控制长江交通。当时只有17岁的孙运松，看到日寇占领了家乡，碉堡林立、烧杀抢掠，便毅然加入保家卫国、抗日救亡的队伍中。

为有效开展对敌斗争，铜陵地区的中共党组织在全县建立了10个地下交通联络站、点，一个看不见、摧不毁的交通网络迅速铺开。100多名地下交通人员前赴后继、浴血奋战，为党组织传送情报、信件报刊、护送党的干部、递送经费与物资发挥了重要作用。1939年下半年，中共铜陵敌后区委书记朱农，在杨坦孙村交通站开展抗日工作时，物色18岁的孙运松担任中共铜陵敌后区委交通员，主要联系杨坦孙村、新圩部村和大姚村3个地下交通站。同年9月底，中共铜陵敌后区委在杨坦孙村召开会议，孙运松为了将日寇要进行"扫荡"的情报送到朱农手中，避开犁桥日军的岗哨，深夜蹚水走过犁桥的十里长河，来到了杨坦孙村，及时将情报送到了区委会议上。区委根据孙运松送来的情报，立即布置了反"扫荡"工作，使日寇的计划落空。

1940 年，孙运松加入中国共产党，从此在朱农的引领下走上了革命的道路。

机智地穿行在交通线上

1941 年，身为中共铜陵敌后区委地下交通员的孙运松，主要任务是：对上——跑江北中共皖南特委、皖南大队和章啸衡游击队；对下——到区乡情报交通站和联络点。1941 年 5 月，孙运松完成传送情报任务后从江北返回铜陵，身上藏有一支手枪，还有信件。出发时，他在北岸看到江南是安全信号，可是到了铜陵南岸，从金牛渡站刚一上岸，就有十几个日本兵拿着上了刺刀的枪口对着他盘问。其中有个姓崔的"伪警察"抢先一步，上来就打了孙运松几个巴掌，一边大骂，一边搜查他身。当摸到孙运松衣内藏有手枪时，姓崔的一愣后大声说："你到这里来干什么？是不是新四军？"孙运松说："我有坝埂头良民证，路过此地，做生意的，是良民。"姓崔的说："是良民，还不快滚！"孙运松听后乘机迅速离开了。后来，孙运松知道了，那个姓崔的"伪警察"是自己人，巧妙地保护了他。当时，孙运松如果不是遇到自己的同志，那后果就不堪设想了。

孙运松在对敌斗争中非常勇敢，曾经被敌人作为要犯悬赏通缉。当时悬赏通缉他的告示，就张贴在汀洲和太平街一带。孙运松和战友一起执行任务时，恰巧经过那里，便坦然地站在人群中看悬赏通缉自己的告示。那时，担任地下交通员的处境是非常危险的，孙运松几乎每周都要来杨坦孙村交通情报站两次。有一次他被日本兵围堵在村子里，与村里的群众一起被抓了起来。他临危不惧，趁着敌人不注意，迅速滚进了旁边的水沟里，然后再顺着水沟匍匐前行钻进了芦苇丛，然后就跑得不见踪影。

1945 年 10 月，新四军大部队北撤后，国民党大军压境，孙运松找到中共铜青南县委和游击队，先后历任沿江支队铜陵一连警卫员、党支部书记、副指导员。1945 年冬至 1948 年期间，受组织派遣，他先后五次冒着生命危险，返回铜陵境内取游击队活动经费、镇压叛徒和汉奸，每次都出色地完成了任务。

深入敌营获取敌军江防情报

1949 年 1 月 10 日，渡江战役即将打响，中共沿江工委发出《为紧急完成迎接大军渡江任务的决定》。铜陵、青阳交界的茗山冲是革命老区，新成立的中共铜陵县委就驻扎在此。4 月 14 日晚，地下交通站的阮志昂来到茗山冲，送来消息称发现国民党军队在阮村附近的坝埂头江边高地秘密抢修炮兵阵地。中共铜陵县委书记陈爱曦便选派铜陵一连的指导员孙运松和侦察班长王学升、交通员李爱堂，组成一支武装侦察小组，于 4 月 15 日上午赶到阮村坝埂头沿江一带侦察敌情。孙运松等 3 人经过 10 多个小时的长途跋涉，赶到了阮村阮志昂家，开始依靠阮村、陈村及坝埂头一带地下党和人民群众展开侦察，终于在一天多时间内，将敌军炮兵阵地的准确方位、兵力布置等搞得一清二楚，于 17 日上午 9 时返回茗山冲，及时向县委作了汇报。中共铜陵县委将此情报迅速整理，绘制成图，由交通员护送到羊山矶交通联络点，再由侦察员赵傍根于 17 日夜泅水渡江把情报送达解放军渡江中线指挥部，为解放大军提供了可靠的军事情报。

孙运松对革命事业无限忠诚，战斗在危险的地下交通战线上，表现了一名共产党员的不怕牺牲的精神。

俞嫦娥：红色交通站的"福奶奶"

[人物简介]

俞嫦娥（1897—1979），今义安区西联镇兴桥村杨坦孙村人。抗日战争时期，她的家成为中共铜陵敌后县委联络站。这位被人称为"福奶奶"的革命老妈妈，不仅积极支持儿女们（先后有9人）投身到抗日救亡的革命斗争中，而且无微不至地照顾新四军指战员——她的家成了新四军战士的家、铜陵地下的红色堡垒。

俞嫦娥

在中共铜陵敌后县委联络站旧址展馆，有一块展板简要介绍了杨坦孙村"福奶奶"——一位慈祥、机警、沉着的革命老妈妈。

不能让抗日游击队饿着肚子去打鬼子

在铜陵敌战区，当时抗日游击队指战员的生活是十分艰苦的，部队经常在东西二湖及周边宿营，日军"清剿"时就坐船到湖中间芦苇荡躲避，夏天采莲蓬、水藕等食物充饥，等环境稳定下来，有时候就整班整班来到杨坦孙村交通站吃饭。有一次，部队来了一个排，有30多人。家中的大米不够，"福奶奶"就到其他农家去借米，才让抗日游击队指战员们吃上了一顿饱饭。她对儿媳妇们说："部队上的人，离家来到这里打日本鬼子，我们不能让他们饿着肚子去打鬼子啊。"

把自家的住房改建成一个游击战场

由于杨坦孙村地理位置非常适合新四军游击队出入，她家交通站来往的人员较多，敌人也经常出来扫荡。为了保护新四军指战员的安全，"福奶奶"就依据自家住房的地形和结构，把家改建成了一个游击战场。

首先是能够上"天"：她把房顶部做成能藏人的双层天花板。1941 年 1 月，皖南事变后，新四军的张排长等 4 个人突围出来，住在她家养伤。敌人来搜查时，"福奶奶"就让张排长等 4 个人躲在天花板上。中共皖南特委书记李步新来到杨坦孙村交通站，召开中共铜陵敌前县委会议，遇到险情时也是躲进天花板上藏身才化险为夷的。

其次是能入"地"：这位老妈妈真不简单，她在灶头、牛栏、墙角等处，挖了 5 个可以进出藏身的地窖。1942 年，皖南游击队队长刘奎护送中共皖南山地中心县委书记去江北无为汇报工作，在返回途中路过张家桥时与日军遭遇，身负重伤。"福奶奶"的大儿子孙林得到情报后，率领民兵把刘奎抢救出重围，先转移到东湖，后伤势严重了，转移到杨坦孙村交通站——刘奎大多数时间就是在地窖里度过的。"福奶奶"每天为他擦洗伤口，敷药疗伤，端茶送饭，经过 20 多天的治疗，刘奎才伤愈归队。

最后是巧施"掩眼法"：这位铜陵革命老妈妈，用芦苇和泥糊砌成可以隐身的夹壁墙，以便应付紧急突发事件。1942 年秋后的一天晚上，朱农来到杨坦孙村，在交通站召集孙林、孙太英和中共区委宣传委员孙举南一道研究工作到凌晨。天蒙蒙亮时，村里民兵孙河海去村边上厕所时，突然发现日军进村，便赶忙跑到交通站报信。此时转移已经来不及了，"福奶奶"沉着地指引朱农、孙林、孙太英、孙举南4 人躲进准备好的房屋后夹墙里。鬼子来后用刺刀在夹墙房上胡乱乱刺，没有发现可疑目标，就离去了。正是"福奶奶"事先准备的"掩眼法"，才使朱农等人转危为安。

要像保护生命一样保管好革命经费

1945年冬，中共铜陵县委留下了一笔财物存放在"福奶奶"家，由她保管。不久，伪丹风乡乡长、反动透顶的崔光汉，将"福奶奶"和石佛乡乡长崔后烈一齐抓到山边吴村，勒逼交出银圆和烟土。他们对崔后烈和"福奶奶"分隔提审，企图诱供出什么。崔后烈要被敌人单独提审前，"福奶奶"在牢房里低低地叮嘱他："后烈呀，你可千万别瞎讲呀，就是打死了，也不能招出半个字！"敌人在崔后烈身上一无所获，接着提审"福奶奶"。崔光汉把手枪放在桌上，一吓二诈地说："福奶奶，不要死心眼了，别以为你儿子孙林、女儿孙太英、女婿朱农还能怎样？他们和查富德（沿江游击大队大队副）都被我们抓住了，共产党还有什么名堂呢？刚才那个不够种的崔后烈已经供出了你家收藏了新四军的大量鸦片土和光洋，你还不赶快把东西交出来。要不交，哼哼！"崔光汉一边说着，一边用手枪拍得桌子嘭嘭响。"福奶奶"冷冷地笑了笑："那好吧，既然崔后烈招了，你还问我干什么？你叫他带你去拿，反正我不知道，我家没有烟土、没有光洋。"崔光汉未捞到钱财，便令人挖了一个土牢，将"福奶奶"押进又湿又暗的土牢里。"福奶奶"被关了两个多月，才被保释出来。

1946年下半年，"福奶奶"的大儿子孙林，进山之前把中共铜青南县委和沿江中心县委留下的一大批经费交给她保管，那是2000元大洋、70斤鸦片土，还有一些纸币。为了保管好这笔来之不易的革命经费，"福奶奶"把大洋分成几个罐子装起来，把鸦片土用黄牛皮纸包好，放在自家的屋梁上和地洞里。后来敌人经常来家里抄家搜查，她又把它们转到田间地头，转移到自家的毛芋地里。她把毛芋连土挖起来，再挖成一个坑，把经费埋下去，然后再把毛芋栽上去。"福奶奶"就是这样不断变化保管方式，还告诉家人："这是党对我们一家人的信任，把革命经费交给我们保管，我们要像保护自己生命一样精心保管好。即便在敌人抄家断粮的艰苦情况下，公家的经费也不能动用分文呀。"1949 年 6 月，池州军分区警卫团团长查富德和孙林回铜陵探亲，"福奶奶"将用生命保存下来的革命经费一分不少地交给了党组织。

红色基因，代代相传。中共铜陵敌后县委联络站旧址展馆，就记录着"福奶奶"和她的红色之家的故事。

马和义：为掩护新四军战士献身的渔民

[人物简介]

马和义，今义安区胥坝乡群心村的普通农民，为营救皖南事变中突围出来的两位新四军战士，舍生取义，献出了自己宝贵的生命。

1942 年 1 月，皖南事变爆发。新四军英勇抗击，激战七昼夜，终因众寡悬殊，弹尽粮绝，除傅秋涛率 2000 余人分散突围外，少数被俘，大部分壮烈牺牲。

这天，分散突围出来的一队新四军战士，仍然按照部队出发时的要求，向江北转移，一路上风餐露宿，忍饥挨饿，在一个傍晚刚刚渡过胥坝的小来江时，被驻扎在那里的日伪军发现了。日伪军立即派人追击，一直追到群心村的南套。在一片芦苇沼泽地里，两名新四军战士与队伍走散，人生地不熟，就顺着沼泽地跑，跑到了群心村马家墩子上。正当他俩准备找地方躲藏时，正好被马家墩子下面的村民马和义发现，就立即向他们招手，将他们领到自己家里。1 月的江南寒风刺骨，两位战士满身是泥，浑身湿透。马和义想让两位战士换上老百姓衣服，这样便于躲藏，可战争年代的老百姓没有什么多余的衣服，他找了一套父亲的旧棉衣，又把自己身上穿的棉衣脱下来，让两位战士换。两位战士不愿换，对马和义说："你把棉衣脱给了我们，你穿什么？"

马和义笑着说："没关系，天冷我可以待在家里，再说你们穿着这身衣服很容易被敌人发现。天快黑了，就是不被鬼子抓住，晚上冻也会把你们冻坏，快换吧，换了衣服赶快走，这里不是藏身之地。"

两位新四军战士只好换上衣服，马和义又将灶头陶罐子里仅有的一点锅巴倒在毛巾上，包好后塞到战士的手中，让他们从另一片芦苇沼泽地走。两位战士含着眼泪挥手告别，对马和义说："老乡，抗日战争胜利后，我们不死一定再来看望你！"

马和义送走了两位新四军战士，就把他俩的军装用破床单包上藏在屋后的藕塘里。刚藏好后，伪军就赶到了。

伪军头目举着带刺刀的枪指着马和义的胸膛间："你看到两位新四军了吗？"

马和义回答："什么新四军，你看我这样子，今天生病刚起床，棉衣都没来得及穿。"

伪军头目说："没看见？搜！"

伪军前后搜了几遍，没有发现新四军战士。

伪军头目冷笑："你把人到底藏到哪里去了？说！"

马和义说："不是说了吗，我刚起床，没看见什么人，能藏什么呀？"

伪军头目将刺刀又一次对准了马和义的胸膛："我们从望远镜里看到有两个人跑到你这里来了，你还敢嘴硬！说，把他们藏在哪儿了？再不说就杀了你。"

马和义硬着头皮说："老总，你们刚刚不是都搜过了吗？"他一个村民，从来没有见过这个阵势，心里有点慌，腿也有点发抖。

伪军头目大喝："你没藏人，腿为什么发抖？"

马和义见伪军头目点破了自己的心思，先是一愣，接着又定了定神说："我这是生病刚起床没穿棉衣冷的发抖。"

伪军小队长听了，觉得在理，可他不甘心，就冷笑着说："你冷是吗？那好，我成全你。来人，把他的房子烧了，让他好好的烘一烘，暖和暖和。"

马和义说："老总，你们不能烧我的房子！"

几个伪军不由分说，点燃了马和义的草房，风助火威，三间房子都被烧着了。马和义见状，冲进屋里拿出水桶准备救火，一伪军举枪就刺，冰凉的刺刀带着寒风刺进了马和义的肚子，瞬间鲜血直流，肚子里的肠子都露了出来。受了重伤的马和义只有眼睁睁地看着自家的房子被大火燃烧，再也无法挣扎起来扑救，痛苦地围着自家的房子前后爬了一圈又一圈，终因流血过多含恨死去。

伪军扬长而去。

附近的村民这时赶来救火，他们抱起了躺在血泊中的马和义，问他发生了什么事，他断断续续说出营救两名新四军战士的经过，村民们都夸他是好样的。大火被村民们扑灭，夜幕慢慢地降临，好心的村民拿来一块床单盖在马和义的身上。

中共铜陵地方地下党组织负责人得知此事件，派人买了一口棺材送来，让群心村村民将舍生取义救新四军战士的马和义安葬了。

刘四姐：烽火女杰

[人物简介]

刘四姐，1912 年 5 月出生于无为县的贫苦农民家庭。1943 年参加革命，并担任乡妇抗会主任，动员群众参加抗租抗税斗争，给新四军战士纳军鞋、补军衣。1946 年秋，参加游击队，传送党的文件，传递中共皖南地委出版的《黄山报》，参与伏击敌人和开辟革命新区。1947 年 12 月 31 日，在茗山突围战斗中壮烈牺牲，时年 35 岁。

一位孤苦伶仃的童养媳

1912 年 5 月，刘四姐出生于安徽省无为县一个极其贫苦的农民家庭。她年仅 3 岁时，父母相继离开了人世。孤苦伶仃的她，从小就与 3 个哥哥相依为命，过着缺衣少食的艰难生活。

那一年无为闹灾荒，一家人实在是没有活路可走了，刘四姐的三哥只好带着她，离开江北老家，逃难来到江南，落户于铜陵县顺安镇城山铺（今义安区顺安镇境内）。无奈之下，三哥只能让小小年纪的刘四姐给别人家当了童养媳。刘四姐的公婆为人十分苛刻，对她是百般管束，不仅让刘四姐强忍疼痛裹脚缠足，而且还要她挑水、劈柴、春米。

幼小的刘四姐，过早遭受人世间痛苦生活的折磨，饱尝了世道的艰难和人间的辛酸，她的肩头承受着难以想象的生活重负，因此幼小的心灵早就萌生了渴望翻身求解放的热切希望。

献身抗日烽火

抗日战争后期，铜陵江南地区已成为皖江抗日根据地的重要组成部分，中共党组织不断发展壮大，革命热潮如火如荼。刘四姐深受感染，毅然于1943年参加了革命，并担任乡妇抗会主任。她把自己幼小的女儿托付给别人抚养，自己则一心扑在工作上，不分昼夜地动员村里群众参加抗租抗税斗争，给新四军战士纳军鞋、补军衣，冒着生命危险给战场上的新四军送水、送饭、送弹药。

1945年8月，抗日战争胜利结束，皖南新四军部队奉命北撤。组织上考虑到刘四姐是个女同志，既没有安排她北撤，也没有安排她上山打游击，而要她就地隐蔽。其时，逃亡地主和国民党军队进入皖南根据地开始反攻倒算，大肆"清剿"。刘四姐由于身份暴露，待在家中非常危险，于是她到南陵县合村投靠一位老大娘。刘四姐勤劳贤惠，不仅为老大娘种田、砍柴、做饭，平时还能给她缝缝补补或者问长问短，深得大娘喜爱。这一时期的刘四姐，以此掩护自己，度过了一段平静的生活，可是她内心却十分焦急，热切期待着与组织上取得联系。

1946年秋，刘四姐听说有一批新四军重返皖南打游击，就到处打听消息和寻找部队，终于找到铜（陵）青（阳）南（陵）游击队。她一再要求留在部队里，游击队接收了她，就这样成了一名女游击队员。在游击队中，刘四姐主要担负炊事员兼交通联络工作。她胆大心细，常常夜里出去工作，而且独来独往。在此期间，她频繁奔走于各联络站之间，传送党的文件，传达领导批示，传递中共皖南地委出版的《黄山报》。她还在群众中宣传党的方针政策，秘密发动群众纷纷投身和支持革命。有时，她替游击队侦察敌情、传递情报。1947年8月，中共铜（陵）青（阳）南（陵）工委负责人徐世达和副连长赵彪，带领游击队在青阳木镇附近的高桥伏击敌人，大获全胜。这其中就有刘四姐事先进行侦察，提供了准确无误的情报的功劳。

一位名传天下的女英雄

1947年8月底，刘伯承、邓小平率中原野战军挺进大别山。铜（陵）青（阳）南（陵）游击队趁此大好形势，充分发动群众，开辟革命新区，扩大革命武装。根据中共铜（陵）青（阳）南（陵）工委书记陈尚和的指示，刘四姐和赵光余等同志回到铜陵城山铺一带活动。12月31日，他们随徐世达带领的游击队，准备去中共铜（陵）青（阳）南（陵）工委驻地茗山冲（今池州市青阳县境内）过元旦。时至深夜，部队即在茗山东边的杨树冲宿营。不料拂晓时，遭到国民党部队和青阳县保安团的联合"清剿"。在敌强我弱、寡不敌众的情况下，游击队员们边打边撤，分散隐蔽。

刘四姐随着游击队边打边退到一个山坡边，隐蔽在一个大柴堆中。搜山的敌人军犬发现柴草抖动，狂吠不止。敌人向柴堆开枪射击，罪恶的子弹穿透了刘四姐大腿动脉血管，刘四姐因流血过多而壮烈牺牲。

刘四姐是一位江南的女英烈，但她名传天下是因为电影《渡江侦察记》。这是一部反映江南游击队配合解放大军渡江的故事片，影片中的女游击队长，就是借用了刘四姐的名字、生活原型和部分英雄事迹而塑造出来的人物形象。

赵傍根：渡江战役中只身泅江送情报

[人物简介]

赵傍根，又名赵云，1913年生于今铜陵市铜官区西湖镇狮子山村，自幼家境贫寒。1944年参加革命，不久即担任担架连连长。1945年9月，新四军奉命北撤，他留在家乡继续开展工作，后被国民党铜陵县调查室逮捕，4个多月后出狱。1947年8月，他与中共铜青南工委游击队许万荣取得联系，担任游击队交通员。渡江战役中，他泅水送情报，为铜陵成为江南解放第一城立下了战功。新

赵傍根

中国成立后，他积极投身于社会主义建设，1956年加入中国共产党。1972年2月24日，因病去世，终年59岁。

化装侦察

1949年春，中国人民解放军挥师南下，直抵长江。由江北溃退至铜陵的国民党部队，在上至大通、下至荻港的长江南岸广修碉堡，大筑工事，企图凭借长江天险，作最后挣扎，阻止解放大军进军江南。

这天，江面上货船和渔船已经不见踪影，国民党战艇仍然像往常一样来往巡逻。游击队队员赵傍根扮作渔民模样，背着渔网，拎着竹篓，从羊山矶来到江边的竹丝洞侦察。匪军和伪保长正押着一批民工修筑工事。一个穿着便衣的匪军朝赵傍根厉声喝道："喂，干什么的？""打

225

鱼的。"赵傍根一边回答，一边向前走去。

"把鱼放下。"穿便衣的那个家伙向后面打了个手势，两个带枪的国民党匪军便气势汹汹地扑来，把竹篓里两条鱼抢了去。

"长官，我家等着这鱼换油盐呢！"赵傍根装作一副可怜的样子，跟在后面苦苦哀求。

穿便衣的那个家伙一脚把赵傍根的鱼篓踢了一丈多远，怒骂道："去你妈的！"

赵傍根跑过去捡鱼篓，就势向江边走去。离江边一丈多远有一个碉堡，密密层层的铁丝网，纵横交错的战壕，盘绕在碉堡的周围。赵傍根看在眼里，记在心上，不动声色地绕过碉堡，向东走去……

接受任务

傍晚，太阳已经西沉了，天色昏暗下来，羊山矶的整个山头消失在黑暗里。队长许万荣在茅草棚里细心地研究敌情，见赵傍根推门进来，忙上前急切地问："怎么样？一切都很顺利吧！"

"还好！竹丝洞封锁很严，现在敌人又增加了4个排，新修了20多个大碉堡……"赵傍根拉过身边的板凳坐下，详细汇报了白天侦察到的情况。

两个月后的一天下午，仍旧在羊山矶头上那间茅草棚里，游击队召开了会议。队长许万荣激动而又严肃地环视了大家一眼说："同志们！现在的任务是，上级让我们想方设法将一张江防图送到江北去，配合大军渡江。这张地图上有敌军兵力、番号、武器和工事的分布情况，非常重要。谁来送？"许万荣讲完后，会场上静寂无声，队员们在思考良策。这时，赵傍根忽地站起来，严肃而认真地说："队长同志，把任务交给我吧！我从小就在江边打鱼，水性好，对沿江的地形又熟悉。"

许万荣沉思了一会，抬起头看着站在面前的赵傍根，说道："好！

党信任你，不过任务很重要，一定要完成。"

泗江送情报

赵傍根接受任务后，激动的心情久久难以平静。以往虽去江北进行过联络，但像这次传送事关大军渡江作战的重要情报，还是头一回。如何能从戒备森严的敌人眼皮底下，把情报平安送达江北？赵傍根在心里一次又一次地掂量，最后将渡江地点选在敌碉堡视线之外的死角——大通灯笼沟。

1949 年 4 月 17 日夜晚，天阴沉沉的。赵傍根一身渔夫打扮，身背渔网，手提竹篓，怀揣蜡封的小瓶，小瓶里装的是国民党军队上自大通、下至荻港 50 多公里长的沿江南岸军事布防图。图上的蝇头小楷和符号，标明了守卫这一段江防部队的国民党第八十八军一四九师和第五十五军七十四师的部队番号、指挥中心和其所属各团、营、连的兵力部署、防守工事、火力、炮型、炮位，以及交通、通信和渡口、水深、流速等重要标志。这是一份比生命还重要千百倍的情报。

赵傍根下了一个小坡，来到了芦苇塘边，一跃身跳上了一只小渔盆，沿着江岸向前划去。刚离苇塘不远，被碉堡里的一只狼狗发现，狼狗向赵傍根狂吠。缩在碉堡里的匪军，听到外面有动静，就用机枪向江面猛射。赵傍根听见枪声，又迅速退回去，躲进芦苇里。半小时后，枪声渐渐平息下来，赵傍根又坐着小渔盆向另外一个方向划去。匪军的夜光弹如幽灵般地在赵傍根的头顶上荡来荡去，但赵傍根凭着他那高超的划盆技术——躲闪着……划到江心时，水深流急，漩涡弄得小渔盆直打转，难以前进一步，赵傍根的心揪成一团。国民党匪军的夜间巡逻兵，在江岸上来回走动着。怎么办呢？时间，一分一秒都是宝贵的，想到这里，赵傍根迅速地脱下外衣，下水泗渡。4 月的江水，寒冷刺骨，此时赵傍根的心中只有一个念头：拼命游向江北，按时送达情报。

当筋疲力尽、浑身湿透的赵傍根爬上长江北岸时，东方已见亮。三个穿便衣的巡逻兵在岸边发现他，走上前盘问。赵傍根说："我老家在巢县，被'国军'抓壮丁抓到江南。现在马上要春耕生产了，我夜里从江南泗水偷跑过来，要赶回老家。"巡逻兵将信将疑，将赵傍根"押送"到连队。赵傍根一见许多身着土黄色粗布军装、头戴红五星帽、胸佩"中国人民解放军"布质长方形胸章的军人，激动地说："我叫赵傍根，是铜青南游击队队员。队长派我从江南送情报来。刚才不知道那几位穿便衣的是什么人，所以没有讲出实情。"连队立即将赵傍根送到我人民解放军某师渡江前线指挥部。指战员们热情接待了他，称赞他是英雄虎胆，为大军渡江提供了重要情报。

1949 年 4 月 20 日夜，隆隆的炮声回荡在长江南北，解放大军一举突破长江天堑。赵傍根同志随着南渡大军，又参加了新的战斗。

电影《渡江侦察记》中的"小马过江"情节，就是以赵傍根过江送江防图的英雄事迹创作而成的。如今，赵傍根刻在人们心目中的，仍然是电影中那个智勇双全的青年战士形象。

马毛姐：渡江战役女英雄

[人物简介]

马毛姐，1935年出生于无为县马家坝村。1949年2月，解放军来到了马毛姐的家乡。"打过长江去，解放全中国，让穷人都过上好日子！"毛主席的号召让年仅14岁的马毛姐热血沸腾。她不顾母亲的劝阻，带上自己家里的渔船偷着跑出去，跟着哥哥去听动员会，又第一个报名参加了渡江突击队。渡江胜利后，华东野

渡江女英雄马毛姐铜雕像

战军授予马毛姐"渡江特等英雄"称号，记"一等功"。1951年国庆节参加国庆观礼。2021年6月29日，中共中央授予马毛姐"七一勋章"。

14岁小女孩参加渡江战役

1949年4月20日夜，马毛姐和哥哥划的这条船和其他三条船组成渡江突击队来，到铜陵对岸的太阳洲头。马毛姐第一个跳上船，她数了数，船上共有30名解放军指战员。这时，解放军突击队队长见马毛姐是个小姑娘，说："这怎么行，那是去打仗，很危险，你不怕吗？"马毛姐说："我不怕死，我会掌舵，我会划船，我熟悉对岸的地形，我保证第一个把你们送到对岸。"一连几个"我"说得非常坚决有力。队长只说了一个字"好！"

马毛姐的哥哥眼睛不好，就在船桅杆上扯帆。马毛姐来到船的后

艄，一手掌舵，一手划桨，而 30 名突击队员身上除了枪支弹药之外，每人一把木桨，齐心协力，共同划船，使渔船快速地向南岸破浪前进。子弹从身边呼啸而过，马毛姐当时心中只有一个念头："必须把第一批突击队员安全快速地送到对岸，只有前进，没有后退！"

突然，一颗子弹打中了马毛姐的右肘，她顾不上包扎，一声不吭，咬着牙拼命划桨，全船的人谁也不知。马毛姐家这条渔船用了 40 多分钟，就第一个靠上了南岸铜陵东风泡。船还没有停稳，突击队战士们就像猛虎下山，争先恐后地跳上南岸。

自告奋勇领着两名爆破手炸毁敌人的暗堡

马毛姐家的渔船靠南岸后，东风泡上负隅顽抗的敌人，在暗堡里用机枪阻止上岸解放军的前进。

"叭、叭、叭"，东风泡附近 50 米远的圩埂上，有一个不起眼的地下暗堡，两挺机枪分别从两个射击孔向登陆的突击队员疯狂扫射，枪口在黑夜中喷射着长长的火苗。

突击队长大声喊道："快卧倒、隐蔽！"可是这个暗堡不炸掉，直接威胁突击队员和后续部队指战员的生命安全，延误渡江时间。此时已容不得多想，队长立即命令两名爆破手务必炸毁敌人的暗堡。谁知，马毛姐在后面大声喊道："我也去！"

突击队长说："胡闹，这是机枪在扫射，你不要命啦！"

马毛姐边往前爬边说："我以前经常到这个地方来卖东西，熟悉这里的地形，你让我带他们绕过去，如果不炸掉那个什么堡，你们就无法过去呀！"

突击队长只好说："好吧，一定要注意隐蔽。"

黑夜中，马毛姐领着两名爆破手爬着绕到暗堡附近，这时一名爆破手大腿中弹不能动，马毛姐就卧在地上给那位爆破手包扎伤口，刚刚包扎好，耳边就听到"轰隆"一声巨响，暗堡被炸飞，一团火球伴随着浓烟腾空而起，在黑夜中非常显眼。马毛姐他们离暗堡较近，飞起的尘土和敌人的血肉落在他们的身上和周围的土地上，马毛姐全无惧色。突击队长拉起她，拍掉她身上的土，赞许地说："好样的，谢谢你，小英雄。"说完，就带着突击队员消失在夜幕中。

马毛姐返回到船上，这才想起自己的胳膊受了伤，她简单地包扎了一下，又与哥哥将渔船划回，还在江中救起了几名落水的人员。那一晚，马毛姐兄妹俩来回横渡长江 6 趟，运送 3 船解放军战士到南岸铜陵。渡江战役胜利后，华东野战军授予马毛姐"渡江特等英雄"称号，记一等功。马毛姐护送解放军过大江的这条船，也是当时新闻最早报道的"渡江第一船"。

"七一勋章"送到渡江战役纪念馆

在建党百年的历史性时刻，渡江女英雄马毛姐和其他功勋代表一起，受到了国家的至高礼遇，国宾护卫队、红地毯，表达着对英雄的崇高敬意。

"跟着共产党，老百姓才有好日子过！"马毛姐这句朴实而坚定的话语确实令人动容。从"百万雄师过大江"的壮伟画卷，到"全面建成小康社会"的时代巨变，如今 89 岁的马毛姐，既是亲历者又是建设者、贡献者。马毛姐获得"七一勋章"后说："我从来没有想过党和人民会给予自己这么高的功劳，叫我家女儿把勋章送到渡江战役纪念馆去，给以后的人看看，更好地为党、为人民服务。"

马毛姐，这位渡江战役女英雄，也是电影《渡江侦察记》中女游击队长的原型之一。

吴怀玉：渡江战役支前功臣

[人物简介]

吴怀玉，男，1917年11月1日出生，今义安区胥坝乡群心村20村民组人（解放前为胥坝文兴洲文沙乡大拐自然村）。1981年在群心村病逝，终年64岁。

夜间护送革命青年参加新四军

群心村大拐自然村，有个"上摆江口"渡江码头，是铜陵到江北无为水上交通重点渡口之一。100多年来，两岸百姓靠自造的木质帆船为主要交通工具，靠渡运来往旅客、长江短长途货物运输和捕捞为生。吴怀玉自小就生活在这种环境里，十几岁后就随父亲搞船运，常年在长江上奔波生活，练就了船上的"十八般武艺"。

抗日战争时期，铜陵胥坝地区就有了地下党组织，号召民众起来抗击日寇。在中共紫絮乡和文沙乡两个支部的领导下，"上摆江口"组建了水上党小组，由地下党员吴怀玉、张玉兴、吴怀喜、季永洲等人组成，吴怀玉为党小组长。他们主要任务就是以南北水上交通客运为由，接送南来北往的党组织地下人员。群心村地下党员王世玉、沈朝选和重新村地下党员徐春桃等革命青年，当初就想过长江到对岸的无为县参加新四军，就是吴怀玉等先后用自家的木帆船，在夜间护送到无为县白卯区新四军办事处，参加新四军的。

积极报名参加渡江战役支前

1945年8月日本投降之后，蒋介石发动内战，胥坝地区的中共地下党组织内出了叛徒，特别是文沙乡地下党组织彻底被破坏。吴怀玉闻讯后，划船到繁昌县头棚镇其妹妹家躲避一年多后，独自到肥西、巢湖、三河镇一带从事渡运旅客为生。直到1948年辽沈、淮海、平津三大战役胜利之后，我人民解放军坚决服从党中央和毛主席的命令：打过长江去，解放全中国。当年冬季，皖北四分区支前司令部，为充分做好渡江前的准备工作，在巢湖一带征船征船工，正在巢湖从事水运谋生的吴怀玉，就积极报名自带船只参加渡江战役支前，并与部队一起训练水救技能和船行战术，为全面渡江做好前期准备工作。

1949年4月20日傍晚，在长江江北待命近10天的吴怀玉，按捺不住内心的跳动，早已跳上木船，反复检查木船的帆、绳、桨等设备。18时整，我军各种大炮一齐开火，一发发炮弹呼啸飞过江面，在对岸敌阵地上爆炸开花。随即，所有待命的船只都接到了开船渡江的命令。此时，吴怀玉和船友、解放军指战员，冒着枪林弹雨奋力齐划，使船只迅猛向南岸破浪前进。一路上，子弹从他们的身边呼啸飞过，每个人都有随时中弹的危险，整个江面上到处是火光冲天，过大江的战士们杀喊声、枪炮声和惊涛骇浪声响彻云霄。这时的吴怀玉，完全忘记了生死危险，心里只有一个念头，就是尽最快的速度把解放军指战员安全渡送到南岸。40分钟左右，吴怀玉的船只迅速靠上南岸。

当晚，吴怀玉和船友一刻也没停，顺利两次护送解放军渡江。渡江战役胜利后，中国人民解放军第九兵团向他颁发了参战渡江光荣证，并由皖北四分区支前司令部授予其"二等功"奖状和渡江纪念章一枚。

渡江战役支前珍贵史料陈列在群心村乡贤文化馆

在群心村乡贤文化馆第一展厅左侧，陈列了"渡江支前功臣"吴怀玉的一些珍贵历史史料。这些珍贵历史史料，有吴怀玉家人保存近70年的参战渡江光荣证、立功证书和渡江纪念章等。光荣证和立功证书很简单，白纸黑字，虽说原件证书有些发黄陈旧，但字迹清晰可见。

光荣证为竖排版，上方中央印有毛泽东主席和朱德总司令的头像，右左上方各写有"参战渡江，无上光荣"字样。其内容："吴怀玉船工同志，你这次光荣的协同自己的军队，参战渡江，解放江南人民，这是一件千古未有的惊天动地的伟大革命事业，也是你自己及你世代的光荣。特发此证，以作纪念。"落款为：中国人民解放军第九兵团。签发人员分别是司令员宋时轮，政治委员郭化若，参谋长覃健，政治部主任谢有法。签发时间：中华民国三十八年四月廿日。

立功证书也是竖排版，上方写有"奖状"二字，其内容："华东区铜陵县沙洲区文沙乡大拐村，船工吴怀玉同志送我大军过长江胜利完成艰巨任务，经评为第二等功。特发奖状！"落款为：皖北四分区支前司令部。签发奖状的首长分别是：司令员夏戎，政治委员陆学斌，第一副司令员赵孟明，第二副司令员彭光雨。签发时间：中华民国三十八年，月日已看不清了。

这些光荣证、立功证书，见证了船工吴怀玉在渡江支前战斗中的英勇事迹。

渡江战役支前功臣吴怀玉的立功证书

爱国乡绅

陈可亭：矢志报国的民主人士

[人物简介]

陈可亭，安徽桐城县人，1898年5月出生在渔民家中。1918年，考入上海沪江大学，主攻法学。1929年春，应同窗好友王士锷、王静秋之邀，他携母亲、妻儿从家乡迁到铜陵安平乡安家落户。抗日战争全面爆发后，面对山河破碎、人民遭难的现实，在党的抗日民族统一战线政策的感召下，他积极参加抗日救亡活动，曾多次身赴前线，慰问抗日将士，并捐献钱财，抚恤烈士亲属，为夺取抗战胜利尽心尽力。1943年3月，在无为县恍城反"扫荡"中壮烈牺牲，时年45岁。

帮助组建铜陵沙洲游击大队

沙洲游击大队是在新四军的直接帮助下，于1938年11月底，由章啸衡等人发起组建的一支群众抗日武装。这支武装在抗日战争中发挥了重要作用。对这支游击大队的组建，陈可亭作出了重要贡献。他不仅将自己的几支护家枪支和部分资金捐献给游击队，而且还动员当地开明地主资助组建游击队。在陈可亭的影响和动员下，王士锷、王静秋也把自己用来护家的十几支枪与弹药献给了游击队。王士锷还把自家大宅院（又称沙洲大棚）让出来作为游击队的指挥部，同时为游击队提供粮食。这对于初创时期的沙洲游击大队，无疑是一个很大的支持。

主动资助新四军七师创办兵工厂

1941 年 10 月，新四军第七师决定筹办兵工厂，但是资金一下难以筹集。陈可亭得知此事后，变卖了自家的一部分田产，连同多年苦心经营起来的纱厂，无偿地献给了新四军七师。当时他雇人挑了两挑子银圆送到七师供给部。此外，陈可亭还资助七师创办了一座小型卷烟厂，生产"禾苗牌"香烟，供应根据地，受到七师首长和根据地军民的赞扬。

参政议政一心扑在抗战事业上

皖南事变，使陈可亭认清了国民党顽固派消极抗日、积极反共的真实面目。他因此抛弃了对国民党的幻想，毅然投奔到皖中抗日根据地，在中国共产党的领导下，为抗日民主政府做了许多有益的工作。1942 年 7 月，皖中参议会在无为县恍城成立，陈可亭当选为首届皖中参议会副议长，后又兼任皖中水利委员会主任。在这期间，他积极投入抗日救国的伟大战争，宣传我党的抗日民族统一战线政策和抗日民主政府的施政方针，一心扑在抗战事业上。因工作繁忙，他无法照顾母亲和妻儿，只得写信向母亲道歉，声言如今国难当头，可亭应矢志报国，故不能膝下侍奉老人家，难以忠孝两全，求母亲宽恕。虽寥寥数语，却充分表达了一个民主人士的一腔报国之情。

为营救小女孩不幸壮烈牺牲

1943 年 3 月，日伪军集结 6000 多人，分两路向皖中抗日根据地巢（县）无（为）中心区进行"扫荡"。敌人包围了新四军第七师、皖江行署、皖江参议会驻地——无为恍城。由于敌人来得突然，机关人员来不及转移，只得分散隐蔽。陈可亭和参议会议员叶矶珩，藏身在查巴店附近一户农舍的草堆里。突然，陈可亭发现不远处有一位失散的小女孩边跑边哭，他立即冲过去将女孩抱回草里隐蔽。陈可亭的举动被在附近搜索的敌人发觉，残暴的敌人向草堆里猛力扫射。陈可亭和叶矶珩身中数弹，壮烈牺牲。

张恺帆赋诗盛赞陈可亭

1943 年 6 月，中共皖江区党委、新四军第七师和皖江参议会、皖江行署在无为县恍城，为陈可亭、叶矶珩两位民主人士举行了隆重的追悼会。皖江行署副主任张恺帆致悼词。在悼词中，张恺帆盛赞陈可亭是热爱中国共产党、热爱祖国的开明人士，在危急关头能够坚定地站在国家和民族的立场上，深明大义，表现出高尚的民族气节。为了表达对这两位民主人士的敬意，张恺帆还赋诗一首："试数千山万壑中，几多劲草不因风。人言五月榴如火，热烈还应让二公。"

陈春圃：赤诚爱国的民主人士

[人物简介]

陈春圃，1892 年 2 月出生于铜陵县金榔乡（今义安区钟鸣镇）田屋汪村的一个富豪家庭，字亚农，又名鸣飞。他慷慨接济穷人，大力资助革命，是我省一位知名的民主人士。1915 年，他参与反袁斗争，一年后回铜陵组织民团，增强反袁力量。1919 年五四运动爆发后，他集资在本乡九榔庙办起了育才高小，自任校长。后又追求"实业救国"，分别开办叶山铁矿、山坑煤矿。1926 年他参加北伐军，任新编第三师第六旅旅长，"四一二"反革命政变后隐居故乡。在抗日救亡时期，他积极支持农抗会、妇抗会、青抗会、猎户队等群众性的组织，出钱出物支援新四军抗战，还多方营救被捕的干部和群众。新中国成立后，他历任安徽省文史研究员，政协安徽省委员会第二、三、四届委员，政协铜陵县副主席，铜陵县人民委员会委员和铜陵县人民政府副县长。1968 年 12 月 28 日病逝，享年 75 岁。

热心教育培养人才

1919 年五四运动爆发后，陈春圃受到爱国主义和新文化思想的影响，在本乡九榔庙办起了育才高小，自任校长。育才高小学制三年，毕业一届之后，再招一批学生入学。

陈春圃在 8 年办学期间，聘请具有资产阶级民主革命思想的社会上有名望的人士为董事会成员，分工负责处理学校各项事宜；对学生进行爱国主义与新文化的宣传教育；头行免费教育，凡入学的学生一律免收学费。八年办学所花费的资金，除公堂资助外，仅陈春圃个人集资就有 1500 块银圆之多。

陈春圃办学得力，培养了一批人才。当地乡亲题赠他一块匾额，上面书写着"热心教育"四个大字。

实业救国终成泡影

陈春圃在兴办新文化教育的同时，还为开办矿业而努力。1920 年，原主办铜陵叶山铁矿的蒋汝藻等人采用"盐斤加价"方式采矿，并聘请德国矿师指导探测矿源。陈春圃通过安徽实业厅厅长高文柏的关系，另开叶山铁矿，以抵制蒋汝藻等人妄图让帝国主义掠夺我国矿产资源的企图。但由于多种势力阻挠，最终开办叶山铁矿的计划落空。1922 年，陈春圃又在本乡山坑开办煤矿，历时三年之久。由于该矿所产煤质差，加之外无销路而停办了。1925 年，陈春圃又应金怡堂之邀，委托他人前去代办徽州硫矿，不料，这个硫矿已被反动势力所控制，只好让派去办矿的人返回。陈春圃梦想"实业救国"，可是在黑暗腐败的社会制度下，他的美好愿望最终化为泡影。

弃教从军坚决反蒋

1926 年，北伐军柏文蔚军长率国民革命军第三十三军入皖。陈春圃辞去校长之职投奔国民革命军，任新编第三师第六旅旅长。此时，陈春圃将家中祖业 300 亩田地、竹木山林 10 多处，典卖给他人筹集资金，以供北伐军军饷和购买枪支，充实了国民革命军的力量。随后，他率领的队伍进驻桐城、六安等地整训待命，以图扫除北洋军阀和帝国主义反动势力，实现孙中山先生生前所倡导的联俄、联共、扶助农工三大政策的遗愿。

1927 年，蒋介石发动了四一二反革命政变。陈春圃率部队由六安到霍山，后又奉命回六安。国民党桂系所属部队趁陈春回六安的不备之机，速令教导团团长陈雷率军包围了陈春圃的部队，解除了陈春圃及其部队的武装。陈春圃当即拂袖而归，改从商业，以待时机。

1929 年，蒋冯大战爆发，陈春圃前往上海与友人取得联系，积极筹备组织反蒋队伍，后惊闻冯玉祥失败便隐居了。1932 年，日本帝国主义在上海发动一·二八事变，上海十九路军奋起抗日。陈春圃正准备前往上海参战，但听说十九路军孤军奋战已撤退到浙闽山区，只好作罢。1929 年到 1933 年，陈春圃处于报国无门的彷徨之中。

受党教育支持革命

1934 年深秋，曾一坚受上级党组织的派遣来到皖南山区开展革命活动。陈春圃主动邀请他食宿于家中达数月之久，朝夕相处之际，深受共产主义思想的教育和影响。他积极支持革命活动，介绍农民花良虎、青年知识分子朱道福、知识界人士陈述典等人协助曾一坚开展工作。经过一段时间的努力，新屋陈村、大工山、金山等地区参加革命组织的农民就有三四百人。他们组成了一支农民武装，计划智夺顺安区署敌军枪支，后因机密泄露而失败。

此事发生后，铜繁南三县敌军倾巢出动，大肆搜捕我党地下人员，白色恐怖笼罩着城乡。陈春圃便将曾一坚化装成寺庙里和尚的亲戚，先后隐蔽于乌霞洞、石壁寺、清凉寺等地。因敌人搜查步步紧逼，陈春圃遂派专人护送曾一坚安全到达上海。

拥护抗日付诸行动

1938 年 11 月铜陵沦陷后，陈春圃与地方人士商定，派人前往泾县新四军军部联系，热烈欢迎新四军来铜繁抗日。

不久，谭震林率新四军第三支队进驻南陵大工山、金榔三条冲、繁昌赤沙滩等地区，领导全民武装抗日。陈春圃及时召集各阶层人士会议，动员群众有钱出钱，有粮出粮，有力出力，全力支援抗战。会后，陈春圃按照新四军三支队的指示，带头筹集了钱粮，支援了章啸衡的沙洲游击大队。与此同时，他还主动协助抗日队伍组织农抗会、妇抗会、青抗会群众性的组织，动员青年参军上前线，动员妇女做鞋子送子弟兵，动员农民参加运输队和担架队支援前线。

1938 年冬天，陈春圃协助新四军三支队将日伪特务——天河山寺庙里的老和尚捉拿归案，为民除了一害。1941 年皖南事变后，陈春圃护送突围新四军干部梁金华等通过敌人数道岗哨，安全转移至无为。在此期间，陈春圃还经常掩护我筹集军需的游击队员化险为夷。1943 年，他多次巧妙地掩护许多革命同志，安全通过钟鸣、繁昌两处敌人封锁线，赴江北革命根据地。

1945 年 9 月，皖南新四军奉命北撤，陈春圃仍经常同留在铜青南坚持地下斗争的陈尚和、陶钢、徐世达、王安葆等同志联系，提供情报，为保护留守革命力量、发展革命武装，做了不少有益的工作。陈春圃还动员民和乡乡代表主任陈永康，掩护中共地下党员阮志昂等同志开展革命活动，责成他的第三个儿子陈达时（时任国民党钟鸣乡乡长）释放了在钟鸣待编的壮丁 40 多名，营救共产党人员倪继民、张坤山等 13 人出狱。

　　1949 年 2 月，解放军渡江先遣队约 100 人到达狮子山。陈春圃喜闻后，即写信给儿子陈达时，令其带兵于泉栏方向护卫。陈达时收到父亲的信后，立即行动，为渡江先遣队安全通过钟鸣一线，潜伏于江南纵深地区作出了贡献。

附录：红色史迹和纪念地名录

（一）中共党组织活动旧址及纪念地

中共铜陵特支成立旧址及展览馆

中共铜陵特支成立旧址，位于义安区西联镇钱湾村，原属章氏私宅，早已不存在，章啸衡后人在原址上重建房屋居住。1931年初，中共铜陵特支在钱家湾章啸衡家中正式成立，

中共铜陵特支成立旧址及展览馆

它是中国共产党在铜陵江南境内建立的第一个党支部，由此点燃了铜陵地区的燎原星火，是铜陵江南地区革命史上红色的起点。中共铜陵特支展览馆，2005年在原址东300米处新建展览室，2013年3月在钱湾村另择地兴建展馆，规划占地面积2亩，房屋建筑面积为210平方米，于6月30日中国共产党成立92周年之际正式开馆。2015年公布为全省廉政教育基地，2019年公布为铜陵市爱国主义教育基地。

中共铜繁无县委驻地旧址

中共铜繁无县委驻地旧址，位于义安区胥坝乡旭光村第九村民组。1934年11月，中共铜繁无县委在紫沙洲（今胥坝乡）三官庙成立，这就是中国共产党在铜陵县第一次建立的县委组织。此后，义安地区中共党组织得到迅速发展，建立起犁桥区委、胥坝区委、城北区委、宋家宕区委、朱村区委共5个，全县共有500名党员。

中共铜南繁中心县委驻地旧址

中共铜（陵）南（陵）繁（昌）中心县委驻地旧址，位于义安区钟鸣镇水村村花塘岭自然村。1938年12月中旬，新四军第三支队进驻铜（陵）繁（昌）抗日前线，副司令员谭震林约见中共铜陵中心区委书记张伟烈，决定成立中共铜（陵）南（陵）繁（昌）中心县委，张伟烈任县委书记兼组织部部长，田文任妇女部部长，金志才任青年部部长。1939年1月，中共皖南特委调陈光任县委副书记兼组织部部长。县委机关设在铜陵金椰燕子牧和花塘岭，辖区包括铜陵县、繁昌县和南陵县第四区（工山区）。铜（陵）南（陵）繁（昌）地区在中心县委的领导下，党组织呈现蓬勃发展，抗日武装次第建立。1939年1月，中心县委派刘功成在铜陵郎坑一带组建了郎坑游击大队，队伍发展到近300人，下辖3个中队，主要活动在朱村、柴塘一带。新四军第三支队于1939年初在繁昌红花山、马坝一带收编组建的骆云山游击队，也归中共铜南繁中心县委领导。

中共铜陵县首次党代会旧址及纪念馆

中共铜陵县首次党员代表大会旧址，位于义安区顺安镇凤凰山村新屋岭自然村。1939年7月，中共铜陵县首次党员代表大会在凤凰山新屋岭周氏小学召开，出席会议的代表50余人，代表全县800余名党员。中共铜陵县首次党代会的召开，为铜陵党组织的建设和发展，推动铜陵人民取得抗日战争的胜利起到了重要作用。该旧址现仅存门楼一座，1990年公布为县级文物保护单位，2004年11月原铜陵县（今义安区）委党史办公室进行抢救性加固维修并整治了周边环境，2017年公布为铜陵市级文物保护单位。

中共铜陵县首次党代会纪念馆

中共铜陵县首次党代会纪念馆，位于铜陵凤凰山旅游景区内。2011年，为隆重庆祝中国共产党成立90周年和铜陵党组织成立80周年，铜陵县委、县政府建造了铜陵县首次党代会纪念馆。该馆占地面积6700

中共铜陵县首次党代会纪念馆

平方米，建筑面积500平方米，采取徽派古民居风格，参照原遗址周氏私立小学建筑式样建造而成。该馆共分前后三进，主楼分上下二层，展厅面积400余平方米，分《星火燎原》《抗日烽火》《夺取胜利》《创造辉煌》《党风廉政教育》五个部分，综合运用文字、图像、实物、影像等传统与现代声、光、电相结合的艺术手段，生动地再现了铜陵自1931年成立党组织，80年来不断发展壮大的全过程、铜陵人民在中国共产党领导下所取得的各个历史阶段的重大成就。2019年7月公布为铜陵市爱国主义教育基地。

中共铜陵敌后县委联络站旧址展馆

中共铜陵敌后县委联络站旧址展馆，位于义安区西联镇兴桥村杨坦孙自然村，朱永路旁。1939年上半年，中共铜陵县委在杨坦孙村孙太然家设立了一个情报交通站，成为中共地下党一处安全稳定的活动堡

中共铜陵敌后县委联络站旧址展馆

垒。中共皖南特委、中共铜陵县委、中共铜陵敌后县委领导人，都曾在这里进行抗日斗争活动。情报交通站负责传递党的机密情报，接送新四军来往江北和到云岭新四军军部。皖南事变发生后，仅交通站护送到江北无为的新四军突围人员就有60多人，这些人后来大都成为新四军第七师的骨干。这里也是中共铜陵第一个妇女党支部诞生地。1940年间孙太英陆续发展了杨坦孙村的王妹妮、小介子、崔爱莲、陈铁、柏枝、王金兰等7名女党员，连其本人共8人成立了铜陵县中共第一个妇女党支部。2009年12月，铜陵县委党史办公室根据县委、县政府的要求，在旧址堂屋布展，作为爱国主义教育基地对外开放。2017年展馆重新翻修布展，对外开放，2009年12月公布为铜陵县爱国主义教育基地。

铜陵县第一区抗日民主政府旧址

铜陵县第一区抗日民主政府旧址，位于今义安区东联镇郎丰村湾里陈自然村陈尚和家（原房屋已拆除）。1941年5月，中共皖南特委重新建立后，在无为县隆兴洲老鼠集召开皖南地区党员活动分子大会，铜陵

铜陵县第一区抗日民主政府旧址

江南地区有20余名党员参加会议。会上，皖南特委提出要打回皖南去，建立自己的政权。当月，中共铜陵敌后县委在湾里陈村召开会议，决定建立铜陵县第一区抗日民主政府，这是皖南事变后皖南最早的一个区政府。区政府设湾里陈村陈尚和（时任中共铜陵敌后县委宣传部长）家，区长由陈已新（陈益卿）担任，下辖安平、文兴、柴塘、汀洲、民和、犁桥、栖凤、石佛、流潭、永丰等乡政权。铜陵第一区抗日民

主政府成立后，在动员民众参军参战、支援部队和地方武装、开辟财源、发展生产、开展文化教育工作、调解民事纠纷、减租减息等方面作出了重要贡献。

中共铜青南县委驻地旧址

中共铜(陵)青(阳)南(陵)县委驻地旧址，位于义安区顺安镇星月村雷家湖。1943年3月，中共皖南地委对铜陵敌前县委和敌后县委进行了合并，成立中共铜(陵)青(阳)南(陵)

中共铜青南县委驻地旧址

县委，受皖南地委领导。县委驻地先设在舒家店，1944年12月由舒家店迁到雷家湖，后迁焦家埠等地。县委下辖铜陵的凤心、沙洲、五峰、顺安、凤凰和青阳的童埠、南陵的何湾7个区委，张伟烈、杨明先后担任县委书记。

铜陵县抗日民主政府旧址展览馆

铜陵县抗日民主政府旧址展览馆，位于义安区钟鸣镇泉栏村舒家店。1945年1月，根据中共皖南专署的指示，撤销铜青南行政办事处，成立铜陵县政府，下辖凤心、沙洲、五峰、

铜陵县抗日民主政府旧址展览馆

顺安、童埠、何湾、凤凰7个区政府和30多个乡政府，根据地人口约17万——这是皖南地区第一个县级抗日民主政府。这里也曾为抗

247

日战争时期中共皖南地委、皖南军分区与皖南支队机关的驻地。2009年，为纪念中华人民共和国成立60周年，原铜陵县委、县政府翻盖抗日民主政府旧址，展出170余幅图片和实物。1990年8月公布为县级文物保护单位，2009年11月公布为铜陵市爱国主义教育基地。

皖南行政专员督察公署成立地旧址

皖南行政专员督察公署成立地旧址，位于义安区钟鸣镇九榔村张家冲自然村。1945年1月，皖南行政专员督察公署在铜陵张家冲成立，江干臣代理专员，同年4月江靖宇调任

皖南行政专员督察公署成立地旧址

专员。专署内设秘书室、公安局、司法科、财粮科、建设科、总务科和皖南财经分处、皖南贸易局等机构。在皖南专署成立前后，皖南各县陆续成立了一些县级抗日民主政府。皖南专署下辖铜陵、繁昌2个县政府和宣城、南芜两个行政办事处，时撤销铜（陵）青（阳）南（陵）行政办事处，成立铜陵县政府，张世杰任县长。至此，皖南抗日根据地已发展到以铜陵、繁昌为中心，东到芜湖、宣城，南抵南陵、泾县，西至青阳，北达长江南岸的六七个县的广大地区，根据地面积达1000余平方公里，人口达30余万，成为皖江抗日根据地在皖南的重要组成部分。

皖南专署暨新四军皖南支队旧址纪念馆

皖南专署暨新四军皖南支队驻地遗址，位于义安区钟鸣镇牡东村上山缪自然村。1945年1月，皖南行政督察专员公署成立，统一

领导皖南抗日民主政权。自中
共皖南地委、皖南支队机关进
驻铜陵后，皖南支队与地方部
队配合，不仅取得了反"清剿"
斗争的胜利，而且进一步扩大
了抗日根据地。此时，皖南抗

皖南专署暨新四军皖南支队旧址纪念馆

日根据地发展到以铜青南、南繁芜为中心，南至泾县、黄山，东抵芜
湖、宣城，北达长江南岸，西连沿江抗日根据地的广大地区，面积达
1万余平方公里，成为皖江抗日根据地的重要组成部分。中共皖南行
政公署暨新四军七师皖南支队旧址纪念馆，室长 12 米、宽 6 米，共
约 70 平方米，展示内容为皖南支队在铜活动概况及主要战斗成果、
中共皖南行政公署成立和主要工作、1944 年国际反法西斯战争形势
背景、革命文物等。纪念馆由铜陵市人大常委会机关和牡东村联合党
委兴建，2012 年 10 月 25 日举行揭牌仪式。

中共《皖南电讯》社遗址

中共《皖南电讯》社遗址，
位于义安区钟鸣镇金龙村竹园
拐（原址因修铜南公路拆除）。
1945 年 1 月，皖南地委创办了
地委机关报——《皖南电讯》，
由地委宣传部负责，借用司令

中共《皖南电讯》社遗址

部的电台（后宣传部也配了电台）抄收延安新华社消息，刊载延安新
华社电讯、华中局、新四军七师等上级批示，以及皖南根据地党政军
活动情况和对敌斗争消息。社长叶诚，朱繁、章忆等任编辑，徐和刻
写蜡纸，宋晓廉印刷，宣绮负责稿件收发，用毛边纸油印出版 8 开两

版《皖南电讯》，每周出 2~3 期，发行量千份左右。《皖南电讯》报纸虽小，但办得有气势，它像战斗的鼓点、胜利的号角，声震皖南。

中共皖南联立中学遗址

中共皖南联立中学遗址，位于义安区钟鸣镇狮峰村上清凉寺。1945 年春，中共皖南专署在清凉寺创办了皖南联立中学（又称皖江第二联立中学）。

中共皖南联立中学遗址

校长由皖南地委宣传部长张伟烈兼任，胡敏如任教导主任，负责主持学校工作。教师有来自上海投身革命的大学生，也有在当地聘请的教员。学校设初、高中各一个班，课程设有语文、政治、时事常识、中国革命运动史、数学、音乐、体育等，皖南地委、皖南专署的同志有时也来校作政治形势报告或介绍根据地建设情况。学校还因陋就简地开办了图书馆，修建了篮球场，组织了文艺宣传队等。由于学校开办得生机勃勃因而吸引了附近不少青年，连邻近的国统区的一些进步青年，也慕名前来参加学习，全校学生达 100 余人。

肖村会议旧址

中共沿江中心县委肖村会议旧址，位于义安区顺安镇高岭村庵门口肖村。1945 年 10 月，皖南支队接到新四军七师师部转来的华中分局电报，派 5 个连返回江南皖南坚持斗争。皖江区党委也派遣铜陵籍朱农、陈爱曦、陈尚和等人返回铜陵坚持皖南地区的革命斗争。1945 年 10 月 10 日，中共沿江中心县委在杨明主持下，于顺安庵门口肖村召开了扩大会议，正式宣布中共沿江中心县委成立，并分析斗争形势，讨论确定坚持沿江斗争的方针、任务和行动部署。肖村会议是解放战争初期，中共沿江中心县委成立后召开的一次具有战略意义的重要会议。

铜陵沙洲游击大队成立地遗址

铜陵沙洲游击大队成立地遗址，位于义安区胥坝乡重新村下教自然村。1938年11月26日，铜陵沦陷，广大人民饱受日军铁蹄践踏。章啸衡和谢节之等人在胥坝、汀洲一带组建起游击队伍，开展武装抗日。因游击队队部设在沙洲大棚，故这支武装被称为沙洲游击大队。

（二）新四军驻地旧址

新四军第三支队政治部驻地旧址

新四军第三支队政治部驻地旧址，位于义安区钟鸣镇水村村院冲燕子牧自然村。1938年12月，新四军第三支队在副司令员谭震林的率领下，从南

新四军第三支队政治部驻地旧址

陵的青弋江、西河一线调防到铜（陵）繁（昌）一线，司令部驻铜南边境的沙滩脚，政治部设在铜陵的燕子牧，胡荣任政治部主任。1990年8月公布为县级文物保护单位。

谭震林慰问抗日民众旧址

谭震林慰问抗日民众旧址——仙人洞，位于义安区顺安镇凤凰山村仙人冲自然村。仙人洞处在山腰处，内有4~5进，可容纳200余人，距山脚约150米。山上林木茂盛，目前尚未开发利用。此洞距新四军老一团团部旧址约1.5公里（小路），距县首次党代会旧址2.5公里，

距县城 40 公里，中型车辆可直达山脚牡丹铜矿。1938 年 12 月，新四军第三支队在副司令员兼政委谭震林的率领下，开赴铜（陵）繁（昌）抗日前线。1939 年 7 月间，谭震林来义安视察战况时，亲临仙人洞慰问

谭震林慰问抗日民众旧址

避难的群众。解放战争期间，仙人洞成为游击队打击敌人掩护百姓的场所，张伟烈、徐世达、孙运松等在仙人洞居住过。

新四军的秘密联络点——云崖寺

云崖寺曾是新四军的秘密联络点，位于义安区顺安镇星月村境内。抗日战争时期，新四军军长叶挺和政委项英，曾住在云崖寺内，指导铜陵人民

新四军的秘密联络点——云崖寺

的抗日斗争。云崖寺至今保存有一块小木板，上面记载这样一段文字：1939 年 10 月，新四军军长叶挺和政委项英同志曾到云崖寺内察看。"皖南事变"后，这里曾是新四军的秘密联络点。

新四军第三支队第五团团部驻地旧址

新四军第三支队第五团团部驻地旧址，位于义安区钟鸣镇金山村龙潭肖自然村。1938

新四军第三支队第五团团部驻地旧址

年 12 月，新四军第三支队在副司令员谭震林的率领下，奉命开赴铜（陵）繁（昌）抗日前线。三支队五团在团长孙仲德、副团长曾昭铭率领下进驻铜陵。团部驻龙潭肖村，该团所属的一、二、三营分别驻凤凰山、金山冲、水龙山和三条冲一带。1939 年 4 月中旬，三支队五团奉命调离铜陵。

新四军第一支队第一团、第二支队老三团团部驻地旧址

新四军第一支队第一团团部驻地旧址，位于义安区顺安镇凤凰山村竹马自然村。1939 年 4 月 24 日，新四军第一支队老一团在支队副司令员兼一团团长傅秋涛、副团长江渭清

新四军第一支队第一团、第二支队老三团团部驻地旧址

的率领下接防铜陵，团部先驻扎在钟鸣闸口汪村，后移驻竹马村周姓人家。周氏住宅坐东朝西，傅秋涛夫妇住右侧后房，江渭清住右侧前房，电台架设在阁楼之上，堂屋是团部领导及参谋人员商讨军务之处，屋后挖了一个小防空洞，放置团部的档案资料。1939 年底，老一团奉命调往新四军军部所在地泾县驻防。这里也是新四军第二支队老三团的驻地。1940 年 1 月，新四军第二支队老三团在团长黄火星、副团长周桂生的率领下，来到铜陵抗日前线。团部先驻钟鸣镇龙潭肖村，后又进驻顺安镇凤凰山村竹马自然村。2004 年 11 月，铜陵县委党史办公室对该旧址进行抢救性维修，对屋内部分木结构涂刷桐油进行保护。2004 年 4 月公布为县级文物保护单位，2007 年 4 月公布为铜陵市爱国主义教育基地。

新四军七师老洲地下交通站遗址

新四军七师老洲地下交通站遗址

新四军七师老洲地下交通站遗址，位于义安区老洲中心村章家场（20世纪60年代初改建成老洲粮站）。1942年1月，江北新四军七师为打破日伪封锁，沟通大江南北联系，指派五十五团一营副营长章家元（章家洲人，今属胥坝乡）以"投奔日伪"的名义打入敌营，配合洪亮（老洲人）建立沿江地下交通站。章家元取得了日军的信任，并借用铜陵县日伪组织——兴亚大队的名义，在老洲组建起一支"伪军"。在章家元及其兴亚大队的掩护下，由洪亮负责的沿江地下交通站开始运转。1945年8月，日本投降后，章家元接到七师师部的命令，结束交通站工作，带领全部人员返回部队。

新四军七师皖南支队驻地旧址

新四军七师皖南支队驻地旧址

新四军七师皖南支队驻地旧址，位于义安区钟鸣镇牡东村上山缪自然村。1944年12月底，中共皖南地委、新四军七师皖南支队领导机关千余人，在黄耀南、张恺帆、梁金华等同志的率领下，突破日军严密封锁的长江防线，由无为县白茆洲到达铜陵县钟鸣上山缪一带，领导皖南军民坚持抗日斗争。1945年夏，皖南支队积极作战，连续取得芜湖县的老观嘴、竹缘港、施家渡、赵家大桥和南陵县的许村埠、马仁渡等战斗的胜利，迅速打开了局面。8月，皖南支队南芜总队向东与苏浙军区九支队在芜湖黄池、宣城水阳一线会师，完成了和苏南抗日根据地互相连接的战略任务。

新四军七师皖南支队兵工厂旧址

新四军皖南支队兵工厂旧址，位于义安区钟鸣镇泉栏村舒家店。1944年底，皖南支队兵工厂随皖南支队由无为县南迁到铜陵县舒家店，随着生产

新四军七师皖南支队兵工厂旧址

规模的不断扩大，至1945年已发展到300余人。兵工厂编成三个中队：一中队驻舒家店，中队长由修械所所长高松保兼任，主要负责加工、修理枪械和制造掷弹筒，也为其他中队制造加工一些工具、模具等；二中队驻舒家店胡卓哉家附近，中队长由修械所副所长程添福兼任，主要制造地雷、手榴弹；三中队驻鸡笼山脚下，中队长汤良泉，主要生产口径为6.5和7.9两种类型的子弹；大队部驻一中队，负责全大队的财务开支、生活供给等事务。日本投降后，皖南支队奉命北撤，兵工厂也随之停厂，部分技术人员调到华中大兵工厂工作，继续为解放全中国而战斗。1990年8月公布为县级文物保护单位。

（三）战斗遗址

湖城涧农民暴动地遗址

湖城涧农民暴动地遗址，位于义安区顺安镇明湖村湖城涧。20世纪30年代，在国民党政府的黑暗统治下，湖城涧农民群众被逼得走投无路，在共产党人的引导下，以自发组织何骏启为队长的湖城农民赤卫队，与地主和恶势力勇敢抗争。

塔里王战场遗址

塔里王战场遗址，位于义安区天门镇考涧村塔里王自然村。1939 年 4 月 27 日晚，新四军第一支队一团二营根据侦察掌握的敌情，进入塔里王附近设伏，与日军展开了血战。

塔里王战场遗址

该团进驻铜陵后首战告捷，扩大了新四军在群众中的影响。

龙口岭伏击战战场遗址

龙口岭伏击战战场遗址，位于义安区天门镇双龙村龙口自然村。1940 年 3 月的一个晚上，新四军 150 多名勇士，兵分三路，一路埋伏在龙口岭碉

龙口岭伏击战战场遗址

堡前沿阵地的草丛中，一路准备迎击石山脚的援军，第三路埋伏在龙口岭的另一侧，伏击日寇，歼敌 40 多个，缴获轻重机枪各 1 挺，步枪数十支，子弹好几筐，更打击了日军的嚣张气焰。

萝卜冲战斗战场遗址

萝卜冲战斗战场遗址，位于义安区顺安镇星月村何家涝。这次战斗发生在 1940 年 4 月，日军向皖南发动万人大"扫荡"时期。新四军二支队三团三营

萝卜冲战斗战场遗址

九班配合主力，在萝卜冲与敌人激战五个多小时，打退日军多次进攻，击毙日寇 30 多人，取得了以少胜多的重大胜利。

石佛山战斗战场遗址

石佛山战斗战场遗址，位于义安区西联镇东湖村，距石佛寺 500 米。石佛山战斗，是 1945 年新四军北撤后返回铜陵的第一次战斗。石佛山战斗的胜利，狠狠地打击了国民党反动派的嚣张气焰，迫使敌人撤出犁桥据点，极大地鼓舞了我军战士的斗志。

石佛山战斗战场遗址

渡江战役铜陵第一船登陆地遗址

渡江战役铜陵第一船登陆地遗址，位于义安区胥坝乡文兴洲王家拐。1949 年 4 月 20 日晚，渡江战役打响。在这次战役中，人民解放军二十四军七十师和七十一师先头部队，

渡江战役铜陵第一船登陆地遗址

在今义安区的文兴洲的新江口、东风泡和紫沙洲的套口等地先后强行登陆。七十师二一〇团九连三班和二〇九团五连八班分别获得"渡江第一船"和"渡江突击模范班"光荣称号。

为了追寻红色记忆，用伟大的渡江精神建设美丽乡村，义安区胥坝乡群心村兴建起渡江文化广场，并在广场上建造一座"渡江第一

船"铜雕塑。该铜雕塑高 11.75 米，由底座、芦叶、船和帆四部分组成，其中船帆全长为 4.9 米，底座顶至船头长度为 4.2 米，底座至船帆顶端高度为 9.35 米，三个高度的数字又分别代表 1949 年 4 月 20 日晚 9 时 35 分解放军渡江时间寓意。底座 2 米 4，意为此壮举是由二十四军创下的。这座"渡江第一船"铜雕塑落成后，已成为铜陵市爱国主义教育基地。

挂岭阻击战战场遗址

挂岭阻击战战场遗址，位于义安区天门镇高联村挂岭自然村。1949 年 4 月中旬，为迎接大军渡江，铜陵大队第一连连长赵彪率领 40 多名战士，在敌我双方悬殊的情况，围歼了国民党自卫团，这是铜陵江南迎接解放的最后一仗。

挂岭阻击战战场遗址

（四）烈士墓园

抗日时期牺牲烈士墓

抗日时期牺牲烈士墓，位于义安区钟鸣镇水龙村叶村自然村。在这座大墓里，长眠着 30 位革命先烈，他们是新四军第一支队第一团和新四军七师临江团在抗日战争中英勇牺牲的革命烈士。

抗日时期牺牲烈士墓

这些烈士以前分别安葬在铜（陵）南（陵）交界的水龙山两侧 5 平方公里地区，1985 年，原金榔公社离退休干部和教师发起倡议，乡政府和离退休干部、教师及社会共同集资修建此墓，将分散的烈士墓迁葬于此。1990 年公布为县级文物保护单位。

抗日七烈士墓

抗日七烈士墓，位于义安区钟鸣镇水龙村大方自然村来龙山。这里长眠着新四军一支队一团二营七位烈士：王根生，安徽无为县人；司号员李德斌，湖南平江人，其余五位姓名不详。1938 年，谭震林率领的新

抗日七烈士墓

四军三支队进驻金榔三条冲，一支队流动作战于铜（陵）、南（陵）、繁（昌）等县。翌年 5 月初，日寇对铜、繁根据地大规模"扫荡"，新四军一支队和三支队的五团协同作战，经半月苦战，沉重打击敌人，夺取反"扫荡"的彻底胜利。此次战役共毙敌 300 余名，新四军亦伤亡指战员 100 多人，这 7 位烈士就是其中的一部分。烈士遗体运至大方村公堂前，由本村中德高望重的老人亲自为烈士洗浴，用白布裹身，捐出自己的寿木为之装殓，扶棺安葬于杉木山。抗日战争胜利 60 周年之际，村民将烈士墓迁至交通方便、向阳高埠的来龙山安葬。墓园告竣，告慰烈士英灵，教育后辈子孙，继承先烈遗志，实现民族振兴。

范家湾烈士墓

范家湾烈士墓，位于义安区顺安镇城山村附近。1943 年 7 月 16 日，新四军七师铜陵大队大队长巫希权，与中共铜青南县委书记张伟

烈等会合，宿营于梁家垄。汉
奸王诚斋得知消息，连夜报告
顺安日军。次日拂晓，日伪军
100多人分三路包抄梁家垄，向
铜陵大队发起突然袭击。在敌
我力量悬殊的情况下，为掩护
张伟烈等突围，巫希权、叶为
祐等28位战士，不幸在顺安河

范家湾烈士墓

中全部壮烈牺牲——是义安革命武装遭受的一次严重损失。

范家湾烈士墓由原铜陵县（今义安区）政府于1980年建造，
2006年又进行了维修改造。墓地占地面积约1000平方米。墓呈圆
形，高1.8米，直径4米。青石墓碑高2米、宽1米，碑正面刻着"范
家湾战斗二十八烈士之墓"。墓前铭文是："新四军铜陵大队，于
一九四三年七月在范家湾焦家埠一带遭到国民党伪军勾结日寇突然袭
击。我军虽处于敌众我寡、三面环河、水势猛涨、极端不利的情况下，
与敌人展开顽强激烈的战斗。终于粉碎敌人三路围剿，大部分同志胜
利突围，大队长巫希权、大队副叶为祐、区委书记罗建新、税务局长
陈孝铠、查贵来、王贵林、江家余、唐照运、许志道、管仲倪、傅金
龙、吴贤儒、胡朝松、叶德喜、石海山、马家兵、陈发宝、胡善美等
二十八位同志在战斗中英勇牺牲。"2011年8月，范家湾烈士墓被
铜陵市人民政府公布为市级重点文物保护单位。

花良虎烈士墓

花良虎烈士墓，位于义安区钟鸣镇水村村新屋陈自然村。花良
虎，1891年出身于无为县一个贫苦农民家庭，自幼背井离乡，逃荒
要饭到水村定居。1934年秋，加入中国共产党，后担任金凤乡农抗

会副主任，积极参加了由县青抗会组织领导的"借"粮斗争，1941年3月10日，被捕后在方村老虎头壮烈牺牲，时年52岁。1981年，原铜陵县金榔公社（今义安区钟鸣镇金榔）为花良虎重新立碑，以示纪念。

花良虎烈士墓

陈尚和烈士墓

陈尚和烈士墓，位于义安区西联乡钟仓村徐村自然村。陈尚和，1912年9月，出生于铜陵县民和乡（今铜陵市义安区东联镇）湾里陈村，1934年参加革命活动，同年加入中国共产党，历任中共党支部支部

陈尚和烈士墓

书记、县委宣传部部长、县委敌工站副站长、工委书记、县委副书记。1947年11月17日在战斗中身中数弹，不幸壮烈牺牲。新中国成立后，铜陵县委、县政府决定将陈尚和烈士的遗骨，由南陵县小张家山移葬到烈士的家乡铜陵。1999年10月,铜陵县人民政府又对该墓进行重修。

孙太然烈士墓

孙太然烈士墓，位于义安区西联镇兴桥村杨坦孙自然村。孙太然1919年6月出生，1939年5月加入中国共产党。同年上半年，中共铜陵县委在他家设立了情报交通站，并指定由孙太然负责。在他的影响下，一家人都投身了革命。1942年秋，孙太然被捕，经严刑拷打后，在日本侵略者的枪口下就义，年仅 24 岁。新中国成立后，孙太然烈士的英雄事迹选入安徽省著名革命烈士纪念馆永久陈列。2008 年 12 月，孙太然烈士墓公布为铜陵县爱国主义教育基地。

孙太然烈士墓

刘四姐烈士墓

刘四姐烈士墓，位于义安区顺安镇城山村大城山。刘四姐出生在无为县一个贫苦农家，12 岁随三哥来到顺安镇城山铺落户。1943 年参加革命，并担任乡妇抗会主任。1946 年秋，

刘四姐烈士墓

参加了铜（陵）青（阳）南（陵）游击队，主要担任炊事员兼交通联络工作。1947 年 12 月 31 日，在青阳茗山冲天门山反"清剿"战斗中不幸壮烈牺牲，时年 35 岁。1980 年 10 月，铜陵县委、县人民政府为该墓整修并立碑纪念。2017 年 12 月，刘四姐烈士墓公布为市级文物保护单位。

吕作轩烈士墓

吕作轩烈士墓，位于义安区天门镇郎坑村。吕作轩，1915 年生，湖北阳新人，第四军一支队一团三营八连副连长，1939 年 7 月 18 日在老鸦岭战斗中牺牲。1939 年 7 月 18 日，新四军一支队的一个营途经天门镇南洪村老鸦岭时，遭到盘踞在老鸦岭山顶上的日军的阻击。

为了部队能顺利通过此地，营长下达了歼灭日军的命令。吕作轩所在的连为突击连，他一面指挥连队战斗，一面端着机关枪向日军的碉堡猛烈射击，掩护两名战友接近日军碉堡，以摧毁敌人火力点。激战中，吕作轩遭到敌方子弹射入腹部，身负重伤，但仍坚持指挥战斗，不肯下山接受治疗。一个多小时后，日军的碉堡被攻克，老鸦岭战斗取得了胜利。吕作轩这才被战士抬到天门镇郎坑村黄冲徐家宗祠医治，一个星期后因伤势过重、伤口溃烂而辞世，年仅 24 岁。吕作轩的战友和当地村民为他举行了葬礼，墓碑就朝向他的故乡湖北阳新。吕作轩烈士的墓最初是在郎坑村九房组象山脚下，因那里地势低洼易积水，1981 年郎坑小学的师生们自己动手，将墓移至地势较高的山腰操场。

袁跃平烈士墓

袁跃平烈士墓，位于义安区顺安镇星月村新桥头。袁跃平，江苏省句容县人，1938 年入伍，1939 年入党。1940 年 4 月 9 日，新四军第二支队老五团命令八连四班在日军必经之地设伏，击毙日军 8 人，其中

袁跃平烈士墓

有一个是大队长。在这次伏击战中，四班班长袁跃平不幸中弹而光荣牺牲。4 月 12 日，八连在新桥头为袁跃平同志举行了隆重的追悼大会，一位 70 多岁的老太太把自己的一口寿材捐献出来，安葬了烈士。1981 年，原铜陵县新桥公社将其墓地重修并立了墓碑。

胡平烈士墓

胡平烈士墓，位于义安区西联镇钟仓村官山公墓东侧。胡平，

字国卿，化名周济群，1925年
6月11日生于铜陵县胥坝乡衣
冠村，1941年4月参加新四军，
1943年秋返回铜陵担任忠信乡
抗日民主政府乡长，同时加入
了中国共产党。 1945年9月，
抗日战争胜利后，皖南新四军
和党政机关大部奉命北撤，胡

胡平烈士墓

平等少数同志则留下继续坚持斗争，后被派任沙洲区区长。国民党铜
陵县政府和中统特务机关迁回铜陵城关，对留在铜陵的新四军和共产
党人实行"清剿"，胡平机智、果敢地同敌人周旋，往返于老观、安
平、文沙一带，开展斗争。1945年12月16日，胡平等人在犁桥乡
附近开展工作时，被反动地主、特务发觉而遭到国民党犁桥自卫队的
包围袭击。紧急关头，胡平为了掩护多数同志转移，不幸被捕。铜陵
县中统特务调查室将胡平两臂反剪，拴住两只大拇指悬空吊起。胡平
大义凛然，抗刑拒招，于6日后英勇就义。中共地下党和革命群众即
将胡平的遗体抬到3华里外的石佛山大庙旁安葬，2010年铜陵县人
民政府再次修缮了胡平烈士墓。

姚克礼烈士墓

姚克礼烈士墓，位于义安
区钟鸣镇金桥村百果冲自然村。
姚克礼，男，铜陵县人，1917
年出生在贫农家庭。1939年入
伍，历任战士、班长、排长、
连级副政治指导员、区队长等

姚克礼烈士墓

职。1945 年，抗日战争胜利，新四军从皖江地区北撤，只留下少数武装力量和干部就地坚持斗争。姚克礼留在皖南，率领 20 多位武装战士，跟随中共南（陵）繁（昌）芜（湖）县委书记王文石坚持战斗，曾任皖南人民自卫军总队第十一区队队长。此时，国民党对新四军留下人员进行残酷清剿。姚克礼在执行任务路过家乡时，被国民党陶城乡政府逮捕，于 1946 年春就义。

朱村革命烈士纪念碑

朱村革命烈士纪念碑，位于义安区天门镇龙山村观音洞山上。抗日战争胜利 50 周年之际，原中共朱村镇委员会和镇政府决定立碑，以缅怀和纪念革命烈士。这些烈士中，即有张良仕。张良仕，1899 年出生于今义安区西联镇犁桥街，1934 年秋加入中国共产党，1935 年 3 月担任中共犁桥区区委书记，1943 年 3 月任中共何湾区区委书记。

朱村革命烈士纪念碑

1946 年 2 月在铜陵盛家冲遭遇敌军，不幸被捕，关押在郎坑敌军据点，3 月中旬就义，当地群众将他的遗体安葬在郎坑村苍松翠柏之中。新中国成立后，为了追悼张良仕烈士，1951 年 6 月 25 日，中共皖南地委在《皖南日报》上发表了题为《宁死不屈、伟大气节》的纪念文章，高度赞扬张良仕烈士一生的革命业绩。

董店革命烈士纪念碑

董店革命烈士纪念碑，位于义安区天门镇板桥村龙山村民组。1989 年 9 月，为纪念抗日战争、解放战争、对越自卫反击战中牺牲的董店乡烈士，经铜陵县民政局核准，董店乡人民政府在此处修建了革命烈士纪念碑。

董店革命烈士纪念碑

碑上铭刻的 28 位烈士姓名如下：

盛树林　何其海　吴冬狗　汪实有　曹维青　阮顺喜

刘佳乐　吴满和　许根福　吴春木　曹正才　吴期根

佘喜春　舒济仁　陈金林　戴丙经　钟友明　陈康和

徐小牛　朱郎清　徐宗维　何荣贵　王根波　陈喜发

荣先觉　夏常连　汪世安　江其中

1990 年 8 月公布为县级文物保护单位。

铜陵烈士纪念园

铜陵烈士纪念园

铜陵烈士纪念园，位于义安区五松镇笠帽山南侧区域市级自然保护区内，占地面积 9297.47 平方米，建筑面积（主体工程烈士纪念馆）1200 平方米，是铜陵市面积最大的、功能最齐全的烈士纪念园。该园 2015 年 10 月 8 日开工建设，2016 年 9 月 10 日建成，已成为集瞻仰纪念、爱国教育、旅游观光为一体的综合性教育基地。园区包括烈士纪念园广场、烈士纪念馆、烈士纪念塔、烈士英名墙、烈士墓区等设施，烈士英名墙上镌刻着 1605 名铜陵籍和在铜陵牺牲的烈士。烈士纪念馆以铜陵革命斗争史为序，分为《星火燎原》《抗日烽火》《地覆天翻》《卫国建业》四大部分，综合运用油画、雕塑、场景、视屏播放等现代展陈手段，展示了铜陵革命历史以及著名烈士的光荣事迹。2016 年 11 月，公布为铜陵市级爱国主义教育基地，2017 年 8 月公布为市级烈士纪念设施保护单位。

铜陵烈士塔

铜陵烈士塔，位于义安区五松镇笠帽山顶。铜陵江南地区是革命老区，仅抗日、解放战争时期在此英勇牺牲的烈士就有 800 余名。为缅怀革命先烈的丰功伟绩，激励后人振兴

铜陵烈士塔

中华，铜陵县委、县政府于 1958 年在笠帽山顶建成烈士纪念塔，是铜陵地区革命先烈的集体象征。1992 年 10 月，铜陵县委、县政府对塔身进行了维护保养。2006 年，铜陵县委、县政府再次对烈士塔进行整体修缮，修建了 1000 平方米的纪念广场和一条长约 340 米的上山水泥路。烈士塔为钢筋水泥质地，塔高 30 米，塔系三层正方形实心建筑，东、南、西、北四周分别刻有"光明日月""气壮山河""永垂不朽""万古长青"十六个大字，为原安徽省政协主席、书法家张恺帆同志所书，庄严肃穆、雄伟壮观。1990 年 8 月公布为县级文物保护单位，1991 年 4 月公布为市级文物保护单位，2007 年 4 月公布为铜陵市爱国主义教育基地。

主要参考书目

1. 中共铜陵县委党史办公室编：《第一、二次国内革命战争时期》（中共铜陵历史资料丛书之一），安徽人民出版社 1993 年 11 月第 1 版；

2. 中共铜陵市委党史工作委员会办公室编：《抗日战争战争时期资料（下卷）》（中共铜陵历史资料丛书之三），安徽人民出版社 1995 年 10 月第 1 版；

3. 中共铜陵县委党史办公室编：《解放战争时期资料》（中共铜陵历史资料丛书之四），安徽人民出版社 1997 年 11 月第 1 版；

4. 中共铜陵市委党史工作委员会办公室编：《铜陵党史人物传》（中共铜陵历史资料丛书之五），安徽人民出版社 1993 年 6 月第 1 版；

5. 中共铜陵县委党史办公室编：《丰碑》，安徽教育出版社 2009 年 9 月第 1 版；

6. 中共铜陵市委党史和地方志研究室著：《中共铜陵抗日战争简史》；

7. 中共铜陵市委党史和地方志研究室著：《中国共产党铜陵简史》（1921—1978）；

8. 中共铜陵市义安区委宣传部编：《荆公书堂——铜陵市义安区历史文化博览馆建设文字参考辑录》，合肥工业大学出版社 2023 年 6 月第 1 版；

9. 中共铜陵市义安区委党史和地方志研究室编：《义安红色地图——铜陵市义安区革命遗址通览》。

后　记

　　盛世修史，知前鉴而晓来路；盛世荟文，古之风惠今之韵。2023年12月，中共义安区委、区人民政府决定编纂《义安历史文化丛书》（以下简称"丛书"），旨在赓续历史文脉，提炼文化精神，彰显区域魅力。义安区政协荣膺此任，区政协党组高度重视，遴选编委会成员，研究丛书内容、结构、体例，提出撰稿要求。参编人员辛勤工作，钩沉史料，斟酌推敲，精心打磨，倾力编撰出这套内容翔实、鲜活生动的高质量文化丛书。

　　丛书共5卷，坚持资政育人的政治性、以史为据的史实性、朴实生动的艺术性、服务文旅的社会性的原则，力争内容完备、资料准确、文史共存、史趣相生，力求学术性、知识性和可读性相统一。丛书采取文化散文体例，撷取精粹，探幽穷赜，全方位、多角度描绘铜陵历史与人文、人物与名胜、民俗与风貌，深入挖掘丰富内涵和时代价值。铜陵市义安区政协文化文史和学习委员会组织编撰并统稿，义安区政协主席徐常宁、副主席陈晓华最终审稿。第一卷《历史风韵》由朱斌峰负责编撰；第二卷《人文风物》由方盼亮负责编撰，耿宏志等撰稿；第三卷《名人风流》由陈七一负责编撰，武庆生、朱斌峰、董改正等撰稿；第四卷《名胜风貌》由汪琦负责编撰，李莉、周明文、程拥军撰稿；《红色风华》由詹敬鹏负责编撰，江积富、詹倩撰稿。

　　丛书在编撰过程中，得到万以学、陈昌生、吴礼明、

耿宏志、江积富、蒋乃冰等领导、专家审正并提供相关资料，同时得到了区委史志办、区民政局、区文化和旅游局、区退役军人事务局、区文物所和安徽联泰传媒公司及出版社等部门、单位的鼎力支持，在此表示衷心的感谢和诚挚的敬意！

文章千古事，得失寸心知。尽管编委会做出了很大努力，但由于时间和水平所限，丛书难免有遗漏或错讹，敬请广大读者鉴谅。

《义安历史文化丛书》编委会

二〇二四年十二月

义安历史文化丛书

历史风韵卷

铜陵义安
TONGLING YI'AN

中国文史出版社

铜陵义安

TONGLING YI'AN

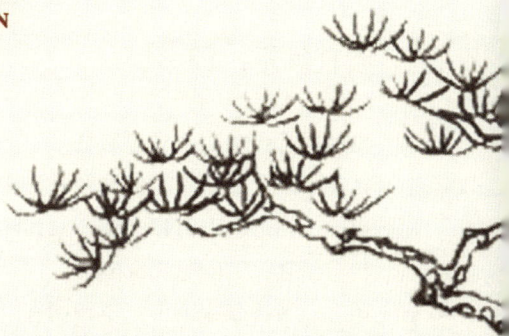

图书在版编目（ＣＩＰ）数据

历史风韵 / 政协铜陵市义安区委员会编 . -- 北京 ：
中国文史出版社，2024. 11. --（义安历史文化丛书）.
ISBN 978-7-5205-4941-7

Ⅰ . K295.44

中国国家版本馆 CIP 数据核字第 2024KE2184 号

责任编辑：程　凤

出版发行：中国文史出版社

社　　址：北京市海淀区西八里庄路 69 号　　邮编：100142

电　　话：010-81136606　81136602　81136603（发行部）

传　　真：010-81136655

印　　装：张家港市汇丰印刷有限公司

经　　销：全国新华书店

开　　本：787×1092　1/16

印　　张：87.25

字　　数：1093 千字

版　　次：2024 年 12 月北京第 1 版

印　　次：2024 年 12 月第 1 次印刷

定　　价：280.00 元（全 5 册）

总　序

习近平总书记指出，文化是一个国家、一个民族的灵魂，文化兴国运兴，文化强民族强，没有高度的文化自信，没有文化的繁荣兴盛，就没有中华民族的伟大复兴。作为中华优秀传统文化的重要组成部分，地域文化既是一方水土的历史根脉和人文记忆，又是一个区域的精神动力和文化资源。因而，传承和弘扬义安地域文化，对于厚植文化自信、增强发展动力、促进现代化美好义安建设具有特殊意义。

铜邑胜境，千年义安。义安区居皖江之南，承历史之脉，夏、商、周时属扬州，晋义熙九年（413）侨置定陵，唐文德元年（888）置县义安，南唐保大九年（951）易义安为铜陵，2015年撤县设区更名义安区。回眸既往，人文荟萃、物产丰饶的义安，彰显着义安人勤劳智慧的创造、生生不息的活力；名人辈出、红色峥嵘的义安，蕴含着烛照世代的家国情怀、自强不息的进取精神；文明接续、山水形胜的义安，涵养着义安人创造美好的底气、迈向未来的大气——这就是义安精之所在、气之所蕴、神之所附。

历史不仅关乎过去，更关乎未来。在建设中国特色社会主义新时代新征程的今天，我们更需要加强地方文化建设，只有弘扬人文精华、弘扬优良传统、弘扬时代精神，我们的各项事业才会兴旺发达。《义安历史文化丛书》就是铜陵市义安区深入贯彻落实习近平文化思想的最新出版成果，是讲述义安历史、展现义安风貌、描绘义安万象的地域文化工程。丛书分"历史风韵""人文风物""名人风流""名胜风貌""红色风华"五卷，以史为据，依史寻源，集中系统地介绍

了义安区历史沿革、名人志士、河流山川、民风民俗和红色史迹，起到了承接历史脉络、反映时代风貌、突显区域特征的效果，为我们再现了义安区的斑斓史册。

《历史风韵》卷，以建置沿革、舆地迁移和人口迁徙，溯源历史流脉；选取重要的文物古址和影响较大的历史事件，回眸历史云烟；以青铜、吴楚、徽州、皖江为特征，展现文化风貌；从农林渔牧、工矿商贸、交通邮政、文化艺术、教育体育、医疗卫生，反映社会变迁；以古镇今昔、乡邑变迁、地名故事，记一镇一乡之概貌、一村一地之源流。

《人文风物》卷，录传统制作技艺，留存非物质文化遗产；展地产特色风物，品尝舌尖上美食"乡愁"，述春节、元宵、中秋等岁时节令习俗，婚嫁、生育、居住等社会生活礼俗，商铺、船民行业习俗，及竹马灯、十字歌等民间歌舞游艺，绘就民风民俗画卷；并以美丽传说讲述义安前世今生故事，从而较为全景式、立体式地呈现出义安的人文风情。

《名人风流》卷，在历史人物中着重择选出李白、王安石、苏轼、黄庭坚、王守仁、汤显祖等客籍名流，和盛度、陈翥、胡舜元等义安翘楚，以较为翔实的手笔介绍其思想、人品、作为和与义安之缘；以名人故事和人物小传，简写人物政声业绩、传奇事迹，为历史名人树碑立传，礼敬先辈贤达，赓续一地文脉。

《名胜风貌》卷，以永泉小镇、犁桥水镇、天井湖、凤凰山、梧桐花谷、百合庄园、江南铜谷风景道等景区，览名山秀水之胜；以诗人李白钟爱地的五松山、唐代真人修道处的叶山、荆公讲学留迹处的大明寺等名胜古迹，抒寻古探幽之情；以钟鸣镇龙潭肖村、东联镇赵祠戏楼村、天门镇江村，觅传统村落古韵；以西联镇犁桥村、胥坝乡群心村、天门镇金塔村，展和美乡村风光；同时邂逅古树名木，歌

咏古代诗文，将义安区境内的山川河流、人文古建的美景美色，以及与之相关的传奇典故收录记载，铺卷义安之地的诗意山河。

《红色风华》卷，第一辑"红色春秋"以历史为经，记录了大革命时期五四运动对义安的影响、土地革命时期铜陵县第一个中共特别党支部的星火、抗日战争时期新四军战斗的硝烟、解放战争时期渡江战役的波澜等；第二辑"红色故事"，描绘了烽火岁月的一场场战斗，在血与火中奏响一曲曲可歌可泣的战歌；第三辑"红色先锋"以人物为纬，书写了铜陵县境内第一个共产党支部创立人凌霄、皖南抗日游击根据地的创建人李步新、皖南革命斗争的领导人杨明等革命志士，豪气纵横的农民赤卫队长何骏启、江南铜陵第一位游击大队长章啸衡、渡江战役女英雄马毛姐等英雄人物，以及赤诚爱国的民主人士陈可亭、陈春圃，再现义安革命者一场场对敌斗争场面，展现一个个可歌可泣的英雄事迹，留下红色足迹，传递精神力量。

铭记历史，鉴往知来。这套丛书力求最大程度展现出义安区的文化风貌和魅力，是展示义安的文化窗口。相信这套丛书能够更好地以文化人，以文育人，传承文化基因，坚定文化自信，给奔跑的义安以智慧和力量，奋力谱写中国式现代化义安新篇章。

铜陵市义安区政协党组书记、主席
二级巡视员　　　　徐常宁

目录

第三辑　史事纵横

附录

第一辑

历史流脉

建置沿革：四易地名义安出

1

　　1988 年，在义安区天门山约 1 公里处的公山上，发现了一枚鱼化石。这枚鱼化石与石灰岩相连，呈灰白色，基本保存了鱼的原貌。它全长 15 厘米，腹背宽 6 厘米，头部长 4 厘米，尾鳍长 2 厘米，尾鳍长 3.6 厘米；前胸鳍长 2.8 厘米，胸鳍长 2.4 厘米，鳞片细，体形似淡水中的鲫鱼。从鱼化石发现地的地质年代分析,这尾鱼生活在距今至少 1.8 亿年前。在数亿年前,此地一直处于滨海到浅海环境,后因地质运动渐渐上升,直到三叠纪时期才基本结束了长期处于浅海环境的历史,天门山及附近的公山地层即是这个时期形成的。可以看出当时生活在此地域的鱼类,体形已进化到与现在高等鱼类体形一样完美了。而义安区金山、木鱼山、五松镇等处已发现几处旧石器遗址,出土了石犁、石斧、石球、石锤等,可见万年以前此地已有人类活动的足迹。

《尚书·夏书·禹贡》记载,大禹治水时,天下分为"九州",夏商周三代义安这片土地就属于扬州。《尔雅·释地》云"江南曰扬州",此时的"扬州"含今天的安徽、江苏、浙江和福建等地。夏商周三代,此地属扬州之地。春秋战国,诸侯争霸,战火四起。吴国起初颇为兴盛,可阖闾去世后国力逐渐衰弱。此时,越王勾践卧薪尝胆,任用范蠡等贤臣实行一系列的改革,使越国的实力大增,终于击败了吴国。至公元前 306 年,越楚交战,越王吴疆被杀,楚国吞并大量越国领土,最终灭掉越国。于是,这片土地于战国时属楚,飘摇在烽烟里。秦统一六国后,秦始皇推行郡县制,这片土地属"三十六郡"之一的鄣郡。鄣郡后改为丹阳郡,辖境相当于今安徽长江以南、江苏大茅山及浙江天目山脉等地区。义安这片土地在两汉时期先后属丹阳郡春谷县、陵阳县。西汉元封二年(前 109),地设铜官,负责采冶铜矿。东汉(25—220),又置铜官镇(今义安区五松镇)。汉末"三国鼎立",一场场烽火传至西晋,此地仍属丹阳。

流光一瞬,沧海桑田,这片土地为"丹阳嘉铜"产地之一。

2

公元 413 年,一个叫定陵县的侨县在这块土地上设立了。

侨郡县是我国历史沿革中特定时代的特定名词,其设置限于东晋和南北朝时代。当时我国北方人口大量南流，为了安置这些流民，南方朝代如东晋和刘宋陆续设置了许多侨郡县。据《宋书·州郡志》记载，侨县主要集中在今南京、镇江、扬州一带，侨郡有23个，侨县有75个。地处南北之交的安徽，除大量的北方人流入外，本地人也往南流，因而在安徽设置的侨郡县较多。这些侨县设置始于东晋初年，于隋时取消。据《晋书·地理志下》，晋元帝以宣城郡的春谷县，侨立繁昌县，这是皖南的第一个侨县。此后，定陵、襄垣、逡道三县侨置于丹阳郡芜湖县境。隋平陈后，定陵县并入宣城郡南陵县，即在今义安境内。

定陵本属豫州襄城郡，位于今河南境内。西晋末年，自元康元年到永兴三年发生了长达16年的"八王之乱"，河南"定陵古城"迭遭战火劫难，其地之人大批渡过长江南迁而来，是为"侨人"。清初地理学家顾祖禹编纂的《读史方舆纪要》卷二"历代州域形势二"在"定陵"项下注曰："今河南舞阳县北有定陵城。"《读史方舆纪要》卷二十七南直九"铜陵县"条："定陵城在县（铜陵县）东。本汉县，属颍川郡。晋属襄城郡。东晋义熙中，侨置于芜湖县界，属淮南郡。"可见，位于今河南境内的襄城郡定陵县"侨置于芜湖县界"，位于铜陵县东。这些侨人在隶属关系上接受南方政权的管辖，而名称、建制等不变，独立设置郡县，称为"侨置"。《隋书·食货志》载："晋自中原丧乱，元帝寓居江左百姓之自拔南奔者，并谓侨人。皆以旧壤之名，侨立郡县，往往散居，无有土著。"自此，义安这片土地沿用北方定陵县建制，以侨县之名而立。

定陵县，东晋成帝咸和四年（329），初侨立于长江以南的古丹阳城（即今当涂县丹阳镇）。晋安帝义熙九年（413），刘裕主持义熙土断，定陵县治迁至今义安与青阳东北一带，至南朝宋、齐时属三国时期曹魏始设的淮南郡，时寿春为郡治兼扬州治所。西晋太康二年（281），为了减弱曾以吴国都城建邺（今南京市）为中心的丹阳郡的影响，朝廷在丹阳郡南部地区设置宣城郡，治宛陵（今宣城市区）。至南朝梁普通六年（525），梁武帝分宣城郡春谷南境，以赭圻城（今芜湖市繁昌区芦南赭圻冲）置南陵县，兼置南陵郡，以今南陵、繁昌、铜陵等县地为境域。由此，定陵所辖由淮南郡而为宣城郡，再入南陵郡。

隋文帝开皇九年（589），并石城、临城、定陵、故治诸县入南陵县，属宣州。定陵县并入南陵县，自此定陵县存续于此长达176年。

3

由南北朝至唐，义安之地因采冶铜而设有官府掌管铜业机构，如六朝的"梅根冶"、唐代的"铜官场"，其中"铜官"之名，流播久远。

大唐至唐僖宗一朝，已是战乱频发，风雨飘摇。黄巢起义后，藩镇纷纷起兵争权掠地。庐州人杨行密因参加江淮一带的农民起义，失败后被捕。刺史郑棨因为他相貌奇特，于是解开他的绳索，将其释放。之后，杨行密应募为州兵，从兵卒一路做到牙将，后因打下庐州被唐廷任命为庐州刺史。僖宗文德元年（888），杨行密率部袭宣州，进兵铜官，进取池州。景福元年（892），已投黄巢的孙儒率号称五十万部众，渡江进攻杨行密。杨行密想退走铜官。他的门客戴友规说："孙儒来势凶猛，兵力众多，气势不可抵挡。但时间久了兵力就疲惫，士气必然受挫。如果我们这个时候弃城而走，那不是束手就擒吗？"将领刘威也进言说："背城坚守，可以不战使之疲惫。"于是杨行密避而不战，时间一久，孙儒的士兵果然粮草不足，又发生了大瘟疫。杨行密尽其所有军队攻打孙儒，孙儒战败被俘。（《资治通鉴》笔记之二千一百二十六 杨行密）。天复二年（902），杨行密被册封吴王，与朱温大战于青州（今山东益都），交好钱镠于两浙，平叛安仁义于常州，成为唐朝的藩王，是为杨吴政权的起点。公元907年，唐朝灭亡，杨行密去世。之后，徐知诰称帝，变杨吴为齐国，不久又宣布自己是唐朝宗室，改名为李昪，并改国号"齐"为"唐"，这便是南唐的来历。

杨行密进驻吴地后，重视农桑，采取"节用安民"的方法，抚定江淮。为此，他奏请朝廷批准，将南陵县仁义乡析置法门、石录两场，后将法门升格为义安县。清乾隆《铜陵县志》载："文德元年秋八月，杨行密袭宣州，进兵铜官。铜官之名始见于此。未几析南陵之工山、安定、凤台、丰资、归化五乡置义安县，治在今顺安镇，寻废，置铜官冶。"

唐文德元年（888），就在这个数字吉祥的年月，这片土地才正式置县"义安"，此为铜陵县的前身，而今日的义安区名称即自此而来。

4

这片土地后以"铜陵县"传世久远，及至当代。

南唐保大九年（951），那个以"小楼昨夜又东风，故国不堪回首月明中"闻名于史的后主李煜的前任李璟，时为南唐第二位皇帝。此时，朝廷又拆分南陵恢复各县建制，将义安旧域设置铜陵县。明嘉靖《铜陵县志》作如此表述："五代铜地俱为宣州义安县。南唐保大九年，改义安县为铜陵县，移治于今之江浒，即古铜官镇。"

关于铜陵地名的由来，有两种说法：一说此地有山曰铜官山，而"大阜曰陵"（李贤注引《尔雅》），因而取名铜陵；二说此地自古产铜，又为南陵县五个乡组成之县，因而取南陵县的"陵"字，称为铜陵县。"铜""陵"二字组合成词早见于李白代笔的《请都金陵表》。安史之乱后，隐居庐山的李白被永王李璘请去做幕僚，不幸卷入一场政治旋涡而获罪。他只好在浔阳（九江）投案自首，幸遇负责审案的是诗友宋之悌的儿子、御史中丞宋若思。宋若思搭救李白后，便让李白帮他做一些文案工作，其中《请都金陵表》就是李白代笔的，表中即有"臣伏见金陵旧都，地称天险。龙盘虎踞，开扃自然……银坑铁冶，连绵相属。铲铜陵为金穴，煮海水为盐山。以征则兵强，以守则国富。"不知铜陵县名与此表中的"铜陵"是否有关——此篇写于757年的表章表明，"铜陵"一词至少在铜陵县名诞生194年前就出现了。

自此，此地历宋、元、明、清均属池州府，民国元年直属安徽省，民国三年属安徽省芜湖道，几经变乱，一直以"铜陵"为县名沿袭下来。

新中国成立后，这片土地凤凰涅槃，迎来了一个工业城市的诞生。自20世纪50年代起，一批批建设者从祖国的四面八方而来，在铜官山下立井建矿，让这里成了新中国铜工业的"摇篮"，并先后设立铜官山矿务局、铜官山特区和铜陵市。面对这座从自己怀抱里成长起来的城市，铜陵县与其分分合合，难舍难分：

1949年4月21日，铜陵县获得解放，5月，属皖南行署池州专区；

1952年2月，铜陵县改属皖北行署安庆专区；

1958年9月，撤销铜陵县建制，市县合并，改名铜陵市，属省直辖；

1959年4月，保留铜陵市建制，仍属省直辖。恢复铜陵县建制，属安庆专区；

1964年7月，铜陵市改为铜陵特区，实行政企合一，为省直辖。铜陵县划归铜陵市；

1965年7月，铜陵县从铜陵市析出，改属池州专区；

1974年3月，铜陵县由原属池州地区，划归铜陵市管辖；

2016年1月，铜陵县撤销，设立铜陵市义安区。

千年古县，时代蝶变。自此，义安作为铜陵东向发展的门户，焕发出时代的新姿。

舆地变迁：两处置治境域成

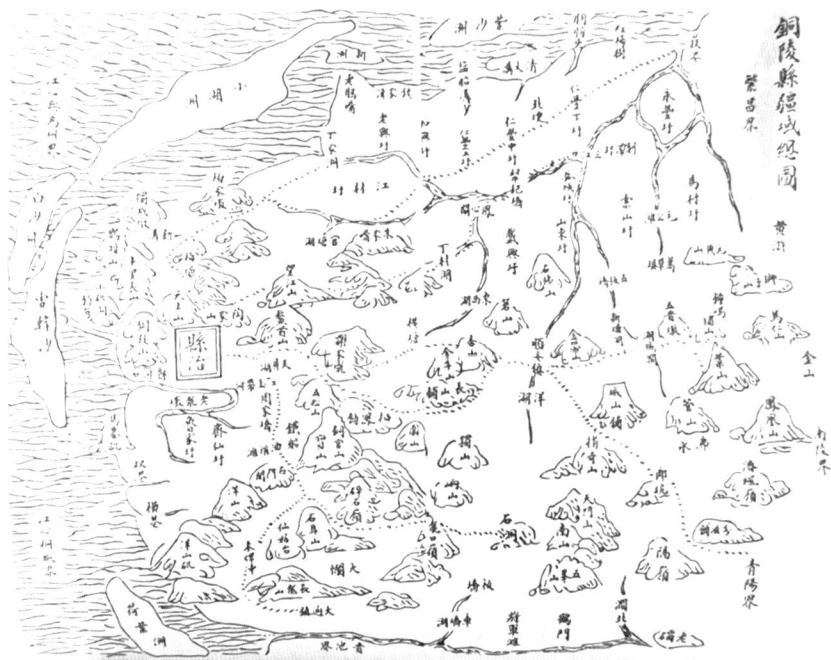

铜陵县舆地图（清乾隆年间）

1

长江中的沙洲，不仅会在江水涨落时忽隐忽现，而且会因流水中的淤泥沉积崩坍而此消彼长，仿佛一块漂流的土地。义安位于长江南岸，地含江中沙洲，其境域也像沙洲一样在历史的大河里消长。

史上义安，于晋代之前尚无定域，仅为丹阳郡春谷县或宣城郡南陵县一部分，至晋义熙年间才侨置定陵。无论是因为北人渡江南迁，导致此地人口增多，南方政权需安抚北来移民；还是此地原本人烟稀少，土地荒芜，属于蛮荒地区，需要人口定居，义安之地以侨县"定陵"

独立成县，才有了最初的版图框架，也有了独立、稳定、明确的疆界。自此，此地历义安、铜陵建置沿革，至新中国成立之前，疆域变化不大，总面积在1200平方公里左右。中国古代由于县级政区的幅员较小、人口数量较少、经济不发达，县域边界缺乏清晰的记载，因而多以山川地图来标注。据明嘉靖《铜陵县志》地理志载：其时疆域为东接南陵县，南接青阳县，西接无为州，北接繁昌县，东西广一百里，南北袤一百四十里……其东至宁国府南陵县石牌为界八十里，西至庐州府无为州西江为界二十里，南至青阳县赵岭为界七十里，北至太平府繁昌县荻港为界。

一部县域的变迁史，历经时光的淘洗，才积沙成地的。

2

义安之地建置多变，治所随之更移，曾设县治于两处，来来回回四迁其址，使政治经济文化中心有所位移。

此地初设义安县时，县治设于顺安（今义安区顺安镇）。南唐保大九年（951）地置铜陵县时，县治置于江浒（今义安区五松镇）。明万历《铜陵县志》记载："五代铜地俱为宣州义安县。南唐保大九年，改义安县为铜陵县，移于今之江浒，即古之铜官镇也，地属昇州。""江浒"为古铜官镇，"浒"即水边。此次迁县衙于江浒，或为铜官古镇遗风，或为长江水道便利——这是县治的第一次迁移。

时至元朝末年，政治败坏，民不聊生，爆发了遍及全国的红巾军大起义。其中一支起于蕲州（今湖北蕲春一带），领导人是徐寿辉，后为陈友谅取代。至正十二年（1352），陈友谅属下赵普胜攻占了无为州，继而又攻占了铜陵县城。当时元朝池州路总管陶起祖并没有闻风而逃，而是集合乡民保家卫乡。当时铜陵县治所在地铜官镇没有城墙，难以抵抗赵普胜军队，陶起祖只得带着官属匆匆迁往顺安镇。后朱元璋麾下常遇春，攻取赵普胜的水寨，随守池州，大破陈友谅兵于九华山下。《明太祖实录·卷五》载："壬午，常遇春率部将王敬祖等以师驻铜陵。池州路总管陶起祖来降，且言城中兵势寡弱，可取之状，遇春遂谋取池州。"——这是县治的第二次迁移。

就在元末天下大乱时，另一位草莽英雄脱颖而出，他就是朱元璋。后来朱元璋剿灭陈友谅、张士诚等势力，统一中国，建立了大明王朝。铜陵县衙便于明初永乐二十二年（1424），又复迁回铜官镇。乾隆《铜陵县志》载："明初改池州路为府，铜地属焉。（铜陵县）邑令时守道再徙铜官镇，至今因之。"——这是县治的第三次迁移。

此后，铜陵县的政治中心一直稳定于今天的五松镇。新中国成立后，铜陵县几经变易后隶属铜陵市，县政府循例设于今五松镇。至新世纪，2015 年，国务院批复同意安徽省撤销铜陵县，设立铜陵市义安区，以原铜陵县的行政区域为义安区的行政区。2019 年，安徽省政府正式批复义安区政府从五松镇搬迁到顺安镇——这是治所的第四次迁移，自此开启了义安发展的新篇章。

3

义安南面之山千古不易，而临江圩洲却多有变化。自明清以来，因长江北岸崩塌加剧，义安对岸无为县沿江上段崩退了 10 余公里，导致长江河道北移，江中沙洲出水。明万历年间，无为胥家坝崩入长江，离江北愈来愈远。1949 年，无为县的胥家坝乡划归铜陵县。文兴洲是清乾隆年间无为州刘渡镇外江心长出的一个沙洲。后因长江河道改变，文兴洲南岸淤长，北岸崩江，距长江北岸越来越远，20 世纪 50 年代也划归铜陵市胥坝乡管辖。而今天的西联镇的钱湾、老观等处，在清道光时期原是江中沙洲，后与长江南岸相连。道光元年《皖省志略》卷二记载："江中之洲曰下荷叶，曰下港，曰曹韩（老洲乡之一），曰白沙（老洲乡之一），曰千金（胥坝乡紫沙洲），曰新涌（西联镇老观），曰小芜（胥坝乡小湖洲），曰钱溪（西联镇钱湾），曰丁溪（丁家洲）"——此即为史证。老洲乡曹韩两洲初现于宋朝，但很小，并于汛期隐藏于江水下，明嘉靖时期出水成洲，明朝中后期才有住户，清朝时开始筑堤围垦。而今曹韩洲与白沙洲已连为一体，南北仍在逐渐淤涨。此外，义安与芜湖市繁昌接壤，1952 年 10 月将上永、下永两乡由繁昌县划归铜陵县，今属义安区东联镇。

义安之地境域变化最频繁最大的，是新中国成立后。那是时代之变，初时，随着一批批建设者来到长江南岸，开山辟岭兴建矿山工厂，建起工业之城。于是，从铜官山矿区至江边扫把沟，以及远离城区的凤凰山铜矿、新桥硫铁矿、701 工厂、鸡冠山铁矿，这些旧属铜陵县域的部分地区划归新兴的铜陵市。1956 年国务院全体会议第 39 次会议通过了《国务院关于设置马鞍山市和铜官山市的决定》，其中就决定"设置铜官山市，其行政区划辖铜陵县铜官山矿区的全部、横港乡的全部和谢垅乡的一部"，由此 75 平方千米的土地就从铜陵县域划出了。

进入新世纪，随着铜陵市城区扩张和区划调整，铜陵县域进一步缩小。2001 年底，距市区中心约 6 千米的原铜陵县西湖镇整建制划入铜陵市狮子山区。2004 年底，原铜陵县大通镇整建制划入铜陵市郊区。2016 年 10 月区划调整，又将原五松镇管辖的齐潭、双桥、查壬、建立、马冲、董冲、新江、联盟、江滨 9 个村和湖边、石桥、近市、近城 4 个社区划归铜官区管辖，而将铜官区凤凰山社区划归义安区管辖，并成立区政府派出机构新桥办事处。如今的义安区位于安徽省中南部，长江中下游南岸，东接芜湖市繁昌区、南陵县，南邻池州市青阳县、贵池区，西北隔江与无为市相望，西邻铜陵市铜官区、郊区，辖六镇二乡一办事处，总面积 796 平方千米。

当原铜陵县西湖乡那片由农田、鱼塘、藕田、自然滩涂、大沟河道构成的芦苇荡，建设成为铜陵市西湖湿地公园；当撤县设区后义安区行政中心从五松镇东迁至顺安镇……铜陵市发展已沧桑巨变，义安区城乡面貌正日新月异。如今，从卫星视角俯瞰，铜陵市主城区如一棵树的主干，与义安区政务中心驻地——铜陵东部城区所在地，连接的发展廊道则如同延伸出的侧枝，整体宛如"迎客松"造型——义安区正在"迎客东来"。

人口迁徙：数度移民人丁旺

1

人口迁徙是决定一个地域文化流变、经济兴衰的主要因素之一。

义安之地最初的居民是越人，秦汉时由于逃避战乱，百越族的一支东瓯人内徙于江淮，其中一部分迁徙于皖南山区，史书上称之为"山越"。《越绝书·吴地传》记载："乌程、余杭、黝、歙、无湖、石城县以南，皆故大越徙民也。秦始皇帝刻石徙之"，其中"歙"县治今歙县徽城镇，"无湖"县治今芜湖县黄池镇南 0.5 公里许的楚王城遗址，"石城"县治今池州市贵池区原灌口乡石城村以南。此时义安先民生活在山间水边，操渔猎，勤耕作，逐渐在此繁衍生息下来。

此地大规模人口迁入是在西晋末和东晋初，时值中原地区出现"八王之乱"和"五胡之乱"。西晋惠帝时，地方割据加剧，民族矛盾激化，随着晋室南迁，士民纷纷南渡。永嘉年间（307—311），中原百姓纷纷沿着水路、旱路前往南方避难，"中州士女避乱江左者十六七"，其中相当大的一部分是士大夫阶层和缙绅阶层，他们穿着代表高贵身份的衣冠，因此历史上又把这场大变故称为"衣冠南渡"。南渡士族开始与江南子民杂居，江南最后一代土著——皖南"山越"族民，开始受到"中原士族"的影响。此后，北人南迁时间持续了两个世纪之久，中原民户迁至长江流域者超过百万，这对南方社会的政治、经济、文化都产生了深远的影响。义安自西晋永嘉"衣冠南渡"起，就有北人渡江迁徙于此。至东晋义熙年间（405—418），来自中原的大批流民进入义安。谭其骧于1934年排比《宋志》《南齐志》《晋志》所载侨州郡县史料，

永嘉南渡路线图

分省域考证了东晋、南朝的侨州郡县与侨流人口。据谭先生研究，安徽地区南渡人口约在17万，侨居皖南者聚集于芜湖附近一隅。而与芜湖相邻的义安，因流迁而来的人口越来越多，就设置了侨县定陵。这是义安史上大规模的移民，来自北方定陵人的后裔成为后来义安本地居民的基本成分。

2

此后，义安迎来了多次移民。唐代"安史之乱"带来第二拨士族南迁。在安史之乱爆发前，皖南本地仅有12万户，战乱结束后增至50万户——池州就是因为这次战乱人口流入而增设的。北宋末的靖康之变，又一次带来大规模的人口迁徙。

明朝初年大移民，其时间之长、规模之大、影响之深，在中国历史上是空前的。此次移民从洪武三年直到永乐十五年，总共移民18次，涉及18个省、500个县和881个姓。皖江两岸主要移民地是

今天的安庆、池州以及铜陵的枞阳县，主要来自江西和本省皖南地区的移民。葛剑雄主编的《中国移民史》中对南直隶各府州移民数据进行了统计，当时池州府移民人口6.5万，主要来自江西饶州、九江等府。而时属池州的义安之地也受到此次大移民的影响。

20世纪50年代初，国家实施"第一个五年计划"，大力建设铜官山矿区，天南海北的建设大军纷纷而来，由此兴建起铜陵市，加之城市化进程加快以及地区行政区划调整，原铜陵县（今义安区）人口结构也随之发生变化。截至2022年末，义安区常住人口22.5万人，城镇化率51.0%。

3

义安之地人口以汉族为主，少数民族不多，而回民聚居较多之地是顺安。据2000年统计，顺安镇共有回民200多人，占全镇人口的1%。这些回民大多数居住在街道，少数分散在附近农村。

顺安回族居民是在元末明初由中原地区迁来的。据回民沙氏宗谱记载："沙氏旧族于西域穆国，代远支繁，各有支谱，至明洪武初年满尔党公入贡中华，深明士盘算法，熟悉天文，钦留钦天监供职，因居金陵城聚宝门外养虎仓，是为入中华住金陵迁江南沙氏之始祖。"又"吾镇沙氏系出穆国裔衍，金陵数传而后，尊华公卜居临津（顺安镇古名）为沙氏迁铜陵之始。盖自明以来，数百载于兹，可谓根深而源远也"。迁来顺安定居的回民有沙、马、董、麻、张、赵、李、钱、陈9姓，人口以马姓居首位。这9姓中人有的来自南京，也有来自周边安庆、芜湖、繁昌，还有来自河南洛阳和上海。该镇回民有从事商业、手工业，有以买卖耕牛、菜牛为生，有从事农业种植业，有从事医药，如祖传中医药、中医外科、祖传兽医术，还有少数在政界工作。顺安回族居民现在依然保持着许多世代相传的民族风俗习惯，在婚嫁、丧葬、逢年过节、社交往来等方面均有该民族的特色，回民禁吃猪肉，不吃无鳞的鱼类，多数年长者仍坚持不吃没有经过阿訇宰杀的鸡、鸭、鹅和牛肉，一些回族重要习俗至今尚无改变。

顺安镇于光绪二十年间，在东正街小冲塘建起清真寺。此清真寺由回族沙尊华自金陵（南京）迁入顺安镇时捐资始建，民国时期该寺建有回教事务所，并于民国18年设穆德小学，后因年久失修于1953年倒塌。此寺尚存遗址，碑记仍隐约可识："清真教于长安宋修，唐明于汴省□□□封于幽燕□造净觉寺于金陵□□□□垄小冲塘。"清真寺是伊斯兰教徒举行仪式、传授宗教知识的礼拜寺。顺安清真寺曾请阿訇主持礼拜，履行教规，为回族居民服务。2017年底，顺安镇又迁址建起清真寺，寺内现无掌教，居住人员为沙姓老阿訇的后人，寺前为回民义地，所葬归真者从清代延续至今。

自古而今，顺安回族与汉族人民一直团结友爱，携手同行，共造一方福祉。

水利治理：多番治水一方安

1

人与自然的关系是人类社会最基本的关系，而水是自然生态系统中的重要组成部分，是人类赖以生存和发展的不可缺少的基石。传统中国，水是生命之源、生态之基、生产之要，更是文明之本。治水从古至今历来是中国的国之重事，治国先觅治水方，举凡水利灌溉、河防疏泛，历代无不列为首要。

义安位于皖江铜陵段，傍水而生、水流丰富，治水尤为重要。无论是洲圩区的筑堤修渠、后山区丘陵地带的修建水库，都是具有防洪、灌溉等功能的水利设施，关乎到一地的水土安危、农业生产、街市集聚、家族迁徙。此地有史以来围圩一直未辍，先民们早就开始筑堤挡水、穿圩造田，建设休养生息的家园，由此遗留下大量含有圩、埂、塘、闸、桥的村落和地名。当地宗氏家谱也多有如"汪氏一支由徽州府婺源县还珠里迁居铜陵县仁丰下圩南埂红杨树（今之西联镇旗杆村埂上汪）""五松文氏则包括仁丰中圩南埂（今西联镇三义村仁丰圩）、棋峰岭（今顺安镇棋子坑）和胥坝乡小湖洲（今胥坝乡西江村 11 队文家墩）"之类的记载。而后山区挖塘蓄水、开沟理水，修建水库，才让一个个村庄兴旺起来。

一方水土养一方人，水利的兴修守护着一方水土。

2

义安之地围圩造田历史久远，嘉靖《池州府志》中载"凤心闸"："明唐文灿记，铜陵土田，居圩乡者过半，岁遭霪，或江涨，辄溢为灾田"（明代推官唐文灿文《重修凤心闸记》见于顺治《铜陵县志》艺文卷），可见圩堤屡筑。

明万历年间，汀洲临江一带都是滩涂，江水上涨时成一片汪洋，江水回落时有农人前来围滩种地。为抵御江水侵袭，农人在自家开垦的地块周围筑坝（圩）御洪，起到了一定的效果。当时这一带小圩很多，圩名大多数是以开垦滩涂地的主人姓氏命名，如郜公圩、查家圩、江村圩等——此时圩数增加到 59 圩之多。

郑选（？—1588），字时贤，明代江西浮梁（今江西省景德镇市浮梁县）人，万历十六年任铜陵县令。他在考察地形地貌、请教当地老人治水经验后，兴建了仁丰圩。仁丰圩工程完成后，形成上、中、下三圩，整个铜陵境内的长江堤坝"大防垣拱（形成拱卫态势），小防星罗（星罗棋布）"，使得全县出现了"绿畴弥望"、"废壤化为膏腴"的茂盛景象。当地百姓为了纪念郑选，称仁丰圩为"郑公圩"。据清乾隆《铜陵县志》卷之四·田赋载："铜赋大半属圩，而仁丰三圩又居圩之半，形如仰釜，力田者相厥原隰，时加浚筑，泉流既清，蓄泄有法，逢年可几丰稔……"

明万历四十一年（1613），铜陵知县徐一科决定废除百家墩（今位于西联镇铜胥公路边）至胭脂夹（今胥坝乡紫沙洲）沿线所有小圩，修筑一道都埝。他号召捐款，发动劳力，于此年冬季竣工，百姓称此埝为徐公埝。池州府志载："都埝。在铜陵县北，明万历四十一年筑，自县北十五里百家墩至胭脂夹，计十余里，县人名为徐公堤。"此后，明崇祯十一年筑堤于徐公埝上，命名为皇兴圩。崇祯十四年，时任知县又三次筑堤告成，命名为防卫圩。清顺治丙戌春（1646），时任知县蒋应仔巡圩时，见仁丰下圩，自北横塘之都埝允为保固三圩扼要，即命圩总加筑坚厚。后知县刘曰义率乡民重筑斗门，加培旧埝，又严禁丁家洲坝埝，"照前卷案，不许擅开消桑土，绸缪保邦，惠民急务也"（清嘉靖《铜陵县志》）。时至清乾隆年间，义安一地圩数增加到82圩。这些圩是农耕时代义安区筑堤防潦、去壅行船、灌溉疏浚留下的"动脉"。

义安圩区圩埂众多，如西联镇境内有"万丰圩"（俗称大圩埂），以南有"官庄圩"（俗称老圩），"万丰圩"以北的江边沙地俗称"小圩"，北面是一条夹江及其与长江交汇处（俗称"大江口"），"小圩"和夹江之间有一条"小圩埂"。"万丰圩"与"官庄圩"之间，居民和耕地集中于此。历年以来"万丰圩"不断培土抛石，增高加宽，宛若一条狭长蜿蜒的小山牢牢护定"官庄圩"。而东联镇坝埂头东面是永丰圩、黄兴圩，水从东埂村、西埂村小斗门流入夹江入长江；西面是上丰圩、官庄圩，水从大斗门流入夹江入长江，其中大、小斗门成了汛期调节洪涝的枢纽。西联镇老观圩西埂的圩段，因其外形独特被当地人称为"蛤蟆嘴"，相传只要此"蛤蟆"一张嘴，嘴里的"铜钱"就掉了，意喻这段圩堤一旦决口，本地将遭受严重洪灾。此外还有顺安镇"当铺小圩"（今红星圩）、东联镇义兴小圩、西联镇再兴圩等，可谓河网遍布、圩堤耸立。但这些圩片零星，丘圩相连，堤防线长，堤身单薄，上游蓄水保水差，下游没有湖泊调节，洪涝灾害仍然严重。在476平方公里的顺安河流域，曾流传这样的民谣："顺安河不顺安，三年两头淹，圩区农作苦，六月鬼门关。"

新中国成立后，在中共铜陵县委、县人民政府的带领下，当地群众历时13个冬春，对顺安河进行了历史上最大规模的综合治理，实现了全面治河、联圩、围垦、灭螺。此项工程自1971年开始至1978年完成主体工程，扫尾工程直至1983年竣工，共开挖改道新河14.7公里，加固堤防59公里，将原官庄圩、五丰圩、新桥圩、洋湖、芮心、凤心闸、新兴闸等18个圩口联成东联圩、西联圩、顺安联圩三大联圩，这才让义安真正成了铜陵的鱼米之乡。（义安区政协政协文史资料委员会编印的《铜陵文史资料选编》"顺安河综合治理工程专辑")20 世纪八九十年代，顺安河淤塞程度日渐加重，航运和防洪能力有所减弱，引起了省、市、县各级党委和政府的高度重视。经过多方争取资金，顺安河清淤加固工程拉开了序幕。该工程于 1998 年 11 月开工，分两期实施。全部工程总投资 4000 万元，包括 12 公里航道疏浚、300 吨级港口建设、东西大堤加固和建造农业灌溉、企业用水等项目。2002 年至 2003 年，再次对堤防进行加固，进一步提高了圩堤抵御风险的能力。

20 世纪 70 年代顺安河河口群众劳动场景

义安区地形复杂，山丘、洲圩并存，全区现有千亩以上圩口 16 个，其中有江心洲及外滩圩等 7 个重点圩口，分别是安平、子胥、文沙、老洲、老观、新联圩、顺安联圩，一处处水利守一方安澜。

3

官塘是指官府开掘的水塘，据明弘治十三年《池州府志》记载：铜陵县各耆有官塘三十三所，"俱洪武二十八年开筑"。义安之地民间塘口也众多，据嘉靖《铜陵县志·地理志》载有西塘、紫塘、沙塘、赵家塘、何家塘、赤家塘、长冲塘、观音塘、龙池塘等，这些塘口发挥着水利设施的重要作用。

新中国成立后，山乡多建有水库，即在山沟或河流的狭口处建造拦河坝形成的人工湖泊，可起到防洪、蓄水、灌溉、供水、养鱼等作用。义安全区现拥有 33 座水库，如钟鸣镇的其岭水库、清泉水库、叶山水库、羊形山水库、荫山脚水库、联合水库、马冲水库、东陵水库、油榨水库，天门镇的大山门水库、戴冲水库、南山冲水库、张冲水库、牛冲水库、前冲水库、焦冲水库、永冲水库、金冲水库、大涝水库、刘冲水库、郎冲水库、青年水库、梅冲水库、野鸡冲水库、草棚水库、簸箕冲水库等，其中小（1）型水库四座：

盛冲水库，又名圣冲水库，位于顺安镇盛家冲，在凤形、大成二山之间，始建于 1959 年冬，1966 年建成后曾取名东方红水库，属顺安河水系，为截流水库。这是义安区最大的水库，来水面积 19.2 平方千米、总库容 510 万立方米，其中兴利库容 190 万立方米。坝体为黏土心墙坝，坝顶高 59 米，最大坝高 19 米，坝顶长 230 米，顶宽 8 米。水库设计灌溉面积 2.49 万亩，有效灌溉面积 1.2 万亩，有顺安、钟鸣 2 个镇受益。水库具有滞洪削减上游洪峰功能，对保护新桥矿区、芜铜铁路、公路、东联圩堤防及人民生命财产安全具有极大的作用。

牡丹水库，位于钟鸣镇牡陵村牡丹山脚下，始建于 1960 年，集水面积 3.8 平方千米，属黄浒河水系。总库容 180 万立方米，兴利库容 120 万立方米。大坝为黏土心墙土质坝，坝高 21 米，坝顶宽 5 米，长 146 米。溢洪道宽 25 米，高 7.4 米，最大泄洪量 125 立方米 / 秒。该库以灌溉为主，设计灌溉面积 8000 亩，受益范围有钟鸣镇 5 个村。

丁村水库，位于天门镇郎坑村，始建于 1957 年 10 月，属顺安河水系。集水面积 2 平方千米，总库容 132 万立方米，兴利库容 78 万立方米。黏土心墙土质坝，坝高 22.3 米，坝顶高程 80.3 米，坝顶长 125 米，顶宽 7 米。溢洪道底宽 7.5 米，高 5.5 米，最大泄洪量 66

立方米/秒。该库以灌溉为主，结合防洪。设计灌溉面积 6670 亩，有效灌溉面积 4000 亩，受益范围有天门镇 8 个村。

长冲水库，位于天门镇长冲村，始建于 1960 年，属顺安河水系。集水面积 4 平方公里，总库容 112 万立方米，其中兴利库容 67.3 万立方米。黏土斜坡墙大坝，设计坝高 25 米，完成最大坝高 24.6 米。坝顶长度 145 米，顶宽 12 米。溢洪道位于大坝东端，为宽顶堰型，底高程 12.5 米，底宽 14 米，最大泄洪量 132 立方米/秒。该库以灌溉为主，设计灌溉面积 7000 亩，有效灌溉面积 5300 亩，受益范围有天门镇 5 个村。

……

那些群山环绕的一座座水库，不仅滋润了农田，更是成为一方自然美景。

城墙修筑：一座城池历繁华

1

筑城以卫君，造廓以守民。中国筑城史极为悠久，城墙修筑源于早期的人类聚居，至唐宋其设施已经规范化，明代时朱元璋掀起全国建城浪潮，清代后逐渐停止了新建。城池又称为城郭，包括城墙和护城河。在古代，府州县城是古代行政区域的管理中心，也是商品交换和地方文化交流的中心。城池的构筑是城市主要的安全防御设施，城墙在防御、防洪和维护安全方面发挥着重要作用。一座城池，承载着一地的平安和繁华。

铜陵小邑，初无城堞。此地唐末置县义安（县治设于顺安），南唐保大九年复改旧义安为铜陵县（移治于古铜官镇，今五松镇），后历千年县治未迁，可至明初仍无城池。明代戏曲家汤显祖在诗《过铜陵》中云："邑小无城郭，人欢有岁时。谁怜江上影，悬弄五松枝。"可见当时的铜陵并无城墙。其县治所在地的县城，本为唐时的铜官旧镇，位于长江南岸，俯瞰大江，仰倚崇山，帆樯往来，一日千里，势若出水芙蓉，为形胜佳地。南宋王十朋的《铜陵阻风》即诗吟此景："江入铜陵县，舟藏芦苇间。邮亭危压浦，佛屋漏依山。月出乌将绕，风高雁欲还。江山不贫处，一览见尘寰。"但县城非常小，城区面貌破旧。南宋著名政治家、文学家周必大于宋孝宗乾道六年（1170）溯长江上行，经过铜陵县时，一位阎姓知县接待了他。他在《乾道庚寅奏事录》中有数百字记载了在铜陵的所见所闻："壬戌（农历五月十二日）……午时至铜陵县，泊绣衣亭下……五里有宝云寺，李白祠堂在焉。十里有铜坑。邑在乱山中，殊陋"——一座无城墙之县的城建面貌可见一斑。

2

明初铜陵毗邻之地芜湖，为富庶之地，常遭倭寇袭扰。嘉靖三十三年，有一股五六十人的倭寇从沿海窜到芜湖烧杀抢掠，无恶不作，一时间人心惶惶。嘉靖三十八年，芜湖县库7000缗（缗即贯，每缗1000文）铜钱被盗。万历二年，倭寇又盗掠芜湖，县库失银12800百余两，其他损失无算。接二连三的事情，引起朝廷重视，朝廷责令操江都御史予以整饬，徽宁兵备道副使冯叔吉，移檄文责令沿江各县修筑城池，以防患于未然。

明代万历三年（1575），时任铜陵知县的姜天衢，为余姚县（今浙江余姚）人，万历二年由举人任铜陵知县。他奉命修筑城池，亲躬其事，率官民共建铜陵之城防。此项工程从此年三月兴工，至同年十月由继任县令黄缙续竣。城墙花费银两出于官库者达7700两，出于民者达4600人，落成后周围700丈，高2丈1尺，厚1丈2尺，垛口1230窝，铺五间，立门四——东曰仪凤，西曰临津，南曰涌洲，北曰惠泉。门各有楼，有月城。又于东北隅各辟便门一，城根下共疏排水洞一十有二。尚书赵锦撰有《铜陵新城记》，称其城"完好坚壮，望之屹然"。（乾隆丁丑《铜陵县志》）城墙东南西北门到县衙都不足一华里，铜陵坊间曾流传着一个民谣"小小铜陵县，近看破猪圈。老爷打板子，四门都听见"，并非完全是夸张之语。这些城墙整体呈现椭圆形，大部分在今五松镇观湖社区内，北门惠泉门大约在今五松镇笠帽山路的位置，附近有一条巷名为惠泉巷，今五松镇城北惠泉社区即使用了惠泉门的历史地名。南门外有湖被人叫作南湖，东门外有湖后称天井，当时南湖和天井湖被一条古道（横塘埂）隔开，彼此不连，只有桥下流水相通。

城墙修筑后，为铜陵当时社会经济发展提供了一个相对安全稳定的环境，商业经济和城区建设得到很大发展。此后，县河于明万历六年（1578）开凿，全长约十里许，以"一泓清水百里雾，带似形兮玉是颜"而得名玉带河。城内从只有一条长约一里的中街，逐步发展演变为东街、中街、西街，纵横起五显巷、太平巷、庙前巷、拐角巷、扬州巷等，又先后修起对外的四条路，据清乾隆《铜陵县志》载："城外街路西门外至桥，知县单履中率众修砌。自桥头至江口，贡生章培义捐砌漕仓前路，职员李应芳修。鳌首山路自东门至山堤长二里许，知县熊苌臣砌，刘曰义捐筑，乾隆十五年，众姓捐修。梅塘埂路在东门外横塘桥之南，袁滋砌石，（即）[郎]奎正继修。铜官山路在周家桥之南，约数里。"由此，小小的县城人烟辐辏，日渐繁华起来。

3

此后，铜陵古城墙屡有修葺。万历十一年（1583），金溪县（今江西金溪）人熊苌臣，由举人任铜陵知县。是年冬月，他以县城东、北二门未按形势，疑虑会致生气闭塞，遂移东门正东向，易名曰"启文门"，改原仪凤门为便门，俗呼为"小东门"；又移北门正北向，易名曰"贞城门"，而将小北门闭塞。至翌年仲夏，全工告竣，所有费用皆出自官库。县治东二里许，有山正当县城东门前，俗名断头山，他又以为东为生育之乡，遂易名鳌首山，并建伏魔大帝祠于其上，以祀关羽，故又称关圣祠，俗则呼曰"红庙"。清乾隆《铜陵县志》卷之二《城池·官署》载："东曰启文，西曰济川，南曰涌泉，北曰贞城，东南曰聚奎。"

铜陵古城墙后毁于明末。乾隆《铜陵县志》载："明末，左良玉兵东下，尽夷城堞。"明毅宗崇祯十六年（1643），明末将领左良玉兵下江南，沿途劫杀，并领兵20万屯兵池州。南明弘光元年（1645）三月，李自成部进入湖北襄阳，左良玉不敢与李自成部交战，乘船顺江东下，率部行至九江途中病重而死，其子左梦庚率军东进，至铜陵为靖南侯黄得功所击败，不得不率军退回九江——铜陵古城墙就毁于那时兵燹。城郭倾圮后，清代知县蒋应仔、刘曰义皆有补筑城垣之举，而今已废。

古城墙，无论雄伟壮观还是沉稳厚重，每一块砖石都承载着历史的重量，见证着岁月的烟火。

第二辑

文物史话

皖江南岸首发的夏商青铜冶铸遗址
——师姑墩遗址

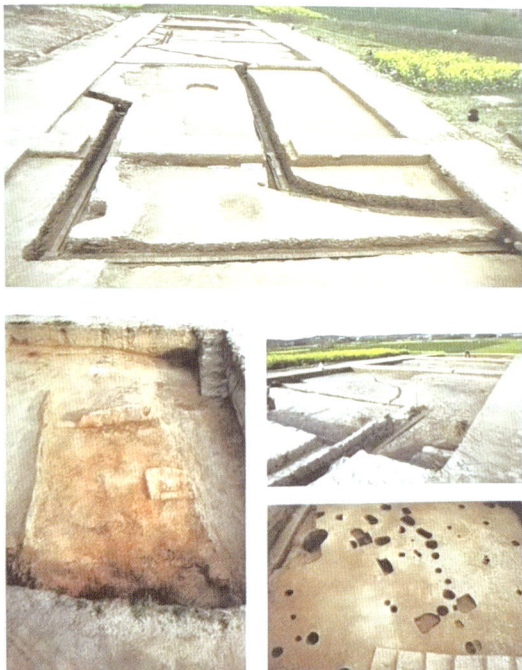

师姑墩遗址

这是一次皖南青铜历史的揭秘之旅：2009 年，在全国第三次文物普查过程中，铜陵师姑墩遗址被意外发现。2010 年 3—8 月，为配合京福高铁建设，安徽省文物考古所对此遗址进行了抢救性清理发掘，师姑墩遗址自此徐徐展开迷人的风采。

安徽省级文物保护单位师姑墩遗址地处义安区钟鸣镇长龙村桂塘队西侧，位于长江中下游三大古铜矿遗址内。遗址为典型的墩形遗址，呈椭圆形，北高南低，高 1 ~ 3 米，面积约 7500 平方米，发现夏商至春秋时期房址 2 座、灰坑 9 座、沟 3 条、水井 1 口，以及与建筑相关的大量柱洞和沟槽。遗址四周丘陵环绕，面积 7500 平方米左右，分四处分布，每个区域相邻 700 米。该遗址群相对独立于周边遗址，发现有陶器及一批与青铜有关的器物和铜冶炼原料等。考古专家根据发现的铜矿料、燃料、铜渣、铜器推断，当时该区域已经有了相对完整的青铜冶铸工艺。著名考古学家、国家科技攻关重大项目"夏商周断代工程"首席科学家李伯谦教授认为，这很可能是我国考古学界第一次在长江南岸用科学的方法发现商周时期铸铜痕迹。北京大学考古文博学院陈建立教授的《铜陵师姑墩遗址出土铸铜遗物的初步研究》显示，该遗址冶炼与铸造活动共存，年代相当于二里头文化三、四期开始，西周中晚期最为兴盛，持续到春秋早中期。据此，铜陵地区先人铜采冶铸历史最早可追溯到夏商时代。

师姑墩遗址堆积涵盖了夏、商、西周—春秋三个大的时期，遗址年代早、持续时间久、紧邻金属资源集中地，冶铸遗物年代序列完整，地层关系清晰。此地西周晚期与青铜冶铸有关的遗物大增，基本涵盖了青铜冶铸的各个环节，较多与铸造相关的遗物，为重新认识商周时期青铜器制造是否具有民间冶铸行为或者官方铸造业的其他模式提供了丰富的实物资料和全新的视野。师姑墩出土文物中，有一种是古代铸铜模具"陶范"。古代，简单的青铜器可以用石制模具，但复杂的器物就要使用陶器模具，这就是陶范。古人一般会选择在铜矿附近就地冶炼，陶范发现的位置可以作为判断这一区域当时是否进行过铜器铸造的依据。此次师姑墩遗址出土的一块西周时期陶范残片，不仅有精美花纹，还有一定弧度，从而判断其铸造的应该是容器类，很可能是青铜鼎。在中国考古史上，古代铸铜工艺一般和中央王朝联系密切，如洛阳和殷墟都发现过铜铸造工艺。虽然在我国的其他地方也曾发现过铸铜工艺，但大多是相对简单的小物件，如铜箭镞、刀具等。

而师姑墩遗址出土的明显是容器类的模具，是青铜冶铸的见证。

生活器物表征历史变迁迹象。师姑墩地表散落有商周时期的印纹硬陶陶片、鬲足、红烧土、炼渣，发掘出土陶器、石器、铜器等各类标本 250 余件，以及较多的铜渣和炉壁残块，还有树干、木头、兽骨等各种动植物遗存。其中，陶鬲（lì，饮食器具）、陶豆（古代指器皿）、陶罐等生活用品占了较大比重。这些陶器尽管功能相似，但由于时代不同，出自夏、商、周三个时期的器物非常清晰地反映了时代变迁。夏代陶器部分与中原地区非常接近，陶鼎、陶豆等大致形状一致，器型相同，但做工比中原地区显得相对粗糙：中原陶鬲的袋状足具有一定弧度，而师姑墩遗址出土的部分陶鬲的袋状足几乎成了扁形。师姑墩遗址出土的商代遗物，仍有中原地区盛行的陶鬲、陶豆等器物，但陶豆不少是假腹豆，即外表看起来"大肚子"，实际容量较小。师姑墩遗址出土的周代陶器种类明显减少，这反映了当时陶器逐渐退出历史舞台。

师姑墩遗址是皖江南岸首次发现的夏商时期铜冶铸遗址，其发现填补了皖南和沿江区域夏商时期文化的一个缺环，曾入围全国"十大考古发现"。

我国较早对外开放的古铜矿遗址
——金牛洞古采矿遗址

铜陵自古产铜，此地一片片古采铜遗址，洞穿着历史的云烟，金牛洞古采矿遗址就是一个关于青铜的亘古记忆。20世纪80年代以来，当地群众在此露天开采铁矿，经过10余年的开采，山头挖平了，向下形成一个数十米深的露天采矿场，发掘出古代采矿井巷和采掘遗物。这一重大发现，震惊了中国考古界，也使湮灭了2000余年的古采矿遗址得以重见天日。

金牛洞古采矿遗址

国家级重点文物保护单位金牛洞古采矿遗址，是春秋—西汉时期的古代采矿遗址。1987年以来，安徽省文物考古研究所和铜陵市文物管理所对该遗址进行了考古发掘，清理出多处古代采矿井巷和一批采掘生产工具，并在遗址附近发现数处古代采掘遗址和大量古代炼渣堆积，其相互之间构成了一个较为完整的古代铜矿采冶铸基地。该遗址清理出的竖井、平巷、斜井都是木支撑结构，有半框式和方框式两种，竖井井筒采用"企口接方框密集支架"结构，支护立柱的顶端均为丫形接口，巷道两侧及顶棚用木棍、木板护帮，有的用竹席封顶，采矿方式是由下而上、水平分层开采。矿井中还发现有铜凿、铁斧、铁锄、木炭屑、竹筐、木桶等一批采掘工具及陶制生活器皿，可见该遗址的年代始于春秋，下限不会晚于西汉。当时的采矿活动最初应是露天开采，再利用榫卯式和内撑式方框支架组接井坑，沿着矿脉继续深掘——估计当时的工匠们已掌握了"火爆法"采矿技术。金牛洞遗址仅为凤凰山古矿冶的一个采矿场，附近的药园山、虎形山和万迎山都曾发现不少古代采矿井巷，其时代跨度从春秋至西汉。西南面800余米处的万迎山，古代炼渣遍地皆是，分布范围约2平方公里。此外，这一带还出土过铜锭和石质铸范，可见凤凰山古矿区是当时一处规模较大的综合铜工业区。

这是一个关于青铜的历史窗口：为了向人们展示中国古代铜矿采冶技术、开发以铜为主的人文历史景观，1992年，铜陵着手对金牛洞遗址进行修复保护。修复后的金牛洞遗址气势宏伟，象征着1992年的92根水泥立柱用古铜色铁链相连，一棵棵翠绿的松柏将遗址紧紧环抱，展现出古铜矿遗址特有的凝重和庄严。入口处正中重达2吨的铜牛雕塑，花岗岩基座上刻有原文化部长朱穆之题写的"金牛洞古采矿场"七个嵌金大字。北面是遗址陈列馆，西南面沿相思河岸建有题词廊和铜陵地区矿物岩石林。遗址边坡上支撑的锥空网架，犹如一把撑开的巨伞，将裸露的古矿井遮掩得严严实实。金牛洞古采矿遗址是我国继湖北铜绿山古铜矿遗址后第二个正式对外开放、供游人参观的古铜矿遗址。作为全国重点文物保护单位，它已成为古铜都重要的文物旅游景点、安徽省爱国主义教育基地。

金牛洞古采矿遗址场面宏大，遗存丰富，从清理出的古代采矿井巷结构和采掘工具、陶制生活用具来看，结合遗址附近的药园山、虎形山、万迎山相继发现的古代采掘遗址和堆积的大量古代炼渣分析研究，可判定金牛洞古采矿遗址开采矿石的年代应始于春秋。它与木鱼山铜冶炼遗址一起，组成的大工山——凤凰山铜矿遗址，是西周至宋代采矿和冶炼为一体的大型遗址，2020年被列入"考古中国·长江中游文明进程研究课题规划（夏商周时期）"，2021年被国家文物局列入《大遗址保护利用"十四五"专项规划》大遗址保护名单，2022年被列入安徽省首批考古遗址公园名单，而今正在申报国家考古遗址公园和世界文化遗产。它不仅是古铜都铜陵矿冶历史的一个有力见证，也是我国有一定代表性的重要古铜矿遗址。

中国最早使用硫化铜技术的见证
——木鱼山铜冶炼遗址

北宋时期，一位叫沈括的人研究矿石，发现江西铅山水中有胆矾能炼铜。那时沈括随父住在福建泉州，听人说附近有一处泉水，不但不甘甜反而苦涩，当地的居民把泉水放进锅中，熬干后锅里会出现黄铜。沈括便跑到铅山去看村民"胆水炼铜"。原来，铅山有几条小溪，溪水不清透，颜色青绿，味苦，这就是村民口中的"胆水"。水色之所以青绿，是因为水中含亚硫酸。亚硫酸在铁锅中煎熬，就生成了亚硫酸铜，亚硫酸铜再被煎熬，就和铁锅起了化学反应，分解出铁和铜。那时沈括还不了解"胆水炼铜"的科学依据，他在《梦溪笔谈》中把这个事件如实地记录了下来——这本书中所记的"胆水炼铜"就是硫化铜技术，这项技术在木鱼山铜冶炼遗址寻到了可供印证

木鱼山铜冶炼遗址

的实物。

　　国家级重点文物保护单位木鱼山铜冶炼遗址，位于义安区天门镇新民村木鱼山自然村的北边，主要由木鱼山、鬼推磨、火龙岗三片组成，总面积10多万平方米，为西周至宋代时的铜矿冶炼遗址。1987年11月，经国家文物局批准，安徽省考古研究所和铜陵市文物管理所联合对该遗址进行调查发掘，发现了早期炼铜竖炉一座以及铜锭、炭屑、红烧土等炼铜遗渣和陶器残片。遗址地表上有多处炼渣堆积，炼渣多呈倒蘑菇状，独立成块。此处发现的硫化铜冶炼遗物——冰铜锭，是中国目前已发现的最早使用硫化铜技术的实物见证。

　　古代火法炼铜技术主要采用了两种工艺：一是氧化矿石直接还原熔炼成铜，即"氧化铜"工艺；二是硫化矿石经多次焙烧脱硫炼成冰铜，再还原熔炼成铜，即"硫化铜"工艺。由于"硫化铜"工艺需要在800℃的温度下长时间焙烧脱硫，使铜的硫化物转化为氧化物，然后投入鼓风炉熔炼，产出含铁量较高的冰铜，再反复精炼才能得到纯铜，其工艺要比"氧化铜"复杂、先进得多。我国开采硫化铜矿的历史可以追溯到 3000 年前，盛行于宋。《宋史·食货志》记载，宋代胆铜法在生产中大规模应用，成为生产铜的重要途径。这种技术在中国古代冶铜史上，是除了火法冶炼之外的独特水法冶铜法，这项技术甚至还可以说是现代水法冶金的先声。

自 20 世纪 70 年代中后期开始，铜陵发现了一批西周至春秋时期的菱形铜锭，其中年代最早、数量最多的就是木鱼山冶炼遗址出上的冰铜锭。1974 年冬修水利时，当地农民在遗址取土时发现了 100 多公斤的铜锭。铜锭为菱形，大小不一，表面粗糙，呈铁锈色，从现存的几块来看，铜锭大约长 50 厘米，宽 12 厘米，厚 0.6 厘米，重 1550 克左右。广州中山大学对这些菱形铜锭取样检测，结果表明这是硫化铜冶炼的遗物——冰铜锭。经碳十四测定，年代距今 2885±55 年，树轮校正年代 3015 年，约在商周之际，此遗址出土的冰铜锭是中国目前已发现的最早使用硫化铜技术的实物见证，将我国硫化铜采冶历史从宋代推至西周早期，这与世界上一些国家的硫化铜矿历史源起基本一致。从中可见铜陵是中国青铜文化的发源地之一。

一块铜锭是历史的珍藏，是智慧的凝结。作为中国最早的硫化铜采冶遗物，铜陵出土的冰铜锭，用实物改写了我国金属铜开采冶炼的历史。

如今的木鱼山古冶炼遗址保护区，被绿树环抱，小山丘上炼渣堆积如山，遍地皆是，并伴有陶片、红烧土碎块和少量的残炉壁……一段历史沉睡在千年时光中，一片火光深埋在人山深处。谁能想到：一块铜陵木鱼山出土的冰铜锭竟然将我国硫化铜采冶历史推早了 2000 年。

黄钟大吕的礼乐重器——春秋青铜甬钟

这是 1993 年 2 月在义安区天门镇双龙村西冲山出土的青铜编钟：五件编钟为长腔实甬有干旋狭鼓式，三件为一组，大小各不相同，最大的一件高 50 厘米，甬长 15 厘米，铣间 23 厘米，另外两件编钟高分别为 43 厘米和 37.5 厘米，造型、纹饰基本一致。甬钟装饰精美，制作精细，是春秋时期编钟中的精品，为国家一级文物，现展陈于铜陵市博物馆。

春秋青铜甬钟

编钟乐舞，凤鸣九天。先秦时期，我国形成了颇具特色的礼乐制度与礼乐文化，对后来的中国文化产生了深远的影响。这一时期，乐与礼是密不可分的，所谓"礼之所及乐必从之"。以钟鸣鼎食为代表的礼器系统，是显示人们礼仪规范的重要组成部分。古代豪门贵族吃饭时要奏乐击钟，用鼎盛着各种珍贵食品。汉张衡《西京赋》"击钟鼎食，连骑相过"，唐王勃《滕王阁序》"闾阎扑地，钟鸣鼎食之家"，说的就是这种礼俗。在青铜乐器中，编钟是中国传统金石之乐的典型乐器，是古代乐舞体系中最为重要、最为尊贵的乐器。义安区出土的青铜甬钟，对研究先秦时期的政治礼乐制度有着重要的意义。

青铜编钟是一种打击乐器，由大小不同的扁圆钟按照音调高低的次序排列起来，悬挂在一个巨大的钟架上，用丁字形的木锤和长形的棒分别敲打铜钟，能发出不同的乐音。商代，钟形乐器大多数是口部朝上，钟体用长柄支起后再敲奏。西周始，青铜编钟渐渐改为钟口朝下，钟柄加环悬挂而奏，成为惯见的"甬钟"形式。其甬部是上细下粗的带有锥度的圆柱形，而钲部往往有着刺猬般凸起的"枚"（又称"乳突"）。这些"枚"通常对称排列，不仅可用来调音，使甬钟的音响、音色更加悦耳动听，而且可用来装饰，以立体突出的形式，为铜钟增添华丽庄重的气质。编钟的组合数目，早期的只有3枚一组或5枚一组，发展到战国时期最多的有65枚一组。出土于义安的编钟，钟体正反两面突出的36个"枚"，不仅起装饰作用，还能纠正编钟在铸造过程中形成的不均匀性，从结构上起到增加阻力的作用，并在演奏乐曲时使各种声音叠混时间短，乐曲清脆明亮，音色变纯。钟体的制作更为精细，形状更为完美，用木棒敲击这些钟时，每件钟的正面和侧面均可发出两种不同的乐音，清脆悦耳，余音悠悠。

中国古代编钟由浑铸和分铸法铸成，采用了铜焊、铸镶、错金等工艺技术，通过圆雕、浮雕、阴刻等技法装饰，显得庄重肃穆，精美壮观。最为知名的曾侯乙编钟由钮钟、甬钟组成。其制作采用分范合铸工艺，如中层第三组第一钟，用范、芯共126块组成，如此复杂的工艺，若非工匠对分范合铸技术的娴熟掌握和应用，是绝对达不到理想效果的。青铜之所以能成为乐钟，关键在于它恰当地运用了合金材料，在科学配比的基础上，以钟壁厚度的合理设计、鼓部钟腔内的音脊设置和炉火纯青的热处理技术，使铸件构成"共振腔"。而编钟的浮雕花饰对其所在的振动区起到负载作用，能加速高频的衰减，有助于编钟进入稳态振动。这五件出土于义安的春秋甬钟，钟体都是合范铸造，制作精细，纹饰工整，富有很强的立体感……这些甬钟见证了当时铜陵的青铜器铸造工艺已达到相当高的技术水平。

　　青铜钟能够发出悠扬的乐音，这种乐音所产生的听觉效果，具有庄严的气氛，就如同视觉上的兽面纹一样，能使人油然产生敬畏之心。铜陵编钟穿越 3000 年，仍能奏响祈福中华、盛世钟鸣的福音。

钟鸣鼎食的商代爵斝——饕餮纹爵和饕餮纹斝

饕餮纹爵　　　　　　　饕餮纹斝

　　1983 年 12 月的一天，天尚亮，云未舒。时属铜陵县（今义安区）西湖乡童墩村的农民王方明在自家挖引水渠，一铁锹下去"哐当"一下，铲出来两个铜疙瘩。一组商代前期的酒礼器——饕餮纹爵（jué）、饕餮纹斝（jiǎ），就这样从几千年的铜矿地中解冻出土，现展陈于铜陵市博物馆。

　　"宗庙之祭，贵者献以爵。"（《礼记·礼器》）中国青铜器是一个庞大的家族，涉及古代社会和日常生活的方方面面，可分为礼器类、酒具类、兵器类、乐器类、钱币类等等，其中爵是最具代表性的古代饮酒礼器。正如当代考古学家邹衡所说"商礼以酒器觚、爵的数目区分贵族身份",青铜爵在夏代已成为贵族身份的象征,到商代演变成最典型、最常见和最基本的酒礼器,是当时标志等级、身份的青铜礼器组合中的核心器物,西周以后其地位才被鼎(古代烹煮用的器物)取代了。斝(古代青铜制成的酒器)也是礼器,主要盛行于商代。铜斝一般很大,据史书记载其容量为爵的四倍,作饮器并不实用,因而多用以温酒。由此可见,青铜爵、青铜斝是先秦尊贵的礼器。

爵为饮酒器,一般前面有倒酒用的流槽"流",后有尾,中有杯,一侧有供手提拿的"鋬"(pàn),下有三足,流与杯口之间有"柱"。斝为盛酒器,兼可温酒,圆口,有鋬有流,与爵常常组合在一起使用。出土于铜陵西湖的饕餮纹爵和饕餮纹斝,是铜陵乃至整个皖南地区迄今发现的年代最早的珍贵文物之一。饕餮纹爵形似鸟雀,高23厘米,从"流"到"尾"长18.9厘米,直壁平底,上有菌形单柱,柱顶刻有涡纹,下有三个角锥状的长足。爵的腹部饰饕餮纹,上下一周饰有连珠纹,饕餮纹以鼻梁为基准线,两边为对称的目纹。饕餮纹斝高33厘米,口径18.1厘米,腹径13.8厘米,为筒状腹、双菌状柱,平底,三角锥足,腹部上下各饰一周饕餮纹,上下对称,共三组。相传饕餮为古人想象中贪吃的神秘怪兽,这两件器物所饰饕餮纹,也称兽面纹,是青铜器常见纹饰。其纹饰凶猛庄严,结构严谨,制作精巧,境界神秘,李泽厚先生称之为"狞厉的美"。

饕餮纹爵和饕餮纹斝从纹饰到器形,都和湖北黄陂盘龙城出土的爵和斝基本相同,年代均为商代前期。值得注意的是,这两件器物表面都呈铁锈色,说明它们含铁量较大。古代人由于铸造技术限制,并不能将矿石中的铜铁完全分离出来。而铜陵的铜矿石含铁品位比较高,饕餮纹爵表面的铁锈成分和铜陵出土的其他青铜文物相似,因而可推测它们很可能就是当地所铸,表明铜陵地区的青铜文化最迟在商代前期就已产生。它们的饕餮纹精美对称，那是因为铸造之前就用块范法将纹饰在模子上刻好了，酒器上的"柱"既能起到装饰与过滤的作用，还能在古人喝酒时顶住鼻梁，防止暴饮过量，这种设计与它身上饕餮纹的告诫遥相呼应，凝聚着古人的智慧。

在义安区境内还出土了多种圆形三足鼎，年代分别属西周和春秋时期，是采用分铸和焊接方法制作的。这几件青铜鼎虽然在总体造型上属圆鼎，但风格迥异。腹部饰有不同的纹饰，有常见的窃曲纹，有由许多蟠屈的小螭龙构成的蟠列虺纹，有简单的绳纹、弦纹。造型也有区别，有的深腹，有的浅腹，有的双耳直立，有的双耳外撇。在这些鼎中，有一件与众不同的小盖鼎，1990 年出土于义安区新桥镇铁湖村，它的独特之处就在于有一个小盖，盖的正中有 个圆形的钮环，整个器物造型生动别致、制作精细，把南方青铜文化的特色淋漓尽致地展现在世人面前。

余锈存香，青铜煌煌。出土于铜陵的一爵一斝，均为国家一级文物，以其精美的造型和悠长的历史，被称誉为铜陵市博物馆"镇馆之宝"，是照耀铜陵青铜长河的"双子星座"。

失蜡铸器的古代蒸锅——青铜绳耳甗

在青铜炊具中，甗（yǎn，古代蒸煮用的炊具）是我国古代劳动人民在长期的生活实践中，发明创造的一种炊蒸器。它产生于新石器时代晚期，流行于商代至汉代，东汉之后逐渐衰亡。早期的甗为陶制，商周时期开始用铜铸成，秦汉之际出现铁制甗。这种炊蒸器是将甑套入鼎、鬲，釜而形成的一套复合炊具，结构可分上下两部分，上部是甑（zèng，用来盛放蒸馏的食物）；下部是鼎、鬲或者釜，用于煮水，高高的足脚中间可生火加

青铜绳耳甗

热，从而完成炊事。除用作炊具，西周末年春秋初年，甗往往与鼎、壶、盘等组成成套器具，作为礼器使用。

关于商周青铜甗的文献记载，最早见于欧阳修的《集古录》，"宋太宗时长安民耕地得器。初无识者，其状下为鼎三足，上方为甑，中设铜箅。可以开阖，制作甚精，有名在其侧。学士句中正工于，能识其文曰：'甗也'……"在考古学上对于青铜甗的研究，始于安阳殷墟遗址的发掘，而义安之地出土有数种青铜甗——

西周兽足弦纹甗，1991年出土于义安区顺安镇。甑与鬲连成一体，甑高35厘米、鬲高26厘米，中间没有叫箅（bì）的蒸架，口

很大，长方形双耳立在口沿上。甗腹颇深，装饰着雨花弦纹。鬲有三柱足，兽足弦纹甗高大浑厚。该甗同河南洛阳安阳殷墟妇好墓出土的甗形制相似，因年代久远及对铜陵地区西周文化的研究具有重要的科学价值，而成为珍贵的文物藏品。

春秋绳耳弦纹甗，1998 年 4 月出土于铜陵市西湖镇第一轮窑厂，现展陈于铜陵市博物馆。甑、鬲分体，甑撇口。唇向外折，索状双耳立于口沿，腹微鼓，下腹圆收，底有箅孔，下有套接鬲口的榫圈，腹部饰有两道弦纹，鬲直口，肩部有一对绳钮，弧裆、柱足。

春秋变形夔（kuí，古代传说中的一种龙）纹分体甗，出土于铜陵市区扫把沟，现展陈于铜陵市博物馆。器高 58.2 厘米，口径 38.8 厘米。上部甑上的绳索状双耳，明显有着绳索绞股后成模的痕迹，因为没有范线，可见双耳的外范为整体范。这是以失蜡法单独铸出来的双耳，再嵌入甑体的外范中，铸甑体时双耳即与甑体连为一体了。

……

埏埴作器，模范为形。这些铜甗是古代青铜铸造工艺失蜡法的见证，其中铜陵出土的春秋时期铸造的青铜甗之绳耳，就是焚失法的代表作。我国古代青铜器的铸造方法主要有范铸法、焚失法、失蜡法等。大多数青铜器以范铸为主，有的器物是一次浇铸成型，这种铸造方式称为浑铸法；器形过大或形状过于复杂，则需要将整个器物分为数件分别翻范浇铸，最后拼接成一个整体，这种铸造方法称为分铸法。除此之外，尚有失蜡法、焚失法铸造工艺，其中失蜡法是中国古代青铜铸造技术的重要成就之一，其历史最早可追溯至春秋战国时期，楚共王熊审盂是最早采用失蜡法铸造的青铜器。这是一种精密铸造方法：用蜂蜡做成铸件的模型，再用耐火材料填充泥芯和敷成外范，加热烘烤后，蜡模全部熔化流失，使整个铸件模型变成空壳，再往内浇灌熔液，便铸成器物。此种工艺也可用绳状物为模，在用耐火材料包裹后，通过加温焚烧，使易燃的模料焚毁成灰状，清理掉耐火材料内的灰得到铸型，再在铸型中空的范中浇铸铜液即可成型，因而又称失绳法、焚失法、失模法。铜陵出土的弦纹分体甗、变形夔纹分体甗，有一个共同的特征——器耳都为绞股绳索状，其上纤维痕迹清晰可见，没有发现范缝，也不见范缝经过磨砺的痕迹。这显然是用麻类、草类纤维制成的绳索做模，用失蜡法铸成的。

精美的炊具"甗"，是中国青铜器的艺术珍品，从中不仅可见我们的祖先在3000年前高超的铸铜技术，也可窥见先人对美好的生活追求。而今，铜陵的传统"失蜡法"、焚失法，均被列入安徽省非物质文化遗产项目。

造型生动的西周酒器——龙柄盉

这只古代青铜酒器，宛如啼鸣欲飞的金凤，顶端龙首双目圆瞪，俯视器口，造型精巧，纹饰简练，具有浓郁的地方特色——这就是出土于义安区钟鸣镇的青铜龙柄盉，现展陈于铜陵市博物馆。

盉（hé），古代酒器，一般为圆体、深腹，有盖，前有流，后有鋬，三足或四足，是用以温酒或调和酒水的器皿。王国维在《说盉》中称："盉之为用，在受尊中之酒与玄酒（水）而和之而注之于爵。"

龙柄盉

意思是：在进行祭祀时，将尊中的酒倒入盉中，加以水调味调节酒的浓淡。又据考古资料表明，盉又常与盘配合使用，作为清洗用具，祭祀之前，古人用盉盛水洗手，以示对祖先和神灵的崇拜。此物始见于夏代，盛行于商晚至周，春秋中后期逐渐消失。秦汉以后，"盉"演变为"壶"，经唐宋逐渐形成了茶壶文化。曲柄盉的出土地点，基本围绕安徽南部长江两岸分布。这些地区水网密布，气候潮湿，到了冬季更是我国最为湿冷的地区之一，《史记·货殖列传》中就载有"江南卑湿，丈夫早夭"的说法。因此，在酒中加入一些驱寒祛湿的香料如生姜等，一直是该地区常见的做法。曲柄盉，作为一种江淮地区的原生器物，在安徽长江两岸大有其用，较为短小和水平的流，是为倾倒时避免加热后滚烫的酒浆烫伤所设计的。师姑墩遗址曾出土了4件形制已经比较完备，接近青铜曲柄盉的陶制曲柄盉。

1979年10月在义安区钟鸣镇出土的西周龙柄盉，器高18.2厘米，口径12.6厘米，柄长18厘米，重1.27千克。其上部盆形敞口，短流，鋬曲长，顶部为龙首呈回顾状。颈部饰有变形窃曲纹，由两端回钩的或"S"形的线条构成扁长图案，线条纤细有力。下部有鬲形三袋足。铜盉的曲柄仰起，顶端为龙首，双目俯视盉口。整件器物构思巧妙，造型别致，一改中原铜器雄浑凝重的风格，给人以活泼生动的愉悦感受。

这件龙柄盉引人注目之处在于柄的龙形造型。龙是中国神话中的一种善变化、能兴云雨、利万物的神异动物，为司水之神。这件龙柄盉柄端雕龙，龙首俯视盉口，突出了器物的用途。同时，盉柄的龙首与圆口袋足的盉身形成对比，产生出空间动感的视觉感受，充分显示了设计者的奇思妙想。在制作技术上，龙柄盉把平面的图像和立体的雕塑结合起来，把器皿和动物形象结合起来，以合范浇筑技术加以表现，整器浑然一体，是周代青铜器中的精品。

"莫道春秋舒国小，牛形盆口邈难追。横铉遗制真谁偶，拍案惊看振世奇"——这是我国已故著名考古学家商承祚先生对群舒青铜器兽首鼎的高度赞誉。群舒是西周至春秋时期，江淮地区众多偃姓小国的总称。西周时期，皋陶后裔从山东地区南迁江淮地区，春秋时期群舒因地处南北地理要冲，被徐、吴、楚等大国先后争夺，在大国争霸的夹缝中生存，在屹立 500 余年后终被楚所灭。群舒青铜器是群舒古国的重要物质遗存，其地域特征显著，相异于吴越文化和楚文化不同类型青铜器。铜陵不少青铜器在文化面貌上与江淮文化相一致，钟鸣镇出土的这只西周龙柄盉形制，与 1978 年江淮地区庐江出土的西周龙柄盉一样，銎曲长，銎顶端也为一龙首状，而肥西、舒城、怀宁等地也相继出土过类似的甗形盉。在铜陵地区一些古文化遗址上采集的陶片，如鬲足、罐、盆、甗以及石铲、石斧、石镞等，也与江淮文化基本一致。由此可见，铜陵地区先秦青铜文化与江淮地区有着较为密切的联系——出土于义安的这件龙柄盉就具有江淮之风。

义安钟鸣之地出土的龙柄盉，似乎是以百鸟朝凤的姿态，向长江两岸的文化致敬。

度量公平的青铜之器——元代铜权

这是 1992 年 9 月由铜陵县（今义安区）文物管理所从民间流散文物中征集的铜权，现展陈于铜陵市博物馆，是流传于民间的元代铜器。

什么是权？"权"即秤锤，又叫秤砣，与秤杆相佐，为称重量之用，属于衡器。自人类出现了私有制，便有了权衡理念和雏形实物，成了最原始的物物交换工具，并与后来的赋税制度相关联。权，除用作衡器外，被赋予了"权利""权势"的含义，还用作吉祥物、压镇等。

相传民间搬家时，先搬过去一个秤砣，造物上梁时，将它悬挂梁上，寓"称心如意"之意；压帐子四角也用它，使之熨帖、平整。秤杆，在一根杠杆上安装吊绳作为支点，一端挂上重物，另一端挂上砝码或秤锤，就可以称量物体的重量，而"权"就是砝码或秤锤。进入青铜时代后，我国先民开始使用青铜铸造秤砣，称铜权。先秦时期，诸侯国各自为政，度量衡制度比较混乱。秦统一六

元代铜权

国后，统一度量衡，秦铜权通体铸有始皇帝统一度量衡的诏书，以此诏告天下。汉代称"权"为"累"，京兆尹负责校验衡器。《汉书·律历志上》载："权者，铢、两、斤、钧、石也，所以称物平施，知轻重也。"汉末至隋，王朝更迭频繁，度量衡制再出现混乱。隋文帝统一全国后，再次统一度量衡，唐宋元明清度量衡则相对统一。唐代，专设监校官，衡器经校验后，加盖钤印方准使用。明代，由工部宝源局监造，兵马司兼领市司负责校正。清代，时人李光庭在《乡言解颐卷四》中说："市肆谓砝码为招财童子，谓秤锤为公道老儿"——可见"权"为计量工具，并衍生出"权衡""法度"等含义。

史料表明，元代铜权形制大体有以下几种，一为权体圆形束腰，特点是权体上部丰圆，下渐收形成束腰，底承台阶式喇叭形座；二是权体六棱形，特点是平肩，直腹，束腰；三为其他形制，如六棱圆腹形、钟形。其中权体圆形束腰的形制占大多数。这枚铜陵元代铜权，造型流畅，品相完好。它为黄铜铸造，周身被铜绿，权高9.7厘米，

重 650 克，方钮方孔，权身六棱六面，上窄下宽，束腰。下部为台阶式，底呈六边形，最长对角线长 5 厘米，具有元代铜权形制的特点。铜权上有铭文，字迹略模糊，正面铸有"池州路总管□"，背面铸有"大德年造"，左侧铸有"五"字。作为国家法定的计量工具，铜权由官府监制，是具有法律效力的衡器——这枚铜权所刻上的字样即表明其为官府监制，其中"大德"为元成宗年号（1297—1307），当时铜陵属江南道池州路，"总管"属于路的官职，为正三品官员。元朝政府曾多次明令禁止民间私自制造度量衡器，这个权力完全掌握在官府手中。中央将标准器颁发给各路，由各路控制实际的铸造使用，所以已发现的元代铜权往往刻有路、府、州等各级监铸的官府名称。此外，如遇帝位更迭，年号变更，元廷会重铸新权，并在权上铭刻年号。此枚铜权上的"大德年造"为年号纪年，表明是元代大德年间制造。而"五"应为重量之意。计量单位的演变，由夏商时期使用铢和两，发展到周朝时期铢、两、金、均、石（二十四铢为一两，十六两为一斤，三十斤为一均，四十均为一石），直到 20 世纪 50 年代，为了方便买卖双方计算，才改为十两一斤，后又采用国际通用的千克计量。

天地经纬一点星，只为尘世量太平。这枚流散于义安民间的元代铜权，应为池州路监制、铜陵所铸。

抟上为人的陶俑精品——白陶文吏俑

从秦代兵马俑到东汉击鼓说唱俑，人物俑以其造型精致、气韵生动的抟土为人的陶艺，成为中国传统雕塑艺术中璀璨的明珠。

义安有一组的白陶文吏俑，1988 年 9 月出土于顺安镇，一说为宋代之器，一说为元明之物，共计 9 件。俑通高 15~20 厘米，均用泥质白陶制作，未施彩，简洁朴素，身形自然。其中 8 件为文吏俑，1

白陶文吏俑

件为侍俑。胎质中所含氧化铁比例较低，烧制后呈白色。陶俑呈站立状，只塑至腿部，下接圆形平台，平台比身体略大，中空。文吏俑双手相拱于胸前，其中7件手执笏板，有一件较其他有异，左手捧书卷，右手缺失，身上衣物刻画也较其他7件详细，腰部刻画有腰带。侍俑与文吏俑不同，侍俑头戴帻帽，双手相拱于前，身形明显较其他俑修长，腹部有一椭圆形孔，双足缺失，底座残。这组文吏俑，脸部五官刻画洗练，眉毛眼睛用轻挑的三道线条刻画，鼻耳用刀削、手捏贴塑，服饰刀法简洁，其中3件刻画有连鬓胡须，人物造型栩栩如生，简洁朴素，身形自然。

陶俑在古代雕塑艺术品中占有重要的位置，是古代墓葬雕塑艺术品的一种。陶俑的制作可追溯到新石器时代，当时的人们在烧造陶器时将泥捏成人体形象、动物形象。自先秦而战国，随着殉人制度的衰落，陶俑替代了殉人陪葬，这是社会文明的一大进步。秦始皇陵出土的8000多个兵马俑气势壮观，令人叹为观止。秦代之后，盛行厚葬，俑的品种随之不断增多，制作方法日趋丰富，数量开始增加，艺术水平也逐渐提高。秦灭汉兴，俑的种类、数量、材质、水平等都达到了新的高度。隋唐时期伴随着社会的安定与繁荣，俑的艺术又迎来了一个新的高峰，牵驼俑、牵马俑、骑俑、戏弄俑、胡俑成为这一时代的常见种类，尤以色彩斑斓的三彩俑铸成雄浑富丽的盛唐之音。宋朝陶俑创作主要以仕女俑为主，雕塑风格写实，神态文雅素洁，尽显宋人的文人素养，但数量非常少。元明以后陶俑随葬日渐式微，明代是最后一个以陶俑作冥器的朝代，明三彩是主要的创造，多以仪仗队陶俑作为随葬品。

文官俑也叫文吏俑，是唐墓随葬品中较为常见的人物俑，与中国文官制度密切相关。中国的文官产生很早，文官制度形成却较晚。一般认为，先秦时期实行的世袭制，主要根据与国王血缘关系的远近来任命级别不同的官吏，寒门能士鲜有出路。文官一词最早产生于汉代，据《汉书·刘敬孙叔通列传》记载："功臣、列侯、诸将军、军吏以次陈西方，东乡（同'向'）；文官丞相以下陈东方，西乡（同'向'）。"文官制度大约在汉武帝实行"察举"制度以后方始形成，其主要内容是选任制度。察举制度是由地方长官对辖区内人才进行考察后推荐给上级或中央，经考核后任命的制度。汉武帝实行"察举"制度以后，文官制度迈入稳步发展期。隋唐时期实行科举制度，将选贤任能的权力收归中央，实行开科取士，天下士人皆可以科举求官。这在陶俑上的表现为：始皇陵、汉阳陵、汉长陵皆以兵马俑为主，徐州地区的刘姓王陵则以侍俑、乐俑、仪仗俑为主，总的来说秦汉时期墓葬还没有见到身份确切的文官俑。宋代的文官俑出现后，其面部方正，眉清目秀，头戴冠，身着阔袖长袍，双手捧笏，温文尔雅，文质彬彬，富有文人雅士之风。这些陶俑不仅承载着久远的历史信息，而且反映了宋代匠人炉火纯青的雕塑烧制技艺。

白陶是我国史前制陶工艺的杰出代表，它的工艺成就可以与仰韶时期的彩陶和龙山时期的蛋壳黑陶相媲美。白陶虽没有严格的定义，但具备以下几点要素：材质非普通黏土，主要成分为高岭土；烧成温度介于普通黏土陶器与硬陶、原始瓷之间；硬度和吸水率较硬陶和原始瓷低；外表不施釉，胎体呈现白色。白陶的制作工艺相比今天的瓷器要更为朴实、传统。它以丰厚的黏土为原材料，加上精细的制作工艺，制成的白陶器具形态美观，充满古老而神秘的美感。义安的文吏俑，即白陶艺术的佳作。

千年宋俑，穿越千年，华彩无声。

釉彩流光的宣州窑业——狮山嘴窑址

位于义安区天门镇西垄村附近的狮山嘴窑场遗址，于第三次全国文物普查期间发现，2011 年公布为市级文物保护单位。遗址位于山地西北坡，西临缸窑湖，青通河南岸。窑址堆积范围 3 万 ~5 万平方米，遗物丰富。从地表随处可见的标本看，该窑产品以青瓷为主，可辨

义安区狮山嘴窑器

器型主要有碗、盆、壶、罐等，均为支钉叠烧，主体年代特征为唐代。从周边墓葬出土情况看，应属地域性民间窑场。

狮山嘴窑址是皖南沿江地区的一处重要窑址，它的发现填补了铜陵地区窑业遗址的空白，为周边地区唐代墓葬出土的此类青瓷器物找到了窑业归属。这是一座晚唐时期的窑址，主烧青釉瓷器，也有点

褐彩器，器形制作规整，灰白胎，釉质肥润，与宣州窑产品有相似之处。遗址属于宣州窑范围，并与繁昌窑相连。

义安辖区目前已揭示的唐宋时期古陶瓷遗存有以下两区域：

一是顺安宋代窑址：2004 年 7 月，为配合沿江高速铜陵段建设，安徽省文物考古研究所对义安境内的长冲、花园、草滩、联丰、狮峰等沿线文物点进行了抢救性考古发掘工作，历时近 6 个月，发掘古文物点 4 处，发现宋代窑址 2 座，为龙窑形，但未发现与烧制陶瓷器有关的遗物，从窑的开口层位及其基本特征可推测其时代为宋代。就在此次考古发掘中，联丰取土场 M3 出土一件执壶，口径 10 厘米，圈足直径 7.6 厘米，高 22.5 厘米。器体较高、喇叭口、长圆弧腹、矮圈足、流向上高翘，执手扁平，器腹有 5 道竖刻压纹，呈瓜棱状，黄釉，较易脱落。从墓葬出土器物观察，时代应为五代时期。义安区顺安、钟鸣一带窑址与繁昌窑西北部骆冲窑连片，属于繁昌窑的一部分。据《繁昌县志》记载，繁昌五代时期地属宣州，为南唐国所辖，从历次发掘出土的瓷器来看，繁昌窑五代至北宋早期生产工艺精良，其青白瓷产品特征和地域范围与文献记载的"宣州窑"吻合。

二是天门镇青通河沿线唐宋古窑址：2010 年，铜陵市文物局在第三次全国文物普查中，发现了狮山嘴窑址。而沿青通河流域也曾发现同一时期的同类窑址，这一区域存在一个规模较大的唐宋时期窑址群。此古窑址群属宣州窑西部窑口，发现过与南唐二陵发掘的褐釉碗、执壶残件相同的遗物，出现过典型杨吴、南唐文化的"千秋力岁"柄的执壶。传统上南方区域瓷器来源以越窑为大宗，但到了晚唐，浙江越窑为钱氏家族控制，吴越、杨吴交恶，贸易往来受到极大影响。但越窑与南唐毗邻，吴越的制瓷技术就通过多种途径传到南唐境内。当时的南唐，北民大量南迁，制瓷业快速增长，窑火遍地，宣州窑达到空前繁盛的程度。

"宣州窑"属于古文献记载中的名称,早见于清代蓝浦著录的《景德镇陶录》。民国时期黄矞的《瓷史》中则说:"宣州窑当烧于南唐有国时,盖宣州五代中为南唐所有,入宋改为宁国府,元明因之,遂无复宣州之号,是宣州瓷器为南唐所烧造,以为供奉之物者。"宣州窑是皖南地区的重要窑场,从窑址来看应创烧于晚唐,兴盛于五代至北宋时期,在胎釉及装饰方面具有较为明显的时代特征:唐代烧造青釉瓷器,点褐彩装饰独具特色;五代时期,繁昌地区创烧了青白釉瓷器,胎体薄而细腻,部分精品达到相当高的水平,对景德镇窑的青白瓷烧造有着重要影响。南宋以后,受周边地区景德镇窑、龙泉窑的冲击,宣州窑渐趋式微,最终走向衰落。宣州窑的釉下点褐彩高温一次性烧成工艺,在古陶瓷窑业生产领域属重大发明研究成果,被世人称为"国瓷"的青花瓷的烧制工艺,就是受之启示研发而成的。地属南唐故地、宣州辖域的铜陵得宣州窑其盛,此地的晚唐时期窑址,发出"宣州窑"的灼烁光华。

千年窑火,成风尽垩。每一件瓷的诞生,都贯穿古今,传承千年文韵;涵载万物,蕴蓄一世风华。义安区窑火点点,传陶瓷珍宝。

明潢贵器的金银饰品——金螃蟹

秋风起，蟹正肥。稻香蟹肥时，螃蟹是一种美味。苏东坡嗜蟹成癖，常以诗换蟹："堪笑吴中馋太守，一诗换得两尖团（螃蟹，古称尖团）。"义安河湖众多，不仅是盛产螃蟹的地区之一，而且还有一枚"金螃蟹"。

金螃蟹

1985 年 10 月，义安区顺安镇凤凰山地区，一位农妇在割草时偶然发现一个"硬东西"，擦干净后发现是一只蟹身粉红、蟹爪金黄的螃蟹。金螃蟹通长 5 厘米，宽 2.3 厘米。螃蟹粉色的身子属于碧玺石材质，螃蟹的十条腿均为纯金打造，螃蟹的一双眼睛为白玉珠子。蟹肚刻有"程金祥"三个篆体字，可能是打造这件饰物的商号名称。蟹爪关节纹理细腻，中部有一佩环。经专家鉴定，此物应为清代女子用在衣物上的金饰。这件金器被命名为"碧玺石金螃蟹"，因其精致的造型、珍贵的材质、巧夺天工的工艺成为国家一级文物，现展陈于铜陵市博物馆。

金，象征着光辉与尊贵；银，代表着纯洁与高雅。金银器以其材质的稀有、华丽的外表和丰富的文化内涵，成为身份的象征，而备受人们喜爱。它作为中国传统文化艺术的重要载体，承载着古代技艺的精髓，展现出当时社会的审美观念和文化特色。从 3000 多年前商朝出现金器开始，历代金银器熠熠生辉。魏晋南北朝时，金银主要是作为饰品和货币，少有用来制作器皿。进入隋唐以后，西方金银器物的大量输入，使得金银被广泛制作成器物，金银器物设计得到高度发展。宋代开始，金银器物世俗化、商品化的现象十分突出，在设计上表现出轻巧玲珑、典雅秀丽等风格特点。元明清时期，官府设有专门的金银器作坊，民间也出现了一些"冶金""冶银"的名家高手，金银器物的设计与制作相当繁荣。明清金银器制作一改唐宋以来的清秀典雅和意趣恬淡的风格，而趋于华丽、浓艳的宫廷气息。此时，官僚贵族、地主和商人已经广泛使用金银器及珠宝镶嵌工艺品。皇家使用金银器更是遍及典章、祭祀、冠服、生活、鞍具、陈设和佛事等各个方面。民间也能买到众多金银饰品，金银制品不再为上层社会和官府所垄断，大众化程度非常高。

怀黄握白，穿金戴银。穿珠点翠是清代金银首饰的重要特色之一，清代高静亭《正音撮要》卷三《首饰》所列数物如金簪子、金凤冠、金钗、金钳子、金耳挖、金镯子、项圈、金挠子、金镶子、银镶子、戒箍子、指甲筒、珍珠凤冠等，这些首饰的佩戴能从多方面展现女性的魅力，在装饰女性外表的同时使她们获得精神愉悦。这些器形雍容华贵，宝石镶嵌色彩斑斓，造型纹样主要有传统的动物鸟兽、人物植物、几何等题材，特别是满目皆是的龙凤花卉图案和造型。以螃蟹为形的饰品，在现代中并不多见，但在古时却有其品。螃蟹是寓意美好的吉祥之物，螃蟹是甲壳类，在科举时代以"出身不凡、天生中甲"象征科甲及第。螃蟹披坚执锐，八条腿横行，两只蟹螯钳住东西就不放，因而寓意"富甲天下"或"八方招财"，有"横财大将军"之称——因而螃蟹兼有金榜题名和横财就手的双重瑞兆和祝福。这枚

"金螃蟹"作为珍贵的金银工艺品，它的材质本身就赋予了它与众不同的魅力，不仅展示了工匠们超凡的技艺，也是作为情感与祝福的载体寓意美好。

除金螃蟹外，义安之地还出土有多种金银器：明代官衣金饰片，1977 年出土于钟鸣镇泉栏村，长 13.9 厘米，宽 8.3 厘米，长方形，四周饰有一圈卷云状纹饰，中间饰有"徐"字，下方竖排两列阴文"代代富贵 命命延长"，背面无纹饰；明代鎏金银发簪，出土于天门镇兴凤村，长 12.7 厘米，针梃部 9.5 厘米，银质，针梃部细长，呈圆柱状，簪首部呈三只叠加灯笼状，自上而下为大中小，下有一花托，花托下有细银丝缠绕固定，通体鎏金，器物雕刻精美，栩栩如生……

义安之地，明潢贵器，吉光闪耀。

乡贤名流的长眠之地——义安古墓葬

义安区人杰地灵，现存古墓即为诸多乡贤名宦长眠之地，可标一地文脉。

胡舜元墓，位于顺安镇陶山村望牛山西坡，坐东临西。墓后山峦起伏，树绿荫浓，花香鸟语。墓前河水长流，东湖之畔的村庄田野，

胡舜元墓

一览无余。该墓封土高 2 米，径 4 米，现有青石墓碑一组，为民国十四年立。主碑高 1.36 米，宽 0.79 米。两边抱砌装饰石柱，柱旁立

鼓形云钩纹护石。碑顶原有门楼式碑盖，现已残。墓碑中部刻有"宋翰林院著作郎胡公讳舜元之墓"，左部刻碑文一篇简介了胡舜元的官位、才行和秉性特点，右部为立碑人落款。胡舜元是北宋时期铜陵县沸水（今顺安镇盛瑶村）人，少年时代曾和王安石共读书于逢源堂，后逢源堂被称"荆公书堂"。

陈翥墓，墓冢为圆形，坐北朝南，有老碑、新碑各一块，刻有"宋贤陈翥之墓"。墓前修建有碑亭是对该墓主的事迹描述，立有"省保、市保、县保"保护标志碑。陈翥为义安人氏，北宋时期贤人，一生著作繁多，有天文、地理、儒释、农业、医学、小篆等，是当时"里人称德，府县知贤"的民间学者。他所著的《桐谱》一书，是世界最早研究泡桐的专著。

陈翥墓园

方时耀墓，当地人称方公墓，位于顺安镇明月村莲台山蜡烛峰上，距离云崖寺数百米。墓冢以土堆成，冢高1米余。墓前以山石筑起一段弧形石垣，高1.2米，石垣与墓冢围成一低于墓两侧山地的弓形拜台。每逢雨天，墓地天落水即从拜台下的阴沟淌走。墓冢立石碑三块，每块高1.3米，宽0.69米。中间主碑以条石为框，尤呈端庄稳固，上刻墓主夫妇姓氏、其子孙落款及立碑时间。左碑为一浮雕，雕有护墓神翁仲立像。该雕像头戴金盔，身着铠甲，脚踏游动的双鲤鱼，左手持一块八卦令牌，右手握一杆方天画戟置于身后，一副威严勇猛之相。右碑为墓志铭，上刻墓主生平品性和择此地而葬的缘由，全文六百七十余字。据墓碑记载：方时耀，字荣如，清初宣邑方山人，时称朝奉，"老为一乡模范"。其妻张氏亦出生名门，勤于纺绩、教育子孙，以慈爱之心助人。方氏夫妇逝世后，子孙久欲为其下葬。十七年后，时在京城担任钦天监一职的旌阳人刘惟志，得知方时耀生平德性之清高，便承其子之托，不避峻岭、炎日酷烈、茂草蔽途，为方氏夫妇择得这块墓地。

夏思恬墓，位于钟鸣镇长龙村小冲周自然村竹园山夏家坟山上，墓葬朝西南，墓已被盗，现仅存墓碑两块，两侧刻有"文宗天下则，当列儒中尊"。夏思恬，字涵波，钟鸣人，清道光十四年中举人，特授颍州府教授，后回乡致力于文学创作，其作品较多，有《少嵒赋草》等。

江材墓，位于义安区天门镇板桥村内，墓碑露出地表部高135厘米，宽286厘米，厚15厘米。江材，生于嘉靖丁巳年正月二十三日，卒于万历乙巳十一月初八，清宣统元年（1909）应清廷特考，考取第一名拔贡生员，录为候选直隶州判，后返乡兴办教育，好友许世英（曾任安徽省省长）曾数次来函保荐为官，俱婉言谢绝。

……

乡贤名流出，古墓成苍岭。义安大地，人才风流。

第三辑

史事纵横

丹阳嘉铜烽火：西汉"七国之乱"

开山炼铜图（明代宋应星《天工开物》）

义安自古产嘉铜，在其如烟往事里仍回响着"丹阳铜"不绝于耳的回响——

西汉时期，吴国是汉朝的郡国，它的版图上有一处重要的铜矿资源带"贵池—铜陵"，这是长江中下游铜铁成矿带中部。当时吴国"即山"取铜铸币，因铜而兴。吴王刘濞究竟是在哪儿"开山铸铜"的呢？学者裴士京、张卫东就刘濞开发皖南铜山铸钱兴利等问题进行了综合考察，还对南朝"梅根冶"地望诸说逐一辨析，指出其故址在今贵池东北梅龙镇附近，且铜源来自周边的铜陵、南陵等地区，绝非采自一县一山。而长江下游地区矿冶遗址的考古发现表明，皖南沿江的繁昌、南陵、铜陵、池州一带在商周、秦汉时，采铜、冶铜的活动持续不断，且密集连片，环视周边无出其右者，因此极有可能是刘濞吴国"铜山"之所在。汉代全国产铜的地方不少，然以丹阳铜最有名。桓宽《盐铁论·通有》："荆、扬南有桂林之饶，内有江、湖之利，左陵阳之金，右蜀、汉之材……"王利器《盐铁论校注》："《汉书·地理志上》：'丹阳郡，陵阳。'王先谦《补注》：'据《一统志》，今石埭县，汉陵阳地，贵池、铜陵半入陵阳境。'案铜陵以有铜矿名，即此所谓'陵阳之金'也。"《太平寰宇记》上说："铜陵县自汉以来皆烹铜铁"；宋王象之《舆地纪胜》载："铜山在繁昌县东南五十里，出好铜，古所谓丹阳铜是也。"刘庆柱在《铜官、铜都与铜陵》一文中谈到"尽管记载或考古发现的古代产铜地不少，但是中央政府设立的'铜官'，在全国只有一处……相对于全国各地设置的 37 处盐官、48 处铁官而言，这更凸显了丹阳铜官在汉代青铜文明、青铜工业上的特殊地位"……据此可证：丹阳郡是汉代重要的产铜地区，而古义安是丹阳郡的主要产铜地。此地既为重要的产铜地，又在吴王的属地之内，吴王怎能不在此取铜铸币？

在丹阳郡采铜发家的刘濞，是刘邦哥哥的儿子，年轻时曾参加过平息淮南王英布的叛乱而立有战功。刘邦建立汉朝后，先是封了有战功的将领为王，然后对异姓藩王一一翦除，大封同姓子侄为王。时刘濞被封为吴王，所辖疆域相当于今日浙江大部、江苏大部、皖南地区及江西大部，占有汉代领土的四分之一左右，号称纵横三千里。当时铜陵就在吴王的统治区内。吴王不但会打仗，更会经营。盐是生活必需品，浙江沿海岸线长，他煮海为盐；地盘上有诸多产铜地，他招天下亡命之徒，采铜铸币，于是吴地经济迅速发展起来。汉武帝以前，民间是可以铸造钱币的。因此刘濞与当时另一个叫邓通的人，富甲天下，史称"富埒天子，邓吴钱通行天下"（《史记卷三十·平准书·第八》）。吴王有钱后，就大兴水利、大兴土木，同时又减赋免税，招抚流民，只要到吴国的人都会得到收留安置，愿当兵的入伍，愿种地的给田。一时，吴国国力强盛，人口增多。

　　没多久，一个导火索出现了。时逢吴王刘濞世子刘贤入朝，与皇太子刘启博弈。两人年轻气盛，吴太子争强好胜，下棋时由于一步棋与皇太子发生争执。皇太子被激怒，就顺手拿起棋盘向吴太子扔了过去。这一扔击中了要害，吴太子被皇太子砸死。当汉文帝派人将吴世子尸体运回吴国时，吴王刘濞愤怒地说："天下一宗，死长安即葬长安，何必来葬？"从此称疾不朝。汉文帝刚开始以为刘濞痛失爱子，忧心成疾，再加上又是自己的儿子所为，心里觉得无法面对刘濞，因而没有怪罪刘濞。不久后，汉文帝得知刘濞是在装病很生气，将吴国到长安的使者，一律抓起来问罪。本来就心怀恨意的刘濞有些发慌了，就加快了准备谋反的步伐。而他再次派使者入朝时，面对汉文帝的责问，使者回答："察见深水中的鱼是不吉祥的"，意思是指：吴王装病被发现后，因害怕被皇上所杀，只能更加封闭自己，希望皇上不计前嫌，给他改过自新的机会。使者的话触动了汉文帝，于是，汉文帝放了所有被抓起来的吴国使者，还赐给了刘濞手杖，说他年纪大了以后可以不用入京拜朝。

　　后刘启即位，为汉景帝。他的老师晁错早在汉文帝时期，就多次检举刘濞骄横无法，招纳亡命之徒，意图谋反，请求汉文帝削减吴国的封地，但汉文帝没有采纳。等到学生即位后，晁错再次建议削藩，而且点名要削刘濞的藩。《史记》载，晁错为太子家令，劝汉景帝说："今吴王前有太子之郤，诈称病不朝，于古法当诛。文帝弗忍，因赐几杖，德至厚，当改过自新，反益骄溢，即山铸钱，煮海水为盐，诱天下亡人谋作乱。今削之亦反，不削亦反。削之，其反亟，祸小；不削，反迟，祸大。"——意思是说：对于刘濞来说，削他会反，不削也会反。但是如果现在削减他，反得快，危害小；如果不削，反得晚，危害就大。汉景帝对晁错非常信任，开始推行削藩政策，要削除诸侯封地。汉廷要削去吴王的两块地，就是吴王"煮海为盐"的会稽郡和

"攻山取铜"的鄣郡。

当汉朝廷削地的诏书送至吴国时，吴王刘濞立即诛杀了由朝廷派来的二千石（郡级）以下的官员，以"诛晁错，清君侧"为名，遍告各诸侯国，领着楚、赵、济南、淄川、胶西、胶东等六个小郡国反叛，遂起"七国之乱"。消息传到长安，汉景帝为换取七国罢兵，腰斩晁错于东市。可七国仍不罢兵。于是景帝决定以武力平息叛乱，命太尉条侯周亚夫与大将军窦婴率三十六将军，以奇兵断绝了叛军的粮道，用了10个月的时间大破叛军。刘濞逃到东瓯，为东瓯王所杀，其余六王皆畏罪自杀。此后，各分封诸侯国的治国大权被废止。

西汉"七国之乱"是跟铜有关的历史事件，其中铜官山的"丹阳铜"或是缘起之一。如今，大江东流去，从铜官山山巅是否能遥望来自大汉深处的烽火？

鹊头古戍风云：唐灭辅公祏之战

这场战斗是由一个叫辅公祏的人引发的，是初唐统一天下的尾声。

辅公祏在《新唐书》中有传：辅公祏（？—624），齐州临济（山东章丘西北）人，隋末唐初江南地区农民起义军领袖。他与杜伏威同乡，少年时常从姑姑家偷羊给杜伏威吃，常常一起率乡里伙伴劫富自给或接济贫苦人。隋朝末年，辅公祏与杜伏威亡命为盗，起兵反隋。每次行动时，杜伏威总是走在前面，撤退则走在最后，因此被徒众推举为统帅，势力非常强盛。起初杜伏威与辅公祏很要好，辅公祏年纪大，杜伏威像对兄长一样对他，因此军中称辅公祏为辅伯，敬畏他同敬畏杜伏威一样。后来，杜伏威渐渐猜忌辅公祏，于是任命阚棱为左将军，王雄诞为右将军，推尊辅公祏为仆射，暗中解除了他的兵权。辅公祏

唐灭辅公祏之战路线图

知道后，心里很不服气，假装和老相识左游仙学修道、辟谷之术来掩饰自己。

时为公元 7 世纪初，隋朝突然崩溃，天下陷入群雄纷争的乱局。瓦岗军、王世充、窦建德、薛举、杜伏威、萧铣等各据一方。起家于关中的李唐实力并不出众，但靠着李氏集团的苦心经营，最终在群雄纷争中崛起。这一年间，唐高祖李渊开国，其时大唐仍处于统一战争中。在江淮地区举足轻重的杜伏威、辅公祏率部归附唐朝。唐高祖李渊为集中兵力削平王世充、窦建德等割据势力，以特殊优宠拉拢杜伏威，下诏封其为吴王，让他主宰东南半壁军事，并授辅公祏为行台左仆射，封舒国公。

数年后，李世民击败刘黑闼起义军，声震淮泗，令杜伏威入朝。杜伏威从命，让辅公祏留守丹阳（今南京市），却将兵权交给右将军王雄诞，私下对王雄诞说："我到长安，假如没有失去职位，千万不要让辅公祏发生变故。"杜伏威走后，左游仙劝说辅公祏反叛，但是王雄诞掌握兵权，辅公祏无法动手。于是他假称收到杜伏威的来信，说杜伏威怀疑王雄诞有二心。王雄诞听说后很不高兴，声称有病不到衙门治事。辅公祏趁机夺取王雄诞的兵权，欲谋造反。王雄诞醒悟过来，后悔不已地说："如今天下刚刚平定，而吴王在京师长安，大唐军队威力所向无敌，怎么可以无缘无故自找灭族呢？我王雄诞唯有一死相报，恕不能听从命令。现在跟着您倒行逆施，也不过是延长一百天的性命而已，大丈夫怎能因为怕死而陷自己于不义呢？"辅公祏知道不能说服他，便勒死王雄诞，后又假称杜伏威无法返回江南，送来书信命他起兵。于是他大肆装备武器，运粮储备，起兵反唐，在丹阳自称宋帝。唐高祖诏命唐军共七路总管兵，由李孝恭节制前来征讨。李孝恭能征善战，被称为李唐宗室第一名将，自李渊起兵以来战功颇丰。他统率七路总管兵水陆并进，由西、南、北三面分路进攻辅公祏军。辅公祏派部率舟师屯博望山（今安徽马鞍山市当涂西南）、枞阳（今属铜陵市），并在梁山（今安徽和县南）以铁锁阻断长江水路，西岸筑堡垒，东岸修却月城，延袤十余里，以拒唐军。

武德七年（624）正月十一日，唐军李孝恭从寻阳（今九江）出发，一路激战，攻占枞阳，二月攻克鹊头镇。鹊头镇为位于今义安区五松镇附近的古戍，此地有山名鹊头山，高耸临江，宛如鹊头，三面环水，北靠十里长山，地势十分险要。《大明一统志》记载："鹊头山在池州府铜陵县江边北一十里，其山高耸，宛若鹊头"——正是因为有了这座鹊头山，山下的军事小镇便取名"鹊头镇"。据唐《元和郡县志》卷二十八"南陵县"记载："鹊头镇在县西一百十一里，即春秋时楚伐吴，败于鹊岸是也。"此地吴时为屯兵处，南北朝设"鹊头戍"，唐设"鹊头镇"，历来为兵家必争之地。自春秋以至清初，鹊头山一带战事频繁，有史可查的大规模的战争就达25次之多，而此次初唐与辅公祏之战则是其中一战事。

唐军攻拔鹊头镇后，又在多地击败辅公祏军，一路攻下枚洄（今安徽泾县境）等四镇、芜湖梁山等三镇和扬子城（今江苏扬州西南）。

唐军穷追猛打，步兵万人渡淮河，拔寿阳，攻硖石（今安徽寿县西北），进逼辅公祏军水陆防线。辅公祏的水陆防线崩溃后，唐军突破城栅强垒，以轻骑奔袭丹阳。辅公祏拥兵数万却不战弃城东走，欲逃往会稽（今浙江绍兴市）与左游仙会合。唐军尾追不舍，辅公祏逃到句容（今属江苏句容），从者仅500余人。夜宿毗陵（今江苏常州）时，其部下欲谋擒住他降唐，辅公祏觉察到部下意图，丢下妻子儿女，独身带领几十名心腹逃去。辅公祏到武康（今浙江德清）时，受到当地农民的攻击。农民捉住辅公祏，送到丹阳。他在丹阳受审时，狡辩叛乱是受杜伏威的命令，可杜伏威早在一个月前已经"暴毙"了。之后，李孝恭下令将辅公祏处斩，悬首示众后传首于长安。此后，唐军搜捕辅公祏余部全部处决，江东地区平定，唐王朝统一大业基本完成。

数百年后，清乾隆年间本邑诗人王喻登上鹊头山，写下了《鹊头山怀古》诗一首：

春秋鹊岸舳舻丛，吴楚纷争用武中。
赫奕霸图遗竹简，凄凉古庙振松风。
峰危西北双矶壮，天堑东南一带雄。
揽胜时攫无限感，登高作赋兴须同。

浮梁渡江传奇：长江羊山矶之战

这是大宋灭南唐的最后一战，爆发于皖江之上。

南唐（937—975）是五代十国的十国之一，定都金陵，历时仅39年，有先主李昇、中主李璟和后主李煜三位帝王。唐末天下大乱，藩镇割据混战。大宋迅

佘翘《量江记》

速崛起，开国后灭掉南汉，置南唐于三面包围之中。后主李煜明臣服，暗备战，在遣使向宋请受册封的同时，将兵力部署在长江中下游各要点，以防宋军进攻。宋开宝七年（974）九月，赵匡胤以李煜拒命不朝为辞，发兵三路进攻南唐，其中曹彬率水陆军10万由江陵（今湖北江陵）沿长江东进。于是，一场大战就在长江羊山矶处展开，留下了一段关于"六百丈"的传奇。

有位叫樊若水的人，就是在这场战役中留名的。樊若水（943—994），又名樊知古，字叔清，江南池州人，祖籍京兆长安，父祖皆是南唐大臣。他自幼好学，善计算，通地理，恃才而自负。他本想通过科考入仕，却屡试不中。这年樊若水再次落榜后，从京城金陵返途路过大通。他站在江岸矶头，想到自己科举无望，不堪面对父母，心情沮丧。当他眺向长江对岸，想到偏居江南一隅的南唐小朝廷已是风

雨飘摇，而宋太祖赵匡胤兵肥马壮，先后灭掉荆楚、后蜀和南汉，已在北方立国，要不是长江天堑之阻，恐怕早已平南唐。看着眼前江水奔流而去，他忽心生弃南唐投大宋之意，如此择主而事或可功成名就。

那么，怎样才能给大宋送上一份"见面礼"呢？樊若水想要为大宋献上渡江灭南唐之策，于是趁月黑风高夜，租船牵绳过江，来往数次，将丝绳的这一头系在南岸，再驾舟将丝绳的另一头牵引到北岸，终于测得江面最窄处的宽度。大通之地羊山矶，突兀于江面，被悬崖峭壁堵住的江水在矶下回旋激荡。此处大江东去，水急浪高，是渡江用兵良处。《铜陵县志》载："羊山，耸峙江滨，有矶，有渡，即旧称六百丈，江山并险处也。" 樊若水丈量到羊山矶两岸江面宽度有六百丈，后历时一年终于绘出《横江图说》。之后，他偷渡过江到了宋都汴梁（今河南开封），向宋太祖献上平定南唐的计策："请造浮梁以济师"，意思是在长江上建造一座浮桥，以便宋军渡江。此时宋太祖在北方立国已有十年之久，因为长江天堑的阻隔，迟迟没能统一南方。樊若水献上的"造浮桥、渡兵马"的计策，正中宋太祖下怀。他得知樊若水在南唐科考屡试不中，便赐樊若水进士及第，委以重任，决定采纳樊若水的浮桥渡江之策。开宝七年（974），宋军准备就绪，于江左搭建浮桥，直通羊山矶。宋军渡江前夕，南唐军在江面上发现浮桥后，想放火将浮桥烧毁，不想江面的大风突然转向，反而将南唐军队烧死烧伤者众。十月，宋将曹彬在樊若水亲为向导下，率大军渡过长江。

宋军从羊山矶渡江后，经采石、秦淮河、皖口三战，屡挫南唐。南唐屡战屡败，精锐兵力丧失殆尽。后宋军攻至金陵城下，南唐后主李煜急召外地军队救援金陵。然而为时已晚，金陵的外援被完全切断，成了一座孤城。围城之中的金陵，粮食缺乏，士气低落。李煜仍执意守城到底，派五千兵夜袭宋军北寨，未果。北宋曹彬大军从三面攻破城池，李煜奉表投降，南唐遂亡。天下大定的宋太祖赵匡胤，大赞樊若水功德，赐名樊知古，升侍御史，迁江南转运使。

此一历史事件在《宋史·樊知古传》等文献中，将羊山矶记载为今马鞍山市采石矶，或为讹误——至少此事在义安一地广为流传，并于羊山矶对岸留下了"六百丈"的地名，这个地名至今仍在使用。清乾隆二十二年版《铜陵县志》载："铜陵县南三十里，有江曰六百丈。南唐时，池州人樊若水量江于此，广六百丈，遂名""迄今邑西南渡口对岸名六百丈，相传樊若水所纪。"这一故事也被明代铜邑当地人、著名戏曲家佘翘创作成戏剧《量江记》，戏中有这样的唱词："量了此条长江之宽窄，好作浮桥，以渡宋师兵马。""六百丈"换算成现在的计量单位将近2000米，从江南羊山矶到江北枞阳"六百丈"的长江宽度是不是六百丈呢？为此，长江河道管理局测绘院的工程师测量了这段江面，测量结果是水深为32.5米，江宽为1295.905米，与樊若水所量的六百丈只相差了704米。技术人员说，要是到了主汛期，现在的测量结果跟古人测的尺寸还是比较吻合的。而20世纪90年代，"八百里皖江第一桥"铜陵长江大桥，就坐落在这个叫羊山矶的地方。它是当时亚洲最大、世界第三的钢筋混凝土大跨径斜拉桥，它的建成结束了皖江无桥的历史。而今，G3铜陵公铁大桥正在此地飞起彩虹，成为铜陵的第三座长江大桥。历史是流动的长河，桥梁是凝固的乐章。北宋"浮桥"与铜陵长江大桥相隔千年，却不谋而合都选在了羊山矶，是否均考虑到此地江面的宽窄了？

中国现代桥梁之父茅以升，在所著《中国桥梁史》上提到了这座北宋之初"渡兵马、平南唐"的浮桥。他说这座浮桥是长江干流上建造的第一座正规军用浮桥，并盛赞这是中国在大江大河上建桥的开创性范例。千古兴亡多少事，不尽长江滚滚流。"浮梁济师"之事成就了樊若水的美誉，"六百丈"的名字仍在江水里回响。

南宋亡国前奏：宋元丁家洲之战

发生在丁家洲的宋元之战，是一曲南宋亡国的挽歌。

公元1271年，夺得蒙古统治权的忽必烈改国号为"大元"，建立元朝。偏安江南的南宋政

南宋水师战船

权处于元军步步紧逼之下。元军攻陷襄阳城，坚守襄阳六年的吕文焕粮尽援绝，开城投降。自此元军突破了南宋的战略防御体系，打开了直入南宋腹地的通道。至1275年1月，元军征南大元帅伯颜攻克重镇鄂州后，令阿里海牙驻守后方，吕文焕为先锋，率大军沿长江水陆并进，连克安庆、池州，进抵铜陵。而鄂州失守后，宋廷朝野再一次惊骇，满朝文武纷纷上书，以为非"师相"贾似道亲临前线督师不可，希望贾似道能挽救赵宋王朝。垂帘听政的谢太后便下诏贾似道都督诸路军马，出师御敌。于是，一场战役就在丁家洲打响了。

丁家洲至芜湖鲁港的入江口，是长江下游的重要隘口之一。此地距离南宋都城临安（今浙江杭州一带）600余华里，是南宋御金的又一关键屏障。南宋宰相贾似道领着南宋最后的精兵，督军13万及战船2500艘，抵至丁家洲附近，令步军指挥使孙虎臣将精兵7万列阵于丁家洲长江两岸，命淮西安抚制置使夏贵以战舰横亘江中，自率

后军驻鲁港，欲凭长江天险与元军决战。当时，南宋步军主要布防于今笠帽山、太平街，犁桥、钟仓一线的钟仓河南面以及北岸的土桥、胥坝一带。水军布防于今老洲和安平洲的大江中，直至今金牛渡附近的夹江。而老洲和安平洲当时还没有出水，那一带江面颇为广阔。元丞相伯颜督军10余万顺流而下进抵丁家洲，水军由阿术统领，据说有数千艘战船，与宋军相距数里布下阵势。

元丞相伯颜观察宋军阵势后，认为"众寡不敌，宜以计胜"，于是心生疑兵之计，令军中制作大木筏数十张，将木柴干草放置其上，扬言要以此去焚毁宋军战舰。要知道那时是正月，西北风凛冽，顺江东去的火船，无须动力，就可借风冲入宋军的船阵，像当年赤壁之战一样把水军防线烧得干干净净。宋军听闻后害怕起来，把原来的铁板一块的阵势改成松散的防御阵型，日夜戒严提防。可元军虚张声势，天天骚扰宋军，但又不出军。宋军因时刻不得休息而疲惫，渐渐战心懈怠。

这一天，元将阿术率水师至丁家洲布阵，命战舰冲击宋军舟师，展开了一场水上之战。伯颜指挥步骑夹岸而进，见南宋军舰数千艘横布江中，便命岸上元军竖立巨炮轰击，配合舟师攻击宋水军。宋军不少巨舰中炮沉没，船阵稍有散乱。阿术见状，即命数千艘小划船乘机出动，直冲宋阵，呼声震天。宋军先锋姜才率部拼死抵抗。姜才以善战闻名，但因是中原人而不得重用，时携一妾于舟上。正当姜才奋勇激战时，早就对姜才爱妾垂涎不已的主将孙虎臣，乘机登上姜才爱妾所乘之大舰，欲行非礼。本已军心动摇的宋兵，对主将的所为大为愤慨，便大喊道："步帅（指孙虎臣）遁矣！"宋军一时大乱，元将督军猛冲，突入宋阵。宋将水军统领夏贵是老将，瞧不起孙虎臣那种靠关系掌权的庸才。他见陆军败退，便不战而退驾快艇东走。他在经过贾似道的座舰时大呼道："彼众我寡，势不支矣！"贾似道一听此话，惊慌失措之下不辨真伪，急忙鸣锣收兵。宋船纷纷在江心波涛之中掉头，乱成一团。阿术率轻锐战舰突入宋阵，士无斗志的宋军顿时溃逃，不复成军。宋军死伤惨重，江水被鲜血染红。元军大获全胜，俘获南宋将领 30 余人，士兵 5000 余人，战船 1000 余艘，连贾似道的都督府官印也被元兵所得。

此战大败后，姜才在前线孤军作战后被打散，跑去扬州投奔李庭芝继续守城了。贾似道无计可施，只得与孙虎臣"单舸奔扬州"。次日，宋军败兵蔽江而下，贾似道遣人扬旗招集人马，许以官位和金钱，却无有应者，甚至有人对贾似道恶语谩骂。就这样，13 万宋军与元军仅仅对峙五日，一战即溃。当时，有人以歌相嘲："丁家洲上一声锣，惊走当年贾八哥。寄语满朝诔佞者，周公今变作周婆。"多年后，清代本邑庠生王绪写有一首《丁洲怀古》讥讽贾似道："特统精兵御上游，笳吹选遁若惊鸥。扬州空把残旗耀，赢得舟中骂不休。"后贾似道失势，在贬往广东循州的途中，被押解官兵所杀。

丁家洲之役，元军取得全胜，但也伤亡颇大，经一夜休整后才发兵东下追击。南宋水陆两军主力经此一战，已溃不成军，士气全无，沿江诸州"大小文武将吏，降走恐后"，太平、和州、无为军相继降元。当月底，元军伯颜率部进驻长江下游重镇建康府。此战南宋精锐尽失，国祚耗尽。次年二月，元军攻占临安，谢太后和 5 岁的皇帝恭宗出城投降，南宋覆亡。同年，文天祥和陆秀夫等大臣在福州拥立 7 岁的恭帝庶兄赵昰为帝，即宋端宗。之后流亡的南宋小朝廷在元军的攻势下从福州一路南逃至广东，最后只能到惠州附近海上流亡。

万里长江作战场，渔童拾得旧刀枪。丁家洲之战见《宋史》和《元史》，清顺治《铜陵县志》则载有："丁家洲在县东北十五里。宋孙虎臣及元人战，于丁家洲败绩，即其地。明学士陶安、推官李宗泗、庠生王绪俱有诗。"

乱世太平循迹：太平军铜陵战事

连环画《取铜陵》

"一字写来一横长，广西出了个小天王，盖世又无双。囤兵养马千千万，要与清朝动刀枪，皇帝要推翻"——据说这是太平军兵进铜陵（今义安）时一农民编唱的民歌《十字歌》，歌中洋溢着对农民起义军的赞颂。此地大通（旧属义安地）有谣："男丁北去运米粮，妇女煮饭喷喷香，年少孩童喂牲畜，同祝天军日月长"——据说这是当年太平军驻大通时，与民众关系良好的见证。那么，太平军在铜陵究竟是怎样的历史情境呢？

据《安徽通志稿》可知，清军与太平军屡次在铜陵展开"拉锯战"：1853年2月9日，太平军放弃武昌顺流东下，于2月28日首先攻克铜陵，但没有留下驻防部队，而是长驱直入占领南京，因此清军很快又夺回铜陵。同年，定都天京（今南京）的太平军开始西征，于5月下旬第二次占领铜陵，这次仍是路过没有留守。1854年1月，太平天国顶天侯秦日纲率军攻占沿江城镇，再次收复铜陵，此次铜陵县始置于太平军的控制之下。1856 年 3 月，太平军攻破清军围困天京的江北大营，却将这次战事中间地带的铜陵丢失了。同年初秋，天京城内发生杨秀清、韦昌辉内讧事件，石达开逃出天京城，顺道收复铜陵后又率部而去。此后，从 1858 年 8 月陈玉成、李秀成在桐城（今枞阳县）召集各镇守将会议，至 11 月 15 日太平军歼灭湘军 6000 余人的三河大捷，这一期间铜陵又回到太平军手中。1861 年 9 月 15 日，清军在攻占太平天国的西面屏障安庆后，挖开铜陵县东门外的湖堤，贯通长江至城下的水路，于次日上午分水陆两路向铜陵县城里的太平军发起进攻。太平军因寡不敌众，弃城突围而去，自此再也没来过铜陵县——自清咸丰三年正月太平军首克铜陵，至咸丰十一年八月清军攻陷铜陵，在这长达八年的时间里，尽管双方屡有争战，但铜陵基本处于太平军的控制之下，并组建有铜陵县太平天国基层政权。

据传，太平军兵进铜陵，没有发生激烈的军事冲突，社会过渡相对平稳，甚至是一派欢乐景象。方宗诚《辅仁录》载：太平军入皖后，"庐州知府胡元伟、六安知州宋培之、铜陵知县孙润、舒城知县学横涛，屈身降贼。"清代方江《家园记》载：咸丰三年二月初四日，"贼（太平军）过大通，联三船，张锦帆，女乐侍酒，童子傅粉，被锦执旌斿，微飔荡漾，箫管细奏，缓歌而下。"铜陵知县孙润"归义"后，被调往省城安庆担任太平天国安徽省安庆郡怀宁县监军，咸丰十一年湘军攻陷安庆城，孙润被湘军俘杀。孙润归义或是迫于铜陵城防薄弱，或是顺应铜陵缙绅的诉求。此年秋，太平军在铜陵发布安民告示，通过乡官招抚流亡、清查户口、维持治安等。因受百姓的拥护，太平军的地方政权建设十分顺利。铜陵本邑人、后任颍上县教谕的曹蓝田在《与邓太守书》中，将之归于"奸民从中煽惑，愚民随声附和"，以致很短的时间内，太平天国铜陵县地方各级政权全部建立，"遂成牢不可破之势"。

在太平军统治的八年里，铜陵百姓安居乐业，地方鲜见战事发生。见诸《安徽通志稿》的战事仅有两次："咸丰五年八月壬辰日，清军收复铜陵"；"咸丰六年正月戊辰，清军再收复铜陵"，其中1855年9月初，清廷铜陵典史张颐瑞率领清兵攻下铜陵县城。太平军进行军事反击，仅仅在失城6天后又夺回县城。这两次战争规模小、时间短，对平民影响不大。当年英国人吟唎自上海前往武汉，途经铜陵时逗留了三天，他在《天平天国革命亲历记》中写道："大通附近的村庄似乎很穷苦，太平军或清军时来此地，这对于村民来说自然是不幸的。我们虽然知道有纪律的饥饿的军队在敌人国内是什么情况，但是却很少认识到无纪律的中国官军的光景。这里的房屋并未遭到破坏，唯一被太平军毁坏的只有一座大佛寺，照例每块砖头都被砸成堆粉碎，留下一堆瓦砾。人民谈到清军来此的情况，都是咬牙切齿。他们说，清军奸淫妇女，杀戮保护妻女的男子。他们又告诉我，太平军待他们很好，只叫他们捐输粮食；有个太平军对一个姑娘强暴，就被杀头，他们把枭首示众的地方指给我看。他们十分欣然地讲道，太平军首领英王不许兵士拿人民的东西不付钱。"

太平军铜陵战事，曾被创作成连环画《取铜陵》，辽宁美术出版社1958年第一次出版，学林出版社2009年再版。该书的"内容提要"为："洪秀全在南京建立太平天国后，就亲率大军，进攻铜陵，用围城劝降办法，派王以成潜入铜陵，于中取事。王以成借江湖卖艺作掩护，在铜陵散布歌谣，张贴榜文，使城内百姓倾心太平军。又通过穷木匠遭清军惨杀的事，激起民愤，暗中组织群众。他还说服了铜陵城的团练军百长刘文光等，起义献城。因此，太平军很顺利地攻下了铜陵"——不知那首民歌《十字歌》与连环画《取铜陵》中的王以成是否有关。

清末爱国风潮：铜官山护矿运动

天生江水向东流，万里茫茫一局收。

英雄事业今已矣，江上空余太白楼。

这是方履中凭吊李白的诗，那时他是否想到自己会立潮皖江，遏水中流？方履中，铜陵枞阳义津镇人，清末民初著名实业家，进士及第后曾任两淮盐运使、四川提学使等职——就是他，一度成为铜官山护矿运动的领潮者。

清末，英日等帝国以经济方式瓜分中国，铜官山铜矿成了英人的注目点。光绪二十七年（1901），英国王室的子爵凯约翰，向英国国内报告铜官山矿权

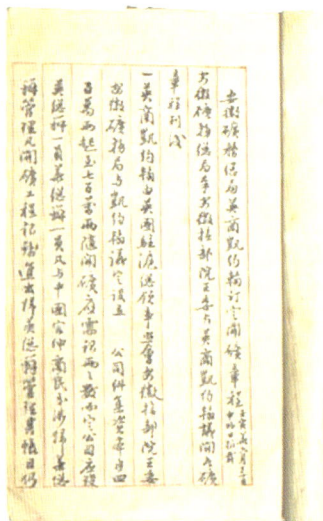

安徽矿务总局与英商凯约翰订定的开矿章程（抄件）

之重要，英国政府立即电令英国驻上海总领事霍必兰，要求其"火速督办铜官山等处矿务"。曾国藩的女婿、湖南衡山人聂缉椝接任安徽巡抚后，霍必兰和凯约翰找到聂缉椝，在安庆正式签订了勘矿协约。这份协约明确由凯约翰开采歙县、宁国、广德、潜山、铜陵等地矿藏，由英国伦华公司集资五万两白银作为开办费，要求八个月内必须开始勘探。协约签字后，凯约翰回英国没有筹集到钱款，只好向皖省央求延期，并提出修改合同，把歙县等处的矿区全部删除，只经营铜官山一处，并附矿区图一张。当时聂缉椝已调离，安徽巡抚为满洲正白旗人诚勋，他是一个颇有骨气和胆识的人，曾聘请近代启蒙思想家严复

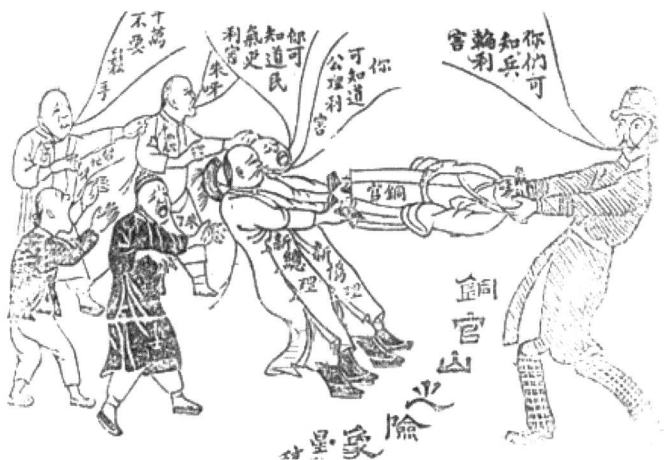

《安徽俗话报》刊发宣传画《铜官山之险象》

担任安徽高等学堂监督。诚勋原本就对凯约翰勘矿屡次逾期不快，得知矿图上把半个铜陵县县城圈入了矿区，遂大怒，向清廷奏本要求废除这份合同。上海的报纸透露此消息后，引起安徽人民强烈愤慨，在京的皖籍官员、地方士绅及商界代表纷纷在省城集会，致电外务部要求废约。

那时，凯约翰派出一个名叫麦奎的地质工程师来到铜官山，偷偷将采矿机器运到大通镇旁的山冲里藏了起来。麦奎在铜陵又是建房，又是修路，常与当地百姓发生冲突。铜陵乡绅潘裕前便上书控告麦奎在铜官山强占民地、掘毁民坟、无恶不作。省府派人实地"周历察看"，写了一份翔实的《麦奎在铜官山不法情形调查》呈送上去，一时省城、京城一片哗然。在朝任职的安徽籍官员纷纷而起，霍丘人李灼华、泾县茂林人潘庆澜两位监察御史站了出来，愤怒揭露聂缉椝私卖矿山的罪行。由陈独秀创办的《安徽俗话报》第1期也关注了安徽人民保卫铜官山矿权的斗争，第9期还刊载了《英商凯约翰开办铜陵县铜官山铜矿事略》，并加按语："嗟呼！白色人种之灭人国者，表面以兵，里面以商"，呼吁安徽人民起来抗争。

于是，方履中激流勇进地登场了。清光绪三十一年（1905），皖籍名流李经畲、方履中、郑辅东等着手筹集资金，向清政府商部缴纳费银领取矿照，申请自办铜官山矿。1908 年 11 月，安徽商界、学界人士会集省城安庆，公推代表方履中、江青峰、吴传琦为省代表，安徽石台人陈惟彦、任枚廷为地方政府代表，上京城反映安徽民众的呼声。之后，北京安徽会馆召开同乡会，会上首席代表方履中慷慨陈词，披露英人霸占铜官山矿的具体案情。为了支持赴京代表的斗争，铜陵县绅、商、学界 400 余人在明仁堂召开"抵制外商办理铜官山矿"大会，筹集款项谋求自办。各府、州、县闻风兴起：宁国、南陵集四万余股，怀宁中学堂的教职员工和学生们认了四千三百六十股，无为州规定商学两界的同仁每月拿五元以上薪金者，一律提一个月的薪水作为"优先股"……之后，皖籍商界、学界人士又聚集省城，召开特别会议，公推方履中等为安徽代表上京诉讼。大家决定所需费用由京城内外同乡合筹，并致函在京乡宦，函中陈词：

外部与皖抚文牍交驰，京官与籍绅奔走相告，以内外官绅之力，不能敌一英商，祸患之来，镌于肌里，此非特皖人之耻，实通国所大辱也。诸公垂念桑梓，于此案关系，尽力争持，不稍假借。铜官命脉赖以苟延残喘，实诸公之力也。

函发出后，方履中、江青峰、吴传琦等于宣统元年（1909）三月十九日到京，于三十日在京安徽会馆开同乡大会，在京的同乡官宦应邀参加。先由吴传琦代表报告此次皖省开会情况，后由方履中代表演说铜官山案情经过，揭露了凯商无理狡赖背约之确据。会上，在京安徽籍官员制军李仲仙、侍郎杨杏城当即起立发言，慷慨激昂，认为事务危迫至此，皖人除废约外别无他办法，只有全体一心坚持到底。

清宣统元年（1909）三月十七日，英商凯约翰被传讯到京。四月下旬，方履中、陈惟彦等人到外务部呈交联合声明，具体汇报了麦奎在铜官山霸山盗矿、枪击山民的不法行为。五月三日，方履中至外务部与凯约翰针锋相对地展开了舌战，坚持废约。凯约翰提出"赎矿"之法，说要国人交付英磅若干赎回矿权，才可由安徽人自办。军机大臣那桐出面调处"赎约"，外务部提出以五万镑相赎，后又在五万镑之外添加了二千镑——此赎款指定由安徽的藩库拨付，竟去安徽藩库库存之半。

1910年5月，麦奎离开铜官山，至芜湖同英国领事互立清单，与我方交接签字。至此"英商凯约翰谋办铜官山矿务事"一案宣告了结。方履中在南京召集皖苏浙鲁豫数省路矿公会，当众宣布铜官山矿收回，全场欢声雷动。

这场斗争历时整整十年，轰动了京、宁、沪、皖等诸省市，和全国收回路矿利权运动连成一片，成为当时反帝爱国运动的重要风潮。

辛亥革命先声：大通自立军举义

这是清末庚子年（1899）深秋的一个夜晚，一支支火把在长江小心地流动。队伍前，吴禄贞和秦力山策马而行，直视前方。这支300多人正昼伏夜行，奔向长江南岸一个叫大通的地界。

这一年，远在北方的京城正是多事之秋，八国联军收入北京，慈禧挟着光绪帝逃往西安。而长江那端的武汉汉口前花楼街宝顺里，唐才常正在灯下运筹帷幄。唐才常曾积极从事维新活动，与谭嗣同一起并称为"浏阳二杰"。后慈禧囚禁光绪帝，六君子被杀，一时血雨腥风扑来。唐才常辗转至日本，回国后成立自立会，组建自立军，一时各地会党、两湖和安徽新军游勇等纷纷领票入会。此时自立军已于

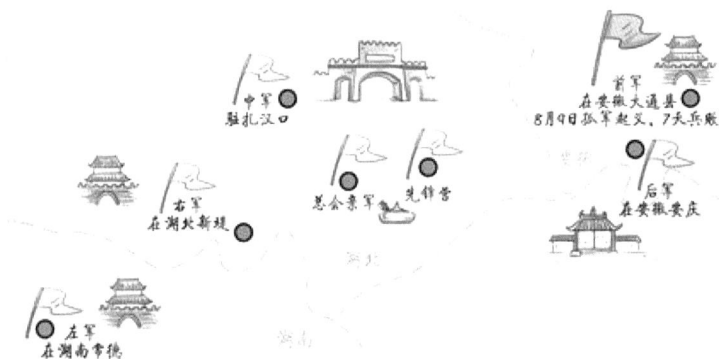

自立军举义计划图示

汉口组建了前、后、左、右、中五路自立军，共计十万余人。数日前，一个计划出炉了：自立军兵分五路，中军于武汉，前军于安徽大通，后军于安徽安庆，左军于湖北常德，右军于湖北新坦，约定农历七月十五日（公历8月9日）同时发难，经略长江，引兵西安，从逆后慈禧手里夺回光绪帝，以匡救国难。自立五军之中，统领前军的是吴禄贞和秦力山——年仅20岁的吴禄贞是受孙中山指派，回国参加自立军起义的。而秦力山曾追随比他大10岁的老师唐才常共赴戊戌变法，现又追随唐才常组建自立军。他俩此行，正是率部奔赴大通伺机举事的。

此时，长江之中的大通和悦洲上，厘金局、皖岸盐务督销局大红灯笼飏起。符焕章正在迎候这支队伍的到来，他是大通哥老会的龙头。大通地界四通八达，商贩络绎，帆樯穿梭，外乡人居多，湖广、泾阳等会馆散落此地。符焕章早已派出哥老会兄弟，上九华下弋江四外散发富有票，铜陵大通一带农人、码头汉子多有领票入会者，裕溪、青阳等地会党也开始秘密向大通靠拢。符焕章已在和悦洲尾法华庵，以烧香拜佛为名，聚众接应江北来的队伍。他听着弟兄们从四处捎来的消息：裕溪口哥老会决定数日后袭击清军水师裕溪营，哥老会兄弟孙道毅不日将送军械至和悦洲……

自立军前军驻扎在长江北岸已经两天。吴禄贞和秦力山有些焦虑：这么多天了，汉口方向没派人来，是不是汉口总部有变？如若其他四路兄弟不能同时举义，大通起事就会孤掌难鸣……那时一个个消息传来：大通厘金局许鼎霖、铜陵县魏县令向皖抚告警，说大通附近横埂头、丁家洲等地会党活动频繁，皖抚王之春已派清军安定后营李桂馨部坐江轮前来桐城、大通等地弹压；大通水师营哥老会兄弟来告，大通营不日将调往江阴。另有探子来报，七名自立军兄弟在桐城境内被地方团练逮去，即日押往大通会审，只要七人一招供，起义计划就会泄露……吴禄贞和秦力山踌躇着，不知明日晨时是否该按约举事。

第二天早晨，自立军前军还是举义了。江声中，一支黄绫的船队从江北袭来，推起簇簇浪花。而另一支由四艘炮艇组成的船队从大通驶出，迎着黄绫船队扑了上去。清军水师大通营参将张华照闻知自立军突袭大通的消息，率炮艇迎上。他看见高挂黄绫的船队愈来愈近，便鸣枪下令攻击，却被艇上十来个水兵冲上抓住了——他们就是大通哥老会的人。两队人马终于合兵一处靠上洲岸，炮艇调转炮口，迅速占领洲上的大通厘金局、盐务督销局——那是清府纳厘助饷之所、征收沿江一带盐税之地，均为银粮之库。那时，和悦洲对面的大通，符焕章正领着哥老会众扑向澜溪街衙门，大通水师营标统高雄正领着一标人马反戈攻上羊山矶……起义军完全占领大通了。

起义军占领大通后，皖抚王之春大惊，急电两江总督刘坤一、长江水师提督黄少春，调兵共同会剿。不日间，武卫楚军先至，两江水师龙骧、虎威、策电三艘兵轮向大通方向驶来，清军衡字军部乘开济兵轮奔赴芜湖驻防，长江水师江阴三个营分乘三十只湖标舢板向大通开来。可因康有为汇款未到粮饷不足，武汉总部已将这场举义计划延期，其他四路自立军并没有按约举事，只有前军未得到通知如约在大通发难了。大通前军四面受敌，且战且退。十六日，清军进攻大通。十七日，义军牺牲80~90人。十八日，义军在南陵戴家汇村，迎战李定明部，阵亡120余人。十七至十九日，在汀洲、杨二耆战斗中，李桂磐部亦杀害义军50~60人。至二十一日，自立军历经7昼夜英勇奋战，终因寡不敌众而失败。

大通自立军举义失败后，秦力山从南陵乔装潜至南京，集会自立军余部，欲谋炸清军马鞍山器械局，但因无隙下手，愤然转道日本。吴禄贞自大通虎口脱险逃往上海，发现自己已被一武备学堂的同学围住寓所，愤激之下又去日本复学了。符焕章被擒被清兵解押至皖省省府安庆，被腰斩而死。而武汉自立军起义终未爆发，湖广总督张之洞下令清兵包围了汉口自立军总部，逮捕了唐才常等20多名头领，将他们杀害于武昌紫阳湖畔。

大通自立军起义虽然失败了，但打响了辛亥起义的"第一枪"。数年后，曾参与大通自立军起义的辛亥革命先驱吴禄贞就义后，孙中山在追悼他的祭文中写道：

> 荆山楚水　磅礴精英　代有伟人　振我汉声
> 觥觥吴公　盖世之杰　雄图不展　捐躯殉国
> 昔在东海　谈笑相逢　倡义江淮　建牙大通
> ……

文中"倡义江淮　建牙大通"指的就是1900年吴禄贞奔赴皖江大通，指挥自立军前军举义之事。

第四辑

社会变迁

农林渔牧：围湖开山风物长

大通和悦洲鱼（渔）业公会标牌

这是一块椭圆形铜牌饰，长径 5.3 厘米，短径 4.3 厘米，厚度 0.15 厘米；分三层，中间夹铅锡，上有弧形阳文为"大通和悦洲鱼业公会"。大通和悦洲渔业公会成立于宣统二年（1910）初，是民间自发组成的集体组织。晚清至新中国成立前，大通河南嘴一带以渔业为生者就有 500 多人，渔船 200 多艘，渔民来自湖南、湖北、江苏、安徽桐城等地——这块铜牌是晚清民初铜陵渔业的见证。

"扳罾，起罾，扳个大鱼十八斤。小鱼送隔壁，大鱼自己吃"，这是大通流传的民谣。义安临江而居，境内河渠纵横，湖泊众多，以水成邑，渔业资源丰富。此地渔业历史已不可溯源，但从南宋著名诗人杨万里的《舟过大通镇》诗中所说"鱼蟹不论钱"，可见很早前渔业就已兴盛。此地传统捕捞工具多为铲罾、架罾、手罾、旋网、蟹网、挂钩等，每一种渔具的样式和捕鱼方法都不一样。此地盛产江鲜，春夏之交的鱼汛期间，被誉为"长江三鲜"的鲥鱼、刀鱼和河豚大量上市。桂子飘香的中秋季节，肥美可口的鳜鱼、又肥又大的江蟹争相出水。繁荣的渔业衍生出独具特色的江鲜美食与渔民文化。比如每年正月，鱼商们会联手渔民，推出一年一度的"鱼龙灯会"。灯会场面宏大，商家、渔家、船家三方都会组织各自人员扎制鱼灯、龙灯，擎舞穿街进行表演，借以庇护渔业的丰收。

义安之地不仅渔业兴旺，而且农耕发达。此地由北向南，从圩区而至丘陵。其地圩区因水而生，很早前就开始围圩造田，步入农耕。万历《铜陵县志》中附有铜陵县总圩图、仁丰四圩图，即是明代先人围湖造田的史录。圩田又称"围田"，是中国古代先民为改造低洼地，从湖泊中争夺土地而发明的一种造地方法。而义安丘陵地带的山乡，山多地少，多风物和矿藏。此地雨水丰富，四季分明，适宜生活和居住。由于山体天然屏障，早期人们与外界接触相对较少，依靠仅有的田地维持生活，但仍有凤丹、青檀等货易四方。

自清以后，义安之地建农场、引品种，农耕不辍：

清宣统元年（1909），邑人张某集资银圆1万元，在今东联镇一带购田260亩，创办农场，名为民生公司，有工人14名，日工资2角，生产稻、麦、油菜籽，因年年被水淹，入不敷出而解体。

民国二年（1913），由和悦洲商人集资银圆6000元，在五松山下联盟、江滨一带购田200亩和山场数百亩，创办农牧公司，工人8名，日工资2角，熟田生产稻、麦、油菜籽，山坡放羊，种松、杉、茶、桑等，略有盈余。

民国七年（1918），安徽省第九农林试验场，场址借用钟鸣镇澄照寺庙宇，有水田27亩，旱地808亩，又租借用地3775亩，年经常费有2380~2956元，年临时费800元。

民国八年（1919），本地棉农引种美国草棉，品种有鸡脚、亚果、三梭。

民国三十三年（1944），此地又增设3场1所，有县立苗圃（即现在叶山林场），还有民办的农牧公园、牖牧公园、植物公园等，基本形成了农、林、牧试验场的雏形。

……

义安林业以泡桐而知名。宋代本地人陈翥就著有《桐谱》，全面系统地总结了北宋及其以前我国桐树科学技术的成就。根据《桐谱》中引述的资料记载，我国至迟在西晋（265—420）就曾有过"北桐南移"的引种先例，早在战国时代已有专门经营桐树的场园，至秦朝更有"植桐数万株"的大面积人工林，书中还有陈翥亲自成片种植桐树"凡数百株"的详细记载。《桐谱》成为中国林业专著首创，后被美国《经济植物》杂志（1961年第一期）详述，陈翥由此成为中国林学史亦是世界林学史上贡献卓越的科学家。

义安自古地产丰饶，其中尤以白姜、凤丹和大蒜而声名遐迩，乾隆年间《铜陵县志》即有"邑产姜、蒜、苎麻、丹皮之类，近亦简有服贾者，但远人市贩者居多"的记载。其中，白姜因姜嫩皮白而得名，其种植历史可追溯至春秋时期，距今已有2000多年历史，曾在宋明清时期被列为"贡品"，现为中国国家地理标志保护产品，其姜阁保种催芽、高畦高垄栽培、搭棚遮荫生长等栽培技艺入选全球重要农业文化遗产。铜陵大蒜也称"汀蒜"，因在义安区西联镇汀洲村长期种植而得名，其栽培历史悠久，产量较大时，除满足本地市场需求外，还销往江西等外省和安庆胡玉美酿造食品有限公司，出口到港澳地区和东南亚诸国。"汀豆"以今西联镇汀洲一带为传统产地，明朝以前就开始生产，已有400多年的历史。此地种植汀豆有平头黄、候板桩两个品系，具有色泽好、籽粒圆、破口少、浆多味鲜，蛋白质含量高等特点。新中国成立后，汀豆两次在北京农业展览馆里展出获好评。而凤丹现已列入中国国家地理标志保护产品，其制作技艺入列安徽省第四批非物质文化遗产名录。

当安徽省非物质遗产铜陵牛歌声声唱起时，义安农耕文明扑面而来。

工矿商贸：因水成街市易盛

义安旧时，商业兴旺。五松、钟鸣、丁家街、太平街、坝埂头等因水成街，颇为繁华。而江畔街市尤以大通、顺安为盛。明嘉靖《铜陵县志》载："嘉靖四十二年，铜陵县境征有丁田银1280两；新生淤涨等洲十五处课钞1266两；无为洲申推横墩洲46.7两；大通河泊所额办鱼课黄麻21.2两，翎毛1.1两，白麻21两，升纳池课银4两"——上述官方税赋可见全境商贸兴盛。据1993年版《铜陵县志》记载，清末民初，铜陵全境有私营工商户2000余家，较大的商业中心为大通、顺安、五松（城关）三镇，其中大通约1200户，顺安私营商户300余家，五松（城关）200余家（包括其时所辖，今属铜陵市区的扫把沟）。

大通镇位于长江下游南岸，曾是沿江商业"巨埠"。其镇史近千年，明代洪武三年（1370）就已设有巡检司、递运所、水泊所等经济检查机构，其地和悦洲作为近代沿江流域重要商埠的形成于清代咸丰年间。洲上盐务招商局曾统辖和督办沿江数省的盐务，引得一河两岸商店繁盛，街市熙攘。清咸丰、同治年间，大通就形成了两湖帮、淮南帮、六邑帮、新安帮、旌泾太帮、池阳帮、蓉城帮、五松帮等商帮组织，史称"八大商帮"。清光绪二年（1876），清王朝依据《中英烟台条约》，"增开通商口岸和驻泊码头"，准许英商船在大通停泊起卸货物，从此英、美、日等国的商品开始输入。一大批拥有巨额资金的商号、银楼、钱庄，以及经销各类中外商品的商店和公司，相继在大通一江两岸涌现。大通工商业、手工业正是在这种特定的历史条件下，得以进一步扩大和发展的。民国初期和抗日战争前夕，大通商品流通量不断加大，仅弹丸之地的和悦洲，国民党政府一年要从那里拿走厘金税 1.1 亿元（银圆），大通总商会每月收取两岸各商店的费用达 1.2 万多银圆。

顺安镇街铺林立，服务业兴旺。从清朝光绪年间起，旅居顺安的外乡人相继组织同乡会，高峰时多达 10 多家，建起各自的会馆和活动场所，并拥有会产。而顺安当铺中的"隆顺典"，为晚清名臣、洋务运动的主要领导人之一李鸿章创办，民国初年由顺安"金斗帮"名人李俊斋主持，当年的"当铺小圩"（今红星圩）就是隆顺典购置的田产，为其吞吐资金、周转经济的产业。据史料记载，早在前清时期，轿行就兴盛于顺安。到了 1927 年，顺安镇上的轿行规模较大的有 4 家，即顺安街上李华林开的轿行、三官殿符孝山开的轿行、拐棍头福涛开的轿行、杨家岩李长发开的"三元楼"。仅李长发开的"三元楼"，拥有大小轿 10 多乘，轿夫 30 多人，楼内设浴室、客栈、赌场，生意兴隆。抗战期间，顺安轿行全部倒闭，最终绝迹。

义安地区上至商周，下至唐宋，矿冶规模宏大，境内即有金牛洞古采矿遗址、钟鸣师姑墩古冶炼遗址。至民国元年，安徽经济困窘，迫于军费需要和国际市场铁价飞涨，当时的安徽省政府与日本资本家私下商量，以铜官山矿作抵押借日债 20 万元，由中日合办铜官山矿——此计划因遭到多数人反对而作罢。民国二年，徽州人程源铨愿自出资金 200 万，呈请试办铜官山矿，代还外债，因受人中伤未获准开办。民国十三年，本地人阮小武闻知钟鸣叶山一带有煤，即托当时知名士绅陈春圃作保，设富鑫公司，自出资金在叶山一带开办煤矿。他在此开采两年余，打了一口深井，但挖出的多为石头，只地表有一层土煤。民国十四年，政府特派王达督办安徽全省矿务事宜，成立安徽官矿局，对全省所有官办、私营的矿区作了调查、整顿。据统计，当时在铜开办矿业的有大南冲煤矿（属国家经营）、盖华公司（属非法开办）、东南城山铁矿（私营）、大陵公司（私营）等十多处，至民国十八年，仅有矿商胡合顺缴纳税金共计 45.9 元，其余各处矿商皆因逾期欠缴税金而被停止。日本帝国主义侵华期间，矿产勘探开采权完全为其垄断。1938 年，日本成立华中矿业股份有限公司、中支调查机关联合矿业分科会，设立了铜官山矿业所，并着手进行开采。该公司第三年在老庙基山露天采铁矿，在将铁矿砂运往日本后，发现含铜量太高不宜炼钢，即停止开采；又两年改采铜矿，在老庙基山65 米标高开掘平巷，开掘 64 个掌子面，共掠取含铜品位为 1.4% 的铜矿石约 2 万吨。1945 年 8 月，随着抗日战争的胜利，日本在此地的矿山开采全部停止，国民党政府成立经济部苏浙皖特派员公署，下设工矿接管组负责接管华中矿业公司所属厂矿。新中国初建时，经华东工业部批准，此地成立了铜官山矿工程处，揭开了铜陵矿业采冶史上新的篇章。

此地手工业由来已久，位于顺安镇明湖村的四坝遗址，从地表上发现散落在表层的有商周时期特点的陶片、鬲足、红烧土等。而大通陶瓷业始建于宋代，由湖北移民来此创建，主要生产民间日用陶瓷。至民国，由 13 户工商户建厂开发，共建老窑、新窑 2 处，解放后成立大通缸窑合作社，生产耐火砖，为"大炼钢"作出了巨大贡献。

此地出口外贸早已显现：民国四年 10 月 10 日，义安人吴钦农、大通商会崔芝荞、刘承辉出口商品运往美国巴拿马赛会参赛。

此地早就彰显出现代工业之光：1920 年，上海实业家竺兰舫和好友陈莲卿，耗资五万银圆，在大通开办发电厂，名为"大通振通电灯股份有限公司"，但还不能实行二十四小时日夜供电，只能每天从下午 5 点左右发电，直到翌日清晨 5 时左右停止供电。其电主要供给大通、和悦两岸商业区用电照明，兼顾居民用电。其中，和悦洲上占多数，用户由 1933 年 708 户增到 1936 年 728 户；照明区内居民用电户为 3000 户，31000 多人。

……

义安工贸发达，成物阜之地。

交通邮政：设驿通邮大道畅

大通干支戳

我国是世界上最早建立组织传递信息的国家之一，邮驿历史长达 3000 多年。古代，因交通极不发达，信息传递主要靠船只或马匹运送信使来完成，驿站成了供传递官府文书和军事情报的人或来往官员途中食宿、换马的场所。

顺安临津驿，是唐贞观年间（公元 638 年左右设在今义安区顺安镇的一处水陆兼办的邮驿。临津一驿，在江南古道要冲上，置回龙山下，依山傍水，是为当时宁（南京）浔（九江）古道上的重要驿站。此驿北宋时期最为兴旺，明朝洪武三年（1370）建大通水马驿的同时，将顺安设为"铺"（见《铜陵县邮电志》），配铺司一名、铺兵两名，虽然规模缩小了，但传递公文、信函的功能仍然存在。至清朝末年大清邮政开办之时，顺安铺才被裁撤。由此可见，顺安临津驿从唐贞观年间至明洪武年间，存续 700 多年，如果把明清时期顺安铺也算上，那顺安驿、铺的驿递功能延续有 1300 多年。

大通临江而生，水系发达，早在明洪武三年（1370）就建立了大通驿，曰水马驿，此后又相继设立了运输军需及贡物的运输组织——递运所以及巡检司、河泊所等官办机构。据乾隆《铜陵县志》记载，大通驿设驿丞 2 名，2 人每月的工资是大米三石；司吏 1 名，馆夫 2 名，水夫 52 名，"夫工食银二十四两"。大通驿虽然为传递公文书信等作出了较大贡献，但它只是政府的官办通信组织，普通民众不能利用。而兴起于清末的民间通信组织"大通民信局"就开辟了一条"大通—青阳—太平桃源—黟县"的邮路，除收寄民间信件外还兼办汇兑、包裹等。光绪二十二年（1896），大清国家邮政正式开办，将全国分为 35 个邮界，其中安徽分为芜湖、大通两个邮界。大通邮界总局成立，辖安庆、徽州、太平、池州等府之邮务，原驿站裁撤改称邮路。

古时义安，地因水兴，陆路交通落后，水路交通发达。境内水系除长江外，西南部有注入长江的青通河，东北有注入长江的黄浒河及顺安河，另有众多的支流和天然湖泊，有 1 溪 5 涧、湖泊 15 处、内河 21 条、夹江 2 处，长江绕境西北 60 公里，内河河航道归纳为 6 大河湖水系，计长 103 公里。境内有三条较大的河流，一条是青通河，是由青阳县的九华山一带的山脉流淌下来的，经青阳县的童埠湖、铜陵境内的缸窑湖流进长江；一条是黄浒河，即铜陵东北部与繁昌县孙村交界处，流入长江的那条河；还有一条顺安河，是境内规模最大的河流。因而，此地长江水道运输便捷，十分繁忙。此地唐宋时形成了鹊岸港、铜官港、大通港、顺安港"四港"，为官卖和军需的货物以及漕粮所经水路。南宋始，长江中沙洲增多，主航道北移，特别是鹊江受曹韩洲的控制，内江江面逐渐变狭，鹊岸河道水流湍急，江岸不断崩塌，鹊头山因航道变迁而崩塌于中，鹊岸港口至此衰落，但此地水路仍很发达。清雍正四年（1726），此地出口漕粮652吨，进口食盐1798吨。乾隆二十二年（1757），全县漕粮正额年约8000担在此入库兑运。（《铜陵交通史料十一辑》）1859年英舰入侵行经铜陵，后来数十年间，航运发展、轮船兴起，对此地港口的促进作用明显。

其中大通港，自明洪武初年始，经历了570年的驿运、漕运、盐运、轮运发展。清代同治以后，由于盐业的崛起和带动，大通水运、商业颇为繁荣。道光二十九年（1849），大通港设立盐务管理机构"楚西掣验局"，每月通过大通港进出口食盐达万担。至光绪二年（1876），根据《中英烟台条约》，开芜湖为商埠，设领事，又将安庆、大通作为外国轮船停泊地和上下货物的寄航港。光绪二十七年（1901），芜湖泰昌轮船公司"芜湖至安庆"的小客轮首泊大通港。民国十七年（1928），大通专事木帆船运输业的有2236户，船工计10134人。后安徽省船舶管理局大通分处成立，交通部汉口航政局在大通设立登记处。日军侵占铜陵期间，有凤翔丸小轮航行大通。

城关镇（今五松镇）因有长江之便，历来以木帆船运输为主。明、清时期在西门设置驿站，备有站船和水伕，上行贵池、下抵繁昌，同时在西门外江边设有江口渡，清代县令刘曰义捐俸买船设立官渡。抗战前，此渡口有县民裴太祥等置办木帆船4只，载重约24吨，专运城关至大通、和悦洲往返客货和承担官府差役。另有通往土桥的五仓子班船12只，每只载重5~6吨。新中国成立后，此地水运事业发展迅速，运输工具由木帆船逐步过渡到以机械化为主体的轮船。

城关镇陆路交通历来比较落后，据嘉靖《铜陵县志》记载，古代铜陵城关（今五松镇）的陆路对外通途，只有2条驿道和2条古道。一条驿道以城关的县前铺为起点，经栖凤铺、顺安铺、城山铺等驿铺，长25公里，入青阳县境，另一条驿道由顺安铺公道入南陵县境。古道分东、南两路：东路出东门经顺安至钟鸣，全长 30 公里，通向繁昌县境；南路出东门折向南，经店门口、白鹤至大通，全长 24 公里。民国二十三年（1934），安徽省建设厅公路局修建芜青路，路线由芜湖—繁昌—荻港—铜陵—大通—青阳，全长 140 公里，但至铜陵城关路段，仅筑有 3~4 米宽的路基，名为公路，并未通车。1938 年 11 月，日军侵占铜陵城关后，强迫当地人民在古道的基础上修建了城关至顺安、城关至大通、城关至汀洲 3 条军用公路，均系 4~5 米宽的土路。至新中国成立前夕，铜陵城关没有一条能通车的公路。

……

20 世纪 50 年代初，中共华东工业部党委和中共铜陵县委作出决定，将一条由铜陵到繁昌县的 60 公里的小土路拓宽、取直，修建成为一条宽度为 6 米的碎石路面的公路——这是铜陵最早的公路，彻底改变了原来依靠水路运输的单一模式。而 1972 年 3 月 24 日，首趟由铜陵到上海的客运列车通车典礼举行，铜陵开始在火车汽笛声中快速前行。

文化艺术：崇文尚艺人文蕴

"夫子工文绝世奇，五松新作天下推。"（李白《答杜秀才五松山见赠》）长江之畔、五松山下，历代有李白、梅尧臣、苏轼、王安石、李纲、杨万里、汤显祖、王阳明等文人骚客来此寻迹览胜，留下了典故、诗篇和古迹。这里不仅得到了客籍名流的眷顾，也延绵着本地的文脉。

自明清以降，义安颇有文人雅集、结社之风。康熙二十六年，本邑文人组织了名曰"圆沙"文社。这些人中有顺治《铜陵县志》撰辑者之一王思奎、本邑庠生佘继翀。其中有一个叫郜凤彩的人，他饱读诗书，却因患有目疾和喘病而绝仕进，但严肃治学，培养的子孙多有以文名而闻世。潘法连在《铜陵历代人物》中说："康熙二十六年（1687），邑中知名之士，议联文会号'圆沙'，义取曹韩沙洲之谶，金推风彩主其事七载。一时人文蔚起，岁科十数试，惟同社诸子为一郡之冠"——这一文社可谓邑中名士会集，自得文人风流。至清末民初，大通诗人吟诗结社，形成了本地的诗坛团体"澜溪苔芩吟馆"。倡导者是民国首任大通盐务榷运局第一科科长陈赓如，他是安徽歙县人，出身于官僚世家，博学多闻，诗文娴熟。他一生重士爱才，自费成立"澜溪苔芩吟馆"，自任馆长，并邀请大通万字会会长、清末秀才宁吟堂为副馆长，一时入幕之宾众多。社名"苔芩"，取志同道合共好吟咏之旨趣。苔芩吟馆每月结社一次，还向苏州南社举荐诗稿多被录用。"南社"于1909年由陈去病、高旭、柳亚子等创立于苏州，是当时全国知名的诗社。

据胡文楷1957年编著的《历代妇女著作考》一书，自汉魏以迄近代，我国女性作者计4000余家，而铜陵清代女诗人章氏即是其中之一。章氏生卒年不详，原籍今义安区五松镇马冲村（梅塘章）。其父章佩瑶，系候选司铎，即天主教神父的候选人。其夫陈汇，浙江天台人。章氏为长女，曾随伯舅宦游，受到良好的家庭教育，擅吟诗作赋。其诗集《枕涛轩遗草》于同治六年（1867）夏刊行，天台陈迎瑞堂刻印。"枕涛轩"是女诗人铜陵梅塘旧居山馆的雅称。其子校录母诗作50篇，因以旧居山馆为书名，以兹纪念。

一纸风行，岁月留痕。在曾经的中国，从官府《邸报》到私人刻书，报媒在文化传播中发挥着重要的作用。国人最早创办的近代报纸始于晚清，而大通在清末民初就创办有《新大通报》《鹊江日报》和《大通日报》等报纸，开文化先风。其中《新大通报》为日报，创刊于1929年4月1日，四开铅印。此报由"池阳帮"的同乡为主集资入股共襄，社址设于大通三民大街口（和悦洲大街）。报社社长兼主笔是文坛名士赵克强，副刊编辑是赵克强的女儿绿波。该报社主要工作如收音、采访、编辑、排版、印刷，均由他父女二人担任。报社置有收音机设备，每日收听上海有关方面发布的国内外大事、经济动态、

《新大通报》创刊于一九二九年四月一日
《鹊江日报》创刊于一九三一年九月

商业行情和汇兑折算率并及时登载，同时采写地方新闻，兼营广告启事。此报不仅各行各业争相订阅，而且发行到青阳、石台、太平、泾县、旌德等地，发行量达千余份。在当时民族灾难深重的时代背景下，《新大通报》主笔赵克强父女怀着爱国热忱，积极以新闻报道和言论引导民众。例如，《新大通报》民国二十一年（1932）4月24日四版刊载的"国货日货一览表"中，指出：日货以棉织品为大宗，并吁请"我同胞要抗日救国，第一要竭力提倡国产各种布匹或其他棉织品、丝织品为衣服材料"，抵制日货……此外，在铜陵县城（今五松镇）太平巷里，也曾出版有一种综合性刊物《铜陵事》。它创刊于民国三十八年（1949）2月15日，为16开手刻油印本，月刊。该刊靠募捐筹集基金创办，主要刊载时事分析、新闻报道、小说掌故、遗闻轶事等，目前仅见创刊号1种，可能不久即停刊了。

山高水远，戏韵流长。义安曾有一戏《量江记》闻名于世，作者为本地人、明代戏曲家佘翘。佘翘（1567—1612），其诗文曾受到明代戏剧家汤显祖的赏识。《量江记》分上、下两卷，共三十六出，

取材于《宋史·樊知古传》，说的是南唐樊叔清进士不第，遂北投宋主，献策南渡，以"浮梁计"助北宋灭南唐之事。明代冯梦龙称《量江记》为罕见珍本，能与汤显祖的"临川四梦"并立。这部经典名剧曾在大通惠芳大舞台演唱，长盛不衰。

清末民初，黄梅戏在义安颇为流行。民国三十五年（1946），桂春柏、桂月娥在此地组建"椿月堂"班，足踏大江南北，聚聚散散，比较活跃。新中国成立后，桂春柏、桂月娥组建的新戏班被政府改为"铜陵新民剧团"，摆脱了流动性很强的"跑码头"状况，相对稳定下来。其中黄梅戏老艺人桂月娥在新中国成立前，已闻名于皖江南北城乡，和丁翠霞、严凤英一起，被广大观众称誉为黄梅调的"三大坤角"。她从20世纪50年代初，随新民黄梅剧团落户铜陵县后，为黄梅戏艺术事业作出了不少的贡献，名载《中国戏曲志》。

义安也曾有过目连戏班"万福堂"。班主陈文斗（1878—1952），字梦魁，原铜陵县西湖乡陈村人。他10岁进私塾读书，自幼爱看民间故事、传统演义、戏文以及佛经等书，停学后在家帮助父亲照料店务，学习染布，手常染黑色而获"黑手"绰号。1918年，他首倡办起目连戏木偶戏班，邀集几位爱好者，做几具木偶，学几折戏文，置办些服装道具，便给乡里村外唱起"愿戏"来。1926年，他与流潭目连戏班主姚生贵，合作创办了大戏班，号称万福堂，到处演出。1948年底万福堂在顺安陶山胡家祠堂演出后，从此戏停班散，演职员或回乡务农，或外出经商。

……

一方水土，人文蕴藉，戏曲流芳。

教育体育：重教强体风尚扬

荆公书堂门楣，传为王安石手迹石刻，
现存于大明寺

义安之地，重教之风日久。唐至德年间（756—757），太白书堂建于五松山上，几经毁修，后于清乾隆五年改名为太白五松书院；北宋时，沸水望族胡氏开设逢原堂，成为青年王安石的讲学之所；宋庆历四年（1044），儒学学宫始建于县治之西，自此开一地官办教育之风……由此，元代铜陵教谕徐观在《尊贤堂记》中说："自唐翰林李太白读书于五松山，文采灿然，闻其风者莫不兴起，涵泳演迤。迄于宋，王安石藏修于大明寺，苏东坡、黄山谷会遇于陈公园，陶和染粹，人文丕变。"其时科举繁盛，此地办学形式有县学、书院和私塾，在科举考试中代有人出。据清乾隆《铜陵县志》记载："进士"有宋朝18人、明朝5人；"举人"有宋朝3人、元朝1人、明朝31人；"贡生"有宋朝1人、明朝184人。而据后续方志统计，清朝进士6人——由此可见此地古时教育的面貌。

铜陵市区在科举考试中成绩不是很突出。据清（乾隆）《铜陵县志》

记载：进士：宋朝 18 人。明朝 5 人。国朝 1 人。举人：宋朝 3 人。元朝 1 人。明朝 31 人。国朝 9 人。贡生：宋朝 1 人。明朝 184 人。国朝 87 人。武进士：明朝 2 人。国朝 5 人。武举人：8 人。国朝武举人：18 人。

清朝末年，我国废除科举制度，开始兴办近代教育事业。据《安徽通志稿·教育考》记载，铜陵兴办近代教育，始于光绪三十年（1904）九月，时于县城（今五松镇）东文庙内附设高等小学，以书院田租积兴存款及盐肉串票捐为常年经费。光绪三十二年，在大通佘氏祠堂创办公立两等小学，次年在和悦洲同仁局创办公立两等小学，同时还创办了 1 所公立半日制学堂，至宣统元年（1909）铜陵学堂可考者仅此 4 所。

辛亥革命后，义安兴建起学校。民国元年（1912），在县城积谷仓创办县立女子小学。民国七年，铜陵县成立劝学所，后于民国十三年（1924）改劝学所为教育局，教育行政始告统一，教育事业渐次走向正规化的轨道。据《安徽教育统计》记载：1929 年度全县共有女子小学 2 所，各级小学 42 所；教职员计 148 人；学生计 1611 人，其中男生 1202 人，女生 409 人，常年经费计 17780 元。由此可见，这一时期铜陵的学校教育发展较快，已初具规模。此后直至抗日战争前夕，铜陵教育状况变化不大。但由于半殖民地、半封建的畸形发展，私塾的旧式教育仍然十分活跃，比起学校教育在数量上仍然占有优势。其间：

1919 年中秋，爱同人士陈春圃认为欲要民主救国，只有兴办新文化教育，以唤起国人的觉醒，于是经过筹措集资后在钟鸣九榔庙办起一所高小，名曰铜陵县九榔高级育才小学校。

1938 年，王培棠在西湖乡朱家嘴朱氏祠堂创办铜陵临时中学，有师生 134 人，日军入侵县境后停办。

1944 年底，皖南第一个县级抗日民主政府——铜陵县政府建立，不久就在其驻地钟鸣镇泉栏村舒家店，兴办起铜陵县立舒家店小学。

1945 年初，皖南联立中学在皖南抗日根据地的繁昌、铜陵交界的狮子山下创立。这是皖江地区创建的第二所中学，学校开办半年多，后因抗日战争胜利，新四军七师奉命北撤，学校绝大部分师生也随军前往淮阴、临沂，皖南联中便宣告结束。

……

义安区实验小学，是铜陵地区最早兴办的一所"洋学堂"。早在光绪三十一年清朝政府"谕立停科举，以广学校"时，铜陵有识之士为振兴乡里、造就人才，就筹划创办了这所新式学堂，首任校长曹荣绶（顺安人）曾出任过舒城县教谕，继任校长章家祉为清末拔贡，曾与当时安徽省主席许世英是同科好友。据现有资料记载，当年，安徽全省的中、小学堂仅 80 所，此校即为当年全省 80 所学堂中的一所。这所学校初名县立高等小学堂，后校名多次变更，曾先后更名为县立高初两等小学堂、第一国民小学堂、第一完全国民小学、第一实验小学、明伦堂小学、五松镇中心国民小学、城关镇中心小学等，校址设于县城（今五松镇）东门头县学宫旧址。从清朝末年建校，直到抗日战争胜利，40 多年间这所学校一直被誉为"铜陵栋梁的摇篮"。1949 年后，这所学校为皖南区重点小学，曾于 1960 年被评为全国教育先进单位。

铜陵中学，曾为创办于重庆市永川的国立第十六中学，抗日战争胜利后，奉教育部之命迁往大通，定名为安徽省立铜陵中学。1946 年秋，百余名师生长途跋涉迁到大通和悦洲万字会，9 月开学上课。1948 年下半年，省立铜陵中学师生参加了反内战、反饥饿、反迫害运动，数百名师生在和悦洲街上举行示威游行，遭到反动军警的镇压，而广大进步青年斗争精神却愈益高涨。这所学校在和悦洲办学期间，培养了三届初高中毕业生共 240 人。1949 年铜陵解放后，池州行政专员公署决定，将安徽省立铜陵中学高中部并入贵池中学，初中部与坐落在铜陵城关的县立中学合并，组成在新民主主义教育方针指导下的一所新生的学校，易校名为皖南区铜陵县立初级中学。此后，该校又先后易名铜陵县第一中学、铜陵中学。数十年来，这所学校一直将《北山之歌》相传："北山何苍苍，花木何芬芳，黉舍嵯峨接大荒，弦歌永不辍，蔚为邦国光——"

义安自古体育兴盛，从龙舟竞渡到清光绪三十年县立高等小学堂开设体操课，强身健体之风在这片土地上生生不息。1934 年大通和悦洲成立"晨光"男子篮球队，随后五松镇成立"先声""松光"两支篮球队，同年在县城（今五松镇）建立一座公共体育场，总面积达 1 万平方米。1935 年全县运动会举办，设田径、篮球、足球等比赛项目。新中国成立后，从 1958 年老洲乡因篮球运动和牛歌被国务院授予"文化之乡"称号，到 1992 年铜陵县（今义安区）被国家体委命名为"全国体育先进县"……义安，体育勃兴，教育蔚然。

医疗卫生：传医济世杏林香

在义安，流传着名医章铭西的故事。章铭西生于清光绪九年（1883）秋，世居今五松镇马冲村梅家塘，是祖孙三代衣钵相传的外科医生。他曾购自行车骑行在铜陵周边的南陵、繁昌、贵池、无为地区乡镇村落行医，医术精湛，疗毒除疮，手到病除，虽主治外科，但广施医惠，还在春季为乡里幼儿布种牛痘，预防感染。时地方政府对其医德医术多有嘉奖，每年岁终颁奖大洋（银圆）80 元，并聘请他为县医官。他以医德仁术闻名，直至民国末年当地百姓还流传着"肿毒不要医，只找章铭西"之说。

1929 年全国中医药团体代表大会部分代表合影

中医药是我国的传统医学，义安之地中医历代相传，多出名医。据历代《铜陵县志》载，东晋道教理论家、医学家、炼丹士葛洪曾在顺安陶山种杏炼丹行医。清乾隆年间，本县著名中医王世濚（1695—1762）为钟鸣狮子山人，他深研医道，将其幼科治病经验编辑 13 卷医方书稿，初名为《幼科金针》，后经精心修订，于清乾隆二十二年到二十七年成书，易名《怀少集》。嘉庆年间（1796—1820），樊铎在县城（今五松镇）创办"万春药室"，同治年间他的儿子根据上辈的笔记及自己的心得，整理出《证治捷录》两册手稿。民国十八年（1929），其后人樊义泰曾代表本县中医界，出席在上海召开的全国中医药团体代表大会，反对国民党中央卫生委员会废止中医案。清末民初，铜陵城郊人黄炯（1864—1944），在县城、汀洲、安平一带行医，精通医术，擅长妇科，民国初撰《培桂庐医案》一册，以医书授徒多人。而大通则先后有曾在皖岸榷运局当过官医的桐城人夏少舫、咸丰年间在大通参将衙门任医师的无为人陆子平等，行医问诊，当地人秦竹坡曾为大通某参将之子医好沉疴而远近知名。

晚清之后，西药东进，凭借药效迅速的优势，开始被华人接受。乾隆二十二年（1757），和悦洲法国传教士朱宾周（译音）兼施医药，西药首次传入义安。后中西医药店分布全境，大通、城关（今五松镇）、栖凤（今铜陵市西湖镇）、顺安、坝埂头、汀州、犁桥、钟鸣等地均有药店经营。据1949年7月调查统计，全县药业：大通7户、和悦洲6户、顺安10户、城关4户、汀洲及太平街共8户、犁桥4户、黄浒1户，尤以大通医药业为盛。从清朝末年至抗战前夕的半个世纪，是大通药业发展的鼎盛期，中药及西药药铺至少有17家以上，都是私人经营。其招牌名称有"号"与"店"两大类：所谓"号"者，其经营药业项目多，业务范围广，规模比较大，从事地产药材收购、出口外销，自制成药，既将本地名贵药材销往外地，又将外地药品发售到皖南山区和江北多县。而"店"者是以开设门市、零售丸散膏丹、成药和医生坐堂切脉把诊看病为主，中药品商店一般有坐堂中医，或者是与有名望的中医常年保持联系，以招徕顾客。每年农历四月二十八日，大通还举办"药王会"。为了纪念药王，大通的药铺几乎每年要举办规模相当的药品展销会，一些店号从四月初起，就组织专人筹备药品展销会。广豫大药店在药王会期间，当街宰杀养鹿以取鹿茸，以表货真价实、取信于民，保持百年老店之誉。他们首先将药店内装饰一新，将人参、燕窝、银耳、珍珠等珍贵名药置于瓷碟，拼摆成海岛山水、花鸟虫兽图案，陈列于长方桌之上，以供商贾市民欣赏选购。义安境内另一古镇顺安，自古水陆交通便利，是周围乡村农副产品等物资交流的集散地。顺安医药行业也有十多家，如沈冈泰药店、陆生和药店、乐长生药店、周万全药店、方润生药店、童葆康药店、卜益泰药店等，多为中医中药店，每家除全家人从业外，另外收徒1~2人，能同时做医生看病的有五六家。行医的中医有伊良仆、乐寿卿、卜思庆、方润之等，其中被日本人杀害的小儿科医生吴启泰是当地名医。

1937年，国民党铜陵县政府根据行政院颁发的《县卫生行政实施办法纲要》，始建县公办医疗机构，名谓民众诊所，所址设于县城关东街陈氏祠堂，统管全县卫生行政、医疗和防疫事务，开办费、日常经费在县预算外地方公款中拨付，因经费不足便开展戒鸦片烟业务，以获取收入维持生存。之后，随着日军进犯铜陵，诊所辗转城郊墩上费村、顺安陶山村、凤凰山新屋岭村、南陵县涧滩杨村、泾县云岭西麓等地。新中国成立后，铜陵县人民政府将其更名为"铜陵县诊疗所"，所址迁至县城（今五松镇）西街胡氏家屋，后成为铜陵县人民医院。

"借问瘟君欲何往，纸船明烛照天烧。"（毛泽东《七律二首·送瘟神》其二）新中国成立后，义安大地打响了一场场"送瘟神"的血防战。义安区曾是血吸虫病重流行区，历史上出现过"万户萧疏鬼唱歌"的局面。1924年，美国人福斯特·麦勒内在大通发现血吸虫病人。1952年7月，贵池县血防站在铜陵桂家湖电厂附近（当地时属铜兴乡）首次发现钉螺，接着在当地群众粪便中检查到血吸虫卵，便确定铜陵县为血吸虫病流行区。1955年至1958年，山东医防大队、合肥医校、安徽医学院、铜陵县血防站对全县流行范围及程度进行全面调查，调查结果表明：当时全县22个乡镇中21个为流行乡，132个农业社中101个为流行社，钉螺密度最高的是顺安泉塘湖，而且耕畜感染也较严重。面对"瘟神"肆虐的状况，铜陵县委、县政府先后成立县委"五人血防领导小组"、县政府血防委员会、县委"水改旱办公室"等组织机构，主抓防治血吸虫病工作。20世纪50年代，全县各地开始采取分塘用水、粪缸加盖等措施减少感染，县血防站用老虎花、砒酸钙、石灰氮等药物进行灭螺。1960年，开始采用五氯酚钠灭螺，经大通、顺安、城关等地试灭，逐步全县推广，并一直沿用到2005年。同时，将灭螺与农田水利建设相结合，走出了一条行之有效之路。1959年6月，县政府确定螺田必须改旱地，先后在新桥、钟鸣、顺安、朱村、西湖、城郊，将水田改旱地达 11692.4 亩。20 世纪 70 年代，铜陵县开展了顺安河改造、钟鸣联圩治理、新桥河治理、朱村开新河填老河等较大工程，改变了沿岸 1560 万平方米钉螺滋生环境，周边居民感染率由 1970 年的 8.3% 降低为 1985 年的 1.67%。进入 90 年代，铜陵县血防工作突出综合治理：1991 年实施世界"控制血吸虫病项目"贷款，实行健康教育、分层管理、扩大化疗、环境改造等措施，编印《防治血吸虫病常识》分发到流行乡镇、村卫生室、中小学、居民组，同年各地中小学均开设血防课，并以在重流行区村组和学校放映血防电教片、报台播发血防稿件等方式加强健康教育。1996 年至 2000 年，先后将董店陈冲大沟、太平观兴灌溉沟、钟鸣胜利河道，裁弯取直，开新填旧，以强化血防。目前义安区山丘区基本消灭了血吸虫病，疫源主要集中在沿江一带，很少出现成批急性感染。2006 年老洲乡开展"封洲禁牧、以机带牛"工程试点，彻底截断传染源，试点工程取得圆满成功，安徽省政府为此专门召开了经验交流现场会。

在党和政府的领导下，经过几代血防人的努力，义安区由血吸虫病重流行区变成美丽宜居地，荣获"全国疾病预防工作先进集体"光荣称号。血吸虫病给人们带来的危害和痛苦虽然渐渐远去，但我们不能忘记义安人民战"瘟神"的历史，应高度重视公共卫生事业，为实现健康中国战略接续奋斗。

第五辑

文化源流

青铜文化的义安风貌

兽面纹鼎

1

在飞火流金的远古岁月，青铜的发现和使用，是人类进入文明社会的三大标志之一，那一束青铜之光曾照亮人类蒙昧时代的天宇。中国夏商周三代被誉为"青铜时代"，青铜文化达至鼎盛。战国末年至秦汉末年，传统的礼仪制度瓦解，铁制品广泛使用，"青铜时代"作为一个时代结束了，但是铜冶炼和铜器制作并没有因此衰落下去，而是贯穿于我国文明史。

"千年宝气光霄汉，莫说铜官只有铜。"（明代李日新）二十世纪 90 年代初，时任国务院副总理邹家华来铜陵视察，了解到铜陵源远流长的青铜文明和博大精深的青铜文化，欣然命笔，泼墨挥毫，为铜陵题写了"中国古铜都——铜陵"。作为中国青铜文明发祥地之一，铜陵铜采冶历史具有其他地区不可比肩的特征：一是铜陵是中国最早的产铜地之一，以目前的考古调查和已发掘的资料显示，铜陵地区的铜矿开采、青铜冶炼活动肇始于中原的二里头文化晚期，此地的夏商青铜冶铸遗址——师姑墩遗址，冶炼与铸造活动共存，年代相当于二里头文化三、四期开始。二是铜陵铜采冶历史 3500 年未曾中断，其矿冶历史始于夏商，盛于唐宋，延至当代。西汉唯一的"铜官"、六朝著名的"梅梗冶"、唐宋时期的"铜官场""利国监"等官方重要的采冶机构均设置于此。新中国成立后，铜陵成为新中国铜工业的摇篮，新中国第一座铜冶炼厂、第一炉铜水、第一块铜锭均诞生于此。三是铜陵铜采冶铸齐全，金牛洞古采矿遗址是春秋—西汉时期的古代采矿遗址，表明当时的工匠们已经掌握了"火爆法"采矿技术。木鱼山古冶炼遗址，是我国使用硫化铜技术年代最早的古冶炼遗址。罗家村古炼铜遗址，汉唐时期大炼渣，是中国乃至世界冶金史上的一大奇观。这些古老的采冶铜遗址和本地出土的大量珍贵青铜器，表明铜陵古时铜采冶铸产业颇为完整。四是铜陵"铜官"是多地"铜官"中，唯一见诸于古代国家正史的。《汉书·地理志》载："丹阳郡……有铜官。"汉代的丹阳郡下辖十七个县，从现代行政区划上看，基本上是安徽长江以南地区，那么铜官具体在丹阳郡的何地？《新唐书·地理志四》载："宣州宣城郡，后析置义安县，又废义安为铜官冶。利国山有铜，有铁；凤凰山有银……有鹊头镇兵。有梅根、宛陵二监钱官。"其中将冶铜之地进一步精确至唐代的南陵县，并提到的"鹊头镇兵"是指吴楚争霸的鹊之战，该地点正是在铜陵的鹊头山一带。铜陵在汉代时还没有正式建制，时属南陵。《太平寰宇记》卷一百五《江南西道三·池州》载："铜陵县北一百里元五乡，本汉南陵县，自齐梁之代为梅根冶，以烹铜铁。庚子山《枯树赋》云：东南以梅根作冶地，元管指法门、石埭两所。隋升法门为义安县，又废入铜官冶，后改为铜官县，属宣州。皇朝割属池州。梅根山：吴录地理志云：晋立梅塘冶，今作铁冶，出青铁，其色特妙，于广州县南十里，山出铜以供梅根监，兼出铜矾矿，逐年取掘送纳，县西南即古监之所。"《太平寰宇记》为宋人所著，其中提到的义安县是在唐代后期从南陵县析置出来的新地，五代时将义安县与铜官冶合并称为铜陵县，其名称沿用至今，由此可知，汉代的冶铜之处正是当今的铜陵境内。

由此，我国著名考古学家、夏商周断代工程首席科学家李伯谦曾这样评价铜陵在青铜发展史上的地位："铜陵采铜铸造从商代至今绵延 3500 年没有间断过，这在世界范围内都是比较罕见的，称铜陵为铜都当之无愧。"

如果说铜陵是青铜之都，那么作为新兴之城"铜陵"的诞生地，义安区则是青铜故里。在这片土地上，既有吴楚文化的交相辉映，又有徽州文化与皖江文化的多彩交融，而青铜文化则是其铿锵的主旋律。

2

戈镂荆山玉，剑饰丹阳铜，丹阳铜是一种以产地命名的青铜。

《古今图书集成·铜部艺文》载："古鉴铭：汉有善铜出丹阳。"可见汉代，全国产铜的地方不少，然以丹阳铜最有名。铜陵西汉时属丹阳郡，《太平寰宇记》上说："铜陵县自汉以来皆烹铜铁。"据此可推：丹阳郡是汉代重要的产铜地区，而古铜陵又是丹阳郡的主要产铜地带。"丹阳郡有铜官。"（《汉书·地理志》）铜官是主管铜业的官署，据史载，汉代时各地铁官有四十九处，金官、铜官各一处。汉元封二年（前 111），朝廷在丹阳设置铜官，这是中国历史上第一个由中央政府设置的铜矿官冶机构。自此，铜陵设铜官场，地有山名为铜官山，山下设有铜官镇。《读史方舆纪要》上说：铜陵"南唐移县于今治，其地亦名铜官镇"。汉设铜官，深深影响着其后历朝历代采铜业管理的模式，意义重大而深远，同时使得铜陵地区采铜业迅速发展壮大，为铜陵进行了一次灿烂的命名。

自西汉设置唯一的"铜官"起，六朝著名的"梅根冶"、唐代的"利国监"、北宋的"永丰监"等历代官方重要的铜采冶机构均设在铜陵一带。据《寰宇记》所载，"六朝时，置梅根冶于铜官""南陵县自齐梁三代为梅根冶，以烹铜铁"——这里所载的"梅根冶"就是处于今池州、铜陵两市交界处的梅龙镇。唐代铜陵采冶铜业日渐兴盛，攻山取铜，达十万之众，区域内古人采冶铜遗址遍布，老窿、废矿堆随处可见，这从李白诗句"铜官几万人，诤讼清玉堂"即可见当时开山冶铜之规模。"永丰监"是宋代设置在铜陵的又一重要铜矿官冶机构。北宋至道年间，官府曾于铜陵所属的池州府境内设永丰监，以铸铜钱，成为当时四大钱监之一。据《中国历史大事年表》载："至道二年（996）诏以池州新铸钱监为永丰监，岁增数十万缗。咸平三年（1000）五月，饶、池、江、建等州岁铸钱一百三十五万贯。"此后，池州设永丰监的记载一直延至南宋，贯穿宋代二百多年，为当时全国的重要铸钱场所。据《贵池县志》载，永丰监每年铸铜钱二三十万贯，宋神宗元丰时最多达四十四万五千贯，折合成今天的铜达360~540吨，其规模之盛，可见一斑。

从丹阳铜到铜官山，从梅根冶到永丰监，这就是义安铜火彪耀的风貌。

3

青铜之器，历尽沧桑，重放光华。

青铜器自诞生之日起，就与当时的政治、经济、科技、文化以及信仰等密切相关，其礼器、食器、兵器等，无不向世人展示着先人的铸造工艺、文化内涵和美学气质。铜陵出土的青铜器构成了一个庞大的中国青铜器家族，可谓蔚为大观。截至 2018 年 5 月，铜陵市博物馆藏品 5000 余件，其中一级藏品 15 件，二级藏品 27 件，三级藏品 498 件。这些青铜器年代上涵盖商代、春秋、战国，器制之繁多、造型之奇特、状貌之卓伟，彰显着青铜文明的绝世之姿。

出土于铜陵的青铜器究竟藏着多少"秘密"？从"国家一级文物"商代鸟盖兽耳盉、"春秋礼器"兽面纹大鼎的含铁量较高特征判断，它们当为铜陵本地所铸。从一批青铜兵器如剑、矛、戈、镞，可知先秦时期铜陵是吴楚争霸的战争频繁之地。而从大气华美的唐代铜镜上，则可见浓郁的"盛唐气象"……岁月无声，吉金能言。它们既是青铜文明的证物，也是青铜文化的载体。

无论是问鼎中原、庄严大气的"国之礼器"，还是金戈齐舞、戟光剑影的吴越兵器；无论是一席之地、吉祥纳福的汉代铜镇，还是玄锡古鉴、净月澄华的东汉铜镜，这些出土于义安区的青铜器不但品种繁多，工艺精美，而且特色鲜明，文化内涵丰富。它们既有与中原青铜文化相同的因素，又有吴越铜器所特有的南方风格，还有一些呈现出强烈的皖南土著文化色彩，显现出色彩斑斓的青铜文化风貌。

荆楚文化的义安辉光

1

"五月五，大江小河龙船鼓。"龙舟竞渡是义安端午节的民俗活动，古时在城关、汀洲、顺安河、钟鸣黄浒河都有龙舟比赛，以大通为最盛。乾隆《铜陵县志》载，"五月端午，插艾虎，泛蒲觞，以角黍相馈，竞龙舟于江浒"。此地龙舟竞渡源于纪念屈原，明嘉靖《铜陵县志》："端午，插艾，饮菖蒲酒。为黍角以相馈遗。龙舟竞渡，以吊屈原焉。"有学者认为，楚文化标志性人物屈原曾被放逐到九华山麓的陵阳，其诗作《哀郢》中即有"当陵阳之焉至兮，淼南渡之焉如？"西汉元封二年（前109）陵阳置县，设治于现今青阳县的陵阳镇，此地与义安相邻——由此或可见楚文化对义安地区的影响。

先秦时，丹阳属于楚地。春秋战国时期，雄光炳耀的楚国历史就是从丹阳开始的。《史记·楚世家》记载周成王："熊绎于楚蛮，居丹阳。"楚国有悠悠八百年的历史，曾不断东扩，与吴国争夺江淮，直至战国中期灭越国，把淮河流域和长江中下游土地都收入囊中，因此有"楚地半天下"之称。后随着楚人东渐，楚地的江汉韵律与江淮的古老文明、太湖的吴越风情交相辉映。自秦统一后，南方的楚文化与北方的秦文化逐渐形成了恢宏的汉文化。

义安地处吴头楚尾，古属丹阳，先后归属于吴、楚，地理位置处于南北文化的交汇点，又与淮夷文化仅一江之隔，故文化面貌多样，深受淮夷文化、吴楚文化滋养——其中楚文化影响或可从"铜陵"之名说起。关于"铜陵"之"陵"的由来，目前流行两种说法：一说指比较高的山丘、山冈、高阜，二说是取南陵县的"陵"字。而南京出版社副编审、复旦大学历史地理学博士徐智认为，"陵"为地名是楚文化的印记。楚人主要生活在长江流域的江南丘陵地带，楚语把水边陆地叫作"陵"，并将地貌特征引入地名，产生了若干包含"陵"字的地名。有学者做过统计，在河南出现过 120 个含有"陵"的地名，在湖南出现过 97 个含有"陵"的地名，在湖北出现过 72 个含有"陵"的地名。而楚地出土的战国竹简中也包含着一大批含有"陵"字的地名，如漾陵、长陵、南陵、襄陵、安陵、子陵等。上述这些地名分布在今河南、湖北、湖南、江西、安徽等地区，这些区域几乎属于先秦时楚国的领地。这一批"陵"字进入地名，是楚地地名的一个显著特征。"铜陵"之名，与汉丹阳郡治之宛陵、相邻之地的南陵、陵阳山（九华山）一样，是楚文化对江南地域文化产生影响的一个标志。

义安之地旧属池州，其地傩舞盛行。傩舞《打赤鸟》即为楚文化遗存，是楚人祝国祈年之舞。谚云："赤鸟蔽日，殃在荆楚。"《史记》记载：楚昭王曾向周太史请教辟灾之法，无获，后楚人便以桃弓棘矢射赤鸟以祝国。贵池多数傩村"献供"——以糯米献神，原是楚文化所特有，也是南方水稻文化的特征。旧属义安的大通八帮也有傩舞之风，史上每年推出"八帮盛会"，其中池阳帮的池州傩戏傩舞《关公斩妖》《钟馗与小鬼》，让人如痴如醉。

原铜陵县西湖乡朝山村曾出土过一件"有脸面"的青铜器，器高 12 厘米，额头上刺有纹饰，人首之下铸扁方形插杆，背面下方有一孔，为春秋时期青铜人面饰。它卷发黥面露齿，据称与山越文化有关。2016 年新编《池州市志》，首次指出池州一带是土著越人的原乡，义安留下百越先民的遗痕也在情理之中。可山越人向江淮两岸内迁时多留避于浙西及皖南山地，居于山区的山越人隔绝内外，与外界平原地区有着巨大的文明落差，如同《三国演义》"陆逊征山越"中被称为"山獠"（大山里的野人）。义安区出土的青铜人面饰，约为春秋时期青铜之物，出自山越人可能性不大。因而有专家认为，这一青铜人面饰源于楚地盘瓠后裔的"雕题"的风俗。"雕题"就是在额头雕刻花纹，属于一种特殊部位的纹身。《楚辞·招魂》中有曰："魂兮归来，南方不可以止些。雕题黑齿，得人肉以祀，以其骨为醢些。"《史记·吴太伯世家》载：太伯、仲雍二人奔荆蛮，从荆蛮"文身"之俗——可见早在西周之前，楚地已有纹面之俗。这件义安出土的青铜人面饰，其额头上刻有纹饰，或可视为与楚地之风俗有关。

一个龙舟竞渡的习俗、一个传历已久的地名、一枚春秋时期青铜人面饰，穿过岁月风雨，是否在向我们展示出义安之地的楚文化表情呢？

2

青铜遗珍，中华瑰宝。楚国曾"问鼎中原"，掌握过铜绿山的青铜资源，又破解了随国、吴国和越国先进的青铜铸造密码，并通过文化上的融合形成了独特风格的楚系青铜器。而出土于义安的青铜器，则有着楚式青铜器的印记。

义安出土的青铜器大多数来源于墓葬和窖藏，部分采自矿冶遗址，文化面貌上既有中原青铜文化的因素，又有楚国青铜器所特有的南方风格。从形制、纹饰和铸造工艺来看，钟鸣镇出土的兽面纹大鼎表明，皖南青铜文化成熟期与中原是接近的。数件甗形盉与江淮地区出土的同类盉如出一辙，可见此地青铜文化与淮夷文化有着较为密切的联系。而义安出土的春秋中晚期铜器，有不少地方与楚器械相似，受楚文化影响较大。特别是在兵器方面，如铜剑扁茎无格，两"从"份凹收成血槽，铜戈长胡直内，狭长援，锋端呈三角形等等，都与楚兵器一致。义安地处吴头楚尾，史有吴王馀昧十一年（前516）楚伐吴，战于鹊岸；《左传》载"冬十月，楚子以诸侯及东夷伐吴……吴人败诸鹊岸"——鹊岸即义安区五松镇附近，春秋时期楚与吴多次在此征战，由此此地所受南方楚文化的影响在青铜器上烁烁可见。

楚式青铜器是商周青铜器的重要组成部分，其纹饰既保持了与中原青铜器一定程度上的一致性，又具有独特的地域特色，如以失蜡法铸造的铜器装饰繁复精美、以线条勾勒的极度简化的凤鸟纹独具特色，这些精美的纹饰展示了当时社会的文化意蕴和审美情趣，也显示了精湛的青铜冶铸工艺。义安出土的部分青铜器，有的采用失蜡法铸造，有的纹饰龙凤齐舞，即有楚地的特点。

当编钟乐鸣、凤舞九天在铜陵青铜器上闪耀，这是楚文化的义安辉光。

3

鸟盖盉邮票（下排左三）

1973 年，根据周恩来总理指示，我国正式发行了一套 12 枚青铜器的精品邮票，其中一枚就选中了铜陵出土的鸟盖兽耳盉。它于 1971 年原铜陵火车站（义安旧地）基建时出土，为国家一级乙等文物。

鸟盖兽耳盉，造型与传统中原青铜器庄严厚重、规矩严谨的风格大为不同，不见威严的兽面形象，而以华丽的蟠虺纹饰之，反映了春秋晚期南方青铜器活泼自由的风格。盉盖中央伫立着一只鸟，圆眼尖喙，双目炯炯，昂首直立，双翅并拢，造型生动，或与当时南方的图腾崇拜有关——春秋后期楚式青铜器有鸟翼然，如壶上凤鸟、人面神人、鸟兽羽人、鸟状神人，有着楚文化中人神交融的意境。从湖北省云梦县出土的卧鹿立鸟，到两千多年前楚墓中多见的兽身上鹿角，这些傲然挺立的独特造型，就凸显出楚文化特色。而楚人崇凤，凤鸟则是楚地的图腾，象征着美和力量。出土于义安的鸟盖兽耳盉鸟盖，与楚地之风一脉相延，盉肩上无提梁（指壶的提手），其功用以腹部两侧粗壮的环耳代之，这种造型在同类盉中十分罕见。它一改中原青铜器雄浑凝重的铸造风格，充分体现了南方文化的自由浪漫。

鼎立铜都义安地，腹有江山映楚风。一个个出土于义安的青铜器，传承着楚文化的绚烂多彩，就像云梦之地的故人，从遥远的时光深处穿越而来……

吴越文化的义安回响

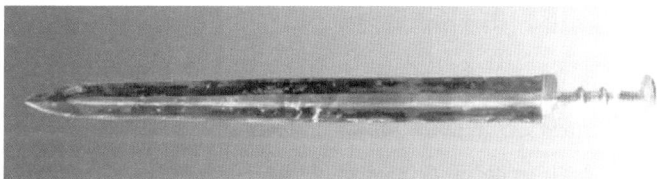

铜陵市博物馆馆藏青铜复合剑

1

东汉末年战乱纷起，春谷县在吴地的战略地位显得尤为重要，因此东吴对春谷长的选任非常慎重，曾先后任命周瑜、鲁肃、周泰为"春谷长"。这些东吴名将是否曾派人在春谷县铜官山下冶炼过兵器，此事史迹渺渺不可凭据，但当时义安属吴国故地春谷县有史可证。西汉时春谷县治设在位于芜湖市繁昌区与铜陵市义安区接壤的繁昌荻港镇苏村，东汉后期迁至今南陵县何湾乡钱桥村。三国时的春谷县，西北濒临长江，有南陵戍、赭圻屯、鹊头镇、鹊尾戍等大江要津和古代战场，东南是皖南山区的关隘险阻，为镇抚山越的前沿阵地。其辖地包括现在的芜湖市繁昌区、三山区、南陵县、湾沚区及铜陵市义安区的一部分。如此，义安怎能不受吴文化的滋养呢？

吴越文化是中华文明的重要组成部分，泛指古吴地物质文明和精神文明的所有成果，区域包括苏南浙北的环太湖流域。吴文化、越文化是长三角地区出现的区域文化类型，这两种文化有着不同的特征：吴人相守太湖，文化温润柔和；越人滨江临海多山，文化坚韧刚劲。但这只是"同中有异"而已，两者同源同出，从河姆渡文化、良渚文化一路走来，历经千年风雨同舟，"同俗并土、同气共俗"，逐渐在相互交融、激荡、流变中形成统一文化类型，共同成为"江南"的前身。在吴越文化发展过程中，永嘉南渡是一个转折的关键点。随着当时的政权南迁，吴地文化开始实现转型，将当地隐逸文化与主流文化互相渗透，由尚武变为崇文。六朝以后，江南地区被大规模开发，经济丰裕，社会稳定，山清水秀，生活安逸，与其相随的是民风由勇武刚烈变为温文儒雅，上至晋绅，下至平民，家家礼乐，人人诗书。吴文化由此具有了小巧精致、柔和淡远、雅致秀丽、灵动飘逸的特点，从"吴侬软语"到"小桥流水"，无不显示出吴地的文化特征。

义安之地史上先属吴国，越灭吴后属越国，楚灭越后属楚国，三国时属吴国丹阳郡春谷县。义安虽地处吴地边缘地带，但属吴越故地的江南地区，而且史上经历过"永嘉南渡"。西晋后期，北方战乱，一批批中原人南迁至长江南岸、铜官山下，让河网密布、沼泽丛生之地人烟稠密起来。由此，历经千年的风雨，义安大地的地域文化既带有吴越文化的色彩，又有着明显的外来文化与本地文化兼融并包后形成的地缘特色。

2

习俗乡音是地域文化的"活化石"，义安的风俗与语言具有吴越文化的风韵。

周振鹤在《从地名透视文化内涵》一文中，就以吴越语地名为例，说明了古吴越语曾对皖南各地及皖东部分地区有着较大的影响。比如"墩"指土堆，在苏南、浙北及皖北地区也常作为地名通名，而义安不可移动文物中即有师姑墩、高墩遗址、螺蛳墩等遗址，同时吴越文化的鲜明标志形式如舟楫、农耕、印纹硬陶、土墩墓等，也能在这些遗址中找得遗存旧迹。而"村""庄"等通名用字是普通话的标准用字，"庄"多见于皖北，与北方文化关系密切；"村"多见于江南，与南方文化紧密相连，这与北方文化区、吴越文化区的范围大体一致。义安古村就多以"村"命名，如获得"中国传统村落"称号的天门镇江村、以赵氏宗祠戏楼闻名的东联镇水浒村、曾为旧乡名的天门镇朱村，还有"墩""村"均有的钟鸣镇杉木墩村、东联镇墩上陈村……这或许就是义安受吴越文化影响而产生的地名。

义安"本地话"属于"吴侬软语"的吴语语系，而移居本地的居民说的"外地话"大部分为来自本省江北的"江淮官话"和鄂东北的"西南官话"。郑张尚芳在《皖南方言的分区（稿）》中指出："江淮官话在皖南的分布比较广泛……皖南大部分县城，如芜湖（湾址）、繁昌、铜陵、泾县、旌德都通行江淮官话。江淮官话主要是江北移民带来的。"目前，铜陵市区通行的方言主要是工业移民所带来的长江以北的江淮官话，居民多来自江淮官话区的安徽无为市、庐江县、枞阳县、桐城市等地，而真正的铜陵本土方言则是吴语，分布在义安圩区和后山区，可分为三种，即五松镇一带的街巴佬话、山区的山巴佬话、圩区的圩巴佬话，方言相类，但有差异。

今天的吴语区，以浙江和苏南及上海为主体，包括皖南、赣东、闽北的部分地区，即古代所称的"吴越"地区，义安就位于其间。义安最初的居民是商周时期的越人，现在的原住民祖先大多是三国时期吴国的移民，至明末方言一直保持着基本稳定。20世纪50年代方言普查时，曾取铜陵、太平两个县名的首字定名为"铜太方言"。80年代后期，为绘制汉语方言地图，中国社科院语言所专家来皖南调查方言时，根据这些地方古时属宣州郡，又改称"宣州吴语"，隶属于现代吴语的宣州片。（《安徽省方言志》）据中国社科院语言所研究员谢留文所著《安徽铜陵吴语记略》所述，皖南宣州片吴语可以分为"铜泾小片、太高小片、石睦小片"三个小片，其中铜泾小片分布于12个县市，区域含铜陵县（今义安区）、泾县、繁昌县、南陵县北部西部及东南角奚滩乡一带等。义安吴语与江浙吴语有共通之处，比如大部分方言的古全浊声母读音自成一类，与古全清、次清声母今读对立，仍保持"帮滂并、端透定"三分。但是这些全浊声母的读音变化很大，浊塞音的闭塞成分很轻微，有向通音转化的趋势，浊塞擦音大多已转化为擦音；历经岁月仍保留着五个音调，阴平、阳平、上声、去声、入声，比普通话多一个"入声"，同时保持着并母、定母、群母独立分类的语音特征。

义安吴语与历史上多次发生剧变的北方方言相比，还保留了大量的古汉语词汇。一些看似佶屈聱牙的古诗词，用铜陵话读起来却朗朗上口、抑扬顿挫。例如：

"囥"——藏（东西）。唐宋韵书《集韵》：去声，宕韵，口浪切：藏也。

"簟"——竹席。唐宋韵书《集韵》：上声，忝韵，徒点切：竹席。

"坼"——裂缝。唐宋韵书《集韵》：入声，陌韵，耻格切：《说文》裂也。

......

当然，义安地处八大方言区中间，外来人口较多，也受到湘方言、赣方言、北方方言等影响，是不同语言文化的杂糅相汇处。而随着普通话的推广和江淮官话的渗透，义安地区人说本地乡音的人正在逐渐减少，可那种土语却是吴文化在义安流传的历史见证。

3

义安的青铜文化有着吴越文化的色彩。

《周礼·考工记》说："吴、粤（越）之金锡，此材之美者也。"《汉书·地理志》载：吴有"章山之铜"。《史记·吴王濞传》亦载："吴有（豫）章郡铜山。"历史上的吴地由今天的宁镇、皖南和太湖流域三个亚区组成，这一地区素来盛产铜。这些丰富的铜、锡等合金原料，为吴国的铜铸造业发展提供了相当坚实的基础。史称干将、莫邪铸剑时，有"童男童女三百人鼓橐装炭"，表明吴国青铜冶铸业在春秋时期规模宏大。吴地的冶铸技术，尤以青铜兵器著称于世。其中，越剑的突出成就体现在菱形暗花纹饰技术、剑首同心圆技术和双色剑技术上，被称"三绝"。吴王夫差剑饰菱形暗花纹，历千年之久仍清晰。根据分析，此剑至少使用了硫化处理、复合铸造、富锡膏剂扩散等工艺，可见技术之精湛。据传，阖闾时期，吴国铸剑师干将娶欧冶子之女莫邪，并向阖闾进献宝剑。这一故事见诸汉魏以来的诸多史籍与笔记，即便并非真实历史事件，也透露出这样的信息：在吴国的大扩张及越国最终吞并吴国的时代，吴越铸剑技术在吴地完成合流，产生出堪称国宝的吴越刀剑。

义安区所在的铜陵市，博物馆馆藏青铜剑应属先秦青铜兵器中的珍品，其中青铜复合剑为吴越兵器的杰出代表。此剑的中脊和两刃是用两种不同成分的青铜铸造而成，说明当时工匠们已充分认识到锡含量对青铜机械性能的影响，利用低锡青铜制成韧性好的剑脊，高锡青铜制成硬度高的剑从，通过分次铸造得到刚柔相济的青铜复合剑。具体制作是先铸成带榫头的剑脊，然后铸造两侧剑从，在烘范过程中剑脊获得均匀化处理，使剑脊合金的韧性得到提高，复合剑的抗冲击性更好。而从义安地区陆续出土的几十件春秋战国时期的青铜兵器，受吴越文化影响较大，如铜剑一般剑身细长，中部起脊，锷锋利等，展示了吴越兵器精良的铸造工艺。

"男儿何不带吴钩，收取关山五十州。"义安地区，以戈舞云天展现了吴楚文化融汇的风景。

徽州文化的义安流韵

1

义安一地，古有宗族建祠之风：曹氏祠堂位于东联镇莲湖村曹家自然村，坐北朝南，砖木结构，呈长方形，内有 10 平方米的天井。该建筑为该村祭祖场所，曾用作小学；江氏祠堂位于天门镇西边江村，建于 1753 年，1806 年重修，成为江氏家族修谱祭祖等活动场所；崔家祠堂，遗址位于西联镇兴桥村郜墩自然村，祠堂已毁，曾有石狮、旗鼓石等沉留于水塘，石刻精美具有明代特征……徽州最早于宋代开始建筑祠堂，至明朝中期

江村民居内景

形成大规模修建祠堂的社会风气——义安建祠之风即承自徽州。

"一生痴绝处，无梦到徽州。"徽州文化是指原徽州属下歙县、黟县、休宁、祁门、绩溪和婺源等六县出现的各种文化现象的总和，包含具有儒商文化和宗教文化地域特色的物质文化、制度文化和精神文化，是中国地域文化的三大显学之一。其文化风貌主要表现为：徽州的土地制度、宗族制度、教育制度、商业文化和民俗文化，是传统中国的典型样本：徽派建筑讲究人与自然的和谐，白墙黛瓦，特色鲜明；徽州商人贾而好儒，贾儒结合，亦贾亦仕，耕读传家；徽州于建筑学、算学、医学、天文学、地理学等诸多领域研习精深，新安医学自成一派，新安画派师承有自，"文房四宝"传承墨香……这些构成了徽文化的丰富性和独特性。千百年来，徽文化伸展于江南和淮扬地区，又随着徽商的足迹广布中华大地。

义安地处徽文化发源地皖南，通常意义上，人们把从长江进入安徽安庆境内至江苏南京的全部长江以南区域，定义为地理上的皖南，由 6 个城市组成，沿江自西向东的四个城市分别为池州、铜陵、芜湖、马鞍山，以及内陆的宣城、黄山，义安所属铜陵即是其一。义安因地缘相近深受徽州文化辐射，比如婚俗与徽州的民俗大体一致，年轻女子讲究女红、绣鞋、哭嫁、跨火盆、闹洞房、唱喜歌，在新娘的被子里塞枣子、花生，企盼早生贵子等，可以说义安就在徽文化的"生态圈"中。

一座座义安的祠堂，表现了徽文化中聚族而居、血脉相承的家族观念——如清代徽州人赵吉士所说："千年之冢，不动一抔；千丁之族，未尝散处；千载谱系，丝毫不紊"——是徽文化中宗族制度的象征。

2

徽文化以建筑为载体，特色尤显。

徽派建筑在总体布局上，依山就势，构思精巧，自然得体；在空间结构上，造型丰富，讲究韵律美，以马头墙、小青瓦为特色；在建筑雕刻艺术的综合运用上，融"石雕、木雕、砖雕"三雕为一体，显得富丽堂皇。它集徽州山川风景之灵气，融风俗文化之精华，结构严谨，雕镂精湛，充分体现了鲜明的地方特色。

　　义安地区的古建筑与徽派民居一脉相承。大通古镇历史传统建筑群主要集中在和悦、澜溪两条老街上，它们分列一江两岸，隔着鹊江相望，具有大通商埠特色。澜溪老街现存一条长780余米、宽7~15米、铺着四方形紫红麻石街面，临街多是小瓦屋面、马头墙的门面房。和悦老街木头穿枋结构的三街十三巷中，具有典型特色的马头墙、吊脚楼、青石板构成的巷道依然保留至今，彰显出因水而生的徽派商铺建筑特色。而散落在民间的明清古建筑，如钟鸣镇金榔缪村古屋、顺安镇凤凰山大夫第古建等，皆有徽韵。其中坐落在天门镇板桥村的江村，还保存着几栋明清时期修建的古民居。这些古民居中有种叫"四厢、两正"的建筑，是徽派建筑中最为标准的建筑结构。房屋的四面各开一个门，朝南的那个门为正门，其余叫边门或后门，正门口左右两边各有一个石鼓。进入房屋里，屋顶上方的长方形天井映入眼帘，与其对应的地面上有一个用来盛接雨水的天井池。天井一是用来采光，二是用来盛接雨水，屋顶设天井，在徽州建筑中有"四水归堂，肥水不外流"之说。屋内分东西南北4个厢房，是供家人居住的地方，而上层囡楼是未出嫁的女儿居住之所。每家每户都是一个独立的建筑体，与其他建筑互不相连，四面防火墙到顶，万一哪家不慎失火，不至于殃及左邻右舍。这些建在一块前低后高的斜坡之上的古民居，错落有致，极具典型的皖南徽派建筑风格。义安"三雕"跟徽州一样，集艺术性和实用性于一体，表现人们对美好生活的愿望。在天门镇董店发现有几件避火砖雕，原先被砌在一座房屋前方的风火墙上。此房屋为清代早期建筑，那些砖面上雕刻的龙、鱼、荷等水中动植物，取水克火之意，寄寓人们对太平的企盼。

义安景区建筑也有着皖风徽韵。永泉小镇，一步一景，处处是画。这里的建筑既融合了江南园林的精髓，又洋溢着徽派的风韵。身处永泉小镇，青砖黛瓦的建筑错落有致，石板路上传来悦耳的脚步声，空气中弥漫着淡淡的桂花香，商铺、茶馆、书斋古色古香，漫步其中仿佛置身于一幅流动的水墨画卷。而犁桥水镇景区，拥有 119 栋古建民居、8 条古建街道以及临水错落分布的亭台楼榭，建有古戏台、古县衙、古绣楼、当铺、更楼、三元门、古祠堂、书苑、千佛塔、文昌阁和龙王庙等。一河穿镇而过，桥梁、亭台、楼阁点缀其间。街上的建筑飞檐翘角，马头墙鳞次栉比。两旁店铺林立，售卖着各种安徽特色的手工艺品和美食。远处灰瓦白墙，侧面一排排红灯笼，在水中相映成趣。穿过青石小桥，漫步街巷间，仿佛穿越到几百年前的明清画卷里。

3

徽菜是徽文化的载体之一，作为中国八大菜系之一，是指皖南风味的徽州地方菜肴。它以徽州特产为主要原料，其主要风味特点为咸鲜为主，突出本味，讲究火功，注重食补；在烹调方法上以烧、炖、焖、蒸、熏等技艺为主，重油、重色，重火功。义安之地的铜陵菜，属于皖江菜系，是徽菜中小众而冷门的流派。铜陵菜属于皖江菜系，是徽菜中小众而冷门的流派，不仅有徽菜火工菜的重油重色，还凭借对刀工形色的讲究，形成了独特的饮食文化，在保持本色原味的同时，兼具水陆珍馐之鲜与民间风味之奇。臭鳜鱼是徽菜的代表，是以鳜鱼、生姜、红辣椒为原料制作的一道菜品，流行于歙县、休宁、黟县、绩溪一带。相传在 200 多年前，沿江一带的铜陵大通等地的鱼贩，每年入冬时将长江鳜鱼用木桶装运至徽州山区出售。因要走七八天才到徽州，行至黄山郭村乡有家扁担铺，天降大雨多日不停，加上天气炎热，为防鲜鱼变质，鱼贩装桶时码一层鱼洒一层淡盐水，并经常上下翻动，鱼到徽州，鳃仍是红的，鳞不脱，质不变，只是表皮散发出一种异味。洗净后以热油稍煎，细火烹调，异味全消，鲜香无比，成为脍炙人口的佳肴——由此可见臭鳜鱼与义安之地的渊源。

徽文化以徽商闻名于世。徽商指旧徽州府籍的商人或商人集团的总称，萌生于东晋，成长于唐宋，盛于明，鼎盛时期曾经占有全国总资产的4/7，是中国十大商帮之一。徽商亦儒亦商，辛勤力耕，赢得了"徽骆驼"和"绩溪牛"的美称。其以追求商业的成功与推进文化的繁荣、培育人才的教化并举，形成了"贾而好儒""官商互济"的传统。义安之地临江而生，顺安街、汀家洲之类的集镇星布。其中旧时属地大通和悦洲繁华一时，洲上于清同治四年（1865）建有盐务招商局，督办沿江数省盐务，人口增至七万人，成为近代沿江流域重要商埠。早年皖南山区铁路不通，公路甚少，徽州山区经商货物往往要从大通水运进出——可以说大通是徽州商业的门户之一。明清时，因徽商大量涌入，大通进入鼎盛时期，并于清代咸丰、同治年间形成"八大商帮"。其中，新安帮也叫徽州帮，是黟县李宗煝在大通发迹后牵头组建的，以商业为主，是名副其实的"徽商"。旌泾太帮由宣州泾县、旌德、太平县（今黄山市黄山区）人组成，池阳帮由贵池、石台、青阳人组成，蓉城帮是清末由池阳帮派生出来的——这些商帮是"徽商"的支脉。而号称清末"江南十二家"之一的李宗煝就是大通徽商代表性人物，他发迹于铜陵大通，是大通商界声名赫赫的"金融巨子"，不仅在大通率先成立新安帮，而且相继成为大通钱业、盐业、同业三大公会会长，被官商士民尊称为"李老辉"。

徽州因宋元时期北方大族迁入、程朱理学的传播，形成了读书、经商并重的传统。人们崇尚程朱理学，养成了重教崇文、经世济用的氛围。明代徽州人程大位曾编纂《算法统宗》，以其命名的珠算法是中国珠算史上浓墨重彩的一笔。同源一脉的义安区先贤张文伟，就曾于明正德十一年（1516）著有《铜陵算法》，以商民日用珠算法、土地丈量、算盘图式以及各种算诀著称于世。

……

徽州文化，瑰丽灿烂。义安深受徽文化浸润，将千年文风绵延、万里商脉传流。

皖江文化的义安潮声

1

长江滚滚东流，自江西的湖口附近流入安徽境内，由西南向东北斜穿过安徽南部的安庆、池州、铜陵、芜湖、马鞍山等地，流至和县乌江附近出安徽而入江苏。这段流经安徽境内的长江，长约416公里，流域面积在6.6万平方公里左右，被称为"八百里皖江"。这也是横贯安徽、串珠成链的文化风景。皖江文化是皖江区域自古以来形成的地域文化，由最初的安庆古皖文化出发，经皖江地区近代文明孕育，依山水走势越来越广。有人在勾画安徽文化地理时，把名山秀川间的徽州文化比作山文化、淮河文化比作水文化，那么皖江文化就是山水文化。

皖江文化是安徽大地上人文与地理、情感与地缘相交融的文化，既有拥抱大江大海的创新开放，又有凝聚皖山皖水的和合从容。它包罗农耕生产、商贸水运、文教工艺、多彩民俗，呈现出纵横交织、摇曳生姿的气象。从清末洋务运动最早官办的新式兵工厂安庆军械所，到倡导白话文、促进文化普及的《安徽俗话报》，作为中国近代文明的源头之一，它民风开放，革故鼎新，领风气之先。它上承荆楚、下连吴越，涵盖安庆的古皖文化、芜湖的商埠文化、铜陵的青铜文化、马鞍山的工业文化和池州的佛教文化，还烙上了徽州文化的印迹。

铜陵义安区位于皖江南岸，既受到来自安庆、芜湖、池州"一衣带水"的文化影响，又在皖江文化中彰显着特色。如戏润流年是皖江文化的河流之一，明代铜陵人佘翘的传奇剧本《量江记》，就曾被冯梦龙称为能与汤显祖的"临川四梦"并立。又如早在 1900 年 8 月，大通自立军起义打响了 20 世纪反封建反压迫的第一枪。而 1907 年、1908 年先后发生在安庆的徐锡麟巡警学堂起义和熊成基马炮营起义，接连打响了辛亥革命第一枪和新军起义的第一枪——这枪声是否在遥相呼应？

千百年间，义安一直在接受着皖江文化的浸润，是被长江氤氲的一方水土。

2

一江流千古，两岸群山聚。

义安的皖江文化与码头有关。水运与商业文明有着天然的联系，临江而居的义安深受码头文化的影响。旧属义安的大通镇开埠早，工商业发达，其兴盛与长江有关。它面临皖江，南扼青通河入江口，北有羊山矶屏障阻风，江心有和悦洲、铁板洲抑控江涛，为天然良港。自宋、元以来，此地逐渐成为皖南广阔腹地和沿江两岸农副产品和日用杂货的集散地。光绪二年（1876），《中英烟台条约》将大通辟为对外通商口岸。明清时因徽商大量涌入，大通大小商号达 1200 余家，仅弹丸之地的和悦洲就建起 3 条街 13 条巷的密集街市建筑群，与芜湖、安庆、蚌埠并称安徽"四大商埠"。清末民初，一批外国洋行和公司纷入大通，不仅传播了先进的科学技术，也勃兴了本地的近代民族工业。码头文化最显著的特征之一，就是因人来客往、信息与资源融汇交流而形成的开放与包容意识。在相当长的一段时期里，封闭保守、自给自足、因循守旧等以农耕文明为基础的思维观念对国人影响甚巨。惟其如此，码头文化中所拥有的移民性、商业性和包容性就尤显可贵，开放繁盛的码头文化给了义安人广阔的胸襟。而今铜陵港是国家一类水运口岸和长江黄金水道上的重要港口，万吨级江海轮可直达港口，正在纳江汇流。

义安的皖江文化以青铜为特色。义安拥有天门镇木鱼山、凤凰山金牛洞等众多采冶铜遗址，与皖南古铜矿遗址带一起，闪耀着青铜之光。那么，出产于古铜陵的铜，是怎样北运中原的呢？《诗经·鲁颂》说："憬彼淮夷，来献其琛，元龟象齿，大赂南金。"意思是：居住在淮河中下游的淮夷，向中原王朝进贡宝贝，不仅有大龟和象牙，还有大量的铜材。"金道锡行"是商周时期江南铜料北输中原的通道，那时中原王朝用兵淮夷除了征服目的外，一个根本原因就是为了打通掠夺江南青铜原料的"金道"。近年来，科技考古专家从铅同位素研究、历史矿产地理和考古学文化角度推测，商王朝的青铜原料运输路线可能有两条：一是北线，主要由中条山铜矿区（如垣曲一带）直接提供铜料；二是南线，主要从长江中游地区运输锡料及部分铜料。铜陵应该就在这条南线"金道"上。我国著名青铜器专家马承源在鉴定国宝戎生编钟时指出，编钟铭文关于"从繁汤获得铜料"记述中，"繁汤"应指安徽铜陵一带，义安之地就位于这条中国古代铜矿资源流动的大动脉上。正是因为有了青铜，李白才咏下《秋浦歌·十四》"炉火照天地，红星乱紫烟。赧郎明月夜，歌曲动寒川"。这是一首正面描写和歌颂冶炼工人的诗歌，在我国浩如烟海的古典诗歌中较为罕见，是铜陵青铜文化的诗歌"名片"。这一斑斓的青铜不仅展示了义安之地的地域特色，也丰富了皖江文化色彩。

……

从一段段史事、一首首诗歌，不难看出义安与皖江城市地缘相近、血缘相亲、文缘相承、商缘相通，是皖江文化的传承地。

3

皖江是山环水绕的"彩带",是诗情画意的"诗路",历史上李白、陆游等文人曾路过皖江留下了千古绝唱。那就跟着李白的诗歌漫游皖江,厘定义安在这条山水走廊上的位置,走向诗意的皖江文化——

"一生好入名山游"的唐代诗人李白,曾多次来往于皖江。青年李白意气风发,发清溪,过三峡,顺流而下。他在纵目骋怀的快意之后,也有了"独游沧江上,终日淡无味"的惆怅。而迎接他的皖江山水,点燃了他的诗情。当皖公山(天柱山)映入眼帘时,诗人眼睛一亮,吟道:"奇峰出奇云,秀木含秀气。清晏皖公山,巉绝称人意"(《江山望皖公山》),盛赞天柱山的山峰云气。李白未能登临天柱山,但登上了皖江之畔另一座名山九华山。他将这座原名为九子山的大山比作九朵芙蓉,改名为九华山——"昔在九江上,遥望九华峰。天河挂绿水,秀出九芙蓉"(《望九华赠青阳韦仲堪》)。皖江两岸除了高耸的天柱山、九华山外,江矶秀峰不断,串成美丽的长江风景长卷。李白到芜湖时,见江上不远处忽然出现夹江对峙的东梁山、西梁山,如同大开的天门在迎接他的到来,便情不自禁地写下了辞采飞扬的《望天门山》:"天门中断楚江开,碧水东流至此回。两岸青山相对出,孤帆一片日边来。"后来李白终老于马鞍山市当涂,长眠于大青山,留下了采石矶太白祠和大青山太白墓的遗迹。

在这条"皖江诗路"上,李白至池州、铜陵一带时,曾留下《与南陵常赞府游五松山》《答杜秀才五松山见赠》等诗。义安依山傍水,既与周边城市共享着历代文人走出的"皖江诗路",又以水涌山叠舒卷着皖江山水的自然风光,更以百舸争流汇聚着皖江经济带的活力。

大江流日夜,慷慨歌未央。而今,吐故纳新的皖江文化已在新时代焕发出璀璨的光彩,义安以皖江为纽带,与长三角紧密联系在一起,迎着大潮奏响青铜的行板。

第六辑

古镇今昔

千年古驿顺安镇

1

"临津艳艳花千树，夹径斜斜柳数行。却忆金明池上路，红裙争看绿衣郎。"北宋年间，一位江西人从凤凰者晃灵山麓走来，咏下了这首诗。这位"牛目虎顾，视物如射"的人，就是北宋名相、文学家王安石。数十年前，时值青年的他因父亲死于江宁任上，家中生活骤然困顿，曾来此地游学。而此时他早在京城显达了。他再次路经临津驿，想起当年在京城开封游金明池景，于

顺安老街

是吟下了这首《题顺安临津驿》。诗中的金明池位于京城西顺天门外、战国时期"灵沼"上。北宋太宗时，京城大兴土木，兴建皇家园林，在灵沼之上开凿了九里三十步的金明池。金明池虽是皇家园林，但每年三月开春会对外开放，允许百姓进入游园。沿岸垂杨蘸水，烟草铺堤，东岸临时搭盖彩棚供游人赏荷，西岸供游人临岸垂钓，其间杂技、杂剧、乐器、滑稽、水上秋千和傀儡表演纷繁，小吃美食应有尽有。据《东京梦华录》载，官家会在此宴请群臣，登上宝津楼观看水戏和

"阅兵"禁军——王安石以东京城的胜景来媲美临津，可见当时顺安是何等的热闹。

那么，顺安究竟是怎样的繁华之地呢？

顺安镇，位于铜陵义安区中部、皖江南岸，古名临津。《江南通志》载："顺安镇，县东三十里，宋镇，即古义安县，旧置临津驿"——"临津"是临水的渡口之意，这里的"水"从铜陵东南方向的山中汇聚而来，自南向北注入长江。"驿"即驿站，就是官方设置的专门为政府官员、邮差员等公务外出时住宿、吃饭，给马喂草料的地方。位于回龙山畔的古驿是水陆兼办的驿站，唐初设于此，距今1400余年。当时临津驿设在这江南古道要冲上，是南陵县城及至宣州通往长江的要道。同时，顺安古镇作为铜陵地区古代矿冶中心之一，在古铜都铜矿采冶史上占有重要地位，境内的国家级文保单位"金牛洞古采矿遗址"等即是见证——这也许也是官府在顺安设驿站的原因之一。临津驿至清朝末年因邮政兴办才被淘汰，在顺安存续上千年。

关于"顺安"地名的由来，说法有三：一是来源于《庄子·养生主》句："适来，夫子时也；适去，夫子顺也。安时而处顺，哀乐不能入也"；二是顺安自古水陆交通便利，特别是古顺安河经流集镇而入长江，顺安古镇依河而建，取"水顺而安"之意；三是顺安为古驿站，为官府投递公文和往来官员休憩的机构，取名顺安有"民生顺遂，社会安定"之意。

顺安原为义安县治所在，南唐保太九年（951），义安县改名铜陵县，县治从顺安迁往古铜官镇（今五松镇）。元至正十六年（1356），陈友谅在武昌建立陈汉帝国称帝，他的部将赵普胜攻占铜陵县城古铜官镇，池州路总管陶起祖又将铜陵县衙迁至顺安。虽然赵普胜后遁去，但是铜陵县衙并未及时回迁，直至明永乐二十二年（1424）才迁回古铜官镇。如此顺安古镇，从东晋到明代，数度成为铜陵县治所在地，总计 315 年。

一座古驿站，千年顺安镇，顺安在历史的分分合合中，穿过沧桑风雨。

2

"三月三，去顺安。"自两宋大兴圩田以后，顺安附近的圩乡成了稻米之乡，山区的竹木、圩区的稻米、东西湖的鱼虾水产开始在此集散，顺安日渐繁荣起来。于是顺安河上船只来往穿梭，街上马匹奔走，一个名为"三月三庙会"的集市就自然而然形成了。每到农历三月三，来自江浙湖广的行商通过长江黄金水道入顺安河，由顺安码头上岸，带来他们的特产和制作精美的布匹、百货，在顺安老街交换他们所需要的山货、木器、竹制品。而徽州、黄山、九华山等地的山里人，背着茶叶、笋干以及木竹制作的器物而来，交换他们所需的剪刀、香脂、头花等生活用品。本地乡民、南来北往的商贾小贩、工匠、艺人比肩接踵，项背相望，日市夜贸，经月不息。而今，顺安"三月三"传统集市仍在举行，现已发展成为集科技、文化和商品交易于一体的群众性商贸活动。

在顺安，有一条老街穿过千年时光。顺安老街曾是货物琳琅、商旅云集的繁华之地。它全长 1000 多米，西起顺安古桥，东到顺安中学，东宽西窄，部分街道宽度不超地 10 米，狭窄的青石板巷子呈一条弧线分布。街道两边房屋都是马头墙式的江南徽派建筑，现存青石板路面约 200 米，为明代所建。这条濒临顺安老河水码头的千年街道，20 世纪 70 年代以前，一直是铜陵中东部主要的商业集散中心，两边店铺林立，日用杂货店、布匹店、照相馆、理发店、缝纫店、陶瓷店、铁匠铺、铜匠铺、农具店、渔具店、饭店旅馆、书店茶楼、百货公司、电影院等应有尽有，前店后居的老房子基本保持传统街道特色。而今，昔日的老街已被搬空，只留下了青青石板、蒙蒙细雨，只留下了渐行渐远的背影……据《宋会要辑稿·食货》卷一六记载，熙宁十年（1077），铜陵县商税为一千七百五十二贯二百四十文，其中顺安镇商税为三百七十五贯四百一十五文。乾隆《铜陵县志》记载，清代以前，即有徽商在顺安经商。至抗日战争前，顺安主要街道有西溪街、中心街、东正街、临津街、新街口、清真街等，鼎盛时期集镇人口达两万余人。

顺安有古楼，有古桥。据清乾隆《铜陵县志》载："顺安楼，在凤凰者顺安镇即旧临津驿也。"该楼为三层砖木结构，檐角飞翘，琉璃瓦顶，四面嵌窗，居顺安镇内高处，登楼游览，远山近水，尽收眼底，成为古镇顺安的一大人文景观，文人学士常聚于此楼吟诗作赋。宋代房芝兰曾作诗《题顺安楼》："窗含野色入平吞，极目渔樵江上村。流出异香花堰水，放开老翠叶山云。竹边僧寺鸥沙绕，柳外人家驿路分。挂月参天蟠地脉，门前双树几斜曛。"顺安古桥则坐落在今天的顺安镇临津公园，是一座三孔两跺、用青石叠砌的石拱桥，建于明嘉靖年间，已有500多年的历史。

在顺安，有一条河蜿蜒而过，那就是顺安河。它为千年古镇带来了繁华。昔日，顺安河上来往穿梭的船只，见证着义安的鼎盛和繁荣。如今的顺安河在美丽河湖建设，建成滨河景区左岸生态驳岸0.65公里，岸旁绿植成荫，鸟语花香，营造出滨河景观带和沿河生态绿色走廊，彰显出江南圩区水文化的特色，成为市民休闲之地。

一条河、一条街、一座桥饱经沧桑，见证了历史。

3

历史的脚步从未停歇：2004年5月，顺安镇与新桥镇整建制合并，设立新的顺安镇。新顺安镇镇域面积135平方公里，辖4个社区居委会、12个村委会，231个自然村，364个村民小组，总人口5.2万余人。其中：东正社区，为顺安河以东的东正、中心、临津、西溪四个街道；

金山社区，相传徐氏以铜代金争夺此处一山，后山称金带山；丹凤社区，曾为丹凤大队，因铜陵有色凤凰山铜矿和七〇一工厂建设需要，先后在洪岭、程村居民组征地380余亩，失地农民户口转为铜陵县城镇居民户口，成立丹凤居委会，2012年狮子山区千禧苑小区整体划入后，成立丹凤社区；义安社区，曾名荣光村，因旧设义安县治于顺安而改成此名；金港村，地临顺安河，有港口、小金山坐落在河边；城山村，因境内大城山而名，焦埠村曾并入此村；沈桥村，相传乾隆七年，此地商贸繁华，过往的人要涉水过河，居住于此的沈家员外用石头拱起一座石桥，史称"沈家桥"；高岭村，由黄岭村与高潮村合成，各取一字而命名，其中黄岭村境内有山黄毛岭；长龙山村，由长龙、长山、陶山三村合成，地处长龙山（又名杏山）；凤凰山村，由陶凤村、牡丹村合并而成，相传此地为凤凰落脚处故名，也为地产凤丹主产地；明湖村，由大明村和湖城村合并而成，大明村地有大明寺，湖城村为1931年初湖城涧农民暴动发生地；盛瑶村，为盛冲与瑶山两村合并，其中盛冲以姓氏得名，瑶山以瑶山头为地标，旧时因泉而称"沸水"；星月村，由明星村、明月村二村合并，地有云崖寺和矶头山；新湖村，由新丰村、叶湖村合并，据传秦灭齐后曾派管仲后人去铜陵监督采铜之事，管氏后人来此定居，改大象山为管家山，汉代人们在此建造起大量的炼铁炉，故得名上炉铺、下炉铺；东垅村，"东"指东廓先生，"垅"指小土坡，据说东廓先生在此地住宿两宿，故得名东廓垅，后铁湖村、观湖村并入此村——据传此地原为一片汪洋大海，金鸡与鲇鱼精斗法，鲇鱼精化作今天的鲇鱼山，金鸡化作鸡头山即现在的矶头山，海水渐渐下落变成了一湖，此地铁湖、观湖及叶湖之名即与此传说有关；先进村，因1951年村庄工作成绩突出，故名"先进"，该村原包括护国寺村，后因义安开发区建设而迁出。顺安镇原有洋湖圩，传说古代大城山洪水暴发，将山脚下羊群冲走，直至漂流到地势低洼处，故被称为洋湖圩，该村因顺安镇建设已整体征迁。

千年古驿，繁华再续。顺安镇距铜陵市区 15 公里，距高铁铜陵北站 14 公里，宁安城际铁路、沿江高速、沿江快速通道穿境而过，铜陵市最大的内河航道——顺安河直达长江主航道四季通航。顺安镇不仅交通发达，而且风景秀丽，名胜古迹甚多。镇内景区可分为凤凰山景区和大城山景区，主要景点有相思树、牡丹园、周氏古民居、新四军团部旧址、大明寺、荆公书堂、城山寨王城、葛仙洞等，尤其是凤凰山景区洞址古刹、书堂灵泉、奇树绝崖、烛峰丹海蔚为大观。此地特产中药材"凤丹"名扬海内外，被林业局和中国花卉协会命名为"中国药用牡丹之乡"和"中国南方牡丹基地"。从中心城区纵横交错的道路、鳞次栉比的高楼、碧波荡漾的公园，到东部的义安经开区、南部的铜陵国家农业科技园区，以及蔚然深秀的凤凰山景区……顺安镇已从一个河网交错、阡陌纵横之地，破茧化蝶崛起成一座宜居宜业生态新城。

新义安，向东看。顺安镇已获得"全国文明村镇""国家综合改革试点镇""全省重点中心镇""安徽省千年古镇""安徽省经济发达镇""安徽省生态乡镇"等称号。2015 年 12 月，铜陵县撤县建区，易名义安区。2020 年初，义安区委、区政府驻地搬迁至顺安——顺安再度成为义安区政治、经济、文化中心，正迎着新时代的皖江潮扬帆前行。

县治故地五松镇

五松镇今貌

1

大唐天宝十三年（754），诗仙李白游至铜陵山野，但见一棵老松树，苍鳞老干，一本五枝，青翠参天，便吟道："我来五松下，置酒穷跻攀。征古绝遗老，因名五松山。"（《与南陵常赞府游五松山》）成书于南宋中期的地理志书《舆地纪胜》载有："五松山，在铜陵，李太白名曰'五松山'，因作诗以美。今五松山有宝云院及李翰林祠堂。"从此，一座山就以五松山之名显于天下。铜陵人把"五松"当作域名的代称，编修家谱时纷纷以"五松"冠之，商号、道路、村庄等也开始"五松"为名。清顺治年间在铜陵担任儒学训导的李士蛟在《重修铜陵县志跋》中说："夫铜向隶南陵，继改义安，而五松之号不因时代为迁，是锡铜以百世不易之名者，青莲也。""五松"这个名称意含着对李白的崇敬和怀念，百世不易，一直沿用至今，已融入当地人的心中。

这座古镇也以"五松"为名，古称铜官、江浒，又称城关。五松镇最初的名字，与另一座山有关，那就是铜官山。铜官山位于铜陵市区的东南方向，海拔高度为495米，是黄山余脉的终点。《明一统志》中记载：铜官山"在铜陵县南一十里，又名利国山，有泉源，冬夏不竭，可以浸铁烹铜。旧尝于此置铜官场"。汉元封二年（前109），朝廷在丹阳设置铜官，从原料上加强中央对铜产地、铜原料的管理，铜官山之名与之有关，此后铜官山成为铜陵的母亲山。五松镇位于铜官山麓，初以"铜官"为名，东汉时期地设铜官镇。《读史方舆纪要》上说："南唐移县（铜陵县）于今治，其地亦名铜官镇。"此镇旧时曾名五松镇，据乾隆《铜陵县志》载："在县南四里有五松山，镇以此得名。"民国二十九年（1940）后，此地时称五松镇。新中国成立后，因是铜陵县政府所在地，此镇改称城关镇。2004年5月，义安区乡镇区划调整，此镇又改称五松镇。五松镇数度易名，终以"五松"之名留存了铜陵这座城市的"印记"。

一个地方即使沧海桑田，但从存留下来的地名中仍可想见它曾经的样子——就像一个人的乳名。历史云烟经久不息，古铜官镇留下了炉火映天的云烟，而五松则为诗仙李白命名。

2

五松镇曾名城关镇。"城关"指城门和城郭之间的地方，亦泛指城区。曾几何时，"城关镇"是县城最普遍的代称。从明代起，由于长时间的建城设治，"城关镇"成了我国历来对县政府所在地的通称，即"县治"之意。新中国成立后，全国各地有很多县使用"城关镇"作为县城的行政建制正式名称，当时五松镇也是如此。

县治的迁移是社会嬗变的缩影，名称的更替是岁月变迁的标识。南唐保大九年（951），朝廷设置铜陵县时，就将县治就设置在此镇，

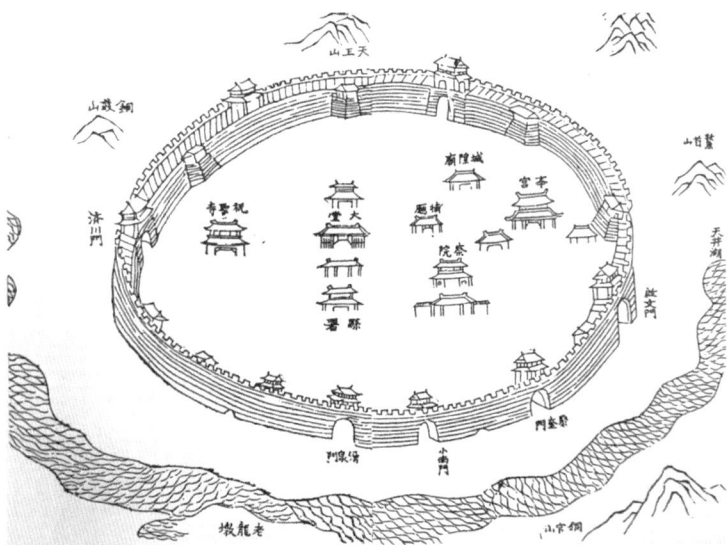

五松镇昔日城垣图（明代 绘）

此后多为县城所在。明代时的县衙在天王山之南，"官库在正堂左隅，上有库楼，下有库舍。自公亭在忠爱堂后，知县李士元建"。（乾隆《铜陵县志》）明万历三年（1575），此地建起城墙，周长700丈，高2.1丈，宽1.2丈，城墙开东、南、西、北城门，整体呈现椭圆形。乾隆《铜陵县志·城池·官署》载："今门有五：东曰启文，西曰济川，南曰涌泉，北曰贞城，东南曰聚奎。"后城墙毁于明末左良玉的兵燹。

明初起，此镇内只有一条中街，为砖石砌成的一道弯弯曲曲、长约一里的街道，两边建有徽式两层砖木结构的商业用房，后逐步发展演变为东街、中街、西街。古镇虽陋，但毕竟是一县之治所在地，还是颇为繁华的。据史书记载，清代，城关镇在正月十五至二月二期间会举办灯会。镇内4条街、1条巷各自都有灯会组织，共襄盛会。闹花灯以龙灯为主，伴有各式衬灯，如花挑子、马灯、花轿子、彩龙船、抬阁、舞云等，各具特色。龙灯前有四个大字，标着各街的名称，来自东街的是老绿龙标有"紫气东来"，来自中街新胜会和老胜会的两条滚龙"乐在其中"，来自西街的是金角老龙标有"祥云西雾"，来自北街的红纸龙标有"恩光北至"，来自平巷的红滚龙为"共乐太平"……场面蔚为壮观，热闹非凡，为古镇送上吉祥和祝福。

古镇虽小，但得山水灵秀，仰倚崇山，俯瞰大江，帆樯往来，一日千里。其形胜最佳者有古景"天王富览"：天王山在县城西北200余米，列若屏障。山有古亭，名曰富览。登天王山富览亭，览渺渺长江，观山光水色，可见群峦相拱，大江西绕，中拥城堞，烟火万家；"县河晚泊"中的县河，在县城南100余步之处，通引大江，直抵东湖，并兼蓄天井湖泻出之水。每临日暮，渔舟商帆，停泊于此，秀樯林立，集泊如市，落照帆影，渔火星稀，美不胜收。

新中国成立后，一座工矿城市在铜官山下崛然而起。来自四面八方的建设大军纷拥而至，铜官山人口剧增，很快形成一座工业化程度较高的中型城市。1952年，铜陵县城关镇铜官村升格为铜兴乡，下辖五松、官塘等五个村。城关镇所辖的一个长江边上的小渡口"扫把沟"，因码头搬运工人的聚集渐渐形成小集镇，更名为"兴隆镇"。而城关镇的名为杨家山的荒山上，随着新中国第一代矿工的到来，建起了200多栋矿工新住宅区，迈开了这座城市创业的足迹。铜陵建市后，国务院第39次全体会议批准市下辖铜兴、兴隆、杨家山、横港四个办事处和铜港乡一个乡，铜兴、兴隆、杨家山从城关镇划出，成为市区的中心地域，经济地位与繁华程度远超铜陵县。时为县政府所在地的城关镇跟铜陵市区相隔一个天井湖。2020年初，铜陵县撤县设区后，随着义安区委、区政府驻地从五松迁往顺安，五松镇"城关"不再，"五松"新生。这片坐落于天井湖畔、笠帽山下的县治故地，在长江之滨奏响新曲。

3

长江奔流过，百舸竞扬帆。

今天的五松镇，位于铜陵市义安区西南部，西临长江，南接市区，是一座城市功能齐备、城市面貌焕新的新镇。镇域面积7平方公里，现辖4个社区居委会、1个村委会，14个村民小组，总人口2.67万人。其中：惠泉社区，原名城北社区，因古铜陵县城墙北门为惠泉门，附近有一条巷名为惠泉巷，故更名惠泉社区；万鸡山社区，因地有万鸡山得名，此山为连绵起伏的小山丘，新中国成立初期因办有养鸡场而得名万鸡山；观湖社区，因此处可观天井湖而名，荷花塘社区因城关幼儿园附近水塘一到夏季便满塘荷花而得名，城东村因地处五松镇城区正东故名。五松镇曾含城郊乡，1956年8月由原石桥乡与谢垅乡一部合并成立，因其坐落于原铜陵县城郊而得名，后并入城关镇。城郊乡原有村庄．齐潭村——因齐姓居民聚居且村庄内有一口水塘而得名，查家圩——因查姓居民居住在此圩区而得名，庙冲——因村庄曾有一座庙宇，且村庄坐落在山冲边而得名，这些村庄分别于2009年、2011年划入铜陵市经济开发区。此外，茶安——因地有一座古时茶庵亭得名茶庵，后属五松镇城东村，现已拆迁；桥龙咀——因地有山形似龙、村庄位于龙口处而得名，后改称后冲，2000年因市政府建设拆迁划入铜官区。

五松镇依山傍水，境内半城山水铺锦绣，镇南古有五松山，大唐李白曾来此遨游；境东南有天井湖，曾是北宋苏东坡和黄庭坚吟诗处；西北有笠帽山，山巅烈士塔被列为全市爱国主义教育基地；城西南为滨江公园，环绕着一脉长江。这里，国内首座"生肖"主题乐园"天下生肖乐园"开园迎客，天井小镇入选国家级文化产业项目，漫游民俗村，在天井画舫上喝一杯酒，享受优游生活；在火车头酒吧，一口灌下天井的故事；在十二生肖馆，领略民俗气息，人间烟火处皆是美好时光。这里，观湖东苑、水木清华，麓山樾、江南府、春江紫宸等一大批小区拔地而起，一栋栋风格雅致的建筑鳞次栉比，一排排郁郁葱葱的树木枝繁叶茂，城建面貌焕然一新，现代气质更加彰显。这里，玉带河治理、城区雨污分流等工程历史性实现"清水入江"，滨江生活岸线获评中国人居环境范例奖，荷花塘社区获评第六届全国文明单位和第六批安徽省级绿色社区，生态底色更为靓丽，绿色发展更有质量……这些都是生活于五松镇值得拥有的美好。

作为全国文明村镇、安徽省卫生镇、安徽省美丽宜居百强乡镇、安徽省群众体育先进单位，今天的五松镇正立足"统筹城乡发展的先行区"定位，锁定"宜居宜业宜游新五松"的发展目标，跨越前行，步伐坚定，一路铿锵。

百里通衢钟鸣镇

钟鸣新貌

1

昔时皖江南岸、青山之下有一条无名的小街，小街西南方向约5华里处有一座高不过数百米的小山名叫"叶山"，叶山下有寺名澄照寺，寺内终日烟火缭绕，香客不绝。每夜三更时分，寺庙的大钟同时敲响，钟声悠悠能传到二十华里之外，就连远在狮子山东边的繁昌、大江北岸的无为境内的人都能清晰地听到——乾隆《铜陵县志》记载：

"澄照寺在钟鸣耆，宋开宝三年建，嘉祐八年赐额，相传一钟腾空而下，有声，坠寺前"。由此，此地以"击钟而鸣，百里有声"而得名，被称为钟鸣。

钟鸣早就有先人的足迹，其地古铜矿遗址标志着西周时期就有人在此开采冶炼铜矿，人居历史可以推演至3000余年前。此地唐代时隶属宣州府南陵县工山乡，至两宋时期商贾云集，市贸繁荣。"钟鸣"二字始见于史料是在宋开宝三年，北宋仁宗庆历年间，此地建置由贵上耆更名钟鸣耆。明代嘉靖元年（1522），全县行政区划为15耆，钟鸣耆为其中之一，自此一直绵延至清末民初。

钟鸣是一个佛教兴盛之地。距古镇不远处有一座山峰狮子山，史料记载：唐文宗大和年间（827—835），高僧南泉普愿在狮子山创建三座清凉寺，建大雄宝殿和寺房99间半，供奉佛像100余尊。原本只在山上建有清凉寺，因香火鼎盛、山上面积小，该寺容不下潮涌的游人香客，于是寺院主持又在山腰处及山脚下修建了两座寺庙——这就是上清凉寺、中清凉寺和下清凉寺，每座寺里的僧侣达百十余人。历代多有文人为清凉寺留下了墨迹。明代李廷缵曾赋诗铜陵《清凉寺》："偶到清凉寺，山幽景自奇。风高天易合，树密月升迟。老柏栖鸟惯，寒僧接客稀。半空悬石塔，坐对语忘机。"至宋初，此地又相继建成天竺庵、真如寺、澄照寺、仙姑庵、真人庙、侯王殿、汪洋庙、文孝殿、观音殿、太子殿、卞龙庵等13座寺庙。之后，在古镇的大街小巷、村内村外，先后又建成大大小小的寺庙。这些寺院佛历久远，晨钟暮鼓，经声琅琅，香火缭绕，一时香客如云，名播江浙。

长江之畔，钟鸣之地，钟声从古而来，越传越远。明代诗人徐文渊就有"留馨刹借声名远，遗响耆缘今古垂"之句赞之。

2

钟鸣滨临长江，东南与芜湖市繁昌、南陵交界，北面与无为隔江相望，路通合肥、徽州，是连接沪、浙、赣、鄂等地的交通要道。境内狮子山、水龙山蜿蜒相环，如青龙盘于东南；钟鸣河、黄浒河由荻港入江，如白练襟带东北。此地一度成为皖南区域中心，于两宋年间即以"九井十三街"成为商贸重镇。

人以地旺，地以人兴。钟鸣山清水秀，是徙民安居、休养生息的乐土。北宋钦宗靖康二年五月（1127），宋政权开始南迁，史称南宋。是年11月，高宗南逃至扬州，两年后逃至临安（今杭州），北中国的民众随之纷纷南下。这些南徙的北人有栖身于钟鸣者，经商耕读而望归中原。据光绪十八年《铜陵石垣徐氏宗谱》载，当地望族徐氏就是在北宋年间自浙江淳安迁至钟鸣的——这场南迁导致钟鸣人口增多，一些家族冠缨传代，人才辈出。两宋时期，此地有罗复——北宋政和二年（1112）登草俦榜，官至户部侍郎；罗京——南宋绍定二年（1229）登榜，官至户部侍郎；罗黄裳——南宋景定三年（1262）中进士，官至两淮运使；章应雷——南宋咸淳四年（1268）名列探花，官至秘书修撰。据说出过"三罗"的东街罗村，建有"老堂前"，广有七进，雕梁画栋，展现出大第高门之势，周边读书士子认为此地"人杰地灵"而纷至沓来。

约南宋亡国前，钟鸣"九井十三街"的格局已成。斗转星移，沧海桑田，曾经盛极一时的钟鸣"九井十三街"，早已消失在历史长河中，但遗韵尚存。曾主编过《钟鸣志》的曹锡民先生曾在《"九井十三街"钩沉》一文中，从今存的钟鸣老街道由南往北走，寻得旧影。"十三街"分别为老街上街头，名顶社街；往下至中街，名二社街；往下至街东面相连着的两口池塘的第一口塘，名三社街。从第二口池塘往东至今罗村桥以东的舟山尾，为东街；东街与第二口池塘连接，构成小小十字街，街面环塘而建，顺序称四社街；穿过四社街往北，至今大众食堂处，名新屋街；继往北至鲇鱼山前，屋基山南，名当铺街；又往北至屋基山，名盐集街；仍往北至屋基山北，名染织街。往西：穿过四社街往西至徐氏义翁坊东一带，名古董街；从今钟鸣粮站至胜利桥，为西街；继由西北斜向东方，自范家塘起分别是瓦窑街、学堂街。主街道系南北向街道，其总长约2华里；最长街道是东街和当铺街，其次为西街。从十三街命名看，街道分区明确，手工业、古玩、文化、生活等商品销售种类较多。繁华地段街市稠密，边缘地段市面宽松，形成了功能较全、布局合理的街衢"骨架"。而"九井"星落街巷中，供街人饮用，是街衢的"血脉"。

那时街道或是同业聚集一起，店厂相连，如瓦窑街，北有红土，可供烧制砖瓦，往西章亭（今李墩）一带有陶土可供制陶器；或为聚族而居，如东街就有大姓罗家合族聚居，房屋相向而建，中留甬道，家族绵延；或是店铺林立，如泉栏舒家店、联丰五昌庙等街……20世纪80年代，钟鸣中心小学建教学楼，在旧十三街之东街处，挖出北宋崇宁通宝铜钱200余公斤。东街之罗村，有人挖房基时挖出一座竖着的青石门厢，极为高大。瓦窑街处，有人挖到陶片——由此可见当时工坊相连、商贾云集，一派繁华。

钟鸣于两宋时期开始建圩，农业生产得到发展。周边地区物产丰饶，东南群山半环，层峦叠嶂，盛产竹木柴炭、中药材和茶叶。西北大片圩田，土层丰厚，质地肥沃，盛产鱼米菱藕。其水陆交通方便，黄火河（黄浒河）经钟鸣北门，至荻港而流入长江，使之成为当时的农副产品集散中心。每年汛期，不仅本地，连同繁昌、南陵等县部分山区，竹木柴炭、稻米鱼蟹经水运到此集散，由此才街市迅速扩张，以至形成商店字号多达300余家、人口达到数万的繁荣面貌。

货易四县地，钟声传百里，古时钟鸣镇就这样成了大道通衢。

3

岁月不居，白驹过隙。新中国成立后，钟鸣先后隶属凤凰区，易名钟鸣区，1957 年 2 月分设钟鸣乡和金榔乡，后几经分合，撤乡建镇，其中金榔由金凤、九榔组成，境内有挺拔秀丽的金山、碧绿清澈的九榔河，故名金榔。2004 年 5 月，钟鸣镇与金榔乡整建制合并成立新的钟鸣镇。如今的钟鸣镇域总面积 154.5 平方公里，辖 1 个社区居委会、14 个村委会，234 个自然村，416 个村民小组，总人口 4.67 万人。其中：钟鸣社区因境内原有一寺钟声鸣响而得名，水村村因村委会驻地在水村王而名；水龙村坐落在水龙山下，九榔村曾有九榔庙，狮峰村地处狮子峰，金龙村境内有金龙湖；泉栏村由原泉水坑、栏溪埂二保合并而成；牡东村，地处白牡岭，由东陵村和牡陵村合并；金山村，由徐冲村与龙潭村的刘村、清山、牵山、前山、龙潭、柏山六个村合并而成，以境内金山为名；金凤村，由闸口村与龙潭村的河东、河西、丁丰、山前、新东、新丰六个村民组合并而成，村名因坐落于金山与凤凰山之间而得名；新联村，为联丰村与联和村并村，取"新"意而得名，其中联丰村因与狮峰村毗连而谐音取名"联丰"寓意丰收；马中村，因地处马中圩得名，原中心村、新城村、金城村并入此村，其中金城村因地处金城圩而名；长龙村，由胜利村、周桥村合并而成，其中胜利村原名长龙大队，1966 年因破旧立新而改为胜利大队，周桥村则因周姓居民聚居且有一座古桥而得名；清泉村村内有数处泉水，山清水秀；金桥村由章亭村、索山村合并而成，位于金桥开发区，叶山林场、章亭水库、永泉旅游度假区坐落于此村。

此地人文蔚然：镇内师姑墩遗址是皖江南岸首次发现的夏商时期铜冶铸遗址，那座椭圆形的墩形遗址从历史的深处凸显而出，曾火光映天，紫烟缭绕。牡东村"竹马灯"起于明末，兴于清代，经过数百年的传承，已入列安徽省首批非物质文化遗产。"国家传统古村落保护村落"龙潭肖地处深山，是一个集江南建筑特色与徽派建筑特色相结合的古村落，灰墙黑瓦古民居，石板小径通幽处，古桥、古寨门、古道、古巷、古树、古亭散落其间。2017 年，浙江卫视播出一档集建筑美学和生活方式于一体的建筑创意挑战真人秀节目，龙潭肖村吸引了以"归心"为主题的吴彦祖等明星而来，营构出"漂亮的房子"……"百里通衢、千年大邑"钟鸣镇先后跻身第八批安徽省千年古镇，列入千年古村落地名文化遗产名单。

此地山水秀出：镇内江南铜谷旅游廊道穿境而过，串起青山秀水。这条风景道位于义安东南部山区，全长 71 公里，串联凤凰山、永泉、梧桐花谷等 5 大精品旅游景区，以及 7 个乡村旅游重点村、58 个单体景观，成为展现铜陵工业印记和风土人情的生态走廊。它在钟鸣境内节点主要有：金山风景区，最高峰海拔 328 米，每当夏秋晚晴时，夕阳余晖将山崖染成金碧辉煌，此山因此得名。景区正以丰富的文化内涵和原生态的自然风光，打造以民俗文化、古村文化、山水文化、农耕文化为核心、山地度假、健康运动、诗意乐居为核心的景区；永泉农庄度假村位于叶山脚下，景区以江南建筑为特色，拥有民宿宾馆、江南味道、四季兰山和养生温泉四大核心旅游项目，并建有私家园林、亲子游乐中心、农特产品生产体验基地等配套游览观光区域。景区绿树掩映，碧水环绕，石板院落，白墙青瓦，目之所及无不体现着江南的气韵；梧桐花谷是以生态农业为基础，以四季花海为媒介的景区，实现了"四季有花、月月花不同"的景象。七月的花谷，各色玫瑰花竞相开放，姹紫嫣红，游客漫步其中，满目尽是花的海洋……无论是永泉小镇跻身省级特色小镇试验名单、梧桐花谷建成 4A 景区，还是松云山居民宿成为新亮点、"漂亮的房子——铜陵山居"获德国、香港建筑大奖；无论是龙潭肖村的徽韵，还是梧桐花谷的花海——这些都为这片土地增添了一份古意和雅致、浪漫和欢乐、收获和希望。

如今的钟鸣镇，已荣获全国重点镇、全国小城镇建设示范镇、安徽省综合改革试点镇、安徽省中心建制镇、安徽省产业集群镇、安徽省民间文化艺术之乡等称号。作为安徽省特色景观旅游名镇、全省生态镇和森林城镇，钟鸣镇注重加强生态文化和特色风貌保护，以休闲养生为方向，不断推进"旅游＋文化""旅游＋农业"等融合发展，建设特色旅游名镇名村，打造"一村一景、各具魅力"美丽乡村升级版。该镇把建设特色鲜明、产业发展、绿色生态、美丽宜居的特色小镇，作为促进经济转型升级、推动新型城镇化和新农村建设的重要平台，把培育特色产业、发展特色经济作为促进特色小镇发展的核心内容，逐步形成了以铜基新材料、智能装备制造、电子信息产业基地为主导，装备制造、生物医药、现代农业等齐头并进的产业发展格局。这座古镇生机焕发，逐渐形成"特色鲜明的产业形态、和谐宜居的美丽环境、彰显特色的传统文化、便捷完善的设施服务、充满活力的体制机制、实力雄厚的经济基础"的特色乡镇。

新世纪，钟鸣镇古老的钟声，与高铁的汽笛声发出了交响。2015 年，合福高速建成通车，铜陵北站所在地的钟鸣镇成为连接华中与华南地区的重要枢纽。作为京福高铁的一段，合福高铁串连起长三角城市群、皖江城市群中的主要城市。伴随着"中国最美高铁"激越的汽笛声，铜陵市东部的重镇——钟鸣镇正在新时代的大风里，争当铜陵东向发展桥头堡，风驰电闪驶向未来。

皖江名镇大通镇

1

1912 年 10 月 23 日早上，孙中山从上海乘联鲸号舰沿长江而上，行驶至大通和悦洲外江港口趸船码头，大通总商会负责人陈曙汀、李宗熘、袁子英等在码头上迎候。孙中山要赶路前往安庆，时间有限只能暂停。他站在舰上，眺望和悦街的繁荣景象，向洲岸人群挥手致意——此后，孙中山在《建国方略》中，就皖江段水患提出："为整治此白芜湖上游十英里至大通卜游十英里一段河流，吾拟凿此三泛滥中流之沙洲及岸边之突角，为一新水道，直贯其中，使成一较短较直之河身"——由此，一座古镇的名字出现在中国民主革命先驱治理长江的视野里。

古镇大通，在六朝时名叫"澜溪"，是因河而名的——古时大通境内有一条名为澜溪的小河，乾隆二十二年《铜陵县志》记载："大通镇去镇五里许有旧镇，名澜溪。"唐朝时此地设有水陆驿站名为"大通驿"，而作为镇名最早见于北宋王存编著的《元丰九域志·志卷六·池州》："铜陵，州东北一百四十里，有五乡、大通、顺安二镇。"自此大通作为镇级建制历代相沿。明洪武初年，地设巡检司、河泊所、递运所、驿运站。清代咸丰年间又设参将衙、二府衙、厘金局，驻水师营对抗太平军。同治年间于和悦洲上设盐务招商局，统辖并督办沿江数省盐务。

大通古镇因水成驿，因商成镇，其江岸沿长江顺流而下，青通河是明清徽商去往皖南山区的"经商通道"，襟江的祠堂湖水域超过 1000 亩，大士阁与天主教堂钟楼则隔湖相望，古寺、古井、古树、

大通澜溪老街

古建点缀其间，呈现出一派市井繁华。大通是"九华山七大丛林之一"大士阁所在地。大士阁是一座著名寺庙，它位于大通镇南面的神椅山下，寺前东北方 600 余米处便是青通河与长江交汇处。此地是沿江一带香客朝拜九华山的必经之要道，故成为圣地九华迎接江、浙、沪及东南亚信徒的重要驿站，被称为"大九华山头天门"。清光绪二十六年修《九华山志》所绘"东南第一大九华天台胜境全图"中，大士阁被列为九华一景。大通还是"国家一级保护野生动物"江豚栖息处，1991 年 6 月，此地夹江中建成铜陵淡水豚国家级自然保护区，现有12 头江豚，留住了长江的"微笑"。

而今，大通已成为第六批"中国历史文化名镇"。

2

站在长龙山上，俯瞰澜溪老街，远眺和悦老街，鹊江两岸世事如烟。

澜溪老街建于元末明初，长约近 800 米，宽约 7 米，是一条具有江南风情的老街。清末民初，老街日渐繁荣，士绅云集，有着"长街二三里，店铺数百家”的景象。现存传统建筑 10 余万平方米，呈现着原居民生活的延续，沿街店铺多为清代中后期及民国以后建筑，街道两侧依然可见粉壁黛瓦、天井浮雕、封火山墙、飞檐翘角、镂花窗台、水上吊楼等明清徽派建筑，其中也有部分建筑留有建国初期历史痕迹。老街上不仅仍有生活配套商业，还保留着具有地方特色的本地传统手工作坊，店铺还保留着上住下铺、前店后坊的格局。老街街道宽阔，街面铺石为明代铺就，其间经多次翻修至今保存完好，青色的四方石凹凸不平，缓缓向后街延伸而去，似乎通往历史的深处。古镇周围过去以捕鱼为生的渔民居多，清晨外出捕鱼，中午收网开卖，这在南宋诗人杨万里的笔下呈现出“何曾怨川后，鱼蟹不论钱”的场面。由此，这条老街变成鱼市一条街，街上铁架上挂满咸鱼腊鲞，成为街面独特的街景。清末民初时期街上店铺林立，经济繁荣。新中国成立后，此街改称胜利街，1981 年恢复原名，镇上百货公司、供销社、新华书店以及大小旅社、酒楼等主要商业网点和服务设施，均聚集于此。随着盐业公司等一大批县属企事业单位先后迁往城关地区，尤其是 1998 年大通移民建镇，居民陆续迁出，澜溪老街萧条下来，现呈现出“活着的历史文化街区”的风貌。

长江万里而下，点点逗逗，不知抛下过多少江渚沙洲，流入皖境后，在大通标下个逗号，成了和悦洲。和悦洲所处地带，唐宋以前两岸之间的长江，长久受到地境的长龙山、羊山（矶）等盘石作用的阻障，流速平缓，水域宽阔，就形成了沙洲。东汉时，滩地初露形成芦苇杂草丛生的沙洲，后渐进扩大，逐渐演变成长江中不规则的陆地。至清末民初，此洲表面较平坦，中部偏高，洲地稳固，成为呈南北向、形似荷叶的小沙洲，故名“荷叶洲”，后又取“和颜悦色、和气睦邻”之意，据其谐音而改名“和悦洲”。先人至洲上，插草为标，拓荒耕作，并在清顺治八年二月初一立下福德祠石碑，就此在洲上定居。此后洲上人烟渐起，商贸兴盛，闻名遐迩。和悦洲四面环水，面积近三平方公里，地临长江，水路发达，因此成了当时的大码头，其繁华面影就藏在"三街十三巷"的旧址里，藏在江风居住过的街道上。那时，大关口面朝鹊江，入口处立着高大的石坊，两个石狮子一个张大嘴巴一个含着圆球，几十米长的紫石台阶一直铺到江边趸船的码头上。洲上建有三条用麻石条铺成的街道，分别是头道街、二道街、三道街。头道街临江，以商贾店铺为主；二道街、三道街是娱乐及居民生活区。而"十三巷"都是以水的偏旁命名的。据说，清末彭玉麟督师鹊江渚时，由于洲上茅屋毗连，火灾不断，于是曾氏将十条巷弄均以三点水偏旁的字命名，后建的三条巷弄亦援例命名，各巷道间距，大巷一丈，小巷六尺，街巷口内设有整体石砌成的消防池。洲上兴盛时街巷里常住人口达 5 万人。《中华全国风俗志》上有《鹊江风俗志》一文说"此繁盛商场，实和悦洲耳。洲以盐务为大宗，客民分八帮……"，可见曾经的繁荣主要得益于盐业。清同治四年（1865），一座坐西朝东、十三进建筑在大关口兴建而起，这就是"盐务招商局"。此前，曾国藩率湘军镇压太平天国缺少军费，于是就奏请朝廷批准在洲上设立此局，专向盐商兜售盐票验照、抽秤、收厘等事务，同时附设厘金局纳厘助饷，为"湘军"征收军费。之后，北洋大臣李鸿章及清廷满族要员铁良等鱼贯而来，先后接管此地盐务，在洲上建起盐仓、盐公堂、盐卡，每月进出口食盐达十万担以上，每年的纳税厘金达到皖省第五位。同时此地官府在此练兵筹饷，设参将衙、二府衙等行政衙门和财税机构。当时，千家店铺、三家报馆、八大银楼、八大会馆、四大码头、四大洋教堂、四大佛教寺院星罗棋布，商贾云集，江上帆樯林立、洲中万家灯火。但时局有变，抗日战争爆发，1938 年 3 月，驻守和悦洲的国民党川军独立十四旅某团，实行"焦土抗战"，以一个月时间放火烧毁三街十三巷，同年 5 月日寇军机两次轰炸大通和悦洲，造成断垣残壁，洲毁人稀。新中国成立后，和悦洲设新民乡、新民大队，改革开放后改名和悦村。1996 年其地和悦老街被安徽省政府列入省级历史文化保护区。1998 年 12 月大通移民建镇后，洲上部分居民已远离洪水威胁，喜迁而去。由此，经岁月的洗涤、烽火的摧残、水路的荒废，和悦洲荒芜了。走在和悦老街上，一条条废弃的街巷破败荒芜，没有屋顶门窗的阁楼和店铺、长满青草的门庭和院落、斑驳颓圮的墙壁和砖石，却依稀可见旧日人家的模样。它们都在默默地怀想那段昔日繁华，凝结一页历史，映射一个时代。

地处皖江的大通，除了澜溪与和悦洲隔着夹江相望外，还有铁板州、河南嘴、佘家大院等处，共同构成了古镇的地貌。

铁板洲原名贴补洲，位于鹊江西岸，与和悦洲宛如两朵并蒂莲花，盛开在江面上。铁板洲形成年代与和悦洲相近，地形地质无异，面积大小相等。据传，旧时为了鼓励垦荒，民约官许在和悦洲上插草为标圈地，大通佘姓捷足先登，占有整个芦洲，招人承佃，先后有姜、郎、方等 10 多姓佃农纷至沓来。其中郎姓承佃之地最多，故一度有"佘东郎佃"之说。此后几经转手，佘家收入大受影响，便疏通官府将尚待开发的芦洲补贴他们，以荒补熟。于是这片正在垦殖的处女地便取名贴补洲。咸丰年间，和悦洲已有集市，商业日渐兴盛。相传一道人途经此地，对着和悦洲叹息说，"这片鲜嫩的荷叶，可惜长在波涛滚滚的大江中，根不牢，叶不稳啊。"众人闻之色变，央求道人指点。道人手指紧邻的贴补洲说，这块沙洲应改名铁板洲，并口吟一歌："荷叶水上飘，根基未固牢。铁板结良伴，万世不动摇。"众人信其言，铁板洲之名便沿用至今。铁板、和悦二洲汛期水涨，有波船来往；入冬水枯，行人可涉足往返。

河南嘴乃一渔村，位于青通河口南岸，宛如一张嘴巴伸向鹊江，因此得名。此地历史上以捕鱼业为主，明代洪武年间，河南嘴有高、张、朱、吴、孙、史、叶 7 大姓氏从事渔业生产，新中国成立初期成立渔业公社，渔业生产盛极一时。如今渔民上岸，渔村亦不复存在。

佘家大院始建于南宋初年，距今已有 900 多年的历史。佘姓起源于山西雁门关一带，后因北宋灭亡，佘姓族人在佘起的带领下，随南宋王朝迁徙至长江流域定居于此，以佘家大院为中心，营建佘氏家族居住地，到明朝中期已初具规模。自此佘氏世族人丁兴旺，成为铜陵一大望族。佘家大院人才辈出，明代宣德五年佘可才官至吏部侍郎，在朝中被称为天官。之后佘敬中、佘毅中、佘合中三兄弟在明朝连中三进士，名动一方。此地曾建有天官府、牌坊、文庙、五松书屋、龙宫书室、大成殿学宫、五显祠等古建筑群，至今仍有保存完好的天官墓。

……

无论是穿越时光的澜溪老街、和悦老街，还是农耕之铁板洲、渔业之河南嘴、家族世居的佘家大院，都是大通的地脉水香，都是传统中国的缩影。

3

大通是安徽"两山一湖"北大门，临江枕河，依山拥湖，为皖江名镇。

1949 年，铜陵县全境解放后，大通区下辖大通镇、和悦镇。1998 年大汛后，大通镇实施移民建镇，城镇面貌焕然一新，2002 年被国家建设部授予"中国人居环境范例奖"。2004 年 5 月，原大通镇和新建乡整建制合并，设立新的大通镇，后整建制划归铜陵市郊区管辖，至此大通镇从义安区（原铜陵县）的怀抱里析出。

回望历史，端午时节鹊江欢动，和悦洲大关口码头上人头簇簇，聚集着四井八乡的乡人，南腔北调的乡音在窄巷长街上喧哗。四乡八邻的居民蜂拥般聚集到长达两公里的鹊江两岸翘首而盼，商贩货郎穿梭于人群中兜售着货物。江面上，各色龙舟形如龙蛇，一字排开，舟上健儿们头扎毛巾，身着各色背褡，舞旗而待——那是大关口的黄龙、清字巷的菜花龙、河南嘴的乌旗龙、缸窑的红龙，还有青阳和江北六百丈的各色龙舟等。花船上，面敷油彩的艄公在腾挪、在翻滚，做出蜻蜓倒立、蛤蟆晒肚的杂耍，赢来喝彩的掌声阵阵。当锣鼓奏响后，鹊江竞渡就要开始了。顿时，水浪声、击桨声、欢呼声四起。各色龙舟彩旗飘飘，擂鼓竞发，击起水花簇簇，如离弦之箭破水射去……

这就是鹊江的龙舟竞渡。大通背靠长龙山，由于羊山矶的阻拦，改变了长江的流向，成为"长江拐弯，大海回头"之处。

第七辑

乡邑变迁

青山列屏天门镇

天门镇美丽乡村

1

站在铜陵江南境内的最高山峰、海拔 576.6 米的天门山上，可览滚滚东去的长江如一条白练，铜陵长江大桥犹如一架竖琴，而九华山的古刹、奇峰依稀可见。这座山位于义安县东南，与池州青阳县交界，山脉向西四公里自然断开，与五峰山形成一条高大的峡口，南面又有山脉与五峰山相连，在峡口处拱起了一座高于峡口的弧形山峰，就像两扇欲开的大门——这座山被人称为"天门山"，又称天屏山，山下的一方山川，昔时以石洞耆而闻，石洞即指此地双龙洞，洞口酷似龙口，高大宽敞，呈长扁形，一条溪水从洞中缓缓流出，长年不息。清朝乾隆《铜陵县志》卷之六载："龙口泉，在龙口岭下，泉从石窍涌出，复俯入地伏流，隐隐有声，半里许仍见，旧志载龙洞泉"，而今以山为名。

天门镇人杰地灵，从北宋盛度出任参知政事，曾奉旨出使西域，绘制《西域图》《河西陇右图》献于朝廷；到民国年间江材婉拒时任安徽省省长许世英保荐为官，返乡创办学堂；从出土于双龙村的青铜编钟，到西垄村附近的狮山嘴窑场遗址……俊才辈出，文化昌盛。境内山场、森林和矿产资源以及石灰石资源丰富，主要农作物以水稻、油菜为主，特产白姜是国家地理标志产品，其种植系统被联合国粮农组织正式认定为全球重要农业文化遗产。此镇是国家级"生姜标准化生产基地"，已实现铜陵白姜从初级农产品到精细加工的全链条产业，是铜陵白姜规模最大的核心产区。

此地董店古称石洞耆，曾因地有五峰山而设五峰乡；朱村在新中国成立后，因鸡冠山铁矿在此地半山里采矿（原铜陵县劳改所），发展成为山乡小集镇。

2

新中国成立后，天门镇域所在的石洞耆、朱村耆，一部分属五峰区，一部分属顺安区。1957年此地设董店乡和朱村乡，后经多次析合，于2004年5月两乡镇整建制合并设立新镇，以全区最高山"天门山"命名。天门镇现镇域总面积166平方公里，辖1个社区居委会、17个村委会，289个自然村，345个村民小组，人口4.6万人，是义安区面积最大的乡镇。其中，天门社区和天门村皆因境内天门山得名，双龙村因天然洞穴景观双龙洞而名，考涧村因相传曾有状元居于山涧边而得名，朱村因朱姓居民聚集于此得名；金塔村坐落于金塔山下，南洪村境内有南洪冲，兴化村曾有兴化寺；西垅村，曾因山岭下的小溪边而名岭溪，后更名为西垅村；板桥村，因境内一条河涧上有木板桥而得名板桥冲，曾有牌坊村并入此村；五峰村，由东山村与长冲村合并而成，因位于五峰山处而得名，其中长冲村因境内有十里长冲而名；高联村，为数个村子联合而成，因主姓为高故名；龙山村，由龙山村、茶棚村合并而成，据境内的龙山而名；龙云村，以老地名"龙潭"的"龙"与"云"字配合，寓意兴旺；郎坑村，因此地坑内曾多有狼取名狼坑，狼与郎谐音，因而得名；新民村、新华村于新中国成立后设立，以特定年代词汇命名。蟠龙村，传说该地有一条龙，龙头爬上一棵树，村名由此而来。

3

天门中断屏峰开，美丽乡村入画来。

天门镇东南与池州市青阳县接壤，南与芜湖市南陵县隔界，西南以青通河与池州市贵池区交界，西北、东北分别与铜陵市郊区大通镇、狮子山区西湖镇相连。镇域属南部低山丘陵区，东南沿山多冲，十里长冲蜿蜒。境内水域宽广，东边河、西边河由南向北汇入顺安河后注入长江，白浪湖坐落天门镇西南，天目湖（原名缸窑湖）素有"皖江鹭岛"之称。此地还有千年村落的江村古民居、"江南六大溶洞"之一的双龙洞、全国重点文物保护单位木鱼山冶炼遗址系。天门镇与大通镇等景区连成一片，形成铜陵的绿色人文画廊。

从天门村白色的大棚下，细长翠绿的生姜姜禾在风中舞动，姜田田埂上到处都是姜农正在"开拔"生姜的身影；到龙云村瓜蒌子种植基地里，大大小小的瓜蒌挂在枝头，圆滚滚的身体随着微风轻轻晃动——这是以产业激发乡村发展"富民强村"的场面；从利用传统古村落江村、盛氏老宅、御赐牡丹等景点，深挖历史底蕴；到中华白姜园、铜陵梅园等，形成美丽乡村集聚片区——这是以旅游绘就乡村旅游"景美人和"的画卷；从百合花开的中国美丽休闲乡村金塔村，到绿色氧吧的全国文明村郎坑村——这是以荣光照亮乡村振兴"花团锦绣"的愿景……天门之地，山水相依、百花齐放、鸟鸣雀跃，处处充满生机。

站在天门山上远眺，可见铜九铁路、沿江高速公路、合铜黄高速公路等在山下交汇，一条大道纵横而出——"全国农村基层团建示范乡镇""全省森林城镇""省级绿色村庄示范点"天门镇，正在特色乡村振兴大道上越走越远。

围圩成邑东联镇

东联春色

1

沿着屹立在江边的大堤行走，看雄伟壮观的长江公铁大桥上银白色动车呼啸而过，看远处的电厂钢铁厂高炉和工厂矗立而起，看古色古香的赵祠戏楼立在时光深处，看金黄色的油菜灿烂成花海，渐渐就走进了一片热土的春天——这条大堤就是东联圩大堤。

东联镇位于义安区东北，因地处东联圩得名。境域在古代属白马者，明代汤显祖《过铜陵》"夕向燕支夹，遥分白马者。沧浪荷叶点，春色凤心知。邑小无城郭，人欢有岁时。谁怜江上影，悬弄五松枝"，诗中即有"白马耆"之名。

东联镇所属原流潭乡是因流潭圩得名的。清乾隆《铜陵县志》上载有一个圩口叫刘潭圩，疆域总图标注为"利遭圩"。20世纪70年代初，在铜陵县"联圩"工程建设前，这是一个独立圩口，整个圩口有四条河水环流——东有东河，南有查家木河，西有顺安河故道，北有十里长河。全圩地势东南略高，西北偏低，由此"流水为潭"形成了一个面积约18平方公里的圩口——这就是"刘潭圩"，后于民国时期改名"流潭圩"。自20世纪80年代"联圩"后，流潭圩四周圩堤作为防洪防汛的功能才逐渐减弱。流潭圩内有30多个自然村，大小不等，大多以姓氏、标志性建筑或物产得名，如大墩赵、西埂陈、徐家宕、蒋家湾、石桥头姚家、木桥头查家、莲墩胡等。此地属长江下游冲积平原，因地势低洼，人类在此居住的历史并不久，有文字记载大约起自北宋初年，当时号称五大姓的祖先"插标为记"后才在此聚族居住的。境内有山名为玉楼山，海拔38米，而不远处有一座形成于元代以前的赵祠戏楼，其所在的水浒村于2014年入选第三批中国传统村落名录。而东联镇所属原永丰乡也因圩而名，永丰圩是黄浒河口的万亩大圩，1952年由当时的芜湖市繁昌县划归铜陵县。

2

一年成聚，两年成邑，这是由大堤相围形成的乡邑。民国十七年（1928），白马耆为区、保。1949年8月后，此地先后隶属凤心区、犁桥区、钟仓区、顺安区、五丰公社。1963年后，五丰公社撤去，分设流潭公社、永丰公社。2004年，流潭乡与永丰乡整建制合并成乡，因其位于东联圩而得名"东联乡"，2017年撤乡设镇。镇域总面积58平方公里，辖1个社区居委会、11个村委会，97个自然村，227个村民小组，总人口2.78万人。其中，此地有湖名莲湖，位于莲湖的村庄得名新莲村，由莲湖村和莲西村合并而成；有圩名永丰，居于圩东西两边的村庄，即东埂村、西埂村；有小山名玉楼，据传很久以前此地无山，只居住着玉姓和楼姓的两户大财主，两家蚕食鲸吞周围的农田和山场，欺压百姓。世人对其深恶痛绝，诅咒不断。某日，暴雨泥沙从天而降，将玉、楼两家埋没，一座小山拔地而起，人们就称这座小山为玉楼山——玉楼村因此山而得名；水浒村，曾用名水浒庙，传说宋朝时梁山108将中一员大将为避祸迁居至此，修建庙宇纪念108将死亡将士，故得名；复兴村，因由原黄兴、红星、复兴三村合并而成，因地有复兴圩而得名；长河村，曾因位于河湾的东面得名东湾村，现因其沿线紧靠十里长河而名；毛桥村因村内原有一座名为毛桥的古桥而名，联合村由原光明村与联胜村合并，合兴村由原合兴村、义兴村合并，永新社区由新河村、郎丰村、墩上村合并，它和永丰村以名寄托着美好愿望。

3

东联镇东毗邻芜湖市繁昌区，西临长江，与芜湖市无为市隔江相望，面临长江，曾是水乡和港口所在。此地曾有一座U形的圩堤，其底部有一地坝埂头，圩区水系即经此流入长江。此地曾是长江铜陵段主干线上的深水港码头，也是著名的商埠和军事重镇，一度成为铜陵地区沿江有名气的地标。20世纪二三十年代，此地是铜陵东部相邻地区物资进出的主要集散地，从长江上游载有瓷器、木材等物品的船只在这里停靠，下游到九华山烧香的香客船只也停靠在此，一年四季码头上灯笼映照着长江，客商川流。而今，曾经的坝埂头在水利部门抛石护堤下一改昔日容颜，京福高铁的跨江公铁大桥从这里跨江而过，现代化工厂在这里茁壮而起……这是东联从千年水乡成长为工业重镇的风景。

走进春天里的东联镇，极目远望，田野、河流、乡村、街巷，广袤无垠，硕果累累——这个水乡小镇正焕发出蓬勃生机。东联镇水产丰饶，传统经济以农业为主，主要农作物有水稻、油菜、棉花，盛产茭白、莲藕、菱角等多种水生经济作物，水产养殖也是其农业经济结构的重要组成部分，现有千亩龙虾基地，万亩水产养殖。特色水果西梗梨清甜可口，葡萄采摘园遍布各村，休闲垂钓中心水面面积千余亩。同时高效推进生态农业的发展，完成玉楼、毛桥、永丰、莲西等村高标准农田项目建设，推进美丽乡村建设。境内玉楼、合兴、毛桥、水浒、长河 5 个省级美丽乡村中心村建设亮点纷呈。合兴村湿地资源得天独厚，千亩荷花美不胜收，水泽风韵与田园特色相映成趣，每年有成千上万只白鹭在此栖息繁衍，荣获全国第四批美丽宜居村庄示范点称号；长河村圩中吴中心村，一衣带水绕村而过，一座座错落有致的徽派特色民居沿河而建，呈现出极具江南韵味的特色风光；东埂村以"渔乐胜地，大吉东埂"为主题，做活做足水文章，打造出具有东埂特色的"小桥流水人家"江南水乡……

走进春天里的东联镇，临江远眺，工业园区，塔吊林立，机械轰鸣，机器飞转……东联镇正依托镇域内铜陵市经开区东部园区和义安经开区东联集中工业区，围绕国能和旋力特钢等龙头企业，积极引入上下游企业，基本形成了以钢铁、能源为主导，新材料为补充的产业发展态势，在义安区乃至铜陵市的经济版图上，占据着重要位置。

东成西就，纵横开阖。位于长江之滨的东联镇，正在奋力打造"工业园区新邻里、城乡共融新标杆"新东联的路上，锐意前行。

水韵生香西联镇

水乡西联

1

20世纪70年代初，铜陵县大打治河之战，对顺安河进行了史上最大规模的综合治理,东联圩、西联圩和顺安圩便游龙般横贯而出——今天的西联圩所在的水乡即以圩命名西联镇。

西联镇位于义安区北部，东接东联镇，南与顺安镇、五松镇相邻，西北与胥坝乡隔江相望。境域在清代属近市者，民国十七年（1928）改者为保，后辖忠信乡、汀洲乡、犁桥乡、石佛乡、民和乡，属凤心区和汀洲区。1931年初，此地汀洲钱家湾建立起铜陵县境内第一个党支部——中共铜陵特别党支部，揭开了铜陵人民革命斗争史上崭新的一页。新中国成立后，凤心区改名犁桥区，后并入钟仓区。1957年，钟仓乡、和平乡、太平乡从钟仓区析出，后因撤县并市划入顺安区。

1959 年后，铜陵县建制恢复，钟仓、和平、太平三个人民公社先后成立或析出，至 1983 年又分别由公社改为乡。2004 年 5 月，钟仓乡、和平乡、太平乡整建制合并，成立西联乡，2017 年撤乡设镇。

原钟仓乡即以钟仓街为名。据《隋书·食货志》记载，西晋东迁之后，随着国土面积变小，国仓空虚难以为继。隋文帝统一中国后，朝廷开始建起国家储备粮仓库，同时为藏粮于民，让老百姓共建民间备灾仓库，叫"义仓"。据清乾隆《铜陵县志》记载，铜陵县于县治处有漕粮仓、预备仓、常平仓，并在大通、顺安等建有八间社仓。也有宗族建起义仓，钟氏宗族所建的义仓因名"钟仓"，于是此地因此而得名。

原太平乡因太平街而名。据传，太平街原名横埂头，迄今已有 500 多年的历史。明、清时期，太平街经济繁荣，方圆几十里的老百姓来此地集市贸易。新中国成立后至 20 世纪 60 年代初，太平街市场繁荣。1985 年，政府开始组织重建太平街，在整修老街的同时扩建新区，以老街为依托开辟"丁"字街，形成新型小集镇的格局。

而原和平乡紧靠长江南岸，境内沿船沟是原铜陵县胥坝、和平、太平三乡交会地，濒临长江航道，旧时是长江铜陵段水运交通的重要码头和天然避风良港。繁盛时，沿船沟江边一里多长的河港内舟楫林立，泊满了大小商货帆船，沿街粮行米栈、面铺肉店、茶烟百货、酒坊饭店等商号集聚，形成了一条沿江带的繁华小集镇。

……

从钟仓街、太平街而沿船沟，西联镇水润一方。

2

犁桥是西联时代变迁的缩影。

犁桥古名犁耙桥，是一座历史悠久的古石桥。乾隆《铜陵县志》卷六记载："犁耙桥，在仁丰中圩南、再兴圩北，跨大河居两镇间往来要冲，贡生查凤翔等倡建。"文中所说的"大河"就是犁桥横跨的钟仓河。钟仓河又名凤心闸河，是一条古老的内河。长江之水从丁家洲河口缓缓流入，蜿蜒40余华里，与顺安河老河交汇，由下游繁昌县获港流出，注入长江，由此此地成了长江上下往来旅帆的离避风浪地。当时耙桥以迁入颍川的钟氏居多，据说是钟馗的后代，除了族谱中有关钟馗的备注诗外，当下族人还在祠堂建造的钟馗像，力证与天师的历史渊源。那时，钟仓河两岸围蔬放荻、种柳坚堤、鸟居鱼笑、茅屋横斜的生活风貌。及至明清，犁耙桥两岸聚集了近千户居民，成为商业兴盛的水乡集镇。清朝初期，官府在此设立犁耙桥镇，派驻盐酒税监。新中国成立之初，国家曾在犁桥设置区公所，当时的犁桥区下辖了11个乡，近10万人。而今，西联镇犁桥村大力改建特色民宿、网红建筑、咖啡馆、迷你美术馆、荷塘图书馆、稻田剧场等公共艺术空间，推动艺术与文化赋能乡村振兴，着力打造宜居宜业和美乡村，先后荣获首批"全国美丽宜居村庄"示范村和"第二批全国乡村旅游重点村""全国美丽乡村创建试点""中国人居环境范例奖"等殊荣，犁桥水镇景区已成为国家4A级景区，声名远播。

水韵犁桥，明塘如镜，漫园散发出徽韵，田野里结起硕果……这是江南的梦里水乡。

3

今天的西联镇域总面积92平方公里，辖1个社区居委会、19个村委会，176个自然村，369个村民小组，人口4万多人。其中，三联社区，由太平居委会、钟仓居委会、三孔闸街道合并一起，故得此名。三孔闸村地有三孔闸——三孔闸位于红旗河中段，系季节闸，起控制蓄水作用，建于1976年，因三孔而得名；沿船沟村，原名为盐船沟，清朝时大通镇成为盐税码头后，时常有走私盐船停靠在这里，得名盐船沟。村子旁有一条夹江叫燕支夹。后来走私盐船没有了，夹江一天比一天窄，改称"沿船沟"，形容江窄到了两岸靠船沿，旧时为长江铜陵段水运交通的重要码头；犁桥村，曾名犁耙桥，为以前老百姓集中买犁买耙的小集市。

老观村，江泥淤积成州，明朝开垦建圩，因地形像鹳鸟的嘴而得名。其地有新兴滩，自明朝建村之后，由长江泥沙冲积而成，且地处老观圩外滩，故取名新兴滩。其地含老兴圩，因此地以前圩小易涝，被称为涝兴圩，后培修圩堤，非大涝均有收成，更名为老兴圩；观兴村，传清末本地两位秀才汪万森（同治十一年—民国十四年）、汪万清（光绪五年—民国元年）一同回乡，看见牧童倒立在牛背上，非常高兴，将地取名为观兴；钱湾村，因该村多数居民姓钱，且地势较高，曾名钱家垄，后因洪水破圩，改建圩堤时将村子绕了一个湾子，故得名；汀洲村地处长江边，淤积成洲，古称犁头洲，后因商业发展称汀洲街；加兴村，此地以前连年发大水，村民自发挑圩加固圩埂后便家业兴旺，故得名；北埂村，位于北埂处，曾因王姓村民居此而名北埂王；东城村，因东处边界有埂堤得名东埂，又因位于乡镇东部，故更名为东城；兴桥村，因由原再兴村、水桥村合并而成，各取一字而得名；棋杆村，相传明末钟姓长辈有一为官者在此居住，竖一面旗帜插入石鼓，故名旗杆村；官上村因地处官庄圩的上首位置而得名，姚汪村为姚、汪两姓村民聚居而得名，垅上村因地处垄岗上而得名，万丰村因地处万丰圩而得名，钟仓村因钟姓公堂仓库而得名，山东村因建于一座山的东面而得名，三义村取"爱国主义、集体主义、社会主义"之意。东湖村由东湖村和西湖村合并而成，因位于东湖而得名。西联镇有一自然村名明塘，属犁桥村。相传古时建有公堂屋，屋前有一塘，逢节日祭祖，灯火通明，照得小塘明亮，故得名明塘。明塘水面近100亩，周围拥有丰富的自然景观和人文资源，现为明塘文化艺术村。

从大力实施"农业+"模式，发展观光农业、休闲农业、生态农业，深化农事体验；到田原艺术季、荷花节、"万亩荷园—犁桥水镇—铜陵县委敌后联络站—中共铜陵特支展览馆"获评安徽省十大旅游路线……西联镇乡村旅游品牌凸显，被国内外媒体纷纷报道。从以水稻、油菜、棉花等农作物和蔬菜种植、水产养殖业为主，推进芡实、稻虾、萝卜等特色农产品规模化种养殖；到以闻名久远的特色农产品再兴圩萝卜、汀洲大豆、太平大蒜等，打造"西联故事"系列特色伴手礼……西联镇特色现代农业发展迅速，激活美丽经济。

义安区西联镇，正立足"生态西联"定位，紧扣"美丽宜居"目标，发挥滨临长江、相拥顺安河、南向承接东部城区区位优势，精心打造"梦里水乡·生态西联"，取得了"经济发展好、生态环境优、人民生活美、社会大局稳"的喜人成绩，先后荣获"安徽省优秀旅游乡镇""第四批省级特色景观旅游名镇""第十批省级生态乡镇""安徽省文明村镇""安徽省卫生乡镇"等称号。

"文化之乡"老洲乡

1

这是一片在江水里慢慢长成的江心洲。据《长江航道史》记述，长江上游水的流势迅猛，常挟运大小不等的碎屑岩石，到中游即出三峡后，水势渐缓，只能携运细粒砾石及泥沙等物质，而至下游流速更慢，搬运的物质多为很细的泥土之类，因受两岸陆地阻遏慢慢产生了夹江、湖泊、浅水带、沙洲等地貌特征——老洲就是这样形成的。

老洲古名曹韩，曾有曹韩、白沙两洲，初现于宋朝，成洲于明朝。明嘉靖《铜陵县志》载："曹韩洲在县南十里，大江之中""白沙洲在县西南十里""夹河在县西十里居曹韩白沙二洲中，通引大江"。老洲古时为何称曹韩洲呢？相传 500 多年前，有曹姓、韩姓先民率先来到这块处女地，觉得此洲适宜人居，便开垦荒地定居下来，于是洲名被唤作了曹韩洲。曹韩洲在清乾隆《铜陵县志》上又被称为

1958 年老洲乡获得国务院颁发的"全国文化之乡"

铜陵洲，但仍保留曹韩洲的称谓。南宋时两洲很小，汛期时隐藏于江水下，而江面在那时宽阔达 10 公里。后来两洲相连成一洲，因成洲历史悠久，更名为老洲。

老洲在明代中晚期始有住户，属铜陵县。此地在 1949 年 8 月前为五松镇所辖韩沙保、中心保、白沙保，后又设洲南乡、洲北乡。1956 年 4 月洲南乡、洲北乡合并始名老洲，为县直属乡，自此虽有析合但名字未变。1983 年 4 月，老洲由公社而改乡至今。今天老洲乡四面环水，东与五松镇，北与胥坝乡隔水相望，西与枞阳、无为相隔，境域总面积总面积 42 平方公里，下辖 4 个村委会，28 个自然村，123 个村民小组，总人口 1.4 万人。其中，中心村由新庄村和合作村两村合并，因地处于老洲乡中心位置而得名；光辉村、民主村，均寓意美好；成德村，原属无为县的江心洲，洲上原为无名荒滩，清崇德三年（1638）桐城会宫朱氏率人登洲垦荒开发，取名成德，1987 年 12 月从无为县土桥镇划归铜陵县老洲乡。

滚滚长江蜿蜒而下，裹挟着亿万泥沙东流，在万里江面上洒落下难以计数的江心洲——老洲随着沙洲的淤长，在岁月里枯盈。

2

这是一颗闪耀着文化之光的江上"明珠"。

在老洲乡的历史上,有一个与唐末诗人罗隐有关的典故——曹韩沙嘴。清乾隆《铜陵县志》载:"曹韩即曹韩洲,在县城西南10里大江之中。相传江水涸时,洲头沙嘴呈团圆形涌出,则次年县境内必有举人登第。"唐人罗隐有谶:"曹韩沙嘴圆,铜陵出状元。"诗人罗隐本名横,因连续十年参加科举进士不第,遂易名曰隐。乾符年间,其父为盐铁小吏,因黄巢军队南下,携三子暂避于今池州市贵池区梅埂。罗隐兄弟三人,时以文章声著,人称"三罗"。罗隐居梅埂时,听说东面大江中有曹韩沙洲,相传水涸之际视其沙嘴圆圆,次年必有登第者,于是传下了"曹韩沙嘴圆,铜陵出状元"之语——"圆沙"景观并非罕见:每逢江水退落,洲头上便出现漫无边际的沙滩,江水缓缓地向两边分流而去,洲头沙滩呈圆形状散射,与江水、沙滩融为一体,堪称一景。1983年出版的《皖志述略》,对曹韩沙嘴持否定的态度:"旧题铜陵八景,迷信色彩深厚,甚至舍弃名胜之区,专志

休闲打卡地老洲"太阳岛"

无稽之谈。例如：无视大江胜景，却举'曹韩沙讖'……竟能名列八景。"这似乎过于苛责于史了，也许"曹韩沙讖"只是寄托着此地先人对未来美好生活的向往。

老洲是文化相传之地。老洲乡早在 1958 年就被国务院授予、周恩来总理亲笔命名"全国文化之乡"称号。此乡诗风词韵相传，康熙二十六年（1687）邑中名士曾结文社"圆沙"，1975 年 7 月，铜陵县文化馆《文艺创作》曾编辑过该乡"光辉大队农民诗歌专辑"。老洲乡是安徽省非物质文化遗产"铜陵牛歌"的重要传习地，境内乡民王小梅是铜陵牛歌传承人，曾荣获安徽省皖中南民歌大赛二等奖，她的名字也随着铜陵牛歌一起，载入《中国民间歌曲集成》。

3

从空中俯瞰，老洲乡形似一片柳叶，漂浮在波光粼粼的江面。每当春暖花开的时节，洲上田野与村道、河流、民居等相映成趣，一派色彩斑斓、生机盎然的景象，绘就了一幅美丽的田园画卷。

老洲乡环洲五个渡口分别与铜陵市、义安区及无为县相通。洲上地势平坦，由老洲圩、幸福圩和成德圩三大圩口组成，堤岸总长30.5 公里，其中老洲圩是 1975 年兴修水利时，将兴义、文兴、合作三圩合建而成。洲上沙质含氮量高，盛产棉花、油菜、花生、蔬菜，是铜陵市重要的蔬菜生产基地。此地也是铜陵市重要的旅游休闲地之一，洲南滩涂约 3500 亩，集草场、树林、沙滩于一体，沙滩银色，草场碧色，杨柳依依，江花似火，素有"太阳岛"之称。

今天的老洲乡围绕"生态立乡、文化兴乡、商贸富乡、旅游强乡"四大战略，大力发展特色农业、纺织服装、水上运输、休闲旅游四大产业，经济社会持续健康稳定发展，陆续获得安徽省生态环境优美乡镇、安徽省文明村镇、安徽省森林城镇和安徽省千万农民健身示范乡等称号。

江流宛转绕芳甸，月照花林皆似霰。老洲在江水滔滔中、在牛歌声声中，与时代共潮而生……

"江上明珠"胥坝乡

胥坝乡群心村

1

胥坝乡四面环江，由章家洲、紫沙洲、文兴洲和铁锚洲组成，是八百里皖江最大的江心洲。相传，胥坝因伍子胥在此屯兵筑坝而得名。伍子胥为春秋末期吴国大夫，政治家、军事家。公元前522年，伍子胥之父伍奢为楚平王太子太傅，因受少傅费无忌的谗害，被楚平王杀害。伍子胥听闻父兄被害，发誓要报仇雪恨。他逃到吴国，佐助吴王练兵强武。公元前506年，伍子胥协助孙武统兵攻入楚都，终于报了杀父杀兄之仇——也许正是那时他在这个江心洲上屯兵练兵过。

章家洲又称安平圩，1858年航道图中已显示其地有宝塔和寺庙等建筑物标志。其地处长江中下游，大约成形于明崇祯八年（1635）前，那时它藏于水下，江水回落时便能明显看到四五个露出水面的沙包，其中两个最大的洲，一是靠东南面的被人称为小湖洲（今红庙村），另一个是靠西面的被人称为章家洲（今西江村）。清顺治年间（1644—

169

1662），由于每年江水上涨、泥沙沉淀，小湖洲与章家洲之间便逐渐长成了一道由南向北的带状沙垄。随着时间的推移，此地江面露出水面的滩涂面积越来越多。约在乾隆末年，有人登洲插芦为标、号地开荒。其地子胥圩又名胥家坝，原为建于明正德年间的北岸江堤，与无为市刘渡以东一线相连。明清以来，长江北岸无为县临江一带，江岸受长江水流顶冲大幅度崩退，不断北移。明万历时，胥家坝崩入长江，至嘉庆年间已远离北岸。据《无为州志》载："距江岸已隔夹江数道，南望江面二十余里有旧坝遗址，犹称胥家坝云。"胥家坝崩江后，在章家洲的胥家坝遗址上形成的集镇，后人仍以胥家坝称之。

紫沙洲东南头因地形影响，长江水流至此突然趋缓，古时是江行船舶停泊避风之处。查慎行、彭孙贻、陶琰等历代名人在此留下诗句。如查慎行《六月十五夜紫沙洲对月》："舣船古柳岸，江阔风吹裳。快哉雷雨余，复此终夕凉。清波洗眉目，白露入肺肠。炯然孤月明，漏此一掬光。愿从鱼鸟住，永与江湖忘。"

文兴洲又名文沙圩，是清乾隆年间无为州刘渡镇外江心长出的一个沙洲，取名文兴寓"文化兴盛"之意。因为长江河道改变，文兴洲南岸淤长，北岸崩江，距长江北岸越来越远，20世纪50年代划归铜陵市胥坝乡管辖。

铁锚洲，是长江中一个无人居住的原生态湿地沙洲，洲上有3万多亩滩涂地。铁锚洲形成的时间并不长，大约有300多年。民国年间，长江主航道以南的河床逐年增高，到了20世纪初，紧靠群心村江边不远的江中，在枯水季节有一片沙滩露出了水面，形状如柳叶状，狭窄而细长。附近的渔民和上下水货运船只常在此洲避风休整，后因有一船只遭遇风灾，沉落一铁锚，"铁锚洲"由此得名。那时，铁锚洲上一片白沙，每逢冬春季节风沙弥漫。如今此洲是铜陵最大的原生态湿地。漫步在铁锚洲上，可采摘洲上原生态的芦笋、茼蒿、野芹菜和马兰这"四宝",可以欣赏到洲上"天池"、沙滩、"草原"、湿地等四大自然景观。尤其是到了春、秋、冬季节,洲上有一览无余的绿色"草原",宛如一块镶嵌在八百里皖江上的绿宝石。

2

新中国成立后,胥坝乡境域由沙洲区改为文沙区,后又改名胥坝区。1957年2月,撤胥坝区成立胥坝乡、安平乡,后成立胥坝人民公社,并入钟仓公社。1961年胥坝公社复从钟仓公社析出,安平公社也从胥坝人民公社析出。1983年4月,胥坝、安平撤销公社建制改设成两乡。2004年5月,胥坝乡、安平乡整建制合并,成立新的胥坝乡。今天的胥坝乡辖域面积113平方公里,下辖1个社区居委会、10个村委会,89个自然村,379个村民小组,总人口3.48万。其中:抚宁社区,因该地原属下抚宁洲故名;旭光村,乾隆年间本省各县有居民迁徙至此居住,新中国成立后取"旭日东升、光芒万丈"之意。其地含洪楼,相传有一洪姓富户在此造了一栋楼房故名;文兴村,其地文兴洲成洲约150年,名取文化兴盛之意。其地有圩,因靠近文兴村,且土壤主要为沙土,故得名文沙圩。其地含新洲,因是新长出的沙洲而得名;群心村,由群益、兴隆合并而来,取名时各取一字"群"和"兴",并把"兴"改为"心",意为群众上下一心;龙潭村,村内有大龙潭,民国时为龙潭堡;衣冠村,相传明朝铜陵县最后一任知县胡鲲化死后,有衣服和帽子漂落于此,故名;重新村,因农户建房在同一条线上,取名重新埂;安平村位于安平洲,古称小湖洲,后因章姓居多改称章家洲,新中国成立后人民过上了安平幸福的生活,遂易名安平。其地含子垅村,因地处一条土垅上而得名;垅兴村由西江村和中洲村合并而成,西江村因位于安平圩西江边而得名,中洲村由原中垄村、洲头村合并而成,各取一字而命名;铜典村由红庙村和前江村合并而成,红庙村因村内有一座土砖红瓦庙而得名,前江村因地处前江边而得名；杨滨村由长杨村和江滨村合并成成，长杨村由原长河村、杨林村合并而成，江滨村因坐落于长江江边而得名。胥坝乡地多洲渚，其中小沙泡因是长江沙土冲积而成的沙包而得名，小沙洲是以其面积小和沙质土壤而得名。

3

"三月二十三（农历），大兵下江南，人民拍手笑，蒋军哭带喊……"位于江心洲上的胥坝乡，有一支民谣传唱至今。那是1949年4月20日晚，人民解放军24军接渡江命令后，于17时开始准备炮火，20时突击部队上船。人民解放军第24军70师和71师从江北无为一带发起渡江，两个师的先头部队在炮火的掩护下，在文兴洲的新江口、东风泡、套口等处成功登陆。次日上午8时，中国人民解放军顺利占领铜陵县城，这是渡江战役发起后江南解放的第一座城池。

"东风泡"是胥坝乡文兴洲境内群心村的千亩外滩地，这个外江的一处不起眼的滩涂，从此与伟大的渡江战役联系在一起。今天，此地已建起渡江广场，上有"渡江第一船"铜雕塑，围绕着铜雕塑，设有农民休闲公园，池塘、石桥、赏荷亭、牌坊门。而群心村，一条小河铺满荷叶，微风吹过，半个村庄都能闻到阵阵荷香，与此相映衬的是整齐有序的民宅和娇艳明快的鲜花，一派江南水乡的韵致。在美丽乡村建设中，群心村新建了家风家训示范街、乡贤馆、喜庆堂等村民活动场所，同时大力发展乡村旅游，现已成为"全国美丽宜居村庄示范""中国人居环境范例奖""安徽省特色景观旅游名村"。

胥坝乡先后荣获"中华诗词之乡"、"全国生态乡镇"、"安徽省卫生乡镇"、"安徽省举重之乡"等美誉——这颗"江上明珠"正在浴水生光。

"工矿之区"新桥办

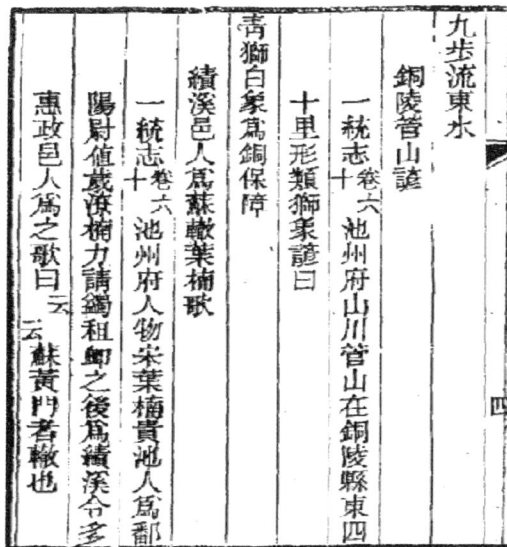

《一统志》记载管山古谚语

1

这里曾以"管山"而名，管山是一座外形酷似大象的山，古时人称其为大象山。清代《一统志》和《池州府志》均载："管山。在铜陵县东四十里，形类狮象，谚曰：青狮白象，为铜保障。"管山位于顺安镇中部，地处南陵、青阳到顺安古道的必经之地，不只是一座风景秀丽的山，也是一座炉火熊熊的山。管山既是山名也是地名，与采冶金属有关。据传，春秋时期，齐桓公任用管仲为相，使得齐国成为春秋第一霸主。秦统一六国后，秦王嬴政自幼崇拜管仲，便派管仲后人去铜陵监督采铜之事。管氏后人来到大象山脚下，

173

定居于此，于是山因氏显而被人称为管家山。管山因为矿产资源丰富，自古民间铁矿采冶发达，汉代有人在此建造了大量的炼铁炉，附近"炉铺"地名即由此而来。民国年间，此地有几十家铁匠铺，周围县、乡的村民们纷纷来这里订购、锻造生产农具，到处是一片打铁声声的景象。管山一带为何称为"新桥"呢？管山有河汇聚盛家冲、凤凰山、上陶村诸水于观音阁下，后经各有民坝分灌，水由湖城涧通往顺安河而入长江。明清时期，管山钱氏崛起，捐钱，修桥，修路。清代贡生钱绪有女名叫南姑，年方十七因病早逝，临终前将母亲留下的百余金交给父亲，嘱父建桥。桥建成后，行人感恩南姑之德，因而以她的名字命名此桥为"南姑桥"。清末钱氏又在管山河上修建一座新桥，此后此地被称为"新桥"。

新中国成立后，随着新桥硫铁矿、凤凰山铜矿、701 机车厂相继落地，此处大山里形成了"工矿群落"，成为铜陵市的工业基地之一。2010 年 6 月 25 日，此地原矿山街道、凤凰山街道两个办事处撤并组成凤凰山街道。2011 年 7 月，根据全市社区综合体制改革要求，更名为凤凰山社区，下辖凤矿、701、新桥三个居民服务站和一个新建村。2018 年 9 月，凤凰山社区由铜陵市划转义安区管辖，更名为新桥办事处。如今的新桥办事处位于铜陵市义安区东南角，距离市区近40 公里，面积约 15 平方公里，总人口约 1.4 万人，下辖 3 个社区居委会，1 个村委会，5 个村民小组，其中，矿山社区、701 社区、凤矿社区因地处新桥硫铁矿（矿头山）、701 工厂、铜陵有色集团凤凰山矿业而得名，新建村前身为 1987 年原新桥乡新丰村的朱冲、明月、天桥、管山和新桥乡盛冲村六房队共五个生产队，以"以矿带队"的形式划归新桥矿管辖之地。

2

日出江南，桥飞彩虹。新中国成立后，新桥一带工矿企业兴起，被称为新桥地区。境内 701 机车厂、凤凰山铜矿、新桥硫铁矿等大型国有企业涌入，让那里形成亦厂亦镇的"工矿城"，汇聚起自五湖四海的工人和工业梦想。

701 是上海铁路局在 1970 年为了战备而建的工厂，任务是修造蒸汽机车，后来移交到铁道部。在热血沸腾的年代，有着军工基础的 701 工厂，是铜陵本地最引以为豪的企业，造火车、修火车，生产的火车呼啸在全国各地的铁路上。

铜陵有色集团凤凰山铜矿，曾经辉煌一时，是铜陵有色集团公司四大主力矿山之一。该矿 1971 年正式投产，鼎盛时期职工人数达到 5000 多，职工家属达数万，就连凤矿职工子弟学校也有上千名学生就读。20 世纪 80 年代，凤凰山铜矿是国内科技水平遥遥领先的现代化矿山，后因资源枯竭而关停。如今那山岭上混合井塔依然傲然挺立，犹如时间巨人，目视着凤矿的成长兴衰，期望着凤凰涅槃。

也是那年那月，管山被上海市看中，在此建起新桥硫铁矿。1983 年 6 月 7 日，新桥硫铁矿成立并恢复矿山建设，先后实施了年产 60 万吨一期、二期采矿工程和露天转井下采矿等重大工程，现已形成年采矿 200 万吨、年选矿 190 万吨的产能。今天的铜陵化工集团新桥矿，已经成为一座以硫铁为主，伴生铜、金、银、铅、锌等多种金属元素的大型矿山，是全国两大硫资源生产基地之一。

3

精美的扇面字画、丰富的瓦当拓印、花样百出的剪纸、精彩纷呈的演出……新桥办事处"传承工业文化，重构活力新桥"文艺集市，在 701 社区文化广场上举行，展示出"矿区寻根 工业铸魂"工矿历史文化和时代变化。

新桥地区工业历史厚重，曾为我市经济发展做出了重要贡献。境内拥有中车长江铜陵车辆有限公司、铜陵有色股份凤凰山矿业有限责任公司、铜陵化工集团新桥矿业有限公司等大中型国有企业以及十数家非公有制企业，可以说是铜陵工业的"摇篮"和缩影。当前，新桥办事处正在聚焦产业转型，再造发展优势，利用工业遗址、矿山风貌、现有厂房和工业用地，推进工业旅游开发，打造工业旅游集聚区。同时，持之以恒惠民生，不断优化人居环境，推动工矿企业转型发展，区域经济活跃兴盛，配套设施一应俱全，民生福祉不断增加，从工矿聚集地向工业新城蝶变重生。

新桥办事处也很"年轻"，近年来先后荣获"国家级计生示范村居"、省级计划生育优质服务先进单位、省级就业再就业先进集体、市级先进基层党组织、市级文明社区、市级社会管理综合治理先进集体等荣誉称号。新桥办——工矿之区，活力涌现。

第八辑

地名故事

皖江一脉今何在——鹊江

长江大通段夹江"鹊江"

"八百里皖江"哪一段称为"鹊江",为何称之为"鹊江"呢?

长江之水流入安徽,浪奔涛涌,铺展出浩浩皖江,而鹊江则是其中一段。它经铜陵大通流至曾隶属于繁昌县的芜湖市三山区,共80多公里长,其间南北两岸洲渚相连,自春秋起就统称鹊江,而芜湖以下至江苏省界江段则以另一种吉祥的小鸟名之为"鸠江"。鹊江因其地形地貌特征如鹊而名之,鹊头为屹立于大江岸边的青山,江中沙洲则如鹊尾,而铜陵义安区至芜湖市繁昌区的长江中洲渚古时称鹊州。《当涂县志》载:"鹊江,在县北五十里,绕出芜湖。盖自铜陵鹊头山为鹊头,至三山为鹊尾,故江曰鹊江,岸曰鹊岸。"义安区五松镇古有鹊头山,对面的老洲乡等洲渚旧称鹊头;繁昌三山则旧称鹊尾,而今无为市沿江对岸的大、小洲一带的洲渚则为鹊尾渚。故《大明一统志》说:"鹊头山在池州府铜陵县北一十里,其山高耸,宛若鹊头,今庐江西岸有鹊尾渚与此为匹。"嘉庆《重修统一志》按语中说："鹊尾渚，亦见南北史，要属滨江之地，当在今无为州界。旧志云：与铜陵县鹊头山对面。"

义安区五松镇境内的鹊头山，古时为军事要塞，六朝时置鹊头戍，驻兵据长江天堑而守。唐懿宗咸通五年（864）又置鹊头镇。这个"镇"是"置戍列屯"的军事重镇，只驻扎军队，不是通常意义上的集镇，也不是行政意义上的建置。"唐初，兵之戍边者，大曰军，小曰守捉，曰城，曰镇。"（《新唐书·兵志》）成书于唐宪宗元和年间（806—820）的地理总志《元和郡县图志》卷第二十八说："鹊头镇在（铜陵时属南陵县）县西一百一十里，即春秋时楚伐吴，败于鹊岸是也。沿流八十里有鹊尾洲。吴时屯兵处。"嘉靖四十二年《铜陵县志》载："鹊头山在县北十里，山高耸临江，宛如鹊头。与庐江西岸鹊尾渚相对。南北征战之际为重镇，其垒寨基见存。"此处的县则指铜陵县，县址就在今五松镇，是说鹊头山在今五松镇北面的十里长山处。鹊头山在唐朝时有驻军，在明嘉靖时期还在，但在乾隆前崩塌于江了。乾隆《铜陵县志》"古迹"载："鹊头镇，《续文献通考》：'唐懿宗咸通五年置鹊头镇，后崩于江'"——一座军事要地终在江水的冲刷下崩坍于历史的长河里。

鹊头山历来为兵家必争之地，自春秋至清初，这一带战事频繁，有史可查的大规模战争就达25次之多。发生在宋明帝泰始二年（466）的一场战争，即是其中比较出名的战事。《宋书·邓琬传》就讲述了这一鹊江之战："刘宋元嘉末，武陵王骏自浔阳东讨元凶劭，军于鹊头。"那是南北朝宋泰始元年（465），十一月宋前废帝刘子业被刺杀，十二月刘子业的叔叔刘彧即帝位，是为宋明帝。但年少的晋安王刘子勋却心有不服，在邓琬的怂恿下，于浔阳（今江西九江）自封皇帝。次年正月，刘彧下令十路兵马征讨刘子勋。面对朝廷军队的攻势，邓琬派1万为前锋据守赭圻（今芜湖市繁昌西北长江南岸），2万人沿江而下声援赭圻，又派部将刘胡镇守鹊头。刘彧派张兴世率水军迎战，与刘胡部在鹊岸对峙。张兴世发觉刘胡兵强马壮，硬攻难以取胜，便将水军扎营于钱溪（今贵池梅龙一带），每日派出几只快船顺水而下冲到鹊头江面。刘胡以为张兴世的水军攻来了，便立即出船迎战。但刘胡的船刚出港，刘子勋的快船却立马掉头回航。一连数日，刘胡的守军也就松懈下来了。一天晚上，张兴世率大批战船，扬帆猛进，直逼鹊岸。刘胡以为又是虚张声势，不加理会，后来才发觉是大兵压境，匆忙应战。但此时刘胡部军心已乱，只得弃营，落荒而逃。后来，刘彧的军队水陆并进围攻赭圻，斩获数千人，后又攻入浔阳擒斩年仅11岁的刘子勋。

阅世渺尘沙，兵戈笑吴楚。鹊江，因其山川之胜境、历史之悠久、文化之灿烂，受到历代文人墨客的歌咏。清乾隆年间，铜陵诗人王喻曾登上鹊头山，写下了《鹊头山怀古》诗："十里逶迤赤岸头，鹊峰屹起大江流。六朝古戍夷苍苇，百丈浮梁没白鸥。历历汀洲烟树淡，峨峨城郭啸歌稠。征君归咏片帆后，风月清闲尚自留。"清朝繁昌诗人洪杼在游览鹊江岸后，联想起鹊江上曾发生的战争故事，也曾写下《卖花声·鹊岸文石》一词："鹊岸峙江滨，昔驻千军，而今波浅石磷磷。闻说南宫曾下拜，入袖如珍，莫笑老沙痕。口口隐具经纶，乌皮小几水晶盆。瀹取清泉看绉影，郁郁葱龙纹。"鹊江还有一个极具诗意的别名"西江"，有史料认为，长江连通洞庭湖，中上游在洞庭以西故称西江，即从南京以西到江西境内的一段长江古称"西江"。中国历史上多次出现南北对峙的局面，对于南方政权而言，核心地带在太湖流域，故自九江而下包括鹊江在内的长江被人称为西江。"西江"频频出现在古诗词之中，成为宋词的一个词牌名。

如今的鹊江，成了铜陵大通澜溪街与和悦洲之间的长江叉江的名字。1936年出版的《中华全国风俗志》也载："荷叶洲别名鹊江，清光绪初年,彭宫保雪琴(即彭玉麟)巡阅长江时改荷叶洲为和悦洲。"书中有《鹊江风俗志》一文就比较翔实地记述了大通八大商帮赛会的盛况。在鹊江上举行的龙舟竞渡已成为远近闻名的传统习俗。1926年为庆祝北伐军进驻大通,鹊江上举办了规模空前的龙舟赛。每年端午、春节等节庆,当地都会舞"水上龙灯",增添节日喜庆。大通鹊江龙舟赛和鹊江水上龙灯现已成为安徽省非物质文化遗产项目。

而今,鹊江之畔,清澈明亮的水光倒映着岸边的垂柳,落日的余晖静静洒在江面上,像给鹊江撒上了一层金粉。远处传来汽笛声,那是过往运送货物的船只,正冲起水浪驶向远方。水鸟在江上盘旋,男人们在岸边补船修网,妇女们在江中淘米浣衣……鹊江流经岁月,以一江春水滋润着一代又一代的两岸人。潮起潮落,江声依旧。而今的鹊江正以灯火与涛声,汇向皖江的未来。

江畔老街美味香——太平街

水波不兴、天下太平,这是传统中国的祈愿。义安区西联镇有一古街名太平街,原名横埂头,据传已有500多年的历史。此地始有一陈姓和一汪姓的人家居住,随着人口的增添,陈姓向南、汪姓向北发展,逐步形成了一条街道,故有"陈一街、汪一弄"之传说。太平街道为南北走向,街长200米,宽4米左右,过去街面由青石板和片石铺成,两边是较古老的青砖小瓦建筑,如今青石板和片石铺成的路面早已被水泥路面取代。太平街明清时期经济繁荣,方圆几十里的老百姓都来这里集市,品尝太平街小吃,那些小吃风味独特,香味传远。

太平街具体地理位置在哪儿呢?义安区境域有一长江大堤,堤上修建有铜胥公路。这一大埂与长江并行,与此大埂呈丁字形相交的是一条小河叫钟仓河。钟仓河全长九公里，一头是长江由大埂下入钟仓河，另一头是江水在钟仓汇入老顺安河。钟仓河小埂与长江大埂呈横竖相交，相交之地就叫横埂头，就是太平街。咸丰年间一批外地商农来到此地，从事南北杂货和粮油食品类的小本经营。街道两旁，排列着不同类型的商家，有卖南北杂货、五金百货、布匹绸缎、粮油食品、山珍水货、陶瓷铁器等商户，也有制糖、酿酒、碾米、磨面、做豆腐、烤烧饼、包黄烟、做灯笼、纺纱织布等作坊，生产生活、休闲餐饮一应俱全。

横埂头是什么时候改名太平街的呢？清咸丰三年（1853），太平天国军队沿长江顺水而下，直取南京。当太平军的船队经过铜陵县汀家洲江段时，将士们纷纷登岸至横埂头购买物品。街道上摆满烧饼、臭干、酥糖、雪枣、生姜、香菜、花生等茶点，热忱欢迎太平军。家家户户忙碌着，加紧赶做小酥饼供将士们品尝。太平军头领十分高兴，便问当地老百姓："此地为何处？"老百姓用浓重的铜陵乡音答道："此地名为'横埂头'。""横埂头？"头领听了之后，觉得"横埂头"与"换个头"谐音，不好听也不吉利，于是便将"横埂头"改为"太平街"，又名"天一街"，寓意天下昌盛平安，又意"天下第一好的街"。

太平街地产风味特产有太平街烧饼、太平街茶干等，其中太平街烧饼原名"横头小酥饼"，已有200多年的历史，据说是由明末清初一个姓查的师傅传下来的。它形似熟了的蟹壳，里外共十八层，层层酥透，香喷喷，略带咸，久食不腻，百日不改味。清朝道光年间，这条长度不过百十米的老街上就有酥饼坊10多家，从早到晚香气扑鼻，一年四季炉火红红。而太平街茶干则以此地久负盛名的特产汀洲大豆为主要原料制作而成，口感细腻、久嚼不烂、营养丰富，回味无穷。此街臭干独特风味，臭得香、臭得鲜、臭得诱人。此外，太平街油坊一到暮春，榨油的清香飘荡四方。农民地里打下的菜籽晒干后，就送到油坊榨油，榨出岁月的香味。街上菜市场除了农户自家种的蔬菜瓜果、攒下的鸡蛋、腌制的咸菜挑来卖，还有四季时鲜，如春天的蒌蒿、香椿头、水芹菜，梅雨时节的龙虾、黄鳝，小暑刚上来的藕带、莲蓬、菱角，初秋的花生、癞葡萄，腊月干塘的鱼——这些都是义安人舌尖上的"乡愁"。

太平街在 2004 年前曾是太平乡政府所在地，曾以老街为依托向太和路东西两头延伸拓展新街，通过数十年的建设面貌焕然一新。太平街一度颇为繁华，老街有大小商店 20 家，油条发糕等饮食业 24 家、豆腐店 12 家、烧饼店 5 家、裁缝 7 家，新街有无线电、机电修理部 3 家、锻工 3 家、理发部 2 家、照相 1 家、饭店 3 家，还有粮油、种子、饲料、生产资料、菜市场，每天早市人流量有 2000 多人，成了农工商结合的新型小集镇。

来太平街，尝一尝太平街烧饼、臭干等知名小吃，逛一逛水气氤氲的小集镇，领略老街的沧桑巨变，探寻从太平街走出的新中国大使张世杰战斗过的足迹，接受革命传统教育……人间烟火地，水乡一老街，太平街地生水香，古韵相传。

物阜之洲名声显——汀家洲

汀家洲旧址

"蓼岸藤湾隔尽人，大江小汊绕成轮。围疏放获不争地，种柳坚堤非买春。匏瓠放教俱上屋，渔樵相倚自成邻。夜来更下西风雪，荞麦梢头万玉尘"——这是宋光宗绍熙二年（1191）杨万里所题《丁家洲避风行小港出获港大江》三首之一（《诚斋集》卷三十三），诗中的丁家洲就是义安区的汀家洲。

汀家洲位于义安区西联镇，又名丁家洲。关于汀家洲及附近江面，清代顾祖禹《读史方舆纪要》有载："自铜陵稍折而北为丁家洲，为钱家湾，为胭脂夹，为获港，凡八十里接太平府繁昌县界。"此处丁家洲，"自前明时期涨发新洲、横亘江心，至江水折而北趋"。清嘉庆《铜陵县志》卷一说："丁家洲，在县东北接无为洲"，卷中"丁家洲"与荷叶洲、白沙洲同列为洲。清光绪二十二年刊印的《安徽舆图表说》载："（铜陵）县分三乡十五都，有镇市七处：顺安镇、黄浒镇、钟鸣镇、大通镇、和悦洲、城洑镇、丁家洲。"民国二十三年编纂的《安徽通志稿·江防》又载，同治五年铜陵县大通镇"设立参将属提标后营"，参将下设两位守备级官员，驻扎地"一丁家洲，一大江口"，派驻的守军长官为"守备"，是正五品的武官，比铜陵县令要大两级，可见丁家洲在清朝同治时期是军事要地。

"汀家洲"之名因何而起呢？相传，此街位于铜陵县东北二十里长江之小夹江边，始称黎洲头，因丁姓人居此从事农业生产，而改名丁家洲。后来，随着商业的繁荣，此地聚集了十余户大商号，加上小商店和小作坊，1000多人口。而以农为业的丁姓人家，纷纷从丁洲迁至仁丰圩内集中居住，村落人称"丁家排"。丁姓族人在丁家排建起祠堂，仍以种菜为主。丁姓人迁离后，人们仍习惯称这条黎洲头的商业街为"丁家洲"。当时外姓商户对以"丁"氏为地名感到不满，于是众议在"丁"字左边加三点水，改"丁家洲"为"汀家洲"，名改而音未变，但去掉了"丁家"的影响。

由"丁家洲"而"汀家洲"，此地历经风风雨雨，渐渐形成繁荣的集市。明嘉靖《铜陵县志》记载："丁家洲在县东北，接无为洲，明陶安有诗，推官李宗泗阻风夜宿有诗。"其中李宗泗诗："三朝淫雨两朝风，夜泊芦花小港中。似案远山浑碍月，如船高浪欲平空。霜侵杨柳萧疏绿，水暗芙蕖寂寞红。人倚蓬莱秋满眼，酒怀诗兴两争雄。"——可见此洲当时的地理风物。汀家洲在清代乾隆时尚未成市集，光绪年间此江段只有太平街和城洑镇两个市集，横埂头和犁耙桥也尚未显名。据义安区政协编著的《义安地名简录》记载：清咸丰年间，一批居于程柏村的查姓农民，弃农经商或商农并举，先后来到丁家洲，从事南北杂货和粮油食品之类的小本生意。由于丁家洲位于洲圩区中心地带，至清同治年间，前往丁家洲购物的人与日俱增。商户们从丁家洲码头乘船到芜湖、南京，采购各种商品，然后搭乘去大通、安庆方向的货船在丁家洲码头卸货，船到货到，轻松便捷，货物直接运到家门口，由此一批又一批的生意人来此经商。至清光绪初年，商人们大兴土木，新建商店门面和住宅，集资铺设街道，就这样一个具有相当规模的商业街逐渐形成了，人称"汀洲街"。新中国成立后，汀洲街设有规模较大的供销社、杂货总店、粮站、棉花收购站、糖业烟酒供应站等等，是铜陵县较为繁华的小集镇。

汀洲老街，始兴于清咸丰年间，位于长江南岸，紧挨着江岸，呈"L"形，从入口走进老街，是一条笔直的街道，街道尽头向江边一拐，是接近90度的直角，凸出来的部分连接江边的小码头，码头不大，有石砌的埠岸，可以泊船。鼎盛时期，老街有上、中、下三街。上街随南夹江和仁丰圩堤的走势，为南北走向，街道长约1公里，宽约4米。从上街的中间西侧开口，便是一条西向的街道，直指南夹江，是为"下街"。每逢过年，上街、下街店号门楼下悬挂着贴有红色姓氏和堂名的油纸灯笼，洋溢着浓厚的节日气氛。汀洲街商业虽然兴旺，但流动人口并不多，来往者多为周边农民。民国时，此地设立乡镇，出现了"汀洲乡""汀洲街"之称，官府机构设在太平街上。1954年，因长江流域发生洪涝灾害，汀洲街不少住户迁出，后随仁丰圩改建，其地段成了圩外地。此后汀洲街直接面对大江口的回流，加上成群结队的挖砂船而来，江岸年复一年崩坍下去，下街房屋迅速倒塌，上街也从南段快速萎缩。到21世纪初，政府实行移民建镇，街上居民整体他迁，汀洲街终于从地图上消失了。汀洲街从成市经鼎盛到衰微，前后仅150余年。

古街虽远，但汀洲物阜。今天的汀洲因盛产汀豆、鲥鱼、蘑菇等，于2002年被铜陵市列入无公害蔬菜基地，汀洲村村部所在的中心村创建为安徽省级美丽乡村示范村，入选省第十五批"一村一品"示范村。

农耕文明聚一桥——犁耙桥

今天的犁桥水镇

这是一个曾因桥而名、因河而兴的圩区集镇。

犁耙桥即今天西联镇犁桥，此地之兴是与一个家族、两座历史悠久的古桥分不开的。钟氏家族的祖先移居铜陵已有 1000 多年的历史，初居地不是犁桥村，而是石佛山。明嘉靖《铜陵县志卷一·地理篇》载："石佛山，在县东北三十里白马耆，有神东平王附童姓者，立庙于此，凿基得石佛，因以名山，其佛犹存，其神显应。"钟氏宗族定居石佛山，世代繁衍，人丁兴旺。此时，不远处的仁丰圩是当时的大圩。当时义安之地赋税主要源自圩田，而长江之畔的仁丰圩一带常常闹水患，致使圩田无法耕种。仁丰圩有上、中、下三圩，1646 年春，知县蒋应仔躬巡圩岸，见仁丰下圩为保固三圩的扼要处，即命圩总加筑坚厚。后知县刘曰义也率耆民重筑斗门，加培旧埂……随着仁丰圩水利工程的日臻完善，防洪抗旱能力大幅提升，钟氏族人便迁至仁丰三圩处。

钟氏族人从石佛山迁入仁丰圩的犁桥村，时名颍川堂钟村。族人在此修起了第一座桥。今日此桥旁边立了一块铜陵县交通局撰写的碑记《颍川堂钟村石拱桥简介》："清康熙年间（1702），颍川堂钟村人举全族之力，于七里埂长渠中段（村东）架起一座石拱桥，铺设昆山彩色麻石连接村庄进出路，'石桥钟村'由此得名。民国十一年，颍川堂钟村族人自发捐资银圆千余块，对石拱桥进行了修复。2013年5月，铜陵县交通局在未改变石拱桥下面原始石拱情况下，再次对该桥进行了加固修复，使古老的石拱桥又恢复了往日风貌，焕发了新春。"族人建桥后又于此地明塘岸畔建钟氏祠堂，逢节祭庆，人声欢腾，灯火通明。这座明代古桥，历经风雨，巍然屹立。而傍依古桥修建的钟氏祠堂，古朴庄重，传瓜瓞延绵之风——石桥钟由此而名。

犁耙桥则是另一座桥。乾隆《铜陵县志》卷六记载："犁耙桥，在仁丰中圩南、再兴圩北，跨大河居两镇间往来要冲，贡生查凤翔等倡建。"此桥由明代本地贡生查凤翔等牵头建造，横跨钟仓河。因石桥钟村农具制造业逐渐壮大，成为当地农具制造中心，从原料采购、加工制造带动了零售业、手工业、服务业兴盛，犁耙桥两岸形成了具有一定规模的集镇，于是此地被唤作犁耙桥。水润圩田，桥通两岸。当人们肩扛犁耙农具跨过犁耙桥，就走进了农耕中国的春天。

犁耙桥地区有史较早，南宋时，杨万里吟诗《丁家洲避风行小港出获港大江》，其中第二首中有"鸟居鱼笑三百里，菜把活他千万人"，作者自注："丁家洲阔三百里，只种萝卜，卖至金陵"——这"阔三百里"就包括犁耙桥南北的土地，先民们早在宋代就将蔬菜卖到了南京。犁耙桥萦绕着乡土中国的气息：再兴圩萝卜有着独特的品质，其色白如玉，皮薄肉嫩，汁多肉满，不抽丝，不空心，入口无辛辣味，甜脆可口，且只生一根主根，极少有须根；石桥边，钟氏家族聚族而居，开花散枝。"钟"为当地大族姓氏，也是稻米的量具，而"仓"则指粮仓，把"钟"与"仓"两字合成起来作地名，真是富有农耕文化的气息；此地曾为犁耙等农具交易地，而农具的制造引发了农业生产手段的变革，推动了农耕文明的发展……这样的水乡小镇，凝聚着传统农耕的智慧，凸显着江南文化的精髓，可以说是义安区农业文明的"缩影"。

犁耙桥不只是农具集市，也是商业小镇，聚集了近千户居民，在当时为繁华之处。清朝初期，朝廷在这里设立了犁耙桥镇，百货、药行、米行、鞋店、布店、菜场、木场、茶楼、酒楼、肉市、鱼市、糕坊等各类店铺摊点云集街道。这里更是红色的热土：抗日战争时期，日本侵略军在犁桥建筑了炮楼，新四军一支队老一团活跃在这里。犁桥街的共产党员张良仕组织犁桥赤卫队与日寇开展殊死斗争，其可歌可泣的事迹曾以《宁死不屈，伟大气节》的纪念文章，发表在 1951年 6 月 25 日中共皖南地委《皖南日报》上。

市易集珍奇，朝暮人声喧。如今走进犁桥，农家乐、采摘园、特色餐厅里游客熙熙攘攘。犁桥水镇景区，以粉墙黛瓦、翅角飞檐、小桥流水的古建，集徽州建筑之精华，汇江南水乡之神秀，已成为国家 4A 级景区。

走过犁桥老桥，是从当下走向明清。

走过"农文旅"之桥，是从现在迈向未来。

沧海桑田江自流——坝埂头

今日坝埂头

　　从长江滩涂、深水良港，到大桥飞架、厂房高耸，这是义安区东联镇坝埂头的前世今生。它在长江南岸，临江而生，在岁月长河里发生了沧海桑田的巨变。

　　坝埂头初为滩涂之地，有人迁徙而来，开垦荒滩。那片滩涂在风风雨雨中，接受着江水对岸带的侵蚀，水边芦苇在疯长，荒芜而又蓬生着希望。那时埂内住着崔、陈、阮三大家族，每个家族都有二三百户人家。据《义门陈文史考》记载："宋仁宗嘉祐七年（1062）文彦博、包拯、范师道、吕海等上疏，论及义门陈氏人口过于集中，朝野太盛，建议分庄。"于是陈氏一支迁至长江南岸，"娶符氏，安徽铜陵钟仓庄"，由此陈氏宗族落户坝埂头已有近千年历史。后来，此地开起水沟，筑好土埂。大埂向北伸出 5 公里的地方有一座 U 形的圩堤，那 U 形底部就是坝埂头的旧址。U 形圩堤把水系一分为二，坝埂头东面的永丰圩、黄兴圩之水从小斗门流入夹江入长江；西面的上丰圩、官庄圩之水从大斗门流入夹江入长江，将坝埂头构成了深水港。20世纪初，坝埂头是一座天然的码头，往来船只很多，沙子、水泥、粮食、水产等物品从这里进进出出，成了铜陵东部相邻地区物资进出的散地。街上布店、米行、糟坊、糖坊、百货、土特产、金银加工、铁器加工等，客商川流不息，形成生意红火的场景。码头边常有戏班、马戏团唱戏和表演，迎来四面八方的乡邻。可惜的是，坝埂头老街现已崩坍，不复存在。

坝埂头处有一座长江水位亭，建在通向江里的一条长长的栈桥的顶端，以精确的刻度感知着江水的涨涨落落，发出来自江水的信息。这是义安区长江岸线上唯一的水位亭，一年一度的汛期，从坝埂头传出的长江水位报告，为防汛抗洪发出预警预报，是守护一地安澜的"侦察兵"。

一地历风雨，长江自东流。而今，坝埂头已变成大桥飞架处、工厂集聚地。这里，一江碧水浩浩流去，一座大桥巍巍飞架，艘艘巨轮穿梭，幢幢厂房林立。长江大堤横贯而出，迤逦而去，雄浑大气。站在大堤上远眺，江面上轮船就在眼前往来穿梭，驶向天际；水鸟盘旋在水面低空处，似乎表达着对江水的眷恋。沿大堤而行，视野越来越宽。不远处，那雄伟壮观的长江公铁大桥，矗立在长江两岸的大桥墩，在数根银色钢筋铁索的拉撑下，张开大江的"翅膀"，银白色的高铁动车闪电般从大桥上飞驰而过。国能铜陵电厂，一片偌大的厂房在绿色树木的点缀下，错落有致，展现出现代化工厂的新姿。旋力特钢厂成片的工业区，通往厂区的大路两旁被苗木花草簇拥着，好似两条绿色的玉带飘向江边。协成码头好似一艘巨船停靠于大堤旁，与旋力特钢厂隔堤而望，和长江公铁大桥遥相呼应。骄阳下，码头橙红色的门机抓斗往复不停，煤流滚滚涌向煤仓。两台吊机伸出巨大臂膀，将一块块钢板车上吊起，稳稳地放于停靠于码头旁的大船内，那条巨臂是那么挥洒自如……

在江水的潮涨潮落中，"坝埂头"这个地名正在渐行渐远，但新的事物正在蓬勃兴起。它饱经历史风雨，衰衰兴兴，在物换星移中唱响大道沧桑的朝天阙。

百年窑火烟云散——缸窑

缸窑湖生态湿地

义安区天门镇蟠龙村处，有一片白茫茫的水面，名为缸窑湖。那曾是数百年来乡人制陶的所在，因此得名。大通工艺美术陶瓷厂的前身大通缸窑，始建于宋代。清雍正七年（1729），大通缸窑 4 座大龙窑同时点火生产，每到夜晚缸窑的烟火映红了天空。民国后期，历经抗日烽火后，大通商业凋敝，街上店铺 100 多家，至少有 10 多家是卖缸窑湖的窑货。那些大小不一的陶缸，可用来装水用来腌菜，是不可或缺的日常生活用品。在没有自来水的年代，大通人家家都有一口大缸，一家人吃用水都储在里面，而用缸腌的菜吃到第二年也不会变味。20 世纪 60 年代，缸窑湖处于鼎盛时期，大通陶瓷厂职工达 2000 多人，但到 2003 年不得不关闭了。如今缸窑辉煌不再，龙窑大多已坍塌，只有原厂居民房的房前屋后陶缸、陶盆、陶坛、陶钵层层堆积，构成了偌大的缸坛废墟，在述说着往事。

很久以前，人们听闻大通是个人杰地灵之地，纷纷前来落籍。可当时的大通大部分山地已归当地望族佘氏家族所有，来者想要觅得一块地是很难的事，许多大商号老板都找不到一块栖地。有一杜姓人家在和悦洲上做生意赚了不少钱，一直想在大通附近觅得一地，以安葬亡人，经多年寻访，终于发现有一片九华山余脉坐落在天门镇蟠龙村龙山岗，当地人称那山坡叫"万事春"。地匠师傅说，那块地是传说中的活龙卧牛地，但可惜的是那是一条冷龙，需烧十年窑才能使地气发热，让龙活起来。于是，杜家不惜重金买下了那块地，开始四处找窑匠师傅，准备在此地烧窑。当时，一群以赵姓为首的窑工从湖北麻城而来，他们原在江西烧陶，因发现龙山岗的土质非常适合做陶，并且此地前有童埠河，涨水时又有水桥湖水系直接连接青通河而抵大通，水路运输发达，便于窑货出售，于是想在此立窑烧货。杜家见他们专业陶工出身，就同意了。于是，赵姓人很快与杜家签订了契约，契约上规定他们要在长龙窑烧制十年，十年到期后无条件归还杜家。当时签订此契约时，"十年为期"写的是"十"，而非"拾"。来自湖北的赵姓族人便在"万事春"山地，新建了以"中、西、东"命名的三条长龙窑，开始烧制以缸为主的窑货，生意越做越红火，后又联合袁氏十三户人家入股，增加了一条新的龙窑，一时四龙齐发，有工人 500 多人，产品销往全国各地，可见窑火之兴旺。转眼十年过去了。杜家通知赵姓人，说十年契约就要到期，杜家要收回这块地了。赵姓人不忍舍弃，思来想去终在契约"十"字上加了一小撇，这"十年"改成了"千年"。于是双方争执不休，官司打了多年也没有分出输赢。杜家不得不接受现实，与赵姓人共同在这片土地上开办窑货。赵姓人又从老家湖北的麻城、红安两地请来了烧窑师傅，立起几口龙窑，大通缸窑渐渐名声在外。多年后，杜家又找地匠师傅询问此地的风水，地匠师傅说：这块风水宝地上的"冷龙"原本只要烧十年就能热起来，可烧了这么多年已经把"冷龙"烧死了——当然这只是坊间轶闻，但大通缸窑的窑货之盛却是史上有载的。

1938 年，日寇飞机轰炸大通时，此地四条长龙窑全部炸毁。1942 年，有赵氏后人之妻"六老板娘"，回到麻城老家，又请来了制陶师傅，再建了一条龙窑重新烧了起米。儿经起起落落，大通缸窑一直在延续着。20 世纪 80 年代，大通缸窑以"大通工艺美术陶瓷厂"之名，抖落历史的风尘，改造龙窑炉膛功能，生产的绿釉、红丹釉等产品销售各地。

而今，缸窑已停厂熄火了，到处是一堆堆、一处处的窑缸，路边人家的围墙、花坛，都是用废弃的窑缸围成的，村道上也可见一些缸瓦的碎片。而缸窑湖却成了一片水波茫茫的大湖，其实它原本不是湖，而是缸窑人数百年就地取土的所在。缸窑熄火后，水漫了进来，就成了一片湖泊。

元末青山烽烟起——城山寨

城山寨

　　这座山位于义安区顺安镇东南，呈圆形，海拔 453.7 米，山上杉、松、竹常绿，林中画眉、喜鹊、山鸡、鹰栖飞，松鼠、野兔、野猪奔突——这就是城山。城山森林广阔，云山高耸，气候湿润，云雾缭绕，是铜陵地区唯一生长名贵木材——楠木的山场。据《池州府志》载："（城山）与杏山邻，平坦，约数十亩，名寨城。有井，不以旱雨为盈涸，其势四壁峭立，西南仅通一径，昔人恃以避寇。"山上原有"金盆照月""弥陀庵"明代进士王方伯墓等名胜古迹，西北麓有革命烈士刘四姐墓和华东一级战斗英雄周小贵墓。大城山主峰耸立，左有小城山，右有走马岗，山高峰陡，壁立如城。山上曾建有能攻能守的山寨，由此以城山寨而闻名。

　　相传元朝末年，反元起事的红巾军大将赵普胜，率领部下，袭繁昌，夺池州，占铜陵，所到之处旗开得胜。赵普胜用双刀杀死江淮省平章童星吉后，元朝廷闻讯大怒，急忙传旨池州府，火速派兵前往清剿，务必活捉"反贼"。赵普胜寡不敌众，率部遁至铜陵顺安，欲翻山越水，北渡长江而去。赵普胜是安徽巢县人，自小与水打交道，但官军已控制渡江的必经之路——肖家闸。部队因连日苦战，已疲惫不堪，部将探得附近有山，建议占山为王，就地休养生息。赵普胜不以为然，因山立寨自古为兵家大忌。山高无水，将不战自乱。部将说这山与众不同，山顶是一片面积达数十亩的平坦地，四壁陡立，中间有天池，一年四季有泉水，雨季不漫溢，久旱不枯竭，可确保饮水之用。赵普胜不信，亲自登山察看了一番，果真如此。不仅山有天池，东北还依伴群山，重峦叠翠，林茂葱茏；西南有径可登，临览山川，一望无际。其地势险要，宜于扼守。于是，赵普胜便在此安营扎寨，守寨抗元。他们立寨栅、筑营垒、架滚木、铸兵器，秣马厉兵、积草囤粮，又在城山坳建立一座大水闸，闸里养鱼，既供义兵改善膳食，又作为对抗官兵的防御设施。城山寨一时远近闻名，声威大震，四方仁人义士接踵相投，人称赵普胜为"城山大王"。

赵普胜坐镇城山，操兵练马。官府聚集官兵，把山寨围得水泄不通。赵普胜见官兵势大，就使出诱敌深入之计，把官兵诱至半山坳，下令开闸放水。于是一声轰鸣，白茫茫大水似脱缰野马，裹着石块冲向官兵。官兵死伤大半，大败而回。赵普胜凭借天堑，坚守大寨，直到元朝灭亡。明王朝建立后，派大将傅友德讨伐城山寨。傅友德心生一计，征集上千只山羊，在每只羊角上挂上两盏小灯，又用火油浸湿棉絮，系在羊尾上。待到半夜时分，明军用火点燃棉絮，山羊被烧痛，一齐冲上山寨，埋伏在四周的明军一齐发喊助威。赵普胜猛听山下喊声震天，以为官兵冲向大寨，便急忙走出中军帐，朝山下一看，只见满山遍野灯火通明，一时不知真相，便抽出双刀备战。眼看火把将近，他大喝一声："开闸！"大水便又像猛兽一样，咆哮如雷，迅即奔泻。不消一刻，水到灯灭。水退之后，明军从四面八方冲上山寨。城山大王知是中计，只得挥动双刀，率领众弟兄与官兵血战。怎奈傅友德兵多将广，经过两天两夜的血战，赵普胜终因寡不敌众而战死。而被大水冲下的羊尸一直漂到顺安街头的大湖滩里，后人便称那大湖滩叫羊湖滩。多年以后，后人为纪念赵普胜，在城山西麓兴建了大王庙。

这一传说在铜陵、繁昌、池州一带民间广为流传，但无史料佐证。史载，元末红巾军将领赵普胜，善用双刀，故号"双刀赵"。至正十一年（1351）徐寿辉在蕲州起义时，赵普胜以巢湖为根据地，发展水师，有水军千艘。次年，赵部配合天完军攻占太平诸路，继而攻下安徽无为、铜陵、池州、安庆等地，占据江西湖口、彭泽一带。随后，徐寿辉天完都城陷落，赵普胜退守巢湖结寨自保，发展有两万余众，后又追随陈友谅。1358 年，陈友谅横扫江西诸州，半年内连下数城，声威大震，称霸长江以南，曾派水师大将赵普胜侵扰池州。于是，朱元璋暗地挑拨陈友谅与赵普胜的关系，本就对赵普胜心生警惕的陈友谅，便以会师之名诱骗赵普胜登船畅谈，然后将其杀害。但也有一说，赵普胜并没有被陈友谅所杀，而是一直追随到陈友谅战死，才逃到湖北黄石市阳新县富池镇的一个四面环山的地方住了下来。富池镇建于三国时期，因境内的富水在此汇入长江，故名富池口，演变成现在的富池镇。为了躲避明王朝的追杀，赵普胜改姓袁，世代居住下来。这个村子就叫袁广村，村谱最悠久的记录就是从赵普胜开始的。

传说非史实，多有讹传，但从中可见一地百姓经久相传的记忆。如今城山寨犹存，青山崔嵬，林深草密，山顶竹林深处仍残留着碑石和城山寨遗址。据城山寨碑简介：此处又称亮天坛，面积十数亩，四壁陡立如城，有天池出泉，当地百姓称其为"月牙泉"。而羊湖滩已成为顺安城区风景如画的公园，冬日里棵棵枫树在寒风中释放出浓浓暖意，片片红叶在阳光下熠熠生辉……一个个老地名随着时间的更迭、历经时光流转，以一段传奇或掌故仍在诉说着什么。

旧耆新园沧桑变——陶村耆

曾经的陶村耆所在地，现在的义安经济开发区

在旧时铜陵行政乡级建制中，只有陶村耆和朱村耆是按居民姓氏命名的。

叶山为义安区名山，山脉在顺安镇白杨坡分岔成"人"字形，呈东、西两条，并行一直向北，延伸至玉楼山——陶村耆就位于叶山北侧支脉上。据 1992 年《铜陵县志》载："唐，全县定工山、安定、凤台、丰资、归化 5 个乡，分 42 个耆。明初，并为 23 个耆。成化十九年（1484）减为 19 个耆。嘉靖元年（1522）并为 15 个耆。"陶村耆即是其一。铜陵清代区划承袭明朝定制，民国十七年（1928）将原 15 个耆改划为 7 个区、15 个保，其中陶村就是北二区下辖的三个保之一。1956 年 4 月经调整合并，原湖城和陶城合并为湖城乡，陶村、陶城这个古地名渐渐消失。

陶村耆以"陶"姓为名,据传西汉时,陶姓人迁于江苏、安徽一带,并在长江之南落籍播迁。陶氏家族先民于叶山北侧筑堤排水,垦荒农耕,定居下来。此地自然灾害不断,大雨大灾,小雨小灾,无雨旱灾。大水时,蛟起水洆,漂流民房,淹死人口,冲没田亩。大旱时,颗粒无收,民饥死者无算。陶村耆旧有湖王涧(后称湖城),东面的叶山山脉延伸向玉楼山,西边的新桥虎山(现名)山脉延伸向铁湖嘴,地势为夹在两山间的水沟,汇虎山、济头诸山水向西入大江,故名"涧"。明代嘉靖《铜陵县志卷之八·艺文篇》中录有户部侍郎汪珊撰写的《湖城涧新桥记》:"铜官湖城涧,汇桥莞、济头诸山水,其流甚激。当夫景霁波恬,天光可鉴,利涉者不甚艰。或值春夏,淫雨为潦,水势猛涨,舞于盘涡,虽冰折雷解,不足以渝其迅决,信乎一方之巨险也。矧南通七省,北联两畿,东出南宛,西距大江,屹为四通八达之冲,宦适车马、公私走卒之所必由,奔渡争舟,倾覆蹶躇之患,不啻踵相接也。先时,尝构木以渡,水涌木折,不数年荡为陈迹。重以邑小赋繁,民户多窘,在位者等。而传舍逆旅,其视编筏渡蚁、乘舆济人邈焉。千祀绝,为旷典,过者每为蹙额兴嗟……"此可说明当时人们生存环境的恶劣。面对如此环境,陶姓人纷纷离乡,寻找安居乐业之地。而鼠疫的暴发是让陶村消失的致命一击。某年此地鼠疫流行,陶村万间垄的田野变成了坟茔林立的坟山,自此此地人稀荒芜。

直到近代,陶村耆才有零星的外迁散户,前来择地而居,洐生出吴、罗、宋、曹、查、陈、赵、姚八大家族,其余则是单门独姓的小户人家。这八大家族为各自独立的大村落,每房头以男丁为户的小族群组成,每个姓氏都建有祠堂,并出现过数名乡贤:据明嘉靖《铜陵县志》载,唐代姚显,"字尚晦,世居陶村。乾符中黄巢犯潼关,显统兵拒战殒身,僖宗嘉其忠节,追封英烈王,乡人立庙焉,祀乡贤祠。至裔孙永赓,亦有行谊。"而且有乡人担任过镇远州吏目、海丰县学训导、广西怀远县知县等职。此地多寺，据清代乾隆《铜陵县志卷之五·庙宇》载："大觉寺 在陶村耆晃灵山麓，嘉祐八年（1063）建，赐额。原名大明寺，乾隆乙亥，邑令朱成阿更名大觉""良因庵，在陶村耆，贡生章烁建，并创巨亭于庵前，设茶以供行旅"，凡此种种形成陶村耆香火缭绕的庙宇群。当年，陶村耆各姓家族多有戏班，其中宋氏家族戏班，行头、道具、乐器、锣鼓等都由公堂统一购制，演员由族内青年担任，每年腊月请师傅教戏，春节时公开演出。演出前，戏班全体人员要进祠堂焚香祭祖，祈求演出顺利。开戏前几天，宋氏家族及周边村子的家家户户，请自家亲戚来看戏。正式演出后，四面八方的亲朋好友都来了，看戏的人扛着长条凳摆位置挤满全场，外围卖小吃小贩游走，有炸豆饼和油糍的，有炸臭干子的，有卖荸荠的，十分热闹。

陶村耆的湖城涧，曾是战火纷起之地。明代嘉靖《铜陵县志地理篇·古迹》载："在县东四十五里。相传昔有胡王至此，一宿垒土而成。其城有门，约二里许，不相联续，或数十亩，或十余亩，或六七亩。今涧桥港皆以胡王称之。"《通志》云："宋泰始中，晋安王子勋举兵江洲，其将刘胡引军东下，筑此屯兵，因名。"胡王城是屯兵和练兵之地，聚兵数之众竟能一夜之间垒土而成城，可见当时是古代军事重地。而 20 世纪烽火年代，这里发生了铜陵近代史上重要事件"湖城涧暴动"。据中共铜陵县（今义安区）党史记载："民国十六年（1927）湖城涧农民何骏启等人购买枪支，自发组织农民武装，打击恶霸地主，实行铲富济贫。民国十九年（1930），铜陵第一个党小组成立后，在党组织启发、引导和帮助下，这支农民武装改编为农民赤卫队，何骏启任队长"……

沧桑巨变，破茧成蝶。而今，在陶村耆、湖城涧之上，一个现代化园区崛然而起——这就是省级工业园区义安经济开发区，该园区先后获评"国家绿色工业园区""国家园区循环化改造重点支持园区""全国绿色发展优秀开发区""安徽省新型工业化产业示范基地"等称号，为铜陵东向发展敞开一方热土。

青山绿水栖凤凰——凤凰耆

"庐外山高播半天，石也孤井聚甘泉，凤凰一饮千年后，尚有遗迹万古传"——这是明朝诗人周铎题赞铜陵凤凰山的诗。这位诗人是铜陵凤凰耆周氏家族人，景泰元年（1450）贡生，曾任韩府长史。他以"凤凰八景"为题，每景各吟一首七绝、一首七律，将凤凰山周围诸山美景、神奇传说囊括其中，让凤凰山有了诗情画意。

凤凰耆，为铜陵县旧耆之一，因凤凰山而名。凤凰山峰青水秀，物产丰饶。据铜陵凤凰村《周氏宗谱》记载："凤凰山地势形胜而宽广，山环而水绕，周围八景，千古不易，前有横山之高截，而界乎两县；后有面山之灵境，而耸乎霄汉，左有灵凤饮泉，而盘石爪印之分明；右有塔山胜境，而流泉崖洞之端然；以到潭山灵湫，居山建寺，而邻乎西南；金山金牛，洞山马踪而拱乎东北。八方美景，一览俱见"——可见此地山水之形胜。

凤凰耆有山凤凰，山下聚居着周氏一族。相传周氏是约于北宋末年从江苏宜兴柯山迁来，在此繁衍生息的。当时，金辽肆祸，宋高南渡，宜兴乃兵戈往来之所。为避祸乱，宜兴周孔嘉、周孔庄等四位堂兄弟决定另觅他居，临行前到宗祠祷告。周孔嘉见天上一只大鹞子飞来，立誓说他逢鹞即居。周孔庄说其祖岐山为凤鸣之地，他遇凤凰则住。后来，他们由采石矶渡江，抵达枞阳县（原桐城县东乡）。周孔嘉至鹞子山，并择此而居。周孔庄复又渡江，迁铜陵凤凰山，其子周应源曾任池州府儒学正堂，被铜陵凤凰山周氏尊为一世祖。（事见

于枞阳县《鹞石周氏宗谱》）

凤凰者有地沸水，据铜陵县志载："沸泉，在管山，河沙中泛出，自下而上，状如鼎沸，因名。"这里记载的沸泉就是沸水，即今顺安镇盛瑶村境内。此地沸水胡氏，于唐代末年因避黄巢战乱，迁入铜陵，卜居于此，后成大族。胡兴邦《铜陵胡氏说》中关于"沸水胡氏溯源"中记载为："唐禧宗广明元年（880），黄巢义军克饶、佼、世、歙、衢、婺、睦等州。启一公避巢乱，徙铜是事出有因。"离沸水不远，有山晃灵山，山上有寺大明寺（又名大觉寺），始建于宋仁宗嘉祐八年（1063），鼎盛时供佛像百余尊，终年香火袅袅，与钟鸣镇狮子山上的清凉寺历史上同属东南名刹。宋康定三年（1040）至庆历元年（1041）间，沸水胡氏胡省一筑书堂于大明寺侧，诚请年轻时的王安石来此讲学，其子胡舜元与王安石同读于逢源堂，"共砚席，相友善。"多年后，胡舜元的侄孙胡乘曾写诗一首《咏沸水》："沸沸流泉出洞天，清清长涌管峰前。桑田沧海频更变，唯有涛声亿万年。"

一座山环水绕的青山，一株美丽绽放的牡丹，一个世代绵延的家族，一座人文相传的古寺，让古老的地名成了人文景观。此块盛产凤丹，为国内三大名贵牡丹，始于晋优，已有1600多年的历史，因其药用价值而被乡下人广泛种植成为"铜陵八宝"之一。

三线工厂留遗迹——七 0 一

701 工厂火车道

2021 年，铜陵市第一批工业遗产名录正式公布，701 厂火车道名列其间。这条从顺安镇区通往 701 厂的铁路线，于 20 世纪 70 年代初建成，直至 90 年代末都是大山里的 701 厂和铜陵市区联系的主要交通要道。该火车道起点为顺安火车站，终点为 701 厂区，长度约 7.3 公里，现纳入保护范围段起点为顺凤路，终点为 701 厂区，长度约 2 公里，被评为首批市级历史建筑。

这条火车道因何而来呢？ 20 世纪六七十年代，新中国面对严峻的国家安全形势，在这种背景下，将我国工业设施尤其是国防工业以及铁路交通、高等教育院校转移到三线，为我国留存有实力的"大后方"，显得尤为重要。1964 年 5 月 15 日至 6 月 17 日，中央在北京召开工作会议，讨论第三个五年计划。毛泽东与刘少奇、周恩来等领导人郑重指出："三五"计划要考虑解决全国工业布局不平衡的问题，要搞一、二、三线的战略布局，加强三线建设，防备敌人的入侵。如此，701工厂作为三线厂之一，便落户距铜陵市区有25公里远的青山里。

"好人好马上三线，备战备荒为人民。"701厂是上海铁路局701工程指挥部的简称。1970年，一大批热血青年来到这里建起了工厂，任务是修造蒸汽机车，据说最多的时候工厂里有一万名员工。厂区最大的特点就是到处都有铁轨在延伸，从火车站延伸到厂里，从车间延伸到隐蔽线。工厂车间多且密集，高大宽阔的车间、复杂精密的设备、来回移动的桥吊，成为工厂火车的诞生地。为了保密所以用了代号，人们都称之为神秘的"701"工厂。建设者在荒野里盖起厂房、在河滩上架起桥梁、在群山中铺设铁路，在工厂的周围渐渐建起了家属区、医院、俱乐部、宾馆、学校、消防队、电视台。一时"沙滩""河旁区""新杨冲""老杨冲""龙山"等家属区，散布在群山各处。当时，因为是战备工厂，701厂并不以营利为目的，调节生产，靠的是上级的一纸命令。一代代共和国的产业工人在此"献了青春献终生，献了终生献子孙"，修过多型蒸汽机车，造过上游型蒸汽机车，后转产新造铁道车辆，再后来专门生产车辆关键部件。随着主产品的转产和隶属关系的改变，厂名几经更改，先后使用过上海铁路局701工程指挥部、交通运输部701工厂、铁道部铜陵机车工厂、铁道部铜陵车辆厂、铜陵车辆厂、南车长江车辆有限公司铜陵分公司的名称，现名为中车长江铜陵车辆有限公司，是铜陵地区生产能力和装备水平最好的机械制造企业之一。

701厂火车道是当年位于群山间的工厂通往外界的专门铁路，也有专门火车站、定期的火车班次，每天两趟，接送居住铜陵市区的职工往返，是工厂自备的职工通勤车。小火车在701厂的站台就是一条林荫小道，梧桐树两边，一边是铁轨一边是公路，虽然道路窄小却是进出工厂的唯一道路。顺着这条道路前行300米左右，就来到了一个十字路口，这个路口相当于 701 厂的交通枢纽。由这个路口笔直向前，一条宽阔整齐的大道进入厂区；往左，是去向工厂的行政大楼、菜市场；在右侧，是厂属的学校、医院、俱乐部、生活区。在那个激情燃烧的年代。这座厂区里大喇叭吹响号角，穿着工装的职工骑着自行车匆匆去往车间，背着军绿色斜挎包的孩子跑向明星综合商场，还有家属们聚集在一起聊天——因为来自天南海北，大家都自觉地说着普通话。在厂里成长起来的年轻人，常在脑海中记起那时厂里的学校、坐过的火车、玩耍的体育场、看电影看演出的俱乐部……这条铁路，在顺安这个小站与沪铜线交会，黑色的蒸汽机头喷着汹涌而出的白色水蒸气，每日往来不息，奏响着属于那个时代的工业交响曲。当年的701 工厂子弟，常常沿着铁轨前行，跟着长长的铁轨将梦想延伸向远方。

这里，第一台厂修蒸汽机 1258 号于 1976 年出厂，在大山里奏响了火车的汽笛。这里，从 1989 年 1 月 13 日至 1992 年 11 月 30 日，共有 1775 辆 S13 守车驶出。这里，曾是中国铁路各类敞车、平车、漏斗车、铁水车、罐车、家畜车、守车及配件的生产基地之一，也是华东地区唯一大型轨道货车生产企业，2002 年被确定为"铁路货车生产基地"……

铁轨没有尽头，站点总有人在等。701 厂——一个工业之地的代号，镌刻着一个时代的缩影，记载了几代人的光荣与梦想。如今的 701 已为中车长江铜陵车辆有限公司，正在打造全球领先的轨道交通装备关键部件供应商。

吴楚传说话沙洲——衣冠村

"同歇日东下，相将向水隈。门随江岸转，市趋晚舟开。岁事惟收菽，人家却放梅。窘途多异景，长夜且衔杯"——这是明朝工部尚书陶琰，过铜陵时写下的诗《紫沙洲》，那时紫沙洲上房舍隐隐，农事颇盛，可见其地已人丁兴旺。紫沙洲东为千棵柳，东北为雁翎洲，两处曾归芜湖市繁昌县辖。1956 年，原属繁昌县的衣冠村被整合入胥坝乡，时属于紫沙洲。

伍子胥画像

吴宫花草埋幽径，晋代衣冠成古丘。传说中，衣冠村之名与伍子胥有关。伍子胥助吴王成春秋霸主后，吴王夫差听信谗言，赐死伍子胥，并命人把伍子胥的尸体装入皮革，投入吴江。在民间传说中，伍子胥尸体从吴江漂入长江，寻得回流逆江而上。长江上的一无名沙洲上，几个渔民发现那具尸体，不忍心其曝尸于荒野，就地埋葬了。为方便其家人寻找尸骨，他们在埋葬处四周，插上了柳条作为标识。亲友们听说伍子胥遇难后，到吴江打捞寻找他的尸体，一直无果，不得已欲逆长江而返乡。一日，他们遇风泊舟沙洲内河，恰与数渔民共泊，闲谈中渔人说出了往事。他们细问那尸体装束相貌，越说越像伍子胥。于是在渔人的指点下，他们挖开沙坟，经过辨认尸身确为伍子胥无疑。亲友们收好伍子胥的尸骨，在原处筑起伍子胥的衣冠冢。百姓开始栽柳树，柳树千棵渐渐成林。不知过了多少年，沙洲上筑起大坝，便取名胥家坝。而一个千棵柳的地名、一个衣冠村的村庄、一个子胥圩的圩口一直流传至今。

又传，衣冠村的村名与明朝铜陵县最后一任知县胡鲲化有关。胡鲲化是河南鹿邑人，崇祯十六年（1643）任铜陵县知县，乾隆二十八年《铜陵县志》称其"廉能有胆略，爱民若子"。他上任仅三个月，便遇到左梦庚兵乱。左梦庚是明末名将左良玉的儿子，而左良玉以镇压李自成起义出名。崇祯十七年（1644），崇祯皇帝在北京自杀以后，大明朝群龙无首，一些宗室成员在各方势力的辅佐下，先后在南方建立起数个政权，这些政权被合称为"南明"。弘光南明刚刚成立，南明第一实力将领、镇守武昌的宁南侯左良玉以"清君侧"为名，由襄阳起兵，威逼南京。途中，被东林党人抱以极大希望的左良玉却突然病逝，左良玉之子左梦庚被众人推为首领。这支二十万上下的明军主力随之哗变，投降了满清英亲王阿济格。左梦庚率部从九江打到安庆、池州，一路烧杀抢掠而来，小小的铜陵县也惨遭兵灾，"鸡犬无噍类，此从来未有之惨也！"胡鲲化便组织县民死守具城十余天，不幸城被攻破，胡鲲化被左军杀害后抛尸长江。铜陵县民沿江打捞胡鲲化的尸着，多日后才在紫沙洲的江段找到了他常戴的青纱帽。因为当时世事混乱，众人无法再寻其尸，遂就地将青纱帽掩埋，准备等安定后再行报官。不想此后便是明清两朝更替，从此此事再也无人提起。唯在当地人约定俗成地将"衣冠"当作地名称呼起来。数百年过去，胡鲲化的衣冠冢早已因洪水冲没，但"衣冠"地名一直传流下来。

如今，历史的烟尘，已经掩埋了当年血脉偾张的金戈铁马。时代的风雨，也淡化了那些荡气回肠的传奇故事，而不辨真假的传说仍在流传。在秋高气爽的金秋，走进义安区胥坝乡，放眼望去，一条条笔直的公路延伸到千家万户，一座座独具特色的民居分落有序，一片片生机盎然的土地写满了丰收的故事……在这里，既可听闻传说中伍子胥屯兵坝上的隐隐号角，也可领略历史中渡江战役的隆隆炮声；既能收到映日荷花寄来的徐徐清风，也能目睹金色麦浪翻涌的滚滚云雾；既能品读世代相传意蕴久远的淳朴家训，也能感受返璞归真归田园居的惬意生活——这个四水环绕的江心洲呈现出勃勃生机，散发着浓浓乡韵。

百里一矶迎江流——羊山矶

羊山矶远眺

"矶"是长江沿岸特有的地貌，自古就有"长江七十二矶"之称，多为地势险要之处。

羊山矶地处古镇大通境内，史上曾为铜陵县（今义安区）属地。

它是大通长龙山直插江中形成的矶群，耸立于长江与鹊江汇合处，因形如山羊而名。它虽然位于长江的南岸，但长江在此处向北拐了一个弯，让长江铜陵段向北而去。清乾隆年间出版的《铜陵县志》一书中载道："羊山矶，在县南三十里处，地最险，挽纤极艰。雍正元年，举人陈哲呈请魏中丞，准修纤路，遂纠杜凤、贲璋等捐资整治。后哲子通判学文，复捐石独修。"此地险要，为江之"咽喉"。《九华山志·交通》云："若沿江各省，登九华山者，水道由大通入，羊山为第一站。"明清时期，羊山矶上曾有不波亭、锁浪桥、生生庵、红土庙等众多名胜古迹。清代诗人杜义然曾为其写过一首诗："返照澄江步晚霞，隔洲渔艇乱兼葭。临流盼望行吟罢，归度林皋月上斜。"可见那时羊山矶已是风景名胜。

大通河芳草萋萋，水流不息，可分为澜溪河和七姓河，其中白浪湖至古镇鸡公山为澜溪河，古镇以下到鹊江入口处为七姓河，而距此不远处的羊山矶一矶横江。而这一地带的河名和矶名，在故老口口相传中，与一个人有关——他就是明朝开国皇帝朱元璋。

传说，七姓河的地名是朱元璋所赐。历史深处烽火隐隐，朱元璋曾在潘阳湖大战陈友谅，取得了决定性的胜利，为开国奠定了基石。但在此之前的元至正十八年（1358）夏，朱元璋却被陈友谅打得落荒而逃。那年，朱元璋部将常遇春已克池州，陈友谅部将赵普胜又陷池州，对朱元璋部乘胜追击。这天，陈友谅部追杀朱元璋至大通羊山矶时，狂风大作，暴雨倾盆，朱元璋乘坐的小船被大浪掀翻。恰在此时，大通河南嘴渔民在此捕鱼，看到有人落水，把朱元璋救上了岸。朱元璋惊魂不定，饥肠辘辘，很是落魄。渔民们便将刚捕的江鱼烧煮好，请朱元璋上船吃鱼。朱元璋吃着鲜美的鱼，和渔民们聊起天来，问道："此地是何处？"渔民们答曰："此地是大通河，我们是在这里捕鱼为生的渔民，主要有高、张、吴、朱、李、叶、史等七个姓氏呢。"

朱元璋听后记在心里，登基后便钦赐渔民用金丝串起的鱼鳞册，并在鱼鳞册上亲写了"七姓河"三个大字。这时救他的渔民们才知道，他们救过的人是大明朝开国皇帝朱元璋。自此，"七姓河"的地名就传开了。

又传，也是此日，朱元璋又为羊山矶的平安塔取了个雅号。为逃避陈友谅部追兵，渔民们把救下来的朱元璋送至羊山矶上。其时，羊山矶大矶头上耸立着平安塔。该塔为五层石塔，方形塔身，高约十米，塔顶覆盖着黑灰色小瓦，呈六角形大翘角，朱红色的亭柱与彩绘着龙凤图案的穿枋横梁相映生辉。朱元璋和军师刘伯温进塔歇息。朱元璋立在石塔窗前俯瞰长江，见湍急的江流在羊山矶下回旋激荡。面对战败逃窜的窘境，他伤感地走出石塔，欲到矶头上跳江。跟随他多年的刘伯温心知他的心意，忙一把拉住他劝道："胜败乃兵家常事，主公切莫失志。"话毕，江面上汹涌激荡的江水顿时平静下来。朱元璋见此情景精神大振，遂返身进塔，奋笔疾书"不波亭"三个大字，让刘伯温高挂于石塔之上，以祈祷羊山矶从此能风平浪静。刘伯温在塔门上悬挂匾额时，发现隔江有块小洲立于江心非同寻常，便顺口吟上一联："五百年前一滩沙，五百年后发万家"，后写下此联挂于石塔大门两侧。此后，平安塔便被当地人唤作"不波亭"，而那个江心小洲越长越大，在清末民初时成了被誉为"小上海"的和悦洲。

不波亭立于风雨之中，穿越百年。1853年，清代大通贡生毕子卿通过募捐对破败的"不波亭"进行修缮：依山就势将塔改为二级阶梯式长亭，石柱木栏、四角翘檐、石铺甬道，中设石桌石凳供游人憩息，两旁林木茂密，曲径通幽，十分雅致。当时驻扎大通的湘军首领彭玉麟观后大悦，即兴撰联："好景西来观之如画，大江东去到此不波。"可惜的是，那刚修不久的不波亭在当年太平军与湘军水师的激战中毁去了。

羊山矶上有关帝庙，原是山神庙，当地人称之为"红土庙"。在大士阁毁于战火后，它一度成了替代大士阁的庙宇，成为朝圣九华山的第一个朝拜地——抗日战争时期的《九华山朝圣路线示意图》就将它标为起点。香客们常在地藏王生日或秋收后乘船前往九华山进香。他们来到羊山矶，将船停靠在锁浪桥前，弃舟登岸，前往关帝庙。他们在唢呐吹奏与呼神念佛中，进红庙拈香礼拜，磕头许愿。一时，红庙香火旺盛，暮鼓晨钟，信士弟子络绎不绝。于是，羊山矶上售卖敬香供品、小吃茶水的小贩，与吹拉弹唱、弄棍舞剑的人蜂拥而来，一如繁华的街市。时至侵华日军占领大通后，红庙成了道观，里面住着两位道士，每当周边地区有人过世，他们会应亡人家属邀请去做法事，为亡人超度灵魂。

随着时代变迁，大通河依旧在流逝，江面烟波浩渺，却又如巨龙静静地仰卧在大地上，两岸呈现出的青绿色，勾画出她婀娜的身姿。虽然羊山矶上许多遗存如今已不复存在，但其水光山色依然：浩浩长江在轻风中闪耀粼粼波光，点点船舶来往穿梭。两岸码头塔吊高耸，现代化船舶正在有序装卸。上矶头飞跨长江的大桥，尽展立体交通的腾飞雄姿……

一片片山水舒卷着一幅美丽的画卷，一个个地名记载着动人的传说——当大通河、羊山矶与朱元璋相遇，七姓河与不波亭在一川烟雨中丰润起来。

中华家风五松传——梅塘章

章忠庐墓碑

　　这块碑原位于义安区五松镇马冲村，露出地表部分高约190厘米，宽约96厘米，青石质。碑文左侧载有毛起的题诗，竖式阴刻，中间刻记"明孝子章忠庐墓处"竖式阳刻，右侧由其后裔孙于乾隆十六年所刻碑记，竖式阴刻。据碑文记载，该碑系为纪念章忠的孝行而修建。该墓碑体量较大，墓碑上方有风化和裂纹，墓碑边缘局部有碰损——这就是章忠庐墓碑。

　　这块碑跟一个已经消失的村庄有关，这个村庄名叫梅塘章村，曾位于义安区五松镇内，面临长江，背倚小山，而今已融入城区的幢幢高楼里。梅塘章，以章姓而名。史上，五松镇为近市者，梅塘章村即属近市者。初始，梅氏人家居住于此，村以"梅"为名，后有章氏人家迁来。自从章氏定居此村后，梅氏人丁不旺，逐渐败落，有人迁往外地。而章氏人丁兴旺，繁衍不息，由此渐渐成为章氏的聚居地。

章氏便为村庄改名换姓，但在改名时仍不忘梅氏，只将"梅塘"两字后面加了一个"章"字。此后，梅塘章村地名从元朝一直沿袭而来。

据《五松章氏族谱》载，铜陵章氏从宋代即已迁来铜陵。章氏先从北方迁到南方，又从福建浦城（南平）北迁其一分支散处皖南徽（州）、宁（国）、池（州）、太（平），其中一派在宋代由青阳迁来铜陵，落户铜陵贵上（今义安区钟鸣镇）、梅塘（今义安区五松镇），历经元明清已千有余年。据族谱记载，梅塘章氏"始迁祖极公（又名继祖，字希承，号智宣，行惠七），由青阳蓉城延和乡迁梅塘五松山"。1868 年，曾国藩作《五松章氏重修族谱序》道："五松章氏，实皖南望族也。章氏自太傅公浦城建义，勋业巍然"，说太平天国运动"所到各处名宗巨室无不受到摧残，皖省如章氏之繁盛者竟未易一二数也"——当然家谱难免有夸饰之嫌。

明代，梅塘章村后裔章忠，为忠孝之人。据章尚朴《孝子碑迁址记》中记载："明崇祀乡贤孝子章忠，字孝彬，号朴斋，铜陵梅塘人，生于明永乐癸未年（1403），卒于成化己亥年（1479），享年 77 岁。"章忠的母亲梅氏，享年 93 岁。梅氏病故后，章忠将母亲葬于村庄附近的九龙山上（今五松镇马冲村）。为了守孝，他在母亲坟墓边搭了一个草棚，从壮年直至花甲。在铜陵民间有个风俗，能称为孝子的必须守孝 3 年零 6 个月，而章忠为老母守孝 12 年，可谓至孝。章忠去世后也葬于九龙山上，他的孝道故事感动了清代江西南昌刑部右侍郎裘日修。裘日修是著名水利专家、文学家，曾参与规划修建北京的北海、中南海等引水工程建设。他专门为章忠撰写了《孝子碑文》，文上载："母年虽望百，孝思永无极……忽焉谢尘寰，呼天恸地泣。奋自欲相从，皇皇如不及。庐墓垂一纪，感天生异绩。"又云："一树亭亭荫彻台，披张如盖蔽霜日。自从老母归仙去，终身衣素不荤食。母恩如山重，图报无为力。涓涓哀怨竟如何，直欲吁天无从入。"此后，梅塘章村章氏后裔于清乾隆十六年桂月（1751 年 9 月），在九龙山上为章忠立了孝子碑，即章忠庐墓碑，并将九龙山改名为孝子山。

此后数任州府官员对章忠侍奉孝母的美德都大加褒扬，专程前往墓地拜谒，而章忠侍奉孝母的故事多次载录于清代《池州府志》《铜陵县志》。明嘉庆三十一年（1552），朝廷彰其孝行。而江西青城文人毛起，因公乘船行至铜陵长江边的庐墓处，突遇狂风暴雨，停船靠此处以避风雨，听章氏族人讲起章忠为母尽孝的事迹后，感动得赋诗一首《题章孝子以示曾孙论》：

> 山中不见幽人迹，江上仍传孝子名。
> 秋老白云述鹤表，春阴红雾湿鹃声。
> 自同徐石能心践，曾向王冰觉卧轻。
> 今日兰芝方鼎盛，悬知天道有虚盈。

千百年来，梅塘章氏后裔遵承祖训，以孝爱为怀，树家国情怀，立报国之志。每当国难之时，章氏族裔多有舍身报国之士，在铜陵烈士纪念园的《铜陵烈士英名墙》上，章姓英烈达 36 位，其中章啸衡虽出生于义安区西联镇钱家湾，但也是章氏后人。1931 年，中共铜陵特支就是在铜陵县汀洲钱家湾章啸衡家中正式成立的。1938 年，铜陵沦陷，章啸衡等人曾在胥坝、汀洲一带组建起游击队伍，开展武装抗日，这支武装被称为铜陵沙洲游击大队。

五松百年风云变幻，马冲十里长山盎然。进入新世纪，随着铜陵经济开发区建设，梅塘章和孝子山被划入工业用地。为传承中华文化，梅塘章村章氏后裔将章忠庐墓碑，由梅塘章村的孝子山迁建至笠帽山附近。"梅塘章"地名仅以"梅塘社区"相存，逐渐淡出人们的视野，但爱国爱家的中华家风仍在流传。

灵秀山川藏胜境——五峰山

五峰山十里长冲

"诸峰簇簇起蓬瀛，鸟道陵虚蹑太清。五老怳招偕醉月，仙人掌上白云生。"——这是清代邑人丁大城的诗《登五峰山》。五峰山位于义安区天门镇，因五座山峰高耸而得名。此山五峰并列，悬崖壁立，山脊宽不足三尺，五峰之中唯有东峰顶上有一块十几平方米的平地，山势雄奇，留下过藏山露水的传说。

以前，五峰山下有一座五峰庵，占地面积约五分地。此庵坐南朝北，共有三进，进入大门是天井，天井之后是西风菩萨，此为第一进；第二进正面是药王华佗菩萨坐像，周围有很多小菩萨像；第三进正面则是观音堂。五峰庵依山建筑，一进比一进高，一眼望去，颇为雄伟，香火兴旺，在周边县城名声传无数。很多香客不辞辛苦，长途跋涉，慕名而来。五峰庵却有一"怪"，就是大门昼夜关闭不开，人们进出只能走向西开的侧门，这让外地来香客颇觉奇怪，便将这个"谜团"一传十、十传百，越传越远。那么这个"谜团"究竟是怎么一回事呢？五峰庵为八大姓捐款修建，这八大姓是盛、徐、江、何、曹、陈、吴、舒。庵建好后，因坐落在五峰山下，便定名为五峰庵。当时虽然香火兴旺，但是这一带江姓和徐姓两大家族较长的时间内没有出现翘楚之类的人物。后来，一个风水先生路过此地，说五峰庵的庵基是一块宝地，为母狮形，而对面的舒家山也有个狮形山，是一只小狮子。如果五峰庵的大门一开，舒家山的小狮子就要过来吃奶，就吸走了此地的精华，因此舒家山那边出人物，而江徐两姓就出不了人物。破解之法就是从五峰庵侧面开个小门供人进出，昼夜关闭大门，舒家山的那只小狮子就不能过来吃奶了。江徐两姓人就按风水先生所说，从此不再打开五峰庵的大门。这样一来，舒家山人不同意了，于是与江徐两姓为此展开了殴斗。当时，五峰山顶二道峰的山凹江姓庵堂里住着智明长老，他制止了双方打斗后说："开大门，关大门，不坏双方事；有宝地，无宝地，难得一世缘。你们何必苦苦相争。"众人听了智明长老的话，若有所悟，从此再不相争。

五峰山在乡民眼里是得山水之气之地，便形成了五峰山求雨的习俗。每到天旱之年，人们登上五峰山山顶，向江北西风菩萨求雨。那是源于由西峰庵（五峰山南面马村前）的僧尼求雨，只是仪式变得复杂化了。起先，村民天亮上山，临走前向南拜玉帝，祈求玉皇大帝怜惜民众，速降甘雨。然后，求雨的队伍依次从西峰庵出发，敲锣打鼓前行，引路人高举白旗，前头白旗上写有"玉皇"二字，表示"发雨"；后头白旗上写有"龙王"二字，表明"执行"。白旗后面是两人抬着西风菩萨，最后有人拎个竹篮子，里面装上蜡烛、黄表纸、爆竹。登上五峰山东顶后，村民插上白旗，敲锣打鼓，鸣放爆竹。据说，此山顶有天、地、金、木、水、火、土七个洞眼，如果将白旗插到"火"

洞，天就要继续干旱下去；只有插到"水"洞，天即刻就要下雨。如果三天不下雨，那就要寻找时机重新求雨了。为此，清末廪生江应武（江松岩）在一篇杂记中写道："五峰山为铜邑祖山，俨然挺秀高也。莫齐天门之形，接石洞之泉，环涧胜境也。而其上有庵楼，神堂殿数进，前则罗汉宝座，后则三尊大佛，中则西峰菩萨以及龙王、雷公、雷母诸神，时或旱魃为灾，人民或登山祷祀求雨而甘霖即沛，故自宋、元、明、清以至。"

五峰山峰峦叠嶂，浓林密竹，山水形胜。清乾隆年间曾任甘肃宁州州牧的本邑五松镇人陈哲，曾留诗《五峰看桃花》，诗云：

> 万山窈然深，花开不见人。
>
> 涧水冽且清，流出桃花片。
>
> 偶来溪上游，拾得惊殊艳。
>
> 从此依径寻，春风醉人面。
>
> 千树开芳菲，天姿令目眩。
>
> 落红铺翠茵，纤叶映丹堰。
>
> 最爱避秦人，结庐桃源畔。

炼丹天师种杏来——杏山

"枫满霜林菊满秋，杏山遗句景前修。宦成不作豪华想，简易如如任去留。"——这是明代铜陵坊市耆人陈嘉猷（今义安区五松镇人，万历十三年贡生，曾任福建龙溪县主簿）的诗《游杏山》。

这是一座奇山，山有两奇，一在响石，一在通江：此山之顶有一洞名响洞，为天然溶洞群。洞内时有响声传出，而发声之处是洞中之石。那些嶙峋之石以手叩之，响声顿起，或如钟鼓之音，或如铁马金戈，

杏山碑记（清朝顺治七年（1650）铜陵知县刘曰义撰）

或有余音袅袅不绝。洞内幽深不可测，直通长江，相传古时有人向洞中投下一瓶，后在长江边的荻港发现了。

杏山位于义发区顺安镇陶山村境内，属黄山余脉，海拔177.7米，绵延十余里，犹如一条长龙。据传此山因葛洪在此修道养生、炼丹种杏而得名。《广舆记》载："铜陵昔传葛仙翁尝留此种杏，下有溪，落英飞堰上，名花堰。"乾隆《铜陵县志》曰："昔花堰者以此得名。山产上硃，其穴土人以为丹圹也。"文中所说的葛仙翁就是葛洪，而其在此炼丹，是因为山上有硃砂丹矿。葛洪（281—363），东晋道

教理论家，医药学家，自号抱朴子。他内擅丹道，外习医术，研精道儒，学贯百家，著作弘富，先后著有《神仙传》《抱朴子》《西京杂记》等。顺治《铜陵县志》艺文篇刘曰义《杏山碑记》云："铜之杏山，先此未有是名，自稚川葛仙翁结庵修炼，名始炳琅。"

相传，葛洪曾在此炼丹为乡民治病，治愈天花、狂犬病患者数百人。乡民们尊重他，称他为"葛仙"。他在此留下了多处古迹。他在山上种杏，山名被称为"杏山"，炼丹的溶洞被名为"葛仙洞"，而山上有"丹井"："在杏山庵前，即葛翁炼丹井也，状如半壁，深二尺许，温可掬，清可鉴，旱久不竭，而集不盈。旁有丹灶遗址。"（清乾隆《铜陵县志》）他在山坡种杏，其下有溪流，每到春天，山上杏花纷纷扬扬飘落在堰上，花堰由此得名，其溪流便称"花堰泉"。明嘉靖《铜陵县志》记载，宋朝进士郭祥正曾诗云："传闻花落流堰水，每到三月溪泉香。"他在山中无意中发现长有一株白色牡丹，将其分株栽培，取其根皮用于炼丹。因牡丹根皮对人体有滋身健体、延年益寿之效，这一带的乡民纷纷种起，后被人称为"凤丹"。那株被仙翁发现的牡丹，旋又被仙翁着意栽培，被称为"仙牡丹"。清乾隆《铜陵县志》载："长山石窦中，有白牡丹一株，高尺余，花开二三枝，素艳绝尘，乃晋人葛洪所植。"后来，乡人得知葛洪谢世后，在此建了一座"杏山庵"，庵中悬挂葛仙绘像及神位，四时祭祀，香火不绝。杏山因葛洪而闻名，众多游人来此凭吊，文人墨客也来此寻访仙迹。明代佘应龙在《登杏山》写道："幅巾掩却鬓星星，携子邀朋出野垌。曲曲山村行未尽，亭亭松梵听还冥。杖龙几步还投葛，柱鹤千年只记丁。啄腐吞腥成底事，餐霞服气制颓龄。"

杏山今天名叫长龙山，不只是因为其状如长龙，而且源于一个传说。 相传元末明初，朱元璋率领部众，在长江中下游与元军进行了一场殊死搏斗。朱元璋战败，在元里追击下曾藏身于此。朱元璋推翻元朝建立大明王朝后，曾派使者来此寻访。有老农遥望山势，手拈长须说道："腾云驾雾非等闲，施恩布雨在人间。"使者回朝复命时，朱元璋听完此事后哈哈哈大笑，口中念道："苍天有眼无陌路，天井无意助穷途"，下旨此山下十里村民月无赋税，年无征丁，同享大明龙恩，并赐封此山为"藏龙山"——于是此山由杏山改名"藏龙山"，因年月已久，口传有误，"藏龙山"渐渐被"长龙山"代替，一直沿用至今。时至清朝顺治七年（1650），铜陵知县刘曰义捐薪俸，增建祠宇亭榭，添置祭祀器皿，并作《杏山碑记》一文记之。后来，因战争不断，杏山荒芜，庵毁洞塞，后又经几番修复。

如今，长龙山上，兴建了葛仙洞公园，建起公园门坊、登山台阶、假山石林、亭台廊阁、花园苗圃、草坪绿地、道路桥梁、扶手栏杆、水面湖泊等，使这一被湮没了几百年的名胜古迹重现于世。葛仙洞为石灰石溶洞，地质形成距今约有18000年了，洞口虽不大，但进入洞后豁然开朗。洞内面积约3000平方米，奇形怪状的钟乳石林立，"八卦台""大象峰""天柱峰""万年灵芝"等神工斧削，还依稀可见葛洪当年所用的石床石几和丹井丹灶。洞内暗河环流，泉水叮咚，从一石隙缝中可窥"海眼"，水流终年不竭，据说在它的下面有条地下河，直通长江。而走在石子铺面的小径上，绕过拥湖亭，过丹井，过花堰泉，朝着丹红的望仙阁，一路慢慢向上攀登，就会走进满山苍苍的翠色里——不知那云深处，葛仙是否还在种植仙杏、培植仙株？

锦绣山乡金凤舞——金榔

金榔九榔村

　　金榔位于义安区钟鸣镇，新中国成立初期属凤凰区，由金凤、九榔两乡组成，取金凤乡的"金"和九榔乡的"榔"字而得名，1957年撤区成立金榔乡，2004年5月撤乡并镇时并入钟鸣镇。

　　一山环村吐绿出，三冲并列送春来。金山脚下，钟鸣镇的水龙、金山、金凤三村各有一条山冲，三冲东西并列，统称为"三条冲"——金凤村就位于山冲里。此地树木葱郁，山冲蜿蜒，有山民聚居，百年繁衍。此地流传着"战金山"的传说：明朝天启年间，本地有罗、姚二公同朝为官，罗公为吏部尚书，姚公官拜殿前都指挥史，虽同为乡里，但政见不合，多有抵牾。罗公50岁称病回乡赋闲后，姚公为皇帝营建宫殿回乡伐运树木，与罗公产生矛盾，便诬告罗公蓄意谋反。明熹宗即派官军而来，欲戮罗公九族。罗公闻讯后大为震惊，只得提前把全族老小数千人移至金山山寨里，深沟高垒保护起来。后官军前来围剿，攻破山寨屠尽罗族男女老少。当地百姓同情罗公，在金山上为其建造了明王庙，此庙后毁于战火，只有墙基湮没在萋萋的荒草之中——这个故事未见于史，但金山上仍残存的寨墙痕迹、人工开凿的饮马槽。很多年后，一些文人墨客来此吟咏凭吊，清代庠生陈国柱就曾题诗《登金山有感》："极目碧云边，登临思渺然。晚烟寒锁树，秋水远连天。古寨遗闻久，村春永夜传。忠魂何处吊，望野草芊芊。"如今的金山作为铜陵江南铜谷旅游廊道的节点之一，沿途可见仿古的小桥和亭台楼阁、壁立千仞的岩壁和陡峭的山峰；登上山顶，可俯瞰群山和乡村的壮丽景色，远处的高铁呼啸而过则给这片宁静的山野增添了一丝现代的气息。而山下的金凤村素有"龙灯之乡"美称，每到春节，就会上演"八龙闹春"壮观场面。

一水护田将绿绕，两山排闼送青来。九榔北与繁昌马仁寺风景区相望，东临南陵乌霞公园，为山清水秀处。此地曾留下唐代名士王翃霄、陈商隐居的故事。据道光年间编印《繁昌县志·隐逸》载："王翃霄雅志林壑，不乐干进，工书，得大令遗意，友陈商。同筑室马仁山，讲学昼夜不辍，江左士多从之。后商随荐中第，翃霄益坚隐。徙居龙首峰之西，杜门绝迹，澹然自远。其书室遗址、洗砚池皆存。"而陈商这个人比较有趣。他一边与王翃霄"归隐"，一边写信给当时的文坛"盟主"韩愈，希望韩愈能给他引荐。韩愈收到陈商的信之后写了一封回信，这就是著名的《答陈商书》。在《答陈商书》中，韩愈委婉地拒绝了陈商，但陈商没有气馁，最后"射策，登进士第"。他俩无论是否真心隐居，但在这片山水处都留下了"羞将美质售长安，敛固珍藏育此山""山光夜月精神老，花草春风气味馨"等诗句。

九榔原名九榔庙。相传，古时一汪姓老汉家有一女宝珠姑娘，至谈婚论嫁年龄时，求婚者络绎不绝。老汉好酒，有意欲娶其女者，便投其所好，宴请老汉。老汉酒一多就信口胡言，一年之中竟将其女许诺九家。老汉酒醒后忘记了，可主家当真了。于是至八月十五，九顶花轿出现在老汉家门前，锣鼓震天好不热闹。老汉傻了眼，不知如何是好。宝珠姑娘见之，问清缘由，羞愧难当，便削发为尼了。前来迎亲的九位新郎被宝珠姑娘的美丽和贞洁感动，也就近入庙为僧，此庙便因此得名"九榔庙"。村民们认为九榔庙可保佑村庄，于是将村名取为"九榔"。以前，九榔村有很多打铁为生的铁匠，守着炎热的火炉，敲打着各式各样的铁器。如今，打铁这个传统手艺，已经慢慢地远离了人们的视线。作为省级美好乡村重点示范村，九榔村积极推进美好乡村建设，全力打造"青藤古树、小桥流水"的田园风光型村庄。

……

走进金榔，冬去春来，大面积种植的凤丹、梅花、映山红和油菜花竞相开放，山环水绕的古村落处处生机盎然。这里有涛声依旧的"竹海"、盘龙欲飞的"千年紫藤"、晨钟暮鼓的"西明禅寺"、徽韵相传的徽式农舍、布谷声声的鸟语、流水潺潺的泉音……也许触摸灰墙白瓦，听听旧时的故事，可以感受到时光流逝和昔日农家生活韵味。也许观赏凤丹花开，眺望不远的山峦，可以看见一只凤凰正在起舞。

附录一：义安区历史大事记

夏、商、周

属扬州之地。《禹贡》"淮海惟扬州"，地属古扬之东境。

战国

属楚。

秦

属鄣郡。

汉

鄣郡改丹阳郡，先后属丹阳郡春谷县、陵阳县。

西汉元封二年（前109），设铜官，负责采冶铜矿。

东汉（25—220），置铜官镇（今五松镇）。

魏晋南北朝

三国—西晋，分属吴国丹阳郡春谷县、临城县。

东晋义熙年间（405—418），北方流民南迁，侨置定陵县。

宋齐，定陵县属淮南郡。

梁陈，置冶炼铜场——梅根冶，立场于铜官山下，去镇十里。属南陵郡。

隋

仍属南陵县。

唐

唐初，仍属宣城郡南陵县，顺安设临津驿。

开元年间（713—741），朝廷将铜官山封为利国山，并派铜官监督开采铜矿。

天宝十三年（754），李白自南陵来铜官山游览。作有《铜官山醉后绝句》《与常赞府游五松山》等诗。上元二年（761），李白流放夜郎，途中遇赦，辗转宣城、泾县、当涂后，来铜官山，作有《宿五松山上荀媪家》《记南陵题五松山》等诗。

咸通六年（865），在鹊头山设鹊头镇。

僖宗文德元年（888），析分南陵县工山、安定、凤台、归化、丰资5乡置义安县，县治设于顺安（今顺安镇），属宣州，寻废，置铜官冶。

僖宗义德年间，杨行密袭宣州，进兵铜官。

五代十国

五代时期，仍为宣州义安县。

南唐保大九年（951），改义安县为铜陵县，县治由顺安镇移至铜官镇（今铜陵县城关镇），当时称江浒。属昇州。

宋

开宝七年（974）十月，宋将曹彬与南唐军队激战于铜陵，宋军采用邑人樊若水所造浮桥，援助宋军伐南唐，南唐兵败，属池州。此后，元、明、清皆属池州府。

约宝元二年（1039）至庆历二年（1042）间，王安石至铜陵，邑人胡省一在大明寺东侧辟书堂一所，名曰"逢原堂"，后改为"荆公书堂"，敦请王安石寓居讲学。王安石作《题灵窦泉》等诗。

庆历四年（1044），建县学。

皇祐年间（1049—1053），邑人陈翥撰成《桐谱》，是为世界上最早研究泡桐的科学专著。

元丰年间（1078—1085）苏轼自黄州（今湖北黄冈）抵常州，路过铜陵，与黄山谷（黄庭坚）会游于铜陵县陈公园，觞咏竟日。现存《题陈公园》三首、《题铜陵陈公园双池诗》等。

元

至正十六年（1356），县治迁至顺安。

至正十六年（1356），赵普胜率蕲州、黄州、徐州各路农民起义军攻池州，占领铜陵。

明

洪武元年（1368），在大通设河泊所。收船舶税，兼管鱼课。后设巡检司、递运所。

永乐二十二年（1424）春，县治由顺安迁回铜官镇。

正德十一年（1516），邑人张文伟著《铜陵算法》，刊行于世，远传日本。

万历三年（1575），筑城垣，三月动工，十月竣工，砖石结构，周长700丈，高2.1丈。

万历年间（1573—1619），邑人余翘所著的传奇剧本《量江记》、《赐环记》、杂剧《使骨菩萨》等刊行于世。

清

乾隆二十二年（1757），邑人王世濂撰医书《幼科金针》，于二十七年成书，计13卷，后易名《怀少集》行世，现仅存11~13卷。

咸丰元年至同治七年（1851—1868），邑人夏思沺著《少嵒诗稿》《少嵒文稿》《少嵒赋草》等刊行于世。

咸丰三年（1853），一月二十一日，太平军翼王石达开督先锋军克铜陵，知县孙润降。不久，清军夺取铜陵。十二月，太平天国顶天候秦日纲率军再克铜陵。

同治元年（1862）十二月，在大通设盐务招商局。后湘军水师分统领彭玉麟在和悦洲设厘金局。来往商船须在此抛锚查验、纳税。

光绪二年（1876）九月十三日，《中英烟台条约》签订。该条约第三章第一款规定，在大通辟外轮寄航港。

光绪二十六年（1900），七月十五日拂晓，大通爆发由励志社成员秦力山发动的自立军起义。二十一日被清军镇压。

光绪三十年（1910），英商与清外务部签订开办铜官山铜矿合同，攫取了铜官山矿开采权。翌年四月十二日，安徽省商、学界代表数百人在本县（今五松镇）明伦堂召开"铜官山矿抵制正式大会"。宣统元年五月二十九日，本县绅、商、学界5000余人在明伦堂召开"抵制外商开办铜官山矿、谋求自办"大会，当场集资3万余元（龙洋）。在全国各界人士的抵制和反对下，清政府与英商于是年年底议定，清政府拿出5.2万英镑作为赔偿费，收回铜官山矿权。

宣统三年（1911），十一月十四日，浔军将领黎宗岳占领大通，通电光复，先组织大通军政府，后组织安徽省政府，自称皖省都督，通告"宁、徽、池、太四府及广、和二州所属事宜，统归管辖"。次军4月6日，北代联军总司令兼第一军军长柏文蔚奉南京临时政府留守黄兴的命令，率水陆大军包围大通，以消除黎宗岳的割据势力。黎宗岳化装登舟逃走，大通军政府撤销。

中华民国

民国元年（1912），直属安徽省。

民国元年（1912）10月23日，孙中山乘"联鲸"号兵舰，经大通，于河口暂停视察。

民国三年（1914）6月2日，袁世凯公布各省所属道区域表，铜陵县属安徽省芜湖道。

民国四年（1915）10月10日，县人吴钦农、大通商会崔芝荞、刘承辉出口商品（商品名今无考）运往美国巴拿马赛会参赛。

民国十六年（1927）3 月初，北伐军在粉碎军阀孙传芳的主力，占领南昌、九江后，由程潜任军长、林伯渠为中共党代表的北伐军第六军沿江东下，到达大通，各界人士热烈欢迎，并召开庆祝北伐军胜利军民祝捷大会。

民国二十年（1931）春，铜陵地区第一个党支部——中共铜陵特别支部成立。

民国二十一年（1932），属安徽省第二专区。

民国二十三年（1934）11 月，中共铜（陵）繁（昌）无（为）县委成立。

民国二十七年（1938），改属安徽省第八专署。11 月 26 日，大通、荻港日军分水陆两路攻入，县城、顺安同时陷落。新四军三支队进驻铜（陵）繁（昌）地区，中共铜（陵）南（陵）繁（昌）中心县委成立。

民国二十八年（1939），7 月，中共铜陵县委在凤凰山新屋岭周家小学召开党员代表大会，会议正式选举产生了中共铜陵县委员会和出席皖南党代表大会的代表。

民国三十四年（1945），9 月 3 日，中国抗日战争胜利纪念日。在八年艰苦的抗日斗争中，铜陵人民作出很大牺牲。抗战前全县有 16 万多人口，抗战结束减至 14 万人左右，牺牲烈士 600 多人。

民国三十五年（1946），在县城（今五松镇）西余家桥南创办县立初级中学，国立第十六中学由四川迁至和悦洲，名为安徽省立铜陵中学。

民国三十八年（1949），渡江战役打响，4 月 21 日 8 时，铜陵县城解放，是为江南第一座被解放的县城。

中华人民共和国

1949 年 4 月，铜陵县解放。5 月，属皖南行署池州专区。10 月 1 日，铜陵县各界人士隆重聚会，庆祝中华人民共和国成立。时废保甲、建村闾，设行政村 171 个、闾 1429 个。

1950 年 1 月 25—29 日，铜陵县首届各界人民代表会议召开，出席代表 167 人。

1952 年 3 月 28 日，铜陵县由池州专区改属安庆专区。次年 7 月 1 日，本县开展第一次人口普查，总人口 211661 人。此时全县总面积 1113 平方公里。

1953 年 9 月，铜陵县铜官山办事处成立。次年升铜官山办事处为铜官山区，析城关区的铜兴乡归铜官山区。

1958 年 9 月 5 日，经国务局批准，撤销铜陵县建制，并入铜官山市，铜官山市更名为铜陵市。市、县合并后，保留原有乡、镇及市辖兴隆、铜兴、横港、杨家山 4 个办事处的建制和行政区划不变，新设大通、铜官山、顺安 3 个行政区，总面积 940 平方公里，耕地面积 365296 亩。易名后的铜陵市委，属安徽省委和安庆地委双重领导。

1959 年 4 月 3 日，中共安徽省委决定，并经国务院批准，恢复铜陵县建制，属安庆专区。21 日，市、县正式分开办公。

1964 年 7 月，铜陵市改为铜陵特区，实行政企合一，为省直辖。铜陵县划归铜陵市。

1965 年 7 月，铜陵县从铜陵市析出，改属池州专区。

1974 年 3 月 1 日，铜陵县由原属池州地区划归铜陵市管辖。

1990 年全县有 4 个镇，14 个乡，13 个居委会，199 个村委会。其中乡镇为城关镇、大通镇、顺安镇、钟鸣镇、西湖乡、董店乡、朱村乡、新桥乡，新建乡、老洲乡、金榔乡、永丰乡、流潭乡、钟仓乡、和平乡、太平乡、胥坝乡、安平乡。

1993 年撤西湖乡建西湖镇。次年又撤新桥乡、朱村乡、董店乡，建新桥镇、朱村镇、董店镇。

1999 年，西湖镇车口队划归市狮子山区。同年 10 月将县城关镇近城村、近市村和西湖镇工农村划归市狮子山区。

2001 年底，西湖镇整建制划入市狮子山区。

2004 年 5 月，铜陵县实施行政区划调整，乡镇数由过去的 10 个乡、7 个镇调整为 4 个乡、5 个镇，即西联乡、东联乡、胥坝乡、老洲乡、钟鸣镇、顺安镇、天门镇、大通镇、五松镇。

同年 11 月 30 日，铜陵市启动行政区划调整工作，将大通镇划归郊区管辖，铜陵县辖 4 乡 4 镇。

2016 年 1 月，国务院批复同意撤销铜陵县，设立铜陵市义安区，行政区域不变。

2017 年 8 月，东联、西联撤乡设镇。

2018 年 9 月，原属铜陵市铜官区的凤凰山社区划归义安区，设立新桥办事处。义安区五松镇齐潭村、双桥村、查壬村、建立村、马冲村、董冲村、新江村、湖边社区、石桥社区、近市社区、近城社区、联盟村、江滨村等 13 个村（社区）划归郊区东郊街道；义安区顺安镇长龙山村鲁村、新庄、花元、下湾、新塘、黄湾、上湾、毛湾、罗冲、马冲等 10 个村民组划归铜官区西湖镇。

2019 年 12 月，省政府批准，将义安区人民政府驻地由五松镇迁往顺安镇。

截至 2022 年末，义安区总面积 796 平方千米，下辖 6 个镇、2 个乡和 1 个办事处（五松镇、顺安镇、钟鸣镇、天门镇、东联镇、西联镇、老洲乡、胥坝乡、新桥办，另辖义安经济开发区），常住人口 22.5 万人，城镇化率 51.0%。

附录二：义安区地域文物辑

（截止 2024 年 2 月）

　　文物是人类在社会活动中遗留下来的具有历史、艺术、科学价值的遗物和遗迹，也是人类宝贵的历史文化遗产。根据《中华人民共和国文物保护法》规定，文物可分为不可移动文物及可移动文物两大类：不可移动文物包括古遗址、古墓葬、古建筑、石窟寺和石刻及近现代重要史迹和代表性建筑等，可以分别确定为全国重点文物保护单位，省级文物保护单位，市、县级文物保护单位级别；可移动文物包括青铜器、玉器、陶瓷、金银器、织绣等 26 大类，分为珍贵文物和一般文物。义安区共有馆藏文物 720 件，其中国家一级文物 2 件、二级文物 23 件、三级文物 270 件；不可移动文物 143 处，其中国家级重点文物保护单位 1 处，省级重点文物保护单位 6 处。

一、不可移动文物保护情况

　　义安区不可移动文物中现共有各级文物保护单位 48 处，全国重点文物保护单位 1 处、省级文物保护单位 6 处、市级文物保护单位 18 处、区级文物保护单位 23 处，此外还有一般不可移动文物百余处。

　　（一）全国重点文物保护单位（1 处）

　　名称：大工山—凤凰山铜矿遗址（金牛洞、木鱼山）

　　类别：古遗址　　时代：西周—春秋

　　地理位置：金牛洞位于义安区顺安镇凤凰村金牛村民组东、木鱼山位于义安区天门镇新民村西北木鱼山自然村

　　面积：10 平方公里

简介：金牛洞古采矿遗址开采矿石的年代应始于春秋，下限不会晚于春秋早期，是我国继铜绿山古铜矿遗址后的第二个正式对外开放的古铜遗址。木鱼山古冶炼遗址：木鱼山古冶炼遗址，为西周遗存，是我国使用硫化铜技术年代最早的古冶炼遗址。

（二）省级重点文物保护单位（6处）

1.名称：陈翥墓

类别：古墓葬　　时代：北宋

地理位置：义安区钟鸣镇狮峰村后夹自然村狮子山西麓

面积：300平方米

简介：陈翥系北宋时期铜陵钟鸣人，他编写的《桐谱》一书，是世界上最早论述泡桐的专著，在我国古代农林发展史上有着重要的位置。

2.名称：赵氏宗祠戏楼

类别：古建筑　　时代：清

地理位置：义安区东联镇水浒村义兴小圩内

面积：350平方米

简介：赵祠戏楼为明清风格的古建筑，据赵氏宗谱载始建于南宋孝宗淳熙年间，是原赵氏宗祠中一部分。

3.名称：铜井山矿冶遗址

类别：古遗址　　时代：汉—唐

地理位置：义安区天门镇新华村塘桥自然村

面积：4000平方米

简介：铜井山矿冶遗址，现有10多口竖井，井口宽约2米，依山排列，没有木质支护。这些竖井周围还残留一些废石堆积，山下东北方向不到300米处就是炼渣堆积如山的五房遗址，是铜陵"坑冶之地"的见证。

4. 名称：师姑墩遗址

类别：古遗址　　时代：夏商周

地理位置：义安区钟鸣镇长龙村桂塘队

面积：6000 平方米

简介：师姑墩遗址是皖江南岸首次发现的夏商时期铜冶铸遗址，填补了皖江中下游无夏商时期文化遗存的空白，首次确立了皖江沿岸和皖南地区较完整的夏商—春秋时期的年代框架。

5. 名称：金山与燕子牧铜矿遗址

类别：古遗址　　时代：西周—汉唐

地理位置：义安区钟鸣镇金山村、水村村

面积：32000 平方米

简介：金山与燕子牧铜矿遗址两处遗址相距约 2 公里，为西周至汉、唐的古铜矿遗址，地表分布有大量的炼渣，金山冶炼遗址还有一些夹砂陶、印纹陶、原始瓷等不同时期器物的残片，对研究先秦时期的青铜冶炼文化有一定的价值。

6. 名称：顺安桥

类别：古建筑　　时代：明

地理位置：义安区顺安镇东正街西侧

面积：150 平方米

简介：顺安桥古称临津桥，明朝嘉靖年间的《铜陵县志》即可见对该桥的记载。该桥是一座三孔两跺用青石叠砌的石拱桥，结构稳固，比例协调，全长 20 米，桥面宽 3.5 米，桥高 7 米，桥两边有石栏板，雕刻有"喜上眉梢""双狮戏球"等装饰图案，两边桥栏上各有 11 根柱，整座桥梁不但美观而且十分坚固。

（三）市级重点文物保护单位（18处）

1.名称：大明寺遗址（含大明寺和荆公书堂）

类别：古建筑　　时代：北宋

地理位置：义安区顺安镇大明村晃灵山北麓

面积：400平方米

简介：据乾隆丁丑年《铜陵县志》记载：大明寺建于北宋嘉祐八年（1063），当年的大明寺殿宇壮观，原有正殿两栋，边房一栋，面积约400平方米。鼎盛时，与钟鸣狮子山清凉寺同称为东南佛教名地。荆公书室位于大明村旁，据史料记载：王安石年轻时游历江南，本地富豪胡省一（胡舜元父）倾慕其德才，在此建书堂一所，名"逢源堂"，邀请王安石寓居讲学，后人为纪念此事，将"逢源堂"改名为"荆公书堂"。由于年代久远，书堂早已荡然无存，所幸原来悬于书堂门额上的据传系王安石手书"钟灵毓秀"石梁仍保存在大明寺内。

2.名称：清凉寺

类别：古建筑　　时代：唐—清

地理位置：义安区钟鸣镇狮峰村狮子山顶主峰下南侧

面积：5000平方米

简介：据清乾隆丁丑年《铜陵县志》记载，上清凉寺始建于唐代文宗泰和年间，由南泉禅师创建，原名为南泉寺，后改名为上清凉寺，鼎盛时有前后3进，共99间半屋，僧人100多人，香火旺盛。后遭兵燹，几经兴废。现仅存一片废墟、出木井。

3.名称：狮山嘴窑场遗址

类别：古遗址　　时代：唐、宋

地理位置：义安区天门镇西垅村狮山嘴

面积：20000平方米

简介：狮山嘴窑场遗址西临缸窑湖，青通河南岸，窑业堆积范围 3 万 ~5 万平方米，遗物丰富。从地表随处可见的标本看，该窑产品以青瓷为主，主体年代特征为唐代。此遗址填补了铜陵地区窑业遗址的空白，为其周边地区唐代墓葬出土的此类青瓷器物找到了窑业归属。

4. 名称：胡舜元墓

类别：古墓葬　　时代：宋

地理位置：义安区顺安镇陶山村汪村自然村望牛山西北侧山脚

面积：20 平方米

简介：胡舜元（1019—1079），字叔才，铜陵县凤凰耆沸水（今铜陵县新桥镇境内）人，少常与王安石"共砚席，相友善"。北宋嘉祐四年（1059）中进士，历任德兴、郑县县令，后迁著作郎，后"优游林下二十年"，卒于故乡，葬望牛山。

5. 名称：新四军老一团团部旧址

类别：革命遗址及革命纪念建筑物　　时代：近现代

地理位置：义安区顺安镇凤凰山村以北金山冲丁山俞自然村之间

面积：200 平方米

简介：此为当地周氏住宅，建筑背倚竹马山，坐东朝西。1939 年 5 月间，新四一支队副司令员兼老一团团长傅秋涛、副团长（政委）江渭清、参谋长王怀生率老一团团部进驻牡丹村，团部设在该建筑内，在厅堂右侧鼓壁上留有一行用钢笔写成的小字："新四军的同志们快快来跟我们一起向那光明的大道前进好吗。"该建筑为砖木结构，青砖小瓦，屋外粉白墙壁，室内穿枋结构，铺装木地板，有亮瓦天窗，基本保存完整，建筑内有人居住。屋内大厅木地板有一个窟窿，为当时老一团取暖时留下来的烧洞。旧址附近有一山洞辟为当时存放文件之地。

6. 名称：铜陵县抗日民主政府旧址

类别：革命遗址及革命纪念建筑物　　时代：近现代

地理位置：义安区钟鸣镇泉栏村舒家店自然村

面积：3020 平方米

简介：民国 34 年（1945）1 月皖南地区第一个抗日民主政府——铜陵县抗日民主政府在此成立。同年 11 月，中共皖南地委和新四军皖南支队机关迁此办公，旧址分布在舒家店的几个自然村中，现保存完好，为铜陵爱国主义教育基地和红色旅游基地。

7. 名称：磨形山遗址

类别：占遗址　　时代：商周

地理位置：义安区顺安镇沈桥村贺村队磨形山

面积：4000 平方米

简介：遗址地势较高、地表平坦，有二层台，遗址表面存有较多的几何印纹硬陶陶片和鬲足，器型主要有甗、鬲、豆等，纹饰主要有绳纹、方格纹、回纹和米字纹等。结合这些陶器的特点，初步判断遗址的年代不晚于周代，此外遗址表面还存有少量的炼渣。

8. 名称：肖氏古民居

类别：古建筑　　时代：清

地理位置：义安区钟鸣镇金山村龙潭肖队

面积：300 平方米

简介：建于清乾隆年间，呈回字形依入口顺序有前进、天井及东西两廊，后进部分，占地面积 105.36 平方米，建筑面积 184.78 平方米，建筑技艺精湛、雕刻精美，具有浓郁的皖南居民建筑风格。

9. 名称：水龙石桥

类别：古建筑　　时代：清

地理位置：义安区钟鸣镇水龙村水龙缪自然村

面积：40平方米

简介：始建于明代末年，基本为青石结构，桥身高度为4米，宽4.5米，长6米，拱桥内径3.2米，属于铜陵年代最久保存较好的石拱桥之一。

10. 名称：**狮子山题刻**

类别：石窟寺及石刻　　时代：不详

地理位置：义安区钟鸣镇上清凉庙门西南处

面积：200平方米

简介：石刻镌刻在狮子山老石板路旁的岩石上。该三块题刻因长年日晒雨淋，部分字迹模糊，有风化迹象，具体岩刻年代不详。其中：石船，高约1.5米，朝西，如一船左舷，自右向左排列，整个石头宽1.8米，长3米左右；座看风江石，高约1.5米，朝西，自右向左"座看风江"；奉各宪立上寺西界石，高2米，宽1.5米朝南，自右向左"奉各宪立上寺西界"；清凉石，宣德六年重开山门立碑为记，石高约2米，自右向左阴刻。

11. 名称：**铜陵县第一次党代会旧址**

类别：近现代重要史迹及代表性建筑　　时代：1939年

地理位置：义安区顺安镇凤凰山村新屋里自然村

面积：40平方米

简介：1939年7月，中共铜陵县（现为义安区）首次党员代表大会在凤凰山新屋岭周氏小学召开，出席会议的代表50余人，代表全县800余名党员。中共铜陵县首次党代会的召开，为铜陵党组织的建设和发展，推动铜陵人民取得抗日战争的胜利起到了重要作用。

12. 名称：**刘四姐烈士墓**

类别：近现代重要史迹及代表性建筑　　时代：1980年

地理位置：义安区顺安镇城山村马山自然村，小城山西侧山脚处

面积：40平方米

简介：刘四姐是铜陵革命斗争史上的女英烈，1943年参加革命，1946年参加游击队，侦察敌情、传递情报，1947年12月不幸壮烈牺牲，年仅35岁。她为铜陵地区的解放事业做出了贡献，是红色经典影片《渡江侦察记》中女游击队长的原型之一。

13. 名称：水龙烈士墓

类别：近现代重要史迹及代表性建筑　　时代：近现代

地理位置：义安区钟鸣镇水龙村

面积：200平方米

简介：墓内长眠着抗日战争时期（1938—1945）新四军三支队五团和新四军七师临江团的30位革命先烈。1985年，当地政府和群众将分散在水龙山及附近的三十具烈士遗骸集中迁葬于此。

14. 名称：铜陵县烈士塔

类别：近现代重要史迹及代表性建筑　　时代：1959年

地理位置：铜官区五松镇马冲村笠帽山顶

面积：900平方米

简介：位于五松镇西北海拔81.7米的笠帽山顶。1958年建成，因铜陵是革命老区，仅抗日、解放战争时英勇牺牲的烈士即有800余名，为缅怀先烈的丰功伟绩和激励后人努力振兴中华，而立此塔。塔为钢筋水泥质地，占地900平方米，建筑面积400平方米，塔高30米。塔系三层正方形的实心塔，东、南、西、北分别刻有"光明日月""气壮山河""永垂不朽""万古长青"十六个大字，安徽省原副省长书法家张恺帆同志所书，庄严肃穆，雄伟壮观。四周花草繁茂，松柏挺立，每年清明节前后，市县学生、工人、农民、

干部、教师、解放军指战员络绎不绝前往瞻仰。

15.名称：狮峰石塔

类别：古建筑　　时代：明

地理位置：义安区钟鸣镇狮子山首峰南

面积：200平方米

简介：周围翠竹环抱，石塔由塔帽、塔柱、塔盘和塔座组成。塔帽为六角攒尖顶，上浮雕覆莲纹；塔柱做成六面柱，柱的每一面都有浮雕佛像；塔座造型简朴，用花岗岩砌筑而成。写有"比丘普同塔"五字，是修行僧亡故后藏骨之处。石塔座靠北并有石门，内空，内状若深井。

16.名称：铁湖章氏合葬墓

类别：古墓葬　　时代：清道光

地理位置：义安区顺安镇铁湖嘴

面积：30平方米

简介：据碑文记载，该合葬墓建于清朝道光二十年，有碑文、碑铭基石和立柱十多块，占地约30平方米。现存封土高度约0.8米，碑文上记载了大量历史信息，是地方史志的宝贵资料。其间经受了"文革"政治运动洗礼，也遭遇多次盗墓者盗扰，碑文文字精美，碑柱石雕工整。

17.八角井遗址

类别：古建筑　　时代：唐

地理位置：义安区西联镇东湖村

面积：100平方米

简介：据姚氏家谱记载，该井为唐代名相姚崇（651—721）曾孙，义安儒学教谕姚冲所凿，历朝疏浚，饮用至清，越千百年矣。后裔北宋翰林大学士姚清臣有《古井清泉》诗存明嘉靖、万历、清乾隆县志均有记载。

18.名称：紫沙方氏宗祠

类别：古建筑　　时代：清

地理位置：义安区胥坝乡衣冠村

面积：200平方米

简介：紫沙方氏宗祠是始建于清朝光绪年间的汉族祠堂，2005年方氏众族人筹资进行抢救性维修，2016年5月将原来小徽瓦换成现在的琉璃瓦。修复了古壁、梁柱防腐，屋面防水建筑物外侧排水利水施工。内部基本保持原有古朴风貌，木质房屋梁柱部分存有雕刻。

（四）区级重点文物保护单位（23处）

1.名称：万迎山冶炼场

类别：古遗迹　　年代：汉代

地理位置：义安区顺安镇铁石宕

面积：2000平方米

简介：遗址原为一处采冶结合型古代铜矿场，炼渣多为蘑菇状，表面铁锈色，滴痕明显，经取样分析含铁较高，其中有一件菱形铜锭经检测为硫化铜冶炼遗物。在炼渣堆积层中还伴有大量的夹砂软陶、几何印纹陶和原始青瓷等文化遗物，从器形和纹饰判断，遗址年代约在西周晚期至春秋时期。

2.名称：药园山冶炼场

类别：古遗址　　年代：汉代

地理位置：义安区顺安镇金牛洞南百米处

简介：药园山古采矿场与万迎山冶炼遗址、金牛洞古采矿遗址相距不到千米，并有相思河贯连，形成了一个综合铜矿采冶中心。

3.名称：城山寨

类别：古遗迹　　年代：元

地理位置：义安区顺安镇大城山山顶上

面积：2000平方米

简介：此处又称"亮天坛"，面积十数亩，四壁立陡如城。据明志记载，城山铺，元末居民屯聚为寨，明将傅友德下之。又传说明初起义军首领赵普胜在此抗元时，在此山上驻寨，号称"城山大王"，威振乡里。

4.名称：云崖寺

类别：古遗迹　　年代：清代

地理位置：义安区顺安镇明月村

面积：600平方米

简介：云崖寺坐落在海拔400多米莲台山绝壁之间，明朝正德年间由一钱姓人家捐资修建，初定名为石山寺，后来更名为云崖寺。相传，光绪二十七年（1901），清兵统领李定民弃戈皈佛，出家为僧，于民国十四年（1925）来此重修寺庙，潜修于此。

5.名称：犁耙桥

类别：古建筑　　年代：清代

地理位置：义安区西联镇犁桥街老河上

简介：乾隆《铜陵县志》卷六记载得尤为详尽："犁耙桥，在仁丰中圩南、再兴圩北，跨大河居两镇间往来要冲，贡生查凤翔等倡建。"

6.名称：石桥钟桥

类别：古建筑　　年代：清代

地理位置：义安区西联镇犁桥村石头钟队

简介：清康熙年间（1702），颍川堂钟村人举全族之力建起的石拱桥，"石桥钟村"由此得名。民国十一年，颍川堂钟村族人自发捐资银圆千余块，对石拱桥进行了修复。

7. 名称：天台岭古村落

类别：古建筑　　年代：宋

地理位置：义安区钟鸣镇天台岭林场场部

面积：1000 平方米

简介：该村原有 300 多户村民，后毁于兵燹，现旧址可见古民宅建筑的残存的石构件和瓦砾、陶瓷片。部分石构件上雕刻有精美的花草动物图案。

8. 名称：渡江第一船登陆点

类别：近现代重要史迹及代表性建筑　　年代：1949 年

地理位置：义安区胥坝乡文兴洲王家旭

面积：1000 平方米

简介：渡江战役中，铜陵胥坝文兴洲王家旭，成为解放军一举突破长江天堑的"渡江第一船"登陆地。战后，七十师二一0团九连三班和二0九团五连八班分获"渡江第一船"和"渡江突击模范班"光荣称号。

9. 名称：上清凉寺庙碑

类别：古遗迹　　年代：清代

地理位置：义安区钟鸣镇狮子山首峰南

简介：据清乾隆《铜陵县志》卷之五·庙宇载："上清凉寺：在狮首之下平脊处，唐泰和间南泉普愿禅师创，后圮。康熙十年复建，徐昱后昆重修。"

10. 名称：下清凉寺

类别：古建筑　　年代：南宋

地理位置：义安区钟鸣镇狮子山西麓竹园中

面积：600 平方米

简介：据清乾隆丁丑年《铜陵县志》记载，下清凉寺始建于宋嘉定二年。现老庙现已未存，现已在老庙遗址上重新修建下清凉寺大雄宝殿。庙后有一块大石上刻有"清凉石，宣德六年重开立碑山门前为记，南无佛"。

11. 名称：葛仙洞

类别：古遗迹　　年代：不详

地理位置：义安区顺安镇陶山村杏山北麓

面积：2000 平方米

简介：传为晋代葛洪曾经修道于此，故而闻名，洞内白石如玉，有石床、石几等古迹。

12. 名称：响洞

类别：其他　　年代：不详

地理位置：义安区顺安镇陶山村杏山上

面积：50 平方米

简介：响洞在杏山之顶，为一天然溶洞群，其得名就缘于一个"响"字。响洞的发声之处是洞中之石，以手叩之，响声顿起，有时如钟鼓之音，有时如铁马金戈，且声音袅袅不绝。

13. 名称：相思树

类别：其他　　年代：不详

地理位置：义安区顺安镇凤凰村

面积：200 平方米

简介：位于凤凰山滴水崖旁的相思河畔，两岸各有水桦树一株，直径 2 米有余、高约 25 米，至今已有百年树龄，两树向河心倾斜，在河心上方合拢拥抱，春夏时节，枝繁叶茂，树荫覆盖面积达 100 多平方米。

14. 名称：滴水岩

类别：其他　　年代：不详

地理位置：义安区顺安镇凤凰村

面积：20000 平方米

简介：坐落于凤凰山南侧，又名泼珠崖。明嘉靖《铜陵县志》记载："滴水崖，在县东南六十里横山岭坞，悬崖峭壁，宛如画图。有朱流其侧，如泻银河"，系溶岩断层所致，长 300 多米，高 30 多米，崖顶为 20 余亩宽的平地，苍松翠柏，郁郁葱葱。

15. 名称：双龙洞

类别：其他　　年代：不详

地理位置：义安区天门镇双龙村龙山脚

面积：6000 平方米

简介：因天然地下水冲刷形成的洞穴，有两股清流贯穿其间汇聚而出，得名"双龙洞"，洞内千姿百态的钟乳石，真是别有洞天。

16. 名称：新四军第三支队旧址

类别：近现代重要史迹及代表性建筑　　年代：1938 年

地理位置：义安区钟鸣镇院冲村燕子牧

面积：400 平方米

简介：民国 27 年（1938）12 月新四军三支队在谭震林副司令员率领下到此，新四军副军长项英曾在此居住。同年 12 月中共铜、潮、景中心县委在此办公。现保护完好。

17. 名称：新四军三支队兵工厂旧址

类别：近现代重要史迹及代表性建筑　　年代：1938—1939 年

地理位置：义安区钟鸣镇泉栏村

面积：200 平方米

简介：民国 33 年（1944），新四军皖南支队在钟鸡栏溪保曹家墩曹家祠堂建兵工厂。

18. 名称：革命纪念碑

类别：近现代重要史迹及代表性建筑　　年代：1989 年

地理位置：义安区天门镇板桥村

面积：200 平方米

简介：为纪念抗日战争，解放战争，对越自卫反击战时牺牲的 28 位烈士，经铜陵县民政局核准，原董店乡政府于 1989 年 9 月在此修建了革命烈士纪念碑。碑体呈火炬造型，高 4.5 米，由水泥和砖砌筑而成。在此碑前立有一块铭刻 28 位烈士姓名的青石碑。

19. 名称：花园墓群

类别：古墓葬　　年代：宋代

地理位置：义安区钟鸣镇金龙村花园队周围

面积：400 平方米

简介：2004 年 7 月，为配合沿江高速路建设，安徽省考古研究所和铜陵文物管理所组成考古队，对该文物点进行了抢救性考古发掘工作，共发现东汉—宋代墓葬 42 座，宋代窑址 2 座，出土各类文物 100 余件。墓葬主要为砖石墓，还有少量的石室墓。墓底有铺底砖和不铺底砖之分，墓壁一般为三顺一丁砌筑法。古窑址为龙窑形，但未发现与烧制陶瓷器有关的遗物，从窑的开口层位及其基本特征可推测其时代为宋代。对研究本地丧葬制度以及社会生产、生活均具有一定价值。

20. 名称：落牛岭采矿场

类别：古遗址　　年代：汉代

地理位置：义安区钟鸣镇燕子牧村南 500 米处

简介：落牛岭古冶遗址位于金榔乡燕子牧村南 500 米处，为汉代冶址。遗址地表有大量炭渣和炼渣，分布范围约 1.5 平方公里。

21. 名称：东城烈士碑

类别：近现代重要史迹及代表性建筑　　年代：1953 年

地理位置：义安区西联镇官山公墓北侧

面积：40 平方米

简介：墓碑为姚生等 17 位烈士合葬墓碑，1953 年 4 月由当时东城乡人民政府修建，碑身为青石制，高 1.2 米，宽 1 米，碑上记载了 17 位烈士的姓名、职务、参加革命时间和牺牲时间。2013 年 3 月，原铜陵县民政局将烈士墓迁建至官山烈士纪念园，墓碑仍在原址。

22. 名称：盛氏姜阁

地理位置：义安区天门镇五峰村石山村民组盛昌春家

简介：姜阁用红砖砌筑，顶部盖瓦，下方用草筋和泥封闭，以利保温。阁内距地面约 1.5 米处用圆木架设楼栅，呈"井"字形，在圆木上钉铺毛竹片，状如蒸笼底。楼栅上分箱隔开，用竹栅栏分成八室、中央留一火道到阁顶。阁顶南墙开有一个小天窗，以便排除水汽。楼栅下面的空间为火堂，火堂前墙开一个小门，方便操作人员烧火及取存姜种。

23. 名称：大通陶瓷厂旧址

地理位置：义安区天门镇窑西居点

简介：旧址始建于宋代，由湖北移民来此创建，主要生产民间日用陶瓷。20 世纪二、三十年代日本人也在此开过日用陶瓷，解放前由 13 户工商户建厂开发，共建老窑，新窑 2 处，解放后成立大通缸窑合作社，员工上千人，至 80 年代初，由于水灾无法生产，停产至今。

二、馆藏部分可移动文物

义安区出土的可移动文物中，多由铜陵市博物馆馆藏，现将部分主要由义安区文物所馆藏的文物辑录如下：

1. 新石器时代石铲：1987 年 12 月出土于天门镇朱村乡。长 14cm，宽 10.1cm，孔径 2.2cm。长椭圆形，上小下大，上中部有一圆孔，对钻而成，质地坚硬，乳白色，加工精致，通体磨光，细润平滑。国家二级文物。

2. 春秋夔龙纹鼎：1998 年 4 月出土于原铜陵县西湖乡第一轮窑厂。通高 26.8cm，口径 24.4cm，腹围 75cm。撇耳，敞口，圆腹，底近平，三蹄足，耳部外侧饰连珠纹，内侧饰夔龙纹，腹部饰一圈夔龙纹。国家二级文物。

3. 春秋戈：1997 年 3 月出土于原铜陵西湖乡朝山村小金山。高 99cm，长 18cm。呈扁平 T 形，长援，中部起脊，短胡而穿，内为圆角长方形，中有一穿，器形工整。国家三级文物。

4. 春秋鸟首饰件：1996 年 5 月出土于原铜陵县西湖朝山。长 33cm，高 11.8cm，管口高 3.5cm，管口宽 4cm。呈鸟形，前端鸟首仰起，鸟身为四棱管状中空，背部铸有一小鸟，鸟身呈卷云状。国家二级文物。

5. 东汉禽兽规矩镜：1992 年出土于钟鸣镇胜利村。镜面平整光亮，直径 11.8m，圆形、圆钮、圆钮座，外置方框，方框四角各有乳丁。主区饰青龙、白虎、朱雀、玄武四神和规矩纹。其外饰短斜纹和锯齿纹各一周，云气纹缘。国家三级文物。

6. 六朝青釉双系盖罐：1992 年 12 月出土于东联镇莲湖小学旁。高 9.6cm，口径 6.8cm，底径 7.5cm。直口，丰肩，鼓腹下收，半底无足，肩部两侧各有一系。配平顶碗状小盖，通体施青釉，胎呈灰白色。国家三级文物。

7. 六朝四系陶罐：1997 年 3 月出土于原铜陵县西湖镇朝山磁性材料厂。高 23.5cm，口径 12.1cm，底径 12.2cm。盘口，束颈，丰肩，鼓腹下收，平底无足，肩部两侧各有一系。平底内凹，腹部拍印网纹，胎呈灰红色，器形造型丰硕壮实。国家三级文物。

8. 晋青釉虎子：1995 年 12 月出土于五松镇。高 18.5cm，口径 5.3cm，长 22.8cm，宽 12.7cm。两端稍阔，中间束腰，前端上部有一斜直圆筒形口，后端圆平微凹，器身有一圆柱弧形提梁，梁后贴塑兽尾，器底贴塑跪卧兽足，通体施青釉，莹润光泽，后端见胎，胎呈青灰色，器物造型生动似一卧虎。国家三级文物。

9. 唐长沙窑青釉褐彩鸡爪纹粉盒：1996 年 4 月出土于东联镇流潭乡。高 6cm，口径 7cm，底径 7.4cm。圆柱形，盖直口，顶略鼓，平底，器表施青釉，器内无釉，底见胎，盒盖顶饰有两道弦纹，两弦纹间等距饰有褐色鸡爪状纹饰，胎呈灰色，釉色清亮，器型优美工整。国家三级文物。

10. 唐长沙窑青釉点褐绿彩鸟形水注：1996 年 4 月出土于流潭乡（现东联镇）合兴村。高 9.5 厘米，口径 3.5 厘米，底径 7.1 厘米；敛口，球腹，下承柿饼足，肩部前侧有一短直流，肩部后侧有一鸟尾状錾，左右贴饰有鸟翼，盖凸面，上附圆钮，盖及器身施青釉，上施青褐点彩，足底见胎，器物造型生动。国家三级文物。

11. 唐长沙窑青釉褐彩碗：1983 年出土于顺安镇新桥湖城村。高 4.8cm，口径 14.5cm，底径 5.9cm。敞口，斜腹下收，圈足，碗内壁施有卷草纹饰，线条流畅，内外施青釉，外壁不及底，釉色黄亮，卷草纹饰施褐绿彩，胎质白细，胎体较厚。国家三级文物。

12. 唐青釉水盂（组）：1988 年出土于顺安镇金山村。小口，扁圆腹，下接饼足。内外施青釉，外壁不及底，局部施点彩。釉色清亮，青中见绿，胎质白细。器型小巧别致。国家三级文物。

13. 唐青釉陶瓶：1985 年出土于天门镇板桥村。高 28.4cm，口径 13cm，底径 11.2cm。盘口，长直颈，溜肩鼓腹，平底足，口沿至颈上端施青釉，釉色清亮，胎呈灰红色，质地紧密，瓷化程度较好，底部可见支钉痕，外观质朴大方。国家三级文物。

14. **宋绿釉印花碟**：1994 年 3 月出土于顺安镇长龙村。高 2.4cm，口径 11.3cm，底径 3.7cm。唇口，浅腹，底近平，无足。碗内壁刻划有缠枝花卉，中心刻划有规矩花卉，线条流畅，纹饰生动，通体施绿釉，外壁不及底，釉色鲜艳，胎质细，器物纹饰优美。国家三级文物。

15. **宋青釉镂空点彩瓷枕**：1999 年出土于钟鸣镇。长 18 厘米，宽 11.7 厘米，高 9.2 厘米；为青釉六方瓷枕，枕面前低后高，饰有梅花状点彩，腹部六面有长方形格栅镂空，格栅下各有一云朵状镂空，底足无釉。国家二级文物。

16. **宋青釉粉盒**：2000 年出土于钟鸣镇。高 7.7cm，口径 8.1cm，底径 4.6cm。扁圆形，敛口，圆腹，圈足，扁圆盖，盖面正中心有一曲钮，施青釉，大部分脱落，胎质白细，器形精美。国家三级文物。

17. **宋青釉划花高足杯**：2000 年出土于钟鸣镇。高 6cm，口径 6.9cm，底径 3.5cm。直口，深腹，高圈足外撇。器外壁划有花卉纹饰，线条流畅，通体施青釉，釉色清亮，圈足内见胎，胎质白细。国家三级文物。

18. **宋白釉划花葵口碗**：1994 年 3 月出土于顺安镇长龙村；高 5 厘米，口径 17.2 厘米，底径 5 厘米；六棱葵口，弧壁浅腹，外壁素面无纹，器内刻有缠枝花卉，线条流畅，小圈足，白釉，胎薄体轻。国家三级文物。

19. **宋青釉印花碗**：2000 年出土于钟鸣镇。高 4.8 厘米，口径 11 厘米，底径 3 厘米；敞口外撇，斜腹，圈足，内壁刻有缠枝花卉，线条流畅，通体施青釉，足沿无釉，釉色莹润清亮，胎呈褐色，器形纹饰精美。国家三级文物。

20. **宋莲花砖**：1985 年出土于大通镇（原新建乡）利民村；高

10.8厘米，25.5厘米，厚5.5厘米；正面刻有莲花、藕节，线条流畅，在藕节两侧分别有"白""莲花"三字，砖背面分两列刻有"绍定五年五月壹拾捌日"纪年铭。国家一级文物。

21. 元大德铜权：1992年铜陵县文管所征集。高9.6cm，底径长5cm，宽3.4cm。方钮方孔，权身呈六棱六面，上窄下宽，束腰，下部为相对台所式，底呈六边形，正面铸有"池州路总管"，背面铸有"大德年造"，左侧面铸有"五"字，均为阴文。国家二级文物。

22. 明鎏金银发簪：出土于天门镇兴化村。通长12.7厘米，针顶部长9厘银质，针挺部细长，呈圆柱状，簪首部呈三只叠加灯笼状，自上而下为大、小灯笼状下有一个花托，花托下有细银丝缠绕固定，通体鎏金，器物雕刻精栩栩如生。国家三级义物

23. 明官衣金饰片：1977年出土于钟鸣镇泉栏村。高13.9cm，宽8.3cm。长方形，四周饰有一圈卷云状纹饰，中间饰有一"徐"字，下方竖排两列阴文"代代富贵命命延长"背面无纹饰。国家二级文物。

24. 砖雕：1992年7月出土于天门镇双龙村。泥质灰色，呈方形，砖一面有浮雕，底纹为连续的卐字，主纹有腾飞的虬龙、腾跃的鲤鱼纹、盛开的菊花纹、荷花翠鸟纹，图案栩栩如生，相邻两砖之间纹理相衔，雕刻工整，构图精美。国家三级文物。

附录三：义安区地名印迹录

老地名不仅是一个基本的地理信息标志，也一种重要的文化记忆载体。它承载着历史沿革的信息，留下了自然演变的痕迹，蕴藏着人文变迁的内涵，寄托了乡土记忆的乡愁，是历史文化不可或缺的组成部分。现将义安区部分老地名印记辑录如下：

一、历史沿革中的地名

（一）建置沿革一览

义安区，东汉置铜官镇，东晋侨置定陵县，唐朝文德元年（888）置义安县，南唐（951）时期置铜陵县，2015年撤销铜陵县设立义安区。

铜陵以"耆"为乡，从唐、宋、元、明、清一直沿用至民国年间。据清乾隆《铜陵县志》卷之六载："乡耆，由比闾族党而积之为乡，周制也……铜之易乡而名耆，或取诸此。耆十有五，凡生人所利赖者皆属焉，博综其类，民物阜成，亦足征并邑之盛矣。"可见"乡耆"是源于西周的乡耆旧制。据1992年《铜陵县志》载：唐末，全县定工山、安定、凤台、丰资、归化5乡，分42个耆，至明初并为23个耆，成化十九年（1484）又减为19个耆。明代嘉靖元年（1522）并为15个耆，即坊一耆、坊二耆、近市耆、栖一耆、栖二耆、陶村耆、白二耆、白三耆、钟鸣耆、凤凰耆、朱村耆、合一耆、合二耆、石洞耆、大栏耆。清与民国初，区划虽多次易名，略有变动，但基本承袭明朝定制。民国17年（1928）7月，铜陵县改15耆为7个区，民国29年（1940）撤区并为4个镇，钟鸣、犁桥、紫胥、安平、汀洲、金凤、大通、和悦、顺安等今之乡镇及地名多有出现。

新中国成立后，县境行政区划经多次调整，至 1990 年下辖 18 个乡镇。2018 年 9 月，原属铜陵市铜官区的凤凰山社区划归义安区，设立新桥办事处。2000 年后先后将西湖镇整建制划入市狮子山区，大通镇（含新建乡）整建制划入市郊区。2004 年 5 月，铜陵县下辖乡镇区划调整，城关镇易名五松镇，原顺安镇、新桥镇合并顺安镇，董店、朱村两镇合并为天门镇，原流潭、永丰两乡合并为东联乡，原太平、和平、钟仓三个乡合并为西联乡，原钟鸣镇、金榔乡合并为钟鸣镇，原胥坝、安平两乡合并为胥坝乡，老洲乡仍保持原行政区域，后东联、西联撤乡设镇。义安区现辖 6 镇 2 乡 1 办事处，即五松镇、顺安镇、钟鸣镇、天门镇、东联镇、西联镇和胥坝乡、老洲乡及新桥办事处。

（二）古今建置对照

义安区明代乡耆与今日乡镇方位对照如下：

1. 坊市一耆、坊市二耆，以及近市耆——五松镇域及周边

2. 栖下一耆、栖下二耆，以及陶村耆、凤凰耆——顺安镇域

凤凰耆后为丹凤乡，即今义安区顺安镇新桥。栖下耆与铜官山畔仪凤岭有关，仪凤岭下曾为栖凤乡（昔为铜陵县西湖乡，今为铜陵市铜官区西湖镇），栖凤湖源出仪凤岭，下流通凤心闸。

陶村耆后分为陶城乡、湖城乡，湖城原名湖城涧，相传曾经有胡人首领至此，垒土筑起一座大城，又称为胡王城。也有说，南朝宋泰始年间，有位名叫刘胡的将军在此筑城屯兵，因名胡王。据考，湖城原址位于金桥工业园白杨坡至陇口自然村。

3. 白马二耆、白马三耆——约位于西联镇、东联镇域

民国时期曾设石佛乡，后与犁桥乡合并，因地有石佛山得名。据明嘉靖《铜陵县志·地理篇》载："石佛山，在县东北三十里白马

耆，有神东平王附童姓者，立庙于此，凿基得石佛，因以名山。"新中国成立初期，此地设凤心区，因凤心闸得名。

4. 顺合一耆、顺合二耆——约位于铜陵市郊区的横港、古圣和大通镇

5. 大栏耆——铜陵市郊区大通镇新建

大栏耆因地有大栏岭得名。据明清铜陵县志载：有山长龙山，脉自铜官，迤逦西南，溯江直抵大通，在县（今五松镇）南二十里有龙口岭，为合二耆与大栏耆的分乡岭。明嘉靖《铜陵县志》载，铜陵县西南有金牛洞，传有金牛出没，乡民设井阻拦，故有大栏、小栏之说。

6. 石洞耆——天门镇董店

据清朝乾隆《铜陵县志》卷之一记载："石洞，在县东四十里，洞虚广幽邃，以此名者。"

7. 朱村耆——天门镇朱村，曾为朱陈乡

8. 钟鸣耆——钟鸣镇

因其地狮子山古名贵山，用曾名贵上耆

二、老街古村的地名

（一）老街

据乾隆《铜陵县志》卷六记载：时有市镇七处：大通镇、顺安镇、横埂头镇、犁耙桥、黄浒镇、城洑镇、焦埠镇。清光绪二十二年（1896）刊印的《安徽舆图表说》："县分三乡十五耆，有镇市七处：顺安镇、黄浒镇、钟鸣镇、大通镇、和悦洲、城洑镇、丁家洲。"现黄浒地属芜湖，大通、和悦划归铜陵市区，城洑镇和焦埠镇地名已消失。除顺安镇、钟鸣镇等外，义安地有旧镇老街主要为：

1. **城关小街**：位于今五松镇。明初镇内只有一条中街，为砖石

砌成的一道弯弯曲曲、长约一里下有排水道的街道，两边建有徽式两层砖木结构的商业用房，后逐步发展演变为东街、中街、西街。巷道有东街五显巷因昔有五显庙而得名，东街太平巷为消防行人开设的通道，庙前巷位于原城隍庙的西道大街，拐角巷位于西街道大街，扬州巷连接拐角巷和建设西路，以上均在 20 世纪末旧城改造时拆迁。而20 世纪 80 年代颇为繁华的城关小街，原址位于现在的景湖湾小区一带。

2. 顺安老街：位于今顺安镇，古名临津街、溪溪街。它下起顺安古桥，上到顺安中学后，长约 400 米，北宽南窄，部分街道宽度不超过 10 米，全长 1000 多米，狭窄的青石板巷子呈一条弧线分布，老顺安河穿过丁字街流过。街道两边房屋为马头墙式的江南徽派建筑，现存青石板路面 200 米，为明代所建。

3. 钟鸣老街：位于今钟鸣镇，唐宋时期便是市贸繁荣之地，素有"九井十三街"著称。南北向有顶社街、二社街、三社街、四社街、新屋街、当铺街、盐集街、染织街；东西向有东街、古董街、西街、瓦窑街、学堂。主街道系南北向街道，其总长约 2 华里，最长街道是东街和当铺街，其次为西街。部分街名即表明聚集行业。

4. 太平街：位于今西联镇，原名横埂头，相传 500 多年前，始有一陈姓和一汪姓的人家在此居住，随着人口的增添，陈姓向南、汪姓向北发展，逐步形成了一条街道，故有"陈一街、汪一弄"之说。太平天国时期，太平军将领觉得"横埂头"与"换个头"谐音，听之不雅，将其更名为太平街。

5. 汀洲街：位于今西联镇，原名丁家洲。据传在清朝中期的咸丰年间，一批居于程柏村的查姓先后来此经商，至光绪初年形成一个具有相当规模的商业街。1910 年前后，街上的"丁"姓只剩下三户，杂姓占绝大多数，于是街上大商号会同地方当局商议，认为此地再称

"丁家洲"不合实情，又考虑到本地属洲区，便在"丁"字左边加三点水改名"汀洲"。汀洲街主街原建于仁丰圩堤两侧，现已大部分崩塌入江，遗址在今安平渡口处。

6. 犁耙桥：位于西联镇。先人于舒溪河上架起一座"犁耙桥"，清代乾隆年间改为"犁桥"，后设立桥镇。此外沿江通往江浙之要道，朝廷在此派驻了盐酒税监，由此成了"跨大河居两镇间往来要冲"的交塞江堤口岸。

7. 毛桥老街：位于今东联镇，因原有一座古桥名为毛桥而得名。清末民国年间曾为舟船溯至、商旅云集之地。20世纪三四十年代，此地因北距长江、南距铜陵15华里，成为兼顾水、陆运输的要地。1939年2月3日，日军占领毛桥，抓夫修建碉堡工事，放火焚烧民房，150多间房屋化为灰烬，600多口人无家可归，制造了骇人听闻的"毛桥惨案"。

8. 朱村街：位于天门镇，因朱家始居于此而得名，南宋中期由于汪姓扩建村落改名朱村汪。解放后，鸡冠山铁矿搬迁到朱村半山里开采，给小集镇发展带来了机遇。20世纪80年代后期，随着连接鸡冠山铁矿、狮子山铜矿等公路改建，朱村街成为南北杂货、五金百货、布匹绸缎、粮油特产等商户聚集，木匠、酿酒、碾米、磨面、豆腐等作坊林立的颇为繁华之地。

（二）古村

义安村落地名主要按照姓氏、地形地貌、位置和景观等方式命名，其中以姓氏命名或显示族居变迁的村落，如天门镇朱村、西联镇姚汪、钟鸣镇金山村的大房徐、小房徐；与山川地貌相关的村落，如依圩而名的西联镇老观、再兴，依山而名的金山、朱冲；以周围风物传说有关的村落，如顺安的牡丹村、凤凰村；与交通有关的村落，如新桥、董店；以地名寄托美好愿望，如太平、安平等，诸多村落星罗棋布。

1. 江村：为天门镇板桥村的自然村，村中房屋约有一半是明清时期的建筑，属皖南徽派建筑系列，是铜陵地区现存的一处规模较大的古代民居建筑群。据该村宗谱记载，江氏属南兰陵萧氏后裔，先人于宋朝末年从皖南徽州迁居至此，已有 700 余年的历史。2019 年列入第五批中国传统村落名录。

2. 石桥钟：为西联镇犁桥村的自然村，相传明塘岸畔，曾建钟氏祠堂，逢节祭庆，人声欢腾，灯火通明。此地又有钟氏族人修建的明代古桥一座，历经风雨，巍然屹立——石桥钟地名由此而来。

3. 龙潭肖：为钟鸣镇金山村的自然村，因地处深山，村中不少古建筑得以保存下来，村头的一口古潭——龙潭犹存。据传，400 多年前的明朝年间，肖鼎戴和妻子从江西逃难至此，安家落户，繁衍后代，逐渐形成村落。2014 年列入第三批中国传统村落名录。

4. 窑墩：为胥坝乡衣冠村的自然村，位于全乡的东北角，是长江与鹊江金牛渡交汇处的夹窝高地。据 1986 年版安徽省铜陵县地名录记载："窑墩，以烧窑得名。"

5. 红庙：为胥坝乡村名，原名小湖洲。小湖洲渡口下方曾建有一座庙宇，大殿内供奉关公像，以望关帝能降服水妖，护佑洲上百姓平安。因关帝庙为红墙黄瓦，洲民称它为红庙。该庙虽经几次修缮，还是毁于 1949 年与 1954 年大水。新中国成立后，小湖洲属地改名为"红庙村"。

6. 大方村：为钟鸣镇水龙村的自然村，已有 700 多年历史。清代顺治年间，村有方兴元兄弟两人为母亲守孝，铜陵县令侯思芹为其所感，赐匾额"孝行维风"，同时将方兴元孝道之举上报朝廷。1715 年，康熙帝颁诏赐建"孝子牌坊"予以旌表。

7. 赵祠戏楼自然村：为东联镇水浒村的自然村，村里有一座已有 800 多年历史的古戏台——赵氏宗祠戏楼，戏楼始建于南宋淳熙年间，青砖碧瓦，雕梁画栋，飞檐翘角。2014 年列入第三批中国传统村落名录。

8. 上盛村：为钟鸣镇金山村的自然村，是北宋宰相盛度后裔所建。明朝中后期，盛度后人来此定居，距今已有 400 余年。村庄面积也由当初的几亩扩大到今天的上百亩，村庄的石板路上，随处可见的拴马石、上马石、旗鼓等文化遗存，散发出古村落的气息。

三、自然山水中的地名

（一）山川大麓

1. 五松山：明嘉靖《池州府志》载："山在铜官西南，有松一本五支，黛色参天，李白诗云：我来五松下，置酒穷跻攀。征古绝遗老，因名五松山。山下有宝云寺及太白祠堂，今铜陵号曰五松，本此山也。"今山已不存。

2. 凤凰山：明万历《铜陵县志》记载："凤凰山在叶山东南，有泉一泓。相传凤凰翔饮于上，故名。"它处于今顺安镇辖陶凤、牡丹、凤凰三个村委会辖区的中间地带，是一条由北向南缓缓抬起的山脉。

3. 万迎山：清乾隆《铜陵县志》载："万迎山，去凤凰山三里，山石如铁。又名铁石宕。"万迎山脉长约 3 公里，列若屏障。从山腰到山脚堆积厚达 2 米以上的黑色渣块，人们皆称"铁石"或"铁屎"。铜陵方言俗称铁渣为铁屎。这是铁屎宕——铁石宕名称的由来。近现代人们把两者分开了，山归山，宕归宕。把万迎山南麓的一片地方称作铁石宕。

4. 天门山：又名天屏山，位于义安区与青阳县交界处，主峰海拔 576.6 米，为铜陵地区南岸最高山峰。山脉向西 1 公里自然断开，与五峰山之间形成一条高大峡口，南面另一条山脉又将天门山与五峰山连接起来，这条山脉在峡口处拱起一座高于峡口的弧形山峰，像两扇欲开犹闭的大门，被称为"天门"。

5. 叶山：位于钟鸣镇境内，海拔487.3米，为省级森林公园。叶山林场始建于1919年，时属泾县马头林场，1952年重建，属铜陵县林业局。1986年，叶山林场与安徽农学院联合开发笋、材两用林1500亩，系安徽省最大的笋材两用林基地。

6. 笠帽山：位于五松镇西端，紧靠长江，海拔81.7米，东北方向与天王山、长山相连。山原名铜鼓山，是五松镇附近最高的一座山峰。原名铜鼓山，清乾隆《铜陵县志》记载："铜鼓山，其顶状如铜鼓而得名；清代方城著有《过铜陵》诗一首："铜鼓山头夕照低，铜官城外草萋萋；东风慰藉羁人意，几日归帆尽向西。"又因亦似箬笠，名为笠帽山。山靠近长江边突出的石滩分别形成大小矶头，现大矶头位于滨江公园往北约1500米处。

7. 大城山：位于顺安镇，海拔452.9米。山顶平坦如削，面积达数十亩；脚用力踏之，山似中空，闷声如擂鼓，故旧志载"每阴雨闻金鼓声"；四壁陡峭如城墙，中有天池，久旱不涸，霪雨不溢，其形如城，故名城山。据传：元末赵普胜率起义军攻打池州、铜陵等地，见山势险要便在此安营扎寨，扼守抗元，扼富济贫，号称"城山大王"。

8. 鹊头山：今五松镇马冲村境内，三面环水，背靠十里长山，宛如鹊头，与长江北岸鹊尾渚（今无为市土桥镇）遥相对峙。六朝在此设鹊头戍，唐咸通五年（864）设鹊头镇，清代易名城洑镇。后鹊头镇逐渐坍于江中，鹊头山随之湮没无闻，仅存鹊头山烽火台址少许城砖、炼铜废渣、古井遗址、古碑刻。

9. 狮子山：位于钟鸣镇东北部，地跨铜陵、芜湖两市，海拔390.1米。横空而立，绵亘起伏，宛似狮形，故名。其古名贵山，《舆地纪胜》卷22池州载：狮子峰"在铜陵之贵山，远望有类狮子"。

唐太和元年（827），南泉普愿禅师在狮首之下平脊处建上清凉寺，并建中、下清凉寺山堂，后历经战乱兵燹，几度兴废。

10. 金山：位于钟鸣镇金山村境内，由三条冲汇聚处，海拔336.2米，为火山熔岩形成，因形似"金"字，故名金山。山上有大量古代冶炼遗迹，每逢旱季，旧时当地百姓有上山求雨之习。

11. 天王山：位于五松镇，据清乾隆《铜陵县志》记载："天王山，在县西北，列若屏障，县治建其前，天成包络之象，旧有护法寺，因以名山，而拱群峦，大江西绕，中拥城堞，烟火万家，一览拓人心目。"宋时县尹张孝章在天王山建有一亭，名富览亭。

12. 大小笠山：地处顺安镇金港村，大笠山因山形如笠帽而得名，小笠山因位于大笠山旁且面积较小而名。

13. 陶公山：地处顺安镇长龙山村，因山下原由大片桃花，初名桃花山，葛洪曾经修道于此，后人易名为陶公山。

14. 团山：地处天门镇南洪村，以其山形偏圆而得名。

15. 石佛山：地处西联镇钟仓村，清朝时挖掘到一石头窟，拜佛的人建起寺庙，故得名石佛山。

16. 马仁山：地处钟鸣镇，为义安区与南陵县、繁昌县的界山，因该山整座山峰似马似人，故名"马人山"。据传唐德宗贞元年间，一日"石马妖鸣"，当地民众甚感不祥，遂凿断马头，改名马仁山。

17. 水龙山：位于钟鸣镇，为铜陵市义安区与芜湖市南陵县的界山。传有泉自山巅石岩喷出，高五尺许，形如长龙，当地人据此奇观将山命名为水龙山。

18. 磨盘山：位于钟鸣镇九榔，为义安区与芜湖市繁昌区的界山，因山形如磨盘得名。

19. 胡塘山：位于钟鸣镇金山村，因曾有一位胡姓猎户在此山打猎，遇到了一位姓唐的女子，两人一见钟情，并在此山居住下来，故名胡唐山，后人手误将"唐"写成"塘"，故得名。

20. 望牛山：位于顺安镇村，山有绿荫松树成林，下有良田数顷，因此山势好似金牛在卧，与凤凰山金牛洞相眺望而得名。

21. 小峨山：地处顺安镇高岭村，传说古时有一只天鹅受伤飞不走，化作一座像鹅形一座山，故得名鹅山，又称小峨山。

22. 打杵山：地处顺安镇星月村，相传有人在山上打死了老虎，故叫"打虎山"；后又因山路难爬，农夫上山挑担子需"搭杵"，故叫打杵山。

23. 杏山：地处顺安镇，为义安区与铜官区界山，据明嘉靖《铜陵县志》载：晋朝葛洪炼丹于此，取此山名为杏山。

24. 中字国山：地处大门镇，该山是由两山连在一起，且是新四军和日军作战地，村民为了纪念新四军的浴血奋战，1945年将山命名为中字国山。山上曾有一座日军建立的碉堡，现已倒塌。

25. 木鱼山：地处天门镇新民村，因该山形如僧侣念佛敲击的木鱼，故名木鱼山。

26. 铜井山：地处天门镇新华村，旧时是朱村与董店的分水岭，因岭不高得名小岭头，又因古代在此山开采铜矿，有古铜矿井数十口，称为铜井山。

27. 平顶山：地处天门镇郎坑村，传说过去九华老爷路过此地，在此山头上踢了一脚，龙脉石硬，山头被踢到青阳县一块山中间，导致此山无顶峰，变为平顶山。

28. 牌坊山：地处天门镇，为是义安区与郊区的界山，因山形如牌坊而得名。

29. 蛤蟆岭：地处天门镇，为义安区与青阳县的界山，山形如蛤蟆，故得名蛤蟆岭，又因八大顶与蛤蟆岭谐音，别名为八大顶。该地有隧道为蛤蟆岭隧道，始建于2004年12月28日，2008年8月26日建成。

30.三条冲：位于钟鸣镇金榔，由自西向东延伸的水龙山、虎形山、福禄山、牡丹山四条山脉形成三冲而得名，旧时为水龙冲、中间冲、栗坑冲，现由龙源、水龙、徐冲等村组成。全冲面积约25平方公里，7553人，因其地处铜、南、繁三县交接处，地势险要，曾为革命根据。三条冲交汇的出口处为泉栏村舒家店村。1934年曾一坚同志从江西来到铜陵，奔走此地周边地区成立党小组，点燃了革命的星火。1944年底，新四军七师皖南支队兵工厂曾设此。1945年1月，根据中共皖南地委指示，此地成立了皖南片第一个县级人民民主政权——铜陵县抗日民主政府。三条冲在抗日和解放战争中，计有200多人参军参战，英勇献身和致残者达80%以上。

（二）河流湖泊

1.玉带河：开凿于明万历六年（1578），全长约十里许，昔时因"一泓清水百里雾，带似形兮玉是颜"而得名。清朝乾隆年间的《铜陵县志》记载："县城原有旧河，玉带河。汇铜山诸溪水流入长江。"改革开放后，因城市建设需要，河道改归天井湖水系，玉带河无迹象，天井湖畔有一块石碑碑文为玉带。玉带河口曾建有俞家桥，又称世济桥，雍正十一年（1733）由县城坊一耆人俞士杰、俞士标兄弟捐资修建，故称俞家桥。

2.顺安河：顺安河故道源于朱村、新桥，由顺安向北，然后东折，蜒蜿曲折，流经境内钟仓，永丰等乡，从繁昌的荻港注入长江。现顺安河为1971年至1973年治河改道重挖的新河，其发源于天门山，上游支流有朱村河、新桥河、红星河，成树枝状分布，主河道从顺安铁路桥，依直线延伸于北埂王流入长江。河道长14.7公里，流城面积510平方公里。整个河床为复式段面，上游河底宽40米，河口为270米，成喇叭形。河属季节河，正常流量1267立方米／秒，枯流量126立方米／秒，洪流量1624立方米／秒，含沙量约在0.2公斤／

立方米（指洪水期）。

3. 钟仓河：因河流贯穿原钟仓乡而得名，1973 年顺安河改道，钟仓河成为顺安老河道的内河。

4. 新桥河：是顺安河东支汊，属长江二级支流。河道下游左岸是东部城区，右岸是东联圩，河流全长 22.95 公里，流域面积 99.8 平方公里。其有一支流"胜利河"，自南向北流入黄浒河，因位于永胜村且寓红色革命胜利而得名。而胜利河有一支流，位于东联镇长河村、联合村境内，因水系发达绵延十里，故称为"十里长河"。该河宽 20 米，深 5 米，自西向东流入中心闸河，属于季节河流。

5. 狮牡河：位于钟鸣镇，因其旁边有一座山叫狮子山，得名狮峰河；又因其靠近牡东村，故得名狮牡河。该河于明朝期间自然形成，上游源头牡东村，下游狮峰村，在牡东境内全长 3.4 公里，早年间河内水生物丰富。

6. 黄浒河：古称黄火河，为义安区与芜湖市繁昌区的界河、荻港河主要支流，由多条河流于芜湖市繁昌县黄浒街汇合而成，故得名。境内主要支流有中心闸河、钟鸣河，靠长江回水季节性同行，同行里程 15 公里。1973 年前顺安河于龚家渡汇入黄浒河，1973 年人工改道之后，顺安河自成水系入江，不再汇入黄浒河。

7. 天井湖：总面积 1222 亩，水深平均 2.5 米，水涨通江，水涸产草。湖心有一井，四时不竭，且水位终年高出湖面 2 米余，取名天井。古时，天井湖与老县河、玉带河相接，自大江乘舟可泛天井湖，登五松山。新中国成立后，天井湖逐年修造，改斋塘、婆塘两圩为东湖，使之与天井湖相联。其地以北有北湖，原名"竹叶圩"，也与天井湖水系相连。1972 年起，铜陵市将天井湖辟为天井湖公园，1984 年修建湖心天井阁，现被列为市级自然保护区。天井湖旧称横塘，传为北宋时期文学家、书法家黄庭坚的第二个儿子黄相，于崇宁年间（1102）迁来，购下五松山下一片沼泽地作营生之地，建成大塘，因属黄家所有称为黄塘。因铜陵地区口音中"黄"字与"横"字读音相近，"黄塘"久而久之变成"横塘"。随着时代的变迁，昔日的黄塘已变为天井湖，黄塘埂成为现在宽敞美丽的井湖路。

8. 东西湖：位于钟仓河凤心闸内，北临凤心闸，东、南、西三面丘陵怀抱，集水面积118平方公里，湖区面积25.6平方公里。湖中有一丘岗南北延伸，将湖分割为东、西两部分。据池州府志载："东西二湖，在栖下耆，发源于分流坊七宝冲，并会与凤心闸，达荻港入江。宽广约数十万亩，九冲八十四岔。"东湖有闸原名肖家闸，曾是姓肖的人家所建，1972年开挖通向顺安新河时切断铜金公路时建闸，因用于东湖排涝而取名东湖闸。有桥东湖闸桥，跨东湖歉洪沟，为胸墙式刚劲混凝土结构，有7孔，中部孔径3.5~5米，边孔径2~4米，全长55.1米，面宽5米，荷载汽车13吨、挂车60吨。闸桥共用，闸孔可季节性通航5吨以下民船。

9. 白浪湖：位于天门镇，是郊区与义安区的界湖，含多个水域，其中，缸窑湖位于蟠龙村旁，因始建于清嘉庆年间的烧制陶器的缸窑厂而得名；家属湖因原西垅乡农业生产肥料主要是湖草，该湖滩按军人家属分摊故得名；水桥湖以湖中上、下两座桥为标志而得名，白浪湖因湖面微风吹拂白浪荡漾而名，1987年铜陵市农委四荒开发五分之三水面改为水桥湖，五分之二水面仍叫白浪湖；梅家湖因梅姓居民居住于此得名，2002年梅家湖从缸窑湖分出，沿湖建立防水坝。此湖湖心有大、小天目山，相传有一大力士神仙从很远的地方挑来一担土，却被滚滚长江水挡住了去路。他猛地一步跨了过去，由于江面太宽，人虽过了长江，却有一只粪箕的绳子被震断了。粪箕掉到江里，泼出去的土形成了两座山——这就是大小天目山。1980年，此湖开发成水产养殖，天目山每年春天都会引来数千只美丽的鹭鸟在此安家，因此有了"皖江鹭岛"的美称。

10. **滴水崖**：又名泼珠崖，位于顺安镇东南部之凤凰山南侧，系溶层所致，长 300 多米，高约 30 米。

11. **水龙洞**：位于钟鸣镇，长年流出泉水供村民生产、生活所用，水量较大。此洞发现于元明时代，洞内很早就凿有人工石梯，2000 年政府对该洞进行挖掘，已探明 1000 余米，但洞总长仍不详。

12. **观音洞**：位于天门镇龙山村，清末时期，人们在此兴建观音庙，山上大洞因此得名。

13. **双龙洞**：位于天门镇，因洞口形似龙口而得名。洞口高大宽敞，呈扁形，一条小溪从洞中流出，水质柔滑，清凉可口。洞口路弯曲折，内有方圆数百平方米大厅，顶平如镜，上有水蚀的彩色花纹，千姿百态的钟乳石，巧如神雕。现探明东段洞长为 745 米，已浇筑水泥路面 200 米。

14. **牧东村老虎洞**：位于钟鸣镇牧东村大王冲，因洞内常有老虎出没而得名。

15. **葛仙洞**：位于顺安镇陶山村杏山之中，洞形似覆锅，洞内有嵯峨怪石，可容纳数百人。据明嘉靖《铜陵县志》载，东晋道教理论家、医药学家、炼丹家葛洪在此炼丹，名葛仙洞。葛仙洞为石灰石岩层经长年流水侵蚀形成的自然溶洞。洞口海拔 35 米。洞内有"八封台""大象峰""天柱峰""万年灵芝"等景观，有一个近 3000 平方米的"大厅"，并有石床、石几之类，相传系当年葛洪种杏炼丹时的遗存。葛仙洞下有花堰泉，据嘉靖《铜陵县志》记载，葛洪在山坡种杏，其下有溪流，每到春天，山上杏花纷纷扬扬飘落在堰上。

四、人工景观中的地名

（一）公共建筑景观

1. 富览亭： 宋开禧年间，邑令张孝章在县城（今五松镇）北面的天王山巅建富览亭。乾隆十六年（1751），署县褚邦礼率众捐资重修，咸丰年间遭兵毁。民国 12 年（1923），民国县政府拨款在原址重建。富览亭数百年几经兴圮，迨至抗日战争时期亭毁于日军炮火。

2. 云崖寺： 坐落于顺安镇星月村，位于凤凰山猪家山东侧，寺宇依山而筑，二进，呈直角形布局。结构为木架穿榫、砖墙瓦顶定民在此山修成正平方米，前厅还包进了一个天然石洞（俗称观音洞）。原名"石山寺"，明朝正德年间一钱姓人氏捐资建造。

3. 大明寺： 位于叶山下，建于北宋前后，屡经修葺，有两栋正殿，一栋偏房，计 400 平方米。1969 年毁坏，现存偏房四间和清代、民国十年重修大明寺碑记。寺侧有灵宝泉（又称海眼泉，灵窦泉），20 世纪 50 年代时，当地社队为抗旱取水，把泉口炸开，一年后泉水从别的通道流淌。

4. 万松禅寺： 前身为万松庵，原系五松黄氏家庙，始建于清康熙丙午年（1666），位于五松镇城北万松山。首任住持真如法师，于康熙乙亥年（1695）圆寂，葬于庙后，有碑记之。咸丰初年，佛堂大殿毁于战乱，仅存寮房之间。光绪五年（1879），黄门程氏孺人，望门守节，吃斋念佛，募修万松庵，重建正殿，全装佛像，置买香灯田地，凡青年守节者皆收为徒。民国十年（1921），程氏孺人驾鹤西去，葬于万松庵后山。解放前后"万松庵"由查氏母女住守，香客寥寥，艰难维继。2000 年，19 岁的朱海燕于九华山菩提阁剃度出家，受戒于江西云居山瑶田寺，法号心观，先后参学于厦门南普陀寺、福建福安种德寺和普陀山正法讲寺尼众佛学院。次年，心观法师发心于万松庵老庙基重建伽蓝，经过七年艰辛，地藏殿、念佛堂和居士楼相继竣工，经当地政府批准更名为"万松禅寺"。后因市政府因开发征用山地，万松禅寺需异地重建。2011年4月10日（农历三月初八），万松禅寺选址凤凰山风景区，迎来了再建奠基誌禧。万松禅寺迁建工程，规划总面积占地60亩，总建筑面积8000平方米，一期建设项目包括山门、禅茶馆、素食馆、放生池、财神殿、土地庙、祖师白塔、停车场、山门等建筑和设施。现在，一座规模宏大，功能齐全的佛教寺院，已然矗立在风景秀美的凤凰山下。

5. **大藏寺**：位于天门镇龙云村，占地约18亩，建筑面积约2850平方米。寺内建有前后三座佛殿，东西两侧是寮房：前殿内供奉着弥勒佛韦驮菩萨、四大天王；中殿内供奉着三尊大佛、观音菩萨和地藏王菩萨；后殿内中间供奉着释迦牟尼卧佛像。前面供奉三尊无量寿佛，后面供奉弥勒佛左右供奉文殊、普贤菩萨。西面供奉西方三圣，东面供奉东方三圣，西侧建有念佛堂。大藏寺前身是一座土地庙，庙里供奉着一对木雕土地菩萨，高约两米，宽约1.5米，当地群众称为大土地庙。据县志及现存半截损残石碑记载，大土地庙始建于雍正十八年，民国二十六年重建。重建的大土地庙系徽派建筑，三进连体，前院内有皮鼓、铁钟。第一进佛殿内供奉着土地公和土地婆，殿内二十根木柱分四行矗立，上面是穿枋立架，下方是雕花石墩。殿外走廊四根圆柱镶嵌四尊木狮浮雕，木狮形态各异，栩栩如生。二、三进佛殿通为一体，正前方供奉三尊大佛，左右为十八罗汉。后面供奉药王菩萨，左右是厢房，供僧人住宿。1952年，此庙内菩萨捣毁，佛龛烧去，只剩下一座空庙作为村部办公场所使用。1953年，改为龙山乡政府办公驻地，后改做大庙队食堂，1961年至1968年重新作为学校使用。学校迁址后数年，此庙无人管理和修缮，成了危房。1974年，大土地庙被拆除,庙内所有碑志、铭文和古迹全部摧毁,有的抬去修桥垫路,有的运去建大队礼堂。2003 年,龙云村村民重建寺院,改为大藏寺。2012 年,九华山化城寺常敏住持接管后,又补建大批佛像和建筑。

6. 翠竹禅林:坐落于天门镇,始建于明末清初,距今三百多年历史。据传金乔觉前往九华山修行时,途经径此地见古树参天,翠竹幽幽,遂于此讲经说法,后人为了纪念此事在此修建了"翠竹寺"。寺内供奉有九华山大岸和尚肉身——大岸,1938 年 10 月 23 日出生,自幼出家,师从九华山上禅堂晓悟大和尚,1984 年九华山佛教协会礼聘为九华山慧居寺住持,1987 年起徒步朝圣参学各名山古寺,在回九华途经五峰山下发愿在此修建"翠竹禅林",2008 年 6 月 29 日圆寂,经当地政府批准免于火化,装缸立碑,历经三年零七个月开缸,颜容安详。翠竹禅林山门面朝东南,迎面一层房内立有木制的四大护法伽蓝,正殿坐落有"蟠龙大佛",东边配殿供奉有释大岸肉身和弥勒佛,西边配殿供奉有西方三圣佛像,山门后面正中是慈航普渡的观音殿。寺后石门、石墩、石柱、僧人古墓、石碑、遗址和遗迹至今尚存完好。

7. 西明禅寺:又名白石岩寺,观音禅寺。据传,元末明初,有母子俩在白石岩观音洞修行,后其子十八岁时在福建莆田广化寺受戒,法号"智明"。智明向山下曹村化缘一块地,历尽数十年建起大雄宝殿、天干殿,并栽两棵桂花树,现存一棵至今。禅师修行期间,每天早晚都要上观音洞向母亲请安,还开垦土地几十亩,供寺院开销,当时寺院香火很盛,有僧人数百人。后寺庙碑林、塔林夷为平地,史料付之一炬,被辟为林场。1994 年,江苏泗洪人夏延成,在江苏扬卅天宁寺受戒,法号"释通法",辗转至此,开始修复兴建西明寺。2000 年,本地僧人释心亮扩建此寺,先后建成大雄宝殿、地藏殿、观音殿、斋堂、寮房、龙王亭、祖师亭、祖师塔、上山公路等,形成如今的规模。

8. 五峰禅寺：原名五峰庵，坐落于天门镇五峰村五峰山，始建于明朝穆宗皇帝朱载厚（1540），占地一百多亩，山林一百多亩，建有大雄宝殿、观音殿、地藏殿、西峰菩萨殿（药王殿）、天王殿、斋堂、寮房几十间，后遭毁。2002年，九华山百岁宫释常愚来此，发心重建寺院，取名五峰禅寺，现建有观音殿、天王殿、斋堂、寮房、建筑面积约500平方。五峰禅寺东侧旁有六官墓碑，距今约478年，最早的已经模糊不清，现能看见的有明清时期数位禅师的墓碑。

9. 观音慈林：坐落于胥坝乡安平村，始建于明朝，迄今已有447年历史。古寺几经兴衰，碑刻全失，仅剩些许瓦片。新中国成立后，原旧址处建有安平小学，寺院迁移到安平五队，即观音慈林现在的位置。期间有本志、本缘两位师太不忍古刹湮没，新建两间茅蓬，发心弘扬佛法，收徒寂莲。后其徒常修师太重建四间瓦房为庙，于1995年在洪水灾害中皆毁。寂莲发愿重修道场弘，于1997年相继新建圆通宝殿、天王殿、僧众寮房和斋堂，大雄宝殿正在筹建中。

10. 圆通寺：于明朝嘉靖元年（1567）已存世，距今已有500余年历史。时庙址坐落在胥坝紫沙洲头，为很小的圆通庵。1931年，长江流域洪水泛滥，紫沙洲被淹，圆通庵被洪水淹没倒塌。次年，迁至新桥湖城岗东廊垅山坡上（今顺安镇东垅村），改名为东廊垅庙，时庙基占地500平方米，殿堂三进两堂四合院，供佛像130余尊，有三代法师主持，香火兴旺。新中国成立后，为了发展教育事业，当地政府暂借东廊垅庙部分房屋为办学所用，但不影响庙内佛事活动。1974年新建芜铜公路，占用庙堂部分房屋，学校迁出，剩下的庙屋很小，僧人所剩无几。2002年，经当地政府同意，在老庙地基上，拆除一间破庙，重新新庙，更名为圆通寺。赵菊花居士一直主持圆通寺至2012年。2013年至2018年间，九华山西来禅寺释常明法师暂住圆通寺，2017 年底新建天王殿一座、寮房三层两栋，斋房供奉弥勒菩萨、观世音菩萨、地藏王菩萨各一尊，其它佛塑像数十尊。

11. **龙王庙**：坐落于东联镇莲西村，据碑记记载，始建于明末清初，由当时德高望重的乡绅蒋永纲领头筹建，距今已有 370 年历史。其原建筑面积 300 余平方米，共其两进，分大雄宝殿、佛堂、寮房、厨房、餐厅、经房、库房等，佛像 40 余尊。后遭水灾人祸，碎砖瓦砾、杂草丛生。2000 年初，在原址重建龙王庙。2012 年初，释本红来此住持，重新修葺原庙。2015 年，经当地宗教及有关部门批准，购得庙前荷塘西埂边土地总面积 1200 平方米。2000 年前后重建庙宇，建筑面积 700 平方米，总占地面积 46669 平方米，大小佛像 98 尊，香火兴盛。

12. **梵天寺**：位于天门山上，唐朝天福二年（937）兴建而成，被人称为"红光大庙"。梵天寺后有一泉，常年流淌不息，故名梵天泉。乾隆《铜陵县志》载：梵天寺左有梵天泉，"由石峡涌出，势如匹练，溉田可百余顷……合开门泉达顺安，由荻港入江。"可见此泉水量很大，灌溉着天门山下的万亩良田，故又被当地人称为"天门泉"和"天福泉"。

13. **真如寺**：位于钟鸣镇，为中国佛教禅宗五宗之一曹洞宗祖庭，故得名。建于唐宋年间，后属徐守本徐氏产权，民国二十八年叶姓、肖姓道士往庙，此后直到 1954 年大水，寺庙漂没。

14. **工商殿**：位于东联镇黄浒河与三里河交汇处北岸，相传原叫功赏殿，因唐朝军队在此地大克黄巢军队，朝廷在此建屋搭台，大加封赏而得名。

15. **文昌庙**：位于东联镇毛桥村姚村宕黄头山（黄岗头），始建年代不详。相传明末清初，康熙率部亲征，至铜陵长江沿线与明军激战。清军损兵折将惨重，连多年跟随康熙征战坐骑宝马也中箭身亡，便将阵亡的将士和宝马一同安葬于此地。后来，康熙帝常怀追恩之情，特下圣旨在此建造庙宇，并赐封此庙名为文昌庙。原庙是砖木结构，四正楼房，楼上四方有楼板，能转圈行走，上下摆满了菩萨。1954年特大水灾，流潭圩溃破，水毁庙塌，大小菩萨失落。至2003年，地方香客、信士捐款，建成三间瓦房和一间灶屋。

16. 显公庙：位于东联镇毛桥村八份姚自然村旁东河边。据燕翼堂《姚氏宗谱》载：姚显公乃东溪燕翼堂姚氏始祖远公次子，于唐太和三年出生在毛桥村毛公滩老泵。姚显文才武略，一生战功显赫，官至太尉、招讨使。是年，黄巢兵犯潼关。朝廷命他统兵镇守该关，壮烈殉国。唐僖宗嘉其忠节，于唐乾符六年敕封他为英烈王，并于姚氏祠堂的东北东河边建造英烈王庙，供世人祀奉。该庙于1954年被洪水冲毁成废墟，2005年姚氏自动捐款重建庙宇。

17. 五昌庙：位于东联镇合兴村新屋基查自然村圩埂旁，坐北朝南向，现有庙旁两进，其内供奉五位菩萨和两位精兵。该庙始建于17世纪，具体年代不详，后历经战乱水患屡损屡建，1981年由查姓及远近村民自愿集资重建。

18. 黄公庙：位于东联镇复兴村黄兴圩营盘，传说百姓为了怀念县官黄老爷而建。该庙始建于清末年间，民国24年（1935）破圩此庙毁损，后又在原址复建筑成一座5间11柱大庙，并竖碑立传。1949年大水，黄兴圩溃破，水落后复堤时，将黄公庙拆掉，庙基大部分被复修江堤堤坡所占用，仅存部分庙基。时至2002年因中央财政拨款修筑江堤、铜陵国电工程相继实施，黄公庙堤段下新建复兴小区居民安置点。如今，人们在该处堤脚下不远处建一小庙，并有专人管理，以敬怀黄老爷的功绩。

19. 方氏宗祠：位于胥坝乡，1910年建成，属方氏家族所有，主要功能为存放方氏家族的家谱及先祖的牌位。

20. 江村祠堂：位于天门镇，属江姓居民。1753年江氏家族在东江村西边修建的祠堂，1806 年重修，70 年代老祠堂毁于动乱，2009 年重新修建。

21. 东门头：五松镇，因其位于古城东门修筑门楼，故得名东门头。自明代建堰命名，沿用至今。

22. 观湖广场：地处五松镇建设东路与观湖大道交叉处，占地面积 13900 平方米，绿化面积 8000 平方米，2000 年底动工兴建，2001 年底竣工，广场有五处景观：凤凰落地、牡丹壁画墙、观景台、真情石、音乐喷泉，是市民娱乐休闲场所之一。

23. 临湖广场：地处五松镇南湖路，南湖之滨。占地 31500 平方米，由曲径、花坛、回廊、水榭、健身场地、游船码头、中心广场等景点组成，布局天成，叹为观止。广场入口处，刻碑一座，碑文题为《临湖广场记》。

24. 江南文化园：地处五松镇，因其铜陵属于江南地带而命名。2004 年 6 月 28 日动工兴建，2005 年 9 月 28 日完工，建有安徽民俗村、天下生肖园等，是国家 AAAA 级风景名胜区天井湖风景区重要组成部分。

25. 新四军纪念馆：位于钟鸣镇，1940 年新四军驻在缪氏家祠，解放后宗祠被拆。2007 年地方政府在缪氏宗祠原址上修建新四军纪念馆，一直沿用至今。

26. 竹马灯陈列馆：位于钟鸣镇，因"竹马灯"在该地流传已有数百年的历史，村民于 2005 年集资兴建此馆，2008 年竹马灯列入安徽省级非物质文化遗产名录。

27. 黄墩文化活动中心：位于胥坝乡黄墩，为村民文化娱乐活动场所。其前身为黄氏公堂，始建于 1894 年，冠名崇德堂。1949 年起先后设为乡政府、学校、食堂、突发困难无住所人员临时栖息居住场所。2013 年黄氏族人捐资 30 万元重新修建，命名黄墩文化活动中心。

（二）渡水水利设施

1. 毛公滩桥：始建于清康熙年间，位于东联镇毛桥村毛公滩自然村以东约 100 米处的东河河面上，与钟鸣镇长龙村王村圩接壤。原桥是三孔条石结构，日军侵占毛桥时被炸毁，1955 年铜陵县人民政府拨专款修建此桥，1969 年洪水泛滥冲漂了木梁和木板，1970 年县政府再投资将桥改建成条石桥墩，钢混结构桥面，至今完好无损。

2. 石桥：位于天联镇毛桥村石桥头自然村西北官沟沟面上，此桥下游 150 米处有石桥属姊妹桥，均建于清代，具体年代无考。二桥原属长条麻石结构，桥宽 1.5 米、长 2.5 米、高 2 米，属小型平面桥。该二桥分别于 1993 年、2005 年两次桥面扩宽拆修，二桥原貌今已无存。

3. 福禄桥：位于钟鸣镇，建于乾隆年间，因附近有福禄山，且有吉祥之气之意，故得名福禄桥。

4. 许家桥：天门镇，因其坐落在许家塔，且用于交通道路，故得名。1932 年建成属于西垅村。

5. 董店桥：因坐落于董家店而得名，1958 年修建。

6. 铁湖大桥：位于顺安镇，因坐落在铁湖村境内而得名。1979 年 10 月竣工，2015 年经申报立项改建为水利桥梁双向通行。

7. 湖城桥：位于顺安镇，因途经此桥梁的路名称为湖城路而得名。始建于清乾隆九年（1744），原名"培德桥"。1970 年易位复建，同年 12 月竣工更今名。

8. 顺安河大桥：该桥位于钟顺路，横跨顺安河，1973 年始建，1974 年竣工。

9. 顺安河特大桥：位于西联镇，是顺安河上新建的跨度最长的桥梁，为避免与顺安河大桥重名，而命名为顺安河特大桥。2014 年 1 月始建，2015 年 9 月竣工。

10. 徐家桥：位于西联镇，明末清初，徐家长辈因谋生来铜陵定居，因徐家到孙湖有道沟，为方便行人徐家用石条搭桥，故名徐家桥。1978 年水利兴修时，将石桥重修为钢筋水泥结构。

11. **孟桥**：位于西联镇，宋朝末年，孙氏长辈为避战乱来铜陵定居谋生，为方便行人用石板搭桥，故得此名。2015 年 12 月重新修建为钢筋混凝土结构。

12. **三孔桥**：位于钟鸣镇，清代建成三拱桥，名为双全桥，1976 年梳修直河，重新建成三孔平桥，命名三孔桥。

13. **罗家店桥**：位于钟鸣镇，因坐落在罗家店自然村庄内而得名。明朝时期建立，一直沿用至今。

14. **下水桥**：位于天门镇蟠龙村，明朝青阳县一江姓大户为向朝廷进贡，修起道路建起此桥，因坐落在白浪湖下游而得名。

15. **黄浒大桥**：位于钟鸣镇，为义安区与芜湖市繁昌区的界桥，因横跨黄浒河而得名。明代嘉靖年间，跨黄浒河始建三孔石梁桥，河西为铜陵县民建，河东为繁昌县民建。1956 年，修建芜铜路时重新建公路桥，为现黄浒大桥新桥。

16. **城关港**：位于五松镇城西夹江右岸，港口对面即老洲乡，曾是重要军事口岸和商贸要地。

17. **城关江堤**：该江堤是保护原县城（今五松镇）防洪大堤，一旦长江水位达到一定水位，城内部分单位和居民须临时搬迁以避免江水漫淹，屡受劳民伤财之苦。1972 年始修建为弧形大堤，现城关大堤属二级堤防。

18. **顺安港**：港口因坐落于顺安镇而名，1998 年 11 月始建，2001 年竣工完成。

19. **东联圩**：在 1971—1983 年顺安河改道治理中，由五丰圩、东城圩、官庄圩下圩、新民圩联成一个大圩，因处顺安河以东故名东联圩。全圩东界黄浒河，南抵叶山，北临长江，西隔顺安河与西联圩相望。其堤线长 33.7 公里，保护面积 103.3 平方公里，耕地 7.3 万亩，有 4 个乡镇 7.4 万多人受益。

20. 西联圩：在 1971—1983 年顺安河改道治理中，原官庄圩上部分、风心闸诸圩堤和棠棣圩联成一个大圩，因处顺安以西故名西联圩。全圩东临顺安河，北滨长江，西北与万丰圩毗连。其圩堤线长 17 公里，保护面积 115 平方公里，耕地 10.3 万亩，有 4 乡镇的 4.7 万多人口受益。

21. 老洲圩：位于老洲乡境内，1975 年兴修水利时，由兴义、文兴、合作三圩合建而成，保护面积 12.6 平方公里，耕地面积 1.6 万亩，有 1.2 万人口受益。

22. 安平圩：位于胥坝乡，昔称章家洲，面临长江，东、南两面临小夹江，北与胥坝圩接壤。北宋时期于小湖洲建堤六千余丈，捍御江水。清道光年间（1821 年前后）将小湖洲、补还洲、合兴圩、杨林圩、重兴圩联并成安平圩。1974—1975 年冬，又将叶家洲圩、益公滩圩、小坍子圩联成大圩，保护面积 34.6 平方公里，耕地 2.2 万亩。

23. 胥坝圩：位于胥坝乡，三面临江，西南与安平圩接壤，于 1975 年冬至 1976 年春由紫（子）胥、文沙二圩联并而成。堤线长 33 公里，内外坡 125，堤高 16 米，顶宽 4 米。保护面积 22.1 平方公里，耕地 167 万亩。

24. 金牛渡：旧时万丰圩渡口，现已停用。相传，新桥叶山有一个金牛洞，洞内有一条金牛。"八仙"之一铁拐李将洞内的金牛牵出来，上了万丰渡口的渡船。下船时，船家向其索要过渡费，铁拐李指了指船头的牛粪说已付过。船家回到船上，将船头牛粪铲入江中，船板上还残留了一些，用刀一刮金光闪闪，原来那牛粪是金子。故事传开后，此渡口因名金牛渡。

25. 胥坝渡口：位于胥坝街西，有机动船摆渡，是胥坝乡通往西联镇的水上交通要道。20 世纪 80 年代，胥坝乡自筹资金修建，同年 10 月竣工，1995 年修建公路渡口。20 世纪 80 年代，胥坝乡自筹资金修建，同年 10 月竣工，1995 年修建公路渡口。

26. **汀洲渡口**：因渡口位于西联镇汀洲街江边而得名。1989 年建成轮渡。以前是机帆船渡江，现在是汽车等重要的交通工具，都能在轮渡上过江。该渡口是安平乡进出口的重要枢纽，日流量为 800 人次。

27. **安平渡口**：坐落在胥坝乡安平，为横渡河流的渡口。新中国成立前，由红庙、前江两个村轮流木船摆渡。1989 年 2 月乡政府新建轮渡码头房屋，成立安平轮渡管理站。

28. **老洲渡口**：坐落在老洲乡，主要功能为方便居民横渡河流。1986 年始建，1987 年 5 月 6 日正式启用通航。

参考书目

一、地方志类

1. 柯实卿主持始修，王崇续修：明嘉靖《池州府志》，明嘉靖二十一年（1542）始修，二十四年（1545）续修；

2. 李士元、沈梅等编修：明嘉靖《铜陵县志》，嘉靖四十二年（1563）；

3. 李青岩、史应贵等纂修：清乾隆《铜陵县志》，乾隆二十二年（1757），黄山书社 2007 年；

4. 铜陵县地方志编纂委员会编纂：《铜陵县志》，黄山书社 1993 年 8 月。

二、文史资料类

5. 安徽文史资料全书编委会编：《安徽文史资料全书·铜陵卷》，安徽人民出版社 2006 年 8 月第 1 版；

6. 铜陵市委宣传部、铜陵市社科联、铜陵市学习办编著：《青铜之韵——铜陵铜文化读本》，北京时代华文书局 2016 年 8 月第 1 版；

7. 义安区政协文化文史和学习委编：《铜陵文史资料》（共 18 辑，其中《铜陵文物选编》专辑 2010 年出版，《义安地名简录》专辑 2021 年出版）；

8. 铜陵市文物局编：《铜陵博物馆文物集粹》，黄山书社 2012 年版；

9. 铜陵市地方志办公室编：《铜陵地名》，2007年12月版；

10. 铜陵市民政局、铜陵市文学艺术界联合会，铜陵日报社，铜陵市民俗文化研究会编：《铜陵地名故事》，2020年11月版；

11. 《铜陵石洞耆民间故事》，2020年8月被认定为第二批义安区区级非遗拓展保护项目。

三、专著文章类

12. 张林、谢留文编：《安徽铜陵吴语记略》，中国社会科学出版社2010年第1版；

13. 方江著，章宪法校注：《＜家园记＞校注》（关于太平天国部分），合肥工业大学出版社2022年第1版；

14. 陈诗兴编：《铜陵地域文化拾遗》，远方出版社2018年1月第1版；

15. 许克锡编著：《铜陵中医药史话》，安徽科技出版社2016年2月第1版；

16. 常泽宇编：《皖南早期历史地理研究的回顾与思考》，《中国区域文化研究》2023年第1期；

17. 万绳楠编：《晋、宋时期安徽侨郡县考》，《安徽师范大学学报（哲学社会科学版）》1982年第2期；

18. 金家年编：《吴楚鹊岸之战主战场考》，《安徽史学》1994年第2期。

后 记

　　盛世修史，知前鉴而晓来路；盛世荟文，古之风惠今之韵。2023 年 12 月，中共义安区委、区人民政府决定编纂《义安历史文化丛书》（以下简称"丛书"），旨在赓续历史文脉，提炼文化精神，彰显区域魅力。义安区政协荣膺此任，区政协党组高度重视，遴选编委会成员，研究丛书内容、结构、体例，提出撰稿要求。参编人员辛勤工作，钩沉史料，斟酌推敲，精心打磨，倾力编撰出这套内容翔实、鲜活生动的高质量文化丛书。

　　丛书共 5 卷，坚持资政育人的政治性、以史为据的史实性、朴实生动的艺术性、服务文旅的社会性的原则，力争内容完备、资料准确、文史共存、史趣相生，力求学术性、知识性和可读性相统一。丛书采取文化散文体例，撷取精粹，探幽穷赜，全方位、多角度描绘铜陵历史与人文、人物与名胜、民俗与风貌，深入挖掘丰富内涵和时代价值。铜陵市义安区政协文化文史和学习委员会组织编撰并统稿，义安区政协主席徐常宁、副主席陈晓华最终审稿。第一卷《历史风韵》由朱斌峰负责编撰；第二卷《人文风物》由方盼亮负责编撰，耿宏志等撰稿；第三卷《名人风流》由陈七一负责编撰，武庆生、朱斌峰、董改正等撰稿；第四卷《名胜风貌》由汪琦负责编撰，李莉、周明文、程拥军撰稿；《红色风华》由詹敬鹏负责编撰，江积富、詹倩撰稿。

　　丛书在编撰过程中，得到万以学、陈昌生、吴礼明、

耿宏志、江积富、蒋乃冰等领导、专家审正并提供相关资料，同时得到了区委史志办、区民政局、区文化和旅游局、区退役军人事务局、区文物所和安徽联泰传媒公司及出版社等部门、单位的鼎力支持，在此表示衷心的感谢和诚挚的敬意！

文章千古事，得失寸心知。尽管编委会做出了很大努力，但由于时间和水平所限，丛书难免有遗漏或错讹，敬请广大读者鉴谅。

《义安历史文化丛书》编委会

二〇二四年十二月

名人风流 卷

义安历史文化丛书

中国文史出版社

铜陵义安
TONGLING YI'AN

图书在版编目（ＣＩＰ）数据

名人风流 / 政协铜陵市义安区委员会编 . -- 北京 ：
中国文史出版社，2024. 11. --（义安历史文化丛书）.
ISBN 978-7-5205-4941-7

Ⅰ．K820.854.4

中国国家版本馆 CIP 数据核字第 2024KW2751 号

责任编辑：程　凤

出版发行：中国文史出版社

社　　址：北京市海淀区西八里庄路 69 号　　邮编：100142

电　　话：010-81136606　81136602　81136603（发行部）

传　　真：010-81136655

印　　装：张家港市汇丰印刷有限公司

经　　销：全国新华书店

开　　本：787×1092　1/16

印　　张：87.25

字　　数：1093 千字

版　　次：2024 年 12 月北京第 1 版

印　　次：2024 年 12 月第 1 次印刷

定　　价：280.00 元（全 5 册）

总　序

习近平总书记指出，文化是一个国家、一个民族的灵魂，文化兴国运兴，文化强民族强，没有高度的文化自信，没有文化的繁荣兴盛，就没有中华民族的伟大复兴。作为中华优秀传统文化的重要组成部分，地域文化既是一方水土的历史根脉和人文记忆，又是一个区域的精神动力和文化资源。因而，传承和弘扬义安地域文化，对于厚植文化自信、增强发展动力、促进现代化美好义安建设具有特殊意义。

铜邑胜境，千年义安。义安区居皖江之南，承历史之脉，夏、商、周时属扬州，晋义熙九年（413）侨置定陵，唐文德元年（888）置县义安，南唐保大九年（951）易义安为铜陵，2015年撤县设区更名义安区。回眸既往，人文荟萃、物产丰饶的义安，彰显着义安人勤劳智慧的创造、生生不息的活力；名人辈出、红色峥嵘的义安，蕴含着烛照世代的家国情怀、自强不息的进取精神；文明接续、山水形胜的义安，涵养着义安人创造美好的底气、迈向未来的大气——这就是义安精之所在、气之所蕴、神之所附。

历史不仅关乎过去，更关乎未来。在建设中国特色社会主义新时代新征程的今天，我们更需要加强地方文化建设，只有弘扬人义精华、弘扬优良传统、弘扬时代精神，我们的各项事业才会兴旺发达。《义安历史文化丛书》就是铜陵市义安区深入贯彻落实习近平文化思想的最新出版成果，是讲述义安历史、展现义安风貌、描绘义安万象的地域文化工程。丛书分"历史风韵""人文风物""名人风流""名胜风貌""红色风华"五卷，以史为据，依史寻源，集中系统地介绍了义安区历史沿革、名人志士、河流山川、民风民俗和红色史迹，起到了承接历史脉络、反映时代风貌、突显区域特征的效果，为我们再现了义安区的斑斓史册。

《历史风韵》卷，以建置沿革、舆地迁移和人口迁徙，溯源历史流脉；选取重要的文物古址和影响较大的历史事件，回眸历史云烟；以青铜、吴楚、徽州、皖江为特征，展现文化风貌；从农林渔牧、工矿商贸、交通邮政、文化艺术、教育体育、医疗卫生，反映社会变迁；以古镇今昔、乡邑变迁、地名故事，记一镇一乡之概貌、一村一地之源流。

《人文风物》卷，录传统制作技艺，留存非物质文化遗产；展地产特色风物，品尝舌尖上美食"乡愁"；述春节、元宵、中秋等岁时节令习俗，婚嫁、生育、居住等社会生活礼俗，商铺、船民行业习俗，及竹马灯、十字歌等民间歌舞游艺，绘就民风民俗画卷；并以美丽传说讲述义安前世今生故事，从而较为全景式、立体式地呈现出义安的人文风情。

《名人风流》卷，在历史人物中着重择选出李白、王安石、苏轼、黄庭坚、王守仁、汤显祖等客籍名流，和盛度、陈翥、胡舜元等义安翘楚，以较为翔实的手笔介绍其思想、人品、作为和与义安之缘；以名人故事和人物小传，简写人物政声业绩、传奇事迹，为历史名人树碑立传，礼敬先辈贤达，赓续一地文脉。

《名胜风貌》卷，以永泉小镇、犁桥水镇、天井湖、凤凰山、梧桐花谷、百合庄园、江南铜谷风景道等景区，览名山秀水之胜；以诗人李白钟爱地的五松山、唐代真人修道处的叶山、荆公讲学留迹处的大明寺等名胜古迹，抒寻古探幽之情；以钟鸣镇龙潭肖村、东联镇赵祠戏楼村、天门镇江村，觅传统村落古韵；以西联镇犁桥村、胥坝乡群心村、天门镇金塔村，展和美乡村风光；同时邂逅古树名木，歌

咏古代诗文，将义安区境内的山川河流、人文古建的美景美色，以及与之相关的传奇典故收录记载，铺卷义安之地的诗意山河。

《红色风华》卷，第一辑"红色春秋"以历史为经，记录了大革命时期五四运动对义安的影响、土地革命时期铜陵县第一个中共特别党支部的星火、抗日战争时期新四军战斗的硝烟、解放战争时期渡江战役的波澜等；第二辑"红色故事"，描绘了烽火岁月的一场场战斗，在血与火中奏响一曲曲可歌可泣的战歌；第三辑"红色先锋"以人物为纬，书写了铜陵县境内第一个共产党支部创立人凌霄、皖南抗日游击根据地的创建人李步新、皖南革命斗争的领导人杨明等革命志士，豪气纵横的农民赤卫队长何骏启、江南铜陵第一位游击大队长章啸衡、渡江战役女英雄马毛姐等英雄人物，以及赤诚爱国的民主人士陈可亭、陈春圃，再现义安革命者一场场对敌斗争场面，展现一个个可歌可泣的英雄事迹，留下红色足迹，传递精神力量。

铭记历史，鉴往知来。这套丛书力求最大程度展现出义安区的文化风貌和魅力，是展示义安的文化窗口。相信这套丛书能够更好地以文化人，以文育人，传承文化基因，坚定文化自信，给奔跑的义安以智慧和力量，奋力谱写中国式现代化义安新篇章。

铜陵市义安区政协党组书记、主席
二级巡视员

目录

第三辑　名人故事

第四辑　人物小传

附录

第一辑

客籍名流

李 白：诗仙高歌颂炉火

"我爱铜官乐，千年未拟还。
要须回舞袖，拂尽五松山"。

这是李白留下的《铜官山醉后绝句》。青铜铿锵，梦回唐朝，历史云烟深处的谪仙人正在铜都大地上歌咏。中华书局1981年版《李太白全集》中收录了包括《南陵别儿童入京》《与南陵常赞府游五松山》等13首涉及南陵的诗歌，其中大多是写铜陵的景物，这些诗就是诗仙的绝唱。

李白究竟游历过铜陵多少次？一些专家考据后给出了说法不一的数字。据说，李白游历安徽大约五次：第一次是天宝元年（742）前后寓居南陵（今芜湖市南陵县），然后由此奉诏入京；第二次是时隔六年由金陵（今南京）来安徽，游历了皖东当涂、历阳和县、皖西潜山、庐江郡等地；第三次是天宝十二年由梁园（开封）来宣城，游历了皖南宣城、当涂、泾县、南陵、贵池、青阳，时长四年；第四次是至德二年（757）避乱卧病皖西的宿松、太湖，时间较短；第五次是上元二年（761）赦归，游历了宣城、泾县，最后定居当涂。（参见常秀峰《李白在安徽》，安徽人民出版社1980年版）而池州则流传着李白"三上九华，五到秋浦"的说法。想来，这位"五岳寻仙不辞远，一生好入名山游"的诗人至少到过铜陵三次吧。

天宝元年，李白首次来到铜陵，当时铜陵正是铜矿产地和冶炼之所。他"采铅青溪滨"（李白《古风五十九首·其四》），"提携采铅客"（李白《宿鰕湖》），目睹过铜井炎炉边工人劳作的场面。此次前来，他拜访了这一带的官员。从李白在安徽所交往的人来看，几乎各州县的官员都有，还与庐州太守吴王李祗、当涂县令李阳冰们攀上了本家，称他们为从叔、族叔。据说李白曾安家于南陵（当时铜陵尚未建县，地属南陵）县境内的寨山北麓，且生有儿女。此年，李白虽然未能出仕，却诗名日盛。唐玄宗发现了李太白，于是召他去长安，诏令连下了三次。这年秋天，已四十有二的李白接到诏令狂喜，以为从此可以遂平生之志。他回到南陵寨山家中，与寓居此地的儿女告别。他神采飞扬之举动，让儿子伯禽和女儿平阳感到惊奇。他一面痛饮，一面高歌，大醉之后挥笔写下了著名的诗篇《南陵别儿童入京》，描摹了童仆宰杀黄鸡端来新酿成的白酒、儿女嬉笑拉扯他的衣裳撒娇等场景，最后一句"仰天大笑出门去，我辈岂是蓬蒿人"更是豪气纵横，抒发了奔赴京城的踌躇满志。

入京后，李白一时名动长安，本就狂放的他越发得意骄纵。很快，唐玄宗赐金还山，李白只好离开京城。"一朝去京国，十载客梁园。"（李白《梁园吟》）从46岁到55岁，李白在各地漫游，中间有五年在江南漫游。他又一次来铜陵游五松山是天宝十二年（753），是应宣州长史李昭或南陵县丞常建之邀而来的，此后的四五年间一直在宣城、铜陵、秋浦（今池州）等地游历。李白和常建畅游铜官山、五松山，诗酒唱和，留下了不少诗作。

天宝十四年（755），安禄山在范阳（北京附近）起兵，20万大军直指长安，一路势如破竹，史称"安史之乱"。李白应邀入了永王幕府，然而两个月后，唐肃宗发兵围剿永王，永王逃向大庾岭被擒。李白被抓入浔阳狱，后流放夜郎（今贵州桐梓）。唐肃宗乾元元年春天，58岁的李白拖着病躯踏上流放之路，从浔阳走到奉节时，忽然接到大赦天下的喜讯，随后返程江陵，后滞留金陵。

上元二年（761），李白全宣城投靠当涂县令李阳冰，依人为生，生活窘迫，又开始游走于铜陵山山水水间。

"我爱铜官乐，千年未拟还"。李白为什么偏爱铜陵这块弹丸小地，在此流连忘返，留诗13首，并为五松山命名呢？顺治《铜陵县志》中《重修铜陵县志跋》即有此发问："十蛟向读《李青莲集》，于铜陵五松山流连不置，心窃疑之。供奉足迹几遍天下，间有题咏佳篇，不过一二，何五松岑峦之末，足烦旷代才人，叠标厥胜如是耶？"想来，诗人至少有"三爱"：一爱铜官炉火，因而写下"炉火照天地，红星乱紫烟。赧郎明月夜，歌曲动寒川"的《秋浦歌》，生动形象地刻画了一幅壮阔的秋夜冶炼图，是中国文学史上广有影响描写工人劳作的佳篇；二爱五松山色，曾在《于五松山赠南陵常赞府》描写五松山风景："五松何清幽，胜境美沃洲。萧飒鸣洞壑，终年风雨秋。响入百泉去，听如三峡流"；三爱这里热情待客、善良纯朴的人们。那年秋天，他又来到铜陵五松山故地重游。山还在，人已非。贫病交加之际，五松山下厚道的农家老妇荀媪收留了李白，给他煮了"雕胡饭"。雕胡米是一种水边野生草本植物，据《本草纲目》记载，"雕胡，野生植物，米可食，岁饥时，采以为粮"。李时珍说："江南人呼菰为茭，以其根交结也"。于是在感动之时，他曾写下《宿五松山下荀媪家》："我宿五松下，寂寥无所欢。田家秋作苦，邻女夜舂寒。跪进雕胡饭，月光明素盘。令人惭漂母，三谢不能餐。"诗中呈现出充满温情的场景：朴实善良的农家老妇跪着身子给客人端饭，皎洁的月光照耀着不经任何雕饰的盘子，显得更加的洁净……心安处即吾乡，铜陵也许是李白的精神栖息地。

如今，大唐已远，五松山则因李白的命名而流传下来。据《舆地纪胜》记载："山（五松山）旧有松，一本五枝，苍鳞老干，翠色参天。适李白来游，'征古绝遗老，因名五松山'。"李白曾游于此山，流连忘返，并在五松山上筑室读书，寓居游憩，是为五松书堂。自此，漫长的千年时光中，众多文人先后到此留下诗句，歌咏五松，追慕李白。宋代大诗人苏轼、黄庭坚追寻诗仙足迹，游历五松，也在山上建亭游憩酬唱，是为苏黄吟诗亭。名宦李纲、诗人王十朋、林桷以及元、明、清历代墨客名流，也纷纷慕名而来，拜谒太白祠堂，赋诗抒怀纪胜。后五松书堂屡毁屡建，宋代改建，易名李太白祠堂；明代重修，改称太白书堂。如今的天井湖公园怡沁园内的太白书院里，仿佛仍回荡着宋代李纲的吟哦声（《游五松山观李太白祠堂》）："大江东南流，鼓枻江水上。薄游五松山，获见谪仙像……"

王安石：荆公书堂传文风

荆公书堂，初名逢原堂。荆公，王安石是也。

宋仁宗庆历前，王安石功名尚微。其父王益时任江宁通判，王安石随父行迁金陵。王益有三个女儿，最小的一位嫁给当时贵池主簿沈君之子沈季长。这位贵池县主簿，才德兼备，县令不能而县却大治，皆赖这位沈主簿。非但如此，他还代行治理铜陵县，体恤生民，能秉公辨曲直，"其去也，两县人追送涕泣，远焉而后去"。（王安石《贵池主簿沈君墓表》）宋仁宗宝元二年（1039），王安石从沈季长，也就是他的妹婿从贵池来到铜陵探幽览胜，二人为铜陵的山水萦萃、百花争妍、鸟鸣空山、鱼翔大江的风光而沉醉。当他们来到义安之东、沸水之阳访问铜陵大宗胡省一府时，但见叶山嵯峨，秀峙东南，峰峦在望，远色云边，更是流连忘返。

沸水胡氏，乃铜陵望族，世代以资财丰厚闻名乡里。只是胡氏纨绔多以漫游好闲、钓鱼打猎为乐，或有勤谨者，也只是买田囤地以养其家。此前，乡里富裕人家中曾有督促子弟走求学科举之路的，耗费千金的资财却没有成就。于是，乡里不复功名之求，遇到读书人就远远避开，生怕沾染上什么似的。胡氏家族也是这样，唯胡省一独具远识。胡省一有子舜元，字叔才，舜元小的时候，胡省一就拿出重金，聘请好的老师教他。既长，遍览古籍，又出资让他外出求学。及乡试，舜元不合而落第，受到里人或公开非议，或暗中嘲笑。

正值胡氏父子苦恼之时，适逢王安石、沈季长二人来访。胡省一得知沈季长乃主簿沈君之子，盛赞其父能文学、能政事。又悉王安石乃沈季长郎舅，见其谈吐卷舒，举止风雅，心里便有了想法，便唤其子舜元与之相见。王安石与胡舜元二人一见如故，说诗论文，相谈甚欢。胡省一见状，心生欢喜，设宴款待，邀乡绅文吏作陪。席间，他向王安石道出其子欲从其讲学的想法。王安石见胡省一虽以赀名，却不似暴发新贵倨傲，且有儒雅之质、敦请之诚，更兼子弟谦恭尚学，便欣然应允了。于是，胡省一择晃灵山北麓大明寺侧辟书堂，王安石名之曰逢原堂，取"资之深，则取之左右逢其原"之意。从王安石讲学者，舜元以外，还有胡氏族人胡一源等。一时间游学者于此鳞集，逢原堂内，高谈阔论，纵横捭阖；松篁林间，长啸低吟，指点勉旃。

当年，王安石在逢原堂附近的大明寺、灵窦泉留下了诗文：1991年由北京大学出版社出版，北京大学古文献研究所编，傅璇琮等主编的《全宋诗》卷五七七，收录了王安石的一首五律《和叔才岸傍古庙》，全文是："树老垂缨乱，祠荒向水开。偶人经雨踣，古屋为风摧。野鸟凄尘座，渔郎奠竹杯。欲传山鬼曲，奈何楚词哀。"诗后注明录自元初学者方回编的《瀛奎律髓》卷二八。诗题中的"叔才"即胡舜元，"古庙"未言孰指，或写的就是当时的大明寺。逢原堂南，有连片峭壁，终年湿润，下有二窦形如蟹眼，久旱不竭，清清汩汩。王安石讲学之余，常于此驻足凝思，曾作《题灵窦泉》七绝："山腰石有千年润，海眼泉无一日干。天下苍生望霖雨，谁知龙向此中蟠"。其情怀抱负，于此可窥一斑。清康熙帝曾楷书此诗，书轴现存故宫博物院。

仁宗庆历二年（1042），王安石进士及第，遂蟠龙之怀。王安石入仕后不忘旧谊，与胡舜元多有文字往来。王安石初登进士，授淮南节度判官，任满调为鄞县知县，到任才三个月，"故人胡舜元凶服立于门，揖入问吊故，则丧其父五月"。父才丧而远游，王安石甚觉胡舜元远来不妥，但未深究，只嘱其弟王安国留馆接待，自己则忙于他事。这并非王安石凉薄，初来鄞县，长女出世，海塘在建，他是非常忙碌的。后胡舜元终于鼓起勇气，对王安国说出求墓志之请。王安石因"而吾与之又旧"的情分，本着"君子固成人之孝"的善意，写下了《胡君墓志铭》，盛赞胡父"独招里先生教之为士"的远见。至和元年(1054)，王安石任舒州通判时，屡试不第、无颜归家的胡舜元来访。王安石作《送胡叔才序》，明荣辱之意，晓贤愚之别，戒躁慢之心，语重心长地勉励尚未被取仕的舜元，当以道德文章为本，不以禄位不及而悲。自此，胡舜元安静下来，一心向学。

遗憾的是，两位知心故友，因对熙宁变法持不同政见而分道扬镳。王安石实行新法，胡舜元举进士、迁著作郎后，官虽不大，却竭力反对王安石变法，上书斥其不可者八，辩其说之谬者五，诋王安石"怀利事君、贪利害民"。（《江南通志》卷四十九）因与王安石生隙，胡舜元乞致仕，还乡，屏事绝交，艺粟于林亩，诺蔬于一园。这般结局，多少有点令人遗憾。不过，换个角度考量，这些从逢原堂走出来的知识分子，既有经世济国之情怀，又不乏人格独立之精神，王、胡二位由交好始，终于交恶，正展现出"道不同不相为谋"的君子之风。

元丰元年正月，王安石受封舒国公，九月改封荆国公，世人称王荆公。胡氏后人假王安石之名，遂改逢原堂为荆公书堂。

晃灵山依旧蔚然深秀，大明寺依旧晨钟暮鼓，荆公书堂仅存旧址。书堂旧物，唯石刻门楣一款、柱础若干。门楣一断为二，上锓"钟灵毓秀"四字依稀可辨，传为荆公所书。

苏轼：陈公园里慕东坡

　　在天井湖北岸，有一组雕像：一人头戴"子瞻帽"，峨冠博带，屈膝侧坐，回望立者，执扇而谈；另一人立于其侧，微微颔首，似在聆听——这两人就是苏轼和"苏门四学士"之一的黄庭坚。

　　苏轼，号东坡居士，出生于四川眉山书香之家。他的眼睛与颧颊长得很有特点——书画大家米芾说他"方瞳正碧貌如圭"，"圭"即古代王侯举行典礼时手执的一种上圆下方的玉器——这位相貌古奇之人在北宋年间向铜陵走来了。此前熙宁年间，王安石秉政推行新法，苏轼任殿中丞直馆判官告院，连续两次上书反对新法。王安石颇为生气，在神宗面前陈说苏轼的过失，于是苏轼就从京城外放而出，分别于凤翔、杭州、密州、徐州等地出任通判或知州。几番风云之后，王安石岁归暮年，宋神宗亲自上阵继续推行新法。刚逾不惑的苏轼由徐州改派"苏湖熟，天下足"的太湖之滨，任湖州知州。

北宋元丰二年（1079），时为春日，听闻苏轼由徐州转湖州，隐居在太平州（今安徽当涂）的好友郭祥正便邀请他改道至皖。郭祥正年长苏轼两岁，居于李白所葬之地当涂，为人狂放，自诩李白转世。苏轼与他友善，常调侃他。陆游《入蜀记》载有一趣闻：《李太白集》有《姑熟十咏》，东坡过当涂读之，抚手大笑说："这是伪作，怎么会是李太白所写呢？"郭祥正争辩说，这就是李白所写。东坡笑说："恐怕是你这位太白后身所作吧！"——此次，两友相会后，先瞻仰当涂采石矶太白遗迹，后溯江而上，游览铜陵胜迹，宿食于当地逸士陈陟位于县治旁的陈公园里。

陈公园是当地乡绅所建的私家园林，据《五松陈氏宗谱》载："陈公园乃邑庠、太学生陈陟公初建。园于县东祖宅左，尝作花园亭台，左右凿土为池，刻石为山，面对铜官山，岩洞景致不能悉载。" 陈氏是铜陵望族，此园建者陈陟的从侄陈翥就是中国著名的林学专家，所撰《桐谱》是世界上最早记述桐树的科学技术著作。此时的苏轼已历裘马轻狂的少年、顿踣官场的青年，正是诗酒人生时。他在铜陵受到了陈公园主陈陟的热情款待，寻幽访胜，欢娱酬唱，写下了《题陈公园》三首，后收入《永乐大典》第1560卷：

南北山光照绿波，濯缨洗耳不须多；天空月满宜登眺，看取青铜两处磨。

春池水暖鱼自乐，翠岭竹静鸟知还。莫言垒石小风景，卷帘看尽铜官山。

落帆重到古铜官，长是江风阻往还。要使谪仙回舞袖，千年翠拂五松山。

此时，苏轼既观铜官山色长江帆影，又追慕诗仙李白五松遗风，心情是轻松快乐的。其中第二首诗，就是他笔下流淌的一首轻松明快的歌。春天来了，池水变暖，鱼儿在快活地游乐嬉戏；山岭变得翠绿，竹林幽静，去年秋天飞往南方的鸟儿也知道时节飞回来了。不要说这里只是石头垒成的小风景，卷起帘子，看看铜官山多么美丽。这首诗前两句一句一景，表现了万物在春色中恬静闲适的游返之乐；后两句仿佛是两个人的对话，由近及远，由小变大写出了铜官山风景的精妙，还有着柳景花明的意境。

苏轼咏下《题陈公园》后，与郭祥正依依相别，赴湖州上任去了。

时隔数载，苏轼第二次来到铜陵，时年49岁的他似乎就要从"乌台诗案"的困厄中走出来了。元丰七年（1084）正月，神宗忽然觉得苏轼人才实难，不忍终弃，便亲书御旨诏令将苏轼改授汝州团练副使，于是谪居黄州的苏轼有了临汝之行。此行始于四月，途中应地方官员及友人之约一路畅游，足迹所至庐山、石钟山等地。当他和家人沿江下行至池州时，已是七月上旬。池州太守王琦盛情接待了这位同年进士，与他同游萧丞相楼，苏轼录其弟苏辙所作赠予王琦。此间，"苏门四学士"之一黄庭坚正由南昌赴太平州，两人在铜陵陈公园相会了。苏轼心情舒畅，与黄庭坚觞咏竟日，联咏出《陈公学堂诗》。今日天井湖北岸那组雕像，说的就是这次故事。

苏轼第三次来到铜陵是在绍圣元年（1094）六月下旬至七月上旬之间。这一年，宋哲宗亲政，新党得势，又翻起苏轼的历史老账，四月以"坐前掌制命语涉讥讪"之罪谪贬英州军州事，六月至当涂时改责授建昌军司马，惠州安置，不得签书公事，七月经池州至湖口时再贬惠州。在此途中，苏轼舟行至当涂遇风不能前行，便在慈湖等待。其间，他听说老友郭祥正致仕在家，又闻得黄庭坚因职务变迁而至，于是三人相伴再返铜陵寻幽访胜，仍入住陈公园。他的好友，刚刚提拔为江淮荆浙发运副使的蒋之奇在池州，也赶到铜陵接他至池州。

"此地一为别，孤蓬万里征。"苏轼从皖江抵达惠州五年后，又谪儋州（今海南）。元符三年（1100）哲宗去世，宋徽宗即位，发大赦令。他内迁廉州，于徽宗建中靖国（1101）八月，在北还途中病死于常州。

《嘉靖铜陵县志》载：苏轼于元丰年间(1078—1085)自黄州（今湖北黄冈）抵常州，路过铜陵，与黄山谷（黄庭坚）会游于铜陵县陈公园，觞咏竟日，现存《题陈公园》三首、《题铜陵陈公园双池诗》等。

而今立天井湖畔，观松樾之下，苏轼、黄庭坚把酒言欢，追慕之情如风盈怀。

黄庭坚：阻风铜陵留履迹

那年那月，铜官野老、五松村夫会看见一个年纪轻轻就生出白发的文弱书生走来——他就是黄庭坚。这位诗人屡次路过铜陵，不仅留下了数首诗歌，还留下了一支后裔。

黄庭坚，宋仁宗庆历五年（1045）出生于洪州分宁（今江西修水）县双井村官宦人家。他少为神童，虽然宋人笔记和民间传说夸大了他的早慧，但在博学的舅舅李常的启蒙下，诗书功课确实了得。熙宁元年1068夏，

23 岁的他已进士及第走上仕途，但冷官一做六七年，却将热情付与艺术，声名开始鹊起。

元丰三年（1080），黄庭坚第一次来到铜陵。当时，苏轼因乌台诗案贬往黄州，风雪中跟跄过千里。而 35 岁的黄庭坚正由河南叶县调往吉州太和县（今江西省吉安市泰和县）做县令，上任的途中过扬州、当涂、铜陵，一路游来。《黄庭坚年表》（张传旭著）载：这年九月，黄庭坚在高邮拜访了秦观，写了《龙井》《雪斋》两篇文章，十月途经舒州怀宁（今安庆市怀宁县）——黄庭坚正是此时从怀宁走向铜陵的。时值十月深秋，黄庭坚乘船而行，船行至铜陵江段时，忽狂风大作，暴雨倾盆，无法行舟，只得令船工泊岸避险。困在舟中，黄庭坚目睹眼前风雨波涛，想起世事与人生之旅，遂写成《阻风铜陵》一首：

> 顿舟古铜官，昼夜风雨黑。
> 洪波崩奔去，天地无限隔。
> 船人谨维筏，何暇思挂席。
> 凭江裂嵌空，中有暗水滴。
> 洞视不敢前，潭潭蛟龙宅。
> 网师登长鳣，贾我腥釜鬲。
> 斑斑被文章，突兀喙三尺。
> 言语竟不通，唅唲亦何益。
> 魁梧类长者，卒以筌饵得。
> 浮沉江湖中，波友永相失。
> 有生甚苦相，细大更啖食。
> 安得无垢称，对榻忘语默。

他还写下了《阻水泊舟竹山下》》一诗。据乾隆《铜陵县志》载：竹山又叫竹墩山，在大通镇澜溪之西，即今青通河大桥上游白浪湖边的竹墩山。

数日后，风雨停歇，黄庭坚离开铜陵。离别铜陵后，黄庭坚虽在太和当着县官，却寄情于山水草木，寻求笔墨的自由奔放。

元丰七年（1084）七月，不惑之年的黄庭坚第二次来铜陵。这年，他由南昌到太平州，乘船顺流而下。当船再一次行到铜陵江段时，猛然想起四年前阻风铜陵时的一幕，又见天公作美，便决定在铜陵再逗留几日。恰此时，因"乌台诗案"被贬往黄州的苏轼，再贬往汝州，顺江而下，路过铜陵。就这样苏、黄在铜陵相遇了。黄庭坚比苏轼小9岁，两人神交已久。黄庭坚母舅李常是苏东坡至交，岳父孙觉也是苏轼好友。熙宁年间前，一个偶然的机会，苏轼出差公干，遇到了湖州太守孙觉。孙觉拿出女婿的诗稿，请名士苏轼指点。苏轼读到黄庭坚的文字，耸然惊异，对孙觉说："此人如精金美玉，不即人而人即之，将逃名而不可得。何以我称扬为！然观其文以求其为人，必轻外物而自重者，今之君子，莫能用也。"（苏轼《答黄鲁直书》）此后，"黄庭坚"三个字渐渐南北传开。苏、黄在京交游日厚，黄庭坚、秦少由、张耒、晁补之，时称"苏门四学士"。元丰年间，东坡贬黄州时，黄庭坚写长信去拜谒，并附古风二首。东坡回长信，言词恳切而谦逊，不以师长自居。

此次，他乡遇知交，黄庭坚喜不自禁，与苏东坡彻夜长谈，并一同游览铜陵县城东的陈公园。面对湖光山色，苏、黄两人不禁诗兴勃发，觞咏竟日，联咏《陈公学堂诗》：

苏东坡云：狮子青映碧云天，侧有天民嗽醴泉。

丹凤七襄频赐诏，黄冠千古独招仙。

闲来清啸无愁月，醉里沉酣不计年。

我为羊裘忘世态，羊裘偏应客星元。

黄山谷云：千里相知隐逸园，羡君名重翰林仙。

自惭谬点朱衣列，独惜真儒绿野贤。

默契诗书新日月，趣遗桃李旧山川。

须知樽酒无情曲，恨极难逢十年前。

……

两年后，宋哲宗继位，黄庭坚至汴京，先为校书郎，参与校订《资治通鉴》，后为著作佐郎，开始了八年的馆阁生涯，参与修撰《神宗实录》，而这本书成了他一生中绕不开的"坎"——他就因参加编写《神宗实录》，被诬告为"幸灾谤国"，数次被贬。

黄庭坚第三次来铜陵，约在 18 年后的崇宁元年（1102）。这一年政坛风云又变，黄庭坚复起于贬谪地，知舒州，舟行荆楚大地，饱览山水风光。是年初夏，黄庭坚、黄友颜、黄相三人长途跋涉至铜陵，再游陈公园。据《五松黄氏宗谱》记载："公（黄庭坚）有《双墨竹》诗留于太白书堂，后堂圮诗失。公于园眺览平湖绿野，铜官耸翠，心诚乐之。既归，复偕兄友颜，携子相游于园，寓陈公园诵读有年，常钓天井湖。" 此次，黄庭坚走了，却将后人留了下来。据《五松黄氏宗谱》载："（次子相）见当时谗人高张，仕途多舛，遂去桑梓，而隐于铜之陈公园隅，啸傲山水，置有产业，仅供衣食。"黄庭坚之子黄相举家从江西修水迁往铜陵后，落户城东枫树墩，其地毗邻天井湖，距离陈公园也不远，自此黄氏一脉在铜陵绵延。据宗谱载，从黄相迁铜至今已近千年，黄氏后裔在铜陵也繁衍了 32 代，3000 多户，人口过万。

黄庭坚与铜陵渊源颇深，曾题诗向友人说起铜陵："五松山下古铜官,邑居褊小水府宽。民安薄鱼少嚚(yín:愚蠢而顽固;奸诈——编者注)讼,簿领未减一丘盘。胸中峥嵘书万卷,簸弄日月江湖间。稠人广众自神主,按剑之眼白相看……"(《送刘道纯》)而南宋诗人王十朋曾题诗《铜陵阻风》,其中"双竹句思黄"句说的就是黄庭坚曾于铜陵留题双墨诗竹之轶事。王十朋是这样写的:

两年官绝塞,万里下瞿塘

秋浦浪方急,铜陵风又狂

五松人忆白,双竹句思黄

今夜舟中月,中秋何处光

梅尧臣:悲情愤咏铜官山

铜陵铜采冶历史始于夏商,兴于秦汉,盛于唐宋,绵延4000多年未曾中断,其独特的文化底蕴和丰富的名胜古迹引得文人雅士纷至沓来、诵咏传唱。北宋诗人梅尧臣的《铜坑》,清《乾隆县志》名之为《铜官山》,就形象地描绘了古铜都先民采掘铜矿的情景,是中国文学史上不可多得的歌咏采矿工人之作。

梅尧臣(1002—1060),字圣俞,北宋宣州宣城(今安徽宣城市宣州区)人,世称宛陵先生,北宋诗人、官员。在北宋仁宗朝,他广为人知,与之交集酬唱者就有闪耀于星河之人,如欧阳修、苏轼、王安石、司马光、范仲淹、苏舜钦等。梅尧臣与欧阳修相知一生,人前或人后,对面或信中,生前或死后,欧阳修对梅尧臣从不吝誉词。欧阳修曾说:"圣俞翘楚才,乃是东南秀……城中争拥鼻,欲学不能就"(欧阳修《七交七首·梅主簿》),盛赞梅尧臣之才。梅尧臣诗出韩愈、孟郊，对后出诗人如苏轼、曾巩、黄庭坚等，亦有较大影响。陆游有诗赞曰："李杜不复作，梅公真壮哉。"（陆游《读宛陵先生诗》）史上，梅尧臣与苏舜钦齐名，时号"苏梅"，又与欧阳修并称"欧梅"。

那么，梅尧臣何时来铜陵的呢？

皇祐五年（1053），梅尧臣在杭州永济仓做监官，主管粮仓事务。是年，其母于汴京去世，梅尧臣便解官，扶母亲灵柩回宣城守制。当梅尧臣行经铜官山时，山谷里传来连绵不绝的金石相击的声响，混合着矿工苍凉的号子，既悲凉且雄壮。诗人尚在丧母之痛中，悲情难以按捺，但此时的所闻所见，却深深震撼其心，于是，悲情愤咏《铜官山》一诗：

碧矿不出土，青山凿不休。

青山凿不休，坐令鬼神愁。

《铜官山》这首绝句一共20个字，却有5个字是重复的，三四两句反复吟咏"青山凿不休"，读来毫无累赘之感，相反那种坚持不懈、持之以恒的采铜情景更加突显。"青山凿不休"是"碧矿不出土"结果之原因，也是"坐令鬼神愁"缘由之结果，它像一束纽带紧紧联结着首尾，让全诗浑然一体。

"青山凿不休"的选用，既有乐府民歌的韵味，又有劳动号子的咏叹，一声声、一声声地传递出悲壮雄浑的声响，并以声音为媒介，令人自动生成采铜工人的群像：那是一群披头散发、面容古铜色的采铜人，他们只是遮蔽男体，几乎裸露着泛着青铜光泽的身躯，或手持铜斧，或青铜锛，或青铜凿，或木锨，或木铲、木锄，或肩扛木扁担、竹筐，巨大的木辘轳发出滋溜溜的声响。他们或身体后仰抡斧砍砸，或佝偻曲背，背负沉重的矿石，喘着粗气，踩着石磴，艰难地向坑口行进。隔着时空，今人似乎还能听见那号子。

好一句"坐令鬼神愁"！《铜官山》最末句枨触万端，兴尽悲来，为采矿的工人们怒号：采矿工人的苦与难、矿工们不凿穿青山誓不罢休的决心和意志，不仅让人为之动容，而且致使鬼神也为之愁叹。他们一锤一凿地攻击山岩，仿佛也在敲击自己的躯体。是他们的千锤万凿，凿透了山体里的矿脉，凿出了炉火熊熊的辉煌。

欧阳修在梅尧臣墓志铭中对其诗作这样评价道："其初喜为清丽、闲肆、平淡，久则涵演深远，间亦琢剥以出怪巧，然气完力余，益老益劲。"梅尧臣这首《铜官山》，将其涵演深远、怪巧益劲的风格演绎得淋漓尽致。短短四句，两句重复，最后一句陡然而起，又戛然而止，回味悠悠。

苏轼曾在梅尧臣《京师逢卖梅花》诗后面题字云："梅二丈长身秀眉，大耳红颊，饮酒过百盏，轴正坐高拱，此其醉也。吾虽后辈，犹及与之周旋，览其亲书诗，如见其抵掌谈笑也。元祐七年七月二十二日。"苏轼虽不着丹青，而梅尧臣形象栩栩。梅尧臣老家宣城离铜陵不过百余公里，铜官山的采铜声或可远播至他的故乡……

李纲：江行池阳至铜陵

时维早春，天幕低垂。鹊江之上，寒风依然如冬日凛冽，两岸水湄，草色若隐，铜鼓山麓，暗香浮动。江上一舟，因难行泊在鹊江南岸。扁舟中走出一位士人，看看天，看看江流，看看尚不起眼的春色；听听风，听听涛声，听听让人断魂的雁鸣，尔后占诗一首《铜陵阻风》：

春色到江渚，梅花正断魂。风波留远棹，烟雨湿寒村。

雁过传遗响，潮来没旧痕。凄凉一樽酒，愁绝与谁论。

这位士人，正是北宋末、南宋初抗金名臣，民族英雄李纲。

李纲（1083—1140），字伯纪，号梁溪先生等。祖籍福建邵武，其祖迁居江苏无锡。宋徽宗政和二年（1112）登进士第。他出生的年代，正是金人南侵的北宋末年。正直刚烈的他，生活在战火年间，会有什么样的人生际遇呢？此年间，金人背叛盟约，边报迭至。钦宗即位后，李纲慨然以书生之质而领军事，在京师保卫战中亲冒矢石，临墙督战，募壮士缒城而下，斩酋长10余人，杀其众数千人，金人败退。这是李纲的高光时刻，但钦宗不脱乃父软弱本性，遣李棁至金军议割地求和。李纲反对，钦宗怒罢李纲，顿时京城大乱，"军民不期而集者数十万，呼声动地"。（见脱脱《宋史·李纲传》）钦宗只好复任李纲为尚书右丞，而割地依旧，而军民的拥戴为李纲的悲剧人生留下了伏笔。建炎元年（1127），北宋灭亡，宋高宗即位，迁李纲为尚书右仆射兼中书侍郎（右相）。李纲为国家筹划重整朝纲，组织抗金，反对投降，但在最大的议和派宋高宗赵构以及投降派汪伯彦、黄潜善排挤下，仅主政75天便遭罢相。此后，李纲就一直处在被罢、被起复、被弹劾，复被贬的循环中，抗金大计的奏疏也源源不断地发自他的贬所。他得军民拥护、太学士爱戴，而宋廷畏怒，绌之江湖之远。后来，他南渡琼州，再又折返，或沉或浮，终于福州。

李纲第一次被贬出京师，是在宣和元年。当时京师大水，李纲上疏请求徽宗避殿损膳以畏天戒、亲负土石以固民心、诛水官之不胜任者、罢营缮花石工役、屯兵形势以严守卫。这是大臣常见的进谏，可李纲因此被贬出京师，次年十月又复职北归。将行至弋阳（今江西弋阳县）时，李纲方知方腊乱事正向浙东蔓延，恰好就在他去家乡无锡的路线上。他只好避寇求安，调整路线，转向西行，绕道改沿长江水路北进，后舟行于池口（今安徽贵池西北）至芜湖（今安徽芜湖市）之间。在池阳（现池州）至铜陵这段水路中，李纲吟诗10首，虽以"霜苇萧萧白，烟岚朵朵青""渺渺春江稳，融融午睡腴"描写初春景致，颇显安适之情，却也有"浮家泛宅云烟里，思古伤今图史中。盗贼从来能伺衅，治安自昔戒除戎"的忧时之虑。（李纲《江行十首》）在这段时间里，他密集地向时任职太宰兼门下侍郎王黼、门下侍郎白时中、权领枢密院事郑居中、中书侍郎冯熙载、尚书右丞王安中、礼部侍郎梅执礼、中书舍人程振各投书一封，信件或论乱因，或写局势，陈"审地势""遣重兵""择良帅"三方，申论破贼之策等，而朝廷未有回应。

宣和三年（1121）正月上旬，李纲泊舟铜陵，游五松山，观李太白祠堂。前后写下《江行十首（自池阳至铜陵）》《游五松山观李太白祠堂》《水调歌头·李太白画像》《舟中读书有感》《铜陵阻风》《题护法寺瑛老默堂》《次韵和瑛老颂》等诗作。他的这些诗作，既寄情于铜陵的明山秀水，又表达出对河山对人民的深切忧思。此年此月，李纲在铜陵停泊应有两次：

第一次是"晚泊"，当时所见铜陵状貌为"烟村八九家"，当时的铜陵渡口为"岸沙崩浪响"，当时的天气情况是"江雨带风斜"，当时他所见景物为"泛泛浮波雁，捎捎接翅鸦"。在异地他乡，在乱象纷起，在父兄不知是否安好时，在风雨如晦的暮色中，在潇潇寂寂的荒村里，在岸崩浪涌的声响中，李纲不由发出"无情东注水，对尔叹年华"的慨叹。是年李纲39岁，可以称"老夫"了，年华老去，报国无门，怎不兴叹？

第二次停泊铜陵是因阻风，本已拔锚而去，却又"风波留远棹"，恰恰再遇"烟雨湿寒村"。前方战事正紧，父兄无凭，便是"春色到江渚"，所见亦是"梅花正断魂"。雁过无书，潮来拂痕，此情此景，羁旅天涯的李纲无人可诉，只能酒入愁肠，化为诗行。

在这两次停泊之间，李纲游五松山观李太白祠堂，伫立太白画像前，思接千载，心绪万端。"呜呼天宝间，治乱如反掌""谪仙当此时，逸气隘天壤""嗟予岂后裔，愚拙谁复尚"。（李纲《游五松山观太白祠堂》《江行池阳至铜陵》）诗中流露出来对时局的担忧，对自己一事无成的感慨和无奈，只能"愿言继清芬，何由揖英爽"了。

李纲出铜陵，到繁昌，经芜湖，过采石，至金陵，一路桨声激越，一路诗歌。他到达芜湖已是宣和三年二月，途中有《至芜湖闻贼陷钱塘复为官军所得有感》诗："督府繁华一扫空，须知狂寇计非庸。庙堂若为苍生计，早筑高坛拜卧龙。"拳拳之意，字里行间。

《宋史》李纲本传载："纲负天下之望，以一身用舍为社稷生民安危。虽身或不用，用有不久，而其忠诚义气，凛然动乎远迩"——李纲不只是在铜陵江上因风受阻，更在王师北定中原之路上受阻，但其"若赤子之慕其母，怒呵犹嗷嗷焉挽其裳裾而从之"的爱国之心昭然，千载之下，依然令人泫然。

王十朋：题咏富览成绝唱

王十朋与富览亭，是一场美丽的邂逅。当王十朋这颗南宋天幕上璀璨的明星，照临鹊江之滨、天王山上，照进富览亭，这段历史文化佳话便千年不辍说到今。

王十朋，字龟龄，号梅溪，温州乐清（今浙江温州）左原梅溪村人，出生于宋徽宗政和二年（1112），卒于宋孝宗乾道七年（1171），身历徽宗、钦宗、高宗、孝宗四朝，见证了北宋的灭亡。他出生于耕读之家，自小天姿颖悟，饱读诗书，深受儒家文化与佛教文化影响。青少年时期，他耳闻目睹山河破碎之惨状，心中埋下了忧国忧民的思想种子，早期诗作表达出一介书生身在畎亩、心忧天下的家国情怀。居乡期间，他写诗述学，设馆授徒，组结诗社，34岁开始入太学，博研经史典籍，诗文著述闻名遐迩。然而在秦桧专权之时，其科考屡遭挫折，入仕之途颇颠踬艰辛。绍兴二十七年（1157），秦桧死后的第一科由高宗赵构亲自主持殿试。46岁的王十朋作《廷试策》，以"揽权"为对，切中政坛痛点，一鸣惊人，被高宗亲擢为进士第一，由此踏入仕途，后两任帝师，三任京官。他在朝中秉持鲜明的抗金立场，与主和派相抗衡，犯颜极谏，謇謇谔谔，声震朝野。为应对"金将渝盟"之险恶形势，时任秘书省"一介小臣"的王十朋，在轮对时建言宋高宗，力荐起用张浚、刘锜等抗金名将。孝宗登基后，他"见上英锐，每见必陈恢复之计"。之后，他先后被派往饶州、夔州、湖州、泉州等地主政一方。虽远离政治中心，他仍以恢复大业为重，所到之处，勤政爱民，政绩赫然，深得民望。历史也给予了王十朋公正的评价。一代大儒朱熹在《王梅溪文集序》中将他的人格与诸葛亮、杜甫、颜真卿、韩愈、范仲淹五君子相提并论，称其文"规模宏阔，骨骼开张，出入变化，俊伟神速"，称其诗"浑厚质直，恳恻条畅，如其为人"。当代学人南怀瑾称颂王十朋："从其生平之学问、德业、事功而言，则先生之功名，已为南宋第一状元。"（2012年版《王十朋全集》前言）

王十朋是在乾道三年（1167）秋走向铜陵的。这一年，主政夔州两年后，因请免虚通钱十四万而未获准，王十朋请求奉祠去职。他留下政声，别过白帝城、武侯祠、诸葛庙，最后一次走进"诗史堂"，向他的偶像杜甫道别，然后顺江而下。一路长风，一路破浪，一路思乡。船到秋浦，风浪似息。舟行不到百里，来到铜陵江段，再遇狂风巨浪。他只好系舟于鹊岸之芦苇间，等待风息浪平。

至夕，风不息而更甚。已而，一轮晕月当空，王十朋披衣出船舱，但见鹊岸之上，星火点点，驿亭长影压浦，乌鹊绕树，偶有风送雁鸣，声声催人心肝。平明，王十朋干脆弃舟登岸，奔五松山，拜谒李太白读书处，一探五松山何以能让诗仙"千年未拟还"之究竟。旋往陈公园，这里是苏黄两度相会之所，睹物思人，他不禁想起同样因"长是江风阻往还"的苏东坡，想起与苏东坡不期而遇的黄鲁直，以及鲁直的《题子瞻墨竹》诗。平湖秋水不染尘，群山明净而如妆，置身其间，王十朋有点流连忘返了。

次日，王十朋不辞劳顿，又游天王山，登富览亭。其于亭中，放眼远眺，大江西绕，江淮莽苍，气象万千；回望足下，片月低城堞，烟火生万家，一览见尘寰，于是顿生感慨，乃乘兴题咏《富览亭》绝句一首，其诗云："一望之中万象新，铜官宝嶂悉生春。风光拼取收囊底，宦况于今也不贫。"贫者，无财之谓也；贫者，又士之常也。今王十朋登临富览亭，无尽风光，尽收眼底，即便两袖清风，也绝无贫阙之憾。

一从梅溪登富览，千古绝唱不言贫。此后，慕王十朋之名而访富览亭者不绝，属和者甚众，仅铜陵县志艺文收录就有 10 余。至南宋开禧年间（1205—1207），知县张孝章重新修葺富览亭，由此富览亭更加富丽壮观，后列为邑中八景且位居其首，名曰"天王富览"。清乾隆十六年（1751），因年久失修，富览亭倾塌，代理知县褚邦礼首捐清奉，又率众捐资，依旧址重建富览亭。监生吴日鹏肖王十朋像于其内，"翛（xiāo）然（超脱的样子——编者注）有梅溪先生余韵焉"，镌刻王十朋《富览亭》诗碑于内墙，立《重修天王山富览亭碑》于亭左。邑人解元黄淮撰《富览亭跋》以备述其事，《跋》有云："后贤诵其诗，想见其人，纵观其经术政事，博考其气节文章，即以先生之富览者富览先生，登斯亭也，仰俯凭眺间，当有充然致足满志踌躇者矣。"清咸丰年间，富览亭毁于兵燹。民国初年，县人曾集资修复之。至日寇侵华期间，铜陵沦陷，富览亭又被战火毁之不存。

如今，富览亭遗迹已然湮没在山林之间，然则富览题咏却脍炙人口，常为人津津乐道，"富览"二字，深植人心，义安境内，以其命名的有富览苑小区、富览大酒店等。近年，富览亭遗址以南笠帽顶西，又构筑亭台，名之曰"望江阁"，再现"江山不贫处，一览见尘寰"图景。阁门有楹联曰："山接楚天，锦峦玉嶂，八宝地曾经栖凤；水连吴江，长风皓月，九霄可望腾云"。斯亭斯联，颇具富览亭气象及其题咏之意蕴。

陆游：赴任途中越大江

陆游一生写诗9000余首，爱国二字，若山之主峰、水之土脉，是其诗作之主题。"位卑未敢忘忧国""铁马秋风大散关""遗民泪尽胡尘里，南望王师又一年""王师北定中原日，家祭无忘告乃翁"，这些耳熟能详的诗句，让后世之人仍能察其赤诚之心、爱国之志。

这位伟大的南宋爱国诗人，与铜陵不期而遇，始末缘由何在？他在铜陵又留下了什么？

陆游生于1125年，卒于1210年，生逢北宋灭亡之际，又兼爱国主战，遭遇坎坷。宋高宗时，陆游参加礼部考试，因受秦桧排斥，不第。宋孝宗赐其进士出身，历任福州宁德县主簿、敕令所删定官、隆兴府通判等。乾道二年（1166），陆游因"交结台谏，鼓唱是非，力说张浚用兵"，遭贬出朝，返故乡山阴（今绍兴），闲居三年。乾道五年（1169）十二月，他终获朝廷差遣，以左奉议郎差通判夔州（今奉节）军事。其时，他大病初愈，决定来年赴任。乾道六年（1170）闰五月十八日，陆游向亲友借贷，凑足行资，携弱妻五子，发山阴，乘船由运河、长江水路前行，经今浙、苏、皖、赣、鄂、渝六省市，历时近半载，于十月二十七日晨抵夔州。途中经过皖江，铜陵有记。

　　陆游赴蜀这段时光，是其人生难得的一段平静安适的漫游，一路有山川迎送，甚是怡然。一路旅程漫漫，他得以探山川、察物候、广交际、忧家国，逐日记载，遂成《入蜀记》六卷。文记每日经历，或舟中所见，或所会之人，或写景，或写观感，或以自身所感评古今诗人诗句之得失。4万多字，每篇均为短制，因其随意，如白石磊磊，任立溪中，珊珊可爱。

　　乾道六年农历七月，残暑在天，陆游溯江而上，往皖江而来。"十一日，早，出夹，行大江，过三山矶、烈洲、慈姥矶、采石镇，泊太平州江口；十八日，小雨，解舟出姑熟溪，行江中；十九日，便风，过大、小褐山矶；二十一日，过繁昌县；二十二日，过铜陵；二十三日，过羊山矶；二十四日，在池州；二十六日，解舟，过长风沙、罗刹石；二十八日，过东流县，不入；二十九日，阻风马当港中；八月一日，过烽火矶。"（《入蜀记》）——至此陆游入蜀皖江段结束。

　　在这段行程中，陆游以亲身所历，以锦心妙手，绘皖江之美。沿途风光人世，入其眼，动其心，出其手，每每令人心向往之。

其间，七月二十一日傍晚，陆游泊舟荻港，散步堤上，游龙庙。有老僧人守之，自云乃台州仙居县人，居此十年，每天砍柴二束，卖之以自给。遇到大雪天气，只好向人乞讨，没有做过其他营生了。不久又到一庵堂，僧人告诉陆游，"隔港即铜陵界"。陆游隔水相望，但见"远山崭然，临大江者，即铜官山。太白所谓'我爱铜官乐，千年未拟还'是也，恨不一到。""恨不一到"，是谓曾经路过铜陵未曾拜谒铜官山，亦谓对铜官山仰慕已久矣。

次日，陆游过铜陵县丁家洲："（七月）二十二日，过大江，入丁家洲夹，复行大江。自离当涂，风日清美，波平如席，白云青嶂，相远映带，终日如行图画，殊忘道涂之劳也。过铜陵县，不入。晚泊水洪口。"（《入蜀记》）过铜陵而不入，历史在此处留下了遗憾，但亦无憾，得陆游"风日清美，波平如席，白云青嶂，相远映带"十六字，铜官山水幸甚！

陆游为何未入铜陵县拜谒仰慕已久的铜官山太白遗迹？原因是其往夔州赴任日期迫近，一路盘桓颇是费了些时日，遇到难得的顺风天气，得赶紧赶路，于是只好将这已久的仰慕压在心底，乘顺风而去。

陆游是在五更颠风中，解舟扬帆，离铜陵而去的。有诗为证：

五更颠风吹急雨，倒海翻江洗残暑。

白浪如山泼入船，家人惊怖篙师舞。

此行十日苦滞留，我亦芦丛厌鸣橹。

书生快意轻性命，十丈蒲帆百夫举。

星驰电鹜三百里，坡陇联翩杂平楚。

船头风浪声愈厉，助以长笛椹鼍鼓。

岂惟澎湃震山岳，直恐濆洞连后土。

起看草木尽南靡，水鸟号鸣集洲渚。

稽首龙公谢风伯，区区未祷烦神许。

应知老去负壮心，戏遣穷途出豪语。

这首诗的题目原为《夜宿阳山矶将晓大雨北风甚劲俄顷行三百余里遂抵雁翅浦》，现简称《夜宿阳山矶》。阳山矶，即今铜陵羊山矶。雁翅浦，在今池州东至县大渡口镇。这是陆游留给铜陵的唯一一首诗。这首诗，或多或少地道出陆游未上铜官山的缘故；这首诗，是成语"倒海翻江"出处；这首诗，是陆游留给铜陵弥足珍贵的文化遗产。

陆游的这段山水悠游，虽是怡乐，但其行走江山，仍不忘家国。他过羊山矶，想起南唐北宋故事，心生忧虑。《入蜀记》中有载：七月二十三日，"过阳山矶，始见九华山……""二十四日，到池州，泊税务亭子。……初，王师平南唐，命曹彬分兵自荆州顺流东下，以樊若水为向导，首克池州，然后能取芜湖、当涂，驻军采石，而浮桥成。"于是，他在日记中写下："则池州今实要地，不可不备也"——忧国之情，跃然纸上。他一生爱国，对于赵宋破南唐，一统江南是赞誉的。此时的南宋，与 200 年前的南唐极为相似——皆守长江之险，偏安江南，若有樊若水之流，则南宋危矣。

陆游自皖江入蜀，次年入王炎幕府。同年，朝廷否决北伐《平戎策》，幕府散。之后，陆游长居闲职，在或战或和的浪潮中，或起或伏。嘉泰二年，陆游 78 岁，宋宁宗诏陆游入京，主持编修孝宗、光宗《两朝实录》和《三朝史》，官至宝章阁待制。书成后，陆游长期蛰居山阴。嘉定二年（1209），陆游与世长辞，享年 85 岁，留绝笔诗《示儿》，留下了一首爱国主义的绝唱。

杨万里：宦海羁旅过大通

史上有诸多名人邂逅铜陵，皆因囿于江行阻风，而南宋诗人杨万里，除囿于江行阻风之外，还因公务路经于此。

杨万里（1127—1206），字廷秀，江西吉州（今江西省吉水县黄桥镇湴塘村）人，以张浚受正心诚意之学，乃名读书之室曰诚斋，"诚斋"遂成其号，为南宋文学家、理学家，主战派人物。他于绍兴二十四年（1154）中进士，历仟国子博士、太常博士，太常丞兼吏部右侍郎，提举广东常平茶盐公事，广东提点刑狱，吏部员外郎等，后因反对以铁钱行于江南诸郡，改知赣州，不赴，辞官归家，闲居乡里。杨万里一生写作勤奋，现存诗 4200 余首，诗文全集 133 卷，名《诚斋集》，并有《杨文节公诗集》42 卷，在中国文学史上与陆游、范成大、尤袤并称"南宋四家""中兴四大诗人"。

杨万里是在南宋绍熙二年（1191）八月路经铜陵的。时任江南东路转运副使的他，从建康（今南京）出发，巡视考察江南东路各州县。据《杨万里年谱》记载，此行先陆路途经"秣陵、溧水、建平、宣州、青阳、池州"，后舟行由池州"循大江东下"回金陵。舟至大通鹊江时，江面上的云层很低，悬垂两岸，而江水却汹涌澎湃，似乎要拍向天际，颇具"江间波浪兼天涌，塞上风云接地阴"之沉郁雄壮。舟行江上，偏偏又遇逆风，既艰且险，不得不命船夫下水，引舟泊岸，暂避于大通镇。丛生茂密的芦荻，偏偏好客地挽留着纤绳，还有那密布水面的鱼罾，也阻碍着舟行。可是，他并不懊恼抱怨河神使其舟行之缓，相反，舟泊鹊岸，天然避风，江湄风平浪静，内心如释重负。更兼上岸之后，他见到这偏安江隅的大通小镇，人烟辐辏，鱼市兴盛，于是情动于衷而歌咏之，便有了这首《舟过大通镇》：

> 淮上云垂岸，江中浪拍天。
> 须风那敢望，下水更劳牵。
> 芦荻偏留缆，渔罾最碍船。
> 何曾怨川后，鱼蟹不论钱。

这是杨万里在铜陵留下的第一首诗作，也是大通这个建制于北宋元丰八年（1085）的小镇，被知名文人墨客歌咏的第一首诗。诗人以淡雅、凝练的文笔，撇开闹市的繁华，单从鹊江的自然景致中截取水拍江天、芦荻留缆、鱼罾碍船和鱼蟹售卖等画面，既表达了诗人对江行阻风的惊讶，又表达了诗人对鱼米之乡大通镇繁华富庶的赞美之情。两年前，杨万里出使金地，常遇中原父老诉苦不堪，每生"泪湿秋风"之情。相较之下，此时他目睹自己的治下有此般安居乐业之景象，欣慰之情自然溢于言表。

是夜，杨万里宿舟中，舟泊鹊岸芦苇荡中，舱内太白诗卷相伴，舱外几点渔火，一宿无话。次日拂晓，天公好客，欲降大雨以挽杨万里于铜陵，而风较昨日逆甚愈烈。于是，杨万里泛舟逆风过铜陵县，从丁家洲避风进入内河。丁家洲内河直通荻港，这一程比行大江近且安全，只是这条捷径外地人知道者不多。进入内河，又是另一番景象：河道两岸，蓼红芦白，河湾曲曲折折，汊河纵横交错，舟行其中，不闻人声。河道边的芦荻，挥舞着麈尾般的花穗，向舟行之人闲话清秋。河岸远处，屋舍俨然，打鱼者砍樵者务耕者杂居其间，自成芳邻。舟行将半，至犁耙桥，乃一水埠集镇，虽不及大通繁盛，却也不乏人间烟火。这里的人们民风朴实，不懂宦海沉浮，也不管大江之上有无白浪有无天风。

一路行来，风光入眼，人事入心，杨万里的思绪就像舟行一般或疾或缓。行舟将至荻港，回望铜陵，他行有所思，吟出《从丁家洲避风行小港出荻港大江》，凡三首。在诗的末尾，他写道："未到大江愁未到，大江到了更添愁。"明面上是舟行人的大白话，其实文本之后另有人生况味。

杨万里过铜陵，虽似飞鸿踏雪，可留下的诗篇仍在这片土地上传唱。

王守仁：大儒铜陵观铁船

明正德十五年（1520）春，正是江南草长、杂花生树的时节，时年49岁的王守仁由南京回南昌，一路溯江而上。船至铜陵，行程过半，他决定泊舟鹊岸，上岸去看看这块表里河山。他弃舟登岸，直奔五松山而来，于山中访到太白书堂，那是李白当年留下"龙堂若可憩，吾欲归精修"之诗句的地方。桧樾之下，书堂及太白祠修葺一新。书堂四周，唯松涛而已，远处，偶有山鸟鸣涧。他礼拜太白祠毕，复往铜官山。此时，夕阳西坠，铜官山笼在夕岚里，山之北麓，绿树修竹间，夕烟袅袅，黄墙琉璃隐约可见，那就是王守仁打算拜谒的灵祐王庙。这个灵祐王，姓张名宽，晋时曾为浔阳太守，卒后庙食铜官，唐中和年间宋度宗增爵封其为灵祐王。据传，张宽没后成为神，一夕，乘铁船顺江而下，至铜官，为凡人所见，船遂溺，而首尾漏焉，于是留下了铁船遗迹。早斋后，灵祐王庙庙祝带着王守仁去观瞻铁船遗迹，边走边说着这位灵祐王与铜官山的轶事。他们一起来到五松山前，湖田之下，但见有土阜仿佛船只模样，首尾相距百十武，均裸露出积铁。

王守仁睹铁船人去船空，驻足凭吊良久，感慨系之，乃作《过铜陵观铁船》，题于石上。他回到鹊江船上，思之良久，命仆役磨墨展纸，要把观铁船诗誊写下来，分享给留在吉安军前纪功的御史谢源。于是，一件艺术价值与史学价值兼备的国宝，在铜陵鹊江岸边诞生了——这就是现藏故宫博物院的《铜陵观铁船歌》纸本长卷。

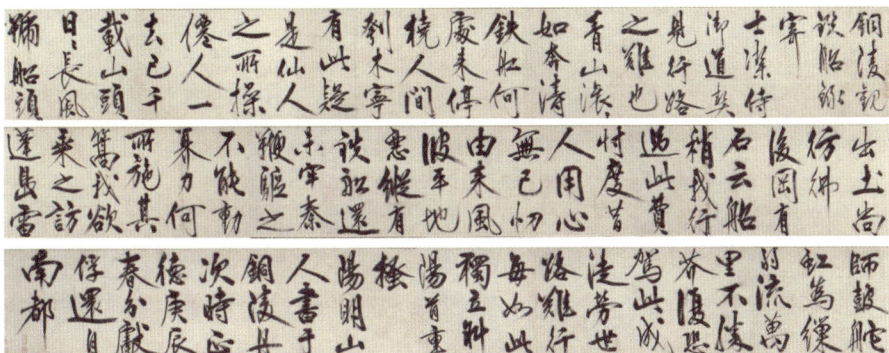

《铜陵观铁船歌》纸本长卷为行书，纵 31.5 厘米，横 771.8 厘米，分为歌序、歌词、署款三部分。现将其文逐录如下：

铜陵观铁船，录寄士洁侍御道契，见行路之难也。

青山滚滚如奔涛，铁船何处来停桡。人间刳木宁有此，疑是仙人之所操。仙人一去已千载，山头日日长风号。船头出土尚仿佛，后冈有石云船稍。我行过此费忖度，昔人用心无己忉。由来风波平地恶，纵有铁船还未牢。秦鞭驱之不能动，畀力何所施其篙。我欲乘之访蓬岛，雷师鼓舵虹为缫。弱流万里不胜芥，复恐驾此成徒劳。世路难行每如此，独立斜阳首重搔。

阳明山人书于铜陵舟次，时正德庚辰春分，献俘还自南都。

全文二十句，开头八句为一般铺陈，接下来切入正题，诗人要乘此铁船访问的地方是蓬岛。那么遥远的地方，即使是请雷神掌舵，用彩虹作缆绳，也恐怕就像细弱的溪流，流经万里终会枯竭，连细微的芥子也浮托不起。正题主旨是说"世路难行"，并与长卷歌序所说"见行路之难也"相呼应。

王守仁作"行路难"之慨叹，是有感而发，是他坎坷人生的写照。王守仁（1472—1529），浙江余姚人，号阳明子，世称阳明先生，明代著名的思想家、哲学家、文学家和军事家，陆王心学之集大成者。此时，他正经历过平定宁王宸濠叛乱和三次献俘。此前一年的六月，宁王宸濠反叛。七月，王守仁以副都御史提督南昌、赣州、汀州、漳州军务，主持平定宸濠叛乱，鏖战 42 天，生擒宸濠本人。这是一件令朝野额手称庆的喜事，可武宗皇帝七月已经宣布要御驾亲征，自京师出发而至次涿州。当王守仁捷奏至时，武宗却秘而不发，继续南下，不是去往江西，而是奔向南京，并且要王守仁将宁王押送到南京，于是便有了王守仁三次献俘（见徐泉华《阳明平濠记》）。

第一次：正德十四年九月十一日，王守仁首出南昌。此次为了躲避张忠、许泰等人，特意从玉山入浙北上，上书请献俘，欲止帝南征，帝不许。十月到达钱塘，不得已，将宁王等逆犯移交太监张永。此次对王守仁打击较大。因为战擒宁王不仅无功，而且有过，从征士卒出生入死也未获任何封赏。王守仁心中不平，故在西湖净慈寺称病，稍后北赴京口。十一月，闻武宗南巡至淮扬，他欲从京口北上拦截晋谒，被大学士杨一清止之，不得已，由京口乘船沿江西上，约于十二月初返回南昌。

第二次：正德十五年正月二十六日，王守仁得旨解送其他因犯去南京，遂再出南昌。此次乘船经鄱阳湖入长江，行至芜湖，复遭太监张忠、许泰等阻拒，令速回江西安抚军民。此次对王守仁打击更大，返回途中，他经过庐山，重游开先寺，在寺内不得不按照武宗旨意更拟"捷音",将生擒宁王的功劳归于武宗,并于读书台后留下石刻——此石刻今存,名《平宸濠碑》,在江西星子县南康镇秀峰寺内。

第三次:正德十五年二月上旬,王守仁刚回南昌没几天,又闻太监张永幕士钱秉急报,以为武宗愿意接见,遂三出南昌。他仍乘船经鄱阳湖入长江,行至上新河,又为诸幸逤阻。上新河与南京近在咫尺,《铜陵观铁船歌》长卷署款称"献俘还自南都",即指此而言。此次对王守仁打击最大,据《王文成公全书》卷三三《附录二·年谱二》记载:这天夜里,王守仁"中夜默坐,见水波拍岸,汩汩有声,思曰:'以一身蒙谤,死即死耳,如老亲何?'谓门人曰:'此时若有一孔,可以窃父而逃,吾亦终身长往,不悔矣'。"这回他连求死、遁世的心都有了。也就是此次,他由上新河沿原路返回,经过铜陵,写下这件《铜陵观铁船歌》长卷。长卷署款仍称"献俘",暗含为自己也为"从征官属"表功之意。

之后,正德十五年闰八月三十,武宗于南京当众释宁王等,又伐鼓鸣金而擒之,以示为自己所亲俘。

王守仁三次希望晋谒武宗,三次都沮丧而归,怎不慨叹人生行路之难?他要寻访的蓬莱仙岛太遥远了,即使有了铁船也是枉然。观铁船后几日,他游览大通古镇,写下七言律诗《泊舟大通》,其尾联云"独奈华峰隔烟雾,时劳策杖上崔嵬",也是这种心绪的延续。

《铜陵观铁船歌》长卷,不仅具有见证王守仁三次献俘历史事件的史料价值,而且具有极高的艺术价值。史称"明第一流人物,立德、立功、立言皆居绝顶"的王守仁,不仅在哲学、思想、文学、军事等方面多有建树,而且工书法。他自幼取法书圣王羲之,30岁时书法已达到较高境界,形成个性风貌。他为官后,书艺还受到当时的书法大家李东阳和陆深的影响。40岁以后,其书法功力臻于纯熟,随意自然,笔韵精湛,不失法度。《铜陵观铁船歌》纸本长卷 为行楷,每行以三字居多，行间疏朗，字间互不连属，但每个单字却牵丝不断，如"观""洁""难"等。通篇字体修长，行笔快捷，骨力内涵，豪放中见沉着，遒劲中见秀丽，有米芾书法"沉着飞翥"之神韵。明代徐渭将其与王羲之相提并论："古人论右军以书掩其人，新建（嘉靖封王守仁为新建伯）乃不然，以人掩其书。"《铜陵观铁船歌》长卷，为磅礴之气的翰墨。

汤显祖：牡丹花间寻小友

夕向燕支夹，遥分白马耆。

沧浪荷叶点，春色凤心知。

邑小无城郭，人欢有岁时。

谁怜江上影，悬弄五松枝。

这首《过铜陵》是明代戏剧家汤显祖所作，在《汤显祖全集》中属"不编年"诗。诗中有"邑小无城郭"一句，可见汤显祖经过时，铜陵尚未筑城。据《铜陵县志》载，铜陵城郭于"（万历三年）十月告成事"，即于1575年建成。查汤显祖年谱，万历二十一年（1593）后，汤显祖曾在遂昌县令任上，寄书好友佘敬中，内有"仆二十年来去池阳"字样，大约可推汤显祖写作此诗是在他第二次春试不第返回途中，即万历二年（1574）。

万历二年的三月，汤显祖买舟南下，虽然落第，游兴未减。他从北京南下，再溯江至铜陵，约在三月底。此时依旧还是春天，正是铜陵牡丹盛开时。已是傍晚，夕阳满江，眼前的燕支夹（在今义安区西联镇老观村），将铜陵江畔白马耆遥分为二。过燕支夹，入凤心闸河，两边东湖、西湖如画。县治虽小，且无城郭，但暮色里人烟欢腾。船泊何处？当是佘家所在地；所见何人？应是铜陵佘敬中。此行他还见到了佘敬中的儿子佘翘，这孩子该有 7 岁了——谁能想到这孩子后来成了与他齐名的剧作家。

汤显祖，字义仍，号海若，又号海若士，自署清远道人，江西临川人。嘉靖二十九年（1550）生，卒于万历四十四年（1616），享年 67 岁。汤显祖天资聪慧，勤读不倦，21 岁中举，但因拒绝张居正招募，两次会试皆落第。张居正死后，34 岁的汤显祖进士及第。入仕初，他先在北京见习礼观政，次年以七品官任南京太常寺博士，闲居七年。时士子多奔走王世贞门下，而汤显祖却疾刺李梦阳、李攀龙、王世贞等诗文因袭汉唐，于其人书上尽涂剽窃部分，一一作俎上之论。万历十九年（1591），汤显祖在南京礼部祠祭司主事的任上，上《论辅臣科臣疏》，严词弹劾首辅申时行和科臣杨文举、胡汝宁，揭露他们窃盗威柄、贪赃枉法、刻掠饥民的罪行，抨击万历登基 20 年以来之政治。神宗阅后大怒，贬汤显祖为雷州半岛徐闻县典史。一年后，汤显祖遇赦，内迁浙江遂昌知县，行古循吏作风，施仁政，废死刑，修书院，下乡劝农，弘扬文学，地方得大治。因私放囚犯回家过年、元宵上街观灯，他被政敌攻击，又不堪朝廷盘剥，径于万历二十六年（1598）递交辞呈，批复未至，便已挂印而去。

佘翘，字聿云，明隆庆元年（1567）生于铜陵县顺合二者（今铜陵市郊区大通镇）。大通佘氏乃名门望族，官宦世家，尤重读书。佘翘祖父佘杰，曾任湖广宝庆府（今湖南）新化县令 7 年。叔父佘毅中，官居正四品，敕封太仆卿。其父佘敬中，历任武昌推官、史部主事、文选郎中，出为广西参政，改迁广东按察使。佘翘成长于这样的家庭，垂髫即攻诗文，四岁授书成诵，稍长悉究经史，擅长古诗、文、戏曲，少年即负文名。可后来他却屡应春闱不第，乃治一舫，号浮斋，乘之遍访名胜，隐沦池阳，归锄半畦，学圃著书。

佘翘与汤显祖相差 17 岁，因何而结缘呢？

万历二年三月，汤显祖过铜陵，拜谒闲居在家的佘翘之父佘敬中。当时佘翘虽年少，但也能作诗。佘敬中便以儿子佘翘的诗送汤显祖，请为之字，汤显祖作《答佘聿云》：

> 山公台榭即逢君，爱汝能飞字聿云。
> 秋浦蒹葭人自远，春江桃李思难分。
> 芳尊几借清韶色，妙墨传看锦绣文。
> 为道碧鸡光景在，汉宫谁许洞箫闻。

这首诗的意思是：我很早就在你家的楼台上见过你了，喜欢你文采飞动的样子，所以把"聿云"作为你的字。秋浦河水清澈辽远，蒹葭苍苍，我乘舟而去。春江茫茫，桃红李白，我们彼此思念，难以分开。犹记得杯中酒，因你的可爱而越发美好；令尊将你的习作传与我看，真是字字珠玑，满腹锦绣。相信你一定会有碧鸡唱晓的荣光时刻，你的文章一定会如王褒的《甘泉赋》和《洞箫颂》，天下传诵——诗中满是对小佘翘的喜爱、褒扬和祝福。

佘敬中与汤显祖为忘年之交，两人觥筹交错中，纵论天下，逸兴遄飞。而 7 岁的佘翘，不时穿插进来，童音稚语逗人开怀。那时铜陵牡丹正好，他们是否携手共赏牡丹，而牡丹触发了汤显祖灵感，遂有《牡丹亭》呢？

兹后，岁月更替，世事如烟。佘翘与汤显祖或有见面，书信互致应是常有之事，年长佘翘 17 岁的汤显祖便呼佘翘为"小友"了。早在万历十五年（1587），汤显祖的《紫钗记》已完成初稿，6 年后在遂昌润色并付梓。万历二十五年（1597）《牡丹亭》写就，次年秋汤显祖回归临川，付之刊刻并演出，名动天下，直令《西厢》减价。而万历三十四年（公元 1606 年）孟春，佘翘步汤显祖之后，开始从事戏曲创作，于池阳九峰楼编写成大型传奇剧《量江记》，再著《赐环记》、杂剧《锁骨菩萨》等，其中尤以《量江记》成就最高。《墨憨斋定本传奇》中，冯梦龙称《量江记》为罕见珍本，能与汤显祖的"临川四梦"并立——汤显祖过铜陵，是否播下了一颗戏曲的"种子"？

每到三月春来，铜陵凤凰山下的牡丹依然千朵万朵缤纷开放。很多年后，那艘名曰"浮斋"的画舫，静静停泊于青通河畔。那个已经不再年少的佘翘，听风看月赏牡丹，是否会想起曾经唤他"小友"的汤显祖来？

彭玉麟："雪帅"督师鹊江渚

"东南半壁雄天堑，河海波平不动尘"，这是彭玉麟在铜陵羊山矶所吟之联。

在晚清的夕阳残晖中，彭玉麟是一株傲雪之梅，人称"雪帅"。他是清朝著名的政治家、军事家、书画家，湘军水师创建者、中国近代海军奠基人。官至两江总督兼南洋通商大臣，兵部尚书，封一等轻车都尉。彭玉麟于嘉庆二十一年（1817）出生于湖南衡阳（一说生于安徽安庆），家世寒素，其父彭鸣九当过下级武官梁园镇巡检，父亲死后，孤儿寡母横受族中恶徒欺凌，连仅有的薄产也被侵吞。16 岁的他到府城衙署当文书，知府高人鉴发现他的文笔不错，便招他到官学读书。

咸丰三年（1853），太平天国起义军直取金陵，建都天京。清廷下令各省筹办团练，以阻挡太平军进击。曾国藩奉命帮办湖南团练，在衡阳开府筹建湘军。彭玉麟前去投效，在曾国藩的弟弟曾国葆那儿帮办筹建水师，并与太平军激战长江，也曾转战江之中下游的铜陵。其有诗：

> 年来浩劫满洪都，郡县收回六十余。
>
> 狐兔妖氛消蠡水，鲸鲵孽浪静鄱湖。
>
> 桃花岭旧飞红雨，桑落洲新长绿芜。
>
> 惟有疲民苏未易，不堪庚癸岁频呼。

据《清史稿》载，彭玉麟于"咸丰八年（1858），连破枞阳、大通、铜陵、峡口贼屯，合围九江，克之，晋布政使衔。"此诗大约写成于此时，诗大意为：现已收复60多个郡县，蠡湖鄱阳的匪徒已经平息，曾经硝烟滚滚的桑落洲又滋生出绿草，唯有饱受战争苦难的平民百姓很难恢复生机。

同治七年（1868），清廷设长江水师，彭玉麟诏任首任长江巡阅使，每年巡视长江水师一次。是时，"雪帅"船头常插着一面小红旗，平时巡视各处，若遇着军营中有人赌钱、打架、抽鸦片，轻则笞杖数十，重则人头落地，"彭大铁"的绰号由此而生。

那时，铜陵大通驻有水师营，和悦洲上设参将衙，由三品参将统领，隶属长江水师提督，"自枞阳以下江面"均为大通水师防区。彭玉麟督师于此也是当然。清史稿载："玉麟刚介绝俗，素厌文法，治事辄得法外意。不通权贵，而坦易直亮，无倾轧倨傲之心。"他每年巡视水师时，草帽芒鞋，素巾布服，一把雨伞，一叶扁舟，微服往来于长江沿线。这一期间，他杀过或革职查办过不少贪官污吏，安庆候补副将胡开泰召娼杀妻，湖北总兵衔副将谭祖纶诱劫朋友发妻，均被雪帅切下了人头。长江两岸恣意枉法的军官惴惴不安，彼此不断提醒对方："彭宫保到了！"言外之意是：各安本分吧，否则，脑袋就该搬家了！可彭玉麟却被沿江百姓视为保佑平安、伸张正义的"江神"。至今，和悦洲还口耳相传着数则轶闻：

一闻：时和悦洲上茅庐毗邻，火灾不断。彭玉麟曾在一次检阅大通水师时，对洲上的10条巷子均以三点水旁的字命名，即江、汉、澄、清、浩、泳、漾、泅、汇、洙，意在以水克火。

二闻：光绪年间，铜陵鹊江两岸贩卖毒品者众，吸食鸦片者日多。彭玉麟巡江大通，通令禁烟，一次就查获了8名罪大恶极的贩卖毒品者和吸食毒品者，就地明正典刑，并将人头高悬于和悦洲大关口盐务督销局大门前的旗杆子上。三日后，彭玉麟欲观禁烟之效，夜行街巷，细察静听。约二更时分，他来到了和悦洲的洙字巷内，见一高墙大院门前张灯结彩，鞭炮齐鸣。彭玉麟乘兴好奇，随着人群步入院内。原来这里是一个刚开张不久的鸦片馆，烟馆主人年已五十有余，正娶只有15岁的小姑娘为妻。而后堂内有三个烟客正横卧在烟榻上吞云吐雾，吸食鸦片。彭玉麟气愤之极，此时正逢婚宴已经摆好，堂内催客入席。彭玉麟于首席高坐不辞。待到众宾客都落座之后，宾客们才注意到这位高坐首席的年逾六旬、头顶微秃的老人，怀疑他可能是一个不速之客。于是，一宾客提议请这位老人书写一副新婚喜联，欲借题羞之。彭玉麟知其意，大笔一挥，写下一副对联，上联是："五十新郎，十五新娘，天数五，地数五，卜他年五子登科，稗属枯杨饶大过"；下联是："两三好友，三两好土，益者三，损者三，庆此日三星高照，花开罂粟款人同"。对联写好后，四座皆惊，再看落款"彭玉麟"三个大字，一个个跪倒在地，叩头求饶。此后，鸦片馆就再也不敢开张了，通和两岸的贩毒者、吸毒者日少。

三闻：有一粮帮船主秦仁济，山东人，落籍大通，专横跋扈，称霸一方，每每运送旅客至青阳，强抬船费，并因超载沉船，致使人丧命，乡人称之为"阎王渡"。时在大通操练水师的彭玉麟接到禀报，便扮成商人，佯称包专船前往青阳。果然，秦仁济贪得无厌，广揽旅客，船上人满为患。彭玉麟据理取消此行，派兵前往，勒令秦仁济不得超载。秦仁济置若罔闻，开船而去，至童埠河中心船翻人亡。彭玉麟追究其罪责，小惩大戒，命兵卒将船锯成两段，船头竖于大通上街，船尾竖于河南嘴，并定下船制"一档二十人，船钱二十文"。那断船迄至民国初期犹存，一些年老的和悦洲人仍能忆起祖辈所说的这些坊间旧事。但以上轶闻仅为民间传闻，也有人将"断船"之事传为时任大通参将胡伯华（湖南新宁人，两江总督刘坤一部下）所为。

乡野故老之说并不靠谱，谨以笔记录之，或可以野史补正史之缺。

彭玉麟一生"三不要"，不要命、不要官、不要钱。他生性不爱浮华，平日布衣蔬食，自奉甚俭，但对他人却十分阔绰，俸银和赏银多用于周济穷困亲友，赠予凯旋的部下，赞助公益。当年，大通羊山矶畔曾建有一寺"生生庵"，为过往行人、船舶祈祷祝愿。道光三年（1823），因长江流域发生洪灾，羊山矶下常见溺水身亡的尸骨漂滞于江边滩涂上。大通绅商发怜悯之心，将原"生生庵"改为"通济庵"，捐资请专人专门从事掩埋溺亡者的善举。同治元年（1862）九月，有位法号见明的和尚以开办同仁局的名义募捐，假公济私，中饱私囊。驻扎大通的清兵水师营统领柳寿田见此颇为气愤，驱逐见明和尚，并禀请两江总督曾国藩、兵部右堂彭玉麟批准重建同仁局。彭玉麟首捐白银 500 两，随之商贾、官僚参与资助。随后，大通同仁局由羊山矶迁至和悦洲，建于浩字巷，重订善举种类、经费来源、扩大救济，大凡涉及"救生、掩骼、挂缆"等事务，都按旧时典章谕令办理。同仁局所需经费，亦按当时设在大通的厘金局每日所收厘金 1/10 标准拨付，同时逐一追回同仁局以前所置田地、山场等产业，仍归同仁局作为行善资本，并在洲上占地 10 亩，砌石为垣，凿石为门，设"义冢"。从此，大通同仁局救生、恤死、帮助过往船只和行人的善举延续多年，声名在长江上下游间广为传播。为弘扬同仁局救生恤死的善举，大通绅商为续办同仁局撰文立碑纪念。大通厘金局陈茂邀请其兄、当时颇有声望的书法家陈艾撰写了《续办同仁局序》，碑文中有："乃咸丰三年均以兵燹废。而僧人见明等貌袭通济庵之名，钻办同仁局之事，假公济私，动辄违法。水师亲兵统领柳名寿田，秉性廉洁，守正不阿，驻防于兹有年矣。有利则兴之，有害则去之。遂于同治元年秋九月逐僧人见明，改庵为同仁局，复旧善举。禀请阁督部堂曾、兵部右堂彭准行。在案所饬士杜清泉、毕子卿经理局务。凡救生、掩骼、挂缆等，均照旧章谕令，所需经费悉照安全局日收厘金该局十分取一。并饬地方官将前局所置市房、田产、山场等业，逐一还归本局，俾为行善之资，通祥立案具见"——说的就是此事。

在和悦洲上，与大通同仁局并列而建的两湖会馆，也曾得彭玉麟庄田 285 亩、庄屋山场及耕牛 4 口之捐助。清代同治中期，大通八大帮之一"两湖帮"由湖北、湖南旅通商人组建，成员有 10 余家店主、船民、缸窑工人、码头工人、手工艺匠等，其会馆宏伟气派，为大通八大帮之首。彭玉麟乐善广施，梅花雪帅传一树馨香。

同治八年（1869）春，彭玉麟抱着功成身退之心，愿"以寒士始，以寒士归"，请求回乡补行守孝，回到衡阳。光绪七年（1881），中法战争爆发，年已 68 岁的彭玉麟，应命募兵赴广东备战。他不顾年高体弱，立即募兵 4000 人开赴虎门。后法军进犯谅山，窥伺广西，彭玉麟率老将冯子材抗击法军，在镇南关、谅山大获全胜。光绪十六年（1890）三月，彭玉麟以平民之身，病卒于衡州湘江东岸退省庵。与曾国藩、左宗棠均是儿女亲家的湘军创建者之一郭嵩焘挽彭玉麟曰：

收吴楚六千里肃清江路之功，水师创立书生手

开国家三百年驰骋名场之局，亮节能邀圣主知

斯人已去，空留绝响。如今，大江东去，彭玉麟在和悦洲上的行迹已风雨漫漶，但忆起"雪帅"彭玉麟其人，或可想象他与一生心仪的三国周瑜一样，在长江之畔高吟《梅花诗》：英雄气概美人风，铁骨冰心有孰同。守素耐寒知己少，一生惟与雪交融……

第二辑

义安翘楚

盛 度：三朝良辅振家声

孟春时节，气清景明。义安区天门镇五峰山麓石山脚村，村民盛昌春家的院子里，盛氏族人群贤毕至、少长咸集，他们团聚于一丛牡丹花周围，"忆昔忠良膺宠赐，对花唯觉一庭香"。这丛牡丹，一本数十枝，花放 200 余朵，粉光深紫，百媚千娇，为北宋仁宗皇帝嘉奖他们先人盛度政绩，在其告老还乡时所赐。族人们每年都聚集一次，举办牡丹花会，缅怀盛度这位博学多才的三朝良辅。

盛度 (968—1041)，字公量，北宋铜陵石洞耆 (今义安区天门镇) 人。祖籍应天府 (今河南商丘)，曾祖盛玚入仕吴越，时任余杭令，因此全家徙居余杭。盛度父亲盛豫在吴越国钱俶时任检校太傅，后在吴越归宋的历史时刻起了关键作用。当宋

太宗开始对"礼贤宅"一干人进行清理时，盛豫见李煜、钱俶等或死或薨，他不得不为子孙安全谋划，寄其子盛度于其兄盛尚泰名下，于端拱年间迁到蕞尔小县铜陵。盛度少年时，勤奋好学，和大多数读书人一样，走的是一条科举入仕的道路。北宋端拱二年（989），21岁的盛度进士及第，开始步入北宋政坛。

盛度一生辅佐太宗、真宗、仁宗三朝，纵横官场五十载，先是从地方官做起，到小京官再到封疆大吏、朝中要臣，最后位列宰辅，做到枢密使（相当于宰相）。他也曾几起几落，屡遭贬谪，不过，他毕竟是一位饱学之士，加上在官场上历练出来的判断力和洞察力，总能化险为夷，进退有度，以施展治国之才。

北宋前期，北方契丹骚扰北宋北部边境，边患不断。盛度屡次上疏议论边事，提出安邦之策。他奉旨出使陕西时，实地勘察了边疆的地势，又参考了汉、唐以来的古地图，绘制成了《西域图》献给朝廷，又绘酒泉、张掖等五郡东南山川形势为《河西陇右图》。一次，盛度在宫中便殿向皇帝奏事时，宋真宗问起所上《西域图》一事，盛度趁机向皇帝建议说："西域的酒泉、张掖、武威、敦煌、金城五郡的东南面，自秦朝以来就开始修筑长城，西起临洮，东至辽碣，绵延万里。历代都有地方官员层层管理和驻军把守，战时烽火相望，这是为形势所迫而采用的抵御之道。唐朝时在边境设置节度使，后以宰相兼领，但因为用人不当，虽有河山之险而不能坚守，有甲兵之利而不能防御。现我又重新绘制山川、道路、壁垒、区聚，取名为《河西陇右图》，以供皇上参考。"真宗看完《河西陇右图》，由衷地称赞："爱卿真是位博学之士啊！"宋仁宗时，盛度又以边事十条，上书朝廷，议论得当，得到皇帝的赞赏。

盛度担任给事中时，受诏与御史中丞王随议定流通解池盐法，也就是改革盐法。宋代的商业繁荣，商税成为政府重要财源之一，官府控制盐、茶、酒等物品的生产并垄断销售。北宋自统一以来，为使"天下盐利皆归县官"，特别"重私贩之禁"。食盐专卖造成流通不畅，盐价高、盐质低的恶果，盐是人民日常必不可缺的生活资料，人民深受其害，甚至出现河北地区"以盐比药"、江西地区"人苦淡食"的情况，政府的收入也减少。天圣八年，有人上书："县官禁盐，得利微而为害博，两池积盐为阜，其上生木合抱，数莫可较。宜听通商，平估以售，可以宽民力"——指出了政府禁止食盐流通得利少而为害大的弊端，建议政府开放盐禁。于是宋仁宗诏见翰林学士盛度、御史中丞王随议更其制度。盛度经过仔细的调查研究，给皇帝上书，指出允许民间经营盐业的五大好处，"方禁商时，伐木造船辇运，兵民不胜疲劳，今去其弊，一利也；陆运既差帖头，又役车户，贫人惧役，连岁逋逃，今悉罢之，二利也；船运有沉溺之患，纲吏侵盗，杂以泥沙硝石，其味苦恶，疾生重腿，今皆得食真盐，三利也；钱币，国之货泉。欲使通流，富家多藏镪不出，民用益蹙，今岁得商人出缗钱六十余万助经费，四利也；岁减盐官、兵卒、畦夫佣作之给，五利也。"当年十月，皇帝下诏"罢三京、二十八州军榷法，听商人入钱若金银京师榷货务，受盐两池。"盛度改革盐法，其实质就是"听商旅入钱算盐"，也就是允许商人将钱财或供军队用的饲料和粮食运缴京师或边地，然后在官府指定的地区取盐销售。这种办法虽然也对民间经商进行限制，但它从根本上改变了政府对食盐的垄断和专卖，利用了民间资本，减轻了政府的负担，促进了食盐的流通，也有利于人民的生活。此法行之一年，国家税收增加了十五万。

盛度为官清廉，爱惜人才。宋人笔记《青箱杂记》中说他为翰林学士时有个下属孙忭召试馆职，给盛度送礼，盛度大怒："凡送礼的人都是歪门邪道。"呵责再三，孙忭惶然失措而退。但在考试后，盛度见孙的文章不错，擢为三等上，不埋没人才，可见盛度的公正。

史书上还记载，盛度对贫穷之人多有施舍，而对送礼行贿者则绳之以法。"所至，下贫无赖，多所纵舍；稍有赀者，一切绳之以法"。盛度谪洪州时，建议朝廷恢复贤良方正科，又请建四科以取士，"博通坟典达于教化科，才识兼茂明于体用科，军谋宏远堪任将帅科，明晓法律能按章覆问科"。朝廷后来用了夏竦的建议，置六科取士。

盛度性格机敏，识人洞事。他在翰林院时，一次，仁宗命他起草诏书，并且要得比较急，让他就在朝堂茶几上起草。而盛度做文章如绣花，一贯喜欢斟酌酝酿，于是，心里犯难而又不便言明，情急之中，灵机一动，躬身奏曰："臣身体太胖，伏在茶几上写不了字，能否请皇上让侍从抬一张桌子过来？"待侍从搬来桌子，展纸磨墨间，他已有了诏书腹稿，便一挥而就。仁宗读罢，大赞其才思敏捷，文笔流畅。盛度连忙俯身叩头谢恩，偷偷擦去额上冷汗，哭笑不得地叹了口气。（事见朱弁《曲洧旧闻》卷一）盛度做扬州知州时，夏有章被朝廷任命为郑州推官，路过扬州，盛度欣赏他的才学，便准备安排酒宴接待他。有人对夏有章说："盛公从来没有宴请过过客，只有他器重的人才能享受酒宴之请。"夏有章深感其意，作诗一首，准备酒宴之时以致酬谢。到了赴宴那天，夏有章先派人将所作之诗送入府衙。盛度接过装诗的封函，只扫了一眼，甚至没有打开，就退还给来者，并派人出府衙拒绝夏有章，并传话说："度已衰老无用，此诗不得复见。"夏有章疑惑不解，便前往拜见通判刁绎，将先受邀后受拒的过程从头说给刁绎。刁绎也不解其意，待夏有章走后，去见盛度，问道："您开始那么器重夏有章，还打算设宴相邀，今天他受邀而来，怎么连他的赠诗都没有展读，就拒绝接见他，什么缘故啊？"盛度回答道："开始的时候，见他神采和风度淡泊，想他必定是位人才。但，今天他封诗给我，自称新圃田从事。刚得一小小幕官，就志满意得，如此轻飘飘。你姑且看他将来，仕途必定止于此官。"后来的事实果然证

明了盛度的预见。所以沈括说："文肃阅人物多如此，不复挟他术"。（事见沈括《梦溪笔谈》）

盛度勤奋好学，家有不少藏书，每当公事闲暇，即埋头读书，手不释卷。史载"度好学，家居列图书，每归，未尝释手"。他曾经参加《续通典》《文苑英华》的编纂，又收集皇帝日常文书和群臣奏章，编成《愚谷集》《银台集》《中书集》《枢中集》和《中书制集》《翰林制集》《沿韦制置敕》三卷、《庸调租赋》三卷等。

金无足赤，人无完人。《宋史·盛度传》载：盛度"性格猜险，虽平居同僚不敢易语"。可见他是个性格乖僻，肚里做文章，不大好打交道的人。仁宗朝时，王曾与吕夷简同为相，他与宋绶、蔡齐同为参知政事，王与齐要好，吕与绶相善，唯他与四人都疏远。因政见不合，二相都求辞职。仁宗问盛度何人可继为相，盛度知道仁宗最忌官员结党，就说："二人腹心之事，臣亦不能知，但陛下各询以谁可为代者，即其请可察矣。"仁宗果以问曾，曾荐齐，又问夷简，夷简荐绶，于是四人俱罢，而盛度独留并坐到枢密使的高位。

盛度在陕西时，得牡丹数本供奉皇上，及盛度以太子少傅致仕时，皇上为嘉奖其德服远人，图容御赞，赐所供牡丹一本以奉亲。宝元二年（1039）七月，盛度暴感风眩，卒，赠太子太保，谥文肃。

盛度生子三人，儿子申甫，尝为福建转运使，终尚书兵部郎中、集贤校理，颇以修洁称。孙子虎臣，宋政和二年进士，官枢密使，颇具其祖遗风，端重简默，识见了然如神。五松盛氏家族人才辈出，已成当地大宗。

千百年间，盛度从京城带回的那株御赐牡丹仍年年盛开。

陈翥：桐树自是竹君栽

北宋景祐五年，包拯奉旨往江东铜陵，荐征陈翥，后派遣使者赍赏锦缎四段，随赠咏轴一副，诗云："奉敕江东历五松，义安高节仰陈公。赤心特为开贤路，丹诏难回不仕风。乐守齑盐忘鬓白，笑谈金帛近红尘。无拘无束清闲客，赢得芳声处处同。"六年后，包拯赍锦缎、色纱二段，白金十两再征，陈翥仍不就。皇祐二年，陈翥六十有八，刺史曹君奉诏赍赠金帛冠带，以荣终身，陈翥亦无意焉。与陈翥幼同笔砚的盛度致仕荣归故里，听闻昔日同窗三征不仕，由衷赞叹道：知君非是寻常客，看破功名一羽毛。

陈翥谓谁？节行超逸，博综经史者也。

陈翥于宋太宗年间出生于铜陵的仕宦家庭，自幼接受义方之训，深受传统文化熏陶，且聪敏过人，五岁知书，十四入庠。他尝与萧定基、盛度等同窗共砚，相习今古之文，详明圣贤之道，怀有强烈的修齐治平之志。惜正当潜心之际，其父不期而逝，顿失怙恃，以致辍学。虽如是，陈翥仍不坠青云之志，效仿受唐人陈商于马仁山筑室读书尔后显达之事，先于鸡笼山顶筑室读书，后至马仁山南侧，斩荆披茅，构屋数楹，发愤苦读其间，整日户牖不开，从早至晚与古人谈讲，家人妇子，非时不见。里人呼之曰"闭户先生"。

日久，家境渐窘迫，兄弟关系也渐垝篱不合，陈翥又不幸抱病，茕疾否滞，十有余年，以致"蝎蠹木虚，根枝不附"，青春磨尽，"干禄以代耕"的梦想渐成泡影。年届不惑，身心俱伤的陈翥，自叹"命乖强仕"，对仕禄已然心灰意冷，于是退为治生，毅然回乡，于故宅西山之南，辟荒拓莱，植桐栽竹，过起田园生活。

谋划之初，老母章氏语重心长地对他说："植桐、竹，不如植桑。一年一季桑叶，产出数倍于桐、竹，桐、竹怎么能作为治生的首选啊？"乡里老农也笑着劝他："分利之速，植桐不如植桑之博矣！"兄弟皆以为他不懂农圃之事而窃笑之——他们哪里知道陈翥的胸臆啊。母亲逝世后，陈翥在南坡上栽下桐树与水竹，三两年蔚然成林。他望着桐树和翠竹，对雀跃其间的鸟儿说："农圃之事，我能不懂吗？议利而后动的事，是圣贤之人所不取的，我之初心，不在谋利。竹，岁寒不易，具坚贞之节操；桐，识时知变，顺天地之道。昔齐豫章王在官邸旁起土山，列种桐、竹，武帝幸之，置酒为乐。吾虽布衣，孤而且否，亦心有所好焉。他们不是讥笑我吗？那我就当个咸聱子罢。"鸟儿振翅飞去。

已而，桐茂、竹盛，陈翥列坐石于其间，常招朋友凉乎其下，谈诗书，论古今。朋友深知，陈翥桐竹之林虽无桑梓起家之能，却怀虚心待凤之意，称其为豫章之俦。陈翥欣然，乃比豫章王子猷号桐山，自号桐竹君。也就是在这段时光里，陈翥开始着手对桐树生产的研究。他一方面注意汲取前人的认识成果，精心研读《齐民要术》《茶经》《竹谱》等古代农学著作，将重点放在桐树科学课题上，活读经典，力求甚解。他尊重前人成果，也善于发现前人之不足而补订之。他还十分注重群众经验，认为在树木栽培上，"唯山家流能之"，在桐木采伐上，"则智出匠氏"。因此，他经常"召山叟，访场师"，拜他们为师，向他们请教，将他们的俗谚和鄙语直接记录下来，写进著作当中。当然，最主要的是他坚持亲身实践，治学精神严谨。他亲自"披榛棘之丛薄，陟峰峦之险危，望椅梓以相近，求拱把之见移，全根本之延蔓，择材干之珍奇"，一丝不苟，亲力亲为。

皇祐三年冬，《桐谱》终于脱稿付梓。全书近8000字。除序文外，正文仅一卷，依次分为《叙源》《类属》《种植》《所宜》《所出》《采斫》《器用》《杂说》《记志》《诗赋》等十篇。其中，前四篇和《采斫》《器用》篇为科学技术性论文，《所出》篇和《杂说》篇为桐树产地与桐树史料的辑录，《记志》篇是关于陈翥在西山从事桐树生产和研究经历的记述，《诗赋》篇则是陈翥"借词以见志"之作，是他与桐竹对话的真实记录，但与一般的遣兴之作有着明显的不同，其中既有思想情感的表达，又包含科学知识内容，融科学与诗文为一体。

《桐谱》是世界上最早的桐树科学著作。陈翥因之被公认为独树一帜的林学专家，自宋以降，他的杰出贡献受到后来者的推崇与关注。李时珍《本草纲目》、方以智《通雅》、王象晋《群芳谱》和吴其濬《植物名实图考长编》等名著，都曾据以参考、引述和节录，甚至全文转载，以作为自己论断的主要依据。今人之泡桐学专著中，征引《桐谱》者，更是不胜枚举。就连20世纪60年代美国的《经济植物》杂志，在论及泡桐的经济价值和木材性质时，都大量引录了《桐谱》中的资料。

嘉祐六年正月，陈翥卒，享寿七十有九。其家人斩桐木为其周身之具，以偿其植桐之心。墓葬狮子山下清凉寺侧，周植桐竹以伴。

胡舜元：人文相承逢原堂

胡舜元，字叔才，号益庵，北宋铜陵县洪口耆沸水（今义安区顺安镇盛瑶村）人。

宋真宗天禧三年(1019)，胡舜元出生于沸水胡氏。其父胡省一（字文赏，赠著作郎），少年时博览群书，能诗善文。既长，致力商贸，其家境逐渐殷实，遂成铜陵望族。胡省一重视子孙读书教育，坚持以重金为胡舜元延师课读。严教之下，胡舜元10岁即通《尚书》。既长，可以独自游学时，乃父从不吝啬银两，常派胡舜元往四方求学。这天，胡家迎来一位贵人的襄助——他就是王安石。此时的王安石正是青少，声名尚未大显，且因父亲去世，家境很是拮据。庆历元年（1041）的春天，王安石随从妹婿沈季长来到铜陵县，饱览山川胜迹，遍访民间风尚。胡省一得知王安石来到小邑，精诚以待，如此才有了王安石与铜陵胡氏逢原堂的缘分。

逢原堂为胡舜元父亲胡省一出资兴建，乃讲习学问之所。王安石曾有诗《题胡氏逢原堂》，称胡家："君家世儒雅，子弟清风传。前日辟书堂，名之曰逢原。有志在占道，驰情慕高贤。深哉堂名意，推此宜勉旃。"于是在那个"山水相萦萃，花卉矜春妍"的春天，王安石与名叫胡舜元的铜陵士子相遇了，两人在逢原堂"共砚席、相友善"，渐渐成了亦师亦友的关系。而逢原堂上，吟声不辍；灵窦泉边，青衫不绝。大明寺的钟声里，常有士子握卷，款款而行。王安石在逢原堂讲学时间不长，庆历二年（1042）就初试登榜，摘得进士第四名，其后从逢原堂考上进士的就有铜陵胡舜元、旌德汪懈、丹阳蔡肇等，就连那位从学于彼的族人胡一源其后享赐进士出身。其中，从王安石游学于逢原堂的润州丹阳（今属江苏）人蔡肇，曾任吏部员外郎、中书舍人等，书画很有成就，其画《仁寿图》现藏于台北故宫博物院。

嘉祐四年（1059），胡舜元登进士，这是胡氏一族的大事，是铜陵士林的大事。它提升了整个胡氏家族的形象，激励了胡家子弟求学求仕的热情。其后，就读于逢原堂的胡氏后世子孙，更是指不胜屈，舜元之侄孙棠、棣、乘俱举进士，佩玉鸣珂，留名于史。胡乘官至江宁太尉，后弃官归隐故里，教授于逢原堂。明朝永乐年，舜元之后胡本惠官至都察院右副都使，卒后上赐祭葬。铜陵历代文科进士29人中，胡家独占 3 个，这是逢原堂的恩泽。

胡舜元登科后，先后任江西德兴县令、陕西郑县（今陕西华县）县令，"政擅循良，吏民畏服，宪臣简之"，调任秘书省著作郎。治平元年（1064），胡舜元以"年高老耄"上疏告归。英宗诰敕谓其"立志宏大，德行素隆"，令赍金衣绣裳，以荣终身。归后，胡舜元优游林下，每与邑内外名士徜徉山水，或临津、或沸水、或逢原堂聚饮酬唱。尝作《归隐诗》二首，一曰："利欲牵人四十春，不堪奔走逐红尘。如今始觉天欲晓，深闭蓬门不问津。"二曰："懒将狗尾续金门，且整犁鉏向野莘。尧桀是非浑不解，一蓑烟雨一蓑云。"元丰八年（1085）司马光为相后，废除新法，谏复旧臣，史称"元祐更化"，舜元持节不肯出。元符二年（1099），胡舜元以病老卒于家，享年 81 岁，葬于铜陵县望牛山西麓（今义安区顺安镇长龙山村），门人蔡肇为其撰墓志铭。

乡贤已去，灵窦泉清响依然。逢原堂今已易名为"荆公书堂"，但是铜陵人不会忘记逢原堂创建者胡省一，不会忘记王荆公身旁的胡舜元，也不会忘记逢原堂攒积的文气和士风。

罗 京：罗公书堂应犹在

狮子山，在铜陵县东 60 里，石峦矗立，宛若狮首，扪萝登眺，江空天阔，尤为巨观。明朝景泰年间，山北赤沙出了个进士吴琛，累官至都察院右副都御史、两广总督。吴琛不但官做得好，还擅诗文，曾一口气为梓里的狮子山写下八首七律，曰《清凉八景》，其七云《罗公书院》：

哲人有志助功名，故向幽林结短檐。

屋里唔咿声未绝，案头博览业尤精。

一朝伟烈称当世，百载颓基仰旧声。

珍重乡邦年少士，好将踪迹效前英。

诗中"哲人"即指罗公罗京，罗京书院（也称罗公书堂）乃指罗京曾在狮子山下筑室读书处。

罗京，铜陵县贵上耆金山罗村（今义安区钟鸣镇金凤村罗家店）人，约生于南宋嘉泰—开禧年间（1201—1205），殁于宝祐六年——开庆元年（1258—1259）。他的一生中，有据可查的与其相关的年份只有两个：一是他于南宋绍定二年（1229），登黄朴榜进士及第；二是宝祐六年（1258）后，以受枉而殁。罗京登科后，官至户部侍郎，与其同科的黄朴、杨栋、陶炽以及黟县人程凤元，宋史皆有传，而不见罗京片言，因此其受什么"枉"不得而知。但从他入仕29年间的大背景来看，南宋已是日薄西山，距罗京"受枉而殁"不到16年，南宋朝廷就寿终正寝了。罗京虽然没有名垂青史的荣耀，但他于狮子山麓筑室苦读留下了声名。他登科后，因其显贵，其家所在之青山并乡耆皆以"贵"名之。他苦读之书屋被名之曰罗公书堂，激励着莘莘学子，被后人纪念。

罗京微时，便立下鸿鹄之志，决意要向罗复（北宋铜陵县钟鸣耆石垣村，今义安区钟鸣镇金龙村人，登北宋政和二年莫俦榜进士）那样，做一位经世济民的贤士。他又受唐人陈商筑室马仁山、北宋乡贤陈翥筑室鸡笼山发愤读书终成大器的启示，效仿他们，以单薄之身，寻到狮子山西麓百丈峰下，披荆斩棘，垒石为屋，自此一心苦读治学。他引山泉至书屋前，为九曲，以适游憩，乃自号山泉先生，又于泉边植竹数百竿。百丈峰下，原自清幽，泉清竹翠，鱼鸟游鸣其间，更添其静雅。

出书屋往东，上山约里许，一片幽篁里，便是先贤陈翥之墓，春秋佳日，罗京常携书卷，往谒之。陈翥墓南，便是下清凉寺，每当读书犯难之时，罗京便往寺中，找僧人谈谈心，临了，一身自如，下得山来，进得书屋，焚膏继晷，继续与古人讲谈。

百丈峰下，有摩崖一方，罗京为励志见，尝手书"月宫"二字，镌刻其上，意在蟾宫摘桂。皇天不负有心人，十数载寒窗苦读，罗京终于实现其"桂林一枝，昆山片玉"之愿望。蟾宫摘桂后，他成了后学们的楷模，激励着一代又一代学子。30余年间，仅贵上者就有两位学子高中进士：南宋开庆元年（1259），贵上者千丘湖（今义安区钟鸣镇牡东村）人章应雷登周震炎榜，官授秘书馆修撰，赐"清忠"；南宋景定三年（1262），贵上者金山罗村（今义安区钟鸣镇金凤村罗家店）人罗黄裳——罗京的同村同宗，登方山京榜，官至两淮转运使。还有前文提到的题咏《清凉八景》的吴琛，他虽属今芜湖市繁昌人，但与贵上者毗邻。他在罗京200余年后进士及第后，在《罗公书院》诗中以"一朝伟烈称当世，百载颓基仰旧声"一联，表达他对罗京的崇敬之情；而"珍重乡邦年少士，好将踪迹效前英"一联，字面意思当是以罗京的成功激励乡里子弟，勉励大家要学习前英，其实也包含了吴琛自己正是瞄着罗京的踪迹，方成就其功业之意。

百丈峰下那几间石屋成了罗公书堂后，亦成为后世人仰慕的精神高地，邑内外人时有凭吊。清代邑人徐嗣芳曾作诗道："书院荒址存，罗公已成古。但励豪杰心，不必作山坞。"书院已然倾圮，罗公已然作古，但先贤的刻苦为学之精神依然激励着后学，石屋在与不在，修与不修，并不重要了。清邑人徐光成作诗盛赞罗公书堂的美景："罗公筑室处，古刹尚依然。峻岭含佳气，严林带瑞烟。苔深翠欲滴，岸断径还连。果是清凉境，徘徊不回旋。"信步书堂前、清凉寺一带的林间，简直有点流连忘返了。而在坊间，民众却用最朴素最原始的方式，表达着对罗京的膜拜。俗传，罗京死后，乡人请塑其像，并奉神主牌位，号曰金山明王，立庙于金山之麓以祀之。里人以每年六月初一举祀为常例，称之曰"明王会"。

也许罗公书堂真是适合读书治学之处。1945 年 2 月，中共皖南地委在狮子山下罗公书堂旧址，开办皖江第二联立中学，这是一所抗大式的学校。曾任中共铜陵中心区委书记、时任中共皖南地委组织部长的张伟烈任校长，新中国成立后任新华社安徽分社社长的胡敏如任教导主任，主持学校工作，开设的课程主要有时政、中国革命史、国文、数学、音乐、体育等。学校实行供给制，由新四军皖南支队负责供给学校的一切开支。是年 9 月，抗战胜利后，新四军奉命北上，联中师生 80 余人随军前往淮阴、临沂，学校停办。联中在罗公书堂虽然只有短短的半年时间，却为革命事业培养了一大批干才，也为罗公书堂增添了多彩的一笔。

风流总被雨打风吹去。昔日的罗公书堂，已经风化在时间里，但罗公书堂精神内涵仍旧在传承，成为义安人的精神根脉之一。

钟文珍：钟潭老莲风香远

钟文珍，南宋铜陵人，其父钟庆五曾任职西台舍人，也就是在中书省执掌草拟制敕、办文办会的官员。钟文珍从小得到了较好的文化熏陶，父亲对他期望颇高，让他早早地攻读经史，还在塾师的指导下研究《春秋》。但是，直到宝祐四年（1256），39岁的钟文珍经过了两次科举考试才考中进士，而当年的状元则是21岁的文天祥。

考中进士后，钟文珍有过短期担任无为州教授的经历，随后就被任命为湖广沔阳县知县。沔阳属于古"云梦泽"，是水乡泽国，土地肥沃，水产丰富，蔬菜种植也很容易，但是与此相伴随的是民间纠纷和诉讼较多。钟文珍到任后不久就审理了一大堆积案，使得县里很快清净下来。沔城为荆楚名城，历史文化丰厚，钟文珍就以此教化百姓明礼守节、尊亲重教。等到钟文珍任期已满、即将离开时，百姓们拿着"沔阳三蒸"来送给他，还劝他说："一年雨水鱼当粮，螺虾蚌蛤填肚肠。蒸鱼、蒸蔬菜都是我

们这里常吃的，希望您能收下。"但钟文珍婉言谢绝了，他知道，蒸肉是他们难得一吃的贵重物品，即使蒸鱼、蒸蔬菜不贵重，他也不能收，因为他知道，百姓吃不起大米，只能用少许杂粮磨粉，拌和鱼虾、野菜、藕块投箪而蒸，以此充饥。蒸菜是百姓平日里的家庭支撑，而不拿民众一厘一毫更是一个为官者的起码素养。

因在地方上表现优异，钟文珍任满后被选入朝廷，成为吏部主事。吏部掌管全国官吏的任免、考课、赏罚、升降、调动等事务，所以虽然只是个小小主事，也有很多人希望巴结他，以求得将来的照顾。但钟文珍从不参与他人的私人活动，更拒绝别人的登门拜访，使得别人无法靠近。正因为钟文珍自身要求严谨，朝廷不久又将他转任为吏部的给事中，让他作为"天子耳目"，负责监察吏部、纠举弹劾违法官员。在这个职位上，他一样兢兢业业，严格自律，干得非常出色。在繁忙的工作之余，钟文珍没有把时间花在娱乐、应酬和交结朋友上，而是把时间都留给了探究国家的治理决策上。即使在和朋友游玩时，他也是心系国家。史书记载，他在景定年间任职无为州教授时，曾经与朋友一起游玩绎志亭，写下了著名的《绎志亭记》，这是一篇可以媲美《沧浪亭记》《醉翁亭记》《岳阳楼记》的游记。在这篇游记里，他提出了对当时具有纠偏作用的"文武并重"理论，阐述"文武非二致也。执斧钺者，即制作礼乐之手；却莱夷者，即从容杏坛之答问"，以此强调武学的重要性，强调文与武皆属"道"，均为治国之术，都可由教育养成。在吏部时，他大力建议实施了一连串招录武学人才的措施，为挽救重文轻武的南宋统治献出了自己的力量，也由此被升任为兵部尚书。

退休后的钟文珍回到铜陵，将家从原先居住的"八角井"搬到了钟潭，"八角井"与唐朝宰相姚崇沾亲带故，当时当地人称之为风水宝地，而钟潭在当时只是一个不知名的水乡。钟文珍没有丝毫个人身后事的考量，在山河破碎之际，他以此地寄托对曾经工作过的水乡泽国的眷念，而钟潭由此得名，此后演变成石桥钟。如今在这片土地上，小桥流水、重脊高檐、舟楫互通、廊坊相连的犁桥水镇，像一颗江南明珠，在熠熠发光。每至荷花盛开之季，香远益清。

章应雷：一身正气树廉风

在民间戏剧舞台，有许多古代读书人历尽寒窗之苦，一朝荣登金榜便衣锦还乡的故事。然而从铜陵走出来的历史人物章应雷，却与此不同。他饱读诗书获取了功名，却一生中淡泊名利，以一生正气树起了廉风。

章应雷（1220—1280），字震卿，号古峰，南宋末年铜陵县贵上耆千丘湖（今义安区钟鸣镇牡东村）人。"耆"原指60岁以上老年人，此处为旧时铜陵县下辖行政区域。贵上耆处于山、圩交界处，靠山面水，土地丰腴，先民较早在此拓荒置业，休养生息。

章应雷是家中次子，他的名字来历很有趣。据说就在出生之时，

天上响起雷声。家人以为这是吉兆，于是将其取名应雷。据章氏家谱载，章应雷出生于书香门第，祖上在两宋时名家辈出。祖父的堂兄弟章嵩，政和二年（1112）进士，曾任池州知州，因"爱九华诸胜，遂卜居青阳徐桥"。其祖父章赉，宣和六年（1124）进士，善词赋、工水墨，为宋代有名画家，官至奉仪郎。其祖上曾举家迁往青阳蓉城，其父章继祖，字希承，"独爱铜陵山水旷奥，遂迁贵上"。章继祖"簪缨世胄"（高官显宦的贵族后代），于书无所不读，经史尤多发明"及居贵上，逐厌世纷，流连风景，吟咏不辍"。章继祖常训导其子章应招、章应雷要"士君子出则为名臣，处则为正士"。明朝翰林学士彭时在为章继祖作传时，称赞其为人处世"临财无苟取，与人交然诺不欺。正己而不傲物，济人而不矜功""满而不溢，晦而愈光"。

受崇尚读书的家风影响，幼时章应雷便表现出颖异的才能。他博览群书，且对所读书本过目成诵，诗词歌赋的才学和时势应对的文章无所不能。经过多年苦读，他通过科举考试层层选拔，于南宋开庆元年（公元1259年）参加殿试，以探花及第荣登金榜，时年39岁。探花即进士第三名，仅排状元、榜眼之后。据《宋理宗实录》载，这一榜共录进士442名。因而，在整个铜陵县科举考试历史上，章应雷功名最高。南宋时候，铜陵归江南东路池州管辖，池州府特地为章应雷在城内立了一座"探花坊"。

章应雷被宋理宗赵昀亲点为探花后，与所有中榜进士一起入金殿接受"宣制"（帝王诏命）。状元、榜眼和探花还要出班下跪，拜谢圣上恩典。由于章应雷相貌堂堂，理宗没有听取介绍便称赞说："身材魁梧高大的那人，便是章应雷了吧？"后来，章应雷被授予秘阁修撰之职，掌修朝廷实录，他的才华得到当朝上下充分肯定。宋咸淳四年（1268）三月的《章应雷秘阁修撰制》记载："探花章应雷精通六籍，明达治体。发迹前科，足彰文学之蕴。策名首第，允孚邦家之光"——

意思是：章应雷精通《诗》《书》《礼》《易》《乐》《春秋》六部儒家经典，懂得治国的要旨和规范的文体，在科举考试名列前茅，这实在是国家的荣光啊。

章应雷自此一直在南宋朝廷为官，虽然官职并不显赫，可出入宫廷，地位特殊。他因居官清正，不附权势，不仅受皇帝器重，同朝大臣赏识，更为地方官吏和百姓所爱戴。章应雷在朝为官 5 年后，南宋第六位皇帝宋度宗赵禥即位。《宋史》上评论这位年轻的皇帝"虽无大失德，而拱手权奸"，即把治国大事交给了权相贾似道，使得本就风雨飘摇的南宋朝廷益发"衰敝寖甚"。不过，度宗皇帝对章应雷是非常器重的，不仅沿袭前朝理宗皇帝对章应雷的重用，还御笔亲题"褒美"二字赐予章应雷，以表彰他在众大臣中出类拔萃的才学与品行。朝廷还赠给章应雷父母"如其官"地位，即赠其父章继祖为秘阁修撰，赠其母汪氏为"宜人"（五品官员之妻）。父以子贵，这在有些人看来实在难得，会借此享受富贵荣华，甚至还可能作威作福，横行一方。但是，无论是当朝官员章应雷，还是章氏父母，都一如既往，过着普通官宦、耕读人家生活。

章应雷居官清正的故事在朝廷可谓尽人皆知，也传到权相贾似道耳中。贾似道这位历经宋理宗、宋度宗、宋恭宗三朝皇帝的权相，在其任上也做过一些对社会经济发展有意义的事，比如以强硬手段阻止富人囤积谷物，提倡"公田法"等。但偏居临安（杭州）的南宋朝廷，此时已岌岌可危，而贾似道之流的欺君罔上、抗元不力、丧权卖国的种种行为加速了南宋灭亡。章应雷不愿与贾似道为伍，而贾似道很看重章应雷身居秘阁修撰的特殊地位，于是借爱慕贤才为名，私下里试图以钱财赠了章应雷。章应雷深知贾似道的处世为人，于是对贾似道说："同在朝中为臣，我们之间没有私人交情。人臣之间无私交啊！"度宗听说这件事情后，益发器重章应雷，并赐以"清忠"二字，用来褒奖他既清廉又忠诚的为官品质。后来因生母去世，章应雷告归铜陵老家居住，一直不忘守住读书人耕读家风。

此后，元朝军队大肆入侵，偏安的南宋朝廷于 1279 年灭亡。章应雷听闻此事后呼号哭泣，悲痛欲绝。元朝统治时期，元廷看重章应雷的人品才华，屡次征召其入朝为官。但章应雷坚辞不就，宁愿在家乡过着清贫落寞的生活，也不愿侧身元朝朝廷，后于元朝至元十七年（1280），难以忍受亡国之痛，郁郁绝食而逝。与章应雷同时代的文天祥，南宋灭亡后，面对元朝朝廷的威逼利诱，大义凛然，宁死不屈，留下了《过零丁洋》的壮烈诗篇。而身为朝廷文官的章应雷，也同样做到了"人生自古谁无死，留取丹心照汗青"。元灭明兴后，当时的朝廷仍依据其生前事迹，赐章应雷谥号"文肃"。

章应雷一生写过很多诗词文赋，可惜留传于世的很少。其后代曾收藏他手书的《春日早朝》诗一首："天街晓月净纤尘，共肃官班谒紫宸。烂漫卿云浮北阙，清和湛露湿重闉。依依御柳迎仙杖，袅袅炉烟拂侍臣。满省春风思圣德，原将忱悃佐丝纶。"这是一首应时应世之作："紫宸"为宫殿，"闉"为古代城门外层的曲城，"忱悃"意真诚，"丝纶"是皇帝制诏及三省（中书省、门下省和尚书省）同奉圣旨所发省札之类的泛称。最后一句表明，章应雷除了掌修朝廷实录，还参与制作诏书省札之类，可见其在朝廷影响非同一般。

章应雷一生治学严谨，清廉刚正，忠贞爱国，以优良家风承先启后，成为当朝及后世读书人、为官者的榜样。

潘伯庸：志存于道怀天下

潘伯庸，字凤台，明代铜陵县坊市一耆城东（今义安区五松镇）人。洪武二十年（1387）岁贡生。作为地方上选拔到国子监读书的出类拔萃的秀才，"贡生"需要经过严格的考选和激烈的竞争，才能脱颖而出。岁贡生人称"岁进士"，虽然相对于拔贡、优贡来说，程序更简化一些，但名额更加稀缺。而无论哪种贡生都和举人、进士一样，被视为正途出身，是科举年代读书人的骄傲。后授任浙江道监察御史，后累官河南、广东、山西道按察御史。

潘伯庸

在国子监求学期间，潘伯庸遇到了很多良师，其中对他教诲最多、影响最大的就是国子监学录、"学行纯懿"的赵晦。他学问高，也非常有民族节义，曾为逃避元朝统治、避乱东莞。他悉心教导潘伯庸读书人最应该看中的是"道"，"士志于道"，年轻士子要立志于道的践行和弘扬，这对潘伯庸影响很大，成为他一生的做人底色。

洪武二十二年（1389），明朝廷急于用人，从贡生中选官，潘伯庸由此被选任浙江道监察御史。他信心满怀地开始了恩师所说的"守道""行道"人生。"学识宏远、状貌魁梧"的潘伯庸初任官时，他"憨直""有风裁"，"侃侃言事""不避权贵"，非常耿介，遇事依法裁定、很有原则而不避锋芒。由此他受到明太祖朱元璋的称许，不久升任河南道、广东道按察使，后又任职山西按察使。在这三个职位上，他"力持宪度、风节凝峻、狱讼不冤，而黠傲者为之驯服"，做到严守法律、作风严谨，办案无冤假错案，狡诈傲慢之徒都乖乖驯服。

在这三个位子上，潘伯庸受到过两次严重打击。第一次打击是他在广东按察使任上，当时燕王朱棣以"奉天靖难"为名，夺取了皇权。潘伯庸没有做墙头草、哪边得势哪边倒，对朱棣新政权不愿附和。这在当时可是死罪，但明成祖朱棣最终只给了他降职处理，派到广东保昌县任知县。但他依然不改其习，遇事总能从为国分忧的大局、为民解困的大义出发，不顾个人安危祸福，不平则鸣。这样就有了第二次的打击。当时他在山西按察使职位上，时值永乐十九年（1421）明成祖朱棣迁都北京之时，他对为迁都而进行的"征天下诸色匠作"，以及治河疏通漕运、伐木采石、营建宫殿城阙，还有迁徙万户居民去充实京城的决策，与朝中其他官员联名上书，谴责其劳民伤财。这次彻底惹火了朝廷，朝廷直接将他降为小小办事员。两次"触锋"行为，完全有可能招来杀身之罪，之前就有方孝孺诛灭十族为先例。但潘伯庸毫不经意、安之若素，因为在他心底，守道、行道更为重要。直到明仁宗大赦天下，他才被平反，重新回到浙江道按察司，做了佥事。他依然遵行大道、不避锋芒，为国分忧、为民解困，直至最后离职返乡。

回乡后的潘伯庸，在守道的同时，着力传道、弘道。他用"士志于道"来教导子女，他描述自己说"只凭一节完始终，启我昆苗善继承"，这个"一节"就是指践行大道，也就是为了利国利民，要敢于不避祸福。他的儿子潘潜考中"经魁"后被授任武宁县知县，孙子潘大承任职保昌知县，玄孙潘可师任职吴堡知县，都能以守道、行道作为自己的为政追求。卒后葬本邑江家涧，宫詹郭琏撰墓志，宣德四年（1429），因其子潜考中经魁授任武宁县知县，县城为立"世显坊"。

潘伯庸学识宏远，状貌魁梧有风裁，憨直不避上，其清修之节为时所称，有"池阳人杰"（当时铜陵县属于池州府）之誉。邑人教谕刘时敏有诗赞之曰："大鼎初新选重臣，持风秉钺自丹宸。万方玉帛今洪武，一德赓歌起戊申。檀氏曙星劳主问，冲州玉树绝才伦。云龙风虎真知遇，池考看君第一人。"潘伯庸《自述》诗云："定夏驱夷仰圣明，抡才先滥及鲰生。堂登肃政三廉访，辔揽临安百度贞。独抱葵诚酹简擢，可堪樗朽愧簪缨。只凭一节完终始，启我昆苗善继承。"铜陵西湖铜艺小镇农林村，曾有一明代建筑的御史府，相传为纪念表彰铜陵为官清廉的潘伯庸所建。

徐 昱：乐善好义仁人心

自汉朝诏举有行义者以来，华夏大地上，义举便积行成习。那些胸怀博爱之人，敬仰孔子赗赠驾车之马，仰慕勾践购置济贫义田，追随而效仿之。铜陵虽蕞尔小县，但从来不乏勇担大义之士、行善积德之人。徐昱就是这样一位慷慨利济、乐善好义、德行为世代人称道的"好人"。

徐昱，字尚德，约明宣宗末至宪宗时期铜陵县钟鸣耆石垣（今义安区钟鸣镇钟鸣街道）人，平生疏财仗义，晚年尤甚，时称义翁。徐昱的祖籍为浙江淳安县，宋朝末年徙居铜陵钟鸣。自祖辈起，徐氏亦农亦商，早起晚眠，义中取利，历数十年积攒，家业逐渐富饶，至徐昱记事时，家财雄称一方。徐昱从小聪明过人，生性豁达大方，读书能够明了要旨，精于六艺中六书九数之学，尤其是算学，这为他日后从商核算钱谷奠定下坚实基础。

当时，铜陵县设东区粮长以资县衙征解田粮，徐家乃东区大户，徐昱当仁不让做了东区粮长。在此之前，得了这个职务的人，莫不借机以苛税聚敛财物中饱私囊。徐昱接任之后，一干就是30年，夙夜奉公，征粮税于民，从来不多取一斤一两，额外多收一分一厘，往来账目，毫厘不爽。每有因灾因病致贫者，不能按时缴纳田粮，他就自掏腰包为其代偿，事后从不要求不能缴纳者以别的形式补缴或者偿还。那时，徐昱不仅要在外监督管理田粮征解，还要管理家庭事务。徐氏家族钟鸣鼎食，同居共炊者百余人，柴米油盐酱醋茶，无不赖其总理指画，所理钱财不计其数，但一钱寸帛不入己囊。是以，人无内外亲疏，咸赞颂之。

宣德十年（1435），江南遭遇大饥荒，自铜陵至泾县、青阳、繁昌、芜湖，相接数百里，一派千村薜荔、万户萧疏之景象，无数家庭不得不析骸以爨。江南数县，唯徐昱尚有谷可售，求购者或远或近，摩肩接踵，络绎不绝。上天有好生之德，徐昱有恻隐之心，他对前来求购者既平价与之，又免费供给饭食，且馈赠给粮米以作途中之餐。这次饥荒，徐昱还向官府捐米600斛（一斛60斤，约合36000斤），以助官府赈济灾民。景泰五年（1454），此地又闹饥荒，凄惨之状如前，而徐昱仁心义举亦悉数如前。在明朝，有劝米纳粟授官之惯例，县令萧钰亲自来到徐昱家里，再三恳请他按照惯例接受授官。徐昱笑道："我之出米，本心仁义活民，绝无意官爵利己。"他婉谢不就，唯出谷800斛，助官义赈。

成化元年（1465）夏，钟鸣圩区有贫民汪彦才等家，洪水淹没稻田，大多绝收，至秋无以交租，官司追迫至急。徐昱得知，出米500斛代为输足，汪家等户官司之困得以纾解。次年（1466）复遇大灾，饥荒更甚于宣德、景泰那两次。那些一贯垄断粮食的商贾乘机牟取不义之财，以致稻谷价格飞涨，一两白金只能买到250斤稻谷，众多家徒四壁者无可奈何，只好忍饥待毙。徐昱再次慷慨解囊，对前来求购米粮的贫民暂时不用支付购粮钱款，约定以稻谷400斤计银一两的价格借给他们，等到秋后有了收成再送还。到了秋后，少数无力送还的人家，徐昱就将借据还给他们，不再追偿。这年冬天的一个夜里，月黑风高，徐昱从顺安回来，在叶山脚下碰到几个拦路行劫的人，挡住了他的去路。这伙人看不清徐昱的面孔，但他一说话，其中一位稍长的行劫人听出是徐昱的声音，便惊呼"原来是徐大善人！"众打劫者一边不住地说"对不住，对不住"，一边散去，徐昱虚惊一场，终平安回家。

徐昱不仅好疏财济贫，对公益设施的捐建也是乐而不倦。本县顺安河，每年丰水季节，潮水泛涨，给百姓通行带来不便。徐昱便出资造船济渡，承担渡船维修与更新的一切费用，十数年相继不辍。钟鸣境内栖凤、周家等桥倒塌年久，他捐出白金56两、米80斛，招募工匠进行修复。崇福、禅定、清凉、胜因、真如、黄山、朗灵诸寺修缮，以及县城东门路、顺安街道等道路修建工程，他总计捐出白金300余两、谷400余斛，帮助这些项目如期竣工落成。景泰初（1450），北方边疆动荡不安，他又出钱买马送往边疆戍军。其他济急扶危，未可悉数。

与徐昱隔黄浒河而居的繁昌赤沙人吴琛，字舆璧，号愚庵，景泰二年（1451）进士，擢御史，巡按四川，能黜奸贪，雪冤滞，后累迁右佥都御史，巡抚甘肃、湖广，后总督两广，卒于官后归葬于繁昌赤沙汪冲。其父与义翁徐昱交谊甚笃，其家亦多承周济。他对徐昱仗义疏财、扶危济困的事迹自幼感佩，及至居官右佥都御史，徐昱事迹愈显，而更令其萦怀，于是作《义翁传》。他在《义翁传》里是这样评论徐昱的："自世教衰，民伪日滋，乡无善俗，士无善行，故怙侈灭义、贪多务得者，比比皆然；求能疏财仗义、济人利物，非特山林布衣不多见，虽士大夫亦不多见焉。徐义翁自少至老乐善好义，不乘时以射利，不倚富而吞贫，所存者仁人之心，所行者长者之事，真可谓世之难得、乡之罕见者也！"由此，义翁之名由是传播愈广。

据《铜陵县志》记载，徐昱卒后，在钟鸣者为徐昱建乐善好施坊，旌表其德。义翁一生，修善于乡，利济于物，事迹卓异，有口皆碑。因而，竖坊表德且被弦歌者，实乃邦家之光、闾里之荣也。

陈孟晟：仁风惠政垂青史

陈孟晟，字尚晦，生于明朝永乐庚子年（1420）正月初五，铜陵县坊一耆（今义安区五松镇东部）人。他出生的年代，正逢明王朝"永乐盛世"时期，经济发展，文教兴盛，疆域辽阔，天下大治。在这样历史背景下，读书人往往有更多机遇通过科举考试进入仕途。父母为他取名"孟晟"，想必于此寄予了很高期望。而陈孟晟一生不负众望，科举考试崭露头角，仕途为官清正仁和，学识人品齐放光彩。

陈孟晟出生于中医世家，自小秉持着济世救民的情怀。据铜陵五松《陈氏宗谱》记载，陈孟晟祖父陈存善，字嗣良，号樵野，"性宽洪，节操正直。洪武初应选补本县医学训科。驰声郡邑，好行义举"。陈孟晟父亲陈玥，字仲玉，在家族中按辈分排行第二，人称智二公。陈玥以威严持重的名望在当地很有影响。吏科给事中河南人商宾来铜陵任知县时，要拜访年长并德高望重之人，众人都推崇陈玥。陈玥出见商宾时，"容色温润，言词亢直"。商宾说："真是盛德高年之人！

如果我有什么过错，还希望您能给以匡正"。陈玥退下后，即对所托之事都辩明是非，公道处理。郡守叶侯听说这事后，凡是遇到小的诉讼，不忍心对当事人杖击、鞭打时，就委托给陈玥办理。因此，官府嘉奖陈玥的贤能，地方百姓也很敬重他。

受良好家庭环境影响，陈孟晟读书十分勤勉，幼年即文思敏捷，所读诗书竟能一览成诵。他参加历年科举考试，一路顺风顺水，于明朝景泰四年（1453）考中举人，接着于景泰五年（1454）考中殿试金榜，赐同进士出身。这一年他34岁，正逢而立之年，志存高远。据《明英宗睿皇帝实录》载：

"大理寺卿薛瑄奏：今年（景泰五年）取中进士350名，其第一甲三名俱已除授，余乞放回，依亲读书。俟有员缺，以次取用，庶免俸廪之费。帝（明代宗）曰：科举正要用人，既取中，又放回，不若不取。俱留以备选用"，于是陈孟晟被留在了京师。明英宗天顺三年（1459）三月，他被擢升为大理寺右评事，官秩七品。天顺八年（1464）三月，44岁的他升任云南提刑按察使司兵备道佥事。佥事主要协助按察使负责一省的"刑名按劾"之事，即纠官邪、止奸暴，平狱讼、雪冤枉，

以便整肃风纪、澄清吏治。此时的陈孟晟，既是一位司法官，又是一位监察官。

陈孟晟任职云南按察司佥事的前一年，邻省广西发生"瑶民起义"，少数民族以武力反抗贪官污吏，而他出任之时，又恰逢朝廷设立"皇庄"，即设立皇帝、皇太后及皇太子庄田，由皇室直接经营庄田。地方上一些官僚家族、跟皇室人员沾亲带故的亲属朋友，甚至一些在朝中权力大的太监的族人，加紧了对民田的侵夺，反抗的百姓反被他们告到官府、关进牢狱。陈孟晟秉持着对百姓的仁心，对待案情都反复"问诊"，决不允许因疏忽而使无辜的百姓戴罪。他还用类似父辈行医时所采用的中医"辨证治疗"的方法，平反了很多指控百姓的冤假错案，实践着自己拯救黎民百姓、纠治不法行为的为政理想。这一做法，让云南百姓感激不已，百姓称道他的"廉慎""人服其惠政清风焉"。

陈孟晟无论在朝廷，还是在地方为官，都一直将清廉、谨慎奉为做官之本。他刚强直率，无论是审理狱案，还是为政处事，从来不肯有一点曲从私情。明嘉靖《铜陵县志》称陈孟晟"居官廉以自励，理狱多平（公平适当）"，审办案件不敢有丝毫偏袒、懈怠，秉持公心，以律服人。尤其在云南任职期间，一些地方官员以为山高皇帝远，理狱办案常常不够严谨，甚至徇情枉法。陈孟晟常厘清事实，为受处罚不当者都得以平反，对贪赃枉法的官吏严加管治，始终恪守着清廉本色。

陈孟晟于明朝成化辛丑年（1481）在家乡铜陵去世，时年61岁，葬在长江旁边的羊山矶，原本的乡贤祠里还立有他的牌位供后人祭祀。云南当地民众为纪念他的惠政仁风，将其列为云南名宦。

陈孟晟的仁惠之风也反映在他的诗文中。他曾经写过一首《重游杏山》："别却名山觉五秋，重来禅舍又增修。丈人一见情如旧，点罢清茶问去留。"杏山，位于今义安区顺安镇陶山村境内，即葛仙洞所在的山。当时陈孟晟重归故里，于禅舍与一老人家一见如故，双方品茶叙旧，谈问去留，无拘无束的情境跃然纸上。

岁月如梭，世事变幻。陈孟晟，一代清廉官员从铜陵走出，而后又回归本地，成为家乡读书人的典范，后世清官效仿的榜样。

张文伟：珠如星子动苍宇

有明一代，南方经济得到大发展，数学因经济发展的需要，亦得到发展，多部著作包括《铜陵算法》应用而生。

《铜陵算法》作者张文伟，明代中叶铜陵县栖二耆（今铜官区西湖镇）人。乾隆乙丑《铜陵县志》卷十三"列传·方技"载："张文伟，字天彦，号横溪，栖二人，自幼业儒，屡试不售，纂修算法，丈量田地等则，精妙简捷，较胜前人，刊书行世。生卒年不著。又，正德十一年 (1516)，县人张文伟著《铜陵算法》，刊行于世，远传日本。"

《铜陵算法》流传民间并远传海外并非偶然，它非常方便实用，"物价乘除，截两成斤""丈量田地等则，精妙简捷，较胜前人"。正德七年（1512）前后，铜陵县内有清田亩以均田赋之举，张文伟乃以所创"方原田法"，教与乡人丈量田地，即于其出"看形过弓，方圆尖侧，不亏尺寸"——将所丈量田亩，视其形状、丈量尺寸，然后采取割补法拼成方形或圆形进行计算面积，结果非常精确。时任江西德安知县王裕丁忧返乡，正巧遇上，闻悉后即亲临验视，果非虚传，便率二子及乡民 300 余人，赴京六部吁请累月，卒准先在本县推行。其法简便易行，难以作弊，能够"不避亲仇，无浮无漏"，通邑之民无不仰戴。后张文伟复将此法与有关日常切用之算法，汇纂成一帙，题名曰《铜陵算法》，并由王裕书跋梓行。其书前有"算盘定式"图，内容包括珠算加、减、乘、除各项算法口诀和多位数除法之"撞归"等数学运算方法，以及田亩面积丈量与计算、度量衡换算、税赋计算、金融交易、估产等实用计算方法。由于其法精妙，胜于前人，故书刊行后，"天下遵之"，一再翻刻，广为流传。明末程大位撰《算法统宗》，清梅文鼎撰《笔算》，皆参考引用此书。

张文伟《铜陵算法》原刻本已佚，现存有清初经人校订的重刻本两种：一为日本东北大学藏本，封面题"新刊／铜陵算法／泰山堂"，系琅琊王相所校订；一种为李俨藏本，封面题"算法指明"，第一页前印有"新镌校正铜陵算法"，系莆阳俞嘉会所校订。另有一种《铜陵九章捷径算法》，曾流传日本，亦已佚。现存版本分上、下二卷。上卷目录为：算盘定式（分别法实左右图）；九九上法；九九退法；九因合数；九归歌；乘除加减倍折总诀；算至极数法（大数、小数、丈尺、粮数、斤两、田亩）；变算口诀；学算节要；分别法实左右图；九归算法；九因还原法；乘法；归除法；起一还原法；便蒙法实总诀；混归法歌诀。下卷目录为混归法歌诀（续）；分别物价乘除法实歌诀；截两成斤歌；倾煎论色（判定元宝成色）；丈量田地总歌；田亩科粮带耗法；田中算稻法；铺地锦歌；掌中定位歌诀；因乘定位法；一掌金法。

《铜陵算法》诞生于铜陵也并非偶然。北宋末年，宋室因战乱南渡，地处江南的安徽芜湖、宣城、池州、徽州等地的经济得以大发展。大批士族、农民、民间手工业者等南迁而来，带来了中原文化、先进的生产技术。铜陵毗邻芜湖、宣城，隶属池州，且为要津，首蒙其惠，经济日渐繁荣。明代，朱元璋对"五郡兴亡之地"之南京、镇江、太平、宁国、广德，实施了免征兵役赋税的优惠政策，经济迅速复苏，进而引起学术巨变。徽商持筹握算，分析毫末，较量锱铢，无疑对科学研究的求实精神，尤其是推动商业数学和珠算及医学的发展起了很重要的作用——《铜陵算法》便是在此背景下产生的。

《铜陵算法》便于农业、商贸需要，一经出现，便广为流传，远至日本。1673 年，日本学术家村赖义盖在《算法习惮改》序文称："《铜陵算九章捷径算法》《算法启蒙》《直指统宗》为'异域之书'。"同一时期的关孝和《括要算法》载求圆周率，谓之"铜陵法，周率六十三，径率二十，周数三一五整"。清代大数学家、皖南宣城人梅文鼎在《梅氏丛书辑要卷五》中载"原法歌诀"，注明出自《铜陵算法》："量田捷法少人知，不乘一数便留之。二了折半六而一，三步之中用八归……此是名师真口诀，千金不度世人知。"以梅文鼎之大才，且称《铜陵算法》著者为"名师"，可以想见它在中国科技史上的地位。

皖南数学学派鼎盛时期，学者如同一个璀璨的星群，他们的名字是：方中通、梅文鼎、杨光先、江永、罗大琳、戴震、汪莱、程瑶田等。从明初到清中叶，皖南学派辉煌 400 多年，他们多为草根，出于布衣市井：享誉数学界的程大位是小商人，驰名中外的大家梅文鼎是"癖嗜历学，不入宦途"的处士，江永为教书先生，戴震是布商，程瑶田是盐商。他们或因"癖嗜历学"而入数理，或有家学渊源，或为天性使然，或因实践应用而乍入堂奥，从此欲罢不能，卓然成家。他们以自己的"算法"促进了生产的发展、贸易的发达繁荣，书写了中国科技史上的崭新篇章。张文伟就是这蔚然星群中的一颗星，在历史的天空上，以天宇为框，以大道为则，犹如算珠，熠熠生辉。

佘敬中：允执厥中见风骨

"恁谁拯济苍生遍，风前短发空频搔"，这是佘敬中《观铁船次王新建韵》一诗中的结尾之句。王新建，就是王守仁，别号阳明，因平定宸濠之乱军功而被封为新建伯，后又追赠新建侯，世人乃称其为新建。佘敬中的一生，是致良知于行事的一生，他始终践行王阳明的知行合一理论，在纷繁复杂的宦海中，永葆铮铮风骨。

当然，佘敬中所以功垂竹帛，更大程度上乃家族与家风使然。佘氏自北宋末年从山西雁门迁徙而来，居铜陵马仁，安居乐业，人丁渐繁。后播迁铜官山东麓，又分支大通，渐成大族。时至明代，佘氏已成望族。其父佘杰，曾任湖南新化县令，有封金不动的佳话，时人称其有"四知"之清。致仕回乡，30余年以经史学问自娱，以琴鹤山野为伴，以教育子孙为乐。常唤敬中等于面前，劝学以诗书礼易，教训以修齐治平。

佘敬中生于嘉靖五年（1526），字子惺，号内斋，自号内斋居士，是佘杰的次子，幼年聪颖异常，4岁便通声律，擅长词章。佘敬中的童年是悲苦的，八岁便丧母，在普通孩子的懵懂之年，早慧的他愈加刻苦学习。

嘉靖二十一年（1542），佘敬中赴郡试，补为邑诸生。四年后，因为父亲赴任新化，21岁的佘敬中接管佘家，昼接人事，夜晚读书，不敢懈怠。后来他三次赴试都不中，才远赴广陵，就学于桑悦先生之门。桑悦从小记忆过人，在吴中一带很有名气，他以孟子自况，说文章举天下首推自己，次之祝允明。佘敬中品性端庄，避其短而采其长，以其飞扬补己之凝涩，渐有所成。

嘉靖三十四年（1555），佘敬中终于中举，越四年，嘉靖三十八年（1559）以三甲28名进士及第，初授湖广武昌府推官。推官，正七品，掌理刑名、赞计典等，类今中院院长一职。武昌乃九省通衢之大郡，初理大郡，佘敬中宛若老吏，守正持重。每遇疑难案件，必能抽丝剥茧而后决；或遇冤狱，亦能明察秋毫，还蒙冤者以水落石出。在武昌，佘敬中已经初现能吏干才之端倪。

自此而后，佘敬中在接下来的10年间，宦海浮沉，波诡云谲。但他始终秉承"人心惟危，道心惟微，惟精惟一，允执厥中"之儒家十六字心传，秉公刚直，良知不为私欲所蔽，所作所为，唯忠唯诚，俯仰无愧于天地，行止无愧于人心。因而他多能逢凶化吉，泰然处之。

嘉靖四十年（1561），景王被安排就藩，次年，嘉靖皇帝命令景王离开京城前往封地。此时，阉党恣横，暗流涌动，京城政治生态浑浊异常。佘敬中身在武昌，心系魏阙，他不羁于名缰利锁，不屈服于阉党势力，且竭力与之抗争，正所谓处江湖之远亦忠其君。正因为他有着"忠仁勇毅"之风骨，不久，在吏部三年举行一次的大考察中，以才能卓绝，考绩居于同僚之首，而被提拔京官，擢升为吏部稽勋司主事，后又历任验封、考功、文选司郎中等职。

佘敬中在吏部掌管选人用人一事期间，广开才路，不拘一格搜寻人才；唯才是举，至公无私推用人才。因其推用之人，各个都是至忠饱学之士，如正以郡守终养的陕西傅应诏、因在推官职上被牵连受到处分而久居里中的山东崔孔昕等，一大批有识之士或被重新启用，或被擢升重用，在京城士子中，引起强烈反响，众人交口称是，激发了大家的报国之志。时任宰相徐阶、吏部尚书严嵩，二人听闻佘敬中搜才与推用人才的事迹，一齐对他刮目相看，进而对他青眼有加，愈发地信赖和器重。

吏部履职期间，佘敬中发现，当时选贤任能之路径单一，重要的部门与岗位非进士出身莫属。于是，他向朝廷进言，请求效仿前朝旧制，复行辟举之法，同时并存生儒之制度，天下之人，不论生员进士与否，都可以通过辟举而向朝廷举荐，朝廷可择优、量才而用之。朝廷采取了他的建议，旋即，才路开阔，人尽其才，悉用其力。尤其是通过此举，遴选出多位才能殊绝之士。一时间，朝野上下，对此啧啧称道，传此举为异政，大家都认为这是吏治之功。

佘敬中在吏部职上，一方面为朝廷网罗才干，求贤若渴，礼贤下士，另一方面为朝廷整饬吏治，惩治坏乱朝纲者绝不心慈手软。嘉靖四十二年（1563），佘敬中负责全面考察京中朝官。他对忠于职守、廉洁公正者，予以褒奖，提出擢升意见；对玩忽职守、以权贪墨者，不论出身、不论职务、无视其背后的靠山，必定多方查证，一经查实，严惩不贷。史书上说，他这次大察，对贪图财利的京官是"务尽不使漏网"。如果说，他为国求才体现的是赤胆忠心的胸怀，那么，他惩治污吏则体现的是忧国奉公的风骨。

佘敬中不仅是一位具有胸怀与风骨的仕宦，还是一位具有侠骨气质的世臣。仗义执言是致良知的外在形式，也是对所有仕宦事臣素质的要求，对于供职吏部多年的佘敬中来说，仗义执言亦非难事。然而，当他面对的是当朝皇帝，而且他知道皇帝很可能会否决他的意见，甚至会连累自己，但他仍然坚持说出自己的意见，并给出正确的主张，没有一点侠骨气质，怕是不行的。

嘉靖四十五年十二月十四日（1567 年 1 月 23 日，农历腊月十四），嘉靖帝驾崩于乾清宫，裕王朱载垕继位，年号隆庆。隆庆奉先帝世宗皇帝遗诏，大赦天下，"存者召用，殁者恤录，见监者即先释放复职"。佘敬中作为替已经死亡的官吏抚恤记功的言事臣，上疏陈述恤录意见：那些应该得到抚恤记功的大臣应该分为三等——被戮死的第一等，被杖毙的第二等，被远戍的第三等。这样分类本身没有毛病，自然会获得皇上认可。但是，佘敬中在这篇疏文中，还特别提到两个人，一个是原尚书熊浃，一位是原御史杨爵，认为这二位系于牢狱十年，始终一节，当与杖毙者同等抚恤记功。要知道，这二位都是认死理的硬骨头，不仅对先帝世宗曾恶言以加，还多次上疏直陈先帝符瑞之虚假，以致先帝震怒，欲置二人以死而后快。世宗与二位之嫌隙，隆庆皇帝一本清册。然而，出乎意料，隆庆皇帝"可其议，行之。"这种结局，乃一果多因，其中自然有佘敬中将自己的功名利禄甚至生死置之度外的原因。也可能，因为他的侠骨气质感动了隆庆。

朱载垕继位为隆庆帝后，高拱与其长达 9 年的王臣、师生关系得到回报，高拱被封为少保兼太子太保，并以文渊阁大学士入值内阁。《佘氏宗谱》载："高拱当国，嗛敬中。"嗛者，怀恨也。高拱因何怀恨？抑或因徐阶倚重故，抑或因佘敬中刚直故，其详不得而知。可知的是，佘敬中于隆庆元年（1567），被外任广西布政司参政，隆庆四年（1570）迁广东按察使。外任期间，无论参与平乱，还是严正监督科考，均颇有政绩。但他隆庆四年九月入京觐见皇帝后，次年即罢官回归故里。回归途中，佘敬中多处听到高拱门生腹心帮高拱散布言论，安抚诸官说："徐阶昔日对我有恩情，后来因为小事不睦，不足以怨恨""我自当彻底改变过去不好的思想和念头，与诸君共同治理朝政。"言之凿凿，颇为大度。佘敬中听过，露出一丝不易觉察的微笑。

佘敬中回乡时年方 45 岁，正在壮年，他谨奉"穷则独善其身"之圭臬，以躬耕为乐，以读书自娱，以著述消遣。他一生最爱读《左氏春秋》和杜诗，回乡后，更是潜心研究《春秋》，著有《左国类要》数卷。他幼时即通声律，擅诗文。居家其间，常悠游故里名胜，留下诗作多篇，历修《铜陵县志》收录其诗有《江上望五松》《观铁船次王新建韵》等。万历中，受邀为《铜陵县志》作序，序文为历修《铜陵县志》载录。

晚年，因尤喜贵池秋浦河上游清溪山水之胜，便卜居于此，筑庐数楹为圃。每日只是灌花洗竹，读书其中，吟咏著述。清风明月无价，近水远山有情，虽孑然其间，心意平静，不亦快哉。80 岁那年，他在清溪茅庐中，邀请石埭（今石台）县毕锵、青阳县施尧臣，为文酒之会。毕锵曾任大司农，施尧臣曾任京兆尹，其时俱已年高致仕，故时人称此文酒之会为"三寿作朋"，海内为之致词祝寿者数百人。一时风雅，堪比兰亭。

万历三十四年（1606），佘敬中含笑而去，葬池州城北玉几山，修撰焦竑为其撰墓志铭。从此，清溪河畔，空余茅庐处，寒波淡淡起，白鸟悠悠下。

佘毅中：鞠躬尽瘁忘家身

大禹治水功成，令江淮河海神曰："鱼鳖衰盛，随世安危。"（唐冯贽《云仙杂记》卷八）可是，大禹之后，江河并非长久安澜，反倒是除患兴利历来都是水利建设的重要课题，防洪排涝，因势利导一直是历任官员的守土安民之责。

铜陵历史上出现过许多治水名宦，如留下都埂徐公堤的徐一科、将英年留在仁丰圩的郑选，两位知县，青史有名。从铜陵走出去的官员中，也有这样一位因治水而忘家身的人，他就是明朝万历年间的工部都水司郎中佘毅中。

佘毅中（1542—1580），字子执，号远斋，明代池州府铜陵县（今铜陵市郊区）大通镇人。其父佘杰，曾任湖南省新化县令；其兄佘敬中，官至

广东按察使。佘毅中 13 岁入县学，聪颖过人，16 岁赴应天府（南京）应乡试，以第一名解元夺魁。次年赴京会试不第。万历二年 (1574)，32 岁的佘毅中考中进士，被选任工部（掌管全国各项大型工程、屯田、水利、交通等事务的官署）都水司主事，作为当时杰出的治河专家、河道总督潘季驯的部下，赴山东省境运河流域的枢纽地带——南旺，担任大运河的疏浚、筑堤相关工程的实施、维护管理之责。

明代十分重视对大运河的保护，自成祖朱棣迁都北京后，仅江浙一带每年就有 400 多万石漕粮经运河北运，供朝廷统军治国之需。运河航道是否通畅，事关天下安危，而运河能否畅流，则又依靠黄河河道奔流是否正常。从江苏淮阴到徐州流域，既是黄河河道，又为运河航道，交错同流，利害与共。而上白清源（今山东临清市），下至彭城（今江苏徐州），这段绵延 800 里运河，正是佘毅中的责任区。

佘毅中赴任伊始，即重视责任区内地理、地情史料的查阅工作，可是"遍阅旧牍"，竟无较完整的文字供其参考。于是，他以坚韧不拔的毅力，开始进行实地勘察、采访，"身历谛视"，历时三年，终对辖区内与运河有关的水系（如西边的赵王河、万福河、洙水河，东边的大汶河、泗河，下游的南阳、昭阳、微山湖等）的方位、流向及运河两岸的地形、地貌、堤坝设置等"第一手资料"有了直观和感性的了解。在"询土著、躬巡督"中，他不仅亲自绘制地图，细作笔录，还对河道历史变革、兴废情况追根溯源，对其来龙去脉了然于胸。三年间，他还将亲办的有关疏浚导流、建闸蓄泄等实践经验，撰文记述，连同勘察、采访资料汇编成册，刻印成资料性专著，名曰《泉闸事宜》，并在序言中称，以资后人"用便采稽"。

佘毅中的责任区重点则在南旺。南旺，是南北的分水岭，水道南北通达。南边，距济宁 90 里，有沂水、泗水汇合到此；北边，直到临清 300 余里，汶水以外无他水。可见南旺是山东省境运河流域的枢纽地带、南北漕运的枢纽，担负着供给京师的重责。佘毅中到任后，为防汶水流出至洸水，保障南旺水位，征求并采用耆老之策，沿途筑坝以遏汶水入洸，又南北置闸 38 处，筑堰为障，以确保运河南旺段水势稳定。事迹可见其《泉闸事宜》一书。其间，他还在调查研究的基础上，权衡各方利弊后，下令革除南旺渔菱常例，河道内不得种植莲藕、菱角等水生植物，不得围网捕鱼，确保河道畅通；停止征收吕梁过洪等虚列名目、巧列名目而有碍河运的利税；废除原封禁紫石山的禁令，允许山民开采石料、木材外售，增加收入。是以，湖民商贾山民无不谣颂载道。不出三载，政声传遍运河两岸，考绩最闻于工部上下。

万历六、七年（1578—1579）间，黄河、淮河自然改道，洪涛奔突，横流四溢，尤是淮河泛滥危逼皖地泗洲，进而干系明太祖朱元璋故乡濠州（今凤阳）的祖陵安危。朝廷上下，人心惶惶却不知所措，危急之际，召潘季驯、佘毅中入朝，令二人速作遏制、排险之策。同时晋升佘毅中为都水司署郎中（相当于代理郎中），还将中运河地带的徐州、邳州一路交其管理。佘毅中殚精竭智，冷静分析，应对黄河、淮河改道利弊，精心筹划因地制宜的堵、疏引流之策，提出构筑缕堤、遥堤、格堤相递进配套的三道防线，集屏障、缓冲、导流功能于一体的束水方案，为潘季驯制定的"束水归漕"思路和系统的治黄方略起到了关键性的策划作用，并被潘季驯照单全收并一一组织实施。自此而后，黄河此段数年不复改道，数以万计的百姓免遭水灾，赖佘毅中之功矣。

是年夏，崔镇堤坝决口，情势万分危急，众官深避，而佘毅中闻讯后却奋先乘舟赶往现场，沉着组织、指挥官吏和百姓奋力堵口，经殊死搏斗，物力尽用，终化险为夷。接着他在此处组织、实施了增筑堤防工程，"以舟为家，寝食不宁，与役同苦，不数月，一万二千余丈堤工报完"。又于原定工程以外加筑砀山顺水坝，以及丰县邵家口等堤。堤段工程结束后，潘季驯将佘毅中化险为夷、居安思危、未雨绸缪等事绩如实上报朝廷，受到朝廷褒奖，遂实授佘毅中郎中之职。

崔镇之役化解了"陵寝祸机"，为实施系统的"束水归漕"奠定了局部实践成功的基础。黄淮故道整治工程结束后，总督潘季驯又首叙佘毅中之功劳，将其功绩上报朝廷，请求加封佘毅中正四品服俸，遇京堂有缺推用（候补京官）。

然而，佘毅中自踏上运河之路，历经操劳，寒暑相侵，饥饱不节，尤其是崔镇之役，以内伤外感雨，乃至寒热交攻，久而变痢，饮食日减，气体日衰，精思俱竭，形同骨立。他的上司潘季驯曾上书为其请假，以让他调养病躯，病愈后再并肩。潘季驯在《潘司空奏疏》文写道："……职于万历七年正月间，躬督高堰堤工，至二月初五日，因汤恩口难筑，遂与郎佘毅中、张誉亲往料理。凌晨而出，昏黄始竣，传餐不便，枵腹终日，湖坡旷野，风气倍寒，忽觉左胁下一点如刺，透入腹内，脏腑皆冷。回至茇舍，佘毅中昏晕倒地，家人辈急以姜汤调牛黄丸灌之，方省人事，自是或一月一发，或再月一发，然犹勉强视事，不敢杜门求摄，盖以大工方殷，百责攸萃，势不得不然也……至本年十月内，则旬日一发；至十一月，则五六日一发；至十二月，佘毅中旬则三四日一发，发则五内如冰，昏眩移晷，兼以寒气上攻，喘嗽不止，昼夜呻吟，若顷刻不能自存者，医生金文章等皆谓病根已深，必非旦夕可愈……"君子仁人之心、殷殷之情跃然纸上。奏疏上报后，卧病在床的佘毅中听说后，犹拳拳以治河远虑为请，对潘季驯说他不肯离职。及至万历八年(1580)十一月初，潘季驯晋升外使参赞，启程南行，毅中抱病送别，潘目睹佘毅中心力憔悴、困顿劳苦之容颜，不禁暗自神伤，潸然泪下。半月之后，在吕梁公署，毅中病甚昏厥，弥留间犹疾呼"发牌往决口（抢险）！"如此数声而后殁，时年 38 岁。

佘毅中恪尽职守，一如昔日大禹，踏上治水之途后，数年间从未返乡。家有娇妻，尚无子嗣。其父佘杰多次传信催归探亲，而毅中复信道："儿奉命治河，胼胝（手足起茧）毕事，莫逞私顾，愿大人置此度外……"他的同僚都说他"为国为民，忘家忘身"，鞠躬尽瘁，死而后已。他死后，众同事启其箱箧，"惟图书数卷"，众人捐俸为之料理殁事，总督河道御史、刑部尚书潘季驯饱含热泪与深情为其撰写祭文。随后，其柩归葬铜陵大通竹园山，太常寺卿、副使刘孟雷为其撰墓志铭。尚书凌云翼以其忠君爱国、忠于职守而舍身，奏请朝廷抚恤记功以彰之，朝廷准奏，诰赠太仆寺卿，敕黄河、淮河立祠以表彰、纪念其功绩。故里铜陵县请祀县乡贤祠，历修县志《忠贞》《乡贤》并有传。

沧海横流，方显英雄本色；黄淮安澜，凝结毅中心血。天不假年，三十八个春秋，佘毅中此生也短，然则，此生也烈，其辉光灿若星汉，此生又恒矣！

佘合中：居恒自矢修身长

从嘉靖三十八年（1559）佘敬中登进士榜，到万历二年（1574）佘毅中高中进士，再全万历三十八年（1610）佘合中登进士榜，半个世纪间，大通佘氏先后出了三个进士。一时间，"一门三进士"传为佳话，大通佘氏名声鹊起，由此成为池阳望族。

佘合中（1549—1630），字子嘉，号初泰，明铜陵县顺合二者大通（今郊区大通镇）人。其父佘侃为佘杰从兄，少负奇器，能文章。年近花甲，方以太学生身份选授南京虎贲左卫经历。一年后，60岁的佘侃喜得长子合中。又二年，以恩典膺宠封，进阶征士郎（七品散官），旋告退，杜门谢客，日以课子为乐，将一门心思和希望全都放在了合中的未来上。

佘合中不负父亲期望，像其两位从兄一样，年幼便极聪颖。其性格却与二位从兄又略有不同，少时志高气扬，洒脱倜傥。应童子试时，郡守冯叔吉是大有才名之人，听闻佘合中之名，便亲自挑选了五道试题，以试其艺。佘合中无不切题肯綮，立异标新，每出己意。冯叔吉大呼"真神童也"，甚为器重，以为必有大用。

佘合中

然而，佘合中的求仕之路与冯郡守的期许大相径庭，谁也不会想到，这条路竟然是漫漫而修远。

万历十六年（1588），39岁的佘合中以《诗经》经魁，考官也认为是上等答卷，可结果却是莫名地落榜。不久，虽奉例恩贡，得到简拔的机会，但再次无缘南榜。万历二十八年（1600），佘合中再赴金陵秋闱，再不录。51岁的佘合中含泪离开金陵，回乡杜门谢客，"愈益抗志攻读，横逆来之皆不较"。

屡战屡败的佘合中，不畏曲折与坎坷，抱定目标，上下求索。万历三十一年（1603），54岁的佘合中再次下场博弈，上苍垂怜，

终于中举乡试。七年后，万历三十八年（1610），61岁的佘合中终于在双鬓染雪之时迎来春风及第。

初授行人司行人，正九品，掌传旨、册封、抚谕四方、征聘贤才及赏赐、慰问、赈济、军务、祭祀等差事。万历四十年（1612），协同会试主考、总裁阅卷，勅进阶修职郎，正八品虚衔。万历四十四年（1616）上司保举暂拟工部主事，万历四十八年（1620）实授山东道监察御史，勅进阶文林郎，初差巡视南城，再差巡按直隶等处，督理运河，又差巡按湖广。寻升山东提刑按察司驿传道副使，诰命进阶中宪大夫，请诰在籍。寻任福建道监察御史，转投大理寺，天启六年（1626）九月，佘合中在大理寺右寺丞职上乞休，加大理寺少卿。

佘合中入仕已经年过花甲，显然已过盛年，但是他老骥伏枥，不用扬鞭自奋蹄。因为年长，所以老成持重，行事沉稳。所处任上，通过自身努力，成绩显著。

他在运漕御史任上，朝廷安排他为天津漕运司招募兵士，发现扬州漕运司有十一万四千余两割没银（收缴来的）银两，本应上缴充饷，可是他们既没有上报，也不知作何处置。于是，佘合中上疏朝廷，请求验明后妥善处置。

由于他尽忠职守，朝廷又命他整饬漕政，到任后，针对漕政突出问题，约法三章：一是漕船时有沉没，原因在于造船时偷工减料，中饱私囊。遂约法：必须杜绝漏洞，并增加工匠工钱与材料，按设计要求使用板钉，确保漕船质量；一是漕船私载货物，沿途辗转贸易，造成漕期延误，增加运输成本。遂约法：漕船以千石为限，不许夹带私货，确保不误漕期；一是运河时有浅涩，影响漕船航行。遂约法：务经历疏浚运河。管河部门牵头负总责，沿河州县按界分担，随淤随浚，浚必期深，土必远运，防止复归于河，又成浅阻，违者以渎职论罪。

他在监察御史任上，先后上疏数十道。他的憨直颇有其父遗风，又像敢于直谏汉武帝的汲黯，但比其父能婉约，恳切规谏之术颇得唐朝陆贽精义。他的这些上疏，简明扼要，忠实诚恳，从不捕风捉影，绝无坐而论道之陋习。他论劾南京尚宝司卿傅宗皋结党东林，肆毒南国，部臣吕浚作令狼狈……鹤龄分利自肥等。不畏权珰，直接点名道姓。他还上疏，建议朝廷注意东北局势，提出恩威并济之策，妥善消解原辽人的对立情绪，保持边疆稳定。此二件，时人并谓之"露劾权珰、预策辽债"，一时朝野为之侧目。

令人扼腕的是，在波诡云谲的宦海中，佘合中尽管怀抱"上不负天子，下不负吾所学"之志，朝乾夕惕，结果还是囿于眼界，雾里看花，不慎在"恭陈闻见"疏本中有"臣踪伏田里，台臣崔吴秀等交章荐拔。"又有"洁己急公之厂臣保护丁内，凤至麟生"等语。由此，说他溢美阉党，判定他交结近侍官员，按照明朝例律，纳银赎罪，罢黜为布衣。

已经回乡一年多的佘合中，接到判决，不怨天不尤人，也没有跟自己过不去。因为他自己比谁都清楚，判决所指虽说不全是子虚乌有，可他从九品一直擢升至四品，绝对不是溢美溜须、结交阉党的结果。这天，他独自来到羊山矶，伫立矶头，凝望原本东向奔腾的大江，遇羊山矶阻碍折转向北，忽然顿悟：人谁无过，过而能改，善莫大焉。

于是，在家宅旁建关侯阁，阁内塑关侯像，居恒自矢。关侯，乃关公关云长，忠义之神也；自矢，自誓也，立志不移之意。佘合中紧贴家宅建关侯阁，是为了以关侯为圭臬，检讨自己的过失，也是为了让关帝时刻提醒自己，要做忠义之人，行忠义之事。他又将从宦15年所入的薪俸"五十镒"，"岁租所积七千石"，全部捐了出去，用它来建义居，置义田，以赡养老弱病残者，以扶危济困。他还常常漫步乡里，凡见需要修缮的道路、道坊、桥梁、河堤、公屋等基础设施，皆马上捐款修缮。他坦言，散尽家财是一种修身。于己，求得心安；于后人不至于坐粘其惠，而成为守财奴。

崇祯三年（1630）四月二十四日，82岁的佘合中走完他漫漫修远、曲折无常、长在自矢的一生，坦然辞世。葬铜陵羊山矶。翰林院庶吉士、杭州胡胤嘉撰有《赠大行佘初泰考绩》，翰林院待诏、前铜陵县教谕董应扬撰有《侍御初翁佘先生传》。

夕阳西下，羊山西边，鹊江之上，渔歌又唱晚，人间烟火深。

佘 翘：量江一曲戏韵传

从鹊江东望，一脉青山逶迤，若长龙饮江。街上人唤此山为长龙，唤龙首处为西瓜顶。西瓜顶南坡下，有一座三进天井的老宅，白墙黛瓦马头墙，高墙森森。此年，佘敬中归来了，走进了这间老宅子。他进士及第后除授武昌府推官，在任上秉公依律断案，一些贪腐横行之宦官常常受到制裁，赢得了口碑，很快被擢升为吏部主事，但因脾性刚正，又由京官而地方官，并于万历三年被罢官。回乡后佘敬中隐居澜溪，开始耕读教子——他的儿子就是佘翘。

佘翘，字聿云，号燕南，亦称铜鹊山人，明隆庆元年（1567）出生于铜陵县顺合二者。是时，佘氏在池阳属名门望族，数百年来子孙日盛，以文学武功显者，簪缨不绝。初时，铜陵籍太学博士佘钦，顺应各地建立书院之风潮，尽捐家产，起为书院，是为"澜溪书院"前身，后来读书士子，皆蒙其惠。而佘翘的叔父佘毅中、父亲佘敬中、堂叔佘合中，曾以"一门三进士"名噪朝野。佘翘成长于这样的家族，兼之天资聪颖，勤奋好学，才智非凡。约至万历十二年（1584）间，他先后有《幼服集》《白下游草》《翠微集》等诗文集付梓，在当时的文坛开始享名。佘敬中与声名远播的戏曲作家汤显祖交往颇深，便

将佘翘的诗文送汤显祖，想听听这位老友意见，想知道儿子的才学是
否徒有虚名，是否真如评论家说的那样有汉宫风味。汤显祖对佘翘并
不陌生，与佘翘亦常书信往来，诗文酬和。接佘敬中的书信后，汤显
祖对佘翘诗文大家加褒奖，惊呼佘翘为"小友"。得到汤显祖的赏识
与鼓励的佘翘，在诗词文章上愈发地用功。

寒暑数易，少年初长成，自在恰如风，佘敬中便引导佘翘搏取
功名。至万历十九年（1591），佘翘带着青春的意气与轻狂，揣着家
族的期盼与梦想，一面孤帆起航了，过羊山，出鹊江，向应天府进发，
参加三年一考的乡试而中举。次年，他再次向功名挺近，如期参加由
礼部主持在京师举行的会试，初战失利，名落孙山外。当三年后再次
来到京师应试时，佘翘偶然听到有人说神宗不仅不朝，还"不郊、不
庙、不见、不批、不讲"，而朝廷上下文官集团的党争之事不绝于耳，
再次落第的佘翘心灰意冷，决意不再应试。他变得越来越内向，性情
也变得乖戾，急躁易怒，曾一度厌恶尘世。这段时间，佘翘每日听闻
大士阁的晨钟暮鼓，有时也随香客溯青通河上九华山朝拜，出家之念
油然而生。在万历二十年至三十年间，佘翘所著文集《正法眼》以及
后期杂剧《锁骨菩萨》中，他遁世的心迹都有所表露。但在其叔父的
劝慰之下，佘翘最终并没有辞家远去，求赤松子于世外。他置一画舫，
取名为浮斋，浮游江上，遍访名胜，行吟歌咏，混迹渔樵，访僧问道，
入仕之念已灭，归隐之心乃明。他也不远游，只在秋浦、青通两河以
及扬子江间，究其缘由是因为此地有秋水长明，柳岸飞莺，塔影横波，
能让他忘却功名，淡泊名利，物我两忘，而这正是他所企求的。有其
自赋诗《夜过杜坞》为证：

尽日帆穿树，连宵月在船。
犬声寒吠棹，渔火远烧天。

甘汲云岩溜，鲜烹石穴鳊。

此中美风物，鼓枻督长年。

　　万历三十五年（1607）初夏，刚过不惑之年的佘翘，将其"浮斋"系定在鹊江柳荫浦中，躲进澜溪老街的阁楼之上，掩扃读史。一日，读到《宋史·樊叔清传》时，得知樊叔清就是一河之隔的贵池人，又被樊叔清的怀才不遇人生触到痛处，创作灵感由此而生。他要以樊叔清量江献策的故事为题材，创作戏曲剧本，"义取于章既往鉴方来"。第二年孟春，《量江记》于池阳九峰楼成书付梓。

　　《量江记》取材于宋史《樊知古传》。作者自序云："披《宋史·樊知古传》，因惟叔清亦吾郡一奇士，郡令不闻，所以表异者，里中人或多不悉其事，辄复假传奇以章之。"佘翘假樊若水量江广狭、浮梁渡江之事，作《量江记》。他借他人酒杯浇自己块垒，用奇特之笔，借古讽今，鞭挞了明末腐政，抒发了自己渴望建功立业而不得，空怀壮志而不申的愤懑，表达对现实的极度不满。该剧刊刻演出后，蜚声明末清初之文坛，成为风行一时的优秀剧目之一，奠定了佘翘作为戏曲大家的地位。《量江记》其词清丽典雅，又苍凉刚劲，独树一帜。词曲之间，多有佘翘自身感慨。唱词为长短句曲牌体，委婉曲折，捭阖自如，文采斐然。不知汤显祖品读其间苍凉后，是为昔日"小友"击节叹赏，还是为共同的命运掬一捧泪。时戏曲评论家吕天成在其著作《曲评》中称"《量江记》全守韵律，词调俱工，一胜百矣"。自明末清初《量江记》搬上舞台，久演不衰，很受欢迎。明代剧作可谓汗牛充栋，而《量江记》能脱颖而出，且与"临川四梦"并立，既有文字功夫，更在襟怀抱负。佘翘其父及其本人遭遇暗合樊若水，志不能伸，是以有真性情，有真表达，是真原创，这是明代众多相因沿袭之剧作所不可比的。《量江记》付梓后，佘翘又有《赐环记》问世，成就不及《量江记》而不传后世。

佘翘不仅擅戏曲,亦工诗文。他乐而耕读,发奋著书,写出《正法眼》《三忠传》《齐山奇记》《浮斋集》等诗文集,惜大多仅存目录或残缺不全。现存文章,不及原有的十之一二,然亦可窥见其才华横溢。观其文,说史则纵横捭阖,气势汪洋;议论则嬉笑怒骂,一针见血。乾隆朝有评佘翘文曰"文类孙樵"——孙樵自称韩愈的四传弟子,为文刻意求新,气势雄浑。据明末刻木记载,《正法眼》序云:(孙樵)"……不疏于流略,见不局于管窥,亦能缘事索余,由言穷类,珠联璧合,增美词林。然或识罕才多,……日以书城,环之博雅,以试定识之日,必能流览千古,玄鉴双珠,而后上下古今,一照而彻。"这是评孙樵渊博,九流、七略之书悉通;赞其开阔,不局限于管见,治学严谨,缘事索余,以有高深独到之见识,得以烛照千古。当然其中多有溢美之词,然而以孙樵而比佘翘,可想见佘翘博雅精深。

万历四十年(1612),佘翘被邀请参加撰修《池州府志》,八月初十,府志未竟,终积郁成疾,英年早逝,士林为之扼腕。

佘从吾:以图绘灾减民赋

佘从吾,明代铜陵人,关于他少年成长及科举考试、初始入官的情况不详,现存的史料只载有他任职重庆府同知之事。然而从这有限的记载里,依然能看到他为官的大概,尤其是他为了拯救百姓而费尽心力的创新举措。

万历三十年(1602),佘从吾任职重庆府同知,也就是重庆府的"二把手",主要职责是协助知府全面管理各项事务。当时的重庆府知府喻诲初出茅庐,没有为官经验,而且对于重庆府的情况也是不甚了了。

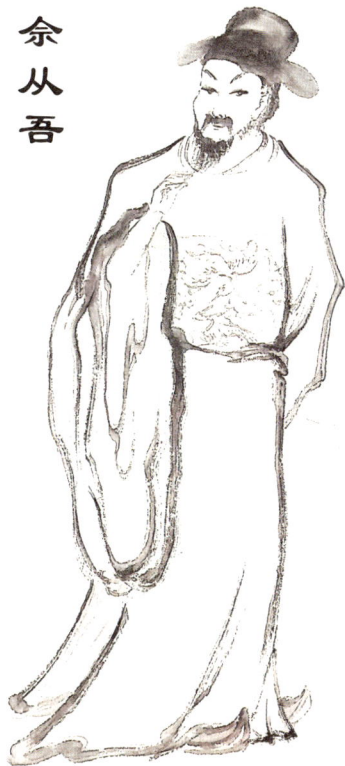

佘从吾

肖霄画

此时的佘从吾已经有过为官的历练，他主动承担起了重庆府几乎所有的管理工作。在从事这些工作时，他"才猷练达、挥洒自如"，做事既有深远谋略，也有实际才能，所以得心应手、应付自如，成为知府的强大依靠。在工作中，他发现对百姓而言，比税赋更重的是官府的"派役"，即摊派和徭役名目繁多，让老百姓不堪重负。而朝廷对"官户"却有优免的措施，许多官员把整个家族所有田地都登记在自己名下，来逃避派役，由此负担就转嫁到了普通百姓的身上，更加剧了农民的贫困程度。佘从吾了解后，就采用改革的方法来解决这一问题，史书上记载他"却清军之例，革粮里之赢"，虽然具体细节难以探究，但是从"以绩著见重"的记载可知，革新的效果非常显著，"派役"的弊端得到了有效控制。

在佘从吾的任期内，有一年重庆碰到了罕见的大旱，江面、河道干涸，百姓耕种的庄稼因为得不到灌溉，也都成片成片焦枯。眼看颗粒无收，饥荒将至，而朝廷要征收的税赋却一分也不能少，百姓将要面临灭顶之灾。佘从吾就苦口婆心地劝说知府喻海向朝廷报告具体情况、为民请命，知府便将此事交给了他。佘从吾领命后，就带着随从遍访乡间田野，大量搜集受灾情况。但是他知道，如果就这样写出情况呈报上去，不仅不会被重视，甚至还会被认为是在虚夸其事、找理由逃避交税，效果肯定不好。在深思熟虑之后，他想到了一个颇有新意的办法。历史上，北宋王安石变法时期，恰逢河南大旱、饿殍遍野，城门小官郑侠以一纸《流民图》感动神宗皇帝，下令全国开仓放粮、缓解灾情，而且还由此放弃了那场轰轰烈烈的变法改革。于是，佘从吾也一样绘制了一幅《流民图》，将当时的受灾情况通过画面很直观地展现出来。这幅《流民图》被送到知府、州守、布政使那里，凡接触到的人无不感动落泪，虽然没有因为这幅画而实现税赋全免，但却促成了税赋的征收放缓和减量收取。不久，朝廷打算实施在地方上收取漕运提成的政策，佘从吾大胆建言："方今宽一分，则民受一份恩赐，而此枵腹（饥饿）之民，宁堪作刑拷鬼乎？"从正反两方面的剖析，特别是最后的那句"饥饿之人，难道会害怕严刑拷打吗？"的灵魂发问，让强推这一政策变得可笑至极，最后此项政策被暂缓实施。

佘从吾痛恨腐败，也被贪官所害。一次，别驾张某向他索要被称作"例金"的献金和礼物，遭到了佘从吾的严词拒绝。张某怀恨在心，不久就中伤佘从吾征粮不力，朝廷就下令贬谪佘从吾。当贬谪文书到达时，佘从吾大义凛然地说："与其剥民以博官，又何如免官以恤民？余无所憾矣！"说罢，他拂袖上路，把中伤他的小人扔在了身后的暗影里。

佘从吾革新办法，减民之赋，以图绘灾，俱为民之福祉。

夏思泅：墨舞丹青赋诗草

夏思泅（1798—1868)，字涵波，号少岊，清铜陵县钟鸣耆黄栗夏村（今义安区钟鸣镇牡东村）人。钟鸣自古物华天宝，人文荟萃，以"击钟而鸣，百里有声"而得其名。唐宋时此地便是商贾云集，市井繁荣，有"九井十三街"之称。北宋林学大家、先贤陈翥曾读书于马仁山乌霞洞，隐居西山植桐，后葬于下清凉寺北竹林。于此地长大的夏思泅自小聪慧，可直到清道光十四年（1834），36岁的他方应乡试中举。自此之后，他屡试屡败，五次科考殿试不售，人多称他临场胆怯，命中无禄。夏思泅波澜不起，遂沉沦下僚。道光十四年，他选任芜湖县训导，后升任颍州府教授，一直从事教育工作，安贫乐道，娶妻生一子，在兵燹时失踪。几任小官后，他即解职归来，隐逸于山水间，屡征不赴，把那进取之心和经济之念一股脑抛了。家财并非雄厚的他，轻财仗义，笃爱族谊，将自己原置田地、山场、屋宇献给公堂执掌，作为建祠修谱之资，逝后葬于鲇鱼山栗树园龙形（夏家竹园山）。

关于夏思泅，乡里最为津津乐道的是他与曾国藩的交往佳话。据传，夏思泅第五次殿试时，所住号舍与湘人曾国藩为邻。这天曾国藩答题完毕，颇为自得，乃轻声吟咏。夏思泅听得真切，不禁连连赞叹，搁笔而就板缝，一瞥之下，惊见曾文"雍正"的"雍"上一点未点，此时曾国藩正待交卷，夏思泅忙叩壁轻声疾呼："文章虽好，有杀头之罪！"

曾国藩大惊，汗流如浆，问道："何出此言？"

夏思泅忙告知，曾国藩大为感激，又问道："兄长何人？"

"我乃铜陵夏思沺。"

此番夏思沺再次不第，而曾国藩中了进士，步入仕途。在曾国藩官至水军都督时，一日行军至大通，着管事急寻夏思沺。管事大恐，以为狂士得罪都督，试问之，曾国藩略述始末。管事这才释然，乃得见夏思沺于羊山矶。

曾、夏暌违已久，少不得促膝交谈。次日正是端午，看罢龙舟赛，管事飨客以鲥鱼。大通"鱼虾不论钱"，对于鲥鱼吃法自有心得：夹鱼肉蘸红苋菜汤最有滋味。宴席之间，曾国藩忽然大怒，却是苋菜里赫然一根头发！曾国藩拔出一根红签欲掷，若是红签落地，厨师定然无命。夏思沺急忙下跪，为厨师求饶。曾国藩起身扶起，笑曰："欲招先生入幕，今聊试先生耳，还请勿怪！"夏思沺诗酒江湖惯了，终于未肯就请。

夏思沺博学广闻，喜作诗、文、赋，隐居钟鸣泉水坑上山岭东麓（今钟鸣镇泉栏村）后，与文朋诗友诗酒唱和，以文章自娱，以山水为乐，所作诗文不少。县志载：县人夏思沺著《少嵒诗稿》《少嵒文稿》《少嵒赋草》《少嵒改课》刊行于世。时任安徽按察使吴坤称夏思沺著作刊行后，"异域亦多购之，近世以来，最为罕有"，谓夏思沺为"铜陵之杰出也"。但他病逝后，其著作大都散佚，仅《少嵒赋草》存世，并广为流传。《少嵒赋草》是一本赋文集，内容庞杂丰赡，有咏古人事以寄意者，如《屈原行吟赋》《苏武牧羝赋》等；有游历而兴发者，如《太白酒楼赋》《滕王阁赋》等；有见事而作者，如《无弦琴赋》《闻笛赋》等；有感兴而得意忘形者，如《枫落吴江赋》《杏花烟雨江南赋》等；有技痒以求切磋于古人者，如《拟庾子山小园赋》《拟司空图春愁赋》等，总计 81 首。

其中，《岳武穆奉诏班师赋》为："岳少保壮志轩昂，先声赫濯。精忠贯乎星辰，浩气钟于河岳。枕戈待旦，方期恢复中原；拔剑登坛，定欲扫平绝朔。谁识天王无主，诏下金门；遂令上将班师，心摧画角。方其统兵戎，率行伍。出王畿，临敌土。列阵分行，扬旗击鼓。龙韬久具，标大将之威名；虎帐宏开，奋将军之神武。方谓功成立马，指顾平戎；还教陈布长蛇，从容破虏。……振策言归，徒叹半生辛苦；出师未捷，谁收万里江山？记曾夺纛之时，雄兵直捣；正在渡河之日，骏马偏还。徒使烽烟顿息，车骑虚驰。心忧半壁，甲解全师。可怜对垒沙场，孤军独往；忍见攀辕父老，双泪交垂。一木难支，宋室之偏安已足；十年遗恨，英雄之结局如斯。……直恨无人请剑，斩他奸佞之头；空嗟高庙藏弓，莫展风云之路。遂使名流乞罢，寄迹西湖。竟将割地请和，甘心南渡。此阅之者所以伤心，而怀古者因之作赋也已。”夏思沺生在乱世，刀兵迭起，民不聊生，虽无缚鸡之力，而有报国之心。而清廷积重难返，夏思沺激进昂扬之志，只得化为悲愤之心。此赋借古抒怀，将一腔热血、满腹忧愤铺陈出来，字里行间，俨然有雄兵堂堂之阵、金铁相磨之声。

为《少嵒赋草》作序者是“澥泾川吴楠石仙氏”——吴石楠，乾隆年间左都御史尚书吴芳培第五子，为太学生，性任侠，喜钻研舆地经世之学。在序言中，泾县太学生吴石楠称《少嵒赋草》“浑灏流转，靡体不备”。

《少嵒赋草》传世已久，版本有道光、咸丰、同治、光绪、宣统、民国等多种，可见在他辞世后的150年里，此书多次重印。在众多论及赋之流变的文献，也有提及此书。如南台科技大学通识教育中心王淑蕙《版本、流传与运用——夏思沺 < 少嵒赋草 > 与台湾赋研究》，就考述《少嵒赋草》在台湾自晚清、日治到民国的版本流传。中山大学孙立教授指导的论文《中国赋对越南科举诗赋之影响》一文写道：“新发现清夏思沺所撰《少嵒赋草》传播到越南，并对当时越南士子研习律赋产生很大影响。”“思沺著作梓行时，学者极为推重，安徽按察使吴坤谓：'异域亦多购之，近世以来最为罕有'。"可见夏思沺《少嵒赋草》影响之深、之远、之广。

夏思沺诗文，少壮家居，多秀丽之作；中年足遍半天下，格调益高；晚年遭时艰，悲壮苍凉。其生之日，文赋即为士子范文；死之后，文赋流传不衰，传至中国台湾、越南、日本等汉文化滋养之地，奉为圭臬，为世人所仰。

章邦元：广识卓见有作为

"士不能功及天下，亦当裨于一邑也"，这是章邦元的一句名言，也是伴其一生的座右铭。

章邦元（1826—1886)，字午峰，一字伯善，晚号俊生，是一位经世有卓见、器识宏且远的清末学者。他的家在铜陵县城（今义安区五松镇）的太平巷，家的西边是列若屏障的天王山，东南边就是县衙。曾有人调侃铜陵县城之小，说"老爷打板子，四门都听见"，章邦元家自然会常常听见衙门断狱之声了。

章邦元生于道光六年(1826）正月，6岁入私塾，12岁起，在家由祖父亲自课读。其祖父热衷治理世事、切合实用的一类文章，即经世之文，而对分章析句来解说古书之类的学识不屑一顾。故而，章邦元童稚之心上便由其祖父播下了"经世致用"的种子。他15岁那年冬天，学堂外大雪漫天，其祖父指向堂外院隅一株著花老梅，命其作《梅花赋》，章邦元援笔立就。一旁观望的县中名儒、举人张大观见过赋文，大加赞赏。由是，章邦元赋名，由迩达远渐传开来。

道光二十二年（1842），章邦元失祜，家境一时拮据。他一边当先生，为人课徒，以资家用；一边当学生，同时问业于张大观、夏思泂、王卿云三先生之门。道光二十六年（1846）入邑庠，自是文名藉甚，而教人尤循循善诱，远近从游者日众。时虽为诸生，然则有志于经世之学益坚。咸丰元年（1851），池州郡守陈源兖到治下各县观察民情，了解施政得失，来到铜陵县，见到章邦元所撰《江坝圩田积水疏泄议》，言地方圩田水利事甚详，大为赞叹称异，乃刊入《池鞱采风录》，随即慕其名而登门造访，专事咨询。章邦元与之交谈，一字不提个人诉求，而事关民生风化者一一详告，并说出那句名言："士不能功及天下，亦当裨于一邑也。"陈郡守闻之，一见如故，感佩不已，大有相见恨晚之意。而经此问答，章邦元经世之才，崭露头角。

咸丰二年（1852），章邦元于张大观先生家开馆课徒，教张大观子等，次年因太平军陷铜陵县城，携家避乱于县城东边的顺安镇鹅山岳父家，后于顺安胡彤章家开馆课徒。越明年，太平军逼顺安，遂会同邑中绅耆张大观、曹蓝田、曹翰田、朱德修、盛益卿、胡彤章诸人，筹资募勇设局以御之。其时，陕西泾阳人、曾任江西巡抚张芾，因事夺职，赴安徽督办皖南军务。于是，章邦元又偕张大观等往徽州拜谒张芾，恳请张芾在军械军饷方面予以支持。张芾对章邦元的请求一口应允，然而乡勇势单力薄，终究不是太平军的对手，遂辗转浙江，借居于湖州。咸丰九年（1859），章邦元抱病至杭州，补行乡试未中，以兵阻道，次年始归故里。

同治元年（1862），章邦元赴省城安庆见两江总督曾国藩，条陈上《时务策》，纵论古今治乱并各家之得失，洋洋数千言。曾国藩激赏其才，欲留他于麾下，做一名文官，章邦元力辞不受。以此，曾国藩愈加器重章邦元，前后两次征召他，采访湘军在江西、江南两省为国殉节者事迹。章邦元受命之后，深入两江，悉心搜报，还为殉节尤勇者作小传，成《忠义录》数卷。

同治二年（1863），章邦元游历上海，知遇于时任江苏候补知府、怀宁人江潮。江潮按照清朝规定替章邦元以财求官，得太学士加国子监典籍衔。一年后，时任江苏巡抚兼领淮军的李鸿章听闻章邦元的才干，随即委任他创办刘河厘局，制定厘金征收管理的一切章程，以为淮军筹饷。不久，因赴京试，乃辞去厘局之职。

光绪八年（1882），赴金陵，入兵部侍郎、右都御史刘瑞芬幕府，两年后，因身体抱恙，归故里，光绪十二年（1886）正月十一日卒于家，享年61岁。北京图书馆藏珍本年谱丛刊 第169册载《章午峰先生年谱》，是这样为章邦元画像的：邦元性直谅，志守端方，平居深默，不苟言笑，及遇大事决大计，毅然卓见而有为。与人交面折人过，必使之勉其善。外貌严毅，心底极仁恕，待人接物一以至诚，乐与人共患难。

章邦元怀抱经世之志，屡赴贡院科考不中，直到51岁才放弃参加隋唐小测，开始潜心于学问。他平生颇以文章意气自豪，自经史至诸子百家，无不讨究，但他倾心之最、用工至深者，还是宋儒性理之学。他对宋儒程颢、程颐和朱熹的"人性与天理"诸书，白昼手不释卷，夜晚同塌而眠，即使暮年之际，亦未曾有丝毫懈怠。他能博采众长，虽钟情于程朱理学，但绝不厚此薄彼，不辩论诸儒异同与短长，他认同并接受王阳明的思想，主张知行合一，身体力行，以知促行，以行求知。

章邦元擅长诗、古文、词，尤能赋。清末松江人沈祥龙，是一位优贡生，善隶书，也是一位评论家，他在《论词随笔》中是这样评价章邦元的："其赋绥绥有章，井井有理，采旌桂旗词之丽，黄钟大吕音之铿，而究其指归，则刘舍人（《文心雕龙》作者刘勰——作者注）所谓'体物写志'者也。"意思是说，章邦的赋，在形式上运用大量华丽的语句，张扬文采，从不同的方面描写事物，不厌其详，不厌其细，而内容上则通过摹写事物来抒发感情，寄托讽喻之意。他的赋文著作，既精美且丰厚，一生著有《赋稿》200余篇。道光乙未进士、官任江西鄱阳知县、石埭人沈衍庆，曾经为其《赋稿》出资雕版印行，书稿雕版刚刚完成，沈衍庆因太平军陷饶州而殉难，其稿版俱毁不存，令人扼腕。

　　章邦元一生可谓著作等身，《赋稿》以外，遗稿尚有《读通鉴纲目札纪》三十六卷、《读左条辨》二卷、《性理札记》十四卷、《古文》四卷、《古今体诗》二卷、《时文》六卷。卒后，由其子章家祚整理刊行者，现有《读通鉴纲目札记》二十卷收录于《清史稿·志一百二十一》《翰馨香书屋赋馀》二卷、《章午峰先生日记》一卷传世，其余诸卷皆流散遗失。其中《读通鉴纲目札记》，以朱子纲目及金氏前编、商辂后编为基础，有所论断，随笔札记。探经义，按时势，不作附会迂腐之谈。指出世道人心之消长所系，一代规章制度沿革及天下治乱得失之本末所存，论之颇详。

　　章邦元生于动荡年代，终其一生不获功名利禄，然而以其经世出类于当世，以其学问拔萃于后世，经世学问，相得益彰，成其作为，不亦俊彦？

江材：惟有诲化是吾志

萧江氏族卜居铜陵江村，肇始于明朝洪武年间，距今已有620多年的历史。这个世居铜陵石洞耆江村（今义安区天门镇板桥村）的兰陵萧江氏家族，卜居之地乃一个小山村，瓜瓞延绵，耕读传家，世世代代十分重视传统文化教育。据《兰陵萧江氏宗谱》记载，明、清两朝，江氏学有所成者就有200余人，清末拔贡生江材就是其中一员。

江材，又名积谟，宁淦澄，号晓村。生于清同治十年(1871)，卒于民国十四年（1925）。他求志乐道，敦品修名，虚怀纳善，博学工文，宏英才之教育。他少时家贫，枵腹求学，后入县学应试，录为优廪生。22岁曾游学河南、南京等地，并应聘为塾师。清朝溥仪宣统元年（1909），38岁的他参加了晚清时期每十二年举行一次的贡生选拔特考，在池州府六县考生中，以"论策宏博，经义湛深"，考取拔贡生第一名，候选直隶州州判(官秩从六品)。当时池州六县士绅咸闻其名，皆呼其为"大先生"。江材毕其一生，读书、课业、办学校，无论贫富穷达，惟有诲化是吾志。他外出任教达十余年，后因战乱辞教回乡。他放弃高官厚禄，创办了铜陵"石洞耆东二区学堂"，并亲董学堂13年，学风玉律无形树，慕名学子四方来。其事迹随其天下桃李播至遐迩。

江材年少时，家道中落，很是清贫。但受家族世代崇文的影响，江材父母望子成龙，宁愿自己饿着肚子，也将江材送进私塾念书，以期光宗耀祖。江材非常懂事，念书非常用功，每天总是第一个到学堂，安静地坐在课桌前，不是看书就是练字。别的伙伴嬉戏之时，他也手不释卷，有时读书读得入神，连饭也忘记吃。私塾先生见江材不但聪慧，学习还如此刻苦用功，对他青眼有加，点拨就格外用心，要求严出别人一筹。一日，私塾先生外出有事，就叫江材领班。可先生的书箱没有上锁，江材求知欲强，就把先生的所有书籍都翻阅了一遍。过了一段时间，先生又外出，仍然叫江材领班，还布置他在课堂上为其他学生讲解有关内容。江材不知情，先生走后，他就领同学进行句读，尔后为他们讲解，讲得头头是道，俨然一位小先生。其实私塾先生并未外出，而是在发现江材翻阅了他的书籍后，托言外出，想背后听听江材到底学到何种程度。一连几天的悄悄听讲，先生暗自欣喜，望着课堂上那位有模有样的小先生，自言自语道："虽少年，已自成人。可造之材，可造之材啊！"于是，他来到江材家中，对江材的父亲说："江材学习专心致志，学业日益精进。为了孩子的前程，你还是早日让他入县学吧。"次年，入县学应试，江材不负众望，被录为优廪生。消息传来的那天，江材正坐在村口水口林下看书，村口外的一鉴方塘中，小荷才露尖尖角。

江材16岁这年，第一次出远门到池州府参加"岁考"。家境窘迫，赶考无衣，他的母亲只好向人家借了一块布，做了一件长袍让江材穿上。在池州府，他不去看景，而是在客店里温习功课，写写文章。谁知他随便写的文章被一家有钱的财主看中了，就借故接近江材，说是认识他的父亲，诱使江材替自己的公子代考，答应事成后付给江材300块大洋。江材年少天真，心想，我小小年纪能给家里挣300块大洋，回去父亲一定很高兴。两天后考试，江材略加思索便挥笔而就，做完文章之后，就将财主公子的名字写上，长长地嘘了口气。放榜时，财主的公子果然得中。江材得了大洋之后，就简单地收拾行装离开池州府回到家乡。可江材出卖功名之事，使本族人大失所望，问事先生十分气愤，指责江材没有骨气，是不忠不孝之徒，必须绳之以族规，就开祠堂门惩罚他。江材跪在祖宗牌位下不慌不忙，反而振振有词地说："什么是不忠不孝之徒，何谓忠？国难当头能挺身而出，不惜性命，此乃忠；何谓孝？不违逆父母长辈，侍奉父母，此乃孝。至于功名嘛，我下次参加考试时拿回来就是了。"问事的先生被江材说得哑口无言，只好自找台阶说："那好，你下次如拿不回功名，就治你个二罪归一。"江材信心百倍地说："拿不回功名，任听惩罚。"

光阴似箭，日月如梭，三年过去，"岁考"日期又到，江材赶赴池州府参加考试，一举而中，全族人在祠堂大办酒宴进行庆贺。又三年仲秋，江材赴安庆府参加"乡试"。临行时，江材的少年同窗、当时在大通开文房四宝店的徐良进送给他一支特制狼毫毛笔，对江材说："祝君此去，一展才华，榜上有名，鹏程万里。"江材接过笔高兴地说："借君这支狼毫笔，闯荡天下做文章。"应试的这天，江材初略地打了草稿，在向正式试卷誊写将半时，忽然想起好友徐良进送给自己的那支特制狼毫毛笔，就用这支新笔誊写完文章的后半部分。孰知，主考官批阅考卷时，因笔锋不一样，错判成"文章可取，只恨凑篇"，造成江材这次考试名落孙山，无功而还。

"乡试"落榜后，22岁的江材便到河南、南京等地，一边拜访名士，交流学问，一边做起塾师，课业授徒。十年的游学与塾师生活，使得他的学识更加扎实，眼界更加开阔，人脉也更加广泛。宣统元年（公元1909年），江材在好友的劝说下，参加了贡生选拔特考，在池州府六县考生中取得第一名拔贡生，候选直隶州州判。由于是候选官职，他并未立马上任，而是继续做他的塾师。他再次来到南京，这回是被南京抚台看中他的名气和才学，延聘到家里教他的一双儿女。江材任教后，抚台的子女进步明显。抚台很高兴，经常在会客时或公开的场合夸奖江材，却引起了南京城的一些进士和举人的嫉妒。他们认为一个小小的拔贡生也值得抚台大老爷这样夸奖，但碍于抚台的面子和威严，又不便当面发作为难江材，就暗暗相约，一起投帖到江材那里，说他们某日来拜访。到了约定之日，江材正在课堂上课，涌进了几十名进士、举人。江材也不搭理，继续他的授课。整整一个时辰，来者就站在一边听江材授课，竟然听入了迷，不由得心生敬畏之情，只好互相颔首离去。自此，这些进士、举人见到抚台就说："老爷慧眼，请来的先生虽系拔贡生，但确实是个大先生。"这回，"大先生"的称呼伴随江材从池州六县喊到了南京。

辛亥后，江材的候选州判便付之东流，南京抚台也调任到别的省份。江材辞别南京，回到故里，联络乡耆士绅，向县里呈报，要求创办学堂，以让更多的人拥有文化、尤其是让贫苦的农民子弟都能有机会读书。报告甫一送出，江材就收到了直隶（南京）都督秘书长、大理院院长、司法总长许世英的一封亲笔信。许世英在信中说：从原南京抚台那里知悉大先生，现民国初创，各处均需人才，我这里更需要像大先生这样学识广博、德才兼备之贤能，希冀先生接信后，务必来南京佐我。看信后，江材心中很矛盾：到南京，做了许世英的佐官，不但能光宗耀祖，而且家境将会有很大变化。可是创办学堂是自己的终生夙愿，这样可使更多的子弟受到教育，只是教书人一生将更加清贫。思来想去，他还是谢绝了许世英的知遇之请，将精力集中到创办学堂之上。经过多方奔波，民国元年（1912）秋，县府终于批准了江材的呈请，学堂命名为"石洞耆东二区学堂"，校址设在江村祠堂，江材亲自担任学堂校长。江材的好友、桐城县"解元"姚永概先生，时供职于桐城公立中学堂，专程来到江村看望江材先生并恭贺学堂落成。二人同游五峰山、天门山、双龙洞等石洞耆名胜后，饮酒对课。微醺的江材出上联：

天仙子脱迹登天台，今古奇闻，曾否天门有余韵；

姚永概听了，满饮一杯，放下酒盅品酒，也在品江材的上联，沉吟片刻，下联脱口而出：

石曼卿种桃于石室，后贤继美，漫延石洞占多春。

二人抚掌大笑。

民国十年（1921）春，江材又收到许世英的第二封来信，此时，许甫任国民政府安徽省省长。许世英在信中诚恳地说：南京之邀已十年，想先生在教书育人上定有成就。现在国家正是多事之时，需要更多的人出来主持大政。您这样的人才，只在学堂教书，实乃大材小用。我这里有诸多要职为你虚位以待，诚挚再邀大先生襄助了我。江材看完来信，不假思索，提笔回言：谢谢省长大人错爱，材不才，已绝意仕途，惟有诲化是吾志，愿将毕生心血奉献学生，育其为国家可用之才，此不亦大用乎？

石洞耆东二区学堂创办后，名声越来越大，学生越来越多，学堂越办越红火，几年后学生就达到200多名。这些学生，除了本县以外，还有来自贵池、青阳、无为、桐城、南陵、繁昌等周边县的，他们都是慕江材先生的大名而来。由于外县的学生增多需要住校，一时经费比较紧张。为了解决这个难题，江材呈请县府批准学堂办一个果木园，用果木园的收入弥补教育经费的不足。县府认为此法甚好，于是很快就批准在江村的山场眉顶头划地面积100亩作为学堂果木园地。学堂接到批复后，就组织学生自己挖地、栽种并请两个专人看管。三年后，果园内桃树、茶叶等长势喜人。江材又商请族人襄助，同意在萧江祠堂附近划拨10亩田地给学堂种菜，以改善师生伙食。石洞耆东二区学堂的做法，开创了铜陵地区勤工俭学之先河。

江材一心扑在学堂事务上，很难顾家，每为此自责和内疚。一家上下，柴米油盐，全赖老父操持。父亲抱病卧床，他没有时间亲至床前送汤奉药；与他感情笃深的老姐姐病了，他也无暇看视。但他视学子如己子，学习生活，悉心照料，无微不至。而他家里做屋时，有些大龄学生主动相约，到屋基场帮忙搬砖搬瓦，江材却板着脸对他们说："你们来这里是学文化、学知识，不是为我做帮工的，马上给我回到学堂去！"

江材为学堂学子呕心沥血、未老仙逝，学子痛失良师，同侪痛失益友，大江南北熟识大先生者，无不为之扼腕。江材学生已然桃李满天下，他们闻听噩耗纷纷赶来吊唁，一副副挽联摆在大先生的灵堂前，寄托着沉痛的哀思。

学生张思魁撰挽：

先生为一邑名儒，优学识、广陶镕，十载裁成，试看济济多才，时雨春风资化育；

我辈忝同乡道友，聆言谈、获知解，三秋景仰，哪料悠悠千古，停云落月动悲哀。

江材一生以诲化育人为己志，桃李不言，下自成蹊。

第三辑

名人故事

葛洪炼丹杏山下

葛洪,江苏丹阳句容人,字稚川,自号抱朴子,是东晋一个集道教学者、炼丹家、医学家、思想家于一身的贤哲,世称小仙翁——以别于他的从祖葛玄"葛仙翁"。他出身江南豪族,17 岁登霍山,入葛玄弟子郑隐门下,研儒经,习医术,修仙道,后周旋徐、豫、荆、襄、江、广数州之间,寻访异书,游学行医。中国高山险峰之上,清泉秀水之旁,多处留下了他的炼丹处。

葛洪来铜,洞居杏山,绝非偶然,乃因铜陵多矿产,有炼丹所需材料。炼丹有"五金八石"之说,"五金"即指金、银、铜、铁、锡等,"八石"指朱砂、雄黄、云母、空青、硫磺、戎盐、硝石、雌黄等。铜陵素称"八宝之地",八宝谓之金、银、铜、铁、锡、生姜、大蒜、麻。50 多岁的葛洪,"闻交趾出丹",尚能"求为句屚令",句屚在今广西壮族自治区,偏僻异常,何况铜陵不远,且所需"五金"一应俱全,来铜陵炼丹在情理当中。

杏山不高,有仙则名。位于原铜陵县(今义安区五松镇)城东25 里处的杏山,海拔仅 180 米,确实不高,囿于葛洪洞居其中,植杏炼丹其上,而声名远播。历修县志对葛洪与杏山之事均有记录,历代文人多有题咏,二者缘分亦便演绎成铜陵文化史上的风景。

《广舆记》载:"昔传葛仙翁留此种杏,下有溪,落英飞堰,昔花堰者以此得名。山产土砰,其穴土人以为丹圹也。"

据历修《铜陵县志》载,"葛洪,字稚川,句容人,曾于花堰间种杏炼丹,其山有土砰,传为丹圹。" 又"丹井在杏山庵前,即葛翁炼丹井也，状如半壁，深二尺许，温可掬，清可鉴，旱久不竭，而集不盈，旁有丹灶遗址。"又"因名其山曰杏山，有杏花堰、丹圹诸遗迹。"又"长山石窦中，有白牡丹一株，高尺许，花开两三枝，素艳绝尘，相传为葛稚川所植"。

北宋诗人、当涂郭祥正有诗略云："仙翁得仙朝玉皇，当时种杏盈山冈。传闻落英堰流水，每到三月溪水香。"

明县教谕王贯《杏阜丹光》："仙翁修炼已飞升，夜夜丹光射紫清。石鼎千年存古迹，杏花几树发春容。云浮恍若炉烟动，月皎犹疑灶火明。安得相从求至诀，功成九转得长生。"

清邑人张湘长篇排律《杏山眺览》："山以杏名今鲜杏，山鲜杏兮名仍杏。只因仙人偶驻踪，便跨群峦作袖领。忆昔寂寂一荒岑，何忽丹炉与丹井……"

清邑人佘应龙、陈三重、佘应豹、潘美恭、陈孟晟、陈嘉猷等，各有题咏，兹不赘录。纵览所记所题所咏，无非三样：种杏、种牡丹、炼丹。炼丹有丹井遗址，葛仙洞内有其卧室及石床、石几之类遗存，让人思接千载，遥想音容。传说中的"仙牡丹"，因其能疗寒热、中风、瘀血、痈疮等疾的药用价值，被铜陵百姓广植山川谷地，每逢仲春，硕大的素色花朵漾漾于风，依然素艳绝尘。

杏山的杏树消失了，清邑人陈三重所咏的"丹了千秋诀，花开十里中。辞条红作雨，飘堰艳随风。酿就芳盈注，流来香满空"景象，今已不可见。也许，杏山的灵魂不是丹井，不是石床，不是仙迹，而是郁然成林的杏林。百姓怀念葛洪，念的不是他白日飞升的传奇，而是他为生民治病，不取分文，只要植杏一株的济民之爱。斯人南去，春风依旧徐来，花瓣飘飞，落英飞堰，流水杏然；斯人飞升，邑人建"杏山庵"于此，堂中悬挂葛洪画像，四时祭祀凭吊。后来因战争频仍，庵毁洞塞，杏山荒芜。清顺治七年（1650），因感佩葛洪悬壶济世之功德，铜陵知县刘曰义自捐俸禄，修筑凉亭立于丹井旁，雕文立碑以示追思，并撰《杏山碑记》。

如今，义安区顺安镇陶山村，距市区 15 公里处，杏山葛仙洞公园在焉。万年造化，以成石钟乳，洞谲石奇，幽深莫测。云山、八卦台、大象峰、天柱峰、万年灵芝，十二生肖，各具其形。千载陈迹、石床、石桌、石几、丹灶，各肖其状。洞内冬暖夏凉，暗河环流，泉水叮咚，恍若仙境。

洞外、丹炉、丹井、花堰泉、温池泉、响洞，一一在杏山上呈现。新建的楼阁亭榭，曲径石桥，湖心亭、齐云亭、杏树园，堪供游人寻幽览胜。游人驻足最多处，是那块断成几截又被粘合的刘公所撰的原《杏山碑记》。

岁月已远，仙踪犹存。

张宽力祐铜官山

张宽，晋朝人，初为扬州长史，属刺史佐官，后官至浔阳郡太守。史书上对他的评价是四个字——为政贤明，铜陵人对他的评价也是四个字——铜官福主。

当年，张宽任职的扬州，可不是现在的扬州。晋朝时期的扬州，级别相当于现在的省级，其范围包括今天的安徽省淮水以南及江苏省长江以南的部分地区，以及江西省、浙江省、福建省的部分地区。此外，还包括湖北省英山黄梅、广济以及河南省固始、离城等地。此时，铜陵先后属丹阳郡和析之于丹阳郡的宣城郡春谷县，均为扬州治下。之前的三国时期，有一支史称"山越"的先民，活跃在丹阳、宣城、泾县、陵阳、始安、黟县、歙县诸郡县，虽经东吴数十年征讨招抚，被迫出山，但到晋朝并未被肃清。山越人大分散、小聚居，好习武，以山险为依托，并常至铜陵及周边盗采铜铁，铸造兵器与铠甲。身为扬州长史的张宽，为保护国家铜铁资源，维护一方安宁，便亲率士卒对皖南一带的山越残余进行清剿，对为首且顽固者、为害百姓者严惩不贷；对附从者加以抚慰劝其从事农耕。他还在铜陵铜铁资源集中的地方，安排士卒与当地百姓一起把守，从而遏制了山越残余的为害，护佑了铜官山一带的百姓。

因清剿山越残余有功，张宽被擢升为浔阳太守，由属官转为主政一方。他离开铜陵后，百姓非常想念他，便于铜官山北麓立下去思碑。他去世若干年后，百姓还在传颂他福佑铜官的往事，将其奉为神灵。相传，某夜，张神撑铁船抵铜官镇，探视铜官铜铁及百姓是否安好，由于用情至深，及至天明而不察，忽见山行之人，惊醒后急忙将船沉匿水中，惟有首尾尚露出水面。铜官镇南有一处小山丘就成了张神匿船之所。那山丘酷似一艘大船，丘首与丘尾，有石若铁，遂成铁船遗迹。明嘉靖《铜陵县志·古迹》载："铁船，在县南五里，相传官山（铜官山）神乘铁船至五松山左，见人遂匿于水。止露船头尾，相去百余步，浮于土面，真若生铁，曾有修官山庙者于上，凿铁为钉，入炉果熔，今其迹见存。"至南朝萧齐（479—502）时，官府为了顺应百姓感念张宽之情，在铜官山南麓为张宽立庙，塑其像于其中，百姓呼其像曰"铜官福主"。

让"铜官福主"声名鹊起的是中唐的裴肃。裴肃，河南济源人，曾任常州刺史兼御史中丞、越州刺史、浙东团练观察使。在任浙东团练观察使期间，浙东发生了栗锽之乱，明州镇将栗锽联合鄞、奉边区山越在光溪杀死刺史，发动兵变，攻陷浙东郡县，将战火蔓延至台州。裴肃奉命带兵讨伐栗锽，不到两年时间，将栗锽等叛将擒获押解送京，兵乱遂平，百姓得安。裴肃自撰《平戎记》，上报朝廷。他在《平戎记》

中说：能够这么快平乱，是因为皇帝英明威武、士卒英勇善战，还有就是冥冥之中得到了昔日曾经讨伐山越的扬州长史张宽的帮助。因此，张宽"以阴有战功"，被朝廷赠封游击将军。咸通（860—874）初，裴肃次子、吏部尚书裴休到江南督察，前往铜官山麓惠溪河旁拜谒张宽神庙，留下诗作《铜官山保胜侯庙》：

> 浔阳贤太守，遗庙古溪边。
> 树影入流水，石门当洞天。
> 幡花迎宝座，香案俨炉烟。
> 若到千年后，重修事宛然。

裴休回到长安，将张宽事功上奏朝廷，请求为其封号。不久，裴休去世，封号一事搁浅。直到中和二年（882）二月，朝廷终于定封张宽为保胜侯。

千百年来，铜官保胜侯庙历有重修：五代杨吴乾贞二年（929），加封其为保胜公；南宋绍兴元年（1131），赐其庙额为"昭惠"；咸淳八年（1272），增爵封为显忠灵祐王，并以灵祐王名庙；元泰定（1324—1328）间，庙倾圮，邑人陈振修建，有学士卢贽碑；明朝洪武四年（1371）邑人俞时修缮；成化年间（1465—1487），邑人袁思琼再次重建，立石碑坊，刻古今题咏……自明以降，铜官山麓灵祐王庙名列"铜陵八景"之中，曰"铜阜栖灵"，历代文人骚客凭吊不绝，多有吟诵。在拜谒灵祐王庙的人中，有一位人物不得不提及。他与张宽、裴肃一样有着平定叛乱的经历，不同的是并未因平叛获功。他在铁船遗迹处伫立良久不忍离去，然后写下《过铜陵观铁船歌》，墨宝珍藏在故宫博物院——他便是明代王守仁。

20世纪70年代，铜陵辟建天井湖公园时，疏于保护而致铁船遗迹被毁，今杳无踪影。而灵祐王庙也因露天采矿致圮废，庙基不存。然而，张宽忠君爱国、为政贤明、福祐苍生的"铜官福主"风范像铜官山一样永远岿然。

陈陟兴建陈公园

园以人而成，人以园而名。

陈陟，北宋池州铜陵县贵上耆土桥（今义安区钟鸣镇）人，平生倜傥好义，与缙绅往来，载色载笑，亲密相契。他尝于县治东门外构置庭园一所，东西南北各数十步，修筑亭台，左右凿土为二池，刻石为山，内植奇花异草满园，外植桑果园圃。其园背负崇冈，面对铜官山岩穴，景致不能悉载，时呼为陈公园。

据《陈氏族谱》载，南唐散骑常侍中书令陈觊，为铜陵陈氏一世祖。其子陈钦，南唐时任宁国府判，以疾致仕，至铜邑千口湖（今义安区钟鸣镇新联村）遂卒，其妻徐氏及其子陈京买地葬陈钦于白茅山（今钟鸣镇牡东村），遂定居于此。陈京生子文一、文二，陈陟即文二之子，且是北宋著名林学家陈翥的从叔。

陈公园的前身是邑庠，遗址今已不存，应在今义安区实验小学所在区域。陈陟无实职，家境并不殷实，精构一园，修亭台楼阁，凿池设桥，植奇花异草，种园蔬，营桑园，所费不菲，费用从何而来？其子陈翔如其父亦为邑庠生，有名无实，并无俸禄；陈翅当为普通百姓；陈翕举孝廉，为四川都转盐运司判官，辅理政事，配合节度，俸禄恐也难以承担偌大开销。陈陟何以能建出如此精美的园林，所能解释的，似乎也只有一个"义"字了。在《五松陈氏宗谱》中，叙及陈陟，多以"义"字。汤新炜序曰："陟公为人慷慨好义，倜傥超群。

人往往于会晤时，备述其陟祖之德焉，心窃慕之。"陈陟以慷慨好义对人，人亦以"义"还之，当陈陟兴土木建园时，出钱出力者，不绝于道，扛竹木，运土石，抡斧执锹，园子在众人襄助之下终于落成。

陈公园，成于义，亦便成为义园——对于到访之客，不仅来者不拒，而且还会受到热情招待。于是，春秋佳日，多有邑人前来赏园、游憩。本县石洞者在朝为相的盛度，在同窗陈翥（陈陟之侄）相邀之下，曾同游此园。陈公园名声鹊起之后，前来拜谒李白旧迹，探寻五松胜境的官宦与文人，又多来此造访，并留下诸多题咏。其中以苏东坡、黄庭坚为最，苏、黄二位分别多次到陈公园放松身心、享受闲暇时光、欣赏铜官明山秀水。还有一次，二人邂逅于此，二星机缘际会，陈公园不啻蓬荜生辉，辉映千年。苏轼于陈公园留下四首诗，其中《题陈公园双池》为："冈陵来势远，幽处更依山。一片湖景内，千家市井间。"而黄庭坚不仅留下诗文，更是因陈公园而领略到铜陵山水之美丽与民风之淳朴，将其子黄相迁居于陈公园附近，其后瓜瓞绵延，播衍成铜陵望族。

园成于义，园播大义。陈公园虽然于宋末元初毁于兵燹，却一直在铜陵人的讲述中代代相传，是历史烟云中一片诗意栖息之地。

上官凝离任拒收银

"丑药"是什么药？据已失考的《咽喉秘集》记载，"丑药"是用雄精、梅冰片和胆矾三种原料"火煅"而成，是一味专治喉咙和口腔疾病的特效药。北宋庆历五年（1045），在铜陵就发生了一个有关"丑药"的故事。

这一年，做了三年铜陵县尉的上官凝即将离任了。三年前，30

岁的福建邵州学子上官凝于宋仁宗庆历二年（1042）考中进士，不久被朝廷委派了第一个官职——铜陵县尉，便满怀信心地赴任了。虽然唐、宋两代的县尉在"朝廷命官"里都是地位最低的官职，但是职责差别却很大。唐代的县尉相当于县衙的办事员，包揽了一切事务性工作。而宋代的县尉却只偏重于管理"武事"，即掌管训练兵丁、防奸禁暴、查缉走私等治安事务，是一县的安全事务总负责人，在特殊情况下还可以代理县令职权——至于户籍、仓管那些"文事"则属于县丞和主簿的管理范围。在县尉这个小小职位上，上官凝以刚正纯直的为人，遇事不推不让的作风，善断疑案的能力，

以及一尘不染的清节，解决了很多难办的麻烦事，也做了很多利民的好事。在对待盗抢匪暴一类事情的时候，他总能考虑实际情况，秉持着体贴百姓的情怀和善心，作出公正的判断，做到遵守国家法律、公序良俗与遵循良心善念并行不悖，因此以"奉法循良"的官品，深受百姓爱戴。

上官凝任期已满、踏上行程时，铜陵百姓纷纷前来送别，十来

位老人固执地坚持送他出县境。等至县境边上，老人们又围住上官凝拉手话别，而另外两位老人则将数个不大不小的纸包，放入上官凝的行囊中，低声叮咛他的随从说："乡亲们都知道上官大人一直有喉咙不好的毛病，这是我们找人配好的'丑药'，专制喉咙的，回头请你转交上官大人。"随从以为那"丑药"只是正常的人情来往，是百姓的心意就收下了。与老人们告别后，随从就把此事告诉了上官凝。上官凝打开那些纸包一看，所谓的"丑药"竟然全是白花花的银子，就赶紧与随从一起往回赶。等追到老人们，他将白银全部退还给了他们，一脸严肃地责备道："吾于前事，奉法循良，非私汝也，讵以义始而以私终乎？！"意思是他所做的都是分内之事，并没有丝毫格外的关照，却又何必让他带着多行道义的愿望而来，带着不仁不义的名声而走呢？老人们有些惭愧，更感叹上官凝之为人。

上官凝后来又在多个州、县任职，每到一处，都能惩罚不法豪绅，为民平冤造福，最后因操劳过度，死于任期间，终年57岁。朝廷表彰上官凝的事迹，宋神宗还诰赠上官凝"金紫光禄大夫"的称号。他的儿子上官均是北宋宋熙宁三年（1070）榜眼，也是一个敢言、率真、不卑阿的，将良好的清廉家风代代相传。

钟镗垂范诲学生

钟镗（？—1181），字仲鋐，一字德振，号屏山，北宋铜陵县朱村耆铁杩塘（今铜陵市义安区天门镇）人。元祐六年（1091）考中进士，初任扬州学录，历任旌德县主簿、兴化军通判、汀州知州，绍兴三十一年（1161)任兴国军知军，后因年岁太高，解职归养故乡铜陵——这位铜陵先贤宽严相济、率身垂范，与林椁演绎了一场感人的师生情。

时为南宋绍兴二十八年（1158），钟镗任职福建汀州知州。他刚一上任，就遇到一个棘手的大案。此前，汀州发生了一起轰动的"盗匪案"，牵连到数百户人家、千余名百姓，案情复杂，难以审理。钟镗到任后，认真翻看卷宗，重新审定案件，仔细甄别其中的是非曲直，梳理出夹杂其间的一堆冤错案件。而在最后处理上，他只对那些死不悔改的为首分子给予判刑，将其余因为生活穷困参与其中的人，都一律从轻处理，甚至不予追究责任，如此有将近千名百姓被他救了下来。他还经常暗地里察访牢狱，看是否还有被错判的人受到羁押。在暗访中，他发现了在牢房里还能埋埋读书的年轻人林桷，因为无辜被人冤枉而卷入一桩官司，被定了死刑。钟镗将他解救出来。不久，林桷又遭到了订婚对象家里的退婚控告，钟镗判决维持婚约，还从县衙所管的莲峰书院中拿出一间房作为新房，为这对恩爱的年轻人主持了婚礼。此后，钟镗又常常到书院督促和指导林桷读书，用自己微薄的官俸来接济他，以先贤的道德人品来启发他，

直到钟镗离开汀州去其他地方任职。

后来林桷考取了进士，几经官场辗转，于淳熙七年（1180）来到铜陵任县令，成为铜陵历史上注重良治、政绩突出的"能官"之一。林桷任职铜陵时，钟镗已经回乡多年，被聘请在县学做"宾老"（年长之师），负责训导学子。因为非常清廉，又好接济他人，钟镗尽管做官50余年，退休后却身无余资，回到家乡就在陈旧破败的祖屋里居住，但他们老夫妇俩却怡然自若。林桷去拜见恩师时，看见他们生活得这么清苦，非常难过。是钟镗，拯救了自己的生命和婚姻，又将自己培养成才，因此林桷下定决心要报答恩师。

县衙里有慰问款的专项列支，林桷给钟镗送过去，按理说这是名正言顺的事，没想到钟镗厉声教训他说："子初任如一新洁服，才染污终不可浣也，无以老夫妇损汝名节。"意思是：你刚刚做官，就像穿上了新衣服，如果被墨汁污染，会一辈子也洗不干净，不要因为我们老夫老妇坏了你的清节和美名。他断然拒绝了林桷的官府资助。林桷只好另谋感恩的途径，计划自己出资，在县衙附近为恩师建造一户新住宅。钟镗听说后，又阻止他说："不可，此朝廷地也！"用占地是公家的这一理由，钟镗再次拒绝了林桷。后来，在钟镗祖先买下的山林空地上，林桷私人出资为恩师建造了几间非常简易的房屋，请钟镗夫妇入住。因为地块是钟镗的祖宗之地，而造房子的钱是由林桷私人所出，这样钟镗夫妇才在百般劝说下搬进去居住。林桷借用唐代郭子仪"五马分槽"、后代繁衍兴旺的典故，给这房子取名为"五马别馆"。次年，钟镗在这里去世，此时远在江西做官的林桷写了祭文来纪念他的恩师，说钟镗有"事上之诚，惠下之政，矢心之直，律己之廉"，即对上能向朝廷尽忠诚，对下能施惠利给百姓，对自己则是用真心、走直道，严约束、守清廉。

任光阴荏苒，曾经的恩情，铭记一生，却从不曾辜负，这是林桷给感恩一词所作的注脚；凭人生兜转，曾经的角色，发生互换，也不改内心的清澈，这是钟镗给这个故事所赋予的美好。

商宾为民十二载

他在铜陵历任4个任期、长达12年，也许是铜陵任职最长的县令。

明代洪熙元年（1425），京官商宾被"下放"到铜陵任知县。此前，商宾先后在礼科、兵科、吏科里任过"给事中"。"六科给事中"是朝廷里专门负责核查和纠正吏、户、礼、兵、刑、工"六部"弊端的，是实实在在的"监察干部"。明朝的监察干部有两类，一类是在都察院系统，偏重于"察人"；一类在"六科"，偏重于"言事"。也许是因为监察"六部"时得罪了重要官员，商宾才被下派到铜陵来任职的。

商宾刚刚上任，去拜孔庙，见简陋、破败的县学在风雨中飘摇欲摧，便感慨地长叹："学校乃是国家治理、民众开化的根基，现在颓败到这个地步，难道不是我们为官者的责任吗？"从此，他就立下了要新建县学、使乡里子弟读书明理、为国家培养英才的任职目标。这个目标定的确实有点大，因为当时的铜陵经济根本无法支撑这一建设，就连老百姓的正常生活都难以为继。于是，他为此进行了长达9年的艰苦努力。

第一个任期，他把精力放在提振民生上。开垦荒田，省赋减用、刺激生产，实施优抚，一连串的措施，让经济得到改善，民力逐渐增强。第二个任期，他进一步除弊、兴利、惠民，扩大生产，平均徭役，同时以德化民、改进民风。第三个任期，他才开始倡修学堂，因为这时候民力较为充足。他带头捐出自己的薪俸，百姓和士绅纷纷效仿，有钱的出钱，有力的出力，全县上下齐心协力，开始了轰轰烈烈地修建县学。商宾亲身督促，选择优秀的工匠，组织上等的材料，用了不到一年的时间，便使学堂建设大功告成。在新学堂落成之日，商宾带领士绅百姓组织了盛大的祭孔活动，礼部尚书王直撰文称赞他是"知本之君子"。新学运行后，学堂宽敞明亮、窗明几净，乡里子弟登堂就学、研思砺行，一时学风兴盛，乡风也随之大幅改善。

　　不久，商宾任期届满，因为政绩考核优秀，升任池州府同知，但铜陵民众依然不让他走。这惊动了巡抚大人，因为商宾此前的两次留任已经有过百姓的集体请愿和他的自我申请，怎么现在又是要留任，总不能这样没完没了吧？于是巡抚就派人下来一探究竟，了解到商宾9年之内矢志不移做成新建县学一事，因此深得百姓爱戴。巡抚于是请示朝廷，同意让商宾在任池州府同知时继续兼任铜陵知县。这样又过

商宾

了 3 年，商宾才彻底卸下铜陵知县的职务。

用 12 年时光驻守一地、专心一事，这在古代官场颇为罕见。商宾用 12 年的分秒必争，提振民生，造福一方。

佘可才三次"不安分"

佘可才，明池州府铜陵人，字国器。永乐元年举人，历任黄州、襄阳府学训导，擢吏部验封司主事，扈从成祖北伐。宣德九年进南吏部考功司郎中，后迁南京通政司左通政，被铜陵坊间称为"佘天官"。

与那些有着优越家境、一路顺风顺水的人相比，佘可才的早年可以算得上是凄惨了。在他 3 岁时母亲去世，他在缺少母爱的环境中长大。26 岁时，他在乡试中中举，被授予黄州府训导。可是好日子刚刚开始，父亲又去世了，刚刚赴任的佘可才回家守孝三年，结束后被授予襄阳府训导。训导是地方政府中的"文官"或者说"学官"，是儒学署里的副职，协助"教授"或"学正"负责教育方面的事务。一般府学的训导有三四个，所以说这是个担子轻而又悠闲的官职。早年遭受过苦痛的佘可才可以就此享受"躺平"的生活，可他却以三次"不安分"的行为，把自己活成了"传奇"的人生。

第一次的"不安分"，是他在任职襄阳府训导之后，他到京城上疏，纵论国家大事，同时向朝廷毛遂自荐"愿试繁剧"，愿意承担事务繁重之极的工作，而不愿大好年华在清闲之中被消磨。朝廷非常欣赏他的勇气，把他安排在负责营造工程等繁杂事务的工部做事，他到任后干得非常出色。

第二次的"不安分"，是他在工部工作之余，对吏部的事大胆点评。

他不顾自己职位卑微，也不顾得罪人的后果，说了一大通关于如何"选官"的明白话，受到明成祖赏识，调他到吏部任职。

第三次的"不安分"，是永乐二十年。他随明成祖亲征、北伐塞北阿鲁台。到了兴和这个地方，明成祖继续北进，留下佘可才等待南京送来的精锐骑兵，然后调度给山西都指挥使。但是等了7天，南京的精锐骑兵都没有到，佘可才就自己做主"擅离职守"，策马赶到皇帝身边报告情况。明成祖及时调整战略，最后取得大胜。

由此，佘可才不断得到朝廷的赏识，最终任职南京通政使司左通政。明成祖朱棣迁都北京后，将原来的京师改称南京，形成北、南"两京"制度，在南京另设了一套相对弱化些的政府机构。佘可才就在这个南京政府，协助通政使，掌管出纳帝命、奏报民情、控告不法等事务。

一次，佘可才归乡祭奠先人和父母，皇帝得知后御赐给他祭奠先人的纸钱。随后，佘可才一路奔波，偶感风寒，回到故里，还没有

佘可才

休息，就有人通报有县吏要来拜访。原来这名县吏得知佘可才回乡消息，觉得攀附上这位大官，日后能得到晋升照顾的好机会，便带着礼品要来拜见他。家人告诉县吏佘可才身体不适，而县吏在外更是苦苦相求，说是佘大人生病了，他更要问安不可。佘可才看穿了他溜须拍马、巴结营私的心思，就让家人把自己的官服放在客厅椅子上，叫县吏对官服拜一拜，算作接见。这让那名县吏羞惭不已，赶忙溜走，再也不敢套近乎了。

无论是毛遂自荐，还是跨部门说事，抑或是"擅离职守"，佘可才都表现出了挺身而出、敢于担当的精神，而这种精神来源于他慨然以天下事为己任的胸怀。

胡本惠革除陋习气

胡本惠（1394—1481），字益之，明朝铜陵顺合者人，曾任南昌知府，在任期间多有德政。《大明一统志》和《江西通志》都称赞他"朴实有才，爱民如子，剖纷摘伏，绰有余能"，被当时百姓誉为"国朝南昌太守第一"。

胡本惠先祖是与王安石有过交集的胡舜元。他幼年机敏而好学，年纪稍长就进了县学。永乐十八年（1420），他因为精通《易》学，得到了应天府的"乡荐"，这本是条自然而平坦的"仕进"（升官）之路，但他非常有志气，拒绝推荐，去参加正常考试，后在会试中中了乙榜入了太学。太学毕业后，他被授予户部的云南清吏司主事，后三年"丁忧"还朝，被授予江西南昌府知府，开始了为官之路。

胡本惠是一个敢于对旧习陋俗大胆开刀的改革派。在任职南昌府知府的 9 年间，他着力整治侵害民众的两股恶风。当时的南昌府辖

有一州七县，当地豪绅中跟勾结官府里的人，仗势欺人、耍奸弄滑，变着法子搜刮民众，老百姓告状也告不通。胡本惠通过暗访，掌握真实情况和证据后，升堂审判，法办了一批豪强劣绅以及与其相勾连的地方官。他还以身作则，俸禄之外，分毫不取，以身示范，使府县政风得以肃正。由此，胡本惠得到了朝廷的重奖。在升职陕西布政司左、右参政期间，他着力引导民风。虽然所辖区域被称为"天府"和"陆海之地"，但是民间存在懒惰、自私，漠视苦难，甚至逃避赡养父母的坏习气。他就以勤勉、恺悌、孝敬来启发当地民众，使落后的民风迅速开化。朝廷以其治功，再次给胡本惠记功、嘉奖。

天顺五年（1461），朝廷以辽东负山阻河，为控制辽宁东南之重镇，诏吏、兵二部慎择其人往守，因获交荐，胡本惠遂擢都察院左都副御史，奉敕往巡抚。在以左副都御使而巡抚辽东时，他"严号令、信赏罚、简教化、革奸弊、平叛乱"，军队作风为之一变，边备得到整肃。其间有流寇集结胡作非为，他冲锋在前，带领部下冒着被箭石击中的危险，一举剿平了寇乱。这种身先士卒的作风，让外敌内寇心生敬畏，边境得以安宁。

天顺八年（1464），70 岁的胡本惠向朝廷申请退休。在此后 17 年间，他往来于故旧知交之间，深入市井巷陌。当看到社会上普遍鄙视屠宰、打渔以及经商的职业时，他以一己之力、对抗整个社会陋习，请求朝廷立规，对卑微职业一律不许鄙视、排挤甚至任意掠夺，以改变所谓"贱业"的地位。88 岁那年，胡本惠辞世，朝廷派礼部致祭、工部营葬，县衙也建了"都宪坊"来纪念他。他的平生事迹，被广泛传扬。

佘杰"四知"留清风

"天知、地知、你知、我知"，这是"四知"的典故。明代铜陵有一位"四知先生"，他叫佘杰。他嘉靖十年（1531）通过选贡进入国子监学习，嘉靖二十四年（1545）参加吏部选官考试被授湖广新化知县，8 年后归养回乡——他以"四知先生"之名留下了清风正气。

佘杰出生时，碰巧一匹马嘶鸣着从他家门前过，父母就给他取小名叫作"马"，希望他将来能做有功于国家的千里马。佘杰年少时天资聪颖，学习勤奋，十来岁就成为县学里的廪生，但直到 38 岁才以贡生的身份进入到当时的最高学府国子监，师从一代儒学大师吕泾野、欧阳南野先生。

佘杰从南京国子监到京师参加吏部选拔考试时，原先在铜陵做过知县的喻茂坚正在刑部任尚书。喻茂坚在铜陵期间主持过县学里的生员考核，非常欣赏佘杰的才华和人品，每次都将他定为优等。虽然他们年龄相差 20 岁，但却结下了忘年交。佘杰不希望喻茂坚出面打招呼在考试中获得照顾，一心只想凭自己的本事吃饭，因而在考试之前并没有去拜见喻茂坚，等到考试结束后才去看望他。喻茂坚责怪他既然已经来到京师考试，为什么不早早相见？等了解到佘杰是为了避嫌，他就笑称自己果然没看错人，颇为赞赏佘杰这种守规矩、不营私的行为。

佘杰任职新化县知县时，已经53岁。这是他一生唯一的任官经历，时间不长，仅仅8年。在这个职位上，他没有做什么特别惊天动地的大事，但是把几十年做学问培养出的那股子绵实劲儿用在每一桩公务上，外治盗贼，内治豪绅，公平收税，平反冤狱，反对迷信，躬耕劝农，一连串细密、绵实的施政措施，使新化县面貌大为改观。

佘杰在任期间曾经历过一次严峻的人品考验。那是在他任职之初，衙吏发现县衙里竟然存有前任知县处理案件时所收的700两赎金，而且没有入账。衙吏将此事报告给佘杰。有些人会认为，这是过往官员的钱，可以当作"小金库"来使用，既可以应急，也可以随时自由取用，有贪念的官员甚至会瓜分或独吞掉。佘杰却将这笔款项上报给

宝庆府，宝庆府知府指示将这笔钱登记造册，储存在县库之中。直到佘杰离任，这笔钱分文未动，账目上也非常清楚。有人知道此事后对佘杰说："这个钱外人也不知道，你干吗不入私囊？"佘杰训斥道："若此，吾愧郡守，如'四知'何？"他引用东汉时期荆州刺史杨震拒绝友人夜送黄金时所说的"天知、地知、你知、我知"来作比喻，表明自己如果将这笔钱私用，既对朝廷不忠诚，又有违古人的"四知"遗训——由此佘杰被人称道有"四知"之清。

据传，佘杰在任新化县令时，接待过《西游记》作者吴承恩。佘杰61岁请辞新化知县，回乡颐养天年，年逾九十仍然坚持读书，耳目聪明，精神矍铄，一直活到92岁高龄。他以达观、通透的态度安度生活，30多年每天以经史学问自娱，以琴鹤山野为伴，以教育子孙为乐，最主要的生活就是读书、做学问和教育子女。而他的儿子佘敬中、佘毅中都在他的悉心教育下，考中了进士，成为受人敬仰的名臣。

钱贤精准巧施政

钱贤（1419—？），谱名仲贤，号蒙斋，晚年号东谷。明铜陵县近市者钱家嘴（今义安区五松镇）人。自幼警敏不群，既长入邑庠，情怡淡泊，志专笃学。天顺七年（1463），以楷书应恩例贡生入太学，次年以铨选任应天府经历。也许是受了曾任池州学正曾祖父钱益的影响，钱贤青少年时就立志要一辈子做学问，因而当别的孩子都在玩的时候，他却躲在一边刻苦读书，并进入了县学。等到因恩贡而进入太学时，他满心以为自己的"学问人生"理想就要实现了，却被朝廷吏部"铨选"而成为应天府职掌出纳文书的官员。虽然事与愿违，而且官位很低，但他没有沉沦，转而把做学问的追求用到工作上，践行起古代圣贤推崇的"中庸"思想，精准地履职起来。

钱贤

钱贤的精准首先体现在治盗上。在应天府经历的职位上，钱贤被派去巡查水上运输，时江洋多盗，盘结在江宁龙江，劫掠过往船只和鱼户，而且神出鬼没，官府无法捕拿。了解到这一情况，钱贤在巡查中特别留意关于这伙强盗的信息、规律和特征，然后督操巡运之智谋，设方略，引出了这伙强盗，非常精准地将他们抓获，随后又多次抓捕，前后获盗数百，终使江上大盗镖掠之患以息，商民德之。当时，贵阳封川一带的匪徒猖獗，半路抢夺了朝廷的武器。钱贤因此前的出色表现，被派去押解武器。他果然不负众望，不惮辛力，不仅没丢一件武器，而且总能准时甚至提前送达军营，凡交上辄先于人。因此他得到了兵部侍郎的赐匾奖励，受到当道者交荐，擢任保定府通判。

钱贤的精准其次体现在治河上。入职保定府，他发现知府性情傲慢，对他不友善，但他毫不计较，时间长了，知府也赞叹他的雅量。而巡抚认为钱贤贤廉能干，令他管理济宁河的运输。当时，济宁河为漕运的咽喉要道，一条河中分，来往船只各自通行，但因河床逐年抬高，河道流水减少，大量船儿都被拥堵在河道里，首尾相连，常常10多天不能移动。钱贤接手后，就与侍御史涂公谋划，决定引入洸、泗两河水进入济宁河，这样水位抬升航运可得以通畅。为了彻底治好航运问题，钱贤实施了定时启闭制度，对大量转运货物导致官民船只无法正常通行的富豪船只实行禁运，以这一系列精准措施，治河取得成功，舟运无阻滞。但他被富豪们所忌恨，恰逢校尉苏升来保定府访查，富豪们就贿赂苏升、胁迫钱贤，但钱贤毫不屈服。苏升一回到朝廷就奏请责罚钱贤，朝廷就贬谪钱贤任安州判官。

钱贤的精准还体现在他代理逄州守时。他任职安州判官时，适逢州守空缺，就临时代理其职。他以清明谨慎要求自己，在断案上严格依法，不容许有私情干扰执法，他还梳理历年来的积弊，严格治理，推行有益百姓的善政，让百姓安居乐业。他所制订的每一项计划都切中要害，所做的每件事都宽严有度。就在他准备大干一番时，因为过去保定府的一桩旧案，朝廷要他实行回避，而他乘机请求退养归乡。

钱贤解政回到家乡，与兄长建新居于县北之义兴社，移居未一载而卒。柳州推官、邑人张启为其撰传，县旧志《忠贞》有传。 从学问到为官，钱贤以"精"字为要，精准施政，精进不止。

袁思琼义修明伦堂

明伦堂，多设于古文庙、书院、太学、学宫的正殿，是读书、讲学、弘道之所，承担着传播文化与学术研究的功能。铜陵县儒学宫及明伦堂，创设于宋庆历四年（1044）春。北有天王山倚护，南有玉带河环绕，西流大江一脉毓其瑞，东望铜官诸峰耸其秀。其址原在县治以西百十步，南宋淳熙七年（1180），本县"宾老"（县学里年长之师）钟镗的昔日弟子林桷调任铜陵县知县，将其迁往县治以东，至元朝遭遇兵燹被废。明宣德七年（1432），洛阳人商宾以吏科给事中改铜陵令，在其倡导之下，重新修葺明伦堂。之后，明伦堂逐渐毁坏，弦歌诵读渐无声息。

时至明弘治三年（1490），铜陵县义民袁思琼与其子袁谦、孙袁廷章皆为县学生员。袁思琼，先祖袁天祥曾登宋进士，为岳武穆参赞机务，后受武穆之冤牵连，隐居铜陵叶山，常扶贫济困，有乐善好施之誉。袁思琼见明伦堂毁废年久，县学生员课业无定所，遂生重建之心，以效先祖义举。于是禀告教谕杨泰说："明伦堂，是国家培养人才、施行教化的地方。如今我县，师长讲学论道、学子课业受教均无定所，弦诵不相闻察，弟子礼仪不相习知，若此如何能够进济济之士，育春风时雨？"杨泰教谕苦笑道："我县学宫修建有赖公帑，而今公帑拮据，捉襟见肘，奈何？"袁思琼笑答："这个好说，一应支出，我自肩之。"之后，袁思琼捐资数千缗（一缗即一贯，明朝约合770文铜钱），随即召集工匠，开始动工，拆除原址上的残垣断壁，按照原来的样子，重新建设大成殿、廊庑、门墙以及明伦堂等。历数月，学宫落成，整个建筑宏伟庄重，观瞻之余，令人肃然。

此事上报池州府后，知府陈侯对袁思琼义举深表嘉许，安排县里勒碑以彰显其事，以资褒奖。次年春，适逢御史方公奉诏视察学政，来到铜陵县学，询问县学废置情形，得知袁思琼之义举，对县令、教谕、训导等人说："人之善不可没也，今思琼有功于学，尔学宫宜有文以记之。"于是，县令周孟璋安排人准备勒碑之石材，命训导刘山撰写《修明伦堂记》。刘山在《修明伦堂记》中写道："十室之邑，必有忠信。铜陵偏小，家不下二千，岂无忠信才德之民生其间，若思琼者盖其人欤。是由天理民彝之在人心者，自有不可泯焉耳。宜其重义轻财，汲汲于学校之助，非惟富而克施，而施得其正矣……庶无负朝廷之作养，而有裨于国家天下，思琼修学之功，将传之不朽，不与有光者哉。"文中崇敬之情、赞赏之意溢于言表。

而继此事之后，袁思琼的儿子袁泰又捐资迁建明伦堂于县治西门外，其费颇厚。后来，县学又从西门外迁至玉带河边，袁思琼的孙子袁廷瑚、曾孙袁沛，不仅竭尽全力承担迁建所需经费，而且亲力亲为参与迁建工程。至万历年间，明伦堂年久失修，倾圮于雨雪之灾，袁思琼之玄孙袁应旸继承祖先业迹，倾其所有用于明伦堂修葺。由于工程宏大，袁应旸一人力所不逮，他就动员族兄、县内儒士袁应凤承担工程造价的一半，还邀请族兄袁应虬协助他监督管理工程施工等。工程始于万历三十三年（1605）秋，至孟冬工程告竣，学宫面貌焕然一新。

自弘治三年（1490）至万历三十三年（1605），历115年，袁思琼一家五代，或葺或建，捐修明伦不辍，此等义举，德泽四方。

王裕助推"新算法"

这是一位为"铜陵算法"正名和推广的人。

王裕（1456—1542），字德容，号北山，别号剑川。明铜陵县近市者（今义安区五松镇）人。他自幼聪颖，读书能敏悟，走笔捷而成文。少年早入私塾就读，20岁入县学为廪生。成化二十二年（1486），30岁的他参加应天府乡试，取得了第一名"经魁"的优异成绩，县衙为此修建了"鸣凤坊"以作纪念。正德初（1506），他踏上了为官之路，先任福建德化知县，旋调宁化，又调江西德安，所至悉治。

王裕

岩雪画

王裕虽然政绩突出，只因没有"接近"大太监刘瑾，不为朝廷所用，始终在知县职位上徘徊。当时，刘瑾蒙蔽明武帝，权倾朝野，不仅迫害忠良，还公然大搞钱权交易。地方官要想得到晋升，要给他送上动辄几千两银子的"见面礼"。正德五年（1510），刘瑾被凌迟，朝廷查获其"羽党名牒"，发现"通直省官知县者千二百人，惟三县之令牒内无名"，也就是1300多名官员都与刘瑾有扯不清的瓜葛，只有三名县令与他毫无关联，王裕就是三者之一。为了嘉奖王裕，皇帝召他进京，任命他为都察院监察御史，但被王裕以年届耄耋为由坚辞。朝廷便赠封其祖，授他加领资治尹衔，出任江西丰城知县。当时丰城是赣水之冲，每遭淹没。在江西丰城知县任上，他为政勤勉，捐薪建坝，抗击洪水，使斥卤之地变膏田，沿岸8个州县均由此得益。此坝阔十余丈，长90里，丰人名曰"王公埫"。百姓建生祠来纪念他，提督赣南军务都御史王守仁（阳明）为撰祠碑记。在他任职期满离开时，士民持香执锦，上书"八城同父"四字，一路护送前行，送了百里之遥，犹恋恋不忍别。

在王裕的一生中，有件事最能彰显他公而无私的品格，那就是他竭尽全力地推广同乡张文伟所创设的"铜陵算法"。王裕第一次接触"铜陵算法"，是在正德七年（1512）"丁忧"回乡期间，听到乡人交口称赞一名年轻人张文伟所创造的丈量田地新方法。张文伟是个穷书生，因为屡试不中，就放弃科考，一心研究算学。正好正德初年（1506），铜陵实施清查田亩、平均田赋，张文伟以他发明的"方原田法"小试锋芒，收效甚好。王裕经过实地查看和细致验算，发觉这种算法简便省力又精准，果然并非虚传。他便不顾自己正处在服丧的特殊时期，带着张文伟、自己的两个儿子和300多名乡民，赶到京城，在"六部"连日奔走呼喊，希望能够推广"方原田法"。而300多人的开支，耗尽了几千两银子，这些钱大多数都是他多年为官的薪俸积攒。最终，"方原田法"获得朝廷许可在铜陵本县施行。

四年后，王裕勉励张文伟在原有的"方原田法"基础上，将新创设的一些商业计算和民间日用有关的算法进行汇编成《铜陵算法》。此时王裕已经61岁，他亲自为这本著作撰写后记，拿出自己这四年来的薪俸帮助刊印。此书一经刊行后，就广为流传，被反复翻刻，不仅"天下遵之"，还远播海外。

王裕实现了他"广行此法"的人生愿望，而他在"铜陵算法"推行过程中的那种"我将无我，不负苍生"的无私作为，也随"铜陵算法"传扬开去。

刘孜裁减"过境费"

在古代，有没有过路费呢？

明嘉靖四十年（1561），景王朱载圳带着一大堆随从和辎重，浩浩荡荡从京师出发，前往封国湖北安陆州。朱载圳是嘉靖皇帝的第四个儿子。嘉靖的大儿子在生下来两个月后就死去，次子在被封为太子10年后病死，这样三子裕王就理应成为太子。可嘉靖迟迟没有册立太子，这样就让朝廷上下纷纷议论，以为嘉靖皇帝要跳过三子朱载垕、而立四子朱载圳为太子。而朱载圳年轻张狂，生活奢侈，让朝中大臣都很反感。他又一直久居京城，不愿到自己的封国去，朝中大臣就认为他有觊觎太子之心。这样，嘉靖皇帝不得不命令朱载圳到封国去居住。

改不掉奢侈习性的景王朱载圳，在前往封国的一路上，阵仗浩大。其沿水路，经天津到鄱阳，士兵在两岸开道，船舶万艘，揽绳织锦，光纤夫就有几万人，还一路清道，遇到民房挡道就立刻拆掉。他还想借机搜刮点民脂民膏，使沿途百姓更加苦不堪言。当他们逆江而上从铜陵经过时，向县衙提出上交"过境费"的要求，这既包括大笔银两、物资，也包括要征调的从事劳役的壮丁，钱物和人丁的数字都非常惊人。此时，刚刚到任铜陵知县不久的刘孜，便与池州府推官陈万言商量，冒着可能会被革去职务的风险，以铜陵地少、人少、赋薄的正当理由，向景王申告减少"过境费"，并将自行裁减，只调用了少量的人力和财物给景王一行使用，从而减少了这次侵扰带来的损失。百姓对这位新知县刘孜感激不已。

刘孜任职铜陵时，还做过很多利民惠民的善举，其中有项创新曾经轰动一时，在今天看来依然堪称开明。刘孜到任后，池州府推官陈万言把自己此前在代理铜陵政务时发现而未及革除的弊端告诉了他：铜陵地方小、赋税重，而具衙开支相对较大，让百姓难以承受。刘孜就在缩减官府开支的同时，将有关官府收支情况明确固定下来，以一种"申文刻石"的方式，向百姓公布。石刻文告的内容包括：县衙的支出仅限于"季银"，即季节性活动开支，县衙的罚款仅限于赃款的没收，县衙举荐人才入国子监也只准象征性收费，百姓举办庙会则无需向县衙缴费，如此等等，一项一项，一目了然。这样把县衙置于群众监督

之中，既宣告了县衙的清廉态度，也能让老百姓明白交费，增强了百姓对县衙的信任。这一革新之举深受百姓欢迎，称刻有文告的石碑为"革弊惠民碑"。

刘孜是明代湖广江夏人，他以举人身份入官，来铜陵之前，只单纯做过县学教谕，知县的职位对他来说颇具挑战。但他得到对铜陵情况非常熟悉的陈万言的不遗余力地协助，因而虽然短短一任三年，却实现了他利民惠民的很多想法。刘孜离开铜陵前往山西浮山任职时，铜陵百姓为他建了一座生祠，名为"刘公去思祠"。

郑选修圩美名传

他是铜陵历史上任职最短的知县，在位仅仅几个月时间，却将生命永远地留驻在了铜陵。

郑选，江西浮梁人，明万历十六年（1588）任铜陵知县。郑选是三国时期曹魏大臣郑浑的后人。郑浑在任职沛郡太守时，能以辩证的观点看待水涝问题，提出"地势洿下，宜溉灌，终有鱼稻经久之利，此丰民之本"的理论，带领民众一方面修筑堤坝、防范重大水患，另一方面积极地利用水利之便，取得渔业和农作物的丰收。由此他的名声大振，他修筑的堤坝也被冠以"郑陂"的美名。郑选从年少时就一直把先人郑浑作为自己的学习榜样，所以非常勤勉努力，希望自己将来也能有机会为百姓谋利。

到任铜陵知县后，郑选革除旧弊，兴复旧业，治办民生，大刀阔斧地为老百姓做了很多好事。经过深入地体察民情，他发现铜陵虽小，但税赋繁重，而决定税赋的主要来源十之八九都在江边的圩田。仅仁丰圩一带，由于常常闹水患，不仅无法保持田赋，也难以维持附近百姓生计。于是他决定将工作重心放在整修仁丰圩的堤坝上。之后，他察看地貌，踏勘地形，丈量土方，了解历年水势，求教治水经验，很快就拿出了一套整治方案。然后是筹集资金、召集工匠、调配工具、做好后勤保障。工程趁着长江水位的枯水期开工后，他日夜上堤进行督查和巡视，还参加挖泥和挑土，以鼓舞士气。这期间，一些家庭因为修圩没有其他营生，出现生计之困，他把自己的官俸拿来资助他们。工程眼看就要结束时，长江进入了夏汛期，突然遭遇到了特大洪水，一时间县内很多圩坝都纷纷告急。新堤尚未完成，旧坝又遇险情，郑选只能"两线"作战。

他索性搬到圩堤上去住，吃住在临时搭建的草棚里，每天还坚持将境内百余里江堤完全巡察一遍，哪里遇到险情就去哪里指挥抢险救急。经过数月的努力，仁丰圩得以新建完成，整个铜陵境内的长江堤坝也都安全度过了汛期。此后，全县庄稼长势良好，出现了满眼绿野的茂盛景象。

没想到郑选却因连续数月日夜不休，积劳成疾，英年早逝了，没能等到秋天亲身感受庄稼成熟、百姓收获时的那份幸福。铜陵的百

姓听闻他的死讯，都纷纷前去吊唁。百姓为了纪念郑选，仿效"郑陂"的做法，将仁丰圩命名为"郑公圩"，并刻立石碑来颂扬他的事迹。

徐一科功显徐公堤

圩堤往往是一方官吏为民谋福祉、德泽一方的见证。铜陵县有这样的一道大堤，名曰"徐公堤"。筑堤者谁？明朝万历后期的铜陵知县徐一科。徐一科，字瀹（yuě）盈，江西弋阳人。县志给他的评语是"廉能谦谨，课士爱民"八个字，他在任期间留下的政绩韵事，至今传为美谈。

万历三十九年（1611），值外官考核之年，时任铜陵县令郑明城升任亲王府的理刑官，继任者乃是徐一科。是年秋，铜官山明净如妆，鹊江水澄澈照人。在这秋高气爽的时节，徐一科怀揣抱负主政铜陵县，开始书写他的政治生涯。初来乍到，未免人生地不熟，稍作安顿，他即开始访问风土人物与民情民俗，越数月，对县域内山川形势、田地物产烂熟于心，对铜陵县人民俭朴尚义、士子勤苦好修之风了如指掌。数月的调查研究，不仅纾解了他初到时惴惴之忧，还为他日后为民理政奠定下基础。

万历四十一年（1613）夏，大江南北大水成灾，铜陵县江水暴涨，圩田白浪。徐一科日夜奔波在防汛一线，率众人固堤除险。无奈堤防单薄，水势浩大，县内所有圩口尽数溃破，无一幸免。秋水稍退，他一边组织灾民积极开展生产自救，抢种秋菜以救饥，一边多方筹措钱财购买粮食，发食赈济，平抑物价。由于他的积极应对、精准作为，铜陵县虽遭无情水灾，却并无饿殍，其功莫大焉。

经此一灾，徐一科看到百姓们虽然性命无虞，生产生活却遭受了重创。初秋，灾水尽退，他独自来到百家墩，面对不再汹涌的长江，陷入沉思：铜陵一县，紧靠长江，其税赋田亩过半都在圩区。每年梅雨尔后，洪水泛江，圩田就会被淹，农作物就会毁于一旦，究其缘由，皆因堤埂低矮单薄、防范失计所致。于是，一个欲为万世计的谋划在他心头油然而生——"筑都埂以障江悬流"。旋即他回县衙召集县绅耆老，共商筑堤大计，经反复讨论商议，决定自百家墩至胭脂夹凡八十里，创筑，抵挡江水。议定之后，徐一科又率士夫耆老，沿着涨水的水痕进行巡察踏勘，拟定新埂埂址。接着，根据工程总量和确保来年汛期之前竣工，计算出完工所需的劳力和时日。冬十月，他组织都埂内各耆劳力奔赴工地，进行会战。由于工程浩大，而县衙公帑有限，他带头捐献俸禄，受捐百余金，组织募集粮米数千石，以供创筑都埂所须经费以及劳力工费、伙食费，故而不费公帑。经过近半年的奋战，至万历四十二年（1614）孟春，都埂全线落成，似一道长虹横卧在大江之滨，又似一道玉砌的城墙守护在圩田周边。

及夏，都埂旋成，而江涛再兴，沿江周边县域诸圩或破或漫，惟都埂之内粮田安然无虞，及秋大获丰收。次年春，徐一科又对都埂再行修葺，增高培厚夯固埂身，逐圩疏浚水道，构成水系。水道深且宽，可以容纳岁时雨水，防止涝灾，遇旱则可供提水灌溉，是谓旱涝保收。又沿堤身外围植柳，以为外障，百姓夏荫其下，其乐融融，士绅们目睹此景，将柳树比作甘棠，把徐一科比作甘棠下休息议政的西周召伯。自此，都埂之内仁丰诸圩的民众广受其利，呼其埂口"徐公埂"。

是年夏，江水照旧，都埂以南的东西湖潋滟无岸。徐一科巡察防汛来到都埂，见诸圩内郁郁葱葱，屋舍俨然，百姓生产其间。他兴致顿生，遂率随从泛舟东西湖中。是时，东西湖上，荷风柳烟，仿佛武陵佳丽。徐一科情动于都埂之安然与东西湖风光之旖旎，于舟中即兴随口赋就《东西湖》：

波光荡漾欲浮空，幸得依回俗念融。

风送荷香襟带满，正堪乘兴弄丝桐。

曾在出任山东按察使期间平暴乱降倭寇、使久乱的山东重现太平的明朝参政李万化，受当时圩总程应寿、汪思里等人之托，欣然撰《徐公堤记》，旌表其功德。《徐公堤记》有云："夫以万民之事，操自一心，万年之利，成于数月，非侯（徐一科——作者注）大制作大经纶不能，而霹雳手骁裒（yǎo niǎo，古代良马名——作者注）蹄于此见矣。"又云："昔陈文惠公尧佐（陈尧佐，宋仁宗时官至宰相，水利专家、书法家、诗人——作者注）守滑，创堤以殄水患，滑人感甚，佥曰不可令后人忘我公，乃以'陈公堤'名之，意堤在而公之德可永在也。今侯以堤贻铜民，事实与文惠公媲美哉。徐公之名，又将与此堤垂不朽，而随铜岭铁舟共悠久矣。"圩总程应寿等人将此记勒石竖碑两块，一块立沿船沟都埂上，一块立丁家洲坝。现《徐公堤记》文存《铜陵县志》，石碑下落无稽，然徐公造福一方之美德，世世代代传颂不辍。

徐一科主政铜陵县凡五年，居官清介，遗爱在民。他体察民情，公道持平，济世爱民，广施恩泽；疏通道路、揭发奸佞、征缴漕税、革除陈规旧弊；修治经阁、开办学堂、课读才子、抚恤寒门学子……凡此种种，不一而足。然则，他最令铜陵人民刻骨铭心的还是都埂一筑。在他离任后，铜陵县士民为其立《邑令徐公去思碑》，并为其立生祠，曰"徐公去思祠"。他怀揣着一份眷恋离开铜陵，走向新的更广阔的人生舞台，最后官至两淮都转运盐使，名入《铜陵县志·名宦传》。

张懋鼎筹粮度饥荒

张懋鼎（？—1646），字乃调，号四石，明末清初铜陵人，南明政治人物，事迹见钱海岳《南明史·卷三十五·列传第十一》。

张懋鼎经历了贡生、乡试而入国子监，在国子监学习七年后又参加乡试，天启七年（1627）丁卯科举人，崇祯七年（1634）中进士副榜，获得了举人身份，从此踏上了为官之路。张懋鼎为官后，多岗位任职，而且跨界很大，但都能以一种精

进、勤勉的精神去对待。他首任泗州学正时，流寇正侵占与泗州一水之隔的盱眙，正准备袭击泗州。他主动向州守提出防备方案而被采纳，泗州因此防备严密，使流寇终不能渡河。作为学正的他又管学得当、训士有方，这样，不久就被选任国子监助教。在任职国子监助教时，张懋鼎在完成自身工作外，常对朝廷事务提出各种见解，由此一年后

被朝廷调到户部贵州司任主事，管理云南司的事务。他在这个普通职位上，勤恳踏实，做事井井有条，尤其是廓清了多年积压的政务、查办了一堆繁难的漕运弊案，行动细致快捷，被户部尚书称为奇异，并上疏请求直接提拔他任职郎中。

此时恰逢全国各地饥荒不断，国家储备一时告急，而边境需求非常急切。张懋鼎被派去辅佐筹粮事宜，也就是做了临时的"筹粮官"。在这么困难的条件下，他依然有思路有作为，干得非常出色。他主要实行了"公私并济"的筹粮措施：在"公"的方面，在确保国库主要输送边境的基础上，浙江饥荒时，他就用"红粮"代替"白粮"，也就是实行南北调运，把北方的红高粱运到浙江来救急；淮扬饥荒时，他就用小麦代替大米，也就是实行单一供应，使部分吃大米的地区统一都吃面粉。这样的全国总调度，使饥荒得到了很好的缓解。在"私"的方面，豁免商人放贷大豆，并且明确商人可以享受加倍补偿，这样很快就完成了征粮派粮任务。张懋鼎还对所谓"京营擅权私发米粮"而引起民众非议的谣言，进行即查即办，对虚假消息发布者严查严办，很快平息了舆论风波。

也许因筹粮工作做得出色，张懋鼎又被派去做了一段时间的"财务官"。当时朝廷财政吃紧，而边境用兵需要大量兵饷，常常出现资金短缺、得不到补给的情况。张懋鼎临危受命，经过多方筹措，细致盘算节俭不对的开支，虽然没有根本上解决兵饷问题，但也基本保证了关键时刻的所需。不久，朝廷任命张懋鼎为陕西按察司佥事兼右参政，具体负责辅佐按察使、分领军事事务。他又做了一回"将军"，备兵兰州，厉兵秣马，对内整饬军事防务，对外安抚少数民族，深为军兵敬重。明代灭亡，张懋鼎避乱西羌，归乡后寒素为生。

张懋鼎的一生，实现了从儒业到政事、再到武事的不断跨界，跟那个年代的诸多正直官员一样，为了拯救国家于危亡之际，不断突破自身能力的边界，为后世留下了精进不止、勤勉务实的精神。

刘曰义首开廉田制

"廉田"为清代铜陵县令刘曰义治理驿站腐败的创新之举。刘曰义(生卒年不详),清代辽阳(今辽宁辽阳)人,顺治七年（1650）任铜陵知县,顺治十二年(1655)通过地方推选、朝廷授官的"行取"制度离开铜陵,后又升任四川道监察御史,先后到河东(现山西)、陕西巡察盐务,到甘肃巡察茶政。

这是顺治七年,辽阳贡生刘曰义任职铜陵知县。上任之时,铜陵刚刚从明清政权交替的社会动荡中苏醒过来,苍痍未复,诸废待兴,民生维艰。经过考察,他确定和实施了三项重要的工程建设:修建江堤、修筑书院和建设"便民粮仓"。对于这个地处江边的县城,防范水患几乎是每一任知县都会做的事,刘曰义在任期间整修了横塘、鳌首两段堤坝。他到任铜陵时,前任兴建的县学刚修了一半,而旧有

的紫阳书院却完全荒废，他在任期同步完成了这两项建设。除此之外，他还做了很多利民之事，如修筑城墙、疏浚河道、治理街衢、编撰县志等，无一不尽心尽力，而最为着力的是修建粮仓。他上任的第一年就连续碰上了长江大汛，当时农田被淹，颗粒无收，百姓饥荒，饿死病倒了很多人。刘曰义把自己的官俸拿出来赈灾济民，又把驿站的马卖掉换来稻谷，还向朝廷请求统一调配粮食，这样才勉强熬过了一汛一旱的艰难局面。但是，因明末兵火冲击，原来建在长江边的朝廷税粮仓库被严重毁坏，他到任之前一直借用其他县的粮库存放税粮，由于来回运输，还有存放条件不好，致使粮食损害巨大，相应增加了百姓负担。刘曰义就再次将自己的年俸拿了出来，重新在长江边修建了粮库45间、挡水围墙165丈，解决了许久未予解决的税粮存储问题，成就了一大利国利民工程。在铜陵6年的任期里，刘曰义四次拿出了年俸投入到各类工程建设，等于是四年没拿工资。而他除了动员民间极少数有财力的世家大族量力捐资参与建设外，并未使用硬性摊派的手段来增加百姓负担，真正实现了他自己所说的"皆一出于捐笥，而并无一事惊扰乎士民"。

刘曰义造福于民最为人称道的是，对驿站腐败的治理。一直以来，跟周边的县相比，铜陵算是比较富庶的县，因而尽管不在主干道上，那些往来的官差宁愿绕道70多里路，也要到铜陵驿站驻歇。来了之后，他们不仅换马、要挑夫，还索要"惜马银""折乾银"等自定名目的钱，稍不如意就怒骂县衙官吏，鞭打侮辱挑夫、仆人——这样官差过境腐败就成为铜陵驿站里的一个恶瘤。刘曰义切身感受到这种腐败行径的危害后，并没有像前几任知县那样忍气吞声，而是在池州府推官戚良宰的协助下，果断地将这一情况向江南省主官、操江巡抚李日芃（péng）作了汇报。李日芃了解情况后，严令禁止官差绕道铜陵，否则给予责罚，又决定以公帑购买8匹马送给了铜陵驿站，拨付了一批"夫马银"给到铜陵县衙,以弥补长期过度接待形成的亏空。刘曰义接到这笔钱后,想到如果将这数额有限的钱作为驿站的日常开支,将会很快被用完。于是,他与戚良宰一起踏访全县,买了两块比较肥沃的良田,交给百姓种植。县衙每年从中收取一定租金,这样"以官稻养官马,以官马应官差",不仅细水长流地保证了驿站正常开支不断竭,还能用节余的粮食赈济灾民。这件善事就此传扬开来,后来慢慢演变成"廉田"的美誉。

铜陵人纪念刘曰义,重在其廉田之德。乾隆《铜陵县志》即载,刘曰义购廉田两块,"以官稻养官马,以官马应官差",以补贴官税,为民减赋。廉哉刘公,幸哉铜陵,葛仙刘公,其志一也。

马得祯立碑警后人

2007年,中国史学界对15位重要的中国历史名人进行"别传"辑录,也就是在官修正史、权威传记之外,另外搜罗资料进行研究。这15人中,有理学鼻祖周敦颐,心学大师王阳明,大书法家米芾,爱国将领文天祥,清末名臣曾国藩、李鸿章、张之洞,近代风云人物蔡锷等,其中有一位铜陵知县赫然在列,他就是清康熙二十一年(1682)任铜陵知县的马得祯。

马得祯,字亢宗,号冲霄,出生于介休张兰(今山西介休),青年时期游历京师。他虽然出身官宦世家,却没有值得炫耀的科举经历,甚至都没有参加过科举考试,但因在京师游学时博学广闻、敏锐独立的表现,为保和殿大学士魏裔介赏识,被选到内廷供职,后又授职出任彝陵州州判。时值吴三桂起兵反清,大兵驻境,形势危急,州牧惊慌失措。马得祯勇于担当,负责粮草、器械等军需物资的后勤保障，处事果断，井井有条。期间还深入军营，晓以大义，化解了提督与总兵因见解不同而引起的争斗。他又献计夺取毛鹿山要冲，使叛军气焰遭受极大打击。平叛后，马得祯因功擢升铜陵县令。

马得祯赴任铜陵时，铜陵同全国各地一样，经历了长达八年的"三藩之乱"后社会安定成为首要任务。马得祯大力推行朝廷《上谕十六条》来教化民众，以通俗的语言编了"粉本"（今天名之为"绘本"）进行宣传，使《上谕十六条》很快被民众接受。他还组织修建了在江水与内河间起引流作用的年久失修的南北斗门，解除了长江水患决堤的隐患。他通晓法律，秉公判案，获得了百姓"斗金不换南山判"的赞誉——《棠荫会编》一书中就有他在铜陵断案的鲜活案例，以及他的"治悍不善，将愈悍；治急不善，将成乱"等精彩语录，了解民众对他的"无无弊之法，有善法之人"的高度评价。铜陵位于长江下游南岸，经常遭受水患危害。马得祯还组织修筑加固了百丈长的长江大堤，并修建石闸，可随时开关调节水流，有效治理了当地水患。

马得祯为官清廉、高度自律，刀刃向内、铁腕治吏，是铜陵历

史上最为严格的知县。早在明代，地方上都实施一种叫作"里排收税"的制度，也就是由里长轮值，按照民众户口征收钱粮。但里长一般都不亲自征收，而找人代收，这种事往往被那些跟衙门勾结较深的滑吏以及豪门的下人包揽下来。他们的包揽是要有回报的，要么是加额征收、为自己及其家族牟利，要么是接受豪门贿赂、对豪门减收，把该收的都转嫁到农户头上。这种乱象非常严重，老百姓不堪重负，引起强烈的社会非议。由此，清王朝统治后就下令禁止该制度，而实施一律由县衙亲自督收的制度，民众只需要交纳核征之税，豪强如果抗缴就对其实施强制征收的"摘比"制度。马得祯督促县衙严格实施新的禁令，但不久在一次督查中发现，一名县吏为了省事竟然将收取赋税的工作交由两个乡里游手好闲的人去代收，这两人不仅恐吓百姓，而且在定额之外加收了税赋。马得祯了解实情后非常气愤，就法办了这两人及其背后的县吏，并且竖立一块石碑来警示后人。碑文除了刻下朝廷新的赋税制度外，还宣告对奸猾贪赃的官吏，一经查知，立刻法办、捉拿处斩，绝不姑息饶恕。马得祯竟然还在碑文上发了毒誓，称那些阳奉阴违、巧立名目来加累老百姓的人，将会得到"遭天谴""殃及子孙"和"受身首异处"的报应。这种"毒誓"没有跳出封建时代的局限性，但可见其责下之严、刮骨之勇已经到了何等地步，爱民之心又是何等的深切！

徐纪年老骥心犹壮

"老骥伏枥，志在千里。烈士暮年，壮心不已"——这是曹操的诗句。在铜陵历史上，有一人在高龄之际被授任公职，毅然走马上任了。

徐纪年(1636—1720)，小名池龙，字修鲁，清代铜陵县钟鸣耆(今铜陵市义安区钟鸣镇)人。康熙五十四年（1715），79 岁高龄的贡生徐纪年被授予南陵县训导，毫不犹豫地奔赴就任了。徐纪年出身贫寒，天资也并不是很好，但他热爱读书，常常一个人背着竹制书箱跑到文昌阁里偷偷读书，后来在一位同门叔祖的帮助下，与同族子弟一起接受教育。直到 51 岁，他才被选作"岁贡生"，到国子监学习。回乡后，他的品行和文章已经远近闻名。因而，朝廷授予高龄的他以官职，更多的是对他的一种嘉奖，希望将他作为榜样来激励和示范后生学子，并非期望他能再做多少实际事务。"训导"是儒学署的副官，"从八品"，一年也才 40 两银子的平常收入。但过惯了贫寒生活的徐纪年并不在意这些，他感恩于朝廷对他的肯定，决定以老骥之身报效朝廷。赴任之后，他没想到南陵的儒学署已被废弃，尽管恢复了教谕职位，但一直没有将人配备到位，因而整个儒学署的事务完全由他一个人承担。他没有懈怠，对儒学署进行考核，对学生进行训教，还组织县内文武生员的考试，组织祭孔等"文事"活动。大量的工作压到了这位快要 80 岁的老人身上，很多人就担心他干不下来。徐纪年赴任后着力端正学风与文风。此前，清朝发生过一件很著名的"考案"，会试第一名尚居易因为应试文章超过了规定的字数限额，而被康熙皇帝以"文体不正"的过失取消成绩，并且牵连一大批考官罢官入狱。徐纪年对此有他自己的看法，他觉得当时盛行的文风浮艳、辞藻绮靡问题，更甚于文字字数，因而就把古代那些质朴方正的文章找出来给士子们做示范，把做人的纯正品质作为考核士子的重要依据，引导一地学风。他在组织生员考试时提出文风标准，协助县衙起草重要文稿时作出文风示范，简洁、精准、质朴的文风渐渐通行于县衙上下。他还成功协助南陵根据赋税额度而由"中学"改为"大学"的申报工作，在重建南陵古城墙时提出保护古迹等建议，一时南陵文风之盛达到了空前状态。

徐纪年虽然年迈，但在廉洁问题上一点也不犯糊涂。由于南陵距离他的家乡铜陵钟鸣很近，他做了衙门学官的事为乡人所知，有的人就来找他，希望通过他与南陵知县通融，能在南陵讨点便利。徐纪年一口回绝，"从无干请，士庶咸服"。他到任后的第二年，南陵百姓看他平时在儒学署那么清苦的地方任职，又这么大年纪，就自发地筹集了"数百金"为他祝寿，而他坚持不接。四年任满后，徐纪年回到家乡，过度的操劳对他身体造成了影响，第二年他就过世了。

徐纪年因学识精粹、品行纯正，当时被人称为"醇儒"。

陈哲为宦泽四方

相传中国古代有知县任职之初，必去当地城隍庙拜祭的习俗。而一位从铜陵走出来的知县，曾在拜祭城隍庙时发布文告，令时人惊诧不已。

陈哲，字叔元，清代铜陵县坊一耆（今铜陵市义安区五松镇）人，康熙五十年 (1711) 举人。他首次任官在楚南（今湖南常德府武陵县），当时那里的知县未能及时派任，朝廷就让陈哲去代理政务。武陵县有个叫"宿郎堰"的地方，是洞庭湖西边分叉处的一片滩涂。按照当时规定，开垦滩涂荒地，水田满 6 年、旱田满 10 年之后，就要按照正常田地的标准征收钱粮。陈哲到任后发现前任知县虚报了宿郎堰滩涂面积多达数千亩，向百姓收取了一笔相当庞大的钱粮。按旧例，这是前任的过错，陈哲完全可以不闻不问，问了反而会不讨好，因为不仅追究起来会得罪前任，而且会影响官府收入。但是陈哲并没有打马虎眼，在仔细丈量、核对后，向常德府如实上报了此事，并且提出免除错收钱粮的建议，后建议得到批准，为当地百姓减轻了一笔很大的负担。

此后，陈哲先后在楚南的湘乡、龙阳两县以及广东的清远县担任知县。在这三任知县位子上，他的断案能力尤其为后世称道。在湘乡、龙阳时，他快速审理了堆积许久的历史积案，不仅洗雪冤狱，还从案件中了解到很多百姓因为生活窘迫铤而走险，加大了对百姓的抚恤。由于办案出色，他还经常被邀请到邻县代理疑难案件。在清远时，一个僧人利用佃户不识字进行合同欺骗，将佃户租借寺田耕种收入的粮食完全占有。陈哲发现寺僧的文字把戏，就将田产判成"捐赠义学"，让狡猾的寺僧没有得逞。他还发现了这名寺僧的一堆恶行，就将他赶出了清远县，另外邀请品行端正的僧人来守护寺塔。

陈哲任职清远县知县之初，了解到当地较为富足，官府与豪绅勾结较深。他就利用新官到任拜祭城隍庙之机，向城隍老爷宣读文告，以表明心志。他在文告中首先陈述了自己来到清远任职的愿望，文字高古、语句骈丽，文采飞扬；但在结尾突然说出了一段石破天惊的大白话："如或受金暮夜，枉法明廷，必遭天诛地灭之殃，永堕绝子害孙之报。三光在上，一字无欺。"也就是发誓说，如果自己为官收钱枉法，将遭天诛地灭、断子绝孙之惩。这让现场的豪绅们惊讶不已，使那些打算向他行贿之人知难而退了。他还在县衙内张挂各种戒贪贿、戒懒政、戒乱政、戒失职的对联，来勉励县吏一心为公为民。他捐出官俸1400两银子新建学宫，拿出官俸修筑收养鳏寡孤独之人的"养济院"，聘请专家修撰《清远县志》……由此，他得到了清远百姓的爱戴。

陈哲自在楚南为官始，历湘乡、龙阳、清远、归善知县，后升任甘肃宁州州牧。他虽然在外为官，却以桑梓为怀，做了很多有益于家乡的善举。他听闻乡人的申告，申请恢复了铜陵县学由"小学"改为"中学"的规模。他回乡守孝时，发现羊山矶一带江水湍急、岸边地形险峻，纤夫拉纤常常受困，就联合一班乡绅捐资整治开辟"纤路"，以保证纤夫的人身安全和过往船只的安全便捷……如今，虽然那"纤路"已经无法细寻，但从那坡脚平缓、层层叠叠的树木屏障里，依稀还能看到它旧日的影子。

李青岩修志标青史

　　一册县志，承载着一个地域的历史文化，是一种根系的传承。铜陵自南唐保大九年（951）设县铜陵以来，有据可查的《铜陵县志》历经八次纂修，且集中在明、清两代，依次为明成化年间、嘉靖年间、万历年间、崇祯年间，清顺治年间两种、乾隆年间两种，现成化年间纂修本、崇祯年间纂修本以及顺治年间中的一种纂修本已经失传。今人多用乾隆二十二年李青岩等纂修、经由专家点校的现代印刷本，原十四卷纂修本现藏安徽省图书馆。

　　乾隆二十一年（1756）秋，直隶隆平（今河北隆尧）人李青岩来到铜陵县令任上。一个北方人，初次做官来到江南的铜陵，用他自己的话来说，难免有点"惴惴焉以不习其地与其人为忧"。他非常清楚，作为一县之令，如果对该县"土俗之好丑、民风之醇浇以及地方兴除沿革"茫然无知，即使对治民之术烂熟于胸，讲明有素，也难免轻重缓急用违其宜，甚至会出现适得其反的情况。于是，他前脚下马，后脚便开始调查研究，遍访风土人物以及民间耆老，以求文化治县之策。本邑贡生朱一澍听闻后，便携新修县志书稿以进。

　　朱一澍双手将书稿呈上，对李青岩说："此县志书稿，是前任两位县令单履中、朱成阿先后请各地高手与县内绅士纂修的，刚卸任的钱署县也加以审订，历时十年，方成此稿。我愿出资刊刻出版，望大人成全并为之作序"。说罢又向李青岩鞠了一个大躬。

　　李青岩接下书稿，披阅数四。见书稿遐收博揽，记载详明，不禁窃喜。又见书稿对铜邑山川形势穷原竟委，对庐井封恤之利弊昭然如指诸掌，对人民俭朴尚义、士子勤苦好修皆可裁成砥砺，喜之又甚矣。掩卷细思，前贤治理铜邑，善政懋绩，卓有成效，不正是我所追求与效仿的吗？纂修县志不也是我想做的事情吗？

于是，李青岩将县志纂修与出版摆上要务，依前例迅速恢复修志机构。他一边为纂修工作组织搜罗人才，一边为纂修工作筹划财力。他深知县志不仅是"官书"，也是"百姓"生活必备之书，能够起到"扬善惩恶，表彰风化"的作用，因此嘱咐纂修人员一方面要"恪尊宪檄"，另一方面要"增删更正、矢慎矢公，勿遗勿滥，庶补前事之阙而折其中"。越半载，乾隆二十二年（1757）春夏之交，丁丑《铜陵县志》付梓，李青岩欣然命笔为之序。

李青岩在《铜陵县志》（乾隆版）序中引经据典，列举萧何获秦图书、李恂图写山川、魏武获田畴、梁武用张策等历史故事，以佐证"志乘之有裨于治道也，洵非浅鲜矣"。他坦陈，在看到纂修稿后爱不释手，焚膏继晷，朝夕披览，终"使一邑之情形悠然在心目间，而用以为予吏治之助"。由此看来，李青岩既深谙方志资治的功用，懂得所谓"治天下者以史为鉴，治郡国者以志为鉴"的道理，又懂得作为地方行政官吏，当把志书当成施政必备之书。他纂修方志，绝不是为了附庸风雅，苟存浮名，而在乎治道也。

乾隆《铜陵县志》先后三修，历经十年，成书实在不易。当贡生朱一澍手捧新修县志请新县令李青岩作序时，这本书就面临着两种命运：一种就是今天我们所看到的幸运结果，县志得以慎始慎终刊刻问世，为铜陵留下了难得的宝贵史料和文化遗产。还有一种可能就是李青岩新官不理旧政让，让这本书胎死腹中。好在李青岩一任接着一任干，终于毕其功于自己任上，既完成了前两任的夙愿，也把自己的名字留取于丹青之上。难能可贵的是，李青岩并没有揽功于一己，坦陈乾隆丁丑《铜陵县志》纂修告竣，前任县令朱成阿功不可没。他十分赞成朱成阿"史与志，其义同而体裁微异，国史美恶备书，邑志则纪美不纪恶"的观点，叮嘱纂修人员要严格遵从朱成阿制定的县志纂修章程，反复强调纂修人士"务期体察精严"，对山川城垣，土产祠庙之类，可据事实录，惟忠孝节义方面，事关教化，迹在隐微，务必防止真伪淆杂，真善假善鱼目混珠。

如在"孝则"中，章程规定对"割股尽孝"之类行为要审慎，认为"割股"本身就是不孝。如果事出有因，也要观其始末。平时孝顺，遇到父母有病，无可奈何，偶行此愚，可以记载——载其平时的孝顺，而非提倡割股之事。至于割股前后，概没有孝行可纪，仅忍一时之痛，想赢得众人的颂扬，这种人是万万无足取的。

又如在"义则"中，章程列举九世不分、遗金不昧、助谷备边、散谷赈饥等行为，均为义举，修理通衢要道的，也可以算得上是义举。然而，仅有义举还不够，还必须"察其人素行果义"，方可记载其事。假若是家产万贯，平素里亲族不沾升斗之助，对待邻里更是铁公鸡一只，到了修志的时候，拿点钱出来希望博得好义的名声，这种人同样是万万无足取的。

清末藏书家、桐城派后期作家、枞阳县汤沟人萧穆曾说："文章学术者，中国之魂也。中国之大，苟一郡一丛书，一县一丛书，推之一家一丛书，合之为一省之丛书，再合之一国之丛书，则国魂其归来，不待招矣。"从这个角度看，李青岩纂修《铜陵县志》可谓功莫大焉。

盛嘉祐劝止摆排场

盛嘉祐，字笃周，号朴舟，清代铜陵人。他在考学和仕途上，一步一步留下了坚实的足迹：13 岁考入县学，17 岁成为县学里能领补助和粮食的廪生，22 岁参加了拔贡廷试获得一等第一名的好成绩，25 岁在镇江府丹阳县教谕任上参加乡试考中举人，38 岁参加会试考中进士，此后被授予户部主事，不久升任户部员外郎、湖广司记名御史，一年后为湖广司额外主事，9 年后转任四川司主事，后又通过考选被任命为浙江道监察御史、掌管云南道……出于对他学问的认可，他被选派参与了四库全书的校订工作。出于对他的进取精神的褒奖，在为纪念乾隆登基五十年、朝廷所开的"千叟宴"上，63 岁的他以"科尊"（户科尊者）的名义被请去参加宴会，而且得到了御赐礼物——盛嘉祐就这样走过了人生。

盛嘉祐勤勉认真，在所经历的职位上都干得很出色。史书记载他"经画多才，恪勤奉职，出纳裕公私之积，权衡佐军国之需"。也就是说，在户部长时间任职时，他善于经营筹划，有多面的管理才能，又能恪尽职守、无私奉献，在经手国家赋税、个人俸饷及一切财政事宜时，都能计算精确而不短斤少两，在拨付资金物资时，更能权衡轻重，从大局出发，保主保重。

乾隆五十一年（1786）春，盛嘉祐告假还乡祭祖。一天，他正在与家人们谈论趣闻，忽然有人来报，县老爷打此路过，坐在轿内，还鸣锣开道。中国历史上，除了汉初和宋朝中后期，大多数都实行"低薪制"，清朝也是如此。一个七品县令一年也就 45 两白银，这样薪俸要供全家老小花用，坐轿子、买房子、买官服都得自己花钱，根本不够。雍正时期，为了解决这一困难，实行了"养廉银"制度改革，给官员增长了几十倍薪资。乾隆时期，随着物价上涨，"养廉银"也满足不了官员的日常消费，一些官员就动了歪点子，通过盘剥百姓或者不正当途径捞钱。一个小小县令，出行能弄出如此排场，可见其平日里有多么铺张奢侈，而这奢侈的背后一定有不正当收入为支撑。盛嘉祐从记事起就被父母教育要节俭朴素，成年后更是追求独立人格，始终生活朴素、清廉为人。他非常痛恨县令的这种行为，决定出面教训教训他，于是让人把县令喊过来，对他说："百姓是为官者的父母，哪有为了自己舒服、风光，而侵害父母的呢？"一席话说得县令惭愧不已，当即表示改正，不久组织资金，将一条泥泞不堪的土路改建成了石板路，这样百姓过往更加安全、方便。

从那以后，这位县令体知民众艰苦，经常帮助百姓解决困难，慢慢变成了受人尊敬的好县令。有人称道县令能够"知止"，而有人则称道盛嘉祐能够"知而呵止"。

李宗煝腾达盐务始

皖南南屏村，有一处名为"抱一书屋"的私塾，建于光绪年间，如今书屋已无当年的琅琅读书声，但书斋里孔子画像前悠然飘散着檀香的味道——这间书屋建造者叫李宗煝。

李宗煝，别名金榜，又名辉庭，安徽黟县人。他出生于清道光年间（1827），于同治年间至铜陵和悦洲经商，光绪年间为盐法道员，开设利和钱庄而成为大通商界金融巨子，终卒于和悦。京都杨梅斜街龙光斋所刻《李爱得生圹志铭》对其一生介绍说："翁姓李氏，名宗煝，字辉庭，晚遂号爱得，安徽黟县人，以商成业入资，得官江阴补用道，虽迩荣利，处已弥约，力于种德，不私其财，行事多远，绝可称诵……"这寥寥文字怎能概其富有传奇的一生？

当年，由于家境贫寒，只读了两年私塾的李宗煝便辍学在家，为维持生活四处替人干活。由于他一年四季跶着一双破鞋，东家打工，西家帮活，"做粗无力，做细无才"，被村人戏称为"疲塌金榜"。此后，孑然一身的徽州少年李宗煝头顶破斗笠，从皖南南屏走出，向大通和悦走去。那时，铜陵大通是皖南的大盐仓，地临长江，水路发达，既为江防要塞又为经济关卡。早在1849年，清政府为了统购食盐，就在大通设立了楚西掣验局，管理由长江下游开往江西、湖南、湖北及安徽各县的盐船。太平军被镇压后，清廷在和悦洲建立盐务招商局，统辖和督办沿江数省的盐务。那时，李宗煝并不知道大通会因盐业而兴起。

关于李宗煝在大通的发家史，有两种传闻：

　　一说是盐务局成就了他。咸丰年间，曾国藩看中了和悦洲的地理位置，要在此开设盐务招商局。于是，一批怀揣公文的官差来到和悦洲筹建一个节制数省的盐务机构，因营建机构费用不足，便采用兜售盐票的办法筹集资金：明码标价，每购一张盐票者同时交纳"报效军需银"300两，以作资助招商局开办费用。而谁买了盐票谁就有权购到食盐，有了食盐就能获得经销赚钱的专利。可那时太平军占领江浙，战争频繁，淮盐营运不畅，大通商人们都不肯买盐票，问津者少。兜售盐票的官差们售不出盐票，直急得在和悦洲上团团乱转。李宗煝觉察到盐务将要在大通和悦洲兴起来的势头，也看到了官差眼前"等米下锅"的困境，于是抓住商机冒险下注，笼络官差，购买了盐票，其他商人这才跟着买起盐票来。不久盐务招商局建立起来，起初盐票价格较低，一些商人因盐票购运食盐而发了财。李宗煝更是财运亨通，因盐而发，并开办起全洲最早一家钱庄——"利和钱庄"。招商局深感李宗煝的危难相助，颇为照顾利和钱庄业务：凡交"盐课"的税款，招商局一律不收现金，必须先交到利和钱庄，由钱庄出具收款庄票，再由纳税人送到局里抵现。仅这一点，钱庄在"升水"和"贴水"中就可捞到大笔油水。此后大通和悦洲做盐生意的人越来越多，盐票也越来越吃香，利和钱庄代收的"盐课"税银也相应地同步增长。李宗煝又把钱庄业务拓向四方，跟扬州四岸（湘、鄂、赣、皖）等处的公所发生经济来往，并在沿江上下的城镇里设起48个支店，迅即成为大通商界的"金融巨子"。

　　二说是李鸿章提携了他。相传，李宗煝在和悦街经营当铺时，一位破落子弟因无钱抽鸦片烟，将家中祖传的一幅画偷出送进当铺换钱。李宗煝打开画一看，竟然是大唐李世民的容像，便不动声色地用一些零碎银两打发了那位破落子弟，将画据为己有。当时李鸿章正在庐州（合肥）编练淮军，已深得曾国藩的器重，掌握着长江一带大权。李宗煝便来到庐州把画献给李鸿章。李鸿章一向标榜自己是李唐后裔，得到这幅李世民容像非常高兴，欲以高官厚禄重酬，但是李宗煝并不想做官，也不要重金，只想谋求淮盐南运的经营权。时值太平天国动乱，战争频繁，淮盐运营利润不仅一落千丈，而且长途贩运极不安全，不少官商纷纷退出改营其他。李鸿章就捡个顺水人情，满口答应了李宗煝的要求。不久，太平天国事败，战乱结束，淮盐在江南也就行销畅通，利润猛增数倍，李宗煝发家了。

李宗煝凭着际遇不数年间遂成巨富，被誉称为"富埒猗顿"（埒liè：同等；猗顿：战国初年，鲁国著名的大手工业者、商人和巨富——编者注），成了大通钱业公会、盐业公会、同业公会中举足轻重的人物。大通一地无论官商士民，很少有人再直呼其名，都尊称他"李老辉"。

当时，大通是长江水运的繁华码头。长江上英国和日本轮船横行，而行驶沪汉线的船舶有江华、江新、江安、江亚、江太、江汉、江顺、江大、江靖等轮九9艘，计27571吨，但其营运效益远不及外商船，而且大轮到了大通站只能泊在江面上，用木船来回接送客货，甚为不便，也大大地影响了大通水运的吞吐量。李宗煝看在眼里，忧在心里。

一日，安徽省抚台和巡警道由安庆乘招商大轮抵达大通，李宗煝随同当地的官吏绅商们前去外江迎接。当省府的大员们从江心大轮上走下舷梯，登卜接江的小木船时，忽遇七八级风浪，小船受到风浪的猛烈颠簸，在浪峰上直打转，抚台和巡警大人吓得脸色苍白，弄得狼狈不堪。登岸后，巡警道拍拍李宗煝的肩头说："老辉，你们这大通站太不安全了！怎么样，你牵个头，为大轮码头购置一艘趸船？像芜湖安庆那样，既便利，又安全。"巡警道的提示，正中李宗煝的下怀，他忙不迭地连连承允下来。

省府大员走后，李宗煝去找盐务督销局总办（具有"道员"资格）

徐庚陞商量，求其赞助。事有凑巧，这位徐总办恰好在一次购买赈灾彩票时得了一笔意外的浮财——1元钱的彩票得了个1万块龙洋的头等奖，便一口答应将1万元全部捐出用于扩建大轮码头，并与李宗煝一起向商界发倡议，进一步集资，不久便筹到一笔巨额资金。接着，李宗煝风尘仆仆地赶至上海江南造船厂，定制了一艘巨型趸船，是当时江南造船厂出产的第二艘巨型趸船。这艘趸船是大通第一艘趸船，为上下两层，长91.4米，宽16米，载重6000吨。名曰："商办大通招商功德趸船公司"。光绪三十四年（1908），趸船泊上大通港湾后，李宗煝等又投入巨资修建招商局码头，修筑了一条从督销局门前直通大轮码头的平坦马路，铺设了自青阳到大通的青石板大道，大大便利了南北的交通。自此，人通港山客货运量骤增。

光绪十七年（1891），一代徽商巨贾李宗煝殁没，卒于大通，享年64岁。次年，棺枢运返南屏，归葬故里，远近吊者数千人。

吴禄贞大通燃烽火

> 荆山楚水 磅礴精英 代有伟人 振我汉声
> 魤魤吴公 盖世之杰 雄图不展 捐躯殉国
> 昔在东海 谈笑相逢 倡义江淮 建牙大通
> ……

这是孙中山先生追悼辛亥革命先驱吴禄贞的祭文，文中"倡义江淮 建牙大通"指的是1900年年仅20岁的吴禄贞奔赴铜陵大通，指挥自立军前军啸然举义之事。如今，翻开大通往事，一个个英雄的名字仍在长江上回响……

这场举义的首倡者叫唐才常，当年热血青年的他积极从事维新活动，参与时务学堂、南学会的创办，担任《湘学报》《湘报》的主笔，与谭嗣同一起并称为"浏阳二杰"。他曾应挚友谭嗣同之邀欲往北京帮办新政事宜，谁知才到武汉就传来了谭嗣同血染菜市口的消息。他悲愤不已，由上海辗转中国香港、南洋到达日本东京，一方面仍继续追随坚持改良道路的康有为，另一方面又和孙中山等兴中会人士频繁接触。1899年深秋时节，他离开日本启程回国，组织自立会，广泛联络会党，准备起义。1900年7月26日，他以挽救时局为辞，又在上海英租界张园邀集沪上"名流"召开国会，准备起义成功后，以此作为议政的基础。随后，他于汉口组建了前、后、左、右、中五路自立军，共计10万余人，预定农历七月十五日（公历8月9日）于汉口、汉阳、安庆，大通、赣、湘同时发难，经略长江，引兵西安，以匡救国难。

自立五军之中，统领前军的是吴禄贞和秦力山。吴禄贞（1880—1911），字绶卿，湖北省云梦县人。当年，外侮日甚，年仅15岁的他毅然进入武昌工兵营，后投报武备学堂，因尚未足18岁，学堂拒不收录。他慷慨陈词，当即陈书并赋诗一首："开卷喜读战国策，濡笔爱草从军赋。安得一战定三韩，投笔从戎争先赴"。学堂总教习阅后拍案叫绝，急将此文转呈总督张之洞。张督阅后大加赞赏，破例准其入学，后推荐其入日本士官学校学习陆军骑兵科深造。作为我国留日第一期士官生，吴禄贞虽身躯并不魁梧，但自幼习吴门神棍之术，操练时攀缘鱼跃，各科成绩优异，与张绍曾、蓝天蔚被称为"士官三杰"。在日本游学期间，吴禄贞见得孙中山，倾倒备至，常常面聆受教，并加入兴中会。此次，他正是受中山先生所派，回国参加自立军起义的。

庚子年（1900）农历七月上旬的深夜，一支头裹黄绫的队伍，

300多人正昼伏夜行，奔向长江南岸一个叫大通的地界。领头的吴禄贞信心满满，只是不明白自立军是拥护康梁的保皇，还是中山先生的革命。秦力山则心里有些懵然：两年前，戊戌新政时，秦力山曾追随比他大10岁的老师唐才常共赴变法，戊戌政变后流亡日本任《清议报》主笔。作为学生，他敬重老师唐才常，但对老师颇有微词。唐才常一面接受康梁指导，一面又遥戴孙中山为"极峰"，在保皇和革命左右逢源，甚至还曾游说湖广总督张之洞，劝张氏脱离朝廷，在长江流域拥兵自立。唐才常没有与清廷决裂的勇气，在张园国会上打出"忠君保皇"的旗号时，章太炎就曾"愤然剪除辫发，以示决绝"。可当前举事在即，怎能想那么多？

江流天地外，潮涨月共生。大通四通八达，商贩络绎，帆樯林立。此地大通水师营的游勇、贩私盐的盐枭、太平天国的流徒、讨生活的异乡人在潜伏着鼓噪着，宛若一群蛰伏的蜂虿。两江总督刘坤一对此早有察觉，曾向朝廷奏称："沿江之九江、安庆、芜湖、大通、金陵、镇江、仪征、瓜扬一带，五方杂处，往往藏垢纳污……有哥老会匪、安清道徒，踪迹诡秘，支党蔓延。"而此时正值多事之秋，朝廷难有精力顾及此事。大通哥老会首领符焕章，秦老耀已派出哥老会兄弟，上九华下弋江四外散发富有票，大通一带农人、码头汉子多有领票入会者，裕溪、青阳等地会党也开始秘密向大通靠拢，一句"富有天下归宗"的暗语已经传开。

吴禄贞和秦力山领着黄绫队伍抵达长江北岸时，派出的人和汉口不是被抓，就是给堵了回来。长江沿线封锁了，汉口总部的人也过不来。他们不知汉口总部是不是有变，他们出发前便知，此次起义械饷不足，自立军正在等着康有为的海外汇款就米下锅，如若那笔汇款不能如期汇到，那汉口等地起义就难了。若其他四路自立军不能同时举义，大通前军起事就会孤掌难鸣。当然也有好事，皖府抚署卫队管带、哥老会会员孙道毅派人送来 200 支快枪、5000 发子弹，还有 500 把大刀。约定举事之日渐近，一个个消息传来：大通厘金局许鼎霖、铜陵县魏县令向皖抚告警，说大通附近横埂头、丁家洲等地会党活动频繁，皖抚王之春已派清军安定后营李桂馨部坐江轮前来桐城、大通等地弹压；大通水师营哥老会兄弟来告，大通营不日将调往江阴；7 名自立军兄弟在桐城境内被地方团练逮去，即日押往大通会审，只要 7 人一招供，起义计划就会泄露……吴禄贞和秦力山商量，决定按约举事。

庚子年农历七月十四日上午，吴禄贞、秦力山率自立前军数百人，举行宰牲祭旗后，打响了进攻大通的第一枪。江声中，一支黄绫的船队向对岸大通扑去。清军水师大通营参将张华照闻知消息后，便率炮艇迎上。张华照看见高挂黄绫的船队愈来愈近，便下令开炮，可水师炮船 4 艘突然反戈，掉转炮口，轰向和悦洲上盐务督销局、厘金局。张华照闻变，吓得投江自杀。随即，自立军又俘获厘卡炮船 8 艘，登岸后连续攻下盐务、厘金、药械三局和一些库房及衙门，继之占领了大通。

当秦力山、吴禄贞、符焕章执手相握时，大通沸腾了。

义军占领大通后，一时青阳、芜湖、南陵吃紧。皖抚王之春大惊，急电两江总督刘坤一、长江水师提督黄少春，调兵共同会剿。不日间，武卫楚军先至，两江水师龙骧、虎威、策电三艘兵轮向大通方向驶来，清军衡字军部乘开济兵轮奔赴芜湖驻防，长江水帅江阴三个营分乘三十只湖标舢板向大通而来。大通自立前军四面受敌，且战且退，退出大通，向南陵退却，边等待援军，边与清军在横港、杨家山、汀家洲、南陵境内等地激战，前后共相持七昼夜。而就在自立前军败退时，唐才常从日本《汉报》田野橘次郎处得知，自立军前军已在大通发动起义，正被清军水陆夹击，向大山遁去。他这才意识到事情不妙：原定于五路义军分头同时举事的计划，因康有为应允募集 30 万经费未到，粮饷不足，一再延期了。可是前军未得到通知，竟如约在大通发难了，现在也是独木难支了。

大通的江声渐渐远了，秦力山从南陵乔装潜至南京，集会自立军余部，欲谋炸清军马鞍山器械局，但终因无隙下手，愤然转道日本。符焕章则被清兵解押至皖省省府安庆，被腰斩而死。吴禄贞从大通虎口脱险，逃亡上海，在上海又发现武备学堂同学巡警杨开甲跟随追踪，所宿旅馆被围，乃重返日本，后毕业归国，先后任武昌武备学堂会办、延吉边务督办、新军第六镇统制之职，继续从事革命活动。1911 年，武昌起义爆发，山西爆发革命，清廷调吴禄贞率第六镇前往镇压。吴禄贞却在娘子关与山西革命军都督阎锡山会谈，组建"燕晋联军"共讨北京，谁料却被袁世凯收买的部下枪杀，年仅 31 岁。民国成立后，孙中山特颁第一号抚恤令，谥吴禄贞为大将军。

大通自立军起义虽然失败了，但却使革命派觉醒、改良派分化，对此后革命有着特殊的影响，为辛亥武昌首义树立了先声。

黎宗岳鹊江起风云

一只轮渡在机驳声中划开水浪，徐徐驶在通和两岸之间的江面上。船至和悦洲，上行百余米便见一地破败的民居建筑，那就是被称作"大关口"的码头。遥想辛亥年间，一只渡船从历史深处摆渡而来，船上来者正是黎宗岳。

黎宗岳（1876—1915），字嵩祝，名塈甫，出生于安徽宿松金碧岭下贫儒家庭。他幼时随祖父读书，17 岁入邑庠，19 岁考入安庆敬敷书院。22 岁时，时值戊戌变法，黎宗岳胸怀抱负，写出数万言的"奏议书"，向朝廷陈述治国之道，深获两江总督刘坤一的赞赏。27岁，黎宗岳因乡试犯了时忌，只中付举，进京捐一个"内阁中书"闲职，后得肃亲王的赏识，提拔为六品警官兼探访局长。时国家正值多事之秋，有志之士倾向革命，纷纷建立秘密组织，朝廷屡命探访局缉拿革命志士。黎宗岳对此不满，便邀集同人在京城创办国报馆，以开风气化人心，后遭权贵妒嫉被革职回家。34岁时，黎宗岳至武汉与族叔黎元洪面晤，提出"国家当务之急，应以创办实业为先"的主张，并赴上海筹办企业，暗中与宋教仁、吴禄贞等秘密联系准备武昌起义，不到两年时间就办起了拥有股本100余万元的"国产公司"。武昌起义爆发后，黎宗岳兵进大通，让这座江南名镇一度处于历史的风口浪尖，成为皖省临时首府所在地——那就是近代史上著名的"大通之役"，那时各种力量轮番登场，为争夺都督皖省之权上演了一幕故事。

那是个动荡不安而又风起云涌的年代，武昌首义后，一时间各省纷纷易帜，安徽光复却较晚，在全国15个独立省区中排第13位。可安徽宣布独立后一个月内，先后5人6次执掌过安徽都督印，为别省所无。

1911年秋，安徽省城安庆外围风起云涌：上游马毓宝在九江称都督，下游朱瑞逐走浙抚宣告独立，江苏巡抚程德全宣布苏省独立，安庆已然成为一座孤城。孤守安庆的安徽巡抚朱家宝，接到袁世凯"顺应时势，静候变化"的秘密电报，吃了一颗定心丸，于11月8日在安庆宣布安徽独立，自任都督，任革命党人王天培为副都督，安徽巡抚衙门临时改为安徽都督府。后朱家宝借口其他各省均无副都督一职，要改王天培军事总监。革命党人便召集军、学等界代表开会，再次宣布独立，由王天培出任都督。而原六十二标教练官刘国栋则率领一部分招收回来的新军，赶走维持省城治安秩序的巡警道，将巡警道衙门改为都督府，自封为安徽都督。小小安庆城，短短数天居然冒出3个安徽都督，民众不知究竟该听谁好。此时，曾留学日本士官学校的胡万泰带领测绘学堂百余名学生，包围了巡抚衙门，逼朱家宝交出都督印信，并以皖军总司令的名义四处散发安民布告，并乘船西上找到时任九江军政府海陆军总司令李烈钧，请求浔军支援。李烈钧当即向安徽派出两支军队，一支黎宗岳率领，一路东下，光复大通；另一支由黄焕章率领，直取安庆。

1911 年 11 月 14 日，浔军黎宗岳策动实力雄厚的皖南清军驻大通和悦洲的盐务缉私营约 500 人反正，没费一枪一弹便占领了大通，通电光复。此时，一衣带水的安庆城内一片混乱，浔军黄焕章迫使安徽巡抚朱家宝至江边迎降，开进安庆城，借口军饷不足，分头攻占咨议局，抢掠军械所，火烧都督府，烧毁府库，枪杀商民，城内殷实富户，悉被搜劫，无一幸免，全城几至糜烂，公私损失 300 万。安庆各界电请驻大通的黎宗岳出任皖省大都督，希望他收拾混乱局面。黎宗岳接电后复电："本欲出征金陵，乃暂允担任"，便在原大通军政分府的基础上成立安徽军政府，定大通为省政府的所在地。黎宗岳正准备出兵安庆时，九江军政府总督李烈钧亲自出马，将黄焕章所有人马从安庆带回了九江。于是黄焕章在安庆扰民一事，不了了之。黎宗岳失去发兵安庆的时机，便派其参谋长胡孝龄率兵两营，日夜兼程，收复徽州屯溪镇，建立军政分处，掌握全部皖南地区茶叶征税权。尔后，黎宗岳通告"宁、徽、池、太四府及广、和二州所属事宜，统归管辖"，以皖省大都督的身份都督一方。

此时，安徽各地存在着好几个军政分府，皖省统一迫在眉睫。1911 年 12 月，庐州军政分府、寿州淮上军及全省各界在庐州张公祠举行特别大会，公举孙毓筠（字少侯，寿州人，老同盟会会员）为皖省都督，并派代表到镇江敦请孙毓筠回皖理事。孙毓筠回皖，经南京到达芜湖。皖北的淮上军东征先遣队王占一部，亦从寿州赶到芜湖，迎接孙毓筠都督。孙毓筠从陆路取道铜陵，奔往安庆就任，想途中接收大通军政分府。但抵大通后，双方在交涉中发生武装冲突。黎宗岳部装备好，王占一率部边战边退，保护孙毓筠东走退往芜湖。随后，孙毓筠电请南京临时革命军第一军军长柏文蔚（同盟会老会员）给予援助。柏文蔚即派第一军朱雁秋先锋营从浦口赶到芜湖，护送孙毓筠搭乘江轮，绕过大通，直达安庆。孙毓筠在安庆正式就任皖省都督职，着手统一皖政，经三个月努力，芜湖军政分府、庐州军政分府、淮上军总司令部，以及各地类似机关，先后一律遵令撤销。唯独大通的黎宗岳仍自称皖省都督，坐镇大通，拥兵自固，欲"与孙（毓筠）划分皖南、北而治"。

此时，部分皖南人抱着地域成见，不愿辖属于孙毓筠，发电公开反对取消军政分府，电曰："黎君受皖南父老昆弟委托，保卫桑梓，维持治安。现大局粗定，人心未清，土匪蠢动，正资镇摄，万无骤听取销之理。"（1912年3月19日《民立报》）而南京陆军部发文至安庆孙毓筠处："大通抗不遵命，中央政府决计以武力从事，已命柏（文蔚）军长派步队两营，机枪一队，炮队两队，会同军舰两艘，前往大通相机镇压，惟青阳、池州、铜陵等处，为溃兵逃窜之路，请贵都督相机派得力兵队，分途拦截。"

1912年4月，南京留守黄兴令陆军第一军军长柏文蔚，武力解决黎宗岳。5月初，柏文蔚令皖军驻芜湖刘醒吾旅西进铜陵，占领大通沿江东岸，自率数艘兵舰，开赴大通江面，对大通和悦洲进行军事包围。黎宗岳部属闻讯后，大多数人主张以武力拼抵，并一举进攻占领整个皖北，被黎宗岳制止。柏文蔚命令舰炮轰击黎宗岳司令部，率主力进入和悦洲，并暗中与黎军重要军官凤台人胡聘臣接洽，争取到胡部投诚。于是，黎宗岳部溃败，原黎军3000人接受改编为一个混成旅。至时，为期6个月的大通军政府便宣告结束，安徽军政正式统一。

至于此役中黎宗岳的去向，众说纷纭：一说他化装登舟，只身逃往武汉。一说他不忍同室操戈，慨然叹息道："同室操戈，安得共和？近几个月的事实证明，军人的争利，是国家的一个大害，我决心解甲归去，你们千万不要与胡（万泰）交锋，导致血染皖江，让外人取笑。"说着就解下文印，收拾行装，又给在南京的陆军部发了一个辞职电文，乘轮船去了东流，再转路去了九江。

黎宗岳离开大通后不久，在北京参加组建"共和党"，力主民主共和，痛斥袁世凯阴谋篡国、暗杀宋教仁等非法行径而遭到监禁，后经议会联名保释，复去上海、武汉经营实业，创办了华联人寿保险公司、粤汉铁路公司、九江电灯公司等民族企业。民国四年（1915），袁世凯复辟称帝。时黎元洪亦被软禁，黎宗岳决心反袁，便秘密潜入武汉，联络同人在武汉集合同志组织"共和军"，准备北伐讨袁。可在一次密室中试制炸弹时，他误解其机，不幸炸伤，经抢救无效而亡，遗体归葬于故里宿松金碧岭茅家山上，逝年40岁。数月后，袁世凯垮台，黎元洪继任大总统，特对黎宗岳从优褒恤，手书"为国宣劳"四字，表彰其同建共和之功。

大通之畔，滚滚长江东逝水，浪花淘尽英雄，青山依旧在。

第四辑

人物小传

叶法善

叶法善（616—722），字道元。唐著名道士。本出南阳叶邑（今河南叶县），居处州松阳县（今浙江丽水县南），常游括苍县白马山（今浙江仙居县东南），故或云括苍县人。自曾祖三代为道士，皆有摄养占卜之术。法善少传符箓，尤能厌劾鬼神。显庆（656—660）中，高宗（李治）闻其名，征至京师，将加爵位，固辞不受。求为道士，因留在内道场，供待甚厚。时高宗令广征诸方道术之士，合炼金银。法善上言："金丹难就，徒费财物，有亏政理。"帝然其言，旋罢之。法善自高宗、武则天、中宗（李显）历50年，常往来名山，数次召入禁中，尽礼问道。然排挤佛法，议者或讥其向背。以其术高，终莫之测。睿宗（李旦）即位（711），称法善有冥助之力。玄宗（李隆基）开元元年（713），拜鸿胪卿，封越国公，然依旧为道士，止于京师之景龙观。又赠其父为歙州刺史。当时尊宠，莫与为比。法善生于隋大业十二年（616），殁于唐开元八年（722），凡一百有七岁，诏赠越州都督。《旧唐书·方伎》有传，《太平广记·神仙》类载其怪异之轶事。据历修《铜陵县志》载，铜陵县东洪口者有山形如卓笔，耸拔云霄，为东南名胜。叶法善因爱尝垒石屋于其麓修炼，号曰叶真人。后世以其所居石屋为叶真人庙，称其山曰叶山，传呼至今。

普　愿

普　愿（748—834），世称南泉普愿禅师。唐郑州新郑县（今属河南省）人。俗姓王，自称王老师，人称王老祖。初依密县（今属河南省）大限山大慧禅师剃度受业，后在江西马大法师（马祖道一禅师）处得悟妙法，乃明心地，韬光隐晦，不露才华及道行，看起来像个不会说话的哑巴一样。贞元十年（794，一作十一年），驻锡于池州贵池县（今安徽池州市）城西南 70 里南泉山建寺。他经常身穿蓑衣，头戴竹笠，在山间放养耕牛，开荒种地，与樵夫和牧童交往相处，同常人无异，如此 30 年，没有下过南泉山。太和元年（827），池州太守暨抚使陆亘等奏请，赐其寺额曰"南泉承恩寺"。不久，普愿乃应陆亘等敦请下山，开演圣数，广接后人，一时道风远播，而被尊称为"南泉古佛"。后至宣州南陵县狮子山（今属铜陵市义安区钟鸣镇），辟建上清凉寺，因苦无水，以杖顿地，石进泉流，四时不竭，澄清甘美，为南中第一，遂以为号曰"南泉"。嗣又建中、下清凉寺山堂。禅师道高德宏，一日出山，庄家诸务预备，师云："老僧居常出入，不与人知，何得以排办如此？"主人曰："昨夜梦山神、土地，投道师临。"师曰："老僧修行无力，被鬼神觑破。"遂于太和八年（834）十一月二十五日凌晨，忽告众徒曰："星翳灯幻久矣，勿谓吾有去来。"言讫，示寂坐化，寿八十七。后建塔瓮于南泉侧。历修《铜陵县志》《池州府志》有传。旧县志或误列普愿为宋人。又据《高僧传》卷十一《祖庭事苑》七，普愿为南泉禅一派开山祖师。

姚 显

姚显（？—881），字尚晦。唐宣州义安县陶村耆东溪姚村（今义安区西联镇东湖村）人，家居八角井。唐开元时期名相姚崇后裔。祖名冲于唐末任义安县教谕，父名远遂卜居落籍于此。显自幼攻举子业，后以科第累官至太尉。乾符二年（875）出任招讨使，从此一直与黄巢起义军周旋交战。屡有功。广明元年（880），黄巢起义军回师北上，悉众渡淮，欲取东都，显奉命统兵镇守潼关以拒之；十一月底，义军始攻关，至十二月初攻克。显在拒战中，被斩断首级，犹策马提首，奔归军营而死。事闻于朝，因嘉其"忠节"，遂追封为英烈王，并敕本里建庙祀祭。后又置祀本县乡贤祠。明嘉靖《铜陵县志》载："姚显，字尚晦，世居陶村。乾符中黄巢犯潼关，显统兵拒战殒身，僖宗嘉其忠节，追封英烈王，乡人立庙焉。祀乡贤祠。"到清顺治《铜陵县志》，其内容有了细微变化："显统兵拒战被害，犹策马提首归营而殒"，增加了神话色彩。明都御史、繁昌吴琛有《题英烈王庙》诗云："报国曾捐百战身，遗祠应当立姚村。忠心耿耿生无愧，英气洋洋死若存。千载封王功丕著，四时赛祭礼弥敦。乞灵不特居民仰，颁备相承裕后昆。"历修县、府志《忠贞》《乡贤》《贤哲》有传。

樊若水

樊若水（943—994），原名若冰，字叔清，号知古。赐名还古，字仲师。北宋池州（今安徽池州市）人，祖籍京兆长安（今陕西西安）。祖知谕事杨吴，令金坛。父潜事李氏（南唐），历令池阳、石埭，因家池州。若水以举进士不第，遂谋北归，乃渔钓当涂采石江上数月，乘小舟载丝绳，以度江之广狭。宋开宝三年（970），诣厥上书言江南可取状，以求进用。太祖（赵匡胤）令送学士院试，本科及第，授舒州军事推官。复上书言，老母亲属数十口本江南，恐为李煜所害，愿迎至治所。太祖诏煜遣之。后主方闻金即厚给装，护送至境上。七年（974），召拜太子右赞善，会王师征江南，若水为响导下池州。次年，以若水领州事。先是，州民聚义，若水击之，连拔二砦，擒其首领以献，余皆溃散。曹彬伐江南从采石济浮梁，用若水本谋，不差尺寸。金陵平，擢侍御史，乘船按行江南，询问利害。寻授江南转运使，凡后主用兵，权宜调敛，若水悉奏为常额；又改革茶税，大铸铜钱以便民。太宗时，授户部员外郎，累擢户部使，以职事不治，出为西川转运使。淳化五年（994），李顺起义军攻成都，落荒逃东川。以擅离职守，谪知均州，到职数日，忧悸而卒。《宋史》有传。史称太宗嫉若水轻佻，又载其辞辩给，盖纵横捭阖之效彰矣。独是浮梁济师一事，南唐因以存亡，乃属奇计。据旧修《铜陵县志》载云，县南三十有羊山，耸崎江滨，有矶有渡，若水尝量江于此，乃知江阔六百丈，其地因以为名，传为古迹。明剧作家、邑人佘翘著有杂剧《量江记》，清邑人刘廷銮有题为《六百丈记》之长文。《宋史·樊知古传》云："知古尝举进士不第，遂谋北归，乃渔钓采石江上数月。乘小舟载丝绳，维南岸，疾棒抵北岸，以度江之广狭。开宝三年，诣阙上书，言江南可取状，以求进用……"文中"采石"为讹误，此江面非马鞍山市采石矶处，而是铜陵羊山矶下。

赵自然

赵自然（962—1009？），北宋著名道士。名惟安，号自然，太平州繁昌县（今安徽芜湖市繁昌区）人，后寓池州铜陵县陶村耆玉楼山（今义安区乐联镇玉楼村）修道。本姓王，名九。幼家居繁昌县获港旁，以卖茶为业，年十三岁，以疾甚，父抱其诣青观，许为道士。太平兴国（公元976—979年）间，尝梦一人，状貌魁伟，纶巾素袍，鬓发斑白，自云姓阴，引之上高山，谓曰："汝有道气，吾将教汝辟谷之法。"乃出青柏枝令啗，梦中食之。及觉，遂不食，神清气爽，每闻火食气即呕，惟生果清泉而已。岁余，复梦向见老人，教以篆书数百字，寐悉能记，写以示人，皆不能识。或云："此非篆也，乃道家符篆耳。"尝为《元道歌》，言修炼之要。雍熙（984—987）中，知州王同表其事，太宗（赵炅）召赴京阙，亲问之，赐道士服，易姓赵，改名自然，赍钱三十万。月余还，住青华观，后因病，饮食如故。真宗（赵恒）大中祥符二年（1009），诏曰："如闻自然颇精修养之术"。乃发转运使杨覃访其行迹，命内侍武永全召之阙下，屡得对，赐紫衣，改青华观曰延禧，自然以母老，求还侍养，许之。《宋史·方伎》，历修县、府志《仙释》俱有传。据历修县志载，自然尝于本邑陶村耆玉楼山修道炼丹学书，后建观于凤凰山麓，并葬于此。北宋邑人胡舜元有赞曰："生于王宫，弃爵修真。得传仙术，白日飞升。遗迹玉楼，嗣播芳声。"又姑孰郡人夏之符有诗咏之云："自然有道气，梦寐见仙人。虽有金门诏，曾无柏寝陈。养母乞还山，踪迹何其真。赐衣不肯服，恐染长安尘。"清邑人庠生赵起凤有《玉楼山过赵自然故居》诗云："仙赴玉楼去，余覆釜形山。石床蔓荒草，云篆已零星。赤土凝丹穴，青松列画屏。灵踪何处觅，凭吊望榛苓。"

胡省一

胡省一（977—1047），字文赏，北宋铜陵县洪口耆沸水（今义安区顺安镇盛瑶村）人。先世居徽州，唐末徙居沸水，子孙繁衍，遂为铜陵之望旌，世以资富名。子弟豪者，驰骋渔弋为己事；谨者务多辟田，以殖其家。因先时子弟读书者，纵耗千金亦难成就，以致莫有肯命从儒业者。省一少时博学能文，长则亦致力生财，名于郡。有子舜坤、舜元。以舜元幼颖异，遂以重金延师教之。舜元既长，又与资遣之，游学四方。复于本里大明寺构书堂一所，敦请临川王安石，日与舜元讲习其中。安石名其堂曰逢原，并题诗咏之。省一又以平生乐善好施，周济贫乏，舍药救人，时有种德之誉，人称其居曰种德堂。卒年七十一。后以舜元贵，追赠著作郎。墓葬本里沸水大陂塝山，王安石为其撰《胡公墓志铭》。时本县教谕李贤撰有《种德诗》咏之，诗曰："沸水溪侧君家住，种德堂成涧碧波。常把仁心周匮乏，曾将仙剂起沉疴。天源活泼昭胸阔，云岭崔嵬入望多。积庆自知天有佑，恩封传报老翁窝。"又作《种德堂诗》云："种梅有佳实，种竹栖凤雏。谁知种德人，气味应更殊。每将太行山，化作平坦途。芝兰芳满庭，世泽应宏敷。"明左都副御史、后裔胡本惠所作《省一公墓志诗》云："我祖原来统八宗，特邀故里拜先茔。大陂山有千年润，饮醴思君种德功。"

崔世德

崔世德，南宋宁国府太平县（今安徽黄山市黄山区）东乡甘棠人。原籍汴梁（今河南开封），后卜居铜陵县白马耆张混潭（今义安区东联镇墩上村）。生性刚直，身怀武略，早年即从戎，以绩授武经大夫。南宋绍兴十年（1140），金军大举南侵，岳飞率岳家军浴血奋战，在郾城、颍昌等地大败金军，正欲乘胜北伐、收复故土之际，却在一日之内接连收到十二道金字牌递发的班师诏。次年，宋室南渡偏安甫定，金兀术（完颜宗弼）趁岳飞被十二道金牌调回，悍然南侵，以铁骑10余万掠淮西，至巢县柘皋，与宋军对阵激战。时北宋杨门后人杨沂中（赐名存中）深受宋高宗信任，任殿前都指挥使，率殿前司军7万多人，"兵籍为天下冠"，世德从之。杨沂中和驻淮西之淮北宣抚判官刘锜，令万兵各持斧，排列如墙，击鼓冲敌，专斫金军拐子马腿，破其阵，兀术大败而退。世德以军功，沂中力荐之。是年十二月二十九日（1142年1月27日），因岳飞罹冤狱遇难。宋高宗诏飞赐死，命领殿前都指挥使职事杨沂中莅其刑，并监斩张宪、岳云于都市。世德遂上书辞官告退。归途经铜陵，乃卜居其东北境张混潭。后其子孙落籍，繁衍成大族。事见吕振羽《简明中国通史》第439页。

赵普胜

　　赵普胜（？—1359），元末南方红巾军将领，巢县（今安徽合肥市巢湖）人。初为南方白莲教教主彭莹玉门徒，因其善用双刀，人号"双刀赵"。至正初（1341），聚众起义，建立政权，年号正朔。至正十一年（1351），红巾军起义后，在巢湖举兵响应，为巢湖水军元帅，结水寨于含山，称曰彭祖家。次年，发兵南下，攻占繁昌、铜陵、池州等地，杀元江淮行省平章星吉，池州同知陶起祖亦被执死之。至正十五年（1355年），巢湖水师分裂，他投靠徐寿辉天完政权。至正十七年（1357），协同陈友谅攻克安庆，杀元淮南行省左丞余阙，后据守安庆。至正十九年（1359），为陈友谅疑忌杀害。传云，赵普胜先时尝立寨于铜陵县大城山，名曰城山寨，或曰临山寨，立寨栅、筑营垒、架滚木、铸兵器，秣马厉兵、积草囤粮。又在城山坳建一大水闸，闸里养鱼供应兵卒膳食，又作为对抗官兵的防御设施。一时远近皆知，声威大振。四方仁人义士接踵相投，俗称普胜为大王。后来，他虽常转战于沿江州县，但一直留有重兵在此驻守，并时来阅军，而最后被朱元璋遣赵德胜攻下之。当地乡人曾在城山东西麓各建有一座"大王庙"，中立其塑像以奉祀。抗日战争中，其庙被毁，唯有所谓城山大王的传说故事，犹为今人所乐道。

徐正本

徐正本（1458—？），字立卿，号松山，别号松山小隐。明铜陵县钟鸣耆石垣（今义安区钟鸣镇）人。义翁徐昱长孙。生性刚方严密，而容貌俊逸，修饰循雅，立身处事，卓然有为。父瑾，字宗美，知其能，乃以家事付之。既董家政，殚心竭力，惟勤惟俭，累致资产十倍于先，而以豪富雄称一方。然好义举，凡有济困救难、事涉公益者，则尽力以赴，乐而为之。邑建迎春亭、紫阳书院，尝助资计费数百缗。每逢邑中岁饥皆施与，前后助官赈荒捐谷2000石，赖以存活者不下数千人。有司即有所偿，俱谢绝而不受。本府何太守特敬重，亲造其门，为之举酒。正德二年（公元1507年），以尚义授赠七品官。十年（1515），捐白金百余两，修建县儒学两庑、棂星石门三座及石栏杆，并于大成殿丹台建儒学外石门一座。嘉靖十四年（1535），捐银700两，建湖城涧新桥；又率倡乡人重建县内顺安桥、栖凤桥及各处道路，所费凡数千金。正本又承继其祖之懿行，人有善爱之，有恶恶之，借贷推其所有以应之，患难则恤之，争讼则为排解之，死无所归则为殓之。四方贤士大夫过从者，燕享赠遗之礼皆极其厚。是以声名洋溢大江南北，不问识与不识，皆景慕而乐道之。又自创别墅茅竹园，造设工巧，有堂、有楼、有亭、有台，垒石为山，甃石为洞，多植奇花异木于其中，以为暮年行乐之所，延师教子、燕集宾客无不在此。尝自赋《山居偶成》诗咏之曰："绿树浓如染，奇峰乃若雕。个中天尤趣，画史亦难描"。有一子，名文锦，邑人贡生胡宏绪见其美秀而文，乃以女妻之。有一女，适都宪、贵池汪珊长子九思。因汪都宪前任河南副使时，尝称道正本于诸名公，故提学使李梦阳为之作《松山小隐序》，都宪魏纳、许廷光，参政李际可，副使萧鸣凤，进士谢九成诸人，皆有诗赠之。姻翁胡宏绪撰有《松山小隐传》。县旧志《义行》有传。

郜 祥

郜 祥（1572—1650），原名墙，字见尧，明铜陵县西湖坦（今义安区西联镇西湖村）人。生于隆庆六年（1572）十一月二十七日。形容壮伟，身长八尺，呼声如巨雷，力裕千斤，能尾曳巨牛倒行里许，气力不少衰。甫弱冠，即有贾生请缨之志。万历十七年（1589），安庆府太湖、宿松一带，因刘汝国等为首聚众暴动，他应募前往参与"平剿立功"。居皖城月余，以总旗小授不就，而负气苦辞他往。后历经20余年，足迹半天下，所遇皆不合，因而自愤说："功名有分定，安能终身老作健儿耶？"于是，归居乡里事农兼经商，不十年竟至家资巨万，但其义气自豪，不屑效财虏作深藏计。时有绿林暴客，虽知名涎慕，但怯其艺高，率迟迟不敢窥。迨祥年逾七旬，有盗数十，伺漏尽，露刃排门前，祥徐起御之，鲜有不迎杖而仆者。群盗不禁相顾说："此老武健如昔，何当也！"遂遁去。又邑中有权贵人家，仗势欺里人，咸莫敢挫其锋，因忽涎郜氏祖坟山，以省墓为名，欲伏谋坟地，舆从百余人，虎踞石佛山，密令使者中途侦探。祥闻讯，遽率子弟数人，执其使者，厉声曰："尔主人，以贵压桑梓耶？抑知西湖坦，有不畏人之郜某耶！"又曰："谁卧榻前，肯听他人鼾睡。纵有千万人，吾往矣！"使者怖而返，权贵亦因之气沮，辄罢所谋。子一忠，侄一贵，后亦以勇武闻名，时称"郜氏三奇勇"，本邑贡生郜魁撰有《三公合传》。

汪汇之

汪汇之,初名德骥,字元白,明末铜陵县朱村耆(今义安区天门镇)人,登崇祯辛未科武进士。自幼立志习武,喜好格斗,长以勇武出名。天启四年(1624),考中武科举人,授任南京守备。嗣以部兵为盗而去官,同乡先辈佘御史合中营救之,仍许会试。汇之益自奋励,泛览书史,精研孙吴兵书。崇祯四年(1631)复应试,因主试者贪墨而未取。其下第时,同列有毁进士榜者,事闻于朝,皇上亲试之。遂取二甲武进士,授福建漳州府南澳守备(一作漳泉守备)。后历督同将军,荐升挂印元戎,加封定国将军。迨明季鼎迁,众皆囚虏为臣妾,汇之矢志不屈,隶郑芝龙(郑成功父)麾下。南明王(朱聿键)隆武二年(1646)失国,芝龙降清,汇之复奉朱成功(郑成功),以南澳为基地反清,图谋恢复。后连年出击闽、粤、浙、江等地,不幸战死于海滨。《潮州府志》记载:顺治六年(1649)秋,郑成功令部将率师从靖海攻占了惠来城,并委派汪汇之为惠来知县。汪汇之从郑成功收复台湾,于同年四月初在台湾鹿耳门登陆,在台湾城与赤嵌城之间同荷兰军交战中牺牲。其遗有四子一女。永历十三年(1659)即清顺治十六年(1659),郑成功与张煌言联师北伐,自崇明溯江西上攻江宁。八月初七日游兵至铜陵,被清总兵梁化凤所败。汇之子惟标、惟桐携眷属投之,负乃父骸骨归葬本邑旧南洪耆祖墓地。惟标授以都司,率所部屯于湖广荆州府松滋县,后卜居于彼。惟桐初以父荫贡,嗣授广西庆远府宜山县丞,后升山东郓城知县。女,汇之在世时,许配许廷相子,未嫁夫亡,遂守志。邑贡生丁孔思撰有《汪公元白传》。县旧志《忠贞》有传。

陈 炜

陈 炜（？—1645），明末铜陵县坊一耆县城（今义安区五松镇）人。少习武，精骑射。后应召为军户，入扬州卫所，不数年升参将，嗣擢扬州左营都司。崇祯十七年（1644），因清军入关，南明政权在南京成立，改元弘光。次年二月，清摄政王多尔衮，命豫亲王多铎率师南征，沿途郡邑，望风悉下。四月十八日，自天长、六合水陆并进，距扬州二十里立营，以十万大军将扬州城团团围困。时南明礼部尚书兼东阁大学士、淮扬督师史可法虽知南明无力援救，但仍孤军奋战，誓死保卫扬州。史可法坐镇指挥抗御，炜协从率将士，浴血拒守孤城七昼夜，发炮死伤城外清兵数百。1645 年 4 月 25 日，多铎怒，令精兵、大炮专攻城西北隅，崩声如雷。南明将士犹坚守不退，死伤惨重。清兵遂践城下积尸而登，攻入城。扬州城沦陷，炜在巷战中殉难，史可法被俘后壮烈就义。事见魏源《圣武记》卷 1《开国龙兴记》。

郎应徵

郎应徵，字予四，明末清初铜陵县大栏耆木排冲（今铜陵市郊区大通镇金华村）人，寓居县五松镇。逸儒太学生奎正子。幼承其父庭训，后受业于名儒何一葵。研习经书，尤喜谱骑射，才智过人，自命不群。甫弱冠，因父丧，家道中落；又逢戎马纷纭，在城在乡，茫无定栖。嗣于故里大栏耆豹岭山麓，就家传别业结一庐，几亩石田，半床蠹卷，花村小筑，竹坞初成，名之曰"且园"，静心潜读于其中。至清顺治五年（1648），乡试中举人。嗣于十二年（1655）考中武进士，上御太和殿试策登榜后，恩赏筵宴，并赐白金八两。迨康熙五年（1666）四月，始诏授出任四川建昌镇标守备署游击事。次年四月抵蜀就职，十一月加授宣武将军。建昌地属南诏，事关边防，素称难治，应徵莅任之始，即布告多方，开诚示谕，设温文以服苗彝。又以原无守备衙门，并无余基，应徵至则革除前任占住民房安置常规，邀凭乡约给价偿还，复捐俸银65两有零创建公署，遂使官民相处始安。又革除灶户买柴烧盐，每担取官柴一块之旧例，令灶丁佃户各免剥夺之害。续以盐井卫属五土，连界西彝，因闻有谋不轨者，操练兵马，勾结蒙古人，应徵为之督侦设防甚力。尝以母老乞归，屡为当道者所淹留。迨任及六载，乞养方得以见准，而辞职归。离任时，绅衿军民送别，不啻如失慈父母，流连谣颂，童叟遮路，率以千万计。及家居，日以著述为事，每与名士故宦相往还。然素以桑梓为怀，凡有关邑人利益及风教者，皆乐而殚力为之。尝捐助县紫阳书院、养济院基址，捐修都中铜邑会馆、本里瓦窑山千秋亭、县治富览亭及儒学泮宫等。所著有《且园纪略》一书刊行，其中《归田十咏》俱录入《名家诗咏》传世。葛源王尔纲尝评其诗云："不必古诗，而有渊明之致；不必绝句，而有摩诘之情。先生历仕川南，及荣封养母，各有篇什。书生履戎马之场，将军践文章之府，可谓兼之。"县旧志《政事》有传。时名流逸士俱有诗文赠之。大学士魏裔介诗，有"士元家世五松留，才子翩翩夺鹤裘"之句。郡守喻成龙赠诗曰："不恋川南拥旗旌，且园归养早陈情。五松堂著浣花集，六诏营传细柳名。池上未容轻规面，江干空自远闻声。多君时把瑶编赠，为忆词坛凤望清。"

秦力山

秦力山（1877—1906），名鼎彝，字力山，以字行，又字力三。清末湖南长沙人，原籍江苏吴县（今苏州）。光绪二十三年（1897）入长沙时务学堂，从谭嗣同学习，并参加南学会。戊戌（1898）变法失败后流亡日本，分任《清议报》笔政。二十六年（1900）赴天津，劝义和团改其"扶清灭洋"口号未果，返武汉参加唐才常自立军，为安徽大通前军统领。经同乡人时任安徽衙门卫队管带孙道毅引荐，由大通缉私水师统领萧汉卿聘为幕僚，从此往来安庆、大通之间，联络同志，发展组织。又结识大通哥老会首领符焕章、高彪、唐二保等，印发"富有票"，广招会众；七月初，八国联军攻占北京，慈禧逃往西安，唐才常决定农历七月十五日（阳历8月9日），各路自立军同时举行武装起义。旋因筹款未至，武汉总部乃决定延期，而大通方面毫不知悉。又以机事已泄，军情危急，力山遂按期率一哨水兵进驻大通盐局，宣布正式起义，并广泛张贴文告及法令。大通水师闻之，立即倒戈响应，炮轰厘局，清军大通营参将张华照投江自尽。义军旋即攻占盐、厘二局，击沉厘局差船常平号，俘获厘卡炮船8艘，缴获大批物资及饷银15000余两。是日晚，义军占领大通全镇，沿江一带亦为会众所控制。清廷官府闻之震惊，安徽巡抚王之春、两江总督刘坤一，相继调遣水陆两军"会剿"；十七日（阳历8月11日），大通义军终以孤无外援，寡不力敌，死伤惨重，余部殊死突出重围，向青阳、南陵方向退却转移。在清军追拦歼击中，义军大多壮烈殉难，存者无几。最后，力山化装走脱，孑然一身走洞庭，匿于芦苇丛中，凡历三十三日。1900 年 10 月,潜往南京,复逃上海,后登轮东渡流亡日本。光绪二十七年(1901),创议并主办《少年日报》。次年与章炳麟等组织"支那亡国二百四十二周年纪念会"。三十一年(1905),加入同盟会。后在安庆发动起义,未成,遂逃亡香港。嗣返云南开展革命活动,被当地土司杀害。

方履中

方履中(1862—1932),字玉山,一字聘山,一作聘商,安徽桐城具(今铜陵市枞阳县义津)人。幼读经史,清末进士,授翰林院编修,嗣历任两淮盐运使、四川提学使。1909 年春,因英国商人凯约翰谋办铜官山矿,皖人愤起反对,其合同纠纷僵持四年之久未决,履中遂被安徽各界公推为首席代表,赴京外交部与凯约翰当面交涉,决意收回铜官山矿权;5 月,在上海成立"铜官山矿务局国济会",并任皖矿总理。次年 2 月,清廷以 52000 英镑(合 45 万银圆),赎回铜官山矿权,因履中为时巨绅,又以上京交涉自豪,甚得皖官倚重,即委以督办该矿,遂组织一纯粹华股之泾铜矿务股份公司,并任总经理。其公司总投资 220 万银圆,除政府垫付之赎金作官股外,以一半开采铜官山之铁,一半开采泾县之煤。其招股办法,每股 10 元,年利八厘,盖如山西之保晋,出自官家之指派或亩捐。一年之间,集资三四十万元。然其公司,除茶捐、米捐公股外,商本极微,用于泾县煤矿尚形竭蹶,铜官山铁矿故未动工。1912 年,民国反正伊始,履中之声望一变,因清算交涉时费用及派股等事,大为皖人所攻击。履中以接办后私人垫付经费甚巨为抵制,皖人一时莫可如何,而招股集资亦因此成泡影。复因泾县之煤停采,泾铜公司能力尽失,履中以交代未清，经人控告，匿而不回，踪迹杳无。与此同时，安徽省政府以军需紧急，曾拟将铜官山矿向日本抵押借款，旋因遭反对，遂以改售铁矿砂，由日本三井洋行预缴定金 20 万元，约定两年后若不能开矿售砂，则由皖府归还本息。1913 年皖省旅沪巨商程霖生（源铨）拟投资开采铜官山铁矿，寻以无端疑其为洋商作伥，风言四起，电传诘讯，竟未果行。其间，履中屡向日商及汉口冶萍公司兜售矿砂，然因先前省府所借之款，皆流用于军政各费，故矿务迄无起色，而其接办后之设施，除派员守山外，别无所见，即便守山人之薪水亦拖欠五年之久。至垂老之年，乃于 1930 年赴北京私立中国大学任教，未几卒。编著有《贞泯不泐》《桐城名贤诗词辑》《皖矿始末通告书》等刊行。

毕子卿

毕子卿（约 1821—1890)，号竹坡，清末铜陵县大通镇（今铜陵市郊区大通镇）人。尚义，有节操，善书，工诗文，为时名绅。同治元年（1862）九月，驻防大通长江水师亲兵营统领柳寿田，改羊山矶通济庵为同仁局，复旧日善举，经禀请督部堂曾国藩、兵部右堂彭玉麟，命子卿偕同杜生泉经理局务，凡救生、掩骼、挂缆等事，均照旧章。又谕所需经费，悉照安全局日收厘金十分取一。并饬地方官将全局所置市房、田产、山场等，逐一追还本局，以作行善之资。子卿等秉承旨意，一皆奉公办理，克善其事。四年（1865），彭玉麟巡视水师至大通，子卿等又经谒请得准，遂将同仁局迁至和悦洲市区，新建大楼一幢，厘定章程，由是其局务益加有生气，一切皆井井有条。其间，一日从玉麟游羊山矶，登上其巅，玉麟慨然口吟东坡诗句云：

"故乡如此好湖山！"子卿在旁即诵杜甫（应为高适——编者注）诗句应对曰："圣代即今多雨露。"彭氏复见巅有亭而无名，乃取所作"湖海波平不动尘"之诗句意，名其曰"不波亭"，遣子卿书而匾之。子卿能诗善赋，饮誉当时，所著有《求放心斋赋稿》、《求放心斋诗稿》等集。《求放心斋赋稿》有同治八年（1869）刊本行世，收文共48篇，内近体28篇、古体20篇，每篇之末有名流评语，多称许之。

查富玑

查富玑（1854—1937），原名富俭，字友三，一字玉瑆，近代铜陵县近市耆程柏村（今义安区五松镇）人。1854年11月2日出生。自幼读书，长为邑庠禀生，后以乡举出仕，历任知县知府。1904年（光绪三十年）初，以积功尽先即补道员、加二品衔、赏戴花翎，特授奉天昌图知府，署理锦州府知府兼锦县知县、署山海关兵备道。时值日俄交兵，战于我国辽河东西，昌图当中长铁路要冲，日驻重兵于此，日酋利用土劣地痞为爪牙蹂躏地方，百姓惶惶不安生业，其中尤以为日军作伥之巨匪商百祥作恶为害最烈，富玑以计将其擒获。日军以势相威胁，富玑不为所屈；商匪又"以四万金为寿"，富玑也不为所动。诸匪因技穷，乃靠日军支持，扬言将劫狱屠城。郡中儒绅暨与匪通声息者，次第进言规劝富玑妥协或回避，以冀缓办此狱。富玑"不为所惑"，旋将商匪置之以法，"百姓欢呼雷动，额手称快。"日酋闻之咋舌，群盗为之折伏，属县宵小因之敛迹，地方秩序恢复，百姓始得安居。由此，日首对富玑之严正益加畏惧，于是从上层活动。未几，富玑即被大府令守海龙府兼署海龙八旗总管，例封资政大夫。从昌图离任时，百姓攀辕卧轨，有拥送出境数十里，犹依依不忍别去者；而所献万民匾额及旗伞，以志其惠者，不可胜数。海龙任满，乃致仕。
富玑从政数十年，恢宏大度，节己爱人，嫉恶如仇，从未私谒权贵之
门，归时"一如彭泽（陶潜）之归来"。归后，里人知其如此，皆尤
加礼敬而乐于与他交往，而他也爱与邑中旧日衣冠及名士相聚觞咏。
尝登天王山，作《临江仙·富览亭》词，以抒谢政后闲居之感慨云：
"我从辽海归来，看大江依旧，榭阁重新，把酒快临风，直上层峦极
顶；地本松城名胜，有铜鼓高峰，铁船遗迹，凭栏供远眺，竟忘静寺
嚣尘。"1937 年 11 月 7 日卒，享年 84 岁，其墓葬本耆马冲荷花形。

附录一： 义安历代进士名录

在我国实行科举考试制度共 1284 年历程中，史料可查，铜陵县出过文科进士 28 名，其中一名探花。以朝代分，宋朝 18 名、明朝 5 名、清朝 6 名。以姓氏分，盛姓 6 人，胡、罗、阮、章、佘姓各 3 人，钟、俞姓 2 人，陈、陆、宋、张姓各 1 人。又据史料记载，自武周长安二年（702）开设"武举"，至清朝时改称"武科"，直到清光绪二十七年（1901）武举制度废止，约 1200 年时间里，铜陵县有记录在册的武科进士共 7 名，分别产生于明、清两朝。

一、文科进士

盛　京　字公大，北宋铜陵县石洞耆龙泉（今义安区天门镇双龙村）人。《宋史·盛度传》载为盛度从兄。清乾隆《铜陵县志》载为盛度兄。后有人考证为盛度之弟（见李亚辉网文《宋史·盛度传》勘误一则）。登咸平元年（998）孙仅榜进士为官。咸平五年（1002）进阶通议大夫，历任兵部侍郎、工部侍郎。景祐（1034—1038）间，奉使河东，年至七十余，以王事卒于太原。

盛　度　（969—1039，一作 968—1041）生于余杭，北宋端拱（988—989）年间，以父尚亨（名豫，字惟通）卜居铜陵县石洞耆龙泉（今义安区天门镇双龙村），遂为铜陵县人。登大中宋祥符七年（1014）张观榜进士。

胡舜元（？—1099）字叔才，号益庵，北宋铜陵县洪口耆沸水（今义安区顺安镇新湖、盛瑶村一带）人，登北宋嘉祐四年（1059）刘辉榜进士。

钟　镗　字钟鋐，一字德振，北宋铜陵县朱村耆（今义安区天门镇朱村）人。其家十一世共同居住。镗幼时，开悟如成人。登北宋元祐六年（1091）马涓榜进士。初授旌德县主簿，历官至汀州知府。游宦50余年，爱民恤士，归时囊无余资。后举宾老。卒葬顺安城山之阳。

罗　复　字无悔，北宋铜陵县钟鸣耆石垣罗村（今义安区钟鸣镇金龙村）人。登北宋政和二年（1112）莫俦榜进士，任胙城（今属河南新乡延津县）知县。靖康元年（1126）金人长驱南侵，迫攻汴京。罗复率吏民御敌致伤肢体，终不去职。南渡后，朝廷以忠义褒之，置祀本县乡贤祠。

盛虎臣　字德辅，号春山，北宋铜陵县石洞耆龙泉（今义安区天门镇双龙村）人，盛度之孙。据清乾隆《铜陵县志》载，登北宋政和二年（1112）莫俦榜进士。历知青州府、官至枢密使。年67岁卒。

胡　棣　字茂之，号大年，胡舜元孙，登南宋建炎二年（1128）李易榜进士（其族谱载为建炎三年，当误）。初任南昌太守，剔奸除恶，兴学育才。未二载，升兵部郎中。

胡　乘　字进之，北宋铜陵县洪口耆沸水（今义安区顺安镇盛瑶村）人。胡舜元兄舜坤之孙，与胡棣同榜。［据马尚奇于宋淳熙元年（1174）所撰《沸水胡氏渊源谱序》载，胡乘登政和三年（应为政和二年，1112）进士］。任江宁县尉。以非所好，未期月即弃官，归隐故里，且仿陶渊明环庐植菊，乃所居阁"菊庄"。自号菊庄懒客。日以诗酒自误。尝作《咏沸水诗》云："沸水流泉出洞天，清清长涌管峰前。沧海桑田频变更，惟有涛声亿万年"。刺史钱希和有《赠胡乘公归菊庄诗》曰："不是潜翁懒折腰，耻为斗粟著青袍。闭户菊庄闲酒肆，复睹渊明乐圣朝。"（光绪《五松胡氏宗谱》卷2）

俞　苇　南宋铜陵县南洪耆人。据清乾隆《铜陵县志》载，登建炎二年（1128）李易榜进士。

俞时昇　南宋铜陵县凤台乡（今义安区五松镇）人，南宋绍兴十八年（1148）登王佐榜进士。官至豫州（一作徽州）知府。淳熙辛丑（1181），尝为邑中先贤陈翥撰传，题曰《闭户先生传》。

罗　京　南宋铜陵县贵上耆金山罗村（今义安区钟鸣镇金凤村罗家店）人，登南宋绍定二年（1229）黄朴榜进士。官至礼部（一作户部）侍郎。

钟文珍　字叶叔，南宋铜陵县合二耆（今铜陵市郊区大通镇）人。自幼习经史，治《春秋》。登南宋宝祐四年（1256）文天祥榜进士，授湖广河阳县知县。嗣以行取（知县等地方官保举和考选制度），为吏部主事。后升吏部给事中。累官至兵部尚书。

阮以和　字庸中（熙文），出生于南宋庆元二年（1196）年。铜陵县花堰耆堰口（今义安区顺安镇长龙山村）人。治《春秋》，登南宋宝祐四年（1256）文天祥榜进士。

章应雷　（1220—1280）字震卿，号古峰，南宋末年铜陵县贵上耆千丘湖（今义安区钟鸣镇牡东村）人。

阮治凤　字灵父，出生于南宋嘉定四年（1211），铜陵县花堰耆堰口（今义安区顺安镇长龙山村）人。登南宋景定三年（1262）方山京榜进士（清乾隆《铜陵县志》等作"方京榜"，误）。授全椒县尹。官至淮东参制。

罗黄裳　南宋铜陵县贵上耆金山罗村（今义安区钟鸣镇金凤村罗家店）人。南宋景定三年（1262）登方山京榜进士。与阮治凤同榜。咸淳年间（1265—1274）间任番禺守，官至两淮转运使。著有《发蒙宏纲》三卷传世。

阮麟翁　字祥翁，号若山，出生于南宋绍定元年（1228），阮治凤之子。南宋咸淳七年（1271）登张镇孙榜进士，授京山县（今属湖北省）县尉。当宋末，任封疆，修耕战，以功名终。入元后，授中顺大夫，官至建德路总管兼劝农事。至元二十二年（1285）入觐，赐爵陈留侯。有三子，俱荫封。长子申之，赠朝列大夫。次子顺之，官至太平知县。三子谦之，官浙东元帅府照磨（元代官职，主管文件、卷宗等事宜）。麟翁卒后，列本县乡贤祠奉祀。历修县志《忠贞》《乡贤》并有传。

陈孟晟　字尚晦，出生于明永乐十九年（1421），铜陵县坊一耆（今义安区五松镇）人。以《易经》中明景泰四年（1453）举人，景泰五年（1454）登孙贤榜进士。

陆　柬　元朝教谕陆观后裔，明铜陵县近市耆（今义安区五松镇）人。登明嘉靖二十九年（1550）唐汝楫榜进士。任南昌令，调魏县，升大理寺评事，历寺副寺正，终宝庆知府。

佘敬中　（1526—1606）字子惺，号内斋，自号内斋居士，明铜陵县顺合二耆大通（今铜陵市郊区大通镇）人。嘉靖二十一年（1542）就郡试，补为邑诸生。三十四年（1555）乡试中举人。嘉靖三十八年（1559）登丁士美榜进士。

佘毅中　（1542—1580）字子执，号远斋，又号囧卿，明铜陵县顺合二耆大通（今铜陵市郊区大通镇）人，佘敬中弟。颖敏绝伦，清介拔俗。嘉靖三十七年（1558），年十六，举应天府乡试第一。万历二年（1574年）登孙继皋榜进士（殿试金榜第二甲第十六名）。

佘合中　字子嘉，号初泰，一作初太，明铜陵县顺合二耆大通（今铜陵市郊区大通镇）人。南京虎贲卫经历铜陵人佘侃之子，也系佘敬中、佘毅中同胞兄弟进士之堂弟。万历三十一年（1603），乡试中举人。万历三十八年（1610）登韩敬榜进士。

盛应谦　清铜陵县石洞耆龙泉（今义安区天门镇双龙村）人。登乾隆十六年（1751）吴鸿榜进士（清乾隆《铜陵县志》误作秦大士，而秦大士为乾隆十七年恩科状元）。曾任湖北临湘知县，后告归终养于家。旧县志录其《牡丹宅怀古》诗一首："西域分来上苑花，御袍苞折午前夸。不须火速传春敕，岁岁天香发旧家。"

盛嘉祐 清铜陵县石洞耆龙泉（今义安区天门镇双龙村）人。登乾隆三十四年（1769）陈初哲榜进士。初授户部员外郎、湖广司记名御史。三十六年（1771）为户部湖广司额外主事。四十五年（1780）转四川司主事。五十年（1785），出任浙江道监察御史。旧县志亦录其《牡丹宅怀古》诗一首："筹边持节善怀恩，西夏还辕锡予优。一种名花分御苑，九重春色满瀛洲。子孙看到传恩宠，富贵何人淡取求。此日光风当谷雨，雕栏璀璨异香浮。"

宋应文 字简庵，清铜陵县陶村耆宋家宕（今义安区东联镇合兴村）人。嘉庆十三年（1808）恩科举人，授文林郎、候选知县。登嘉庆二十五年（1820）陈继昌榜进士。授奉直大夫（从五品散官），官江西雩都知县。后历署南城、南丰、清江、万安、广昌等县事，所至皆有政声。道光十四年（1834），执掌广昌县政时，以岁饥荒，运籴不及，即发官谷接济，并捐俸赈粥，全活多人。后官至临江分府同知。

章朝敕 字菊人，清铜陵县近市耆梅塘（今铜陵市铜官区马冲村）人。登道光二年（1822）戴兰芬榜进士。初任奉天海城县知县，创建义仓。嗣调承德，平反冤狱。后升辽阳知州，振兴学校。又以岫岩厅灾，赈不中程，民弗靖，檄发卒捕治。朝敕请独往，惩不逾数人。复检刷按户，易浮冒，出隐漏，监放钱粮，吏不能奸，民大悦。

张大观 （1798—1857）字巨卿，号愚谷，清铜陵县坊一耆县城（今义安区五松镇）人。其家累世书香，祖父济尧为贡生，居家授徒。大观天资颖悟，生无二师。6岁入家塾，执经问业十年。年十六入邑庠，十九岁为廪膳生（廪生，由公家给以膳食的生员）。时逢荒年，尝担薪负米，勤苦励志，嗜学不辍。年三十中举人，以其豪性清介拔俗。乃置"尺地传经书屋"，教子授徒。嗣以七赴京试不售。遂留都门，游幕京师、辽沈间，历时十余年，访谒者皆当时名士。所至发为歌咏，而其为文亦以此益有奇气。道光二十五年（1845）登萧锦忠榜进士，时年 48 岁。初受知于曾国藩，而从其为幕僚。复授江西新昌知县，兼摄上高县事。在任五年，抚民催科而外，益以振兴文学为急务。为政廉谨聪察，雪冤理滞，听断如神。又捐俸课士，精制水器以御火灾，民利赖之。任满乞休，值太平军兴。咸丰三年（1853），自县城徙到本县凤凰泉水坑以避兵。常侨居南陵南山寺，退老废衰，枯株自守，日与耆宿名流吟咏索和。有《愚谷公遗稿》于 1920 年刊印行世。大观论诗，主自然，去雕饰。蔡元培等为之作序，谓其诗："词旨冲淡，可作輶轩（[yóu xuān] 轻车，古代使臣代称）语读，可作游记、日记读，盖纯乎其道性。"如《灵崖寺感赋》："小憩禅关冬复春，狼氛转炽黯伤神。故乡俱在针毡上，忍说桃源好避秦。"《泉水坑》："依然满目怵风烟，聚处何能尚晏然。输与梁间双燕子，觅栖旧垒是年年。"

章燮理　清铜陵县近市耆梅塘（今铜陵市铜官区马冲村）人。登清光绪二十年（1894）张謇榜进士。授江西省知县。能诗，著有《燮理诗集》二卷。他是中国科举史上铜陵县最后一名进士。

二、武科进士

汪汇之 初名德骥，字元白，明末铜陵县朱村耆（今义安区天门镇朱村）人。天启四年（1624），考中武科举人，授任南京守备，嗣以部兵为盗而去官。崇祯四年（1631）复应试，取二甲武进士，授福建漳州府南澳守备（一作漳泉守备）。南明王隆武二年（1646），随郑芝龙降清，后战死。

佘心进 明朝铜陵县合二耆（今铜陵市郊区大通镇）人，登崇祯丁丑科武进士（1637）。曾任浙江金华府守备。

郎应徵 字予四，明末清初铜陵县大栏耆木排冲（清丁丑《乾隆县志》载为合二耆，今铜陵市郊区大通镇金华村）人，寓居铜陵县城关，登清顺治乙未科武进士。康熙五年（1666）四月，始诏授出任四川建昌镇标守备署游击事。后辞归故里，尝捐助县紫阳书院、养济院基址，捐修都中铜邑会馆、富览亭及儒学洋宫等，著有《且园纪略》一书刊行。

邰之范 （1634—1669）字君畴，清铜陵县合二耆大通（今铜陵市郊区大通镇）人。父为邑武库生，未展其志而卒。之范年十二，即继父遗志，专习《孙子兵法》《吴子》，兼精骑射，遂为邑武库生。顺治十一年(1654)中乡试举人。十八年（1661），北上赴京会试，及较射，因马蹶，违式，例当摈去。监试者满洲人，盘踞席地上，一见而奇之，命左右牵马以易。之范从容立俟，腾跃跨鞍，腰三矢，发必中的，三复皆然。监者大笑，自以为能得人。场事毕，乃赐进士第出身。旋归，家无储蓄，介然自守，惟鬻产以供需用。久而家资皆尽，乃赴部谋事，三日抵金陵，以文檄阻滞，未果。感喟之余，遂归，竟以暴疾卒于本邑治之寓所，时在康熙七年（1668）十二月二十日（1669年1月），方满35岁。从叔凤彩为之撰传。（民国《五松部氏宗谱》卷6、卷12，乾隆丁卯《铜陵县志》卷8）

杜善鹏（1642—？）字程九，铜陵县顺合耆杜村（今铜陵市郊区白鹤社区境内）人。其父有量，号省五，任江南火攻游击升参将。庠生，中康熙丙午（1666）乡试第五名武举人，登康熙九年（1670）庚戌科武进士。清乾隆丁丑《铜陵县志》载为杜鹏，现依族谱正。

佘先勋（1649—？）一名次翁，清铜陵具顺合耆（今铜陵市郊区人通镇）人。少攻文，善词章，于书无所不读。嗣入库，为武生，因学击剑、驰射。康熙二十六年（1687），中武举人。三十三年（1694）中武进士。三十九年（1700），授任台州副将、左营中军守备。时际升平，惟以戢军弭盗为务，兵不跃治，野无藏奸，给军实而均调拨，谨裁汰而勤训练，千夫畏威怀德。暇则与名宿登楼，饮酒赋诗，落笔成章，人称儒将。"四十四年（1705），圣祖（玄烨）南巡，四月驻杭州圣湖（西湖）畔，命予护营一月余。"事毕，以绩效奏闻，乃令北上赴都，引见圣祖，召验于景山，考其步箭超群，圣祖喜动于色。值部选，以其才猷敏慎，久习边海情形，先行推补，而旅汛之命下寇。未几，加授武德将军，擢本府提标都司。其父延甲亦受封赠，诸僚属从事于城南建祠立像而祝之，旋以其适值六十初度又为之寿。（乾隆丁卯《铜陵县志》卷8，民国《五松余氏宗谱》卷22）

佘　建　清铜陵县顺合耆（今铜陵市郊区大通镇）人。康熙二十六年（1687）武举人，登康熙三十三年甲戌科武进士，授福建漳州府海澄营镇标左营中军守备。嗣以韬钤娴习，戎行振饬，军政修明，材勇著闻，特授武德将军。父心诚亦以此受封赠。后擢泉州府提标左营都司守备，历九载，卒于官。（乾隆丁卯《铜陵县志》卷8、卷13，民国《五松佘氏宗谱》卷22）

附录二：义安历代名贤名录

本附录均节自《铜陵文史资料选编第十辑·铜陵历代人物》（潘发连编著）一书，选录人物起止时间为自唐至清末，正文已记人物、已入附录一《义安历代进士名录》人物不再收录。

唐
（618 — 907）

杜秀才 佚其名。唐宣州南陵县铜官镇（今义安区五松镇）人。通经史，工诗文。以其生性傲岸，不趋于时，悠然恬处林泉。天宝五年（746）前，尝远游蜀之锦城（成都），为剑南节度使章仇兼琼所赏识，荐之以官，他弃置不顾。当李白游寓铜官之五松山，他怀诗访谒，白嘉其贤，钦其才，有诗酬赠之，其中赞云："夫子工文绝世奇，五松新作天下推；吾非谢尚邀彦伯，异代风流各一时。"（李白《答杜秀才五松见赠》）后人在铜陵石耳山麓为其筑有纪念墓园。

王翀霄 一名作冲霄，唐昇州繁昌县（今安徽芜湖市繁昌区）人。贞元（785—805）间，与当涂县人陈商同隐于马仁山南麓（今钟鸣镇九榔村）石室讲学，从游者甚众，李白后裔李晕尝相与讨论性理之学。后陈商以登科第出仕，霄则以所隐未深，更徙龙首山之西，以穷经、授业、著述终老卒。惜其著作久皆散佚，唯在马仁山中留有其诸多遗迹。其中，最初隐居的石庵俗称石屋洞，今为义安区钟鸣镇九榔村属地。《嘉靖池州府志》《江南通志》皆有载。

赵州和尚 本姓郝，法名从谂，唐末曹州（今山东菏泽）人。初于赵州东院皈依佛门，后游各地名山访师问道，曾九次上五台山（在今山西省东北部），年逾八十犹孜孜不倦，而最后则驻锡于宣州义安县（今义安区）狮子山清凉寺，并以普愿禅师为师。当普愿于太和八年（834）十一月二十五日圆寂后，从念即继为住持，一心传扬佛法，以求普度众生，嗣续宗风，参徒猬集，时谓"赵州门风"，而其乃被尊称为"赵州和尚"。历修《铜陵县志·仙释》有传。

北宋
（960 — 1127）

曹 彬 （931—999）字国华，北宋真定灵寿（今河北灵寿）人。后周太祖郭威张贵妃之甥。从世宋柴荣镇澶渊，后入宋。开宝七年（974），太祖命他为西南路行营马步军战棹都部署，潘美为都监，曹翰为先锋都指挥使，统兵十万，出荆南，浮江而下，进伐南唐。同年闰十月，彬等乃藉池州人樊若水所献铜陵六百丈等处江面水文地理图，败南唐军于铜陵。次年十一月克金陵，俘后主李煜，江南乃平，以功授枢密使。《宋史》有传，嘉靖《铜陵县志》有载。

陈 钦 字建中，号千四。祖籍光州固始县（今属河南省）。南唐时，以乡举任池州儒学教授，嗣升宣州（宁国军）判官。后因世变，称疾告退，往池阳（今贵池），道经义安县千口湖（今义安区钟鸣镇东陵村），旋以爱其地，遂卜居，并纂《陈氏宋谱》，以贻子孙。卒后，夫人徐氏偕子京买地葬其于钟鸣白茅山。邑人章纪挽之以诗，有"宦转宣州寄一官，义安乐土费盘桓"之句。

盛尚泰 （949—1029）字惟康，号泰然。原居古舒州（今安徽潜山县）。平生雅尚，有无相通，每遇饥馑，贫乏者，辄周济之。尝曰："积财谷以与子孙，不如积阴德以为子孙长远计"。善诗翰，名公巨卿皆与之游。端拱（988—989）间，偕季弟尚亨游池州铜陵县，爱石洞者上龙泉（今义安区天门镇双龙村）山清水秀，田园膏沃，里有仁风，遂卜居世家。其生于后汉隐帝（刘承祐）乾祐二年（949）五月十三日未时，卒于宋天圣七年（1029）九月二十八日申时。其墓与妻陶氏合葬于青山，后招葬于石岭下老坟山。（《盛氏宗谱》卷2）

盛尚亨 官名豫，字惟通。祖籍应天府（今河南商丘南）。祖名珺仕吴越钱氏，为余杭县（今属浙江）县令，子孙遂居余杭。尚亨始亦仕钱氏，后随钱氏入宋，官至尚书度支郎中。端拱（988—989）间，与兄尚泰徙居铜陵县龙泉（今义安区天门镇双龙村）。平生为人轩豁不羁，迥出人表，乡间咸敬颂之。后因子盛度贵，封郡君。卒后，与妻徐氏合墓葬于石岭下老坟山。《宋史》列有其子《盛度传》。

叶　公 佚其名。北宋铜陵县钟鸣者（今义安区钟鸣镇）人。世居叶山下，以农桑传家，环庐皆其田园，人称叶公园。临川王安石微时，游寓叶山之西晃灵山麓胡氏逢原堂讲学时，一日慕名造访叶公园，尝戏语叶公曰："周回莫有千秋叶。"叶公即应声云："裨补堪喂百筐蚕。"遂由此传为邑中佳话。清时邑人徐家杰所作《叶山》诗，尚咏及其事云："叶山山对五松山，中间铜官一带间，却怪来游谪仙子，品第到此句偏铿。半山当日憩山原，海眼山腰次第论，更得叶公禅计语，行人遍道叶家园。"《江南通志·古迹》、乾隆丁丑《铜陵县志》有载。

汪　澥 字仲容，一作德容，北宋歙州旌德县（今安徽旌德）人。曾从王安石游寓铜陵县胡氏逢原堂，与胡舜元共同讲习切磋其中。嗣以才貌出众，深得舜元欢心，遂择纳为婿。舜元曾撰《谒金门·贺婿汪邂中乡试》词一阕，中有"真个人如玉""少年得意"之赞许。元丰八年（1085）登进士，累迁国子监祭酒，为大司成。嗣以显谟阁待制知婺州。复任应天府知府，提举崇福官。后以老请归养，卒赠宣奉大夫。著作有《诗书孟子解义》二十卷、《汪仲容文集》三十卷。《宋史》有传，《安徽人物大辞典》有载。

黄　相　小名小德，一作拾德，小字四十，北宋洪州分宁县（今江西修水县）人，黄庭坚子。相自幼聪颖可爱，深得乃父及其亲友欢心，期待甚高。庭坚在与亲友通信中累次赞许道："小子相已十岁，颇顽壮，稍知读书。"元丰(1078—1084)间，相随父尝游寓铜陵县治东陈公园，诵读有年始归。迨崇宁元年（1102），诏立元祐党入籍，凡在籍者及其子弟永不得在朝为官，乃父则列居其中。三年后，因仕途无望遂远离桑梓，卜居铜邑陈公园之侧，后裔遂世居为铜陵人氏。《中华文史论丛》1986年第4期、民国《五松黄氏宗谱》有载。

南宋
（1127 — 1279）

胡　棠　字茂之。南宋铜陵县洪口耆沸水（今义安区顺安镇盛瑶村）人。翰林院著作郎舜元之长孙。由乡举进士，任武冈教授。卒葬下胡村。其弟棣，字荣之，号大年。舜元次孙。建炎二年（1128）进士，一作建炎三年登李易榜。初任南昌守，剔除奸恶，兴学育才，有政声。未二载，擢任兵部侍郎。卒葬本邑孤城圩西北山庙边。嘉靖《铜陵县志》卷1、乾隆丁丑《铜陵县志》卷7有载。

汪与成　南宋铜陵县人。建炎元年（1127）张遇起义军陷池州，各县遭兵燹，与成一家180口尽死于难，唯独幸存他一人。后三年，因改葬其父，念母骸骨不存，遂刻木肖像供养十年，尔后附葬于父侧，其哀动邻里，以孝闻。知县林桷赠之以诗，有"事死如生实至难，古来不独数丁兰"之句。后与成卒，墓葬望牛山之南（今义安区顺安镇陶山村）。历修县志《乡贤》《忠孝》，府志《贤哲》《孝义》有传。

林　桷　字子长，号景安，南宋福清县（今福建福清市）人。或作三山（今福建福州）人，又作长山县（今山东邹平县）或作玉山县（今江西玉山）人。秦桧养子秦喜之婿。绍兴二十一年（1151）进士，淳熙七年（1180），调任铜陵知县。任内，曾迁儒学宫至县治东，为政循良，邑中肃静，昼日垂帘，庭无讼者。嗣以考最增秩。著有《横堂（一作塘）小集》十卷，辑有《南州集》十卷。后置祀铜陵名宦祠。历修县、府志《名宦》有传，县旧志录其《题太白五松书堂》诗六首。

杯　渡　南宋僧人，世称杯渡禅师。本为游方僧，居无定所。初至铜陵县天王山护法寺，至暮宿佛殿内，晨起不知所往，卷席则凝于砖上，遗有"杯渡禅师过此"之墨迹。嗣至钟鸣狮子山清凉寺，驻山麓清净庵堂。绍兴七年（1137），主持创建邓源耆广教寺。淳熙七年（1180），又主持建成县治西崇福寺（后名祝圣寺）。嘉定二年（1209），陈翥六世孙元一率族将清净庵改建为下清凉寺，并划定周围山场归杯渡掌管经营，以供永祀香灯。杯渡好作诞异语，似属不伦，然时称高僧。历修县、府志《仙释》有传。

潘　錭　字叔刚，南宋长乐县（今属福建省）人。庆元四年（1198），莅任铜陵知县。其为政，首重教育，曾重修太白书堂及荆公书堂，督课训修士子。又劝课农桑，制服豪强，节俭官用，以裕民力。因此，邑人翕然从化。后置祀于铜陵名宦祠。清县教谕彭文炜有赞。历修县、府志《名宦》有传。

钱　山　南宋铜陵县洪口耆管山（今义安区顺安镇盛瑶村）人。弱冠，面黑身大，其力能举千钧。以乡举应郡募，历有战功，官至安丰督，统兵镇本邑鹊头戍。嘉定（1208—1224）年间，贼寇犯池州，山提兵往援力战，北追至罗刹矶，呕血数斗而卒（一谓中流矢死于江）。贼还，裂其尸于江。夫人包氏闻难，亦赴麻埠江滨死节。郡守黄公恓之，作《先锋招魂辞》，于江上祭之。嗣经题奏朝廷，奉旨追封山为威烈先锋（一作威烈将军），追封夫人为英烈仙姑，立庙戍所。历修县志《忠贞》有传。

张孝章 南宋历阳乌江（今马鞍山市和县乌江镇）人，著名词人张孝祥之弟。开禧（1205-1207）间，孝章莅任铜陵知县，有"优于治者"之誉。清时邑教谕彭文炜以他与历任知县林楠、潘铟并称，赞曰："宋有三仁，明德惟馨"。任内尝筑川等祀坛，创建风沂、清晖诸亭，又重建天王山富览亭，并题诗一首云："碧瓦朱甍接翠崖，周围无地着纤埃。山从云脚断边出，水向天根尽处来。去蜀征帆轻渺渺，隔淮烟树绿泂泂。偷闲一到尘襟涤，坐见星河落酒杯。"历修县志《名宦》有传。

佘　起 南宋铜陵县邓源耆佘村（今郊区大通镇大院村）人。一门义聚1300余口，起为之督，周洽无间言。后其子姓以科第显者不绝，遂为铜陵之望族。历修县、府志有传。

元
（1271 — 1368）

胡　愿 字伯恭，铜陵县洪口耆沸水（今义安区顺安镇盛瑶村）人。宋翰林舜元裔孙。其舅阮麟翁为建德守，至元十二年（1275）入觐，愿以外甥从袭恩得仕，授以南陵县主簿。既莅任，适有妖巫惑众，愿即及时笞之，而妖遂息，民乃安宁。嗣迁崇德州判，又有诈称使臣降香者，所过迎送，按需供应，不胜其繁，愿疑其伪，执而讯之，乃坐以法。后调婺源，再迁靖安、崇仁尹，皆有惠政。授奉议大夫（一作奉训大夫），官至宁国路别驾，卒于官，葬于宣城。光绪《安徽通志·宦绩》有传，嘉靖《铜陵县志》有载。

陈伯奎 天台县（今浙江天台）人。惠宗至元初（1335），一作至正初（1341），莅任铜陵县知县。任内，伯奎即董学校，承流宣化，首以在籍儒童缺员，旁求俊彦登进之。又以先贤缺祀，后进莫知所从，夙夜究怀，以为濂洛（理学）诸儒，既以班列从祀，外是思得其人而崇奉，遂建尊贤堂，采摭群贤，著其名号，奉为神主，附祀于儒学廊庑之东。并择日，率诸生行释菜礼（祭祀先师仪典之一。每月朔旦二日举行——编者注），复书"尊贤"二字以匾之。是以训迪士子，皆俊义彬彬，邑人德之。历修县、府志《名宦》有传。

徐 观 字国宝，玉山县（今江西玉山）人。至元元年（1335）乙亥进士，任铜陵县教谕。协同县尹陈伯奎董理学校、建尊贤堂，出力尤多。好为人师，学行足范，文章制行并优，无愧为人师表，有"壁水风清，儒林之冠"之誉。官至绍兴路儒学录事。后置祀于铜陵名宦祠。清县教谕彭文炜为之赞。历修县、府志《名宦》有传。

俞彭年 字文彬，铜陵县栖下耆（今铜陵市铜官区西湖镇）人。以荐辟，任池州路儒学训导。本耆有栖凤桥，西距县半舍，东达临津驿，为官民之所必由孔道。惟自宋以来，其桥皆以木为之，洪潦横冲，岁必一修，劳吏鸠工，役者病之。至治二年（1322）春，有古杭僧会定鉴于此，兴言其事。彭年欣然首肯，遂命工采石于青山之麓，自是年五月兴工，翌年十月告成，凡费钞四百余锭，用工计四千有奇。初，僧会定募钞仅得三十锭，余缺者尽出于彭年之己囊。桥既成，官民称便，应僧会定之请，彭年又为之撰记勒石。嘉靖《池州府志》、嘉靖《铜陵县志》有载。

陶起祖 （？—1352) 铜陵县人。早年从吏。元末兵兴，率众聚义，保全乡里，四方扰攘，邑赖以安。因功授庐江知县，判铜陵县事，时因县治滨江，战乱频仍，无城难守，起祖遂迁县署至顺安镇。至正十二年（1352），擢任池州路同知；十一月，赵普胜率红巾起义军攻克池州，起祖被执，不屈死之。后置祀铜乡贤祠。历修府志《贤哲》，县志《忠孝》《乡贤》有传。

崔德贤 方志作崔德贞，或作崔得真，铜陵县栖下耆（今铜陵市铜官区西湖镇）人。元末兵兴，率宗党筑栖凤水寨，以为乡间保障。至正十二年（1352），赵普胜起义军攻池州。元江西（一作江淮）行省平章星吉赴任途中，直趋铜陵旁午征兵往援。德贤集勇应从之，溯江而上，义军退去，以"功"授官本县校尉（一作本县令）。弟德胜，一作得胜，授任本县伏城镇（一作神伏镇）巡检。嘉靖《池州府志》卷7、嘉靖《铜陵县志》卷6有载。

潘　著 宁泽民，嘉兴县（今浙江嘉兴市）人。全止（1341—1361）间，任铜陵县教谕。时以学校久废不修，著至则为重葺舍宇，筑墙垣，建弥高亭。又延硕儒为师，教授士子。《贡师泰集》载其事。历修县志《名宦》有传。

钱　益 谱名祥一，铜陵县近市耆钱家嘴（今义安区五松镇）人。至正十六年（1356）乡试举人，任池州路学正。操守清严，训士以笃行为本，课艺不尚新变，悉访欧阳文忠公（修）取士之法。卒葬本里，县旧志《文学》有传，乾隆丁卯《铜陵县志》卷16有载。

时守道 云南人。至正二十四年（1364），莅任铜陵县尹。前任陶起祖因兵乱迁县治至顺安镇，守道至复迁返原治即今义安区五松镇。时以县城历经兵燹，几成废墟，县治东儒学亦毁之不存。守道视百废难俱理，乃先辟旧址重建学宫，延师课士子，以继学业之不辍，邑人称之，士人深受其惠。及离任，尝作《旋里别五松山》一律云："龙堂松石记诗篇，琴鹤无由效前贤。万里欲归心自结，一宦空寄累犹牵。惭闻舆颂飞凫好，病怯云山舞袖翩。自笑知己今已晚，却将时事向谁传？"后置祀铜陵名宦祠，乾隆丁丑《铜陵县志》《名宦》有传。

明
（1368 — 1644）

王士廉 一名作仕廉，兴平县（今陕西兴平）人。洪武七年（公元 1374 年），任铜陵知县，莅政勤廉。以其时县学宫新建，规划建置未全，士廉乃倡立棂星门、东西两庑及射圃，并延师召集生徒，讲习其中。又以当时鼎革未久，城乡多盗，社会不宁，士廉至则严加善缉之，于是境内帖然，民安其生。秩满，晋任安庆府通判。后置祀铜陵名宦祠。嘉靖《池州府志》卷 6、嘉靖《铜陵县志》卷 7、乾隆丁丑《铜陵县志》卷 8 有载。

叶 昶 铜陵县坊市一耆城内（今义安区五松镇）人。永乐元年（公元 1403 年），与邑人刘时敏、佘可才，同以乡试中举人，时有"三凤齐鸣"之誉，宗人尝为昶在县治城隍衙口特立"彩凤坊"。后以任上犹县儒学训导乃归，卒未获大用，尝作《自咏》诗以抒怀云："一叶垂荫朴茂长，先年已喷月中香。凋残岂渥滋培力，九秋依旧把名扬。"然从此未能复出，赍志以殁。嘉靖《铜陵县志》卷 7 有载。

佘志贵 （1385—1442）字仲谦，行名儒四，号直养，铜陵县邓源耆佘村（今铜陵市郊区大通镇大院村）人。通政可才从侄。世居佘村，因家族丁繁，志贵遂始迁居于大通镇。其家素殷富，甲于一邑。志贵读书通大义，平生疏财，尚义乐施，礼贤好士。尤以捐资兴学为时所称誉。尝捐资独建邑学宫大成殿、本府池州明伦堂、徽州朱子文公祠，时郡守杨浚、知县商宾交相称奖示劝之。又尝捐建本邑土主五显应祀神庙（五显祠），捐修本邑崇福、广教寺殿。卒后，墓葬距大通 10 余里之莫家垅回龙山。历修县志《义行》有传。

何　氏　铜陵县宝山钱家冲（今铜陵市郊区）人。钱得明（1391—？）妻。年二十夫亡，坚持雅操。因岁饥荒，族属将流散，何氏乃恺恻捐赀，俾族众就食于家，计聚众 170 余口。并择一所，创一厦，置釜于厦之南，以便出纳；砌砖壁于厦之中，以别男女。凡朝夕就餐，分左男右女而食之。又中创一亭，名曰"观厨亭"，何氏居之，总理其事，使男女有别，不相紊乱。出纳会计，精而至当，时人德之，咸称其贤。乾隆丁丑《铜陵县志》卷 13 有载。

章　忠　（1403—1479）字孝彬，号朴斋，铜陵县近市耆梅塘（今义安区五松镇马冲村）人。景泰元年（1450）四月十四日，其母卒，旋葬本里江干九龙山。忠遂誓言从此终身不茹荤酒，并构棚庐为母守墓十二载。后于成化十五年（1479），忠以老卒，享寿 77。其墓葬本耆剑山。忠因孝义闻于时，并屡为后人所称许。嘉靖三十一年（1552），府、县各奖给牌匾一面，旌表其门，以劝风化。乾隆十二年（1747）八月，章氏族裔特在其为母守墓处铭石立碑，是为"明孝子章忠庐墓处"。历修县、府志《孝义》有传。

吴　琛　（1425—1475）字舆璧，号愚庵，繁昌县（今芜湖市繁昌区）人。景泰二年（1451）进士，任云南道御史。天顺元年（1457），英宗复位，石亨专权自咨，琛与同官劾之，被谪任迁安知县。未几，诏复原职，后历任大理寺丞、都察院左佥都御史、两广总督。琛幼时，家贫力学，其父与铜陵钟鸣义翁徐昱交谊甚笃，多承周济。琛亦由此与铜邑缔就不解之缘，尝屡游其境访贤览胜，每有诗文之作，历修《铜陵县志》收录其诗九首及文二篇，其中题咏狮子山《清凉八景》诗尤为后人所称道。《安徽人物大辞典》、乾隆丁丑《铜陵县志》卷 14 有载。

陈　鏐　（？ -1473）宁波府慈溪县（今浙江慈溪）人。成化六年（1470），由举人任铜陵知县。其为政首重劝农，轻徭役，薄赋税，使民得以安居乐业，户口日增。又笃志督兴学校，训课士子，遂使人才勃兴。成化九年（1473），任期将届满，因见铜官山灵祐王庙自洪武四年（1371）遭野火焚烧，时越近百年未尝修葺，不禁慨然而决意更新之，孰料始命工兴建，不幸遽然物故。邑人体察邑令之用心，不负其遗命，卒竣其事。历修县、府志《名宦》有传。

佘以能 铜陵县大栏耆（今铜陵市郊区大通镇）人。自幼与同里郎应徵，即从时宿儒何一葵执经受业。成化十三年(1477)，一作十六年（1480）中举人，任福建建阳知县。素习经史，尤嗜《通鉴》之学。先在京师时，得前江南提学、莆阳黄仲昭《资治通鉴纲目合注》缮稿本，阅玩未忘。及知建阳，因公务莅临书坊，校勘是书刊本，比旧获缮稿本多残未备，乃出所藏示义官刘洪，命予重梓，且捐己俸资助之。越三年，板刻始成，又撰序以冠于其首，付印行世。嘉靖《池州府志》卷7、乾隆丁丑《铜陵县志》卷7有载。

杨　泰 字国昌，宝庆府（今湖南邵阳）人。弘治二年(1489)，莅任铜陵县教谕。学问广博，范士多方。尝纂修《铜陵县志》（今不存）。又善诗文，遗有篇什甚多，尤以所作《铜陵八景》诗著称，而为后人唱和。历修县志《名宦》有传。

王一槐 仁和（今浙江杭州市）人。嘉靖二年（1523），由举人任铜陵县教谕。甫至，见儒学殿堂门庑荒秽不治，言请于邑令，遂遣生员持印札、挽牢醴，往谒佘氏好义之门，倡资修葺。于是，朽者新之，摧者易之，殿庭廊庑、阶除上下，莫不焕然一新。其课士，勤勉善诱，学邃浅吐，学者业益精进，为时所称。一槐执铜陵学政凡六载，其间犹留心农事，尝于考业之余博父老之识，撰有《开新沟便宜状》，陈述铜邑滨江洲圩治水方略，上呈有司，以请施行。又撰有《九华山志》六卷。嘉靖八年(1529)，以最行取，擢任湖广华容知县。嘉靖《铜陵县志》、《九华山史话》有载。

佘　侃（1489—？）号南湖，铜陵县顺合二都大通（今铜陵市郊区大通镇）人。少负奇器，能文章，嗣为廪生。以屡试不第，复并选入太学。倬以兄弟皆业儒，遂辍学，悉力替父掌家业，以成其志。嘉靖十七年（1538），俸由贡生任江西萍乡县丞。二十七年（1548），侃以太学生，铨任南京虎贲左卫经历，综核料理，每有成绩。三年以恩典膺宠封，进阶征士郎，慨然告退隐居，日以课子训孙为乐。尝以长子合中加官晋爵，累封文林郎、山东道御史，复赠中宪大夫、山东按察司副使。嘉靖《铜陵县志》、乾隆丁丑《铜陵县志》皆有载。

姜天衢　余姚县（今浙江余姚）人。万历二年（1574），由举人任铜陵知县。县治本唐时铜官旧镇，向无城堞。万历三年（1575），兵备副使冯叔吉以年前倭寇盗掠芜湖，县库失银12800余两，其他损失无算，遂移檄文责令沿江各县修筑城池。天衢奉命即亲躬其事，率官民共同创建铜陵之城防，自是年三月兴工，至同年十月由继任县令黄缙续竣，城乃落成。其城周围七百丈，高二丈一尺，厚一丈二尺，堞口一千二百三十窝，铺五间，立门四——东曰仪凤，西曰临津，南曰涌洲，北曰惠泉。门各有楼，有月城。又于东北隅各辟便门一，城根下共疏排水洞一十有二。县治面貌焕然一新。乾隆丁丑《铜陵县志》有载。

刘　绮　湖广沔阳州（今湖北沔阳县）人。万历六年（1578），由进士任铜陵知县。县治东南有河，汇铜官山惠泉、石门关诸溪水，达江家涧，至县治南十里许马寨矶，环老龙墩，径注江口之南入江。绮从形家言，审度形势，欲使江水朝宗儒学，遂自马寨矶凿河，引江水环流十里许，经旧县河，绕从儒学前，而后入江，名之曰玉带河。清初知县蒋应仔有诗云："河名玉带绕城来，潮自圆沙喷雪开。嵝嵘云峰堪作砺，应知地脉本天裁。"乾隆丁丑《铜陵县志》有载。

熊荩臣 字念斋，金溪县（今江西金溪）人。万历十一年（1583），由举人任铜陵知县。是年冬月，荩臣以县城东、北二门未按形势，疑虑会致生气闭塞，遂移东门正东向，易名曰"启文门"，改原仪凤门为便门，俗呼为"小东门"；又移北门正北向，易名曰"贞城门"，而将小北门闭塞。至翌年仲夏，全工告竣，所有费用皆出自官库。又县治东二里许，有山正当县城东门前，俗名断头山，荩臣以为东为生育之乡，遂易名鳌首山。十五年（1587），荩臣又主修《铜陵县志》十卷。后以秩满考最，擢任刑部主事。县旧志《名宦》有传。

佘庆中 号善斋，铜陵县顺合二耆大通（今铜陵市郊区大通镇）人。敬中、毅中弟。天性仁恕，器重宽宏。万历二十九年（1601），以恩例为贡生，入国子监，嗣铨授曲江县丞未就，恬退吟读自娱。凡族党有争竞者，卒获片言而止，人谓其有王彦方之遗风。年至九十余卒。县旧志《笃行》有传。

董应扬 武进县（今江苏武进市）人。天性和粹，学有渊源。以治《礼记》，拨为经魁。万历四十七年（1619），莅任铜陵县教谕，下帷尊经阁，与诸生课艺谈经，无间寒暑，悉遵苏湖遗范。尝分校四川乡试，所罗皆名隽通学。后擢任翰林院侍诏，官至广西参政。离铜时，邑中士子为立《学博董公去思碑》。又县学文昌阁前，有应扬亲手所植绿萼梅一株，后之士子每有见物怀人之思，清际邑廪生吴自任及庠生汪士淳、崔尚举，先后有诗咏之，县旧志《名宦》有传。

王　栋 字汝才，铜陵县坊市耆（今义安区五松镇）人。生平孝友敦睦，尚义乐施，诸如捐金建黉宫，筑玉带河，营察院、尊经阁，开矶头纤路，掩水滨暴骨，夏施茶以苏行人，冬煮粥以活囚犯，亲族贫者焚其债券，难以悉数。尤著者，万历三十六年（1608）、四十年（1612）两年，水患异常，县内诸圩尽没，栋不惮数千里，贩谷赈饥。至杨氏托孤，会计精审，积资置产，且密瘗赢金，待孤成立，论取之。

是以，时论咸谓其有古君子之风，学博韩治为之置传，府举乡饮宾，并旌以悼联。县旧志《义行》有传。

崔维嵂 号沧浪，人称沧浪先生。明天启五年（1625）前后任铜陵知县，严明廉介，为政勤勉，施奇政二十八条，有修都埂、疏风心闸河、创建敬一亭、命修玄帝庙诸实举。又以理政有方，案牍不扰，爱鹊水澄鲜，每于公庭事毕，游憩县治西江滨石龙洞前磐石上，且更洞名曰"瑞龙洞"，士民则勒碣其石曰"沧浪钓台"。维嵂执掌铜陵县事凡六载，以考最升六安州同知，铜民为立"遗爱碑"。崇祯四年（1631）赴州任，以适值流民起事，未几城陷，死之。旋受朝廷褒奖，命立祀祠。县旧志《名宦》有传。

皇甫信 罗平州（今云南罗平县）人。崇祯八年（1635），由举人任铜陵知县。县内栖一、栖二耆（今东西湖周围）有塔山、大凹、小峰、杏山等处所谓"官山"者，素以权属不明，侵越夺利之争屡起。信视其境田多污下，山少层峦，念其滨江瘠地，民生最苦，乃谢绝一切侵扰，惟从公议，判其山为两耆公有之民山，并撰立《公山碑记》，以杜后争。又县东北，有与繁昌县共有之下下圩（今义安区东联镇复兴村），两县各占其圩田土之半。崇祯十一年（1638），信乃亲勘定界筑埂，人称"皇兴圩"。惜未及半，信以秩满而离任，嗣由后任知县郑允升复劝坚筑告竣。邑民因怀皇甫令之德，为其立碑建庙以祀之，世称"皇公庙"（1954年大水溃堤被毁）。乾隆丁丑《铜陵县志》有载。

陈其恭 铜陵县白三耆仁丰下圩（今义安区东联镇）人。弟名其葵，皆以务农资生治家。然而，本里仁丰圩下向无堤埂，每当汛至，常因江水漫灌，悉为巨浸，导致灾荒。崇祯十一年（1638），其恭偕弟其葵乃合力捐资，买繁昌民地为堤址，创筑堤埂四百余丈，三年告竣。从此，其圩内无水患，乡民遍受其惠，每岁祀田祖，必馈胙于其恭兄弟二人家。县旧志《义行》有传。

郑允升 号星桥，末澄海县（今广东省）人。崇祯十二年（1639），任铜陵知县。下车伊始，广询博咨，得悉前任皇甫信所筑之圩未竣，遂相形度势，思综理之必周，慎择乡耆之有德者董其任，又畚锸躬亲，率作鼓舞，人人欢呼，新圩垂成。因其以大防卫小防，故名之曰防卫圩，人称"郑公圩"。崇祯十六年（1643）二月，左良玉兵焚掠铜陵四乡，民遭荼毒，仍挟饷数千石，允升坚城防御不怠，民甚赖之。次年（1644），主修《铜陵县志》。旋以行取升太平府同知。县旧志《名宦》有传。

胡鲲化（？—1645）鹿邑县（今河南鹿邑）人。崇祯十六年（1643）初，由举人任铜陵知县。廉能有胆识，忠于职守，竭力为民。尝率民赴防，镇营粮务，军无横索，严令申敕，鸡犬不惊。凡有枉道差使鱼肉百姓者，里长必须毅然申报，及时予以惩处，以致狐鼠之辈屏迹，四民不扰。莅政甫三月，至夏左兵犯县城，乃挺身偕典史胡国瑨，率士民昼夜坚守旬日，尝亲冒矢石奖励义勇，登城以炮击毙左兵数百。然终因左兵拥众猬集，攻破城池，与典史俱殉于难。县旧志《名宦》有传。

佘 遂 字三甫，铜陵县合二耆大通（今铜陵市郊区大通镇）人。邑庠生。识趣恬旷，意兴爽逸，春输不继，犹弦吟自如。年三十，即隐居青山。饮酒时状况颇豪放，稍酣辄有脱帽挥毫之慨。著有《口琴斋集》。其诗冲夷淡远，适如其人。妻张氏，继室熊氏、曹氏，明末罹兵燹，先后遇难。乾隆丁丑《铜陵县志》卷11、卷12、卷14有载，《皖人书录》卷9有录。

清
（1636 — 1911）

江国境　号永峰，铜陵县石洞耆寨里（今义安区天门镇高联村）人。生于明嘉靖三十九年（1560）九月二十九日，历隆庆、万历、泰昌、天启、崇祯，又历清顺治，而卒于康熙元年（1662）二月初十日，享年百又三岁。平生守陇亩，偕妻章氏皓首齐眉，每日早晚训儿孙，唯有课读问耕而已。月旦公评，绝未有不义之行闻于乡里，善著一方。顺治十六年（1659），当其百岁寿诞，阖邑士人闻之县，县有匾额；闻之府，府有奖谕。嗣以举饮宾，知县高光龙达赠台匾，旌曰"百岁人仙"，知府柴某赠匾曰"尔寿尔臧"，本邑教谕江能赠匾曰"百龄寿宾"。邑庠丁应声为之撰传。乾隆丁卯《铜陵县志》卷 9 有载。

何一葵　（？—1648）字丹，铜陵县石洞耆板桥冲（今义安区天门镇板桥村）人。邑庠生。时以孝友称，有族人何邦全家遭疫死，即捐棺木悉为收葬，并抚其遗孤。平生与青阳施达（字下之）友善，共讲良知之学，一时大江南北推为师表。本邑郎奎正（字肖石）尝延诸绛帐，命其子应徵执经受业，学益精进，应徵后登进士，终身佩服如一日。明崇祯末县令郑允升、清顺治初县令蒋应仔，先后主修《铜陵县志》，均委聘一葵为首席纂修。明清鼎革之际，两度遭兵燹，里人多遇难，而乱兵闻其名不忍犯，竟无恙。卒葬屏石山之阳。乾隆丁丑县志《文学》有传，录其诗三首。

王思奎　字士元，铜陵县坊一耆（今义安区五松镇）人。敦行博学，擅长诗古文辞，颇以恃才自负。明崇祯十七年（1644），知县郑允升重其才，延与何一葵、袁云虬、张梗纂修县志。寻因兵燹，复振学校，思奎鼓舞士人，襄成其事。及清顺治十二年（1655），知县刘曰义重修县志，思奎偕弟思迳参与纂辑。康熙十五年（1676），始为恩贡生，授候选教谕，然未见获用终。县旧志《文学》有传。

江有恒 （1615年—？）字伯常，号迺月，铜陵县石洞者寨里（今义安区天门镇高联村）人。生于明万历四十三年（1615）闰八月十二日寅时。自幼业儒，学问渊深，不求闻达。平生潜心算学，谙通《九章算术》，精丈量截、补、勾、折之例，推广前邑人张文伟《铜陵算法》，尝阐释《九章算术》之法，以集成注，呈经颁行，大学士、同郡人青阳吴襄（文简）以"经国利民"匾额赠之。另撰有《摘锦集》。县旧志《方伎》有传。

蒋应仔 字肩我，浙江山阴县（今浙江绍兴）人。清顺治二年（1645），由选贡生任铜陵知县。时以铜邑方历兵燹，百姓流亡，城郭、廨舍俱毁，应仔至，即为补筑雉堞，安集流散。又躬巡圩堤，命加筑自仁丰下圩至北埂塘都埂，由是渐有复业者，邑人甚称其德。复以历经战乱，邑中文献无征，遂又主修《铜陵县志》。能诗词，好为文，顺治县志录其《铜官八景赋》一篇、词一阕、诗七首。县旧志《名宦》有传。

彭文炜 沈阳（今辽宁沈阳）人，江宁（今江苏南京）籍。清顺治七年（1650），由举人任铜陵县教谕。因遭兵燹后，学宫虽草创，而尚未竣工，文炜奉命乃次第主持葺成之。又多购经书储学舍，时集诸生为之讲习，由是诸生知响学，士人为立《学博彭公书籍碑》。顺治十二年（1655），知县刘曰义主修县志，文炜偕训导李士蛟同任汇订总其成。所著有《易学大全》《春秋提要》《神道真统》等书。后历任山东冠县令、襄阳府同知，官至湖州知府。县旧志《名宦》有传，收录其碑记一篇、诗八首。

郜　魁 （1671—1749）字名元，号梅斋，铜陵县白二者再兴圩

（今义安区西联镇）人。少入邑庠，康熙四十六年（1707）以荐贡生，授候选儒学训导。然平生未出仕，居家理政，仗义疏才。康熙末，京都（今北京）草厂头条胡同有铜陵会馆为豪强侵占，魁解囊捐金赎回，使北上都门之邑人得有邸第。雍正九年至十一年间（1731—1733），先后呈请邑令冉瑾详疏三港口河及荻港河水道，以利泄洪行舟。乾隆二年（1737），县府倡建社仓，遂慷慨捐给基址二区，一在顺安镇，一在犁桥镇。他岁荒时接济族人，捐修养济院，又赠本族义田二片计二十五亩、水月庵关圣灯田四亩、禅师庵大士灯田七亩。年至七十一，卒。县旧志《义行》有传。

周大璋 初名景濂，又更名如兰，字笔峰，号聘侯，桐城县周潭（今铜陵市郊区周潭镇）人。雍正二年（1742）进士，授湖南龙阳知县，以老请改教职，选华亭教谕（一作松江府教授），以文学名世。应聘与修《江南通志》，书成，复主讲紫阳书院。撰有《修凝堂古文偶录》四卷、《四书精言》四十集、《朱子古文读本》等。大璋与铜陵凤凰山周氏同系，其祖庆二字恭明，时来铜邑游凤凰山，不期身卒，遂卜葬于泼珠崖侧畔。后大璋因率其侄进士芬枫、孝廉芬斗、卜政诸人常祀墓于此，兼爱其地山水之胜，乃恒寄迹于斯。县旧志《游寓》有传，《安徽人物大辞典》《桐城文学渊源考》有载。

王世溁 （1695—1762）字麟洲，号杏圃，铜陵县钟鸣耆狮子山（今义安区钟鸣镇）人。自幼读书，雅善岐黄，尤邃幼科。尝集幼科临床之经验，撰有《幼科金针》一书刊行，后经补订于乾隆二十三年（1758）撰成《怀少集》十三卷。卒葬钟鸣狮子山木瓜园。《怀少集》今有光绪四年刻本及培元堂刻本。其卷一以歌诀阐述幼科诊治要法，并摘录各家有关医论；卷二至卷十论述小儿杂病证治；卷十一、卷十二专论痘科；卷十三论麻科。全书总载各类病症200余种，每症必辨阴阳、表里、寒热、虚实，治法因人、因时、因地灵活变通，选方较为平和。

乾隆丁丑《铜陵县志》、《中医古籍珍本提要》有载。

朱　枋（1719—1746）字振伯，铜陵县坊市者（今义安区五松镇）人。祖良珍，父一澍，皆为贡生。枋自幼聪颖，善属文。弱冠，见赏于学使高公，补弟子员，一时文士多乐与之交。乾隆十年（1745），单履中莅任铜陵知县，次年以旧邑志湮漫，谋划厘定，而刊资无出，事几中止。枋以承祖、父之命，捐千金以为刊资，并董理其事。不数月，志稿垂成，枋又日夜兼程赴金陵，选梓人，择梨枣，督理镌刻，不遗余力。甫及成书，而以疾卒，时年二十八。单令以其有功于桑梓，慨然为撰《朱生传》。乾隆丁丑《铜陵县志》有载。

毕星斗　铜陵县合二者大通（今铜陵市郊区大通镇）人。本者长龙山当四方要冲，捐资数百金，并捐地一亩、山一方。创筑亭宇二间于其上，岁时烹茶，以济行旅，世人颂之。因其亭，距大通镇五里，故名五里亭，传呼至今。光绪《安徽通志·义行》有传，乾隆丁卯《铜陵县志》卷6有载。

王怀德　铜陵县人，民间歌手。家境贫苦，自幼打柴放牧，后以务农为生。然爱唱曲，能自编词曲及演唱，尤以编唱《十字歌》而闻名。其词首段曰："一字写来一横长，广西出了个小天王，盖世又无双；屯兵养马千千万，要与朝廷动刀枪，皇帝要推翻！"全曲有词凡二十一段，盖以当时所见所闻为题材，热情讴歌太平军及其革命，在本邑民间广为持久流传演唱。1963年，由文艺工作者搜集整理，后收录入《中国民歌·安徽卷》。事见《铜陵文史资料选编》第5辑。

赵炳宏　湖北省麻城县人。咸丰四年（1854），路经铜陵大通镇，听说附近叶家冲（今义安区天门镇蟠龙村）有叶姓经营陶窑，即往探视，见其窑地处崇岗"万事春"，陶土取之不尽。次年春，炳宏即至而创建长龙窑（后称老窑）一座，并从湖北红安、麻城延师传艺，未几产品供不应求。各地业陶者闻风而至，又建成中窑、西窑、新窑三条龙窑，乃有业主累计 13 家，拥有陶工 500 余人。嗣因竞争无序，炳宏倡议实行并产合股经营，老窑和中窑由炳宏主管，西窑和新窑由袁某领办。由此，其经营渐入正轨，产品畅销远近，时称"大通缸窑货"。炳宏卒后，子孙仍承继其业。事见《铜陵文史资料选编》第 3 辑。

曹荣绶 号端甫，铜陵县东乡考涧（今义安区天门镇考涧村）人。蓝田子。其家世代书香，幼承父训，后为庠贡生。同治五年（1866），以父荫诰授奉政大夫、五品衔。历任宁国、阜阳县训导，宣城县教谕。光绪二十九年（1903），以废除科举归。翌年九月，本县以儒学明伦堂为学舍，创办铜陵县高等小学堂，延为首任堂长，按"癸卯学制"办学，乃为铜陵传习新学之肇始。民国鼎革后，引退家居授徒终老。能诗文，然未结集行世，在本邑诸多姓氏所传谱牒中每可见其遗作。又尝偕叔翰田整理乃父蓝田遗稿，编辑成《璞山存稿》十二卷，并于光绪二十二年（1896）刊印行世。

章家祚 （1854—?）字锡卿，铜陵县坊一耆（今义安区五松镇）人。邦元子。自幼读书，年甫十五即入庠序。嗣为附贡生，授候选训导，尝于上海龙门书院讲学十年。1886 年，因父丧，屏居故里，日夜整理乃父遗稿，先后编成《读通鉴纲目札记》二十卷等书付梓。1904 年，就任桐城县训导。5 年后奉命东渡赴日本，考察日本明治维新后政治、经济、教育以及人民生活习俗等情形，归后撰成《百日东游记》（一作《东游日记》）二卷，列举日本各种制度之长，议请本国政府参照仿行。1911 年安徽各地光复后，被推举为安徽省临时议会议员。平生另著有《求诚斋日记》三十卷、《诗文集》四卷等，刊行者又有《周甲感怀诗》一帙。事见《章午峰先生年谱》《铜陵文献》创刊号。

参考书目

一、"客籍名流"

人物生平见于《晋书·葛洪传》《宋史·李纲传》《宋史·王十朋》《宋史·陆游传》《宋史·杨万里传》《明史·王守仁传》《明史·汤显祖传》《清史稿·彭玉麟传》等。

人物与铜陵渊源分别参照：

1. 葛洪于葛仙洞炼丹，参见《葛仙洞诗词》；

2. 李白游历铜陵，参见嘉靖《铜陵县志》；

3. 王安石与逢原堂，《江南通志》《池州府志》、乾隆丁丑《铜陵县志》、《沸水胡氏宗谱》均有记载；

4. 苏轼、黄庭坚相见陈公园事见嘉靖《铜陵县志》，黄庭坚后裔事见《五松黄氏宗谱》；

5. 梅尧臣，参见吴孟复《梅尧臣年谱》；

6. 李纲、王十朋、杨万里、王守仁、汤显祖于铜陵，均见乾隆丁丑《铜陵县志》；

7. 黎宗岳，参见民国十年《宿松县志》卷四十一《黎宗岳传》；

8. 吴禄贞，参见王彬彬《吴禄贞与历史的另一种可能》（《钟山》杂志 2021 年第 2 期）；

此外，部分客籍名流于铜陵的诗踪与诗歌，参见《铜陵历代诗词集注》（余嫦英辑注，江苏广陵书社 2018 年 10 月版）。

二、"义安翘楚"

人物多出自地方史志与族谱，其中：

1. 盛度参见《宋史·盛度传》、姚希祖《石洞盛氏族谱序》、朱弁《曲洧旧闻》卷一、沈括《梦溪笔谈》、乾隆丁丑《铜陵县志》；

2. 陈翥参见乾隆丁丑《铜陵县志》《五松陈氏宗谱·陈翥传》、陈翥《桐谱》《铜陵文史资料第八辑·陈翥资料类编》；

3. 胡舜元参见乾隆丁丑《铜陵县志》、光绪《五松胡氏宗谱》、民国《沸水胡氏宗谱》；

4. 罗京参见历修《铜陵县志》《钟鸣镇志》；

5. 钟文珍参见乾隆丁丑《铜陵县志》《颍川堂石桥钟氏宗谱》；

6. 章应雷参见嘉靖《池州府志》、乾隆丁丑《铜陵县志》、《五松章氏宗谱·正编》；

7. 潘伯庸参见乾隆丁丑《铜陵县志》；

8. 徐昱参见乾隆丁丑《铜陵县志》、吴琛《义翁传》；

9. 陈孟晟参见嘉靖《池州府志》、乾隆丁丑《铜陵县志》《安徽人物大辞典》（按：误作陈孟晨）；

10. 张文伟参见《安徽科学技术史稿》、朱家生《数学史》、乾隆丁丑《铜陵县志》；

11. 佘敬中参见《明史》《明穆宗实录》、乾隆丁丑《铜陵县志》、民国《五松佘氏宗谱》；

12. 佘毅中参见《明史》、杨义堂《河道总督》、乾隆丁丑《铜陵县志》、民国《五松佘氏宗谱》；

13. 佘合中参见《明史》《先拔志始》、乾隆丁丑《铜陵县志》；

14. 佘翘参见乾隆丁丑《铜陵县志》、佘翘《量江记》《浮斋百韵》《翠薇集》等；

15. 佘从吾参见乾隆丁丑《铜陵县志》；

16. 夏思沺参见余丙照《赋学指南》、乾隆丁丑《铜陵县志》、夏思沺《少崌赋草》；

17. 章邦元参见《章午峰先生年谱》及跋；

18. 江材参见新修《铜陵县志》（黄山书社 1993 年版）、潘法连编著《铜陵历代人物》。

三、"名人故事"

人物多见于历代《铜陵县志》，其中：

1. 张宽参见乾隆丁丑《铜陵县志》、洪迈《容斋四笔》卷十、赵凯旋《大通镇地理名胜》；

2. 陈陟参见民国《五松陈氏宗谱》、乾隆丁丑《铜陵县志》《铜陵文史资料第八辑·陈翥资料类编》；

3. 上官凝参见嘉靖《邵武府志》、乾隆丁丑《铜陵县志》；

4. 钟镗参见嘉靖《临汀府志》、乾隆丁丑《铜陵县志》、杨倩描主编《宋代人物大辞典》、《新纂五松钟氏宗谱》（2012 年版）；

5. 商宾参见嘉靖《铜陵县志》、万历《铜陵县志》；

6. 佘可才参见清代王世祯《唐文粹》《乾隆江南通志》；

7. 胡本惠参见《大明一统志》《江西通志》；

8. 佘杰参见万历《铜陵县志》、《五松佘氏族谱》(民国十一年版）；

9. 袁思琼参见乾隆丁丑《铜陵县志》；

10. 王裕参见乾隆丁丑《铜陵县志》；

11. 刘孜参见万历《铜陵县志》、乾隆丁丑《铜陵县志》；

12. 郑选参见顺治《铜陵县志》、乾隆丁丑《铜陵县志》；

13. 徐一科参见乾隆丁丑《铜陵县志》；

14. 刘曰义参见清代卢震等纂修《世祖章皇帝实录》、顺治《铜陵县志》、乾隆丁丑《铜陵县志》；

15. 马得祯参见清代张廷玉等撰《明史》、清代王谦志等汇编《棠荫会编》、乾隆丁丑《铜陵县志》、吴礼明《顺治〈铜陵县志〉艺文校注》（黄山书社 2016 年版）；

16. 徐纪年参见《石垣徐氏宗谱（九修本）》、清代张士范纂修《乾隆池州府志》、清代洪亮吉等总纂《宁国府志》、余谊密主修等总纂《南陵县志》、乾隆丁丑《铜陵县志》；

17. 陈哲参见清代李文烜等纂《光绪清远县志》、乾隆丁丑《铜陵县志》、钟洁华点校《明清时期清远县舆图及图说辑录》（暨南大学出版社 2018 年版）；

18. 李青岩参见乾隆丁丑《铜陵县志》；

19. 盛嘉祐参见乾隆丁丑《铜陵县志》《五松盛氏宗谱》；

20. 钱贤参见乾隆丁丑《铜陵县志》；

21. 李宗煾参见《李爰得生圹志铭》（京都杨梅斜街龙光斋刻）、《黄山市近现代人物》。

四、"人物小传"与"附录二：义安历代名贤名录"

潘法连编著，铜陵县政协文史资料委员会编印，《铜陵文史资料选编第十辑·铜陵历代人物》（2004 年 10 月版），有增删。

后　记

　　盛世修史，知前鉴而晓来路；盛世荟文，古之风惠今之韵。2023 年 12 月，中共义安区委、区人民政府决定编纂《义安历史文化丛书》（以下简称"丛书"），旨在赓续历史文脉，提炼文化精神，彰显区域魅力。义安区政协荣膺此任，区政协党组高度重视，遴选编委会成员，研究丛书内容、结构、体例，提出撰稿要求。参编人员辛勤工作，钩沉史料，斟酌推敲，精心打磨，倾力编撰出这套内容翔实、鲜活生动的高质量文化丛书。

　　丛书共 5 卷，坚持资政育人的政治性、以史为据的史实性、朴实生动的艺术性、服务文旅的社会性的原则，力争内容完备、资料准确、文史共存、史趣相生，力求学术性、知识性和可读性相统一。丛书采取文化散文体例，撷取精粹，探幽穷赜，全方位、多角度描绘铜陵历史与人文、人物与名胜、民俗与风貌，深入挖掘丰富内涵和时代价值。铜陵市义安区政协文化文史和学习委员会组织编撰并统稿，义安区政协主席徐常宁、副主席陈晓华最终审稿。第一卷《历史风韵》由朱斌峰负责编撰；第二卷《人文风物》由方盼亮负责编撰，耿宏志等撰稿；第三卷《名人风流》由陈七一负责编撰，武庆生、朱斌峰、董改正等撰稿；第四卷《名胜风貌》由汪琦负责编撰，李莉、周明文、程拥军撰稿；《红色风华》由詹敬鹏负责编撰，江积富、詹倩撰稿。

　　丛书在编撰过程中，得到万以学、陈昌生、吴礼明、

耿宏志、江积富、蒋乃冰等领导、专家审正并提供相关资料，同时得到了区委史志办、区民政局、区文化和旅游局、区退役军人事务局、区文物所和安徽联泰传媒公司及出版社等部门、单位的鼎力支持，在此表示衷心的感谢和诚挚的敬意！

文章千古事，得失寸心知。尽管编委会做出了很大努力，但由于时间和水平所限，丛书难免有遗漏或错讹，敬请广大读者鉴谅。

《义安历史文化丛书》编委会

二〇二四年十二月

义安历史文化丛书

人文风物卷

中国古铜都
铜陵义安
TONGLING YI'AN

中国文史出版社

《义安历史文化丛书》编委会

图书在版编目（ＣＩＰ）数据

人文风物 / 政协铜陵市义安区委员会编 . -- 北京 ：
中国文史出版社，2024. 11. --（义安历史文化丛书）.
ISBN 978-7-5205-4941-7

Ⅰ. K295.44
中国国家版本馆CIP 数据核字第 2024SJ5979 号

责任编辑：程　凤

出版发行：中国文史出版社
社　　　址：北京市海淀区西八里庄路 69 号　　邮编：100142
电　　　话：010-81136606　81136602　81136603（发行部）
传　　　真：010-81136655
印　　　装：张家港市汇丰印刷有限公司
经　　　销：全国新华书店
开　　　本：787×1092　1/16
印　　　张：87.25
字　　　数：1093 千字
版　　　次：2024 年 12 月北京第 1 版
印　　　次：2024 年 12 月第 1 次印刷
定　　　价：280.00 元（全 5 册）

总　序

习近平总书记指出，文化是一个国家、一个民族的灵魂，文化兴国运兴，文化强民族强，没有高度的文化自信，没有文化的繁荣兴盛，就没有中华民族的伟大复兴。作为中华优秀传统文化的重要组成部分，地域文化既是一方水土的历史根脉和人文记忆，又是一个区域的精神动力和文化资源。因而，传承和弘扬义安地域文化，对于厚植文化自信、增强发展动力、促进现代化美好义安建设具有特殊意义。

铜邑胜境，千年义安。义安区居皖江之南，承历史之脉，夏、商、周时属扬州，晋义熙九年（413）侨置定陵，唐文德元年（888）置县义安，南唐保大九年（951）易义安为铜陵，2015年撤县设区更名义安区。回眸既往，人文荟萃、物产丰饶的义安，彰显着义安人勤劳智慧的创造、生生不息的活力；名人辈出、红色峥嵘的义安，蕴含着烛照世代的家国情怀、自强不息的进取精神；文明接续、山水形胜的义安，涵养着义安人创造美好的底气、迈向未来的大气——这就是义安精之所在、气之所蕴、神之所附。

历史不仅关乎过去，更关乎未来。在建设中国特色社会主义新时代新征程的今天，我们更需要加强地方文化建设，只有弘扬人文精华、弘扬优良传统、弘扬时代精神，我们的各项事业才会兴旺发达。《义安历史文化丛书》就是铜陵市义安区深入贯彻落实习近平文化思想的最新出版成果，是讲述义安历史、展现义安风貌、描绘义安万象的地域文化工程。丛书分"历史风韵""人文风物""名人风流""名胜风貌""红色风华"五卷，以史为据，依史寻源，集中系统地介绍

了义安区历史沿革、名人志士、河流山川、民风民俗和红色史迹，起到了承接历史脉络、反映时代风貌、突显区域特征的效果，为我们再现了义安区的斑斓史册。

《历史风韵》卷，以建置沿革、舆地迁移和人口迁徙，溯源历史流脉；选取重要的文物古址和影响较大的历史事件，回眸历史云烟；以青铜、吴楚、徽州、皖江为特征，展现文化风貌；从农林渔牧、工矿商贸、交通邮政、文化艺术、教育体育、医疗卫生，反映社会变迁；以古镇今昔、乡邑变迁、地名故事，记一镇一乡之概貌、一村一地之源流。

《人文风物》卷，录传统制作技艺，留存非物质文化遗产；展地产特色风物，品尝舌尖上美食"乡愁"；述春节、元宵、中秋等岁时节令习俗，婚嫁、生育、居住等社会生活礼俗，商铺、船民行业习俗，及竹马灯、十字歌等民间歌舞游艺，绘就民风民俗画卷；并以美丽传说讲述义安前世今生故事，从而较为全景式、立体式地呈现出义安的人文风情。

《名人风流》卷，在历史人物中着重择选出李白、王安石、苏轼、黄庭坚、王守仁、汤显祖等客籍名流，和盛度、陈翥、胡舜元等义安翘楚，以较为翔实的手笔介绍其思想、人品、作为和与义安之缘；以名人故事和人物小传，简写人物政声业绩、传奇事迹，为历史名人树碑立传，礼敬先辈贤达，赓续一地文脉。

《名胜风貌》卷，以永泉小镇、犁桥水镇、天井湖、凤凰山、梧桐花谷、百合庄园、江南铜谷风景道等景区，览名山秀水之胜；以诗人李白钟爱地的五松山、唐代真人修道处的叶山、荆公讲学留迹处的大明寺等名胜古迹，抒寻古探幽之情；以钟鸣镇龙潭肖村、东联镇赵祠戏楼村、天门镇江村，觅传统村落古韵；以西联镇犁桥村、胥坝乡群心村、天门镇金塔村，展和美乡村风光；同时邂逅古树名木，歌

咏古代诗文，将义安区境内的山川河流、人文古建的美景美色，以及与之相关的传奇典故收录记载，铺卷义安之地的诗意山河。

《红色风华》卷，第一辑"红色春秋"以历史为经，记录了大革命时期五四运动对义安的影响、土地革命时期铜陵县第一个中共特别党支部的星火、抗日战争时期新四军战斗的硝烟、解放战争时期渡江战役的波澜等；第二辑"红色故事"，描绘了烽火岁月的一场场战斗，在血与火中奏响一曲曲可歌可泣的战歌；第三辑"红色先锋"以人物为纬，书写了铜陵县境内第一个共产党支部创立人凌霄、皖南抗日游击根据地的创建人李步新、皖南革命斗争的领导人杨明等革命志士，豪气纵横的农民赤卫队长何骏启、江南铜陵第一位游击大队长章啸衡、渡江战役女英雄马毛姐等英雄人物，以及赤诚爱国的民主人士陈可亭、陈春圃，再现义安革命者一场场对敌斗争场面，展现一个个可歌可泣的英雄事迹，留下红色足迹，传递精神力量。

铭记历史，鉴往知来。这套丛书力求最大程度展现出义安区的文化风貌和魅力，是展示义安的文化窗口。相信这套丛书能够更好地以文化人，以文育人，传承文化基因，坚定文化自信，给奔跑的义安以智慧和力量，奋力谱写中国式现代化义安新篇章。

铜陵市义安区政协党组书记、主席
二级巡视员　　徐常水

目录

第四辑　地产美食

第七辑　行业行规习俗

第八辑　民间歌舞游艺

第九辑　民间传说

第十辑　义安民间俗语

第十一辑　义安方言

附录

第一辑

文化遗产明珠

铜邑胜境，千年义安。

我国是世界上最古老的农业国家，在长达 5000 年的历史长河中，勤劳智慧的中国人民创造了璀璨的农耕文明，留下了绚烂多姿的农业文化遗产。这些农业文化遗产在千百年的传承发展中，不断推动着人与自然和谐发展。义安有着优越的气候条件、丰沃的水土资源和丰富的物种资源，自古便是典型的江南"鱼米之乡"，农耕兴盛。乾隆《铜陵县志》记载："其民自农亩外，无商易于四方者"。民间有谚："生意钱，眼面钱；庄稼钱，万万年""七十二行，种田为王"。千百年来，义安先民在这方热土上辛勤耕耘，积累了丰富的农业生产经验，留下了宝贵的农业文化遗产。此地农业文化遗产主要以铜陵白姜种植系统和义安凤丹栽培系统为代表。2023 年，这两项农业遗产分别被认定为全球重要农业文化遗产和中国重要农业文化遗产，以一种崭新的身份和姿态向世人展示义安，乃至中国人民独特的农耕智慧和文明。

而当春节将至，翠莲糖画铺里，一幅幅形态逼真的立体糖画在五松糖画技艺传人手腕抖动间展现出来，甜蜜麦芽香的氤氲着浓浓的年味。而钟鸣镇牡东村里，传统"竹马灯"舞起来，祈祝国泰民安、风调雨顺；当农历三月三，顺安镇"三月三"城广场上商贩云集，人流涌动，一场集文艺、美食、民俗等于一体的传统文化活动开幕。长街上，牛歌声声唱起，顺安酥糖浓郁的香味在舌尖萦绕……这是义安区"非遗"的风景。义安区现拥有铜陵牛歌、竹马灯、顺安酥糖制作技艺、铜陵凤丹加工技艺等多个安徽省级非物质文化遗产项目，这是义安乡村生命记忆和活态的文化基因，是先人留下来宝贵的文化遗产，体现着义安人的智慧和精神。解读人文义安，让我们从这些"文化遗产"开始……

铜陵白姜种植系统

千百年来，铜陵白姜独特的种植系统匠心独具，尤其是"姜阁保种催芽""高畦高垄栽培""芭茅搭棚遮阴"三项生产栽培技艺全球唯一，独步天下。2023 年 11 月，铜陵白姜种植系统被联合国粮农组织认定为全球重要农业文化遗产，成为安徽省首个全球重要农业文化遗产。

铜陵白姜因姜块表皮颜色相对白嫩而得名。其叶青翠，茎红紫，质嫩白或鹅黄，形为佛手，厚为肉掌，素以"块大皮薄，汁多渣少，肉质脆嫩，香味浓郁"而闻名，享有"中华白姜"之美誉。著名生姜栽培专家赵德婉教授等编著的《生姜高产栽培》一书记载："安徽省的地方品种颇多，如宣城姜、休宁雁里姜、潜山猴姜、舒城姜、临泉虎头姜等，但以铜陵白姜最为闻名，是安徽省著名特产"。铜陵白姜的种植历史十分悠久，最早可追溯到春秋时期，距今已有 2000 多年。北宋典籍《本草图经》记载："姜，今处处有之，以汉、温、池州为良"。由此可见，在当时铜陵所属的池州府，铜陵白姜已经以优良品质闻名于世，并形成了一定产量和规模。在北宋时期，义安区便已成为全国生姜的著名产区，铜陵白姜也一度被列为朝廷贡品。传说清乾隆帝在下江南时，对这种糖冰姜也极为青睐，称赞其"白如雪，亮如冰，甘辣醇和，有冰玉之美"，食后有"隔夜留香"之感，并钦定池州府每年进贡铜陵糖冰姜。

在长期的生产实践中，铜陵姜农根据当地独特的自然条件，经过一代代人的探索总结，创造了"姜阁保种催芽""高畦高垄栽培""芭茅搭棚遮阴"三项生产栽培技艺，并将其形象地概括为"深挖起垄、切芽播种、搭棚遮阴、收获手拔、姜阁储种、炉火催芽"二十四字口诀。

所谓"姜阁保种催芽",就是将姜种存放在姜阁当中,在保障其安全过冬的同时,进行催芽。这是铜陵白姜生产过程中最重要的一项技艺,为古代当地姜农独创,已传承了千余年。姜阁为土墙瓦顶建

姜阁保种催芽

筑,外形如同碉堡,一般宽四五米,高为 6~8 米,分上下两层,底部呈正方形,有一扇小门供人进出和生火。上层为储姜室,姜农需要借助梯子从底部沿着狭窄的洞口爬入。姜阁的顶部开有一个小天窗,用于排出水汽。每年立冬前后,姜农都要把精挑细选的姜种送到姜阁的人家中。孵种时,姜阁主人将各家各户的姜种用干荷叶隔开,依次摆放,再用荷叶盖严,直至将姜阁装满,是为"上姜阁"。此后,姜阁主人便在阁内底部生火加温,日夜守候,不断观测温度、添减柴草,保持阁内 24 小时薪火不断,此为"烧姜阁"。待来年清明时节,姜种萌发出玉米粒大小的姜芽时,再将各家姜种从姜阁中取出,如数奉

还，是为"下姜阁"。每到此时，此地都要举行盛大的"下姜阁"仪式，姜农齐聚一起，唱开门歌，祭拜白姜始祖，祈福风调雨顺，丰产丰收。歌中唱道：

> 清明时节天门开，王母娘娘送姜来，
> 五味调和姜为首，一日三餐离不开；
> 阳春三月地门开，药王菩萨送姜来，
> 生姜本是药王种，能治百病消百灾；
> 黄道吉日阁门开，土地老爷送姜来，
> 今年风调又雨顺，家家元宝滚进来。

铜陵白姜喜温湿、怕旱涝，需肥量大，而义安地区的气候春夏季节多雨。姜农便根据两者的特点发明了白姜"高畦高垄栽培"技艺。姜种播种前，姜农要用锄头和铁锹在姜地上开沟，沟深在30~35厘米之间，沟壁呈六七十度的南陡北斜坡，之后再用力将沟壁踩严踏实，

高畦高垄栽培

姜农称之为"踩姜垄"。随着时代变迁，也有部分姜农应用机械替代人工"踩姜垄"。此后，再把姜种放在沟底侧壁上。在白姜生长过程中，姜农要将垄上的土与有机肥混合培到姜株根部，经过多次追肥和培土，原来的沟逐渐变成垄，原来的垄则逐渐变成沟。这也是在姜农中广为流传的农谚"栽在沟里，收在垄上"。这种沟垄交替的栽培技术不仅可以保证姜田在多雨的气候下及时排水防涝，也保证了白姜生长期的养分需求，确保它的优良品质。

芭茅搭棚遮阴

铜陵白姜喜阴，怕阳光直射，对光照的需求是"苗期三分太阳七分阴，后期七分太阳三分阴"。铜陵姜农就地取材，利用山上木材和芭茅作为材料，在姜种播种后，开始搭建姜棚，创造出了"搭棚遮阴"的技艺。姜棚的棚架主要由竹竿搭建而成，棚顶铺放芭茅草后，再用竹竿压住扎牢。搭棚初期，芭茅叶片完好舒展，透光率低，为"三分阳七分阴"，可为白姜苗期提供适宜的光照条件。随着白姜的不断生长，对光照的需要越来越多，芭茅经风吹日晒雨淋后也会叶片卷缩，不断腐烂掉落，姜棚的透光性也越来越高，直至达到"七分太阳三分阴"。这时，充足的光照有利于白姜的根茎生长，为姜块迅速膨大创造极为有利的条件。清朝沈泌《种姜谣》一诗中写道："腴田种之燥湿匀，松叶敷阴借遮盖"，就描述了这一传统技艺。义安农谚："端午盖顶，重阳见天"，说的正是姜棚随自然腐蚀而显现的光照状态。

在铜陵白姜长期的栽培过程中，"姜阁保种催芽、高畦高垄栽培"两项技艺一直传承至今，唯独"芭茅搭棚遮阴"技艺在运用中发生了一些变化。20世纪90年代以后，铜陵白姜产业迎来新的发展，规模迅速扩大，不少姜农为了减少搭建姜棚时投入的人工和时间，逐渐用遮阳网取代芭茅覆盖姜棚。近年来，为了大力传承传统种植技艺，有效保护区域品牌，在政府部门的引导下，这项传统的栽培技艺逐渐回归姜农视野，不少姜农重又采用芭茅搭棚遮阴。

此外，姜农还根据白姜与水稻生活习性和生长环境的差异，探索出了白姜与水稻轮作的生态种植模式，即同一块田地，种1年姜，种3~4年水稻，再种1年姜的循环模式；或者一片区域划分成4~5个分区，每年轮着在1个分区种植姜，其余分区种植水稻的模式。这种水旱轮作模式不仅可以降低姜瘟病的发病率和草害发生率，还可以充分利用土壤的养分和水土光热资源，保证农业的可持续发展。

"姜阁保种催芽、高畦高垄栽培、芭茅搭棚遮阴、姜—稻轮作"等白姜种植单元，既独立支撑又相互联系，共同构成了铜陵白姜独特的种植系统。为加强铜陵白姜的技术保障和传承传统技艺，铜陵市先后研究制定了《地理标志产品铜陵白姜》省级地方标准，《铜陵白姜栽培技术规程》市级标准，对铜陵白姜种植全过程规范管理，并出台了《铜陵白姜地理标志专用标志使用管理办法》《铜陵白姜地理标志证明商标使用管理办法》《铜陵白姜保护办法》等一系列政策。同时，还采取对姜阁进行补贴、购买农业保险等举措，加强对铜陵白姜产地、种质资源的保护，传承和发展铜陵白姜传统种植技艺。

铜陵白姜形成的独特技艺遵循着"道法自然"的农耕智慧，体现着生物多样性保护的理念，为全球农业可持续发展提供着中国智慧和中国方案。而在千百年的农耕实践中，义安还传布起"种姜、吃姜、咏姜、送姜礼、信姜神、禅姜"等风俗，"下姜阁、祭始祖"等民俗活动也一直传承至今，形成了独具地方特色的白姜文化。

铜陵白姜是铜陵地区的特有农产品，早在 2009 年就获批中国国家地理标志保护产品，保护范围为当时的大通镇、天门镇、顺安镇、东联乡、西联乡、钟鸣镇等 6 个乡镇时辖行政区域。2012 年，铜陵白姜又获注中国国家地理标志证明商标，并于 2020 年获农业农村部地理标志农产品。近年来，义安区的铜陵白姜种植面积年均在 5000 亩以上，其中作为核心区域的义安区天门镇，年均种植 4000 亩左右。由铜陵白姜生产加工出的产品除传统的糖醋姜、酱汁姜、糖冰姜系列外，还包括洗发水、沐浴露、姜茶等日化、保健系列产品 80 多种。

在义安，一块姜，让一方水土香气飘远。

义安凤丹栽培系统

凤丹，因产于铜陵市义安区凤凰山一带而得名，又称铜陵凤丹、义安凤丹。其种植历史悠久，距今已有 1600 多年。千百年来，义安先民依托当地特有的自然环境，结合凤丹的生长习性，通过长期的实践创造了包含"选种、采种、整地播种、苗期管理、移栽、田间管理、整形修剪、起挖"等一套完整而精确的凤丹种植技艺，探索出高效生态的光热水土资源利用技术，形成了以凤丹种植为主、多种作物间作和轮作的复合农业系统，维系着农田生态保育、农业生产、农村环境与农民生计。2023年，义安凤丹栽培系统被认定为中国重要农业文化遗产。

凤丹花开迎宾客

据清乾隆《铜陵县志·左迹》记载："长山石窦中有白牡丹一株，高尺余，花开三两枝，素色艳丽，相传乃晋人葛稚川所植"。葛稚川即葛洪，是东晋著名的医药学家、道教理论家和炼丹术家。据考证，"长山"位于义安区（原铜陵县）顺安镇。由此推断，义安区种植凤丹的历史距今已有 1600 多年。义安大量种植牡丹始于明永乐年间（1403—1424），在凤凰山一带是作为中药材来栽培的。明崇祯年间，凤凰山药用牡丹的生产已经有了一定规模，到了清朝发展成为全国著名的牡丹皮产区。清代撰修的《铜陵县志》即把其列为本县主要物产之一，"邑产姜、蒜、苎麻、丹皮之类，近亦间有服贾者，但远人市贩者居多"。1992 年，国家农业部将铜陵确定为中国南方牡丹基地；2006 年，义安凤丹获得国家地理标志保护产品。

凤丹栽培技艺一整套完成下来，前后需历时 5—7 年。"三年摘，四年看，五六年养，七年挖"，这是当地人对凤丹生产周期的总结口诀，包括"秋分后，重阳前，七芍药，八牡丹""长一尺，退八寸""少了不行，多了价廉""挖地挖三尺"等农谚，都是当地农民对凤丹生长和市场销售规律的生动总结。凤丹种植的农事活动贯穿全年，不同时节都有不同的农事，大致可分为采种、选种和播种、苗期管理、整

丹皮采挖

地定植、田间管理和起挖：采种一般在大暑前后进行，选生长 5~6 年的牡丹籽进行采摘；选种通常包括选地、选株、选花、选种四个环节，整个过程从第一年 9 月下旬持续到第二年的 9 月；播种一般在每年的 8-10 月进行，以 9 月中下旬为宜；苗期管理从播种以后至第三年 10 月出圃前，进行除草、水肥管理、定苗等农事活动；整地定植一般在每年的 10-11 月进行，定植以后至收获前要进行水肥和病虫草害管理；起挖一般在 8-10 月进行，分夏挖和秋挖。此外，在头一两年的苗期，凤丹还与芝麻、花生、玉米、豆类套种，以改良土壤养分与结构和光照环境。在凤丹播种的第一年，使用芭茅覆盖田块，降低雨水对地表的直接冲刷，同时增强裸露地表的保水保肥保墒功能，提高光热水土资源利用效率的生态可持续种植技术，既能改善土壤肥力，又能保持凤丹种植系统的可持续性。

凤丹的主要产品为凤丹皮，是中国一种常用的中草药，始载于《神农本草经》，其主要药用成分为牡丹酚。中国第一部牡丹专著——宋代欧阳修《洛阳牡丹记》载："牡丹初不载文字，唯以药载本草。"《本草纲目》载其"滋阴降火，解斑毒，利咽喉，通小便血滞。后人乃专以黄蘗治相火，不知丹皮之功更胜也"。《中华人民共和国药典》

丹皮

及相关医书也记载，牡丹皮性微寒，味苦辛而涩，气芬芳，无毒，有清热凉血、活血散瘀等功效。铜陵凤丹皮具有根粗、肉厚、粉足、木芯细、亮星多、久储不变质等特点，有舒筋活血、清淤、清热、凉血等功能，是一种名贵药材，素与白芍、菊花、茯苓并称为安徽"四大名药"，亦是中国 34 种名贵药材之一。《中药大辞典》记载，牡丹皮以"安徽铜陵凤凰山所产的质量最佳，称为凤丹皮"。

凤丹皮作为一种具有悠久历史和优质品质的药材，其加工制作技艺也独具特色，主要包括起挖、清洗、晾晒、抽芯、分级、包装等步骤，已入列安徽省级非遗名录。每年的 8-9 月凤丹开挖，"夏挖"的新鲜根皮含水量高，易剥制、加工、干燥，晒出来皮色好；"秋挖"根皮储藏物质积累更多，产量略高，"粉"更足。凤丹皮最怕水，起挖时都选在晴天，要尽量做到挖出的根系完整，否则会降低凤丹皮的质量。药农开始小心地将凤丹皮从土中挖出清洗，不仅要去除凤丹皮表面的泥土和杂质，还要去除其根须和尾根，根据用途选择刮皮或不刮皮。待天气晴好，放在阳光下晾晒，使其失水变软，再将其中的木质芯抽出，分级后晒干。加工时，一般先做三级条，次做二级条，再做一级条和特级条，最后脱壳，力求根条完整。凡根条长在 5 厘米以下者称碎统货，价格偏低，只相当于一级条价格的 1/3，且难以销售，可见加工技术之重要。成品凤丹皮呈圆筒状、半圆筒状或破碎的片状，有纵向裂隙，两面向内卷曲，外皮粉白色或微红，内层棕色或土黄色，有细顺纹，质而脆，易折断，断面呈粉性白色，具有特异香气。为了便于运输和储藏，加工后的根皮通常被截成 5~6 厘米长的小段，装在蛇皮袋、木箱、纸箱或条筐内，置于干燥通风处。

凤丹皮的制作需用到独特的农具，包括二爪、桑叶剪、刮刀、药板、药帘等。其中，二爪为起挖凤丹皮的专用工具。顾名思义，二爪即由两爪组成，因形似螃蟹蟹爪，也被称作蟹夹。每爪长 40~60 厘米，爪宽 2 厘米，重 2.5~3.5 公斤，两爪间距 1 厘米左右。爪柄多用坚硬牢固木料制成，柄长齐肩。桑叶剪主要用于抽除木质芯。刮刀为铁制刀片，刀口较钝，不锋利，用于刮除凤丹皮的外表皮。药板和药帘为晒制凤丹皮所用。药板多为木板，长约 2 米、宽约 40 厘米、厚 3 厘米。两端各钉有一横档，档长与板宽相等。药帘一般为竹制品，长 2 米、宽约 50 厘米，两边用竹竿或轻木根，中间用篾片编织而成。

义安凤丹皮久销不衰，同治年间一度紧销，市价昂贵近达"万斤稻谷易其担"。清末民初年间，是铜陵历史上凤丹皮生产的鼎盛时期。此后由于时局动荡、运销困难，凤丹皮产量逐年下降，至 1949 年仅产 21 吨。新中国成立后，政府十分重视丹皮生产，凤丹种植面积和丹皮产量随之增加。而作为一种独特的优质原种质资源，凤丹还集药用、油用等价值于一身。近年来，随着凤丹产业的发展，特别是油用牡丹的加工，凤丹还被开发出食用、保健、日化等深加工产品，远销国内外。目前，义安区已建成 2 万亩凤丹种植基地，培育凤丹精深加工企业 4 家，凤丹全产业链产值约 3.5 亿元，实现了从种一朵花到发展一条链的美丽蝶变。

凤丹

凤丹也极具观赏价值，其花为单瓣，大多为白色或者粉红色，也有少量为鹅黄色，与洛阳、荷泽的牡丹齐名，为国内三大名贵牡丹之一，素有"三分天下春色"的美誉。中央电视台电视风光片《中国牡丹》在专题介绍凤丹时说，凤凰山盛开的"凤丹"是一种独特的牡丹品种，枝干高大挺拔，花朵肥硕丰满，配以翡翠碧绿的叶子，更显得娇艳秀丽。每当春风送暖的时节，千万朵蓓蕾绽放枝头，如彩云飘拂，如锦绣铺地，七彩绚丽光华灿烂，这时的凤凰山则成为一座名副其实的花山。此花自古便吸引了众多文人墨客前来踏春赏玩，留下了众多有名诗篇，如"一种名花分御苑，九重春色满瀛洲""花开时节动铜都，万众争看牡丹花""国色原来在乡野，天香无意染尘埃"等。这些诗歌生动形象地记录了凤丹含苞待放和盛开时的美景，是义安凤丹文化的重要组成部分。如今，每年春季，义安还会举办盛大的凤丹文化旅游月活动，以花为媒，敬迎天下。

铜陵牛歌

"铜陵牛歌"起源于数百年前，一直在义安民间广为传唱，主要流行于流潭、钟仓、朱村、顺安一带圩区。这里是东西湖畔，鱼米之乡，农家自古习种水稻，土壤肥沃而偏黏，因而

牛歌表演

主要力畜是力量较大，但汗腺不发达的水牛。这些牛以放养为主，在牧童歌声中长大。这一带草滩大、多水潭，是水牛散放的天然牧场。放牛对歌和斗牛便成了乡间儿童最常见的游戏。经过数百年的口耳相传，无数劳动人民的智慧，"铜陵牛歌"这样一件民间音乐艺术珍品就诞生了。

"铜陵牛歌"的歌词大都以牧童逗趣、联联、猜谜为内容，通俗易懂，妙趣横生。其演唱形式为即兴问答，当地俗称"见风挂牌"，无限反复。

新中国成立初期，在党和政府的倡导下，挖掘民间文化遗产，保护民间文化艺术的活动在全国开展。1954年，铜陵的音乐工作者也深入农村进行大规模的民歌普查和采风。当时在铜陵县（今义安区）

顺安镇文化站工作的方明光从"三月三"庙会的牛交易市场上采集到两首放牛歌。为了参加安徽省第一届音乐舞蹈汇演，张学琨、田清华等对放牛歌曲谱和歌词进行了整理，巧妙地将两首放牛歌合在一起，成为三段体，对比段确定为八段歌词，男女对唱，使"铜陵牛歌"的体制基本固定。同时组织牛歌流行地的两位少年江世林（男，时14岁）和吴慕珍（女，时17岁）排练，以《顺安放牛歌》为节目名参加安庆专区民间歌舞汇演。后由安庆专区改名为《铜陵牛歌》推荐赴省演出。此曲在省里一经上演便引起很大反响。著名作曲家时乐濛在观摩汇演后的发言中，以较大的篇幅对"铜陵牛歌"的曲式、调性进行了分析，特别是对其中对比段的旋法大加赞美，称之为"汉民族人民的天才创造"。1959年"铜陵牛歌"被编入安徽人民出版社编辑的《安徽民间音乐》第二集。1962年，上海戏曲学校吴歌将其冠以"安徽民间童歌"选编进该校的《民族音乐简谱视唱教材》，并由上海文艺出版社出版。此后，"铜陵牛歌"便成为省、市、县文艺团体的保留节目。直到1978年安徽省首届"民族民间唱法汇演"，当时的安徽省歌舞团还献演了《铜陵牛歌》。1985年，由中国艺术研究院音乐研究所编著、人民音乐出版社出版的《中国音乐词典》设"牛歌"词条，以"铜陵牛歌"为例，并摘举了《铜陵牛歌》歌谱。2006年，"铜陵牛歌"被列为首批安徽省级非物质文化遗产项目。

"铜陵牛歌"为标准的三段体，呈视段舒缓、悠扬，为羽调式。在"哦啊哎哦"的吆喝声中，牧童们吹起竹笛，横坐牛背，从东村西庄聚集到山野草滩上，一幅秀美的江南农村风景画融入曲中，现于歌外。对歌开始后，对比段为角调式，速度转快，歌词天真机智，旋律幽默逗趣。再现段又回到舒缓、悠扬的羽调式。这种调式、节奏、速度的综合对比，虽是质朴天真的田野童声，却妙趣无穷，高度体现了劳动人民的创造才能。

铜陵牛歌

387. 1=C $\frac{2}{4}$

田野风

哦啊 哎 哦 哦啊 唉 哦, 放牛 的 小伙

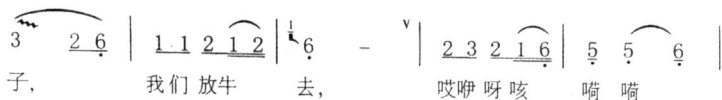
子, 我们 放牛 去, 哎咿 呀咳 嗬 嗬

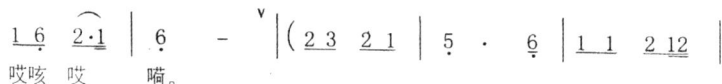
哎咳 哎 嗬。

哦呀 哎 哦, 哦咿 哎 哦

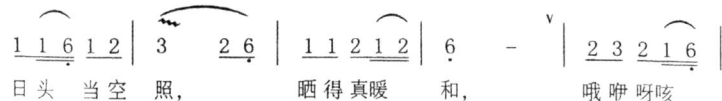
日头 当空 照, 晒得 真暖 和, 哦咿 呀咳

嗬嗬 哎咳 哎 嗬, 牛儿 在吃 草,

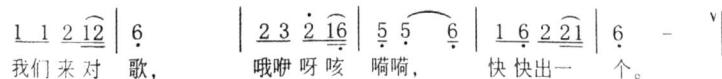
我们 来对 歌, 哦咿 呀咳 嗬嗬, 快快 出一 个。

转 1=F (前6=后3)

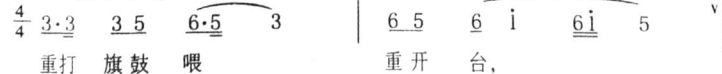
重打 旗鼓 喂 重开 台,

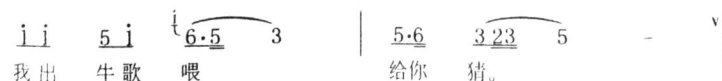
我出 牛歌 喂 给你 猜。

```
‖: 3.3 3 5  6.5 3 | 6 5 6 i  6i 5 | i i 5 i  6.5 3 |
   什么 团团 啰   团上 天 啰?   什么 团团 啰
   太阳 团团 啰   团上 天 啰,   荷叶 团团 啰

   5.6 3 23 5  -  | 3.3 3 5  6.5 3 | 6 5 6 i  6i 5 |
   在水边  哟?   什么 团团 啰   长街 买  哟?
   在水边  哟,   烧饼 团团 啰   长街 买  哟,

   i.i 5 i  6.5 3 | 5.6 5 3 2  2.3 | 5  6.5 3  2.3 |
   什么 团团 啰   姐是姐面前 哦   呐 呐 哦 哦
   筛子 团团 啰   姐是姐面前 哦   呐 呐 哦 哦

   5   6.5  3 5  2 1 | 3  -  -  - :‖
   呐   呐   哦。
   呐   呐   哦。(中咯)
```

铜陵牛歌歌词:

哦啊哎……哦…… 哦啊哎……哦,哦啊哎……哦。放牛的小伙子,我们放牛去。咿哎嗨呵呵…呵,哦啊哎…哦。

哦啊哎……哦,哦啊哎……哦。红日当空照,晒得真暖和。哦咿哎嗨呵呵……呵,哦啊哎嗨……哦,牛儿在吃草,我们来对歌。哦咿哎嗨呵呵……呵,快快出一个。重打锣鼓喂,重开台哦……哦,我出牛歌喂,给你猜一猜哟。

甲:什么团团啰,团上天啰,什么团团啰,在水边哟?什么团团啰,长街买哟,什么团团啰,姐是姐面前,哦哦呐呐呐呐哦哦哦呐呐呐呐哦呐哦哦。

乙:太阳团团啰,团上天啰,荷花团团啰,在水边哟。烧饼团团啰,长街买哟,筛子团团啰,姐是姐面前,哦哦呐呐呐呐哦哦哦呐呐呐呐哦呐哦哦。

甲：什么出世啰，双是双啰，什么出世啰，拜四方哟？什么出世啰，跟娘走哟，什么出世啰，不是不要娘，哦哦呐呐呐呐哦哦哦呐呐呐呐哦呐哦哦。

乙：羊儿出世啰，双是双啰，牛儿出世啰，拜四方哟。鸡儿出世啰，跟娘走哟，鸭子出世啰，不是不要娘，哦哦呐呐呐呐哦哦哦呐呐呐呐哦呐哦哦。

甲：什么开花啰，白如云啰，什么开花啰，是黑心哟？什么开花啰，头朝下哟，什么开花啰，吹是吹喇叭，哦哦呐呐呐呐哦哦哦呐呐呐呐哦呐哦哦。

乙：棉花开花啰，白如云啰，蚕豆开花啰，是黑心哟。茄子开花啰，头朝下哟，南瓜开花啰，吹是吹喇叭，哦哦呐呐呐呐哦哦哦呐呐呐呐哦呐哦哦。

哦啊哎……哦，哦啊哎……哦，牛儿吃饱草，歌也对完着，哦咿哎嗨呵呵……呵，我们回家去。

一首首，一段段，信马由缰，无拘无束，你方唱来我方和。"铜陵牛歌"，是义安的乡土乡音，是"泥土中的珍珠"。

竹马灯

明万历《铜陵县志》记载："上元，跨街张灯。儿童戏竹马以恣游赏。箫鼓之声彻于闾巷。妇女或夜静游行，掷瓦缶，夜除不祥。"可见，义安元宵节表演竹马灯在明代就有了文字记载。"戏竹马灯"并不独在元宵节，清乾隆《铜陵县志》载："九月重阳，为龙烛会以迎官山神，民间制糍糕颁食，互相馈遗。戏竹马逐疫。"此记载证明重阳也有"戏竹马"的，其目的是为了"逐疫"，而不仅仅是"以恣

竹马灯表演

游赏"和庆丰收或祈丰年。2006 年，义安竹马灯被入选为首批安徽省级非物质文化遗产。

"竹马"之戏见于《三国志·魏书八陶谦传》："谦少孤，始以不羁闻于县中。年十四，犹缀帛为幡，乘竹马而戏。邑中儿童皆随之。"这表明当时竹马是儿童喜爱的游戏形式。到唐代，"竹马舞""竹马戏"等游戏艺术形式得到了更大的普及。《新唐书》卷二百二十一列传第一百四十六上记载了这样一件事：有一天唐太宗对群臣说："夫乐有几，朕尝言之：土城竹马，童儿乐也；饰金翠罗纨，妇人乐也；贸迁有无，商贾乐也；高官厚秩，士大夫乐也；战无前敌，将帅乐也；四海宁一，帝王乐也。"把竹马举为儿童娱乐形式的代表。大诗人李白有诗曰："郎骑竹马来，绕床弄青梅。同居长干里，两小无嫌猜。"这是"青梅竹马、两小无猜"的出处。"竹马"已成为儿时友谊或情谊的象征。男孩子之间若少小相知，长大后便称为"竹马之好"或"竹马之友"——足见儿童以竹当马的游戏古以有之。竹马灯就是从以竹当马的游戏发展而来的，至今义安民间仍见"骑竹马"的儿童游戏。

竹马灯又叫"跑马灯"，是一种没有固定的基本步伐和程式的民间歌舞。竹马灯主要分布于沿长江的湖南、安徽一带和福建省。各地的竹马灯型制基本相同，都是用竹篾扎出马头和马尾挂在表演者身上，马头、马身内点上蜡烛。湖南等地的竹马是连体的，在马中部留个洞，套在表演者的身上。有的形体比较大。而义安的竹马灯却将马分为前身和后身两块，分别挂在表演者的前面和后面，形体也比较小，表演起来较为灵活。

义安竹马灯主要流行于钟鸣、金椰一带山区，尤其以钟鸣镇牡东白牡岭自然村"竹马灯"影响最大。据说，竹马灯为清光绪年间当地的一位姓牧的村民发起。相传明末清初，村西南方一座叫竹马公的山上，晚上经常可以听到马铃的声响。后来有人发现山上有一个红脸大汉。村掌门先生及族长们商议认为，这个红脸大汉可能是"关帝老爷"现身，便要"玩灯"纪念，于是决定请师傅用篾扎成竹马，并请人化妆成关公模样，四处祈愿游玩，代代延续，逐渐形成了现在的竹马灯。每逢国泰民安、风调雨顺之年，村民们就自行组织活动，庆祝一年劳作所获得的成果，祈祷来年五谷丰登、百业兴旺。如今，在一些重要节庆或表演活动中，有时也能看到竹马灯表演。

多数竹马灯扮演的是地方戏的故事，用地方戏的曲牌来伴奏。如湖南的竹马灯表演的基本程式包括服装、音乐都是湖南花鼓戏的元素，所以又叫"地花鼓"。而福建的竹马灯就类似于闽剧表演，乐队演奏的就是南音和民间小调，如《五更响》《补缸歌》《卖杂细》等。义安的竹马灯搬演的是《三国演义》，主要内容是：长坂坡赵云救幼主、关羽千里走单骑、火烧赤壁、三气周瑜等，但并不注重戏剧情节的演绎。表演者身穿戏服盔甲、手执马鞭，扮演蜀国的大将关羽、张飞、赵云、马超、黄忠、魏延、姜维等。按说那时马超、黄忠、魏延、姜维都还没有归化到蜀国，但谁也不去追究，热闹就好。也还有扮演《杨家将》，这些故事在民间都是耳熟能详的。乐队由锣鼓和唢呐组成，演奏的是《大开门》《朝天子》《小柳叶》等大路曲牌。竹马灯常配合大型的龙灯、狮子灯表演，加上方灯、云灯、彩灯、牙牌、彩旗等，在场地上布阵、穿花、跑马，增加整体表演的气氛。

过去义安人在表演竹马灯时是配以歌唱的，可惜曲调已经失传。只有极少的歌词通过手抄文字保留了下来。兹录于后：

【其一】

曹孟德八十三万兵马临长江，

刘皇叔聚合英雄在襄阳，

文有孔明诸葛亮，

武有子龙和关张，

五虎上将加马黄，

辅佐皇叔汉中王。

火烧赤壁杀得曹贼丧魂魄，

华容道关公放贼义气扬。

诸葛亮设计草船借箭，

三气周瑜就在那洞庭湖边芦苇荡。

赵子龙忠心耿耿救幼主，

张翼德擂鼓三通斩蔡阳，

关云长青龙大刀守荆襄。

马超、黄忠和魏延，

共保汉家江山日月长。

熟悉《三国演义》故事的人都可看出，其时序分明有所颠倒。不过这并没有什么人去深究，也不影响人们快乐的心情。

【其二】

金沙滩大宋朝抵抗番邦，
双龙会派出了杨门虎将，
老令公持大刀威风凛凛，
老令婆执令旗镇守营盘。
杨大郎披黄袍只为替主，
可惜他化忠魂血洒疆场。
杨二郎左冲右突被绊杀，
杨三郎遭乱箭死在荒原。
杨四郎流落到番邦为婿，
杨五郎五台山当了和尚。
杨七郎本不该回家报信，
贼庞美杀七郎丧尽天良。
只剩下杨延昭英雄六郎，
守三关保边疆美名永传。
有幼子杨宗保不愧虎子，
穆柯寨娶桂英佳话远扬。

由于《杨家将》的故事比较悲壮，与喜庆的节日气氛不太相适，因而很少表演。但这一唱词却很有研究价值：规整的三三四结构的十字句，并不符合流行于义安一带的地方戏曲的唱词结构形式，却是北方梆子腔等剧种的典型句式结构。而"江阳韵"（如帮、将、场、扬等）和"言前韵"（如盘、原、传等）的混用，又符合义安方言的特点。这也能作为古代北方文化对义安文化影响的实证。

顺安"三月三"庙会

农历三月初三是中华民族的一个传统节日，汉代已有上巳节，曹魏时将上巳节确定于三月三（见《汉书·礼仪上》《晋书·礼仪下》）。相传三月三是黄帝的诞辰，古有"三月三，生轩辕"的说法。至今河南黄帝故里新郑，到农历三月初三都要举办"拜祖大典"。三月初三是春光明媚的日子，最早过上巳节只是众人到河边痛快地洗濯一番，后来的节庆内容又增添了水边宴宾、踏青春游等活动。明代休宁人程嘉燧有诗句："春光忽开三月三，红桃写镜江拖蓝。烟花才下两孤北，松楸正在九华南。"民间流行三月三这天用荠菜煮鸡蛋而食，有谚："三月三，荠菜赛灵丹。""年年有个三月三"本是义安一句带有"关雎"意味的俗语，后套用以概括经常往复出现的人、物、事，复又被

顺安"三月三"庙会

严凤英和王少舫唱进了黄梅戏《蓝桥会》，以至流传到全国各地。如今，铜陵地区的人们说起"年年有个三月三"，说的就是义安民众每年都要自发兴办的顺安"三月三"庙会。

顺安"三月三"庙会起源于唐朝，初为定期祭祀性活动。据传，唐朝末年，天下大乱，顺安一带百姓惨遭战火洗劫，惨死无数，所剩寥寥。为求神灵保护，幸存者便在顺安集镇盖了一座神庙，定期祭祀，祭祀日期就是农历三月初三。此后每年三月初三，方圆百里的百姓都来烧香祭神，祈求世道安宁，风调雨顺，日久便形成了一种传统。两宋以后，圩田大兴，顺安附近的圩乡成了稻米产地，圩区的稻米、山区的竹木与东西湖的鱼蟹水产都自然汇集到顺安来，互相交换集散，一些商人小贩也来此摆摊设点，逐渐形成了一种生产商贸习俗。到清末至民国年间，顺安"三月三"庙会日渐兴盛，南来北往的商贸小贩、农业工匠、市民艺人比肩接踵，项背相望。镇东边岳家山和镇西边菜籽滩还搭台唱目连戏，一般连演四天四夜或七天七夜。

作为义安独特的区域文化现象，顺安"三月三"庙会早期依托便利的水上交通，伴随着铜采冶业相融共生。据一些地方文化研究者的说法，五代至北宋是铜陵矿冶业的鼎盛期，也是"庙会"的繁荣阶段，古老的青铜文明通过集市的形式与矿冶经济紧密结合。然而，随着铜陵矿冶经济的逐渐衰落，集市也渐渐变得萧条。清代以后，顺安周边所产中药材丹皮开始时兴，引得药商纷至沓来，清冷的集市又开始恢复生机。到20世纪50年代，庙会规模更加壮大，市场相当活跃，除了传统的日用百货、农制产品，还加入了戏曲、杂技等艺术表演，牛市的兴起更是带动了畜牧业的繁荣。1953年，顺安"三月三"庙会更名为铜陵县顺安"三月三"物资交流会，由铜陵县政府商贸部门领办，但交易的商品仍以农副产品和农业生产资料为主。到了20世纪80年代，顺安"三月三"物资交流会上除农副产品外，家用电器、五金百货、服装布匹逐渐成为商品交易的主要品种，交易品种近万种。

如今，历经千百年社会变迁后的顺安"三月三"庙会已被更名为顺安"三月三"传统文化节，并逐渐形成了融商贸活动、物资交流、文化娱乐等多种功能于一体的地方传统文化盛会，热闹依然不减，文化越发兴盛。

第二辑

传统制作技艺

传统技艺是民间传承下来的技艺，每一门技艺都烙印着地区和民族的印记，凝聚着中华民族的民间智慧。千百年来，义安人民在这片热土上繁衍生息，辛勤耕作，用勤劳智慧创造了众多独特技艺。这些传统技艺和这方水土相互滋养，代代相传，不仅为后世子孙留下了宝贵财富，也为这方热土积淀了厚重的历史文化。

义安区流传的传统技艺主要产生于当地传统的土特产品，除铜陵白姜、凤丹外，还有顺安的酥糖、太平的臭干等，大多有着悠久厚重的文化底蕴。在一代代艺人的匠心坚守下，这些传统技艺代代相传，在延续传统技艺生命力的同时，以一种文化标识的形式对外展示着义安的人文魅力。

顺安酥糖制作技艺

顺安酥糖制作

　　顺安酥糖因产地在义安区顺安镇而得名，是义安地区的传统风味食品之一，早在唐代顺安设立"临津驿"时便声名远扬。

　　相传在元朝末年，红巾军将领赵普胜战斗失利，被朝廷官兵追击，逃亡至顺安镇城山附近的三里庙，因饥饿难忍，便向庙内的老和尚讨食充饥。老和尚同情起义军，又不敢深夜生烟火，只好将仅有的几包顺安酥糖拿了出来。赵普胜一顿狼吞虎咽之后，顿觉美味可口，细腻香甜，便连声称赞。后来，赵普胜以城山为寨，自称寨主，攻克顺安之后，遂以酥糖作为军需品。从此，顺安酥糖名誉江南。

　　顺安酥糖采用优质面粉、精细白糖、纯黑芝麻，配以适量的桂花、青梅、金桔饼等精制而成，松柔甜润、成条不散。顺安镇境内山、丘、圩并存，四季分明，全年气候温和湿润，日照充足，从古至今都盛产糯稻、小麦、芝麻，这为酥糖制作提供了充足的原材料。同时，顺安为义安旧县治所、古临津驿，是古时商品流通的聚集地，也为酥糖等小商品的流通提供了优厚的条件。

顺安酥糖主要由屑子和麦芽糖骨子组成，糖屑香甜、麻香浓郁，骨子松脆，入口即溶。其制作工艺包括配制、碾屑、熬糖、拉糖、裹屑、压制、切割等多道特殊传统工序，需用到的制作工具有炒粉机、粉筛、案板、切板、夹板、糖压子、刮片、粽粑、糕刀、滚筒、小铜磨等，制作过程主要分为酥糖屑制作、酥糖骨制作和骨裹屑制作："酥糖屑制作"是将收购来的芝麻、面粉炒熟后混合白糖，碾碎成细粉，保证大小均匀，互不相黏；"酥糖骨制作"则是将出锅冷却的麦芽糖反复拉拽，逐渐将麦芽糖从糖球拉成一道金黄锃亮的条练，使之松软到一定程度，确保大小粗细均匀，糖分均匀分布。这个过程既需要制作者足够的经验，也需要充沛的体力；"骨裹屑"则是个繁复的过程，酥糖骨制作完成后被摆上案台，均匀擀平，撒上芝麻粉，再卷条擀开，

顺安酥糖

重撒上一层均匀的芝麻粉，如此反复多次，一层芝麻一层糖。接下来便是切条切块，一分四，四分十六，条越切越细，块越切越小，而中间使用的器械不过两根板条，一把糕刀，尺寸、力道全凭经验拿捏。制作完成的酥糖呈方形，块形整齐，包装时用蜡纸包裹，4块一包，8包一袋。

顺安酥糖以其传统的制作技艺代代相传，作为古老的甜点，依然是现代义安人的钟爱，是家家户户节日里招待亲友、孝敬老人必备的糕点。当小心翼翼地剥开"顺安酥糖"纸包，露出四块黑色方形的酥糖，轻轻地捏起一块放入口中，细细地抿，慢慢地嚼，松柔甜润，再把散落在纸包里的酥糖粉通通卷入口中，那麦芽糖、芝麻的浓香，是家乡的味道，是小时候的记忆……

金椰木榨油制作技艺

木榨油是一种不用机械、全凭人力的传统榨油技艺。在这些油坊里，看到的，是岁月沉淀的古老痕迹；听到的，是血肉与草木撞击的声响；感受到的，是原始的生命力重新焕发的神奇力量。然而，随着时代的发展，机械化的普及，这种传统技艺几近消失，只在一些偏远的农村地区偶有传承，义安区钟鸣镇九椰村便是其中之一。

木榨油技艺历史悠久，距今已有1000多年，早在北魏贾思勰的《齐民要术》中就记载，明代《天工开物》也曾载有："凡取油，榨法而外，有两镬煮取法，以治萆麻与苏麻；北京而磨法，朝鲜有舂法，以治胡麻。其余皆从榨出也"，并详细介绍了其制作技艺："取诸麻菜籽入釜，文火慢炒，透出香气，然后碾碎受蒸。凡炒诸麻菜籽宜铸平底锅，深止六寸者，投籽仁于内，翻拌最勤。若釜底太深，翻拌疏慢，

木榨油制作

则火候交伤，灭丧油质。炒锅亦斜安灶上，与蒸锅大异。凡碾埋槽土内，其上以木杆衔铁砣，两人对举而推之。资本广者，则砌石为牛碾，一牛之力可敌十人。亦有不受碾而受磨者，则棉籽之类是也。既碾而筛，泽粗者再碾，细者则入釜前受蒸。蒸气腾足取出，以稻秸与麦秸包裹如饼形，其饼外圈箍或用铁打成或破篾绞刺而成，与榨中则寸相稳合。凡油原因气取，有生于无出甑之时，包裹怠缓则水火郁蒸之气游走，为此损油。能者疾倾疾裹而疾箍之，得油之多。"

金榔木榨油技艺就是对这种古老技艺的传承，使用的主要设备为木楔压榨机，由巨木制作而成。《天工开物》记载其选料时说："凡榨，木巨者围必合抱，而中空之，其木樟为上，檀与杞次之"。配以网筛、炒锅、碾机、蒸锅、箍圈等压榨设备。制作时，精选菜籽、花生、芝麻等原料制作相关油品，从选籽、炒籽、碾末、蒸熏、包饼再到装榨、打榨，每一道工序都由人工操作，并依靠特定技艺来完成，

木榨油

靠的是口传心授。木榨出的油，油色如鎏金，口感纯正，气味香浓。

金榔木榨油产生的具体年代已无从考证，在当地老人的记忆中，在民国时期，金榔乡（现钟鸣镇）有一位叫做盛华浦的地主，家中建有一间油坊。村民陈先发和盛一发当时就在地主家油坊做工，他们制作的木榨油就很受当地及周边人们的欢迎。1978 年，盛一发的外甥张家宏向其学习压榨技术，并建有一家木榨油厂，一直采用传统技艺榨油。

太平街烧饼工艺

太平街烧饼，因产于义安区西联镇太平街而得名，其制作历史悠久，距今已有200多年。早在清道光年间，义安区（原铜陵县）汀家洲、横梗头一带的老百姓，家家都有烧饼炉，人人会做小酥饼。小酥饼即"横梗头小酥饼"，是太平街烧饼的原称。当时，一条长不过百十来米的"横梗头小街"就有酥饼作坊10多家，从早到晚香气扑鼻，一年四季炉火通红。

太平烧饼原名"横埂头小酥饼"，至于横埂头小酥饼为何被改名为太平烧饼，还得从洪秀全说起。咸丰二年（1852），太平天国军队沿长江顺水而下，直取南京。当船队经过铜陵江段时，听说远近闻名的"横埂头小酥饼"就产于此地，太平军将士便纷纷下船登岸购买。洪秀全在品尝之后赞不绝口，便询问当地地名。当老百姓操着浓重的方言告诉他这是"横埂头"时，洪秀全却将其听成了"换个头"，觉得名字十分不雅，遂将其改名为"太平街"，"横埂头小酥饼"也随之被称为"太平烧饼"，一直延续到今。

太平烧饼制作

太平烧饼

太平街烧饼的制作方法既原始又独特，配料精良，工艺讲究。其采用上等的白面为主料，配以菜油、猪油、大葱、八角、芝麻等佐料，经过和面、推酥、包心、压片等多道工序后，再放进烧饼炉中，贴在炉膛壁上，选用优质木炭火烘烤而成。首先是和面，要将面粉揉透，这样松软的面粉做出来的烧饼才层层起脆。然后，用手反复摔打面料。再经推酥、包心、压片等几道工序之后，把烧饼贴在炭炉壁上，选用优质木炭烤制，适时翻动。文火烤制 1 个小时后，取出。热烧饼不好吃，要再放入炉中回炉，8 小时后取出冷却。

烘烤是关键技艺，分大火烧烤和文火烧烤两道工序，特别是二次文火烧烤颇为讲究。火力当"文"则"文"，当"武"则"武"，不可以大也不可以小，烘烤的时间不能长也不能短，火候和时间全凭手艺人经验把握。经过烘烤后的烧饼要放在炉台的四周"捂火"，不可让其直接冷却。经过这些特殊的工艺制作出来的烧饼酥松香脆，美味可口。在没有冰箱等制冷设备的古时，这些出炉后完全冷却了的烧饼，放在严密的容器里储存，可以放置 3 个月不变味。

太平烧饼是义安久负盛名的传统风味小吃，仅有茶杯口大小，形似烧熟了的蟹壳，黄澄澄、油亮亮，几粒黑芝麻点缀其间，恰如别致的饰品。一口下去，香脆可口，持久留香，稍不注意，脆生生的碎屑便从口边蹦出，洒向一地。再看咬过的痕迹，里里外外共有十八层，层层均匀齐整，令人唇齿生津。

太平街臭干工艺

太平臭干，闻臭吃香，因产自义安区西联镇太平街而得名，历来以营养丰富、风味独特而闻名。它制作历史悠久，如今是铜陵地区一道声名远播的风味小吃。

太平臭干在清代时手工制作技术已经娴熟，制作所用的原料为当地的特产——汀洲黄豆，用清水浸透，磨成豆浆，等豆浆经开水煮熟后，与石膏浆冲开沉淀，再用沙布包好，压渗，制成豆腐干。这些

太平臭干

工序中最重要的是，用配好的水剂浸豆腐干，这水剂就是俗称的"臭水"。"臭水"制作堪称一绝：选用芝麻、姜皮、菊花、花生衣 、蚕头粉、茶叶末、食盐等，作佐料制成。

太平街臭干工艺包括筛选、浸泡、研磨、筛浆、过滤、烧煮、点浆、包干、压榨等，整个工序有十几道，几乎全靠手工制作，十分耗时费力，需整整一天才能全部完成。尤其是其中的"包干"环节，先是抓取适量豆腐，用纱布将其包裹成型，每一块的大小分量都需相当，即使是有几十年经验的老师傅，一天制作的千块干子也需要包好几个小时。"包干"之后是"榨干"，所用木制压榨工具，摊开摆放齐整的豆干被层层放入豆腐箱，一层数十块，层层叠加，然后用最原始的杠杆原理，将"包干"后的豆腐水分慢慢榨出，直至压实。这个过程一般也需要一个小时的时间，通过循序渐进的压榨更好地保证豆干的品质和口感。压榨完成的豆干需要将外面的纱布去掉，然后再用清水和盐水各煮一遍，如此便基本完成。

在太平街经营太平臭干的商户有多家，都是家庭作坊，制作工序大体相同，因各家配料有所差异，制作手法也有所不同，制作而成的太平臭干口味也不尽相同。西联镇汀洲钟墩自然村村民汪金龙的家庭作坊，迄今已历十代嫡传，臭干原料配方均属祖传，其制作技艺入选铜陵市级非物质文化遗产代表性项目名录。

太平臭干既可直接食用，也可配置各种凉拌、炒菜，是老少皆宜的休闲食品。直接食用太平臭丁时，最好是将其撕碎，摆成一盘，淋上一勺香油，撒上一小撮香菜碎末，再蘸上香辣可口的辣椒糊，口感细腻，香气四溢。它既可做街边路摊的早茶点心，也可成星级饭店的餐前佐品，豪放者大口成块咀嚼，优雅者抿嘴细品慢咽，各自回味无穷。

五松糖画制作技艺

糖画，顾名思义，是以糖做成的画，它亦糖亦画，可观可食。糖画是我国特有的一种传统民间艺术形式，起源于明代，距今已有 400 多年的历史。作为一种集民间工艺美术与美食于一体独特的传统手工

糖画制作

技艺，糖画制作技艺广泛流传于全国各地。

在古时，糖画主要用于宴请与祭祀活动，后来经过民间艺人的不断改良创新，并吸取中国皮影、民间剪纸艺术的造型手法，逐渐完善成型。糖画题材有戏曲人物、花果、飞禽、走兽、文字等，其中以人物和动物的造型最为有趣。

由于糖料的流动性，即使相同的形象，也不会出现雷同的造型。糖画艺人在长期实践中掌握了糖料的特性，再根据操作的特点，在造型上多施以饱满、匀称的线条，从而形成了独有的风格样式，给人以美的享受。

五松糖画分为平面糖画和立体糖画两种，主要内容包括十二生肖、花鸟虫鱼、飞禽走兽、卡通动物、汉字名字等。其制作工序大致

五松糖画

可分为"清水熬糖""大理石板上滴糖""竹签粘糖""铲子铲糖"
四个步骤。几只小勺，一把小铲，一口化糖锅，一块大理石，外加一
捆竹签，便是五松糖画制作时所有的全部工具。制作时，糖画艺人以
糖为墨，以勺为笔，以大理石为纸，运腕走勺，流糖如丝，随着手腕
的抖、提、顿、放，各种图样便逐渐绘制而成，拿在手里观之若画、
食之有味。

第三辑

特产风物

一方水土，地生水香。义安位于800里皖江中心地带，依山襟江含湖，气候四季分明，自古便孕育出了极具地方特色的丰饶物产，古时有"八宝之地"的美誉，而今牡丹花开、江豚嬉戏、铜草迎秋等也是一城风物。

铜陵八宝

"铜陵虽小，八宝俱全，金银铜铁锡，生姜大蒜麻。"这是在铜陵地区传唱古今的"铜陵八宝"民谣，它形象地概括了"小"铜陵的物之"丰"，是旧时铜陵人在介绍家乡时的经典推介之词。

"铜陵八宝"统出于土，分为两大类，一是"金、银、铜、铁、锡"的矿产类，二是"生姜、大蒜、麻"的农特产品类，核心是铜和姜，即青铜和白姜，也被称作是"一青二白"。

关于"八宝"具体内容有所争议，尤其是其中的矿产类内容，比较流行的说法是，"八宝"中所谓的"金银铜铁锡"为泛指，主要是说铜陵物产丰富，并非指具体的矿产。据《辞海》载，古时将金、银、铜、铁、锡等五种金属并称为五金，《现代汉语词典》也解释说：五金，指金、银、铜、铁、锡，泛指金属。孙中山在《兴中会宣言》中也提道："中华，五金之富，物产之多"。而且，义安及铜陵史料上一直没有关于锡资源的记载。

事实上，位于"中国古铜都、当代铜基地"铜陵的义安地区，青铜文化源远流长，自古以铜闻名，并拥有丰富的矿产资源。铜陵铜铁相伴而

商周青铜壁

生，《新唐书·地理志·宣州》条曰："南陵铜陵武德四年原池州，利国山（铜官山）有铜有铁，凤凰山有银。"现已查明资源储量的矿产中，义安区有铁、铜、金、硫铁矿和水泥用石灰岩等23种，有各类矿种矿产地98处、能源矿产地13处、金属矿产地50处、非金属矿产地35处。其中，铁矿矿产地19处，共伴生矿产地8处，累计查明铁矿石量10705.1万吨，保有铁矿石量2590.9万吨。铜矿矿产地18处，共伴生矿产地7处，累计查明铜金属量1857424吨，保有铜金属1215245吨。金矿矿产地6处，共伴生矿产地22处，累计查明金金属量216931千克，保有金金量90439千克。硫铁矿（矿石硫）矿产地8处，共伴生矿产地9处，累计查明硫铁矿矿石量13804.0万吨，保有硫铁矿矿石量9170.3万吨；硫铁矿（伴生硫）矿产地9处，累计查明硫元素量884.8万吨，保有元素量569.7万吨。铅矿矿产地3处，共伴生矿产地11处，累计查明铅金属量585831吨，保有铅金属量565594吨。锌矿矿产地3处，共伴生矿产地13处，累计查明锌金属量1258715吨，保有锌金属量1139236吨。煤矿矿产地13处，累计查明保有资源量2059.2吨，资源储量2787.7吨，保有煤矿量2059.2吨。由于义安及铜陵地区的硫矿丰富，不少人认为，应以"硫"代替"铜陵八宝"中的"锡"。不过也有声音认为，锡矿应为铅锌矿的误认。

理由是，铅锌矿和锡矿外形相似，性质相近，不经科学检测，很难严格区分，且古代就有不少这样的错误实例。

义安农林作物丰富，作为农作物之首的"生姜"自不必说。据《铜陵县志》，

铜陵白姜

明万历年间（1573—1619），大蒜即被号称为"铜陵八宝"之一。大蒜含有特殊的辛香味，古称为五种"荤菜"之一，历来作为烹调佐料食用，又因其含有大蒜素，具有较强较广的杀菌作用，也常作为药用。

苎麻自古便被誉为"苎麻之王"。相较于其他地方的苎麻，铜陵苎麻有粗犷、挺括、典雅、轻盈、凉爽透气、抗菌等优点，其优越性与独特风格是普通苎麻无法比拟的。义安土地适合所有优良苎麻培育，芦竹青、园叶青等苎麻良种在此得到优化。据《铜陵县志》等有关历史资料记载，清朝顺治乙未年（1655），原铜陵县境内便种有苎麻、黄麻、白麻、葛麻等多个品种，主要分布于低山丘陵地区，以当时的金榔、钟鸣、新桥、朱村和董店等乡镇居多。20世纪80年代中期，铜陵麻纺织品走俏国内外市场，苎麻纺织成为轻工业的"名片"。1986年，铜陵县苎麻种植面积达7000亩以上，共计麻类面积2万亩以上。到1987年，面积又增加7081亩，共计28000亩以上。这时铜陵苎麻培育技术已经很先进，生产规模也已是中国乃至世界最大，这也是铜陵麻业种植鼎盛的时期。如今，苎麻的需求量大为减少，义安区已很少种植。

铜陵苎麻

铜陵"八宝"，与其说实指八种特产，不如说是对义安之地物产丰盛的美誉。

泡桐

泡桐

铜陵义安不仅产铜，也出桐。此桐即泡桐，是铜陵市的市树。它挺拔坚韧，寓意品格美好，民谚有云："今朝植得泡桐旺，明日招来金凤缘。"

义安的泡桐种植历史悠久，享有"泡桐之乡"的美誉。早在北宋时期，历史上的著名科学家、铜陵县贵上耆土桥（今义安区钟鸣镇）人陈翥就撰有专著《桐谱》，对泡桐的类属、习性、种植、采伐、利用等方面进行了系统详尽的论述，是世界上最早记述桐树栽培的科学技术著作。

泡桐是一种高大乔木，树高可达二三十米，树干耸直，枝繁叶茂，树冠如盖，拥有着强大的生命力，既耐高温又耐严寒，即使在零下20℃的低温环境中也能存活。泡桐的生长速度也很快，很容易成才，可以"一年一根杆，二年一把伞，三年锯木板"。

泡桐浑身是宝。它材质轻而韧，不易开裂，既防潮隔热，又耐酸耐腐，常被用于制作各种家具、农具以及木质乐器。花不仅可作饲料，也可育肥，树皮和叶还能入药。《本草纲目》记述："桐叶……主恶蚀疮著阴，皮主五痔，杀三虫。花主傅猪疮，消肿生发。"现代医学也认为泡桐的叶、花、木材有消炎、止咳、利尿、降压等功效。

每至清明前后，乍暖还寒，义安之地泡桐花渐次盛开，或紫或白，干净素雅，清香沁鼻，别有一番韵味。

金榔檀皮

檀皮即檀树皮，义安区钟鸣镇境内的钟、缪、钱三条山冲是远近闻名的檀皮生产地，故钟鸣又被称为檀皮之乡。

檀皮是制作宣纸的重要原料，泾县籍近代著名文人

檀皮

胡韫玉在《宣纸说》中写道："纸之制造，首在于料，料用楮皮或檀皮，此生于山石崎岖倾仄之间者，方为佳料。"我国的檀树主要有三种：黄檀、青檀和紫檀，黄檀和紫檀这两种檀树的皮都不能做宣纸原料，只有青檀树的皮才是宣纸的专用原料。青檀一般称青檀树，植物学

的分类划分在榆科，是我国的特产。用青檀皮制造出来的宣纸，吸附性强，不易变形，抗老化，防虫蛀，寿命长，使纸张具有薄、轻、软、韧、细、白六大特点，有助于书画家在书画创作时达到浓淡多变，增加吸墨性的特殊风格。自明代以来的名人字画、历史文献等，凡用宣纸书写、印刷、摹拓者，很多都完好无损，一直善传至今。故宣纸素有"纸寿千年，墨韵万变"之盛誉，而这与其原料青檀皮是分不开的。

安徽省是青檀树的主要产地，义安区钟鸣镇金榔一带山高林密，山涧小溪密布，流水终年不息，其气候特点和地理特点十分适宜青檀树生长，是青檀重要的生产地之一。当地农民也有着丰富的种檀取皮经验，在新中国成立前就生产檀皮销往泾县制作宣纸。

每年的 12 月到来年的 3 月是檀皮收获季节，钟鸣金榔当地村民先是砍下檀树枝干，堆放在檀皮窑上熏蒸五六个小时，再剥下檀皮。加工需经过蒸煮、浸泡、剥皮、摊晒等多道工序，其枝干的长短、堆放方式、熏蒸火候等加工流程都非常讲究，对檀皮的产量和品质有较大影响，完成后主要销往宣纸制造厂。

青檀树体高大，树冠开展，树形优美，绿荫浓绿，树皮暗灰色，片状剥落，形态各异，季相分明，秋叶金黄，极具观赏价值。

铜草花

有一种神奇的植物，外形如同牙刷，花开紫色。它因铜而生，与铜相伴，有它的地方必有铜矿，这便是铜草花。

铜草花学名海州香薷，专生长在含铜元素较多的土壤之中，是地球上已知能够比较准确地显示铜矿藏位置的特色植物，在探矿技术

铜草花

还不够发达的古代，人们就是依靠它的指引来寻找铜矿。有歌谣一直传唱："铜草花、开紫花，哪里有铜哪里就有它。"

铜草花一般在 10—11 月秋冬交替时节开花，花色多为紫红色或紫蓝色，开花时茎叶亦呈紫红色，连片绽放时犹如一片紫红色的火焰，蔚为壮观。与一般花草不同，铜草花不仅可作观赏，还可入药，据《中华人民共和国药典》记载，铜草花性辛，微温，功能发表解暑，散湿行水，主治夏月乘凉饮冷伤暑、头痛、发热、恶寒、无汗、腹痛、吐泻、水肿、脚气等。

铜草花是铜陵地区较为独特的一种植物，只生长在含有铜元素的土壤里。在义安，铜草花曾经遍布在凤凰山等铜矿区，后因矿山开采，地表浅层铜矿资源日渐枯竭，铜草花的生存环境受到严重破坏，成片的铜草花早已变得难得一见。如今，凤凰山景区将相思谷处一座废弃的铜矿尾矿库改建成铜草花园，重种铜草花 80 亩，每至花开时节，花浪如潮，现已成为义安区又一网红打卡之地。

深秋时节，来到凤凰山景区里的铜草花公园，放眼便是一片铜草花紫色花海。

白鱀豚和江豚

　　白鱀豚和江豚都是生活在长江里的珍稀哺乳动物，前者已被宣布"功能性灭绝"，后者也于 2021 年从国家二级保护野生动物升级为国家一级。位于长江中下游的义安区拥有长江主航道 49 公里、老洲夹江 13 公里、胥坝南夹江 25 公里、三条通江河流 38.5 公里，总计 125.5 公里，是铜陵淡水豚国家级自然保护区的重要组成部分，自古便是白鱀豚和江豚重要的活动和栖息场所之一。

白鱀豚

　　白鱀豚被誉为"长江女神"，是很古老的动物，根据化石考证结果，它至少在 4000 万年的中新世和上新世就已经存在，比大熊猫还要古老，是真正的"活化石"。我国对白鱀豚的认识和记述有 2000 多年的历史，秦汉时期的辞书《尔雅》就对其有记载和描述。在中国的古代文学中，白鱀豚常被当作美丽善良的象征，清朝蒲松龄的《聊斋志异》中那个心地善良的白鱼精白秋练就是白鱀豚的化身。白鱀豚没有鳃，靠肺呼吸，呼吸孔只有一个，位于头顶额隆部，主要分布于长江中下游的干流地区。然而，受长江水体恶化等原因影响，白鱀豚种群数量锐减，2007 年 8 月白鱀豚被宣布功能性灭绝。然而，一些民间组织和个人并未放弃对白鱀豚的寻找，此后就多次传出有人在义安江段等地拍摄到白鱀豚的照片，专家也回应称"疑似"，但并不确认。

和白鱀豚一样，江豚也是一种生活在长江中的珍稀哺乳动物，义安人们习惯将其称为"江猪"。江豚共有三个物种，分别为长江江豚、东亚江豚和印度洋江豚。生活在义安及铜陵江段的江豚为长江江豚。相较于白鱀豚，江豚的体型更小，成年体型长约 1.2~1.6 米，体重 50~70 千克，寿命约 20 年。它的头部较短，近似圆形，额部稍微向前凸出，眼睛较小，吻部短而阔，上下颌几乎一样长，牙齿短小，左右侧扁呈铲形，由于其嘴部看着很像是人的微笑，因此也被称为"微笑天使"。江豚在地球上已生存 2500 万年，是世界自然基金会确定

江豚

的 13 个全球旗舰物种之一，主要分布于长江中下游干流及与之相连的洞庭湖、鄱阳湖地区。近几十年，由于生态环境恶化，江豚的数量一度呈下降趋势。2013 年，长江江豚被 IUCN 红色物种名录列为"极度濒危"物种。而随着十年禁渔政策的实施，长江鱼类资源开始恢复，江豚的食物变多，数量也开始有所增长。2022 年，长江江豚的种群数量达到了 1249 头，比 2017 年普查时增加了 237 头，实现历史性的止跌回升。

长江义安段作为江豚的重要活动场所，1985 年 5 月 18 日在铜陵长江段两次出现 2 只白鳍豚，大通渔民在长江捕获一头中华鲟，旋即放回长江，受到有关部门表彰。近年来，区境内更是频现野生江豚群。2021 年 10 月 31 日上午 9 时许，在义安区胥坝镇新洲渡口附近水域（长江干线），铜陵海事处海事执法人员在巡航时发现，3~4 头野生江豚结伴在江中戏水。2023 年 3 月 27 日，《中国绿色时报》以《长江安徽铜陵段发现较大野生江豚群》为题报道义安区胥坝江段，"江豚保护者近日发现 30 多头野生长江江豚争相跃出水面，有的缓慢游动、悠闲嬉戏，有的跃出水面、逐浪前行，其中还能看到母子豚的身影"。现在，在长江铜陵义安段看到野生江豚已不是稀奇事。

铜陵大蒜

铜陵大蒜也称太平大蒜、汀蒜，因在西联镇汀洲村长期种植而得名，主要分布在西联、胥坝等江边洲区和江心洲。

铜陵土地肥沃，光照充足，十分适宜大蒜生长。太平大蒜种植时精选优质蒜瓣，采取传统种植工艺，于白露霜降时节栽种，次年谷雨采收。当年底和次年 2 月就有蒜苗上市，而大蒜鳞茎（俗称）一般在 4 月间均可收获。俗以大蒜常在中秋节前插播，而在端午节前起挖完毕，故有"端午不在地，中秋不在家"之谚。太平大蒜色白味美，肉质脆辣，既可佐餐，也可饮酒。《安

太平大蒜

徽土特产资料类编》记载，铜陵大蒜"衣薄多层，个头肥大，耐拌不散，味美气香，汁多油多，久储不烂"。跟其他大蒜相比，铜陵大蒜具有香味浓郁，质地脆，辛辣味浓等特点。

太平大蒜有着辉煌的历史，曾出口到港澳地区及东南亚诸国，但总体发展呈跌宕起伏之势。据记载，铜陵蒜子在新中国成立后，年产量百余吨，20 世纪 80 年代达到顶峰，年产量超 2000 余吨，不仅有外贸出口，还有蒜油加工，产业一度兴旺。但之后受价格波动、市场冲击等原因，生产规模下降，尤其是 20 世纪 90 年代中后期，受外来大蒜品种的冲击，铜陵大蒜的生产面积与产量徘徊下降。近年来，政府部门加大对铜陵大蒜的良种资源保护和利用，其生产规模也呈现出一定的上升发展趋势，并被加工成糖醋、酱香等口味产品。

据清乾隆《铜陵县志》记载，当时老蒜乃为本县大宗交易土特产品，多由坐贾行商贩销往外地。

再兴圩萝卜

再兴圩萝卜因产自西联镇再兴圩一带而得名。它色白如玉，皮薄肉嫩，汁多肉满，不抽丝，不空心，入口不辛辣，甜脆可口，且只生一根主根，没有须根，是义安区的一种标志性作物。

再兴圩萝卜

关于再兴圩萝卜，有一个温情的传说。说是有一年冬天，天寒地冻，一个老农挑着一担萝卜到集镇去卖，路遇一位落魄书生，见他饥饿难耐，便送上一个萝卜给书生充饥。书生吃后连连说："此乃土人参也"。数年后，书生成为将领，屯兵于不远处长江江心洲，派人前来采购萝卜，时人方知他是吴国大夫伍子胥——相传当年伍子胥筑坝为壕之地现名为"胥坝"，从此之后，再兴圩萝卜便名声大噪。

再兴圩萝卜的吃法也有很多种，除日常的炒、煮、炖外，还可腌制、油炸。腌制萝卜一般切丝晒干，拌上麻油，作早茶食用。而油炸萝卜则是在腊月，将萝卜洗净切碎后，拌上山芋粉，捏成丸子，再入锅油炸，酥脆可口。当地人生吃萝卜也很讲究，将萝卜洗净，开水微烫，或直接吃，或切成块状，撒上白糖，当点心吃。萝卜的苗菜还可制作成菜肴，无论是炒是煮，亦或是凉拌，都是一道美味小菜。再兴圩萝卜还可入药，其性凉味辛甘，入肺、胃二经，可消积滞、化痰热、下气贯中、解毒，可用于治疗食积胀满、痰咳失音、吐血、衄血、消渴、痢疾、头痛、小便不利等。

义安再兴圩萝卜种植有数百年历史，它肉质致密，适应性广、生长速度快，而且产量高、品性好，深受当地百姓喜爱，有"再兴萝卜一上街，家家户户争着买"的说法。

汀洲大豆

汀洲大豆，也称汀豆、铜陵大豆，因产自义安区西联镇汀洲地区而得名，具有色泽好、籽粒圆、破口少、浆多味鲜等特点，为义安乃至铜陵市的标志性作物。

汀洲大豆原名"平头黄"，有大平头黄和小平头黄两个品系。经科学测

汀洲大豆

定，大平头黄和小平头黄中蛋白质含量分别为 47.87% 和 47.31%，比一般大豆分别高 19.7% 和 18.3%；脂肪含量分别为 18.46% 和 17.5%，比一般大豆含量略低。用汀洲大豆加工制作的茶干口感细腻，久嚼不烂，适宜不同层次、不同年龄段人群食用。而由其加工而成的太平臭干更是义安地区的一道特色风味小吃。

汀豆是夏季作物，每年在 3 月播种，6 月成熟，豆荚饱满，这个时节的汀豆被称为毛豆，是夏天餐桌上必不可少的菜肴。7 月是收获

汀豆的季节，此时的汀豆在晒场一晒，经梿枷一打，饱满金黄的豆子从豆荚里蹦出来，人称黄豆。

汀洲大豆的种植历史悠久，早在明朝时期，以其为主要原料制作而成的茶干就已远近有名。到了清末民初，汀洲大豆更是深受沿江客商青睐。每年秋收时节，就有数十上百的船只云集汀洲江边，等着收购黄豆，一些船等货最长达半个月以上。鼎盛时期，汀洲大豆除销往南京、上海等国内地区，还出口到日本、新加坡等国，年外销量逾百万斤。

1957 年春和 1958 年秋，铜陵汀豆两次在北京农业展览馆展出，深受好评。

老洲小籽花生

"木兰之子""麻屋子，红帐子，里面住着个白胖子""青藤藤，开黄花，地上开花不结果，地下结果不开花"……这些谜语说的都是同一种经济作物——花生。作为一种古老的栽培植物，花生在我国广泛分布，十分常见。然而，产自义安区江心洲的小籽花生却独具特色。

义安区濒临长江，境内目前有两座江心洲，分别是现在老洲乡和胥坝乡。这里地势平坦，土壤肥沃，属典型的沙壤土，常年阳光充足、日照强，水源丰富，种植出小籽花生品质上乘，口感独特，是义安特有的农特产品，它外观瘦长形美，皮壳薄脆，颗粒饱满，味甘甜酥脆、香而不腻，深受广大市民青睐，其中尤以"老洲和平小籽花生"最为有名。

小籽花生营养丰富，食用方式多样，它可炸、可炒、可煮，可作零食小吃，可作佐餐佳肴，还可作下酒小菜，并且具有较高的药

老洲小籽花生

用价值，其种子、种衣、种壳等都可作为药用，而由其压榨制作出的花生油，也深受百姓欢迎。2024 年，由老洲乡和平村选送的小籽花生和纯花生油被评为首届安徽供销年货大集"消费者最喜爱的年货商品"。

第四辑

地产美食

人间烟火，美食时光。

一个地方的美食，与当地物产相伴而生，也与地域文化息息相关，更是民间传统烹饪技艺的风味。它们以色、香、味的巧妙组合，在烟火气息中彰显着一方水土的味道，是"舌尖上的乡愁"。

传统义安美食属于皖江菜系，以烹制本地土产山货、江河湖鲜水禽等见长，不仅有徽菜火工菜的重油重色，还讲究刀工形色，形成了独特的饮食文化。

餐桌上的一蔬一饭，皆为生活；舌尖上的一饮一酌，都是文化。让我们一起去品味一道道美食，领略一段段津津有味的乡情……

钟鸣杀猪汤

钟鸣杀猪汤

杀猪汤是皖南农村地区一道十分常见的菜肴，但钟鸣杀猪汤却从众多地区的同类菜品中脱颖而出，于 2022 年成功入选安徽省"特色美食"名单，不仅成为当地人美好记忆的载体，也成为众多外地来客不得不尝的特色美食。

钟鸣杀猪汤，"原产地"是在义安区钟鸣镇。过去农村生活条件差，钟鸣地区的农家几乎家家户户都养猪，大多数猪肉用来售卖，是家中的一项重要经济来源。猪杀好后，主人家便将剩下的猪肝、猪血、猪肾等切成薄片，带芡粉氽成一锅汤，用来招待杀猪师傅和前来帮忙的亲友邻居，这道菜就叫杀猪汤。那时，除自家杀猪外，这道主要由猪内脏做成的菜肴，也是过去普通农家难能享有的美味，只有逢年过节或者办大事时才能吃上。如今，随着人们生活水平的大步提升，杀猪汤早已走进了日常餐桌，并经过不断改良，成为当地招待客人必不可少的一道招牌菜，几乎每家每户都能制作，而且成为铜陵地区很多饭店的主打菜肴。

钟鸣杀猪汤改良后，主料以猪肉、猪血、猪肝为主。其中的猪肉一般精选猪背上最好的那块里脊肉，这是杀猪汤香味浓郁的关键。制作方法较为简单，先把主料切片洗净待用，再把猪肉、猪肝等裹上山芋粉拌匀静置片刻，猪血放入高汤煮上五六分钟，再放入猪肉、猪肝，余熟放入胡椒粉调味，出锅时撒上一把葱花，一碗鲜美的杀猪汤便大功告成。闻一闻，香味浓郁；尝一口，肉嫩汤鲜；吞下去，一股暖流传遍全身，通体舒畅。如若再泡上一块农家锅巴，浓郁留香的汤汁再加上酥脆的口感，回味无穷。

钟鸣八宝芝麻肉

八宝芝麻肉原名"八珍饭"，是流行在钟鸣农村地区一道传统的菜肴，以前一般要在逢年过节或者婚嫁等特殊喜庆日子才能吃到，因此也被叫作"喜肉"。

钟鸣八宝芝麻肉

　　传统的芝麻肉主材只有五花肉、黑芝麻两种，辅料也不过糖、盐、鸡蛋清三样，制作时并不复杂，但耗时费力。首先要将黑芝麻炒熟，放入石臼用石杵捣碎，加入食糖搅拌均匀。这样用传统方法研磨出的芝麻更好地保留其纯正香味；再将五花肉洗净切条，中间切片，但不切断，然后再在肉片切开处小心地加入芝麻馅，上锅蒸熟烂透即可。出锅后，可见五花肉呈半透明状，被包裹在里层的黑芝麻隐约可见。尝一口，肥而不腻，既有糯米的软糯，又有芝麻的清香，风味十分独特。

　　随着时代发展，人们生活水平的不断提升，"喜肉"早已不再是喜庆日子的专属，制作方式也经过改良，添加了糯米、红枣、花生米等食材，材料更加丰富，口感也更有层次，已成为当地一道特色名菜。

金榔丹皮熏鱼

　　"烧丹皮，用烟熏。"流行在义安钟鸣金榔一带的丹皮熏鱼，口感独特，营养丰富，是在其他地区无法享受到的美味，中央电视台"远方的家"百集系列特别节目《北纬30°·中国行》就曾对其做

金榔丹皮熏鱼

法进行过详细报道。

丹皮熏鱼的关键在于丹皮，它是铜陵特产凤丹的根皮，与白芍、菊花、茯苓并称为安徽四大药材。《本草纲目》记载其"滋阴降火，解斑毒，利咽喉，通小便血滞。后人乃专以黄蘗治相火，不知丹皮之功更胜也"，是说它有镇痛解热、清热凉血、活血散瘀、抗过敏等功效。

丹皮熏鱼中的鱼是当地山泉滋养出的野生小河鱼，肉质细嫩，味道鲜美。捕捞后去鳞洗净，用盐腌制一整晚后，再晾晒至半干。熏制时，将细碎的丹皮根须置于火炉火之中，一起放于木制火桶之内，再将小鱼平铺在火桶上方，连续熏制四五个小时，以小鱼的两面被熏成金黄色为最佳，然后再继续晒至全干。炒制时，将晒干的小鱼用温水浸泡约半小时，沥干水分后备用。热锅倒入当地产的木榨油，煸香葱姜蒜，放入小河鱼简单翻炒，加醋去腥，再加以青红辣椒，翻炒焖煮几分钟，待香气弥漫之时，便成一道色香味俱全的特色佳肴。

丹皮熏鱼出锅后的鱼肉外焦里嫩，咸鲜味美，并带有微微的丹皮特有的中药香味，不少到当地游玩的市民游客就是冲着这道传统美食而去的。

铜陵米粉粑粑

米粉粑粑是一种时令小吃，以前一般只在过小年时才会制作，属于一种节日食俗。相传，元朝末年，朱元璋在鄱阳湖一带作战，当地百姓为将士们制作了遇水不坏的军粮，后鄱阳大战告捷，朱元璋赐名为"仙米粑"，这也是米粉粑粑的由来。

义安地区大多在农历腊月二十四过小年，也有部分是在腊月二十三，有过小年"送灶"的习俗。旧时民间认为"灶王爷"是掌管

铜陵米粉粑粑

一家人一年祸福的神灵，每逢过小年都要上天庭汇报情况。这一天，人们都要制作米粉粑粑，并且将第一锅粑粑作为祭品供奉"灶神"，希望"灶王爷"上天后多替自家说好话，给家中带来更多福事。因此，米粉粑粑也被称为送灶粑粑。以前义安地区还有正月初八举办粑粑会的习俗，粑粑会也称粑粑宴。这天，家家户户都会把自家桌子送到一个共用的房屋里，然后将自己制作的各种粑粑摆放上桌，共同享用，共庆佳节。

米粉粑粑以米粉为主要原料，需经磨粉、炒粉、捏团、填馅、压花等工序，全为手工制作。在义安地区，米粉粑粑的品种不一，用料不同，各有各的讲究，各有各的风味。米粉有的用糯米，有的用籼米；有的加馅，有的不加馅。馅又根据个人口味，咸菜、芝麻、白菜、萝卜、豆角、肉丁等均可入馅。成品即可蒸食，也可油煎。为了让米粉粑粑更加美观精致，人们往往还会刻有花纹、鱼形、如意等造型别致、寓意美好的粑粑拓为其印花。

随着时代变迁，义安很多地区仍流行在过小年这天制作米粉粑粑的习俗，但大多将其留作自家食用，很少有人将它当作送灶祭品。久而久之，米粉粑粑便成为当地的一种传统节令食品。

钟鸣雪枣

钟鸣雪枣，产于义安区钟鸣镇，由精面粉、精糕粉、白糖、苏打、麻油等制作而成，色白如雪，外形如枣，内如蜂房，入口松酥，香甜可口，是当地百姓馈赠亲友和宴席调味的佳品。

钟鸣雪枣

关于钟鸣雪枣名字的由来，当地民间流传着一个这样的传说：清乾隆年间，钟鸣有位叫做徐昱公的商人。他家开有一间枣糖铺，所产的优质枣糖远近有名。徐昱公仗义疏财、济危扶贫，每逢灾年，便开仓济民，还私出银两兴修水利，很得民心。一些豪绅出于嫉妒，联名向州官诬告徐昱公收买人心，有谋反之意。州官不问青红皂白，没收了他的家产，把他软禁在花园岭种花。

徐昱公有一个妹妹叫徐清仙，貌若天仙。在他蒙冤的第二年，被纳入后宫做了皇妃。徐清仙与徐昱公自幼感情笃深，深为哥哥被奸佞谗言中伤而抱屈，一直寻找机会为其申冤。

一天，皇上到徐清仙房内，徐清仙便捧上一盘家乡的枣糖请皇上品尝。吃惯了玉食金餐的皇上品尝枣糖之后，只觉舌香喉甜，爽心清肺，连称"妙食！"徐清仙趁机问皇上："枣糖好不好？"皇上龙颜大悦："好！"徐清仙又问："枣糖白不白？"皇上笑答："白！"

徐清仙突然抽支毛笔，蘸上墨，对枣糖上一点，顿时，枣糖便染黑了一片。徐清仙问："枣糖还白吗？"皇上一脸茫然，不解其意。徐清仙放声痛哭道："这枣洁白如玉，可是它的主人——我的哥哥徐昱公却蒙受了不白之冤！"然后一五一十地叙述了徐昱公遭受奸佞谗言的经过。皇上龙颜大怒，立即下旨令巡抚前往钟鸣，重新调查徐昱公一案。后来，巡抚推翻了诬告，出榜为徐昱公昭雪。诬告陷害徐昱公的豪绅和制造冤案的州官，都得到了严厉制裁。巡抚还把徐昱公做的枣糖命名为雪枣，取"雪白"之意，"钟鸣雪枣"的叫法便一直流传至今。

钟鸣雪枣吃起来口感酥脆，味道甜香，入口即化，是义安的传统名点。

金榔油没鸭

金榔油没鸭，表面色泽金黄油亮，外酥香而里嫩，有一种特殊的鲜美味道，不仅可以作为热菜食用，还是当地人馈赠亲朋好友的随手礼品，被评为铜陵"十佳美食"之一。

金榔油没鸭

金榔油没鸭制作时选用当地正宗本鸭为原料，把鸭掏膛洗净后焯水定型，涂油上色；热油，炸至金黄色；下入配好料的柴锅中，微火煎3小时，酥软即可上盘食用。

凤凰山农家炒粉丝

凤凰山农家炒粉丝，精选优质山芋制成粉丝，晶莹剔透，不易断、不易散，口感绝佳。粉丝搭配蔬菜或肉类食用，可以均衡营养物质，保证摄入膳食纤维、蛋白质、烟酸等营养吸收。

凤凰山农家炒粉丝选用的是凤凰山沙土地种植的山芋，先将粉丝泡水，变软后静置；热油后先将肉

凤凰山农家炒粉丝

丝炒熟，放入青（红）椒丝、香干丝炒熟；放入粉丝，快速翻炒，至油亮晶莹即可出锅。

义安炭火豆腐

义安炭火豆腐颇具江南特色，是一道素菜吃出荤菜味道的农家菜，它精选老品种小粒黄豆磨粉制作老豆腐，豆香味浓郁。与黑猪肉共同炖煮，肉香荤油浸入豆腐，软嫩鲜香，充满肉味。

义安炭火豆腐

义安炭火豆腐制作时老豆腐切块，猪肉切片；菜籽油下锅烧熟，猪肉炒熟；加入高汤，放入老豆腐块；加入盐等调味品，炭火炖煮20分钟，撒葱花后出锅。

流潭糊粉

流潭糊粉是流行于东联流潭一带的一道农家家常菜，做法简单，食材常见，深受百姓欢迎。

流潭糊粉由红薯粉、卤汤、白干子、花生米、香菜、土鸡蛋构成，先将花生米碾碎，白干子切成小块，土鸡蛋搅拌成糊备用；水、卤汤烧

流潭糊粉

热后，加入花生米、白干子和鸡蛋；锅烧开加入红薯粉，搅拌成糊，最后加辅料即成。

东联鱼虾一锅鲜

东联鱼虾一锅鲜是东联一道家常名菜，鱼肉质鲜香滑嫩，汤汁浓郁，深受群众喜爱。

东联鱼虾一锅鲜制作时先将铁锅加菜籽油烧热，放入晾干杂鱼，中火煎炸；加入少许白酒、盐、蒜末、

东联鱼虾一锅鲜

姜末，加凉水煮熟，最后放入小虾煮熟即可。

胥坝汆鱼汤

胥坝汆鱼汤主要流行于江心洲胥坝乡。相传，乾隆下江南时，与随从走散，又饿又渴时遇一对渔家夫妇，渔家便煮了一碗鱼汤给他喝。乾隆闻到一股鱼腥味，本想拒绝，怎奈早已饿得头昏眼花，只好皱着眉头强忍着喝下，怎知入口竟觉十分鲜美，连声称赞。

胥坝汆鱼汤

胥坝汆鱼汤以黑鱼为主料，洗净煎好后备用；锅中加入温水，再将鱼入锅；加入辅料，锅开后，转用文火煮约 25 分钟，待鱼汤呈乳白色即可。

顺安卤猪蹄

顺安卤猪蹄，颜色红润鲜香，营养丰富，含多种胶原蛋白。相传，清代一名赶考秀才在顺安吃了卤猪蹄后赴考金榜题名，所以这里的卤猪蹄又名"状元蹄"，是顺安一些饭店的一道招牌菜。

顺安卤猪蹄

顺安卤猪蹄制作时选用新鲜猪蹄，过沸水，去除残留角质、毛发，加工后放入自制老卤中，放入调料，文火慢炖3小时左右即可出锅。

胥坝咸鸭焖饼

胥坝咸鸭焖饼选用的是胥坝乡农村散养麻鸭，切块焯水，水分炒干后，加入适量的生抽、酱油翻炒均匀，然后加入十三香、白胡椒粉、冰糖、适量水，文火炖半个小时。

胥坝咸鸭焖饼

相传，渔民因外出捕鱼，船上条件有限，烧饭炒菜时把小泥炉放在船板上，再放上一口铁锅，下面支几根干柴生火，然后按家常的做法煮上一锅咸鸭，锅边还要贴满面饼，便产生了这种饭菜合一的烹调方法，一直传承至今。

金塔百合炒鸡蛋

金塔百合炒鸡蛋以天门镇农村土鸡蛋和当地自产的百合为主料，先将百合洗净待用，土鸡蛋打好调味。热锅加水烧热，放百合汆水待用；热油放入调好的鸡蛋定型，加入百合炒匀，放入葱花出锅。

金塔百合炒鸡蛋

金塔百合炒鸡蛋既是一款家常养生菜品，清淡美味，口感宜人，也是一道具有药用价值的药膳美食，尤其是其中的鲜百合，有助于促进食欲、降低血压、健脑清肠、低脂健康，搭配鸡蛋，营养更是翻倍。

金塔凉拌板蓝根

金塔板蓝根是一种传统的中药，名为大青叶，不仅吃起来回甘爽脆、回味无穷，而且具有清热解毒、凉血消斑的药效，被称作是"天然的感冒药"。

金塔凉拌板蓝根精选产自天门镇金塔村地种板蓝根叶，辅以蒜泥、

金塔凉拌板蓝根

小米辣、花生米等，加以调料拌匀，即成一道可口凉菜。

成德苏味卤鹅

"喝鹅汤，吃鹅肉，一年四季不咳嗽"，鹅肉营养含量高，具有补阴益气、暖胃开津、祛湿抗衰等作用，是民间食补佳品。而老洲乡成德苏味卤鹅更是肉质肥美，香滑入味，肥而不腻，深受欢迎。

成德苏味卤鹅选用优质大白

成德苏味卤鹅

鹅，去毛洗净，取出内脏，开水煮 5 分钟后取出，用冷水冲洗后沥干水分；加入八角、茴香等辅料和自制独家调料包及葱、姜、白酒等制成卤汤；将鹅放入熬好的卤汤柴火炖煮，大小火交替卤制三四个小时，关火焖 30 分钟即可切盘。

顺安清真牛肉

相传，清道光年间，回民沙尊化自南京迁居顺安，自此顺安金山一带逐渐成为回民聚集地。顺安回民多以商业、手工业、买卖耕牛（菜牛）及兽医为职业，这里的清真牛肉采用祖传配方，世代相传，精心制作，脂肪含量低，富含铁、肌氨酸、结合亚油酸等，可当早茶点心，

顺安清真牛肉

可作下酒菜，深受义安及周边人民喜爱。

顺安的李氏清真牛肉分块码盐过水，大火氽水后取出晾干入锅，放入八角、辣椒、桂皮、盐、白糖等调料，微火卤制 3 小时出锅。

义安芝麻饼

义安芝麻饼是义安地区一种常见小吃，做法大同小异，口味根据不同馅料有所差异。选用其农产品种植基地种植的老品种小粒芝

麻，馅料含油量高，芝麻细腻香醇，外壳采用全手工杵粉，经过多道工序手工制作而成。

义安芝麻饼制作时将面粉揉成光滑的面团发酵后准备芝麻馅料；面团分匀，加入馅料，包好后压成饼状，烤之表皮变黄即可。

义安芝麻饼

义安小刀面

小刀面是一种义安市井类传统美食，它爽口筋道，风味独特，养心养胃，为众多食客所钟爱。义安地区有不少小刀面面馆，其中的裴师傅小刀面是铜陵老字号，迄今已有30余年历史，面条为纯手工擀制，曾被安徽电视台等多家媒体报道，深受当地群众喜爱。

义安小刀面

小刀面制作时主要有揉面、醒面、擀面等步骤；面条下锅煮熟后，配以独有的面条汤料和浇头，味道十分鲜美，口感绝佳。

第五辑

岁时节令习俗

岁时节令,也称为岁时、岁事、时节、时令等,是人们在社会生活中约定俗成的一种集体性习俗活动。各种岁时风俗活动的产生,与气象、物候、生产、生活、信仰、娱乐等密切相关,显示了我们祖先对自然运动规律的认识与把握,对美好生活的向往。

义安区民间最重视的传统节日是"一年三节",即春节、端午、中秋,其他还有清明、重阳、冬至以及农事节气等,都沿袭相传留下了一些习俗,寄托着人们的情感,是地域人文风情的生动展现。

春节

春节是中华民族最隆重、最富有特色的传统节日。义安人称春节为"过年"。民谚"有钱无钱，回家过年"，在外务农帮工的人到了过年，是无论如何都要回家团圆的。在义安民间，传统意义上的春节是指从腊月二十四的祭灶（又叫小年）开始，一直到第二年的正月十五，过了正月十五春节才算过完。

小年

进入腊月以后，义安农村就开始呈现出过年的氛围。这时农田中的秋收冬藏已过，人们砍柴、烧炭、磨面、做糖糕、腌腊鱼腊肉、晒冻米籽、做米粉粑粑，忙得不亦乐乎。义安人有在腊月腌制鱼肉的传统，这时腌制的鱼肉称为"腊鱼腊肉"，通称"腊货"，在墙上挂得整整齐齐、红红火火。

义安地区的小年一般是腊月二十四。明嘉靖《铜陵县志》载："腊月二十四，祀灶。"部分也有以腊月二十三为小年的，多为近百年来从外地移居义安的人家。

义安民间小年的主要活动是"除尘"和"送灶"。"除尘"又叫"掸尘"，这一天无论是瓦舍还是草堂，都要打扫干净，床帐、被褥都要彻底清洗。因"尘"与"陈"谐音，扫尘象征着"除陈布新"。"送灶"是指送"灶王爷"。义安农村过去都以柴草为燃料，家家户户都有一口砖砌的大灶。比较规范的灶制是三大锅、两大吊。三口大锅中，最大的锅在最里面，专门烧水，中间的二号大锅煮饭，最小也是最外面的锅炒菜。每两口锅之间都有一个很深的铁制筒形水罐，义安人称为"吊罐",用来热水,以节省能源。这样的大灶一定要有一组比较大的烟囱来排烟,所有的炊烟最后汇集到一个长烟囱,直通屋顶。在烟囱的半腰设有一个小神龛,这是"灶王爷"的位置。在神龛里还画了一张灶王爷的神像。这神像倒没有什么特定的样子,有的画得像土地公公,有的画得像财神爷,有人怕灶王爷孤单还画了一个"灶王奶奶"。每年腊月二十四,灶王爷要回天庭去向玉皇大帝汇报工作,所以灶王爷神位旁张贴的对联是"上天奏好事,下界保平安",横批是"大司命府"。玉皇大帝听了灶王爷的汇报后,再将这一家在新的一年中应该得到的吉凶祸福的命运交给灶王爷掌握。灶王爷上天一直要到除夕晚上,再用同样的方法把他从天上接回来。送过灶王爷以后,全家老小吃一顿好饭,小年的仪式就结束了。

小年以后,到了腊月二十七、二十八,传统民俗中在这两天要集中洗澡、洗衣。义安有"腊月二十七,里外洗一洗;腊月二十八,上下擦一擦;腊月二十九,邋遢全搬走"的谚语。全家男女老少洗澡换衣,除去一年的晦气,准备迎接来年的新春。

除夕

义安人把除夕日称为"三十晚上"。因农历腊月有月大、月小之分。如果是月大就有 30 天,月小只有 29 天,但不管除夕日是在二十九还是三十,也不管除夕日是白天还是夜晚,这一年中最后的一整天,从早到晚统统都叫"大年三十晚上"。

除夕的第一桩事是贴春联、贴门神、贴门庆、挂中堂。关于春联的来历义安有一则民间传说。现在的春联基本上都是从上到下一长条,字数最少 5 个,最多达到一二十个。但义安过去大门所贴的春联有自己的规制。房屋的大门一般是两扇门,每扇上都贴一张大约四六比例的长方形红纸,对联的联语有五个字、六个字、七个字的,分两行,从两边往中间写。中间一行是两个字或三个字,构成一个繁体字的"门"字形。为什么会这样呢？据说义安乡间在明代以前，有钱人家过年在门上贴门神像，买不起门神的人家就弄一张和门神一样大小的红纸贴在门上。有一年，苏州大才子祝枝山跑到义安亲戚家来过年，三十晚上他喝多了酒到户外夜游，看见家家户户的门上贴着无字的红纸，一时兴致突发，趁着酒兴，提笔把所有的红纸都写上了诗句。第二天大家开门，发现门上红纸被人写了黑字，非常不快。后来知道是江南四大才子之一的祝枝山写的，又转怒为喜。此后，义安人过年贴红纸就演变为贴春联了。义安的洲圩区百姓至今仍不说"贴春联"，而是说贴"门神对子"，把"门神"和"对子"一起说，可以看到这一传说有事实的痕迹。义安的春联和全国各地一样都是用红纸书写，但如果某年家中有长辈过世，那家一定要用黄纸书写，联文也常为哀悼的内容。第二年则改用蓝纸书写，到了第三年才恢复正常用的红纸。

义安民间过年除了贴春联、挂中堂以外，还要在门楣上贴一种用红纸做的剪纸装饰品，叫做"门庆"。经考证，"门庆"的正名叫"门旗"，起源于满族人的习俗。然而，天门镇板桥村有一个江村自然村，居民都姓江，他们不贴门庆。原因是某年一位德高望重的老人因为站在凳子上贴门庆摔下来了，喜事变成丧事。从此以后江村后人就不再贴门庆了。

除夕的第二件事是"上腊坟"，下午要到故去祖先的坟头烧纸钱放鞭炮祭拜一下。"上腊坟"一般比较简单，不如清明、冬至那样隆重。这是远在外乡回家过年的亲人祭扫祖先的机会，但不必对坟茔进行修葺。

除夕的第三件事是要接回在过小年时送上天的灶王爷，这叫"接灶"。

年夜饭是除夕的重头戏，中国人没有不重视的。义安人吃年饭的时间一般要到下午3点（申时）以后。民间认为，申时是一天中阳气最旺的时辰。"大年三十申时到，有家归家，有庙归庙"。这时，家家户户鞭炮齐鸣，关门歇业，吃团圆饭。顺安、天门部分地区有中午吃年饭的做法，这是受到湖北荆襄民俗的影响。义安腹地的湖北居民多是清康熙至同治末年移居来的。据《清史稿·卷四十》"志十五灾异一"记载，从同治元年到十三年（1862-1874），湖北等地连年"洪水泛滥，水高丈许"，使得百姓流离失所，四处逃荒。当时义安的顺安镇以东是一片广袤的内湖和湿地，名"新塘湖"。这里地广人稀。曾国藩率湘军镇压太平军过义安的同时，将大量湖北荆襄农民举家迁移于此。他们"插草为标"，圈地垦荒。现在还能见到湖城、观湖、铁湖、叶湖等村名，就是从这里来的。这些湖北移民融入了本地居民之中，受到本地居民生产、生活习俗的影响，也带来了湖北的民风民俗——正午以前吃年饭就是一例。其实按湖北习俗，吃年饭还更早，往往从头天半夜（子时）以后就开始，一家人围在一起进行年饭仪式，边吃边谈直到天亮，称为"越吃越亮"。移居到义安以后，文化相融，相互迁就，把吃年饭的时间改到了正午。

义安民风俭朴，年夜饭没有十碗八碟的讲究，但也有"三整""三丸"的说法。"三整"就是整鸡、整鸭、整鱼，整鸡是老母鸡，整鱼是鲢鱼。"三丸"就是肉丸、鱼丸、豆腐丸，义安人将"丸"读成"元"，所以很多文章干脆将"丸子"写成"元子"，"三丸"是谐"三元及第"的彩头。如今民间的年夜饭虽然已经没有了那些讲究，但有两样菜仍少不了：一是火锅，义安农村叫"炉子锅"，常常是边吃边把一些冷拼热炒都拨到炉子锅中涮一下才吃，叫"突炉子锅"，那"噗噜噗噜"的声音又好听又热闹。"炉子锅"的档次代表一家人的贫富档次，官称叫"热火朝天"；二是鲢鱼，俗称"碗头鱼"。这鲢鱼当晚是不可以吃的，要一直留到正月十五，寓意为"连年有余"。为了防止小孩嘴馋，后来干脆就不烧熟，仅下锅用油烩一下，到了十五才将这鱼煮熟煮透大家分食。年夜饭中的主食米饭一定要多，确保初一、初二、初三3天都不淘米。这叫"隔年饭"，年年"有吃有剩"。

义安人很讲究守岁，尤其是山区乡镇，如钟鸣镇的金榔。吃过年夜饭后，全家人围着"火笼"谈天说地，或听有学问见过世面的人说天南地北、聊轶闻经纬，义安土语叫"讲古典"，长辈给孩子们包"压岁钱"也在此时。所谓"火笼"其实就是在地上挖一个不太深的圆坑，放上晒干的老树桩再烧，在我国南方叫做"火塘"。冬天家里突然来了客人，主人家不是忙着沏茶，而是首先把火笼烧起来。义安民间大多数地方守岁时不忌讳串门，吃过年夜饭就开始相邀打牌，也不会遭到老年人的训斥。若某家有善于聊天的人，总会吸引来左右邻里一起聊天，主人家会因客人多而骄傲。聊饿了，就着火笼烤粑粑团子，这种烤软的粑粑团子是再香不过的，渴了就喝火笼上面吊罐里烧的开水。这时的聚会比请客吃饭更随意，却更热闹。除夕关门闭户拒绝串访的人家也有，大多是祖上当官的人家，他们从外地带来的说法，说三十晚上为恶魔肆虐的时辰，出门是会中邪的。

按规矩，除夕之夜堂前房内都要灯火通明，通宵达旦。门外的灯笼也不可以熄灭，谓之"长明灯火"。现在有空调有电视，围着火笼守岁的做法已经消失了。自从1983年中央电视台第一次举办春节联欢晚会以来，年三十晚上看春节联欢晚会已经成为一种新的年俗。除夕之夜，华灯通明，炮声不断，驱邪的手段已演变为喜庆的习俗了。

正月

义安人把正月初一、初二、初三这三天叫"三天年"，其中初一这一天最重要。初一原名"元旦""元日"，是一年的第一天、春季的头一天、正月的头一天，所以又称为"三元"；这一天早晨还是岁之朝，月之朝，日之朝，也就是年、月、日三者的开始，所以又称"三朝"。民间习俗大年初一早晨不可以贪睡，早开门早纳吉，开门第一件事就是放爆竹，叫做"开门炮仗"。爆竹一响，真个当阶击地雷霆吼，踏落桃花满地红。这个"满地红"是不能扫的，有的人家要保留到正月初八甚至是十五。要是哪家人睡早觉门前冷清，就会遭到别人议论。

顺安农村不少人家天还没亮就起来开大门，谓之"开财门"。这财必须是由家中年龄最大的当家男主人来开。财门打开，家中全部男性在家主的带领下依次跨出大门，谓之"出天井"。出大门后要在门前摆上香案，供上三荤三素，点香烧纸，燃放鞭炮，祭拜祖先。然后回到家中，由晚辈向长辈叩头拜年。一番仪式过后，才可以吃早茶，出门拜年。这一习俗也是由湖北籍的移民带过来的。

天门镇一带讲究初一早晨吃老鸡下面。鸡头要给当家的男人吃，期盼当家的在新的一年里当好头，带领全家发财致富。面这时不叫面，称为吊钱线。过去的铜钱中有方孔，多了就要用钱穿起来才好存放和携带。大年初一吃吊钱线，寓意将来家里钱会用不完。

拜年是春节里的一项重要活动，从初一开始就进入了拜年的程序。但过去这是男人的专利，妇女则须等到正月初六以后（也有的地方是初三）才能外出走访。接待客人拜年时，主人家要摆上"桌货""烧茶"招待。"桌货"是待客时糕点的统称，包括义安特产香菜、麻酥糖、方片糕、干山芋条、小杂、臭豆干、花生米、烧饼等。其中什么都可以少，但方片糕是绝对不可以少的。因为有客人吃了方片糕会"步步高升"的说法。义安人到亲戚朋友家做客，送给主人家的礼物中一定要有一条方片糕，说是祝福主人步步高升。而主人家回礼，也一定要回一条方片糕，即使原糕带回也不在意，谓之"高来高去"，互祝步步高升。所谓"烧茶"就是煮五香茶叶蛋，又名"元宝"，每个客人都要吃一个。拜年时跑的人家多了，吃的五香蛋也多了，实在吃不下也一定要带走一个，这叫"大家发财，金元宝滚滚来"。如果有人不吃也不带，主人会不高兴的。拜年还有一种"团拜"做法。在金榔水龙山有一个缪村，据说是由一对老祖先发脉下来的。那祖先老太太生育了9个儿子和1个女儿。若干年后儿女独立门户，这一大家族有200多人，老太太还健在。正月初一拜年时，如果一家一家地进行，一人一人地拜，别人着急，老太太也受不了，于是就采用一房一房按顺序集中叩拜。这样既热闹又省了许多劳累，后来逐渐形成了一种传统。拜年一定要在门前或堂前，千万不要跑到人家房间里去。如果长辈或主人没有起床，千万不要跑到床前去献殷勤。如果有人不懂事，跑到未起床的长辈床前叩头，就是咒长辈了。不过万一发生这种情况，可以放一挂炮仗将这不懂事的人赶走，让他把灾星带走。

义安和周边县市一样都有一些春节禁忌。如初一一整天不能扫地抹桌，更不可以向门外泼水，说是会把"扫帚星"引来，把"财气"扫掉，招致霉运。小孩不能乱说话。例如，"死""瘟""倒"这些字都是不吉利的，说错了话是要烂舌头的。"翘"也不可以说，义安方言"翘"就是"翘辫子"，和"死"是一个意思。同时还不能哭，认为啼哭是坏兆头，会招来凶祸。老人们常吓唬小孩说，过年哭了要被灾星割耳朵。

初一忌讨债。所以讨债的人要在三十晚上那天抓点紧把债讨回来。如果到初一讨债，会给债主带来灾星。万一遇到债主初一开口要债，债务人可以尽情把讨债人骂一顿。这时债主决不可以还嘴，只可忍气吞声，否则债主的霉会越倒越大。

初二以后就可以走亲戚了，长年不见的远方亲戚可以利用过年期间联络联络。这里说的"远方亲戚"也有一个界限，义安俗语"一代亲，二代表，三代四代就拉倒"。拜年走动一般要进行到初七，义安人叫"上七"。但初七这天不能出去，初八这天不能回家。所谓"七不出，八不归"。

　　大年初二，嫁出去的女儿要和女婿一起到娘家拜年。进门时女婿一定要走在前面，因为民间认为，新的一年开始，迎接的第一位客人是男人，会给他家带来阳气，这一年就会兴旺发达、万事如意。女儿女婿这次来，至少要吃了中午正餐后才能离开。义安有招待新女婿吃鸡腿下米面的习俗，意思是吃了鸡腿就会腿脚勤，要女婿经常到岳父岳母家来走走。但这鸡腿最好不要吃，只能把面吃掉、汤喝光，鸡腿要留在碗里。因为过去大家的生活都比较艰苦，一年也只能杀回把鸡。把鸡腿吃了，再来了别的客人，岳父岳母就"难做人"了。有时一个鸡腿款待了一天的客人，鸡肉都碎了，鸡骨头还是整的。当然，现如今日子好了，没有了这些麻烦。

　　很多地方正月初三是禁止外出的，但义安没有这个讲究，初二、初三都可以到远处亲戚家去拜年。这两天除了老人妇女留守外，青年男女和小孩都活跃在路上。初三可以倒垃圾，从除夕夜积累起来的垃圾（门口的爆竹屑除外）当天可以出清。钟仓、流潭等圩区有规矩，说初三是稻谷的生日，家家户户都不能吃米饭，但米粑、米面还是可以吃的。这一天要到田头祭稻神，祈求一年风调雨顺。到吃晚饭时，要在香案上摆上供品和酒菜，烧香叩头，送祖先回天。

　　初三开始，一些人家便轮流坐庄，相互宴请。宴席桌上基本上是年夜饭的老菜，尤其是鱼，每天都要端来，每天也都原封不动地端下去。不过每次也还要增加几碗新鲜菜，这就要视主人家的条件而定了。人们称这时的相互宴请为"请春酒"。请春酒一图热闹，二增和气，三是说不定能在春酒桌上谈到农商要事或儿女亲事。特别是儿女亲事，春酒桌上的意见往往会一唱众和，成功率很高。

　　义安人称正月初七为"上七"。传说女娲造万物，在造出了鸡、狗、猪、牛、马等动物后，于第七天造出了人。所以这一天是人的生日，也称为"人日节"。义安习俗，正月初七也是小年，这天必须家人团聚，不能出门。

正月初八又称"放生节"。人们把家里养的一些鱼、鸟等拿到外面，放归野外，表达了企盼世间万千生灵兴旺发达的美好愿望。初八那天如果出门逛悠会被人骂作"放生鬼"，这就是义安人说的"七不出，八不归"之讲究的来由。

过完初八，过年的气氛逐渐变淡，但同村同族相互之间的轮番宴请并不因此结束，要一直闹腾到正月十五或一整个正月才罢。

元宵节

元宵节又称作"上元节"，其实闹花灯就是春节中的一个节庆。因为这是一年中第一个月圆之夜，所以人们自古对这个节日就非常重视。

义安人民有元宵节闹花灯的传统，以花灯为主体的传统民间歌舞非常丰富，构成了义安民俗文化的重要内容。20 世纪 50 年代以前，铜陵县城（今义安区五松镇）一直非常小，所谓"远看铜陵县，近看破猪圈，老爷打板子，四门都听见"。县城号称有四街一巷，最长的东街和西街连起来也不过 500 米，最短的太平巷只有百米出头。但每逢年节，县城的节庆气氛却非常浓，尤其是元宵节。从明清以来县城的四街一巷都有灯会组织，由各街巷有名望的绅士轮流担任会长。灯会以龙灯为主，伴有各式衬灯，如"抬阁"（以未成年的少男少女装扮各种戏剧人物）、"舞云"（手持云灯的队伍）、"挑花篮""竹马灯""抬花轿""旱船"等。每一个灯队的前面都由一个四方的大引灯带头。引灯上写着四个大字，标着古街的名称：来自东街的是老绿龙，标有"紫气东来"；来自中街的分新胜会和老胜会两条滚龙，引灯上写着"乐在其中";来自西街的是金角老龙,标有"祥云西雾";来自北街的为红纸龙,标有"恩光北泽";太平巷则是红滚龙,引灯上四字为"共乐太平"。"彩龙船""花桃子"中多半是少女扮演,乔装打扮,十分艳丽。"舞云"和"马灯"来回驰奔,穿插起舞,令人目不暇接。

义安民间有一则谚语:"正月十五大似年,婆婆拜媳妇年。"说儿媳妇终年操劳,这一天要让她休息休息,由一直闲静享福的婆婆下厨上灶,烧饭给媳妇吃。也有地方在初七,谓"正月初七大似年,婆婆拜媳妇年"。虽然时间不一,但一年到头总有一个让媳妇休息的日子,体现了义安人家庭和睦、老少相敬的优良民风。

清明节

清明在农事上是非常重要的节气。"清明前后,种瓜点豆",稻子也要准备播种了。由于清明有的年份在农历二月尾,有的年份在农历三月头,义安民间农谚有"二月清明莫抢前,三月清明莫退后"之说,"莫抢前""莫退后"指的是春播。那个"退"字要说成"tèn",普通话中没有这个音。

民间通称清明节与七月半、下元节(农历十月半)为三大"鬼节"。清明成为祭祖的节日,则与寒食节有关。寒食节已基本退出了人们的习俗范围,而清明节也就成了我国唯一一个农事节气和传统节庆相合的节日。义安的传统清明节事主要有三个:春祭、插柳、踏青。

春祭
义安土语称为"做清明"。义安清明春祭有"前三后七"之说,即清明的前三天和之后的七天内祭祖。流动在各地的义安人都要在清明节回到家乡来上坟，哪怕春节不回来，这一天也想方设法赶回家。春祭的主要仪式是祭奠。祭奠时要在坟茔墓碑前摆上供品，多为烧好的鱼肉酒菜，酒要洒在地上。然后插纸钱、烧纸钱，叩头祭拜，燃放鞭炮。西联镇钟仓有顺口溜"清明节，官山头一片白，爆竹炸不歇"，说的就是此景。钟仓的官山头足有土坟丘上千座，清明前后方圆百里都有人来上坟。那成片的坟山都挂起纸钱来，真的是一片飞白。所焚烧的纸钱是黄表纸，焚烧前，要用特制的印模在黄表纸上敲打出铜钱的痕印，有的还要用毛笔写上先人的姓名。如果是遥祭，还要写上地址。焚烧时要将纸摞成元宝的形状，既便于焚烧，又有象征意味。烧纸钱时一般由男人点火，女人则在一旁轻轻地念叨，告诉逝者是谁在烧钱，祈求保佑。过去坟前的供品在祭祀以后要吃掉，说是"吃了供品会有福于后人"。后来生活水平提高了，供品也就没有人再吃，永远供在那里。春祭还可以同时对墓茔进行修整，清除杂草，培添新土，以防日久天长坟墓平塌。义安人认为有闰月之年不可以对坟墓有任何动土的作为，此说虽无根据，但至今仍有人相信。

插柳

民国人编《古今笔记精华录》卷二《事原》引唐人笔记认为"清明戴柳圈始于唐"："高宗三月三日祓禊于渭阳，赐群臣柳圈各一，云戴之可免虿毒也。今俗，清明小儿戴柳圈，益其遗意。"人们把柳条编织的柳冠或柳环戴在头上，庆祝清明。义安区胥坝乡有一个千棵柳村，柳树成林。早些年有的穷苦人家还把春天的柳树叶晒干，留到夏天当茶叶泡茶，谓之"柳叶茶"。中医认为柳叶茶可以清热、利尿、解毒，足见柳树同百姓的关系之近。

踏青

踏青并非文人的专利，义安人素有清明踏青的传统。不过，过去穷人的踏青，实际上是到野外寻找刚透芽的新野菜，称为"挑野菜"。清明前后的野菜品种非常多，人们最喜欢用荠菜包饺子或者是用麻油香干冷伴荠菜。义安圩区百姓在清明节有一种特别的节令食物——炒粉菜饼。原料是茼蒿等新鲜野菜加上腊肉和米粉。制作方法是将腊肉放锅中熬出大油后，倒入已燎好的茼蒿或其他新鲜野菜（决不可少了小蒜），以及炒熟的米粉，加盐，在锅中充分搅拌，做成丸子或粑粑状，或烤或蒸或煎而食之。也可以用柳条穿起来挂在门外晾晒，随时都可以食用。后一种是传统的农家吃法。

端午节

端午，又叫端五、端阳、重五等，是我国一个重要的传统节日，也是我国的一个法定节假日。2009 年 9 月 30 日，端午节被联合国教科文组织批准列入人类非物质文化遗产代表作名录，这是中国首个入选世界非遗的节日。关于端午节的起源，说法很多，我国民间有凭吊介子推、凭吊伍子胥、纪念曹娥女、纪念屈原四种说法。义安人采信的是纪念屈原说。明嘉靖《铜陵县志》："端午，插艾，饮菖蒲酒。为黍角以相馈遗。龙舟竞渡，以吊屈原焉。"

"五月五，大江小河龙船鼓"，龙舟竞渡是义安端午节的主要民俗活动之一。乾隆《铜陵县志》载，"五月端午，插艾虎，泛蒲觞，以角黍相馈，竞龙舟于江浒"。古时在城关、汀洲、顺安河、钟鸣黄浒河都有龙舟比赛，以大通为最盛。明嘉靖年间任铜陵县知县的李士元曾写过一首七律《观竞渡》：

> 龙舟神捷饰雄文，扬子江边午日温。
>
> 鼍鼓弥天降怪物，兰桡击水出忠魂。
>
> 追风麟甲黄头合，照银锋铓白浪分。
>
> 世俗不知孤愤意，绿阴深处列壶飧。

这首诗真切地记述了当时铜陵县城五月初五在扬子江边赛龙夺锦的激烈场景。

义安的龙舟活动曾盛极一时，新中国成立后于 1960 年就举办过安庆地区的龙舟赛事，1984 年在大通还举办过安徽省级首届比赛。义安的龙舟队多次参加全国性的比赛，铜陵县的女子龙舟队曾多次代表安徽省队参加在北京举行的"九龙杯"龙舟赛等全国乃至国际比赛，均取得较好的成绩。

义安的端午习俗除了划龙舟外，还有悬钟馗像、挂艾叶、插菖蒲、吃粽子、饮雄黄酒、佩香囊等，其主旨是驱除瘟疫。义安民间有谚："家有三千艾，郎中不用来""端午不插艾，死在家门外"，可见艾在人们心中非常重要。每逢端午节，家家都要弄些艾草挂在门上，或放置在大门边，或捆成"把子"存放起来。民间说法，春到人间，万物复苏，而青蛇、蜈蚣、蝎子、壁虎和蟾蜍五种毒虫也开始作威，妖魔鬼怪也开始作祟了。其中壁虎是没有毒的，样子难看而已。艾草有浓烈的香气，确实有去湿、散寒、止血、消炎等作用，还可以煮水洗浴，或制药枕、药背心、香囊等。中医针灸用的艾条就是艾绒制的。义安民间过去还有在屋内偏墙上贴《五毒图》的习俗。《五毒图》作为符咒，用来镇压邪毒，名为以毒攻毒。同时用针刺在图中五毒的身上，认为毒邪被钉住，就再不能翻身为虐了，以致有人以画《五毒图》

来谋生。

义安人还喜欢在房前屋后栽植端午景花，或将端午景花枝插在花瓶中，以辟邪解毒。端午景，又名蜀葵、一丈红，古称戎葵。端午景多开红花，开花时一朵高过一朵，瓣大色艳，火火的一片，喜庆而令人振奋。

粽子和绿豆糕是端午的时令糕点，尤其是粽子。义安民间的粽子基本上是传统的菱角形，用芦苇叶或箬竹叶作为包裹材料。主料是糯米，一般是味淡的或微咸的，蘸糖食用。也有的和入红枣、甜豆沙或腊肉等。义安的粽子也体现了义安民俗的特点，简朴而少浮华。端午节的正餐是午餐。义安人端午节的时令菜蔬有黄豆芽、苋菜、黄鱼、黄鳝、黄瓜、咸鸭蛋和煮熟的新大蒜等，其中以黄鳝、黄瓜和饮用雄黄酒为必不可少，俗称"三黄"。

中秋节

农历八月十五中秋节，与春节、清明节、端午节并称为中华民族的四大传统节日，义安民间另有"秋节""八月节"等称呼。中秋节是如诗的节日，因这一天夜晚月亮格外圆格外亮，"满目飞明镜，归心折大刀"（杜甫），人们仰望朗朗圆月，期盼人间合家团聚，故亦称"团圆节""女儿节"，指的是月亮的圆满和人间亲情的团圆之意。而民间各种神话故事与中秋夜此情此景谐和，更增添了中秋节诗意般色彩。传统中秋节在义安有几个典型的活动：走月、送秋、摸秋、玩月。

走月
走月本为古时中秋夜妇女外出游玩娱乐的习俗。《中华全国风俗志》：“步月之举……秋高气爽，明月高悬……士女三五成群，游行街市，明月灯光之下，极一时之热闹也。”乾隆《铜陵县志》载：“士民于是夕赏月，造饼如月形相馈。” 月饼是中秋节最重要、最有典型意义的糕点。义安人走月时送月饼，因为月饼是甜的更是圆的，它寓寄着人们圆圆的祝福：事业光明时祝你圆满，家人分离时盼你团圆，亲情间有隙时求能圆合，大事待决时望能周圆。月饼既可送亲戚，也可送好友，以加强之间的联系。

送秋

到了中秋，一年的农业生产基本定局，大秋作物有的已经收获归仓，因此中秋节是在丰收的喜庆心情中到来的，其节庆活动与端午节着眼于防病防害不一样，充溢着轻松和喜悦。送秋活动就是在这种喜悦的气氛中进行的。

“送秋”其实就是“送子”。在中秋节的夜晚，由一家上一年结婚但还没有添孩子人家的长辈操持，物色两名或四名男孩，捧着一个用红纸包装起来的新鲜毛芋，另用盘子托着一对红蜡烛，摆满用红线或红头绳拴成串的芋子、枣子、柿子等，盘子四周再放上几朵鲜花。“芋子”寓意“遇子”，“枣子”寓意早生贵子，“柿子”寓意“思子”。几个孩子后面则跟着看热闹的人，大家敲锣打鼓，浩浩荡荡地来到新婚夫妇家，围着新婚夫妇唱《送秋歌》：

八月十五天门开，
玉皇差我下凡来，
玉皇差我来，
我坐麒麟来。
一走一步踩金阶，
二走二步百花开，

三走三步花结果，
四走四步进房来。
走进房来看四边，
四边挂了四神仙；
走进房来看四角，
四块金砖垫床脚；
走进房来看四方，
四方一看花扬扬。
东边挂金鸡，
西边挂凤凰，
金鸡叫，凤凰鸣，
双手捧在床面前。
送你好男有五个，
送你好女有一双。
大郎当朝为一品，
二郎及第上皇榜，
三郎出入帝王家，
四郎骑马戍边疆，
五郎年纪最幼小，
每日专心坐书房。
大姐东宫为皇后，
二姐配与状元郎。
满门福禄，
五世其昌。

歌曲充满喜气，歌中的衬词"新郎哎""新娘子哎"也与众不同，牢牢贴近所要表达的内容，这是风俗歌曲在衬词上的共同之处。

《送秋歌》唱完后，众人进到新房里，将吉祥物放到新婚夫妻的床上，大家可以在新床上坐着玩耍。但要注意，床上最多只能坐13个人，因为"九子十三孙，福禄寿齐全"，这"十三"是个极限数。最好是坐7个人，因为"五男二女，七子团圆"，这"七"是个吉祥数。接着便由秋头领唱祝福歌。义安的《送秋》歌舞于1964年被中国音乐家协会编入汉民族传统民间舞蹈节目表。

摸秋

义安农村还有一种"摸秋"习俗。所谓"摸"就是偷，是一种让被偷者高兴的"偷"。与送秋不同，摸秋是乡间的男女青年自发组织的活动。中秋的晚上，青年们趁黑夜到附近农户的地里偷挖花生、芋头子或芋头母等，将这些东西偷偷送到上一年结婚但还没有添孩子的新婚夫妇床上，用被子盖起来。"偷"来的物品可以连沙带土放到新婚夫妇的床上，既表示良好的祝愿，又有开玩笑的快乐。新婚夫妇家人会非常高兴地接待他们，请他们一起赏月吃月饼和瓜果。被"偷"的人家也不会不高兴，因为大家愿意"偷"他家，说明他家有福气，并会给他家带来更大的吉祥。清人梁绍壬在其《两般秋雨庵随笔》中对摸秋活动有过记载："女伴秋夜出游，各于瓜田摘瓜归，为宜男兆，名曰摸秋。"可见义安一带的"摸秋"习俗由来已久、流传广远。

玩月

"十二度圆皆好看，其中圆极是中秋"，这首《玩月诗》传为唐代欧阳詹所作——玩月就是赏月和在月光下嬉戏。我国自古就有中秋赏月的习俗，义安民间中秋节的晚餐常摆在花园或小院中进行，一般十分丰盛，除了大鱼大肉外，板栗烧鸡和水焖芋头是必备的菜肴。晚饭后，全家人围坐一起赏月。桌上撤下饭菜后，摆上月饼、花生、西瓜、石榴、红菱角、花香藕、板栗等，供大家边赏月边享用，其中月饼和西瓜是一定不能少的。此外，还有一种孩子们特别爱吃的桂花糖拌芋子。桂花糖是用中秋前采摘的桂花，加糖腌制，既香又甜。古人称为"桂浆"，其名出自屈原《九歌·东君》"援北斗兮酌桂浆"。而将芋子煮熟后去皮，用桂花糖拌食，其味之美之独特，难以言状。

中秋之夜，是讲故事的最佳时刻。长辈们指着月亮上的明暗图影，向孩子们讲述"后羿射日""嫦娥奔月""吴刚折桂""朱元璋月饼传令"等。一则则与中秋、月亮、月饼有关的神话和传说，就是这样一代一代流传下来。

中秋之夜是孩子们捉迷藏的最佳时刻，义安人称捉迷藏为"躲老猫"。孩子们边玩边疯边唱着儿歌：

躲老猫，抓老鼠，

老猫喂，躲好嗻，

别给老鼠看到嗻。

呵啰嗦，呵啰嗦，

来着唻，来着唻！

文静一点的孩子便由大孩子领着玩卖狗的游戏，他们靠在墙边唱：

好大月亮好卖狗，

捡个铜钱打烧酒，

走一步，喝一口，

问声养狗奶奶可要小花狗？

"要不要呀？""我要一个吧。"养狗奶奶挑选了一个，放在她虚拟的家里，又重复前面的歌唱。孩子们轮流做人装狗，尽兴为止。

更小的孩子则偎依在母亲的怀里，由母亲教他学唱儿歌：

> 月亮月亮粑粑，
> 照到奶奶家家，
> 奶奶身上痒痒，
> 我给奶奶抓抓。

天上的明月映照着人间的美景，人间的美景映衬着融融的亲情，这就是中秋节带来的欢乐和美。

其他传统节日

中国古代农历的月和日数字相重叠的都往往是重要的节日，如二月二、三月三、五月五、七月七、九月九等，而二十四节气往往是传统节日的一个"节点"。

二月二

农历二月初二是惊蛰以后的传统节日。所谓"惊蛰"，是惊醒蛰伏冬眠之昆虫的意思。长江以南从此天气回暖，春雷始动，雨水增多，万物复苏，春耕将要开始了。在义安，这一日有三个主要内容：一是祭祀土地神。二月二又称为"社日"。当天，家家都要杀鸡，到村外土地庙前上供，烧香跪拜，祈求土地神保佑全年风调雨顺，吉祥平安。二是围绕着龙来说事，如吃小麦饼叫龙鳞饼，吃小麦馍叫龙蛋，吃米面叫龙须面。这一天农家要出清灶灰，撒到屋外的墙脚下，名为引龙灰。其实是因春天来了，江南一带潮气重，毒虫多，出灶灰用于消毒驱潮；这一天剃头叫做剃"龙"头，"二月初二龙抬头，家家小孩剃毛头"。三是到野外踏青，挑野菜。白居易《二月二日》诗曰："二月二日新雨晴，草芽菜甲一时生。"古时农家，到了春天一般粮食都差不多吃光了，属于青黄不接的春荒时期，人常要靠吃野菜度荒。义安人二月二以吃芥菜饭为节日专食。

冬至

冬至和清明一样，既是一个农业节令，也是我国各民族古老的传统民俗节日。在古代，冬至甚至同春节一样重要，历史上甚至有"冬至大如年"之说。宋代朝制规定冬至、春节、寒食节这三个节日官员放假均为 7 天，为假期最长。乾隆《铜陵县志》载："十一月长至日，祝圣寿。"所谓"祝圣寿"就是庆祝孔子生日，这是义安人自古尊师重教的优良传统习俗。冬至这一天要向孔子祭拜，同时向塾师行大礼，俗称"隆师"，后来扩展到包括各类工匠的师父。

义安地区的冬至还保留着一些传统的民俗活动，主要有祭祖扫墓、吃节令食品等。冬至扫墓没有如清明的"前三后七"之说，必须在当日上山，当日祭毕。其祭祀程序与清明无异。所不同的是，除了闰年以外，冬至这一天还可以为先人坟墓进行真正意义上的清除杂草，添土整茔。冬至可以选择风水更好的宝地移棺迁葬，而清明则不宜。义安的迁葬一般采用"检筋"的方式，即将遗骨仔细检出来，另用一个木盒装好迁至他处，再进行第二次安葬。此外，一些新坟可以在冬至日立碑。

冬至又称"长至节"，指这一天日影"长之至"，也是白昼最短日。"吃了冬至面，一天长一线"，"面"是冬至节日的主食。过去妇女绣花用花线，绣花多在白天，从冬至日开始，日子一天比一天长了，每天要比上一天多做一根线。义安民间还有一条气象谚语："干净冬至邋遢年"，说如果冬至是晴天，春节一定雨雪纷纷。冬至到了，意味着数九寒天的冬日也就正式降临了。

重阳

重阳又称"老人节"。《易经》中把"九"定为阳数，九月九日，两阳相并，两九相重，故而叫重阳，也叫重九。义安历史上重阳节俗活动很是隆重，乾隆《铜陵县志》载："九月重阳，为龙烛会以迎官山神，民间制糍糕颁食，互相馈遗。戏竹马逐疫。"龙烛会在铜官山南麓的灵祐王庙前举行，以祭祀灵祐王张宽。九月金秋，菊黄蟹肥，义安民间登高、赏菊、品蟹、佩茱萸。因"九九"是极数，象征着人的长寿，逐渐与敬老联系起来。近年来，各级政府大力提倡尊老风尚，重阳节成为每年都要欢度的以尊老敬老为主要内容的"敬老节"了。

农事习俗

中国的传统节日其实就是二十四节气的人性化演绎，而二十四节气对农事耕作具有深远的影响，因而一些农事习俗就流传了下来。义安农村以种植水稻为主，其农事民俗活动也基本上根据节气时序围绕着种植水稻开展，这些农事民俗是农业文明的重要组成部分。

迎春

迎春是立春这一天举行的农事礼仪活动。立春是二十四节气之首，这一天的天气对全年的农业生产有非常重要的影响。义安气象谚语："立春雨淋淋，阴阴湿湿到清明。"民间《十二月节令歌》唱道："最好立春晴一日，农夫耕田不费力"，意思是如果立春是晴天，那一年就有望是丰收年。义安民间把立春叫"打春"。两个意思，一是从这一天开始，春气打退了寒潮，春日春风，阳和气暖；二是鞭打春牛，即所谓"鞭春"，鼓励农耕。

"打春牛"仪式最早可以追溯到周朝。宋代高承所著的《事物纪原》记载："周公始制立春土牛，盖出土牛以示农耕早晚"，这里说的是泥土制作的土牛。到唐宋，"鞭春牛"活动愈演愈烈，"鞭春"仪俗已在全国通行。直到今天，全国很多地方仍都有立春"打春牛"活动，打的多数是土牛，也有少数打纸糊的牛。有的地方还兴师动众把纸扎的春牛用车推着到村头田畈周游，并伴以鼓乐歌舞，谓之"游春牛"。义安自古也有鞭打土牛的活动。明朝万历《铜陵县志》记载："先一日邑宰率官属迎春于东郊，邑人扮杂剧以迎春，观土牛以占岁。次早祀芒神，鞭土牛如仪。"明知县李士元有《迎春》一诗，开头两句是："绮罗成队接青阳，春仗行春春水茫"，写的就是他率官属和百姓

立春·打春牛

迎春于东郊的热闹场面。那时鞭打的是土牛，到后来义安乡间打的却

是真牛了。

传说义安某村有一个姓王的泥匠，他的泥塑手艺非常高，每年立春都要为自己村里塑土牛。他塑的土牛特别好，四乡八邻都赶来观看。每年立春的头一天，村长或族长把各家各户凑来的春钱送到他手上，让他准备第二天的春牛。他为了保护自己的手艺不外泄，总是在晚饭时慢慢地喝酒，一直喝到深夜大家都睡了才动手。第二天一早，一头形象逼真的土牛便立在村中的稻场上了。有一年他在立春前一夜照常喝酒，没想到高兴过度，喝多了，一觉呼噜到天亮。第二天大家兴高采烈跑到稻场上，什么也没有看到。这下人们可急了，每年的立春只有一天，把这一天误了还得了。大家急忙跑到王泥匠家，那王泥匠已经被吵闹声惊醒，知道大事不好。他灵机一动，从牛栏里牵出自己家的水牯牛，三下五除二就将牯牛涂得满身彩说："年年都玩假的，今年我们玩真家伙。"大家是气不打一处来，不敢打人就打牛，人人拿着鞭子打得那花里胡哨的彩色水牛满村乱跑。谁知那一年，风调雨顺，五谷丰登。尤其是这姓王的泥匠家的稻田，籽粒饱满，产量格外高。人们便把功劳算在鞭打真牛的事上，从此义安农村的迎春活动打春，打的就是真牛了。每年正月初八，由村里几个年岁长的老农挨家巡看，选中身材高大、膘肥体健的水牛。到立春时就让这头水牛角挂红幅，遍身披彩，由一位标致活泼的男孩牵着在村里巡游。村中男性老少每人手拿一根柳枝不断地挥舞，以示鞭打。这柳枝也是有讲究的，要两尺四寸，象征一年二十四个节气。这时村里锣鼓喧天，家家户户鞭炮相迎，这叫接春。最后游到最幸运的牛的主人家，把牛角上的红布挂在他家的门楣上，这才结束仪式。仪式搞得越热闹，全村人的心理就越能够得到满足，大家对一年的农业生产就越有信心。

立春吃春食谓之"尝春"，其时令食品为"春饼"和"春卷"。义安人吃春饼、春卷时，伴喝的米酒叫"春酒"。这是头年冬天所酿的糯米酒，义安人也叫"甜酒"。同时配上义安的特产腌蒜子、腌生姜、腌水萝卜、腌辣椒、腌韭菜。这五种腌菜用碟子装起来称为"春盘"。春盘在我国其他地方称作"五辛盘"。五辛不一定能够凑齐，各地会根据自己的地方特点增减或更换菜谱，以一"盘"风味迎接春天。

请秧田神

义安农谚"清明浸种，谷雨下秧"。水稻育秧要先浸稻种，现在人浸稻种，水里要加一些农药或者石灰。过去义安农村是用清水浸种，为的是要做"芽稻粑粑"。农家每年浸种时，比实际需要总要特意多放一点稻籽，入浸两天后起水，放在稻箩里让它发芽。育秧剩下来的稻芽叫"剩稻芽"，用来熬糖。用作稻种多下来的稻籽叫"剩稻"，晒干后用来磨粉做粑。把这些粉和糖做成粑叫"芽稻粑粑"。人们要把第一锅芽稻粑粑恭恭敬敬地送到田头，供奉心目中的秧田菩萨，并插上柳枝，烧香放鞭炮，磕头作揖，然后全家才开始吃芽稻粑粑。这就是所谓请秧田神。

开秧田门

义安乡间有谚："小孩望过年，大人望插田"，插田就是插秧。这一天大家都要穿上干净的衣服，最好是新衣，买来酒肉鱼菜，早中晚三餐都要吃酒，以欢庆一年田事的开始。早晨起来先要喝酒、抽烟、吃酥糖和用糯米或高粱做的麻糍，然后带上最好的酒、糯米饭和其他祭品，来到自家秧田边，举行开秧田门的仪式。农村有顺口溜"各买各的盐，各做各的田"，但插秧季节却是最讲农时，俗称"抢种季"，相互帮工是谁也不会推辞的事。事先各户依自家秧苗生长情况考虑好互助对象、开工先后。万一没有找到帮户就要到外村甚至外地去请帮工，否则"人误地一时，地误人一年"，那是吃后悔药都无法补救的。

早年学校此时都要放农忙假，连孩子都要参加插秧。开秧田门前，先由户主或村中有名望的老农烧香敬神，再由户主下田扯第一把秧苗。第一把秧苗非常讲究，要看准方向，不能朝太白星，也就是金星的方向，否则就是犯了太岁，就会"发秧风""生稻瘟"。第一把秧拔过后人们便兴高采烈地欢呼"嗨嗨"，纷纷下田扯秧插秧。拔秧要讲究效率和质量，讲效率就是要快，赶时辰，讲质量就是秧把要匀、要齐、要净，拔秧高手每一把秧几乎大小甚至轻重都没有差距。秧把扎得要齐整不乱，秧苗根部要尽量洗净，以便于运输和栽插。插田也是由插秧能手先下田"破趟"，也叫"开趟子"或"跑趟子"。这个插秧能手叫"秧师"。"破趟"就是按田的最佳方位，由秧师先行插一条直线，然后其他人才下田按着这个"趟子"分插，这样既美观，又有利于秧苗均匀地承接雨露阳光。最后一个下田的也是插田高手。两个高手一前一后，前后夹攻，叫"关鸡笼"。中间的人不得不抓紧加油，落后无能的，或者插得歪歪扭扭、前后左右距离不匀的，就会被人耻笑。向田间传递秧苗，不是来回递送，更不可以在田里走来走去，而是抛掷，称为"抛秧"。抛秧也有讲究，不可以从插秧人头上抛过去，必须把秧束丢在田里，由接秧人去拿。

一户的田插完要放爆竹，以示庆祝，告示四邻。过去有的地方还特意要放铳三响，叫做"关秧田门"。到了下晚，往往铳声此起彼落，逼得那些任务还没有完工的人家，拼命地打号子，玩命地加快速度。秧栽完后，大家会围住落后的人，将他关进所谓的"秧门"，用"糊稻仓"来拿主人开心，抓起稀泥糊他的头脸和全身，说是"栽完秧，糊稻仓""庄稼丰收，粮食满仓"。更有调皮的还偷偷带回秧田泥来涂抹东家的女主人，此时女主人只能嬉笑躲让，不可以生气翻脸，否则就不吉利。完工这餐饭很丰盛，但是不吃鸡肉，因为鸡和"饥"同音。吃了鸡今年就会得不到收成，就要挨饿受饥。这一餐饭还讲究要把酒菜吃精光，这样田里才不会长稗子——这一天是农家最辛苦也是最快乐的日子。

天贶节

"贶"，赠与、赐予的意思。天贶，是天赐的意思。其来源有多种说法，比较有影响的说法在义安有两种：一曰这是宋朝宋真宗钦定的节日。宋真宗赵恒是一个毫无作为的皇帝。1004 年，辽邦侵宋，在当时的宰相寇准力主下，宋真宗御驾亲征。双方在澶洲（今河南省濮阳市）交战，宋军大胜，并射杀了辽军的一个姓萧的统军。打了胜仗按说应当扬眉吐气，可宋真宗反而害怕了，同辽兵签订了一个休兵协议，同意每年向辽纳白银十万两、绢二十万匹，买得与辽的和平。历史上这叫"澶渊之盟"。这么一个无能的皇帝也要想提高自己的威信，就装神弄鬼，说在某年的六月初六做了一个梦，梦见上天赐给他一本天书，教给他怎样治理天下，永保国泰。为了感谢上天的恩泽，就将六月初六这天定为天贶节，还于 1008 年到泰山举行了封禅大典，并在泰山的岱庙建造了一座规模宏大的天贶殿。故事的真假当然可以考证，但泰山确实有一座天贶殿，它与北京太和殿、曲阜大成殿并称为中国古代三大宫殿式建筑。这件事在正史里还有记载。《宋史·真宗纪三》：宋真宗大中祥符四年正月"丙申，诏以六月六日天书再降日为天贶节"。

关于天贶节，义安民间还有另一种说法。义安沿江一带到了农历六月进入了盛夏伏季，天气非常炎热，"六月六，墙上晒得鸡蛋熟"。民间也有称六月初六为"晒经节"的，传说唐僧西天取经回来过通天河时，不慎将经卷打湿，只好将经卷一页页翻开，放在一个大石头上晾晒——这一天正是农历六月初六。还有"晒书节"，读书人这一天要把家藏的书卷拿出来"晒霉"。

总之"六月六"这一天开始了酷暑，农村里麦收也结束了。"六月六，水性伏"，长江的水汛也已经平稳。庄户人家处于一种相对休闲的时期，人们称这个时期为"歇伏"。此时水稻已经丰收在望，大家认为这是上天赐予的好年成，便把农历六月初六定为天贶节。明万历《铜陵县志》记载："六月六日，祀田祖祈谷。"为了感谢神恩，在六月六天贶节这天，人们买来香烛和黄纸，有的还在黄纸上画上田公田母的头像，粘贴在小棍上，插在田边，摆上酒菜，燃香点烛，祭拜田公田母。仪式过后回家来还要吃酒欢宴。现在很少听到"天贶节"这个节名了，六月六也成了一个平淡的日子。不过有的人家还作兴在这天加点餐吃点酒，作为秋收大忙之前的战备活动，但"六月六，水性伏"的谚语和"晒霉"的做法还在流传着。

吃新节

吃新节传统早在春秋时期就形成了。《礼记·月令》"孟秋之月"："是月也，农乃登谷。天子尝新，先荐寝庙。"吃新节并没有固定的日子，每年早稻收割的第一天，就是那里的吃新节日。当天下午家家户户都会用刚收割的新米煮新米饭。吃新的那天，无论家里有没有象征性的摆设，都要在堂心的条桌上烧几炷香。新米饭煮熟后，先盛上满满的一碗，恭恭敬敬地放在香案上饷祭故去的先人，全家人孝诚地跪拜几下，然后才开始吃饭。有的还端着新米饭送给没有收割新稻的亲朋家，借以联络乡情戚谊，让大家共喜同喜。

西联镇钟仓圩里有很多人家，吃新时还讲究在新米中掺一把陈米，意思是"新陈相接，永不中断"。掺了陈米的饭比纯新米煮的饭好吃，既有新米饭的香味，又不至于硬板，尤其是老人，吃了感到软和可口。不过这样的饭煮起来是需要技术的，火候和水量都要把握好，否则容易夹生。钟鸣有的地方还把新米磨成粉，做成米粑蒸或油炸。

吃新时除了鸡鸭鱼肉外，还一定要有各种新上市的瓜果。所谓"插秧的酒，割稻的饭"，这一天就像过年一样，是义安农民特别是农家孩子最开心的日子之一。

第六辑

社会生活礼俗

中国素有"礼仪之邦"之称，"礼"在传统社会无时不在，出行有礼，坐卧有礼，宴饮有礼，婚丧有礼，寿诞有礼，祭祀有礼等，都有约定俗成的仪式和习俗。

"百里不同风，千里不同俗。"义安地区，十分讲究礼，礼让谦恭、尊老爱幼、诚信无欺是自古传承下来的纯良礼俗，而且民风淳厚，嫁娶讲究仪式和流程，简朴不肆铺张。一些社会生活礼俗包括婚嫁习俗、生育习俗、丧葬习俗、宴请习俗、居住习俗等，全方位地涵盖了人们的生老病死、衣食住行、礼仪往来等社会生活各个方面，与生活息息相关。

中国人的礼制精神是亲亲爱人，达成和谐社会。现在我们对传统礼俗的继承，需认真辨析，择善而从，以敬为本，以礼而成。

婚嫁习俗

婚嫁是个人的人生大事，更是事关家族繁衍的大事，所以婚嫁中的讲究特别多，各地的习俗也不尽相同。义安自古民风淳厚，清乾隆《铜陵县志》"风俗"篇说义安"婚礼不事浮华，视门第相当者，与缔姻好。嫁娶从质，无绣灯彩舆之饰，唯导以鼓吹而已。"说的是嫁娶讲究简朴，没有华丽的铺张。这些可以在义安婚嫁习俗中得到验证。

相亲

相亲一般是男方家主动相访。男孩长到可以婚娶的年龄后，父母就开始为他四处物色张罗了。访到有比较满意的，便托人到女方家去"讨口风"，主要是打听女孩子有没有人家、性格喜好和生产生活能力，并向女方及其家长表达男方的意思。如果女方有意或是想继续了解，会请自己信任的长者同来人商量，或定一个日子到男方家去看一看。这两个分别被男女双方家托请的人就成了媒人。到了约定的那天，女方家父母便同媒人一起来到男方家相亲。如果女孩子对男孩子有所了解，并且也有点意思，一般会随同前来。这当然要事先约好，男方家要给女孩子包见面礼。谈得不好，就此作罢；谈得融洽，就会选择吉日订婚。

压庚

压庚就是订婚。男女双方同意之后，就选择一个适当的日子请媒人到女方家把婚事正式定下来。过去还有一个交换"庚帖"的程序，"庚帖"上写着各自的"生辰八字"，即出生的年、月、日、时，看看是不是"合八字"。双方八字合，也就是"不冲不克"，就择吉日"订婚"。压庚的习俗在我国古代其实是一种法律行为。因为古代并无婚姻登记的规定，订婚就视为婚姻关系成立，就要受到法律保护。《唐律·户婚律》规定："诸许嫁女已报婚书及有私约，而辄悔者，杖六十。虽无许婚之书，但受聘财亦是""更许他人者，杖一百，已成者徒一年半。"可见当时，收受彩礼和订立婚书是决定婚姻关系的标志，订了婚就是夫妻了，因为压庚就是把双方的生死压在一起，从此命运相依了。如果悔约、"更许他人"或与他人成婚，是要受到法律严厉制裁的。现在有了结婚登记这一决定性的法定程序，订婚仅是一个习俗形式。

订婚最重要的任务还是送聘金和聘礼，商讨结婚的日期和有关细节。义安民间称为"看日子"。此前，婆家要请裁缝上门为未来的媳妇做喜衣，并准备好各种聘礼。经两亲家商议吉日，由媒人带着聘礼上女方家正式订婚。聘礼要放置在麻篮中，所谓麻篮是用竹编制的大篮子，讲究的做成两头小中间宽的形状，非常精致。聘礼主要是事先做好的衣服、鞋袜及金银首饰、香粉化妆品和烟、酒、糖等，这些可放置在一个麻篮中。另一个麻篮则放上鸡、鸭、鱼、肉和各种糕点。

聘礼一般看家庭贫富而定。从聘礼规模可以看出双方尤其是男方的经济实力，更可以看到经济发展给老百姓带来的实惠。旧时老百姓都比较贫穷，有的女孩子只有到订婚时才能一次性得到几件新衣服。在义安有一句口诀："金钢箍，银手镯，八套半，一把垛，讲不拢，不犯着。"金钢箍就是银项圈，"八套半"是指里里外外春夏秋冬长短八套衣服，加上一双袜子为那个"半"，这要一次性拿出来，称为"一把垛"，不能拖拖拉拉讨价还价。在那个时期，这是一个年轻姑娘最大的向往。对于家境一般的男孩家来说，也可能是全家人包括兄弟姐妹累上几年，省吃俭用才能凑得出来的。如果不能"一把垛"，那就"讲不拢，不犯着"了。

订婚要办订婚酒。在订婚酒席上，媒人要坐上席。如果双方家长及媒人都在场，订婚的男孩、女孩要"改口"，从此称对方父母为父亲、母亲，有的家长还要向改口的女婿或儿媳包改口费。

送节和朝节

男女双方订婚后，逢年过节（一年三节：春节、端午节、中秋节）男方均给女方父母送节，有的还包括女方的主要亲属和媒人，一直送到结婚为止。结婚以后这送节也是不可免的，一般只限于小夫妻共同向双方的父母送礼，讲究的也包括媒人。

朝节，也叫"送日子"，即通知迎娶日期。朝节的日期一般选在端午、中秋、春节等三节。男方用红纸按规定的格式写好日期，叫"喜帖"，并备好鱼、肉、烟、酒、糖、衣服等丰盛的礼物，由媒人带领，送至女方家。凡是女方亲属都应送给一份礼品，并告知婚期。朝节其实就是"认门"，告诉男孩子今后随着成亲增加了这么多亲朋好友。义安民间结婚的日子常定在腊月初八，这时一年辛苦已过，粮棉都已归仓，农民手中也有了一些钱。因而民间谚语说："腊月腊八日子好，多少大姑改大嫂"。除了腊八以外，腊月十八、二十八都有很多人办喜事，谓之"若要发，不离八"。

结婚

结婚是颇为隆重的，有着"下书子、待媒、接亲、发嫁、拜堂、婚宴"等礼仪环节及流程，充满着喜庆。《铜陵县志》上虽然说是"嫁娶从质"，但结婚毕竟是人一生中的大喜事，热闹的程度代表着男女双方家庭的荣耀。

结婚前，男女双方家除了各种准备以外，还有两个重要的程序，一是送请帖，二是待媒。义安人称下请帖为"下书子"，一般规矩是"亲戚必接必送，朋友不接不送"。"接"就是邀请，"送"就是送礼。亲戚是一定要接到的，当然这范围也只在"一代亲，二代表，三代四代就拉倒"之内，但具体视情况而定。朋友太多，还包括同事、同学、战友，如果不接（不下书子），一般是不会主动来的。但一些有过礼节往来的人是一定要请的，这往往体现关系的亲疏。婚前的前一天，男方要办几桌酒筵，宴请媒人，亲朋作陪，称"待媒酒"。铺床也是一个重要程序，也要在婚前一天办好。过去讲究新房的床要由一位多子多福的妇女铺好，现在往往会请一位子女事业有成就的长辈来铺床，让新人沾上灵气，生的宝宝也会事业有成。

结婚之日，男方备好衣服、烟、酒、糖等，由媒人带领到女方家迎亲。过去，男方家一般都要派花轿接新娘。这一天媒人要先到女方家，随后是新郎、伴娘带着花轿、乐队等。女方家发嫁前要吃发嫁酒，这个酒吃得比较匆忙，虽然有喜欢热闹的亲友在席上要捉弄媒人一番，但都是见好就收，因为新娘还有长长的一段路要赶。发嫁酒席上所有的酒菜都是男方家送过来的。新娘出门叫发嫁，吃完酒新娘就要上轿，发嫁的时间各地不等，义安的山区一般要等到天黑看不见屋脊，说这样姑娘到了婆家就不会留恋娘家。发嫁时新娘要站在筛子上将娘家的衣服换下来，穿上婆家送来的新装，然后向送亲的亲友跪拜还礼。凡接受跪拜的人，都要给新娘包钱，钱数多少不限。然后，新娘由兄长从筛子上背起来，送上轿或轿车，此时脚不可以沾地，以免带走了娘家的财气。新娘背出门时，将事先放在怀中的一把筷子向后甩，由哥哥或弟弟接着，是告诉娘家兄弟们"我走了，没有带走娘家的财气"。"妹妹出嫁哥哥背"本是湖北、贵州等地苗族、土家族的风俗，传至义安后，这些民族风俗仍在当地通行。人们认为，由哥哥背着妹妹离开娘家，表现了兄妹之间依依不舍的亲情。

新娘一行抵达新郎家后，就进入最隆重的环节"拜堂"。金榔等山区新娘的花轿要先来到族中的祖堂屋堂前，由新郎家请的先生站在轿前念"退轿神"词。"退轿神"后，由伴娘上前掀起轿帘，将新娘搀下轿来，踩着红地毯，进入祖堂屋，与新郎拜堂，然后众人再浩浩荡荡地来到新郎家中。天门镇朱村董店一带的婚俗，挑盖头由专门的司仪（当地人称"先生"）来操持。花轿到达男方家后，男方家放鞭炮迎接，三亲六眷聚集门前。落轿后，新郎到轿前向轿子作个揖，然后将轿帘掀开，请先生边唱《挑盖头歌》边拿秤杆将盖头挑下来。这时两位伴娘上前搀扶新娘，新娘要故意躲闪不下轿，名为"摆架子"。经"再三劝说"，新娘才下轿，站到轿前一块四四方方的红地毯上（讲究的人家要做成红袋子）。由男方家选出的两名男童将方地毯一块一块交替移动，让新娘一块一块踏着慢慢地走进堂屋——这叫"一代传一代"。进堂屋之后，便进行拜堂的仪礼。拜堂仪式仍由司仪（先生）主持。此时正堂早已张灯结彩布置停当，堂心供着天地神座和祖宗牌位，男方父母坐在堂中的太师椅上。吉时一到，燃香点大红烛，奏乐鸣炮。炮止乐停后，先生高喊："一拜天地，二拜高堂，夫妻对拜，送入洞房。"然后由新郎牵着新娘，在伴娘的伴送下，进入洞房。此后，新娘便在新房的床沿上坐着，等候福星来撒帐。新郎则要走出新房，去接待客人。

新娘接过门以后，酒筵开席。城市的宴席程序和乡村不同，现在有婚庆公司专门操办，专业的主持人代替了传统的司仪。但开席、圆席两通鞭炮的程序没有改变，不管菜肴是否丰盛，第一道菜必须是开胃的枣子甜羹，最后一道菜必须是肉丸子。宴席结束，就是闹洞房。结婚三天无大小，闹洞房花样百出，总有奇招，总的原则是热闹。

回门

新婚满月，小夫妇要去拜见岳父母。岳母要下鸡腿面给女婿、女儿吃，意为吃鸡腿会跑路，面是长的，谓今后常来常往。有的人家女儿、女婿回门时，还要接全部女眷陪客。吃酒时，新姑爷坐首席。近几年义安大多作兴三朝回门，也就是结婚后第三天回门。回门程序结束，隆重而繁杂的婚礼才算进行完毕。

生育习俗

生儿育女是人类繁衍、社会发展的基础，不仅是血脉相承，更是生命的延续。义安人家向来把生儿育女作为家庭中的一大喜事，因而传下了"做窝里、报喜、做月子、起乳名、洗三朝、抓周"等礼仪式习俗。

做窝里

"做窝里"就是妇女怀孕五六个月后，自己和娘家的亲人就要为即将出生的婴儿做毛衣、毛裤、小棉袄、棉裤、尿片、包被、帽子等。特别是帽子，最少是3顶，要单数，多的达到13顶，象征着"九子十三孙"。因为婴儿出世以后的一年中，绝大多数时间都生活在摇篮里，义安人称摇篮为摇窝，所以这些孩子的穿戴衣物叫"窝里"，制作这些衣物就叫"做窝里"。义安人是不为刚出生的婴儿穿衣服的，为了让婴儿手足无束，百日内只让其生活在婴儿包中，顶多为其系上一个肚兜，义安人称为"打包"。打包的材料也属于"窝里"的内容。义安人忌双胞胎穿戴不同，如果孩子出世是双胞胎，送窝里的亲戚一定要在最短的时间内补上，并且应当是一个裁缝缝制的。

报喜

婚后第一胎，不论男女，都要向女方娘家和亲友"报喜"。报喜时，要带上染红的鸡蛋，称为"喜蛋"。喜蛋过去是用一味叫"苏木"中药煮水染成的，现在人们图方便，有的用色素、有的用红纸浸湿以后涂抹而成。娘家父母和众亲友得讯后，都得准备礼品，前往祝贺。娘家父母送的主要是事先做好的"窝里"，其他亲友送的礼物基本上是鸡蛋、红糖、米面，这有一个专门的名称，叫"送祝娩"。"送祝娩"是义安的特定语词，具体为哪两个字，未有准确说法，有记载说为"送粥米"，虽与农村的土语音相同，但"粥米"也许能表示有吃的，无法概括孩子的衣物，似乎有点牵强。

坐月子

产妇产后 1 个月内，要在家闭门不出，俗称"坐月子"。月子期内，不能经风，不用生水、冷水，不吃咸食和辛辣刺激性食品，更不能串门子。这是一个非常良好的习俗，其实也是卫生保健的需要。

起乳名

义安人给孩子起乳名一般较为随意，有时接生婆都可以笑着送孩子一个乳名。乳名五花八门，往往随出生的季节或随意看到的景物而生发灵感。8 月里出生的叫桂花，9 月里出生的叫菊花。也有按排行取名，老二叫小二子，老三叫小三子，还有大孬子、二孬子、三孬子，这在今天的人看来有点匪夷所思，其实这一是图方便好呼叫就行，同时希望他们将来有出息不会是个孬子，当然还有一定的纪念意义。以数字为小名本是满族人的习俗，清人福格的笔记《听雨丛谈》卷十一记载："八旗幼童，喜以数目字命名，如七十二、八十三等名，多出于祖父母之纪年，因以为寿也。"由于过去出生率高，成活率低，往往会给孩子取个动物名字，这些乳名有的与属相有关，如小虎子、小牛妮等，还有男孩取女孩名字叫"丫头"。义安人给孩子取乳名有区域特点：钟仓、流潭等圩区的乳名后要带一个妮字，"进妮""龙妮"等；洲区几个乡镇沿用江北习惯，乳名后面加个"宝子"，如"康宝子""龙宝子""杨宝子"。他们生怕男孩子养不大常起名叫"锁宝子""扣宝子",意思是把孩子锁起来、扣起来,不让妖魔鬼怪侵害他。最小的孩子会叫"老宝子",有时候提到人家最小的男孩,即使那孩子乳名不叫"老宝子",也可以用"老宝子"或者"小老"来指称。有的人家一心希望生个男孩子,如果第一胎是女孩,就会给女孩取名为来弟、带弟、发弟、连弟,有的干脆叫"弟子"。这些女孩甚至于上学以后也用这个名字,不过为表示文雅,常在"弟"字上加个女字偏旁,成为"来娣、带娣"。城里人取乳名常用同字重叠,如"平平""囡囡",比较好听上口,现在这种方式开始向农村扩展。

洗三朝

"洗三朝"是孩子人生的第一次大礼仪,过去在民间很是隆重。我国为婴儿"洗三朝"的习俗古已有之,内容也很科学。据史料记载,唐宋时期给婴儿"洗三朝"非常隆重,洗过后要给婴儿剃胎发,还要宴请宾客,主要是外婆家的客人。《东京梦华录·卷五·育子》云:"洗儿会,亲宾盛集,煎香汤于盆中……浴儿毕,落胎发,遍谢座客。"义安民间现在仍有洗三朝的做法,不过是在医院里进行,没有那么兴师动众了。小孩的胎发也多半在满月的时候再剃,叫做剃满月头。

抓周

在孩子满一周岁时,除给小孩做第一个生日外,还举行"抓周"仪式。过去"抓周"一般只限于男孩子。抓周时,在桌上放好纸笔文具、枪刀玩具、尺子算盘,还有钱币等,让孩子爬上桌子自己去拿,以抓到的第一件物品为准,如抓到纸笔,就说明他将来读书有出息;拿到算盘、尺子,将来就是做生意的料。虽然已经到了21世纪,由于人们对培育后代的重视,此一习俗在农村仍然沿袭,只不过程序要简单得多。

丧葬习俗

丧葬习俗包括亲人对逝者的治丧仪式和埋葬方式两个方面。许慎《说文解字》："丧，亡也。"而亡则是逃离、出走的意思。古人认为，人死了，并非消灭了，而是灵魂去了他处，只留下了一个形骸而已。因此送亲人离去，纪念亲人的恩德，处理好故人的遗体，是一件非常隆重的事，久而久之就形成了一整套仪式和讲究。义安地区民间过去采取棺木葬，丧葬习俗依然遵循着其"尚礼义，厌浮华"的质朴作风，较之其他地方相对要简单得多。长辈去世，晚辈当然会感到悲伤，对老人过世都尽量避忌，不能直说"死"字，要称"登仙""过世""老了"，书面一点的还有"谢世""仙逝""跨鹤"等。但生老病死毕竟是每个人都逃脱不掉的必然规律，所以老人仙逝，仍然是一个喜事，义安人将此与人生第一大快事——洞房花烛夜并称为"红白喜事"，老人去世则为"白喜事"。

义安丧葬习俗主要分丧俗和葬俗两个过程，其中丧俗主要有"送终、下停床、孝服、哭丧、报丧、守灵、入殓、吊香"，葬俗主要有"择坟地、出殡、回居、做七、守孝"，寄哀思于礼俗中。

丧俗

送终 当老人病危时，家中的下代，特别是亲生之子，要守候在病床前。在远方的直系亲属，尤其是子女和孙子，都一定要赶回来，陪伴老人走完人生的最后路程。此时老人会当着大家面，叮嘱一些身后话，此为遗言。在弥留之时，家人会给老人手中塞一张纸币，此为"上路钱"。有钱人家还要为老人口中塞入一枚"口含钱"。"口含钱"是一种特制的铜币，约一分钱硬币大小，现在已很少见到。老人将要断气时，子女、儿媳都在旁边大声呼叫，求老人别抛下子女不管，一直要呼喊到老人断气为止。一旦断气，分工在外面放鞭炮的亲属立即鸣炮，宣告老人升天，也为老人隆重送行。同时要焚烧纸钱，为逝去的亲人买路。自此，焚烧纸钱应当一直到出殡都不能断火。

下停床 老人去世后，要趁早为其换上寿衣(义安人称为"老衣")。"老衣"是事前准备好的，一般为棉布，也可以是丝绸，手工缝制。用棉布象征"香火绵绵"，用丝绸显示家庭富有，却决不可用缎子来做，因为"缎子"者"断子"也。也不能给死者穿皮毛衣帽，说法是如果穿了带毛的东西，下辈子投胎会转生为禽兽。寿衣分内衣和外衣，一般为单数。内衣为白色，外衣一般是深色，但没有纽扣，用布带子系扎。穿好寿衣，将门板取下，用长条凳支着放在厅堂中，把老人的遗体移在门板上，用青砖作枕头，黄表纸盖脸。遗体要与大梁相垂直，头朝大门。如果办丧酒厅堂的空间不够，可以向东边挪动。老人的遗体上覆盖着女儿或孙女、外孙女等送来的"千锦被"。"千锦被"用被面和老棉布以米糊粘合而成，忌用针线。老人的脚下点一盏香油灯。称为"长明灯"，也有人称为"引路灯"。此灯同样在出殡前不可以熄灭，灯旁可以焚香，并要摆上一碗半熟米饭，此为祭祀老人的"倒头饭"。饭上插入一双竹筷子和一个竖放的鸡蛋，称"倒头蛋"。遗体旁搁置一根或几根木棍，为孝子送灵时手持的"孝杖"，又称"哭丧棍"。哭丧棍因孝子的数量而设，手持处包有白布或麻布。老人在家中过世，要立即撤去故人归天时睡过的床帐，此为"推帐"，认为这样可以避免死者的灵魂被网罗困住，不得"超生"。同时还要把死者床上的垫草甚至被褥及换下来的衣物放在门外的路口烧掉，并在死者房中放一串鞭炮，既为洁净空气，也为驱除秽瘴。

孝服 我国早在几千年前的周代，随着封建宗法制度的建立和完善，就有以特殊服饰来表达哀悼亲人逝去的做法，《诗经·桧风·素冠》："庶见素衣兮，我心伤悲兮。聊与子同归兮。"古人的丧服是有制式的，被列为丧礼习俗的最核心内容。《春秋左氏传》载有齐国上大夫晏婴在其父去世时所穿丧服，被其下属私下议论为"非大夫之礼也"的故事，可见我国春秋时期对丧服的制式就有了严格的规范。到了明代，逐步完善为区别血缘、嫡庶、姻缘和亲等关系的"五服制度"。随着血缘、姻缘和亲等的远近，分别有斩衰、齐衰、大功、小功、缌麻五种丧礼服饰。义安民间还可以听到说某人某人的关系"还未出五服"或"已经出了五服"，其原由来于此。义安人称穿丧服为"戴孝"，丧服称为"孝衣"。一般是用麻布或白色的老棉布制成。头上包扎麻巾，孙子辈的麻巾上要别上一块小小的红布，以示区别，含义为"丧中取吉"。丧服的上衣没有纽扣，以麻巾扎牢，下身同样不用皮带，以草绳系扎。连鞋子都要全蒙上白布。穿孝服的时间不等，有的地方在老人过世时即刻穿着，有的地方要到出殡前或祭奠仪式前穿着，称为"成服"。随着移风易俗的深入人心，丧服在义安城镇已不多见，代之为简单的黑袖章。孙子辈的黑袖章上也要缀一块红布。前来吊唁的亲朋好友或臂戴一领黑袖章、或佩戴一枚小白花，或回赠一条白毛巾扎在手臂上。

哭丧 亲人离去，晚辈当然会哀伤而哭，这是发自肺腑的，久而久之形成了丧俗。《礼记·间传》第三十七："斩衰之哭，若往而不反；齐衰之哭，若往而反；大功之哭，三曲而偯；小功缌麻，哀容可也。"意思是，父子、母子、夫妻等紧密亲人之哭，要哭得如同气绝；亲兄弟姐妹及孙子辈的哭，要哭得死去活来；再疏远一点的人，要哭得曲折且有余声，其他亲属则只要有悲伤的样子便可。虽然这"哭"的规定一旦变成了僵化的仪式，反而掩盖了情感的真挚，但在中国实行了数千年。义安民间认为，人死了一定要有人哭，如果没有哭声，死者投胎会成为哑巴。有钱的人家还请人来哭，以致出现了从事卖哭的临时性职业者（多为女性）。她们的哭声时而呼天抢地，时而凄婉哀切，不仅能令亲属悲从中来，也能使旁观者动容，哭丧也成了治丧的一景。

报丧 报丧就是通过发出信号把亲人逝世的消息和举行入殓安葬的日期，告诉亲友和村人。老人过世，尤其是有德望的高龄老人仙逝，即使已经知道消息的亲友家，也要照例过去报丧。报丧要用专门格式的帖文，称为"讣闻"，上写"不孝某某等（子女名）罪孽深重，不自殒灭，祸延显考，某某府君痛于某年某月某日时终正寝，距生于某年某月某日某时，享寿多少岁。不孝某某侍在侧，亲视含殓，遵礼成服，谨择于某年某月某日安葬，叩此讣闻。"讣闻的结尾写上"孤子某某泣血叩首"之类的文字。现在一般不再登门报丧，而是张贴讣告，广告周遭。远处的亲人则电话通知。在汉民族人们的观念里，报丧不仅是一种形式上的礼仪，更是一种希望和亲朋好友一起分担悲痛的做法。报丧的人不可径直进到人家家里，要立在门口高喊屋里的人，等到他们拿一铲子火灰撒在门外之后，才可以进门报丧，这样做是为了辟邪。如果是孝男孝女亲自登门报丧，必须头上裹白布、戴斗笠，手上拿一条白布巾，跪在娘家或外婆家人的面前哭报丧事。

守灵 义安人称守灵为守夜，因为白天大家都在忙于事务，只有到了夜晚，守护亲人才极为重要。按说死者入殓是要择吉，即看日子，但义安人讲究死后三天一定要入土为安，因而长辈去世下停床后，家人要日夜守在其旁。这期间香火、"长明灯"不能熄灭，焚烧纸钱也不能断火。早晚还要烧香叩拜。按新风俗，这三天逝者的遗体已放置在殡仪馆中，家里只用遗像设置灵堂，供亲朋好友前来吊唁。吊唁者进村后就要放鞭炮通知主家，主家便以鞭炮相迎。

入殓 义安人称入殓为"进材"。老年人的寿材都是事先做好的。

多为请木匠到家中制作，称为"掰寿材"（掰，音 gě）。掰寿材是一件大事，一般都要请酒，亲戚朋友还要朝贺。经济条件较差的也有到棺材店购买的，到棺材店购买棺材要带糕点去，主要是方片糕，除了送给棺材店老板外，回来时棺材里面也要放一包，谓之"高来高去"。购买的棺材抬回家时要用红布披上，以棺材的小头朝前，以示棺材的主人还活着。义安传统棺木的形状为前大后小，成年人的棺材长四尺八寸，并不因死者的身材大小而有所区别。民间有所谓"棺材四尺八，大小一齐捺"的说法。大头略高，是遗体的头部，小头是遗体的脚方。棺材用杉木掰成，有钱的人家能使大料，只用十棵木材，称"十圆"或对墙材，次为十二圆。一般人家多用五底十八节。极穷的人家只好用"四块板"。夭折的儿童也只用四块板钉一个三尺六寸长的小棺材，义安人称为"小六子"。

入殓前要根据死者的年龄、属相推算好入殓的时间，防止碰上"犯空"和"犯重丧"。旧俗忌老人的生辰、死辰与子孙的生辰相克，叫做"犯空"。犯空又分为犯年空、犯月空、犯日空、犯时空四种，都会祸及子孙。所谓避重丧，就是老人死日不能碰上重丧日，碰上了重丧日就叫"犯重丧"，家里还要死一个人。重丧日是根据《礼文备录》《玉匣记》等的说法，认为一年内有四大重丧日，即三月辰日、六月未日、九月戌日、十二月丑日，每一个月还有 2~3 个小重丧日。老人去世的时辰当然无法选择，但可以用入殓时间避开"犯空"和"犯重丧"日来禳解。

入殓时，如果死者是女性，则由她的女儿或媳妇用木梳给死者梳三下头，梳过之后，将梳子掰断或扔掉。再由死者的长子穿上给死者入殓穿的大红袍、飞裙，手拿脸盆到河边或塘边，先烧纸、放鞭炮、丢下几枚铜钱（或硬币），然后用脸盆装点水，撑开破伞或拿破帽子盖在脸盆上，不能见天，俗称"买水"或"取水"。到家后，拿一块布条或一张纸，蘸上水，在死者的面部从上到下连擦三次，说是给亡人洗澡。洗后将水退还原处，脱下红袍和飞裙，由收殓人给死者穿上，并抬入棺内。继而将事先用黄表纸包好的石灰包（按死者年龄，一岁一包）放进棺中，把遗体置正，再将女儿、媳妇事先裹好的四个米粽子放在死者的右手边，说是给死者带在路上吃。另有三个灰粽子放在死者的左手边，说防止其在去阴间的路上遇有狗咬，扔给狗吃，好顺利通过。还须用一根红头绳穿上一枚铜钱，红头绳两头放在棺材两头的中心线上，铜钱对准死者的鼻尖，查看遗体是否放正。接着由死者的直系亲属叩头祭灵，孝子们向死者口中滴数滴白酒。在亲属的痛哭呼喊中，儿孙们和女儿、媳妇们抢抓米饭放入一个瓦罐中，据说是谁抢得最多，谁就会得到最大的保佑，俗称"捹饭罐"。饭罐捹满以后，用黄表纸封口，放在死者的脚下，说是给死者以后吃的，其他如千锦被和一些死者生前喜爱的物品随葬的一并放入。然后用四根封棺大钉同时钉上，所谓"四根大钉响，眼水往下淌"，整个入殓结束。

吊香 吊香也称"做斋"，即今日之开追悼会。这通常是一些名门望族人家，死者也须在花甲以上，且子女较多，较有财势。在"做斋"的那天，四方亲朋都来参加吊香仪式，他们都要送挽联、挽幛，按照主人家的安排挂在厅堂（灵堂）四周。这时，灵堂内大小香火昼夜不熄。大香是檀香，小香是箍香或盘香。死者入殓后的灵柩置于宝壁后。如果没有宝壁，灵柩则用布帏幕隔开。紧靠布帏的是灵位，灵位前摆一张供桌，桌上放着香纸和酒菜等祭品。灵位的对面又设几张香火桌，也叫"天地位"，其上摆上香、烛、酒、菜和三牲的毛血等。吊香活动由"礼生"主持。礼生是主人家专门请来的本地有名望的先生们，人数数名或十数名不等，他们分别担任"呼礼生"或"引领生"，统称"礼生"。呼礼生呼过"开礼""鸣炮""击鼓""举哀""宣读祭文"后，引领生引着穿戴孝服的孝子贤孙们在灵位前跪拜。然后是前来吊唁的人依次吊祭，孝子贤孙们则在灵位前陪跪，也称代死者还礼。吊香活动通常是一天结束，极少数大家庭尤其是有亲人远在他乡的，也有的办到三天。

葬俗

择坟地 我国自古就重视对先人墓地的选择。《后汉书》卷四十五《袁安传》记载了袁安之父去世后选择墓地的故事："初，安父没，母使安访求葬地。道逢三书生，问安何之，安为言其故。生乃指一处，云'葬此地，当世为上公'。须臾不见。安异之，于是遂葬其所占之地。故累世隆盛焉。"后来又出现了专门从事堪舆职业的风水先生，东晋人郭璞纂写了《葬经》一书，对堪舆择墓地的做法加以理论化总结，使自己成为中国古代风水术的鼻祖。义安过去也有一些风水先生活跃于民间，手执罗盘穿行于山间从事择墓堪舆。一般以坐北朝南为标准，当然还要根据山势的走向，在无法做到坐北朝南时坐西朝东亦是上佳的选择。坟前面向应当开阔，居地要适当高些，如面对江河则更显得气势不凡。义安的传统墓形为前低后高、前小后大的长三角体。这样逝者的头部在前，脚方设置墓碑和祭台。据说这是方便逝者一坐起来就可以享用到祭台上的供品。其实这种形制主要还是有利于山间雨水的畅流，以保持坟墓的干燥。时至今日，国家规划建设公墓，墓地和墓形已无法选择，而并非公墓的地方坟墓的形状则五花八门，馒头形、棺椁形、塔式形、座碑形等不一而足。旧俗长辈去世如果没有找好墓地，遗体入殓后就放在家中，少则数月多则几年才出殡。即使出殡也不下葬，而是暂时厝置，等符合安葬条件再下葬。20 世纪 50 年代在义安此俗尚存，现已不见。

出殡 这是葬礼的开始，也是丧葬活动的高潮。出殡时，由两个男孩手举引路幡，在前面引路。一成人手持铜锣鸣锣开道。鸣锣的节奏是每敲一次为两长三短五下，称为"无常锣"，又称"五番锣"。

同时沿途抛丢小方块形的黄表纸，这是"引路钱"或"散路钱"，直到坟地，以便亡魂可以顺着路钱标记回来。吹鼓手等乐队随后，接着是一长串人举着或抬着纸扎的金童玉女、金山银山以及轿、马、箱笼，还有亲朋好友送的挽幛、挽联及物品。灵柩在最后。义安人称抬棺材为"抬重"，称抬棺材的人为"大力"。洲圩区抬重常见的是四杠八人抬。在山区由于路窄，一般只有四个人。四杠八人抬中，抬棺材用的长杠名为"老龙"，一般每一个家族都有专制，并由专人保管。丧主借用"老龙"时当然要打招呼，但归还时只能一声不响悄悄放置在原来的地方即可。"老龙"上有铁包的孔，供横杠（名为"犁步头"）穿联。与犁步头相连的是"子杠"，这四根子杠是有其专有名称的：前右称开杠、前左为红仓、后右称尾梢、左后为黑仓。寿材上覆盖一床大红毯。"老龙"上绑上一只大红公鸡，名为"站棺鸡"。

"老龙"上放"站棺鸡"有三个讲究：一是公鸡有鲜红的鸡冠，立在棺材上为"官上加官"，保佑子孙后代升官发财；二是公鸡有一种天然的傲气，行走时昂首挺胸，鸣叫时仰天而啼，象征着棺内逝者在世时的卓尔才德、平生向无低头之语；三是公鸡的啼鸣宣告天明日晓，所以公鸡是既管阴又管阳的，公鸡高高站立，鬼魅就会纷纷让路。因为出殡都要赶早，这公鸡到了时辰是要鸣叫的，义安人叫"打鸣"。如果在出殡的路上公鸡啼鸣起来，家人会非常振奋，这预示着老天保佑，不久就会发财了。此公鸡的命运各地不一，有的地方讲究对公鸡格外保护，三年都不可以宰杀，为"养光期"。也有的地方养光期只有 120 日，尤其是路上打鸣的公鸡，常会有他人办丧事时借用。而有的地方则讲究到了墓地就杀掉，用鸡血淋洒墓穴四周，作为祭祀的头道程序。

出殡时孝子孝孙们披麻戴孝，弯着腰扶棺缓缓而行。途中如遇人"路祭"或休息时，棺不落地，孝子孝孙跪在路旁回礼。抬至坟地，棺材要被抬着转一圈。下葬前由死者的长子开山破土，即用锄头挖三下，称为"开圹"。然后将锄头抛向前方，再由请来的劳力"挖井"。有的人家还讲究要杀一只公鸡，先用鸡血祭墓地一圈后，才开山破土。墓穴挖好后，孝子要在墓穴里站一下，或在墓穴内烧几刀黄表纸，或焚烧芝麻秸稻草，这叫"暖井"或"暖宕"。然后在风水先生的指点下，校准方向，安放好棺木。孝子用衣兜兜一些黄土，从棺木上跨过，将黄土抖动撒下。此后众人才动手掩埋，堆成坟包。安葬后的第三天，直系晚辈要到坟前祭扫，称为"复山"。

回居 "回居"即出殡后亡魂回家的意思。回居的时间是按死者的生日和死亡日期结合推算，最长 14 天之内。回居之夜，亲属用芦苇秆扎成梯子（称"云梯"），靠在门外，这是供亡魂从天上下来进屋用的。梯子旁放一只瓦罐，罐内放一个鸡蛋、一根竹筷子、一根麦秆草。其意为亡魂回家悲切切但恨夜短，而押解亡魂的阴差却等不得，这鸡蛋是给阴差吃的。但因只有一根筷子，无法夹住鸡蛋，阴差只好用麦秆草当筷子配合夹着吃。这当然无法将又圆又滑的鸡蛋吃到嘴，于是亡魂回家的时间也就拖长了。当晚厅堂里要点一盏香油灯，在香案或条桌上供上酒菜饭，家人要守在灯火前，直到鸡鸣才撤掉云梯、瓦罐。因为亡魂到人间是不能超过鸡鸣的，鸡鸣了，阴差就无法回府交差。据传，过去还有一些人会在回居的梯子上洒些木灰，第二天看看木灰上留下什么脚印子。说有什么脚印就证明该亡者未来会投胎什么。不过这样做不利于死者，更不利于死者的后代，所以只有胆大妄为的不肖之人才敢做。

做七 "做七"是长辈去世后必须完成的祭仪。据称，人间通往阴间的路上，关卡林立，每七天要过一个关口。为了让死者的灵魂顺利超度，义安人从长辈丧生之日起，每逢七日要做一次"七"，即每七天要带着三牲、酒菜和纸钱到坟上去祭奠一番，送一次"七饭"，摆一次祭宴。"做七"要请懂得丧仪的人排"七单",也称"课单"。"七单"有一套固定的格式,最玄的是计算回居日。"七单"要贴在祭堂上,后人照单行事。

守孝　旧时守孝的孝子从父或母去世之日起就应当不问他事,一直守在遗体旁。殡葬后不离开墓地,在其附近搭一草棚,为逝者做伴。期间,守孝的人不洗漱、不理发,甚至不换衣服。除此以外,天大的事都不闻不问,吃喝都由家人送来。按礼规,守孝期为三年零六个月。有记载,真的能熬过这么长时间的人极少,能做到的是要立孝子牌坊的,因而民间有"三年好过,六个月难熬"的俗语。不过即使没有人到墓前守孝,这三年六个月孝期内,家人还是要遵守一些禁忌规矩的。特别是家中不能举办婚嫁喜事(红喜事),否则对子孙后代不利。如果一定要举办,则应当在"七里"抢日子办掉。甚至还有赶在三日内棺前拜堂成亲的。不过拜堂当夜新婚夫妇不能入洞房,要在棺前守灵一夜,以求得先人保佑,今后日子发旺。这在婚嫁习俗中称为"守孝婚"。

在所有的民间习俗中,丧葬习俗是最隆重、最繁杂的。丧葬习俗中含有大量的迷信内容,这是因为在科学无法解释生死现象时,人们对死神的敬畏,更因为人们对逝者的安抚和纪念,体现了中华民族传统美德中之"孝道"。当然,隆重和繁杂更多是生者因亲人故去而向苍天致悲恸的呼号,是向人寰尘世发表的一声宣泄。旧时的丧葬做法造成了青山绿地不断被侵占、森林火灾成为大隐患、丧葬费用不断攀升,其负面影响日益显现。殡葬制度改革以后,无论城市、乡村都采取火葬,一些丧葬礼俗活动已基本见不到了。

宴请习俗

清乾隆《铜陵县志》载：义安"富室敦睦好礼，务本崇俭，岁时伏腊宾朋宴会外，此无招人列饮之肆。亦可验风俗之醇矣"，可见由于"务本崇俭"的民风影响和地方经济条件的限制，古时义安人宴请活动并不多见，街面上还没有"招人列饮之肆"，即营业性的餐馆。但在庆寿、娶亲、生子、建房、商铺开业等喜庆之时，家庭宴请还是必不可少的，礼仪节制还是讲究的。这里以常见的庆寿活动为主，简述义安的宴请习俗。

生日与寿辰

过生日是义安人最重视的私属节日。生日有大生日和小生日之分，小生日每年都过，只是家人在一起庆贺一下，席上除了鸡鸭鱼肉之外，主食中面是少不了的，而且应当是很长很长的挂面，称为"长寿面"。逢十岁是大生日，尤其是孩子和老人的大生日，叔伯亲友也可能要参加。义安有男做九、女做十的习俗，并且是"男做虚、女做实"，这一习俗出于过去对男人的尊重。此俗据说来自《尚书·大禹谟》："满招损，谦受益，时乃天道。""十"是满数，满了就会受损，所以就提前给男人过生日。老长辈一般从 50 岁开始，生日就称为"寿辰"。旧时绝大多数人家生活都很苦，平均寿命很短，六十称为花甲高龄，"人生七十古来稀"，70 岁便是古稀高寿。过去能年过半百就是有福之人，且多数都已三代同堂。旧俗，如果三代同堂虽不上 50 岁，过生日也可称为做寿。"人年五十，不称夭寿"，如果 50 岁后"登仙"就不算短命，也就是尽了"寿数"，亦就可以做"白喜事"，所谓"寿终正寝"。

请客礼节

老人做寿也是喜事，某家哪一年有老人要做寿，其晚辈在春节期间就要提前向准备邀请的亲朋好友打招呼，以示对客人的尊重。在庆祝之日的一个月前，最迟不迟于7天前，要正式向被邀请的人发请柬，义安人称为"下书子"。如今有现成的请柬可以成批购买，但多为子女婚嫁或孩子升学之用的格式，庆寿的很少见。按礼仪，下了"书子"就表示了"接"的意思。民间有"亲戚必接必送，朋友不接不送"之说。"接"就是邀请，"送"就是送礼。五服以内的亲戚必须要参加寿宴，并且一定要送寿礼。而五服以外的或是朋友乡邻，主人不邀请就不会来，即义安民谚所说的"主不请，客不饮"。如果老人确实是本地德高望重的寿星，亲戚朋友都会以受到邀请为荣，没有受到邀请就会心存芥蒂，认为自己没被重视甚至会发生误会。俗话说"办酒容易接客难"，除了不能漏掉客人外，到了宴席当天，即使对已被邀请过的客人也要再去"催客"，这是一个必经的程序。所谓"三请四邀"就是从这里来的。请了不邀，人家会认为主人家不诚心。请了邀了，对方还要假意地推三宕四一番，这叫"客气"。如果客人未经"催"的程序一请就来，那会被人嘲笑不懂礼貌。如今人们或会认为这是繁文缛节，而旧时民间却视为一种不得不遵守的规矩。被邀请的人参加寿宴是不可以空手的，一定要带寿礼来。寿礼一般是寿匾、寿幛和其他礼品。寿匾分两种，一种是大牌匾，送大牌匾一般是寿星翁有相当的地位或寿高德厚，送匾的人也有一定的地位或威望。一般的老百姓如果也去送大匾，主人家没地方挂，送的人也显得不自量力。送这种匾一般要事先告知，寿星家要预先留好悬挂的位置。送大牌匾时格外隆重，牌匾上要披红挂彩，接送双方都要放鞭炮，甚至请吹鼓手助兴。另一种寿匾则比较简单，一般是比较小的玻璃镜框。寿幛是一块大红绸布，上面用金纸剪贴贺语，一般是四个字，如 "寿比南山""寿翁德大""松柏常青""松鹤延年"等。其他寿礼包括鸡蛋、寿面、寿糕和米粉做的寿桃等。

席次安排

民间宴请席次的安排很有讲究。如果一次宴席只有一张桌子，那么桌子四方中背对堂轩后壁面朝大门方向的为主席，主席中左手（也就是东边）为一席，右手（西边）为二席；背向大门的那方也就是南座为次席，坐在东边的为三席，坐在西边的为四席；靠东坐的一方上手为五席，下手为七席；靠西坐的一方上手为六席，下手为八席。这坐第八席的人往往兼作服务人员，俗称"执酒壶把的"。这个执酒壶把的人也要懂规矩：给所有的客人斟酒都要用右手，唯给南边一方客人斟酒必须要用左手。因为用手背对着被斟酒的客人是不礼貌的。如果一次宴席有两桌，两张桌子竖放，则靠近宝壁的席桌为大；横放，则靠东边的席桌为大，在义安一般是竖放为多，每一张席桌上的席次也和前面一样。如果客人多要摆四张席桌，这叫"四桌同开"，则从上到下、东大西小，最小的一桌是下方的西桌。座位是这样，如果是一般的生日宴席，则庆生日人的母舅为大，要坐在一席。寿宴当然是寿星老为尊，坐在上手一席。这些规矩听起来都是繁文缛节，但人们很是重视，坐错了席位甚至会结怨终生的。不过左右尊荣的来历倒很少有人去追究，例如义安人的座位是以左为尊，我国也有不少地方却是以右为尊，似乎没什么可以言之凿凿的理由。中国古代对左右的大小尊卑就一直是变动的。有个成语，说某某人本领最大是"无出其右"，可见右是最高最大的。但从明清以来基本上是以左为大，"男左女右"也一直是从古至今扎根很深的意识：看手相时是男看左手，女看右手；中医诊脉也是男左女右。其实"男左女右"的思想本质就是"男尊女卑"。

现在义安人宴请大多到大酒店去办酒席，酒店里都用圆桌子，自然没有什么左大右大的问题，不过有些礼俗还是存在的，可见习俗一旦形成就根深蒂固了。

居住习俗

居住习俗是文化的重要组成部分，它折射出人们的价值观、审美观和生活态度。例如，义安民间几乎家家都有一种八仙桌，用料及制作考究与否，视家境而定。摆桌子时要注意，桌缝要正对着门的方向，绝对不可以横放。这一习俗很有来历：秦始皇统一六国后，除了统一文字、货币、度量衡外，还下令以咸阳为中心，修筑通往全国各地的驰道，连农田的畦沟都一律要朝着咸阳的方向，以便让朝廷的旨意迅速下达，各方的岁贡和文牍能尽快来朝。义安乡间的房屋绝大多数都是坐北朝南的，桌缝对着大门，就是南北直通，象征金银财宝会顺着桌缝滚滚而来。居住习俗不仅能满足生活的需要，更能体现人们对和谐、美好生活的向往。

房屋种类

中国民居，特别是乡土民居的居住风俗和建筑风格，是在特定地域下的自然环境（如气候、地形、水土、材料等）及人文环境（如宗教、数术、民俗以及经济发展状况等）的综合作用下产生的。20世纪50年代以前，义安农村尤其是山区，很多穷人是建不起房屋的，住在简易的草棚中。这种草棚用竹子或小木料扎成人字形的架子，用茅草披盖，檐口直接落地而成；有的前后都有人字架，内部空间较高，里面可以搭一个床铺，这样的住处却有一个吉祥的名字叫"观音合掌"；更差的是前高后低，后面一直拖到地上，这样的住处只能席地而睡、铺草为床，土语称之为"披拉子"。

旧时义安区草房较为多见，格局一般是三间正屋再在屋旁加一个灶屋（厨房），称之为"三间一灶"。条件好一点的人家，草房会弄上杉木组合成的穿枋架构，再在穿枋外砌墙而成。因为过去长江经常洪水成灾，这种穿枋架构的房子有一个好处，房墙倒了架子仍不倒。条件差的人家，买不起很多的木料，就先砌好山墙和前后沿，把几根横条木直接担在山墙上。中间的隔墙有的是如山墙一样砌上顶，有的用几根木料组成三角形的木架，叫"柷子"。这种房子有一个好听的名字叫"神仙屋"，但名字好听却没有穿枋屋牢实。因为这些人家多数买不起砖，搭的都是土墙，大水来了房子是非倒不可的。

草房的土墙在义安有三种，洲、圩、山区各不相同。一是"叉墙"，圩区的土质偏黏，土墙是用黏土一锹一锹地甩搭上去的，称为"叉墙"，是因为搭土的工具除了用锹以外，更多的是用一种泥叉。这种墙干了以后非常坚固，但是无法做得很高。二是"切砖"，将黏土与水充分搅拌，等其半干后，用铁锹切成一小块一小块方土砖，等其全干后砌墙。洲区是沙质土，洲区的人也用这种土制作墙坯，用土坯来砌墙。这种墙美观但不结实，经不得水泡。三是"垒墙"，制作土墙是用一种特制的木箱（人们称其"墙板"）填进黄土，内中杂以小木棍和毛竹片以增强拉咬力（土语谓之"拉筋"），一层一层地用木杵夯实。这种墙很厚，却很结实，缺点是墙上的土渣常不停地往下掉。其他还有泥糊墙，用稻草裹绕竹子或芦柴插进土里编列成隔墙，再用稀泥涂在外面。20世纪五六十年代以前，大通盛行用芦席作隔墙，俗称"芦席壁子"。那实在是无奈之举，因而过去的大通经常发生火灾，一烧就是几十家乃至上百家。这里说的是草房。草房的优点是冬暖夏凉，缺点是安全性极差，火灾是第一杀手。其次是怕风，所以杜甫有"八月秋高风怒号，卷我屋上三重茅"的感叹。改革开放以后，义安农村的草房已经绝迹。

义安的瓦房多是砖木结构，分为穿枋和架两类。"穿枋"与"架"的区别在于，"穿枋"除梁、柱为全木外，其枋材是用木板穿连的；而"架"则整体采用全木，是用榫舸（音gě）起来的。瓦房以三间型为基本房型，有大三间和小三间之分：大三间是一列七柱落地或九柱落地，小三间是五柱落地，其中小三间是最常见的，进深达到一丈五尺。在布局上，如果前后两个三间并列，则后三间是"正屋"，两边还可以建横屋，这在结构上又叫做"合六"。此外，还有一种"四正"结构，分"真四正"和"假四正"："真四正"前三间是房屋，中间开大门；"假四正"前面并不是房屋，而是一方形同房屋的高院墙。四正结构进门常会设一方照壁，以防外人从大门可以一直看到内屋。这一结构不同于北京的四合院。四合院的厢房仍然是正规的房屋，而义安民俗忌建"横向屋"，所以义安的横屋只是正房的附设建筑。大型建筑如公堂屋有"两进"也有"三进"，两进的"前进"为穿枋，"后进"为架，其间是天井。三进的一般前后进为穿枋，中间一进为架结构。有记载，清代铜陵县县衙的规格达到了四进，极少数有钱人家也建有回廊式甚至走马楼，但今已不存。据老年人回忆，铜陵县城（今义安区五松镇）北梅家塘的章海秋家就是走马楼。过去义安的瓦房也有高大的风火墙，所不同的是，义安的风火墙是方形的，与别的地方翘角相比，少了一份华丽，多了一份庄重。有的高堂大舍进门还会在地上设一块高出的踢脚砖，作用有二：一是防强盗，如果强盗进门，会不注意让它绊倒；二是让正常进出的人有一个障碍，提醒他要谦慎，别过于"昂首阔步"。

相对而言，义安的瓦房较为简朴，如徽派建筑那样四水归一、雕镂精细的极少见。义安房屋的内部摆设也相对简单，堂屋的正壁是用木板嵌成的"宝壁"，其上挂"松鹤延年""红日东升"等图画，称为"中堂"，也叫"堂心"。宝壁下一长条桌，其实是香案，案上摆着自鸣钟、香炉、花筒。条桌下被骑着的是八仙桌。两边的卧室也没有过于奢华的配套装饰和摆设，最常见的家具是所谓"老三件"——角柜、桌橱、架子床。讲究点的在架子床上会有雕花。这从一个侧面记录了义安地区经济和文化发展状况。

建房习俗

义安农村百户以上集居的村落很少，往往兄弟分家以后，被分出的一家就会择地繁衍，由此就有了"择基"的讲究，旧时要请风水先生看风水定门向。我国古代的风水理论有江西的形势派和福建的理气派之分：形势派注重对阴阳向背、山川形势等环境形态的选择；理气派则比较玄乎，主张择吉祥之气，多用罗盘来推演天地人之间的依存链条和因果关系。义安的风水论二者兼而有之，采信"四神"之说，所谓"朱雀""玄武""青龙""白虎"代表的是前、后、左、右四个方位，而选址择基的条件非常明确："左青龙，右白虎"，就是要靠山而居，有气势，且符合朝阳、避风、利水三项要求；"宁叫青龙出头，不叫白虎张嘴"就是东边可以高，西边一定要低，这才能够广采下午的阳光。所谓"背山面水、聚气藏风"，这更符合沿江丘陵地带居住要求。坊间认为，阳光和水源是人们生活中不可缺少的生存条件，因而人们会把房屋建在向阳处，而不会建在背阴地里，择基的首要条件就是朝阳、避风、利水，建房应当坐北朝南，并且最佳的方位是位于山之南、水之北，即义安人称的"前有明塘，后有靠山"。其实择基就是寻求良好的居住环境，门前开阔、一览无余，朱雀振翅、天空任翔，这样的场所既有利于粮食、衣物的翻晒，又利于空气流通，使人心情舒畅。同时"择基"还要利水，不能一下大雨就遭雨水浸漫。在洲圩区往往地基选定后并不直接做房屋，而要将屋基用土堆高，成为"屋基磴子"，这是为了防备大水来后直接浸泡房屋，因而"屋基碌子"越高越好。

择基之后，就要"看门向"。中国人非常看重"门"，因为这个"门"是家的代称。义安人说成家立业叫"立门户"，立身处世叫"顶门枋头"，装脸面叫"撑门面"，可见"门"是多么重要。义安有"门向一条线，地向为一片"的说法。从正梁正中穿过门枋与门槛的中心直线向前无限延长，构成了所谓门向。民间认为，如果正前方有明显的障碍物如高大建筑物、庙宇、厕所、古树、大烟囱、山峰的峰尖，或是正对着大坟墓和道路都会认为不祥。这就造成了少数房屋面对正南，而大门却又斜过来开（俗称"拨门向"）的奇怪现象。房屋建成后如前方确有无法回避的大树等，又确实无法将门向侧避，则可以在门枋上安一个小镜，将侵袭来的邪气反射走。而同在一个自然村或相邻建房的各家，房屋的高度应注意要大体一致。民间一般是很忌讳某家的房子、院墙，包括风火墙高于其他人家的。尤其是过去一些小集镇的小街往往非常窄，对门做起了过于高墙大瓦的建筑，这边人家心里就一定不快，认为对方是压了自家的"风水"，一旦出现大病小灾，都自然会想到是对方故意造成的。而盖房出檐、留滴水，也忌讳进犯到邻家房基。这些禁忌看似牵强，其实也在规矩着邻里关系的和谐共处，并为现代法律和道德所提倡。旧时义安的房屋北面只开后门而不开窗户，山墙上也不能开窗户，据说北、东、西三方开了窗户就是长了"后眼"和"斜眼"，就会看不准世道而漏财，也有说会吸纳阴气。南面的窗户也不可以比门大，称"眼不能比嘴大"，否则所有不顺心的事都源自"眼大过嘴"。近几年村镇建设有了统一规划，看门向的做法基本销声匿迹，而美观大方且风格各异的商品房早已打破了门窗的禁忌，不少落地窗比门不知大了多少。

做一栋房屋需要木工、砖工、瓦工、漆工等多个工种，在民间统称请木匠，因为木匠是众工匠之首，其余工匠则是随附工种，身为

"大木匠"在建房过程中兼组织施工和指挥调度，而穿枋以上规模的房屋并非什么人都能提斧捉墨，需请专门的木匠来施工。过去木匠有大木匠、小木匠和圆木匠之分，大木匠才具有造房、建桥、造船、建油榨和做棺材的资质，圆木匠主要是制作盆、桶，其他桌椅板凳等属于小木匠的业务范围。各类木匠在技术上都有实实在在的标准，人们常说"大木看摆，小木看拐"就是这个道理。其实即使在专门建房的木工中也还要细分为雕工、楗工、刽工等，楗工的任务是专门检查梁柱的平稳，用楗材来矫正。刽工的"刽"就是"锯"，义安人称专门伐木或将木材锯成木板的人为"刽匠"。如今这种分工已不存在了，圆木工种早已因为塑料制品的普及而退出，刽工因为机械的进入不再有人从事这种费力费时的劳作。在义安，以上木、砖、石、漆组合成建房的施工团体，以木工为首，他们供奉同一个神灵，就是鲁班。过去庙宇和公堂屋要聘请有名望的木匠领班承建，而一般房屋则由领头木工上门去自荐，东家同意以后双方要签订文字合同。义安民间称这种文字合同为"纸备"。传统房屋并没有设计图，其标准基本是固定的。成约后，选择一个吉利日子，东家带人抬着一棵用红披盖着的杉木前来请师傅。这棵杉木名叫"心墨篙子"，供领头木工师傅标明各种尺寸之用。领头木工会按标准或者东家的意思，将每一根柱、梁、檩的长度，枋或架的要求，按实际尺寸用墨画在心墨篙子上，将来施工时只要按此下料（裁锯木料）便可，这就是"请木匠"。

建房开工要选择吉祥的日子。择吉日有一大忌，即忌讳冲犯太岁。太岁是中国民间一种颇为特殊的信仰，与天体崇拜有关，但又不代表任何星体，也不象征某种天象。道术中有所谓"犯太岁""破太岁""冲太岁""刑太岁"之说玄之又玄，民间以"太岁头上动上"为敢冒大险的代语。旧时因为建造房屋是一生难得的大事，人们希望平平安安，希望起了新宇便从此亨通开泰，所以格外小心翼翼，生怕有什么不测，才产生了很多禁忌，而如今建房择日已大大简化了。

在义安，民间认为建房的木材中以银杏为上等的好材，义安人称之为"白果"。银杏素有"银香木"或"银木"之称，其木质具光泽，纹理直、结构细、耐腐性强，但因其过于名贵而实际使用甚少，即使花大价钱买到银杏也只用在立柱上。建房绝大多数则采用杉木，其次是槠（音zhū）树，但在洲圩区，因为缺少那些上等好料，常用柳树等杂料代替，这就无法做到如优质木材那样挺直美观，人们戏称洲圩区的房屋为"泥鳅枋"。其实，"泥鳅枋"很考验木匠的水平，能用"弯头搭拱"（义安土语）材料造出非常平整的新房，才见工匠的真功夫。用料最需要注意的是，任何一个小部件都不可以用桑树，因为"桑"与"丧"同音，"桑不上房"人所尽知。

建房用料讲究"阴阳不错边，上下不颠倒，东西不乱向"。这是木匠的行话。所谓"阴阳不错边"就是树木在生长时有朝向，被砍伐后可以从年轮上辨认其生长时的向南和向北的面，在用此木材做立柱时，仍然应当按原来的朝向放置。"上下不颠倒"是指用木材做立柱时，应按照树木生长的自然形态安置，根在下，梢在上，有的树木因某种原因会发生树头比树根粗的现象，这就要求木工凭经验识别，不可颠倒。过去的门也不是今天的用一块或几块板制成，而是用一根一根木材拼成，在拼合时同样不能颠倒上下。"东西不乱向"是指用圆木做梁和檩时，根部朝东。当然这个"东"并不一定是真正意义上的东方，如果该房的朝向不是对着正南，则以其左边为"东"，根部就应当对着左向。因木材材料和力学原理的制约，民间还摸索出房屋每间的跨度不能超过一丈三尺的规律，有所谓"横条一丈三，不压自然弯"的说法。

领头的大木匠有专门铸上自己名号的铁火印，此火印代表匠人的水平、信誉和声望。每棵木料一经裁定，木工便在木料的两端烙上火印，以对其长度加以确认，并宣示自己的责任。对于一些并非主要的木料，裁定以后便用墨汁画上记号。过去手艺人中文盲多，即使是大木匠也不识字，但他们涂画标记，标注文字"前后左右东西"却有自己的办法。有口诀曰："前字两个角（只要画上两角，他人都会认得这是'前'字）；后字一捆索（繁体的'后'字带起草来有许多一圈一圈的笔画）；东字长长站（繁体'东'字写出来像个高大个子的人站在那里）；西字一圆桌（'西'字如果不会写，就画一个类似圈圈）。"做标记的墨汁不是一般的文书用墨，而是用乌龟尿液泡制的。据说乌龟尿液泡制的墨涂在木上可以入木三分，用木工们形象的话说"三刨子都难刨得掉"。

　　"上梁"是建房最隆重的仪式。梁是架在山墙上或柱子上用以支撑房顶的横木，最上面的叫正梁，所谓"上梁"就是架设正梁。人们说"上梁不正下梁歪"，正梁的材质、安置的妥切与否是整个建筑物是否美观、坚实的前提，因而上梁是整个建房工程中的大事。上梁的日子和时辰都要择吉，同时还要选择艳阳高照的好日子，主人家要隆重地庆祝。在时间上一般上午居多，因为上梁的仪式结束以后还有许多的事务要在一天中处理，远道来的贺客还可以在当天赶回去。上梁的当天主人家在屋基上焚烧香烛，各方亲友都要带着贺礼前来贺喜。贺礼由专门安排的先生代收并录单，甚至高声唱喝，以宣扬贺礼的丰厚和主人的社会地位。贺礼收毕便陈列在事先准备的台子上供人参观。上梁前，梁木和桁条都事先做好。这些木材都严禁妇女跨过，连女孩子都应当避得远远的，不可以在木材上玩耍。梁木要先用稻草熏一下，以驱除邪气，讲究的有专门的"香机"熏。所谓香机是一个小茶杯大的生铁容器，放在火上烧红，倒入米醋使其蒸发，任其烟雾熏炙梁木。制作正梁时，主家要特意请木工用新丝线换下墨斗内的旧线，以防不慎弹断线，犯了"断梁"之忌。

正梁做好以后，要在其上钉"梁脐钩"，以便将来升挂灯笼。安装梁脐钩在坊间是一件神圣的事，木匠在安装时要大声诵吟：

> 小小斧脑四拐齐，
>
> 我为东家钉梁脐，
>
> 梁脐钉在全梁上，
>
> 子子孙孙穿朝衣。

正梁上的梁脐钩一般有 3 个或 5 个，中间的梁脐钩不可安在梁的正中，应当略偏一点，否则即会坏了主人家的运脉。而其钩头要对着后沿，其余 2 个或 4 个梁脐钩的钩头则相向对着正中的主钩，以别尊从。正梁出好后，木匠会用公鸡冠的血滴少许在其上和梁脐钩上，亦有辟邪的意味。

上梁前要在正梁木上披上红幅，写上"紫微高照"或"吉星高照"四个大字。左右的柱子上贴上"立柱喜逢黄道日，上梁巧遇紫微星"或"青龙扶玉柱，白虎架金梁"的对联，其他小柱子上也贴一些红纸，上书"五谷丰登""子孙兴旺"等吉祥话。

吉时一到，上梁仪式开始，鞭炮声大作。众匠人中最有威望的一名木工（通常是大木匠）站东，一名瓦工站西，分别爬上列子（或屋架）最高处的两端，边爬边在嘴里念念有词："手扶梯子一十三，我为主人做三间，三间做过做四正，四正做过做八厢。"爬到顶端后，用绳子将装扮得喜气洋洋的正梁徐徐吊起，置于顶端。一般是主梁和两根小梁一道起升，但在起升时主梁应当比小梁略高，以示主从。木匠、砖匠各持一个木槌对正梁进行合榫正位，这种木槌称号为"法槌"。对正梁正位是不可以用斧头的，因为斧头随身有"斧脑煞"，用斧头敲打正梁会对木匠有大不利。此后便是抛"喜彩"（也叫"抛梁"）

的时候了。鞭炮又起，一个贴着红纸稻箩缓缓升起，里面装着各种将要抛撒的"彩头"，主要是欢团和各种糖、糕。抛"喜彩"之前，木匠会首先拿出一个欢团放在正梁近处的缝隙间，谓之"祭梁"，然后才开始向下抛撒，让宾主同喜。下面的大人小孩在地上来回奔跑，抢"喜彩"，一派欢声笑语。第一步抛下的是小"法槌"，随后便是抛撒欢团、糖、糕等。小"法槌"是一种用木头边角料做成的，和木匠正梁时使用的法槌形状相同的儿童玩具，方方不足一寸，削去八个角，插上一根筷子，再涂上红颜料。孩子们很喜欢玩，获得了小法槌预示着他（她）将来也可以发财做大瓦屋。"喜彩"不可以全抛光，一定要留下一点，象征着主人家还有余财，或是主人将来还要再做大厦。这两位上梁的木工和瓦工主人会额外厚待，除了特殊的喜糖、喜烟外，还要包上红包，以示同喜。上梁之后，砖木诸匠人放假一天，就等着吃上梁喜酒。上梁喜酒应当在尚未落成的新屋内摆设，坐首席的自然是领班的木匠。为了助兴，主人有时候还会邀请来唱门歌的热闹一番。

如今，人们的居住条件大为提升，除了购买商品房外，农村居民自己建造的房屋大多数也是楼房，不用木材，没有了上梁的程序。但人们却在楼房的混凝土浇顶时举行庆祝仪式，同样喜气洋洋，同样抛撒喜果、香烟，同样大摆喜宴，庆祝"华厦落成"之喜。

上梁之后，所有的工种分头行动，做门窗、砌四墙、漆门窗等。在完工之前，还有一道重要的程序就是架门坊（也有人称为门梁、门楣）。义安人的门坊多是一块青石板，却是成家立业的标志"顶门坊头子"，因而架门坊同样要选择黄道吉日。吉时一到，鞭炮响起，门坊升起，在门坊和门柱石之间压上红布条，再放一通鞭炮。讲究的人家还要办"立门坊酒"，宴毕才算仪式完成。

最后一道工序是油漆工的。房屋全部做好以后，上上下下梁柱、门窗漆过多巡，大门上的门神也画好（或贴上纸门神），只留下门神的眼睛不点。主人家择吉日举行完工仪式。主人这天要特意给漆匠包红纸包，闭上大门后，油漆匠站在门外向主人高贺："开门大发财，三星一齐来，恭喜东家华厦落成志喜"，然后提起笔来替门神的眼睛画上最后一笔，也是最传神的一笔，谓之"点睛"。门神活了，爆竹震天，华厦这才真正意义上落成。

在传统中国，"安居乐业"还有另一层意思，就是以搬家为忌。义安民间有"搬家三年穷"的谚语，因为搬家总会磕碰坏一些坛坛罐罐，到新地方不得不花钱重置。不过这种观念早已被"人往高处走""人挪活，树挪死"所代替，"乔迁之喜"成了百姓大喜事之一。义安人的迁居习俗有以下几个说法：一是搬家也要选择好日子，以农历的"八"为佳，说是越搬越发。但也有"正月里搬家一年穷""六月里搬家秋不发"的禁忌——当然所有的吉祥之讲究都要服从天气。二是搬家一定要丢掉一些东西，以示去旧图新。丢弃物的首选当然是旧鞋、破鞋，实在没有破旧鞋也要找一两双，丢在他人可以看到的地方。三是义安人讲究"搬家先搬灶"，因为灶王爷是家神，家神先行靖民，有利于主人大军出动，其后才能搬别的东西。搬灶不是将老灶拆掉到新居再复原，而是将炊具、柴草率先搬走。这又演变出一套说法，说"柴"通"财"，搬家首先要将财气搬到新地方。这一习俗一直影响到今天，如今城市里家家都以天然气为燃料了，却也会象征性地弄几根木棍子捆成一捆，放一通爆竹，先行送到新居里去。如果遇到吉日但是人手不够，可以先将"财"送过去，这就是搬过家了，以后搬运他物就不必讲究什么吉日吉时，也就通行无阻。四是搬家要早，过去有"鸡叫头遍夜强盗歇手，鸡叫三遍日强盗动手"的说法，因而搬家应当在鸡叫头遍和三遍之间，确保平安。如今虽没有强盗了，但这种时间习俗仍在一些民间保留。

第七辑

行业行规习俗

　　义安民风自古"重本轻末"，对商业不够重视。清乾隆《铜陵县志》记载其民"多务耕作，逐末者少"，一本县志记载了几百位官员、举人、乡贤，却没有为生意人留字的。但一些较大的集镇照样还是有一定规模的商业活动，有史料记载，清末民初，顺安、钟鸣、犁桥、汀洲也有了比较活跃的商业活动。而大通作为沿江重镇，在宋代就有比较发达的商业，至清末商业更加发达，大小商号和店铺有1200多家，成为与芜湖、安庆齐名的沿江重要商埠。1922年，胡朴安编纂的《中华全国风俗志·鹊江风俗志》记载，"此繁盛商场实和悦洲耳。洲以盐务为大宗。客民分八帮：一曰两湖，即湖南北也；二曰金斗，即庐州也；三曰六邑，即安庆也；四曰新安，即徽州；五曰泾太；六曰旌德；七曰池阳；八即土著。"这些商帮带来了不同的经营理念，也带来了各地的经商礼俗，同时吸收了义安"尚礼义，厌浮华"的优良民风，从而形成了义安的商业习俗。"洲有事八帮共议之，亲亲为宝，若家人然，从无排外欺生，党同伐异之恶性。"德仁礼让，和气生财，义安的商业习俗就是在这样的环境中形成的。

商铺开业与开张

新开的商店开始营业，首先要取一个好名字，即商号，和自然人的姓名一样，既作为与其他商店的区别，也是今后经营要打出的招牌。开张当天，放鞭炮、接贺客、办喜酒，自不待言。而每年年终商店要关门停业歇年假，第二年开门叫开张。各地开张的时间不同，有初十的，有初七的，有初四的。义安人过年有所谓"七不出，八不归"的习俗，正月初七之前人们除了拜年之外都不出门，宁可在家赌钱输钱，也不到外面去买东西送钱。特别是初七这一天买东西，叫"七钱"，也就是"去钱"，"去钱"了这人一年都要输财。这一习惯使得外来的商户不得不接受，每年商店开张只能定在正月初八。初八这天购物据说很吉祥，因为初八买东西就是"八钱"，也就是"扒钱"，有了"扒钱"这一年都能把外面的钱扒回来。初八这天到人家商店买东西，进门要作揖，并高喊"恭喜恭喜，恭喜发财"！商店老板对初八来购物的贵客也非常热情，特别是第一位顾客，被视为带着喜财来的人。老板伙计一拥而上，双手抱拳高兴地回应"同喜同喜"，并好茶好烟招待。一般这天做了两笔生意就马上关门，这叫"关门留财"。过去商店的门很有意思，正面是一排一块一块又长又重的厚门板，这叫门面，每天下晚关门时一块一块顺着石槽拼起来，最后上两扇门板。第二天清早再从大门开始一块一块卸下来。这种门最大的好处是结实、安全，并且可以最大限度地面对街市。平常开门，门板都要全部卸下来。店堂里的陈设一览无余，叫财门大开，广纳四方。但过年开张却不是这样，初八第一天开门一般只下两块门板，以后每天加下一块，最后一块要保留到农历二月初二才下——义安人说这叫"顺风别趟桨，好饭悠着吃"。以前义安坊间认为二月二是龙抬头的好日子，商铺歇年一定要到二月二才开张，提早了就会消磨财气。后来旧观念逐渐淡漠，加之谁也不愿放弃正月里的生意，聪明的商家就想出了一个两全的办法：不到二月二不开全部门，以示二月二以前并非开张，而是取点"便利钱"，于是就演变出初八只下两块门板的习俗。

商行行话与行规

为了不泄露商业秘密，也为了生意兴隆，经商的人家有许多不为外界懂得的行话和规矩。

经商总是要跟数字打交道，由此演变出一些数字暗语。袖筒里"捏指头"，一般是在采购货物（"走水"）时相互论价，为了不被别人知道，卖家和买家就在袖子里用指头讨价还价。五个指头及其组合分别代表一到十的十个数字，以及个十百千万几个位数。这种"捏指头"的学问只有老朝奉才能熟知。又如手语，即用一只手的五个手指表示十个数字，这是大众都能够使用并且一直到今天还被使用的表数方式。此外，粮行的生意还用"旦底""空工""横川""卧目""缺丑""断大""皂底""分头""丸空""田心"分别代表"一"至"十"这十个数字。这是采用以改变某字的状态而形成另外一个字，巧妙地构成一个数字的暗码。如取"旦"字的底下一横，为数字"一"，这就是"旦底"；去掉"工"字中间的一竖为数字"二"；"川"字横着看是"三"；"卧目"是再形象不过的了，是"四"；"缺丑"是"五"，"丑"与"五"的区别在于右边缺了一点。至今义安人骂人还有这样的话："你怎么不晓得丑（不害羞）？把'丑'字当'五'字写"，就是从这里来的。"断大""皂底""分头""丸空"都好理解，"田"字心自然是"十"。杂货铺对一到十的数字则用"子、时、学、内、香、竹、柴、发、由、关"十个字来代替。其他商铺有用"子老、边老、川老、苏老、妈老、雍老、曹老、考老、弯老"九个词来代替，其中"子老"既代表"一"也代表"十"。

经商与"利"相连，对生意人职业操守要求甚严。店员外出或回家，其行李包都要在出店门打开给大家看。在自家店里买东西，必须"隔个手"，也就是让其他人经手拿货收钱。这是为了避嫌，逐渐便成了规矩。店员哪怕是临时出门去办事，即使是空手，也要在出门前拍拍手、牵牵衣袍。老朝奉做得规范会像戏台上演戏。

中国民间各行各业都要供奉祖师爷，祖师爷来自本行业公认的有成就的人的神化，如木工行业敬鲁班、读书人信仰孔子、演艺界供奉唐明皇（唐玄宗）等。李隆基喜欢演参军戏，并且特别喜欢打板鼓，就是地方戏曲的乐队指挥。而商家供奉的则是财神，财神有文财神和武财神两种：文财神就是春秋时期越国的大臣范蠡。范蠡辅佐越王勾践打败了吴国后，就辞官不做带着西施泛舟五湖，经商成了巨富，人称陶朱公。崇拜文财神和木匠敬鲁班、读书人敬孔子一样，是崇拜本行业有成就的先人。长江下游和南方的商人都崇拜文财神，但义安商界大多数人供奉的是武财神，这就有相当的传奇色彩了。武财神名叫赵公明，据说史上真有其人，姓赵名朗字公明，是秦朝人，因为避战乱逃进峨眉山罗浮洞去修道，后来被明朝的许仲琳与到他的小说《封神演义》里。《封神演义》写的是周武王伐商纣王的故事，书中秦朝的赵公明不好好修炼跑到1000年以前去助纣为虐，跟随闻太师去保卫商纣王，结果被周武王的部下杀死了，死后被姜子牙封为"金龙如意正一龙虎玄坛真君"，率领"招宝"神、"纳珍"神、"招财"神、"利市"神统称"五路财神"，专门护佑做生意的人，让他们发财。义安商户的店堂里常专门打一个神龛，所供奉的赵公明（俗称赵元帅）黑脸黑须，戴铁冠，执铁鞭，骑黑虎，所以这个神龛又称"黑虎玄坛"。黑虎玄坛平日香火不断，每逢初一、十五商家还要率全家人跪拜。此外，过去在大通和悦洲还有部分商户崇拜鲤鱼，这本来是江浙一带的商业习俗。大通的八大帮中并没有江浙帮，可能是某一商家从浙江等地传过来的。因为鲤谐音"利市"的"利"、鱼谐音"有余"的"余"，是商民心目中"利市""连年有余""吉庆有余"的象征，加上鲤鱼是江河中的鱼，有着"生意兴隆通四海，财源茂盛达三江"的彩头，此地商家也供奉鲤鱼。而今，许多商家也在显著地位设了神龛，不过供奉的菩萨却是五花八门，有观音、关公，还有如来佛，皆有吉祥期盼之意。

有崇拜就有禁忌，商家在语言上忌讳与"蚀本""亏损"相联的话。例如猪舌头是人们喜欢吃的冷菜，但是"舌"与蚀本的"蚀"同音，所以称猪舌头就叫"口条"，或者干脆叫"猪赚头"。吃竹笋不能说吃笋子，要说"吃嫩竹"。每天营业结束，不说"关门"而说"打烊"，因为关门就是倒闭了。此外，商家不许店员在店铺中看书，因为"书"与"输"同音，同时还忌讳不懂事的伙计坐在柜台上，或站在店铺门槛上，因为这样会冲了店铺的生意。生意人家扫地有讲究，不可以由里向外扫，认为那是扫财出门，必需要由外向里扫，这叫广纳外财。由于生活百事都有禁忌，禁忌太多了难免防不胜防。商家对新店员和学徒的道德教育，首先是要懂规矩，包括不说犯忌讳的话。要是有店员说错了话，就立即将那店员开走，让他把晦气带走。要是自家孩子说错了话，当然不能把自己的孩子赶走，那就把孩子屁股打几下，这晦气随着屁话飘走，也就心安理得了。

商行学乖与待遇

到店铺里当学徒学做生意，过去有个专门的名称为"学乖"，这大概是因为生意人要接待八方之客，应当从小就学会乖巧、伶俐，所以叫学乖。商铺里的雇员分四等：最上等的是掌柜，顾名思义，是掌握一定的实权可以决定大计的，甚至可以掌握钱柜，有些小一点的店铺老板自己就是掌柜。其次是"朝奉"，这是资格比较老的店员，是一个商家的资源，老板一般对他们都比较尊重。朝奉以下的人不可以坐在凳子上待客，只能站在柜台内，所以统称"站柜台的"，也是用以同"掌柜的"有所区别，不过站柜台的也分三六九等，经验老到的叫站头柜，他的薪水比站二柜的要高。朝奉以下是"伴作"，是学乖期满后留店实习一年时的身份，一年以后就可当正式店员也就是朝奉了。最下层的就是学徒，学徒学乖期限为三年，三年内只管吃饭没有薪水，不能回家。学乖的衣服不能有口袋（义安人叫荷包），甚至还要剃光头，大概是防止行为不端的人制造麻烦。

学乖的主要工作就是来人倒茶、递烟，早晚扫地抹灰，然后学打算盘、记流水账、看账房先生怎样扎账。在商店的学乖其实并没有什么人专门教导你，只有待人接物殷勤机灵，才能学到本领。特别是学打算盘，要是老朝奉不喜欢你，就不教你口诀，你永远进不了门。那时候可没有计算器，算盘是主要的计算工具，而珠算口诀很难记，有加法口诀"一上一，二上二，三下五除二，四下五除一"，有除法口诀"二一添作五，三一三余一"。过去的秤是十六两制，也就是一斤等于十六两，而钞票却是十进制，计算价格必须先把十六进位换算成十进位，专门有一套口诀："一零六二五、二一二五、三一八七五、四二五……"这是指：1除以16等于0.0625，所以是"一零六二五"；2除以16等于0.125，所以是"二一二五"等。口诀就是朝奉的饭碗和命根子，一般不教外人。即或是有人教你，你老也背不会，就根本没法在商铺立足。可见学乖的出师很难，十个人学乖，也没有两个能学到底。这种旧时商业算法，也形成了"楔语"，就是中国民间用一些算术口诀来表达某种语意的习惯，如"一推六二五"用的是"一零六二五"，表示办事不负责任；用"不管三七二十一"，表现那种不顾后果的形象；用"三下五除二"，表示办事的速度和爽快……如今常听一些无为籍的老乡形容办事顺利，说"一二三就办好了"，就类似于此。

除了学徒外，其他店员都有固定薪水。薪水标准一年一定，一般每月一领，称为发薪水。也有一年一次结账，平时遇事可以在账上支点钱。由于店员吃饭由老板承担，所以大多数人愿意一年一次结算，老板也乐意。生意好时，年终老板还会包"红纸包"以示奖励，但这红纸包内的数额不等，只有老板心里有数，店员之间是不可以互相打听的，否则引起老板不满，饭碗就会丢掉。店里平常只是小菜便饭，吝啬的老板会同店员一同吃，每月的初一和十五会加餐，名曰"吃犒"。

商店雇用或辞退店员在每年的正月。开张之前老板要请新旧店员吃酒，布置工作。席间老板亲自敬酒以确定店员的去留：如果老板批评某人还要从哪几个方面改进，则是爱护该店员，这是一定会被继续留用的；如果老板对某某人特别客气，那人就可能要被"炒鱿鱼"了；要是某某人被老板请上首席那就坏了，说明老板客客气气地要某某人吃过饭就卷铺盖走人；如果老板坐在首席说明今年雇佣照旧，大家一颗悬着的心就落实了。当然让学乖的人滚蛋是不用办酒的，由掌柜的甚至是朝奉打个招呼通知一下就行了。但商店一般不轻易辞退店员的，除非生意做不下去确须降低成本，或者是该店员品行恶劣、行为不端，或是那人得罪了老板，那就另当别论了。

职业禁忌与禳解

在旧时义安，各行各业都有各自的禁忌。中国民间的禁忌是个奇怪的事，奇怪在于它是人为地在观念上禁止出现不愿意看到的事发生。例如义安人不许孩子吃鱼籽，据说吃了鱼籽将来孩子长大了不聪明、"不识数"，而职业禁忌主要表现在手艺人上。

在民间有俗语："木匠的斧子，大姑娘的腰，独行人的行李包"，这三样东西别人是不能摸的。木匠和铁匠都非常尊重自己的劳动工具：木匠的墨斗和角尺，是任何人都不可以随便摸的；铁匠打铁的砧子不准任何人坐，尤其忌讳妇女。而砖匠上工以后不洗手和洗脸，吃饭前只用稻草揩一下，如果洗了手就表示今天不干活了，因而有"洗手歇着"的俗语。屠夫忌讳在亥日杀猪，因为那一天是猪的"阳火日"，猪在那一天不可以受死。杀猪时要一刀了断，不可杀两刀，否则那猪认准了刽子手会去找他索命的。这也同宰牛一样，宰牛时要用牛耳朵将牛的眼睛蒙上，否则让它看见了，就要找屠夫索命。连小偷都有忌讳，小偷入户行窃，要是碰到那家人家一贫如洗，就什么都没偷到，那就犯了"贼不走空"忌，预示着他今后偷盗不顺。此外，义安的小偷是不偷猪的，据说偷猪那小偷家里就要死人。即使是乞丐弄坏了人家的东西，主人发怒夺过叫花棍便打，这打便有讲究，不可以抓着棍头用棍下梢打他，因为下梢是叫花子用来打狗的，只能抓着下梢用棍头子打，否则叫花子会认为那是不尊重他，将会给主人制造没完没了的麻烦。

这些禁忌一旦不小心触犯了怎么办？民间自有禳解之法，也就是化解的办法。比如小偷到穷人家没偷到东西，他就会顺手把门口的扫把带走，这叫做生财有道，总不空手。所以过去一些老人家，如果天亮时发现门口的扫帚不见了，就知道昨天晚上来了"相公"（"相公"是对小偷的尊称），并不生气，反而感谢小偷把他家的霉气带走了。据传，有一年义安某镇一家有名气的人家娶亲，那亲家家里也有钱，整整一车子新式家具作陪嫁，吹吹打打好不风光。不料这开车的不小心，走山路一下子把车开翻了，一车子家具打得面目全非。这下所有的人都呆住了，新郎新娘家人更是吓得大惊失色。这晦气呀，也丢脸哪。尴尬了半天，这老媒人突然大叫："打得好哇，打发打发，越打越发！"另一个老媒人也明白了："打碎了好哇，岁岁平安哪！"这一下把大家失魂落魄的心拉回来了。众人终于醒悟：这是好的兆头哇，人家想打还想不到呢。于是大家都笑了，锣鼓敲得更欢，喇叭吹得更响了。人们带着实实在在的忐忑不安和强装出来的欢天喜地，又继续婚礼的进程了。

其实很多民间手艺人的传统禁忌，跟生活禁忌一样，是图个吉利、祈盼好运的。

造船与行船规矩

义安地处长江南岸，境内拥江滨江足有百里，因而船就成了主要的生产和交通工具。

义安自古陆上运输资源甚少，据史料载，古时铜陵县城对外只有通青阳和通南陵的两条陆道，而水路交通却相当发达。大通、汀洲为义安江岸的重港。义安境内有 7 条内河，其中较大的顺安河、黄浒河、青通河，至今仍有水运交通，境内的农副产品由顺安河和黄浒河运到全国各地，再将各地的工农业产品运进沿河村镇，甚至更深的腹地。外埠香客"朝九华"，由长江至大通改入青通河，经童埠、青阳即可到达九华山东麓，在陆上交通并不发达的 20 世纪 50 年代以前，这是一条主要的通道。此外，还有钟仓河、新桥河、凤心闸河、焦家埠河、十里长河、横港河、三港口河等，过去在丰水季节都有过水上运输，后来或因改道、或因淤塞，逐渐无法承载船只通航。清乾隆《铜陵县志》载，县内有江口渡、城洑渡、羊山渡、丁家洲渡等 8 个古渡口。1876 年中英《烟台条约》还把大通和安庆一道，列为"轮船准暂停泊，上下客商货物"的港口。此后不久，大通的和悦洲就有了一艘近百米长的客货趸船，此地就成了对外客货运输的沿江重港。旧时发达的水上交通产生了义安自己的水运习俗，如今义安内河水运的黄金时代已不再，但一些与水相关的民间习俗仍然留在人们的记忆中。

自水上交通繁荣以后，义安开始有了造船工业。20 世纪初，大通和悦洲有了初具规模的造船厂，并列入了县手工业系统管理，初始仍以制造木船为主，到 20 世纪 80 年代后才有简单的铁质船舶制造。有经验的人从船体的形状就可以判断船的出处，如江西有一种运输用木船，名为"罗滩船"，头尾都翘得很高，船头做成如意形，船身较长。义安的木船造型比较简单，为方形头尾，腹部略为宽且低，船头则更小于船尾，一如现今的钢板船，船尾以舵定向，不设橹。同时通体没有任何雕饰，只在侧面安装对称的双桨位，有时船头设单桨。明李宗泗有"双桨摇冲下大通"的诗句，那时并没有客货分流的要求，看来义安木船的形制自古如此，变化不大。

打造一只木船需要大量的木料，上等的选料应当是椿树，因为椿树木材坚实、细致、不翘、不裂且耐湿。但由于椿树比较稀贵，人们只能用椿树做船沿帮，以利劈浪分水，提高行速。而多数部位则以杉木为替，杉木中以天然的老龄杉木为佳，因为老杉木材质结实、有韧性，所造之船吃水浅、浮力大，能载重，轻巧而坚固耐用。这些杉木多来自江西（称江木）和福建。"头不顶桑，脚不踩槐"，这是打船的人都知道的规矩。中国人语言自古讲究同意避讳，"头不顶桑"，是因为"桑"与"丧"同音，不管是造船还是建房，桑树是绝对不会用的。"脚不踩槐"，则是因为槐树是神树。槐树又称为槐荫（阴）树，加之其特别长寿，人们又尊之为"社树"，即如土地神一样有一方保护神之意。《宋书》卷二十七·志第十七载"鲁哀公十四年，孔子夜梦三槐之间，丰、沛之邦，有赤烟气起"，可见槐树也是官运的象征。许多大姓大户都声称他们的祖祠门前有三棵槐树，曰"三槐堂"。所以造船是断不可以用槐树作船底，任人随意踩踏的。

木匠有大木匠、小木匠和圆木匠之分，大木匠才具有造房、建桥、造船、建油榨和做棺材的资质，因而造船当然是大木匠的活，其中尤以掌作师傅（主持整个过程的大师傅）最为重要。计算尺寸、安排大料等关键技术，都是掌作师傅的看家本钱，不会轻易授人。而徒弟则只能做些锯木、车眼、调浆、补缝之类的下手活。造木船一般在农历四五月之后开工，因为木船的板缝必须用油灰浆填抹多道，而后才能对船体进行桐油油涂，此时开工气候较暖，日照渐长，有利于灰浆和桐油收燥。动工的当天先要摆好香案、香烛、三牲，祭祀龙王。那是因为船只终年以水为伴，希望龙王爷能保佑永久平安。到了辰时（上午7点至9点，传为辰龙起身之时），鞭炮大作，木匠师傅开始劈木下料。

打造木船最动人的是那匠人们挥斧的声音。木船成型以后，不啻造就了一个庞大的木制共鸣体。那咚咚嗒嗒的声音像擂鼓，比鼓声传得更远。匠人们自然知道，这声音能宣示自己的存在，于是他们对"鼓声"进行了认知和研究，配合劳动的分工，千百年来形成了一套大家共同遵守的规矩，各种程序应有不同的节奏。这些节奏如同打击乐的曲牌，被冠以不同的吉祥名称，如"八仙过海""龙宫取宝""雷公点将""凤凰三点头"等，其中尤以"雷公点将"最妙，此"曲"用在钉"马钉"时。造木船用钉极多，所谓"天上有颗星，船上有根钉"，一只木船造下来，用去各种名目的大小铁钉无数。"雷公点将"由掌作师傅领头，其斧声即"雷公音"。说是雷公音，却又不能任意使劲作轰天之鸣，那样会把船打破的，只以略高点的声腔指挥众锤响应，颇有"一马当先众骑奔涌"的气氛，所以叫"点将"。此曲又称"打排斧"，不是这位掌作师傅亲自调教的"下手"或徒弟，没有与掌作师傅多年的默契，是只会在"排斧"中制造杂音乱音的。当然，造就一位成熟的掌作谈何容易，没有特殊情况，掌作师傅是绝对不放弃"领奏"权利的。

每一关键工序，如安装船头、竖大桅、合龙口（最后一道木板联接）等，船主都要给众位木工师傅包"红纸包"，掌作师傅所授更丰，并设酒款待。新船造成下水不亚于建房的"上梁"，义安人称"登江"，自然要请先生看日子选时辰。这一天整个木船要装扮一新，船头、船尾、桅杆、舱门都要贴上大红对联，有的整个船体都要挂红披彩。船工们也要身着新衣，甚至披红戴花。船上要点香烛，岸上要摆香案。船主要杀鸡祭天，对着大江叩拜龙王保佑。礼毕燃放鞭炮，送"木龙"登江。如果近处有龙王庙或水神庙，船主先要前去祭拜，然后回到江边举行登江仪式。

凡事都有规矩，船工在船上要称船主为老板，外人称他为"船老板"。船上人对租船的人称"货主"，不能叫老板，否则就是夺了船主的一定之尊。运客时对再显贵的客人也只能称"客人"，同样不可以叫老板。吃饭时船主与船工围在一起，但船主要面对船头，好像是水军的都督。船工们称吃饭的碗为"仓"（意为粮仓，这种叫法现已绝迹），称筷子为"篙子"（"篙子"的叫法沿袭至今，以致与运输业并无关系的居民都称筷子为"篙子"），启航称"船开头"。尤其是新年第一次出航和远航更要注意，要烧香祈神，并吃开航酒。船起动常以鸣锣为号，第一遍敲三下叫"三星高照"，第二遍敲五下为"五路财神齐到"，第三遍七下，预庆"七宝归仓"。接着由慢而快，如同京剧锣鼓的急急风，名为"步步高升"。开航的锣声其实并没有什么特别的曲牌，也没有其他的乐器衬合，只是宣告而已。

木船停泊口岸称为"收湾"。船家有谚："未开船，先思落水之地"，就是说收湾的地方一定要事先考虑好，一要避浪头，二要避风头，三要避矛头。前两避好理解，第三个避就是"和气生财"。规矩是约定俗成的，大家自觉遵守：冬天不能停泊在其他已泊船的下风头，夏天不能抢人家上风头，不能夹挡停船插在两只已经停泊的船中间，不能让铁锚链碰撞了别人的船，这些规矩保证了行船安全和行业和谐。

船民禁忌与祭神

水上航行风险大，因而船上禁忌很多，逢事多说吉利语。例如吃菜，吃鸡头称"元宝头"，鸡爪称"抓钱手"，这两样是船老板的专享。鸡肚肉俗称"鸡丝子"，在船上叫"长进"。因为它虽然最不好吃，吃了却最能"长劲"，这是恭喜水手们"长进"的。

"翻"和"沉"是船民最忌讳的词语。据说过去姓方、姓陈、姓程的人都不搞船，船工也决不会吸收这三姓的人进班，就因为义安方言"方"和"翻"、"陈""程"和"沉"的读音完全相同，而其他与"翻"同音的字也都忌讳：在船上睡觉要翻身，叫"打个挺"；船上晒腌菜、晒干鱼要翻一下，叫"换个边"；甚至在船上吃鱼干脆只用水煮，一定要吃煎鱼则只烤一边，不许翻鱼身。船上的帆叫篷，升帆叫扯篷。此外，对一些容易产生不好联想的动作、状态都要禁止，如吃饭后筷子不允许放在碗上，因为碗好比是船，筷子好比是桨，桨横在船上是凶兆；船上人睡觉可以仰卧和侧卧，决不允许俯卧，因为被淹死的尸体漂上水面多是俯卧的；锅盖不能口子朝上，饭碗不能朝下扑着放，都是避免产生翻船的兆头，甚至船工再热都不得翻卷裤脚，因为这也有一个"翻"的意思。

在船头上大小便是万万不可以的，哪怕是小孩子也要被骂个半死。妇女不可以站船头，即使是客船，再尊贵的女客人也要遵守这一规矩。船工忌从江中救落水人，这似乎不近情理，却是天南地北船家普遍做法。坊间船民认为，船工终年生活在船上，救了人将来难免会去为那人抵命。不过义安的船家并不死守这一俗规，该救的还是要救，其禳解办法是将人救上来后，抡起手掌左右开弓给落水人两巴掌，据说这就把晦气打掉了，救人者就不再会倒霉了。

因风险莫测，船民对神灵格外敬重。水上运输行业公认供奉的祖师爷是三宝太监，即明代下西洋的郑和，但对其他水神也决不怠慢。乌江的霸王祠、镇江的金山寺、芜湖对岸的枭姬娘娘（刘备夫人孙尚香）庙、江西都昌的老爷庙，均是路过的船家必须要祭祀的重要神灵。义安的船人还对本地大通河南嘴的杨泗庙、顺安三官殿、人通的四官殿、钟鸣的水浒庙恭敬有加，多有祭祀。其中杨泗庙又称"杨泗将军庙"，是湖北洞庭湖滨各县都建有的水神庙，祭祀的是南宋农民起义首领杨幺。湖北渔民迁居大通河南嘴，把供奉杨泗将军的风俗带到了大通，在河南嘴也修建了杨泗庙。其实，船民们对水神的祭祀，不只是对自己生命的关切，也是对大自然的敬意。

第八辑

民间歌舞游艺

民间歌舞是人类最古老的艺术表现形式之一，是随着人类生产劳动而产生的。我国的传统歌舞通常依附于一个地区或一个民族特有的生产劳动、岁时节令、婚丧礼仪、信仰崇拜等活动，能够生动地反映出当地独特的生产生活方式和习俗文化。这些传统歌舞由艺人代代相传，"千年一歌，一舞千年"，实现自娱或者是娱人的目的，具有深厚的文化性、生活性和游艺性。而在民间，从幼童到成人也有着众多游戏娱乐形式，内容丰富，千姿百态，一直以来影响着人们的生活，看似古朴、笨拙甚至低俗，实则充盈着乐观、智慧和真情。随着社会的进步和人们思想观念的变化，一些传统的歌舞游艺已经或将要淡出人们的生活，被一些新的艺术或游乐形式所代替。但是，那些曾经伴随人们走过成百上千年风物，记载着欢乐、趣味和纯真的生活，会成为一种情结、一种积淀，无处不显示一个地方文化的内涵和精神的面貌。

传统舞蹈

　　义安传统舞蹈,既有与其他地区相同的莲湘、秧歌、旱船、蚌舞等,也有如云灯这样的伴灯,主要形式是竹马灯、龙灯和狮子舞,其中竹马灯名声最甚,于 2006 年被列为首批安徽省级非物质文化遗产保护项目(见本书《义安非遗明珠》辑),狮舞则属于双人北狮。舞龙的记载最早见于西汉董仲书的《春秋繁露》:"冬舞龙六日,祷于名山以助之",时被用于求雨,汉代画像石上也刻有戏龙的娱乐场面,现已成为民间传统民俗文化活动之一。义安的龙灯有板龙(也叫板凳龙)和滚龙两种,自成一格,具有浓郁的地方民俗特点。

龙灯

　　板龙灯 板龙在义安乡间最为常见,它以木板、竹篾、纸为制作材料,由匠人分别制作出龙头、龙身和龙尾,再由木板节节相连,最后构成一条龙的形态。板龙灯并非每年都要另行扎制,龙头、龙尾平时是放置在公堂屋或祠堂里,龙身则分别保存在各家各户,到起龙(义安人称为"兴龙灯")时才拿出来拼合。乡村的自然村基本上是一个姓氏聚居在一起,所以玩龙灯常以姓氏为单位,外姓的人虽然居住在这个自然村内,却不一定有参加玩灯的权利。人们很重视这个权利,认为参加了舞龙便会家庭兴旺、事业发达。小伙子出门也引人注目,因而"拿起龙灯棍,遍身都来劲"。旧俗是"一丁一龙",每一个十六岁以上的男子要做一节龙身,因而人丁越多,龙就越长,后来因人口增多逐渐演变为一户一板。龙以大、壮观为美,民间认为村子大、人口多,是能炫耀于一方的大姓,而这种炫耀就体现在各村的龙灯规模上。金榔闸口的钱村，有160多户人家，20世纪80年代末，有一年舞起一条达到70多板的龙。因为金榔是山区，龙灯没有空间可以玩转，只好跑到大田里去起舞。和悦洲渔民有一年兴的鱼龙灯长达133板，表演人数有200多人，创下了最高纪录。

关于板龙的来历，有一个民间传说。相传唐朝太宗在位之时，有一年冬天天下奇旱，地裂三尺。玉皇大帝命泾河龙王布雨救灾。泾河老龙变成人形，跑到长安察看旱情时，同一个看相的人斗气，结果误了大事造成布雨不匀，使长安城内外大雨倾盆，洪水滔天，百姓淹死无数。玉帝大怒，下令唐太宗的丞相魏征于正月十五的午时三刻监斩老龙。老龙向唐太宗哭着求情，唐太宗答应帮忙。到正月十五的午时，唐太宗命令魏征陪他下棋，想拖住魏征不让他去监斩。下着下着，快到午时三刻时，魏征感觉头晕，趴在桌子上呼呼大睡起来。唐太宗自以为得计，任他睡去。谁知魏征在梦里已经完成了监斩程序，把老龙砍成了几截。老龙的魂魄怒气冲天，飞到长安找唐太宗索命。

板龙表演

唐太宗正感无计可施时，有神人指点，将老龙的身子一段一段收拾起来，放在长条板凳上，一节一节连起来，烧香放炮送他归天了。唐太宗承诺，每年正月十五全国上下都要祭祀老龙。此后每年元宵节，百姓们都要在板凳上扎起一段一段龙身的样子，拼接起来舞动，由此正月十五舞板龙灯的习俗流传至今。

在义安区，板龙形式多样，各有特色，在钟鸣、天门、顺安等多个乡镇都有分布，其中，流行于钟鸣一带的"板龙花灯"和顺安一代的盛瑶板凳龙入选市级非遗。钟鸣一带的"板龙花灯"起源于明代，主要制作演出地在泉栏村枣树湾自然村。该灯共二十九节，有龙球一只，高照一对，虎头牌一对，配有锣鼓两套，有抱五柱、穿花、围龙头、围龙尾等表演形式。不同于一般的板龙，"板龙花灯"每节龙身边还扎有一面戏台，戏台里扎有戏曲人物，每一节都展现一出不同的戏剧情节，供观灯人观赏。顺安的"盛瑶板凳龙"起源于宋末元初，兴于明末清初。它比"板龙花灯"多两节，由三十一节长凳组成，每凳长七尺，木板上面扎灯，第一节为龙头，第三十一节为龙尾，其余为龙身，龙身扎有二面戏台、戏台里扎有上八仙、中八仙和下八仙等人物，龙身左右画有彩云。龙头上面扎有火焰，火焰上面扎太上老君、元始天尊和通天教主画像。表演时，前有二至四对排灯开道，彩云十六朵，标明灯龙是哪个村或街道，排灯后还有鱼、虾和蚌壳、灯笼等，在锣鼓、号角声中晃头摆尾，畅游各街头巷尾。表演主要有猛抬头抱柱、龙王争霸、穿花围龙头、龙尾用力绞柱等，形式十分丰富。一般从下午 1 点至 2 点接灯，下午 3 点左右起灯游玩，夜里 11 点左右休息。

滚龙灯 滚龙比较短，一般是十三节，龙头和龙尾用竹篾扎制，全身每一节都用木板为托，用竹篾扎一个灯笼，然后用长幅的布连起来作为龙身，龙身上要画上鳞片。每一节灯笼都点上蜡烛，舞动时由一位手持长柄红球的人引导，上下腾跃，宛若一条火龙在飞腾，所以又叫"火龙"。其中，流行于钟鸣一带的"颓尾滚龙"因其为断尾龙独具特色。它是一条断了尾巴的龙，龙身和龙尾始终分开，也是它被称作"颓尾滚龙"的原因。2006年，"颓尾滚龙"被列为铜陵市第二批非物质文化遗产保护项目。

相传很久以前，钟鸣牡东村邻村有一位麻子大娘，50多岁时才怀有身孕。一天，她腹痛难忍，居然产出一条一尺多长形似小蛇的怪物，十分惊恐，却又不忍杀生，便悄悄地把它放到门前面的小池塘里。"小蛇"落水后，向麻子大娘连点三头，向水中游去。一日，麻子大娘到池塘边洗衣，突然一条几尺长的大蛇游了过来，高喊妈妈，要吃奶水。麻子大娘大吃一惊，慌乱中将手中棒槌随手一挥，竟把大蛇尾巴打断了一截。大蛇疼痛难忍，一声咆哮，腾空而起，驾云而去。大娘吓晕过去，等她醒来只见前面水池塘已被大蛇啸了一个面积很大、水深几丈的大潭——据传这个村改为龙潭村，就是现在位于钟鸣镇金山的龙潭肖自然村，一截尾巴还在地下鲜血直淋，大娘知道此乃真龙现身，便抓起尾巴紧随小龙去向追去。小龙腾云而去，一直飞过几山几涝，落在垅上的牡阳山村地上，痛得满地打滚。全村人围上来观看，有老人急忙包扎小龙。经过几天调养，小龙伤口好转，又腾云驾雾而去，等大娘抓着龙尾追来，小龙已飞远去。后来该村年年风调雨顺，五谷丰登，人财两旺。村里一位老先生梦中得知，此乃是小龙知恩图报，暗中佑护的结果。因此村里长辈及老先生商议筹划，请来扎匠师傅用篾扎成小龙形状，用十几根棍子顶着，施以咒语，杀鸡开光，根据小龙打滚样子上下翻滚，并请一个人化装成麻子大娘手持龙尾紧随其后，形成一种特殊的表演形式，到周边乡村表演，接收香火，以示纪念。

"颓尾滚龙"表演以这个民间传说故事为基本内容，用纸篾扎成龙形，用颜料色彩画出彩云、龙鳞，有龙球、龙身、龙尾，共13

颏尾滚龙表演

人组成，八对云，一对高照，一对虎头牌，彩旗、锦旗若干，配以民间打击乐器和道具，形成了一种活泼的喜庆表演形式。此村灯会历史久远，可追溯到南宋年间，世代相传，长盛不衰。每至新年，此村就自行组织舞龙，祈福新年，并到南陵县、繁昌县等周边地区乡村巡回游玩，受到当地群众的普遍欢迎。

无论是板龙还是滚龙，兴龙灯都有一套规矩：每一具龙灯都有一个灯会会长，由村中德高望重的人轮流担任，每年牵头修补或制作、组织购买材料、安排表演路线、管理香火钱物等，大小诸事都由会长操持。因为龙头是全身的首领，所以其表演者由技术好、身体好、行事稳健的人担任。"龙头摆一步，龙尾甩到一里路。龙头转个身，龙尾跑断腿肚筋"，因而龙尾的表演者需要身体灵活、耐力超好，应是村里数一数二的棒小伙子。龙头以后的各板称为二拱、三拱、四拱等，通常二拱由出钱多的大户等执棒，后面的各拱则由抓阄决定。

义安的龙灯一般每年正月初七就开始筹划，到正月十三龙灯开光起龙。所谓开光，就是由本村最德高望重的老人画龙点睛，而开光时所念诵的祈辞也只有他一人掌握。如果这个老人年龄大了、身体差了或重病在床，就要将开光辞传给另一个有德望的人。开光祈辞的内容是祈求上苍保佑本村风调雨顺、五谷丰登、六畜兴旺、万事大吉。在正月十三下午，事先择定一个好时辰，全村人集中在广场上（过去是在有龙王庙的地方），时辰一到，锣鼓喧天、鞭炮齐鸣。开光人便手持新毛笔，蘸上新鲜的鸡血，口中喃喃地诵读着祈辞，用笔慢慢地描龙睛。龙睛描好以后，这龙就活了。开光者将笔向空中一抛，顿时"嘭嘭嘭"三声铳响，众人高声喝彩。在大人小孩的欢呼雀跃中，龙灯便呼啦啦舞玩起来，这第一次舞动叫"试灯"。"铳"由生铁铸成，铳镗里填装火药和铁砂子，发出的散弹杀伤力很大，主要用来打猎，而在民间集体活动中成为重要的号令工具。义安民间常用的铳，学名叫三眼铳，只有约40公分长，手柄约占了其中的1/3，铳体有三个管眼，铳身后面有一个小孔是安放引线的。这种三眼铳过去也是用来打猎的，因为后坐力大又不容易瞄准，而且放起来声音特别响，所以它的主要功能逐渐改变为用作礼炮。旧时义安民间的重大礼事，包括出殡、求雨甚至大屋奠基都要放铳以召示乡里。近些年因为国家对火药的生产和销售控制较严，兴龙灯改用冲天响鞭炮代替了。

正月十四和十五是正灯日，龙灯要走出村庄到外村去接受香火。龙灯活动都在下午，大约3点左右听铳声指挥。第一遍铳响各家要抓紧吃饭做好准备，第二遍铳声人员集中，第三遍龙灯队伍起身。事前灯会会长要安排比较灵活、懂礼貌的人到各村去"下书子"，也就是送通知书，一般下到大户人家，或有高寿老人的人家、喜添贵子的人家、做新房的人家，或机关单位、企业商户。收到书帖的人家到时会在门前摆上"香案",准备好红包、红披。龙灯在他家门前欢舞时,主人家要烧香放鞭炮,给龙灯包红包、披红挂彩。兴龙队伍要向有喜事人家还送"喜烛",向高寿人送"寿烛",向做新房家送"门烛"。生了贵子的人家会抱着孩子从龙头下钻过,扯一根龙须挂在孩子身上,以求神龙保佑。龙舞主要有"龙摆首""穿四柱""八卦阵""龙吊水"等,每一条龙灯都有各种花灯相伴,如方灯、云灯、花篮、高跷、蚌灯、旱船。方灯一般在最前面,灯上写着兴龙灯的村名。其他灯常在舞龙表演时穿插其间,或为摆灯字当笔画,或为盘龙阵作背景。一般大村的龙灯队花灯也多,多的达到几十盏甚至上百盏。为龙灯伴奏的锣鼓分前场和后场。后场管表演伴奏,用锣、鼓、钹、小锣四大件。前场管开道,往往在四大件的基础上还要加上板鼓、筛锣、大铙,义安人称为"七场家伙"。"七场家伙"的演奏曲牌较为复杂,多有职业乐师传授。吹奏乐器一般是喇叭,义安人称为大钦,最少两支,最多达到6支。常见的锣鼓曲牌有"走马""尖捶""长捶""竹捶""急急风"等。"走马"为演奏者且行且奏,节奏为四四拍,均匀和缓。"尖捶"为四二拍,节奏略快,轻松而流畅。"急急风"又称"跑马",取自戏曲锣鼓曲牌,在龙灯舞动时伴奏,热烈而红火。而遇到双龙会聚,那就会各不相让,抢接香火。两龙都要使出浑身解数,争舞竞技,甚至相互缠绕。此时锣鼓大作,欢声雷动。

正月十六是圆灯日,下午龙灯起身后不再外出,就在本村巡游接香火。巡游完毕后回到起灯的场地,先是龙头昂首立在一个高台上,没有高台的就站在桌子上,龙身则围住龙头,随着龙头的转身缓缓盘旋。全部盘定后,三声铳响,龙灯烛光同时熄灭,象征着龙归天庭。然后全龙拆解,从龙尾开始依次分开,各归其所——这一年的龙灯表演结束。

狮子舞

舞狮是我国优秀的民间艺术。据说最早是汉代汉武帝派张骞出使西域时从西域传入的，至今已有 1000 多年的历史。唐时狮舞已盛行于民间。唐音乐理论家段安节在《乐府杂录》中说："戏有五方狮子，高丈余……执红拂子，谓之狮子郎，舞太平乐曲"，那"执红拂子"的就是现在舞狮球的人。经过 1000 多年的发展，我国狮舞形成了南北两种表演风格。南狮的头尾之间用一块较长的布作狮身，舞动比较灵活，以表演"文狮"为主。北狮的造型是身躯大，其身躯和头部的比例与真狮差不多，外形也和真狮极为相似，以表演"武狮"为主。小狮一人舞，大狮由双人舞，一人站立舞狮头，一人弯腰抓住狮头扮演者的腰部，舞狮身和狮尾。引狮人（狮子郎）是古代武士打扮，手握可旋转的绣球。狮子在狮子郎的引导下，表演腾翻、扑跌、跳跃、登高、朝拜等技巧。

舞狮

义安的狮舞属于双人北狮。20 世纪大通镇有一个专门从事码头装卸工作的大通搬运站，便是义安狮舞的主力军。据调查，大通搬运站的工人绝大多数来自北方临淮一带，狮子舞是他们从淮河流域带过来的，其狮舞的造型、表演程式、锣鼓曲牌仍为义安的狮子舞沿用至今。和真正的北狮全身金黄不一样，义安狮通身是用麻线做的绿毛，间以金黄或红色点画眼睛、额头等部位。据考证，清末淮河两岸流行过一种以青为主的狮子颜色，称为"绿狮"。如今淮河流域的绿毛狮已不多见，却在义安扎下了深根。扮演者的腿脚上都要披上狮毛，以增强质感。狮子锣鼓一般配以大锣、大鼓、大钹，甚至加上两人抬的大筛锣，敲奏起来威武雄壮，令人振奋。舞狮在行走或跑动时和真的狮子一样，恰如其分，但在起舞时则要配合音乐的节奏舞动，憨态可掬且灵动传神。舞狮扑、闪、腾、挪都有一定的程式，表演的主要技巧段子有"登峰造极""兽王翻身""降龙伏虎""双狮戏球""飞跃山涧"等，还能在翻过来放置的桌腿上走梅花桩，有时可从几张桌子上翻下来，博得满场喝彩。最得民众尤其是孩子们喜爱的是狮子产崽的情节，母狮抢到了绣球以后，便将绣球揉在怀里，于是就有了身孕。此后的表演由受孕、生产到抚育幼狮，一整套过程都表现出一种温柔慈厚，惟妙惟肖，别样精彩。而幼狮出生后，挂着铃铛满场欢跑，让全场气氛为之喧腾。整个舞狮表演把狮子威猛的兽性、敏锐的灵性渗透于富有情感的人性之中，舞的是狮态，抒的是人情。

民间音乐

义安的民间音乐，主要产生于生产、生活、节庆、民俗等活动中，表达了劳动人民的思想、感情、意志、要求和愿望，不仅具有强烈的现实性及娱乐性，还具有鲜明的地方语言及生活特色，是当地人民的智慧结晶。

在一代代人的口耳相传下，这些民间音乐广为传唱，后经过音乐工作者的精心收集整理和修改完善，形成了较为完整的铜陵民歌。这些民歌内容丰富、形式多样，有反映劳动生产节奏的劳动号子，有表达男女情感的情歌，有时政歌、生活歌、儿歌、酒歌、历史传说歌、红色革命歌等，在演唱形式上大致可分为号子、山歌、小调、歌舞曲等数类，其中小调最多，约占60%。在这些民歌中，最有代表性当属《铜陵牛歌》，被列入首批安徽省级非物质文化遗产名录（见本书《义安非遗明珠》）。《十字歌》《帮歌》《山歌》等17首被列入市级非物质文化遗产名录，一些民歌大多被载入了《中国民间歌曲集成》，并参加各类演出活动。本节仅选《十字歌》《送春歌》《送秋歌》及劳动号子，一观铜陵民歌风貌。

《十字歌》

现存最早、最完整并且能够确认是义安人创作的民歌，是太平天国时期的《十字歌》。据史料记载，19世纪中叶，太平军曾在义安一带同清军进行过多次激战，受到义安人民的热烈欢迎和响应。当时太平军从南京溯江而上攻占安庆九江，数度占领铜陵县城（今义安区五松镇）。新中国成立初期，著名的戏剧家严朴写过京剧剧本《取铜陵》，后辽宁画报社以此题材出版了《取铜陵》的连环画，其中就有这样的情节：太平军派人潜入铜陵县城，以江湖卖艺为掩护，在城内散布歌谣，张贴榜文，使城内百姓倾心于太平军——或许民歌在太平军攻占铜陵县城时起了重要作用，《十字歌》即反映太平天国时代，农民对天王的革命拥护和信佩与希望。

《十字歌》是铜陵城郊（今义安区五松镇附近）一位名叫王怀德的砍柴放牛农民约于同治年间初期编唱的，1963 年初夏由本地音乐工作者姚介平挖掘整理，当时演唱者何本奎是一个 65 岁的农民。据何本奎说这是他十几岁时跟当地 60 多岁的老农民陆道安学唱的，可见这支民歌受到几代义安人民传唱。经姚介平同志的多年努力，《十字歌》21 段歌词保存得十分完整：

《十字歌》

其余 20 段歌词为：

囤兵养马千千万，要与（的个）清朝动刀枪，皇帝要推翻。

开刀就破武昌府，一仗（的个）打到下九江，一路顺水淌。

二字写来一条街，我在云南反过来，把他打下台。

苗家动刀要造反，要把官兵杀下江，无处把力茧。

三字写来川字样，天王兵多将又广，个个都勇敢。

江南江北分几路，四面八方动刀枪，一路把名扬。

四字写来四块方，各州各府着了慌，官家心胆寒。

文武官兵齐出征，外加团练守四乡，封水又搜山。

五字写来把腰弓，发道文书到咸丰，祸事来得凶。

咸丰接到亲自看，朝里无人又不中，气死老"黄宗"。

六字写来昏沉沉，朝中出了曾大人，他要显威灵。

曾大人督兵当主帅，领兵千万剿天兵，出兵打头阵。

七字写来乱纷纷，百姓天兵要遭瘟，官兵要杀人。

杀了多少好儿女，烧毁多少好庄村，好不黑心人。

八字写来二面分，田地不兴树成林，哪里有收成。

孤儿寡妇受饥饿，外乡逃命无处蹲，饿死多少人。

九字写来真伤心，苛捐杂税抓壮丁，昼夜不安宁。

缺粮少钱付不清，户长杀人抄满门，六畜都遭瘟。

十字写来喜盈盈，官兵溃败天兵胜，曾大人头发昏。

杀下长江乘水路，要到南京把基登，永远保太平。

《十字歌》曲调朴实流畅，与义安民歌的一般特征相吻合。它不但对研究义安地区的革命斗争史有重要价值，而且在我国民间音乐宝库中也不失为一件具有历史价值的艺术珍品。国内很多研究和介绍革命历史民歌的著作都引用到义安的《十字歌》。

《送春歌》

大年初一，有所谓"送春"者，逐村逐户"送春"。"送春"以自正月起，延续至二月，甚至三月农事大忙时节，才终止。其演唱形式为单人演唱，并且是以小锣、打镲、花鼓（小手鼓）伴奏。唱时，常以主人家先置有酬钱之器物为题，见风挂牌，自"门"唱起，每唱罢一物，便取其上所置之酬钱，一直唱到屋堂中为止。此时，主人一般得请他入座享用茶点，或供给酒食。而后，"送春"者方起身，道谢告辞。"送春"者演唱之乖巧善变，诙谐有趣，多唱吉利话，每令主人笑逐颜开。

如"送春"者刚到门前，便唱："春鼓一打响铃铃，惊动府上许多人。惊动老者添福添寿，惊动少者就多子多孙。"

若见有闭门拒之者，则唱："新春出门笑脸迎，我来唱歌你关上门，屋内关的是福禄寿，门外关我唱歌人。"倘若仍不见门开，便继续以唱相促："楼台凤角好门庭，二位门神把得紧，福门不开我进不去，唱歌的只好在门外等。"

当见主人开门迎接，便以高唱阿谀之辞取悦："大门一开亮堂堂，福禄寿禧挂中间，两边挂的诗文对，一双百岁老人坐中间。"

又如见主人招待以茶点，便唱："八仙红木摆当中，糕饼果料香喷喷，客来黄茶杯杯满，吃茶莫忘斟茶人。"

起身告辞时，一边走出门，一边唱："敲锣唱歌响满村，我今唱歌不中听，贵府父老请原谅，来年春我学好歌再拜贵府家门。"

"送春"因时日推移，而其唱词有所不同。其中或有专门请"送春"者成天演唱《水浒》《三国演义》《梁祝》等文学故事，以及各类民间通俗的小调，诸如《十月怀胎送春歌》之类。

"送春"者大多为变相卖艺的民间艺人，他们虽然以此形式谋生，甚至有的如同行乞，但其演艺却在旧时新年节俗活动中为人们增添了一项喜见乐闻的传统文化娱乐活动。

星移斗转，沧海桑田。到了20世纪50年代后，"送春"者逐渐销声匿迹。远去的"送春"，成为一种美好记忆，刻印在人们的脑海里。

《送春歌》

其余唱段歌词为：

新春出门笑脸迎，我来唱歌你关上门，屋内关的福禄寿，门外关我唱歌的人。

楼台凤角好门庭，二位门神把得紧，福门不开我进不去，唱歌的只好在外等。

大门一开亮堂堂，福禄寿禧挂中间，两边挂的诗文对，一双百岁老人坐中间。

八仙红木摆当中，糕饼果料香喷喷，客来黄茶杯杯满，吃茶莫忘斟茶人。

敲锣唱歌响满村，我今唱歌不中听，贵府父老请原谅，来年春我学好歌再拜贵府家门。

《送秋歌》

送秋是反映民间婚事喜庆的一项风俗性说唱活动，很早就流行于义安山圩地区的广大农村。每年中秋节举行。这个时期，正是农民经过一年辛勤劳动迎来的金秋季节。在欢庆丰收之际，也就是新婚夫妇"开花结果"的时刻，故以"送秋"的形式对人们寄以早生贵子早得力的祝贺。八月十五这一天，以自然村为单位，由送秋和迎秋两方组成。迎秋者为本村凡头年办过婚事的农户，事先要做好糕点、果料、粑粑、麻糍等茶点准备。送秋者为本村男性青少年自由结合，8人一组，其中以一名会说唱者"秋头"为首，购买爆竹、蜡烛、扎麒麟送子等用品，再从田里取一棵紫色新鲜多籽大毛芋，将底部糊上烂泥，在禾杆上插数支小红烛，由一人捧着，再由一人捧着装有一对蜡烛和用南瓜、丝瓜、毛芋、红椒等做成的胖娃娃茶盘，浩浩荡荡地来到新婚夫妇家，围着新婚夫妇唱《送秋歌》。（以下《送秋歌》采集者为姚介平）

《送秋歌（一）》

1=E 2/4 ♩=76

欢乐、轻快地

| 3̲3̲5 3̲5 | 6̲5̲1̲6̲ 5̲5 | 6̲5̲1̲6̲ 5·6 | 5 — | 3̲3̲5 |
| 1.八月 十五 | 天门 开呀 | 新郎 呐 | | 我做 |

其余唱段歌词为：

大哥哥当朝官一品，二哥哥二品在当朝。

三哥哥领兵把边疆守，四哥哥才高把状元中。

大女儿在做正宫娘娘，十全齐美人人赞，

赤胆忠心保朝廷，为民请命别学奸臣。

削平敌寇保太平，五哥哥年小读诗文。

二女儿做宰相夫人好心肠，夫妻恩爱子孙满堂。

《送秋歌（二）》

1=E 2/4 ♩=80

```
5 6  6̂ 5 3 | 0̂ i  6̂ 1 | 2̇·3  5 3 5 | 0̂ 5  5 2 | 3̇·2  1 6 1 |
新 娘  家(吧)   送 秋   送 到     新 娘 家。
```

```
1̇ 2  6̇ 5̇ | 6̇ — ‖
(哝 哟嗬    嗨)
```

其余唱段歌词为：

爆竹炸喜哈哈，送秋送到新娘家，
走进门来抬头看，诸亲六眷挤满堂，
堂心挂的天官画，珠砂对联挂两旁，
走到后进把眼张，金银珠宝放豪光，
金仓银仓分左右，陈初腊米万年粮。
送秋送到新娘房，新娘房里亮堂堂，
东边挂的鸳鸯鸟，西边挂的金凤凰，
鸳鸯鸟、金凤凰，美满夫妻百年长，
转眼再把牙床看，枣木雕花红架床，
四块合砖垫床脚，八块玉石支牙床，
珠丝锣帐床上挂，金打帐钩挂两厢，
两头搁的鸳鸯枕，中间困的子孙娘，
轻声口叫状元郎，雪白的棉絮红缎被，
　　暖和被窝睡得香。
红腊烛、黑煤头，姑娘嫂子请回头，
嫂子回家生儿子，姑娘回家请好郎，
让他夫妻快上床，早生儿子中状元郎，
小小云盘四方方，随手搁在子孙床。

173

唱完了喜歌出新房，转身来到当中间，

金包桌子银包旭，红木雕椅摆四方，

茶料盘子来端上桌中放，糕饼果料喷鼻香，

吃你茶来谢你茶，茶里搁有早子花，

早添贵子在你家。

《送秋歌》在1964年被中国音乐家协会编入了汉民族传统民间舞蹈节目表，这是义安民歌的光荣。

劳动号子

劳动号子是为了统一动作和节奏，由号工领唱，众人帮腔、合唱的一种传统民间音乐。义安之地的劳动号子主要有舂米号子、打硪号子、拖缆号子等，与人们的劳作是分不开的。

碓窝（石制）是农民常年用来研米脱壳的劳动工具。舂米时两人共一石碓，舂锤一起一落，此时必须要呼号子配合节奏，唤起精神。此号子是当时大破坊（米厂）多碓窝集体舂米时呼唱的号子，人多气氛浓，民间农户也能呼唱。内容可演唱别的民歌词，也可即兴编唱。以下《舂米号子（一）》搜集记谱沈仁浪、姚介平。此歌于1958年参加过安徽省音乐周汇演，当时是抗旱词，此稿恢复了原词。《舂米号子（二）》搜集记谱姚介平，词可为"两位将军对面站，一舂米来二舂糠"，在劳作时可以随意选唱其他内容。《舂米号子（三）》搜集记谱姚介平。

《舂米号子（一）》

1=A 2/4

♩=80

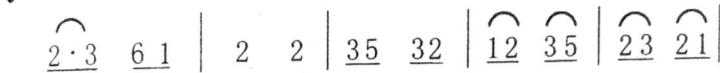

(领)小 小(么) 碓 窝(哎咵哎嗨) 圆又圆(哎),
舂 完(么) 新米(y y) 有陈稻(y)

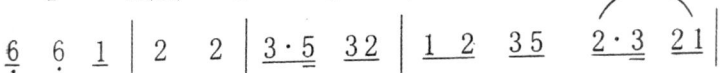

(哎呀嗬 嗨 嗨) (领)哎 哎嗨 舂米(那个)打
(y y y y y y y) 放下(那个)碓

碓 (齐) 不(是) 不得 闲哎 嗨呀嗬 嗨嗨
锤 y 又(是) 又种 田 y y y y y y

嗨 唷 嗬 嗬
y y y y

《舂米号子（二）》

1=A 2/4 ♩=80

中速

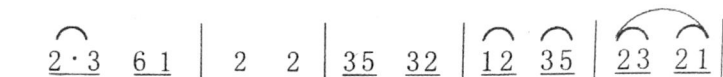

(领)小 (喂)小 (喂 嗨)(合)(哎咵哎嗨) (领)碓窝 四 方

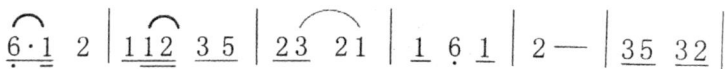

方 (哟), 又舂 (的个) 米 来(哎嗬 嗨)(合)(哎咵哎嗨)

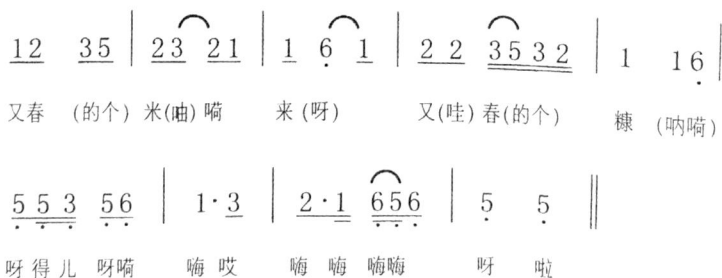

1̲2̲　3̲5̲　|　2̲3̲　2̲1̲　|　1̲·　6̲　1　|　2̲2̲　3̲5̲3̲2̲　|　1　　1̲6̲　|

又春 (的个) 米(咄)嗬　来(呀)　又(哇)春(的个)　糠 (呐嗬)

5̲5̲3̲　5̲6̲　|　1·3̲　|　2·1̲　6̲5̲6̲　|　5　　5　|

呀得儿 呀嗬　嗨哎　嗨嗨 嗨嗨　呀　啦

《舂米号子（三）》

1=G 2/4

♩=80

3̲　3̲　5̲0̲　|　1̲　1̲　2̲　6̲6̲1̲　5̲5̲　|　6̲6̲5̲　3　|

1.小小 (来)　碓窝(就)四(哟) 方　方 (内欸)

3̲　3̲　5̲　|　6̲#6̲6̲　5̲5̲5̲　|　5̲5̲　6̲5̲6̲　|　5̲　3·　|

一窝(小)　糙　米(我的) 装(的个) 中　 (呀)

3̲5̲　3̲5̲　|　1̲　1̲6̲　|　1̲1̲2̲　1̲6̲　|　1　——　|

(阿哼 啊哼)　间,(那哈)(嗨扎 嗬子　嗨)

1̲·2̲　|　5̲·　7̲6̲　|　5̲6̲5̲　3̲　|　1̲6̲　6̲3̲　|

哟衣　哟　嗬　嗨　呀　哟衣 哟嗬

2　2̲3̲　|　5　　6̲5̲1̲6̲　|　5　0　|

嗨　呀　哟　嗬　嗨

176

打硪号子是在修筑土堤或筑基地，用圆形石硪捶打土坯使其结实，由四人用绳索系拉石硪捶打时呼喊的号子。本歌搜集记谱姚介平。

《打硪号子》

$\frac{2}{4}$

| 2 2 1 | 2 3 | 5 5 | i 6 3 | 5 5 |

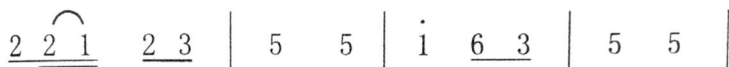

小硪 拎起 来，哟 哎 山 嗨 哟
小硪 平地 起，哟 哎 山 嗨 哟
小硪 飘过 头，哟 哎 山 嗨 哟

| 1 i 2 | 3 5 | 2 5 | 1 1 2 | 1 1 ‖

打下 一排 排；哟 哎 呀 嗨 哟
泡土 打到 底；哟 哎 呀 嗨 哟
对准 趟头 去；哟 哎 呀 嗨 哟

拖缆号子是码头搬运工人在江河边将木排、吨船拖拉靠岸或拖拉移动笨重货物时用此号子呼唤。本歌搜集记谱张学琨、范守恕、刘中音。

177

《拖缆号子》

1=F 2/4 ♩=60

高亢激情、自由地

慢领合

(哎 催来) 唒 唒啰嗬的个 催来 唒)
(哎唒)
(哎哎哝唒)

领合

一毫子 没动 弹(勒)
(哎哎哝唒)
同志们 加把 劲(勒)
(哎 唒)

领合

嗬嗬的个 催(勒) 唒
团结 一条 心(勒) (唒)
(哎哎哝 唒)
(哎哎哝唒)

领合

多快 又好 省(勒) 唒
嗬嗬的个 催(勒) 唒)
(哎 唒)
(哎哎哝唒)

领合

社会主义 早点 成 (那)
哎 哎哝 唒

义安的民歌音域都比较窄，一般只有八度，也没有许多装饰音，比较质朴平实。所谓"一方水土养一方人"，这与义安民风简朴、质朴的基本特点是非常一致的。

民间歌谣

在中国古代，歌和谣的区别是非常清楚的。《诗经·魏风·园有桃》有句："心之忧矣，我歌且谣"，《毛诗正义》解释说："曲合乐曰歌，徒歌曰谣。"可见当时是有歌也有谣的，其中歌是有乐谱的，而谣是"徒歌"即"吟诵"的。此处所说的民谣，指没有歌谱类似"顺口溜"的说唱样式。义安民谣具有歌谣的旋律性、抒情性和叙事性，口出真声，朴实直白，洋溢着浓浓的民风。如：

姐妹三个一样长
萤火虫，夜夜红，
哥哥骑马我骑龙。
借我刀，切年糕，
借我剪子剪荷包。
借我牛，下街头，
借我马我下扬州。
扬州底下三槐堂，
姐妹三个一样长。
大姐把到金銮殿，
二姐把给海龙王，
剩个三姐没处把，

留在家里养老娘。

老娘养到头发白，

穿红戴绿把江北。

去时樱桃才开花，

来时樱桃结满柈。

一手摘一个，

两手摘一把，

老爹一半，

老娘一半，

两个老的笑掉牙。

义安民间歌谣丰富多彩，拥有革命歌谣、民生歌谣、情歌、儿歌等，民间色彩浓郁。

革命歌谣

在艰苦卓绝的战斗岁月里，义安地区诞生了许多传唱一时的革命歌谣。这些歌谣当年是鼓舞抗战斗志的精神力量，如今则是这段难忘历史的红色印记。如：

我们的任务真伟大

诸位同志们，

细听我来讲。

我们的任务真伟大，

同志们坚持皖南来斗争，

艰苦奋斗不怕死，

为的人民求解放。

自从皖南事变后，
顽固派真疯狂，
我们的同志们坚决来反抗，
动摇的投降敌人真是不要脸，
坚决顽强来斗争，
才算好党员。

庙首第一仗，
打得真漂亮，
三分钟消灭反动派的武装，
老百姓眉开眼笑喜洋洋。
打开斗争新局面，
政治影响到处传。

二仗谭家桥，
打得更巧妙，
三条半枪缴了十条枪，
游击战以少胜多才是真本事。
到处创建游击队，
壮大革命的力量。

1942 年顽固派大调兵，
到处来搜山，
到处来进攻，
樵山岭给他一个迎头来痛击。

五十二师参谋长，
连滚带爬叫饶命。

反共的顽固派，
真是黑良心，
不去打日本，
专打新四军，
清剿半年没有捞到一根毛。
恼羞成怒乱咬人，
移民烧房害百姓。

革命同志们，
不怕苦火来炼，
环境严重经济又困难，
怕什么，坚决粉碎敌人的封锁线。
没有油盐吃苦菜，
同甘苦来共患难。

战胜一切困难，
发扬好模范，
大雨大雪过水又爬山，
没有鞋棕毛袜子葛藤打单鞋。
穿牙刷用猪鬃，
不住洋房住山棚。

党的路线和政策，

执行要坚决，
坚持抗战进步与团结。
只要他放弃内战不反共，
真诚团结来抗日，
都是我们的好朋友。

实行还债的运动，
政治上大胜利，
提高了党的影响和威信，
粉碎顽固派的造谣和诽谤。
群众绅士各阶层，
更加拥护新四军。

长期来斗争，
等待好时机，
胜利的日子已经不久远，
要努力学习政治军事和文化。
时时刻刻求进步，
将来当个好干部。

革命的大前途，
已经放光明，
法西斯三国即将要垮台，
共产党胜利很快就到来。
提高革命的信心，
东方太阳已升起来。

这是一首20世纪40年代初流行在沙洲游击队中的歌谣。从形式看，每一段的句式基本相同，带有一定的叙事性质，应当是说唱歌曲。当年新四军为了宣传群众，常采用当地的民歌歌谱如《四句推子》《孟姜女》《手扶栏杆》《十二月想郎》等，填上新词进行演唱，效果显著。歌中的"庙首之战""谭家桥之战"都是新四军在皖南的著名战役。

而《反动派真是不要脸》中，"反动派真是不要脸，打鬼子没有真本事，专门吹牛皮。把个皖南十二县，白白送敌人"、"在皖南也招新四军，打庙首又战樵山岭，胜利到处传。新四军老百姓，团结来斗争"，则把国民党和新四军进行对比，反映了当时皖南抗日的历史。这首歌谣的特点是近似于白话，几乎不考虑押韵。五句一段也和义安常见的四句一段不同，不过每段的句式却较为规整。估计原来是有谱的，是抗日战争时期的抗战歌曲。《参军打老蒋》中"我的家在安徽，铜陵所居，在家中受压迫，出来革命……要自由要解放，只有参战，推翻了黑社会，穷人见太阳"；《抓壮丁歌》中"广西佬，抽壮丁，保长派人八乡行，有钱的躲掉着，有腿的跑掉着，剩下老的和小的，一把捋捋捉去着。背米背不动，挑柴挑不动，广西佬气得牙齿痛"，等等，就是一首纯粹的口头文学作品，继承了我国古代民谣的表现方式，语言直白却并不粗俗，句式无序却节奏灵动，韵律全无却乐感丛生。

当然，也有烽火与情感交织的动人歌谣：

我郎在前方

月亮渐渐高，

照到杨柳梢。

小女子在后房，

越想越心焦。

心想我的郎，
我郎在前方。
看见郎相片，
眼泪不断线。

心想去桐河，
家有二公婆。
三岁小孩儿，
丢给哪一个？

跟着姐和妹，
参加妇女会，
做军鞋，做军袜，
支援前线打日本鬼。

民生歌谣

民生歌谣是反映旧社会人民生活疾苦的歌谣，这些歌谣书写人民的生活状态，反映农民的苦难，歌词中的语言质朴，情感真挚，具有很强的感染力。如：

油盐柴米都涨价

大雪纷纷下，
油盐柴米都涨价。
麻雀满天飞，

老鸹哇哇叫，

板凳当柴烧，

板床吓得怕。

提起圩乡苦断肠

提起圩乡苦断肠，

汪汪泪水出眼眶，

五六月里发大水，

盖天暴雨连日下，

一块田地被水淹，

家家房屋被吹倒，

猪牛鸡犬都淹死，

拖儿带女去逃荒，

一个男孩换斗米，

一个女孩换箩糠，

老天呀，哪年哪月才能把身翻。

这些民谣状写了对民生艰难的自叹，如：《卖茅柴》"早起天没亮，慢慢往前趱，路远泥滑柴难挑，一路跌着好几跤……柴卖一吊三，只给八十钱，拿回家去不够买油盐，穷人真可怜"。也有对社会黑暗的愤怒，如：《长工苦》"打长工，不能混，囫囵觉想不到一下子困。稻子下田要挑粪，稻子出苗下田耘，稻子黄着镰刀钝，稻子上场拖石头磙。三十晚上一算账，落不到一根锄头柄。一年忙到头，就算养了个龟头孙"。其中都有骂人的"不洁"之语，表达了一种原始的愤慨。这其实是民间歌谣常见的现象，放牛滩上的对歌，很多就是对骂。

在此类民谣中，也有一些反映旧社会妇女命运的歌谣，如《苦媳妇歌》：

（媳）瞌子来个瞌子沉，瞌子来个不由人，

指望公婆早早死，小小媳妇早成人。

（婆）你讲么啊？

（媳）瞌子来个瞌子沉，瞌子神来显神灵，

保佑公婆活百岁，小小媳妇好成人。

（婆）讲得不错，去把鸡数一下子。

（媳）一双两双，野猫拖得个屄精光。

（婆）你讲么啊？

（媳）一双两双，鸡窝里出凤凰。

（婆）讲得不错，捣碓去吧。

（媳）一下两下，捣死你个臭嘴巴！

（婆）你讲么啊？

（媳）一下两下，捣出米粒白花花。

（婆）讲得不错，还有一口猫饭，你去吃来。

情歌

情歌是民歌民谣的主要内容。义安的情歌有曲谱的多属于小调，亦如义安民风的醇厚质朴，情歌也显得比较含蓄委婉。如：

灯笼虽小照得远

十七十八小后生，

站在姐面前笑盈盈。

姐姐心想把花与郎采，

但不知小郎可成人？

姐姐姐姐你仔细听，

十七八岁早成人，

灯笼虽小照得远，

子公鸡揽水滴滴灵。

注：揽水，义安方言，指雌雄鸡相交。

送郎歌

送郎送到门槛房，

抬抬脚板量一量，

五寸门槛不算高，

怎么难出房？

送郎送到天井边，

一阵云来一阵烟，

打开窗子望望天，

老天还没变。

送郎送到荷花塘，

合起花心叶里藏，

等到春夏秋冬后，

花开只为郎。

送郎送到甘蔗园，

问郎甘蔗甜不甜，

郎走三日甜变苦，

甘蔗变黄连。

送郎送到独木桥，
走一步来摇三摇，
劝郎过桥身要稳，
不稳命难逃。

送郎送到石头涧，
哥在水来妹在岸，
小妹从今不湿身，
等郎回来看。

送郎送到五里亭，
一阵阴来一阵晴。
送郎一把骨子伞，
遮日又遮阴。

送郎送到小船上，
一篙撑开有十丈，
行船不要招闲风，
有风就起浪。

送郎送到桃子林，
一点红来一点青，
青红桃子任你摘，
只要郎称心。

送郎送到十里坡，

十里坡上野花多。

野花虽好莫乱采，

手痒有刺棵。

衣裳未干望太阳

太阳下山红又黄，

小妹出来收衣裳。

带收衣裳带望郎，

双手放在手篙上。

娘问女儿望什么，

衣裳未干望太阳。

这些情歌中，既有《郎撩姐，姐撩郎》中"郎撩姐，姐撩郎，不差似甘蔗伴蜜糖"的形象比喻，又有《手挽手儿扶过来》中"骂声哥哥你好呆，窄路相逢让不开，手挽手儿扶过来"儿女情状的描摹，更有《只爱庄稼种田人》中"心肝哥哥妹的人，大山里头出茯苓"对爱情观的表达，既有思想情感又情趣盎然。

儿歌

儿歌绝大多数没有曲谱，完全是以说代唱。义安传统儿歌的最大特点是其趣味性，且取材于民间生活。其次，因儿歌为长辈对幼辈（多为祖辈对孙辈）口口相传，所以对押韵的要求也比较高，还常出现自然换韵的现象。如：

俺在姥姥家里过一秋

小老鸹，黑黝黝，
俺在姥姥家里过一秋。
姥姥姥爷都喜欢，
舅母翻眼把俺瞅。
舅母舅母不用瞅，
麦芽子开花俺就走。
哪家山上没石头，
哪条沟里没泥鳅，
哪家小伢没舅舅。

公公接姑娘

大月亮，小月亮，
哥哥起来学木匠。
嫂嫂起来纳鞋底，
婆婆起来蒸糯米。
公公闻到糯米香，
骑着马去接姑娘，
姑娘脚太小，
一出大门就跌倒。

扯谎歌

各位听我扯谎歌，
扯起谎来没奈何，
扬子江里摸田螺，
摸个田螺九斤多，

挑挑剔剔七斤多，

煮煮熟了一满锅，

左邻右舍盛去十八碗，

剩下还有一大锅，

隔壁奶奶闻着香，

拿来碗，讨鲜汤，

左一个弯，

右一个弯，

小脚绊上拴牛桩，

打掉碗，

泼了汤，

全身衣裳都湿光。

月亮光光

月亮光光，

月亮堂堂，

做个粑粑，

宝宝尝尝。

粑粑呢？给狗吃啦，

狗呢？看门去啦，

门呢？晒了絮啦，

絮呢？猫咬通啦，

猫呢？捉老鼠去啦，

老鼠呢？偷油去啦，

油呢？奶奶打泼啦，

奶奶呢？喂鸡去啦，

鸡呢？生蛋去啦，

蛋呢？

在宝宝裆裆里搁着哩。

这些儿谣语言浅显生动、韵律朗朗上口，充满纯真的感情和离奇的想象，口无遮拦中带有调侃戏谑，形成了一种机智活泼的美感。

民间戏曲

历史上义安地区民间曾流行着黄梅戏、皖南花鼓戏、越剧和庐剧等地方戏曲，其中受安庆影响大通一带主要流行黄梅戏，皖南花鼓戏为接近南陵、繁昌的金榔、钟鸣农村百姓较为喜爱，而庐剧则流行于江心洲区和部分山圩区。皖南花鼓戏如早期的黄梅戏一样，也是山歌曲牌体，载歌载舞，形式灵活，新中国成立初期还有小型的戏班出现在村头田畈，后来逐步退出了义安，现已基本上见不到了。义安百姓非常喜爱地方戏曲，过去民间艺人巡演到某地，要敲打锣鼓宣示四方，称为打"闹台风"。人们听到这"闹台风"声，便按捺不住。民间有所谓"锣鼓响，脚板痒"的谚语，形象至极。铜陵县（今义安区）黄梅戏剧团是铜陵市第一个职业剧团，百姓俗称"桂月娥班子"，在沿江一带相当出名，剧团女演员的剧照曾被国家级刊物《戏剧报》用作封面。1957 年，当时的铜官山市还办了一个集体性质的越剧团，在本市红极一时，并到沿江各地巡演。20 世纪 60 年代初，该越剧团在湖南湘潭演出，当时的国家副主席董必武还到场观摩，可见越剧在义安也有相当一部分爱好者。

目连戏

目连戏是我国古老的戏曲剧种，专演"目连救母"的故事。"目连救母"剧情梗概为：一傅姓员外一生信佛，斋僧布道，乐善好施，广济孤贫。但其妻子刘氏却不敬神明，破戒杀牲。刘氏死后被打入地狱，受尽各种磨难，经历百般酷刑。其子傅罗卜，为救母往西天求佛超度。佛祖为他的孝心所感动，准其皈依佛门，赐名大目犍连，并赐其《盂兰盆经》和锡杖，助他地狱救母。目连在地狱历尽艰险，寻得母亲，最终感天动地，一家团圆超升。目连故事源于印度佛教经典，早在南北朝时期，随着佛教传入中国，《洛阳伽蓝记》卷五即记载城北石窟中"有目连窟"。到了唐朝，目连故事已成为寺庙俗讲中的一项重要内容。宋代杂剧的产生，使"目连救母"故事广为流传。孟元老《东京梦华录》卷八记载："构肆乐人，自过七夕，便搬《目连救母》杂剧，直至十五日止，观者倍增。"那时目连戏的演出便有了固定的时间，即每年七月初七到七月十五，连唱七天。明代祁门人郑之珍编著了《目连救母劝善戏文》，使目连戏的演出有了标准的脚本。清雍正时刑部尚书张照将其编写成宫廷大戏《劝善金科》，更扩大了目连的影响。该剧的主旨是宣扬孝道、劝恶归善，由于戏文典雅、唱腔丰富、脸谱夸张、行当俱全，受到各地民众的喜爱，还成为川剧、汉剧、婺剧、桂剧、绍剧、湘剧等地方剧种的演出剧目。安徽的南陵、泾县、宣城、太平等地都有较多的目连戏班。

义安的目连戏主要是从南陵传入的。义安目连戏所用的唱腔基本上是弋阳腔、青阳腔和昆曲，并吸收了不少当地的民歌曲调。伴奏大多数是锣鼓，一如黄梅戏的三打七唱，后期一些班社也采用了唢呐、竹笛甚至胡琴伴奏。目连戏的有些情节如《双下山》《王婆骂鸡》《跳加官》等被本地的黄梅戏、倒七戏等地方戏班当成折子戏插演。

20 世纪 50 年代以前，义安乡间常有目连戏大小会。民间组建过不少演出班团，如金榔的方长安班、董店的栋梁班、西湖的黑手班等，顺安焦埠村梁家垅的一座尼庙甚至就取名为"目连庵"。目连戏的演出讲究舆论的配合，并且演出与祭祀同时进行。舞台上用木材和布、纸布置成逼真的庙宇、道观、教堂、祭坛等神鬼环境。所用的桌椅道具都是向各家各户借来的，因传被目连戏用过的家具就有了驱瘟除灾的神威，于是大家便争先恐后地出借桌椅。同时还要在方圆数十里内张挂海报，甚至鸣锣通告，要求各地从戏开演前到允许开荤止，要禁杀生、禁荤酒、禁房事。在太阳下山后，有艺人装扮成黑白无常和各种厉鬼，骑着竹马在演出场地奔跑跳跃，让人在心理上预先进入剧情环境。剧情中又不断出现三教祖师释迦牟尼、张天师和孔子，以及玉皇大帝、十殿阎罗等三界神仙鬼怪。鬼神出场时，辅以灭灯、放烟幕、凄厉的怪叫，加上鬼怪们夸张的化装造型，制造出恐怖的演出效果，具有极强的感染力。

改革开放后，国家重视目连文化的研究，黄山书社对郑之珍的《新编目连救母劝善戏文》加以整理出版，被国家列为重点古籍图书。义安区文化工作者姚介平对本地目连戏的演出情况进行了大量的调查，并整理搜集了黑手班的演出本及曲谱。

黄梅戏

起初，黄梅戏还是由"小生、小旦、小丑"三个角色演唱的所谓"三小戏"时，就已流行于义安民间。一些民间艺人白天是农民或手工业者，晚上就粉墨登场，在草台上演了起来，经常演出的剧目有《打豆腐》《瞧相》《送香茶》《打猪草》等。那时义安曾经出过查品生、王长明等出类拔萃的角儿，广受民众喜爱。尤其是从汀洲街上走出来的查品生，上至安庆下到芜湖都有很多"粉丝"。不过这些民间艺人一旦离开乡土走上职业化之路，生活便十分困窘。义安民间有歌谣"来是一捧火，去是一堆灰，绫罗包穷骨，到老讨饭胚"，便是对艺人们凄苦生活的写照。惨淡时,一些艺人甚至像民间唱门歌的流浪人一样,挨门挨户演唱,近似乞讨,俗称"抵板凳头"。

黄梅戏在安庆、怀宁等地与京徽剧种结合形成大班后,在义安较大的集镇也开始有了正规的舞台演出。民国初,大通和悦洲便有金城大戏院等4家民营的剧场。黄梅戏在"三小戏"时其唱腔是一剧一调,这些腔调都来自民歌小调,老百姓只要听到了腔调就知道是什么戏。到了"大班唱大戏"的阶段,其唱腔也有了重大发展,形成了平词、彩腔、火工、二行、三行、阴司腔等固定的曲牌,并逐渐向板腔体发展。由于这些曲牌的发展是伴着百姓的喜爱而逐步成熟的,因而有着非常深厚的群众基础。20世纪40年代,著名艺人严凤英搭班,由桂春柏和桂月娥组织的"椿月堂"到大通演出,义安城乡形成"无人不说戏"的局面,还产生了"唱戏的是痴子,看戏的是疯子""大戏小戏,一个手法""会看戏的看门道,不会看戏看热闹"的民谚。20世纪50年代后,黄梅戏艺人桂春柏、桂月娥以及严凤英的开蒙师傅严云高都留在了义安。而今,在义安区的胥坝、钟鸣、太平等地仍有传统的民间黄梅戏班在演出。

庐剧

庐剧又名倒七戏、倒倒戏、小倒戏,主要流行于合肥、巢湖一带,分"中路""西路"和"下路"三种唱腔派系。义安洲区以及和平永丰等圩区、金榔等山区都有大量庐剧的爱好者。可以说,庐剧的唱腔家底比黄梅戏更丰厚,更贴近民间,其独特的演唱形式"吆台"(帮腔)和"拉魂腔"(小嗓子尾音)非常有特色,深受农民群众的喜爱。义安地区由于受芜湖、繁昌和南陵的影响,流行的主要是庐剧的"下路",但胥坝、和平又受无为的影响,流行的是"中路"唱腔。至今,金榔还有民间庐剧团活动。

民间游艺

民间游艺，以其游戏性、娱乐性，丰富着人们的文化生活，成为民众精神生活中不可或缺的内容。游戏是少年儿童的天性，少年儿童是游艺民俗的主体。义安的儿童游戏有两个特点，一是这些游戏多半比较简单，少竞技性；二是多伴有合韵的童谣，多娱乐性，这些童谣虽然非常简单，却是儿童最初接触到的韵文。随着当下手游、电游等发展，大多数儿童游戏已伴随着时代的脚步进入了历史。但这些童年的游戏，是人们生命美好阶段共同的珍贵记忆，是民俗文化的重要内容。

车水倒水

这是大人和 1 岁以内的婴儿做的游戏。大人置小儿于膝上，大人与小儿面对面。大人拉着小儿双手做前俯后仰，每俯仰一次，念一句歌词，引得小儿嬉笑。此游戏也能让儿童尚在牙牙学语时就体味天伦之乐，领略语言之美：

> 车水，倒水，
> 一倒倒到朱家嘴，
> 朱家奶奶好白腿，
> 摸个螺蛳嗒嗒嘴，
> 摸个河撇子刮刮腿，
> 刮得我小宝合不上嘴。

这种游戏在大通唱的是另外一种童谣："扳罾，起罾，扳个大鱼十八斤。"

相似于"车水倒水"的是"点点飞"。同样置小儿于大人膝上，二人相向而坐。大人的两手抓着小儿的两只小手，让小儿伸出两手的食指，唱"点点"时让小儿的两个食指相碰两下，然后让其两手张开，大人唱"飞——"。这一游戏简单，却能让小儿非常快乐且乐此不疲，并培养小儿对自身手指等器官功能产生最初的认知。孩子的欢笑又能让大人从天伦之乐、亲子之情中获得欢乐。

打铁歌

《打麦歌》是在我国流行相当广的儿童游戏。两位儿童相向而坐，一出右手，一出左手，相互击打，唱道："噼噼啪，噼噼啪，大家来打麦。麦子打得多，磨粉做馍馍，麦子打得少，明天要起早。"义安的《打铁歌》似乎是脱胎于《打麦歌》。游戏方法相同，只是人数多，一唱众和。歌词的内容也复杂得多，包括了节令、农事、物候、民俗活动等诸多方面，是儿童有趣且有效的学前知识教育。

（齐）拍打拍，拍打拍，

你打麦子我打铁。

张打铁，李打铁，

打把剪子送姐姐，

姐姐留我歇，我不歇，

我要回家去打铁。

（领）一打打到正月正，

（齐）家家门口挂红灯；

（领）一打打到二月二，

（齐）龙抬头，土地会；

（领）一打打到三月三，

（齐）荠菜花儿赛牡丹；

（领）一打打到四月四，

（齐）一个铜钱四个字；

（领）一打打到五月五，

（齐）划龙船，过端午；

（领）一打打到六月六，

（齐）蚊子咬，扇子扑；

（领）一打打到七月七，

（齐）七月里枣子甜似蜜；

（领）一打打到八月八，

（齐）八月中秋堆宝塔；

（领）一打打到九月九，

（齐）九月重阳喝老酒；

（领）一打打到十一月，

（齐）三天风来四天雪；

（领）一打打到三九天，

（齐）有钱无钱回家过年。

点臭脚

这个游戏从表面上看没有什么意义，但却能锻炼儿童的机敏力。游戏方法是，儿童横坐一排，伸出小赤脚，由一个儿童起头担任"臭脚"，手拿一根小木棒，按歌声节拍依次敲点每人的脚尖，边点边唱：

点点脚板，脚踩羊山，

羊山壁陡，好像家狗；

家狗不叫，驴屎马尿。

新官上任，旧官退壳。

鸡屎壳，鸭屎壳，

烧成灰，沤臭脚。

点到最后一人便是"臭脚"，"臭脚"便站起来拿起小木棒继续游戏。如果这位儿童能在即将点到的一刹那将脚缩回，则点脚的人失败，继续扮演"臭脚"。同时要求儿童不可以早早将脚缩回，如然便是犯规，要自动站起来从事"臭脚"的角色。

骑竹马

这大概是民间歌舞"竹马灯"的雏形。孩子们骑的不是形似马状的竹马，而是原始的一根竹竿。大家边跑边唱，循环往复：

（众）竹马竹马我来骑，

骑到南京城里去。

什么城？

（独）石头城；

（众）什么石？

（独）青板石；

（众）什么青？

（独）竹竿青。

（众）撇根竹竿当马骑，

骑到南京城里去。

老鹰逮小鸡

这是流行于中华大地上的一种古老儿童游戏。一位年龄较大的儿童充当老母鸡，其余人扮做小鸡。"老母鸡"站在最前面，后面"小鸡"依次拉着前面同伴的上衣后襟。另有一位儿童扮做老鹰。"老鹰"要抓"母鸡"身后的"小鸡"，"老母鸡"用双臂护着，"小鸡"则在母鸡身后来回奔跑躲避。这种对抗饶有趣味，既能培养孩子的团队意识，又能锻炼孩子的身体。所不同的是，义安儿童在玩这个游戏前，还要唱一段儿歌：

> （母鸡）天上星，朗稀稀，
>
> 带着小鸡来草地。
>
> （众小鸡）叽叽叽，叽叽叽。
>
> （母鸡）天上来了一只鹰，
>
> 瞪着眼睛要抓小鸡。
>
> （众小鸡）叽叽叽，叽叽叽。
>
> （老鹰）小鸡小鸡莫叽叽，
>
> 我带你们上西天去，
>
> 西天西天真好玩，
>
> 让我好好吃一餐。
>
> （母鸡）小鸡小鸡莫害怕，
>
> 躲到我的翅膀下。
>
> （众小鸡）叽叽叽，叽叽叽。
>
> （老鹰）我来啦——

现今，已经很少见到孩子们在玩老鹰逮小鸡之前唱儿歌，这首宝贵的儿歌已几近失传了。

办家家

这是儿童扮演角色的游戏，外地叫"过家家"。义安儿童过家家多没有娶亲拜堂的情节，只是模仿大人"烧锅煮饭"，年龄也相对较小，三岁左右。办家家有时也唱童谣：

小小鸭，叫嘎嘎，

请来和我办家家，

你一块，我一块，

大家一齐来吃菜。

你一盅，我一盅，

大家拜个好弟兄。

数荷花

游戏中儿童们手拉手围成一圈，中间一站立儿童扮作荷花并领唱，外面的孩子随着歌唱而甩动双手。在数数时中间的儿童任意从外面一个儿童开始，最后点到的儿童进中间当荷花，游戏重新开始。这个有趣的游戏对教会学龄前儿童数数很有好处。

（领）荷花荷花几月开？

（齐）正月不开二月开；

（领）荷花荷花几月开？

（齐）二月不开三月开；

（领）荷花荷花几月开？

（齐）三月不开四月开；

（领）荷花荷花几月开？

（齐）四月不开五月开；

（领）荷花荷花几月开？

（齐）五月不开六月开；

（领）荷花荷花几月开？

（齐）六月荷花朵朵开。

（领）荷花荷花开几朵？

（齐）你也数，我也数。

（领）一二三，三二一，

（齐）一二三四五六七，

（领）五六七，八九十，

（齐）十九八七九八七，

七六五四三二一。

拖板凳

这是一个非常简单的游戏，一般是1~2岁的儿童玩，有一个大点孩子领头。他们每个人都用绳子拴着一个小板凳，板凳面朝下，成群结队在地上拖，边拖边唱。这个游戏对锻炼孩童走路有好处：

板凳板凳拖拖，

老鼠老鼠躲躲，

今天死一窝，

明天死一箩。

一年十二胎，

胎胎都死着。

一年十二窝，

窝窝下油锅。

板凳高，板凳低，

老鼠儿子不成器。

板凳板凳拖拖，

老鼠老鼠躲躲，

今天死一窝，

明天死一箩，

老鼠老鼠没处躲。

跳房子

游戏之前，在地上画一个蜻蜓形的方块组合，共有八格，每格大小相等，这就是房子。玩者将一个小瓦片扔在第一小方格内，单腿跳进，然后用跳动的脚将瓦片向第二个格子里踢，再踢向第三个格子。这样一格一格连跳带踢，直到最顶端再踢回来。然后又将瓦片丢到第二个格子里，继续玩下去。瓦片出了格子或压了格子线，或者是踢瓦片的脚踩了线，都算失败，就要将玩的权利交给别人。谁最先完成全部谁就是胜利者。

对角棋

这是一种益智的棋类游戏：在地上画一个方框，框内设米字形线。由两人参加游戏，每人三颗棋子。棋子以颜色或形状区分，就地取材，多为石子或瓦片。游戏开始时各人的三颗棋子都放在自己一边的底线上，先后开始移动，每次只能移动一节，以最先使自己的三颗棋子占居对角线为胜。

斗鸡

这是一种角力游戏。游戏人一脚立地，将自己的左脚或右脚用双手搬起来提到腹前甚至胸前，独脚跳跃着向对方发起进攻。对方也以同样的形式应战，以双脚落地者为负。角斗时可用提起的脚膝盖挑、拨、刺、摆，或以退为攻，但不可以用手。此游戏可捉对厮杀，也可分边群斗。

打跪

游戏开始前，按人数竖着放置几块砖站立成一排，每块砖代表其中的某一个人，再在十数步外画一条线。确定先手以后，轮流站在线外用小砖块投掷代表别人的立砖，并高叫："×××跪倒！"如果真的掷倒了相应的砖，那人就被打跪了，要退出游戏。如果没有击中，或击中了并非自己叫的人，就换其他人来投掷。如果不幸掷中了自己的砖块，对那人的处罚就是被永远停止游戏。被打倒的砖块还要竖起来，由别的同伴营救。营救者高叫："×××起来！"如果真的掷倒了相应的砖，那人就被救起来，又可以参加游戏了。救人的人没有投中相应的砖块则不处罚。直到只剩下一个最终胜利者，游戏再重新开始。这个游戏具有比赛的性质，因而趣味性较强。

玩伴分边

这是游戏之前的辅助性程序，即游戏者众，需要分成对抗双方时，以此方法进行分边站队：所有的儿童都伸出右手放在背后，大家同声唱："锅底锅——盖！"，在唱到"盖"字时突然将手亮出来。手心朝上为锅底，手背朝上为锅盖。出锅底的为一边，出锅盖的为另一边。如果因人多，分出的两边人数不等，再由多出的人继续操作，分妥为止。

所谓会玩的孩子，不会笨。游戏是儿童的天赋本能，也是学习的重要途径和渠道。儿童在游戏中成长，在游戏中学习，游戏对于儿童的身心发展起着重要的作用。义安民间常见的还有抓子、打陀螺、踢毽子、挑花线等游艺，这些游戏与各地玩法大多相同，但也有地域的特色。

第九辑

民间传说

民间传说故事最早起源于劳动人民的口头创作、口头流传，后经文人不断修改、加工而成，反映了劳动人民的思想、感情、意志，是民间文学中的重要门类之一，是世世代代传承的文化传统，甚至被作为"历史的活化石"，具有很强的历史与文化意义。

义安区历史悠久，文化丰厚，这里的人们根据自身生产、生活经验产生了大量的民间故事和传说，在当地口耳相传。从现已挖掘整理的传说故事来看，它们大多都与当地的文化、历史、风俗或者人文景观相联系，题材多样，内容广泛，包括神话传说、地名传说、帝王将相、诗联趣话、爱情故事等诸多内容。这些传说故事是义安民众精神与情感的传递和表达，也是前人留下来的文化遗产，需要我们对其进行创造性转化和创新性发展，赋予其当代价值。

"八宝"之地的由来

铜陵自古便被称作"八宝"之地。这"八宝"指的便是"金银铜铁锡,生姜大蒜麻"。而关于铜陵"八宝"的由来,民间有多个传说。

一是"佘合宗为康熙助寿"说,此说见于1992年版《铜陵县志》。

康熙年间,原属铜陵县的佘家大院举人佘合宗赴京赶考,却名落孙山。适逢康熙皇帝五十大寿,满朝庆祝。此时落第考生尚未离京,都想凑个热闹,可大多又囊中羞涩,只好用寿联祝贺,佘合宗也做了一副随大家送交金殿。

康熙皇帝行过祝寿典礼后,便去赏阅寿联。看了多时都只微微摇头。忽见角落里有一副寿联,上联"四万里皇图,伊古以来,未有一朝一统四万里",下联"五十年大寿,从今而后,还余九千九百五十年。"落款是铜陵佘合宗。皇帝阅后不由龙颜大悦,心想上联祝版图完整,下联祝朕万岁,对仗工整,书法劲健,真乃妙手匠心!

于是次日,康熙皇帝便召见佘合宗,钦赐进士,加封十府道台。满朝文武大臣见此情景,大多心中不服,认为铜陵是个小地方,名不见经传,一个小地方的举人怕是没什么真才实学。康熙皇帝见满朝议论,便有意问佘合宗:"小小铜陵有何独特?"佘合宗便不慌不忙地答道:"启禀皇上,铜陵虽小,八宝之地:金银铜铁锡,生姜大蒜麻。"两句话就把铜陵虽小却特产丰富的特点概括得恰到好处。康熙皇帝越发赏识,满朝群臣也无话可说了。从此,铜陵便被称作"八宝"之地,声名鹊起,"铜陵八宝"的民谣也广为传唱。

二是"池州知府康钧所作"说,此说见于《安徽民间故事集·铜陵分册》（1987 年版）。

明代有个池州知府叫康钧，进京朝拜皇帝，带铜陵生姜数担。除进贡皇帝御厨一担以外，剩下的分送其他京官。君臣品尝，均赞不绝口。一日，皇帝问，全国最小的县城是哪？众官面面相觑，奈何皇帝意旨，不敢贸然回答。时，池州知府康钧在场，竟然接口答道："臣启禀陛下，可能要数卑职管辖的铜陵县城了。"皇帝问："方圆几何？"知府答："不到三里。"众官听后一阵讥笑。康知府觉得有失脸面，随即正色道："铜陵虽小，八宝俱全，金银铜铁锡，生姜老蒜麻。"皇帝听后微笑道："铜陵生姜，实难多得，美也！"众官员当然是谄媚附和："不错，不错，名不虚传。"于是皇帝御笔一挥："拨银五十万（两）、围城五十里。"当时的铜陵县令姓梅，此人见钱眼开，一见拨来这么多银子，贪心大发，竟将"围城五十里"改成"围城五里"，将筑城官银中饱私囊。后来，康知府检查案发，勃然大怒，立即将梅县令罢官问罪，就地正法。

关于"铜陵八宝"的传说版本不少，"佘合宗为康熙助寿"一说流传最广。

矶头山的传说

义安区境内有座矶头山，位于新桥乡（现属顺安镇），关于它名字的由来，有这么一个传说故事……

相传很久很久以前，新桥一带原是一片汪洋大海。每逢农历十五的晚上，月亮最圆的时候，海水就像烧开了一样呼呼发响，浪扑得有好几丈高，整个上炉铺、下炉铺一直到顺安都被海水吞掉，只有凤凰山和叶山的山尖子在水外面。年轻人跑得快，都跑上了山，年老的跑不动就会遭难，牲畜和房屋就更难保了。这一带的老百姓每月初一到初三都要对着海水烧香磕头，把肥猪、肥鸡等牲畜杀掉丢到水里，方才保得这个月平安无事。但是日久天长哪里有许多猪呀鸡呀来去喂海水呢？终于某个月十五日夜里发了一次大啸，房屋"轰隆轰隆"像放排子一样倒个不停，许多大树都被连根拔起，大人小孩的号哭声比海水的呼声还大。

凤凰山下住着一个姓王的青年，是一个结巴佬，人家都叫他王结子头。他虽然讲话不大行却是大孝子，每次发水都要把80岁的老母亲背着爬上凤凰山。这一次，他背着老母亲爬上了一棵被水冲起来的大树顺水飘去，谁知一个大浪打来，把老母亲冲到了水里。王结子头哭得昏了过去。等他醒来，发现自己睡在叶山尖子上，观音老母正站在身旁看着他。王结子头向观音老母又是哭又是磕头。观音老母告诉他，这海里有一个鲇鱼精，每次都是它在作怪。老百姓要送足它一个月吃的牲畜，它才不发火，要不然它两眼一睁，海水都要翻过来。王结子头苦苦哀求观音老母指点除掉鲇鱼精的办法，他要替母亲和乡亲们报仇。观音老母说："你的心是好的，但是你斗不过鲇鱼精，除非把你变成一只金鸡，鲇鱼精就不敢睁眼了。"王结子头说："只要能除掉这个害，就是死了，我也心甘情愿。"

观音老母被他的诚心感动，就用云帚一舞，王结子头就变成了一只金鸡。金鸡"唰"地飞了起来，要去找鲇鱼精报仇。观音老母说："可别用力过猛把它的眼睛啄瞎了，啄瞎了水就退不掉。"金鸡头也不回，早就飞出老远。到了海上，只见鲇鱼精果然在月光下兴风作浪。金鸡猛地落下去，对准鲇鱼精的眼睛就啄，因为仇恨太大，用力过猛，一下就把鲇鱼精的眼睛啄瞎了一只。接着，金鸡又飞起来，要啄鲇鱼精的另一只眼睛。鲇鱼精慌忙把那只眼睛闭上，动也不敢动。金鸡只好停在边上，等它再睁开眼睛。等呀等呀，鲇鱼精再也不敢睁眼了。金鸡始终守在边上，一动不动。

不知道过了几千几万年，鲇鱼精化成了一座山，就是今天的鲇鱼山。金鸡也化成了一座石头山。人们把这座山叫王结子头山，也叫鸡头山，就是现在的矶头山。海水果然没有退，只是日子长了，水渐渐地干了，变成了一个大湖。顺安镇新桥的铁湖嘴、叶湖、观湖、湖城等村名字就是这样来的。

玉楼山的传说

东联镇流潭圩有一座玉楼山，像个圆圆的黄土包孤零零地落在圩心里，这里一直流传着一个铁拐李惩恶扬善的故事。

传说很久以前，这里并没有什么山，倒是住着两个大财主，一户姓玉，一户姓楼。这两户财主家里的钱多得连桌子、椅子都是金子做的，但他们对老百姓又狠毒又尖刻，周围的老百姓对他们恨得咬牙切齿。这件事被纯阳道人铁拐李知道了，他就想下界来劝化他们，让他们改恶从善。

这一天，铁拐李变成了一个七八十岁的穷老头来到流潭圩，刚走到村口，正碰到玉老财主带着家丁收租回来。"穷老头"假装走不动，横睡在路上。玉老财主见一个"穷老头"挡了他的路，二话不说，放出狗来就咬。"穷老头"的腿被咬得血糊糊的，边哭边跑，玉老财主还在哈哈大笑。天黑了，"穷老头"一瘸一拐地走到楼老财主的门口，敲门要饭。楼老财主不给事小，也唤起狗来咬他。"穷老头"饭没要到，反被狗撵了好远。"穷老头"气狠狠地骂道："玉楼玉楼，恶人恶狗！"还是楼家一个烧火的丫头不忍心，偷偷盛了一碗米饭端出来，送给"穷老头"吃了。"穷老头"对这个丫头说："玉家、楼家两个财主心太黑了，三天以后，如果天上乌风黑暴，你可千万要从楼家跑出来，躲到对面湖滩上去。"

三天之后，果然狂风大作，又打炸雷，又下暴雨。突然，一座小山从天上降下来，"轰"地一下子，把两家黑心的财主都压在山底下。这就是今天的玉楼山。原来，那是铁拐李将顺安城山尖一脚踢下来，移到流潭圩来的。

狮子山清凉寺的传说

位于义安区境内的狮子山，因山形如狮而得名，古时曾是远近闻名的旅游和佛教胜地，不仅是因为这里山光旖旎，景色秀丽，还因为这里有一座充满神话色彩的清凉寺。

据传，唐大和元年（827），南泉普愿禅师（河南郑州人）首辟狮山，建上清凉寺。苦无水，以杖击地，石进泉流，四时不竭，澄清甘美，遂名清凉寺。嗣后，又建中、下清凉寺。由此推断，清凉寺间寺已是近1200年前的事情了。当地流传，南泉是一成佛的和尚，终日云游，步履五洲四海。一日，他来到狮子山，远看雄狮逼真，脉相成龙；近看怪石天工，树木苍翠，泉水喷涌，景致如画，于是决心在此建立佛地。从此，他冒严寒，顶烈日，走遍大江南北，进街串巷，化缘建庙。一晃三年过去，所化银两却很少，无法建起一座庙宇。

一天，长江上漂来一座大木排，原来是芜湖一巨商从江西贩货而来。南泉一见，顿生喜悦，即手敲木鱼，上得木排，向主人深深施礼，要求布施。排主毫不理睬，只管吃烟喝茶。南泉只是闭目凝神，不断敲着木鱼，盘膝坐在木排上。主人不给，南泉不走，竟如此连续坐了七个昼夜。

到了第八天，排主不耐烦，向南泉大声喝道："你这老僧到底要化多少方休？"南泉双手合十，答道："只求化得一布袋木材，则足矣！"排主嘲笑不止，应允道："好，任你装足一袋吧！"南泉连声道谢："阿弥陀佛，善哉善哉。"随即从内衣袖里取出一条大布袋，抖开，套起木排尾端，转身上岸。谁知南泉那布袋是一神袋，可装日月，能吞山河，小小木排岂在话下。刹那间木排逐渐下沉，排主慌忙上岸追赶老僧，但已不知去向。

南泉返抵狮子山后，立即请来众多能工巧匠，合计开工建庙。诸工匠见工地上一无木料，二无砖瓦，问他："你建庙的材料存在哪里？"南泉告诉工匠们："砖瓦就在山上烧制，木材已存于崖下水井中，请大家搬来就是。"工匠们齐来井边，只见一根木材冒出井口，10余人合力拔出井来，拔出一棵，接着又冒出一棵。匠工们甚觉稀奇，如此这般整整拔运了3个月，工地上竟是木材如山。南泉问："木材是否够用？"匠工们齐声回答："足够，足够！"南泉说："好。"话音一落，那井中的木料再也拔不出来了。竣工时，寺庙共建房99间半，离百数尚缺半间。后来那口运木井里一直留下一截木桩，供后人瞻仰其神功奇迹。

庙宇竣工后，继之雕塑佛像和装金点光，至最后一尊大佛像时已是银两花尽，金粉用光，无法再涂金抹粉了。南泉只得再次下山化缘，当他来到芜湖一金号时，只见作场上炉火正旺，那炼金的镬鼎里金水沸腾，光耀闪眼。他便求店主化一口金水，供塑佛装金之用。店主一听十分诧异，问道："金银只论两，哪有取一口金水之理？"又允道："你若不怕烫，可以自取，我愿助你成功。"南泉谢过店主，即进场俯首在镬中如喝温汤一般喝了起来。片刻便将镬中金水喝个精光，转身仰面大笑，飘然而去。店主哑然，无可奈何。

南泉回至庙中，立即登上佛龛，朝着泥塑大像从上至下倾口喷出，结果吐尽金水，只涂了上半身。后来那下半身虽经施主赠助，以赤金补贴，却总比不上涂饰部分的均匀炫耀。南泉因此郁闷成疾，兼之劳累过度，不久即圆寂仙逝。寺内原供有一"吐金佛"就是这个来历。

吴国孙权与龙山

义安区天门镇东江村村后有一座山，称为"龙山"，又名"象鼻山"。从东、西、南、北四个方位看，似青龙盘踞；从东、西、南三个方位看，似白象卧地，长鼻高仰。说起龙山，还有一个鲜为人知的故事。

东汉末年，群雄四起，经过多年的混战与吞并，形成了魏、蜀、吴三国鼎立之势。魏国地域广，势力雄厚，曹丕于公元220年篡汉称帝，国号"魏"，史称曹魏；蜀国虽小，但刘备是汉室后裔，曹丕称帝后的次年，即公元221年在四川成都延续汉朝称帝，史称蜀汉。后刘备与曹丕先后驾崩，吴国孙权称帝，国号"吴"，史称东吴。此时吴国国力不断增强。一日，孙权召集了文臣武将商议迁都一事，大臣们你一言他一语各执己见，看法不得一致，最后确定先派诸葛恪选带几名文臣武将到各地察看，绘制草图回来再行商议定夺。

诸葛恪接到圣旨后，精心挑选了几十个人到有名气的地方逐处察看，经过半年多的奔波，走遍了吴国的主要领地，绘制了30多幅图形，又经反复比较推敲，选出了5幅最好的图形送给孙权亲自审订。孙权看过来看过去，看看这张看看那张，选中了其中的一幅，并要诸葛恪详细地介绍其中的设想。这幅图形的中心地带就是后来的铜陵县"石洞耆"，即现在的义安区天门镇。

诸葛恪就向孙权禀报了他们的构思，认为石洞耆与周边南北有几条东西走向的几十里长山，城可沿山脊而建而得其险峻，中间是宽阔的山冲和田野，长有几十里，如果在那个地方建京城，则是个易守难攻之处。西门建在鹊江，将水军驻扎在鹊江边，如有军情，战船可迅速从两头驶往长江。在大小天目山建造练兵指挥台，夏季和初秋有水时，可在万亩水面上训练水师，冬季和春季无水时，可在万亩草滩上训练骑兵和步兵。南门建在蛤蟆岭，在茗山冲驻扎一支步兵，可保南门万无一失。东门建在马山，在鸡冠山驻扎一支骑兵或步兵，以护东门。北门建在龙口岭，在石门关驻扎一支兵马，以护北门。金龙殿建在高岭头，宫门朝西偏南，左右各有一座狮形山，形成双狮保朝。十里长冲一道口，里面弯弯曲曲，高山峻岭，可作屯粮之处。冲口筑一道坝，可以蓄水饮用。在天门山主峰和五峰山主峰各建一座烽火台，能瞭望四面八方数十里，如有军情发出信号，四门各处的将领和士兵都可以依计行事。总之，那里是南北环山，西面环江，东面是几十里丘岭与田野，为山清水秀之宝地。

孙权听了诸葛恪的详细介绍，心中大喜，便决定亲自去实地考察一番。时隔不久，孙权就带着一些文武大臣来到此地，站在高岭头向西南观看，便指着左前方的山头问："此山何名？"诸葛恪回禀："此为龙山。""龙山？一地怎容二主，双龙盘踞，必有一亡也。"说着便命人取来笔墨纸张，写了一个字，命一武将前往山上贴在石壁上。说来奇怪，武将刚把那个字贴上，只见青烟一冒，即刻溶进了长五尺五寸、宽三尺的石壁之中，久而久之，这个字笔画有两寸宽、一寸深的槽，清晰可见。自那以后，古往今来，不少文人墨客看过此字，但是没有一个人认识。有人说那不是字，是孙权画的"镇龙符咒"。也有人说那是一个神仙后来用手指改了一下，是"秘诀"，谁认识这个字就可以成仙——可惜这个石块上的字已被石片厂开采石头时毁掉了。再说当时，诸葛恪接着说："龙山不可叫，我看此山很像一只大象卧在那里，长长的鼻子一直伸到鲤鱼山尾巴上，是不是改个名字叫'象鼻山'？"孙权听了点头赞同。从那以后，龙山和象鼻山就一直混叫到现在。

孙权又问诸葛恪："右边的一条大山叫什么山？"诸葛恪说："那叫敕山"。孙权说："好一条山脉，弯弯曲曲几十里，但不知龙脉硬不硬？"诸葛恪说："请皇上施加龙威一试便可知晓。"孙权觉得有理，就命人按原计划察看，他自己只带了几名大臣上了山。谁知他刚踏上山，西头就来了一阵暴雨，一个大臣急忙打开了伞递给孙权遮雨。孙权接过了伞，便东一脚，西一脚，南一脚，北一脚，结果将好好的一座山踏成大一个坑，小一个坑，一共踩了99个坑，快到敕山尽头时，雨就停了。孙权便随手将伞一扔，连声叹道："好一条山形，可惜龙脉不硬，千年之后，方能为人所用。"后来人们就将孙权扔伞的地方称为"伞形山"。

孙权认为天门处虽是山清水秀，地势很好，但当时还不便建造京城，从而建造京城的设想便成了历史的传说。

观音巧计救苍生

天门镇东江村的村后有一座山，从西北方位看，似一条巨大的鱼游水摆尾，名为"鲤鱼山"，因山上长了很多竹子，当地人又叫"竹山"。其中还有一段跟观音有关的传说。

传说，东江村在以前有一次大变故，这个变故就发生在观音菩萨赴蟠桃宴归来，四方云游察看察看天底下有无受苦受难之人时。一日，观音驾祥云经过此处上空时，听见下面水声哗哗，忙闪慧眼，只见三条鲤鱼正在水中摇头摆尾似要远游，这三条鲤鱼原来是三座鲤鱼山，领头的第一条是现在江村后面的鲤鱼山；第二条是原先梵天寺侧面的鲤鱼山；第三条是铜井山下的鲤鱼山。如果这三条鲤鱼一游走，此地方圆千里就将再次陷落成东海梢,其后果不堪设想。观音菩萨立在祥云上观察了许久,为了拯救这一带地区的民众和生灵,欲根治这三条鲤鱼。她心中合计,三条鲤鱼只要治住领头鲤鱼,那两条也就无法远游了。然而要将真情如实相告,凡人必不相信;如若现身相告,则会造成很多麻烦。思前想后,她便摇身变成一位白发苍苍的老人,按落云头,走进村庄,自称是风水先生。

老人见到年长的人说:"你们村庄选择的地点非常好,后面有鲤鱼跳龙门之势,左有青狮,右有白象,但可惜的是鲤鱼跳不出龙门。"

当地人就反问说:"先生所说有何道理?"

老人说:"鱼儿离不开水,你这鲤鱼山前没有蓄水,鱼无水何以得活?鱼不能活怎能跳出龙门?跳不出龙门怎能出贵人呢?"

当地人听了觉得很有道理,就问:"照先生这么说,怎样才能蓄水活鱼呢?"

老人说:"这有何难,只要在山前选择一块地方挖口圆塘,就能长期蓄水。"

当地人听了,就热情地招待老人,安排她住在村庄西头的"水口庵"。

三天之后,当地人就召集了近百名青壮年,按照老人指定的地点和大小形状挖塘,说来也怪,白天挖了,一夜过后第二天又恢复了原样,一连三天均是如此。有人就问老人怎么办?老人告诉他们:"你们今天歇工时,将所用的工具全部放在原地,不要带回去。"按照老人的吩咐,歇工时,人们将锄头扔在已挖过的土堆上,锹就插在土里,粪箕就丢在土塘子里。次日早晨上工时,但见挖的土和插在土里的锹都是红的,似血水泡过的一样。见此情景,人们忽然醒悟,方知上了风水先生的当,挖死了龙脉。这时不知是谁骂了一句说:"我们去找老头子算账!"众人一起响应,拿起工具,吵吵嚷嚷,蜂拥而去。大伙儿来到风水先生的住处"水口庵"，老人早已无影无踪，只见墙上留有木炭写的四句话：

赴宴归程驾彩云，忽闻鲤鱼动身行。

锅形水塘度民众，菩萨慈悲观世音。

识字的人念了留言，才明白过来，这位风水先生，原来是观音菩萨所变。这时你一语他一言，认为观音菩萨所作所为必有缘故，断此龙脉一处，必然救得千万人。勤劳善良的江村人还是按观音菩萨的留言，把已挖的塘继续挖好后取名为"锅形塘"，这就是"鲤鱼掉油锅，必死无疑"。后来人们就把锅形塘叫做"陡坎塘"。

从那以后，鱼不能游动，山不能塌陷，地不能成海，生灵免遭劫难，此乃观音菩萨之功德。后来人们为了纪念她，就在她住过的"水口庵"第二进右边靠墙塑了观音菩萨，后又在左边靠墙塑了黄龙菩萨，庵内香火日夜不断。

歪嘴无尾龙

很久以前，地处天门镇的石洞者寨里江家舞过一条"歪嘴老龙"求雨。每年正月，寨里江家都要兴龙灯闹新春，以求新的一年风调雨顺，五谷丰登，六畜兴旺，无灾无病。但是点光之后，龙嘴就歪了，不论用什么办法纠正，都无济于事。那么这究竟是什么原因呢？

传说很久以前，天下大旱，有条老龙上天向玉皇大帝求旨降雨时，玉帝不允，老龙很生气，将头一扭，不慎将玉帝龙案上的砚台打翻了，这就坏了大事，使凡间整整下了三天三夜的黑雨。玉帝一见老龙闯了大祸，便打了老龙一个嘴巴，这一巴掌打得非常重，将老龙嘴巴打歪了，同时还下了一道玉旨，将老龙贬到长江中下游的六百丈这段江里。后来人们知道了，很同情这条老龙，经常祭奠这条老龙。老龙也十分感激当地人，天旱时，只要六百丈附近村庄兴龙灯求雨，一定能够如愿求到雨。只是美中不足，龙嘴下颚是歪的，扎得再正，鸡血开关后又还原形，当地人称为"歪嘴老龙"。

明朝末年，江南出现严重旱情，赤地千里，田地龟裂，尤其是寨里江家更为严重。人们心焦如火，无计可施，只有祈祷神灵，向老天爷求雨。他们听说大通羊山矶对面六百丈，有一条老龙十分灵验，过去多次求雨，有求必应，就准备求借老龙以便解除久旱之苦。

六百丈汪姓有一位名望很高的人家，就把老龙借给了寨里江家。人们兴奋异常，急忙加工糊纸绘画，把老龙头供在香案桌上，烧香叩头顶礼膜拜，比祭祀自己的老祖宗还要隆重。江氏族长更是高兴，郑重宣布抬龙的、鸣锣开道的、搞吹鼓手的、扛龙灯牌子的、两个用毛竹筒子背水的，以及有关参加求雨的人员，一律先行斋戒三天，以示虔诚。

出发求雨那天，全部上路人员脚穿草鞋，磕头硬晒，不扎头巾，不戴草帽，沿途如遇打伞、戴草帽的，自动拿下来。途经东江村，人们自发摆设香案，向路过的老龙焚香叩头。到了大通，人流如潮，香烟缭绕，还有准备好的绿豆糖稀粥、凉蒿粉，竭诚接待。老龙拜过大通城隍庙，全体人员就地休息，只有两个背水的人员坐上小船划到羊山矶窝取水。两根毛竹筒约一尺五寸长，全部注满，意即吸取海龙王之水作为水母子，希望能借水母子酿成大雨。

休息的人们看到背水的回来，立即起身抬龙速回。说也奇怪，求雨之后，刚刚回到东江村时，在西头羊山矶、伞形山天空就出现一块黑云，迅速扩张，乌云滚滚，雷电交加，不一会就下起了倾盆大雨，求雨的人十分高兴："真是神龙也！"随着喜雨降临，老龙的灵验闻名遐迩。

这样一来，寨里江家就不顾信誉，以种种借口不愿再将老龙还给六百丈了。六百丈人见他们不还，就组织人来抢。由于寨里江家人太多，他们费了九牛二虎之力，才抢走了龙尾。后来寨里江家遇到旱年，再到羊山矶打水求雨时，总是急急慌慌的，还担心六百丈人来抢老龙。

自从那次求雨应验之后，寨里江家非常看重老龙，每年正月都要兴龙灯。由于龙尾被六百丈人抢走，他们就自己扎了龙尾接上，可他们不论怎么扎都配不起来。他们只好不要龙尾，结果这条老龙不但歪嘴，而且还无尾巴，成了残缺不全的"歪嘴无尾龙"。

每年正月寨里江氏出灯时，各处接老龙的香案特别多。到了清朝中期，有人提议有老龙就应该有子龙，因此五房、四房和寨口萧江都相继扎好子龙穿插欢舞，形成舞龙惯例。

老鼠石与将军庙

在义安区、青阳县和贵池区三区（县）交界地，耸立着两块巨石，远看其形，神似老鼠，故名"老鼠石"。距老鼠石不远的山脚下，有一座不足 10 平方米的小庙，庙内有三尊塑像，中间--尊高大的塑像是明朝朱元璋手下的大将徐达，两边小像则是徐达将军的副将，庙外的周围摆放了八只石猫，这个小庙叫做"将军庙"。

相传，朱元璋与陈友谅决战的时候，派了一位将军带了两名副将领了 1000 兵丁押解军粮，到达此地已经天黑就安营扎寨，十分劳累的兵丁很快就进入梦乡。次日清晨，一兵丁来报，万担军粮一夜之间不知去向，只剩下大洞小眼的空袋。这位将军闻报大惊失色，慌忙领兵到处寻找。他们顺着地上漏的粮食一直寻找到山上，只见山上有个洞口，仔细一听，里面发出了"叽、叽、叽……"老鼠的叫声，好像是在为它们获得大批的粮食而庆祝。

粮食全部进了山洞，洞口很小，无法再弄得出来。失去了军粮，就意味着贻误了战机，就犯下杀头之罪。多少年来，这位将军跟随朱元璋，大小仗打了几百次，奋勇杀敌，正是前程似锦之时，竟被这小小的老鼠酿成杀身之祸，断送了前程。将军想到这里，又气又恨，想来想去，就让兵丁们翻动几块大石头压在洞口上，叫老鼠永远也不能出来害人。谁知，几块石头始终压不到洞口，都滚到山下的草滩上去了。将军见了，一怒之下，气力倍增，搬起一块巨石牢牢地压在洞口之上，这个石头就是人们看到的老鼠石。可是将军也因为搬动巨石伤了内脏，当场口吐鲜血，下山后没走多远，身体就支持不住，又想回去后也是性命不保，就拔出腰间宝剑自刎身亡。在他倒下的地方，人们就称为"将军躺"，久而久之就传成了"将军滩"。两位副将见主将已死，也就先后自刎身亡。兵丁见状都痛哭流涕，他们就找来粮袋、芦席将三人尸体包在一起，用兵器在山边掘了一个大坑，将他们三位将军埋在一起，才慢慢离去。

朱元璋得知此事后，深感不安，他想起这位将军和他一起参加义军，一起并肩作战，屡建奇功，眼看大功告成却自刎身亡，便对众将说："这些老鼠实在可恨，只因上古时代国王亲口封老鼠也有一份粮，故不便灭绝，只可镇之。这位将军明大义，虽失军粮违军纪，但他之前战功卓绝，可以在他自刎的地方修一小庙，两名副将已尽忠主将，将他们的容貌塑上像，以便留念。"众将点头称善。

人们根据朱元璋的旨意，在将军自刎的地方修了一座将军庙，但不知这位将军的名字，有人说朱元璋手下有位大将叫徐达，就雕刻成了徐达将军和两位副将。庙外雕刻了小石猫四方镇守，以此永远镇住老鼠，使老鼠不能再糟蹋粮食而为害别人了。

后来，将军庙被拆除，石猫被毁坏后，老鼠更为猖獗，成群结队，不计其数。相传如果小猫从那里走一趟，就会养不大，非死不可。因为那里老鼠又多又大，有的已经成精，一般的猫不但镇不了老鼠，反而还被老鼠镇住。

双龙洞的传说

天门镇双龙村有一处神奇洞口，在这里，即便如火的烈日也会变得清凉起来，一抔清水能瞬间带走所有的暑气，这便是双龙洞。双龙洞并非有龙，身形也非龙样。关于它名字的由来，当地流传着一个美丽的传说。

在很久以前，这里只有一个天然洞口，清澈的泉水围绕着当时的龙口村，形成了一条护村河。有一年，天下大旱，禾苗焦枯，河水断流，但这里的泉水依然丰盈清澈。有一天，一位老人拄着拐杖来到龙口村，因口渴难耐，便向村中的一位老妇讨水喝。那位老妇非但不给，还厉声奚落："热水要人烧，冷水要人挑，哪有现成的茶水给你喝！"老人被骂后也不恼，转身来到村后流着泉水的洞口，拿起拐杖用力一捅，泉水便顺着捅出的破洞流向另一条山冲。老人又来到龙口村旁的另一个村庄牌楼村，同样是向遇到的老妇讨水喝。这位老妇十分和蔼，对他说："这天大旱，家中也没什么水，看你渴得厉害，我吊罐里还有一点米汤，你拿去喝了吧。"老人喝过米汤也不言谢，转身来到牌楼村的后山，举起拐杖，捅出一个大洞口，一汪泉水便涓涓而出，不仅让牌楼村的人们喝上了清冽甘甜的泉水，还灌溉了他们的田园土地。

原来，这位老人是八仙之一的铁拐李，为了考验当地民风，特意乔装打扮向人讨水。他所拄的是龙头拐杖，所以捅出的两个洞口便呈现出龙口形状。从此，此洞泉水便顺着两个龙口流淌不断，双龙洞由此得名。

错接相爷当知县

盛度（968—1041）是北宋著名的政治家、军事家、外交家，曾任翰林学士、兵部郎中、参知政事、知枢密院事等，为铜陵县五峰石洞耆（今义安区天门镇）人。宋景祐五年（1038），盛度告老还乡时，宋仁宗御赐牡丹一株，盛度携归故里，奉旨省亲祭祖，一路上吹吹打打，非常荣耀。

铜陵顺安镇早在唐代贞观年间，朝廷就在那里设立了驿站，名曰"临津驿"。负责的官员驿丞是九品小吏，一天突然接到府里通知，说相爷盛度告老还乡，省亲祭祖，途经顺安，着他组织群众隆重迎送。

日子到了，驿丞率领全镇百姓，香案排队，夹道欢迎。他们远远望见，一队人众，旌旗招展，簇拥着一台八抬大轿缓缓走来。及至驿站门前广场，驿丞赶忙张罗众人，三声铳响，金鼓齐鸣。但是等到轿落帘启时，轿内却空无一人，只有一盆大牡丹花。这一下驿丞和大家全都愣住了，不知所措。此时，只见护卫大轿的官员大声呵斥："御赐牡丹在此，还不大礼参拜，还待何时？"

驿丞醒悟过来，立即率领大家，躬身下拜，行三拜九叩大礼。礼毕，只见一乘青布小轿，轻轻落在大轿后面，一个老家人和一个小书童搀扶着一位老者走下，老者身材很胖，面目清秀，走出轿来向众乡亲连连拱手致谢，这才是老相爷盛度。驿丞慌忙趋前，将相爷让入驿站大厅，正准备盛情接待，谁知相爷只饮了一口茶，就起身告辞上轿启程了。

仍然是大轿在前，小轿随后，径自远去。

相爷这一走不要紧，可驿承心里却是十五个吊桶打水，七上八下不得安了。他本来打算借此机会，好好巴结一下老相爷，谁知道结果是人没接到，话也没说上一句，便匆匆离去。准是相爷有了不好的感觉了，还真是"越是怕咸越吃盐"。不到两个月，府里又通知，说是吏部来文要直接找他。驿承心里想：这下可真完了。谁知上差到来，传达吏部文书，是将其从九品升至七品，调山东任知县去。原来盛度到家以后，上表谢恩，将路过顺安，驿承组织百姓隆重迎送御赐牡丹，对皇家的一片忠诚的经过写进了奏折。皇帝一高兴，便着吏部给驿承升了官。

老鼠石的传说

在古镇大通镇南 10 华里左右，有一座将军山，半山腰卧着一只石鼠。这里的百姓根据这块老鼠石编了一个有趣的传说故事。

很久很久以前，将军山上有一只老鼠精，经常窜下山到村庄闹事，闹得整个村庄鸡犬不宁。为了全村百姓能过上安安宁宁的日子，这个村庄姓刘的庄主答应了老鼠精的苛刻条件：每年这个村庄农户要选一个"黄花闺女"，在农历七月初七晚上与其成婚。这样，全村百来户凡是有女儿的人家，只好每年轮流摊派。于是，每年的农历七月初七哭声不断，成了本村的遭难日。这一年，正好轮到刘庄主的小女儿。刘庄主的小女儿芳龄 18 岁，不仅长得俊俏漂亮，而且聪明伶俐。她虽懂得这是白白去送死，但为了全村父老兄妹能过上太平日子，只好静静地等待着"死神"的到来。农历七月初七终于来临，刘庄主一家含着辛酸的泪水，把小女儿打扮了一番。刘姑娘刚走出门，一只花猫窜到姑娘脚下，喵喵地叫着不肯离去，好像在叫唤着女主人："带着我，带着我"。原来，这只花猫跟她整整 10 年了，如今主人要离去，花猫怎能舍得？于是，刘姑娘抱起她心爱的花猫，来到老鼠精指定的"新房"。一盏香油灯忽闪忽闪的，刘姑娘一想到那可怕的老鼠精马上就要来糟蹋她，心里十分恐惧和伤心。她一边用手抚摸着依偎在身边的花猫，一边流着伤心的泪水。她感到有些困了，慢慢地合上了双眼。午夜时分，刘姑娘在朦胧中，好像感觉到睡在身边的花猫忽地跃起窜了出去，接着一阵接一阵的撕打声由近到远，渐渐地消失在野山中。刘姑娘过分地劳困，虽听到隐隐约约的撕打声，但又无力起身，一直是似睡似醒的状态直到天明。再说，刘庄主送走小女儿之后，一夜难眠。好不容易挨到天明，正准备叫家人收拾东西去收敛小女儿的尸体时，突然听到村外一阵阵叫喊声："快来看呀，这里有一只死老鼠，好大呀，足足有一丈多长。"刘庄主和全村庄百姓闻声跑去一看，果然看见半山腰躺着一只一丈多长、全身血迹斑斑的死老鼠。接着，有人在山脚下发现了刘姑娘的花猫也死了。刘庄主好像明白了什么，拉着老伴急急忙忙赶到那间"新房"，看到还活着的小女儿，惊喜得老泪纵横，连声说："多亏了老花猫，多亏了老花猫！"

当地老百姓为了纪念这只老花猫，把它安葬在将军山脚下，一位老石匠还特意精心雕刻了一只石猫为碑。从此，这个村庄的百姓平安地生活着，被老花猫咬死的老鼠精无人问津，日晒雨淋，渐渐长成一块大石头，被人们叫作老鼠石。

鳇鱼的传说

长江里有一种鱼叫中华鲟，是我国一类保护水生动物。当地渔民称中华鲟为鳇鱼，意思是说这种鱼黄鳞闪光，是玉皇大帝赐的一件金龙袍。多少年来，在大通古镇渔民中流传着一个有关鳇鱼的神奇故事。

相传很久以前，在长江里修了几千年道功的鳇鱼精，要到东海龙王那里受封，将成仙变龙离开水宫。鳇鱼精从金沙江随江而下，到东海需过九九八十一道关口。有一天，已闯过八十道关口的鳇鱼精行至大通江段时，突然发现前面有一排排黑乎乎的挂钩挡住了去路，使它无法通过。鳇鱼精跃身一变，变成一个白发老者上了岸，向渔翁徐老大家走去。

这天傍晚，徐老大父子俩正在门前一株槐树下，一边乘凉，一边喝着红豆稀饭。鳇鱼精上前讨吃，徐老大让儿子给白发老者盛了一碗红豆稀饭。鳇鱼精喝完稀饭后说："老人家，请你明天午时把河里的挂钩收起来，只要你这样做，往后必有好处。不然的话，对你全家不利。"说完就不见了。

第二天，徐老大早把昨晚的事忘了。吃过早餐，他带着儿子到其他地方撒网去了。时过午时，他才想起到河里收钩，急忙和儿子来到河里收钩，钩上却挂住了一条1000多斤重的大鳇鱼。父子俩用了很大力气，才把大鳇鱼弄上岸，用刀将鳇鱼肚剖开，发现鳇鱼肚里竟有一碗红豆稀饭。顿时，徐老大明白了，昨晚上他家的白发老者正是这条鳇鱼精的化身。徐老大跺脚叫苦，后悔不已。

为了弥补过错，徐家父子用鳇鱼精骨头盖了一座鳇鱼庙，父子俩也因此修发为道，据说那座鳇鱼庙现在枞阳县境内。

鳇鱼精由于未能逃脱最后一道关口，几千年的道行就付之东流了。从此，鳇鱼只好与其他鱼类一样，永远生活在长江水中了。

巧答乾隆获围兜

江南一带农家妇女系围兜的传统习俗，据传是乾隆皇帝微服私访下江南时所赐。

相传乾隆皇帝下江南时，曾到过铜陵县。一天，乾隆皇帝微服独身骑着毛驴到乡下观景，路经佘家大院时（今铜陵市郊区大通镇境内，旧属义安），看见一位农夫在田里栽秧。皇帝十分好奇，朝他大声问道："栽秧哥，栽秧哥，你一天能栽几十几百棵？"说完，骑着小毛驴慢悠悠地走了。

说来也怪，农夫整个上午二分田的秧都没有栽完，装着一肚子气跑回家吃午饭。农夫的妻子是这一带颇有名气的巧妇，她见丈夫满脸不高兴的样子，忙问："怎么啦？今天看你的嘴，鼓得能挂水桶了。"农夫把在田里遇到的事向妻子讲述了一遍。妻子听后说："这有什么气头，如果你下午再遇上这个人，他再要这么说，你就这样回答他，骑驴哥，骑驴哥，你的毛驴一天能骑几十几百脚？"

果然，农夫下午栽秧时，乾隆皇帝又骑着毛驴路经这里，又道："栽秧哥，栽秧哥，你一天能栽几十几百棵？"农夫头也不抬地回敬道："骑驴哥，骑驴哥，你的毛驴一天能骑几十几百脚？"

乾隆皇帝听后十分惊讶，忙问："这话是谁教你的？"

"我老婆。"农夫骄傲地答道。

"能不能带我见见你这位聪明的老婆？"乾隆皇帝问道。

农夫点点头，带着乾隆皇帝来到家中。农夫的妻子殷勤地接待了乾隆皇帝。

乾隆皇帝坐了片刻，饮完了一杯清茶，起身告辞。谁知，他走到毛驴前，一脚踏着驴搭子，一脚着地，对着农夫的妻子便问："请问大嫂，你说我是上驴还是下驴？"农夫的妻子并不答话，而是快步走到门口，一脚在门里，一脚在门外回问道："请问先生，你说我是进屋还是出屋？"

乾隆皇帝听后哈哈大笑，并连声夸奖："答得好，答得妙，你真聪明呀！"说完取出一条漂亮围兜，将其送给这位农家妇女。从此，义安地区农家妇女系围兜的传统风俗就这么流传下来了。

五爪金龙鸟

天门山一带有一种灰山雀，其貌不扬，叫声平常，可它却有个非常动听的名字，叫"五爪金龙鸟"，这个美名传说是光武帝刘秀给起的。

东汉时，王莽篡位后，一心要消除汉室后代，就派兵四处捉拿刘秀。刘秀逃到铜陵与青阳交界的天门山区，人生地不熟，迷了路，走进了一个死山坳里。朝前走吧，没有路了；朝后退吧，又有追兵——刘秀进退两难。

山坳里长满了灌木，一丛一丛，只有半人高。俗语说："太阳落山，鸟儿到窝边。"这时候，太阳就要落山了，一群一群山雀飞来宿夜，叽叽喳喳，一片山雀声。刘秀和侍臣眼看王莽的追兵就要追上来了，只好曲着身子往灌木丛里躲一躲。

追兵来到，寻来寻去寻不到刘秀，不甘心。一个头目说："一伙奸人明明逃向这里，难道插翅飞啦！"说着就吩咐搜查灌木丛。

天愈来愈暗了。小山雀叫得也愈来愈凶，声音盖过人的说话声，这边刀戳下，"轰"地一声飞起一阵山雀，那边枪一拔，"轰"地一声又飞起一阵山雀。也不知有多少山雀，密密层层，飞去飞来，遮得严严实实。有个追兵对头目说："鸟怕人，鼠怕猫。这里有这么多鸟，不会有人藏在这里的。"头目心中暗想："对！世上哪有不怕人的鸟呢？"就带领人马朝别处追去。

王莽的追兵走后，刘秀和侍臣从灌木丛中走出。刘秀说："要不是这鸟儿，我可真要和王莽见面啦！"侍臣接着说："这群鸟儿，真是救命恩人哩。"

刘秀问侍臣："这是什么鸟？"

侍臣答："不知。"

刘秀顺手捉一只小鸟，从头看到脚，发现此鸟的脚爪与众鸟不同，别的鸟四个脚爪，这鸟生有五个。刘秀思考一会，便高兴地说："就叫五爪金龙鸟吧！"说着手一松，放鸟归林。

据说，刘秀战胜了王莽做了光武帝之后，还曾在皇宫里养过此鸟。

苏东坡卖画

北宋，大学士苏东坡曾多次游览铜陵（今义安区），留下不少的名诗绝句。但是有关苏东坡曾在铜陵卖画的故事却鲜为人知。

有一天，苏东坡路过钟鸣，在老桥头看到一个小伙子在卖画儿，走近一看，觉得有幅月季画的不错，便问道："小伙子，这画是你画的？"

小伙子点点头。

"这画是卖的？"

小伙子又点点头。

苏东坡虽然自己画得很好，可是对于好画，仍是十分喜爱。他问明价格，摸出银子，将画买下，带回家中。

过了些时候，苏东坡又经过老桥头，又见到那个小伙子面带愁容在卖画。

苏东坡禁不住又走了过去，问："小伙子，你又来卖画了？"

小伙子见到这位好心人问他，就将卖画的原因说了出来。原来，这小伙子叫王平安，自幼迷恋画画，又肯刻苦用功，画得一手好画，但不幸的是父亲早死，母亲又病，家道贫寒，只好靠卖画来糊口度日。每天在此挂出画后，看画的人不少，但看看下面的署名就走开了。

苏东坡听完他的话后，称赞他画技不错，十分同情他的家境和遭遇，便问："你在此卖几日了？"

"一月有余。"

"卖掉几幅？"

"一幅。"

这一说使苏东坡更加同情小伙子，心想：他的画已有相当功力，可惜是没有名气，故无人问津，就说："小伙子，我来帮你一把如何？"

王平安正走投无路，连声表示感谢。

苏东坡见小伙子如此认真，愈加敬爱，心想：我为他解脱困境，也不枉铜陵一游。于是便说："我给你十两银子，你快收摊回家，给老母看病，买些米度日，省下些钱再多买笔墨纸张，用心在家做画，十日后我到你家取画，到时再付画资。"

王平安欢喜不尽，道谢后，回家去了。

苏东坡与王平安分手后，来到县城，县令请他大堂相见。

苏东坡直截了当地和县令说："我想十日后在县城东门摆一画摊卖画，请县令届时光顾。"

县令一听，心中十分不解，忙问："太守大人，如缺钱用，只管对下官说一声，要多少只管吩咐一声，为何卖画？"

苏东坡微微一笑说："我意已决，请你不必多问。"

10日后，苏东坡与王平安带画来到东门，县令早已安排好铺面，恭候苏东坡驾到。

这一天，县城东门别提有多热闹了。苏东坡卖画，县令打杂，谁还顾得上看画是谁画的，哪个不想挤到前面一睹苏东坡的风采。几十张画一抢而光。

从此王平安由此出名，他的画一上街，一会儿就被抢光了。

关于苏东坡卖画的佳话，就在义安民间传开来了。

玉玺坳

从前，天门山下有个村子，村里有个孤儿叫苦娃，自父母下世后靠给人家放牛为主。

这天，苦娃放牛回来，看见自家门前的小路旁躺着一位讨饭的老人。苦娃紧跑几步到跟前，轻手轻脚地扶起老人坐好问道："老爹爹，您老怎么了？"

讨饭老人微睁双眼低声答道："孩子，我无依无靠在外讨饭，昨日又淋了一场暴雨，现在又病倒了。"

苦娃听罢，十分同情老人，连忙说："老爹爹，我父母双亡，家中只有我一人。您老先到我家住下，等病好后再讲吧！"

就这样苦娃收留了老人，苦娃求东家拜西家讨来一点大米全给老人吃，自己每天只吃点野菜、米糠。苦娃又到山上采回药草给老人治病。在苦娃的精心照料下，老人的病很快也就好了。

老人病好之后，也不提要走，苦娃心地善良也不愿叫老人离开去吃百家饭。就这样，这一老一少相安度日。

有一天，苦娃砍柴回来，老人连忙叫苦娃进屋，告诉他说："孩子，你出门上山砍柴走后，我坐在门前拣菜，看见有一匹白马驮着一位老爷打门前跑过，突然从身上掉下一件东西，我连忙喊叫那位官爷，可惜他跑太快，没能听见。我拾起一看，原来是块黄铜。"老人说罢，拿出给苦娃看，苦娃一看也不认得是什么东西。只见这块"黄铜"金光闪闪，上面还有字。苦娃看见后又交给老人说："爹爹，你先收好，说不定那位官老爷回头来找，也好还给人家。"

又过数日，这天苦娃上街卖柴，听满街的人议论纷纷，说皇上的御玺被身边一位大臣盗走，想谋反篡位，但在盗得金印落荒而逃时，又将金印丢失了。那大臣被捉住后，声称金印丢失此地。现在皇上出了黄榜，说是谁拾到金印献给皇上，高官任做，骏马任骑，如不愿做官赏黄金千两。

苦娃听说后，心中暗想，爹爹前几天拾到的是不是金印呢？于是，他将柴担寄存熟人看管，慌忙跑回家拿着铜块又跑回城里，直奔县衙。见了县大老爷说明原委。县大老爷一看，正是皇上的玉玺。县大老爷立即下堂，请苦娃上坐，一面又吩咐手下人快备良马，他要带苦娃进京献印。

来到京城，由于县官官职微小无权进殿面见皇上，只得花钱请其他大官代为传禀。皇上破格召见了他俩，听罢苦娃陈述后，又看玉玺完好无损回到手中，心下高兴，忙问苦娃愿不愿做官。苦娃忙说不愿为官，请皇上放他回去卖柴。于是，皇上便重赏苦娃黄金1000两，派人送回苦娃。县官也因献印有功，官加三级调京供职。

苦娃回来后，陡然富贵，从此更加孝敬讨饭老人。后人又给苦娃住的村子叫献宝村（就是今天门镇宝村）。村前山坳就叫做玉玺坳，沿叫至今。

叶山仙姑庙

钟鸣西南 5 里路有座叶山，山上有座仙姑庙，庙里供的却是一位童养媳。

从前,叶山脚下有个村子,村里有个财主,他家收养着一个童养媳。童养媳在他家受尽了折磨,每年谷雨未到就逼迫童养媳上山摘采野茶,并且限定摘的茶必须够全家一年饮用,否则就要受责打。

这年,说来也怪,从谷雨前到谷雨后,童养媳每天上山,却连一片茶叶也没摘到,就连往年自己熟悉的山坳,也找不到一棵茶树。每当她拖着被山上荆棘伤的身子回家时,等待她的便是一顿毒打。

这天,童养媳在山上又找了一天,仍然一无所获。伤口痛、肚里饥、腹中空,她便靠着一棵树上放声大哭起来,哭着、哭着,突然发现自己靠着的大树竟然是棵奇大无比的茶树。嫩黄的叶尖在夕阳下闪闪发光,童养媳连忙擦干眼泪,双手如飞地摘了起来,不一时摘满筐,回家连晚做出茶来。茶得扑鼻,满屋皆闻。当财主知道叶山有这棵"神茶"树之后,便想霸为己有,他叫童养媳明日带路派人挖回"神茶"树,栽在自家院里。

童养媳恨透了财主,不想让他的贪心得逞,于是连夜把做好的茶叶包成小包,分送给村里各家,自己跑上叶山上吊而死。

人们为了纪念这位受尽苦难、心地善良的童养媳,就在她自缢而死的地方盖了这座仙姑庙。

樵夫和他的妻子

从前义安太平街新沟里村，流传着这样一个故事。

村里有个青年，自幼父母双亡，与妻子巧姐，一个砍柴，一个纺纱，相依为命苦度生涯。青年樵夫，为人忠厚老实，心里没有半点弯弯绕。妻子聪明伶俐，人也十分漂亮。

这年临近过年的腊月一天，樵夫像往年一样，砍了几天的柴，统统挑到街上，等卖了柴得了钱，办了年货好过年。谁知这天也怪，樵夫从早上等到晚上，也没有一个人买他的柴，连问一下都没有一个。樵夫冷肚里饥，但他家又急等钱用，只好再等一会，希望来个买主。

这时有个教书先生从此路过，看见樵夫，非常同情。教书先生认识樵夫，知道他家中有位聪明无比的妻子，便开口说道："你的柴我全买啦！请随我拿钱。"来到先生家，先生连忙拿出柴钱，又用毛巾包了五个包子一同交给樵夫，说："这是柴钱 500 文，另外还有五个包子带回家给你妻子吃。"樵夫称谢过后，回家把包子递给巧姐，巧姐接过包子掰开一看，叹了一口气，包子也没吃便去做事去了。

从此以后，巧姐慢慢变了。先前巧姐每天把饭做好，叫丈夫先吃稠的，自己喝点米汤；夏天给丈夫扇凉风，撵蚊子；冬天给丈夫烧火箱，烘被窝，时时处处体贴丈夫，现在一反常态不说，还不时找岔子闹气。

为啥？就是为了包子。原来包子里包的是猪头肉配大葱。这好比：一个聪明伶俐的巧姐配一个肉头一样的樵夫。

樵夫也一天到晚心烦意乱，整天唉声叹气，人也渐渐消瘦了。

这天教书先生在街上遇见樵夫，一问才知道他们家中不和，便说：

"好办。我明天劝劝你的妻子，保你夫妻和好。"

这天巧姐在河边洗衣，先生打马儿过。一失手，马鞭落水。先生也不脱鞋，也不脱衣，就跳进水里捞马鞭子。

巧姐一见，十分惊奇，就问："先生，一个马鞭不值钱，何必顾鞭不顾衣？"

先生答："马鞭虽微，与马原配，衣服乃贵，岂能常随。"马鞭捞起，先生扬长而去。

巧姐知其含意，暗想：一个鞭子都是原配的好，那一对原配夫妻不是更好吗？

从此巧姐不与丈夫闹气了，夫妻和好如初。

乾隆与大通四季小菜

传说乾隆皇帝下江南时微服简从，路过大通时，见一家小菜馆的老板娘风姿绰约，便信步走进菜馆，憩息饮茶。老板娘聪明伶俐，眼力过人，见为首客官气宇轩昂，断定非等闲之辈，于是落落大方，不卑不亢，迎请客官就坐。

但见她用青花盖碗，沏上九华毛峰，双手一一献上。乾隆皇帝轻轻揭开碗盖，醇香四溢，不觉喜上眉梢，尚未开言，又见她用红漆托盘献上四小茶点。只见这四只小碟白如玉、镶金边，很是精致。再看碟中之物，一碟碧绿的香菜，一碟酱红的茶干，一碟黑亮的瓜子，还有一碟是雪白的冰姜，原来这便是大通名产——四季小菜。

帝王家吃厌了山珍海味，看腻了宫廷糕点，如今猛见得如此赏心悦目的茶食，乾隆皇帝不禁眼睛一亮，倍觉新奇，于是一边品茗，一边品味，不多时，龙颜大悦，便向老板娘"讨教"起来。老板娘胸有成竹，出口成章："大通这四样小吃，青的、红的、黑的、白的，色彩鲜明，象征一年四季，春天麦绿，夏季荷红，秋翻沃土，瑞雪年丰。这四样小吃，香的、辣的、咸的、甜的，香喷喷，辣和和，生津开味，益寿延年！大人屈尊我荒村小店，又如此垂爱这农家土产，民妇理当奉送。"

乾隆皇帝闻言大喜，命随从重赏老板娘，并置办这大通四季小菜精品进宫，赏赐后妃和皇亲国戚。从此，大通四季小菜名扬天下。

彭大铁断鸡案

清朝年间，江南水师将领彭玉麟时常来大通巡视水师营，为当地人民做了不少好事。人们都尊他为铁面将军，后来称之为"彭大铁"。

一天，"彭大铁"带领差役外出巡视，途经大通前街，只见一家米店围着一大群人，声音嘈杂。走近一看，只见一个身材肥胖、满脸横肉的中年汉子，正揪住一个青年农民在大声呵斥，便上前一问究竟。

那中年汉子一见是彭老爷，便抢上一步，跪下诉说道："青天大老爷，小民是米店老板，家里养了一群小鸡，刚才小鸡在米店门口啄米吃时，被这刁民故意踩死一只，我要他赔偿，可他推说赔钱过多，又说身边钱不够，要想抵赖，故在此争执，现请老爷明断。"

"彭大铁"一听，一只小鸡要900文，便知道米店老板欺侮这乡下人，想趁机敲诈一笔，就问米店老板："这小鸡你为什么要他赔900文呀？"

米店老板忙说："老爷，这鸡是有名的九斤黄，到小人处才几天，已长成这么大，日长夜大，因此养不了几个月，定是九斤大鸡，以一斤100文折算，九斤鸡不就该赔900文吗？"

　　"彭大铁"一听，刚要发火，转而一想，你奸刁，我叫你赔鸡不成蚀把米，便沉着脸对那农民说："踩死人家的鸡，理应赔偿。如钱不够，那就把身上的破衣裳脱下抵押，不得啰唆。"

　　青年农民一见彭老爷生气了，毫无办法，只得掏出所带的500文钱，再脱了外衣，抵作400文，一齐交给米店老板。

　　四周观看的百姓见"彭大铁"如此庇护米店老板，心中忿忿不平，暗骂"彭大铁"是个为虎作伥的昏官。那米店老板呢？见"彭大铁"在帮他的忙，更是扬扬得意，连磕了三个响头，站起身来，拿了钱物就要进店。

　　"慢！""彭大铁"喝住了他，"我话还没说完呢。刚才你说鸡得喂几个月后才满九斤的，现在鸡还小，俗话说：斗米斤鸡，鸡长一斤肉，得吃掉一斗米。现在你的鸡已经死了，那你可省下九斗的米来。可是这个乡民已经赔了你九斤鸡的钱，那么你应该把这省下的九斗米全部送给乡民，这才公平。"

　　正在眉开眼笑的米店老板一听这话，顿时面色蜡黄。抬头望望老爷，知道不能申辩顽抗了，只得抖抖嗦嗦地将一斗斗白米送给青年农民。

第十辑

义安民间俗语

民间俗语是劳动人民创造出来，反映劳动人民生活经验和愿望，具有口语性和通俗性定型的语句。俗语在民间广为流传，广义上包括谚语、歇后语、谜语等，但不包括方言词、俗语词、书面语中的成语，其简练而形象，具有口头文学的特点。

谚语

谚语是指广泛流传于民间的言简意赅的短语，既包含着人们生产、生活的实践经验，也言简意赅地体现了地域语言的特色。本节选录时政类九则、事理类十八则、修养类十六则、社交类十二则、生活类十五则、自然类十六则、生产类八则，以观义安人的"舌尖上的智慧"。

时政类九则

国乱思良相，家贫思贤妻。

水干石头见，家贫现孝子，国难现忠臣。

牛无头不走，鸟无头不飞，蛇无头不行。

豪家富家，不如自己破家。

痒处有嘴，怕处有鬼。

人无伤虎之意，虎有吃人之心。

穷不失志，富不癫狂。

没有家腥，引不来外鬼。

刀再快，不杀无罪之人。

事理类十八则

一年黄莉戳被伞，千看黄莉锯不成板。

响鼓不用重敲，重敲不是响鼓。

江湖大海不翻船，却在阴沟栽跟头。

无针不引线，无水不渡船。

猎人进山只看禽兽，渔夫进江只看水流。

墙破麻雀多，人穷灾难多。

天下只有第七，没有第一。

有钱做屋如撑伞，无钱做屋光呐喊。

不怕要债金刚，只怕欠债精光。

争的不香，砍的不光。

杀鸡杀鸭，各有杀法。

手指有长短，荷花出水有高低。

云落高山，霜打平地。

根深不怕树摇动，树正何愁月影斜。

筛子筛米团团转，簸箕簸米两分开。

根草不拾盗乌金，半夜贞女送郎君。

钓鱼要稳，捉鱼要狠。

人闲长指甲，心闲长头发。

修养类十六则

常将有日比无日，莫到无时想有时。

刀在石上磨，人在苦上练。

江水再深可量，人心不忠难测。

流水下滩非有意，白云出谷本无意。

一日学习一日功，一日不学十日空。

猫多不逼鼠，僧多不念经。

牛无力拉横耙，人无理说横话。

生成的相，晒成的酱。

和尚念经，各凭良心。

当面喊哥哥，背后操家伙。

天阴不知早和晚。

打人不打软，骂人不揭短。

山不转路转，终归还见面。

花有重开日，人无少年时。

针眼起家，浪荡败家。

石头缝里土好，骨头缝里肉好。

社交类十二则

城墙高万丈，里外要人撑。

瞎子要人牵，跛子要人扶。

三人一条心，黄土变成金。

浇肥要浇根，交人要交心。

人多出韩信，智多出孔明。

人诡在心里，虎恶在外表。

过头饭能吃，过头话不能讲。

语言压君子，衣冠压小人。

眼睛再亮，望不到背后的疮。

茄子不开空花，真人不讲假话。

紧走滑路慢走桥，越走滑路越要跑。

百年成之不足，一日坏之有余。

生活类十五则

牛吃稻草马吃谷，各人自有各人福。

衣有三件不破，饭有三餐不饿。

起得一日早，当得三日工，省得求人落下风。

家有万斗粮，切莫上赌场。

墙壁挂簸箕，夫妻靠规律。

不看家中妻，当看身上衣。

腊八日子好，大姑变大嫂。

有鱼不吃虾，有豆不吃碴。

人抬人无价宝，人踩人路边草。

粒米凑成箩，滴水凑成河。

饭后一杯茶，郎中饿中爬。

早上的盐汤赛参汤。

人怕不动，脑怕不用。

忍得一时忿，终身无恼闷。

福不乱想，财不乱发。

自然类十六则

春寒雨滴滴，夏寒雨断流。

久晴大雾阴，久阴大雾晴。

清明要晴不得晴，谷雨要阴不得阴。

立夏不下，无水打坝。

小满不满，无水洗碗。

过了重阳无有节，不是风来就是雪。

晴天稻黄，雨天麦黄。

清明要晴，谷雨要淋。

乌云接日头，半夜雨稠稠。

雨前蒙蒙无大雨，雨后蒙蒙天不晴。

日落胭脂红，无雨就有风。

天上灰布点，细雨定连绵。

雨滴五更头，行人不用愁。

长不过夏至，短不过冬至。

小暑打雷，大暑破圩。

猫洗脸，狗吃草，不出三日雨必到。

生产类八则

人欺地一季，地欺人一年。

火越烘越寒，肉越吃越馋。

春天犁断犁，秋天米堆米。

林木混合栽，成林少虫害。

行船观风向，经商看行情。

好店不在门面大，货真哪怕顾客挑。

秤砣虽小压千斤，买卖公平暖人心。

壶人有酒能留客，店里无货难营业。

歇后语

歇后语俗称俏皮话，是劳动人民在生活实践中创造的一种特殊语言形式，是一种短小、风趣、形象的语句。在一定的语言环境中，通常说出前半截，"歇"去后半截，就可以领会和猜想出它的本意，所以就称为歇后语。它是一种通过比喻、夸张、双关、谐音等方式，表达效果的文字文学形式，既富有生活气息，又充满了智慧。义安民间歇后语如：

聊斋上文章——鬼话连篇

梁山泊军师——无（吴）用

外甥点灯笼——照旧（舅）

半天云里吹喇叭——空想（响）

丈二和尚——摸不着头脑

稻草人站岗——装模作样

猫哭老鼠——假慈悲

房梁做锄柄——大材小用

哑巴吃汤圆——心中有数

没病抓药——自找苦吃

灯草打锣——轻哐（做事不实在）

豆腐贴门对——两不粘（互相不来往）

反穿棉袄——显富

放屁打脚后跟——倒霉

老鼠拖木锨——大头在后边

老鼠钻风箱——两头受气

茶壶打了把子——就剩一张嘴

牛尾巴打苍蝇——瞎甩（比喻不靠谱）

瞎子磨刀——快亮了

瞎子看见鬼——当真的（反语，不能信）

黑狗尾巴扎锅圈——黑一圈（比喻不招人喜欢，没有人缘）

冲担挑柴——一头脱了，一头勒了（两头踏空）

狗不吃屎——假闻（假装正经）

棉匠掉了锤子——不弹（没有商量余地）

铁匠围裙——一身火眼（比喻债务重重）

谜语

谜语是一种融知识性、趣味性、文化性、娱乐性为一体的民间游戏，有独特的思想艺术价值和鲜明的社会文化功能，是产生于民间、流传于民间，并为民众广为接受的民间口头文学。因为谜语能启迪智慧又饶有兴趣，所以流传过程中深受社会各阶层的欢迎，旧时义安元宵灯会即有猜灯谜（打灯虎）的游戏。义安民间谜语如：

打个谜子你猜一猜，一刀斩不开。（谜底：水）

脚踩青龙背上，手拿龙头拐棍，薛仁贵瞒天过海，伍子胥难过昭关。（谜底：轧棉花）

黑头包拯相，跨在城墙上，摆得八卦图，捉拿飞天将。（谜底：蜘蛛）

头戴绿纱帽，身穿绿纱袍，走在四海边，唱的是小调。（谜底：绿头苍蝇）

嘴长身短肚里空，黄昏以后返江东，周瑜气死芦花荡，曹操出兵也不中，张飞急得把脚踩，关公吓得脸通红，孔明用计挡一阵，好险吃掉赵子龙。（谜底：蚊子）

一棵树，两个丫，要开什么花，就开什么花。（谜底：剪刀）

一棵树，五个丫，中间结个大南瓜。（谜底：手）

麻屋子，红帐子，里面睡个白胖子。（谜底：花生）

红口袋，绿口袋，有人怕来有人爱。（谜底：辣椒）

弟兄七八个，围着柱子坐，到了分家时，衣服全撕破。（谜底：老蒜）

第十一辑
义安方言

　　唐代诗人贺知章《七绝·回乡偶书》："少小离家老大回，乡音未改鬓毛衰"，这里的乡音就是方言。方言是一个地区民俗的载体，是民俗文化赖以留存和传承的媒介。我国古代学者很早便注意到方言与民俗的联系。"五方之民，言语不通，耆欲不同。"（《礼记·王制第五》）南北朝时人颜之推在其《颜氏家训》中说："古今言语，时俗不同，著述之人，楚夏各异"，可见方言是重要的民俗事象。从义安方言可见，生活在这块土地上的人曾受到吴越、荆楚、江淮文化的影响。

义安方言概况

语言学界把我国汉民族的方言分为北方方言、吴方言、湘方言、赣方言、粤方言、客家方言、闽北方言和闽南方言八大方言系，也有人把后两者合并起来称为七大方言系。义安处在北方方言、吴方言、湘方言和赣方言这四大方言区的交界点上，其方言现象历来受到专家学者的重视。

义安境内主要是三种方言：一是北方方言，分布在大通、董店一带和三个洲区乡镇；二是湘方言，分布在原来的朱村、新桥以及大通河南嘴的渔业村等地，人口很少，不足1万；三是义安本地独有的方言，学术上称为铜陵土语，分布在现在的东联镇、西联镇、五松镇、顺安镇和钟鸣镇的山圩地区。操本地土语的人口比例现在已经不占本地的多数，但这种最独特的土语，是最不容易听懂的方言，也是最具有研究价值的方言。

义安本地土语中保留了很多古汉语的语言现象。从词语上看：例如"茄子"，义安人叫"落苏"，这就是一个古词语。唐代山东人段成式所著的《酉阳杂俎》记载：茄子，"一名落苏"。"妻子"在各地都有不同的称呼。安庆市的宿松叫"堂客"、无为人叫"板奶奶"，铜陵土语称妻子为"烧锅的""家里"。此外，还有一种自古就有的称呼"内襟"。"内襟"的"襟"到底是什么字？有学者认为是"荆"。"荆"，古汉语常用于对自己妻子的谦称为拙荆、山荆、荆妻。但义安人说"妻子"同样说"内荆"，且丝毫没有谦称的意味。"襟"是衣服的前面部分，所谓"对襟""大襟"。古人包办婚姻，裁下幼儿的衣襟各执一方作为信物，此称"裁襟"也称"割襟"，有个成语叫"割襟指腹"即指此事。而俩姐妹的丈夫称连襟，长的叫襟兄，幼的叫襟弟。因而，义安人称妻子为"内荆"的"荆"，应当是这一个"襟"字。

方言的形成和发展与地区的政治、经济、移民等有密切的关系，是地域文化的底色。

义安语音特点

声母

义安土语声母具有以下特点：

(1)没有翘舌音 zh、ch、sh、r，普通话中的 zh、ch、sh 发作平舌音 z、c、s，如"中国""沈阳"等。普通话中的声母 r 多发作舌面浊鼻音 [ȵ]，如"日""日头""日子"，少数也发作 y，如光荣的"荣"（rong），发成（yong）。

(2)[n g] 用作声母，如"我"[n g u:]、"俺"[n g a:]、"咬"[n g au]。铜陵土语称家禽"鹅"、"鸭"也是 [n g u:]、[n g a:]，农村有绕口令"俺家里鹅咬我家里鸭"以训练儿童的语言能力。

(3)舌面浊鼻音 [ȵ]，如"人""肉"。

(4)上齿和下唇相擦发出的唇齿浊擦音 [v]，例如跑步的"跑"、坟墓的"坟"等，这个音在现代汉语普通话中没有。

(5)舌尖前浊塞音 [d]，如"电""稻"。

以上(2)、(3)、(4)、(5)均为现代汉语普通话所无。此外还有一些声母因代表字不多，此不一一列举。

韵母

义安土语在韵母方面最显著特点是除了 ong（例如"红""东"等）以外，没有后鼻韵母，普通话中的后鼻韵母大部分发成前鼻韵母。例如在普通话中"程"（cheng）和"陈"（chen）分得非常清楚，但在义安如果说你姓程或姓陈，一定要讲清是"禾苗程"还是"耳东陈"，否则就会出错。

此外，有一些在普通话中声母和韵母它是不能相拼的，在铜陵土语中却可以拼合。例如，k、h 同 i 是不能相拼的，在我们铜陵土语中有"剋"（ki），就是打或捆绑的意思，还有"黑"（hi），黑白的黑。

声调

现代汉语普通话的声调有阴平、阳平、上声、去声和轻声。铜陵土语的阴阳上去四声在调值上与普通话是不同的。铜陵本地土语有阴平、阳平、上声、去声、入声、轻声六种声调。前五种声调和现代汉语普通话的调值完全不同。

此外，义安土语中有大量的入声字。入声字发音短促，每一个音节都界限分明，这样在说话时不容易产生音节与音节之间的拼合现象，而语言的音乐性也相对较弱。

义安独特词汇

称谓

义安独特的称谓除了前面所说称妻子为"烧锅的""内襟"外，还有称丈夫为"男司家"、称内弟内兄为"舅老官"等。在义安民俗中舅舅最大，喝酒要坐首席，所以叫"舅老官"。最有意思的是称母亲为"娱驰"，称姑母为"阿哺"。

"爹爹"在北方是对父亲的称呼，义安人用以称呼父亲的父亲，也就是爷爷。称父亲为"大大"。在太平一带还把父亲的父亲称为"姥姥"。徽州以及江西等地称外祖父、外祖母为家公、家婆，义安人称为家爹爹、家奶奶。

人称代词"我、你、他"的复数形式，在普通话中只要加个"们"就行了，而义安土语中没有"们"这个助词，而以"的"或"几"代替：俺的、俺几、他的。有时一些表示人的名词复数后也加上"几"，如"小伢几"。以"几"代"们"在邻县枞阳、桐城的部分地方也有。以"的"作为后缀表示"们"，现今在北方中原官话中仍存在，如西安等。南方基本已无。这里也可以看出义安土语与北方方言的联系。

现将义安方言中"人称、称谓"的部分词语列举如下：

俺	我
尔	你
姆妈、娱驰	妈妈
耷耷	父亲
老爹	爷爷
姥姥	奶奶
家老爹	外祖父
家姥姥	外祖母
太公	曾祖父
太太	曾祖母
叔妹伙的	妯娌
兄弟伙子	弟兄
姊妹伙子	姐妹
老的们	男人们

奶奶们	妇女们
小伙尼、小人	孩子
小妹尼	女孩子
小豆子	小男孩
毛尼	婴儿
郎中	医生
针匠	裁缝
贼头	小偷

时间方位词

义安土语表述今天、明天、后天同江浙一带大同小异："今朝、明朝、后朝"，这都是从古汉语一脉相承下来的。但表述过去的日子就不一样了："昨日、前日、赛前日"。表示白天是"日里"，晚上是"晚歇"。表示一天的上午、下午为"上昼"、"下昼"，这"昼"完全是古汉语的书面语。而吴方言表示上午、下午为"上半日"、"下半日"，不仔细会听为"上半年"、"下半年"。表示"将来"用"二回"，表示过去用"咯歇妮"，这倒可以勉强从字面上理解。但表示"现在"是"样么子"，确实令人费解。周围县市都没有这样的说法。考河南省的卫辉市（原汲县）方言，其"现在"说是"样往儿"，与义安的"样么子"十分紧密。义安土语没有严格意义上的儿化音，把"儿"改成"子"是合乎情理的。

义安土语中没有"左边、右边"，他们说是"顺手边、反手边"。表示"里外上下"的时候，加"头"作为后缀："里头、外头、上头、下头"，也有说是"高头、底头"。用"咿里、咿处块"、"咯里、咯处块"分别表示近指这里和远指那里。

现将义安方言中表示"时序、节令、方位"的部分词语列举如下：

跟年	今年

门年	明年
旧年	去年
后年	明年的后一年
前年	前年
赛前年	前年的前一年
春上	春天
暖天、六月新里	夏天
月头	月初
月尾	月末
天麻丝亮	天刚晓
断黑	天黑了
擦黑	黄昏
咯边	那边
咿边	这一边
对过	对面
天娘	天上
地娘	地上
地里	旱地里
田里	稻田里

物称

义安土语在物称上与现代汉语普通话差别不大。比较突出的如前面所述的称茄子为"落苏"外，还有称玉米为六谷：五谷丰登，这是第六谷；称高粱为芦粟，称茶杯为瓯子，这些在古汉语中都能找到源头。而"点心"，表示一种家里尽可能拿出来的食物，不能饱吃一顿，只能做个意思，点点心而已。"饮汤"，烧饭多放点水，烧开以后把水滗出来饮用，这在过去民间是一种最方便也是最高级的饮料，只能给孕妇和婴儿享用。还有不少带"洋"字的，例如"洋钉、洋油、洋面糖（雪花膏）、洋火"等，这些带有别样色彩的词语，除了极少数如"洋葱"还保留在口语中外，绝大多数都已被规范的词语取代了。

现将义安方言中表示"物称"的部分词语例举如下：

日头	太阳
日头窠里	阳光下
云窠里	阴云下
星露	露水
扯霍闪	闪电
冰溜子	冰锥
蛤蟆	青蛙
曲蟮	蚯蚓
喜喜子	蜘蛛
老哇子	乌鸦
发棵子	布谷鸟
黄姑子	黄尾鲴鱼
泊头	鳙鱼
鲫尕子	鲫鱼
参子	参条鱼
茭瓜	茭白
芦粟	高粱
丝条	丝瓜
山芋	红薯
八仙桌	四方桌
骨牌凳	方凳
猴子凳	矮小木凳

条把	扫帚
畚箕	盛垃圾的用具
茶催子	烧水用茶具
茶瓯子	茶杯
海锅	大铁锅
白刀	菜刀
荷包	衣袋
手捏子	手帕
手妈子	手套

常用语

在常用语上，义安土语显得丰富多彩。如：

"猎"，指玩、游戏。上古时期打猎是为了维系生命，后来的统治者把打猎当作玩乐。史称某某皇帝不务正业，有所谓"田猎游乐、嬉戏无度"的说法，由此延续下来了。

"照"，表示"行""可以"。这种说法安徽长江以北及山东的牟平都有。写成这个"照"字也是约定俗成，似乎并不确切。

用"欸（音èi）哟""欸"表示肯定。相当于英语的yes。"欸"是古南方方言。西汉杨雄《方言》第十："欸、譍（yīng，古通'应'），然也。南楚凡言然者曰欸，或曰譍。"用"欸"来表示肯定现在唯保留在铜陵的土语中。枞阳东乡有部分地区用"譍"表示肯定，其语音已变为yān。铜陵土语还常用"欸"作前缀，用于回答问题表示肯定。比如"你吃过了吗？"回答"欸吃咯"。"好不好？""欸好"。这里"欸"的词性已发生了变化，由叹词变为副词了。

现将义安方言中常用词例举如下：

渡	用清水将洗过的碗清一遍
捺	往下按

捏	用手指抓住
搁	放置
园	藏起不让人知
颠	跑
猎	玩
拢	推
喀	搂抱
掫	用手或器物够取
肘	拧
铩	割
攒（读阴平）	剁
戽	撒、泼
斗	拼接
哄	起哄、闹
唏	大声叫喊
咒	骂
学舌	吵架
成咯得	怎么办
巴不得	求之不得
成搞咯	怎么回事
不收头	不得了
不犯着	不可能的
欻哟、欻	表示肯定
谎子、欠诺	表示否定
速	动作快
憨	速度慢

摸	动作慢
巴巴尼的	故意而为
过劲	出色、好样的
好手	能干
下作	下贱
溜司	动作灵活
活络	机灵
不顶龙	愚笨
清丝	整洁、有条理
肘筋	难讲话

反映人物生产、生活活动的词语

义安土语反映人物生产、生活活动的词语也颇有特色。例如"压饥"是农家每天下午大约 4 点钟，送到田地里吃的粗粮和茶水。"田家秋作苦"，农民每天在田地里劳作，日出而作，日落而息，时间很长，到了下午 4 点钟左右体力透支已经很大了，家中妇女送点粗食权作压压饥。"饥"是古汉语的书面语，可见这种习制已经由来已久了。

现将义安方言中表示从事农事及日常生活行为的部分词语列举如下：

做田	种田
兴菜	种菜
养畜生	饲养家畜
捍草	锄草
打耙	耙田（地）
教牛	训练牛做农活
挖锄	挖地用锄头
碓嘴	碓杵

碓窝	碓臼
端碓	用碓舂米
做活	下地
歇工	结束做活
歇晌	中途休息
用牛	以牛为动力做活
烧锅	烧饭
烘火	烤火

义安语法特色

义安方言与现代汉语语法有着细微差别，如表现在：

"可"作为疑问词

在动词或形容词之前加"可"，"可照""可吃""可好""可好看"以表示选择性疑问"行不行""吃不吃""好不好""好看不好看"。用"可好"来表示询问"好不好"，在我国五四时期新文学小说以及一些戏曲中是常用的："不知近来可好？"义安人把它扩展到更多的场合，以至于成为一个语法现象。如今在口语中，"可"已经变成了"咯"："咯好？""咯照？""咯要？"

"儿"作为后缀，用以作人的称呼

这里的"儿"读"妮"。义安人称大伙儿为"大家伙妮"，称小男孩为"小伙妮"或"小伢妮"，称小姑娘为"小妹妮"。很多人的乳名就是"狗妮""牛妮"，这是按属相取的；"跃进妮""大桥妮""立新妮"，都是以当时的重大事件或时代特征取名的。

形容词的特殊增强方式

现代汉语普通话对形容词作增强表述，须加上程度副词"很""非常"，例如很大、非常大，很甜、非常甜。而在义安土语中往往有专用的副词：老海的、生咸的、精淡的、瘟臭的、喷香的，等等。这些都是专用的，不可以随便更换，如果更换"喷臭的""瘟香的"便会出笑话。此外，还有将有特点的物的名称冠在形容词前，使名词副词化。例如"铁硬的"。类似的还有冰冷的、雪亮的、漆黑的、猫软的，等等。这一构词方法增加了语言的色彩。

用"多个"来表述一类人的复数

义安土语在对一类人的概括时，就在后面加上"多个"，例如"干部多个""学生多个"。有时也用作表示以某某为代表的一群人。例如，队长说了一个意见，其他人附和，那么在转述这件事的时候就会说"队长多个说"。这里并没有说"所有的人都是队长"的意思。

用反问来表达陈述

义安土语常用反问陈述确定的意思。例如，有人说："我想咨询一个问题，我母亲不是去年 5 月去世了吗？"被咨询的人并不认识这位先生，更不知道他母亲的情况。其本意是要告诉对方，他母亲去年 5 月去世了。"我不是有一个弟弟吗？"意思是说"我有一个弟弟。"在论辩的场合，或者写论文进行驳论时，常用反问作为修辞手段来加强语气、肯定自己的观点，但义安人常在日常生活中用反问来表达陈述。

附录一：义安区非物质文化遗产保护项目一览表

（截至2024年9月，共六类55项）

序号	项目名称	申报单位	批次	入选项目
一、民间文学（5个）				
1	民间故事	义安区文化馆	第一批次	市级
2	铜陵石洞耆民间故事	天门镇文化站	第二批次	区级
3	民间歌谣	义安区文化馆	第一批次	市级
4	民间谚语	义安区文化馆	第一批次	市级
5	铜陵八宝民谣	天门镇文化站	第二批次	区级
二、传统音乐（18个）				
1	铜陵牛歌	铜陵市文化馆	第一批次	省级
2	帮歌	义安区文化馆	第一批次	市级
3	我俩有心怕什么	义安区文化馆	第一批次	市级
4	山歌	义安区文化馆	第一批次	市级
5	丝线歌	义安区文化馆	第一批次	市级
6	十字歌	义安区文化馆	第一批次	市级
7	看灯	义安区文化馆	第一批次	市级
8	旱船调	义安区文化馆	第一批次	市级
9	送春歌	义安区文化馆	第一批次	市级
10	送秋歌	义安区文化馆	第一批次	市级
11	摇宝宝	义安区文化馆	第一批次	市级
12	舂米号子（一）（二）	义安区文化馆	第一批次	市级
13	打夯号子	义安区文化馆	第一批次	市级
14	放绵羊	义安区文化馆	第一批次	市级
15	拖缆号子	义安区文化馆	第一批次	市级
16	渔翁乐	义安区文化馆	第一批次	市级
17	耕田歌	义安区文化馆	第一批次	市级
18	恨小脚	义安区文化馆	第一批次	市级

序号	项目名称	申报单位	批次	入选项目
三、传统舞蹈（8个）				
1	竹马灯	铜陵市文化馆	第一批次	省级
2	送秋舞	西联乡文化站	第一批次	区级
3	双狮舞	西联乡文化站	第一批次	区级
4	颏尾滚龙	义安区文化馆	第二批次	市级
5	板龙	义安区文化馆	第二批次	市级
6	铜陵盛瑶板凳龙	义安区文化馆	第二批次	市级
7	铜陵盛瑶龙灯表演	义安区文化馆	第二批次	市级
8	水村龙灯会	钟鸣镇综合文体站	第三批次	区级
四、曲艺（1个）				
1	铜陵大鼓书	胥坝乡文化站	第二批次	区级
五、传统技艺（20个）				
1	铜陵凤丹制作技艺	铜陵市文化馆	第一批次	省级
2	太平街臭干工艺	义安区文化馆	第一批次	市级
3	太平街烧饼工艺	义安区文化馆	第一批次	市级
4	青山缸窑	钟鸣镇文化站	第二批次	区级
5	钟鸣木榨油制作技艺	义安区文化馆	第二批次	市级
6	顺安酥糖制作技艺	铜陵市文化馆	第六批次	省级
7	糖画制作技艺	义安区文化馆	第二批次	市级
8	丹熏小河鱼制作技艺	钟鸣镇综合文体站	第三批次	区级
9	八宝芝麻肉制作技艺	钟鸣镇综合文体站	第三批次	区级
10	西联竹编制作技艺	西联镇综合文体站	第三批次	区级
11	再兴圩加工制作技艺	西联镇综合文体站	第三批次	区级
12	钟记水塔糕制作技艺	西联镇综合文体站	第三批次	区级
13	花生芽制作技艺	西联镇综合文体站	第三批次	区级
14	胥坝余鱼汤制作技艺	胥坝乡综合文体站	第三批次	区级

序号	项目名称	申报单位	批次	入选项目
15	胥坝铜都汀蒜制作技艺	胥坝乡综合文体站	第三批次	区级
16	天门徐氏豆腐制作技艺	天门镇综合文体站	第三批次	区级
17	吹糖人制作技艺	天门镇综合文体站	第三批次	区级
18	钟鸣杀猪汤制作技艺	顺安镇综合文体站	第三批次	区级
19	顺安山芋粉丝制作技艺	钟鸣镇综合文体站	第三批次	区级
20	铜陵糖冰姜制作技艺	天门镇综合文体站	第三批次	区级
六、民俗（3个）				
1	顺安三月三庙会	义安区文化馆	第一批次	市级
2	墙外罗村祭祖	顺安镇文化站	第二批次	区级
3	墙外罗村朝庙	顺安镇文化站	第二批次	区级

附录二：义安民歌摘录

本处所摘录的义安民歌11首，均入选铜陵市级非遗项目。

帮 歌

（领D） 3·5 3 2 3 2
2 16 1 6 56 1— 2 16 1 65 — 6 1 56 1—2 6
日幺）不 （啊 啊啊）（领E）（啊 啊）
（嗨 花）

5 32 3— 3 23 5 3 — 1 2 3—2 2 2 6 6
日弱 嗬嗬嗬 日弱）（合）通 河

16 1— 2·1 6 6 5 —
（喂 哎嗨 嗨嗨嗨）

山　歌

1=ᵇB

自由慢

$\underline{0\ 1}$　$\underline{\dot{6}\ \dot{5}}$　$\dot{5}$……　$\underline{\dot{6}\ 1}$　$1\ 2$　$\underline{3\ 5\ 6}$　⌐⁵⌐6　⌐⁵⁶⌐5　⌐⁵⌐3　⌐⁵⌐2……

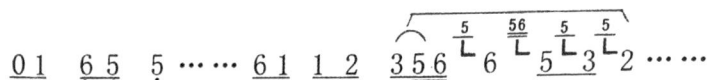

（我）　耘田（那）　　（哎）　耘的　　（吔）

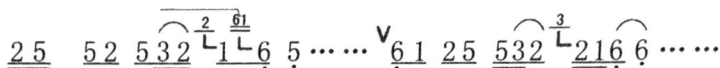

$\underline{2\ 5}$　$\underline{5\ 2}$　$\underline{5\ 3\ 2}$　⌐²⌐1　⌐⁶¹⌐6　$\dot{5}$……　$\vee \underline{\dot{6}\ 1}$　$\underline{2\ 5}$　$\underline{5\ 3\ 2}$　⌐³⌐2　$\underline{1\ \dot{6}}$　$\dot{6}$……

（哎咳）瞌子（吔）　　多（哇）　（哎咳）瞧　心千　　（nou）

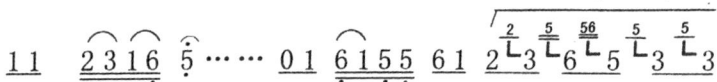

$\underline{1\ 1}$　$\underline{2\ 3\ 1\ 6}$　$\dot{\underline{5}}$……　$\underline{0\ 1}$　$\underline{\dot{6}\ 1\ 5\ 5}$　$\underline{\dot{6}\ 1}$　2⌐²⌐3　⌐⁵⌐6　⌐⁵⁶⌐5　⌐⁵⌐3……　3

（呵呵）喊山　　歌；　（我）山　歌子　好喊（呐）

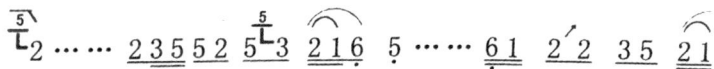

⌐⁵⌐2……　$\underline{2\ 3\ 5\ 5\ 2}$　⌐⁵⌐3　$\underline{2\ 1\dot{6}}$　$\dot{5}$……　$\underline{\dot{6}\ 1}$　$2'\ 2$　$3\ 5$　$\underline{2\ 1}$

（哎咳咳）口难（吔）　开　　（呀）　（哎咳）巴巴　好吃（由）

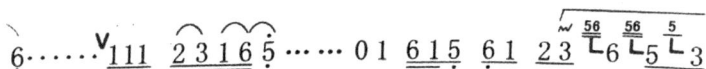

$\dot{6}$……　$\vee \underline{1\ 1\ 1}$　$\underline{2\ 3\ 1\ 6}$　$\dot{\underline{5}}$……　$\underline{0\ 1}$　$\underline{\dot{6}\ 1\ 5}$　$\underline{\dot{6}\ 1}$　$\underline{2\ 3}$⌐⁵⁶⌐6　⌐⁵⁶⌐5……　3

（窝呵呵）磨　难　挨；　（我）白米　好吃（吔）

⌐⁵⌐2……　$\vee \underline{2\ 3\ 5}$　$\underline{5\ 2}$　$5\ \tilde{3}$　$\underline{2\ 1\dot{6}}$　$\dot{5}$……　$\underline{\dot{6}\ 1}$　$2\ 2$　$3\ 5$

（哎哎哎）田难　（讷）做　　（味），　（哎咳）樱桃　好吃

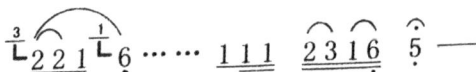

⌐³⌐2　$2\ 1$⌐¹⌐6……　$\underline{1\ 1\ 1}$　$\underline{2\ 3\ 1\ 6}$　$\dot{\underline{5}}$

（吔）　　　　（窝呵呵）树　难　栽

我俩有个心怕什么

本歌采编者田清华、张学琨、方明光。曾于 1956 年参加安徽省民间音乐舞蹈汇演，并获优秀节目奖。

1=C 4/4 ♩=96

稍快　跳跃的

| 5·3 56 i — | i6 i3 2·i6 | ii 35 i5 | i 656i50 |

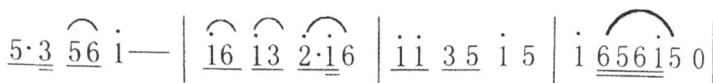

露洒辣椒　亮晶晶，　哥妹见面不作声哕，
南瓜开花　黄呵呵，　哥望妹来妹望哥哕，
红豆花小　结角长，　哥哥人好痴心肠哕，
白白茄子　开紫花，　哥哥托媒到我家哕，

| 65 61 50 | i·6 50 | 65 61 3 0 | i6 i3 2·i6 |

想说话　慢吞吞，　未开口　转过身哕，
情意长　话也多，　心直跳　眼真梭哕，
他也忙　我也忙，　他不说　我不讲哕，
先说爹　后说妈，　不答允　不怕他哕，

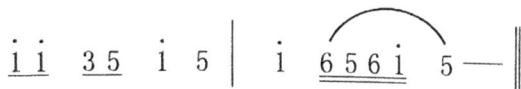

| ii 35 i5 | i 656i 5 — |

边走边望一样心哕。
人多嘴杂没奈何哕。
看看西山落太阳哕。
我俩个有心怕什么怕什么

条条绒线系妹心

1=C $\frac{2}{4}$ ♩=70

慢优美 抒情地

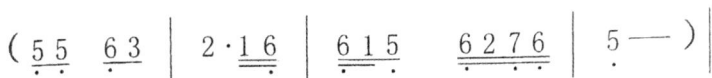

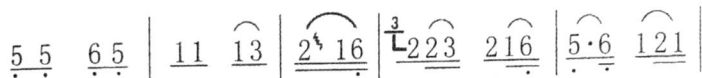

一 条　绒线　牵过河（哟），　哥买个 梳子 妹　梳
两 条　绒线　一般 长（哟），　哥买个 镜子 妹　梳
三 条　绒线　三尺 三（哟），　妹有 心事 千　万
千万条 绒线　数不 清（哟），　条条　 线系　妹

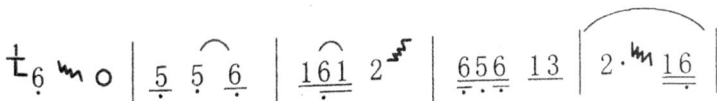

着，　　梳上　千万 遍　妹也不嫌　多，
妆，　　哥哥　心中 事　不用多话　讲，
椿，　　收起　晒衣 裳　走到小河　旁，
心，　　河水　清见 底　哥妹情意　深，

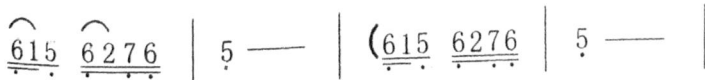

牡丹花儿　开。
牡丹花儿　开。
牡丹花儿　开。
牡丹花儿　开。

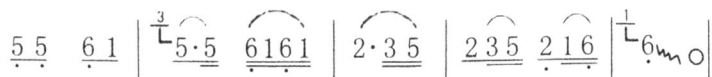

梳子 本是 枣 树 做 梳子 短又 短，
镜子 好比 中 秋 月 团团 又发 光，
情哥 早也 把 我 望 人多 不好 讲，
绒线 绣起 鸳 鸯 枕 等哥 禧礼 行，

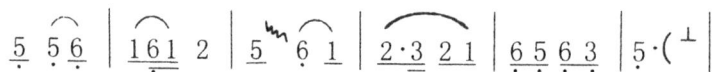

也 像 枣 树 多 结 果 我的 哥 哥。
可 惜 我 俩 未 成 双 我的 哥 哥。
压 在 心 里 闷 得 慌 我的 哥 哥。
牛 郎 早 会 织 女 星 我的 哥 哥。

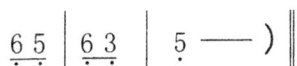

放绵羊

这首民歌搜集于1959年初。我县白鹤公社女社员胡月霞（20岁），她在七八岁时奶奶带其放羊时教唱的，曾参加1959年省地民间音乐舞蹈汇演，并由上海文艺出版社出版发行。（注：采集记谱姚介平）

恨小脚

此歌于 1963 年冬搜集于我县洲区，演唱者当时是一位 60 余岁的老农，反映小脚苦。（注：搜集记谱姚介平）

苦媳妇歌

1=A　4/4　♩=56

自由　诉苦地

1.苦媳妇　叹一　声（哟）　自叹　自苦情（哟）　苦媳妇　真不如

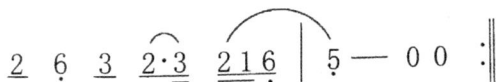

牛　马　畜　牲　（哟）

歌词：

2. 年方十七八，就送我到婆家，婆奶奶又是打，小丈夫又是骂。

3. 天亮起来快，放牛带讨菜，大嫂子她骂我又懒又坏。

4. 早上起来早，忙把锅来烧，享福的婆奶奶，床上睡大觉。

5. 忙把锅烧坏，洗衣一大盆，又砍柴又挑水，累断腰筋。

6. 吃过早饭后，婆奶奶要出门，她叫我拿包裹，送她一程。

7. 送到半路上，她叫我回还，一路上遇见了工作人员。

8. 叫声女呀伢伢，快快来参加，免得婆婆打，小丈夫只是骂。

9. 苦媳妇笑盈盈，参加新四军，新四军它本是男女平等。

10. 新四军它本是，工农子弟兵，打土豪爱人民，自由平等。

（采集者：苏修武、姚介平）

旱船调

此歌记谱沈仁浪，记词姚介平，挖掘于顺安地区，春节玩灯时演旱船者演唱，1958年参加安徽省音乐周汇演。

1=D 2/4 ♩=80

欢乐地

（匡冬冬 匡冬冬｜匡冬冬 匡冬冬｜匡匡令匡｜一令匡）｜6666　16｜163

敲锣(那个)打鼓乐呵

165　3｜3335　61｜313｜21·（匡令令令匡）｜335　666｜

呵(哇)　新春(那个)佳节 花 灯 多。　　　龙灯狮子灯

165　3｜335　61｜313｜21·（匡令令令匡）｜335　61｜

翻打滚　旱地行舟 唱 新 歌。　　　小伙子 看灯
　　　　　　　　　　　　　　　　　爷爷们 看灯

165　66｜335　66｜532　33：｜335　61｜2　2　3｜

干劲 添啊，姑娘们听歌 喜心 窝啊，千村 万 户 (喂)
呆了 眼啊，奶奶们听歌 瘪嘴 巴啊，

116　51｜6　—‖

乐(呀么) 乐呵　呵

渔翁乐

1=A 3/4 2/4 ♩=90

欢乐地

渔翁 落滔 沿 驾小 船身上 簑衣 穿， 迎风 浪

手捧 钓鱼 竿， 船头上站 抓鱼 装鱼 篮 快下 网

（匡才 次才｜次才次才匡）渚 水 鲤 鱼对 对 全 全

（匡才次才匡）河内 不怕 蛟龙 翻， 两岸 垂 柳 柳合

荫 人 站船 头， 喜洋洋(那) 喜洋洋

（匡才 次才｜次才 次才匡｜转长槌……）‖

摇宝宝

　　此曲应以铜陵圩区农民土语嗬唱，音量由大到小，由强到弱，除张口嗬唱外，还可用鼻腔音小声哼唱全曲，以达到催眠熟睡为止。搜集于 1963 年冬。（注：搜集记谱姚介平）

看灯

　　《看灯》是铜陵县（今义安区）洲区安平公社前江大队老社员王国银（55岁）于1956年冬向我叙述的一支赞美民歌，主要是反映春节期间农村花灯戏曲大开展，村村有灯舞，到处有戏台，男女老少观灯看戏非常热闹。演唱者以欢乐的心情赞美玩灯看戏的情景，分述了老少、青壮年男女当时的喜乐。特别是青年男女在这种游乐场合易传播爱情，寻求配偶的良好时机。演唱方式是节后平时劳动之余传唱消遣。演唱者以恋念的心情叙赞着春节期间玩灯欢乐的时刻。后来在玩旱船时也唱此歌。1959年时业余文艺演出队曾把看灯作一个流行节目，以一对青年男女载歌载舞的表演形式经常演出，并参加过一次地区民间音乐舞蹈汇演。（注：采集者姚介平）

1=D　2/4　♩=90

欢乐风趣地

（曲一）

1.一支　更儿	里（唷）	老龙　要出	行(喏)
2.我今　巧打	扮（唷）	梳洗　换新	装(喏)
3.二支　更儿	里（唷）	人多　太拥	挤(喏)
4.奶奶　瘪嘴	笑（唷）	老头　胡子	翘(喏)

1. 元 宵 节 　 放 花 灯 　 万 众 齐 欢 　 腾 　 (喏)
2. 头 戴 (小) 金 　 花 　 脚 穿 紫 花 　 鞋 　 (喏)
3. 花 炮 (小) 冲 　 天 　 歌 舞 四 处 　 起 　 (喏)
4. 孩 子 们 　 哈 哈 笑 　 你 看 多 热 　 闹 　 (喏)

(曲二)

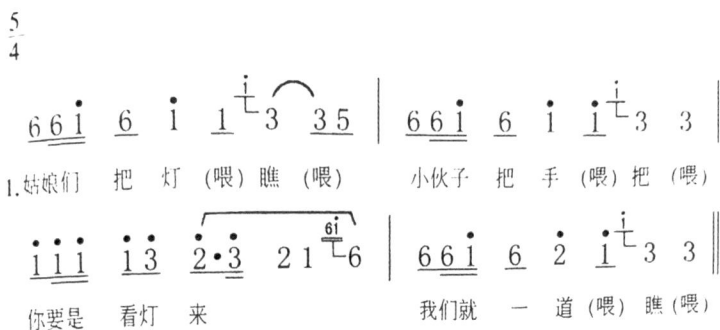

1. 姑娘们 把 灯 (喂) 瞧 (喂) 　 小伙子 把 手 (喂) 把 (喂)

你要是 看灯 来 　 我们就 一 道 (喂) 瞧 (喂)

(曲三)

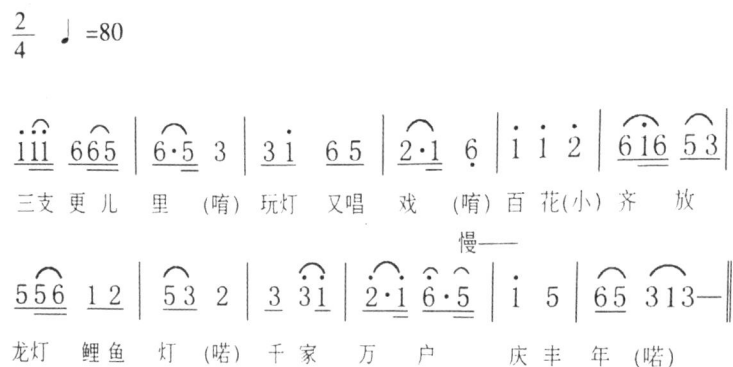

三支更儿里 (唷) 玩灯又唱戏 (唷) 百花(小)齐 放

龙灯 鲤鱼 灯 (喏) 千家 万 户 庆 丰 年 (喏)

参考书目

1. 铜陵市非物质文化遗产保护中心编：《非物质文化遗产田野调查汇编》（铜陵卷），2009 年 4 月；

2. 铜陵市政协文史委编：《铜陵市非物质文化遗产名录图典》，2013 年 10 月；

3. 耿宏志著：《习俗·方言·文艺》，黄山书社，2012 年 12 月。

后　记

　　盛世修史，知前鉴而晓来路；盛世荟文，古之风惠今之韵。2023年12月，中共义安区委、区人民政府决定编纂《义安历史文化丛书》（以下简称"丛书"），旨在赓续历史文脉，提炼文化精神，彰显区域魅力。义安区政协荣膺此任，区政协党组高度重视，遴选编委会成员，研究丛书内容、结构、体例，提出撰稿要求。参编人员辛勤工作，钩沉史料，斟酌推敲，精心打磨，倾力编撰出这套内容翔实、鲜活生动的高质量文化丛书。

　　丛书共5卷，坚持资政育人的政治性、以史为据的史实性、朴实生动的艺术性、服务文旅的社会性的原则，力争内容完备、资料准确、文史共存、史趣相生，力求学术性、知识性和可读性相统一。丛书采取文化散文体例，撷取精粹，探幽穷赜，全方位、多角度描绘铜陵历史与人文、人物与名胜、民俗与风貌，深入挖掘丰富内涵和时代价值。铜陵市义安区政协文化文史和学习委员会组织编撰并统稿，义安区政协主席徐常宁、副主席陈晓华最终审稿。第一卷《历史风韵》由朱斌峰负责编撰；第二卷《人文风物》由方盼亮负责编撰，耿宏志等撰稿；第三卷《名人风流》由陈七一负责编撰，武庆生、朱斌峰、董改正等撰稿；第四卷《名胜风貌》由江琦负责编撰，李莉、周明文、程拥军撰稿；《红色风华》由詹敬鹏负责编撰，江积富、詹倩撰稿。

　　丛书在编撰过程中，得到万以学、陈昌生、吴礼明、

耿宏志、江积富、蒋乃冰等领导、专家审正并提供相关资料，同时得到了区委史志办、区民政局、区文化和旅游局、区退役军人事务局、区文物所和安徽联泰传媒公司及出版社等部门、单位的鼎力支持，在此表示衷心的感谢和诚挚的敬意！

文章千古事，得失寸心知。尽管编委会做出了很大努力，但由于时间和水平所限，丛书难免有遗漏或错讹，敬请广大读者鉴谅。

《义安历史文化丛书》编委会
二〇二四年十二月